Siedler Deutsche Geschichte

Die Deutschen und ihre Nation

Horst Möller · Fürstenstaat oder Bürgernation
Deutschland 1763–1815

Heinrich Lutz · Zwischen Habsburg und Preußen
Deutschland 1815–1866

Michael Stürmer · Das ruhelose Reich
Deutschland 1866–1918

Hagen Schulze · Weimar
Deutschland 1917–1933

Hans-Ulrich Thamer · Verführung und Gewalt
Deutschland 1933–1945

Adolf M. Birke · Nation ohne Haus
Deutschland 1945–1961

Das Reich und die Deutschen

Hans K. Schulze · Vom Reich der Franken
zum Land der Deutschen
Merowinger und Karolinger

Hans K. Schulze · Hegemoniales Kaisertum
Ottonen und Salier

Hartmut Boockmann · Stauferzeit und spätes Mittelalter
Deutschland 1125–1517

Heinz Schilling · Aufbruch und Krise
Deutschland 1517–1648

Heinz Schilling · Höfe und Allianzen
Deutschland 1648–1763

Das Reich und die Germanen

Herwig Wolfram · Herrschaftsbildungen zwischen
Antike und Mittelalter

Die Deutschen und ihre Nation

Adolf M. Birke

Nation ohne Haus

Deutschland 1945–1961

Die Deutschen und ihre Nation

Adolf M. Birke

Nation ohne Haus

Deutschland 1945 - 1961

im
Siedler Verlag

Für Dorothee, Franziska und Johannes

Inhaltsverzeichnis

Vorwort 7

A Besatzung 1945–1949 9

I. Was tun mit Deutschland? 11

1. Alliierte Kriegsziele 12
2. Deutsches Chaos 23
3. Potsdam-Cecilienhof 33

II. Im besiegten Land 45

1. Revolution von oben 46
2. Indirect Rule 57
3. Säuberung und Bestrafung 66

III. Neubeginn 81

1. Umerziehung und kultureller Aufbruch 82
2. Demokratischer Neuanfang 97
3. Wirtschaft und Währung 126

IV. Konflikt in Deutschland 157

1. Scheitern der Viermächtepolitik 158
2. Berlin 183

V. Der Weg in die Zweistaatlichkeit 207

1. SBZ 208
2. Westzonen 221
3. Interregnum 242

B Aufbau und Integration 1949–1961 257

I. Unter dem Besatzungsstatut 259
1. Erste Revisionen 260
2. Deutsch-französische Gehversuche 270
3. Wiederbewaffnung? 280

II. Geburt der Souveränität 295
1. EVG- und Deutschlandvertrag 296
2. Die Stalin-Noten 306
3. Ins westliche Bündnis 319

III. Die fünfziger Jahre 345
1. Beseitigung der Not 346
2. Bonner Demokratie 363
3. Im Wirtschaftswunder 383

IV. Deutsche Demokratische Republik 407
1. Sozialismus in einem halben Lande 408
2. Zweiter deutscher Staat 430

V. Bündnissicherung und Alleinvertretung 443
1. Bonner Außenpolitik 1955–1958 444
2. Berlinkrise und Mauerbau 468

Anmerkungen 485

Bibliographie 511

Personenregister 529

Abbildungsnachweis 539

Vorwort

Der Bau der Berliner Mauer ist die entscheidende Zäsur in der deutschen Nachkriegsgeschichte. Mit der völligen Spaltung zerbrach das Wunschbild einer baldigen Wiedervereinigung – die deutsche Nation blieb ohne gemeinsames Haus.

In der Zeitgeschichtsforschung wird die Entstehung der beiden deutschen Staaten meist separat behandelt; Arbeiten, die beide Entwicklungen umfassen, sind bisher die Ausnahme geblieben. Doch kann weder die Ära Adenauer noch die Ära Ulbricht ohne ihre Bezüge zum jeweils anderen Teil des Landes verstanden werden. Ein Problem ergibt sich dabei allerdings aus dem Ungleichgewicht der Forschungslage: Während für die Westzonen und die Bundesrepublik eine Fülle von Detailuntersuchungen und erste große Synthesen vorliegen, führt im Vergleich dazu die SBZ/DDR-Forschung – trotz unübersehbarer Fortschritte – noch immer ein Schattendasein.

Ich habe in der vorliegenden Arbeit versucht, eine Gesamtdarstellung der deutschen Geschichte von 1945 bis 1961 zu schreiben, die die Entwicklungen beider deutschen Staaten sowohl individuell als auch in ihren wechselseitigen Abhängigkeiten erfaßt. Wie der ständige Strom von Quellenpublikationen und Forschungen zur Nachkriegsgeschichte zeigt, sind auch kurzfristig immer wieder neue Erkenntnisse zu erwarten. Den Abschluß einer Arbeit sollte dies aber nicht hinausschieben. Die Detailforschung bleibt ein Torso, wenn sie nicht immer wieder zu einer Synthese zusammengefaßt wird. Daß dies durch die Nähe zum Forschungsgegenstand und durch die Offenheit der Entwicklungen erschwert wird, ist mir ebenso bewußt wie die Tatsache, daß zeitgebundene Einsichten und individuelle Wertungen nicht zu vermeiden sind.

Die vorliegende Darstellung wurde vom Verleger Wolf Jobst Siedler angeregt, dem ich für sein Vertrauen danke. Es ist nicht zuletzt seiner Überzeugungskraft zuzuschreiben, daß ich den Schritt in ein neues Forschungsgebiet wagte. Ohne die Hilfsbereitschaft meiner Mitarbeiter Dr. Günther Heydemann und Dr. Helmut Reifeld hätte das Manuskript nicht rechtzeitig für den Druck fertiggestellt werden können. Prof. Dr. Anselm Doering-Manteuffel hat mir mit seinem Rat geholfen. Prof. Dr. Peter Alter und Priv.-Doz. Dr. Lothar Kettenacker waren stets kritische Begleiter. Erst die ungewöhnlich intensive Zusammenarbeit mit Dirk Rumberg und den anderen Mitarbeitern des Siedler Verlages hat es möglich gemacht, daß das Buch in der vorliegenden Form erscheinen kann. Meine Frau war trotz eigener wissenschaftlicher Aufgaben stets bereit mitzudenken und mitzuhelfen. Ihr schulde ich mehr als nur Worte des Dankes.

London, im September 1989 Adolf M. Birke

A
Besatzung 1945 – 1949

»Es ist sicherlich falsch zu sagen, die Teilung Deutschlands ist eine Tatsache, die wir anerkennen müssen. Weder Sie noch wir erkennen diese Tatsache an. Wenn wir jetzt bauen ..., so müssen wir so bauen, wie es für unsere Zwecke geeignet ist, und wir müssen ein Haus bauen, in dem alle Platz haben. Die größte Torheit, die wir begehen könnten, wäre die, den Teil Deutschlands abzuschreiben, der zur Zeit noch nicht angeschlossen ist.«

General Sir Brian H. Robertson, britischer Militärgouverneur, auf der Konferenz der Militärgouverneure mit den Ministerpräsidenten und Vertretern der bizonalen Verwaltung in Frankfurt a. M. am 7. Januar 1948

I.
Was tun mit Deutschland?

1. Alliierte Kriegsziele

Landeanflug Berlin-Tempelhof. Amerikanische und britische Maschinen kreisen über den Trümmern der Stadt, aus denen noch immer Schwaden und Rauchsäulen in den blauen Himmel des 8. Mai 1945 aufsteigen. Militärisches Zeremoniell empfängt die eintreffenden Delegationen. Eine Kapelle der Roten Armee spielt die Nationalhymnen der drei Siegermächte. Die Fahrt durch die Metropole zum Hauptquartier Marschall Schukows nach Karlshorst offenbart das ganze Ausmaß der Zerstörung. »Berlin war noch immer ein brennender, rauchender, explodierender und Tod verbreitender Vulkan ... ein abschreckender und geeigneter Ort, um die Ratifikation der Urkunde über die bedingungslose Kapitulation vorzunehmen.«[1]

Nach der längst besiegelten militärischen Niederlage, die nur durch sinnlosen Widerstand hinausgezögert worden war, folgte nun die endgültige Kapitulation der deutschen Wehrmacht, an der staatliche Vertreter des Deutschen Reiches nicht mehr mitwirkten. Die geschäftsführende Regierung Dönitz, die zunächst in Plön und dann im abgelegenen Mürwik bei Flensburg noch vorübergehend weiterexistierte, kam als Adressat der alliierten Sieger nicht mehr in Frage, zumal sie nur über eine zweifelhafte Legitimation verfügte. In seinem politischen Testament hatte Hitler, einen Tag vor seinem Selbstmord, den Großadmiral zu seinem Nachfolger als »Reichspräsident« und »Kriegsminister« ernannt. Tatsächlich spielte Dönitz aber nicht einmal mehr die Rolle eines Konkursverwalters.

Die völlige Besetzung Deutschlands stand unmittelbar bevor. Täglich schrumpften die von der Wehrmacht gehaltenen Stellungen. Einen zusammenhängenden Kriegsschauplatz gab es nicht mehr, und die Alliierten bemühten sich, die bedingungslose Kapitulation Deutschlands herbeizuführen.[2] In London war im Herbst 1944 vereinbart worden, daß diese nur von den drei Siegermächten gemeinsam entgegengenommen werden sollte, während begrenzte militärische Teilkapitulationen von deutschen Wehrmachtsverbänden, die Einheiten bis zu einer ganzen Front umfaßten, gemäß den Abmachungen keine gemeinsame Aktion aller drei Großmächte erforderten.

Bereits am 2. Mai 1945 hatte die deutsche Italienarmee die Waffen gestreckt. Dönitz entschloß sich daraufhin, auf die Abwicklung des Kapitulationsverfahrens Einfluß zu nehmen, um noch vor Kriegsende möglichst viele Flüchtlinge und Soldaten vor der unaufhaltsam vorrückenden Roten Armee zu retten, von der er das Schlimmste befürchtete. In der Danziger Bucht, auf der Halbinsel Hela und auf Kurland wartete noch etwa eine halbe Million Flüchtlinge auf ihren Abtransport über die Ostsee. Um sie und die über drei Millionen Soldaten der Ostfront hinter die anglo-amerikanischen Linien zurückführen zu können, waren weitere anderthalb Wochen nötig. In direkten Verhandlungen mit den Briten versuchte Dönitz daher, Zeit zu gewinnen. Er schickte Generaladmiral von Friedeburg als Unterhändler ins britische Hauptquartier

Zerstörte Häuserzeile am Spreeufer in Berlin, Aufnahme von Friedrich Seidenstücker, 1946

nach Lüneburg, der dort eine Teilkapitulation des Nordraumes aushandeln konnte, in die Feldmarschall Montgomery einwilligte. Immerhin gelang es dadurch, wertvolle Tage für die Rettung von zwei bis drei Millionen Flüchtlingen und Soldaten aus Ostdeutschland zu gewinnen. Als Dönitz, durch die Lüneburger Vorgänge ermutigt, von Friedeburg und wenig später Generaloberst Jodl in das amerikanische Hauptquartier nach Reims entsandte, zeigte sich jedoch, daß einer weiteren deutschen Verzögerungstaktik nicht mehr nachgegeben wurde. Um nicht den Verdacht aufkommen zu lassen, sie würden eigenmächtig vorgehen, zogen die Amerikaner einen russischen Bevollmächtigten hinzu. Am 7. Mai unterzeichnete Jodl die ultimativ vorgelegte Kapitulationsurkunde, und zwar ausschließlich im Namen des Oberkommandos der Wehrmacht.[3]

In der Nacht zum 9. Mai wiederholte sich die Zeremonie in der sowjetisch besetzten Reichshauptstadt. Sowohl in Reims als auch in Berlin beschränkten sich die Siegermächte darauf, anders als sie es ursprünglich vorgesehen hatten, eine rein militärische Kapitulationsurkunde zu präsentieren. Die Konsequenzen für die staatlich-politische Situation Deutschlands zogen sie erst einen Monat später in der sogenannten Berliner Erklärung vom 5. Juni 1945, in der sie die Übernahme der »obersten Regierungsgewalt« verkündeten. Zum Akt der Unterzeichnung in Berlin-Karlshorst hatten die Alliierten nur Vertreter der Wehrmacht herbeizitiert. Es erschienen der Chef des OKW, Generalfeldmarschall Keitel, der Oberbefehlshaber der Kriegsmarine, Generaladmiral von Friedeburg, und Generaloberst Stumpff als Oberbefehlshaber der Luftflotte Reich. Auf der Seite der Sieger nahmen für die alliierten Expeditionsstreitkräfte Luftmarschall Tedder, der Vertreter Eisenhowers, und Marschall Schukow für die Rote Armee teil. Der

Auszug aus dem bei Kriegsende in den britischen und amerikanischen Stäben kursierenden Papier »The German Character«: »Der deutsche Charakter ist … komplex, voller Widersprüche und für ein Volk wie die Engländer äußerst schwer zu begreifen, die von schlichterem Charakter sind und deren Entwicklung nach einem natürlicheren und langsamer fortschreitenden Prozeß verlaufen ist. Die deutsche Einheit ist eigentlich ein künstliches Produkt der allerjüngsten Zeit, und in Krisenzeiten kommt die darunterliegende grundsätzliche Uneinigkeit an die Oberfläche. Noch einmal: Während die Deutschen wirtschaftlich, technisch und in organisatorischen Dingen in vorderster Reihe stehen, gehören sie politisch zu den rückständigsten Völkern. In vielerlei Hinsicht ist der deutsche Charakter auch primitiv; dies kommt besonders deutlich zum Ausdruck in der Hochachtung vor historischen Traditionen – wie sie sich in der Bewunderung des Mittelalters sowie der Grausamkeiten, Unduldsamkeiten und okkulten Praktiken äußert, die jene dunkle Epoche kennzeichneten – und vor den noch älteren brutalen und wilden teutonischen Stämmen. Extreme Kreise, zu denen aber auch prominente Männer gehören, frohlocken sogar öffentlich darüber, ›moderne Barbaren‹ zu sein.«

amerikanische General Spaatz und der Franzose de Lattre de Tassigny – noch unterstanden die französischen Streitkräfte formell dem amerikanischen Oberbefehl – fungierten als Zeugen.

Keitel nutzte die Zeremonie, um noch einmal der Welt die Vermessenheit und Schizophrenie der Repräsentanten des nationalsozialistischen Deutschland vor Augen zu führen, wie ein amerikanischer Zeuge berichtet: »Keitel setzte sich an der langen Seite des Tisches nieder, zog seinen Handschuh aus, legte die Uniformmütze zur Seite und drückte sich das Monokel ins Auge … Er unterschrieb neun urkundliche Abschriften, drei in Englisch, drei in Russisch und drei in Deutsch … Ich bedauerte sehr, daß weder Schukow noch Tedder noch Spaatz, unser dienstältester General, diesem feierlichen Moment in der Geschichte in geziemender Weise Ausdruck verliehen. Schukow bat die deutschen Delegierten einfach, die Siegerhalle zu verlassen. Bevor sie sich zurückzogen, salutierten Keitel und sein Gefolge militärisch kurz, wandten sich um und verschwanden. So endete die Schande des tausendjährigen Reiches.«[4]

Dieses Ende war eindeutig und unrühmlich. Nichts konnte die breite Spur von Vernichtung und Verbrechen entschuldigen oder gar rechtfertigen. Es gab keinen Platz mehr für eine Dolchstoßlegende. Der Nationalsozialismus hatte sich selbst diskreditiert. Aber war er ein isoliertes Phänomen? War er nicht vielmehr der Endpunkt einer verhängnisvollen Entwicklung, Konzentration und Explosion eines lange angesammelten Zündstoffes? Steckte nicht gerade im Bestreben der Deutschen, an den Entwicklungen zu nationalstaatlicher Selbständigkeit teilzuhaben, der Keim für die Krisen des 20. Jahrhunderts?

Die verbreitete Auffassung einer deutschen Fehlentwicklung war nicht erst als Reaktion auf die Hitler-Diktatur entstanden. Schon im Ersten Weltkrieg hatte sie in der Öffentlichkeit der westlichen Länder großen Anklang gefunden. Die Feindbilder, die damals auftauchten, blieben in ihren Grundzügen für die Einschätzung des späteren nationalsozialistischen Deutschland durch die Siegermächte erhalten. Sie stehen bis heute im Brennpunkt der Kritik am deutschen Irrweg: das Preußentum und sein Geist, sein Militarismus, seine Junker, seine Industriellen, Bismarcks Politik, die Philosophie des deutschen Idealismus und die Romantik sowie das Obrigkeitsdenken Luthers. Im Bewußtsein benachbarter Nationen und der USA hatte sich die Überzeugung festgesetzt, daß Preußen-Deutschland eine mit verhängnisvollen Zügen ausgestattete Geschichte besaß. Auch wenn diese Auffassung nach 1918 wieder abgeschwächt und der Weg der Weimarer Demokratie bisweilen mit Sympathie verfolgt wurde, gehörten die Muster dieser Geschichtsinterpretation bereits zum festen Repertoire der offen oder auch latent vorhandenen nationalen Vorurteile; sie standen auf Abruf bereit. Nach dem Beginn des Zweiten Weltkrieges konnten sich die angegriffenen Nationen in ihrem Mißtrauen gegenüber dem historischen Weg der Deutschen, das sich nun noch vertiefte, bestätigt fühlen.

In den Ländern der Anti-Hitler-Koalition hatte die berechtigte und tiefe Empörung über die Greueltaten des nationalsozialistischen Deutschland dazu geführt, die Deutschen immer stärker mit

Feldmarschall Keitel (rechts) und Generaloberst Stumpf vor Unterzeichnung der Kapitulationsurkunde in Berlin-Karlshorst am 8. Mai 1945

Ein amerikanischer Zeuge schildert die Zeremonie: »Als die deutschen Bevollmächtigten hereingerufen wurden, stand Keitel mit dem starren Ausdruck eiskalten Zornes im Gesicht kerzengerade stramm und präsentierte mit behandschuhter rechter Hand seinen Marschallstab. Kein Muskel in seinem Gesicht oder Körper wagte sich zu bewegen. Der Generaladmiral zu seiner Rechten und der Generaloberst zu seiner Linken bemühten sich, ihrem Meister in Steifheit und Härte nachzueifern, aber sie wirkten wie gebrechliche Puppen. Die anderen Mitglieder der deutschen Delegation blieben im Hintergrund stehen. Marschall Tedder fragte Keitel geradewegs, ob er die Urkunde kenne. Er bekräftigte dies mit fester Stimme.«

dem Nationalsozialismus zu identifizieren. Nicht wenige sahen, wie der ehemalige Staatssekretär im britischen Außenministerium, Lord Vansittart, im Nationalsozialismus die konsequente Ausformung des »preußischen Geistes« und in Hitler den »Spiegel der deutschen Seele«. In Großbritannien und den USA gab es zwar auch – bis in Regierungsstellen hinein – besonnene Stimmen, die vor einer voreiligen Verallgemeinerung warnten.[5] Weiter verbreitet war jedoch die Überzeugung, daß die Schwierigkeiten mit Deutschland aus dessen historischer Fehlentwicklung resultierten, die die pathologischen Züge des deutschen Nationalcharakters begünstigt habe. Nicht das Besondere am Hitlerismus, sondern der Hitlerismus als deutsche Besonderheit, längst vorgeprägt und angelegt, formte die Züge des Feindbildes.

Wie diese Auffassungen sich in Informationen und Instruktionen für die Besatzungsarmeen niederschlugen, zeigt sehr anschaulich ein bei den amerikanischen und britischen Stäben kursierendes Papier von Anfang März 1945 mit dem Titel »The German Character«.[6] Danach waren die Widersprüchlichkeiten des deutschen Nationalcharakters vorwiegend auf die Tatsache zurückzuführen, daß die staatliche Einheit der Deutschen eine sehr junge und eine sehr künstliche Errungenschaft sei. Während die Deutschen ökonomisch, technisch und in Fragen der Organisation an der Spitze stünden, seien sie in politischer Hinsicht unter den rückständigen Völkern anzusiedeln. »In Deutschland wird alles ins Extreme getrieben. Der Nazismus ist lediglich eine extreme Manifestation des deutschen Charakters.« Daß den Deutschen nach der Besetzung mit Kühle und Härte zu begegnen sei, gehörte zu den logischen Folgerungen. Gefordert wurde eine »non-fraternization policy«, da man den Selbstheilungskräften der Deutschen kaum Chancen einräumte. Sogar die deutsche Opposition gegen Hitler erschien in diesem Licht nicht als Akt des Widerstandes, sondern eher als Zeichen einer zunehmenden Schwäche des Feindes.

Zu den wenigen Gemeinsamkeiten der drei alliierten Mächte gehörte der Vorsatz, mit radikalen Mitteln ein für allemal dafür zu

Geoffrey Harrison, ein führender Beamter des britischen Außenministeriums, bemerkte zu dem von ihm als exzellent klassifizierten Memorandum des britischen Historikers Arnold J. Toynbee, das sich mit den künftigen Grenzen in Europa und der Umsiedlung der deutschen Bevölkerung nach dem Kriege befaßt: »Falls die verschiedenen Vorschläge für Grenzkorrekturen akzeptiert werden, dürfte die Zahl der Deutschen, die unter Umständen in neue Wohnorte in Deutschland umgesiedelt werden müssen, zwischen 3 und 6,8 Millionen liegen. In Paragraph 116 wird darauf hingewiesen, daß die vorgeschlagenen Gebietsabtretungen mit Artikel 2 der Atlantikcharta kollidieren würden, in dem Gebietsveränderungen nicht anerkannt werden, die ›nicht dem frei geäußerten Wunsch der betreffenden Völker entsprechen‹. Ich glaube nicht, daß es bei der Lösung dieses Problems irgendwelche unüberwindlichen Schwierigkeiten geben sollte, und zwar mit der Begründung, daß dieser Artikel für den Wechsel von Gebieten *mit ihren Einwohnern* unter andere Hoheitsrechte gedacht ist.«

sorgen, daß Deutschland nie wieder zu einem weltpolitischen Unruheherd werden könne. So wurden die Verhandlungen der Alliierten über die Kriegsziele von Anbeginn durch tiefe Interessengegensätze und ideologische Barrieren beeinträchtigt. Die schließlich ausgehandelten Ergebnisse allerdings haben die Weichen für den weiteren Verlauf der deutschen Geschichte gestellt.

Am Anfang stand die Forderung nach bedingungsloser Kapitulation. Auf der Konferenz von Casablanca am 24. Januar 1943 von Roosevelt und Churchill verkündet, fand sie bald auch die Zustimmung Stalins. Dieser strebte nach einer territorialen Umgestaltung Ostmitteleuropas. Bereits unmittelbar nach dem Überfall der deutschen Armeen auf die Sowjetunion im Jahre 1941 hatte der Kremlchef zu erkennen gegeben, daß er an seinen weitgreifenden außenpolitischen Zielsetzungen auch gegenüber den neuen Bündnispartnern festzuhalten gedachte Das Ausgreifen der Sowjetunion nach Westen war wie die deutsche Expansion nach Osten eines der treibenden Motive des Hitler-Stalin-Paktes von 1939 gewesen. Als der britische Außenminister Eden im Dezember 1941 nach Moskau kam, um das Feld künftiger Zusammenarbeit mit dem neuen Kriegsverbündeten zu sondieren, sah er sich mit Vorstellungen konfrontiert, die darauf hinausliefen, die sowjetische Grenze auf Kosten Polens nach Westen zu verschieben. Konnten die Briten, die doch ursprünglich in den Krieg gegen Deutschland eingetreten waren, weil die Existenz des polnischen Staates bedroht war, dieser Beschneidung zustimmen? Es zeigte sich bald, daß das nationale Schicksal der Polen zu einer Variablen im westöstlichen Arrangement geriet. Die Briten vermieden es, sich der Forderung des unentbehrlichen sowjetischen Alliierten, der nunmehr die Hauptlast des Krieges trug, zu widersetzen und eine Revision der Grenzen in Ostmitteleuropa grundsätzlich abzulehnen. So tauchte der Gedanke auf, Polen für den erwarteten Verlust seiner Ostgebiete auf Kosten des Deutschen Reiches zu entschädigen.

Im Auftrag des britischen Außenministeriums hatte bereits im Februar 1942 ein Beraterstab unter der Federführung des bekannten Historikers Arnold J. Toynbee ein Memorandum über künftige Grenzen »europäischer Konföderationen« und über den »Transfer of German Populations« erstellt,[7] das die Zwangsumsiedlung und Vertreibung deutscher Bevölkerungsteile vorsah. Die in technischnüchterner Weise kalkulierende Analyse ging von der Notwendigkeit der Zwangsumsiedlung von drei bis 6,8 Millionen Menschen aus den deutschen Ostgebieten und dem Sudetenland aus. Der Widerspruch eines solchen Vorgehens zum gerade erst proklamierten Artikel 2 der Atlantik-Charta, der territoriale Veränderungen zurückwies und das Selbstbestimmungsrecht der Völker forderte, wurde dabei klar gesehen und bewußt in Kauf genommen. Angesichts der Kriegssituation gab es kaum Skrupel, den Deutschen dieses Recht vorzuenthalten.

Schon im Juli 1942 hatte die britische Regierung die tschechoslowakische Exilregierung unter Benesch darüber informiert, daß sie im Prinzip dem Transfer deutscher Minderheiten aus Mittel- und Südosteuropa nach Deutschland zustimme. Weitere Versprechungen an die polnische Exilregierung in London folgten. Am

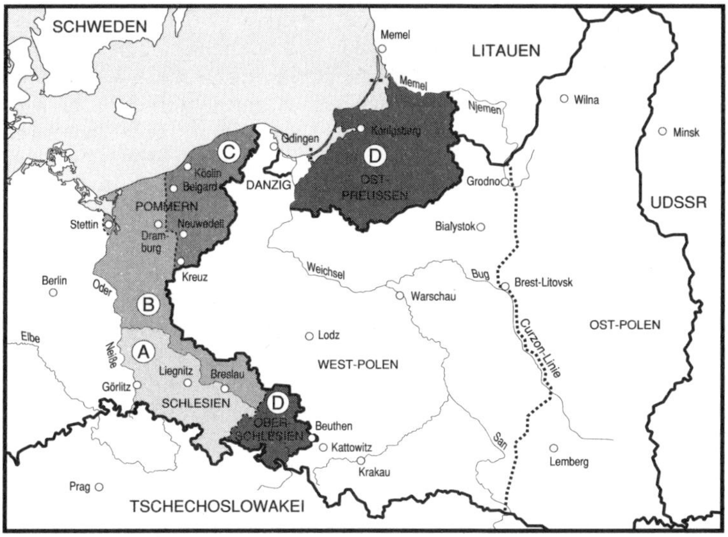

Geplante Gebietsverteilung zwischen Deutschland und Polen, nach der Originalkarte des Department of State vom 10. Januar 1945

Vorgesehene Annexion deutscher Gebiete für 10 640 000 Polen aus Gebieten östlich der Curzon-Linie

Zone	Fläche [qkm]	Einwohner
D	46 702	4 015 613
C	17 643	835 884
C-D	64 345	4 851 497
B	27 125	2 104 553
B-D	91 470	6 956 050
A	20 994	2 721 512
A-D	112 464	9 677 562

14. Dezember 1944 – wenige Wochen nach seinen Moskauer Gesprächen mit Stalin – erklärte Churchill, daß Polen das ganze Ostpreußen westlich und südlich von Königsberg (einschließlich Danzig) bekommen solle und, soweit es Rußland und Großbritannien betreffe, freie Hand habe, sein Territorium auf Kosten Deutschlands nach Westen auszudehnen. Weiter führte er in dieser Rede vor dem britischen Unterhaus aus, der Transfer des Territoriums habe mit der völligen Vertreibung (expulsion) von Deutschen aus jenen Gebieten einherzugehen, die von Polen im Westen und Norden hinzugewonnen würden. Obwohl sie 1942 grundsätzlich der Vertreibung zugestimmt hatte, blieb die britische Regierung über Ort, Art und Umfang des Transfers auch am Ende des Krieges noch unentschieden.[8] Unabhängige Aktionen von Polen, Tschechoslowaken und Russen lehnte sie ebenso ab wie die Möglichkeit, in diesem Bereich selbst die Initiative zu ergreifen. Die britische Politik zielte, in ständiger Konsultation mit der amerikanischen Regierung, vielmehr auf eine zwischen den drei Mächten, der Tschechoslowakei und Polen nach Beendigung des Krieges zu vereinbarende und in geregelten Bahnen verlaufende Umsiedlungsaktion.

Das verstärkte Bemühen der alliierten Mächte, ein Programm für ein einheitliches Vorgehen zu entwickeln, setzte erst ein, als sich die Niederlage Deutschlands abzuzeichnen begann. Interalliierte Verhandlungen über Deutschland fanden im wesentlichen auf drei Ebenen statt: zwischen den Regierungschefs, bilateral oder zu dritt; auf den Treffen der Außenminister und schließlich – wohl am wirkungsvollsten und folgenreichsten – bei der European Advisory Commission (EAC), die, aus Bevollmächtigten der drei Mächte bestehend, seit Januar 1944 in London tagte. Schon auf der Moskauer Außenministerkonferenz vom Oktober 1943 war man übereingekommen, den Anschluß Österreichs an das Deutsche Reich zu revidieren. Österreich sollte als selbständiger Staat wiederhergestellt werden, aufgrund seiner Verstrickung jedoch

Auszug aus dem »Protokoll betreffend die Besatzungszonen in Deutschland und die Verwaltung Groß-Berlins«:
1. Deutschland innerhalb seiner Grenzen, wie sie am 31. Dezember 1937 bestanden, wird zum Zwecke der Besetzung in drei Zonen aufgeteilt, von denen jeweils eine jeder der drei Mächte zugeteilt wird, und in ein Sondergebiet Berlin, das von den drei Mächten gemeinsam besetzt wird …
3. Die Besatzungsstreitkräfte in jeder der drei Zonen, in die Deutschland aufgeteilt ist, unterstehen einem Oberbefehlshaber, der von der Regierung des Landes bestimmt wird, dessen Streitkräfte diese Zone besetzen.
4. Es steht im Ermessen jeder der drei Mächte, in die für Besatzungsaufgaben unter dem Kommando ihres Oberbefehlshabers eingeteilten Streitkräfte Hilfstruppenkontingente aus den Streitkräften jeder anderen alliierten Macht aufzunehmen, die an militärischen Operationen gegen Deutschland beteiligt gewesen ist.
5. Eine interalliierte Regierungsbehörde (Kommandantur) bestehend aus drei Kommandanten, die von ihren jeweiligen Oberbefehlshabern ernannt werden, soll geschaffen werden, um die Verwaltung des Gebietes von »Groß-Berlin« gemeinsam zu regeln.

nur den Status eines »halbbefreiten« Landes erhalten.[9] Durch die schon damals bekannten und im Grundsatz auch von den Westmächten gebilligten territorialen Forderungen der Sowjetunion und Polens verringerte sich dieser Status quo ante um Gebietsabtretungen, deren genaue Festlegung – die Oder-Grenze wurde bereits genannt – aber noch ausstand. Andersgeartet waren die Pläne zur Aufteilung Deutschlands (dismemberment), die die Großen Drei zum ersten Mal ausführlich auf der Konferenz von Teheran (28. November bis 1. Dezember 1943) erörterten. Roosevelts Vorschlag einer Fünfteilung, mit dem Stalin durchaus sympathisierte, stellte Churchill das gemäßigtere Vorhaben einer Kombination aus einem selbständigen (als Hort des deutschen Militarismus zu isolierenden) Preußen, eines Zusammenschlusses von deutschen Mittelstaaten beziehungsweise einer Donau-Konföderation unter Einschluß Bayerns und Österreichs gegenüber. Über die Lebensfähigkeit solcher Nachfolgestaaten oder die Konsequenzen für die europäische Sicherheit und den wirtschaftlichen Wiederaufbau sprach man nicht, obwohl in den Stäben der beiden westlichen Regierungen längst die negativen Folgen eines solchen Vorgehens mit bedacht worden waren.[10] Während die hohe Politik sich für Teilungsgedanken erwärmte, stießen diese bei den Experten in den Londoner und Washingtoner Ministerien auf Skepsis und Ablehnung.

Erste verbindliche Abmachungen, die bis heute zum rechtlichen Fundament der Viermächteverantwortung gehören, gehen auf die EAC zurück.[11] Hier einigten sich die drei Alliierten über die Durchführung der Kapitulation und über die Grundlagen der Besetzung und alliierten Kontrolle Deutschlands, die dann in Jalta abgesegnet werden konnte. Folgenschwer für die deutsche Entwicklung wurde das am 12. September 1944 vereinbarte »Protokoll betreffend die Besatzungszonen in Deutschland und die Verwaltung Groß-Berlins«. Es sah vor, Deutschland zum Zwecke der Besatzung in drei Zonen aufzuteilen. Die Reichshauptstadt sollte – als Insel im sowjetisch besetzten Gebiet – in Sektoren gegliedert werden. Eine vertragliche Regelung der Zugangswege von den westlichen Zonen nach Berlin fehlte. Insofern hat die tatsächlich eingetretene Teilung Deutschlands in den Londoner Protokollen zur Zoneneinteilung und nicht in einer dezidierten Dismemberment-Politik ihre Wurzeln. Sie war die »unbeabsichtigte Folge eines frühzeitig festgelegten Besatzungsstatuts« (L. Kettenacker) und gewann erst im beginnenden Ost-West-Konflikt Gestalt.

Im »Agreement on Control Machinery in Germany« vom 14. November 1944 legten die Alliierten für die Zeit der Besatzung die Grundzüge ihrer Oberhoheit fest, die bis zum Abschluß eines Friedensvertrages gelten sollte. Hier deutete sich bereits an, was im Sommer 1945 in Potsdam nur noch bestätigt werden konnte: Keine der Besatzungsmächte war letztlich gewillt, die höchste Autorität in ihrer jeweiligen Zone zugunsten gemeinsamer Institutionen aufzugeben. Nur für Angelegenheiten, die Deutschland als Ganzes betrafen, sollte ein Alliierter Kontrollrat – für die Verwaltung Berlins eine Interalliierte Kommandantur – zuständig sein. Die Konferenz der Großen Drei in Jalta vom 4. bis 11. Februar 1945 führte drei Monate vor dem endgültigen Kriegsende zu Machtverschiebungen, die die Sowjetunion begünstigten.[12] Es gelang ihr, im Hinblick auf Polen von den Westmächten ein wesentliches Zugeständnis zu erlangen. Diese erklärten sich bereit, das »Lubliner Komitee«, das Stalin im Jahre 1943 als Gegeninstrument zur polnischen Exilregierung in London eingesetzt hatte, entscheidend an der Reorganisation der polnischen Provisorischen Regierung zu beteiligen. Damit besaß die Sowjetunion in Polen nicht nur eigene Truppen, sondern auch eine von ihr abhängige politische Führung.

Über die Notwendigkeit, Deutschland völlig zu entwaffnen und zu entmilitarisieren, seine Rüstungs- und Schlüsselindustrien abzubauen und die Kriegsverbrecher sowie die Verantwortlichen des nationalsozialistischen Regimes zu bestrafen, bestand in Jalta grundsätzlich Einigkeit. Zu konkreten Regelungen aber kam es nicht. Dies galt auch für die Reparationsfrage. Zwar billigten die Amerikaner und Briten der Sowjetunion, die die Hauptlast des Krieges trug, den Löwenanteil künftiger Wiedergutmachungsleistungen aus Demontage und Nationalvermögen beziehungsweise aus laufender Produktion zu, doch die auf der Krim von den Außenministern diskutierten Zahlen (Gesamtsumme zwanzig Milliarden Dollar, davon zehn Milliarden für die Sowjetunion, acht Milliarden Dollar für Großbritannien und die USA und zwei Milliarden für die übrigen Staaten der Anti-Hitler-Koalition) wurden im Abschlußprotokoll wegen der entschiedenen Ablehnung der Engländer lediglich als Gesprächsgrundlage und nicht als Verhandlungsergebnis qualifiziert. Die noch in Jalta eingesetzten Teilungs- und Reparationskommissionen waren auch bis zur Konferenz von Potsdam nicht imstande, die widersprüchlichen Standpunkte zu versöhnen. Später sollte die Reparationsfrage zum Kristallisationspunkt des Gegensatzes zwischen den Westmächten und der Sowjetunion werden. Eine Diskussion über die Ziele künftiger Besatzungs- und Friedenspolitik in Deutschland hat damals nicht stattgefunden. Als die Vertreter der drei Mächte auseinandergingen, war das weitere Schicksal Deutschlands mithin völlig offen, und als wenige Monate später das Hitler-Regime zusammenbrach, fehlte noch immer ein gemeinsames, konkretes Programm.

Aber nicht nur zwischen den Siegermächten, sondern auch innerhalb ihrer Regierungen, zwischen den Parteien und in der öffentlichen Meinung der einzelnen Länder klafften die Vorstellungen erheblich auseinander. In den USA standen den relativ gemäßigten, insgesamt konstruktiven Plänen des State Department die auf eine negative Besatzungsstrategie gerichteten Initiativen des Finanzministeriums gegenüber, mit denen Präsident Roosevelt durchaus sympathisierte. Der berüchtigte Morgenthau-Plan, der den radikalen Abbau der Industrie und die Umwandlung Deutschlands in ein Agrarland vorsah, fand vorübergehend sogar die Zustimmung Churchills. Als er durch Indiskretion bekannt wurde, ist er nicht zuletzt an ablehnenden Reaktionen in der amerikanischen Öffentlichkeit gescheitert. Daß Deutschland jedoch nicht befreit, sondern als besiegter Feindstaat besetzt werden sollte, darüber bestand zwischen den Großmächten völliges Einvernehmen. In der Direktive des Generalstabes der US-Streitkräfte an den Oberbefehlshaber der amerikanischen Besatzungstruppen vom 26. April 1945 (JCS 1067), die bis Anfang 1947 – allerdings durch die praktische Politik überholt – die offizielle Leitlinie der Militärregierung in Deutschland blieb, hieß es, es gehe bei der Besetzung nicht darum, die Deutschen zu unterdrücken, sondern darum, das Hauptziel der Alliierten zu erreichen, »Deutschland daran zu hindern, je wieder eine Bedrohung des Weltfriedens zu werden«. Wichtige Schritte zur Erreichung dieses Zieles seien »die Ausschaltung des Nazismus und des Militarismus in jeder Form, die sofortige Verhaftung der Kriegsverbrecher zum Zwecke der Bestrafung, die industrielle Abrüstung und Entmilitarisierung Deutschlands mit langfristiger Kontrolle des deutschen Kriegspotentials und die Vorbereitungen zu einem späteren Wiederaufbau des deutschen politischen Lebens auf demokratischer Grundlage«.[13]

Mit dem Ende des Krieges verlor das Bündnis der drei Großmächte rasch jenen Zusammenhalt, den das gemeinsame Ziel, den Feind zu besiegen, ihm gegeben hatte. Die unterschiedlichen Motive und Absichten traten in einer sich schnell verändernden politischen Landschaft deutlicher zutage. Die USA wünschten eine allgemeine, gemeinsam mit der Sowjetunion zu verwirklichende Friedensordnung, wobei den Vereinten Nationen die Rolle zugedacht war, das Bündnis friedliebender demokratischer Staaten zu garantieren. Auch für die Sowjetunion gab es gute Gründe, an der Zusammenarbeit mit den Westmächten festzuhalten. Der Krieg hatte das Land ausgelaugt. Die neu errungene Machtposition, die in krassem Gegensatz zu den inneren Verhältnissen stand, zu erhalten und auszubauen war das oberste Ziel der sowjetischen Partei- und Staatsführung. Sie legitimierte ihre expansive Sicherheitspolitik mit den Ansprüchen marxistisch-leninistischer Ideologie, aus der sie für sich das Recht zu politischen Eingriffen in das Leben anderer Nationen herleitete.

In der britischen Haltung verband sich europäisches Balancedenken mit dem Bestreben, die stark angeschlagene eigene Großmachtstellung zu konsolidieren. Außenwirtschaftliche und sicherheitspolitische Erwägungen, die auf die Erhaltung des Empire mit seinen weltweiten Interessen gerichtet blieben, standen im Vordergrund. Aus britischer Sicht konnte ein machtpolitisches Vakuum in Mitteleuropa nicht hingenommen werden. Die finanziellen Kosten der Besetzung Deutschlands und das sowjetische Vorgehen warfen für die britische Regierung Probleme auf, die bald ihre volle Aufmerksamkeit beanspruchten. Dennoch setzte auch sie noch eine ganze Weile darauf, die Zusammenarbeit mit der Sowjetunion beizubehalten.

Für Frankreich stand das politische Ziel, Deutschland als einen möglichen Gefahrenherd auszuschalten, eindeutig im Vordergrund. Es suchte sich nach der Kriegskatastrophe international zu rehabilitieren. Erst langsam wuchs bei den Franzosen die Besorgnis über die sowjetische Expansion auf dem europäischen Kontinent, die sich schließlich auch in ihrem Verhalten gegenüber dem östlichen Kriegspartner niederschlug.

Auf den Kriegskonferenzen hatte keiner der Verbündeten daran gedacht, Deutschland in alter Form wiedererstehen zu lassen, nicht einmal, verkleinert um Österreich, in den Grenzen von 1937.

Präsident Roosevelt und Premierminister Churchill an Bord der »Quincy« auf dem Weg nach Jalta im Februar 1945

Die alte herzliche, fast private Allianz zwischen den Vereinigten Staaten und Großbritannien schien Anfang des Jahres 1945 noch einmal aufzuleben; Churchill und Roosevelt reisten in legerer Kleidung und vertrauter Atmosphäre zur Konferenz von Jalta. Aber diese Erinnerung an die Frühzeit des Krieges war trügerisch. Längst setzte der amerikanische Präsident auf den großen Ausgleich der beiden Weltmächte, der auch die Nachkriegszeit bestimmen würde. Großbritannien wurde unausgesprochen als Juniorpartner behandelt.

Eine erneute Machtzusammenballung in Zentraleuropa sollte von Beginn an unmöglich gemacht, die gemischt-ethnischen Verhältnisse in Ostmitteleuropa bereinigt werden. Deswegen bestand grundsätzlich Einigkeit über Gebietsabtrennungen (truncations). Auch die Zerstückelung des Reststaates wurde diskutiert. Von Teilungsplänen allerdings rückten Russen, Briten und Amerikaner, nicht jedoch die Franzosen, seit dem Frühjahr 1945 völlig ab und plädierten für die Behandlung Deutschlands als administrative und wirtschaftliche Einheit. Nicht die Rücksichtnahme auf deutsche Rechte, auf nationale Ansprüche der Unterlegenen, bewirkte diesen neuen Kurs. Vielmehr entsprang dieser unterschiedlichen, ja entgegengesetzten Erwägungen anderer Art.

In Jalta haben die Großen Drei sich zum letzten Mal mit der Aufteilung beschäftigt. Danach stand sie nicht mehr auf der Tagesordnung. Ein »Dismemberment Committee«, das der Europäischen Beratenden Kommission beigeordnet wurde, diskutierte zwar noch einmal das Für und Wider einer solchen Maßnahme.[14] Die große Politik bewegte sich aber längst in eine andere Richtung. Churchill hatte schon auf der Krim versucht, das Dismemberment-Problem wenigstens offenzuhalten. Eine neue Zone der Instabilität mußte nach seinen Erwägungen die europäische Balance einseitig zugunsten einer russischen Vorherrschaft auf dem Kontinent verschieben. Als nun die Rote Armee dazu überging, eigenmächtig Zug um Zug in Ostmitteleuropa vollendete Tatsachen zu schaffen und Stalin die militärische Präsenz nutzte, um auch die innenpolitische Landschaft der betroffenen Länder radikal zu verändern, wuchs die Besorgnis.

In dem Bestreben, möglichst noch vor Kriegsende zu klaren Positionen zu gelangen, um die erwartete russische Vormachtstellung wenigstens zu kanalisieren, war Churchill mit Stalin zu einer

Einigung gelangt, die ganz Südosteuropa – mit Ausnahme Griechenlands – als sowjetische Einflußzone anerkannte. Schon in den Monaten Mai und Juni 1944 hatte es Absprachen gegeben, die auch die Zustimmung Roosevelts fanden. Im Oktober vereinbarten Churchill und Stalin in Moskau – diesmal ohne Wissen der Amerikaner – die Aufteilung der Balkanländer in Interessensphären: Rumänien sollte zu 90 Prozent, Bulgarien zu 75 Prozent sowjetischem, Griechenland hingegen zu 90 Prozent englischem Einfluß unterliegen, während für Jugoslawien und Ungarn eine Regelung zu gleichen Teilen vorgesehen war.[15] Wenn Churchill auch später diesen auf einem Zettel entworfenen und paraphierten Handel als rein militärstrategische Übereinkunft bis zum Ende des Krieges verstanden wissen wollte – für die Sowjets gab es keinen Grund mehr, darin etwas anderes als eine grundsätzliche Zustimmung zu ihrer Position zu sehen.

Zunächst waren die Westmächte noch davon überzeugt, daß die in Jalta gemeinsam verabschiedete »Erklärung über das befreite Europa«, die das Recht auf freie Wahlen und freie Regierungsbildung enthielt, den Ländern des sowjetischen Einflußbereiches eine demokratische Zukunft sichern werde. Als Molotow und Stalin sich dann aber strikt weigerten, eine gemeinsame alliierte Institution zur ständigen Überwachung dieser Entwicklung zuzulassen und nur noch gemeinsame Konsultationen akzeptierten, mußten sie skeptisch werden, auch wenn sie nicht wissen konnten, was Stalin dem Stellvertreter Titos, Milovan Djilas, wenige Wochen vor Kriegsende erklärt hatte: »Dieser Krieg ist nicht wie in der Vergangenheit; wer immer ein Gebiet besetzt, erlegt ihm auch sein eigenes gesellschaftliches System auf. Jeder führt sein eigenes System ein, soweit seine Armee vordringen kann. Es kann gar nicht anders sein.«[16]

2. Deutsches Chaos

In den letzten Monaten des Krieges war Deutschland in eine sinnlose Abwehrschlacht verwickelt. Während seine Städte in Trümmer sanken, rückten die alliierten Truppen an den Fronten unaufhaltsam vor. Mitte Januar 1945 eroberten sowjetische Verbände Ostpreußen. Anglo-amerikanische Einheiten hatten schon im Herbst des Vorjahres deutschen Boden betreten und mit Aachen die erste Großstadt besetzt. Der militärisch hoffnungslose deutsche Gegenschlag in den Ardennen vermochte den Lauf der Dinge nicht mehr aufzuhalten. Doch die nationalsozialistische Führung und ihr fanatischer Anhang bäumten sich – den eigenen Untergang vor Augen – dagegen auf, sich in das Unvermeidliche zu schicken. Sie setzten auf die rücksichtslose Mobilisierung der

Tafel am Bremer Hauptbahnhof, 1945

Fast zehn Millionen Flüchtlinge und Vertriebene strömten nach dem Kriege in das zerstörte und amputierte Restgebiet des Deutschen Reiches. Die neugebildeten Länder suchten nicht nur den Zuzug in ihre Gebiete zu begrenzen, sondern sich auch die für den Aufbau wertvollsten Kräfte zu sichern. Schleswig-Holstein und Bayern kämpften um ihre Anerkennung als Notstandsgebiete, und die stark zerstörten Großstädte suchten ihre Verpflichtung zur Aufnahme von Flüchtlingen möglichst gering zu halten.

letzten Reserven. Nichts wurde dadurch gewonnen, nur der Blutzoll erhöht und das Ende hinausgezögert. War der Untergang schon nicht aufzuhalten, so sollten alle Deutschen untergehen – die Niederlage wies sie als die Schwächeren aus. Bis zum bitteren Ende haben Hitler, Goebbels und Bormann ihre unheilvolle Macht zur Destruktion zu nutzen vermocht und dabei das Land und seine Menschen der Vernichtung und totalen Erschöpfung preisgegeben.

Welch ein Land! Allein in den letzten vier Kriegsmonaten hatten Briten und Amerikaner 404 Bombenangriffe auf deutsche Städte, auf Verkehrslinien und Industrieanlagen geflogen, 267 am Tage, 137 in der Nacht. Keine der 61 deutschen Großstädte, in denen allein 32 Prozent der Gesamtbevölkerung wohnten, wurde verschont, auch Mittel- und Kleinstädte, selbst viele Dörfer und

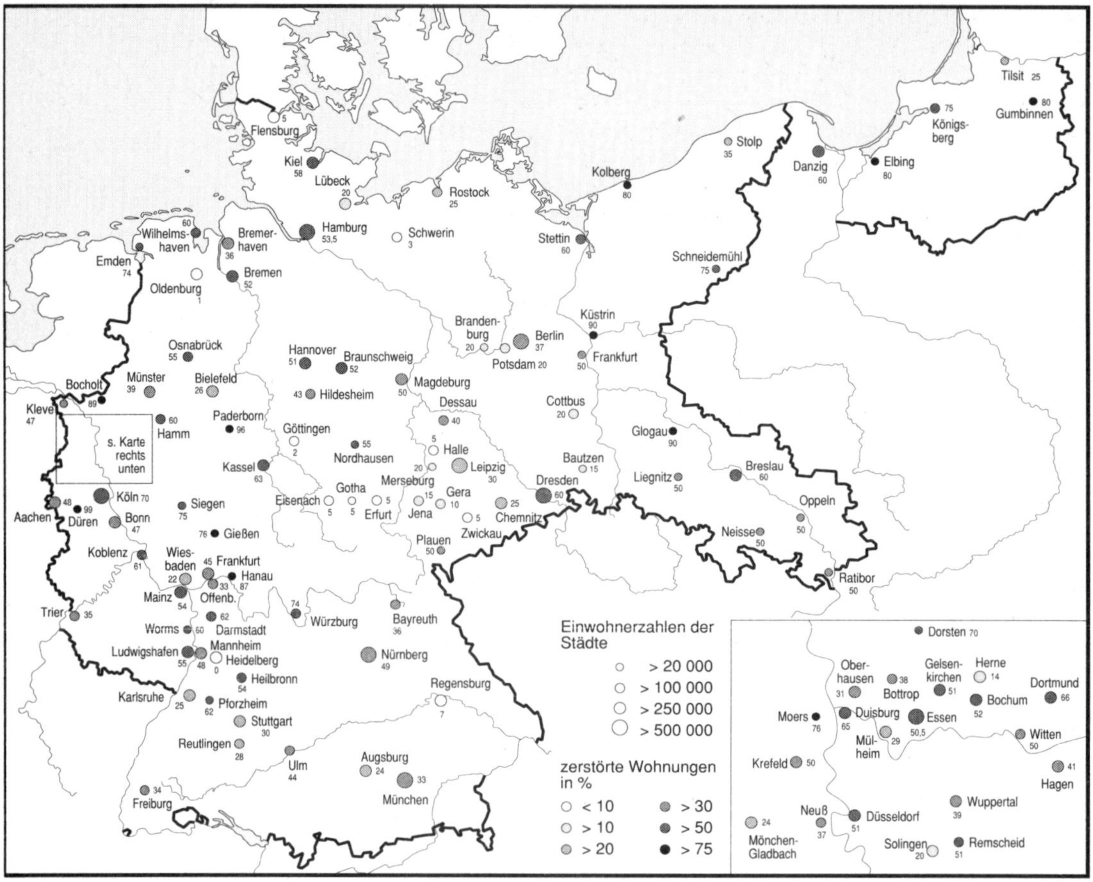

Kriegszerstörungen in den deutschen Städten

Weiler nicht. Nahezu 500 000 Tonnen Bomben warfen alliierte Flugzeuge allein auf menschliche Ansiedlungen ab. Über 90 Prozent betrugen die Zerstörungen an vielen Orten. »It looks like Pompeii«, erklärte später ein erschütterter amerikanischer Offizier nach einem Gang durch die Trümmerlandschaft von Münster.[17] Zermürbt kämpfte eine verängstigte Bevölkerung, im ständigen Hin und Her zwischen zerstörter Wohnung und Luftschutzkeller, oft nur noch ums nackte Überleben. Tägliche Luftangriffe auf Berlin radierten im Februar und März ganze Stadtviertel aus. Am 22. Februar 1945 befanden sich 6000 westalliierte Flugzeuge in der Luft, die 158 Eisenbahnanlagen zwischen Berlin, Leipzig, Kassel, Hamburg und Ludwigslust bombardierten. Unvergessen bleibt die furchtbare Zerstörung Dresdens, das damals wie Berlin eine Drehscheibe für die Flüchtlinge aus dem Osten war, die »aus der Asche in das Feuer kamen«. Allein zwischen Januar und April 1945 wurden sieben Millionen Menschen durch Bombardements obdachlos. Etwa die Hälfte des gesamten Wohnraums war zerstört, ebenso 20 Prozent der Produktionsstätten und 40 Prozent der Verkehrsanlagen.[18]

Die Evakuierten strömten aufs Land auf der Suche nach Wohnung und Nahrung. Doch sie waren nicht die einzigen, die umherirrten. Seit Ende 1944 setzten die großen Flüchtlingstrecks aus dem Osten ein. Anfangs waren die Menschen vor den russischen Truppen geflüchtet. Nachdem die polnische Provisorische Regierung unter Bierut am 5. Februar 1945 – ohne daß darüber zwischen den Alliierten Einigkeit erzielt worden war – erklärt hatte, sie übernehme die Verwaltung der deutschen Gebiete östlich der Oder und Neiße, wurden sie Opfer einer Vertreibung großen Stils. Was viele dieser Menschen beim Einmarsch der Roten Armee erlebten, was ihnen vor allem im Rausch der ersten Siegestage angetan wurde, überstieg die Goebbelssche Greuelpropaganda bei weitem. Die wenigen Habseligkeiten in Koffern, auf Kinderwagen oder Handkarren mit sich schleppend, zwischen die Fronten geratend oder von ihnen überrollt, ausgemergelt von Hunger und Krankheit, Kälte, Wind und Wetter ausgeliefert, erreichten viele nie die Not- und Auffanglager. Allein Berlin wurde im Sommer 1945 mit seinen 59 Auffangstellen von bis zu 60 000 Menschen täglich aufgesucht, die es jeweils nur für kurze Zeit zu beherbergen vermochte. Ausgebombte, Flüchtlinge, Soldaten – insgesamt zwei Fünftel der Gesamtbevölkerung waren irgendwohin unterwegs: ein Prozeß der Entwurzelung von ungeahntem Ausmaß. Hinzu kamen die Befreiten des Terrorregimes, die rund 700 000 Überlebenden der Konzentrations- und Vernichtungslager und die über 4,2 Millionen in deutschen Industrie-, Gewerbe- und Landwirtschaftsbetrieben verpflichteten Zwangsarbeiter.

Die Lage wurde noch verschlimmert durch die katastrophale Verkehrssituation und das fast völlig zusammengebrochene Post- und Nachrichtenwesen. Über 90 Prozent des gesamten Streckennetzes der Bahn waren bei Kriegsende nicht mehr befahrbar. Post und Telefonverkehr fielen praktisch aus. Die durch Gefangenschaft, Internierung, Flucht und Verschleppung auseinandergerissenen Familien blickten in eine ungewisse Zukunft. Hunger und Krankheit grassierten in den Städten. Nur der Landbevölkerung ging es besser. Der Kontrast zwischen den zerstörten Städten und dem oft nicht einmal vom Krieg berührten ländlich-bäuerlichen Deutschland der westlichen Besatzungszonen konnte kaum größer sein. Wenn der starke Zustrom von Menschen auch hier bald Versorgungsprobleme aufwarf, Wohnraum und Nahrungsmittel knapp wurden, so wußte doch die ansässige Bevölkerung den eigenen Garten und Acker, die eigene Haus- und Kleintierhaltung zu nutzen, um auf erträgliche Weise zu überleben, während die anderen, angewiesen auf karge Lebensmittelrationen, hungerten und darbten. Auch das Hamstern – mancher Orientteppich wurde damals gegen Speck und Kartoffeln eingetauscht – vermochte bestenfalls vorübergehend den Hunger zu lindern. Zwei Scheiben Brot, ein Löffel Milchsuppe und zwei Kartoffeln, so sah zum Beispiel die Ration für einen Erwachsenen in der Stadt Essen aus, und er konnte sich glücklich schätzen, wenn er sie täglich erhielt. In Köln litten 88 Prozent der Kinder an Untergewicht.[19]

Wie konnte die Bevölkerung jenes Landes, das so viel Leiden in die Welt getragen hatte, auf das Mitleid der Sieger zählen, die selbst unter größten Opfern den Angreifer niedergerungen hatten? Wie konnte man dort Barmherzigkeit erwarten, wo zuvor in den Vernichtungslagern, deren Überlebende den alliierten Befreiern entgegentaumelten, Millionen von Menschen fabrikmäßig und mit bürokratischer Gründlichkeit ermordet worden waren? Die Entdeckung der großen Konzentrations- und Vernichtungslager erschütterte die ganze Welt. Die tödliche Bilanz des Zweiten Weltkrieges entzieht sich der Vorstellungskraft: über 19 Millionen gefallene und vermißte Soldaten in Europa, 15 Millionen Ziviltote und mehr als sechs Millionen ermordete Juden. Etwa sechseinhalb Millionen Deutsche wurden Opfer des Krieges. Die meisten Toten, rund zwanzig Millionen, hatte die Sowjetunion zu beklagen. Von den fünf Millionen russischer Gefangener in deutscher Hand überlebten weniger als zwei Millionen. Ohne Kenntnis der Vorgänge, die sich hinter diesen Zahlen verbergen, kann das spätere Denken und Handeln der Betroffenen auf *allen* Seiten nicht verstanden werden.

Im Zusammenbruch waren auf deutscher Seite keinerlei Anzeichen eines Untergrundkrieges zu entdecken, wie er zuvor allgemein befürchtet worden war. Die bedingungslose Kapitulation konnte umfassender nicht sein, wenn die Kampfhandlungen auch erst ein Ende fanden, als das Land praktisch vollständig besetzt war. Stadt um Stadt, Landstrich für Landstrich, jeder Fußbreit deutschen Bodens mußte unter großem Einsatz von Menschen und Material von den Alliierten erobert werden. An den Rückzugslinien leisteten fanatische SS-Gruppen – Schrecken auch unter der Zivilbevölkerung verbreitend – oft sinnlosen Widerstand. Während die Deutschen im Osten den einrückenden Sowjettruppen mit großer Angst entgegensahen, überwog im Westen die Hoffnung. Kaum zeigten sich irgendwo die Kanonen der alliierten Panzer, kaum wurde aus der Ferne das Rasseln der anrückenden Kettenfahrzeuge vernehmbar, da schwenkte die Bevölkerung um, ob in Schwaben, in Bayern, im Rheinland, in Hessen, Westfalen, Hannover oder Schleswig-Holstein. Ein weißes Fahnenmeer aus Bettwäsche eilig hinausgehängt, Zeichen der Übergabe, empfing den Sieger. Endlich war der Krieg zu Ende.

Nach den Entbehrungen der Kriegsjahre, im Taumel des Sieges, im Freiraum des Zusammenbruchs kam es zu Ausschreitungen, die erst nach Tagen durch straffe Kontrolle unterbunden wurden. Das galt, freilich in erheblich geringerem Maße, auch für die westlichen Truppen, zumindest für die französische Besatzungsmacht. Die anfänglichen Greuel der Roten Armee trugen dazu bei, die schon durch die nationalsozialistische Propaganda aufgebauschte Angst vor den »Bolschewisten« in den Augen der Bevölkerung auf drastische Weise zu bestätigen. Die Furcht vor dem stalinistischen Rußland sollte somit nahezu übergangslos auch ein charakteristisches Merkmal der deutschen Nachkriegszeit bleiben, das sich weiter verstärkte, als die Sowjetisierung Ostmitteleuropas begann.

Die Besatzungstruppen fanden ein Land vor, dessen staatliche Ordnung zusammengebrochen, dessen Verwaltung bis in den örtlichen Bereich hinein funktionsunfähig war. Die »Non-Fraternization«-Bestimmungen erschwerten den Kontakt zur betroffenen Bevölkerung, ja sie machten ihn anfangs fast unmöglich. Der Schock des Zusammenbruchs und die Ausweglosigkeit der Situation hatten zu Apathie, Gleichgültigkeit und Stumpfheit der Be-

Der Schwabe Reinhold Maier, der spätere FDP-Politiker und Ministerpräsident, gibt in seiner Tagebuchaufzeichnung vom 22. April 1945, einem Sonntag, einen Eindruck von der Situation des »Überrolltwerdens«, das er in einer einsamen Mühle im oberen Jagsttal erlebte: »Um 17.45 Uhr wird oben an der Straßenkreuzung ein amerikanischer Panzer sichtbar; zuerst ist er durch die Pappelbäume noch halbverdeckt, aber durchaus zu erkennen. Einzelne amerikanische Soldaten stehen weiter vorne auf der Straße. Der Panzer rückte langsam vor und stand nunmehr völlig ungedeckt auf der Straße. In diesem Augenblick begann das leichte Maschinengewehr hinter der Mühle auf diesen Panzer zu schießen. Diese Schießerei auf 1500 m Entfernung mutete einen an, wie wenn man mit Schrot gegen einen Elefanten angeht. Der Panzer erwidert das Feuer. Zweimal blitzt ein roter Feuerstrahl auf ... Nachdem ich die ersten Schüsse beobachtet hatte, begab ich mich in den Keller. Herr Sch. blieb oben am Fenster. Um 6 Uhr 50 kam er zu mir herunter: ›Herr Doktor, es ist der geschichtliche Augenblick gekommen. Eben werden wir von den amerikanischen Panzern überrollt.‹«

völkerung geführt. Es war weniger die Verzweiflung über die Niederlage; mit ihr hatten die meisten, offen oder uneingestanden, seit langem gerechnet. Die Hitler-Diktatur war diskreditiert, ihr totaler Mißerfolg hatte die Distanzierung bis tief in die Reihen ihrer ehemaligen Anhänger beschleunigt. Doch das erlösende Gefühl einer wirklichen Befreiung wollte sich bei den meisten Deutschen nicht einstellen. Niemand wußte, was nun werden sollte.

So gingen die Initiativen für einen Neuanfang fast ausschließlich von den Besatzungsmächten aus. Zwar gab es am Kriegsende in vielen Städten und Fabriken sogenannte antifaschistische Ausschüsse und Komitees, die sich vor allem aus ehemaligen SPD-, KPD- und Gewerkschaftsmitgliedern zusammensetzten und die unter den neuen Verhältnissen politische Gestaltungskraft zu entwickeln hofften. Sie gingen jedoch von falschen Erwartungen aus. Noch betrachteten die Siegermächte jedes eigenständige Vorgehen der Deutschen als unangemessen. Ihr vorrangiges Ziel bestand darin, die völlige Kontrolle zu gewinnen.

Erdbunker in der Nähe von Bremen, 1945

Die Alliierten hatten mit Widerstandsbewegungen in den eroberten Teilen des Deutschen Reiches gerechnet. Der »Werwolf« war die Organisation, die der Parteiapparat in den letzten Monaten des Krieges dafür vorbereitet hatte. Zur allgemeinen Überraschung traten Werwölfe, oft aus Mitgliedern der Hitler-Jugend gebildet, nur in der allerersten Zeit der Besetzung im linksrheinischen Gebiet in Erscheinung; im allgemeinen löste sich die Partei mit der Niederlage in ein Nichts auf, und ein Meer von weißen Fahnen empfing die einmarschierenden westalliierten Truppen fast überall.

Ohne eine Beteiligung der Besiegten aber war es nicht möglich, das besetzte Land auf Dauer zu verwalten. Schon während des Einmarsches wurden daher allerorten deutsche Landräte und Bürgermeister eingesetzt. Auf vorbereiteten weißen Listen, nicht selten überholt und unbrauchbar, standen die Namen »Unbelasteter«, vorwiegend von Politikern, die schon zur Zeit der Weimarer Republik eine Rolle gespielt hatten. Es gab allerdings auch einige junge Männer, die damals ihre politische Karriere begannen, wie

Lager für Kriegsgefangene und Flüchtlinge. Im Frühjahr 1945 sind von fünf Deutschen zwei irgendwo unterwegs.

die Landräte Franz Josef Strauß (Schongau) und Fritz Erler (Tuttlingen). Der von den Alliierten im Westen aufgebaute administrative Apparat wurde zum »Angelpunkt der Wiederbelebung des deutschen Lebens« (Th. Eschenburg).

Die entstehenden Rumpfverwaltungen waren jedoch noch nicht Ausdruck einer selbstbestimmten Politik. Vielmehr hatten die Notwendigkeiten des Alltags, hatte das Bemühen, für die zahllosen Probleme praktische Lösungen zu finden, absolute Priorität. Zufall und Willkür der Personalentscheidungen waren ebenso wie der häufige Wechsel der Amtspersonen in dieser Übergangsphase keine Ausnahme. Die früh installierten Bürgermeister und Landräte konnten unter den mißtrauischen Augen der mit den deutschen Verhältnissen nur ungenügend vertrauten Besatzungsoffiziere lediglich eingeschränkte und auf dringendste Erfordernisse gerichtete Aktivitäten entfalten. Konnte man den Deutschen überhaupt trauen, und wer durfte unter den gegebenen Umständen als »unbelastet« gelten? An eine grundlegende Neuordnung war noch nicht zu denken. Vieles sah vor Ort anders aus, als die klugen Köpfe in den alliierten Planungsstäben es sich vorgestellt hatten. Die vier »D«, die nur oberflächlich einigenden Formeln der »Denazifizierung«, »Demilitarisierung«, »Dezentralisierung« und »Demokratisierung« blieben von Beginn an verschieden interpretierbar. Eine politische Leitlinie war so nicht zu finden.

Unter der gläsernen Glocke alliierter Besatzungsherrschaft fanden sich die Besiegten zunächst nur mühsam zurecht. Für die meisten Deutschen bedeutete die offizielle Kapitulation keineswegs das Ende der Wirren. Von den Soldaten des ehemaligen Reichsgebietes waren rund 3,8 Millionen gefallen oder blieben verschollen. Etwa sechs bis sieben Millionen gerieten kurz- oder längerfristig in Gefangenschaft. Wer der Gefangenschaft entging oder entfloh, schlug sich häufig auf abenteuerliche Weise in die Heimat durch. Am schlimmsten traf es die deutschen Soldaten, die in sowjetische Hände fielen, denen eine leidvolle Umkehr des grausamen Schicksals sowjetischer Kriegsgefangener in Deutschland bevorstand. Große Kriegsgefangenenlager gab es auch in den USA, in Großbritannien, Kanada und Jugoslawien. Von dort kehrte der größte Teil zwischen den Jahren 1946 und 1949 zurück, während die letzten Überlebenden aus russischer Kriegsgefangenschaft erst 1955, nach dem Besuch Adenauers in Moskau, entlassen wurden.

Doch welches Bild der Heimat bot sich den Zurückgekehrten! Familien waren durch die lange Abwesenheit der Väter zerrüttet. Staatliche Hilfe stand lange Zeit nicht bereit. Zudem litten die rund zwei Millionen Kriegsversehrten unter den unzulänglichen Krankenhaus- und Lazarettverhältnissen. Weit entfernt von der Erwartung, als Helden des Vaterlandes gefeiert zu werden, fühlten

Häftlinge der Konzentrationslager werden durch die alliierten Truppen befreit.

Die Gesamtzahl der aus allen Teilen Europas von den Nationalsozialisten zwangsdeportierten Menschen, vorwiegend Juden, wird auf über sieben Millionen geschätzt, von denen nur etwa eine halbe Million überlebte.

Ehemaliges Büro der NSDAP-Ortsgruppe Rotenburg, April 1945

Hitler lebte noch, als ein britischer Soldat mit viel Sinn für abgründigen Humor in Rotenburg, einer Stadt an der Bahnstrecke Bremen–Hamburg, das Büro der dortigen NSDAP-Ortsgruppe in »Hitlers Hutladen« umwidmete.

sie sich zusätzlich gedemütigt durch die Schmach der kollektiven Verurteilung eines verbrecherischen Angriffskrieges sowie der von Deutschen im Namen des ganzen Volkes begangenen Greuel. Nicht minder hart traf das Schicksal die fast zwei Millionen Kriegerwitwen. Viele verloren erst nach langen Jahren die Hoffnung auf die Rückkehr ihrer Männer. Der Krieg hatte das Zahlenverhältnis von Frauen zu Männern in den vier Zonen auf 100:80 verschoben.

Zu geistiger Desorientierung und regionaler Entwurzelung kamen die immensen Probleme der Ernährung, der Arbeit und der Unterkunft hinzu. Vor allem in den großen Städten hungerten die Menschen nach Kriegsende. Im harten Winter 1946/47 wurde die Ernährungssituation bedrohlich. Da 2000 Kalorien im Durchschnitt pro Kopf und pro Tag als normal anzusehen sind, führen die Zahlen für die einzelnen Zonen die prekäre Lage drastisch vor Augen. Während die Lebensmittelkarten in der amerikanischen Zone immerhin noch 1330 Kalorien vorsahen, wurden in der französischen Zone nur noch 900 zugestanden. Selbstverständlich sagen diese Statistiken nichts über zusätzliche Beschaffungsmöglichkeiten aus, die vor allem der Bevölkerung auf dem Lande gegeben waren. Doch ohne »Hamstern«, ohne den schwarzen Markt mit den vielfältigen dubiosen Tauschgeschäften und der Zigarettenwährung hätte es für viele kein Durchkommen gegeben. »Organisieren« stand obenan.[20] Fahrten in überfüllten Zügen und lange Fußmärsche wurden dabei selbstverständlich in Kauf genommen. Zeit dafür hatten viele, doch nicht immer die Kraft.

Die schlechte Ernährungssituation spiegelte sich im bedrohlichen Gesundheitszustand der Bevölkerung wider. Typhus, Diphtherie, Keuchhusten, Tuberkulose und Geschlechtskrankheiten grassierten. Die Alltagsnöte führten zu schwerwiegenden sozialen Auswirkungen. Akzeptierte Normen- und Wertsysteme zerbrachen. Wie sollte es möglich sein, auf ehrliche Weise durchzukommen, ohne zu hungern und zu frieren? Es ist keine Frage, daß die Not die Kriminalität förderte, daß Prostitution während der Besatzungszeit gedieh. Formen kollektiver Selbsthilfe, wie sie vor allem die Kirchen in Gang zu setzen versuchten, waren oft nicht mehr als der berühmte Tropfen auf den heißen Stein. In aller Regel mußte die Not privat bewältigt werden.

Nach dem Zusammenbruch schien nur noch der überschaubare engste Lebenskreis eine Orientierung zu bieten. Im Sozialen, im Politischen, in der allgemeinen Lebenseinstellung der Menschen zeigte sich tiefe Verunsicherung. Meinungsumfragen belegen auf vielfältige Weise die politische Apathie der Deutschen, die auch ein Zeichen allgemeiner Erschöpfung war.[21] Der Wunsch, sich nicht noch einmal die Finger zu verbrennen, spielte ebenso wie die resignierte Einsicht eine Rolle, daß künftige Politik über die Köpfe der Deutschen hinweg gemacht werden würde. Dieser Tendenz, sich vom Politischen abzuwenden, entsprach die verstärkte Orientierung an der Privatsphäre. Dabei erwies sich die Familie als ein Bollwerk gegen die Desintegrationserscheinungen der Zeit. Gewiß war ihre Bedeutung in der Nachkriegszeit ambivalent. Bevölkerungsverschiebung, Kriegstod oder Gefangenschaft hatten viele Familien zerstört. Bis 1948 stieg die Scheidungsrate dramatisch an (von 8,9 Prozent im Jahre 1939 auf 18,8 Prozent im Jahre 1948). Wo sie jedoch intakt blieben, boten die Familien nicht nur Ersatz für die ausfallenden öffentlichen Sicherheits- und Versorgungsleistungen, sondern auch Wärme und Geborgenheit. Zweifellos begünstigte die Aufwertung der Familie auch das traditionelle Rollenverständnis der Geschlechter. Zugleich kann aber eine veränderte Selbsteinschätzung der Frauen dort beobachtet werden, wo diese, über viele Jahre allein gelassen, den Part des Familienoberhauptes übernommen hatten.[22]

Das Gelände des Berliner Tiergartens im Sommer 1945 – ein Gemüsegarten für die Bevölkerung

Zu den wenigen Institutionen, die den Zusammenbruch des nationalsozialistischen Regimes überstanden, gehörten die katholische und die evangelische Kirche. Wenn auch ihr Widerstand gegenüber dem Nationalsozialismus keineswegs immer so eindeutig gewesen war, wie er rückschauend manchem Betrachter erschien, so war es ihnen doch wie keiner anderen größeren Institution gelungen, dem Prozeß der ideologischen Gleichschaltung zu widerstehen. Dabei blieb der Katholizismus, anders als der Protestantismus, im Dritten Reich von einer Spaltung verschont. Zwar hatte er seine äußeren Bollwerke, sein Verbandswesen, die Konfessionsschulen verloren, aber die innere Struktur der Kirche, ihre Hierarchie und ihre Gliederungen bis hinein in die Gemeinden waren intakt geblieben und erwiesen sich als überlebensfähig.[23]

Die Führung der katholischen Kirche weigerte sich, einer pauschalen Verurteilung der Deutschen und ihrer Geschichte, wie sie in der öffentlichen Meinung vieler Länder aus verständlichen Gründen vorherrschte, zuzustimmen. Schon in der Weihnachtsansprache des Jahres 1944 hatte sich Papst Pius XII. dagegen gewandt, »kollektiv ganze Gemeinschaften zu richten und zu verurteilen«.[24] Diese Ablehnung einer Kollektivschuld konnte aber auch verharmlosend wirken. Tatsächlich sind bei den Entnazifizierungsverfahren später Unbedenklichkeitsbescheinigungen von kirchlichen Stellen oft viel zu freigebig und zu schematisch ausgestellt worden.[25] Entschiedener, aber auch umstrittener, fiel das Schuldbekenntnis aus, das die Vertreter des deutschen Protestantismus auf der Konferenz des Rates der evangelischen Kirche am 19. Oktober 1945 in Stuttgart ablegten.[26]

Das Bewußtsein moralischer Integrität und die erhalten gebliebene Funktionsfähigkeit ihrer Organisationen ermöglichten es den Kirchen, in den chaotischen Zuständen der unmittelbaren Nachkriegszeit auch in jenen Bereichen Hilfe zu leisten, die weit über den Rahmen der eigentlich religiösen Aufgaben hinausgingen. Während der Besetzung durch alliierte Truppen waren sie nicht selten das einzige, was von der öffentlichen Ordnung übriggeblieben war. Oft vertrat in den ersten Monaten die Ortsgeistlichkeit die Belange der Bevölkerung gegenüber der Besatzungsmacht. Bischöfliche Eingaben und Stellungnahmen waren darauf gerichtet, zu helfen und Hilfe zu erbitten. Der Caritasverband und andere katholische Stellen sprangen ein, um die ärgste Not zu lindern und das Los der Flüchtlinge und Vertriebenen zu erleichtern.[27] Das gleiche galt für das Evangelische Hilfswerk.

Den Kirchen kam zugute, daß die Besatzungsmächte, vor allem in den Westzonen, ihre Rolle im Dritten Reich insgesamt günstig bewerteten und in ihnen wichtige Ansprechpartner für eine demo-

Mitglieder des Rates der Evangelischen Kirche in Deutschland 1945 in Stuttgart, v.l.n.r.: Martin Niemöller, Wilhelm Niesel, Theophil Wurm, Hans Meiser, Heinrich Held, Hanns Lilje und Otto Dibelius

Im Stuttgarter Schuldbekenntnis, das die Vertreter des Protestantismus am 19. Oktober 1945 ablegten, heißt es: »Durch uns ist unendliches Leid über viele Länder und Völker gebracht worden. Wohl haben wir lange Jahre hindurch im Namen Jesu Christi gegen den Geist gekämpft, der im nationalsozialistischen Gewaltregime seinen furchtbaren Ausdruck gefunden hat; aber wir klagen uns an, daß wir nicht mutiger bekannt, nicht treuer gebetet, nicht fröhlicher geglaubt und nicht brennender geliebt haben.«

kratische Neuordnung Deutschlands sahen. So gestaltete sich anfänglich das Verhältnis zwischen Alliierten und Kirchen durchaus fruchtbar. In einem Geheimbericht über die erste Fuldaer Bischofskonferenz der Nachkriegszeit vom 21. bis 24. August 1945 schreibt der »Controler-General of Religious Affairs for the British Zone«, Russel Luke Sedgewick: »Nach meiner Meinung gibt es keinen anderen bedeutenden Teil der deutschen Bevölkerung, mit dem man so leicht Kontakt knüpfen und bei dem man Verständnis finden kann, soweit es um Fragen der internationalen Ordnung und der politischen Stabilität in Deutschland geht.«[28] Die entschiedene Wahrnehmung deutscher Interessen durch die Bischöfe trübte dann jedoch bald das gute Verhältnis zwischen Besatzungsmächten und Kirchen erheblich. Die Alliierten waren nicht gewillt, bischöfliche Interventionen in Fragen der Demontage, der Entlassung von Kriegsgefangenen, der Beendigung der Vertreibung und der Entnazifizierung ohne weiteres hinzunehmen.

Die Zusammenarbeit zwischen der katholischen und der evangelischen Kirche blieb selbst nach dem gemeinsamen Erlebnis der Unterdrückung durch den Nationalsozialismus noch beschränkt; konfessionelle Vorurteile verschwanden keineswegs. Obwohl zerstörte kirchliche Gebäude häufig dazu zwangen, ein Gotteshaus gemeinsam zu nutzen, gab es kaum ökumenische Ansätze. Doch langfristig waren Tatsachen geschaffen worden, die den Abbau der Konfessionsschranken begünstigten. Durch Krieg, Flucht und Vertreibung veränderte sich die traditionelle Konfessionslandkarte Deutschlands; protestantische wie katholische Regionen, die über Jahrhunderte in sich geschlossen existiert hatten, verloren durch den Zustrom von Flüchtlingen und Vertriebenen ihre frühere Einheitlichkeit. Daß die überwiegend evangelischen Gebiete des Ostens von der späteren Weststaatsentwicklung abgekoppelt blieben, hatte weitreichende Konsequenzen für die nationalpolitische Haltung des deutschen Protestantismus. Das galt in anderer Weise auch für die Katholiken. Bei ihnen wirkte sich die veränderte Konfessionsverteilung später positiv auf ihre Einstellung zur Bundesrepublik aus, in der sie nunmehr etwa die Hälfte der Bevölkerung stellten, während ihr Bevölkerungsanteil im Deutschen Reich bei einem Drittel gelegen hatte.

3. Potsdam-Cecilienhof

Innen- wie außenpolitisch warf der kalte Krieg seine Schatten voraus. Längst mißtrauten die Alliierten einander. An dem festen Willen Stalins, dem äußeren militärischen Erfolg die innere Absicherung in den besetzten Ländern folgen zu lassen, konnte schon bald kein Zweifel mehr bestehen. Nach dem Kriege setzte eine verstärkte Ideologisierung der sowjetischen Politik ein, die zunächst noch durch die Taktik der Volksfront verdeckt wurde. Der bewußte Einsatz kommunistischer Parteien anderer Länder für die eigene Sache, der schließlich seit dem Jahre 1947, nach der Wiederbegründung der Komintern unter dem neuen Namen »Kominform«, in aller Offenheit propagiert wurde, war Moskaus Antwort auf westliche Demokratieforderungen, die einer inneren Konsolidierung des neuen Ostblocks im sowjetischen Sinne widersprachen. Schon im Sommer 1945 konnte Stalin Ostmitteleuropa als seine alleinige Machtsphäre betrachten, obwohl die Westalliierten sich zunehmend weigerten, diesen Tatbestand anzuerkennen.

Die Zukunft Deutschlands war selbst Monate nach der Kapitulation noch ungewiß. Ein erneutes Treffen der Großen Drei wurde angestrebt, um Klarheit zu schaffen. Daß Amerika sein Engagement in Europa für längere Zeit aufrechterhalten würde, galt als überaus zweifelhaft. Noch befanden sich die USA in Fernost im Krieg. Sie waren selbst von Kampfhandlungen auf eigenem Gebiet verschont geblieben. Ihre Truppen mußten sie über Tausende von Kilometern versorgen. Mit dem Ende der Kämpfe in Europa wuchs der Wunsch, die eigenen Soldaten so schnell wie möglich nach Hause zu holen. In einem schwer zugänglichen Gebiet New Mexicos arbeiteten Wissenschaftler und Techniker unter strengster Geheimhaltung an der Fertigstellung der »Wunderwaffe«, der ersten Atombombe, mit der nun das Ende des Krieges gegen Japan herbeigeführt werden sollte. Fast täglich veränderte sich die Lage in Europa zum Nachteil der westlichen Alliierten. Im fernen Washington fiel es der Administration unter dem neuen Präsidenten Harry S. Truman schwer, aktuelle Erkenntnisse, die jenseits des Atlantiks gewonnen wurden, in ein klares politisches Konzept umzusetzen.

Dies beunruhigte den britischen Premierminister Winston Churchill. Er überschüttete seinen amerikanischen Amtskollegen mit Telegrammen, die wie Brandmeldungen klangen und in denen er zu schnellem gemeinsamem Handeln aufforderte. Ein Kabel vom 12. Mai lautete: »Ich bin tief besorgt über die europäische Lage ... Ich höre, daß die Hälfte der amerikanischen Luftwaffe in Europa bereits zum pazifischen Kriegsschauplatz verlegt wird. Die Zeitungen sind voll von Meldungen über die großen Rücktransporte der amerikanischen Armeen aus Europa ... Die Franzosen sind schwach, der Umgang mit ihnen ist schwierig ... Was soll währenddessen mit Rußland geschehen? Ich bin immer für die Freundschaft mit Rußland eingetreten, mache mir aber – genau wie Sie – große Sorgen wegen ihrer fälschlichen Auslegung

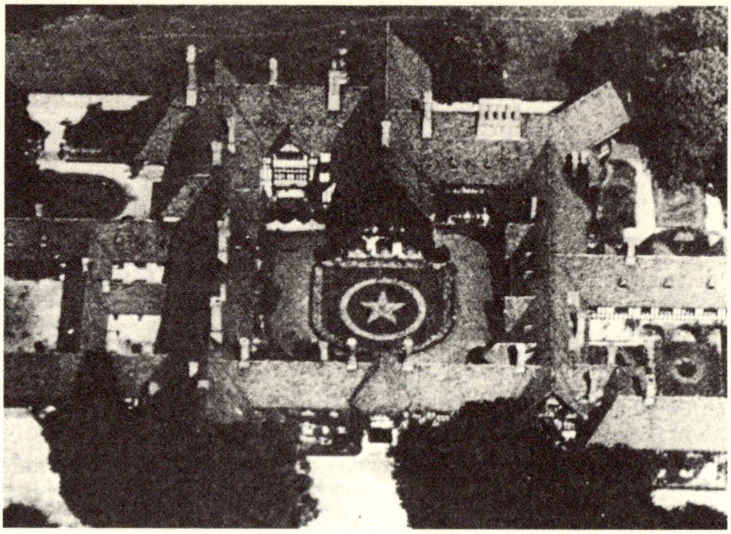

Luftaufnahme des Schlosses Cecilienhof, Juli 1945

Wilhelm, der letzte Kronprinz des Deutschen Reiches, läßt das Schloß 1913/14 nach den Plänen des jungen Architekten Paul Schultze-Naumburg im Fachwerkstil englischer Landsitze bauen und nennt es, als die letzten Stukkaturen und Holzschnitzereien Joseph Wackerles 1917 fertig sind, nach seiner Gemahlin »Cecilienhof«. Es ist nur eine kurze Weile, bis Krieg, Reich und Thron verloren sind. Der um eine Kette von Innenhöfen gruppierte behagliche Bau am Ufer des Jungfernsees im Neuen Park wird keine Feste mehr sehen. Stalin läßt hier im Frühjahr 1945 Geranien und Rosen in der Form des roten Sterns pflanzen und empfängt die Regierungschefs Großbritanniens und der Vereinigten Staaten, um über die Konkursmasse des Deutschen Reiches zu verhandeln.

der Entscheidungen von Jalta, ihrer Haltung gegenüber Polen, ihres überwältigenden Einflusses in den Balkanländern ..., der Schwierigkeiten, die sie um Wien machen wegen der Verbindung zwischen russischer Macht und Territorien unter ihrer Herrschaft oder Besetzung, verbunden mit der kommunistischen Technik in so vielen anderen Ländern, und vor allem wegen ihrer Fähigkeit, sehr große Armeen so lange im Feld zu halten ... Entlang ihrer Front ist ein Eiserner Vorhang niedergegangen. Wir wissen nicht, was hinter ihm vor sich geht. Es gibt kaum einen Zweifel, daß alle Gebiete östlich der Linie Lübeck–Triest–Korfu bald völlig in ihrer Hand sein werden ... Sicher ist es jetzt entscheidend, mit Rußland zu einer Einigung zu gelangen oder festzustellen, wo wir mit Rußland stehen, ehe wir unsere Armeen tödlich schwächen oder uns in die Besatzungszonen zurückziehen. Dies kann nur durch ein persönliches Treffen geschehen.«[29]

Das Tauziehen um Ort und Zeit der interalliierten Gipfelkonferenz zog sich über zwei Monate hin. Sie fand schließlich zwischen dem 17. Juli und dem 2. August 1945 in Potsdam statt. Stalin hatte sich mit dem Wunsch, das Treffen in seiner Besatzungszone abzuhalten, durchsetzen können. Zu diesem Heimvorteil sollten sich im Verlauf der Konferenz weitere günstige Bedingungen gesellen, die seine Position zusätzlich verbesserten. Molotow und Stalin verkörperten allein die Kontinuität in den alliierten Besprechungen und durften sich am Ende als die einzigen authentischen Interpreten früherer Verabredungen fühlen. Churchill trat noch während der Konferenz aufgrund der britischen Unterhauswahlen zurück. Seinen Platz nahm der neue Premierminister Clement Attlee ein. Roosevelt wurde nach seinem Tod automatisch von dem bisherigen Vizepräsidenten Harry S. Truman ersetzt, für den dieses Treffen der Kriegsverbündeten die erste direkte Begegnung mit Stalin brachte.

Der letzte Besuch des neuen amerikanischen Präsidenten in Europa lag Jahrzehnte zurück. Nun kam er als der erste Mann der stärksten Macht der Welt. Die USA hatten die geringsten Verluste erlitten. Ihre enorme Kriegsproduktion hatte die Wirtschaft angekurbelt. Der Wohlstand der Bevölkerung überstieg bei weitem den Lebensstandard in Westeuropa. Und jetzt war Amerika dabei, neben seiner ökonomischen auch die militärisch-strategische Überlegenheit zu demonstrieren. Einen Tag vor der Potsdamer Konferenz, der Zeitpunkt hätte günstiger kaum gewählt werden können, wurde die erste Atombombe gezündet. Im Bewußtsein dieses Erfolges, von dem Truman den äußerlich unbeeindruckten Stalin noch während der Verhandlungen unterrichtete, konnte der Präsident die Gespräche beginnen. Er durfte optimistisch sein, obgleich das russische Vorgehen in Ostmitteleuropa schwierige Verhandlungen erwarten ließ. Truman hatte die Zeit der Überfahrt nach Europa genutzt, um die Arbeitsunterlagen für die Konferenz intensiv zu studieren. In seinem Gepäck trug er vier Vorschläge, denen das Hauptaugenmerk der amerikanischen Delegation galt:

- Bildung eines Rates der Außenminister zur Vorbereitung der Friedensverträge mit den ehemaligen Feindstaaten
- Vereinbarungen über eine gemeinsame Deutschlandpolitik
- Schritte zur Verwirklichung der »Erklärung über das befreite Europa« hinsichtlich der Durchführung freier Wahlen in diesen Ländern
- Bessere Waffenstillstandsbedingungen für Italien und dessen baldige Aufnahme in die Vereinten Nationen

Diesen amerikanischen Zielen waren die Wünsche der sowjetischen Regierung in mehreren Punkten diametral entgegengesetzt. Priorität besaß für sie die Reparationsforderung gegenüber Deutschland in Höhe von zehn Milliarden Dollar, die schon seit Jalta auf dem Tisch lag. Zugleich forderte Stalin eine Viermächtekontrolle für das Ruhrgebiet, um den sowjetischen Einfluß auch im westlichen Besatzungsbereich sichern und auf die dortigen Ressourcen zurückgreifen zu können. Darüber hinaus wünschte er, daß die Westalliierten jene Tatsachen anerkannten, die die Sowjetunion inzwischen in Ostmitteleuropa eigenmächtig geschaffen hatte. Der Verlauf der deutsch-polnischen Grenze sollte zu einem Hauptstreitpunkt der Potsdamer Konferenz werden.

Bevor er nach Berlin reiste, hatte Stalin seine neugewonnene Weltmachtstellung bereits auf einer großen Siegesparade in Moskau demonstriert. Die Sowjetunion dachte nicht daran zu demobilisieren. Kurz vor Beginn der Potsdamer Konferenz rückte die Rote Armee nach Sachsen, Thüringen und Mecklenburg ein. Sie stand damit an den westlichen Grenzen jener Besatzungszone, die der Sowjetunion von der Europäischen Beratenden Kommission zugedacht, von ihr aber im tatsächlichen Besatzungsverlauf noch nicht vollständig eingenommen worden war. Die Westmächte hatten längere Zeit gezögert, ihre Stellungen in der sowjetischen Zone zu räumen. Als sie diese verließen, besetzten sie im Gegenzug ihre Sektoren in Berlin, die bis dahin unter direkter sowjetischer Kontrolle gestanden hatten.

In Potsdam, dem Sinnbild preußischer Tradition und zugleich ihrer Pervertierung durch den Nationalsozialismus, an einem Ort, der im Verständnis der Alliierten den deutschen Irrweg besonders eindrucksvoll symbolisierte, sollte die Bilanz des Sieges gezogen

Stalin, Roosevelt und Churchill auf der Konferenz von Teheran, November/Dezember 1943

werden. Noch waren Haß und Furcht gegenüber dem geschlagenen deutschen Feind größer als das wachsende Mißtrauen zwischen den Verbündeten. Schloß Cecilienhof, Sommersitz des Kronprinzen im Schatten von Sanssouci, gab der Konferenz einen Rahmen, der Harmonie vortäuschte. Die Delegationen waren in Babelsberger Villen untergebracht. Der Kontrast zwischen der Wirklichkeit des zerstörten Landes und der potemkinschen Umrahmung des Konferenzalltags hätte kaum größer sein können. Auf Stippvisiten in das Zentrum Berlins gewannen die Teilnehmer der Delegationen Eindrücke vom Ausmaß der Zerstörung in der ehemaligen Reichshauptstadt.

In Potsdam ging es nicht nur um die Konkursmasse des Deutschen Reiches. Vielmehr schickten die USA und die Sowjetunion sich an, das Machtvakuum zu füllen, das durch die Niederlage des Hitler-Staates entstanden war. Europa hatte endgültig aufgehört, das künftige Bild der Welt zu bestimmen. Erste Umrisse eines bipolaren Systems zeichneten sich ab, in dem sowohl die ideologischen als auch die Sicherheitsinteressen der Sowjetunion mit den Vorstellungen der *Pax americana* konkurrierten. Dem weltpolitischen Gegensatz entsprachen die konträren Demokratievorstellungen des westlichen Pluralismus und der östlichen »Volksdemokratie«, die schon in Potsdam aufeinanderstießen.

Relativ schnell einigten sich die Konferenzteilnehmer darauf, einen »Rat der Außenminister« zu begründen. Dieser sollte in regelmäßigen Abständen tagen, um die Friedensverträge, besonders jenen mit Deutschland, vorzubereiten. Als unproblematisch erschienen zunächst auch die Grundsätze zur Behandlung Deutschlands, auf die man sich schon in Jalta geeinigt hatte. Der Wiederaufbau des politischen Lebens in Deutschland sollte nach demokratischen Prinzipien erfolgen. Obwohl die Ausführungen dazu teilweise wörtlich den Vorschlägen der amerikanischen Delegation entstammten, war damit eine Interpretation im Sinne westlicher Demokratievorstellungen noch keineswegs gewährleistet. Was sollte »Entmilitarisierung«, was »Entnazifizierung«, was »demokratische Umgestaltung« des Erziehungs- und Gerichtswesens

Attlee, Truman und Stalin auf der Konferenz von Potsdam, Juli/August 1945

Die drei großen Kriegsalliierten gibt es am Ende des Jahres 1945 nicht mehr. Roosevelt stirbt am 12. April 1945, und an seine Stelle tritt der amerikanische Vizepräsident Harry S. Truman. Churchill ist zwar noch im Sommer auf der Potsdamer Konferenz, aber schon am 25. Juli wird er nach den verlorenen Unterhauswahlen durch den Führer der Labour Party, Clement Attlee, abgelöst. Nur Stalin wird auch in der Nachkriegszeit das Heft in der Hand behalten, durch seine Person die neue Macht des Sowjetstaates verkörpernd. Schon im Jahre 1946 werden aus Alliierten Gegner, der kalte Krieg tritt immer deutlicher in Erscheinung.

konkret bedeuten, wenn die beschließenden Partner unter »Demokratie« Gegensätzliches verstanden? Jedenfalls erhielt auf diese Weise jede der Siegermächte genügend Spielraum für die eigene Politik. Gerade darin mochte der unausgesprochene Minimalkonsens bestehen, der sonst kaum erreichbar gewesen wäre. Diese Deutung lassen jedenfalls die vereinbarten Regeln für die alliierte Tätigkeit zu.

Von einer Zerstückelung Deutschlands war längst keine Rede mehr. Jetzt wurde von seiner administrativen, wirtschaftlichen und indirekt auch politischen Einheit gesprochen. Anders als in Österreich sollte es eine zentrale Regierung für Deutschland zunächst nicht geben. Die Oberkommandierenden der Besatzungsstreitkräfte übernahmen die höchste Regierungsgewalt in Deutschland, und zwar »jeder in seiner Besatzungszone, sowie gemeinsam in ihrer Eigenschaft als Mitglieder des Kontrollrates in den Deutschland als Ganzes betreffenden Fragen«.[30] Deutschland blieb in vier Besatzungszonen aufgeteilt. Zentrale deutsche Verwaltungsstellen, die aufgrund des späteren französischen Vetos niemals errichtet wurden, sollten für die Bereiche Finanzen, Transport, Verkehr, Außenhandel und Industrie unter Leitung des Kontrollrats arbeiten. Die wirtschaftlichen Grundsätze atmeten noch den Geist der Bestrafung: Vernichtung des deutschen Kriegspotentials und damit auch großer Bereiche der industriellen Produktion; Demokratisierung der Wirtschaft in kürzester Frist; Betonung der Landwirtschaft. Der deutsche Lebensstandard sollte den durchschnittlichen europäischen nicht übersteigen. Doch mit den allgemeinen Grundsätzen zur politischen und wirtschaftlichen Behandlung, bei denen die gemeinsame Terminologie die tiefen Bedeutungsunterschiede nur verdeckte, war der wesentliche Vorrat an Übereinstimmung bereits verbraucht. Schwierigkeiten ergaben sich sofort, als man daranging, bisher vertagte Probleme zu behandeln, die seit den Konferenzen von Teheran und Jalta die Zusammenarbeit der Alliierten behinderten. Die Frage der polnischen Westgrenze und der Komplex deutscher Reparationen gerieten in den Mittelpunkt der Kontroverse.

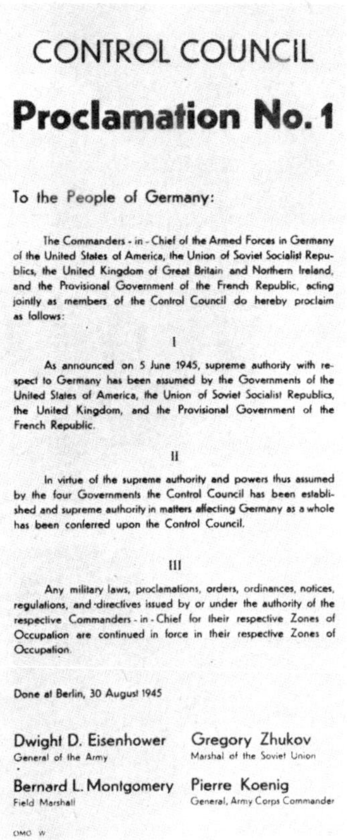

CONTROL COUNCIL

Proclamation No. 1

To the People of Germany:

The Commanders-in-Chief of the Armed Forces in Germany of the United States of America, the Union of Soviet Socialist Republics, the United Kingdom of Great Britain and Northern Ireland, and the Provisional Government of the French Republic, acting jointly as members of the Control Council do hereby proclaim as follows:

I

As announced on 5 June 1945, supreme authority with respect to Germany has been assumed by the Governments of the United States of America, the Union of Soviet Socialist Republics, the United Kingdom, and the Provisional Government of the French Republic.

II

In virtue of the supreme authority and powers thus assumed by the four Governments the Control Council has been established and supreme authority in matters affecting Germany as a whole has been conferred upon the Control Council.

III

Any military laws, proclamations, orders, ordinances, notices, regulations, and directives issued by or under the authority of the respective Commanders-in-Chief for their respective Zones of Occupation are continued in force in their respective Zones of Occupation.

Done at Berlin, 30 August 1945

Dwight D. Eisenhower General of the Army	Gregory Zhukov Marshal of the Soviet Union
Bernard L. Montgomery Field Marshall	Pierre Koenig General, Army Corps Commander

OMG W

In beiden Fällen entzündete sich sogleich der Streit um den geographisch-politischen Begriff Deutschland: Was war Deutschland? Welche Grenzen sollte es haben? Bereits auf der zweiten Plenarsitzung kam es über die Definition zu einer Auseinandersetzung zwischen Churchill, Truman und Stalin. Die staatliche Kontinuität Deutschlands spielte dabei keine Rolle. Vielmehr ging es um die territoriale Definition der deutschen Konkursmasse, die Stalin bereits erheblich verkleinert hatte. Wie weit erstreckte sich die politische Autorität des alliierten Kontrollrats angesichts der deutsch-polnischen Grenzproblematik? Churchill beharrte darauf, daß für die gemeinsame alliierte Zuständigkeit vom Vorkriegsdeutschland auszugehen sei. Als Truman vorschlug, über Deutschland in den Grenzen von 1937 zu sprechen, schloß Stalin die Bemerkung an: »Abzüglich dessen, was Deutschland 1945 alles verloren hat.« Als der Präsident bemerkte, daß Deutschland 1945 alles verloren habe, erwiderte Stalin, er habe es geographisch gemeint und es sei unmöglich, die Ergebnisse des Krieges zu negieren. »Der Präsident stimmte zwar zu«, so heißt es im amerikanischen Protokoll der Verhandlungen, »sagte aber, es sei notwendig, von einer bestimmten Linie auszugehen. Stalin verwies auf das Sudetenland, das Deutschland der Tschechoslowakei abgenommen habe. Schlügen seine Kollegen vor, dieses als Teil Deutschlands zu betrachten? Der Präsident erwiderte, daß er das Deutschland in den Grenzen von 1937 vorgeschlagen habe.«[31] Dem stimmte Stalin unter formalen Gesichtspunkten zu, forderte jedoch, die Westgrenzen Polens sogleich festzulegen, damit die Frage geklärt sei. Deutschland sei ein Land ohne Regierung und ohne genau festgelegte Grenzen. Es habe keine Grenzwachen, es habe nur vier Besatzungszonen. Truman hingegen hielt daran fest, vom Deutschland des Jahres 1937 auszugehen und von hier aus in die Erörterung der Sachlage einzutreten, worauf Stalin entgegnete, man müsse natürlich an einen bestimmten Ausgangspunkt anknüpfen, und unter diesem Gesichtspunkt nehme er das Deutschland von 1937 als Ausgangspunkt an. Damit war nicht mehr als eine Arbeitshypothese für den weiteren Gang der Verhandlungen gefunden, da Stalin gar nicht daran dachte, die bereits vorgenommenen Abtrennungen zu revidieren, wie sich bald zeigen sollte.

Schon in der fünften Sitzung, am 21. Juli, wurden die Gegensätze in der Polenfrage und der Interpretation der Vereinbarungen auf den Kriegskonferenzen überdeutlich, als der von Molotow zuvor den Außenministern übermittelte sowjetische Resolutionsentwurf über die deutsch-polnische Grenze zur Debatte stand, der folgenden Verlauf vorsah: »Westlich von Swinemünde, zur Oder hin, dabei Stettin auf polnischer Seite lassend, weiterhin entlang der Oder bis zur Einmündung der westlichen Neiße, dann dieser folgend bis zur tschechoslowakischen Grenze.«[32]

Wie schon in Jalta, so trat die Sowjetunion auch jetzt wieder dafür ein, die Westgrenze Polens entlang der westlichen Neiße – und nicht, wie die Westmächte es wünschten, entlang der östlichen – verlaufen zu lassen. Diese Differenz war erheblich. Es ging beim Molotowschen Vorschlag immerhin um die Einverleibung eines rein deutschen Gebietes in den polnischen Staat. Man sprach jetzt über die Perspektive einer Zwangsumsiedlung von zehn Millionen Menschen.

Stalin hatte längst vor der Konferenz von Potsdam deutlich gemacht, daß die Sowjetunion eine Grenzziehung längs der Oder und der westlichen Neiße anstrebte und diese vertraglich abgesichert wissen wollte. Polen sollte für die Abtretung seiner Ostgebiete an Rußland entschädigt werden. Dem stimmten auch die Briten und Amerikaner zu. Aus humanitären, vor allem aber aus sicherheits- und wirtschaftspolitischen Erwägungen lehnten sie es jedoch ab, den von der Sowjetunion geschaffenen Status quo in bezug auf Polen zu sanktionieren. Doch wurde die grundsätzliche Zustimmung zu einer Grenzverschiebung nie in Zweifel gezogen. Der Entwurf der EAC vom September 1944 hatte die deutschen Territorien östlich der Oder und der westlichen, der Görlitzer Neiße, noch als Bestandteil der sowjetischen Besatzungszone bezeichnet. Jetzt wurden sie von der Sowjetunion und Polen als polnisches Staatsgebiet reklamiert.

Bereits am 5. Februar 1945, während der Konferenz von Jalta, hatte Polens »Regierung der Nationalen Einheit«, die erst im Juli 1945 nach der Aufnahme polnischer Exilpolitiker von den Westmächten anerkannt wurde, mit sowjetischer Billigung in Oberschlesien, Niederschlesien, Pommern und Masuren vier polnische Woiwodschaften eingerichtet und gleichzeitig mit der Ausweisung der deutschen Bevölkerung begonnen. Der Versuch Churchills und Trumans, jetzt eine klare Verantwortung der Sowjetunion für die unter polnischer Verwaltung stehenden Gebiete ihrer Besatzungszone wiederherzustellen, schlug fehl. Ein Kompromißvorschlag Churchills, dem zufolge Polen die Gebiete östlich der Oder formell in Besitz nehmen, westlich davon jedoch lediglich im Auftrag der sowjetischen Besatzungsmacht handeln sollte, blieb erfolglos. Schließlich wurden Mitglieder der polnischen Regierung nach Potsdam bestellt, wo sie am 24. Juli eintrafen und für den sowjetischen Vorschlag plädierten, wobei sie in internen Gesprächen mit Stalin durchaus noch Kompromißbereitschaft zeigten. Den weiteren Gang bestimmte ein amerikanischer Vermittlungsvorschlag, der bei einem Einlenken der sowjetischen Seite in der Reparationsfrage Entgegenkommen signalisierte. Der Vorschlag hielt zunächst noch daran fest, daß das Gebiet zwischen östlicher und westlicher Neiße nicht unter polnische Verwaltung gestellt werden solle, fügte jedoch den Gedanken hinzu, daß vorbehaltlich einer friedensvertraglichen Lösung die in Frage kommenden übrigen Gebiete – mit Ausnahme der ohnehin der Sowjetunion vorbehaltenen nördlichen Hälfte Ostpreußens – polnischer Hoheit zugeführt werden könnten. Schließlich einigten sich die drei Mächte darauf, auch die Gebiete zwischen östlicher und westlicher Neiße unter polnischer Verwaltung zu belassen und die endgültige Regelung auf den späteren Friedensvertrag zu verschieben. Damit war eine Festlegung zwar vermieden worden, an der tatsächlich eingetretenen Lage änderte dies jedoch wenig.

Die Westmächte, gewarnt durch die bereits erfolgten großen Vertreibungswellen, drängten darauf, daß die Übersiedlung der Deutschen »in ordnungsgemäßer und humaner Weise erfolgen solle«. In der Abschlußformel von Potsdam wurde festgelegt: »Da der Zustrom einer großen Zahl Deutscher nach Deutschland die Lasten vergrößern würde, die bereits auf den Besatzungsbehörden

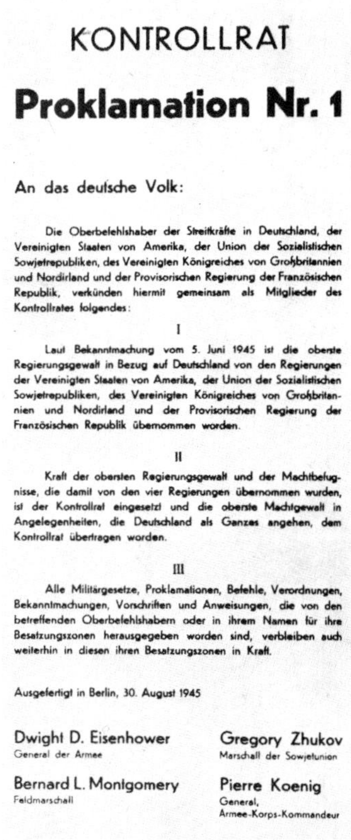

KONTROLLRAT

Proklamation Nr. 1

An das deutsche Volk:

Die Oberbefehlshaber der Streitkräfte in Deutschland, der Vereinigten Staaten von Amerika, der Union der Sozialistischen Sowjetrepubliken, des Vereinigten Königreiches von Großbritannien und Nordirland und der Provisorischen Regierung der Französischen Republik, verkünden hiermit gemeinsam als Mitglieder des Kontrollrates folgendes:

I

Laut Bekanntmachung vom 5. Juni 1945 ist die oberste Regierungsgewalt in Bezug auf Deutschland von den Regierungen der Vereinigten Staaten von Amerika, der Union der Sozialistischen Sowjetrepubliken, des Vereinigten Königreiches von Großbritannien und Nordirland und der Provisorischen Regierung der Französischen Republik übernommen worden.

II

Kraft der obersten Regierungsgewalt und der Machtbefugnisse, die damit von den vier Regierungen übernommen wurden, ist der Kontrollrat eingesetzt und die oberste Machtgewalt in Angelegenheiten, die Deutschland als Ganzes angehen, dem Kontrollrat übertragen worden.

III

Alle Militärgesetze, Proklamationen, Befehle, Verordnungen, Bekanntmachungen, Vorschriften und Anweisungen, die von den betreffenden Oberbefehlshabern oder in ihrem Namen für ihre Besatzungszonen herausgegeben worden sind, verbleiben auch weiterhin in diesen ihren Besatzungszonen in Kraft.

Ausgefertigt in Berlin, 30. August 1945

Dwight D. Eisenhower
General der Armee

Gregory Zhukov
Marschall der Sowjetunion

Bernard L. Montgomery
Feldmarschall

Pierre Koenig
General,
Armee-Korps-Kommandeur

Proklamation Nr. 1 des Alliierten Kontrollrats vom 30. August 1945

Gleich die erste Proklamation der vier alliierten Oberbefehlshaber in Deutschland befaßt sich mit der Entnazifizierung und Entmilitarisierung, die die demokratische Umgestaltung Deutschlands einleiten sollen. Aber sehr bald schon zeigt sich, daß jeder der Sieger etwas anderes darunter verstand und daß die Neugestaltung Deutschlands nach verschiedenen Gesichtspunkten erfolgen würde.

ruhen, halten sie es für wünschenswert, daß der Alliierte Kontrollrat in Deutschland zunächst das Problem unter besonderer Berücksichtigung der Frage einer gerechten Verteilung dieser Deutschen auf die einzelnen Besatzungszonen prüfen soll. Sie beauftragen demgemäß ihre jeweiligen Vertreter beim Kontrollrat, ihren Regierungen so bald wie möglich über das Ausmaß zu berichten, in dem derartige Personen schon aus Polen, der Tschechoslowakei und Ungarn nach Deutschland gekommen sind, und eine Prognose darüber abzugeben, wann und in welchem Umfang die weiteren Überführungen durchgeführt werden könnten, wobei die gegenwärtige Lage in Deutschland zu berücksichtigen ist. Die tschechoslowakische Regierung, die polnische Provisorische Regierung und der Alliierte Kontrollrat in Ungarn werden gleichzeitig von obigem in Kenntnis gesetzt und ersucht, inzwischen weitere Ausweisungen der deutschen Bevölkerung einzustellen, bis die betroffenen Regierungen die Berichte ihrer Vertreter an den Kontrollausschuß geprüft haben.«[33]

Der im Text verwandte Begriff »Polen« schloß unausgesprochen die unter polnischer Verwaltung stehenden deutschen Territorien mit ein. Niemand konnte ernsthaft daran denken, daß die im Prinzip gebilligten und zum großen Teil schon vorweggenommenen Vertreibungen in einem späteren Friedensvertrag wieder rückgängig gemacht würden. Insofern war der Wert der Vorbehaltsklausel von vornherein begrenzt. Dennoch sollte sie in der deutschen Nachkriegsgeschichte eine besondere Bedeutung erlangen, da sie es ermöglichte, auf die Offenheit der deutschen Frage zu verweisen. Die Westmächte haben sich in Potsdam mit ihren Vorstellungen in der Grenzfrage nicht durchgesetzt. Aber auch sie haben damals nicht ernsthaft an die Wiederherstellung eines deutschen Staates in den Grenzen des Jahres 1937 gedacht. Der in Ostmitteleuropa eingetretene Zustand hätte ohnehin nur durch Waffengewalt verändert werden können.

Nicht weniger schwierig als die Grenzfrage war das Reparationsproblem. Die Westmächte wollten die Fehler von Versailles nicht wiederholen. Sie wollten verhindern, daß durch zu hohe Reparationen ein Wiederaufbau der deutschen und damit auch der europäischen Wirtschaft unmöglich gemacht würde. Zugleich fürchteten sie, durch das Zugestehen von Lieferungen aus der eigenen Zone den Einfluß der Sowjetunion auf Westdeutschland zu verstärken. Auf jeden Fall sollte vermieden werden, daß die USA, wie schon nach dem Ersten Weltkrieg, indirekt zur Finanzierung von Reparationsforderungen herangezogen würden. Sie forderten deshalb, die künftige deutsche Produktion in erster Linie für die Bezahlung importierter lebensnotwendiger Güter zu verwenden, von denen Deutschland abhängig war. Über die »Imports-first«-Klausel kam es zu heftigen Debatten, da die sowjetische Seite darauf bestand, die deutsche Produktion hauptsächlich für eigene Reparationszwecke zu nutzen. Die Westmächte befürchteten, die Besiegten schließlich selbst ernähren zu müssen. Dies galt besonders für Großbritannien, dessen Bevölkerung darbte. Es gelang nach zähen Verhandlungen, den Verwendungszweck der deutschen Produktion eng an die Bezahlung lebensnotwendiger Güter zu binden. »Die Bezahlung von Reparationen«, so hieß es im

Flüchtlinge und Heimatvertriebene in einer als Notaufnahmelager eingerichteten Turnhalle

Nach den Flüchtlingen, die während der letzten Kriegsmonate und unmittelbar nach dem Waffenstillstand aus dem deutschen Osten in die drei Westzonen geströmt waren, kamen dann die Vertriebenen aus dem Baltikum, der Tschechoslowakei, Ungarn und Polen.

Potsdamer Kommuniqué, »soll dem deutschen Volk genügend Mittel belassen, um ohne eine Hilfe von außen zu existieren. Bei der Aufstellung des Wirtschaftsplanes für Deutschland sind die nötigen Mittel für die Einfuhr bereitzustellen, die durch den Kontrollrat in Deutschland genehmigt worden sind. Die Einnahmen aus der Ausfuhr der Erzeugnisse der laufenden Produktion und der Warenbestände dienen in erster Linie der Bezahlung dieser Einfuhr.«[34]

Diese unscharfen und in der Praxis wenig hilfreichen Bestimmungen konnten nur dadurch ausgehandelt werden, daß die westlichen Verhandlungspartner der Sowjetunion an anderer Stelle entgegenkamen. Zwar ließen sie sich erneut nicht darauf ein, die Höhe der Reparationen in genauen Zahlen zu fixieren, sie gestanden der Sowjetunion aber den größten Anteil zu. In einer komplizierten Regelung sollten im Austausch gegen Nahrungsmittel und bestimmte Rohstoffe aus der Ostzone fünfzehn Prozent der in den Westzonen demontierten Industrieausrüstungen an die Sowjetunion geliefert werden, darüber hinaus zehn Prozent sogar ohne Gegenleistung. Zur Erfüllung dieser Bestimmungen ist es nie gekommen. Keine der Besatzungsmächte ließ an ihrer letzten Zuständigkeit in der eigenen Zone rütteln, obwohl sie alle die wirtschaftliche Einheit Deutschlands betonten. Jede blieb Herr im eigenen Besatzungsgebiet. Die faktische Durchbrechung des Prinzips der Wirtschaftseinheit konnte nicht ohne Folgen für die politische Einheit Deutschlands bleiben.

Der Rechtscharakter der Potsdamer Beschlüsse ist in Ost und West unterschiedlich beschrieben worden. Die Unterzeichner

Potsdamer Stadtschloß, 1945

Potsdam, wo sich die Großen Drei im Sommer 1945 trafen, war zu zwanzig Prozent zerstört. Das Potsdamer Stadtschloß, gleich nach dem Regierungsantritt Friedrichs des Großen von Knobelsdorff umgebaut und der Stadt Potsdam städtebaulich Halt und Mitte gebend, war durch einen Bombenangriff im März 1945 nahezu ausgelöscht worden, aber noch immer in seinen ausgebrannten Fassaden erhalten und leichter wiederherzustellen als viele Bauten Westdeutschlands. Doch die Behörden erst der sowjetischen Besatzungszone und dann der Deutschen Demokratischen Republik erklärten dieses Meisterwerk des preußischen Rokoko zur Zwingburg des preußischen Militarismus und rissen 1959/60 auch jene Teile ab, die wiederhergerichtet waren – trotz internationaler Proteste.

selbst sprachen bei ihrer Übereinkunft von »Bericht« und »Protokoll«. Trotzdem besteht kein Zweifel, daß die USA ebenso wie Großbritannien sich an die Beschlüsse gebunden fühlten, die die Sowjetunion sogar als völkerrechtlichen Vertrag wertet. Die Großen Drei hatten sich auf ein Kommuniqué geeinigt, das als Grundlage für die weitere gemeinsame Politik gegenüber Deutschland gedacht war. Der amerikanische Diplomat und Rußlandkenner George F. Kennan sah schon im Jahre 1945 die Ursachen für die Gegensätze der Alliierten in der Deutschlandfrage sehr nüchtern: »Die Idee, Deutschland gemeinsam mit den Russen regieren zu wollen, ist ein Wahn ... Wir haben keine andere Wahl, als unseren Teil von Deutschland – den Teil, für den wir und die Briten Verantwortung haben – zu einer Form von Unabhängigkeit zu führen, die so befriedigend, so gesichert, so überlegen ist, daß der Osten sie nicht gefährden kann ... Zugegeben, daß das Zerstückelung bedeutet. Aber die Zerstückelung ist bereits Tatsache, wegen der Oder-Neiße-Linie. Ob das Stück Sowjetzone wieder mit Deutschland verbunden wird oder nicht, ist jetzt nicht wichtig. Besser ein zerstückeltes Deutschland, von dem wenigstens der westliche Teil als Prellbock für die Kräfte des Totalitarismus wirkt, als ein geeintes Deutschland, das diese Kräfte wieder bis an die Nordsee vorläßt.«[35]

Tatsächlich war die Teilung des Landes schon eingeleitet. Die Reparationsregelungen des Potsdamer Abkommens trugen dazu bei, daß sich die Besatzungsbereiche verselbständigten. Aber war das Deutsche Reich von 1871/1919 durch die Art seiner Kapitulation und durch die Form der Übernahme alliierter Souveränität nicht ohnehin untergegangen? In welchem völkerrechtlichen Zustand befand sich der besiegte Staat überhaupt?

Die juristische Brisanz und die politische Folgewirkung dieser Frage bewegten zunächst nur wenige. Ihre fundamentale Bedeutung für die künftige staatliche Entwicklung konnte von den Verantwortlichen und der betroffenen Bevölkerung in ihrem ganzen Ausmaß noch nicht erfaßt werden. Ein klares Konzept lag nicht vor. Das zeigt schon der formale Akt der Etablierung der obersten Regierungsgewalt der Siegermächte, der nicht erst in Potsdam, sondern bereits wenige Wochen nach der Kapitulation durch die gemeinsame »Erklärung in Anbetracht der Niederlage Deutschlands« vom 5. Juni 1945 vorgenommen wurde. Diese entsprach dem »General Instrument of Surrender«, angekündigt im Artikel IV der Kapitulationsurkunde von Karlshorst, und basierte auf den Vereinbarungen der EAC. In ihr kam der gemeinsame Wille zum Ausdruck, auch die rechtliche Lage Deutschlands durch einseitige alliierte Akte zu gestalten. Gemeinsam mit der Erklärung wurde das Protokoll über die Besatzungszonen und die Vereinbarung über die alliierten Kontrollorgane in Kraft gesetzt. Die vier Besatzungsmächte übernahmen alle Befugnisse einer deutschen Regierung, einschließlich der Behörden der Länder, Städte und Gemeinden. Ausdrücklich stellten sie jedoch fest: »Die Übernahme zu den vorstehend genannten Zwecken der besagten Regierungsgewalt und Befugnisse bewirkt nicht die Annektierung Deutschlands.«[36] Das Ende des Reiches und seine schrittweise Eroberung waren, so wie sie dann tatsächlich erfolgten, nicht vorhergesehen worden.

So kam es zu einem völkerrechtlich ambivalenten Zustand. Zu einer eindeutigen Aussage über die Frage deutscher Staatlichkeit konnten oder wollten die Sieger offensichtlich nicht mehr gelangen. Obwohl diese ausblieb, fand trotz völliger Niederlage und trotz alliierter Oberhoheit die Auffassung vom Fortbestehen des Deutschen Reiches Nahrung, die später zum Kern der geltenden Rechtsauffassung der Bundesrepublik wurde.[37] Sie stützt sich darauf, daß aufgrund fehlender Annexion eine Unterwerfung (*subiugatio*) im Sinne des Völkerrechts und damit ein Souveränitätsübergang auf die Alliierten nicht vorliege. Die Rechtsauffassung von der Kontinuität des Reiches stärkte den politischen Willen, erkennbaren Tendenzen einer Teilung entgegenzuwirken. Sie belebte zugleich die Hoffnung, die territoriale Integrität Deutschlands retten zu können, zumal auch die Alliierten – mit Ausnahme Frankreichs – dazu übergingen, den Hinweis auf die deutsche Einheit als Argument des kalten Krieges zu nutzen und den Ausbau ihres jeweiligen Besatzungsbereichs als Politik im Interesse der deutschen Nation darzustellen. Das Auseinanderklaffen zwischen beginnender Teilung und theoretisch aufrechterhaltener Einheit Deutschlands nahm seinen Anfang.

II.
Im besiegten Land

1. Revolution von oben

»Es ist und bleibt grauenvoll, wenn ein großes Volk von siebzig Millionen mit solcher Vergangenheit die Freiheit radikal verliert, bis in den letzten Winkel besetzt und in toto der Herrschaft fremder Völker, Militärbefehlshaber, Kommandeure, Unterführer und Soldaten jeder Hautfarbe und vieler Sprachen unterworfen wird.« Der schwäbische Rechtsanwalt Reinhold Maier, der so empfand, war kein Belasteter des Dritten Reiches. Nur kurze Zeit, nachdem er diese Gefühle seinem Tagebuch anvertraut hatte, wurde er von den Amerikanern in Stuttgart zum Ministerpräsidenten ernannt. Er hätte sich befreit fühlen und nach zwölf Jahren ständigen Drucks erleichtert aufatmen können. Doch er taumelte, »wie von einem schweren Schock getroffen«.[1]

Ähnlich erlebte ein großer Teil der deutschen Bevölkerung die ersten Monate der Besatzungszeit. Vielerorts war das vertraute Bild der Heimat entstellt: Siegeruniformen überall, Jeeps jagten hin und her, das Land war vollgestopft mit Panzern und schwerem Gerät. Gestützt auf Direktiven und Befehle, die den Deutschen nur bruchstückhaft zur Kenntnis gebracht wurden, trafen die Besatzungstruppen die ihnen notwendig erscheinenden Maßnahmen. Zunächst gab es eine Welle von Verhaftungen. Dabei griffen die Alliierten auch ohne den Schutz ordentlicher Gerichtsverfahren tief in die Freiheitsrechte ein. In den Augen der eingeschüchterten Bevölkerung drohte die alte Rechtsunsicherheit des nationalsozialistischen Regimes durch die neue der »Befreier« abgelöst zu werden.

Deutschland nach seiner Niederlage wenigstens für eine Übergangszeit internationaler Kontrolle und Verwaltung zu unterwerfen, den Deutschen keineswegs sogleich das Recht auf Selbstbestimmung und Selbstregierung zuzugestehen und sie nicht schon jetzt in den Kreis der zivilisierten Staaten aufzunehmen, das gehörte trotz aller Gegensätze zum Konsens der Siegermächte. In erster Linie galt es, jeden Widerstand zu ersticken und die Deutschen zu demokratischem Verhalten umzuerziehen. Nur so glaubten die Alliierten, einer erneuten Gefährdung des Weltfriedens durch Deutschland entgegenwirken zu können. Außerdem sollten die Deutschen für begangene Untaten zur Rechenschaft gezogen werden und durch umfangreiche Reparationsleistungen Schadenersatz für die von ihnen zu verantwortenden Kriegszerstörungen leisten.

Als oberste gemeinsame Instanz alliierter Besatzungspolitik hatte die Potsdamer Konferenz einen »Rat der Außenminister« vorgesehen, der zweimal im Jahr tagen und konzeptionelle Entscheidungen herbeiführen sollte. Diese Rolle erfüllte er schon bald nicht mehr. Vielmehr entwickelte er sich zum Seismographen, ja zum Schrittmacher des kalten Krieges. Nach nur zweijähriger Arbeit stellte das Gremium Ende 1947 seine Tätigkeit ein. Kaum besser stand es um den Alliierten Kontrollrat mit Sitz in Berlin, der gemäß den Londoner Vereinbarungen und der Erklärung der Sieger die oberste Gewalt im besetzten Deutschland

Eine entscheidende Frage stellte sich nach Ansicht des britischen Karikaturisten David Low für die Außenminister der vier Siegermächte: »Wer soll für ihn aufkommen, wenn wir ihn nicht selbst für sich sorgen lassen?«

Sehr bald schon führte die Besatzungspolitik zu inneren Widersprüchen. Man beschränkte die Produktion, aber man vertrat die These, daß schließlich die Deutschen für sich selber sorgen müssen.

ausüben sollte. In dieser von den vier Militärgouverneuren geleiteten Behörde, deren Stellvertreter im Koordinierungsausschuß die entscheidende Arbeit leisteten, waren einschließlich Kontrollstab, Direktorien, Ausschüssen und Unterausschüssen sowie den zusätzlichen eigenen Kontrollstäben der jeweiligen Besatzungsmacht mehr als 40000 Personen beschäftigt. Trotz ihrer weitgesteckten Entscheidungsbefugnisse in allen »Deutschland als Ganzes« betreffenden Fragen blieb die tatsächliche Bedeutung dieser obersten Instanz für die weitere Entwicklung gering. Als handlungsfähig erwies sie sich nahezu ausschließlich bei den »negativen« Besatzungsfragen. Das hatte sowohl inhaltliche als auch strukturelle Gründe, denn die Verfassung des Kontrollrats sah vor, daß Beschlüsse mit Gesetzeskraft der Zustimmung aller vier Mächte bedurften. Das Prinzip der Einstimmigkeit galt sowohl für den Kontrollrat selbst als auch für dessen nachgeordnete Gremien.

Aus all dem mußten sich nach Lage der Dinge schwerwiegende Hindernisse für gemeinsame Beschlüsse ergeben. Der Kontrollrat bot sich als Blockadeinstrument geradezu an. Schon unmittelbar nach Abschluß der Konferenz von Potsdam hatten die Franzosen, die zu keiner der Konferenzen der Großen Drei hinzugezogen worden waren, ihr Veto bei allen Schritten angekündigt, die eine administrative, ökonomische oder gar politische Einheit Deutschlands zum Ziel hatten. Der Plan, zentrale deutsche Verwaltungsstellen zu errichten, scheiterte am französischen Widerstand. Doch wäre dies kaum ausreichend gewesen, um einen einheitlichen Kurs der übrigen Alliierten zu verhindern, wenn nicht der zunehmende Konflikt zwischen den anglo-amerikanischen Mächten und der Sowjetunion die alliierte Deutschlandpolitik geprägt hätte.

Zum Kristallisationspunkt gegensätzlicher Auffassungen entwickelte sich das immer weiter verschleppte Reparationsproblem. Es kam zum offenen Streit über die Entnahme von Reparationen aus der laufenden Produktion, wie sie von den Sowjets trotz anderslautender Vereinbarungen in großem Stil praktiziert wurde.

Damit war auch programmiert, daß der Versuch, einen gemeinsamen Industrieplan zu erstellen, der die Höhe der deutschen Produktion und den Lebensstandard der deutschen Bevölkerung festlegen sollte, scheitern würde. An diesem Punkt begann die Wende in der amerikanischen Deutschlandpolitik.

Die zunehmende Unfähigkeit des Kontrollrats, gemeinsame Entscheidungen zu treffen, führte zu einer Verlagerung der Besatzungspolitik auf die Ebene der Zonen und zur Festigung des Status quo im unmittelbaren militärischen und machtpolitischen Einflußbereich jeder einzelnen Siegermacht. Als Schrittmacher eigenständigen Vorgehens erwies sich dabei die Sowjetunion. Zwar wird es schwierig bleiben, Licht in die Details ihrer Deutschlandplanung zu bringen, solange die Moskauer Archive verschlossen sind. Doch läßt die Zielstrebigkeit der sowjetischen Politik schon in der ersten Phase der Besatzung – im Vergleich zum vielfach improvisierten Vorgehen der westlichen Siegermächte – auf ein abgestimmtes und zugleich flexibles Konzept schließen, in dem den deutschen Kommunisten eine wesentliche Rolle zukam.

Seit 1939 hatte das Zentralkomitee der KPD in Moskau gearbeitet, dessen Mitglieder sich systematisch auf die Rückkehr in die Heimat vorbereiteten. Mit den Richtlinien für die Arbeit der »deutschen Antifaschisten in dem von der Roten Armee besetzten Gebiet« im Gepäck flogen Ende April 1945 drei »Initiativkader« nach Westen: die Gruppe Ulbricht nach Berlin, Gustav Sobottka und seine Mitarbeiter nach Schwerin und der Zirkel Anton Ackermanns nach Dresden. Aus den Erinnerungen Wolfgang Leonhards, eines Angehörigen der Gruppe Ulbricht, sind wir über deren Zusammensetzung und ihren Auftrag informiert. Sie sollten »deutsche Selbstverwaltungsorgane in Berlin aufbauen …, in die verschiedenen Berliner Bezirke fahren und dort aus den antifaschistisch-demokratischen Kräften jene heraussuchen, die sich für den Aufbau der neuen deutschen Verwaltung eignen«.[2] Es ging also keineswegs darum, von vornherein ein deutsches kommunistisches Regime zu installieren. Vielmehr sollte eine möglichst repräsentative Beteiligung aller »Unbelasteten«, auch der »bürgerlichen Kräfte«, angestrebt und so die Zustimmung der Bevölkerung geweckt und gefördert werden. In keinem Augenblick wurde dabei jedoch auf eine lückenlose Kontrolle verzichtet. Aufgabe der Emissäre des Zentralkomitees war es, zuverlässige Kader um sich zu versammeln, Bürgermeister und Landräte einzusetzen sowie erste lokale und regionale Verwaltungen einzurichten. Unterstützt wurden sie von »Frontbeauftragten« des Nationalkomitees Freies Deutschland, jenen in den sowjetischen Kriegsgefangenenlagern speziell für diese Aufgabe geschulten deutschen Soldaten.

Die enge Verflechtung der sowjetischen Armeestellen mit den Funktionären einer Partei, die sich seit den frühen Jahren der Weimarer Republik eng mit dem politischen Schicksal der Sowjetunion verbunden hatte, gab der russischen Armeeführung loyale deutsche Helfer an die Hand, die für ihre Politik vor Ort über das nötige Spezialwissen verfügten. Zwar griff man beim Aufbau der deutschen Verwaltung auf die überlieferten Strukturen zurück, bewirkte jedoch durch gezielte Personalpolitik und neue Aufgabenstellungen grundlegende inhaltliche Veränderungen. »Es ist doch

ganz klar: Es muß demokratisch aussehen, aber wir müssen alles in der Hand haben«, so wird eine Äußerung Walter Ulbrichts kolportiert, mit der er eine Lagebesprechung über die »richtige« Zusammensetzung von Bezirksverwaltungen beschloß.[3]

Unter der Leitung Marschall Schukows zielte die Sowjetische Militäradministration (SMAD) mit ihren über 50000 Mitarbeitern auf eine rasche Veränderung der gesellschaftlichen, wirtschaftlichen und politischen Landschaft. Ihre zentralen Verwaltungsstellen besaßen eine den Institutionen des Alliierten Kontrollrats analoge Organisationsform. Regionale und lokale Stellen gewährleisteten ein dichtes Kontrollnetz auf allen Ebenen. Im Verlauf ihres Bestehens erließ die SMAD weit über 1000 Weisungen, die sie in Form von Befehlen faßte und mit denen sie in alle Bereiche des öffentlichen und gesellschaftlichen Lebens eingriff. Schon vor der Potsdamer Konferenz unternahm sie wesentliche Schritte, die dem Neuanfang in ihrer Besatzungszone einen entscheidenden Vorsprung und zugleich eine von den Westzonen verschiedene eigentümliche Prägung gaben: wirtschaftliche Kontrolle des Landes, um die umfassenden Reparationsleistungen zu garantieren; Absicherung des eigenen Machtbereichs in Deutschland bei gleichzeitiger Offenheit für gesamtdeutsche Initiativen, möglichst ohne den alliierten Konsens zu gefährden; Ansätze einer sozialistischen Wirtschafts- und Gesellschaftsstruktur, die durch den radikalen Neubeginn ermöglicht wurden.

Alle Besatzungsmächte übertrugen den Deutschen die Verantwortung für das Funktionieren oder Versagen ihrer eigenen Verwaltung. Auf diese Weise sollte die Demokratie in Deutschland neu eingeübt werden. Gleichzeitig konnte Eigenverantwortung die Besiegten am ehesten aus der Lethargie wecken und Opposition oder gar Obstruktion verhindern. Was die sowjetische Politik jedoch von jener der Westmächte unterschied, war ihr entschieden politisch-ideologischer Inhalt, war die beabsichtigte »antifaschistisch-demokratische Umwälzung«. Die Führungsrolle der Kommunisten sollte in ihrer Zone schrittweise durchgesetzt, zugleich aber wenigstens die demokratische Fassade gewahrt bleiben.

So begann die SMAD bereits im Juli 1945 mit einer Neuordnung der Länder, die im Unterschied zu den westzonalen Gliederungen reine Verwaltungskörperschaften blieben. Ihnen war nur eine vorübergehende Existenz beschieden. Im Jahre 1952 wurden sie wieder aufgehoben und durch eine größere Anzahl von Verwaltungsbezirken ersetzt. Bei der Besetzung der leitenden Stellen in den Länderverwaltungen waren SMAD und KPD bemüht, den Eindruck repräsentativer Ausgewogenheit zu vermitteln. Zu Ministerpräsidenten wurden durchweg Politiker ernannt, die zwar aus dem »antifaschistischen« Lager stammten, aber nicht der KPD angehörten: die Sozialdemokraten Karl Steinhoff in Brandenburg, Rudolf Friedrichs in Sachsen und Wilhelm Höcker in Mecklenburg-Vorpommern; die »bürgerlichen Politiker« Friedrich Hübener (früher DDP) in der Provinz Sachsen und Rudolf Paul in Thüringen. Doch schon unterhalb der Ebene der Ministerpräsidenten ergab sich ein ganz anderes Bild. Alle für innere Angelegenheiten, für Personal und Polizei, aber auch für die beginnende Bodenreform, Entnazifizierung und Enteignung von Industriebetrieben zu-

Befehl Nr. 2 der Sowjetischen Militäradministration, der die Gründung von Parteien und Gewerkschaften in der sowjetisch besetzten Zone genehmigt

ständigen Minister waren Kommunisten. Der Einfluß der KPD zeigte sich noch klarer bei der für die gesamte sowjetische Besatzungszone zuständigen »deutschen Zentralverwaltung«, welche die Sowjets auf der Potsdamer Konferenz auch als Modell für ganz Deutschland empfahlen. Den zentralen Stellen gelang es bald, Zuständigkeiten aus dem Bereich der Länder und Regionen an sich zu ziehen. An der Spitze der wichtigsten Verwaltungen – Industrie, Landwirtschaft, Finanzen, Arbeit, seit 1946 auch die »Deutsche Verwaltung für Inneres« – standen Mitglieder der KPD. Besatzungsmacht und Partei arbeiteten Hand in Hand.

Die Sowjetunion versuchte früh, in ihrer Besatzungszone vollendete Tatsachen zu schaffen. Sie griff dabei den gemeinsamen alliierten Regelungen des Potsdamer Abkommens in wesentlichen Bereichen vor und setzte die westlichen Alliierten unter Zugzwang. Das galt für die frühe Zulassung von Parteien und Gewerkschaften ebenso wie für die früh einsetzende Enteignung von Industriebetrieben, die Bodenreform und die Verstaatlichung von Banken.

Schon am 10. Juli 1945 erging der SMAD-Befehl Nr. 2, der die Gründung von Parteien und Gewerkschaften einleitete. Er erstreckte sich auch auf Berlin, das zu dieser Zeit noch vollständig von sowjetischen Truppen besetzt war. Die Initialzündung in der ehemaligen Reichshauptstadt zielte darauf, den gesamtdeutschen Neuanfang vorzuprägen. Es wurden alle »antifaschistischen Parteien« zugelassen, die sich die »Ausrottung der Überreste des Faschismus«, »die Festigung der Grundlage der Demokratie« und – so liest man mit Staunen – »der bürgerlichen Freiheiten« zum Ziel setzten.[4] Auf dieser Linie der Volksfronttaktik bewegte sich auch der Gründungsaufruf der KPD vom 11. Juni 1945, dem in kurzen Abständen die der SPD, der CDU und der Liberalen folgten.

Bezeichnenderweise enthielt das KPD-Papier keinerlei revolutionäre und im Vergleich zur SPD nicht einmal spezifisch sozialistische Forderungen. »Mit der Vernichtung des Hitlerismus«, so hieß es dort, »gilt es gleichzeitig die Sache der Demokratisierung Deutschlands, die Sache der bürgerlich-demokratischen Umbildung, die 1848 begonnen wurde, zu Ende zu führen, die feudalen Überreste völlig zu beseitigen und den reaktionären altpreußischen Militarismus mit allen seinen ökonomischen und politischen Ablegern zu vernichten.« Es wäre falsch, Deutschland das Sowjetsystem aufzuzwingen, denn dieser Weg entspreche nicht den gegenwärtigen Entwicklungsbedingungen. »Wir sind vielmehr der Auffassung, daß die entscheidenden Interessen des deutschen Volkes in der gegenwärtigen Lage für Deutschland einen anderen Weg vorschreiben, und zwar den Weg der Aufrichtung eines antifaschistischen, demokratischen Regimes, einer parlamentarisch-demokratischen Republik mit allen demokratischen Rechten und Freiheiten für das Volk.«[5] Von Enteignung war in dem Programm nur bezüglich des Vermögens der »Nazibonzen und Kriegsverbrecher« die Rede. Ansonsten wurde die »völlig ungehinderte Entfaltung des freien Handels und der privaten Unternehmerinitiative auf der Grundlage des Privateigentums« zugesichert. Diese überraschenden Konzessionen sollten zweifellos dazu dienen, das Aktionsprogramm der KPD als Grundlage für einen

Befehl Nr. 2

des Obersten Chefs der Sowjetischen Militärischen Administration

den 10. Juni 1945 **Berlin**

Am 2. Mai dieses Jahres wurde die Stadt Berlin von den Sowjettruppen besetzt. Die Hitlerarmeen, die Berlin verteidigten, kapitulierten und einige Tage später unterzeichnete Deutschland die Urkunde über die bedingungslose militärische Kapitulation. Am 5. Juni wurde im Namen der Regierungen der Union der Sozialistischen Sowjetrepubliken, der Vereinigten Staaten von Amerika, Großbritanniens und Frankreichs die Deklaration über die Niederlage Deutschlands und über die Uebernahme der höchsten Autorität auf dem ganzen Territorium Deutschlands durch die Regierungen der benannten Länder veröffentlicht. Vom Augenblick der Besetzung Berlins durch die Sowjettruppen an wurde auf dem Gebiet der Sowjetischen Okkupationszone in Deutschland feste Ordnung hergestellt, die städtischen Organe der Selbstverwaltung organisiert und notwendige Bedingungen für die freie gesellschaftliche und politische Tätigkeit der deutschen Bevölkerung geschaffen.

Zu Vorstehendem BEFEHLE ICH:

1. Auf dem Territorium der Sowjetischen Okkupationszone in Deutschland ist die Bildung und Tätigkeit aller antifaschistischen Parteien zu erlauben, die sich die endgültige Ausrottung der Ueberreste des Faschismus und die Festigung der Grundlage der Demokratie und der bürgerlichen Freiheiten in Deutschland und die Entwicklung der Initiative und Selbstbetätigung der breiten Massen der Bevölkerung in dieser Richtung zum Ziel setzten.
2. Der werktätigen Bevölkerung der Sowjetischen Okkupationszone in Deutschland ist das Recht zur Vereinigung in freien Gewerkschaften und Organisationen zum Zweck der Wahrung der Interessen und Rechte der Werktätigen zu gewähren. Den gewerkschaftlichen Organisationen und Vereinigungen ist das Recht zu gewähren, Kollektivverträge mit den Arbeitgebern zu schließen sowie Sozialversicherungskassen und andere Institutionen für gegenseitige Unterstützung, Kultur-, Bildungs- und andere Aufklärungsanstalten und -organisationen zu bilden.
3. Alle in den Punkten 1 und 2 genannten antifaschistischen Parteiorganisationen und freien Gewerkschaften sollen ihre Vorschriften und Programme der Tätigkeit bei den Organen der städtischen Selbstverwaltung und beim Militärkommandanten registrieren lassen und ihnen gleichzeitig die Liste der Mitglieder ihrer führenden Organe geben.
4. Es wird bestimmt, daß für die ganze Zeit des Okkupationsregimes die Tätigkeit aller in Punkt 1 und Punkt 2 genannten Organisationen unter der Kontrolle der Sowjetischen Militärischen Administration und entsprechend den von ihr gegebenen Instruktionen vor sich gehen wird.
5. Auf Grund des Vorstehenden sind alle faschistischen Gesetze sowie alle faschistischen Beschlüsse, Befehle, Anordnungen, Instruktionen usw. aufzuheben, die die Tätigkeit der antifaschistischen politischen Parteien und freien Gewerkschaften und Organisationen untersagen und gegen demokratische Freiheiten, bürgerliche Rechte und Interessen des deutschen Volkes gerichtet sind.

Der Oberste Chef der Sowjetischen Militärischen Administration
Oberbefehlshaber der Sowjetischen Okkupationstruppen in Deutschland
Marschall der Sowjetunion G. K. Shukow

Der Stabschef der Sowjetischen Militärischen Administration
Generaloberst W. W. Kurasow

Block der antifaschistischen demokratischen Parteien schmackhaft zu machen.

Durch diese am 14. Juli 1945 begründete Aktionseinheit aller politischen Gruppierungen der SBZ wurde von vornherein verhindert, daß oppositionelle Bewegungen entstanden. Die Notwendigkeit gemeinsamer Anstrengungen zum Neuanfang war das entscheidende Argument, mit dem der politische Wille der KPD auch für die anderen Parteien zum Leitbild erhoben wurde. CDU und LDP stimmten in Verkennung der Lage einem Geschäftsordnungsantrag der SPD zu, der das Prinzip der Einstimmigkeit und die Verbindlichkeit der Blockbeschlüsse festlegte. Aus dieser selbst mitvollzogenen Umklammerung vermochten die demokratischen Parteien sich nicht mehr zu lösen. Ohne die KPD ging fortan nichts mehr. Eine Koalition gegen sie war praktisch ausgeschlossen, während die KPD ihrerseits mit Hilfe der sowjetischen Militärregierung erheblichen Druck auf die anderen Parteien ausüben konnte, um sie in den beginnenden Umgestaltungsprozeß einzubinden.

Eine besondere Rolle spielte dabei das Verhältnis zur neubegründeten Sozialdemokratie, die aus den politischen Fehlern der Vergangenheit lernen und das »eigensüchtige Parteiengezänk, wie es das politische Schlachtfeld der Weimarer Republik erfüllte«, im Keim ersticken wollte.[6] Sie suchte die Zusammenarbeit mit der KPD, deren Aufruf sie enthusiastisch begrüßte. Die Auffassung, daß die organisatorische Einheit der Arbeiterklasse eine Konsequenz sei, die sich aus der Geschichte ergebe, war im Sommer 1945 unter Sozialdemokraten weit verbreitet. Insofern entsprach die Haltung der Berliner SPD-Führung um Otto Grotewohl einer starken Tendenz innerhalb der Partei. Aber schon damals nahmen die SPD-Politiker des Londoner Exils und die Gruppe um Kurt Schumacher, die die Weichen für die westdeutsche Sozialdemokratie stellten, in dieser entscheidenden Frage eine andere, ablehnende Haltung ein.

Auf Drängen der Berliner SPD-Führung kam es bereits am 19. Juni 1945 zu einem ersten Treffen mit Vertretern der KPD, die jedoch zögerten, die gewünschte Verschmelzung einzuleiten. Überraschend forderte Walter Ulbricht damals noch, einen Klärungsprozeß in beiden Parteien vorzuschalten, da nur auf diese Weise die erneute Zersplitterung verhindert werden könne. Noch glaubte die KPD, ihre Position auf diese Weise verbessern zu können. Doch das änderte sich bald. Während im Verlauf der nächsten Monate der Einheitsenthusiasmus der Berliner SPD-Führung immer geringer wurde – die unverkennbare Begünstigung der Kommunisten durch die Besatzungsmacht ließ aufhorchen –, setzte sich in der KPD, endgültig unter dem Einfluß der katastrophalen Wahlergebnisse vom November 1945 in Österreich und Ungarn, die jetzt mit vollem Propagandaeinsatz vorgetragene Vereinigungsstrategie durch.

Nach heftigen Debatten auf gemeinsamen und getrennten Konferenzen wurde die Sozialistische Einheitspartei Deutschlands (SED) gegründet. Dieser Einigungsvorgang wird bis heute kontrovers beurteilt. Besaß er den Charakter einer Zwangsfusion oder siegte schließlich doch die Neigung vieler Sozialdemokraten, die

»Spaltung der Arbeiterklasse« zu überwinden, über vorhandene Bedenken? Fest steht, daß die Verschmelzung die Führungsrolle der Kommunisten festigte, die nun auf Kosten der Sozialdemokratie weiter ausgebaut wurde. Die SPD verschwand aus der sowjetischen Besatzungszone und damit aus jenen Regionen und Städten, die traditionell zu ihren Hochburgen zählten. Mit der Auflösung der ältesten und größten unter den demokratischen Parteien war der Weg frei für die Sonderentwicklung der SBZ, die den Anfang der inneren Spaltung Deutschlands markiert.

Kurt Schumacher hatte von Hannover aus die Vorgänge mit großer Skepsis verfolgt. Eine Zusammenarbeit oder gar Vereinigung mit der KPD kam für ihn nicht in Frage. Das Konzept der »Einheitspartei« stellte seiner Auffassung nach den Versuch dar, der SPD eine kommunistische Führung aufzuzwingen. »Eine sozialdemokratische Partei unter kommunistischer Führung wäre aber eine kommunistische Partei«,[7] dies prophezeite er schon im Oktober 1945. Mit seinen Vorbehalten gegenüber der »Partei Moskaus« unterschied er sich grundlegend von Otto Grotewohl, der dafür plädierte, zunächst von Berlin aus eine einheitliche Sozialdemokratie für Gesamtdeutschland aufzubauen, um dann das Bündnis mit der KPD einzugehen. Widerstände der KPD und der östlichen Besatzungsmacht, die jetzt auf sofortige Fusion drängte, aber auch die eindeutige Ablehnung der inzwischen unter der Führung Schumachers wiederbegründeten SPD im Westen entzogen der Position Grotewohls den Boden. Der entscheidende Einwand wurde in Hannover formuliert. Da es nicht möglich sei, Deutschland von einer Besatzungszone und deren besonderen Verhältnissen aus zu regieren, bis eine zentrale Reichsregierung unter Mitwirkung aller politischen Kräfte gebildet sei, könne es ebensowenig angehen, »die Sozialdemokratische Partei von Berlin aus zentral zu leiten«.[8]

Grotewohl sah sich gezwungen, seine Verzögerungstaktik aufzugeben. Die Vorladung nach Berlin-Karlshorst zu Marschall Schukow brachte ihn endgültig auf den Kurs der schnellen Fusion. Der »Vereinigungsparteitag« fand am 21./22. April 1946 in Berlin statt. Wie zuvor auf den Landesparteitagen wurde ein einstimmiger Beschluß gefaßt. Druck und Manipulation verbürgten das entlarvend perfekte Ergebnis. Der verbreitete Wille zur Zusammenarbeit der Arbeiterparteien wurde genutzt, um das gewünschte Ziel der Verschmelzung zu erreichen. Bedrohungen und Verhaftungen Widerstrebender taten ein übriges. Von einer freien Entscheidung konnte schon jetzt nicht mehr die Rede sein.

Dies bestätigt auch ein Blick auf die Urabstimmung über die Vereinigung von SPD und KPD, die allerdings nur in den zwölf West-Berliner Bezirken durchgeführt werden konnte, nachdem die SMAD sie für die sowjetische Besatzungszone und den Ostsektor Berlins untersagt hatte. Die westberliner Sozialdemokraten lehnten eine schnelle Vereinigung mit der KPD eindeutig ab, obwohl das Ergebnis die grundsätzliche Bereitschaft zur Zusammenarbeit erkennen läßt. An der Abstimmung nahmen 72,9 Prozent der SPD-Mitglieder teil. Von ihnen votierten 82 Prozent gegen die *sofortige* Vereinigung von SPD und KPD, während 62 Prozent die zweite Frage: »Bist Du für ein Bündnis, welches gemeinsame Ar-

Wahlplakat der SED

Seit Herbst 1945 propagierte die KPD nicht nur die Zusammenarbeit, sondern sogar die Vereinigung mit der Sozialdemokratischen Partei, obwohl es auch in der sowjetischen Besatzungszone Widerspruch dagegen gab. Otto Grotewohl plädierte dafür, zuerst einmal eine SPD für Gesamtdeutschland aufzubauen. Aber SMAD und KPD forcierten die Zwangsvereinigung. Im April 1946 wurde sie vollzogen.

beit sichert und den Bruderkampf ausschließt?« mit »Ja« beantworteten. Eine Legitimierung des Händedrucks von Pieck und Grotewohl, eine Billigung der schnellen Fusion kann darin nicht gesehen werden.

Bei der Umgestaltung der sowjetischen Besatzungszone vermischten sich Elemente einer Eroberungspolitik mit solchen einer Revolution von oben. Die Schwerpunkte lagen auf der Bodenreform, der Verstaatlichung von Industriebetrieben und der Personalpolitik. Den machtpolitischen Rahmen bestimmte die Rote Armee, während auf der Bühne die KPD/SED als Initiator tiefgreifender Veränderungen agierte. Nicht selten sanktionierten spätere deutsche Gesetze und SMAD-Befehle nachträglich bereits vollzogene Enteignungen und Entmachtungen. Noch war keine Sowjetisierung beabsichtigt, aber die infrastrukturellen Veränderungen schufen bereits die Voraussetzungen für eine »demokratische Umwälzung« im kommunistischen Sinne.

Die entscheidenden SMAD-Befehle, die praktisch zur Beschlagnahmung der gesamten Industrie Mitteldeutschlands führten, ergingen bereits um die Jahreswende 1945/46. Darüber hinaus wurden »Sowjetische Aktiengesellschaften« (SAG) mit dem doppelten Ziel gegründet, die Wirtschaft zu kontrollieren und die sowjetischen Reparationsbedürfnisse zu befriedigen. In einigen Industriezweigen besaßen die SAG eine monopolartige Stellung. Sie wurden erst im Jahre 1953 von der DDR zurückgekauft. Die Überführung der übrigen Industriebetriebe in »Volkseigentum« hat sich in mehreren Etappen nach charakteristischem Muster vollzogen. Zunächst wurden sie den Landes- und Provinzialverwaltungen zur Nutzung überlassen. Im Zuge der entschädigungslosen Enteignung der Nazi- und Kriegsverbrecher kam es dann zu Verstaatlichungen. Ein entsprechender Gesetzesentwurf, der gegen den Widerstand von CDU und LDP von der SED durchgesetzt wurde, gelangte am 30. Juni 1946 zur Volksabstimmung in Sachsen. »Stimmen Sie dem Gesetz über die Übergabe von Betrieben von Kriegs- und Naziverbrechern in das Eigentum des Volkes zu?«[9] Diese suggestive Frage bejahten 77,62 Prozent der Wählenden bei einer Wahlbeteiligung von 97,9 Prozent.

Bereits im Jahre 1947 ging der Anteil der Privatbetriebe an der industriellen Produktion auf etwa 44 Prozent zurück. Damals erfolgte auch die formelle Enteignung der Banken. Die großen Konzerne wie IG-Farben, Flick, Mannesmann, Siemens, AEG, Krupp und Wintershall wurden schon vor Gründung der DDR in »Volkseigentum« überführt. Konsequent ging die SED daran, die Fundamente für eine sozialistische Wirtschaftsordnung zu legen. Der wirtschaftliche Neuaufbau kam hingegen nur zögernd voran, zumal Entnahmen aus der laufenden Produktion dazu dienten, sowjetische Reparationsansprüche zu befriedigen.

Wie in der Industrie, so wurde auch im landwirtschaftlichen Bereich die Losung »Überreste des Faschismus« auszurotten, zu einer grundlegenden Veränderung der Eigentumsverhältnisse benutzt. Eine Bodenreform gehörte zwar auch zu den Plänen der westlichen Alliierten, um die Macht der »Junker« zu brechen. Während die Bodenreform in den Westzonen über geringfügige Ansätze jedoch nicht hinauskam, wurde sie in der SBZ in großem

Propaganda der SED am Parteihaus in Leipzig

Am 30. Juni 1946 stimmten für die Enteignung und Verstaatlichung der Industrie während eines – allerdings nicht kontrollierten – Volksentscheids in Sachsen 77,6 Prozent der Wahlberechtigten. Die Durchhaltepropaganda der Kriegsjahre wurde fast nahtlos durch die kommunistischen Parolen ersetzt. Ganze Hauswände in der sowjetischen Besatzungszone wurden mit Spruchbändern bedeckt, am plakativsten auf den Fassaden der Parteizentralen.

Stil in Angriff genommen. Seit September 1945 ordneten die Landesverwaltungen der SBZ die Enteignung der »Naziaktivisten und Kriegsverbrecher« an und verteilten den Großgrundbesitz von über 100 Hektar an landarme und landlose Bauern sowie an Umsiedler und Landarbeiter. Insgesamt wurden 3,3 Millionen Hektar, rund 35 Prozent der landwirtschaftlichen Nutzfläche, entschädigungslos enteignet und in einen Bodenfonds überführt. Hatte der Anteil der Großbetriebe (über 100 Hektar) im Jahre 1939 noch 28,3 Prozent ausgemacht, so ging er schon 1946 auf 5,2 Prozent der landwirtschaftlichen Nutzfläche zurück. Etwa 550 000 Menschen, von denen knapp ein Drittel nicht aus der Landwirtschaft kam, erhielten nun Anteile in einer Größenordnung zwischen 0,5 und 10 Hektar.[10] Diese Parzellierung stieß ebenso wie die entschädigungslose Enteignung auf die Kritik der ostzonalen CDU und führte zu Spannungen unter den Blockparteien. Die christdemokratischen Parteiführer Andreas Hermes und Walther Schreiber, die für funktionsfähige Familienbetriebe eintraten, fielen in Ungnade und wurden im Dezember 1945 durch Jakob Kaiser und Ernst Lemmer ersetzt. Insgesamt fand die Bodenreform durchaus breite Zustimmung in der Bevölkerung, vor allem bei den Begünstigten, die noch nicht wissen konnten, daß ihr neuer Besitz später in Landwirtschaftliche Produktionsgenossenschaften (LPG) überführt werden sollte. Auch die Veränderung der Besitzstrukturen im Agrarbereich erwies sich damit als eine Vorstufe zum Sozialismus.

Nicht minder präformierend wirkte sich die Säuberung des öffentlichen Dienstes aus, die im Zuge der Entnazifizierung durchgeführt wurde und im Endeffekt dazu diente, Kommunisten und Re-

Eine der ersten Briefmarken der sowjetisch besetzten Zone

Die »Bodenreform« erstreckte sich ursprünglich nur auf den Großgrundbesitz; die Bauern und insbesondere die Kleinbauern wurden gefördert, und den Vertriebenen aus den Ostgebieten sogenannte Neusiedlerstellen zugewiesen. Unter Berufung auf die Notwendigkeit, die Bevölkerung aus Ostpreußen, Pommern und Schlesien »anzusiedeln«, wurden häufig die alten Gutshäuser abgerissen, darunter architektonisch oder historisch bedeutende Bauten, so das Raitwain der Finckensteins und der Friedersdorfer Stammsitz der Marwitzens.

gimetreue in Schlüsselpositionen zu bringen. Wer als Kapitalist, Junker oder Kriegsverbrecher zu gelten hatte, bestimmte im wesentlichen die Militärregierung. Bereits im Sommer 1945 hatte sie alle Offiziere der Wehrmacht und die Angehörigen von NSDAP, Gestapo, SA und SS aufgefordert, sich registrieren zu lassen. Damit ging eine Welle von Verhaftungen einher. Im Herbst wurden alle Justizbediensteten »mit Vergangenheit« entlassen; über 85 Prozent der Staatsanwälte und Richter verschwanden. An ihre Stelle traten schnell ausgebildete »Volksrichter« und »Volksstaatsanwälte«.[11] Nach Angaben des *Neuen Deutschland* sind zwischen 1945 und 1948 etwa 520000 ehemalige Nazis aus der öffentlichen Verwaltung und der Industrie entfernt worden. Von den rund 40000 Lehrern, die es bei Kriegsende gab, verlor die Hälfte ihre Position. Sie wurden durch Angehörige bislang unterprivilegierter Schichten ersetzt. Die »klassenmäßige Ausgestaltung« der neuen Macht nahm sichtbare Züge an. Das traditionelle Berufsbeamtentum wurde abgeschafft.

Schon bald paarte sich das rigorose Vorgehen gegen führende NSDAP-Mitglieder mit einer erstaunlichen Milde gegenüber nominellen Parteigenossen (PG) und Mitläufern. Sie sollten in die neue »demokratische Gemeinschaft« eingegliedert werden. Strafe und Sühne blieb ihnen weitgehend erspart, sofern sie sich »mit ihrer ganzen Kraft am Wiederaufbau unseres Landes« beteiligten. Bereits im Juni 1946 bestätigte die SED ausdrücklich, daß solche Personen als Staatsbürger anerkannt und behandelt würden. Damals machte die Parole von der SED als großem Freund der kleinen Nazis die Runde. Mit ihrer unterschiedlichen Behandlung nomineller und aktiver Nationalsozialisten trugen SMAD und SED der Tatsache Rechnung, daß auch sie beim Wiederaufbau des Landes auf die Integration breiter Bevölkerungsschichten nicht verzichten konnten. Im Februar 1948 wurde die Entnazifizierung in der SBZ durch die Militärregierung für beendet erklärt.

Längst bevor sich der endgültige Bruch zwischen den Siegermächten abzuzeichnen begann, hatte die Sowjetunion in ihrer Besatzungszone das Heft fest in die Hand genommen. Als gemeinsame alliierte Institutionen in Berlin für kurze Zeit ihre Arbeit aufnahmen, wurde bereits deutlich, daß sich in der SBZ ein Typus von Demokratie anbahnte, der dem pluralistischen Demokratieverständnis des Westens zuwiderlief.

2. Indirect Rule

Das Vorgehen der westlichen Alliierten unterschied sich bereits in der frühen Phase der Besatzung grundlegend von jenem der Sowjetunion, wenn auch Parallelen und ähnlich gelagerte Probleme unübersehbar sind. Zwischen demokratischer Umerziehung und Bestrafung schwankend, neigten sie zunächst zu einer harten Einstellung, die erst allmählich einer konstruktiveren Haltung wich und schließlich auf den Weg politischer Selbstbestimmung führte.

Es ist schwierig, hinter dem teils improvisierten, teils widersprüchlichen Vorgehen der westlichen Besatzungsmächte im Frühjahr und Sommer des Jahres 1945 eine klare Konzeption zu erkennen, wenn es auch nicht ganz planlos war. Zunächst standen der Ausbau der militärischen Stellung, die Erfordernisse der Truppen sowie Säuberungsmaßnahmen und die Einsetzung lokaler und regionaler deutscher Verwaltungen im Vordergrund. Die Schwierigkeiten vor Ort – der desolate Zustand der Städte, der Verkehrswege, der Produktionsstätten, die Flüchtlingsströme, kurz: die Erfordernisse des täglichen Bedarfs in den besetzten Gebieten – ließen übergeordnete Direktiven und längerfristige Überlegungen hinter alltäglichen Notwendigkeiten zurücktreten. Zwar sollte den Deutschen die Totalität ihrer Niederlage klargemacht werden; man konnte es jedoch nicht riskieren, das Land und seine Menschen im Chaos versinken zu lassen. So bürdete der Triumph des Sieges den Alliierten zugleich die Last der Verantwortung für ein Land auf, dessen hoher industrieller und gesellschaftlicher Entwicklungsstand ohne eine hochspezialisierte öffentliche Verwaltung, ohne funktionierende Kommunikationsnetze nicht aufrechterhalten werden konnte. Das aber war nur mit Hilfe deutscher Experten möglich. Hier fand die Macht der Alliierten ebenso wie die Absicht der Entnazifizierung und Umerziehung ihre Grenze.

Die Besatzungspolitik der drei Westmächte gestaltete sich keineswegs einheitlich. Nationale Interessen, aber auch die spezifischen Bedingungen der jeweiligen Zonen führten zu unterschiedlichen Vorgehensweisen, die durch die mangelnde Funktionsfähigkeit gemeinsamer, Deutschland als Ganzes betreffender Institutionen noch verstärkt wurde. Schon während der Okkupationsphase ergaben sich erhebliche Differenzen und Spannungen nicht nur zwischen den westlichen Alliierten und den Sowjets, sondern auch zwischen Amerikanern und Franzosen, die den Status einer vierten Siegermacht der intensiven Fürsprache Großbritanniens verdankten.

Aus der Direktive JCS 1067 des Generalstabs der US-Streitkräfte an den Oberbefehlshaber der amerikanischen Besatzungstruppen vom 26. April 1945: »Es muß den Deutschen klargemacht werden, daß Deutschlands rücksichtslose Kriegführung und der fanatische Widerstand der Nazis die deutsche Wirtschaft zerstört und Chaos und Leiden unvermeidlich gemacht haben und daß sie nicht der Verantwortung für das entgehen können, was sie selbst auf sich geladen haben.«

General de Gaulle hatte schon seit Sommer 1944 bei mehreren Gelegenheiten dargelegt, wie er sich die Rolle seines Landes bei der Besetzung Deutschlands vorstellte. Er bewegte sich in der Tradition französischer Außenpolitik, für die nur der Rhein zwischen Köln und Konstanz als sichere und natürliche Ostgrenze galt. Gebietsverluste, Dezentralisation, Schwächung der deutschen Wirtschaftsmacht und dauernde Abtrennung des Ruhrgebietes wurden als unabdingbare Voraussetzungen künftiger Sicherheit angesehen. Am 10. April 1945 beanspruchte de Gaulle öffentlich,

Deutschland unter alliierter Besatzung, 1947

Seit Potsdam erstreckte sich das alliierte Besatzungsgebiet nur noch bis zur Oder-Neiße-Linie. Praktisch hatte Deutschland damit aufgehört, in den Grenzen von 1937 zu existieren, obwohl für die Gebiete, die unter polnischer und russischer Verwaltung standen, der Vorbehalt eines künftigen Friedensvertrages galt. In der sowjetischen Besatzungszone blieben die alten innerdeutschen Länder Mecklenburg, Brandenburg, Thüringen und Sachsen zunächst erhalten, bis sie 1952 abgeschafft und durch Bezirke ersetzt wurden.

ohne sich vorher mit den Amerikanern abgestimmt zu haben, die linksrheinischen Gebiete bis Köln und gleichzeitig die ehemaligen Länder Hessen-Nassau, Hessen-Kassel und Hessen-Darmstadt sowie Baden als Besatzungzone. Im Zuge der Besetzung lieferten sich französische und amerikanische Truppen ein regelrechtes Wettrennen auf Stuttgart. Erst am 22. Juli 1945 kam es zur Einigung und nach fast dreimonatigem Zwischenspiel, in dem die Generäle häufig Politik auf eigene Faust betrieben, wurde die schwäbische Stadt schließlich aufgrund massiven amerikanischen Drucks – Eisenhower drohte mit der Einstellung sämtlicher Versorgungslieferungen – von den Franzosen geräumt.

Die Aufteilung Deutschlands in Besatzungszonen warf eine Fülle von Problemen auf. Die Zonengrenzen zerschnitten die traditionellen Gliederungen der Länder und das Beziehungsgeflecht der Wirtschaftsräume. Die Besatzungszonen unterschieden sich deutlich nach Größe, Bevölkerungsverteilung und ökonomischer Struktur. Am kleinsten war die französische Zone mit etwa zwölf Prozent des besetzten Gebiets, während die Großen Drei über etwa gleiche Anteile verfügten. Die bevölkerungsreichste und am stärksten industrialisierte war die britische Besatzungszone. In ihr befanden sich die westlichen Provinzen Preußens, dessen Auflösung längst beschlossene Sache war, aber auch die kleineren norddeutschen Länder und Stadtstaaten. Zur amerikanischen Zone gehörten neben Bayern, das bis auf die Rheinpfalz als einziges deutsches Land seinen territorialen Bestand erhalten konnte, Hessen ohne seine linksrheinischen Gebiete sowie die nördlichen Teile Badens und Württembergs. Vor allem die französische Zone bestand im Südwesten aus einem Flickenteppich von Länderbestandteilen, deren Zusammenfassung und Verbindung schwierig blieb. Da vorerst mit deutschen Zentralstellen nicht gerechnet werden konnte, gingen die Militärbehörden dazu über, Verwaltungen auf zonaler beziehungsweise auf Länderebene einzurichten. Dabei war es in der amerikanischen Zone am ehesten möglich, auf bestehende Ländereinteilungen zurückzugreifen, während Franzosen und Briten zunächst zentrale Zonenämter errichteten.

Als die Schwierigkeiten des Kontrollratssystems erkennbar wurden und sich ein Vorsprung der sowjetischen Deutschlandpolitik abzeichnete, begannen die Amerikaner, die politischen und wirtschaftlichen Verhältnisse in ihrer eigenen Zone zu ordnen und zu stabilisieren, hielten aber entschieden an der gemeinsamen alliierten Zuständigkeit für ganz Deutschland fest. Sie beschleunigten den Ausbau ihrer Zone. Dies widersprach zwar nicht den geltenden Richtlinien der amerikanischen Besatzungspolitik, setzte jedoch sehr deutlich konstruktivere Akzente als die berühmte Direktive JCS 1067, die in den ersten Monaten die »sterile, negativharte Art der amerikanischen Haltung« bestimmt hatte.[12]

Seit Anfang Oktober 1945 ging das neugegründete »Office of the Military Government« (OMGUS), das nunmehr unabhängig von der Armeeverwaltung existierte, unter der Leitung von Generalmajor Lucius D. Clay mit erstaunlich präzisen Vorstellungen an die Arbeit. Geplant war ein allmählicher Übergang der Verwaltungsverantwortung an deutsche Landesregierungen, um einerseits Ersatz für die bereits erkennbare Blockierung des Kontroll-

rats zu schaffen und andererseits die Demobilisierung der amerikanischen Truppen zu erleichtern und die Militärbehörden zu entlasten. Zugleich verband sich damit eine politisch-pädagogische Absicht: die Deutschen sollten auf dem Wege der »indirect rule« an die politische Mit- und Eigenverantwortung herangeführt werden, um so demokratische Verhaltensweisen einzuüben.[13]

Der politische Ausbau der Länder nach demokratisch-parlamentarischem Muster wurde von der Militärregierung unter strenger Aufsicht, aber mit großer Energie vorangetrieben. Mit der Proklamation von Groß-Hessen, Bayern, Württemberg-Baden (die Enklave Bremen wurde bis Oktober 1946 von amerikanischen Beamten nach britischen Direktiven verwaltet) war die erste Phase dieses Prozesses, mit dem die Amerikaner den anderen Westzonen weit vorauseilten, schon Ende 1945 abgeschlossen. Bereits am 27. Januar 1946 fanden in der US-Zone Gemeindewahlen statt. Damit begann ein qualitativ neuer Abschnitt im Verhältnis zur Besatzungsmacht. Zunächst forderte die amerikanische Militärregierung die Ministerpräsidenten der drei süddeutschen Länder auf, Vorarbeiten zum Entwurf von Landesverfassungen einzuleiten. In ihren Direktiven von Anfang Februar 1946 beauftragten sie die Ministerpräsidenten Karl Geiler (Groß-Hessen), Wilhelm Hoegner

(Bayern) und Reinhold Maier (Württemberg-Baden), einen Vorbereitenden Verfassungsausschuß – beziehungsweise eine Verfassungskommission – einzusetzen, Unterlagen zu sammeln und bis zum 20. Mai einen Bericht vorzulegen. Darüber hinaus sollten bis zum 15. März Gesetze für die Wahl von Verfassunggebenden Landesversammlungen ausgearbeitet und bis zum 15. September bei der Militärregierung Verfassungsentwürfe vorgelegt werden. Eine Volksabstimmung über die Verfassung in den drei Ländern war, kombiniert mit Wahlen zu den Landtagen, bis spätestens zum 3. November 1946 geplant.[14] Diese Termine sind dann auch im großen und ganzen tatsächlich eingehalten worden.

Um die Arbeit der Länder zu koordinieren, entschloß sich die amerikanische Militärregierung, eine zonenübergreifende deutsche Instanz ins Leben zu rufen. Vor den versammelten Ministerpräsidenten begründete Clay dieses Vorhaben am 17. Oktober 1945 in Stuttgart: »In unserer Zone sind Ländereinheiten geschaffen worden. Es ist wichtig, daß eine vollständige Koordinierung der Regierungsangelegenheiten zwischen diesen Ländereinheiten herbeigeführt wird. Dies ist besonders wichtig bei Sonderdiensten der Verwaltung, wie Postwesen, Transportwesen usw., die allen Ländern nutzbar gemacht werden müssen. Die Sicherstellung dieser Koordinierung ist ihre Aufgabe, nicht unsere. Wir wünschen keine Zonenhauptstadt in der US-Zone einzurichten, da wir glauben, daß ein zentrales Verwaltungssystem wichtig für die Handlungen Deutschlands als Wirtschaftseinheit ist. Darum beabsichtigen wir, als Zwischenlösung hier in Stuttgart einen Rat der Ministerpräsidenten für unsere Zone einzurichten. Sie werden periodisch zusammentreten, um über gemeinsame Probleme zu beraten.«[15]

Das »Nest der Zaunkönige«, wie Kurt Schumacher den Länderrat einmal nannte, wuchs bald über die Rolle einer bloßen Koordinationsinstanz hinaus. Für seine Entscheidungen galt das Prinzip der Einstimmigkeit, was nicht nur die Position der einzelnen Ministerpräsidenten stärkte, sondern auch ihre Neigung, die Bedeutung ihrer jeweiligen Länder hervorzuheben. Schon in den ersten Sitzungen äußerte der bayerische Vertreter den Verdacht, es solle eine »neue Zentralgewalt« geschaffen werden.[16] Die Eigenstaatlichkeit zu sichern erschien jedoch damals verlockender als ein gemeinsames zonales Entscheidungsgremium zu stärken. Nur der amerikanischen Aufsicht, die den »Kampf der Zaunkönige« zügelte, ist es zu verdanken, daß ein beschlußfähiges Organ von politischem Gewicht entstand. James K. Pollock, der Leiter des »Regional Government Coordinating Office« (RGCO), verglich das Stuttgarter Gremium mit einer großen Glaskugel, »in deren Wasser die Goldfische unbehindert ihr Leben führen, aber ständig kontrolliert werden, ob und wie sie sich miteinander vertragen«.[17]

Die Amerikaner ließen der Konferenz der Ministerpräsidenten einen erstaunlich weiten Spielraum. Sie interessierte vor allem das Ergebnis der Arbeit, nicht so sehr der Weg dorthin. Die Länderchefs tagten unter vierteljährlich wechselndem Vorsitz jeden Monat in Stuttgart. Das gemeinsame Sekretariat unter Erich Roßmann, einem früheren SPD-Abgeordneten des württembergischen Landtags und des deutschen Reichstags, verfügte über eine ständige Verbindung zu den Staatsministerien der Länder. Schon bald

Gemeinderatswahlen in München, 26. Mai 1946

Im April 1946 fanden in den Ländern der amerikanischen Besatzungszone die ersten Kreistagswahlen statt und schon im Juni die Wahlen zu den verfassunggebenden Landesversammlungen. Der Weg zur neuen deutschen Staatlichkeit ging in Etappen vor sich, war aber sehr bald schon abzusehen.

wurden die Kompetenzen des Länderrates erweitert. Aufgaben in den Bereichen Verkehr, Ernährung, Landwirtschaft und Wirtschaft ergaben sich aus zonalen Erfordernissen. Er gedieh damit zu einer Art Reichsministerium im kleinen. Von seiner Grundanlage her konnte er jederzeit auch als Keimzelle einer zentralen Zonenregierung dienen. Die Bedeutung des Länderrates wuchs, aber seine Neigung zur Überbürokratisierung zeigte sich darin, daß Ausschüsse und Unterausschüsse wie Pilze aus dem Boden schossen.

Erste Schritte einer Parlamentarisierung des Länderrates ergaben sich durch die Angliederung eines sogenannten Parlamentarischen Rates im Frühjahr 1946, in dem, entsprechend der jeweiligen Fraktionsstärke, Abgeordnete der einzelnen Landtage vertreten waren, um in öffentlicher Verhandlung die Maßnahmen des Länderrats zu diskutieren. Obwohl seit dem Winter demokratisch gewählte Landtage und parlamentarisch legitimierte Regierungen in den einzelnen Ländern existierten, entwickelte sich der Länderrat zum eigentlichen Entscheidungs- und Ausführungsorgan. Hoffnungen auf zunehmende Länderautonomie, wie sie vor allem die bayerische Landesregierung hegte, wurden auf diese Weise gedämpft, die politische Selbstbestimmung immer noch in Schranken gehalten. Mit dem Hinweis, daß zoneneinheitliche Gesetze nicht von Einzellandtagen beschlossen werden könnten, war es der Militärregierung zwar möglich, die Beschlußkompetenz der demokratisch gewählten Organe in den Ländern zugunsten eigener Kontrollmöglichkeiten über den Länderrat einzugrenzen; sie hat auf diese Weise aber auch dazu beigetragen, Sonderentwicklungen zu verhindern.

Der Länderrat verstärkte die Zusammenarbeit mit deutschen Verwaltungsstellen in den anderen Zonen. Er verfügte über Verbindungsbüros in der britischen Besatzungszone und in Berlin. Seit Frühjahr 1946 trafen sich wiederholt die Länderchefs der britischen und amerikanischen Zone, um zunächst rein wirtschaftliche Probleme zu besprechen und gemeinsame Wünsche an die Militärregierungen heranzutragen. Vertreter anderer Zonen wurden gelegentlich zu Sitzungen des Länderrats geladen, und um-

gekehrt nahmen Mitglieder des Stuttgarter Sekretariats an Fachtagungen in anderen Zonen teil. Damit entwickelte sich ein Netz gesamtdeutscher Kontaktstellen, das allerdings vom Wohlwollen der Militärregierungen abhängig blieb.

Unter dem Druck der schwierigen wirtschaftlichen Verhältnisse bildeten sich auch in der britischen Zone Formen überregionaler Zusammenarbeit heraus.[18] Zwar konnten sich hier nach dem Fortfall der obersten Reichsbehörden die Vertreter der weiter bestehenden Länder- und Provinzialverwaltungen zunächst als oberste Repräsentanten der deutschen Seite fühlen. Die britische Militärregierung ließ sich aber bei der Übertragung exekutiver und legislativer Befugnisse auf deutsche Stellen sehr viel mehr Zeit als der amerikanische Verbündete. Ausschlaggebend dafür war nicht nur eine andere Einstellung zu der Frage, wie Demokratie in Gang zu setzen sei. Die britische Zone litt am stärksten unter dem Ausmaß der Zerstörungen, hier war die Not der Bevölkerung besonders groß. Oft half zunächst nur Improvisation weiter, und darin erwiesen sich die Briten als wahre Meister. Aber schon bald zog die Militärregierung mit erheblichem Aufwand an Verwaltungspersonal – etwa fünfmal soviel wie in der US-Zone – alle wesentlichen Entscheidungen an sich. Statt eines dezentralen, föderativen Weges wurde hier, gemäß der eigenen zentralstaatlichen Tradition, der Weg zonaler Verwaltung und Kontrolle beschritten, parallel dazu wurde jedoch eine Demokratie »von unten« auf der Ebene der Gemeinden und der politischen Parteien aufgebaut. Eine erste provisorische Verwaltungsgliederung teilte das Besatzungsgebiet in vier Länder, vier Provinzen und die beiden Hansestädte. Gleichzeitig wurden Zentralämter – zunächst für Wirtschaft und Landwirtschaft – als zonale Behörden unter strenger Aufsicht der Militärregierung eingerichtet. Für die territoriale Neuordnung erwies sich das Erbe Preußens als besonders schwierig. Hinzu kam noch die offene Frage, wie die Zukunft des Ruhrgebietes aussehen sollte, dessen Status unter den Alliierten nach wie vor umstritten war. Sowohl die Sonderinteressen Frankreichs als auch die der Sowjetunion erschwerten eine zügige Regelung.

Erst im Sommer 1946 konnten die Länder konstituiert werden: Nordrhein-Westfalen, Schleswig-Holstein und Hannover, das wenig später Braunschweig, Oldenburg und Schaumburg-Lippe hinzugewann und nun Niedersachsen hieß. Die eingesetzten Ministerpräsidenten und Landtage blieben in ihren Befugnissen beschränkt. Die demokratische Ausgestaltung der Länder verzögerte sich. Im Frühjahr 1947 fanden, nachdem bereits in den Gemeinden und Landkreisen gewählt worden war, die ersten Wahlen der Ländervertretungen statt. Landesverfassungen traten jedoch erst nach der Gründung der Bundesrepublik in Kraft.

Vergleichbar dem Länderrat der amerikanischen Besatzungszone und analog im formalen Aufbau schuf sich die britische Militärregierung ein deutsches Beratungsgremium zu wirtschaftlichen, allgemein-politischen und Verwaltungsfragen, das nicht nur die Ministerpräsidenten, sondern auch die Leiter der Zentralämter, Repräsentanten der neugegründeten Parteien sowie der Gewerkschaften und Verbraucherverbände mit einbezog. Die Kompetenzen dieses Zonenbeirates waren jedoch sehr begrenzt.[19] Seine Auf-

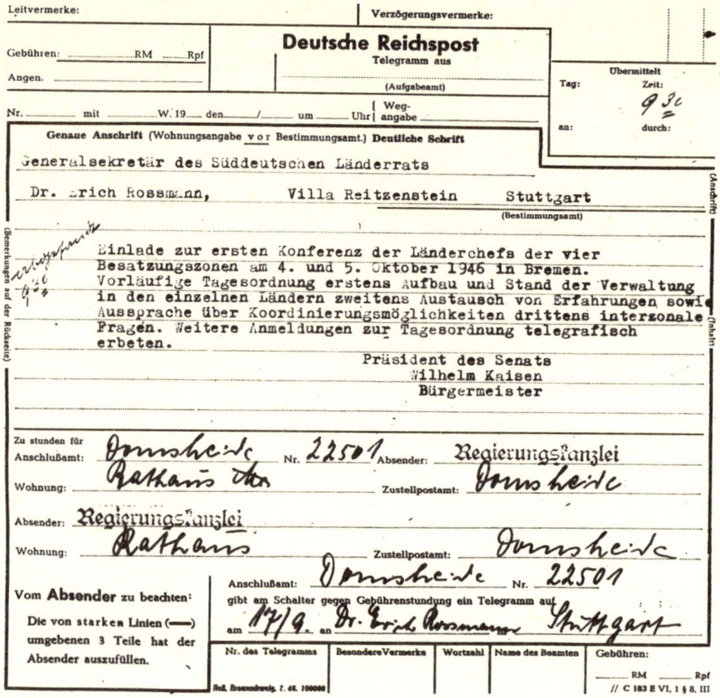

Leitvermerke: | Verzögerungsvermerke:

Deutsche Reichspost
Telegramm aus

Gebühren: RM Rpf
Angen.
(Aufgabeamt)
Übermittelt
Tag: Zeit: 9 30
Nr. mit W. 19 den / um Uhr Weg- angabe
an: durch:

Genaue Anschrift (Wohnungsangabe vor Bestimmungsamt.) Deutliche Schrift

Generalsekretär des Süddeutschen Länderrats
Dr. Erich Rossmann, Villa Reitzenstein Stuttgart
(Bestimmungsamt)

Einlade zur ersten Konferenz der Länderchefs der vier Besatzungszonen am 4. und 5. Oktober 1946 in Bremen. Vorläufige Tagesordnung erstens Aufbau und Stand der Verwaltung in den einzelnen Ländern zweitens Austausch von Erfahrungen sowie Aussprache über Koordinierungsmöglichkeiten drittens interzonale Fragen. Weitere Anmeldungen zur Tagesordnung telegrafisch erbeten.

Präsident des Senats
Wilhelm Kaisen
Bürgermeister

Zu stunden für Anschlußamt: Domsheide Nr. 22501 Absender: Regierungskanzlei
Wohnung: Rathaus Zustellpostamt: Domsheide
Absender: Regierungskanzlei
Wohnung: Rathaus Zustellpostamt: Domsheide
Anschlußamt: Domsheide Nr. 22501
gibt am Schalter gegen Gebührenstundung ein Telegramm auf am 17/9. an Dr. Erich Rossmann Stuttgart

Vom Absender zu beachten: Die von starken Linien (—) umgebenen 3 Teile hat der Absender auszufüllen.

Nr. des Telegramms | Besondere Vermerke | Wortzahl | Name des Beamten | Gebühren: RM Rpf

Einladung zur Interzonenkonferenz an den Länderrat der amerikanischen Besatzungszone in Stuttgart, 1946

In den Jahren 1946 und 1947 wurden von den Ministerpräsidenten der Länder immer wieder Versuche unternommen, Repräsentanten aller vier Besatzungszonen an einen Tisch zusammenzubringen. Gesamtdeutsche Konferenzen kamen aber nicht zustande, da nicht nur die sowjetischen, sondern auch die französischen Militärbehörden die Annahme der Einladungen untersagten; die Münchner Ministerpräsidentenkonferenz 1947 wurde zwar eröffnet, aber scheiterte schon nach wenigen Stunden, da die Meinungsverschiedenheiten über die Tagesordnung unüberbrückbar waren. Die Vertreter der sowjetischen Besatzungszone reisten noch am selben Tage ab.

gabe bestand nicht darin, Initiativen zu entwickeln; er sollte sich vielmehr auf Empfehlungen beschränken. Die Fachabteilungen entsprachen den Gliederungen der Militärregierung. In seiner Zusammensetzung vereinigte der Zonenbeirat Elemente einer Länderkammer mit denen einer parlamentarischen Vertretung. Obwohl streng kontrolliert, entwickelte er sich früh zu einem Forum politischer Auseinandersetzungen. Die beiden wichtigsten Männer der Anfangsphase der Bundesrepublik, Konrad Adenauer als Vertreter der CDU und Kurt Schumacher, der führende Sozialdemokrat, stießen bereits in den Sitzungen des Zonenbeirats aufeinander, der sich auch zur Bühne parteipolitischer Profilierung entwickelte. Dies war durchaus im Sinne der Briten, die in ihm nicht nur ein Hilfsorgan der Militärregierung, sondern vor allem auch ein demokratisches Forum sahen, das deutschen Politikern die Gelegenheit gab, parlamentarische Spielregeln einzuüben.

In der britischen Zone hatten die Länderchefs nicht die Bedeutung, die sie in der amerikanischen Zone besaßen. Dafür räumten die Briten der Entwicklung überregionaler politischer Parteien größeren Spielraum ein. Länderrat wie auch Zonenbeirat behandelten ein breites Spektrum von Problemen, unter denen Maßnahmen zur kurzfristigen Bewältigung der materiellen Not an erster Stelle standen. Der Verwaltungsaufbau blieb Gegenstand der Beratungen. Darüber hinaus wurden Fragen der Wirtschafts- und Gesellschaftsordnung ebenso diskutiert wie Vorschläge zu einem künftigen Staatsaufbau. Bis in das Jahr 1947 hinein hat es auf gemeinsamen Konferenzen des Zonenbeirates und des Länderrates, auf Treffen der Ministerpräsidenten (Frühjahr und Herbst 1946 in

Französische Besatzungstruppen paradieren vor dem Saarbrücker Rathaus vor General de Gaulle, 30. Oktober 1945

Frankreich war in der letzten Phase des Krieges zu den Siegern gestoßen. Eine schnell gebildete französische Armee verstärkte die vorrückenden Amerikaner und Engländer, wobei den Franzosen vor allem die südwestdeutschen Gebiete als Operationsraum zugewiesen wurden. Auch die französische Republik erhielt eine eigene Besatzungszone, die aus dem englischen und amerikanischen Okkupationsbereich herausgelöst werden mußte.
Die britische und amerikanische Besatzungszone kamen sehr schnell schon zu einer Zusammenarbeit, die bald institutionellen Charakter annahm, wobei die britische Zone den bevölkerungsreichsten und am stärksten industrialisierten Teil Deutschlands umfaßte. Die französische Zone bestand dagegen aus einem Flickenteppich verschiedener Landesteile, deren Zusammenfassung und oft sogar Zusammenarbeit schwierig blieb, dennoch pochte die französische Besatzungsmacht auf die Souveränität ihrer Zone.

Bremen), aber auch in den Fachausschüssen eine breite Verfassungsdiskussion gegeben, die sich noch an gesamtdeutschen Vorstellungen orientierte. Länderrat und Zonenbeirat haben aber nicht nur eine zonenübergreifende Verfassungsdiskussion begünstigt, sie haben sich vor allem auch als Geburtshelfer des Zusammenschlusses zwischen der amerikanischen und der britischen Zone zur Bizone erwiesen, auch wenn sie bei zunehmender verwaltungstechnischer und wirtschaftlicher Integration beider Besatzungsgebiete selbst an Bedeutung verloren.

Anders stellt sich die Entwicklung in der französischen Zone dar. Dort sperrte sich die Militärregierung gegen deutsche Zentralbehörden und gegen eine Zusammenarbeit zwischen den einzelnen Zonen.[20] Noch im September 1945 hieß es in einem Memorandum der französischen Regierung an den Rat der Außenminister: »Eine Teilung Deutschlands in mehrere Staaten, wenn sie die Folge einer natürlichen Entwicklung und nicht einer auferlegten Lösung sein würde, wäre für die Aufrechterhaltung der Sicherheit in Europa günstig.«[21] Das als Waffenkammer bezeichnete Ruhrgebiet sollte nach diesen Vorstellungen aus Deutschland herausgelöst und internationaler Kontrolle unterstellt werden. Frankreich betrachtete seine Zone als Sicherheitsgürtel und »Ausbeutungskolonie« (Th. Eschenburg), die nicht nur die Kosten der Besatzung zu tragen hatte. Etwa achtzig Prozent der Exporte des Gebietes flossen nach Frankreich.

Schon bald nach der Besetzung bedienten sich die Franzosen der vorhandenen deutschen Verwaltungsorgane auf unterer Ebene: Regierungsbezirke, Landkreise, Städte und Gemeinden. Länder beziehungsweise Landesteile wurden einer »délégation supérieure« unterstellt, die es für das Saarland, das Rheinland, die Pfalz, Baden und Württemberg gab. Baden-Baden war der Sitz der vier Generaldirektorate für Verwaltung, Wirtschaft und Finanzen, Abrüstungskontrolle und Justiz, die eine Art Regierung bildeten. Hier befand sich auch der Sitz des Chefs der Militärregierung.

In der französischen Zone erwies sich die territoriale Neugliederung als ähnlich schwierig wie in der britischen Zone. Trotzdem kam es hier bis zum Herbst 1946 zur Gründung von Ländern: (Süd-)Baden mit einer Landesregierung unter Leo Wohleb in Freiburg; Rheinland-Pfalz zunächst mit Regierungssitz in Koblenz und dann in Mainz unter Peter Altmeier und schließlich (Süd-)Württemberg-Hohenzollern mit einem Staatssekretariat unter Carlo Schmid in Tübingen. Obwohl die Befugnisse der deutschen Politiker und Verwaltungsbeamten stark eingeschränkt waren, setzte die Demokratisierung trotz einiger Verzögerung im Herbst 1946 mit Wahlen und Verfassungsberatungen ein.

Gegenüber dem Saarland verfolgte Frankreich von Beginn an eine Sonderpolitik. Schon im Sommer 1945 erhielt es eine vom übrigen Besatzungsgebiet getrennte Verwaltung. Wirtschaftliche Gründe – die Saarkohle machte etwa ein Drittel der französischen Fördermenge aus – gingen dabei mit sicherheitspolitischen Erwägungen einher. Im Februar 1946 erklärte Frankreich seine Absicht, das Saargebiet aus der Zuständigkeit des Kontrollrats herauszulösen und es hinfort keiner deutschen Zentralverwaltung mehr zu unterstellen. Im Dezember 1946 senkten sich die Zollschranken.

Das Saargebiet erhielt immer stärker den Charakter eines französischen Protektorats. Bis auf die Kommunisten gingen alle Parteien an der Saar von den neuen Gegebenheiten aus. Auch Briten und Amerikaner stimmten der Abtrennung des Saarlandes auf der Pariser Außenministerkonferenz vom Sommer 1946 zu, allerdings vorbehaltlich einer späteren friedensvertraglichen Regelung. Niemand konnte damals ahnen, daß dieses Gebiet nur zehn Jahre später erneut Bestandteil eines deutschen Staates sein würde.

Die Besatzungspolitik der Franzosen unterschied sich demonstrativ von jener der Amerikaner und Briten. Die starke Isolierung der Zone, die strikte Aufsicht der Militärregierung, die Begünstigung von Sonderentwicklungen, die Verhinderung interzonaler Zusammenarbeit fallen ebenso auf wie die starke Ausplünderung. Aber auch die Franzosen orientierten sich letztlich an einem westlichen Demokratieverständnis. Sie nahmen, anders als die sowjetische Besatzungsmacht, Abstand von umwälzenden gesellschaftspolitischen Veränderungen. Der Zusammenschluß mit der britischen und amerikanischen Zone blieb somit jederzeit möglich und konnte schließlich ohne größere Komplikationen vollzogen werden, als die außenpolitischen Weichenstellungen den Weg zum Weststaat bereitet hatten.

3. Säuberung und Bestrafung

Alliierter Fragebogen für die amerikanische Besatzungszone

Der Fragebogen war Grundlage einer eventuellen Anklageerhebung und Verhandlung vor den sogenannten Spruchkammern. Diese gerichtsähnlichen Verfahren endeten mit der Einstufung des Betroffenen in eine der fünf Kategorien: Hauptschuldige; Schuldige oder Aktivisten, Militaristen und Nutznießer; Minderbelastete; Mitläufer; Entlastete (Personen, die ausdrücklich von jeder Schuld freigesprochen wurden). Die Spruchkammern wurden bald mit »Persilscheinen« überschwemmt und degenerierten oft zu »Mitläuferfabriken«.

Die Besatzungsherrschaft griff tief in das Alltagsleben der Deutschen ein und hinterließ deutliche Spuren. Dies galt besonders für die Maßnahmen zur politischen Säuberung des Landes, die nahezu alle Schichten der Bevölkerung betrafen. Vorreiter und treibende Kraft der Entnazifizierung in den Westzonen waren die Amerikaner. Eher zögernd verhielten sich die Briten und stärker noch die Franzosen, die sich schneller zu Kompromissen bereit fanden. Die Entnazifizierung begann mit Entlassungen auf allen Ebenen der Verwaltung, des Justiz- und Erziehungswesens sowie der Wirtschaft. Die Besatzungstruppen führten Listen »automatisch zu verhaftender Personen« mit sich, anhand deren sie zahlreiche Menschen festnahmen. Betroffen waren nicht nur die Amtsträger der NSDAP, sondern auch fast alle leitenden Beamten, die generell in dem Verdacht standen, als Funktionäre des Systems auch Nazi-Sympathisanten gewesen zu sein. Die Verwaltung wurde systematisch gesäubert. Dies drohte sie allerdings in einem Augenblick handlungsunfähig zu machen, in dem sie dringend benötigt wurde.

Die amerikanische Besatzungsdirektive JCS 1067 enthielt ausdrückliche Bestimmungen zur Entnazifizierung und zur automatischen Arrestierung. Sicherheitseinheiten und Militärpolizei hatten auf dieser Grundlage bis Ende 1945 etwa hunderttausend als gefährlich eingestufte Personen allein in der amerikanischen Besatzungszone interniert. Zunächst ging man gegen die Funktionäre des nationalsozialistischen Regimes vor, dann gegen die Anhänger. Unnachsichtigkeit bestimmte die erste Welle der Entnazifizierung. Der Absicht, das Verfahren breit und kontrolliert durchzuführen, kam die Tatsache entgegen, daß die Amerikaner in einer Münchner Papierfabrik die Zentralkartei der NSDAP entdeckt hatten und somit über entscheidende persönliche Daten verfügten. Die Internierungslager begannen sich zu füllen, manche Ämter dagegen leerten sich.

Während in der ersten Phase unmittelbar nach der Besetzung noch jede der Siegermächte nach eigenen Plänen verfuhr, gelang es auf der Potsdamer Konferenz, die Prinzipien für ein gemeinsames Vorgehen zu formulieren. Einheitliche Richtlinien gab es allerdings auch jetzt noch nicht. Auf Drängen der Amerikaner verabschiedete der Alliierte Kontrollrat am 12. Januar 1946 schließlich die Direktive Nr. 24. Danach mußten alle Mitglieder der NSDAP, »die ihr aktiv und nicht nur nominell« angehört hatten, ebenso wie Personen, »die den Bestrebungen der Alliierten feindlich gegenüberstehen«, aus Ämtern und verantwortlichen Stellungen entfernt werden. Im öffentlichen Bereich betraf dies jeden, sofern er nicht nur »gewöhnliche Arbeit« in untergeordneter Stellung verrichtete. Einbezogen waren aber auch die sogenannten »halböffentlichen Ämter«, Körperschaften, Presse und Verlage, der gesamte Erziehungsbereich einschließlich der Religionsgemeinschaften, wie auch verantwortliche Stellungen in privaten Unternehmen. Die Belasteten sollten durch Persönlichkeiten ersetzt werden, »die

Revised 1 January, 1946
C.C.G. (B.E.) PUBLIC SAFETY (Special Branch)

MILITARY GOVERNMENT OF GERMANY

Fragebogen

ACHTUNG: Der Fragebogen muss in zweifacher Ausfertigung eingereicht werden

WARNING: Read through the Fragebogen carefully before filling it in. The English text will prevail if discrepancies exist between it and the German translation. Answers must be typewritten or written clearly in block letters. Every question must be answered precisely and conscientiously and no space is to be left blank. If a question is to be answered by either "yes" or "no," write the word "yes" or "no" in the appropriate space. If the question is inapplicable, indicate this by some appropriate word or phrase such as "none" or "not applicable." Add supplementary sheets if there is not enough space in the questionnaire. Persons making false or incomplete statements are liable to prosecution by Military Government.

WARNUNG! SORGFÄLTIG DURCHLESEN! In Zweifelsfällen ist die englische Fassung maßgebend. Mit Schreibmaschine oder deutlich in Druckschrift schreiben! Jede Frage genau beantworten! Fragen mit „Ja" oder „Nein" beantworten! Falls die Frage nicht mit „Ja" oder „Nein" beantwortet werden kann, müssen eindeutige Angaben gemacht werden, z. B. „keine" oder „unzutreffend". Im Falle von Platzmangel Bogen anheften! Falsche oder unvollständige Angaben sind gemäß der Verordnungen der Militärregierung strafbar.

A. *PERSONAL* = A. PERSÖNLICHE ANGABEN

1. Name position you hold, or for which you are being considered (including agency or firm). 2. Name (Surname) (Christian Name/s). 3. Other names which you have used or by which you have been known. 4. Date of birth. 5. Place of birth. 6. Height. 7. Weight. 8. Colour of hair. 9. Colour of eyes. 10. Scars, marks or deformities. 11. Present address (City, street and house number). 12. Permanent residence (City, street and house number). 13. Identity card, type and number. 14. Wehrpass No. 15. Passport No. 16. Citizenship. 17. If a naturalised citizen, give date and place of naturalization. 18. Name any titles of nobility which have been held by you or your wife or your respective parents and grand parents. 19. Religion. 20. With what church are you affiliated? 21. Have you ever severed your connection with any church, officially or unofficially? 22. If so, give particulars & reason. 23. What religious preference did you give in the census of 1939? 24. Name any crimes of which you have been convicted, stating dates, place and nature of the crimes.

1. Augenblickliche oder angestrebte Stellung [redacted] **2. Name** [redacted]
Zu(Familien)name

3. Andere von Ihnen benutzte Namen oder solche, unter welchen Sie bekannt waren oder sind [redacted]
Vor(Tauf)name(n)

4. Geburtsdatum 9. August 1909 **5. Geburtsort** Witten-Ruhr

6. Größe 1,77 m **7. Gewicht** 70 kg **8. Haarfarbe** dunkel

9. Farbe der Augen grau-grün

10. Besondere Merkmale (Narben, Schmisse, Geburtsmerkmale, Verstümmelungen, Tätowierungen) **oder Entstellungen**
keine

11. Gegenwärtige Anschrift Witten-Ruhr, Feldstr. 40
(Stadt, Straße und Hausnummer)

12. Ständiger Wohnsitz Witten-Ruhr, Feldstr. 40
(Stadt, Straße und Hausnummer)

Vor der Spruchkammer:

Mathilde Ludendorff und ihr Mann Erich Ludendorff waren nach anfänglicher Nähe zu den Ideen Adolf Hitlers zur Zeit der Machtergreifung auf Distanz gegangen.

Leni Riefenstahls hochbegabte Parteitagsfilme hatten zur Propagierung des Dritten Reiches einen bedeutenden Beitrag geleistet. Während des Entnazifizierungsprozesses machte man den vergeblichen Versuch, ihr eine direkte politische Tätigkeit nachzuweisen.

Generalmajor Franz Halder war bis zum Ende des Krieges Generalstabschef des Heeres gewesen. Er zählte zu den wenigen Personen, die vom ersten bis zum letzten Tag des Dritten Reiches ein durchgehendesTagebuch führten. Das Tagebuch spielte bei seiner Entnazifizierung eine große Rolle.

Oskar von Hindenburg, der Sohn des Reichspräsidenten Paul von Hindenburg, war eine wichtige Figur in der letzten Phase der Weimarer Republik: Er brachte den greisen Reichspräsidenten gegen dessen eigene Überzeugung dazu, den Führer der NSDAP zum Reichskanzler zu machen. Es blieb immer ungeklärt, ob Oskar von Hindenburgs persönliche, berufliche und finanzielle Interessen dabei mit im Spiel waren.

aufgrund ihrer politischen und moralischen Qualitäten für fähig erachtet werden, die Entwicklung echter demokratischer Einrichtungen in Deutschland zu fördern«.[22]

Auch nach dem Kontrollratsbeschluß sah die Praxis der Vier in den einzelnen Zonen unterschiedlich aus. Die Amerikaner beeilten sich, die endlich erreichte gemeinsame Grundlage in ihre Demokratisierungsbemühungen sowohl auf kommunaler als auch auf Länderebene einzubeziehen. Dabei waren sie nun, anders als die Briten und vor allem die Franzosen, entschlossen, die Entnazifizierung – unter Kontrolle der Militärregierung – ganz in deutsche Hände zu legen. Neben den alliierten und amerikanischen Direktiven bedurfte es dazu auch eines deutschen Gesetzes, mit dessen Entwurf die Ministerpräsidenten beauftragt wurden. Diese verabschiedeten auf der vierten Sitzung des Länderrates am 8. Januar 1946 einen Gesetzesvorschlag, der sich gegen automatische Berufsverbote (removal categories) und gegen die dem deutschen Rechtsempfinden zuwiderlaufenden »presumptive guilt categories«, also die Verlagerung der Beweislast auf den Angeklagten, wandte. Der Entwurf fand nicht die Zustimmung der Militärregierung. Schließlich wurde das Entnazifizierungsverfahren durch das »Befreiungsgesetz« vom 5. März 1946 geregelt. Die amerikanische Militärregierung machte deutlich, daß für sie ein Junktim zwischen Entnazifizierung und Demokratisierung bestand. Die Fähigkeit deutscher Instanzen, das Gesetz anzuwenden, wurde als Test gesehen: »Sollte sich das Gesetz als ein Fehlschlag erweisen«, hieß es in mahnendem Unterton, »so würde das bedeuten, daß das deutsche Volk noch nicht reif ist, die Scherben seiner politischen Vergangenheit selbst zu beseitigen.«[23]

Zur Durchführung der Entnazifizierungsverfahren wurden bei den Länderregierungen eigene »Befreiungsministerien« geschaffen. Für die Verfahren selbst waren diesen nachgeordnete deutsche Spruchkammern zuständig, deren Apparat schnell anwuchs. Im September 1946 gab es in der amerikanischen Zone bereits 407 Spruchkammern und sechs Berufungskammern. Die Zahl stieg weiter bis auf 545 Spruchkammern mit 22000 Mitgliedern. Grundlage für die Verfahren bildete der umstrittene »Fragebogen«, über den Ernst von Salomon den gleichnamigen und vielgelesenen Roman verfaßte. Das Formular hatte jeder Deutsche,

der älter als achtzehn Jahre war, wahrheitsgemäß auszufüllen. Dies galt als Voraussetzung für den Empfang von Lebensmittelkarten und für eine Arbeitserlaubnis. Neben den persönlichen Daten wurde nach der politischen Vergangenheit, beruflichen Positionen, Militärdienst, Vermögen und Auslandsreisen gefragt. Auf dieser Grundlage fand dann die Einstufung in eine der fünf Kategorien statt: Hauptschuldige; Schuldige oder Aktivisten, Militaristen und Nutznießer; Minderbelastete; Mitläufer; Entlastete (Personen, die ausdrücklich von jeder Schuld freigesprochen wurden). Entsprechend abgestuft verlief die Skala der Strafmaßnahmen, die von Einweisung in ein Arbeitslager, der Einziehung des Vermögens, Arbeitsbeschränkung, Verlust der bürgerlichen Ehrenrechte (Aberkennung des Wahlrechts) bis hin zu Geldstrafen reichten. Bis zum Sommer 1946 hatten 1613000 Menschen einen Fragebogen bei den zuständigen Stellen der amerikanischen Militärregierung abgegeben, 373762 von ihnen verloren daraufhin ihren Arbeitsplatz.

Der Umfang der Aktion, die unzulänglichen und formalistischen Kategorien des Fragebogens und die administrative Bewältigung, all dies stieß von Beginn an auf Kritik, die weiter zunahm. Während die Registrierung in der amerikanischen Zone bald abgeschlossen werden konnte, gab es bei der Abwicklung der Verfahren erhebliche Verzögerungen. Die Militärregierung beklagte den fehlenden Enthusiasmus deutscher Stellen heftig und drohte vorübergehend sogar damit, die Verfahren erneut an sich zu ziehen. Wie aber sollten die Probleme bewältigt werden, die sich schon allein aus dem riesigen Umfang der Entnazifizierung ergaben? Wie konnte Rechtsgleichheit gewahrt, Mißbrauch unterbunden, ein ordentliches Verfahren gewährleistet werden? Und woher sollte man so viele unbelastete und zugleich kompetente Persönlichkeiten für die Spruchkammern nehmen? Auf der internen Sitzung des Länderrates vom 10. September 1946 beklagte der Sonderminister für Groß-Hessen, Gottlob Binder, den Mißbrauch des Befreiungsgesetzes und der Entnazifizierung für »fremde und fragwürdige Zwecke«: »Das Befreiungsgesetz dient der Befreiung des deutschen Volkes von militaristischen und nationalsozialistischen Einflüssen. Es dient nicht dazu, Mietstreitigkeiten, persönliche Feindschaften oder gar Ehekonflikte auszutragen. Es ist auch

Die Entmilitarisierung und Entnazifizierung wurde in jeder Besatzungszone nach eigenen Richtlinien durchgeführt. Die Franzosen waren am legersten, und hier konnten zum Beispiel Schriftsteller wie Ernst Jünger wieder publizieren, die in den drei anderen Zonen strenges Berufsverbot hatten. Die Entnazifizierung in der sowjetischen Besatzungszone war ursprünglich am radikalsten, aber sie folgte ideologischen und ökonomischen Prinzipien, und der Großgrundbesitz und die Industrie wurden auch dann ausgeschaltet, wenn sie zu leidenschaftlichen Gegnern des Regimes gehört hatten. Die amerikanischen Bestimmungen, in einem Fragebogen zusammengefaßt, waren am präzisesten und umfassendsten, führten sich aber gerade deshalb ad absurdum. Mit der Zeit wurden sie von den Besatzungsbehörden nur sehr lasch und am Ende gar nicht mehr ausgeführt, wodurch neue Ungerechtigkeiten aufkamen, denn nun entschied über das Schicksal des einzelnen der Zeitpunkt seines Entnazifizierungsverfahrens; während in den ersten Monaten auch kleinste »Amtswalter« der Partei betroffen waren, stuften die Spruchkammern am Ende auch höhere, ja höchste Chargen als unbelastet oder wenig belastet ein.

Land	Zahl der bearbeiteten Fälle	Hauptschuldige Gr. I	Schuldige Belastete Gr. II	Minderbelastete Gr. III	Mitläufer a) mit Maßnahmen b) Begünstigte i. Sinne d. Vo. 133/165 Gr. IV	Entlastete Gr. V
	Eingruppierung durch die Entnazifizierungsbehörden:					
Bayern	453957	743	11040	52940	215585	8828
Bremen	18532	34	360	815	14640	959
Hessen	234974	416	5350	28208	133722	5279
Württemberg-Baden	242663	461	5372	24459	121110	3388
Amerik. Zone insges.	950126	1654	22122	106422	485057	18454
Hamburg	327157			1084	15052	131119
Niedersachsen	496612			610	40250	166962
Nordrhein-Westfalen	811265			23266	100226	687773
Schleswig-Holstein	406420			2217	66500	206076
Britische Zone insges.	2041454			27177	222028	1191930
Baden	239636	6	387	10653	a) 19154 b) 71332	267
Rheinland-Pfalz	299562	5	440	4840	a) 18474 b) 139478	711
Württ.-Hohenzollern	129870	2	111	1333	a) 11241 b) 39110	2511
Franz. Zone insges.	669068	13	938	16826	a) 48869 b) 249920	3489
Bundesrepublik insges.	3660648	1667	23060	150425	a) 755954 b) 249920	1213873

nicht dazu da, daß Geschäftskonkurrenten sich mit seiner Hilfe bekämpfen. Am allerwenigsten aber ist es dazu da, daß im innenpolitischen Kampf die eine Partei der anderen ihre führenden Köpfe und Kandidaten ›abschießt‹. Wenn die Denazifizierung dazu mißbraucht wird, in der jungen Demokratie politische Gegner zu beseitigen, dann ist beides verloren, dann ist die Denazifizierung erledigt und die Demokratie auch.«[24]

Allmählich begann auch die Militärregierung, die selbst unter beständigem Druck Washingtons und der amerikanischen öffentlichen Meinung stand, einzusehen, daß das Verfahren viel zu umfangreich angelegt und so nicht durchzuhalten war. Im Juli 1946 gab es eine erste Amnestie, die zwar auf informelle Vorschläge des Länderrates zurückging, jedoch ohne Konsultation der deutschen Seite erfolgte. Sie umfaßte Körperbeschädigte und Personen mit geringem Einkommen und Vermögen. Dadurch konnte die Anzahl der anhängigen Verfahren erheblich verringert werden.

Kritiker der Entnazifizierungspraxis fanden sich nicht nur in den deutschen Verwaltungen und in den politischen Parteien. Es

Jugend-amnestie	Verfahren eingestellt wegen a) / b)	a) Heim-kehrer-amnestie b) Weih-nachts-amnestie	vom Gesetz nicht betroffen: Unbelastet	aus anderen Gründen
33544	b)	116165		15112
158	b)	1221		345
20471	b)	34963		6565
35599	b)	42389		9885
89772	b)	194738		31907
			179902	
			201122	87668
			131627	
			512651	87668
24321			113516	
42309			89476	3829
5269	a)	1908	67160	1225
71899	a)	1908	270152	5054
161671		196646	782803	124629

Aufgliederung der Entnazifizierung in den Ländern der Westzonen (Stand vom 31. August 1949 für die amerikanische und vom 28. Februar 1950 für die französische und britische Zone nach Zusammenstellung des Bundesinnenministeriums)

gab sie vor allem in den Kirchen, wobei sich für die evangelische Kirche zusätzlich das Problem der »Deutschen Christen« und der »PG-Pfarrer« stellte. Für die Entlastungspraxis spielten die Unbedenklichkeitsbescheinigungen gerade auch von Geistlichen eine erhebliche Rolle. Das Verfahren selbst galt nicht nur Betroffenen als wirklichkeitsfremd, das Kategoriensystem des Fragebogens als nicht mit der Realität des Dritten Reiches vereinbar. Die Oberflächlichkeit der Untersuchungen drückte sich in Formulierungen der Amerikaner wie »to whitewash« aus. »Persilscheine« nannte man die Leumundszeugnisse. Säuberung und Rehabilitierung verschmolzen miteinander, bis schließlich die Rehabilitierung zum dominierenden Faktor wurde. So entstand das Phänomen der »Mitläuferfabrik« (L. Niethammer).

Entscheidend für den Wandel der Entnazifizierungspraxis, der im Jahre 1947 in der amerikanischen Besatzungszone abrupt erfolgte, war, mit ebenso unbeabsichtigten wie bedenklichen Folgen, der Meinungswandel in den Vereinigten Staaten selbst. Vorrang besaß jetzt für die USA der wirtschaftliche Wiederaufbau Westeuropas und Westdeutschlands, den ein schleppendes Säube-

rungsverfahren nur behindern konnte. Der amerikanische Kongreß machte kein Hehl daraus, daß er die bisherige Entnazifizierungspraxis für verfehlt hielt. Warum sie fortführen, wenn selbst die sowjetische Militäradministration (im Februar 1948) die Entnazifizierung in der SBZ offiziell für beendet erklärte? General Clay, obwohl seit längerem von seinem Entnazifizierungsberater Dorn gedrängt, löste sich erst von seiner harten Linie, als die offizielle amerikanische Politik unmißverständlich das Ende der Entnazifizierung forderte.[25] Schon im Oktober 1947 kam es zu einer erheblichen Milderung, indem der Artikel 58 (Verhängung des Berufsverbots nach der Einstufung bis zum Spruchkammerbescheid) aufgehoben wurde. Daß sich die Amerikaner bis zum 28. Mai 1948 überstürzt aus ihrer Kontrolle über die Entnazifizierungsverfahren zurückzogen, verkehrte die beabsichtigte Wirkung partiell ins Gegenteil. Ein Erlaß der Militärregierung, in dem bestimmt wurde, daß sich nun nur noch die am schwersten belasteten Personen dem Verfahren zu unterziehen hatten (insgesamt nur noch etwa 30 000, das heißt etwa zehn Prozent der nach den vorhergegangenen Amnestien noch Verbliebenen), hatte schon zuvor den Umfang der Aktion noch einmal drastisch verringert. Alle in geringerem Maße Belasteten sollten zu Mitläufern erklärt werden. Als die deutschen Spruchkammern schließlich allein die Verantwortung trugen, schien sich zu bestätigen, was seit Beginn der Entnazifizierung hinter vorgehaltener Hand geäußert wurde, daß nämlich die Kleinen stets die Dummen seien und man die Großen laufen lasse. Da eine große Zahl von Verfahren gegen Mitläufer und Minderbelastete wegen der relativ einfachen Bearbeitung bereits abgeschlossen und auch die Strafen bereits verhängt worden waren, führten spätere Amnestierungsetappen zu einer Begünstigung der gravierender Belasteten. Für sie fiel das Verfahren vergleichsweise milder aus als für die Minderbelasteten wenige Jahre zuvor.

Auch in den anderen westlichen Besatzungszonen verlief die Entnazifizierung nicht frei von diesen Mängeln. Der insgesamt pragmatischere Zugang hat die britische und aus anderen Gründen die französische Militärregierung, für die der moralische hinter den Sicherheitsaspekt zurücktrat, jedoch davor bewahrt, einen sichtbaren Bruch in der Entnazifizierungspraxis zu vollziehen, wie dies bei den Amerikanern der Fall war. Mit Gründung der Bundesrepublik ging die Verantwortung für die Entnazifizierung ganz auf die Deutschen über. Sie wurde vom Bundestag durch die Verabschiedung von Richtlinien für eine einheitliche Ländergesetzgebung am 15. Dezember 1950 beendet, die allerdings forderten, »strafrechtlich schuldig gewordene nationalsozialistische Aktivisten wirksam zur Rechenschaft« zu ziehen.

Der zahlenmäßige Umfang der Entnazifizierung läßt sich nur für die Westzonen belegen, wobei die unterschiedliche Praxis der jeweiligen Besatzungsmacht den Vergleich erheblich erschwert. Trotz beeindruckender Zahlen war die Entnazifizierung als Versuch einer umfassenden Säuberung von Verwaltung, Erziehungswesen und Wirtschaft ein Fehlschlag. Fast alle, die zunächst aus ihren Ämtern entfernt worden waren, kehrten mit Ausnahme der strafrechtlich Verurteilten wieder zurück. Die Mängel der Entnazifizierung, ihre doktrinär-schematische Handhabung, ihr Umfang,

Generaladmiral Hans Georg von Friedeburg entzog sich nach seiner Festnahme durch Selbstmord dem zu erwartenden Prozeß.

Viele Deutsche nahmen sich das Leben, zum Teil aus Verzweiflung über den Verlust der Heimat und die Umstände der Vertreibung, zum Teil aber auch, weil ihnen ein Leben nach dem Untergang des Dritten Reiches nicht mehr sinnvoll schien.
Nicht alle Naziführer erfuhren nach ihrer Verhaftung eine so »noble« Behandlung, wie sie zunächst Göring zuteil wurde, dem man im Stabsquartier der 7. US-Armee einen Champagner- und Presseempfang bereitete, so daß General Eisenhower sich zu der Order veranlaßt sah, ihn umgehend wie einen gewöhnlichen Kriegsgefangenen zu behandeln. Andere, wie Julius Streicher, haben sich später über Mißhandlungen durch Wachmannschaften und Strapazen bei Verhören beklagt.

die Widersprüchlichkeiten der Amnestierungen, dies alles ist zu Recht kritisiert worden. Neben vermeidbaren Fehlern bei der Durchführung gab es von Anfang an ein schwieriges Grundproblem, das nur allzu leicht übersehen wird: »Jeder Entnazifizierungsplan mußte ... sich bei einer so tief korrumpierten Nation wie der deutschen als ungenügend erweisen. Irgendeinen Plan brauchte man schließlich, um die Schafe von den Böcken zu scheiden. Aber kein denkbarer Plan kann alle Schattierungen der Teilhabe an der Schuld gerecht behandeln, in die die einzelnen angesichts des kollektiven Bösen verstrickt gewesen waren. Ein größeres Maß an Bescheidenheit hätte ... allerdings vor manchem Fehler bewahren können.«[26]

Schon vom Ansatz her war es unmöglich, die Schuld eines jeden einzelnen zu erfassen. Der Versuch, dies zu tun, mag sogar dazu beigetragen haben, die Abkehr der Bevölkerung von der Politik noch zu verstärken. Für einen neuen demokratischen Weg Deutschlands war eine intensive persönliche Auseinandersetzung auch mit der individuellen nationalsozialistischen Vergangenheit allerdings unerläßlich.

Neben der politischen Säuberung gehörte die Bestrafung der Kriegsverbrecher und der Hauptverantwortlichen für den Zweiten Weltkrieg von Beginn an zu den Zielen der Anti-Hitler-Koalition. Bereits im Januar 1942 hatten Vertreter der Exilregierungen aus neun besetzten europäischen Ländern in London die »Erklärung von St. James« unterzeichnet, die eine Verfolgung der Kriegsverbrecher forderte, »und zwar im Wege der Rechtsprechung, gleichgültig, ob die Betreffenden alleinschuldig oder mitverantwortlich für diese Verbrechen waren«.[27] Die Schuldigen sollten ohne Ansehen der Nationalität vor Gericht gestellt und verurteilt werden. Die Moskauer Außenministerkonferenz der drei Alliierten von Ende Oktober 1943 brandmarkte die Schandtaten von SS, Gestapo und Wehrmacht und bezog sich in ihrer »Erklärung über deutsche Grausamkeiten im besetzten Europa« auf vielfältiges Beweisma-

terial. Zugleich verwies sie auf die »ungeheuren Verbrechen auf dem Gebiete der Sowjetunion« und auf französischem und italienischem Territorium. Die für diese Taten Verantwortlichen müßten damit rechnen, »daß sie an den Schauplatz ihrer Verbrechen zurückgebracht und an Ort und Stelle von den Völkern abgeurteilt werden, denen sie Gewalt angetan haben«. Auch wurde gefordert, daß die »deutschen Verbrecher«, »deren Vergehen keine bestimmte örtliche Beschränkung haben«, durch gemeinsames Urteil der Regierungen der Verbündeten bestraft werden sollten.[28]

Damit war zum ersten Mal die Möglichkeit einer interalliierten Gerichtsbarkeit angedeutet. Doch noch während der Kriegskonferenzen blieb völlig offen, wie zu verfahren sei. Bekannt sind Stalins Überlegungen zu einer summarischen Exekution von 50000 deutschen Offizieren, die von Roosevelt durchaus zustimmend zur Kenntnis genommen, von Churchill in dieser Form abgelehnt worden waren, obwohl gerade britische Experten und Politiker lange Zeit eine exemplarische Bestrafung einer gerichtlichen Verfahrensform mit schwierigen rechtlichen Konsequenzen für die eigene Kriegführung vorgezogen hatten. In Jalta plädierte Winston Churchill dann auch für die Aufstellung einer Liste der Hauptkriegsverbrecher, die nach ihrer Identifizierung erschossen werden sollten. Doch diesmal waren es Stalin und Roosevelt, die ein Verfahren vor einem Alliierten Militärtribunal bevorzugten. Eine seit 1943 unter dem Vorsitz von Lord Chancellor Simon in London arbeitende »United Nations War Crimes Commission« hatte inzwischen Listen der Kriegsverbrecher zusammengestellt und verfahrensrechtliche Vorschläge zur Aburteilung entwickelt.

Aktualität erhielten diese Vorarbeiten, als sich den vorrückenden alliierten Truppen das ganze Ausmaß der nationalsozialistischen Verbrechen in den Konzentrationslagern zeigte und Abscheu und Haß gegenüber Deutschland noch eine Steigerung erfuhren. Überall fahndeten Sonderkommandos nach den Kriegsverbrechern. Zwei Hauptschuldige, die die Suchliste anführten, hatten sich bereits das Leben genommen: Adolf Hitler und sein Propagandaminister Joseph Goebbels; Heinrich Himmler vergiftete sich in britischem Gewahrsam.Viele versuchten unterzutauchen, was nicht wenigen vorübergehend, manchen auf Dauer gelang. Andere Nazigrößen gerieten bald in das Netz der Suchtrupps oder stellten sich selbst: Hermann Göring, der in Ungnade gefallene Reichsmarschall, erwartete die Amerikaner mit seinem Gefolge auf Schloß Fischhorn in Bruck bei Zell am See; Alfred Rosenberg, der Parteiideologe und Reichsminister für die besetzten Ostgebiete, der noch in Flensburg-Mürwik in der Umgebung des »Hitler-Nachfolgers« Dönitz vergeblich auf politische Verwendung gehofft hatte, wurde von englischen Soldaten in einem Lazarett aufgestöbert und verhaftet; Julius Streicher, den antisemitischen Herausgeber des Partei-Wochenblattes *Der Stürmer*, enttarnten die Amerikaner in der Nähe von Berchtesgaden, wo er als Kunstmaler Seiler lebte; Wilhelm Keitel erlebte bereits seine Rückkehr von der Kapitulationszeremonie in Berlin-Karlshorst als Kriegsgefangener. Nicht anders erging es Karl Dönitz und den Mitgliedern seiner »Regierung«, unter ihnen Alfred Jodl, Albert Speer und Lutz Graf Schwerin von Krosigk, nachdem die

Briten sich nach erheblichem sowjetischen Druck entschlossen hatten, der Farce von Mürwik am 23. Mai 1945 ein Ende zu bereiten.

Noch Monate nach Kriegsende war keineswegs geklärt, was mit den Kriegsverbrechern und Hauptschuldigen zu geschehen habe. Schleppend zogen sich die Verhandlungen der Kriegsverbrecherkommission hin. Schon jetzt wurde deutlich, wo Meinungsverschiedenheiten bei künftigen Verfahren liegen würden. Während die sowjetische Seite nur solche Handlungen als Verbrechen eingestuft wissen wollte, die von den Nationalsozialisten begangen worden waren, bemühten sich die Amerikaner um eine allgemeine völkerrechtliche Basis, die es auch in Zukunft möglich machen sollte, Kriegsverbrechen einer angreifenden Nation zu verurteilen, ja den Angriffskrieg generell zu ächten. Umstritten blieb lange Zeit, ob man neben einzelnen Führungspersonen auch nationalsozialistische und militärische Organisationen als verbrecherisch anklagen sollte und wie die Straftatbestände zu definieren seien. Am 8. August 1945 unterzeichneten die vier Mächte das »Statut für den Internationalen Militärgerichtshof in Nürnberg« und das »Abkommen über die Verfolgung und Bestrafung der Hauptkriegsverbrecher der europäischen Achse«.[29]

Der Prozeß in Nürnberg begann am 20. November 1945 und endete mit der Urteilsverkündung am 30. September/1. Oktober 1946. Er richtete sich gegen die Hauptkriegsverbrecher, gegen jene, für deren Verbrechen es keinen geographisch bestimmbaren Ort gab, und zwar sowohl gegen Individuen als auch gegen »verbrecherische Organisationen«. In diesen Fällen war der Internationale Militärgerichtshof zuständig. Ansonsten galt das Prinzip, daß Kriegsverbrecher in die Länder gebracht werden sollten, in denen sie ihre Verbrechen begangen hatten. In Deutschland wurden diese Nachfolgeprozesse von der jeweiligen Besatzungsmacht in eigener Regie durchgeführt.

Das Nürnberger Gericht bestand aus vier Mitgliedern und ihren Stellvertretern. Diese waren ebenso wie die Hauptankläger Vertreter der Siegermächte, während die Verteidigung in der Hand deutscher Anwälte lag. Das Verfahren richtete sich weitgehend nach angelsächsischer Rechtspraxis. Der Artikel 6 des Militärgerichtsstatuts benannte drei unterschiedliche Kategorien von Verbrechen: Verbrechen gegen den Frieden, worunter die Planung, Vorbereitung, Einleitung oder Durchführung eines Angriffskrieges verstanden wurden, Kriegsverbrechen und Verbrechen gegen die Menschlichkeit. Ein weiterer Hauptanklagepunkt in Nürnberg lautete: Verschwörung gegen den Frieden.

Nicht nur die Zusammensetzung des Militärgerichts und seine Verfahrensweise ließen im In- und Ausland juristische Bedenken gegen ein »Tribunal der Sieger« aufkommen. Auch das unsichere juristische Fundament stieß auf Kritik. Während Kriegsverbrechen und Verbrechen gegen die Menschlichkeit in allen zivilisierten Staaten geahndet werden konnten, blieben sowohl die Definition eines völkerrechtswidrigen Angriffskrieges als auch die »Verschwörung gegen den Frieden« rechtlich schwer faßbare Tatbestände. Hier sah die Verteidigung ihre Chance. In der Eingabe zu Beginn des Prozesses hob Stahmer, der Anwalt Görings, die

»Die letzte Auffangstellung« heißt die Zeichnung der sowjetischen Karikaturisten Kukriniksy in der *Neuen Berliner Illustrierten* vom 28. Januar 1946, die sich gegen die umfangreiche Protokollierung in Nürnberg richtet.

Unsicherheit der Nürnberger Rechtsgrundlage hervor, die sich nicht auf geltendes Völkerrecht stützen könne, sondern auf einem Strafgesetz beruhe, das erst nach der Tat geschaffen worden sei. Damit werde gegen den allgemeingültigen Rechtssatz »nulla poena sine lege« verstoßen, der auch zu den Grundlagen der Staatsordnung der vier Siegermächte gehöre.[30] So wichtig dieser Hinweis war, er durfte doch nicht dazu dienen, Unrechtshandlungen auszuklammern, die unter Berufung auf eine pervertierte Rechtsordnung begangen worden waren. Wo aber begann die Pervertierung der Rechtsordnung, und wo konnte dem einzelnen schuldhaftes Handeln nachgewiesen werden? Angesichts der erdrückenden Beweislast von Nürnberg ließen sich aufkeimende Bedenken dieser Art noch beiseite schieben. Doch schon deutete sich an, wo die Schwächen der Strafjustiz gegenüber den unmenschlichen Taten des nationalsozialistischen Regimes lagen. In den späteren NS-Prozessen war es selbst Schwerbelasteten möglich, sich auf den Boden des zur Tatzeit geltenden Rechts zurückzuziehen und gleichzeitig die oft schwierige Beweislage zu ihren Gunsten auszunutzen.

Im Laufe des Verfahrens, das sich im Rampenlicht der Weltöffentlichkeit über fast ein Jahr hinzog, zeigten die 24 Spitzenfunktionäre des nationalsozialistischen Regimes, die in Nürnberg auf der Anklagebank saßen, recht unterschiedliche Verhaltensweisen: Göring verstand es, die Anklage durch schlagfertiges und geschicktes Taktieren wiederholt in Verlegenheit zu bringen. Heß, der ehemalige »Stellvertreter des Führers«, wirkte geistesgestört; Ribbentrop und die meisten der übrigen Angeklagten entpuppten sich als subalterne Figuren des Führerstaats. Zu den wenigen, die Einsicht zeigten, gehörten Albert Speer und Hans Frank.

Was das Gericht an Beweismaterial zusammengetragen hatte, war erdrückend. Die Alliierten hatten bereits während des Krieges systematisch Unterlagen gesammelt. Nach dem Ende der Kampfhandlungen waren ihnen dann tonnenweise Akten von Regierung, Partei und Militär in die Hände gefallen, die ein umfassendes Bild nationalsozialistischer Herrschaft ergaben. Viele Einzelheiten, gra-

»Die Millionen Toten des Krieges warten auf die Urteilsverkündung und die Sühne der ungeheuren Verbrechen«, kommentiert David Low im *Evening Standard* vom 24. Oktober 1946

vierende Entscheidungen der Führung und minutiöse Unterlagen ihrer Vernichtungsmaschinerie wurden durch den Nürnberger Prozeß einer entsetzten Öffentlichkeit bekannt. Zweimal pro Tag berichtete der Rundfunk aus dem Gerichtsgebäude. Das ganze Ausmaß der Judenvernichtung und die Skrupellosigkeit bei der Vorbereitung der Angriffskriege waren jetzt erkennbar. Schlüsseldokumente wie das Hoßbach-»Protokoll« vom 5. November 1937 über die Lösung der deutschen »Raumfrage« und der Bericht über die Wannseekonferenz vom 20. Januar 1942, auf der unter dem Vorsitz Heydrichs die »Endlösung der Judenfrage« erörtert worden war, sprachen für sich. Die Beweisaufnahme von Nürnberg stellte somit auch den Beginn der zeitgeschichtlichen Erforschung des Nationalsozialismus dar. Der amtliche Text des Prozesses wurde in 42 Bänden veröffentlicht.

Die in Kreuzverhören, Zeugenbefragungen, Plädoyers von Anklägern und Verteidigern zutage geförderten Tatbestände belasteten nicht nur die Angeklagten. So ist während des Prozesses dem Verteidiger von Heß durch amerikanische Journalisten das geheime Zusatzprotokoll zum Hitler-Stalin-Pakt zugespielt worden, das allerdings nicht verlesen werden durfte. Im Kreuzverhör mit Ribbentrop wurde die Abgrenzung der Interessensphären zwischen dem Deutschen Reich und der Sowjetunion jedoch bekannt. Als der sowjetische Ankläger bei anderer Gelegenheit den Fall Katyn den »deutschen Faschisten« anzulasten suchte, erreichte es die Verteidigung immerhin, daß das Gericht diesen Punkt fallen ließ. Trotz zunehmender Spannungen blieb die Einheit des Militärtribunals erhalten. Dies schloß allerdings aus, daß das Verhalten der Sowjetunion in der Frage der Besetzung Polens und der damit verbundenen Kriegsverbrechen Eingang in die Nachforschungen und das Urteil des Gerichts finden konnte. Bei einer Würdigung des Gesamtverfahrens wird man sich dennoch kaum der Erkenntnis verschließen, daß angesichts der aufgedeckten Ungeheuerlichkeiten »jenseits aller juristischen Überlegungen« (K. D. Erdmann) in Nürnberg Recht gesprochen worden ist.

Die Urteilsbegründung des internationalen Militärtribunals ist

Die Führer des Dritten Reiches auf der Anklagebank in Nürnberg, 1945/46

Der Internationale Militärgerichtshof verhandelte von Oktober 1945 an gegen 24 »Hauptkriegsverbrecher«, unter anderem wegen Planung und Entfesselung eines Angriffskrieges. Es wurden am 1. Oktober 1946 verurteilt: Göring, Ribbentrop, Frank, Frick, Jodl, Kaltenbrunner, Keitel, Rosenberg, Sauckel, Seyß-Inquart, Streicher und Bormann zum Tode; lebenslängliche Haft erhielten Heß, Funk und Raeder; Speer und von Schirach zwanzig Jahre Haft, von Neurath fünfzehn und Dönitz zehn Jahre Haft; von Papen, Schacht und Fritzsche wurden freigesprochen, gegen Krupp wurde wegen Krankheit nicht verhandelt, Ley beging während der Verhandlung Selbstmord.
Am frühen Morgen des 16. Oktober 1946 wurden die Todesurteile im Nürnberger Gefängnis vollstreckt. Göring war es wenige Stunden zuvor gelungen, sich mit einer Giftkapsel das Leben zu nehmen. Über den Beisetzungsort der Hingerichteten wurde der Öffentlichkeit nichts mitgeteilt. Lastwagen der amerikanischen Armee brachten die Leichen nach München. Dort wurden sie in der Heilmannstraße eingeäschert und ihre Asche in den Conwentzbach geschüttet. Nach dem Willen der Alliierten sollte nichts übrigbleiben, was Anlaß zu späterem Gedenken, zu einer Heldenverehrung geben konnte. Noch hielt man es für wahrscheinlich, daß das ehemalige Führungspersonal des Dritten Reiches eines Tages verklärt werden würde. Göring war überzeugt, daß später einmal Hitler und den Seinen in jeder deutschen Stadt Denkmäler errichtet werden würden.

in ihrem historischen Teil nicht frei von Einseitigkeiten. Doch fehlen pauschale Aburteilungen. Das Gericht folgte nicht dem Antrag des Hauptanklägers der UdSSR, der für alle Angeklagten ohne Ausnahme die Todesstrafe forderte. Sie wurde nur dort verhängt, wo Kriegsverbrechen und Verbrechen gegen die Menschlichkeit als erwiesen galten. So fielen die Strafen unterschiedlich aus. Tod durch den Strang für Göring, Ribbentrop, Keitel, Kaltenbrunner, Rosenberg, Frank, Frick, Streicher, Sauckel, Jodl, Seyß-Inquart sowie in Abwesenheit für Bormann; lebenslänglich für Heß, Funk und Raeder; längere Freiheitsstrafen für Dönitz, von Neurath und Speer; Freispruch für Schacht, von Papen und Fritzsche. Zu verbrecherischen Organisationen erklärte das Gericht Gestapo, SS und SA sowie das Führungskorps der NSDAP, während Reichsregierung, Generalstab und OKW ausgenommen blieben. Anders als in der Kontrollratsdirektive Nr. 10 definiert, bekannte sich das Gericht zum Prinzip der individuellen Schuld. Die bloße Mitgliedschaft in einer als verbrecherisch eingestuften Organisation galt nicht als hinreichender Grund für eine Bestrafung.

Das Urteil von Nürnberg wurde von Publizisten und Politikern nahezu einhellig begrüßt, ja von manchen gar als Beginn einer neuen Weltordnung gefeiert. Viele hofften auf ein neues Völkerrecht mit den Möglichkeiten internationaler Gerichtsbarkeit. Hans Mayer, der in die Schweiz emigrierte Germanist, damals bei Radio Frankfurt, stellte dazu in einer Rede vom 2. Oktober 1946 fest, es sei eine »Etappe der Weltrechtsentwicklung« eingetreten, die den internationalen Rechtsbrechern zeige, »den jetzigen und als Warnung allen künftigen, daß die Willkür der Staatsmänner und internationalen Abenteurer der Politik ihre Schranken findet im Völkerrecht und in den Gesetzen der Menschlichkeit. Hier liegt eine zukunftsweisende Bedeutung des Nürnberger Prozesses.«[31] Diese Hoffnung erwies sich als Illusion.

Hatte sich der Internationale Militärgerichtshof mit den Hauptfunktionären des Naziregimes befaßt, so blieb die weitere Verfolgung von Kriegsverbrechern in der Zuständigkeit der Militärgouverneure der einzelnen Besatzungszonen. In der amerikanischen Zone fanden zwischen 1945 und 1949 zwölf große »Nachfolgeprozesse« gegen Juristen, Ärzte, Industrielle (Flick, IG-Farben, Krupp), Angehörige des Auswärtigen Amtes (Wilhelmstraßenprozeß), das Oberkommando der Wehrmacht und höhere SS-Funktionäre statt. Ähnliche Prozesse gab es auch in der britischen, französischen und sowjetischen Besatzungszone. Im westlichen Teil Deutschlands wurden insgesamt – einschließlich der Urteile des Internationalen Militärgerichtshofs – 5025 Personen verurteilt. Von 806 Todesurteilen wurden 486 vollstreckt. Für die SBZ wird die Zahl der Verfahren, die allerdings zugleich der Ausschaltung der bisherigen Führungsschicht dienten und zum Teil außergerichtlich durchgeführt wurden, auf 45000 geschätzt.

Die Gesamtzahl der im Ausland wegen NS-Verbrechen Verurteilten beläuft sich auf 50000 bis 60000. Deutsche Gerichte durften ihre Tätigkeit erst seit Ende 1945 allmählich wieder aufnehmen. Sie beschränkten sich zunächst auf die Verfolgung von Verbrechen, die von Deutschen an Deutschen oder Staatenlosen begangen worden waren. Nach und nach wurde die Zuständigkeit

der deutschen Gerichte erweitert, bis die Bundesrepublik im »Überleitungsvertrag« von 1955 die volle Gerichtshoheit erhielt. Die im Jahre 1958 in Ludwigsburg gegründete Zentralstelle zur Aufklärung nationalsozialistischer Verbrechen sollte dazu dienen, den Gerichten bei den oft äußerst schwierigen Nachforschungen behilflich zu sein. Die NS-Prozesse trugen dazu bei, die Erinnerung an die nationalsozialistischen Greueltaten wachzuhalten. Die Verfahren sollten immer wieder im Inland wie im Ausland zu heftigen Diskussionen führen, da nicht zuletzt an ihnen die Glaubwürdigkeit der neuen Demokratie in Deutschland gemessen wurde.

III.
Neubeginn

1. Umerziehung und kultureller Aufbruch

Neben Säuberung und Bestrafung nahm die »Umerziehung« einen zentralen Platz im Programm der Siegermächte ein, da sie glaubten, daß ohne geistige und politische Neuorientierung eine künftige friedliche Entwicklung Deutschlands nicht möglich sei. Die Diskussion über Art und Umfang der Re-education hatte sich wie ein roter Faden schon durch die verschiedenen Stadien der Kriegszielplanung gezogen. Nach allgemeiner Auffassung würde Deutschland auch ohne Hitler eine Gefahr bleiben, wenn es nicht gelang, die historischen Wurzeln des »preußischen Militarismus« zu beseitigen und den totalitären Geist des nationalsozialistischen Systems und seiner Propaganda zu überwinden.

Der Begriff Re-education besaß von vornherein einen negativen Beigeschmack. Nicht nur der Unterton von Schulmeisterei störte, vielmehr stellte sich die Frage der Legitimation einer Umerziehung spätestens dann, wenn es darum ging, den Deutschen eine fremde politische Kultur aufzuzwingen. Die britische Seite war sich dieses Problems durchaus bewußt. Schon im Planungsstadium hatte sie immer wieder hervorgehoben, daß Re-education und Re-orientation vor allem eine Aufgabe der Deutschen selbst sei und es im Kern nur darum gehen könne, die Voraussetzungen und Rahmenbedingungen dafür zu schaffen.[1]

Erste praktische Erfahrungen mit der Umerziehung sammelten die Briten mit jenen deutschen Kriegsgefangenen, die Dr. Heinz Koeppler, ein emigrierter deutscher Gelehrter, im »Training Centre« von Wilton Park zusammengezogen hatte. Es diente als Forum für politisch-akademische Diskussionen und war zugleich Ausbildungsstätte für deutsche Experten im administrativ-politischen und kulturellen Bereich, die in der britischen Besatzungszone dringend benötigt wurden. In der liberalen und aufgeklärten Atmosphäre von Wilton Park vollzog sich seit Ende 1945 Re-education im positiven Sinne: Eine demokratische deutsche Elite wurde ausgebildet. Dabei sollte die Besinnung auf das bessere deutsche Kulturerbe ein erster Schritt auf dem Weg zur demokratischen Selbstbestimmung sein.[2] Bereits am Tag der Kapitulation hatte Robert Birley, der Leiter von Charterhouse und spätere Erziehungsberater des Militärgouverneurs, in einem Brief an den Herausgeber der *Times* geschrieben, bei der Umerziehung gehe es um mehr als Entnazifizierung, Entmilitarisierung und Bestrafung von Kriegsverbrechern. Es gehe auch darum, an die geistigen Traditionen der Zeit Goethes und Humboldts anzuknüpfen.[3]

Im Jahre 1944 war es innerhalb des »Obersten Hauptquartiers alliierter Expeditionsstreitkräfte« (SHAEF) zu einer engen britisch-amerikanischen Zusammenarbeit hinsichtlich der Nachkriegsplanung gekommen. Erst als sich die Planungsstäbe wieder trennten, gewannen die Überlegungen jeder Seite größere Eigenständigkeit, ohne daß gegenseitige Konsultationen und Informationen aufgegeben wurden. In Washington setzte sich besonders

Die erste Nachkriegsimmatrikulation an der Humboldt-Universität in Berlin wird von dem Rektor, Professor Stroux, entgegengenommen.

Die vier Besatzungsmächte suchten in ihren jeweiligen Zonen das Universitätsleben schnell wieder zu beleben. Obwohl viele der Gebäude schwer beschädigt waren, nahm die alte Friedrich-Wilhelm-Universität Unter den Linden in Berlin, die in Humboldt-Universität umbenannt wurde, schon zum Wintersemester 1945/46 in ungeheizten und teilweise fensterlosen Räumen den Lehrbetrieb wieder auf.

das »Post-War Committee« des State Department mit Fragen der Re-education auseinander, die auch hier als ein erster wichtiger Schritt auf dem Wege zu einer deutschen selbständigen Regierung angesehen wurde. Allerdings schwebte den amerikanischen Experten zunächst ein sehr viel durchgreifenderes Programm vor als ihren britischen Kollegen, die von Anfang an auf die Schwierigkeiten verwiesen, die eine umfassende politische Säuberung und Umerziehung für ein funktionsfähiges Bildungswesen im Nachkriegsdeutschland mit sich bringen mußte. Die amerikanische Seite wollte sich nicht auf indirekte Kontrolle und Anleitung beschränken, sondern war überzeugt, die Vorteile ihrer eigenen politisch-kulturellen Traditionen zur Geltung bringen zu können, ja zu müssen. Aus diesem Grunde sahen die Richtlinien aus dem Hauptquartier Eisenhowers für die erste Phase nach der Besetzung die generelle Schließung aller Erziehungseinrichtungen vor.

Die im Mai 1945 von einem Planungsausschuß des State Department ausgearbeitete Expertise »Long Range Policy Statement for German Education«, die schließlich die Grundlage für die amerikanische Bildungspolitik in Deutschland abgab, betonte jedoch, daß der Aufbau des kulturellen Lebens in Deutschland im wesentlichen das Werk der Deutschen selbst sein müsse.[4] Vor Ort bestätigte sich diese Auffassung. Die Berührung mit dem deutschen Kulturleben, aber auch die beschränkte Personalausstattung – nur fünfzig Personen waren in den ersten beiden Besatzungsjahren in der Erziehungsabteilung der amerikanischen Militärregierung tätig – legten es nahe, die Deutschen möglichst stark einzubeziehen. Nur so wurde es möglich, daß Schulen und Universitäten im Herbst/Winter 1945 bereits wieder geöffnet werden konnten. Aber es fehlten Räumlichkeiten, Heizmaterial, Kleidung, Schuhe und Nahrung. Deshalb galt die Aufmerksamkeit zunächst eher dem Körper als dem Geist. Und doch setzte ohne Verzögerung die Überprüfung der Lehrpläne ein, ohne die der Schulbetrieb nicht wieder aufgenommen werden durfte. Nicht nur natio-

Ein Memorandum des *Education Branch* der britischen Militärregierung vom 13. August 1948 stellt fest: »Wir stimmten alle überein, daß ›re-education‹ einer der Hauptzwecke unserer Besatzung ist. Es muß jedoch daran erinnert werden, daß es kein Wort gibt, das die Deutschen, auch die am freundlichsten Gesinnten unter ihnen, so sehr verabscheuen wie dieses und daß es keines gibt, das so energisch Reaktionen hervorzurufen geeignet ist.«

nalsozialistisches Gedankengut fiel dabei dem Rotstift zum Opfer; die Aufgabe bestand auch darin, Relikte jener Tradition aufzuspüren, von der man glaubte, daß sie die deutsche Katastrophe herbeigeführt habe.[5]

Kein Fach konnte von vornherein als ideologisch unbedenklich gelten. Die Diskussionen über das Fach Geschichte gestalteten sich besonders langwierig und schwierig. Zunächst hatte man in allen vier Zonen die Geschichtsbücher eingezogen. In der britischen Zone erschien seit 1947 unter dem Titel »Geschichte unserer Welt« ein Unterrichtswerk für höhere Schulen, das unter der Federführung von Fritz Karsen von einer Gruppe nach Amerika emigrierter deutscher Historiker erarbeitet wurde.[6] Dies geschah nicht ohne Widerstände und dramatische Verzögerungen, zumal die offizielle politische Linie der Besatzungsmacht deutsche Autoren wünschte, die in Deutschland lebten. So wurde bereits 1946 unter der Leitung von Georg Eckert in Braunschweig eine deutsche Lehrbuchprüfungsstelle eingesetzt, aus der das spätere »Internationale Institut für Schulbuchforschung« hervorgegangen ist.

In der französischen Besatzungszone hatten die Sicherheitsinteressen Vorrang vor der Umerziehungspolitik. Insofern konnten dort pragmatische gegenüber ideologischen Erwägungen leichter die Oberhand gewinnen. Angesichts der chaotischen Schulsituation (auch hier waren Schulhäuser zerstört oder dienten als Lazarette und Flüchtlingsherbergen; Lehr- und Lernmittel durften nicht weiter benutzt werden; ein großer Teil der Lehrerschaft fiel wegen der braunen Vergangenheit aus) galt das Hauptaugenmerk zunächst nicht einer grundlegenden Schulreform, sondern improvisierten Regelungen mit dem Ziel, den Lehrbetrieb möglichst bald wieder aufnehmen zu können, was im September 1945 gelang. Auch die Franzosen bedienten sich dabei der deutschen Schulverwaltung. Der politische Weg Carlo Schmids etwa begann mit bildungspolitischen Aufgaben in Württemberg-Hohenzollern. Es

Auslage der Galerie Rosen am Kurfürstendamm in Berlin

Die Galerie Rosen wurde ein Mittelpunkt des West-Berliner Künstlerlebens der ersten Nachkriegsjahre, da wie aus dem Nichts Bilder der zwanziger Jahre auftauchten. In den Regalen von Gerd Rosen fand man Handzeichnungen und Druckgraphiken des Blauen Reiters, des Bauhauses und vor allem der »Brücke«. Da die Avantgarde von gestern weitgehend vergessen war, konnte man hier Inkunabeln der Moderne für acht, zehn oder zwölf Mark kaufen, zum Beispiel Radierungen von Heckel oder Kirchner, Holzschnitte von Schmidt-Rottluff und Emil Nolde. Aus der sowjetischen Besatzungszone kam der gesamte Nachlaß von Otto Mueller in die Galerie Franz in der Bundesallee; Blätter, die bald Zehntausende von Mark kosten sollten, suchten für wenig Geld vergeblich einen Käufer und gingen nach Schließung der Ausstellung unverkauft zurück zu Maschka Mueller nach Dresden. Wer hatte 1947 schon Geld für »Luxuswaren«?

sollte sich zeigen, daß die schulorganisatorischen Improvisationen, die sich an den Weimarer Verhältnissen orientierten, eine eigene Schubkraft gewannen. Als die Militärregierung später versuchte, ohne Rücksicht auf deutsche Traditionen französische Modelle (religionsunabhängige Schulen, französisches Abitur- und Zensurensystem) durchzusetzen, stieß sie auf hartnäckigen Widerstand vor allem bei den Kirchen.[7]

Generell gilt für die Umerziehungs- und Bildungspolitik in den westlichen Besatzungszonen, daß nach den Jahren ideologischer Vergiftung durch den Nationalsozialismus auf eine »geistige Erneuerung« nicht verzichtet werden konnte. Dabei ließen sich die westlichen Siegerstaaten – am wenigsten noch die Briten – durchaus von Modellen und Kriterien leiten, die sie den Traditionen ihrer eigenen Länder entnahmen. Sie wußten aber, daß die »geistige Erneuerung« nur von den Deutschen selbst erreicht werden konnte. Ihren konzeptionellen und schulpraktischen Vorstellungen kam letztlich die entscheidende Rolle zu, und diese verstärkte sich noch, als sie in den gewählten Länderparlamenten selbst über die Kulturpolitik entscheiden konnten.

Die Erziehungs- und Kulturpolitik der sowjetischen Besatzungsmacht bewegte sich rein formell durchaus auf dem Boden gemeinsamer alliierter Formeln. Im Rückblick erscheint die Offenheit der Bildungspolitik in der SBZ, die bis 1947/48 anhielt, allerdings erstaunlich. Walter Ulbricht selbst hat noch im Jahre 1946 vor einem zu großen Tempo der Veränderungen gewarnt: »Würden wir in der sowjetisch besetzten Zone in der Durchführung unserer demokratischen Politik einen Schritt weiter gehen, so bestände die Gefahr der Zerreißung Deutschlands … Alle Maßnahmen, die wir gegenwärtig im demokratischen Aufbau und in der Demokratisierung der Wirtschaft durchführen, müssen so erfolgen, daß sie in allen Teilen Deutschlands verwirklicht werden können.«[8]

»Theophil«, der erste Übertragungswagen von Radio Stuttgart nach dem Krieg, 1945

Die sowjetische Militärregierung besaß den Vorteil, daß sie mit der KPD/SED über eine Partei verfügte, mit der sie auch konzeptionell kooperierte. Im Bereich der Schul- und Bildungspolitik ergab sich anfangs sogar eine Zusammenarbeit mit Sozialdemokraten und Liberalen. Schon im Sommer 1945 wurde eine zentrale Schulverwaltung eingesetzt, die als Vollzugsorgan der Besatzungsmacht diente. Der gemeinsame Aufruf von KPD und SPD zur demokratischen Schulreform vom 18. Oktober 1945 ließ die Umrisse künftiger Schulpolitik erkennen: Säuberung des Lehrpersonals und Demokratisierung der Schule, Besetzung der Leitungsstellen mit »Antifaschisten«, Beseitigung der Bildungsprivilegien einzelner Schichten, klare Trennung von Kirche und Schule, Ablehnung jeglicher Privatschulen, grundlegende Reform der Lehrerausbildung, grundsätzliche Umstellung der Lehrpläne und Lehrbücher.[9] Die Forderungen stammten aus der reformpädagogischen Diskussion der Weimarer Zeit und fanden sich ebenfalls im Programm progressiver Bildungsreformer im westlichen Deutschland.

Mit dem gemeinsamen Aufruf waren die Weichen für das Einheitsschulgesetz vom Mai 1946 gestellt, das gegen den Willen der Kirchen, gegen die Opposition aus einzelnen Parteien, Landes- und Provinzialregierungen durchgesetzt wurde. Danach umfaßte die »demokratische Einheitsschule die gesamte Erziehung vom Kindergarten bis zur Hochschule«.[10] Gymnasien, Konfessions- und Privatschulen waren damit abgeschafft. Der etatistische Gedanke hatte sich in der Bildungspolitik durchgesetzt, die staatliche Kontrolle des Schulwesens konnte unter den Vorzeichen der Besatzungsherrschaft für politische Zwecke genutzt werden. Gewiß gab es viele positive Elemente (Schulgeldfreiheit, finanzielle Unterstützung für sozial Schwache), doch hat die Radikalität der Schulreform in der SBZ auch dazu geführt, den Einheitsschulgedanken im westlichen Deutschland nachhaltig zu diskreditieren. Obwohl den Lehrplänen zunächst noch keine eindeutig kommunistische Tendenz zugrunde lag, stellten die neue Organisation der Schule und die Praxis der Lehrerausbildung und -rekrutierung eine wichtige Voraussetzung für den ab 1948 entschlossen durchgeführten Prozeß der sozialistischen Umgestaltung dar.

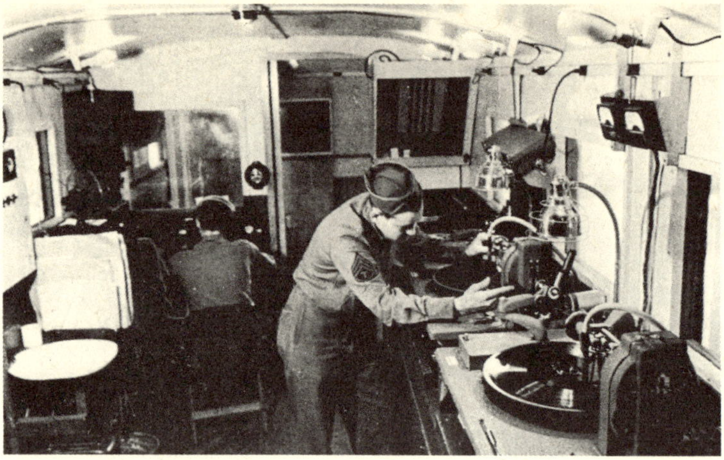

Innenansicht des fahrbaren Studios von Radio Stuttgart

Die ersten Rundfunksender wurden oft in Behelfsräumen untergebracht, wobei die Amerikaner vielfältige technische Unterstützung gaben. Die Berliner Sender unterstanden sowohl im Ost- als auch im Westteil der Stadt den Behörden der sowjetischen Besatzungszone; das legendäre, von Hans Poelzig errichtete Gebäude in der Masurenallee wurde erst 1956 von den DDR-Behörden freigegeben. So behalfen sich die westlichen Besatzungsmächte mit improvisierten Sendeanlagen, zum Beispiel dem DIAS (Drahtfunk im amerikanischen Sektor), aus dem sich später dann der RIAS (Rundfunk im amerikanischen Sektor) entwickelte.

Die Re-education durch die Siegermächte beschränkte sich keineswegs auf den Erziehungsbereich. Presse und Rundfunk, mit denen der gleichgeschaltete Führerstaat sein Netz der Indoktrination gesponnen hatte, sollten entstaatlicht, dezentralisiert, pluralisiert und für den Prozeß des demokratischen Neuanfangs genutzt werden. Zunächst wurde für kurze Zeit jeder deutsche Journalismus unterbunden. Die Rundfunkhoheit lag bei der jeweiligen Militärregierung. Der Vierzonengliederung entsprach dabei der viergeteilte Nachkriegsfunk. Im Klima des »Informationslochs« unmittelbar vor und nach der Besetzung brodelte es in der Gerüchteküche, deren Dunst dazu beitrug, das Gefühl der Ohnmacht und des Ausgeliefertseins noch zu steigern. Doch entstanden schrittweise, von Mai 1945 an, Rundfunkstationen der Besatzungsbehörden in Hamburg, Berlin, Frankfurt, München, Bremen, Stuttgart und Köln, die unter immer stärkerer Einbeziehung deutscher Publizisten, vor allem auch deutscher Emigranten unterschiedlicher politischer Prägung, ihre Tätigkeit aufnahmen. In den ersten Monaten noch ganz Sender der Militärregierung, gewannen sie erst allmählich eine Programmstruktur, in der die Zensur gelockert und Meinungsfreiheit gefördert wurde.

Während die Amerikaner, aber stärker noch die Franzosen, zunächst mit strengen Anweisungen und peinlicher Manuskriptzensur den Rundfunk steuerten, gewährten die Briten ihren deutschen Mitarbeitern bereits sehr früh erheblich größere Freiheiten. Der Rundfunk als schnellstes, direktestes und damit wichtigstes aller Kommunikationsmittel sollte stufenweise in deutsche Hände übergehen.

Die Rundfunkpolitik der Amerikaner trug eindeutig föderalistische Züge, hingegen konzentrierten sich die Aktivitäten der übrigen Besatzungsmächte auf ihren jeweiligen Zentralsender. Unter Hugh Carlton Greene, dem Bruder des englischen Schriftstellers Graham Greene, nahm der Nordwestdeutsche Rundfunk (NWDR) in der britischen Zone am 1. Oktober 1946 seine Sendetätigkeit auf. Schon zu dieser Zeit bestand die Mehrheit der Mitarbeiter aus Deutschen: hervorragende Journalisten und Literaten, unter ihnen Axel Eggebrecht, der frühere Redakteur der *Weltbühne*, Peter von

Aachener NACHRICHTEN

Publikationsorgan für den Regierungsbezirk Aachen

Russischer Siegeszug rollt weiter!

Alliierte Flugzeuge zerschlagen Rundstedt's Rückzugskolonnen

Alliierte Heeresleiter konferieren

Bromberg erobert Ostpreußen überrannt 270 km vor Berlin

Amerikanische Truppen rücken auf Manila vor

Alliierte Bomber greifen Treibstofflager in Duisburg an

Schirmfabrikant erhält Gefängnis wegen Hamsterei

Erstausgabe der *Aachener Nachrichten* vom 24. Januar 1945, der ersten deutschen Lizenzzeitung

Die *Aachener Nachrichten* erschienen als erste deutsche Lizenzzeitung schon im Januar 1945. Mit dem Vorrücken der alliierten Truppen wurden weitere Militärzeitungen gegründet, von denen es am Ende dreizehn Blätter gab.

Zahn, Peter Bamm, Thilo Koch und Ernst Schnabel, der spätere Hamburger Intendant. Sie konnten früh die Möglichkeiten eines erstaunlich freien Rundfunks nutzen. Außen- wie innenpolitische Fragen wurden offen diskutiert und selbst kritische Worte im Umgang mit den Siegermächten gewagt.[11] Viele dieser Männer der ersten Stunde prägten für weitere Jahrzehnte das Gesicht der bundesdeutschen Medien.

Nach dem Vorbild der BBC wünschten die Briten eine von Staat, Regierung und Parteien unabhängige Institution, die in bewußtem Gegensatz nicht nur zum zentralisierten, dem Propagandaministerium unterstellten Staatsfunk des Dritten Reiches, sondern auch zur staatlichen Rundfunktradition von Weimar stand. Zugleich wollten sie das Rundfunkmonopol der Post beseitigen. Über die Rundfunkorganisation kam es später in allen drei westlichen Besatzungszonen zu heftigen Auseinandersetzungen. Die deutschen Vertreter konnten sich nicht mit der Idee einer »non-governmental institution« anfreunden und plädierten, trotz der negativen historischen Erfahrungen, für eine gemäßigte Staatsaufsicht. Die Briten und Amerikaner hatten mit ihren hartnäckigen Versuchen, ein pluralistisches Konzept für den Rundfunk durchzusetzen und die staatliche Aufsicht auszuschalten, keinen Erfolg. In der britischen Zone kam es schließlich zu einem Kompromiß. Durch Verordnung der Militärregierung wurde der NWDR am 1. Januar 1948 als erster der deutschen Sender in eine öffentlich-rechtliche Rundfunkanstalt umgewandelt.[12] Obwohl die Selbstverwaltungsrechte in der Satzung nachdrücklich verankert und die Unabhängigkeit von Staats- und Parteieinflüssen betont wurde, behielten die Aufsichtsgremien doch eine starke Stellung.

Noch deutlicher als die Briten bekamen die Amerikaner in ihrer Zone die staatsorientierte Auffassung deutscher Rundfunkpolitiker zu spüren. Eigentlich wollte die Militärregierung keine Regelung verordnen. Sie wünschte eine Entscheidung des deutschen Gesetzgebers in den neuen Länderparlamenten. Die dort geführten Debatten zeigten allerdings schon bald, wie weit die deutschen und amerikanischen Auffassungen auseinanderklafften. Die Vorstellung, daß der Rundfunk die Regierung zu kontrollieren habe und nicht umgekehrt, stieß auf wenig Gegenliebe.[13] Nur durch massiven Druck der Besatzungsmacht gelang es, die Rundfunkgesetze zu verabschieden. Sie traten noch vor dem Grundgesetz in Kraft.

Die Grundlagen des öffentlich-rechtlichen Rundfunks der Bundesrepublik sind in wesentlichen Teilen während der Besatzungszeit gelegt worden. Die westlichen Alliierten haben ein Wiederaufleben des Staatsmonopols verhindert. Zugleich hat die von den Amerikanern bewußt betriebene, durch die Zoneneinteilung ohnehin vorgeprägte föderalistische Gliederung eine wichtige Voraussetzung für Meinungsvielfalt geschaffen. Doch vermochten sich die Alliierten mit ihren politisch-institutionellen Lösungsvorschlägen nicht durchzusetzen. Die etatistische Tradition in Deutschland und die neue Eigendynamik der politischen Parteien stemmten sich erfolgreich dem Druck der Militärregierungen entgegen und verhinderten tiefergreifende Reformen.

Wie beim Rundfunk begannen die Militärbehörden auch im Be-

reich der Presse zunächst mit eigenen Informationsorganen, die schon im Sommer 1945 eine geschätzte Auflagenhöhe von insgesamt fünf Millionen erreichten. Militärzeitungen gab es in dreizehn deutschen Städten. Dazu zählten der *Kölnische Kurier*, die *Frankfurter Presse* und die *Hessische Post*. Sie unterrichteten die Bevölkerung über Anordnungen und Maßnahmen der Besatzungsmächte, versuchten aber auch schon durch objektive Nachrichtenauswahl und Ermunterung zur Kritik im Sinne einer offenen Demokratie zu wirken. Obwohl ihnen der Makel fremdbestimmter Meinungsvermittlung anhaftete, erfreuten sie sich in einer Zeit des grenzenlosen Nachrichtenhungers großer Nachfrage.

Im Sommer und Herbst 1945 zeichnete sich eine Veränderung der Pressepolitik ab. Schrittweise wurden deutsche Blätter lizenziert. Als erste hatte die sowjetische Militärregierung damit begonnen. Im westlichen Deutschland waren es wiederum die Amerikaner, die die Weichen stellten. Nach dem frühen Vorspiel der *Aachener Nachrichten* erschien als erste deutsche Lizenzzeitung am 1. August 1945 die *Frankfurter Rundschau*. Ihr folgten in kurzen Abständen *Der Tagesspiegel* in Berlin und die *Süddeutsche Zeitung*. Eine Sonderstellung nahm die *Neue Zeitung* in München ein. Als Nachfolgeblatt der offiziellen amerikanischen *Allgemeinen Zeitung* war sie nach Rang und Umfang das bedeutendste Presseerzeugnis der unmittelbaren Nachkriegszeit. Unter der Leitung von Hans Habe in Zusammenarbeit mit Hans Wallenberg, Erich Kästner und Walther Kiaulehn entstand in ihrem Umfeld so etwas wie eine erste Schule der westdeutschen Journalistik. Die britische Militärregierung verhielt sich bei der Genehmigung deutscher Zeitungen zurückhaltender. Erst im Mai 1946 erschien *Die Welt. Eine überparteiliche Zeitung für die gesamte britische Zone*. Insgesamt entstanden im westlichen Besatzungsbereich bis zur Gründung der Bundesrepublik 149 Lizenzblätter.

Die alliierte Pressepolitik in den Westzonen hatte zum Ziel, lebensfähige, eigenständige, regionale und lokale Zeitungen aufzubauen. Pressekonzerne sollten verhindert und Belastete der NS-Zeit von publizistischem Einfluß ferngehalten werden. Der Lizenzvergabe an deutsche Zeitungsherausgeber ging stets ein umfangreiches und umständliches Prüfungsverfahren voraus. Die Genehmigung blieb an eine detaillierte »Betriebsanweisung« gebunden, die sämtliche Einzelheiten (Titel, Format, Aufmachung und Umfang) regelte.[14] Noch gab es keine wirkliche Pressefreiheit. Es blieb weiterhin bei einer Vor- und Nachzensur, die schließlich immer großzügiger gehandhabt wurde. Die französische Aufsicht verfuhr dabei sehr viel strenger als die anglo-amerikanische, während die Zensur in der sowjetischen Zone als Druckmittel diente, um ideologische Konformität zu erzielen.

Eine Medienaufsicht war auf Dauer mit amerikanischen Vorstellungen unvereinbar. Deshalb beabsichtigte die Militärregierung, die Pressekontrolle schrittweise den Deutschen zu überlassen. Sie bestand aber weiterhin darauf, daß die Prinzipien alliierter Medienpolitik zugrunde gelegt wurden. Die Militärregierung verweigerte dem Pressegesetz vom Herbst 1946, das der Länderrat der US-Zone verabschiedet hatte, die Zustimmung. Erst im Jahre 1949, als die Amerikaner angesichts der bevorstehenden West-

In der Erstausgabe der unter Leitung von Hans Habe stehenden *Neuen Zeitung* schrieb General Eisenhower: »Die Neue Zeitung wird dazu beitragen, dem deutschen Volk die Notwendigkeit jener Aufgaben vor Augen zu führen, die vor dem deutschen Volke liegen. Diese Aufgaben umfassen Selbsthilfe, Ausschaltung von Nationalsozialismus und Militarismus und aktive Säuberung der Regierung sowie des Geschäftslebens. Der moralische, geistige und materielle Wiederaufbau Deutschlands muß aus dem Volke selbst kommen. Wir werden den Deutschen bei diesem Wiederaufbau helfen, aber die Arbeit selbst werden wir für die Deutschen keineswegs besorgen.«

Erste Ausgabe des *Spiegels* vom 4. Januar 1947, Auflage 15 000 Exemplare

Konferenz der *Spiegel*-Redaktion in Hannover, 1947 (v. l. n. r.: Hans Detlev Becker, Karlwerner Gies, Dr. Werner Hühne, Hans J. Toll, Rudolf Augstein und Roman Stempka

Das Vorbild des *Spiegels* waren die amerikanischen Magazine wie *Time* und *Newsweek*, als deren Imitation er oft angesehen wurde. Aber *Der Spiegel* entwickelte bald ein eigenes Gesicht, auch durch die Berücksichtigung populärer Themen, die schon nach wenigen Jahren seine Auflage enorm steigen ließen. Ursprünglich war der 1947 erst vierundzwanzigjährige Rudolf Augstein nur einer unter mehreren verantwortlichen Herausgebern, aber er prägte dem Blatt seinen Stempel auf und übernahm schließlich die alleinige Herausgeberschaft.

staatsgründung die deutschen Entwürfe eher resigniert hinnahmen, konnten Landespressegesetze erlassen werden. Anders als die Amerikaner förderten die Briten auch die parteipolitische Presse. Dies hatte erhebliche Bedeutung für die Entwicklung der Parteien in Westdeutschland.

Der erstaunliche Aufschwung, den das Zeitungswesen in den ersten Nachkriegsjahren nahm, wurde durch die Vielfalt und Lebendigkeit der Zeitschriftenlandschaft noch übertroffen. Die blühende politisch-literarische Publizistik, die sich jetzt entfaltete, stand in auffallendem Gegensatz zur politischen Apathie weiter Teile der Bevölkerung. Das »andere«, das »neue Deutschland« nutzte die Möglichkeiten zur Meinungsäußerung, während die »Gestrigen« sich kaum hervorwagten. Sie hatten unter den wachsamen Augen der Militärregierungen allerdings auch wenig Gelegenheit dazu. Schon im Jahre 1945 schossen Zeitschriften wie Pilze aus dem Boden. Ihre Vielfalt und Auflagenstärke überrascht. Politik, Wirtschaft, Technik, Recht, Bildung, Wissenschaft, Kunst, Literatur, Theologie, Philosophie – kein Bereich blieb ausgespart. Zwischen 1945 und 1948 erschienen etwa 1400 Zeitschriften, von denen rund 200 der kulturell-politisch-literarischen Publizistik zuzurechnen sind. Theodor Eschenburg spricht von einem »Zeitschriftenparadies«, in dem sich der intellektuelle Stau von zwölf Jahren geistiger Einengung und Unterdrückung entlud und in dem die Emigranten zum ersten Mal wieder den Resonanzboden ihrer Muttersprache erlebten.[15]

Die Spannbreite der politischen Themen und Meinungen reichte vom Sozialismus kommunistischer und christlicher Prägung bis hin zu liberalen und konservativen Auffassungen. Nach den Ursachen der »deutschen Katastrophe« (F. Meinecke), dem Wesen und Ausmaß nationalsozialistischer Herrschaft wurde ebenso gefragt wie nach neuen Möglichkeiten und Formen gesellschaftlichen und staatlichen Zusammenlebens. In höchst unterschiedlicher, selten präzisierter Weise erschien der »Sozialismus« als eine Art Generalkonzept und Allheilmittel. Der Blick wurde aber auch über das eigene Land hinaus auf die Möglichkeiten internationaler Staaten-

Tagung der Gruppe 47 im Renaissancesaal des Rathauses zu Marktbreit, Mai 1949

Aus der Gruppe 47, die sich aus den Autoren der ehemaligen Zeitschrift *Der Ruf* 1947 bildete, gingen viele der namhaften jungen Autoren der Nachkriegszeit hervor, von Alfred Andersch bis zu Heinrich Böll und Günter Grass. Aber im Grunde beherrschten die literarische Szene noch auf lange Zeit die großen Namen der Weimarer Republik, seien sie nun im Lande geblieben, wie Ernst Jünger und Gottfried Benn, oder Emigranten wie Thomas Mann und Hermann Hesse. In der sowjetischen Besatzungszone entwickelte sich ein eigenes literarisches Leben um die Sozialisten und Kommunisten der zwanziger Jahre, die nach Ost-Berlin, Leipzig und Dresden zurückgekehrt waren. Anna Seghers, Bertolt Brecht und Arnold Zweig übernahmen hier die führende Rolle und blieben bis zu ihrem Tode beherrschende Gestalten, neben denen junge Literaten kaum zur Geltung kamen.

verbindung gelenkt. Karg fielen dagegen zunächst die wirtschaftlichen Analysen aus, während historische, politische und philosophische Reflexionen überwogen. Eine gewisse Wirklichkeitsferne fällt dem Betrachter in diesen ersten Jahren ebenso auf wie das hohe intellektuelle Niveau der Zeitschriften- und Broschürenliteratur.

Zu den führenden Zeitschriften gehörten die von Eugen Kogon und Walter Dirks herausgegebenen *Frankfurter Hefte*. Sie erschienen seit dem Frühjahr 1946 und brachten es immerhin auf nahezu 75000 Exemplare (1950 noch 25000). Die *Frankfurter Hefte* waren als Monatsschrift für Politik, Kultur und Religion konzipiert. Sie bemühten sich darum, den Dialog zwischen Christen und Marxisten zu fördern. Große Bedeutung erlangte vorübergehend die von Alfred Andersch und Hans Werner Richter herausgegebene Zeitschrift *Der Ruf – unabhängige Blätter der jungen Generation*, die sich als elitäres Oppositionsblatt verstand. In der Kritik auf hohem Niveau, im Stil bisweilen überheblich und verletzend, sparte *Der Ruf* nicht mit Seitenhieben auf die Siegermächte, wobei er deren Toleranzgrenze offenbar überschritt. Das Blatt wurde nach mehreren Verwarnungen durch die amerikanische Militärregierung zunächst eingestellt und später mit verändertem Redaktionsstab weitergeführt. Damit begann zugleich die unmittelbare Vorgeschichte der »Gruppe 47«. Diese trat ins Leben, als Hans Werner Richter Autoren des ehemaligen *Rufs* im September 1947 zu einer Tagung einlud, um ihnen die Möglichkeit zu geben, einander aus ihren jüngsten Manuskripten vorzutragen.

Einige einflußreiche Zeitschriften der ersten Stunde werden – wenn auch in veränderter Form – bis heute aufgelegt. Der von Franz Albert Kramer begründete katholische *Rheinische Merkur* gehört ebenso dazu wie die später auf protestantischer Seite gegründete Wochenzeitschrift *Christ und Welt*, zu deren Initiatoren Eugen Gerstenmaier und der erste Chefredakteur Klaus Mehnert zählten. Zentrale Bedeutung im Rahmen der bundesdeutschen Publizistik erlangten die bereits im Februar 1946 gegründete *Zeit* mit Gerd Bucerius und Marion Gräfin Dönhoff sowie das seit 1947

»La peinture française moderne« war der Titel einer von der Kulturabteilung der französischen Besatzungsmacht veranstaltete Wanderausstellung, die im Oktober 1946 auch im Berliner Schloß zu sehen war. Gezeigt wurden Werke von Renoir, Picasso, Dali, Utrillo und vielen anderen.

Die Besatzungsmächte präsentierten der Bevölkerung des besetzten Deutschland vorzugsweise ihre klassische Kunst; die besten Schauspieltruppen Moskaus und Leningrads kamen nach Ost-Berlin, und die Franzosen unternahmen eine regelrechte Kulturoffensive im westlichen Teil der Viersektorenstadt, aber auch in den Städten ihrer Zone. Ein britisches Ensemble mit Laurence Olivier gastierte im Hamburger Schauspielhaus mit »Peer Gynt« und »Richard III«, und die Amerikaner schickten in die Kulturkonkurrenz unter anderem das New York City Ballet, das dem Moskauer Bolschoiballett Paroli bot. Der ideelle Wettstreit der Siegermächte machte das zerbombte Berlin plötzlich zu einem Zentrum der europäischen Musik- und Theaterwelt.

erscheinende Nachrichtenmagazin *Der Spiegel* des damals vierundzwanzigjährigen Rudolf Augstein.

Der lebendigen Medienlandschaft entsprach eine neue Vielfalt in Literatur, Theater, Musik und Malerei. Die spannungsreiche und sensible Kulturszene der Trümmerzeit war nicht nur ein Aufbruch zu neuen Ufern, sie war auch Ausdruck der neuen Möglichkeiten geistiger Freiheit. Erstaunlich ist der ungewöhnlich früh, oft spontan einsetzende und geradezu hektische Betrieb im Theater- und Musikleben Berlins, das später allerdings wegen der veränderten politisch-geographischen Situation seinen unangefochtenen Anspruch als wichtigste Kulturmetropole aufgeben mußte.

Am 1. September 1944 hatte Goebbels, die letzten Reserven für den »Endsieg« mobilisierend, alle deutschen Theater schließen lassen. Die bedingungslose Kapitulation bereitete dem kulturellen Winterschlaf ein Ende. Nahezu schlagartig begann sich in Berlin und wenig später auch anderswo schon ab Ende Mai das Theater- und Konzertleben wieder zu regen. Trotz der verheerenden Zerstörungen ringsum konnte in der ehemaligen Reichshauptstadt bald in über zwanzig mehr oder weniger erhalten gebliebenen Häusern der Spielbetrieb wieder aufgenommen werden. Darüber hinaus wurden Wirtshäuser, Kinos und Schulen für kulturelle Zwecke genutzt. Es gab ein grenzenloses Bedürfnis nach Ablenkung, Trost und Flucht aus dem grauen Alltag. Als die Westalliierten im Juli 1945 ihre Sektoren in Berlin besetzten, fanden sie dort bereits ein reges Kulturleben vor.

Die offizielle Statistik wies für die Stadt zwischen Juni und Dezember 1945 über 120 Premieren aus. Unterhaltung und leichtere Kost, oft dargeboten durch schnell zusammengewürfelte Schau-

Das Berliner Schloß, 1947

Auch das alte Berliner Stadtschloß am Ende der Linden war durch den Bombenkrieg und die Straßenkämpfe schwer beschädigt worden, aber es war in der Substanz erhalten, und große Teile waren sogar so wenig zerstört, daß sie bereits für Ausstellungen, wie zum Beispiel die berühmte Impressionisten-Ausstellung, benutzt wurden. Die Räume waren nicht nur notdürftig wiederhergestellt, sondern in einem so guten Zustand, daß die Pariser Konservatoren keine Bedenken hatten, Meisterwerke von Renoir, Manet oder Matisse Unter den Linden zu zeigen. Doch wie in Potsdam rückten auch hier die Sprengkommandos ein, um die »Zwingburg der Hohenzollern« zu beseitigen.

spieltruppen, machten einen erheblichen Teil des Angebots aus. Zu anspruchsvollen Zentren des Theaters entwickelten sich schon vor dem Einrücken der Westalliierten das wie durch ein Wunder unversehrt gebliebene Deutsche Theater und das Hebbel-Theater, in dem Karl-Heinz Martin die Funktion des Intendanten übernahm. Boleslaw Barlog inszenierte im Steglitzer Schloßparktheater Lustspiele.

Später als die Berliner nahmen die westdeutschen Bühnen den Theaterbetrieb wieder auf. Sie profitierten schon bald von der Föderalisierung der Kulturszene. Die Besatzungspolitik förderte die Dezentralisierung, was durchaus den kulturellen Vorprägungen durch die deutsche Territorialgeschichte entsprach. Der Fortgang von Gründgens und Hilpert aus Berlin signalisierte die abnehmende Bedeutung der Metropole. In Hamburg, München und Düsseldorf etablierten sich allmählich gleichgewichtige Theaterzentren. Unübersehbar wurde auch die Bedeutung von Köln, Stuttgart, Frankfurt, Bremen und Darmstadt.

Die Entnazifizierung fiel in der Kulturszene sprunghafter und zufälliger, bisweilen aber auch milder als bei anderen Personengruppen aus. Hier zeigten selbst die Russen Nachsicht. Viele der Künstler, Organisatoren und Mitarbeiter im Theater- und Konzertbetrieb waren die gleichen wie im »Tausendjährigen Reich«. Von den drei großen Berliner Schauspielern Gustaf Gründgens, Heinrich George und Eugen Klöpfer fand allerdings nur Gründgens nach vorübergehender Internierung bruchlos den Weg zurück. Klöpfer erhielt als ehemals aktiver Nationalsozialist Arbeitsverbot, George verstarb 1946 in der Haft.

Trotzdem wäre es falsch, von einer kulturellen Restauration in

Jürgen Fehling und O. E. Hasse bei den Proben zu der Berliner Aufführung von Sartres »Die Fliegen«, Premiere am 7. Januar 1948

Die ersten zehn Nachkriegsjahre waren eine große Zeit des Theaters, die durch den Nachholbedarf geprägt wurde, denn zwölf Jahre lang waren die neuen Entwicklungen in Frankreich, England und Amerika an den Deutschen vorübergegangen. Jetzt wurden sie von Giraudoux, Sartre und Camus geradezu überwältigt. Als amerikanische Autoren kamen Eugene O'Neill, Thornton Wilder und Tennessee Williams hinzu. Die Einzigartigkeit der Situation ergab sich aus der Kombination westlicher Stoffe und deutscher Darbietungen. Neben den Ensemblemitgliedern der ehemaligen Staatstheater kehrten auch viele Emigranten vorübergehend oder für dauernd zurück. Es war, als sollten die legendären zwanziger Jahre ihre Wiedergeburt erleben. Am einen Abend konnte man in die von Brecht selber inszenierte »Mutter Courage« im Schiffbauerdamm-Theater gehen und am nächsten Abend eine Inszenierung von Jürgen Fehling im Westteil der Stadt besuchen. Das glanzvolle Theaterleben stand im Kontrast zur Trümmerwelt des ersten Nachkriegsjahrzehnts.

der unmittelbaren Nachkriegszeit zu sprechen. Von Anfang an haben aus dem Exil zurückkehrende Künstler, ebenso wie die aus dem Widerstand und der inneren Emigration, eine erhebliche Rolle gespielt. Gewiß ist bei den in der Heimat Verbliebenen die Grenze zwischen Opportunismus, Selbstbetrug und tatsächlicher Opposition im konkreten Fall nur schwer zu ziehen. Daß es nur wenigen von ihnen gelang, sich konsequent der Vereinnahmung durch den Nationalsozialismus zu entziehen, hat nicht nur mit persönlicher Unzulänglichkeit, es hat auch mit dem Wesen totalitärer Herrschaft zu tun. Entscheidend ist, daß im Nachkriegsklima neonazistische Tendenzen schon wegen der Anwesenheit der Sieger keine Chance hatten. Auf deutscher Seite verübelte man den Alliierten dennoch, daß sie zunächst manche der Publikumslieblinge in Quarantäne hielten; die meisten kehrten jedoch bald auf die Bühne zurück. Gustaf Gründgens hat in einem Aufsatz von 1946 die These entwickelt, der deutsche Schauspieler sei politisch uninteressiert gewesen.[16] Auch die alliierten Kulturoffiziere fanden zunehmend zu einer milderen Sicht und ermöglichten so manche erstaunlich ungebrochene Karriere.

Die Blüte und Vielfalt des Theaterlebens in der Trümmerzeit wäre ohne die Einflüsse von außen, ohne die Aufführung französischer, amerikanischer und englischer Autoren nicht denkbar gewesen. Hier bestand nach den Jahren der Isolierung ein besonders großer Nachholbedarf. Von kaum zu überschätzender Bedeutung war dabei die Vorbildrolle des Züricher Schauspielhauses, eine deutschsprachige Bühne, die dem Einfluß des Nationalsozialismus

Bertolt Brecht probt »Mutter Courage« mit dem Berliner Ensemble, 1950

Ein amerikanischer Kulturoffizier berichtete Mitte Juli 1945 aus Berlin: »Die gegenwärtige Lage des Berliner Film-, Theater- und Musiklebens ist das Ergebnis nicht nur einer ganz gezielten russischen Politik, die seit dem Fall der Stadt mit allem Nachdruck durchgeführt wurde, sondern auch ganz bestimmter Charakteristika des deutschen, für Berlin typischen Kulturlebens. Zugrunde liegt der russischen Politik eine fast fanatische Verehrung von Kunst und Künstlern ... Es liegt auf der Hand, daß für die russische Führung die Wiederbelebung des Kulturlebens eine Aufgabe ersten Ranges war, nicht nur, weil sie die beruhigende Wirkung auf die Bevölkerung brauchte, sondern auch, weil sie von der Notwendigkeit eines solchen Kulturlebens für die Menschheit ganz überzeugt ist, ganz gleich, wie unnormal die Zeiten sonst auch sein mögen. Folglich brachten die Russen gleich nach ihrem Einzug in Berlin Theaterleiter, Schauspieler, Bühnenarbeiter zusammen und verlangten, daß die Theater innerhalb weniger Tage eröffnet würden.«

entzogen gewesen war. Bis in die sechziger Jahre hinein hat dieses Theater den Spielplan deutscher Bühnen mitgeprägt. Der Katalog zeitgenössischer Dramenliteratur umfaßte Albert Camus, Paul Claudel, T. S. Eliot, Jean Giraudoux, Garcia Lorca, Arthur Miller, Eugene O'Neill, Jean-Paul Sartre und Tennessee Williams ebenso wie die Stücke jener deutschen Autoren, die während der Zeit des Dritten Reiches verboten gewesen waren, wie Georg Kaiser, Ferdinand Bruckner, Bertolt Brecht, Franz Werfel, Walter Hasenclever und Bruno Frank.

Literarische Versuche, die unmittelbare Vergangenheit aufzuarbeiten, rezipierte das Publikum kaum. Von den Heimkehrerstükken war lediglich Wolfgang Borcherts »Draußen vor der Tür«, das im November 1947 in den Hamburger Kammerspielen uraufgeführt wurde, ein größerer Erfolg beschieden. Als wahrer Publikumsmagnet erwies sich hingegen ein Stück ganz anderer Art, ein Stück, das menschliches Verstehen, Verstrickung und Untergang in einer Weise präsentierte, die gerade auch dem kleinen Mitläufer die Möglichkeit zur Identifizierung mit einer unpolitischen und tragischen Heldenfigur ermöglichte. Carl Zuckmayers geschickt verarbeitete Geschichte des Fliegergenerals Harras, alias Ernst Udet, fand nicht sogleich die Zustimmung der Militärbehörden. Das Stück wurde schließlich nach der Züricher Uraufführung durch Heinz Hilpert von diesem auch in Frankfurt inszeniert. »Des Teufels General« erlebte Hunderte von Aufführungen in vielen Städten. Zeigte nicht gerade auch die breite Resonanz auf dieses Heldenstück, die Art und Weise, wie man es verstand und wie

Die Schubladenliteratur, die nach Beendigung der nationalsozialistischen Zensur erwartet werden konnte, blieb praktisch aus. »Draußen vor der Tür«, das einzige Stück des jungen, 1947 schon mit 26 Jahren verstorbenen Wolfgang Borchert, fand auf den Bühnen der Westzonen eine breite Resonanz. Zum wahren Publikumserfolg jedoch wurde Carl Zuckmayers »Des Teufels General«.

»Wenn die Welt derer«, so reflektierte Heinz Pauck in seiner Besprechung der Aufführung von Borcherts Stück in der *Neuen Zeitung*, »die der Krieg noch einmal an die Ufer warf, und nicht die andere Welt, in der wir rückwärts leben, die bürgerliche, museale, in der der Abglanz des Gestrigen als Wirklichkeit gilt, wesenlos würde, dann schlösse sich allerdings der dramatische Bogen zur Tragödie.«

man sich mit ihm auseinandersetzte, die »Unfähigkeit zu trauern« (A. und M. Mitscherlich), die kollektive Verdrängung des im deutschen Namen begangenen millionenfachen Unrechts?

Direkter als das Theater reagierten die Kabaretts, jene »aufmüpfigen Kleinstbühnen«, von denen es vor der Währungsreform »mehr als unzerstörte Häuser« gab, auf Themen der Trümmerzeit. Schwarzmarkt, Korruption der Ämter und Händler, der Zonenalltag, aber auch die Art, wie viele Landsleute ihre Vergangenheit zum eigenen Vorteil umzudeuten begannen, wie sie selbst persönliche Schuld leugneten, all dies wurde persifliert und angeprangert.[17]

Alfred Weber stellte 1946 die Frage, wie das deutsche Volk moralisch weiterexistieren könne: »Wird es die seelische Größe haben in seinem Jammer und Elend, unter fremdem Druck und unter fremder Herrschaft mit sich selber abzurechnen?«[18] Die geistig-kulturelle Landschaft zeigt, welche Schwierigkeiten sich im Suchen nach einem moralischen Neubeginn auftaten. Friedrich Meinecke, der Berliner Historiker, schloß seine Betrachtungen und Erinnerungen zur deutschen Katastrophe mit einem Wunschbild, das die ganze Hilflosigkeit offenbart. Durch die Gründung von Goethe-Gemeinden, von »Gemeinschaften gleichgerichteter Kulturfreunde«, durch die Veranstaltung regelmäßiger »musikalisch-poetischer Feierstunden«, durch die Rückbesinnung auf die zentralen Werte deutscher Kultur sei der Weg aus dem Zusammenbruch zu finden.[19] »Lyrik und Gedankendichtung mögen dann den inneren Kern solcher Feierstunden bilden. Lyrik von jener wunderbaren Art, wie sie in Goethe und Mörike gipfelt, wo Seele zu Natur und Natur zu Seele wird, und tiefsinnige Gedankendichtung von der Art der Goetheschen und Schillerschen sind vielleicht das Deutscheste vom Deutschen in unserem gesamten Schrifttum. Wer sich ganz in sie versenkt, wird in allem Unglück unseres Vaterlandes und inmitten der Zerstörung etwas Unzerstörbares, einen deutschen ›character indelebilis‹ spüren.«

2. Demokratischer Neuanfang

Die neue Demokratie ist von vielen Deutschen nur zögernd begrüßt worden. Politisches Engagement galt nach den Erfahrungen und Verführungen des Nationalsozialismus als heikel und wenig opportun.[20] Es zählte vor allem, was dem Überleben diente, was half, die Härten des Nachkriegsalltags zu mildern oder vergessen zu machen. Das von den Alliierten verhängte politische Betätigungsverbot ließ zudem deutschen Initiativen anfangs wenig Raum. Zeugnis davon gibt das Schicksal der »Antifaschistischen Komitees«. Als Instrumente spontaner Selbsthilfe auf lokaler und auf Betriebsebene entstanden, gerieten sie, als sie sich anschickten, politische Funktionen wahrzunehmen, in Gegensatz zu den Besatzungsmächten. In den »Antifas« die Anfänge einer breiten politischen Strömung oder gar eine Art Rätebewegung nach dem Zweiten Weltkrieg zu sehen, hieße aber ihren Charakter und ihre Möglichkeiten zu verkennen.

Vielmehr wurde die erste und wichtigste Stufe demokratischer Selbstbestimmung mit der Neu- und Wiederbegründung politischer Parteien erklommen. Motor dieses Anfangs war eine relativ kleine Schicht von Aktivisten aus unterschiedlichen politischen Lagern, die aus der »inneren Emigration«, aus Verfolgung und Widerstand kamen. Während in der sowjetischen Besatzungszone die aus Rußland zurückkehrenden Kommunisten von Beginn an eine entscheidende Rolle spielten, haben Emigranten in den westlichen Besatzungszonen erst relativ spät Einfluß genommen, sofern sie überhaupt den Weg zurück nach Deutschland fanden. Eines hatten die meisten Politiker der ersten Stunde gemein: Sie gehörten überwiegend zur Generation der Weimarer, deren führende Köpfe allerdings in der Bundesrepublik keinen entscheidenden Einfluß mehr erlangten. Woher sonst hätten sie auch kommen sollen? Die Jungen waren gefallen, vermißt oder in Gefangenschaft. Wer von ihnen überlebte, litt nicht selten unter dem Schock seiner Erfahrungen. Das schale Gefühl, fehlgeleitet und mißbraucht worden zu sein, machte viele politisch handlungsunfähig. Das Feld gehörte so den älteren Unbelasteten. Sie wollten Lehren aus der eigenen Geschichte ziehen. Die Fehler der ersten deutschen Demokratie sollten im zweiten Anlauf vermieden, Sicherungen gegen ein erneutes Abrutschen in die Diktatur frühzeitig eingebaut werden. Damit war das Schicksal der Weimarer Demokratie, war Weimar als Vor- und Gegenbild allgegenwärtig.

Durch den heraufziehenden Konflikt zwischen den Siegermächten sind die Anfänge der Parteienentwicklung beschleunigt worden. Ursprünglich hatten die westlichen Alliierten keineswegs beabsichtigt, unverzüglich das politische Leben in Deutschland wieder anzukurbeln. Als jedoch die sowjetische Militärregierung noch vor der Potsdamer Konferenz und vor dem Einmarsch der westlichen Alliierten nach Berlin die Bildung von Parteien und Gewerkschaften genehmigte, da gerieten die Westmächte in Zugzwang. Im August 1945 zogen die Amerikaner nach, Mitte September folgten ihnen die Briten und Ende November die Franzo-

sen. Keine der westlichen Militärregierungen wollte sich freilich das Heft autonomer politischer Gestaltung in der eigenen Besatzungszone aus der Hand nehmen lassen, auch und gerade dadurch nicht, daß gesamtdeutsche Parteien mit russischer Initialzündung entstanden. Während in der sowjetischen Besatzungszone ein zentralistischer Parteiaufbau angestrebt und von der Militärregierung begünstigt wurde, bedurften die örtlichen Parteigründungen in den westlichen Besatzungszonen, die erst später zu länder- und zonenübergreifenden Organisationen zusammenwuchsen, jeweils der Genehmigung durch die Militärbehörden. Die alliierte Lizenzpolitik begünstigte dabei die Konzentration auf wenige Parteien; das heterogene System von Weimar fand keine Fortsetzung. Der parteipolitische Neuanfang konzentrierte sich in Ost und West gleichermaßen auf Sozialdemokraten, Kommunisten, Christliche Demokraten und Liberale.

Eine gewisse Kontinuität gab es dennoch: Die großen politischen Strömungen der deutschen Parteiengeschichte waren nicht einfach verschwunden; sie blieben auch jetzt gegenwärtig. Trotz Alleinherrschaft der NSDAP, trotz der Bevölkerungsumschichtungen im Gefolge von Krieg, Flucht und Vertreibung hatten sich die traditionellen politisch-sozialen Milieus aus der Zeit vor der nationalsozialistischen Machtergreifung keineswegs völlig aufgelöst. Sie blieben auch in der Nachkriegszeit für das politische Verhalten der Menschen mitbestimmend.

In den Westzonen besaß die SPD einen unübersehbaren organisatorischen Vorsprung, während in der SBZ die KPD ihren Zeit- und Platzvorteil im Rahmen der Blockstrategie zu nutzen wußte. Bei der Sozialdemokratie ergab sich »eine Art Selbstlauf der Wiedergründungen nach dem Weimarer Muster«,[21] obwohl Kurt Schumacher und seine politischen Freunde keine Neuauflage der alten Partei planten. Insgesamt 90 Prozent der SPD-Mitglieder von 1946 hatten bereits vor 1933 der Partei angehört. Es lag nahe, die alten Verbindungen zu nutzen, um die Organisation wiederzubeleben und den Anspruch der Sozialdemokratie, die eigentliche demokratische Führungspartei zu sein, durch frühe Präsenz zu unterstreichen.

Das Zentrum sozialdemokratischer Aktivität in den Westzonen bildete Hannover. Nur wenige Tage nach der Einnahme der Stadt durch die Amerikaner, die später als Besatzungsmacht von den Briten abgelöst wurden, traf sich Kurt Schumacher dort mit sozialdemokratischen Freunden. Bald entwickelte sich das »Büro Dr. Schumacher« zur entscheidenden Adresse der Partei im westlichen Deutschland. Es koordinierte, schon bevor die Militärregierung die Existenz politischer Parteien gestattete, Gründungsversammlungen und begann mit dem Aufbau von Bezirksorganisationen. Bereits nach wenigen Monaten gelang es Schumacher, die Anerkennung der Partei nicht nur in der britischen, sondern auch in der amerikanischen Zone zu erreichen. Im August 1945 ermächtigte ihn die große Mehrheit der bestehenden Bezirksorganisationen aller drei westlichen Zonen, eine gemeinsame Konferenz in Wennigsen bei Hannover für den 5. bis 7. Oktober einzuberufen, bei der Schumacher und seine Parteifreunde eine Linie durchsetzten, die sich gegen jegliche organisatorische Unterwanderungs-

und Umarmungsversuche durch die KPD richtete. »Solange das Deutsche Reich in einzelne Besatzungszonen zerfällt ... ist eine organisatorische Einheit der SPD nicht gegeben«, hieß es in der Erklärung von Wennigsen, und weiter: »Bis zur Verwirklichung der Reichseinheit und damit der Parteieinheit wird der Zentralausschuß in Berlin als die Führung der SPD in der östlichen Besatzungszone angesehen. Der politische Beauftragte der drei westlichen Besatzungszonen ist der Genosse Dr. Schumacher, Hannover.«[22] Damit hatten sich schon vor dem eigentlichen Abschluß der Aufbauphase zwei Zentren der Sozialdemokratie herausgebildet. Die Frage der organisatorischen Einheit der Partei und das mit ihr verbundene Problem der Verschmelzung mit den Kommunisten enthielt jenen Sprengstoff, der die deutsche Spaltung innenpolitisch vorbereitete.

Wie Konrad Adenauer für die CDU, so steht Kurt Schumacher stellvertretend für die Geschichte der SPD im Nachkriegsdeutschland.[23] Im Jahre 1895 in Culm (Westpreußen) geboren, hatte Schumacher als Freiwilliger am Ersten Weltkrieg teilgenommen. Nach schwerer Verwundung begann er 1915 mit dem Studium der Rechtswissenschaften und der Nationalökonomie. 1918 trat er der SPD bei und war Mitglied des Arbeiter- und Soldatenrates von Groß-Berlin. Wenig später begann er auf Empfehlung der Berliner Parteiführung als Redakteur bei der *Schwäbischen Tagwacht* in Stuttgart. Das journalistische Engagement des 1920 zum Dr. rer. pol. Promovierten stand völlig im Dienst der Sozialdemokratie: 1924 Mitglied des württembergischen Landtags, 1930 Mitglied des Reichstags, 1932 Landesvorsitzender der SPD von Württemberg, so sahen die weiteren Stationen seiner Parteikarriere aus. Seine entlarvenden, mit beißender Schärfe vorgetragenen Attacken gegen die Nationalsozialisten sollten ihn teuer zu stehen kommen. Als Hitler die Macht ergriff, blieb er, der höchst Gefährdete, der die Propaganda des Nationalsozialismus einmal als den »permanenten Appell an den inneren Schweinehund im Menschen« bezeichnete, im Lande, obwohl er hätte emigrieren können. Er hatte nicht an eine längere Dauer des Dritten Reiches geglaubt und zahlte schwer für diesen Irrtum. Von einem zehnjährigen, nur 1943 kurz unterbrochenen KZ-Aufenthalt verbrachte er allein acht Jahre in Dachau. Als »Gratwanderer des Todes« überlebte er Demütigung, Folter und schwerste Krankheit. Nur die Hoffnung auf eine bessere Zukunft, die er politisch entscheidend mitzugestalten gedachte, hielt ihn am Leben.

Schon im Konzentrationslager hatte Schumacher den unter Parteifreunden weitverbreiteten Gedanken einer Einheitsfront mit den Kommunisten abgelehnt, deren Zusammenspiel mit den Nationalsozialisten er für den Untergang der Weimarer Republik verantwortlich machte. Als das Ende des Krieges sich abzeichnete, wußte Schumacher die Gunst der Stunde zu nutzen. Gegenüber seinen von Hannover aus entfalteten Initiativen fielen die Aktivitäten von Willi Eichler und Fritz Steinhoff im Ruhrgebiet, die sozialistischen Einigungsversuche in Hamburg sowie die lokalen Gründungen in Süddeutschland kaum ins Gewicht.

Bereits bei seiner ersten öffentlichen Rede forderte Schumacher energisch die Zulassung der Partei. Mit seiner Überzeugung, daß

Kurt Schumacher mit seiner Privatsekretärin Annemarie Renger

Dieser intellektuelle, mit unbeugsamem Willen ausgestattete, organisatorisch wie rhetorisch brillante Politiker, Opfer von Krieg und Konzentrationslager, führte die Partei hart und leidenschaftlich, mit eiserner Disziplin und unerbittlichem Pflichtbewußtsein. Der ausgemergelte Mann, der nur aus Haut und Knochen zu bestehen, nur von Kaffee und Zigaretten zu leben schien, dessen geschundener Körper – dem Verlust des rechten Armes im Ersten Weltkrieg folgte 1947 noch eine Beinamputation – wie ein lebendes Mahnmal wirkte, ging völlig in der Politik auf. Er kannte kein Zurückweichen, attackierte, beleidigte, provozierte, bisweilen unnötig, getrieben von politischer Leidenschaft. »Der Wagen, der ihn zur Macht geführt hat«, schrieb die britische *Daily Mail* 1949, »ist ein Rollstuhl, Symbol des Martyriums.«

Nach dem Untergang der Gewaltherrschaft, die ein Teil des Führungspersonals der SPD in der Emigration in Prag, Paris und London überlebt hatte, drängten neue Köpfe in die gelichteten Reihen.

Herbert Wehner, der ehemalige kommunistische Abgeordnete des sächsischen Landtags, von 1935 bis 1944 Mitglied des Zentralkomitees und des Politbüros der KPD, kehrte nach seiner Haft und Internierung in Schweden nach Deutschland zurück und schloß sich der SPD an.

Fritz Erler begann 1947 als Landrat in Tuttlingen und gehörte seit 1949 dem deutschen Bundestag an. Der spätere wehrpolitische Sprecher der Fraktion war wie Herbert Wehner einer der entscheidenen Parteireformer seit Mitte der fünfziger Jahre.

unter den gegebenen historischen Bedingungen eine sozialistische Einheitspartei mit den Kommunisten nicht angestrebt werden sollte, stand er keineswegs allein. Auch der Londoner Exilvorstand mit Erich Ollenhauer, dem erst Anfang 1946 die endgültige Rückkehr nach Deutschland gestattet wurde, unterstützte Schumacher in dieser Frage ebenso wie die zur SPD gestoßene SAP-Gruppe in Stockholm, zu der Willy Brandt gehörte.

Der Kern des Konflikts zwischen Schumacher und Grotewohl, dem Führer der SPD in der SBZ, lag in der unterschiedlichen Einschätzung kommunistischer Strategie und Taktik. Für Schumacher gab es keine tragende Gemeinsamkeit zwischen einer stalinistischen Kaderpartei und demokratischen Sozialisten. Die Einheitsformel – so fürchtete er – diene nur dazu, die SPD zu unterwandern, sie schließlich zu vereinnahmen und auf die außenpolitischen Ziele der Sowjetunion festzulegen. Gewiß hatten die Erfahrungen im Konzentrationslager und im Widerstand auch bei Sozialdemokraten in den Westzonen die Vorstellung genährt, daß die Spaltung der Arbeiterbewegung überwunden werden müsse, da sie zu den großen Fehlern der Vergangenheit gehöre. Aber die überwiegende Mehrheit lag auf der Linie Schumachers, der mit seiner entschiedenen Opposition gegen alle Verschmelzungsversuche einen entscheidenden Beitrag zur freiheitlichen Entwicklung im Westen Deutschlands geleistet hat.

Für Schumacher gehörten Sozialismus und Demokratie zusammen. Das bedeutete jedoch nicht die völlige Preisgabe marxistischer Grundpositionen. Die Verstaatlichung von Banken und Großindustrie hielt er im Gegenteil für eine der entscheidenden Aufgaben einer künftigen deutschen Regierung. Seiner Meinung nach hatte das Monopolkapital Hitler zur Macht verholfen, weshalb er schon im Sommer 1945 erklärte: »Die ungeheure Wirtschaftsmacht der Konzerne muß in die Hand der Allgemeinheit gelegt werden, sonst wirkt sie sich als politische Macht gegen den neuen Staat aus ... Die Demokratie ist erst in einem sozialistischen Deutschland gesichert. Im Gegensatz zu den alten Demo-

Zu den Neuzugängen gehörte der junge Willy Brandt, der einst als Zwanzigjähriger nach Skandinavien emigriert war, ebenso wie der Nationalökonom Karl Schiller. Carlo Schmid, der erst 1945 in die Partei eintrat und sie mit seiner farbigen Persönlichkeit und seiner rhetorischen Begabung schmückte, gehörte schon vor der Gründung der Bundesrepublik zur Führungsgarnitur.

kratien des Westens können Kapitalismus und Demokratie in diesem Lande – Deutschland – nicht nebeneinander existieren.«[24]

Gerade weil der Marxismus zur Begründung einer gemeinsamen Position für die Einheitsstrategie in der SBZ herhalten mußte, blieb er als Arsenal politischer und ökonomischer Theorie in der westlichen Sozialdemokratie nicht unangefochten. Dennoch sah Schumacher in ihm nicht nur historischen Ballast. Wenn er ihn auch nicht als Glaubensbekenntnis verstanden wissen wollte, so schätzte er ihn doch als eine anderen Betrachtungsweisen überlegene wissenschaftliche Methode. In diesem Sinne hat er, der sich vor 1933 eher an »revisionistischen« Positionen orientierte, eine gewisse Hinwendung zu Marx vollzogen, obwohl er gleichzeitig entschiedener Antikommunist blieb.

Die SPD verstand sich als *die* führende politische Kraft im Nachkriegsdeutschland. Kurt Schumacher schrieb ihr die historische Rolle der einzig konsequenten Partei der Demokratie und des Friedens zu. »Die innere Notwendigkeit jeder deutschen Politik«, so stellte er fest, »zwingt die Sozialdemokratie, sich in die erste Reihe zu stellen und das Recht für sich in Anspruch zu nehmen, die deutsche Politik führend zu gestalten.«[25] Doch schon die ersten Wahlergebnisse des Jahres 1946/47 ließen erkennen, daß Anspruch und Wirklichkeit auseinanderklafften. Die SPD landete hinter der neugegründeten CDU auf dem zweiten Platz. Damit kündigte sich ein Trend an, der später durch die erste Bundestagswahl bestätigt werden sollte. Der SPD gelang es nicht, über ihren traditionellen Wählerstamm hinauszukommen. Das Reservoir der Industriearbeiter reichte nicht aus, um eine politische Mehrheit zu gewinnen. Das hatten Schumacher und seine politischen Freunde sehr wohl erkannt. Doch ihr Konzept einer sozialistischen Volkspartei (unter Einschluß der Angestellten und kleinen Selbständigen) vermochte kaum neue Wähler anzuziehen. Hingegen sind der SPD gerade in der frühen Phase auf der Ebene der Parteileitung beachtliche Integrationsleistungen geglückt, und zwar sowohl nach links als auch nach rechts.

Ehemalige Kommunisten wie Herbert Wehner, Persönlichkeiten des linken Flügels der Arbeiterbewegung wie Fritz Erler und Willy Brandt, aber auch bürgerliche Intellektuelle wie Karl Schiller und Carlo Schmid bereicherten das Führungspotential und sind aus der deutschen Geschichte nach 1945 nicht wegzudenken. Der Weg der SPD in die Opposition, die siebzehn Jahre dauern sollte, ist schon während der Besatzungszeit vorgezeichnet worden. Er kann nicht ausschließlich mit Hinweisen auf das Wählerpotential erklärt werden. Die Politik der SPD litt in manchen Bereichen unter Unausgewogenheit und Starrheit. Die Glaubwürdigkeit des strikt antikommunistischen Kurses der Partei litt darunter, daß die SPD weiterhin marxistische Positionen bemühte, um ihre Identität zu definieren.

Schumacher war ein glühender Patriot. Sozialismus und Nation stellten für ihn unverrückbare Werte dar. Deutschland, das war für ihn das gesamte Deutschland in den Grenzen von 1937, einschließlich der Gebiete jenseits von Oder und Neiße, einschließlich auch des Saarlandes. Konflikte mit den Alliierten zeichneten sich ab: Hier stand ein ungebrochener nationalbewußter Deutscher, der die These von der Kollektivschuld für sich und die Seinen entschieden zurückwies, der eine durch demokratische Tradition, durch Widerstand und Leiden begründete deutsche Legitimation zum Aufbau seines Landes beanspruchte. Da blieb keine Spur von Demut, wie sie die alliierten Repräsentanten von den Besiegten direkt oder indirekt erwarteten. Schumachers selbstbewußt rauhbeinige Art, mit der er auch das Verhalten der westlichen Besatzungsmächte – etwa bei der Behandlung der Kriegsgefangenen, in der Versorgung der Bevölkerung und bei der Demontage – anprangerte, machte ihn zum bekanntesten, doch keineswegs beliebtesten deutschen Politiker im Ausland. Es fiel ihm schwer – und darin unterschied er sich von dem hier weit überlegenen Adenauer –, sich auf die Tonlage einzustellen, die der Besatzungssituation angemessen war.

Obwohl die SPD als erste der westlichen Parteien ihren organisatorischen Aufbau abschließen konnte, gelang es ihr in den folgenden Jahren nicht, innen- wie außenpolitisch jene Führungsrolle zu erringen, zu der sie sich berufen glaubte. Der einseitig vollzogene »Zusammenschluß der Arbeiterparteien« in der SBZ, der zu einer Liquidierung der Sozialdemokratie in ihren ehemaligen Hochburgen Mitteldeutschlands führte, brachte die Partei mit einem Schlage um den Startvorteil. Sie ist damit in ihrer Einstellung zur politischen Praxis nicht flexibler geworden, zumal sie prinzipiell marktwirtschaftliche Strategien für den ökonomischen Wiederaufbau des Landes ablehnte. Außerdem übernahm sie freiwillig die Rolle der Opposition im Frankfurter Wirtschaftsrat, obwohl sie in einigen Ländern große Koalitionen eingegangen war. Damit überließ sie den Christdemokraten und Liberalen das Feld. Diese bestimmten hinfort unter der Führung Ludwig Erhards die wirtschaftliche Linie, während die SPD auf den Zusammenbruch des neoliberalen Kurses hoffte.

Die politische Unbeweglichkeit der SPD schlug auch in den Verhandlungen des Parlamentarischen Rates durch, als die sozialdemokratische Fraktion auf die Festlegung sozialer Grundrechte im Grundgesetz verzichtete und sich von der Hoffnung tragen

»Republik – Dir leben wir«, Traditionsfahne der SPD, Zeichen der sozialdemokratischen Kontinuität

Die eigentlich neue Gründung war die CDU/CSU, die als interkonfessionelle Volkspartei antrat. Die SPD blieb stark ihrer Tradition verhaftet. Vor ihr lag ein langer und harter Weg in der Opposition.

ließ, nach einem späteren Wahlsieg ohne schwerwiegende Konzessionen an den Aufbau eines Sozialstaats gehen zu können. Auch außenpolitisch geriet die Partei in die Isolierung. Schumachers Plädoyer für ein souveränes sozialistisches Deutschland, das im Verbund mit anderen sozialistischen europäischen Ländern einen Verteidigungsblock gegen die sowjetische Expansion bilden sollte, stand im Gegensatz zur Realität der schon früh erkennbaren Weststaatsentwicklung. Den Gedanken einer Brückenfunktion Deutschlands zwischen Ost und West hielt Schumacher jedoch für »Unsinn«. Deutschlandpolitisch wollte er vielmehr die Bizone wirtschaftlich so stark machen, daß von ihr eine »Magnetwirkung« auf die SBZ ausging, denn »eine Zonenvereinigung«, so stellte er 1947 auf dem Höhepunkt der Wirtschaftskrise an Rhein und Ruhr fest, »ist wirtschaftlich nur denkbar und möglich, wenn der Westen stark genug ist, das ökonomische Vakuum der Ostzone bei einer Vereinigung auch auszufüllen«.[26]

Die gesamtdeutsche Perspektive bestimmte während der Beratungen über das Grundgesetz bei der Sozialdemokratie noch intensiver als bei den anderen Parteien (mit Ausnahme der Kommunisten) die Einstellung zur Provisoriumsfrage. Trotzdem sind gerade jene Züge, die den staatlichen Charakter des neuen Gemeinwesens hervorhoben, durch hartnäckigen Druck der SPD zustande gekommen. Obwohl sie den Provisoriumscharakter der entstehenden Bundesrepublik betonte, kämpfte sie dafür, die Funktionsfähigkeit, die Rechts- und Wirtschaftseinheit und die zentrale Kompetenz für das Finanzwesen in den Verfassungsverhandlungen durchzusetzen. Wiedervereinigung und freie Wahlen, so hoffte sie noch immer, würden ihr schließlich die politische Führung in ganz Deutschland bringen, und auch dafür galt es, Vorsorge zu treffen. Daß die SPD sich mit der Oppositionsrolle begnügen mußte, lag ganz wesentlich am unerwarteten Erfolg der CDU/CSU. Schumacher und seine politischen Freunde neigten dazu, diese heterogene Sammlungspartei gerade wegen ihres interkonfessionellen Charakters in ihrer politischen Tragfähigkeit zu unterschätzen. Ihrer Meinung nach lag in einem Bündnis zwischen Katholiken und Protestanten zuviel historischer Sprengstoff.

Unter der Leitung eines Mannes aus dem Widerstand, des ehemaligen Reichstagsmitgliedes Andreas Hermes, kam es schon im Mai 1945 in Berlin zu einem Treffen von Katholiken und Protestanten, Akademikern und Gewerkschaftern. Bereits im Juni erging ein Aufruf der Christlich-Demokratischen Union Deutschlands. Die Berliner Gründungsgruppe um Jakob Kaiser verstand sich als überregionale Partei und hatte die Hoffnung, in ganz Deutschland arbeiten zu können. Aber sehr bald zerbrachen solche Illusionen. Die Schwesterparteien in Köln, Stuttgart und München erwiesen sich aufgrund der Trennung des Landes als die zukunftsreichen Formationen, die die Berliner CDU sehr bald zu einer reinen Stadtpartei machten.

Anders als die SPD oder auch die KPD war die Partei der Christlichen Demokraten eine wirkliche Neugründung.[27] Seit dem Frühjahr 1945 trafen sich in vielen Orten politisch bewußte Katholiken und Protestanten, christliche Gewerkschafter, aber auch Liberale, Nationale und Demokraten, um die Möglichkeiten eines Zusammengehens zu beraten und Zellen einer künftigen Partei zu bilden. Die Besinnung auf gemeinsame christliche Werte sollte dabei als Basis für die interkonfessionelle Zusammenarbeit dienen. Auch hier spielte nicht nur das Erlebnis des Scheiterns von Weimar, sondern auch der gemeinsame Erfahrungshintergrund der menschenverachtenden Diktatur und der Opposition gegen Hitler eine bedeutsame Rolle. Da eine der Hauptschwächen der ersten deutschen Republik in deren Parteienvielfalt gesehen wurde, wollten die Christdemokraten beim Neuanfang durch eine Konzentration der Kräfte der Mitte selbst dazu beitragen, alte Strukturmängel zu beheben. Die politische Zersplitterung des Protestantismus sollte deshalb vermieden, die Isolierung des politischen Katholizismus aufgebrochen werden.

Der stärkste Impuls ging von Vertretern und Anhängern des ehemaligen Zentrums aus, die in der Wiederbelebung einer rein katholischen Partei die Gefahr sahen, erneut ins Ghetto zu geraten. Dem Zentrum war es seit den Anfängen des Bismarckschen Reiches nicht gelungen, über das katholische Wählerreservoir hinauszugelangen, zumal der Kulturkampf es als katholische Interessenpartei festgeschmiedet hatte. Die Diskussion über die Erweiterung der Zentrumsbasis durch eine interkonfessionelle Ausrichtung zog sich durch die Geschichte der Partei. »Wir müssen aus dem Turm heraus!«, hatte schon Julius Bachem 1906 in einer berühmten Schrift gefordert.[28] Nach dem Ersten Weltkrieg scheiterte der Versuch einer christlich-konfessionellen Parteigründung, und der Aufruf des christlichen Gewerkschaftsführers Adam Stegerwald zur Umwandlung des Zentrums in eine christlich-nationale Volkspartei blieb ohne tragende Resonanz.

Nach der erzwungenen Selbstauflösung des Zentrums und sei-

Andreas Hermes (1878-1964)

Jakob Kaiser (1888-1961), in den Jahren 1949 bis 1957 Bundesminister für gesamtdeutsche Fragen

Walther Schreiber (1884-1958), in den Jahren 1953 bis 1955 Regierender Bürgermeister von Berlin

Ferdinand Friedensburg (1886 bis 1972), in den Jahren 1946 bis 1951 Bürgermeister von Berlin

Ernst Lemmer (1898-1970)

ner bayerischen Schwesterpartei, der BVP, im Jahre 1933 wurden keine Exilorganisationen gebildet. Man mußte neu beginnen und tat dies zunächst spontan und unkoordiniert. Die alte katholische Partei verschwand aber keineswegs überall und sofort. In den Hochburgen Westfalens, des Rheinlands und im Oldenburgischen sollte das neue Zentrum noch über mehrere Jahre eine wichtige Rolle spielen. Christdemokratische Zirkel und erste Organisationsansätze schossen vom Frühjahr bis zum Herbst 1945 in allen vier Zonen wie Pilze aus dem Boden. Zunächst mehr Honoratioren- als Volkspartei, blieb die CDU von lokalen und regionalen Eigentümlichkeiten geprägt. Besonderes Gewicht gewannen die rheinisch-westfälischen Gründungen, während der Berliner CDU, aufgrund der exponierten Stellung der ehemaligen Reichshauptstadt und der von hier aus entwickelten Erwartungen und Ansprüche, eine initiierende, keineswegs jedoch die erwartete koordinierende Funktion zufiel. Sie war dort in den Block der »antifaschistisch-demokratischen« Parteien eingebunden, was ihren Einfluß auf die Entwicklung im Westen einschränkte, wenn auch nicht so sichtbar wie bei der Sozialdemokratie.

Koordinator des Berliner Gründungskreises war Andreas Hermes, ehemaliges Mitglied des Reichstags und der Widerstandsbewegung um Goerdeler, den die sowjetische Militäradministration zum Leiter des Ernährungsamtes bestimmte und der damit über die notwendige Bewegungsfreiheit und die technischen Möglichkeiten verfügte. In seinem Büro am Fehrbelliner Platz kam es am 25. Mai 1945 zu einem ersten Treffen, an dem Katholiken und Protestanten, Akademiker und Gewerkschafter unterschiedlicher sozialer und politischer Herkunft teilnahmen. Bereits einen Monat später, am 26. Juni, wurde der »Aufruf der Christlich-Demokratischen Union Deutschlands« veröffentlicht. Ein Name war gefunden, der sich – von der bayerischen Ausnahme abgesehen – später durchsetzen sollte. Christlich stand für die angestrebte Interkonfessionalität, aber auch für die Orientierung des Politischen an christlichen Wertvorstellungen. Ihre Gründungsmitglieder for-

mulierten nicht ohne Pathos: »Aus dem Chaos von Schuld und Schande, in das uns die Vergottung (!) eines verbrecherischen Abenteurers gestürzt hat, kann eine Ordnung in demokratischer Freiheit nur erstehen, wenn wir uns auf die kulturgestaltenden sittlichen und geistigen Kräfte des Christentums besinnen und diese Kraftquelle unserem Volke immer mehr erschließen.«[29] Neben Andreas Hermes gehörten zu diesen Männern der ersten Stunde die ehemaligen Zentrumsmitglieder Otto Lenz, Heinrich Krone, Jakob Kaiser, Emil Dovifat, Hans Lukaschek und Johann Baptist Gradl. Von der früheren DDP kamen Walther Schreiber, Ferdinand Friedensburg und Ernst Lemmer, der Generalsekretär der Hirsch-Dunckerschen Gewerkschaft. Die Berliner nutzten ihren Lizenzierungsvorsprung. Sie verstanden die Gründung keineswegs als eine nur auf ihre Stadt bezogene Angelegenheit und wollten, wie der neugefundene Name programmatisch verkündete, politische Wirksamkeit in ganz Deutschland entfalten. Sie nahmen Kontakte zu Gesinnungsfreunden auf, sowohl in der sowjetischen Besatzungszone als auch in Süd- und Westdeutschland. In ihrer Tätigkeit wurden die Berliner Christdemokraten jedoch schon bald durch Repressalien der Besatzungsmacht zurückgeworfen.

Der interkonfessionelle Anspruch der CDU konnte die erheblichen Spannungen nicht verdecken, die nach wie vor zwischen den Konfessionen in Deutschland bestanden. Von evangelischer Seite gab es Vorbehalte, die auch später immer wieder zu Schwierigkeiten führten. Teile des katholischen Klerus verhielten sich gegenüber der neuen Partei zunächst durchaus reserviert. Sie fürchteten, traditionelle katholische Forderungen seien im interkonfessionellen Bündnis nicht mehr zu verwirklichen.

Die Kirchenleitungen hingegen fanden früh zu einer positiven Einstellung, ohne die ein erfolgversprechender Beginn kaum möglich gewesen wäre. Schon auf der ersten Fuldaer Konferenz nach dem Kriege vom 21. bis 23. August 1945 unterstützten die katholischen Bischöfe den Unionsgedanken, ohne sich allerdings direkt gegen das Zentrum zu wenden. Die Konferenz der evangelischen Kirchenführer in Treysa begrüßte nur wenige Tage später ausdrücklich »die Bemühungen katholischer Prälaten- und Laienkreise, ein Wiederaufleben der ehemaligen Zentrumspartei zu verhindern und statt dessen ein politisches Zusammengehen beider Konfessionen auf dem Boden der christlichen Union zu ermöglichen«.[30]

Gleichzeitig mit dem Berliner CDU-Aufruf wurden im Westen Deutschlands die »Kölner Leitsätze« veröffentlicht, die in ihrem sozialreformerischen Teil einen »wahren christlichen Sozialismus« forderten, der jedoch nichts mit »falschen kollektivistischen Zielsetzungen« gemein haben sollte.[31] Die Sozialismusdebatte innerhalb der christlich-demokratischen Gruppierungen ist oft überbewertet worden. Schon damals hatten die politische Praxis und die Organisationsfrage größeres Gewicht als programmatische Verlautbarungen. Dieser Pragmatismus entsprach der Heterogenität der »Union« und wurde von Konrad Adenauer verkörpert.

Adenauers Parteikarriere begann allerdings erst später. Gewichtiger an Rhein und Ruhr war anfangs das Auftreten von ehemaligen Zentrumspolitikern wie Leo Schwering, Robert Lehr und Karl

Arnold, dem späteren Ministerpräsidenten von Nordrhein-Westfalen. Der Wettlauf zwischen Zentrum und CDU fiel eindeutig zugunsten der neuen Initiative aus, deren westdeutsche Zentren in Köln und Frankfurt lagen. Im Unterschied zur SPD fehlte der CDU bis 1950 eine zentrale Parteiführung. Bis dahin blieb sie in selbständige Landesverbände aufgeteilt, wobei sich schon frühzeitig eine Eigenentwicklung der bayerischen Schwesterpartei abzeichnete.

Auf dem »Reichstreffen in Bad Godesberg« vom 14. bis 16. Dezember 1945 hatten sich die Delegierten aus allen Zonen auf den vom Berliner Parteivorstand vorgeschlagenen Namen Christlich-Demokratische Union geeinigt, der vom bayerischen Landesverband nicht übernommen wurde. Entscheidender als die Frage der einheitlichen Bezeichnung wirkte sich die entgegenkommende Lizenzpolitik der britischen Militärregierung aus, die bereits seit dem 1. Februar 1946 Parteizusammenschlüsse auf zonaler Ebene erlaubte. Dadurch erhöhte sich die Ausstrahlungskraft der rheinisch-westfälischen CDU beträchtlich. Die parteipolitische »Blitzkarriere« (R. Morsey) des damals siebzigjährigen Konrad Adenauer nahm ihren Anfang.

Unmittelbar nach der Besetzung Kölns am 19. März 1945 hatten die Amerikaner den ehemaligen Oberbürgermeister aufgefordert, erneut das Stadtregiment zu übernehmen, was Adenauer mit Rücksicht auf seine Söhne, die noch an der Front standen, erst am Tage der Kapitulation von Reims akzeptierte. Lange sollte dies Zwischenspiel nicht dauern. Der eigenwillige alte Herr fiel bei den Briten, als diese die Kontrolle der Stadt übernahmen, bald in Ungnade. Er wurde wegen angeblicher Unfähigkeit entlassen und vorübergehend mit politischem Betätigungsverbot belegt. So haben die äußeren Umstände mit dazu beigetragen, daß Adenauer kein Mann der ersten Stunde der CDU werden konnte. Doch hat er sich, nach anfänglichem Zögern, früher als lange Zeit angenommen, nämlich bereits seit Juli 1945, aktiv für die neue Partei eingesetzt.[32] Seinen schnellen Aufstieg verdankte er entschiedenem Zugriff. Als er im Frühjahr 1946 den Vorsitz der CDU der britischen Zone übernahm, konnte er bereits auf eine lange politische Karriere in der rheinischen und preußischen Politik zurückblicken.

Im Jahre 1876 in Köln geboren, entstammte er einer katholischen, mittelständischen Beamtenfamilie.[33] Der Vater hatte es bis zum Kanzleirat im Justizdienst gebracht. Sein Elternhaus verkörperte jene Mischung aus Geborgenheit und Aufstiegswillen, die dem Sohn als Antriebskraft erhalten blieb. Die Selbstverständlichkeit, mit der sich im rheinisch-katholischen Milieu kirchliche Praxis und Weltoffenheit miteinander verbanden, blieben auch für ihn, der noch die Erinnerung an den Kulturkampf in sich trug, prägend. Die Vorfahren der Mutter waren durchweg evangelisch, und seine zweite Frau Gussi konvertierte vor der Heirat 1919 zum Katholizismus.

Konrad Adenauers durchschnittliche Studienleistungen standen in auffälligem Gegensatz zu den ungewöhnlichen Fähigkeiten, die er als Verwaltungsbeamter zu entfalten vermochte. Hier halfen Kölner Verbindungen ebenso weiter wie glückliche Umstände.

Konrad Adenauer, ursprünglich als Zwischenlösung empfunden, erwies sich sehr bald als die beherrschende Patriarchenfigur der deutschen Wirklichkeit. Mit einer Stimme Mehrheit sollte er zum Kanzler der neuen Republik gewählt werden, und er selber tat alles, sein hohes Alter zu betonen und daß er schon bald jungen Kräften den Platz räumen würde. Aber er blieb Kanzler der Bundesrepublik bis 1963. Seine Persönlichkeit prägte den neuen Staat, und selbst seine Freizeitbeschäftigungen wie das Bocciaspiel trugen zu seiner Popularität bei. Zum ersten Mal seit Kaiserreich, Weimarer Republik und Drittem Reich war es eine betonte Zivilfigur, die die Fantasie der Deutschen gefangengenommen hatte.

Der Eintritt in das Anwaltsbüro des Kölner Justizrates Kausen (1903), der gleichzeitig den Vorsitz der Zentrumsfraktion im Stadtrat führte, sollte sich als eine ebenso entscheidende Weichenstellung erweisen wie die Heirat mit Emma Weyer ein Jahr später, die ihn in den Kreis der führenden Kölner Familien brachte und deren Onkel, Max Wallraf, 1907 bis 1917 als Vorgänger Adenauers das Amt des Oberbürgermeisters innehatte. Der Homo novus war in die Beletage der Stadt aufgestiegen. »Ungewöhnlich gradlinig, zielstrebig nach oben« (H. Maier) führte nun die juristische und politische Laufbahn des jungen Kölners. Seit 1909 unter Max Wallraf als erster Beigeordneter für Finanz- und Personalfragen zuständig, wuchs der fachlich wie taktisch Hochtalentierte, außergewöhnlich Arbeitsame kontinuierlich in die Rolle des stellvertretenden Stadtoberhauptes. Bei Beginn des Ersten Weltkrieges war er bereits zur Schlüsselfigur geworden. Im Alter von 36 Jahren starb 1916 seine Frau, die ihm drei Kinder hinterließ. Wenig später erlitt er selbst einen schweren Verkehrsunfall, auf den er die lebenslänglich wiederkehrenden Kopfschmerzen, aber auch seine »indianerartigen« Gesichtszüge zurückführte. Die Ablösung des Onkels im Jahre 1917 zeugt davon, wie politischer und persönlicher Durchsetzungswille sich über menschliche Rücksichtnahme hinwegsetzen konnten. Angesichts seines hohen Alters bei der Wahl zum ersten Bundeskanzler ist Adenauer oft mit dem Etikett des Spätentwicklers versehen worden. Gewiß lassen sich seine späteren Aufgaben in ihrer Bedeutung nicht mit denen des jungen rheinischen Politikers vergleichen. Doch weist ihn sein Lebenslauf als ausgesprochenen »Frühstarter« aus. Mit 41 Jahren war er der jüngste Oberbürgermeister einer deutschen Großstadt.

Die nationalpolitische Bühne betrat Adenauer, als ihn die alliierte Rheinlandbesetzung nach dem Ersten Weltkrieg mit Bestrebungen zur staatlichen Verselbständigung in seiner Region konfrontierte. Seine Einstellung zum Separatismus bleibt umstritten. Sie bezieht ihre Brisanz aus der Debatte über die Einstellung Adenauers und seiner Partei zur deutschen Frage. Es hieße den Bogen überspannen, wollte man den rheinischen Politiker etwa einer erklärt separatistischen Richtung zuordnen, die die Loslösung vom deutschen Nationalstaat erstrebte. Allerdings befürwortete er zu Beginn der zwanziger Jahre einen Zusammenschluß links- und rechtsrheinischer Gebiete zu einer »Westdeutschen Republik im Verbande des Reiches«.[34] Für die Kontinuität der politischen Ideen Adenauers nach 1945 ist es aufschlußreich, daß er das französische Sicherheitsinteresse gegenüber Deutschland anerkannte und daß er die staatsrechtliche und territoriale Konservierung Preußens für außen- wie innenpolitisch bedenklich hielt. Wenn sich heute in der Geschichtsforschung die Überzeugung durchsetzt, daß »Weimar nicht an Preußen krankte«, so steht doch fest, daß der Rheinländer den außerhalb Deutschlands immer wieder geäußerten Befürchtungen gegenüber »gefährlichen Tendenzen des Preußentums« Verständnis entgegenbrachte.

Die Mitgliedschaft im Preußischen Staatsrat, dessen Vorsitz er seit 1921 innehatte, führte den Kölner Oberbürgermeister immer wieder nach Berlin. Sein eigentlicher Aufgabenbereich blieb jedoch die Heimatstadt, die er in schwieriger Zeit zur rheinischen

Metropole ausbaute: bei der Stadtplanung, dem Rheinhafen und der Universität sind seine Verdienste unübersehbar.[35] Unter den vielen Kanzlerkandidaten, die durch die schnell wechselnden Kabinette der Weimarer Zeit in die Diskussion kamen, befand sich mehrfach sein Name. Am weitesten gediehen in diesem Zusammenhang Verhandlungen, als das zweite Kabinett Luther in die Krise geriet und Anstrengungen zur Bildung einer großen Koalition aus SPD, DVP und Zentrum unternommen wurden. Gewiß hat es Adenauer wenig danach gelüstet, den Bürgermeistersessel in gewohnter Umgebung mit dem wackligen Stuhl des Reichskanzlers zu vertauschen. Bei seiner ablehnenden Haltung hat aber auch die grundsätzliche Kritik an der Linie des Außenministers Stresemann eine Rolle gespielt. Er befürchtete, daß ein erneuter Großmachtanspruch des Reiches eine gefährliche Schaukelpolitik mit unsicherem Ausgang einleiten würde.

Den Nationalsozialisten stellte sich der Kölner Oberbürgermeister entschieden entgegen, selbst noch, als sie bereits die Macht ergriffen hatten. So verweigerte er als Präsident des Staatsrats am 6. Februar 1933 dem »Reichskommissar für Preußen« von Papen und dem NSDAP-Landtagspräsidenten Kerrl die Farce einer legalen Landtagsauflösung, die diese verlangten, um Preußen »gleichschalten« zu können. Als unglaublichen Affront mußten die braunen Machthaber es empfinden, daß Adenauer nur zwei Wochen später beim Wahlkampfbesuch des Führers diesen nicht auf dem Flughafen empfing, am Kölner Rathaus keine Hakenkreuzflagge hissen ließ und dafür sorgte, daß auf der Rheinbrücke bereits angebrachte Fahnen wieder eingeholt wurden.

Mit der Entfernung aus den öffentlichen Ämtern im Jahre 1933 begann für Adenauer eine Zeit der Unsicherheit, schließlich sogar der lebensgefährlichen Bedrohungen. Dem Widerstand ist er nicht aktiv beigetreten, obwohl versucht wurde, Kontakt zu ihm aufzunehmen. Eine Auflehnung ohne den Rückhalt des Militärs mußte dem im Umgang mit staatlichen Machtapparaten Erfahrenen sinnlos erscheinen. Wenn er es daher vorzog, »als tatenloser Nicht-Nazi zu überleben« (T. Prittie), so sollte dies nicht mit einem Hang zu beschaulichem Lebensstil verwechselt werden. Haft und selbst Todesdrohung sind ihm nicht erspart geblieben. Er machte die leidvolle Erfahrung, daß er trotz seines weitläufigen Bekanntenkreises im »Jahr der nationalen Erhebung« mit einer großen Familie allein und verlassen dastand. Damals steckte ihm ausgerechnet ein amerikanischer jüdischer Freund 10 000 Mark zu. Die erzwungene Ruhe im Rhöndorfer Heim nutzte er nicht nur zur Rosenzucht; er widmete sich auch historischen und politischen Studien. Als ihm in einem Alter, in dem anderen längst der verdiente Ruhestand gegönnt wird, erneut politische Verantwortung zufiel, zeigte sich Adenauer wohlvorbereitet.

Bei aller Anerkennung der Lebensleistung Konrad Adenauers sollte das allzu Menschliche nicht vergessen werden: die Hülle der Unzugänglichkeit, die er um sich legte und die nur im vertrauten Kreise von ihm fiel; die Freude an der Bloßstellung anderer – oft ohne Not; der Zynismus, der in Sarkasmus umschlagen konnte. Er verletzte auf andere Weise als sein Widersacher Kurt Schumacher. Er tat dies ohne Emotion, situationsbedingt und doch kal-

Im Herbst 1945 schrieb Konrad Adenauer seine »Einstellung zur politischen Lage« nieder: »Rußland entzieht sich immer mehr der Zusammenarbeit mit den anderen Großmächten und schaltet in den von ihm beherrschten Gebieten völlig nach eigenem Gutdünken. In den von ihm beherrschten Ländern herrschen schon jetzt ganz andere wirtschaftliche und politische Grundsätze als in dem übrigen Teil Europas. Damit ist eine Trennung in Osteuropa, das russische Gebiet, und Westeuropa eine Tatsache. In Westeuropa sind die führenden Großmächte England und Frankreich. Der nicht von Rußland besetzte Teil Deutschlands ist ein integrierender Teil Westeuropas. Wenn er krank bleibt, wird das von schwersten Folgen für ganz Westeuropa, auch für England und Frankreich sein. Es liegt im eigensten Interesse nicht nur des nicht von Rußland besetzten Teiles Deutschlands: Ein vernünftiges staatsrechtliches Gefüge besteht zur Zeit überhaupt nicht, es muß wiederhergestellt werden. Die Schaffung eines zentralisierten Einheitsstaates wird nicht möglich, auch nicht wünschenswert sein, der staatsrechtliche Zusammenhang kann lockerer sein als früher, etwa in der Form eines bundesstaatlichen Verhältnisses.«

kuliert. Er bevorzugte die klare Sprache, den einfachen Gedanken. Ohne ein glänzender Rhetoriker zu sein, verstand er es, ein Publikum in seinen Bann zu ziehen. Man war stets versucht, seine in schlichter Art vorgetragenen Gedanken mit gedanklicher Schlichtheit zu verwechseln. Gewiß lagen ihm weder die Pose noch die Art der Theoretiker. Doch entbehrte sein Pragmatismus keineswegs des konzeptionellen Rückhalts. Seine politische Kunst lag darin, die großen Linien zu ziehen und den praktischen Wegen Raum zu geben. Sein Mißtrauen gegenüber den Menschen, vor allem gegenüber seinen Landsleuten und ihren politischen Fähigkeiten, konnte in Verachtung umschlagen. Die Attitüde des Patriarchen, die das Alter wohl verstärkte, speiste sich auch aus der Rolle des Treuhänders für ein Volk, von dem er nicht glaubte, daß es nach der NS-Vergiftung auf sich allein gestellt den richtigen politischen Weg finden werde.

Adenauers zweite, beispiellose politische Karriere begann mit der Wahl zum Vorsitzenden der CDU in der britischen Besatzungszone am 1. März 1946 in Neheim-Hüsten. Zwar war die CDU bis 1949 weit davon entfernt, eine reine Adenauer-Partei zu sein, allerdings galt der ehemalige Oberbürgermeister schon damals als ihr wichtigster Mann. Was ihn zum Parteiführer prädestinierte, war – so paradox dies klingen mag – auch sein hohes Alter. Es symbolisierte die Rückbindung an Weimar, das Überspringen und das Verdrängen der Zeit des Dritten Reiches. Dem »Alten« unterstellte niemand mehr auf persönlichen Vorteil gerichteten politischen Ehrgeiz. Er verfügte über bestechende Personalkenntnisse und finanzielle Unabhängigkeit. Gegenüber den Männern der ersten Stunde, selbst gegenüber den Provinzfürsten seiner Partei, zeichnete ihn aus, daß er überregional bekannt war.

Zunächst widmete Adenauer sich dem Aufbau der Partei. Es gelang ihm in wenigen Monaten, das Organisationschaos, das er bei seiner Amtsübernahme vorgefunden hatte, zu beseitigen. Bereits im Sommer 1946 stieg die Mitgliederzahl der CDU in der britischen Besatzungszone auf schätzungsweise 300000 an. Bald stellten sich erste entscheidende Erfolge ein. Bei den ersten Landtagswahlen in Nordrhein-Westfalen vom 20. April 1947 gewann die junge Partei auf Anhieb 37,6 Prozent der Stimmen, womit sie die SPD, die nur 32 Prozent erreichte, im bevölkerungs- und industriereichsten Land auf den zweiten Platz verwies, obwohl es dem Zentrum noch gelang, 9,8 Prozent der Stimmen zu gewinnen. Aus den Landtagswahlen in den übrigen Westzonen ging die CDU/CSU ebenfalls mit beeindruckenden Ergebnissen hervor, die nicht nur auf das Konto Adenauers verbucht werden können. Am besten schnitt sie in Süddeutschland ab, vor allem in Bayern (52,3 Prozent), Baden – BCSV – (55,9 Prozent) und Württemberg-Hohenzollern (54,2 Prozent).

Den größten Teil ihrer Anhängerschaft bezog die CDU/CSU aus den katholischen Regionen. Soziologisch gesehen überwog der kleine und gehobene Mittelstand gegenüber der Arbeiterschaft, die unterrepräsentiert blieb und in ihrer Mehrheit nach wie vor zur Sozialdemokratie tendierte. Zwar besaß der christlich-soziale Flügel besondere Bedeutung, die sich in der Programmentwicklung niederschlug. Der in den frühen Erklärungen be-

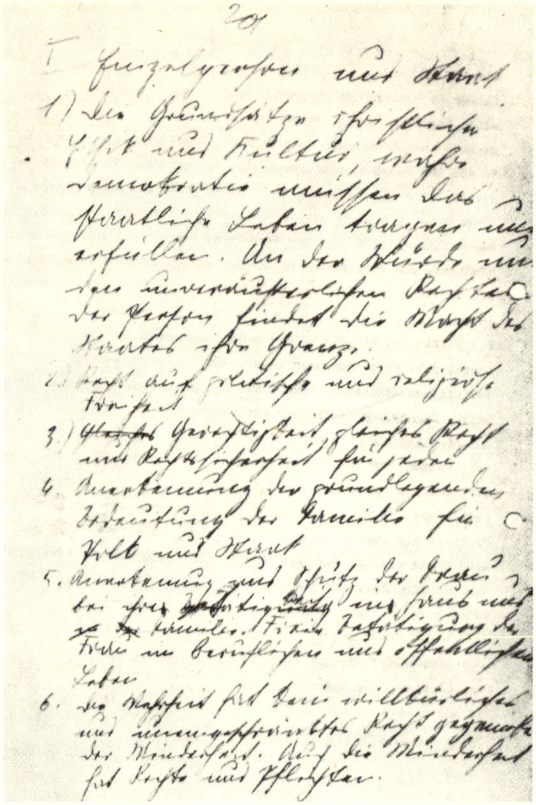

Eigenhändiger Entwurf Konrad Adenauers für das CDU-Parteiprogramm, 1945

Konrad Adenauer prägte die neue Partei, in der er ursprünglich nur einer unter vielen Anwärtern für die Führungsposition gewesen war, sehr bald schon bis in die Organisationsstruktur und in das Parteiprogramm hinein. Es gelang ihm in wenigen Monaten, das organisatorische Chaos der CDU in der britischen Zone zu beseitigen.

schworene christliche Sozialismus, der stärker auf Gedanken der christlichen Soziallehre und auf antiindustriekapitalistischen Vorbehalten fußte, hatte jedoch wenig mit einem Sozialismus marxistischer Färbung zu tun. Der Wechsel der CDU zum Konzept der sozialen Marktwirtschaft im Jahre 1947/48 kann schwerlich als ein Sündenfall gedeutet werden. Zwar trat auch Adenauer in seinen frühen Reden und Stellungnahmen für Lenkung und Planung der Wirtschaft »in unserer Zeit« ein. Er hob aber gleichzeitig stets den Schutz des Eigentums hervor. »Mäßiger Besitz möglichst vieler«, so erklärte er im März 1946 bei einer Rede in der Kölner Universität, »ist eine wesentliche Sicherung des demokratischen Staates.«[36] Das vieldiskutierte »Ahlener Programm« vom Februar 1947, das den Höhe- und zugleich Endpunkt des Einflusses der Vertreter eines christlichen Sozialismus markierte und das von Adenauer angesichts der desolaten wirtschaftlichen Verhältnisse des Hungerwinters 1946/47 mitgetragen wurde, stellt eine Mischung aus Elementen der katholischen Soziallehre, des Sozialismus und der liberalen Marktwirtschaft dar. Weil das Wirtschaftsprogramm relativ offen blieb, konnte die CDU im Jahre 1949 mit den »Düsseldorfer Leitsätzen« ein eindeutiges Bekenntnis zur sozialen Marktwirtschaft ablegen.

Die bayerische CSU gehörte ebenfalls zur interkonfessionellen Sammlungsbewegung des Jahres 1945.[37] Bis zur Gründung der CDU als Bundesorganisation (1950) konnte mit ihrer Eingliede-

Land	Wahltag	Wahlbeteiligung	Parteien: CDU/CSU	SPD	FDP/DVP[5]	DP	KPD	DRP	DPS	Z	SSW	Sonst.
Bremen[1]	13.10.46	81,5	19,3	48,0	16,9[6]		11,5					4,3[9]
Hamburg[1]	13.10.46	79,0	26,7	43,1	18,1		10,4					1,6
West-Berlin[2]	20.10.46	94,1	24,3	51,7	10,3[7]		13,7					
Württemberg-Baden	24.11.46	71,7	38,4	31,9	19,5		10,3					
Bayern	1.12.46	75,7	52,3	28,6	5,6		6,1					7,4[10]
Hessen	1.12.46	73,2	31,0	42,7	15,7		10,7					
Niedersachsen	20.04.47	65,1	19,9	43,8	8,8	17,9	5,7			4,1		0,3
Nordrhein-Westfalen	20.04.47	67,3	37,6	32,0	5,9		14,0			9,8		0,8
Schleswig-Holstein	20.04.47	69,8	34,1	43,8	5,0		4,7	3,1			9,3	0,1
Baden	18.05.47	67,8	55,9[3]	22,4	14,3[8]		7,4					
Rheinland-Pfalz	18.05.47	77,9	47,2	34,3	9,8		8,7					
Württ.-Hohenzollern	18.05.47	66,4	54,2	20,8	17,7		7,3					
Saarland	5.10.47	95,7	51,2[4]	32,8			8,4		7,6			

Ergebnisse der Landtagswahlen 1946 und 1947

1 Wahl zur Bürgerschaft
2 Wahl zur Stadtverordnetenversammlung
3 Badische Christlich-Soziale Volkspartei
4 CVP
5 DVP nur in Württemberg-Baden und Württemberg-Hohenzollern
6 Bremer Demokratische Volkspartei
7 LDP
8 Demokratische Partei
9 Stimmen des Südschleswigschen Wählerverbandes
10 Wirtschaftliche Aufbauvereinigung

rung in die Gesamtpartei gerechnet werden. Schon in der Frühphase ihrer Entwicklung gab es jedoch Besonderheiten, die auf einen eigenständigen Weg der Schwesterpartei verwiesen. Bayern war und blieb auch nach dem Kriege ein überwiegend katholisches Land. Etwa drei Viertel seiner Bevölkerung gehörten zur römischen Kirche. An der Konfessionsstruktur änderte sich trotz der Vertriebenen und Flüchtlinge nur wenig. Der überwiegende Teil der evangelischen Bevölkerung lebte im fränkisch-protestantischen Raum, der den östlichen Teil Oberfrankens und Mittelfranken mit seinen Industrieregionen umfaßt.

Seit den Tagen Montgelas' wurden Altbayern, Franken und Schwaben durch die Zentralregierung in München zusammengehalten. Die Unterschiede zwischen den drei Stämmen blieben ein Merkmal auch des modernen Bayern. Zusätzliche Schwierigkeiten für die CSU ergaben sich aus der über hundertjährigen Spaltung des politischen Katholizismus in einen altbayerisch-bäuerlichen und einen gemäßigt föderalistischen, mehr reichsorientierten Flügel. Während der Weimarer Zeit etwa erwuchsen der BVP starke Konkurrenten in den altbayerisch-katholischen Interessenparteien wie dem Bayerischen Bauernbund. Sie brachte es bei den damaligen Landtagswahlen stets nur auf etwa 30 Prozent der Stimmen und vermochte nie eine so starke Stellung einzunehmen wie später die CSU.

Nach 1945 bestand in Bayern die »politisch-strategische Doppelaufgabe« (A. Mintzel) der CSU darin, das fränkisch-protestantische Nordbayern (einschließlich der städtischen und industriellen Regionen) zu gewinnen, ohne gleichzeitig das bäuerlich-katholische Altbayern zu verlieren. Durch ihre Lizenzpolitik trug die amerikanische Militärregierung auch in Bayern entscheidend dazu bei, daß dem entstehenden Parteiensystem aus CSU, SPD, FDP, KPD und WAV keine weiteren Gründungen hinzugefügt wurden. Sie verbot die Bayerische Heimat- und Königspartei, schob die Gründung der Bayernpartei bis 1948 hinaus und wirkte der Bildung einer Flüchtlings- und Vertriebenenpartei entgegen. Eine

Josef Müller (rechts im Bild mit Alois Hundhammer und Hans Ehard), als »Ochsen-Sepp« in ganz Deutschland bekannt, hatte im Zweiten Weltkrieg als Verbindungsmann zwischen der militärischen Opposition und dem Vatikan fungiert. Die Gruppe um Müller wünschte auch für Bayern eine christlich-interkonfessionelle Massenpartei, die das fränkisch-protestantische Nordbayern mit einband, ohne das katholische Altbayern zu verlieren. Hinter dem »bayerischen Bruderzwist« stand die Schwierigkeit, diese Doppelaufgabe zu lösen.

Neuauflage der katholischen BVP unterblieb. Darin unterschied sich die Entwicklung der bayerischen Parteienlandschaft von der Nordwestdeutschlands mit seinen Zentrumshochburgen.

Das von Adam Stegerwald in Würzburg und dann von Josef Müller in München vertretene Konzept einer neuen christlich-sozialen Union stieß nach anfänglich breiter Resonanz schon bald auf Widerstände früherer BVP-Politiker, die sich um Fritz Schäffer und Alois Hundhammer gruppierten. Es bildeten sich innerhalb der jungen CSU zwei Lager heraus, die sich schließlich aufs äußerste bekämpften: der Flügel um Josef Müller, der sich auf »reichstreue«, fränkische Formationen stützte, und die Hundhammer-Schäffer-Gruppierung mit ihrem großen katholischen altbayerischen Anhang. Der »bayerische Bruderzwist« begann und wurde mit unverhohlener Feindschaft ausgetragen. Persönliche Ressentiments trugen zur Verschärfung bei. Der sachliche Kern der Auseinandersetzung lag jedoch in unvereinbaren Auffassungen über den Charakter der neuen Partei: Rückkehr zum Konzept der BVP mit bayerischem Selbständigkeitsstreben und damit der territorialen Begrenzung auf Altbayern oder Überwindung der bayerischen Konflikt- und Spannungsbereiche durch eine interkonfessionelle, die landsmannschaftlichen und sozialen Gegensätze ausgleichende, zentral gesteuerte Partei.

Zunächst vermochten die Franken den Vorteil der Parteisatzung zu nutzen, die sie gegenüber den altbayerischen Verbänden begünstigte. Es gelang ihnen, Josef Müller als Parteivorsitzenden durchzusetzen. Der »Ochsen-Sepp« blieb vielen wegen seiner Vergangenheit suspekt. Obwohl er sich im deutschen Widerstand unumstrittene Verdienste erworben hatte (als Mitarbeiter von Admiral Canaris hatte er Kontakte zwischen militärischem Widerstand und der Kurie hergestellt und ab 1942 KZ- und Gefängnishaft erlitten), hielten ihn seine Gegner für undurchsichtig, wenn nicht gar für einen Spion. Sein hervorragendes Verhältnis zur amerikanischen Militärregierung trug mit dazu bei, diesen Ruf zu festigen. Fritz Schäffer sah in ihm den Mann, dem er seinen Sturz als Minister-

präsident verdankte. Einen ersten Höhepunkt erreichten die Auseinandersetzungen, als die Traditionalisten im Herbst 1946 alles daransetzten, den Charakter bayerischer Eigenstaatlichkeit konstitutionell zu festigen und das Amt eines bayerischen Staatspräsidenten forderten. Sie scheiterten am Müller-Flügel, dem sie diese Zerstörung des »weißblauen Traums« nie verziehen.

Trotz des innerparteilichen Zwistes gelang der CSU bei den Landtagswahlen vom 1. Dezember 1946 ein sensationeller Sieg, der ihr die absolute Mehrheit der Wählerstimmen bescherte. Doch nicht die Stunde der Einheit, die Stunde der Abrechnung war gekommen. Obwohl Josef Müller noch wenige Tage zuvor als Landesvorsitzender bestätigt worden war, versagte sich ihm bei der Regierungsbildung der altbayerische Flügel. Unter Hans Ehard einigte sich dieser zusammen mit der SPD und der Wirtschaftlichen Aufbau-Vereinigung des Sonderlings Alfred Loritz auf eine Koalitionsregierung. Erst als im Jahre 1947 SPD und WAV aus der Regierung austraten, schien auch der Weg zum innerparteilichen Ausgleich geebnet. Doch der CSU gelang es nicht, die notwendige mittlere Linie zu finden, die die beiden Flügel hätte versöhnen können. Zudem wirkten Organisations-, Mitglieder- und Wählerentwicklung zugunsten der Traditionalisten. Die CSU war eindeutig die Partei des einheimischen katholischen Bürger- und Bauerntums. Schäffers Forderung, klare Verhältnisse herzustellen, mit der er erneut den Kampf gegen seinen Erzrivalen Müller aufnahm, bedeutete die Preisgabe des interkonfessionellen Gründungsgedankens und damit praktisch der fränkisch-protestantischen Wählerschaft.

Als 1948 mit der Bayernpartei des ehemaligen CSU-Ministers Josef Baumgartner eine Gruppierung lizenziert wurde, die all jene um sich sammelte, die vom bayerischen Standpunkt aus mit der Entwicklung drinnen wie draußen unzufrieden waren, schmolz die Wählerschaft der CSU dahin. Das Gründungsjahr der Bundesrepublik erlebte somit eine zutiefst geschwächte bayerische Union, deren Gefolgschaft bei den ersten Bundestagswahlen auf 30 Prozent der Stimmen zusammenschrumpfte. Schon bevor Josef Müller im Mai 1949 den Parteivorsitz verlor, war er gescheitert. Vor der zur Honoratiorenpartei zurückgebildeten CSU lag ein langer Weg des innerparteilichen Ausgleichs. So konnte der Freistaat Bayern in der Gründungsphase der Bundesrepublik sein politisches Gewicht nicht in dem Maße zur Geltung bringen, wie es der natürliche Vorsprung des einzigen in seiner historischen Gestalt erhalten gebliebenen Bundeslandes hätte erwarten lassen.

Die einzige politische Formation, die sich neben CDU/CSU und Sozialdemokratie in der westdeutschen Parteienlandschaft auf Dauer zu behaupten vermochte, war die des Liberalismus.[38] Sein Wiederaufleben nach 1945 konnte keineswegs als selbstverständlich gelten. Seit der Reichsgründungszeit hatte der Unterschied zwischen demokratischen und nationalen, zwischen »linken« und »rechten« Liberalen die Partei gespalten. Am Ende des Zweiten Weltkrieges gab es kein eindeutiges politisches Fundament, auf das zurückgegriffen werden konnte. Manche Liberale wechselten zur neuen CDU, einige zur SPD über. Die Entstehung einer einheitlichen Partei dauerte mehrere Jahre und kam erst 1948 mit der

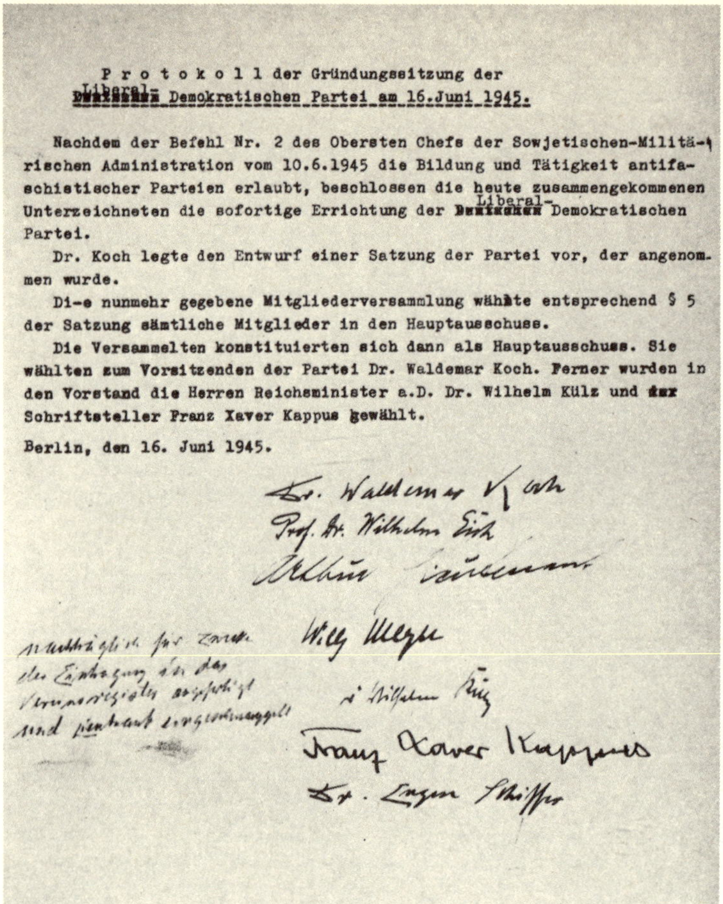

Protokoll der Gründungssitzung der
Liberal-Demokratischen Partei am 16.Juni 1945.

Nachdem der Befehl Nr. 2 des Obersten Chefs der Sowjetischen-Militärischen Administration vom 10.6.1945 die Bildung und Tätigkeit antifaschistischer Parteien erlaubt, beschlossen die heute zusammengekommenen Unterzeichneten die sofortige Errichtung der Liberal-Demokratischen Partei.

Dr. Koch legte den Entwurf einer Satzung der Partei vor, der angenommen wurde.

Di-e nunmehr gegebene Mitgliederversammlung wählte entsprechend § 5 der Satzung sämtliche Mitglieder in den Hauptausschuss.

Die Versammelten konstituierten sich dann als Hauptausschuss. Sie wählten zum Vorsitzenden der Partei Dr. Waldemar Koch. Ferner wurden in den Vorstand die Herren Reichsminister a.D. Dr. Wilhelm Külz und Schriftsteller Franz Xaver Kappus gewählt.

Berlin, den 16. Juni 1945.

Protokoll der Gründungssitzung der Liberal-Demokratischen Partei, 1945

Der politische Liberalismus war immer im deutschen Südwesten am stärksten gewesen. Die Unterschiede zwischen dem nationalen und dem demokratischen Element spielten auch nach dem Krieg eine Rolle. Als Partei mit zwei Gesichtern traten die Liberalen in den verschiedenen Ländern in Erscheinung. Erst relativ spät gelang ihnen die Bildung von Landesverbänden. Wichtiges Element der Identifikation war neben dem marktwirtschaftlichen Programm ein ausgeprägter Antiklerikalismus, der auch eine Barriere zur CDU und zur CSU darstellte.

Bildung der Freien Demokratischen Partei (FDP) zum Abschluß. Die im einzelnen recht unterschiedlich verlaufenden Etappen lassen insgesamt ein grobes Schema erkennen: spontane Gründungszirkel, lokale und regionale Parteizulassung und erst dann der Sprung auf die Landesebene mit der Bildung von Landesverbänden. Symptomatisch war die Namensvielfalt in der britischen Besatzungszone, die von der Liberal-Demokratischen Partei Franz Blüchers bis zur Deutschen Aufbaupartei Friedrich Middelhauves reichte und erst im Mai 1947 überwunden wurde.

In der SBZ und in Berlin hatte die sowjetische Militärregierung auch der Liberal-Demokratischen Partei Deutschlands (LDP) einen Frühstart ermöglicht. Dennoch gelang es der Berliner »Reichsgeschäftsstelle« unter der Leitung der ehemaligen DDP-Politiker Wilhem Külz und Eugen Schiffer nie, einen Führungsanspruch in den Westzonen durchzusetzen, da man dort frühzeitig der Blockpolitik mißtraute. In der sowjetischen Besatzungszone selbst verzeichnete die LDP zunächst erstaunliche Erfolge. Bei den Kreis- und Landtagswahlen vom 20. Oktober 1946 vereinigte die streng privatwirtschaftlich orientierte Partei 2,4 Millionen Wählerstimmen auf sich. In Sachsen stellte sie mit Friedrich Hü-

bener den ersten Ministerpräsidenten, und auf lokaler Ebene gelang es ihr in etlichen Fällen sogar, zur stärksten Partei zu werden.

Der Gegensatz zwischen »demokratischen« und »nationalen« Elementen des Liberalismus war nicht einfach verschwunden. Nach dem Weimarer Parteienschema konnte die spätere FDP eher als Nachfolgeorganisation der DDP denn der nationalliberalen DVP angesehen werden. Dies gilt jedenfalls für die drei südwestdeutschen Länder, auch für die Städte Mittel- und Oberfrankens, für einzelne Gemeinden in Hessen, im Rheinland, im südlichen Westfalen ebenso wie für Hannover, Oldenburg, Ostfriesland und Hamburg. Dabei bestand in Hamburg, Baden, Württemberg-Baden und Württemberg-Hohenzollern eine personelle Kontinuität der liberalen Führungselite, die auf eine direkte Fortsetzung liberaler Traditionen hinweist. Hingegen machte sich das nationalliberale Element in den nordrhein-westfälischen und hessischen Gründungen stärker bemerkbar.

Besonders integrierend wirkte für die junge Partei ihre antisozialdemokratische und antiklerikale Haltung. Die starke Betonung der individuellen Freiheit in Fragen der Wirtschafts- und Sozialpolitik blieb ebenso charakteristisch wie die Abwehr konfessioneller Politik im Kultur- und Schulbereich. Von den ersten fünfzehn Landesvorsitzenden waren neun selbständige Unternehmer, fünf höhere Beamte und einer Rechtsanwalt. Soziologisch gesehen fanden die Liberalen ihren Anhang vornehmlich im mittelständischen Bereich. In Südwestdeutschland – ihrer eigentlichen Hochburg – konnten sie sich ganz wesentlich auf Handwerk und Kleinhandel stützen. Dort hatten die Amerikaner schon im August 1945 den Liberalen Reinhold Maier zum Ministerpräsidenten von Württemberg-Baden ernannt. Hier waren die Liberalen eine wichtige politische Kraft, der es gelang, bei den ersten Wahlen zum Landtag 1946 einen Stimmenanteil von 20 Prozent zu gewinnen.

Der Gründung der FDP als gemeinsamer Parteiorganisation für die Westzonen war der Versuch vorausgegangen, eine gesamtdeutsche Partei zu bilden. Dafür setzte sich besonders die »Berliner Reichsstelle« unter Wilhelm Külz ein, auf dessen Drängen hin nach vorbereitenden Konferenzen ein Gründungskonvent am 17. März 1947 in Rothenburg o. d. T. tagte. Der dort aus der Taufe gehobenen Demokratischen Partei Deutschlands (DPD) war nur ein kurzes Leben beschieden. Zwar fungierten Theodor Heuss und Wilhelm Külz als gleichberechtigte Vorsitzende für ihren jeweiligen Bereich, doch erwies sich das Bündnis von Beginn an als brüchig. Es kam über den Austausch von Rednern kaum hinaus. Der Ost-West-Gegensatz hatte längst seinen Niederschlag im innerdeutschen Bereich gefunden. Dies zeigte sich deutlich, als Külz an dem von der SED organisierten Ersten Deutschen Volkskongreß für Einheit und gerechten Frieden vom Dezember 1947 teilnahm, dem die Berliner CDU-Vertreter Kaiser und Lemmer fernblieben. Der Hauptausschuß der DPD mißbilligte dieses Verhalten aufs schärfste. Theodor Heuss erklärte auf der Sitzung des Gesamtverbandes in Frankfurt: »Külz' Beteiligung am Volkskongreß war schockierend. Dort wurde der Versuch gemacht, die Blockpolitik auf ganz Deutschland auszudehnen. Die LDP optierte für die russische Auffassung von deutscher Einheit.«[39]

Nach dem Tode von Wilhelm Külz im Frühjahr 1948 nahmen die Repressionen gegen die LDP in der sowjetischen Besatzungszone zu. Einer Welle von Verhaftungen folgte der Exodus liberaler Parteivertreter in den Westen. Unter ihnen befanden sich auch Hans-Dietrich Genscher und Wolfgang Mischnick. Die Restpartei degenerierte zum politischen Anhängsel der SED. Die LDP, die einst die Privatwirtschaft auf ihre Fahnen geschrieben hatte, mußte sich 1952 in den Kurs der Mitarbeit am »planmäßigen Aufbau des Sozialismus« einfädeln.

Der Bruch mit der LDP gab im Westen das Signal für die Gründung der FDP. In den vorparlamentarischen Gremien, die der Weststaatsgründung vorausgingen, wurden Formen der überzonalen Zusammenarbeit weiterentwickelt und intensiviert. Im Frankfurter Wirtschaftsrat vermochte sich das liberale Wirtschaftskonzept durchzusetzen. Vertreter der liberalen Parteien Westdeutschlands trafen am 11. und 12. Dezember 1948 in Heppenheim an der Bergstraße zusammen, jenem Ort, an dem hundert Jahre zuvor die liberaldemokratische Bewegung ihren Anfang genommen hatte. Zum ersten Vorsitzenden der neuen Freien Demokratischen Partei wählten sie Theodor Heuss.

Der spätere erste Präsident der Bundesrepublik Deutschland, am 31. Januar 1884 in Brackenheim (Württemberg) geboren, entstammte einer schwäbischen Beamtenfamilie, die in der Tradition des Liberalismus von 1848 stand. Politik war ihm durch den Vater, einen parteipolitisch engagierten Tiefbauinspektor, von Jugend an vertraut. Heuss wuchs in Heilbronn heran. Früh zeigten sich bei ihm kunst- und literaturgeschichtliche Neigungen, ebenso wie ein waches Interesse für das öffentliche Geschehen. Die ästhetische und politische Komponente seiner Persönlichkeit, eingebettet in breite bürgerliche Bildung, erzeugte in Heuss die heitere Spannkraft, die fern jeglicher Verbissenheit zur Quelle seiner intensiven intellektuellen und praktisch-politischen Arbeit wurde. Schon als Primaner trat er schriftstellerisch hervor. Die frühe Begegnung mit Friedrich Naumann, in dessen Wochenschrift *Die Hilfe* seine publizistische Karriere begann, blieb die entscheidende Weichenstellung für das weitere Leben. Mit dem Namen Naumanns verbindet sich der Versuch, die Arbeiterschaft und das Bürgertum durch soziale Reformen zu versöhnen und politisch zusammenzuführen. Zeitlebens stand Heuss in der Tradition dieser Ideen, die dann, vor allem durch ihn vermittelt, für die programmatische Orientierung des Liberalismus nach 1945 Bedeutung gewinnen sollten.

Im Studium künstlerisch, literarisch, historisch und politisch ambitioniert, wandte Heuss sich schließlich, angeregt durch die Vorlesungen Lujo Brentanos in München und Berlin der Nationalökonomie zu. Eine rechte Laufbahn eröffnete sich damit nicht, und die schnell angefertigte Doktorarbeit über »Weinbau und Weingärtnerstand in Heilbronn« war eher dem bürgerlichen Renommee als dem beruflichen Aufstieg dienlich. Der Student, der sich im Stil spätwilhelminischer Boheme zu kleiden pflegte, mit »breitkrempigem flachem Hut, der die ›Zunft‹ des Geistigen markierte«,[40] durchlebte eine längere Zeit der Unentschiedenheit, bis der Weg des liberalen Demokraten als Publizist und Politiker klare Konturen gewann. Die Ehe mit Elly Knapp, der intellektuell

kongenialen und politisch gleichgesinnten Tochter aus professoralem Straßburger Hause, war der Beginn einer lebenslangen Zusammenarbeit mit verteilten Rollen. Schreiben, Redigieren, Reden wurde zur Hauptbeschäftigung, die dem unabhängigen Mann ein stets gutes Auskommen sicherte. Doch blieben dem jungen Liberal-Demokraten zunächst die Wahlerfolge versagt. Weder gelang es ihm, in Heilbronn das Reichstagsmandat Naumanns zurückzugewinnen, noch schaffte er nach der erneuten Übersiedlung nach Berlin (1918) den Sprung in die Nationalversammlung und in den Reichstag, dem er erst von 1924 bis 1928 und 1930 bis 1933 als Mitglied der demokratischen Fraktion (zunächst DDP, dann Staatspartei) angehörte. Zur umfangreichen publizistischen Tätigkeit – Heuss schrieb unter anderem für *Die Fackel*, *Die Weltbühne*, *Die Deutsche Nation* – gesellte sich die Geschäftsführung des Deutschen Werkbundes und seit 1920 die Dozententätigkeit an der neugegründeten Deutschen Hochschule für Politik, deren erster Studienleiter er war. Eine Reihe bedeutender Bücher entstand in dieser Zeit: »Staat und Volk« (1925), »Das Wesen der Demokratie« (1927), »Führer aus deutscher Not« (Edition des Nachlasses von Hugo Preuß, dem Vater der Weimarer Verfassung, 1928). Als einer der führenden liberalen Intellektuellen gehörte Heuss zum Berliner Kreis um Gustav Stolper, dem Herausgeber der renommierten Zeitschrift *Der deutsche Volkswirt*.

Im Jahre 1932 warnte Heuss mit einem eindringlichen Buch vor Hitler. Wenige Wochen nach der Machtergreifung verlor er seine Stellung an der Deutschen Hochschule für Politik. Nach dem Verlust des Reichstagsmandats blieb ihm noch bis 1936 die redaktionelle Leitung der *Hilfe*, die zu den wenigen bis dahin nicht gleichgeschalteten Zeitschriften gehörte. Er zog es vor, in der Heimat zu bleiben, den Weg in die innere Emigration, den Rückzug ins Privatleben anzutreten. Heuss war kein Mann des aktiven Widerstandes; das widerstrebte seiner Natur. Mit historischen und kulturpolitischen Beiträgen, die er teilweise auch unter Pseudonym veröffentlichte, blieb er schriftstellerisch tätig. Für die Sicherung der materiellen Existenz sorgte seine findige Frau, die mit Werbefilmen und -texten vorübergehend erkleckliche Einnahmen erzielte.

Obwohl Heuss unter der Pervertierung der politischen Macht in seinem Lande litt, versank er nicht in Depression und Untätigkeit. Von seiner großen geistigen Schaffenskraft zeugen drei bedeutsame Biographien: über Friedrich Naumann (1937), Hans Poelzig (1939) und Robert Bosch (1946). Daß er auch feuilletonistische Artikel und Buchrezensionen für nationalsozialistische Zeitschriften schrieb – so für die 1940 gegründete Wochenschrift *Das Reich*, bei der er allerdings die Mitarbeit einstellte, als Goebbels sich der Leitartikel annahm –, ließ für ihn später das Entnazifizierungsverfahren zu einer zähen Prozedur werden. Der Einstellungsbeschluß vom Juni 1948 bescheinigte ihm jedoch, daß er weder aufgrund seiner Zustimmung zum Ermächtigungsgesetz noch wegen seiner schriftstellerischen Tätigkeit als belastet anzusehen sei.[41] Hingegen besaß Heuss enge freundschaftliche und verwandtschaftliche Beziehungen zu Mitgliedern des deutschen Widerstandes, wenn er auch kaum in konkrete Attentatspläne eingeweiht gewesen sein dürfte. Immerhin wollte Goerdeler, dem er seit 1942 nahestand,

Übergabe der Lizenz zur Herausgabe der *Rhein-Neckar-Zeitung* in Heidelberg, rechts Theodor Heuss als einer der Lizenzträger, September 1945

Der deutsche Liberalismus verfügte nach 1945 über starke Persönlichkeiten wie Reinhold Maier und große rhetorische Begabungen wie Thomas Dehler. Die ausgleichende Art von Theodor Heuss war auch und gerade in Zeiten von Parteikonflikten wichtig. Der erste Bundespräsident hat mit seiner württembergischen Bonhomie seinem Amt sehr bald eine eigene Würde gegeben, die weit über dessen verfassungsmäßige Stellung hinausreichte.

ihn zum Reichspressesprecher ernennen. Unter den Ermordeten des 20. Juli fanden sich zahlreiche enge Freunde (Ernst von Harnack, Julius Leber, Fritz Elsas, Albrecht Bernstorff).

Das Kriegsende erlebte der ausgehungerte, geistig und moralisch jedoch ungebrochene Heuss in Heidelberg. Die einmarschierenden Amerikaner führten ihn ganz oben auf ihrer weißen Liste. Bereits nach wenigen Monaten erhielt er eine Lizenz für die *Rhein-Neckar-Zeitung*, und als sein politischer Freund Reinhold Maier im Sommer 1945 von den Amerikanern mit der Bildung einer Landesregierung für Württemberg-Baden betraut wurde, holte dieser ihn als »Kultminister« (sic!) ins Kabinett. Wenig später wählte ihn der Gründungskonvent der Liberalen zum Vorsitzenden der Landespartei. Obwohl Heuss nach einem Jahr aus der Regierung Maier ausschied, blieb er neben dem zur SPD gestoßenen Carlo Schmid die bedeutendste Persönlichkeit seiner Region. In den Verfassungsberatungen, in unzähligen öffentlichen Auftritten, in der Parteiarbeit und in der wiederaufgenommenen Lehrtätigkeit kam ihm ganz selbstverständlich ein vorderer Platz im öffentlichen Leben seines »Ländles« zu, bis ihn die Wahl zum Vorsitzenden der FDP und zum Mitglied des Parlamentarischen Rates aus dem schwäbisch-badischen Wirkungskreis holte. Er wurde zu einem der Gründungsväter der Bundesrepublik Deutschland.

Die historische Bedeutung von Theodor Heuss liegt darin, daß sich die Tradition der liberalen Demokratie in Deutschland in seiner Person fortsetzte. Sein humanistisch-rationales Politikverständnis, frei von ideologischen Überzeichnungen, seine moralische Integrität, aber auch seine Bildung und sein beruhigendes Wesen ließen ihn, und nicht den um acht Jahre älteren Konrad Adenauer, zur Vaterfigur der neu entstehenden Bonner Republik werden.

Im Spektrum der Parteien Westdeutschlands nahmen die Kommunisten von Anfang an nur eine Außenseiterstellung ein. Doch sollte ihre Rolle während der Besatzungszeit nicht daran gemessen werden, daß sie später zu einer politischen Sekte verkümmerten. Auch wäre es verkürzt, in ihnen lediglich den verlängerten Arm Moskaus zu sehen. Ihr Einfluß war in den späten vierziger Jahren nicht unerheblich. Die Umarmungstaktik gegenüber der Sozialdemokratie konnte ebenso wie der vehement vorgetragene Anspruch, eine gesamtdeutsche Partei zu sein, auf Widerhall hoffen.

Die seit dem Frühjahr 1945 entstehenden lokalen und regionalen kommunistischen Organisationen standen in direkter Kontinuität zur ehemaligen KPD, die während der Hitler-Zeit illegal oder im Exil überlebt hatte. Von den geschätzten 150 000 westdeutschen Mitgliedern vor 1933 standen nach dem Kriegsende noch etwa 75 000 zur Verfügung. Zunächst wurde die Parteiorganisation zügig ausgebaut. Eine Schwierigkeit lag darin, die Genossen mit den Vorstellungen zu versöhnen, welche die aus dem sowjetischen Exil zurückkehrenden Führungskader mitbrachten. Dabei wirkte sich der erhebliche Wandel, den die Strategie der Partei seit 1933 durchlaufen hatte, erschwerend aus. Seit dem siebten Weltkongreß der Komintern von 1935 galt nämlich, anders als noch wenige Jahre zuvor, die Formel der antifaschistischen Einheit. Das nun gültige Konzept der »Volksfront« beschrieb die Sozialdemokratie nicht mehr als Feind, sondern als potentiellen Bündnispartner im Kampf gegen den Faschismus. Die Exilkader stießen damit 1945 bei den heimischen KP-Resten nicht selten auf Unverständnis. Nach wenigen Monaten jedoch hatten sie das Heft fest in der Hand und bestimmten den Kurs. Die KPD/SED-Führung der sowjetischen Besatzungzone mit ihren engen Verbindungen zur sowjetischen Militärregierung bildete dabei den Orientierungspunkt der westlichen KP-Gründungen. Immerhin gelang es der Ost-Berliner Zentrale bald, feste Informations- und Befehlskanäle in die Westzonen hinein zu entwickeln und über einzelne Funktionäre und Kuriere Kontakte zu den Parteizellen herzustellen. So sind Max Reimann, der spätere westdeutsche KPD-Vorsitzende, und Friedrich Dettmann nach ihrer Befreiung aus NS-Haft erst durch einen Instruktionsaufenthalt beim ZK auf ihr westliches Aufgabengebiet vorbereitet worden.

Die frühe KPD wurde von den westlichen Besatzungsmächten zunächst als antifaschistisch-demokratisch eingeschätzt und keineswegs von vornherein unterdrückt. In den westdeutschen Ländern entstanden KP-Landesverbände, die Ende 1946 gemeinsame Zonenleitungen bildeten. Eine Delegiertenkonferenz wählte im Herbst 1948 die gemeinsame Parteispitze für die drei westlichen Besatzungzonen mit Max Reimann als Vorsitzendem. Dennoch blieben SED und KPD in der »sozialistischen Arbeitsgemeinschaft« miteinander verbunden. Dieses Gremium verstand sich noch immer als Exekutivausschuß des Gesamtparteivorstandes. Erst als die Arbeitsgemeinschaft aufgelöst und zwei deutsche Staaten entstanden waren, firmierte die KPD als selbständige westdeutsche Partei (1951). Nur ein halbes Jahr danach stellte die Bundesregierung den Verbotsantrag. Das Bundesverfassungsge-

Wilhelm Pieck als Sprecher der KPD auf dem Römerberg in Frankfurt am Main, März 1947

Die KPD hatte nahezu ihr gesamtes Führungspersonal während des Dritten Reiches verloren, zum Teil in den Lagern der Gewaltherrschaft, zum Teil in der Emigration. Nicht wenige waren den Stalinschen Säuberungen zum Opfer gefallen. In einem sowjetischen Militärflugzeug kam 1945 die Gruppe Ulbricht nach Deutschland zurück. Nicht Wilhelm Pieck, der schon 1918/19 zu den Mitbegründern der Partei gehört hatte, sondern Walter Ulbricht sollte zum entschiedenen Mann der SED werden. Wilhelm Pieck blieb im wesentlichen für repräsentative Aufgaben zuständig. Im Jahr 1949 wurde er der erste Präsident der neugegründeten Deutschen Demokratischen Republik.

richt erklärte die KPD am 17. August 1956 für verfassungswidrig. Der Bannstrahl der Karlsruher Richter traf eine Organisation, die politisch längst bedeutungslos geworden war. Daß die Kommunisten keinen Massenrückhalt gewinnen konnten, lag auch an ihrem eigenen Versagen.

Schon bei den ersten Wahlen hatte sich ihr geringer Wähleranteil gezeigt. Selbst in den Hochburgen gelang es ihnen nur selten, die Zehn-Prozent-Marke zu überschreiten. Nach der Zwangsvereinigung von SPD und KPD in der Ostzone hatte die Einheits- und Volksfronttaktik ihre Glaubwürdigkeit und damit ihre Werbewirksamkeit verloren. Auch die Versuche, gesamtdeutsche Formeln zu ihrem Vorteil zu nutzen, stießen ins Leere. Als sich die KPD im Klima des kalten Krieges zur Partei des neuen Typs wandelte, stieß ihr Erscheinungsbild auf tiefe Abneigung bei der Bevölkerung der jungen Bundesrepublik, zu deren politischem Konsens die antikommunistische und antibolschewistische Grundhaltung gehörte.

Wie die Parteien, so waren auch die Gewerkschaften der nationalsozialistischen Machtergreifung zum Opfer gefallen. Zunächst hatten führende Funktionäre noch geglaubt, durch Anpassung die eigene Organisation retten zu können, diese Fehleinschätzung jedoch bald bereut. Auf sie warteten Zuchthaus, Konzentrationslager oder Emigration. Im Exil und im Widerstand dachten Gewerkschafter über die Lehren nach, die aus der jüngsten Vergangenheit zu ziehen seien. Sie knüpften dabei an Reformdiskussionen an, die schon vor 1933 geführt worden waren. In der historisch bedingten weltanschaulichen Aufsplitterung der deutschen Gewerkschaftsbewegung sahen sie eine entscheidende strukturelle Schwäche. Die drei Richtungsgewerkschaften – die sozialistischen, die christlichen und die liberalen – sollten in einer Ein-

Die Gründungsmannschaft des DGB 1949 in Bielefeld

Die deutschen Gewerkschaften sollten sich als ein stabilisierendes Element der neuen Bundesrepublik erweisen. Traditionell waren sie der Sozialdemokratie verbunden. In die neue Einheitsgewerkschaft wurden aber auch die ehemaligen christlichen und liberalen Gewerkschaften eingebunden. Der DGB, der 1947 zuerst in der britischen Zone gegründet wurde, war nach dem Prinzip eines Dachverbandes organisiert. Er vertrat gegenüber den Besatzungsmächten energisch deutsche Interessen, gleichzeitig wirkte er politisch mäßigend. Seine Forderungen gingen über tarifpolitische Zielsetzungen weit hinaus. Sie orientierten sich am Konzept einer Wirtschaftsdemokratie.
Hans Böckler umriß im März 1946 die Aufgaben der Gewerkschaft: »Der Kapitalismus liegt in den letzten Zügen. Er ist im Augenblick aktionsunfähig. Die Probleme, mit denen wir uns als Gewerkschaften heute abgeben, sind Ernährungslage, Wohnungsbau, Wiederaufbau, Siedlungswesen, vor allem soziale Betreuung unserer Kollegen. Wir sind heute der Volksgesamtheit verantwortlich gemacht.«

heitsgewerkschaft zusammengefaßt und außerdem die organisatorische Trennung zwischen Arbeitern, Angestellten und Beamten überwunden werden.[42]

Die Gewerkschaften dachten intensiv über ihren Anteil an der wirtschaftlichen Gestaltung und Mitbestimmung nach. Für den Wiederaufbau, so erklärte der spätere DGB-Vorsitzende Hans Böckler, gelte es neue Wirtschaftsformen zu entwickeln. Ob diese in der Verstaatlichung oder in der genossenschaftlichen Betriebsform zu finden seien, darüber bestanden unterschiedliche Auffassungen. Unumstritten war jedoch das Ziel der »Wirtschaftsdemokratie«, die zugleich als Voraussetzung der politischen Demokratie gesehen wurde. Diese gewerkschaftlichen Denkmodelle entstanden in einer Zeit, als grundsätzliche Strukturentscheidungen in der westdeutschen Wirtschaftslandschaft noch nicht getroffen worden waren. Sie bezogen sich nicht nur auf gewerkschaftliche Interessenvertretung, sondern auch auf gesellschaftliche und politische Fragen. Unter dem Vorzeichen der allgemeinen Bewirtschaftung trat die lohn- und tarifpolitische Funktion der Gewerkschaften zwangsläufig in den Hintergrund.

Noch gingen die Gewerkschaften, ebenso wie fast alle Parteien, davon aus, daß es zu einer staatlichen Wirtschaftsplanung und zur Überführung der Schlüsselindustrien in Gemeineigentum kommen werde. Sie wollten an der Leitung größerer Unternehmen durch Betriebsvertreter beteiligt werden und forderten ein Betriebsrätegesetz, das nicht nur die Rechte der Betriebsvertretungen à la Weimar wiederherstellte, sondern die Mitbestimmung in allen sozial- und arbeitsrechtlichen Angelegenheiten des Betriebes wie auch im Produktionsbereich gewährleistete. In einer Denkschrift der Landesgruppe deutscher Gewerkschaften in Großbritannien vom März 1946 hieß es: »Die Mitbestimmung über die Produktion durch die Betriebsräte ist die Garantie dafür, daß die Betriebe für die Bedarfsdeckung der Allgemeinheit und nicht für die Vorbereitung eines neuen Krieges arbeiten.«[43]

In der unmittelbaren Nachkriegszeit blühten allerorten Gewerkschaftsausschüsse und -zirkel auf, die in einer Grauzone zwischen Duldung und Illegalität operierten. Zunächst hatten Gewerkschafter sich durch Äußerungen der Sieger ermutigt gefühlt. Im Dezember 1944 hatte General Eisenhower verkündet: »Die deutschen Arbeiter werden sich, sobald es die Umstände gestatten, zu demokratischen Gewerkschaften zusammenschließen dürfen.«[44] Die Praxis aber sah anders aus. Komplizierte Zulassungsverfahren verhinderten überörtliche Zusammenschlüsse. Vorstellungen der Amerikaner und Briten über einen langsamen und dezentralisierten Aufbau der Gewerkschaften von unten nach oben waren mit den deutschen Reformmodellen einer zentral gelenkten Einheitsgewerkschaft nur schwer zu vereinbaren. Generell standen sie den etatistischen Konzepten skeptisch gegenüber, weil sie in ihnen ein Relikt des Obrigkeitsstaates sahen. Außerdem sollte eine zu frühe Machtzusammenballung deutscher Organisationen verhindert werden. Über die Frage, ob der künftige Gewerkschaftsbund als Dachorganisation autonomer Industrieverbände oder als eine einzige Gewerkschaft aus Industrie- und Berufsgruppen entstehen sollte, gingen auch innerhalb der westdeutschen Arbeiterbewegung die Meinungen auseinander.

Der so entstandene Grundkonflikt wurde in der britischen Besatzungszone ausgefochten. Hans Böckler, der die zentralistische Einheitsgewerkschaft wünschte, um auf diese Weise das ganze Gewicht der organisierten Arbeitnehmerschaft für die wirtschaftsdemokratische Neuordnung einzusetzen, stimmte schließlich einem Kompromiß zu, der durch Vermittlung einer Delegation des britischen Trades Union Congress noch im Jahre 1945 zustande kam. Das Dachverbandsprinzip setzte sich durch und bestimmte die künftige Struktur des 1949 ins Leben tretenden Deutschen Gewerkschaftsbundes.

Der neuen Organisationsform legten die westlichen Alliierten nun keine Hindernisse mehr in den Weg. Vom 22. bis 25. April 1947 fand in Bielefeld der Gründungskongreß des Deutschen Gewerkschaftsbundes (DGB) der britischen Zone statt. Zu ihrem Vorsitzenden wählten die Delegierten Hans Böckler. Im November 1947 bildete sich ein bizonaler Gewerkschaftsrat, dem im Dezember 1948 die Gewerkschaften der französischen Zone ebenfalls beitraten. Ein gemeinsamer Organisationsausschuß bereitete die Gründung des Deutschen Gewerkschaftsbundes vor. In ihm schlossen sich sechzehn Gewerkschaften zu einem Dachverband zusammen.

Die Gewerkschaften erwiesen sich während der Besatzungszeit als ein entscheidender Faktor der Stabilisierung. Sie haben der Versuchung widerstanden, Krisensituationen auszunutzen, um eigene ordnungspolitische Vorstellungen durchzusetzen. Als sich während des »Hungerwinters« 1946/47 im Ruhrbergbau die Kon-

Richard Riegel (KPD), der Erste Bevollmächtigte der IG-Metall in Essen, schildert rückblickend die Situation bei der Essener Firma Wallram, wo bereits kurz nach der Besetzung am 20. April 1945 eine erste Belegschaftsversammlung mit etwa 100 Arbeitern stattfand: »Kurz und präzise habe ich in der Betriebsversammlung gesprochen und den Kollegen erklärt, daß etwas getan werden muß. Ich schlug Sofortmaßnahmen vor, um die chaotischen Zustände, die das Nazi-Regime verursacht hat, zu überwinden. Ich schlug die Wahl eines Betriebsausschusses und einer demokratischen Betriebsleitung vor. Die Belegschaft wählte einen fünfköpfigen Betriebsausschuß unter meinem Vorsitz. Der Nazi-Betriebsleiter wurde als Vorarbeiter im Betrieb eingestuft und ein demokratisch gesinnter Meister wurde als Betriebsleiter eingesetzt. Der Nazi-Betriebs-Chef, der mittlerweile während der Versammlung erschienen war, wurde vor die Alternative gestellt, diese Beschlüsse zu akzeptieren. Die Beschlüsse der Betriebsversammlung wurden vom Betriebsausschuß gleich realisiert: die Lähmungsaktion der Maschinen wurde direkt unterbrochen, die Lebensmittelvorräte, die noch vorhanden waren, kontrolliert, die Werksküche als Notbehelf weitergeführt. Da noch Materialien und Bleche vorhanden waren, wurden zwei Baukolonnen gebildet, um den Betrieb und die Wohnungen der Werksangehörigen instand zu setzen.«

fliktsituation zwischen Militärregierung und Arbeiterschaft zuspitzte, ermahnten die Gewerkschaften ihre Mitglieder zur Zurückhaltung und erinnerten sie daran, daß sie als Folge des Krieges in einem besetzten Land lebten. Zugleich traten sie als entschiedene Anwälte deutscher Interessen auf. Sie attackierten die alliierte Demontagepolitik in nichtrüstungsbezogenen Bereichen und forderten wiederholt, das System der Lebensmittelversorgung zu überprüfen.

In der SBZ schien die Besatzungsmacht den Vorstellungen der deutschen Gewerkschaftsbewegung zunächst sogar stärker entgegenzukommen, als dies in den Westzonen der Fall war. Der SMAD-Befehl Nr. 2 stellte ihnen das Recht in Aussicht, »Kollektivverträge mit den Arbeitgebern zu schließen sowie Sozialversicherungskassen und andere Institutionen für gegenseitige Unterstützungs-, Kulturbildungs- und andere Aufklärungsanstalten und -organisationen zu bilden«.[45] Schon nach wenigen Monaten gehörten dem Freien Deutschen Gewerkschaftsbund (FDGB) allein in Groß-Berlin 140 000 Mitglieder an. Es entstand eine zentralistische Einheitsorganisation mit achtzehn Teilverbänden, die allerdings die parteipolitische Neutralität ablehnte und sich nicht scheute, christliche und liberale Gewerkschafter zu diskriminieren. Durch massive Einflußnahme bei den Delegiertenwahlen gelang es den Kommunisten auch im gewerkschaftlichen Bereich schnell, die Schlüsselpositionen zu erobern. Durch seine enge Verbindung zur KPD/SED und zur sowjetischen Besatzungsmacht wurde der FDGB schon bald zum Kontrollorgan betrieblicher Arbeit und weniger ein Vertreter von Arbeiterinteressen. Daraus ergaben sich erhebliche Spannungen auf der Betriebsebene. Die Betriebsräte, die eine relativ autonome Stellung gewonnen hatten und sich gegen die bürokratische Bevormundung durch die Zentralorganisation wandten, konnten erst nach langen internen Auseinandersetzungen im Jahre 1948 abgeschafft werden.[46]

Von 1946 bis 1948 fand eine Reihe von Interzonenkonferenzen zwischen Gewerkschaftsführern aus Ost und West statt, auf denen gemeinsame Beschlüsse zu Fragen der Entnazifizierung, Mitbestimmung und Neugestaltung der Wirtschaft gefaßt wurden. Mit Ausbruch des kalten Krieges und der rapiden strukturellen Auseinanderentwicklung in beiden Teilen Deutschlands verringerten sich jedoch die Möglichkeiten einer aussichtsreichen Zusammenarbeit. »Von einer Interzonen-Konferenz zur anderen«, so resümierte Hans Böckler, »mußten wir mit großer Sorge feststellen, daß sich der FDGB der Ostzone immer deutlicher mit seinen Ideen, seiner Tätigkeit und seinen Organisationsformen in einer ganz anderen Richtung entwickelte als wir in den Westzonen. Nach unseren Grundsätzen sollten die Gewerkschaften Träger der Demokratie sein mit dem, was sie wollen, und in der Gestaltung ihrer Organisation. Sie sollten unabhängig sein von der Staatsmacht, von den politischen Parteien und von der Unternehmerschaft. Von diesen Grundsätzen hat sich die Leitung der Ostzonengewerkschaften immer weiter entfernt.«[47]

Die Entwicklung der Gewerkschaften macht ebenso wie die Wiederbelebung der Parteienlandschaft deutlich, daß für den politischen Neubeginn die Interaktion zwischen Besatzungsmächten

und Deutschen entscheidend war. Jede Besatzungsmacht verfolgte einen eigenständigen Weg. Obwohl sie – mit Ausnahme Frankreichs – an der in Potsdam formulierten Linie gesamtdeutscher Politik bis in das Jahr 1947 hinein weitgehend festhielten, haben die Alliierten früh wichtige Strukturentscheidungen inspiriert und gefördert, die de facto die innenpolitische Spaltung Deutschlands vorbereiteten. Die Deutschen haben sich an diesem Prozeß selbst aktiv beteiligt. Besonders ausgeprägt verlief die Sonderentwicklung in der sowjetischen Besatzungszone, wenn auch Militärregierung und KPD/SED zunächst noch nicht zu den Mitteln der Bolschewisierung griffen. Die relative Offenheit der SBZ-Entwicklung der ersten Nachkriegsjahre erklärt sich vor allem aus dem Versuch der Sowjetunion und ihrer deutschen Partner, Einfluß auf die Entwicklung Westdeutschlands zu nehmen, um sie in ihrem Sinne mitzugestalten. Hier setzte das Mißtrauen der westdeutschen Demokraten ein, die die Chance, freiheitliche Verhältnisse zu schaffen, nicht durch Zugeständnisse an kommunistische Positionen gefährden wollten. So gesehen war ihre Entscheidung für die Demokratie westlicher Prägung zugleich eine Entscheidung gegen einen gesamtdeutschen Weg in die politische Ungewißheit.

3. Wirtschaft und Währung

Mit dem Ende des Krieges war auch die Wirtschaft zusammengebrochen. In den ersten Wochen kam die Produktion fast völlig zum Erliegen. Die deutsche Industrie schien unter den Ruinen der Städte verschüttet. Mitte November 1945 urteilten die Finanzminister der britischen Besatzungszone im »Detmolder Memorandum«, Deutschland sei auf einen Stand zurückgeworfen, der den Anfängen der Industrialisierung entspreche.[48] Nur mühsam begann das Wirtschaftsleben wieder. Ende 1945 hatte die Industrieproduktion etwa 20 Prozent des Jahres 1936 erreicht. Ein leichter Aufwärtstrend hielt sich über den Winter 1945/46, bis er im November 1946 bei etwa 50 Prozent der Vorkriegsmarke in der US-Zone, bei 37 Prozent in der britischen Zone zum Stillstand kam, worauf der strenge Winter 1946/47 einen massiven Einbruch brachte und die industrielle Produktion auf den Stand der Jahreswende 1945/46 zurückwarf. Erst danach zeichnete sich eine weitere Erholung ab, die bis Mai 1948 anhielt.[49]

Die Ursachen der wirtschaftlichen Nachkriegsmisere sind in der Forschung ebenso umstritten wie die Gründe für das Wirtschaftswunder.[50] Einmütigkeit besteht jedoch darüber, daß die Zeitgenossen damals das Ausmaß der Kriegsschäden überschätzt haben. Industrielles Anlagevermögen, eine hoch differenzierte Infrastruktur, historisch gewachsenes wirtschaftliches Know-how, qualifizierte Arbeitskräfte, all dies war nicht einfach verschwunden.

Neuere Untersuchungen beziffern die Kriegsschäden am Bruttoanlagevermögen in den Westzonen auf lediglich 17 Prozent des gesamten Kapitalstocks. Wie der »United-States-Strategic-Bombing Survey« vom Oktober 1945 feststellte, sind selbst auf dem Höhepunkt der Luftangriffe 1944 nicht mehr als 6,5 Prozent aller Maschinen zerstört beziehungsweise beschädigt worden, so daß nur ein geringer Anteil für die Produktion völlig ausfiel. Im Gegensatz zu den Flächenbombardements, die vor allem die Wohnviertel der großen Städte trafen, hatten gezielte Luftangriffe vorrangig den neuralgischen Punkten des Verkehrs- und Transportsystems und weniger den Industriekomplexen selbst gegolten.[51] Die Lähmung der Wirtschaft nach Kriegsende kann also nicht einfach als direkte Folge der Zerstörung von Industrieanlagen gesehen werden. Auch Arbeitskräfte gab es nach dem Krieg genug, trotz des Fortfalls der Zwangsarbeiter, des Verlustes der Gefallenen und der erst allmählich zurückkehrenden Kriegsgefangenen. Doch wirkten sich die starke Fluktuation der Bevölkerung und das Gefälle von Arbeitsplatz- und Qualifikationsstruktur erschwerend aus. Wie sollte der als Flüchtling auf das Land verschlagene Facharbeiter einen seiner Qualifikation entsprechenden Arbeitsplatz, ja überhaupt eine Beschäftigung finden? Die zurückströmenden Wehrmachtsangehörigen, der hohe Anteil von berufstätigen Frauen und das Heer der Flüchtlinge und Vertriebenen stellten den Arbeitsmarkt vor kaum lösbare Probleme.

Unter den erschwerenden Faktoren, die die wirtschaftliche Erholung hemmten, kam der kritischen Situation des Transportsy-

stems eine wesentliche Bedeutung zu. Der Krieg hatte den Bestand an Lokomotiven und Waggons dezimiert. Kraftfahrzeuge fielen für den privaten Bereich, aber auch für den Transport von Fernfracht praktisch aus. Auch die Binnenwasserstraßen waren zunächst durch gesprengte Brücken und versenkte Schiffe blockiert. Die Mängel des Verkehrssystems wuchsen zu einer Transportkrise mit verheerenden gesamtwirtschaftlichen Folgen an, als sich, verschärft durch die ungünstigen Witterungsbedingungen des Winters 1946/47, die Eisenbahn dem ansteigenden Beförderungsbedarf nicht mehr gewachsen zeigte. Große und neue Probleme wirtschaftlicher Koordination ergaben sich aus der Abtrennung der deutschen Ostgebiete und der Abschottung der Besatzungszonen, weil dadurch gewachsene Wirtschaftsräume willkürlich zerschnitten wurden. Die Balance innerdeutscher Wirtschaftsbereiche zwischen den hochindustrialisierten Ballungsräumen des Westens, Berlins und Oberschlesiens und den Kornkammern Mittel- und Ostdeutschlands war zerstört. Nach der fast völligen Unterbrechung des Warenverkehrs zwischen der SBZ und den übrigen Zonen glich die Wirtschaft Mitteldeutschlands, die vor dem Kriege über etwa 30 Prozent des gesamten deutschen Industriepotentials verfügt hatte, 1945 einem Torso.[52]

Die Alliierten hatten das Bewirtschaftungssystem des Dritten Reiches zunächst unverändert übernommen. Rationiert wurden nicht nur Nahrungsmittel, der Zwangsbewirtschaftung unterlag auch die Verteilung von Rohstoffen und Gütern gewerblicher und industrieller Produktion mit Hilfe eines Systems von Bezugsscheinen. Nicht vorrangig ökonomische, sondern politische und soziale Kriterien bestimmten die Planung. Weil die Erfassung und Steuerung der Ressourcen und der Produktion sich unter den Bedingungen der kriegsgeschädigten Besatzungswirtschaft als unmöglich herausstellte, konnte, wenn überhaupt, häufig nur pragmatisches Improvisieren weiterhelfen. Die Unzulänglichkeit der Verfahren

Deutschland begann nach 1945 unter trostlosen Bedingungen – drei Provinzen von den Russen zum größeren Teil für Polen annektiert, der Rumpfstaat im Osten wie im Westen durch Demontagen gelähmt, sofern nicht der Bombenkrieg und die Kampfhandlungen während der Eroberung die Industrie ohnehin weitgehend zerstört hatten. Die Verkehrswege, Eisenbahnen, Autobahnen und das Wasserstraßennetz waren nur in geringem Maß passierbar, obwohl eine Bevölkerungsbewegung bewältigt werden mußte, wie sie noch niemals erlebt worden war, da etwa 20 Millionen Deutsche nach 1945 auf der Flucht oder auf der Wanderung in ihre Heimat waren. Allein Zehntausende von Wehrmachtsangehörigen kehrten von der Front oder aus der Kriegsgefangenschaft in die klein gewordene Restheimat zurück. Nun war Deutschland wirklich jenes »Volk ohne Raum« geworden, das die Propaganda vor 1933 immer an die Wand gemalt hatte. In dieser Lage suchte jedermann auch durch Hamsterzüge seine Ernährung zu verbessern, denn auf die Lebensmittelkarten gab es in der ersten Zeit weniger als 1500 Kalorien.

provozierte geradezu illegale Kompensationsgeschäfte. Der schwarze Markt blühte, und zwar nicht nur im privaten Sektor. Nach und nach drang er in fast alle Bereiche der Wirtschaft ein. Nach vorsichtigen Schätzungen dürfte fast die Hälfte des gewerblichen Umsatzes in der unmittelbaren Nachkriegszeit auf diese Weise gemacht worden sein. Zum Vordringen des Tauschhandels gesellte sich die Zerrüttung des Geldwesens. Der Geldüberhang stand in keinem Verhältnis mehr zum tatsächlichen Warenangebot. Dies mußte sich nachteilig auf die Leistungsbereitschaft und die Arbeitsmoral auswirken.

Solange Bestrafung und Wiedergutmachung die vorrangigen Ziele alliierter Politik waren, wurde der desolate Zustand der Wirtschaft von den Siegern in Kauf genommen. Unbeeindruckt bestanden auch die Westmächte auf der Zahlung erheblicher Reparationsleistungen für die von Deutschland verursachten Kriegsschäden. Dabei gab es weder über den Umfang noch über die Abwicklung klare Vorstellungen und Vereinbarungen. Um zu vermeiden, daß das internationale Finanzsystem durch den Transfer riesiger Geldsummen nachhaltig belastet würde, sollten anstelle von Zahlungen Sachlieferungen und Demontagen helfen, die Reparationsschulden zu begleichen.

Es ist kaum möglich, die Höhe der tatsächlich vorgenommenen Demontagen und deren negative Wirkung auf das Anlagevermögen der Industrie genauer zu bestimmen. Dies gilt im Bereich der Westzonen besonders für die erste Phase bis 1946, in der eine Gegenkontrolle praktisch nicht bestand. Für die Zeit danach liegen die Angaben der Interalliierten Reparationsagentur in Brüssel (IARA) vor, über deren Konten die Abrechnungen liefen. Sie weisen zwischen 1946 und 1949 Eingänge in Höhe von 507 Millionen RM (Wert 1938) aus. Deutsche Berechnungen liegen jedoch beim Drei- bis Vierfachen. Alle Einschätzungen dieser Art sind schwierig und werden umstritten bleiben. Obwohl die Demontagen im Westen Deutschlands seit 1946 allmählich reduziert wurden, erregten sie bis in die Anfangszeit der Bundesrepublik hinein die Gemüter. Ihre psychologische Wirkung ist allerdings höher zu veranschlagen als der tatsächliche Schaden für die Wirtschaft.

Dagegen dürften in der SBZ die früh einsetzenden, oft noch als Kriegsbeute deklarierten umfangreichen Reparationen, die ebenfalls statistisch nicht genauer erfaßt werden können, zu einer langfristigen Behinderung der Produktion geführt haben, die sich durch die direkte Einschaltung der Sowjetmacht in den Wirtschaftsprozeß ihrer Okkupationszone noch verstärkte. Nach DDR-Angaben, die die Minderung wirtschaftlicher Leistungsfähigkeit durch Kriegseinwirkung auf 60 Prozent ihres früheren Volumens beziffern, wurden 676 Betriebe, nach westlichen Berechnungen hingegen 1225, ganz oder teilweise demontiert. 1946 lag der Anteil der Reparationslieferungen am Gesamtexport der SBZ nach westlichen Berechnungen bei etwa 50 Prozent. Während DDR-Schätzungen für die bis Ende 1953 an die Sowjetunion geleisteten Reparationen einen Gegenwert von 4,272 Milliarden Dollar ansetzen, gehen westdeutsche Schätzungen davon aus, daß allein die Entnahmen aus der laufenden Produktion einem Gegenwert von 13,9 Milliarden Dollar entsprachen.[53]

Triumph marxistischer Dialektik: die gekürzten Reparationen für die Sowjetunion, Karikatur aus dem *Berliner Anzeiger*

Die Demontage in den vier Besatzungszonen erfolgte nicht nur nach verschiedenen Grundsätzen, sondern auch in unterschiedlichem Maße. Für die sowjetische Besatzungszone sind die Zahlen nur schwer zu ermitteln. Nach DDR-Schätzungen betrugen die Entnahmen aus der laufenden Produktion knapp 4,3 Milliarden Dollar, nach westdeutschen dagegen das Dreifache.

Dieser Aderlaß traf eine durch Kriegszerstörungen geschwächte Wirtschaft, deren innere Arbeitsteilung und deren ökonomisches Gefüge stark in Mitleidenschaft gezogen worden war und die zugleich eine fundamentale Veränderung ihrer Eigentumsstruktur erfuhr. Die Sowjetunion konnte sich bei ihrer Enteignungs- und Verstaatlichungspolitik auf »antifaschistische« Argumente stützen, die sie zunächst in einem scheinbaren Konsens mit den westlichen Alliierten beließ. Denn auch für diese spielte die Vorstellung eine Rolle, daß der Aufstieg Hitlers durch die Großindustrie ermöglicht und seine Herrschaft und Kriegführung durch sie entscheidend gestützt worden sei. Überdies hielten sie tiefe Eingriffe in die industrielle Infrastruktur für unumgänglich, um eine erneute Zusammenballung wirtschaftlicher Macht zu verhindern. Während die Amerikaner sich darauf konzentrierten, die Kartelle zu zerstören, das Privateigentum im unternehmerischen Bereich aber nicht in Frage stellten, neigten die Briten dazu, eine Verstaatlichung der Schlüsselindustrien einzuleiten, die auch von den deutschen Parteien und Gewerkschaften bis weit in die Reihen der CDU hinein gefordert wurde. Für die ökonomische Entwicklung, für das Wirtschaftssystem und die ordnungspolitische Gestaltung Westdeutschlands sollte es von entscheidender Bedeutung sein, daß sich die amerikanische Militärregierung allen Sozialisierungsabsichten entschieden widersetzte.

Hingegen blieben die britischen Militärbehörden, in deren Verantwortungsbereich die großen Konzerne lagen, zunächst auf Sozialisierungskurs. Sie gingen dazu über, die Ruhr-Industrien Schritt für Schritt ihrer Kontrolle zu unterstellen und kündigten im August 1946 deren Enteignung an. Die Verstaatlichungsabsichten verringerten sich erst, als die Briten, unter dem Druck der eigenen Wirtschaftsmisere und im Zuge des Zusammenschlusses zur Bizone, den Amerikanern das Feld der wirtschaftspolitischen Gestaltung Westdeutschlands überlassen mußten.[54] Ein Vergleich macht deutlich, daß sich die Ausgangssituation der westdeutschen Wirtschaft trotz enormer Schwächungen sehr viel günstiger darstellte als die der SBZ. Dennoch bestand auch in den Westzonen die Gefahr einer langfristigen Lähmung, die erst mit dem Wandel der amerikanischen Besatzungspolitik gebannt wurde.

<table>
<tr><th>Jahr/
Quartal</th><th>Amerikanische[1]
Besatzungszone</th><th>Britische[1]
Besatzungszone</th><th>Französische[2]
Besatzungszone</th><th>Sowjetische[3]
Besatzungszone</th></tr>
<tr><td>1945</td><td></td><td></td><td></td><td></td></tr>
<tr><td>III</td><td>12</td><td>15</td><td></td><td></td></tr>
<tr><td>IV</td><td>19</td><td>22</td><td></td><td>22</td></tr>
<tr><td>1946</td><td>41</td><td>34</td><td>36</td><td>44</td></tr>
<tr><td>I</td><td>31</td><td>30</td><td>32</td><td>39</td></tr>
<tr><td>II</td><td>37</td><td>33</td><td>36</td><td>40</td></tr>
<tr><td>III</td><td>46</td><td>37</td><td>38</td><td>47</td></tr>
<tr><td>IV</td><td>50</td><td>37</td><td>38</td><td>50</td></tr>
<tr><td>1947</td><td colspan="2">44[4]</td><td>45</td><td>54</td></tr>
<tr><td>I</td><td colspan="2">34</td><td>39</td><td>41</td></tr>
<tr><td>II</td><td colspan="2">44</td><td>46</td><td>48</td></tr>
<tr><td>III</td><td colspan="2">46</td><td>48</td><td></td></tr>
<tr><td>IV</td><td colspan="2">50</td><td>48</td><td></td></tr>
<tr><td>1948</td><td colspan="2">63</td><td>58</td><td>60</td></tr>
<tr><td>I</td><td colspan="2">54</td><td>50</td><td></td></tr>
<tr><td>II</td><td colspan="2">57</td><td>54</td><td></td></tr>
<tr><td>III</td><td colspan="2">65</td><td>61</td><td></td></tr>
<tr><td>IV</td><td colspan="2">79</td><td>67</td><td></td></tr>
<tr><td>1949 (Jan.-Aug.)</td><td colspan="2">86</td><td>78</td><td>68</td></tr>
</table>

[1] Nach Schätzung korrigierte amtliche Zahlen.
[2] Ohne Saargebiet; Daten für 1946 geschätzt auf der Grundlage der von Manz ausgewiesenen Bruttoproduktionswerte. Danach (bis II. Quartal 1948 einschl.) fundierte Schätzung von Manz; danach amtliche Zahlen.
[3] 1945-1947: amtliche Zahlen; 1948/49: fundierte Schätzung von W. Zank.
[4] Vereinigtes Wirtschaftsgebiet (VWG); bis III. Quartal 1947 (einschl.) wie [1]; IV. Quartal 1948 (einschl.) fundierte Schätzung, danach amtliche Zahlen.

Entwicklung der industriellen Produktion in den deutschen Besatzungszonen 1945 bis 1949 (1936 = 100)

Im Zuge der fortschreitenden Konfrontation mit der Sowjetunion hatten die Amerikaner seit 1946 damit begonnen, umzudenken und eine Neuorientierung der Deutschland- und Europapolitik einzuleiten. Die prekäre wirtschaftliche und politische Situation des besetzten Landes, die sich durch die Krise des Winters 1946/47 drastisch zuspitzte, trug dazu bei, jene Tendenzen zu stärken, die auf eine Abkehr von den frühen Besatzungsdirektiven und auf eine konstruktive Behandlung des geschlagenen Deutschland drängten.

Das war im Rahmen des Alliierten Kontrollrats längst nicht mehr zu erreichen. In seiner Rundfunkrede vom 29. April 1947 stellte der neue amerikanische Außenminister George Marshall fest: »Die deutsche Wirtschaft ist gegenwärtig durch das Fehlen einheitlicher Maßnahmen gelähmt, und eine sofortige Entscheidung ist notwendig, um Deutschland wieder bis zu einem solchen Stand aufzubauen, daß es sich ohne fremde Unterstützung selbst erhalten kann. In dem Wunsche nach einer deutschen Wirtschaftseinheit besteht offenbar Einigkeit, aber sobald es sich um die tatsächlichen Bedingungen handelt, unter denen eine solche Wirtschaftseinheit erreicht werden soll, ergeben sich weitergehende und ernste Meinungsverschiedenheiten. Eines der größten Hindernisse für die Bemühungen um eine Wirtschaftseinheit liegt in

der Tatsache, daß die sowjetisch besetzte Zone praktisch unter Außerachtlassung der anderen Zonen vorgegangen ist und wenn überhaupt, so nur wenig über die Vorgänge in dieser Zone verlauten ließ. Es war wenig oder gar keine Neigung vorhanden, auf einer Grundlage der Gegenseitigkeit Auskünfte über verfügbare Lebensmittel zu geben, und Auskünfte über den Grad oder die Art der dieser Zone entnommenen Reparationen wurden verweigert.«[55]

Über die Praxis sowjetischer Demontagen, über die Entnahmen von Reparationen aus der laufenden Produktion und über die Höhe des deutschen Industrieniveaus kam es schon bald zu erheblichen Auseinandersetzungen im Kontrollrat, die General Clay am 3. Mai 1946 zur Einstellung der vereinbarten Reparationslieferungen an die Sowjetunion veranlaßten. Diese Maßnahme war der erste entscheidende Schritt aus dem Teufelskreis des in Wirtschaftsfragen handlungsunfähigen Kontrollrats. Ihm folgte wenig später die Initiative von Außenminister Byrnes, der Zusammenschlüsse der anderen Zonen mit dem amerikanischen Besatzungsgebiet vorschlug, um wenigstens einen Ersatz für die offenbar nicht zu erreichende deutsche Wirtschaftseinheit bereitzustellen. Militärgouverneur McNarney führte dazu im Berliner Kontrollrat aus: »Die Regierung der Vereinigten Staaten ist der Auffassung, daß keine Zone in Deutschland in der Lage ist, sich selbst zu erhalten. Die Behandlung von zwei oder mehr Zonen als wirtschaftliche Einheit würde die Lage in den jeweiligen Besatzungsgebieten verbessern. Aus diesem Grunde hat die Regierung der Vereinigten Staaten ihren Vertreter bei dem Alliierten Kontrollrat ermächtigt, sich mit jeder anderen Besatzungsmacht oder mit mehreren Besatzungsmächten ins Benehmen zu setzen über Maßnahmen, die die Behandlung ihrer Zonen als wirtschaftliche Einheit bezwecken, bis zu einer Verständigung der vier Mächte, die die Anwendung des Potsdamer Beschlusses, ganz Deutschland als eine wirtschaftliche Einheit zu behandeln, ermöglicht, so daß ein Wirtschaftsausgleich in ganz Deutschland erzielt wird.«[56]

Obwohl der Vorschlag, der am Prinzip der deutschen Wirtschaftseinheit festzuhalten vorgab, an alle Alliierten erging, war doch klar, daß er vor allem darauf zielte, den eigenen Einflußbereich zu konsolidieren. Die Briten, die dringend Hilfe benötigten, ergriffen den rettenden Arm Amerikas, während die Franzosen, die noch immer am Konzept der Sicherheit durch Schwächung und Dezentralisierung Deutschlands festhielten, abwinkten. Am 1. Januar 1947 trat das Abkommen über die Vereinigung der britischen und amerikanischen Zone zur Bizone in Kraft. General Clay kommentierte den Zusammenschluß, der zur Wiederbelebung von Industrie und Außenhandel in beiden Zonen beitragen sollte: »Die britische Besatzungszone hat große Rohstoffindustrien, und ganz Deutschland hängt von ihrer Kohleförderung ab. Die amerikanische Zone dagegen hat vor allem verarbeitende Industrien. Die beiden Zonen ergänzen sich also. Ihre wirtschaftliche Vereinheitlichung wird somit eine bessere Auswertung der Hilfsquellen beider Zonen ermöglichen. Das bedeutet nicht nur die Entwicklung einer Ausfuhr, mit der lebenswichtige Einfuhr finanziert werden kann, sondern auch die Beschaffung dringend benötigter Materialien und Massengüter für Deutschland.«[57]

Schon bald sollte der wirtschaftliche Zusammenschluß eine politische Dynamik entwickeln. Die Sowjetunion beschuldigte Briten und Amerikaner des Bruchs gemeinsamer Abkommen und klagte sie an, die Teilung Deutschlands zu betreiben. Die Westmächte warfen ihrerseits der Sowjetunion vor, durch ihre Politik vollendete Tatsachen geschaffen und die SBZ längst ihrem Machtbereich einverleibt zu haben sowie gesamtdeutsche konstruktive Lösungen zu verhindern.Die Gründung der Bizone bedeutete noch nicht das Ende der Verhandlungen zwischen allen vier Siegermächten. Aber sie bildete die Grundlage, auf der die Amerikaner und in ihrem Schlepptau die Briten den wirtschaftspolitischen Kurswechsel vom funktionsunfähigen Potsdamer System der fiktiven Wirtschaftseinheit zu Währungsreform und Marktwirtschaft in ihrem Einflußbereich, der immerhin zwei Drittel der deutschen Bevölkerung umfaßte, vollziehen konnten.

In Amerika war die Debatte über ein europäisches Wiederaufbauprogramm inzwischen heftig entbrannt.[58] Führende Wirtschaftsexperten hatten hier seit langem die Meinung vertreten, daß eine dauerhafte Gesundung des kriegsgeschwächten Europas, die im ureigenen Interesse der USA liege, ohne den Wiederaufbau der deutschen Wirtschaft und ohne amerikanische Finanz- und Kredithilfe nicht möglich sei. Die ökonomische Bestrafung Deutschlands, so gerechtfertigt sie an sich auch erscheinen mochte, traf letztlich den amerikanischen und den britischen Steuerzahler und vereitelte konstruktive Lösungen, die längerfristig unumgänglich waren. Diese Einsicht begann sich in der Truman-Administration durchzusetzen. Durch den Bericht von Ex-Präsident Hoover, der im Februar 1947 mit einem großen Expertenstab nach Deutschland gereist war, gewann der Vorschlag eines europäischen Wiederaufbauprogramms im Kongreß und auch in der öffentlichen Meinung an Popularität.

Noch stand aber einer amerikanischen Hilfe für Deutschland das französische Mißtrauen entgegen. Wie konnte eine Lösung gefunden werden, bei der die USA nicht zugleich ihren Bündnispartner Frankreich verloren? Dem neuen amerikanischen Außenminister George Marshall, mit dessen Namen das spätere Hilfsprogramm verbunden bleibt, gelang es, einen schließlich von allen Beteiligten akzeptierten Weg zu finden. Er vermochte es, einerseits den Kongreß für eine geradezu gigantische, auch für Frankreich verlockende, europäische Wirtschaftshilfe zu gewinnen und diese andererseits als Conditio sine qua non an eine Einbeziehung der Westzonen Deutschlands zu binden. Daß es sich hierbei nur um *diesen* Teil Deutschlands handeln konnte, lag auf der Hand, auch wenn das niemand offen aussprach.

Ohne eine grundlegende Änderung der ökonomischen Rahmenbedingungen in Deutschland wäre allerdings jede Kredithilfe wirkungslos versickert. Als Haupthindernis wirtschaftlicher Rekonstruktion erwies sich dabei die verschleppte Währungsreform.[59] Seit Kriegsende stand sie auf der Tagesordnung und gab seither Anlaß zu Gerüchten und Spekulationen. Im Kontrollrat vermochten sich die Alliierten über das Währungsproblem nicht zu einigen. Das wachsende Mißtrauen zwischen der Sowjetunion und den USA verhinderte die immer dringender werdende Entschei-

Zweizonenverband unter Dach

Unterzeichnung im Beisein des Zonenbefehlshabers

New York, 3. Dez. (DPD-Reuter) Die Außenminister Bevin und Byrnes haben das Abkommen über den wirtschaftlichen Zusammenschluß der britischen und amerikanischen Besatzungszone in Deutschland am Montagabend unterzeichnet. Der Unterzeichnung wohnten Generalleutnant Robertson, stellvertretender Militärgouverneur der britischen Besatzungszone, Sir William Strang, politischer Ratgeber von Sir Sholto Douglas, und andere hohe Beamte bei. Von amerikanischer Seite waren General Clay, stellvertretender Militärgouverneur der amerikanischen Zone, und Robert Murphy, der politische Ratgeber von General McNarney, erschienen.

fuhr vor, die zunächst die Verantwortung für den Außenhandel übernehmen wird. Diese Behörde wird ihre Aufgaben schließlich einer deutschen Verwaltungsbehörde für den Außenhandel übertragen.

Die Einkünfte aus der Ausfuhr sollen von dem vereinigten Ausfuhr- und Einfuhramt angesammelt werden und zur Deckung der Einfuhrkosten beitragen. Großbritannien wird dem Amt 29,3 Millionen Dollar zur Verfügung stellen, die, gemäß der im Jahre 1945 erzielten Verständigung über die Zusammenfassung der Ausfuhrerträge aus den beiden Zonen im Verhältnis der Einfuhrausgaben, dem Beitrag der Vereinigten Staaten gutgeschrieben werden sollen. Die Vereinigten Staaten werden außerdem schätzungsweise 14,5 Mill. Dollar beisteuern, die den angesammelten Exporterträgen der USA-Zone entsprechen. Beide Staaten werden ihren Anteil an den Beträgen übereignen, die sie entsprechend dem im Juli mit Schweden abgeschlossenen Abkommen für die Liquidierung

Deutschland-Verhandlungen diese Woche

Washington, 3. Dez. (DPD-Reuter). Noch in dieser Woche wird der Friedensvertrag mit Deutschland voraussichtlich

Schlagzeile des *Weser-Kuriers* vom 4. Dezember 1946

dung. Keine der beiden Mächte wollte der anderen die Möglichkeit zugestehen, direkt in das Währungsgeschehen einzugreifen und damit den Schlüssel zur Wirtschaft zu erhalten. Die notwendigen Grundsatzentscheidungen konnten erst vorgenommen werden, nachdem die neue Politik der Amerikaner und Briten es nicht länger erforderlich machte, auf sowjetische Einwände Rücksicht zu nehmen.

An der Vorbereitung der Währungsreform für die westlichen Besatzungszonen wurde die deutsche Seite von den Militärregierungen nicht maßgeblich beteiligt, obwohl ein Expertenstab im Wirtschaftsrat der Bizone unter der Leitung Ludwig Erhards ein Konzept zur Neuordnung des Geldwesens entwickelt hatte, das später als »Homburger Plan« bekannt wurde. Dieser lag den alliierten Behörden im Februar 1948 als Gesetzesentwurf vor. Er bezog sich weisungsgemäß auf alle vier Besatzungszonen, schlug eine drastische Reduzierung der Menge des umlaufenden Geldes im Verhältnis von 20:1 vor, ging aber gleichzeitig davon aus, daß soziale Gesichtspunkte vor allem bei den Empfängern von Alters- und Versicherungsrenten berücksichtigt werden müßten. Umgesetzt aber wurde dieser Plan nicht, der vor allem in seinen sozialen Aspekten von den Vorstellungen der Amerikaner abwich, die längst selbst über ein fertiges Konzept verfügten. Schon im Oktober 1947 hatte die amerikanische Militärregierung neues Geld in den USA drucken lassen. Als im März 1948 endgültig klar wurde, daß mit einer gemeinsamen alliierten Lösung nicht mehr zu rechnen sei, entschlossen sich die Westmächte zu schnellem Handeln.

Die unmittelbare Vorgeschichte der Währungsreform enthält Elemente eines Kriminalromans. Um den Erfolg der beabsichtigten Maßnahmen nicht zu gefährden, mußte die völlige Überraschung gewährleistet sein. Alle Vorbereitungen fanden daher unter größter Geheimhaltung statt. Selbst die zuständigen deutschen Stellen wurden sehr spät über das Vorhaben informiert. Erst am 9. April 1948 erhielt die Sonderstelle für Geld und Kredit beim Frankfurter Wirtschaftsrat Kenntnis davon, daß jetzt die Entscheidung über eine Währungsreform für die drei Westzonen gefallen sei. Elf Tage später fuhr ein mit Milchglasscheiben versehener Bus vor, der ausgewählte Experten der Sonderstelle zusammen mit Dolmetschern, Sekretärinnen und Küchenpersonal abholte;

Schon 1947 kam es zu einer Vereinigung der britischen und der amerikanischen Zone zur sogenannten Bizone. Wirtschaftlich ergänzten sich beide Bereiche, denn es wurden die Rohstoffindustrien der britischen Besatzungszone, vor allem die Kohleförderung und Stahlproduktion, mit den verarbeitenden Industrien der amerikanischen Zone zusammengeschlossen. Damit kam nicht nur die Produktion, sondern auch der Export in Gang, mit dem man die lebenswichtigen Einfuhren und Rohstoffe bezahlen konnte.

Anlieferung der Deutschen Mark in Kisten aus den Vereinigten Staaten

Vorausblickenden Fachleuten war es schon während des Krieges deutlich gewesen, daß man ohne eine Währungsreform einen wirtschaftlichen Neuaufbau nicht bewerkstelligen konnte. Ludwig Erhards Denkschrift »Kriegsfinanzierung und Schuldenkonsolidierung« stammte aus dem Jahre 1944, und der spätere Flüchtlingskommissar Theodor Eschenburg hat geschildert, wie Erhard in der letzten Phase des Krieges ganze Bündel des Memorandums bei sich trug und an alle halbwegs vertrauenswürdigen Politiker und Wirtschaftler verteilte, sehr zum Schrecken der so in lebensgefährliche Überlegungen Hineingezogenen, da Vorbereitungen auf einen verlorenen Krieg als Hochverrat und Defätismus mit dem Todesurteil geahndet wurden.

wohin es gehen sollte, wußte keiner von ihnen. Die deutsche Gruppe fand sich in Rothwesten, einem kleinen Ort bei Kassel, in der Kaserne eines amerikanischen Luftstützpunktes wieder. Hinter Stacheldrahtverhau und von Wachmannschaften abgeschirmt, begannen mehrwöchige Beratungen mit den Sachverständigen der westlichen Militärregierungen. Hatten die deutschen Finanzfachleute zunächst geglaubt, man werde ihnen eine aktive Rolle bei der Währungsreform einräumen, so wurde diese Hoffnung enttäuscht. Vielmehr lag ein bereits fertiggestellter amerikanischer Plan vor, der auf der »Dodge-Colm-Goldsmith-Studie« basierte und vor allem auf Edward Tenenbaum, einen jungen deutschstämmigen Finanzexperten aus dem Beraterstab von Lucius D. Clay, zurückging. Tenenbaum gab auch beim »Konklave von Rothwesten« den Ton an.[60] Die Rolle der Deutschen blieb im wesentlichen darauf beschränkt, die amerikanischen Vorlagen in die deutsche Gesetzes- und Verwaltungssprache zu übertragen.

Obwohl die Vorbereitungen streng geheim blieben, begannen sich die Gerüchte dennoch wenige Wochen vor der Währungsreform zu verdichten. Jeder versuchte, möglichst viel altes Geld an den Mann zu bringen, bevor es wertlos sein würde. Der Handel reagierte zunehmend damit, Waren zu horten, um für den Tag X, den Tag der stabilen Währung, gerüstet zu sein. Am 18. Juni 1948, einem Freitag, war es endlich soweit. Wie im Kriege bei Sondermeldungen wurde über alle westdeutschen Sender mehrmals angekündigt, daß eine wichtige Bekanntmachung der Militärregierungen bevorstehe. Gespannt und mit gemischten Gefühlen lauschte die Bevölkerung am Abend der Stimme des alliierten Sprechers, der die Währungsreform bekanntgab. Am Sonntag würde der Stichtag für den Umtausch des »Kopfgeldes« sein. Jeder Bewohner erhalte 60 Deutsche Mark – so hieß die neue Währung – im Verhältnis von 1:1 gegen die von Montag an ungültige Reichsmark; 40 DM sollte es sofort, 20 DM einen Monat später geben. Löhne und Gehälter würden in der neuen Währung und in der gleichen Höhe wie bisher weitergezahlt. Für Schulden gelte ein einwöchiges Moratorium. Altgeldbestände und -guthaben

könnten binnen einer Woche abgeliefert beziehungsweise zum Umtausch angemeldet werden. Weitere Regelungen erfuhren die Westdeutschen nach Verstreichen dieser Frist: Umtauschverhältnis für Altguthaben 10:1; Festlegung der restlichen 50 Prozent auf ein Festkonto, von denen später noch einmal 70 Prozent gestrichen wurden. Wer über Reichsmarkguthaben in Höhe von mehr als 5000 RM verfügte, unterlag vor der Umstellung einer Überprüfung durch das Finanzamt. Schulden brauchten indes nur zu einem Zehntel zurückgezahlt zu werden. Laufende Zahlungen wie Löhne, Gehälter, Renten, Pensionen, aber auch Mieten, wurden im Verhältnis 1:1 umgewertet.[61]

Am Sonntag stauten sich die Menschenschlangen vor den Verteilerstellen, um das neue Geld in Empfang zu nehmen. Auch der Tag darauf bleibt denen, die ihn erlebten, in steter Erinnerung. Die Deutschen in den Westzonen trauten ihren Augen nicht. Nach den Jahren der Entbehrung und der Rationierung waren die Auslagen der Geschäfte plötzlich gefüllt. Sie zeigten eine Warenvielfalt, von der man bis dahin kaum mehr zu träumen gewagt hatte, und, was noch erstaunlicher war, für das neue Geld konnte man die Waren ohne Bezugsscheine erstehen. Der aufgestaute Konsumhunger fand seine Schranke nur in der Knappheit des Zahlungsmittels. Die Nachfrage wuchs. Der Handel investierte sofort in neue Ware.

Der Währungsschnitt war drastisch. Insgesamt wurden 93,5 Prozent des alten Reichsmarkvolumens aus dem Verkehr gezogen. Die Reform orientierte sich vorrangig am Erfolg der monetären Operation, wobei negative soziale Auswirkungen in Kauf genommen wurden. Denn die Währungsumstellung begünstigte die Besitzer von Sachwerten und Produktivvermögen ebenso wie Schuldner. Sie bescherte den Lohn- und Gehaltsempfängern Geld mit Kaufkraft, aber sie brachte zugleich die sparwilligen Klein- und Mittelschichten – zum zweiten Mal während einer Generation – um ihre finanziellen Rücklagen. Vertriebene, Flüchtlinge, Bombengeschädigte, Arbeitslose, Arbeitsunfähige und Rentner gehörten zu den Benachteiligten. Eine Lastenausgleichsregelung wurde damals von den Alliierten bewußt nicht angestrebt und auf einen

20. Juni 1948: Schlangen vor den Ausgabestellen für die neue Währung

Am 20. Juni 1948 wurde die Währungsreform in den drei westlichen Besatzungszonen vollzogen, abweichend von der Erhardschen Planung, aber noch radikaler, als Ludwig Erhard sie entworfen hatte. Sie wurde zur Überraschung der deutschen Bevölkerung und der alliierten Behörden ein durchschlagender Erfolg. Das »Wirtschaftswunder« war, wenn auch mit anfänglichen Rückschlägen, in Gang gesetzt, und von nun an brachte jedes Jahr neue Produktionsrekorde, und schon Ende 1949 wurde der Vorkriegsstand erreicht.

Das erste Care-Paket aus den USA war in Berlin am 14. August 1946 bei der Familie Lietz eingetroffen. Das war der Beginn einer großen privaten und bitter nötigen Hilfsaktion in den schweren Jahren 1946/47.

späteren Zeitpunkt vertagt. Erst im Jahre 1952 vermochte der Deutsche Bundestag eine begrenzte, wenn auch keineswegs befriedigende Lösung zu finden. Die Währungsreform galt auch für das französische Besatzungsgebiet. Sie war der erste entscheidende Schritt von der Bizone zur Trizone und damit zur territorialen Zusammenfügung der späteren Bundesrepublik.

Die neue DM wurde in der sowjetischen Besatzungszone als Zahlungsmittel verboten.[62] Die sowjetische Militäradministration verfügte im Befehl Nr. 3 eine eigene Währungsreform, die drei Tage nach der in den Westzonen, am 23. Juni 1949, durchgeführt wurde. Neue Geldscheine konnten erst vier Wochen später ausgeteilt werden. So begnügte man sich zunächst damit, Koupons auf die alte Reichsmark zu kleben. Für die »Tapetenmark«, wie die Berliner sie spöttisch nannten, galt ein Umtauschverhältnis von 10:1, wobei 70 Ostmark sofort ausgezahlt wurden. Sparguthaben bis zu 100 RM blieben im Verhältnis von 1:1, bis zu 1000 RM von 5:1 und bis zu 5000 RM von 10:1 erhalten. Altsparguthaben aus der Zeit vor 1945 galten, allerdings in staatliche Zwangsanleihen umgewandelt, ebenfalls in der Relation 10:1. Industriebetriebe erhielten großzügige Übergangsregelungen. Für West-Berlin trat vorübergehend der kuriose Zustand einer Doppelwährung ein. Der Wert der Ostmark sank schon nach wenigen Monaten auf ein Viertel des Anfangskurses.

Insgesamt fiel der Währungsschnitt in der SBZ milder aus als in den Westzonen. Ihm kam aber auch keine so entscheidende Bedeutung zu, da eine synchrone Einführung freier Marktbedingungen fehlte. Grundsätzlich blieb die Preisbindung erhalten. Nur in den »freien Läden« und »freien Gaststätten« der staatlichen Handelsorganisation (HO) wurde ein beschränktes Kontingent von Produkten, die sonst nicht erhältlich waren, zu stark überhöhten Preisen angeboten. Der Staat hatte den schwarzen Markt abgeschafft, um ihn auf anderer Ebene selbst zu übernehmen. Durch die »freien Läden« sollte Unmut gedämpft und Kaufkraft abgeschöpft werden. Wirkliche Erleichterung brachten sie jedoch nur für einen verschwindend geringen Teil der Bevölkerung.

Am Tag nach der Ausgabe der neuen Währung: die Läden quellen über von Waren, die man seit Kriegsbeginn nicht mehr gesehen hatte.

In der SBZ wurde das System der Bewirtschaftung und Planung, anders als in Westdeutschland, beibehalten und schrittweise zum System sozialistischer Planwirtschaft ausgebaut. Erst nach der Währungsreform begannen sich die Wirtschaftssysteme in beiden Teilen Deutschlands diametral auseinanderzuentwickeln: hier Öffnung zur Marktwirtschaft und Reaktivierung privatwirtschaftlicher Strukturen; dort Systematisierung der Planung und Lenkung bei fortschreitender Verstaatlichung. Die bereits vor der Gründung der DDR erkennbare Konzentration der Planungskompetenz fand im Jahre 1950 mit der Errichtung einer Staatlichen Planungskommission ihren Abschluß. Die vorrangigen Ziele des ersten Zweijahresplans 1949/50 waren, die Produktionsstätten wiederherzustellen und die Reparationsforderungen zu erfüllen.

Während die Währungsreform in den Westzonen ganz nach amerikanischen Plänen durchgeführt wurde, kam deutschen Stellen, besonders dem Wirtschaftsrat der Bizone, für die flankierenden wirtschafts- und ordnungspolitischen Maßnahmen zentrale Bedeutung zu. Diese parlamentarisch gestützte Wirtschaftsverwaltung, die, im Auftrag der Militärregierung arbeitend, zunehmend an Selbständigkeit gewann, zeigte nach ihrer Reform vom Frühjahr 1948 bereits Ansätze zu einem deutschen Regierungssystem. Schon im Wirtschaftsrat zeichnete sich jene Parteienkonstellation ab, die auch für die spätere Bundesrepublik lange bestimmend bleiben sollte. Im Vorfeld der Währungsreform prallten hier die unterschiedlichen Auffassungen von CDU/CSU und FDP einerseits und der SPD andererseits aufeinander. Als dort am 18. Juni 1948 das »Gesetz über Leitsätze für die Bewirtschaftung und Preispolitik nach der Geldreform« verabschiedet wurde, schlug die große Stunde Ludwig Erhards, jenes Mannes, der seither das deutsche Wirtschaftswunder verkörpert. Auch wenn er nicht der einzige Vater der bundesrepublikanischen Wirtschaftsordnung ist, so kommt seinem Einsatz, seiner konzeptionellen Klarheit und seiner überraschenden Durchsetzungsfähigkeit bei der Einführung der sozialen Marktwirtschaft entscheidende Bedeutung zu.

Erhard wurde 1897 in Fürth als fünftes Kind eines Kurzwaren-

händlers geboren.[63] Diese Herkunft aus kleinen Verhältnissen hat ihn angesichts des Lebenserfolgs mit gelassenem Stolz erfüllt. Die gemischt-konfessionelle Ehe der Eltern bereitete den Boden für eine religiös-tolerante Erziehung im protestantischen Glauben der Mutter. Erhard besuchte die Realschule. Dem »Einjährigen« schloß sich eine kaufmännische Lehre an. Im Jahre 1916 eingezogen, wurde er zwei Jahre später an der Westfront bei Ypern durch ein Artilleriegeschoß an Schulter und Arm schwer verwundet und mußte sich mehreren Operationen unterziehen. Rekonvaleszent und noch nicht in der Lage, in das väterliche Geschäft einzutreten, traf er die »scheinbar harmlose Entscheidung« (J. M. Lukomski), sich 1919 an der neugegründeten Handelsfachschule in Nürnberg einzuschreiben, und zwar im Fach Betriebswirtschaftslehre, einer gerade erst aufkommenden Disziplin der Nationalökonomie. Dieser Schritt erschloß ihm eine völlig neue Welt, deren Faszination ihn nicht mehr losließ. Die für Erhard charakteristische Überzeugung, durch wissenschaftliche Methoden Kriterien für wirtschaftspolitisches Handeln finden zu können, wurde in den Studienjahren begründet. Nach Absolvierung der Handelsschule ging er an die Universität Frankfurt, wo er 1924 bei dem bekannten Nationalökonomen Franz Oppenheimer über »Wesen und Inhalt der Werteinheit« promoviert wurde. Vorübergehend wieder im Geschäft des Vaters tätig, arbeitete er seit 1928 als Forschungsassistent am Nürnberger Institut für Wirtschaftsbeobachtung, das der Handelsschule angegliedert war. Für zehn Jahre bewegte er sich im wissenschaftlichen Neuland der Marktforschung. Seit 1933 gehörte er der Institutsleitung an. Obwohl vorwiegend mit praxisorientierter Forschung befaßt, galt sein eigentliches Interesse doch makroökonomischen Prozessen. Sein durch die klassisch-liberale Nationalökonomie geprägtes Weltbild besaß stets eine soziale Komponente. In den Jahren 1931/32 trat er mit zwei Artikeln in der Berliner Wochenzeitschrift *Das Tagebuch* hervor, in denen er sich mit der Deflationspolitik der Reichsbank auseinandersetzte und, beeinflußt von keynesianischen Ideen, Hjalmar Schachts Werk über die »Grundsätze deutscher Wirtschaftspolitik« einer eingehenden Kritik unterzog.

Erhard hielt stets auf innere Distanz zum nationalsozialistischen System. Er trat weder der NSDAP noch einer ihrer Gliederungen bei. Seine Mitarbeiter wissen zu berichten, daß er selbst Parteigrößen mit »Grüß Gott« und nicht mit dem obligaten »Heil Hitler« zu begegnen pflegte. Schließlich führte seine Weigerung, der Deutschen Arbeitsfront beizutreten, zu institutsinternen Querelen und zum Ausscheiden Erhards aus dem Nürnberger Institut. Ganz auf sich gestellt war er nun, wollte er seine Forschungen weiterführen, auf die Unterstützung industrieller Kreise angewiesen, zu denen er dank seiner früheren Arbeit, aber auch dank verwandtschaftlicher Beziehungen vielfältige Kontakte besaß.[64] Durch seinen Schwager Karl Guth, den Leiter der Außenwirtschaftsabteilung der Reichsgruppe Industrie, gelang es ihm, Aufträge und Mittel für sein kleines Institut für Industrieforschung zu erhalten. Industrielle Kreise begannen sich schon von 1942/43 an Gedanken über die Situation nach dem Kriege zu machen, den viele von ihnen bereits damals für verloren hielten. Erhard legte im Frühjahr

1944 eine vertrauliche Denkschrift über »Kriegsfinanzierung und Schuldenkonsolidierung«[65] vor, die wohl auf einen Auftrag der Führungsspitze der Reichsgruppe zurückging. Im Zusammenhang mit der Überführung der Kriegs- in eine Friedenswirtschaft behandelte er darin auch die zentrale Frage der Beseitigung des Kaufkraftüberhangs. Er plädierte für eine Abschaffung der Zwangsbewirtschaftung, hielt jedoch für das Übergangsstadium eine Wirtschaftslenkung für unentbehrlich. Erhards Beitrag ist ein Beweis dafür, daß die Diskussion über die Wirtschaftsordnung der Nachkriegszeit in Deutschland nicht erst nach der Niederlage begann. Dennoch würde es zu weit führen, in der Schrift bereits die Vorwegnahme der Theorie der sozialen Marktwirtschaft zu sehen, wenn auch die Nähe zu neoliberalen Positionen gegeben ist.

Durch seine Forschungsarbeit kam Erhard auch mit Mächtigen des Dritten Reiches in Kontakt. Gerade deshalb ist er von östlicher Seite wiederholt attackiert worden. 1962 schrieb eine sowjetische Zeitschrift: »Die ablehnende Haltung gegenüber dem Dirigismus in der Wirtschaft hinderte Erhard nicht daran, während des Zweiten Weltkrieges der faschistischen Regierung praktische Dienste zu leisten.«[66] Ein solcher Vorwurf dürfte jedoch kaum haltbar sein. Auch neuere gründliche Studien, die sich mit dieser Lebensphase Erhards befassen, haben nichts Belastendes zutage gefördert. Zwar ist es um die Jahreswende 1944/45 wegen der Denkschrift zu einem Treffen mit dem SS-Brigadeführer Ohlendorf gekommen. Dieser war damals Stellvertreter des Staatssekretärs im Reichswirtschaftsministerium. Er stand in enger Verbindung mit der »Reichsgruppe Industrie«, durch die er von Erhards Arbeit wußte. Das Treffen mit Ohlendorf ist jedoch eher ein Beleg für die Tatsache, daß sich höchste Kreise des Reichswirtschaftsministeriums schon ein Jahr vor Kriegsende auf die Niederlage einzustellen begannen, als für eine Verstrickung Erhards in den Nationalsozialismus. Daß Ohlendorf, der im Jahre 1948 von einem amerikanischen Militärgericht zum Tode verurteilt wurde, als Leiter einer Einsatzgruppe 1941/42 die Massenexekution von 90000 russischen Bürgern befohlen hatte, scheint Erhard nicht bekannt gewesen zu sein.

Trotz ihres vertraulichen Charakters fand die Denkschrift auch Resonanz bis in die Kreise des deutschen Widerstandes hinein. Erhard traf sich im Jahre 1944 mehrere Male mit Carl Goerdeler, den er seit 1937 persönlich kannte und dem er auch sein Manuskript zugesandt hatte. Am Widerstand selbst, in dessen Pläne er kaum eingeweiht gewesen sein dürfte, war er nicht beteiligt. In Goerdelers politischem Testament, das dieser verfaßte, während er sich vor der Gestapo versteckte und in dem er »Die Aufgaben der deutschen Zukunft« umriß, findet sich im Zusammenhang mit der Behandlung von Kriegsschulden und Währungsreform der Hinweis: »Dr. Erhard vom Forschungsinstitut der Deutschen Industrie in Nürnberg hat über die Behandlung dieser Schulden eine sehr gute Arbeit geschrieben, der ich im wesentlichen beistimme. Er wird euch gut beraten.«[67]

Das Kriegsende erlebte Erhard im heimischen Fürth. Schon einen Tag nach der Besetzung der Stadt am 18. April 1945 beauftragte ihn der amerikanische Kommandeur Major Cooper mit der Re-

Die ersten beiden Nachkriegsjahre standen ganz im Zeichen einer Auseinandersetzung mit den unmittelbaren Kriegsfolgen. Aufräumarbeiten und Trümmerbeseitigung beschäftigten die Behörden der Besatzungszonen ebenso wie die Kommunen und den einzelnen. Die Symbolfigur dieses Neubeginns wurde die »Trümmerfrau«, die mit primitivsten Mitteln jene Berge von Schutt passierbar zu machen suchte, die der totale Krieg hinterlassen hatte.

organisation des kommunalen Wirtschaftsamtes. Hinsichtlich seiner politischen Laufbahn sei er »eine amerikanische Entdeckung«, hat der spätere Bundeskanzler einmal bemerkt. General Clay schätzte den unbelasteten neoliberalen Wirtschaftsfachmann so sehr, daß er ihn im Oktober 1945 als Wirtschaftsminister in das bayerische Kabinett des Sozialdemokraten Wilhelm Hoegner holte. Aber dieses Zwischenspiel sollte nicht lange dauern. Als die CSU die ersten Landtagswahlen im Herbst 1946 gewann, berief Hans Ehard, der neue Ministerpräsident, Ludwig Erhard zwar erneut in das Amt. Der Parteilose wurde jedoch schon bald ein Opfer der Spannungen innerhalb der CSU, wobei seine Unerfahrenheit in der Leitung einer Behörde, aber auch die Unzufriedenheit mit dem wirtschaftspolitischen Kurs, den er vertrat, eine Rolle gespielt haben dürften. Bis zum September 1947 nahm Erhard eine Honorarprofessur für Wirtschaftspolitik an der Universität München wahr, die ihm die Möglichkeit gab, intensiv in die Diskussion um die künftige Wirtschaftsordnung einzugreifen.

Während einer Zeit, in der in fast allen europäischen Ländern Zwangsbewirtschaftung die Regel war, in der sozialistische Programme Hochkonjunktur hatten, vermochten sich nur wenige vorzustellen, wie angesichts der desolaten Lage Deutschlands und der Machtverhältnisse im besetzten Land eine freie Marktwirtschaft überhaupt funktionieren sollte. Ludwig Erhard gehörte zu denen, die vom Katheder und in Zeitungsartikeln unbeirrt für einen neoliberalen Kurs plädierten. Seit 1945 stand er in engem Kontakt mit der Freiburger Schule um Walter Eucken und Franz Böhm. Noch aus der Zeit vor 1933 kannte er Alexander Rüstow und wohl auch Wilhelm Röpke. Zunächst blieb die nach dem Krieg in diesen Zirkeln neu entfachte neo- beziehungsweise ordoliberale Diskussion, deren Wurzeln in die zwanziger Jahre zurückreichen und deren Spuren auch in Erhards Denkschrift von 1944 erkennbar waren, auf einen relativ kleinen Kreis von Wirtschaftswissenschaftlern beschränkt.

Ludwig Erhard spricht bei der Grundsteinlegung eines Werkes, 1947

Seit der zweiten Hälfte des Jahres 1947 kam der eigentliche Wiederaufbau in Gang, und Grundsteinlegungen lösten einander ab. Ludwig Erhard, der Wirtschaftsdirektor der Bizone, wurde im öffentlichen Bewußtsein der Repräsentant dieses Aufbauwillens, der tatsächlich die Stimmung der Bevölkerung in allen vier Besatzungszonen beherrschte. Es bedurfte allerdings der wirtschaftspolitischen Initialzündungen des Jahres 1948, um ihn freizusetzen.

Dieser lehnte bei allen Unterschieden im Detail die Lenkungswirtschaft ebenso ab wie den schrankenlosen Laissez-faire-Liberalismus, der den Staat zum Nachtwächterdasein verdamme und letztlich zu Verkrustungen, zu Monopolismus und Protektionismus führe. Während die Neoliberalen einerseits marktwirtschaftliche Organisation mit Wettbewerb und freier Preisbildung befürworteten, wiesen sie andererseits dem Staat eine wesentliche Aufgabe zu, nämlich die Grundvoraussetzungen für eine funktionsfähige Marktwirtschaft zu schaffen. Dies setzte eine staatliche Ordnungspolitik durch juristische und institutionelle Ausgestaltung aller Wirtschaftsbereiche voraus. Eine staatliche Wettbewerbsordnung sollte dazu dienen, Marktabsprachen sowie Kartellbildung und Konzentration zu verhindern. Durch eine Währungsreform sollte sichergestellt werden, daß inflationäre Entwicklungen die regulierende Funktion des Marktes nicht gefährdeten. Der zur Freiburger Schule zählende Nationalökonom Alfred Müller-Armack, der eigentliche Erfinder des Begriffs »soziale Marktwirtschaft«, ging noch einen entscheidenden Schritt über dieses Grundkonzept hinaus, indem er für eine ergänzende staatliche Konjunkturpolitik plädierte und die ordnungspolitische Funktion des Staates für die Sozialordnung betonte. Ein »vollständiges und vielgestaltiges System des sozialen Schutzes« sollte auf der Basis der Marktwirtschaft entfaltet werden. Allerdings dürften die dazu erforderlichen staatlichen Eingriffe nicht die marktwirtschaftliche Produktion und die ihr entsprechende Einkommensbildung unterlaufen. »Gewiß kann bei der Einkommensumleitung für soziale Ausgaben leicht die Schwelle überschritten werden, an der die Störung des Marktes beginnt.«[68]

Erhard hat also die soziale Marktwirtschaft keineswegs selbst erfunden. Durch seine Verbindung zur politischen Praxis und durch Zufälle, die seine Karriere begünstigten, wurde er jedoch bald zur Schlüsselfigur ihrer Durchsetzung. Die Münchner Honorarprofessur hielt ihn nicht lange fest. Mit Unterstützung des

Johannes Semler, Erhards Vorgänger im Amt des Wirtschaftsdirektors, war 1948 von der amerikanischen Militärverwaltung auf Grund seiner sogenannten Hühnerfutter-Rede abgesetzt worden: »Was hat man für uns getan? Man hat uns Mais geschickt und Hühnerfutter, und wir zahlen es teuer. Bezahlen es in Dollar aus deutscher Arbeit und deutschen Exporten. Und sollen uns noch dafür bedanken. Es wird Zeit, daß deutsche Politiker darauf verzichten, sich für diese Ernährungszuschüsse zu bedanken.«

CSU-Vorsitzenden Josef Müller, der den fränkischen Landsmann schätzengelernt hatte, wurde er im Herbst 1947 zum Leiter der neuen Sonderstelle für Geld und Kredit ernannt. Er gelangte damit in die Umgebung des Bizonen-Wirtschaftsrates, wenn auch die Vorbereitung einer Währungsreform dann an seiner Stelle vorbeilief.

Nur ein halbes Jahr später brachte eine nicht vorhersehbare Konstellation Erhard in die wichtigste Position, die zur damaligen Zeit auf deutscher Seite zu besetzen war. Er wurde Direktor der Verwaltung für Wirtschaft beim Wirtschaftsrat in Frankfurt. Sein Amtsvorgänger Johannes Semler (CSU) war zuvor in einem aufsehenerregenden Akt von der Militärregierung abgesetzt worden, da er sich öffentlich über die Qualität amerikanischer Nahrungsmittellieferungen beklagt hatte. Man habe Mais und Hühnerfutter geschickt, wofür Deutschland teuer zahle. Die Erlanger »Hühnerfutter-Rede« Semlers und die Tatsache, daß CSU und CDU lieber den parteilosen Wirtschaftsprofessor, den die FPD vorschlug, wählten, als der SPD das Terrain zu überlassen, führten zur Wahl Erhards. Dieser war damit zugleich das entscheidende Bindeglied der neuen und, wie sich zeigen sollte, zukunftsträchtigen parteipolitischen Zusammenarbeit zwischen CDU/CSU und FPD im Wirtschaftsrat.

Erhard trat nicht als marktwirtschaftlicher Einzelkämpfer an. Schon vor seiner Ernennung war ein wissenschaftlicher Beirat ins Leben gerufen worden, dessen Mitglieder zu einem großen Teil der neoliberalen Schule zugerechnet werden können. Walter Eucken, Franz Böhm, Alfred Müller-Armack gehörten ebenso dazu wie der dieser Richtung nahestehende Sozialdemokrat Leonhard Miksch und der junge Hamburger Senator Karl Schiller, der spätere Bundeswirtschaftsminister. So konnte sich der neue Direktor auf den Rat Gleichgesinnter und Vertrauter stützen. Er selbst setzte dabei die entscheidenden Akzente und drückte seinen Kurs nicht nur gegen die Bedenken der SPD-Opposition, sondern auch gegen die Alliierten durch. Schon in seiner Antrittsrede vom 21. April 1948 zeigte er sich überzeugt, daß die Währungsreform und ein amerikanisches Hilfsprogramm unmittelbar bevorstünden. Damit beginne ein dynamischer Prozeß, an dessen Ende die marktwirtschaftliche Ordnung stehen werde. Für ihn und sein Amt hieß dies, daß synchron zur Währungsreform eine weitgehende Aufhebung des Bewirtschaftungssystems mit seiner Preisbindung zu erfolgen habe. Die Voraussetzungen dafür sollten mit dem sogenannten »Leitsätze-Gesetz« geschaffen werden. Im Kreise der engsten Mitarbeiter entstand ein Entwurf, der sich ganz im Sinne Erhards auf die Expertise seines Vertrauten, des neoliberalen Sozialdemokraten Leonhard Miksch, stützte. Somit trug das Gesetz, das für den Aufbau der Westzonen und der späteren Bundesrepublik und für die Wirtschaftsprogrammatik der CDU/CSU von so entscheidender Bedeutung werden sollte, paradoxerweise auch die Handschrift eines SPD-Mitglieds.[69]

Erhard verteidigte das Gesetzesvorhaben am 17. Juni 1948 vor der 18. Vollversammlung des Wirtschaftsrates. Er stellte zunächst fest, das System staatlicher Zwangswirtschaft habe in der Bevölkerung völligen Schiffbruch erlitten. Es könne nur darum gehen,

»wieder zu freieren marktwirtschaftlichen Formen zurückzufinden, den Zwang, der das einzelne Individuum, den Verbraucher, vom Konsumenten bis zum Produzenten hin täglich gepeinigt hat, wieder aufzulösen und an die Stelle dieses Zwanges wieder die Verantwortung, das Verantwortungsbewußtsein, die Leistung und den Leistungswillen zu setzen«.[70] Die SPD wandte sich zwar nicht grundsätzlich gegen alle marktwirtschaftlichen Formen, sie wollte aber der staatlichen Planung und vor allem der völligen Investitionskontrolle den Vorrang geben, zumal sie starke Zweifel an dem »Experiment der freien Preise«, an einer sozial und volkswirtschaftlich erträglichen Preisbildung des Marktes hegte. Erhard hingegen, unterstützt sowohl durch die FPD als auch durch die CDU/CSU, erstrebte die güterwirtschaftliche Absicherung der Geldreform (Umstellung von der Grund- und Investitionsgüter- auf die Konsumgüterindustrie), um durch die Bereitstellung eines erhöhten Warenangebots der sonst ungedeckten Kaufkraft begegnen und auf diese Weise neue inflatorische Prozesse verhindern zu können.

Mit der Annahme des »Leitsätze-Gesetzes« besaß Erhard zwar die Billigung des Wirtschaftsrats und der dort bestimmenden Parteienkonstellation. Doch noch fehlte die Zustimmung der Alliierten. Hier schuf Erhard nun, die Zeitnot geschickt nutzend, vollendete Tatsachen. Noch am Währungssonntag, also nur zwei Tage nach Verabschiedung des »Leitsätze-Gesetzes«, wandte er sich über den Rundfunk an die Bevölkerung und kündigte, ohne dazu durch die Besatzungsmächte autorisiert gewesen zu sein, die weitgehende Aufhebung der Bewirtschaftung für den darauffolgenden Tag an. Er hatte damit nicht nur selbstbewußt die bis dahin geltenden Spielregeln des Besatzungssystems mißachtet; durch seinen Handstreich war es ihm auch gelungen, die Alliierten unter Zugzwang zu setzen, denn bei einer Verweigerung der angekündigten Maßnahmen hätten sie den Erfolg ihrer eigenen Reform gefährdet. Gewiß kam der amerikanischen Regierung der neoliberale Kurs des Wirtschaftsrates gelegen. Die marktwirtschaftliche Öffnung lag ja ganz im Interesse des neuen europäischen Wiederaufbauprogramms. Doch noch hatten sie in Deutschland auch auf ihre Verbündeten, auf Engländer und Franzosen Rücksicht zu nehmen, und zwar vor allem dann, wenn es um Fragen alliierter Rechte ging. Als General Clay den Wirtschaftsdirektor wegen seiner Eigenmächtigkeit zur Rede stellte und ihn darauf hinwies, die alliierten Bewirtschaftungsvorschriften verändert zu haben, soll dessen Antwort gewesen sein: »Ich habe sie nicht geändert, ich habe sie aufgehoben.«[71]

Trotz erkennbarer Verstimmung durfte sich Erhard auch weiterhin der Rückendeckung des amerikanischen Militärgouverneurs erfreuen, der ihn gegen die Sachverständigen in den eigenen Reihen verteidigte. Das »Leitsätze-Gesetz« gab dem Direktor der Verwaltung für Wirtschaft weitgehende Befugnisse.[72] An keine Bewilligungsinstanz gebunden, blieb er nur noch der rechtlichen Kontrolle unterstellt. Die SPD sprach von einem »Ermächtigungsgesetz«. Wirtschaftsrat und Länderrat, die eigentlichen »Parlamente«, verloren ihre Zuständigkeit für den Erlaß von Grundsätzen zur allgemeinen Bewirtschaftung und büßten ihre Kompetenz

Arbeitslose und offene Stellen in den Westzonen 1948 und 1949 (in 1000)

Arbeitslosigkeit spielte in der Anfangszeit überraschenderweise nicht die erwartete Rolle. Trotz des Millionenheeres von Flüchtlingen aus dem Osten gab es Mitte 1948 nur 450000 Arbeitslose in den drei Westzonen. Aber anderthalb Jahre später schwoll diese Zahl auf 1,3 Millionen an, und die euphorische Stimmung des Neuanfangs wich einer vorübergehenden Ernüchterung. Die Währungsreform zwang die Industrie zur Rationalisierung und also zu Entlassungen, und da es einige Zeit dauerte, bis sich nach der Freigabe der Preise diese auf dem freien Markt selber regulierten, stiegen die Lebenshaltungskosten in derselben Zeit kräftig an.

Zeit	Beschäftigte	Arbeitslose	Offene Stellen
Juni 1948	13468,1	451,1	677,1
Dezember 1948	13702,8	759,6	225,8
Juni 1949	13488,7	1283,3	144,6
Dezember 1949	13556,2	1123,1	75,4

für die Preisbildung ein. Erhard nutzte diese einzigartige Position, die ihn vorübergehend zum wichtigsten deutschen Politiker noch vor Adenauer und Schumacher werden ließ, um in rasantem Tempo Preis- und Bewirtschaftungsvorschriften außer Kraft zu setzen und gleichzeitig durch Steuererleichterungen die Investitionsbereitschaft zu stimulieren. Allerdings konnten nicht alle Waren auf einmal aus der Preisbindung entlassen werden. Grundnahrungsmittel, Agrarprodukte und Rohstoffe blieben ebenso bewirtschaftet wie eine Reihe von Dienst- und Versorgungsleistungen.

Die Währungsreform und der gleichzeitige Übergang zur Marktwirtschaft bewirkten freilich nicht schlagartig die Beseitigung aller Übel. Die euphorische Anfangsstimmung wich bald einer merklichen Ernüchterung. Der Kaufdrang einer über lange

1948	Gesamtindex der Erzeugerpreise industrieller Produkte (1949 = 100)	Lebenshaltungskosten (1938 = 100) Ernährung	Bekleidung	Hausrat	Heizung und Beleuchtung
Juni	91	142	201	189	105
September	101	147	244	202	115
Dezember	104	168	271	211	119

Entwicklung der Lebenshaltungskosten in den Westzonen im zweiten Halbjahr 1948

Zeit unterversorgten Bevölkerung verschaffte sich in erhöhter Nachfrage Luft und trug so zu erheblichen Preissteigerungen bei, die unter den Bedingungen des anhaltenden Lohnstopps, der erst im Oktober aufgehoben wurde, auf das monatliche Budget durchschlugen. Bis Dezember 1948 stiegen die Lebenshaltungskosten um 17 Prozent. Damit hatte nach nur sechs Monaten das neue Geld bereits ein Sechstel seiner ursprünglichen Kaufkraft eingebüßt.

Auch auf dem Arbeitsmarkt zeigten sich besorgniserregende Entwicklungen. Die neue Konkurrenzsituation zwang Unternehmen zur Rationalisierung. Die Zahl der Konkurse nahm zu. In landwirtschaftlichen Betrieben waren Entlassungen nicht zu vermeiden. Innerhalb dieser zum Teil erwarteten und kaum vermeidbaren Nebenfolgen des wirtschaftlichen Gesundungsprozesses stellte die stark erhöhte Zahl von Arbeitslosen, die zwischen Juni und Dezember 1948 von 451000 auf 759000 anwuchs, die größte soziale und politische Belastung dar. Im Lebensmittelsektor bewirkte die Verschränkung von Bewirtschaftung und freiem Markt groteske Verzerrungen. Die Freigabe des Eierpreises im Juni zum Beispiel hatte dieses Nahrungsmittel, das nun bis zu 1DM pro

Stück kostete, nahezu unerschwinglich werden lassen. Erst nach Unmutsdemonstrationen wurde erneut ein Festpreis verordnet.

Ein solcher Rückfall in die Preisbindung führte wiederum nicht selten dazu, daß die betreffenden Produkte dann nur noch entweder zum »Bückpreis« – da sie unter dem Verkaufstisch gehalten wurden – oder über die Kanäle des schwarzen Marktes erhältlich waren. So brachte beispielsweise auf dem Fleischmarkt eine zu niedrig angesetzte Rationierung – 100 Gramm monatlich pro Person – bei gleichzeitig niedrigem Festpreis viele Bauern dazu, ihre Ware unter Umgehung des Handels direkt oder über den Schwarzmarkt an den Mann zu bringen. Generell herrschte in der Landwirtschaft großer Unmut über die Wirtschaftsfalle, in der die Bauern sich gefangen sahen. Denn einerseits blieben sie bezüglich der Investitionsgüter auf die Preise des freien Marktes verwiesen, während andererseits die erzeugten Nahrungsmittel nach wie vor aus sozialen Gründen in der Preisbindung gehalten wurden. Auch die Erhöhung der Fleischpreise brachte zunächst keinen durchschlagenden Erfolg. Die Unzufriedenheit der Bauern, die unmittelbar nach dem Kriege zu jenen zählten, die sehr viel besser davongekommen waren, entlud sich nun auch auf politischem Feld. Sie sahen sich als Opfer einer bewußt herbeigeführten, unstimmigen Politik. Unzufrieden waren auch Teile des gewerblichen Mittelstandes. Selbst Landespolitiker der CDU und der CSU äußerten daher noch um die Jahreswende 1948/49 Bedenken gegenüber einer umfassenden Liberalisierung der Wirtschaft.

Noch konnte der Erfolg der Währungsreform nicht als gesichert gelten. Die soziale Unzufriedenheit der Arbeitnehmer wuchs und entlud sich in einem eintägigen Generalstreik, dem sich am 12. November 1948 fast 80 Prozent der Beschäftigten anschlossen. In einer maßlosen Rede, für die er sich später entschuldigte, hatte Erhard die Gewerkschaftsführung heftig attackiert, vom »hysterischen Gekeife der Kollektivisten aller Sorten«, von »Bonzokratie« gesprochen und so selbst dazu beigetragen, das Meinungsklima zu verschlechtern.[73] Allerdings sah auch er sich wiederholt groben Attacken ausgesetzt.

Nicht nur aufkeimender sozialer Unfriede gefährdete den Kurs des Direktors für Wirtschaft; Widerstand drohte dem Erhardschen Reformwerk auch aus den eigenen Reihen. Dabei zeigte sich, daß die CDU/CSU noch nicht seine eigene Partei war, obwohl er ihr die entscheidenden wirtschaftsprogrammatischen Impulse vermittelte. Angesichts der schwierigen Entwicklungen bei der Preisbildung, die Erhard nur mit marktkonformen Mitteln zu steuern versuchte, kam es zu anwachsender Kritik. Selbst Adenauer, marktwirtschaftlichen Ideen prinzipiell zugeneigt, vermißte die Berücksichtigung der politischen Konsequenzen. Dennoch hielt Erhard kompromißlos an seiner Strategie fest. Er wußte um den Rückhalt General Clays, er wußte aber auch, daß er für das Bündnis mit der FDP unentbehrlich war; überdies klebte er nicht an seinem Sessel.

Noch ein halbes Jahr vor Verkündigung des Programms der sozialen Marktwirtschaft in den »Düsseldorfer Leitsätzen« war die Position Erhards keineswegs unumstritten. Dies zeigte sich beispielhaft im Konflikt mit dem der CDU angehörenden Direktor

der Verwaltung für Ernährung, Landwirtschaft und Forsten, Hans Schlange-Schöningen, dem späteren ersten deutschen Botschafter in London. Bei der Beratung über die Änderung der Mehl-, Brot- und Getreidepreise im September 1948 im Verwaltungsrat hatte dieser auf die Preisschere hingewiesen, »die durch die fast vollkommen freie Marktwirtschaft auf dem Gebiete der gewerblichen Wirtschaft einerseits und die straffe Bewirtschaftung und Preisbildung hinsichtlich landwirtschaftlicher Erzeugnisse (andererseits) entstanden« sei.[74] Wenig später trat er mit einem Vorschlag an die Öffentlichkeit, der darauf zielte, die gesamte Preispolitik zu vereinheitlichen und stärker auf die Löhne hin auszurichten. Als der Länderrat, also die zweite Kammer des Wirtschaftsrates, im November 1948 auf Antrag des nordrhein-westfälischen Ministerpräsidenten Karl Arnold (CDU) einstimmig (mit den Stimmen der CDU/CSU) die Einrichtung eines unabhängigen Preisamtes forderte, wurde erkennbar, welchen Umfang und welche Dramatik die Fronde gegen Erhard in den eigenen Reihen inzwischen angenommen hatte.

Der Angriff auf Erhard, der nicht die Zustimmung des Oberdirektors Hermann Pünder (CDU), also der Spitze des Wirtschaftsrates, und auch nicht die der meisten Direktoren fand, hatte eine dopppelte Stoßrichtung: die Kompetenzfülle des nach wie vor parteilosen Wirtschaftsdirektors erheblich einzuschränken und gleichzeitig vom Prinzip marktkonformer Maßnahmen abzuweichen. Pünder verteidigte die Erhardsche Linie, indem er eine Rückkehr zur Bewirtschaftung und zu irgendeiner Art von Stopp-Preisen als ein ungeeignetes Mittel bezeichnete, um die bestehenden Schwierigkeiten zu beheben: »Jeder Versuch, die notwendige Anpassung der Preise an das Verhältnis von Geldvolumen und Produktionsvolumen allgemein zu unterbinden, würde eine zurückgestaute Inflation bewirken, den schwarzen Markt und den Kompensationsverkehr fördern und zur Folge haben, daß Empfänger reiner Arbeitseinkommen nicht mehr fähig wären, Güter zu kaufen.«[75] Anfang 1948 konnte der Konflikt zwischen Schlange-Schöningen und Erhard beigelegt werden. Erhard, der das entscheidende Gremium, den Verwaltungsrat, hinter sich wußte, sah nun in der SPD die treibende Kraft des gescheiterten Länderratsantrags. Doch Oberdirektor Pünder schrieb befriedigt an Konrad Adenauer, es sei Karl Arnold, der eine »ärgerliche Niederlage« habe hinnehmen müssen.[76]

Zu Beginn des Jahres 1949 begannen die Reformen endlich umfassend Früchte zu tragen. Die negativen Begleiterscheinungen verblaßten zunehmend. Das Heer der Kritiker schrumpfte, und die Protagonisten des neuen Kurses versprühten Optimismus. Es wurde erkennbar, daß sich ein fundamentaler wirtschaftlicher Wandel vollzog. Die Wachstumsrate des vierten Quartals von 1948 lag eindeutig über dem langfristigen Trend der Produktionsrate. Die Einzelhandelspreise sanken, vor allem auch im Nahrungsmittel- und Bekleidungssektor. Löhne und Gehälter stiegen nach Aufhebung des Lohnstopps. Eine spürbare Verbesserung bei den Lebenshaltungskosten war die Folge. Der Schwarzhandel ging zurück. Die einsetzende Spartätigkeit, die bereits ein Jahr nach der Währungsreform zu Einlagen in Höhe von 2,5 Milliarden Dollar führte, kam

Demonstration gegen die freie Marktwirtschaft, 1948

Eine Zeitlang schien die Währungsrefom kein Erfolg zu sein, und man ging auf einzelnen Gebieten wieder zu Festpreisen über, die selbst Adenauer zeitweise befürwortete, um der Unzufriedenheit der Arbeitnehmer und Bauern entgegenzuwirken. Nicht nur in der Sozialdemokratie, sondern auch in der CDU war der Erhardsche Kurs bald heftig umstritten, und man sah in der Rückkehr zur Preisbindung das einzige Mittel, die Unzufriedenheit breiter Bevölkerungsschichten zu zügeln, die bereits mit einzelnen Streiks ihren Protest gegen den Kurs der freien Marktwirtschaft ausdrückten. Aber Erhard hielt an seiner Politik unbeirrt fest, und Anfang 1949 wurden erste Erfolge erkennbar. Der Sozialdemokratie fiel es angesichts dieser Erfolge immer schwerer, bei ihrer radikalen Ablehnung der sozialen Marktwirtschaft zu bleiben.

der Kreditversorgung für dringend benötigte Investitionen zugute. Die Wochenarbeitszeit stieg von 42,4 Stunden im Jahre 1947 auf 48,2 Stunden 1950, wobei die Produktivität pro Arbeitsstunde sich im Jahr nach der Währungsreform um 28 Prozent erhöhte.[77] In diesen Zahlen drückt sich eine neue Arbeitsmoral aus, eine Steigerung des individuellen Leistungswillens, motiviert durch die begründete Aussicht auf verbesserte Lebensbedingungen. Schon Ende 1949 wurde das Produktionsniveau des Jahres 1936 wieder erreicht.

Allmählich kamen auch die Lieferungen des Marshallplans in Gang. Verzögerungen hatten dazu geführt, daß Ende des Jahres erst 27 Prozent der für 1948 vorgesehenen Mittel eingetroffen waren. Doch bald gab es auch hier spürbare Impulse. Die zunehmenden Importe verbesserten die Rohstoffversorgung der Industrie. Beim Marshallplan handelte es sich nicht eigentlich um ein Nothilfe-, sondern um ein zielgerichtetes Wiederaufbauprogramm, das sich von anderen erheblichen, bereits seit Kriegsende wirksamen amerikanischen Hilfslieferungen unterschied. Dies wird auch in seiner technischen Abwicklung deutlich. Deutsche Importeure zahlten für die aus dem Dollarbereich eingeführten und mit Krediten aus dem ERP-Fonds finanzierten Waren und Dienstleistungen auf ein DM-Sonderkonto. Diese sogenannten Gegenwertmittel standen dann der Wirtschaft als Kredite für dringende Investitionen zur Verfügung. Tilgungs- und Zinsrückflüsse wiederum wurden erneut dem ERP-Fonds zugeführt. Auf diese Weise entstand ein sich selbst aufstockender Kapitalfonds, der der späteren Bundesrepublik als ERP-Sondervermögen erhalten blieb und seit 1961 auch für die Kreditvergabe an Entwicklungsländer herangezogen wird.

Auf den ersten Blick erscheint der Anteil der Marshallplan-Mittel an den in Westdeutschland – einschließlich West-Berlins – getätigten Investitionen relativ gering: 1949 betrug er 6,4 Prozent, 1950 dann 8,6 Prozent der gesamten Bruttoanlageinvestitionen der gewerblichen Wirtschaft. Diese Zahlen allein bringen aber die tatsächliche Wirkung nicht hinreichend zum Ausdruck, denn die bereitgestellten Mittel galten vor allem Investitionen in wirtschaftlichen Kernbereichen wie Infrastruktur, Energie, öffentliche Versorgung und Produktionsgüter, so daß von ihnen eine Initialzündung für die gesamte Wirtschaft ausgehen konnte. Die eigentliche

Wirtschaftszweige	Vor bilateralem Abkommen vom 15.12.1949 ECA	GARIOA	ERP-Tranche[1] I	II	III	ERP Zinsen und Tilgungen	Zusammen
Elektrizitätswirtschaft	58,5	110,0	220,7	134,3	356,3	87,5	967,3
Gas und Wasser	0,5		35,6	35,4	15,0	23,1	109,6
Kohlenbergbau	50,0	135,0	150,0	116,0	130,0		581,0[2]
Stahlindustrie			37,9	54,8	75,0		167,7
Exportindustrie					46,7		46,7
Übrige Industrie		5,0	233,4	199,2		70,5	518,1
Handwerk und Kleingewerbe				0,2		20,0[3]	20,2
Landwirtschaft			121,5	111,3	140,0	22,3	395,1
Bundesbahn	40,0	360,0			45,0	10,0	455,0
Bundespost				20,0			20,0
Zuschuß für landwirtschaftliche Zwecke				73,6	39,9		113,5
Wohnungsbau			81,5	115,3	280,0		476,8
Seeschifffahrt			50,0	36,2	85,0	31,9	203,1
Fischdampfer		5,0					5,0
Binnenschiffahrt				9,4		5,0	14,4
Binnenhäfen	2,0			9,9			11,9
Straßenbahnen			7,0	10,3		0,3	17,6
Privatbahnen				6,7			6,7
Seehäfen				4,7			4,7
Verkehrsgewerbe				0,7			0,7
Fremdenverkehr				22,6		5,2	27,8
Vertriebenenwirtschaft				70,5	25,0	25,0[4]	120,5
Forschung				20,9	9,9	4,0	34,8
Maßnahmen zur Förderung des Absatzes im Dollarraum				2,3	2,0		4,3
Sondermaßnahmen an der Zonengrenze						6,0	6,0
Zusammen	151,0	625,0	937,6	1054,3	1249,8	310,8	4328,5

[1] Es wurden programmiert: ERP-Tranche I im Jahre 1950, II im Jahre 1951, III im Jahre 1952.
[2] Davon für den Bergarbeiterwohnungsbau 23,7 Mill. DM.
[3] Mittelstandsprogramm.
[4] Davon: Gewerbliche Kredite 7,0 Mill. DM, Flüchtlingssiedlung 5,0 Mill. DM sowie Treuhand-Gesellschaften 3,0 Mill. DM und Flüchtlingsumsiedlung 10,0 Mill. DM.

Bedeutung der ERP-Gelder lag in ihrer Doppelwirkung: der Finanzierung von Importen knapper Waren und der gleichzeitigen Bereitstellung von Investitionskrediten. Insgesamt erhielten die Westzonen beziehungsweise die Bundesrepublik (einschließlich West-Berlins) bis 1952 1,4 Milliarden Dollar ERP-Mittel, während sich der Gesamtbetrag der finanziellen amerikanischen Wirtschaftshilfen für diesen Bereich bis 1953 auf 3,5 Milliarden Dollar belief.[78] Neben der ökonomischen Bedeutung sollte die psychologische Wirkung nicht übersehen werden, die schon von den ersten Hilfslieferungen ausging. Dabei trug die Öffnung der Handelsbeziehungen in den Dollar-Raum hinein entscheidend dazu bei, die westdeutsche Wirtschaft in den Weltmarkt einzubeziehen.

Der Dreiklang aus Währungsreform, marktwirtschaftlicher Öffnung und Marshallplan-Hilfe erweckte das westdeutsche Unternehmertum zu neuem Leben. Schon im Dritten Reich war die planmäßige Ausrichtung und Lenkung der Wirtschaft erfolgt, um die ökonomischen Reserven umfassend für die Kriegsproduktion zu mobilisieren. Dabei blieben die Eigentumstitel formal unangetastet. Dieser »Plankapitalismus« ist von allen alliierten Siegermächten, wenn auch aus unterschiedlichen Gründen, zunächst beibehalten worden. Während aber in der SBZ über den Weg entschädigungsloser Enteignungen die privatwirtschaftliche Struktur der Wirtschaft in abgestuften Schritten eliminiert wurde, blieb sie in den Westzonen auch unter den Bedingungen der Lenkungswirtschaft und der alliierten Kontrolle von Großunternehmungen und Großbanken erhalten.

Trotz ungesicherter Zukunftsperspektive verstand es die westdeutsche Unternehmerschaft, sich frühzeitig im Interaktionsfeld zwischen Besetzern und Besetzten Gehör zu verschaffen, wenn ihr auch zunächst die Vertretung eigener Interessen versagt blieb. Die Industrie- und Handelskammern hatten den Zusammenbruch des Dritten Reiches überlebt und sahen sich als bezirkliche Selbstverwaltungskörperschaften der gewerblichen Wirtschaft nach der Besetzung zu sofortiger praktischer Mitarbeit aufgefordert und sogar als Organe der Wirtschaftsverwaltung anerkannt. Schon im Jahre 1946 entstanden in der britischen Zone die ersten wirtschaftlichen Interessenverbände. Bald folgten überregionale Zusammenschlüsse und Ende 1947 gab es bereits Überlegungen zu einer industriellen Gesamtorganisation. Im Herbst 1948 bestanden in der Bizone rund 1500 zugelassene Wirtschaftsverbände. Hier formierten sich, wie auf gewerkschaftlicher Seite auch, moderne Pressuregroups, die es zunehmend verstanden, ihre Interessen über die CDU/CSU und über die Frankfurter Wirtschaftsverwaltung wirkungsvoll zur Geltung zu bringen und an politischem Einfluß zu gewinnen. Das ökonomische Programm des Jahres 1948 stellte mit der Aufhebung der Bewirtschaftung fast über Nacht die private Eigentumswirtschaft wieder her und bewirkte damit zugleich auch eine soziale Weichenstellung, die die Gesellschaftsstruktur der Bundesrepublik entscheidend vorprägte. Die liberale Wirtschaftspolitik entsprach der Interessenlage der westdeutschen Unternehmerschaft, deren soziale und ökonomische Stellung eine drastische Aufwertung erfuhr. Dennoch war diese Politik nicht einfach auf eine unternehmerische Lobby zurückzuführen; sie ist vielmehr in einem Kräfteparallelogramm entstanden, formuliert und durchgesetzt worden, in dem der direkte Einfluß deutscher Unternehmer noch nicht zu den entscheidenden Faktoren gehörte.

Dagegen gelang es den Vertretern der industriellen Interessen, von Anfang an die Kartellgesetzgebung zu verzögern und schließlich zu verändern. Im Jahre 1947 hatte die amerikanische Militärregierung ein Dekartellisierungsgesetz erlassen, das jedoch nur noch als eine Zwischenlösung angesehen wurde. Anfang 1949 beauftragte das Bizonen-Kontrollamt die Verwaltung für Wirtschaft mit der Ausarbeitung eines Wettbewerbsgesetzes, während die Militärregierung sich selbst den Bereich der eigentlichen Entflechtung vorbehielt. Das »Gesetz zur Sicherung des Leistungs-

Aus Mitteln des ERP-Sondervermögens finanzierte Programme im Bundesgebiet. Stand per 31. Dezember 1952 (in Mill. DM)

Der wirtschaftliche Durchbruch war aber nicht nur eine Folge der Währungsreform. Die Währungsreform, die soziale Marktwirtschaft Ludwig Erhards und der Marshallplan der USA bildeten einen Dreiklang, wobei die amerikanische Hilfe im Jahre 1950 nur ganze 8,6 Prozent der Investitionen ausmachte. Aber die bereitgestellten Mittel flossen in Kernbereiche des Neuaufbaus und stellten so eine Initialzündung dar, die weit über die nominelle Höhe der Hilfe hinausging.

wettbewerbs«, im Juli 1949 von der Wirtschaftsverwaltung vorgelegt, trat nicht mehr in Kraft. Da die Gründung der Bundesrepublik unmittelbar bevorstand, sollten einschneidende Vorhaben dem neuen Gesetzgeber vorbehalten bleiben. Es ist aber auch nicht zu übersehen, daß der Widerstand monopolverdächtiger Unternehmungen in zunehmendem Maße eine Rolle spielte. Diese hatten wirtschaftlich an Schwung gewonnen, und es schien im Wahlkampf nicht opportun, Maßnahmen zu ergreifen, die zu einer Gefährdung von Arbeitsplätzen hätten führen können. Erst 1957 kam es zur Verabschiedung des »Kartellgesetzes«, das jedoch erheblich von den ehemaligen anglo-amerikanischen, aber auch von den neoliberalen Forderungen abwich. Die Konsolidierung, Ausdehnung und internationale Verflechtung der Großunternehmen sollte die Konzentrationskontrolle in der Bundesrepublik vor neue schwierige Aufgaben stellen.

Die neue Wirtschaftspolitik war das Werk Ludwig Erhards und nicht das der CDU/CSU. Zwar hatte die Union den Kurs des Wirtschaftsdirektors in der Frankfurter Verwaltung, trotz gegenläufiger Tendenzen in der eigenen Partei, gestützt. Sie selbst besaß aber kein einheitliches Wirtschaftsprogramm. Zu breit war das Spektrum der Interessen, zu groß auch das Spannungsverhältnis zwischen dem »Ahlener Programm« und den neuen Entwicklungen. Als sich Anfang 1949 der Erfolg von Währungsreform und Marktwirtschaft nachhaltig ankündigte, schien es dringend geboten, der Partei ein klares Profil zu geben. Die Verhandlungen des Parlamentarischen Rates trieben ihrem Höhepunkt entgegen. Schon jetzt stellte sich die Frage, welche Parteienkonstellation die künftige Bundesregierung stellen und tragen und die Grundlagen der neuen Republik sowie ihre Erstausstattung bestimmen würde. Das günstige Wirtschaftsklima mußte genutzt werden. Wie konnte es der CDU gelingen, von der Wirtschaftspolitik Erhards zu profitieren und sie als ihre eigene Strategie zu deklarieren? Genau diese Frage stellte sich Konrad Adenauer. Sein Bemühen ging dahin, Erhard fest in die eigene Partei einzubinden und ihn als Motor eines christlich-demokratischen Wirtschaftsprogramms zu präsentieren.

Am 25./26. Februar 1949 fand im Stegerwald-Haus in Königswinter eine Sitzung des Zonenausschusses der CDU (britische Zone) statt. Wichtigster Redner war der Wirtschaftsdirektor Ludwig Erhard. Sein packendes Kurzreferat, in dem er sein wirtschaftspolitisches Konzept plastisch umriß, fand sofort die rückhaltlose Billigung Adenauers. »Dieser Vortrag war so klar und lichtvoll und hat namentlich die grundlegenden Wahrheiten so deutlich und überzeugend in Erscheinung treten lassen, daß ich glaube – es mag der eine oder andere von uns in diesem oder jenem Punkt etwas anderer Ansicht sein –, im Prinzip werden wir alle dem beipflichten müssen.«[79] Für Johannes Albers, den Leiter der Sozialausschüsse, gab es dagegen erhebliche Bedenken. Hob nicht der Vortrag von Professor Erhard das »Ahlener Programm« in seinem Grundgefüge auf? War es nicht so, daß hier mehr oder weniger »das Prinzip einer liberalen Wirtschaft in einer glänzend formulierten Art« vorgetragen wurde?[80] Für Adenauer, der das »Ahlener Programm« nicht einfach beiseite schob, der es gerade

wegen seiner Interpretierbarkeit schätzte, gab es solche grundlegenden Probleme nicht. Für ihn hatten »alle solchen Programme und programmatischen Sätze keinen Ewigkeitswert«.[81] Es galt zunächst die Wahlen zu gewinnen. »Daher müssen wir so schnell wie möglich leicht faßbare Grundlagen herausarbeiten. Ich betone nochmals: nicht zu viel, sondern weniges klar sagen, damit es jedermann begreift.«[82]

Adenauer lag an einer zugespitzten und für den Wahlkampf verwertbaren Alternative: Planwirtschaft oder soziale Marktwirtschaft. Franz Etzel sprach ihm gewiß aus der Seele, wenn er auf den schlechten Eindruck verwies, der dadurch entstehe, »daß von den verschiedensten Parteistellen, vor allem auch von unseren Ministern in den verantwortlichen Funktionen, immerhin etwas anderes getan wird, als es die Frankfurter Wirtschaftspolitik macht«, und wenn er selbstkritisch hinzufügte: »Wir haben, wenn ich es glatt heraussagen darf, ja gar keine Wirtschaftspolitik der CDU, sondern die Wirtschaftspolitik von Prof. Erhard gemacht, und von der CDU her haben wir sie sanktioniert.«[83] Aber war der parteilose Wirtschaftsdirektor auch wirklich ein Mann der Union? Um solchen Zweifeln gleich den Boden zu entziehen, legte Erhard schon zu Beginn seiner Ausführungen das Bekenntnis ab, »daß ich mich zu Ihnen gehörig fühle und daß ich dieser Zugehörigkeit jetzt und vor allem bei der entscheidenden Wahl mit dem Einsatz meiner ganzen Person Ausdruck geben möchte«.[84]

Begründen ließ sich die noch nicht vollzogene Parteimitgliedschaft allemal mit dem schwierigen Zustand der CSU. Der Hinweis auf den bisherigen Wohnsitz München durfte ohne weitere Erklärung als hinreichend gelten. Adenauer, der Meister der Anspielung und Schlagfertigkeit, schaltete sich unterstützend ein: »Ich habe neulich mit Herrn Erhard in Bonn ein Gespräch gehabt über die CSU. Er hat an mich eine Frage gestellt und gesagt: Wenn Sie in München wohnten, würden Sie bei der CSU sein? (Zuruf Fräulein Dr. Gröwel: Was haben Sie geantwortet?) Ich habe die Frage überhört.« Das Protokoll des Zonenausschusses verzeichnet »Heiterkeit« als Reaktion.[85]

Festzuhalten bleibt, daß Erhard sich aus eigenem Antrieb und rückhaltlos zur CDU bekannte, ohne deren Parteibuch zu besitzen. Seine Loyalität stand außer Frage. Während es ihm dabei um die volle Rückendeckung der in Wirtschafts- und Sozialfragen heterogenen Union ging, dachte Adenauer vor allem an das politische Ziel, die Wahlen zu gewinnen. Er erkannte, daß sich viele Anliegen des Arbeitnehmerflügels seiner Partei durchaus mit der sozialen Marktwirtschaft verbinden ließen. Auch Erhard betonte, daß er den klassischen Liberalismus ablehne und keine »Talente als Kapitalist« besitze. Aber nach seiner Ansicht vermochte erst die Marktwirtschaft die ökonomischen Voraussetzungen für soziale Sicherheit und soziale Gerechtigkeit zu schaffen; für ihn garantierte wirtschaftliche Freiheit zugleich die politische. Dies waren Gedanken, die sich eigneten, soziale und liberale Strömungen innerhalb der Union zusammenzubinden, zumal sichtbare Anfangserfolge für die Überlegenheit dieses Konzepts zu sprechen schienen.

Der Bildung einer Kommission, deren Aufgabe darin bestand,

Aufnahme des Marshallplans im Osten

auf der Grundlage der Frankfurter Wirtschaftspolitik und unter Schonung des sozialen Flügels der Union ein programmatisches Dokument zu entwerfen, stand nichts mehr im Wege. So entstanden in enger Zusammenarbeit zwischen Erhard, seiner Verwaltung und Vertretern der Partei die »Düsseldorfer Leitsätze« der CDU, die, am 15. Juli 1949 verkündet, zum offiziellen Programm der Gesamtpartei avancierten. Trotz der behaupteten Kontinuität zum »Ahlener Programm« vom Februar 1947 stellten sie mit ihrer eindeutigen Option für marktwirtschaftliche Prinzipien eine wirtschaftspolitische Wende dar. Sie verkündeten das Konzept der sozialen Marktwirtschaft, wie es vor allem von Alfred Müller-Armack seit 1946 theoretisch entwickelt und in den Reformen Erhards ein Stück politischer Praxis geworden war.[86]

In den »Düsseldorfer Leitsätzen« hieß es, die CDU verzichte auf Planung und Lenkung der Produktion, aber sie lehne auch eine freie Wirtschaft liberalistischer Prägung ab, da diese zu unsozialen Auswüchsen führe. Konkurrenzbeschränkende Marktabsprachen und Kartellverträge seien zu verbieten. Von der Sorge zentraler Lenkung entlastet, habe der Staat die Aufgabe, durch ein berechenbares System von Ordnungsmitteln den Wettbewerb zu fördern und das Geldwesen zu ordnen. Notwendige planvolle Beeinflussung der Wirtschaft müsse mit den »organischen Mitteln einer umfassenden Wirtschaftspolitik« vorgenommen werden, »in sinnvoller Kombination von Geld- und Kredit-, Handels- und Zoll-, Steuer-, Investitions- und Sozialpolitik«. Das Ziel der sozialen Marktwirtschaft klang verlockend und hörte sich an wie das Versprechen, »nach Maßgabe der volkswirtschaftlichen Produktivität« den höchsten Lebensstandard zu erreichen und »das günstigste Verhältnis zwischen Löhnen und Preisen« herbeizuführen.[87]

Der erste Wahlkampf auf Bundesebene stand vor der Tür und trieb im Sommer dem Höhepunkt zu. Mit der Formel »soziale Marktwirtschaft gegen sozialistische Planwirtschaft« versuchten

Aufnahme des Marshallplans im Westen

Adenauer und Erhard den großen parteipolitischen Gegner, die SPD, in die Nähe des Sozialismus der SBZ zu rücken und die antikommunistischen Affekte der Bevölkerung für die eigene Sache zu nutzen. Die SPD griff zu nicht minder starken Überzeichnungen. Sie versprach lautstark eine Revision der Frankfurter Wirtschaftspolitik. Dabei hatte sie einige Vorteile aufzuweisen. Ihr Parteivorsitzender Schumacher war bekannter als Konrad Adenauer, und der organisatorische Zustand der heterogenen Unionsparteien war der zentral geführten SPD weit unterlegen. Adenauer verstand es, diesen Mangel an Publizität und organisatorischer Schlagkraft durch Verschärfung und Zuspitzung der Wahlkampfrhetorik wettzumachen, worin ihm Schumacher allerdings nichts schuldig blieb.

Am 21. Juli 1949, den Wahlkampf im Heidelberger Schloß eröffnend, stellte Adenauer die Frage: »Wird Deutschland christlich oder sozialistisch werden?«[88] Begehrtester Redner der Union war jedoch Ludwig Erhard, der in unermüdlichem Einsatz, stets Optimismus ausstrahlend, seine »wirtschaftspolitische Botschaft« (K. Hildebrand) unters Volk brachte. Schumacher hielt dagegen. Er sah in Erhard die Reinkarnation sozial kaschierter kapitalistischer Politik und versprach bei einem Wahlsieg seiner Partei die Sozialisierung der Großindustrie, des Kredit-, Finanz- und Versicherungswesens. Zugleich machte er ironisierend klar, daß er weder an die »Planung jeder Käsescheibe« noch an die »Sozialisierung der Friseurläden« denke. Doch die SPD mochte noch so sehr beteuern, daß auch sie gegen das System der Zwangsbewirtschaftung sei, daß sie nur über Art und Tempo des Abbaus anderer Meinung gewesen sei und daß Planwirtschaft nicht das geringste mit Zwangswirtschaft zu tun habe; zunehmend geriet sie argumentativ in die Defensive. Der Wahlkampf nahm grobschlächtige Züge an. Persönliche Unterstellungen, bittere Reaktionen, die an Haßtiraden grenzten, prägten den Stil. Die SPD erhob den Verdacht der »nationalen Unzuverlässigkeit«; die CDU warf der SPD Kollaboration mit der britischen Labour-Regierung vor.

Hans Scharoun, Planung für Berlin, um 1948

Die Wettbewerbe der Nachkriegszeit formulierten die verschiedenen gedanklichen Möglichkeiten für die Rekonstruktion der deutschen Städte.Le Corbusier entwickelte sein Programm von Hochhausstädten und wollte das zerbombte Berlin zu einer einzigen Cité radieuse machen. Hans Scharoun kämpfte nicht nur gegen das Bauen des Dritten Reiches, das trotz der wenigen Friedensjahre von 1933 bis 1939 überall noch die deutschen Städte bestimmte; er hielt die bürgerliche Stadt als solche für eine Fehlentwicklung, und er warnte vor der Reparatur der Trümmerstädte, die er durch »Stadtlandschaften« ersetzen wollte, einzelnen Hochhäusern mit verschiedenen »Zentren«, von denen nur das Berliner Kulturzentrum um Nationalgalerie, Staatsbibliothek, Philharmonie und den Museumskomplex verwirklicht wurde. Ähnliche Zentren sollten für Verwaltung, Wirtschaft und Handel errichtet werden, aufgereiht an »Kreiseln«, die durch autobahnähnliche »Verteiler« erschlossen wurden. Die Betrachtung all dieser Entwürfe der Nachkriegszeit mutet heute gespenstisch an, da der tatsächliche Wiederaufbau dann ganz anderen Gesichtspunkten folgte, jener Bausparkassenwelt, die zur Zersiedelung der Landschaft führte und die Städte ununterscheidbar voneinander machte.

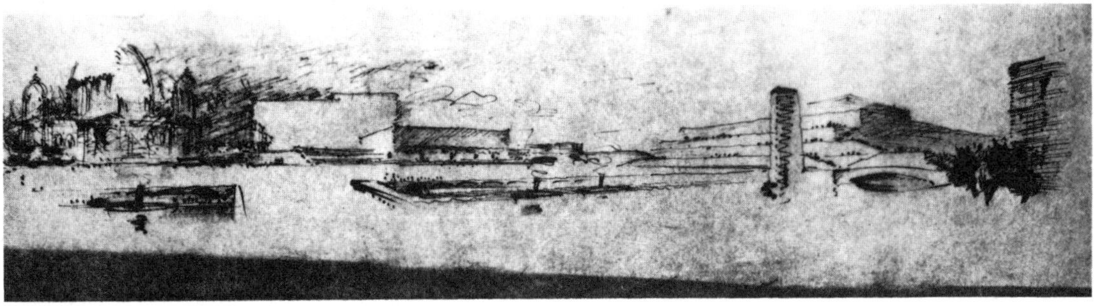

Das Wahlergebnis vom 14. August 1949, das der CDU/CSU einen überraschenden, wenn auch hauchdünnen Sieg vor der SPD bescherte, 31 gegenüber 29,2 Prozent, konnte durchaus als ein Plebiszit für die Erhardsche Wirtschaftspolitik und als Entscheidung gegen jede Art von Sozialisierung gelten, was der hohe Anteil der FDP-Stimmen von 11,9 Prozent noch unterstrich. Während Schumacher als politisches Ergebnis der Wahl den Versuch der Bildung eines Bürgerblocks zur »Besitzverteilung auf Kosten der breiten Massen des Volkes« voraussah, zog wenig später der frisch gewählte Bundeskanzler Adenauer eine andere Bilanz: »Die Frage ›Planwirtschaft‹ oder ›soziale Marktwirtschaft‹ hat im Wahlkampf eine überragende Rolle gespielt. Das deutsche Volk hat sich mit großer Mehrheit gegen die Planwirtschaft ausgesprochen.«[89] In der Tat bewirkte das Wahlergebnis eine Weichenstellung.

Die »Düsseldorfer Leitsätze« hatten in knappen Formeln mit einer Einschätzung der Wirtschaftsentwicklung nach dem Kriege begonnen, die sich auch im zeitgenössischen Verständnis festsetzte und als schlüssige Erklärung für den Beginn des Wirtschaftswunders tauglich schien. »Das wirtschaftliche und soziale Leben des deutschen Volkes«, so stand in der Präambel, »ging nach dem Kriege immer mehr einem Zustand völliger Auflösung entgegen. In der ersten Hälfte des Jahres 1948 war der Tiefpunkt erreicht. Produktion und Arbeitsmoral waren auf ein Minimum abgesunken. Der Kampf um die Ware, der ein Kampf gegen den Hunger war, führte zu rücksichtslosem Egoismus. Der 20. Juni 1948 brachte den Umschwung. Die von der CDU vertretene Wirtschaftspolitik führte zu einer wirtschaftspolitischen Wende. Die menschliche Arbeit erhielt wieder ihren Sinn. Die Arbeitsleistung der Menschen aller Schichten erfuhr eine bedeutende Erhöhung. Die industrielle Produktion stieg rasch und steil an und erreichte in wenigen Monaten eine Verdoppelung. Die Aufhebung der Bezugscheinwirtschaft gab dem Verbraucher wieder die Freiheit zurück. Nach langen Jahren bitterster Entbehrung konnte erstmalig wieder dringendster Bedarf gedeckt werden. Die Läden füllten sich. Mut, Kraft und Energie wurden entfacht und das ganze Volk aus dem Zustand der Lethargie gerissen. Die Währungsreform allein hat diesen Umschwung nicht herbeigeführt, aber sie schaffte die technischen Voraussetzungen. Der wesentliche Impuls kam aus der Inkraftsetzung marktwirtschaftlicher Grundsätze. Diese wurden durch die von der CDU vertretene ›soziale Marktwirtschaft‹ am 20. Juni 1948 zur Grundlage der deutschen Wirtschaftspolitik gemacht.«[90]

Bonner Silhouette: links das Auswärtige Amt, rechts das Bundespostministerium

Ein Neubaufieber ergriff die fünfziger Jahre, das noch in der Rückschau unbegreiflich, fast gespenstisch anmutet. Man verachtete nicht nur die jüngst vergangene Wirklichkeit der NS-Architektur; die bürgerliche Welt des späten 19. und des frühen 20. Jahrhunderts schien durch den Schrecken, in den sie am Ende gemündet war, ganz und gar desavouiert, und diese auch theoretisch vorgetragene Ablehnung der Vergangenheit prägte sich sowohl in der Städteplanung als auch in der Architektur aus. Unter allgemeinem Beifall sprengte man die Relikte der Vergangenheit, wie etwa das Welfenschloß von Hannover und die Rathäuser und Kaufhäuser der Wilhelminischen Ära. Fast alle Plätze, Straßen und öffentlichen Gebäude der fünfziger Jahre gingen aus Wettbewerben hervor, und die Mißgestalt, die zum Beispiel das neue Bonn erhielt, wurde als demokratische Abkehr von der Monumentalarchitektur der gerade vergangenen Ära gefeiert.

Dieses Bild bedarf der Korrektur. Die Wirtschaft startete nicht vom Nullpunkt. Die Produktionskapazität war keineswegs so dezimiert, wie dies angesichts der Trümmerlandschaft erschien. Schon vor der Rekonstruktion durch die ordnungspolitischen Entscheidungen des Jahres 1948 gab es einen leichten Produktionsanstieg. Die Krise des Winters 1946/47 war daher nicht einfach das Ergebnis gesamtwirtschaftlicher Auflösungserscheinungen. Sie beruhte vor allem auf der Unzulänglichkeit des Verkehrswesens, da die Frachtkapazität der Eisenbahn bei den extremen Witterungsbedingungen im Winter sich den Anforderungen nicht mehr gewachsen zeigte. Die von der CDU vertretene Wirtschaftspolitik entbehrte zunächst der Einheitlichkeit. Erst später übernahm die Union die Erhardsche Politik, die sie bereits im Frankfurter Wirtschaftsrat stützte, als eigenes Programm. Die Schnelligkeit, mit der sich nach der Währungsreform die Warentische wieder füllten, kann als Beweis dafür gelten, daß auf den Tag X hin produziert und gehortet worden war. Die marktwirtschaftliche Öffnung stieß nicht sofort das Tor zu einer besseren wirtschaftlichen Zukunft auf. Preisanstieg, zunehmende Arbeitslosigkeit und Unausgewogenheiten zwischen freiem Markt und noch bestehender Bewirtschaftung führten in den ersten Monaten zu erheblichen sozialen und politischen Auseinandersetzungen. Der Marshallplan spielte in der frühen Phase nach der Währungsreform ökonomisch noch so gut wie keine Rolle. Als wesentlicher Faktor machte sich das verspätet anlaufende ERP-Programm erst mit der Gründung der Bundesrepublik bemerkbar.

Trotzdem bleibt festzuhalten, daß Währungsreform, freier Marktwirtschaft und Marshallplan zusammen die entscheidende Wirkung für das schnelle Wirtschaftswachstum zukam. Der Produktionsanstieg war keineswegs nur die Fortsetzung einer wirtschaftlichen Erholung, die schon vor der Währungsreform einsetzte.[91] Selbstverständlich konnte 1948 noch niemand das künftige Wirtschaftswunder voraussehen. Unbestritten sind jedoch die so-

zialpsychologischen und politischen Wirkungen, die von den Erhardschen Reformen und von der Ankündigung der Marshallplan-Hilfe ausgingen, deren Bedeutung gerade in ihrer kombinierten ökonomisch-politischen Doppelwirkung bestand.[92] Obwohl die soziale Marktwirtschaft ein von den Deutschen selbst entwickeltes Konzept war, hing ihre Durchsetzung unmittelbar von der ideellen und materiellen Hilfe der USA ab. Damit wurde, bei gleichzeitiger Vertiefung des Ost-West-Gegensatzes und der deutschen Teilung, in den Westzonen ein Meinungsklima geschaffen, in dem die marktwirtschaftliche Öffnung als wesentliche Voraussetzung individueller Freiheit und demokratischer Lebensform erschien.

IV.
Konflikt in Deutschland

1. Scheitern der Viermächtepolitik

Die innere Entwicklung der einzelnen Zonen, die beginnende Zusammenarbeit zwischen den Westzonen und die früh erkennbare Sonderentwicklung in der SBZ verdeutlichen, daß es zu einer konstruktiven gemeinsamen Politik der vier Mächte in Deutschland nicht gekommen ist, obwohl die Fiktion alliierter Gemeinsamkeit bis 1947 erhalten blieb.

Die Diskussion über Ursachen und Verlauf des kalten Krieges, seine innen- wie außenpolitischen Aspekte hält an.[1] Sie hat sich durch die verbesserte Quellensituation und eine Vielfalt empirischer Einzelstudien versachlicht. Die traditionelle Auffassung sah die ausschließliche Ursache des Ost-West-Konflikts – und damit der Spaltung Deutschlands – in einer gezielten Expansionspolitik der Sowjetunion. Diese These wurde durch die revisionistische Interpretation amerikanischer Historiker in Frage gestellt, die – nicht weniger vehement und einseitig – nicht die sowjetische, sondern die westliche Politik für die Spaltung der Welt in zwei Lager verantwortlich machte, weil diese eine weltweite wirtschaftliche und politische Dominanz angestrebt habe.

Der kalte Krieg ist indessen nicht schlagartig ausgebrochen. Von keiner Seite ist das Scheitern der im Kriege begründeten Allianz gezielt betrieben worden. Vielmehr waren die Spannungen, die dem Ost-West-Konflikt zugrunde lagen, längst vorgezeichnet. Zum Gradmesser der krisenhaften Zuspitzungen entwickelte sich die Arbeit in jenen Gremien, die, wie der Kontrollrat in Berlin, die Zusammenarbeit der Alliierten voraussetzten, um »im gegenseitigen Einvernehmen Entscheidungen über alle Deutschland als Ganzes betreffenden wesentlichen Fragen« zu fällen.[2]

Als die stellvertretenden Militärgouverneure (Sokolowski, Clay, Robertson und Koeltz) im Koordinationsausschuß, dem zunächst wichtigsten Organ des Kontrollrats, sich an die Arbeit machten, um Grundsatzentscheidungen im administrativen, wirtschaftlichen und politischen Bereich für das besetzte Deutschland vorzubereiten, stellten sie fest, daß sie in Fragen, die Deutschland als Ganzes betrafen, handlungsunfähig waren. Die Größe der Verwaltung, die sich aus zwölf Direktoraten mit zeitweise mehr als 170 Ausschüssen und Unterausschüssen zusammensetzte, stand in auffallendem Gegensatz zu ihrer Effektivität. Der Kontrollrat war ein unproduktiver und schwerfälliger Apparat, der darunter litt, daß er mit den deutschen Problemen nur unzureichend vertraut war und daß er, da zentrale deutsche Verwaltungen nicht gebildet wurden, auf die Expertise deutscher Stellen weitgehend verzichten mußte. Zunächst erschienen die Vertreter Frankreichs als die eigentlichen Störenfriede. Sie machten rigoros von ihrem Vetorecht Gebrauch und wiesen zur Rechtfertigung ihrer Haltung darauf hin, daß sie in Potsdam nicht dabeigewesen seien. Tatsächlich waren sie an einer Dezentralisierung und Schwächung Deutschlands interessiert. Aus sicherheitspolitischen Erwägungen verlangten sie weiterhin Grenzkorrekturen im Westen sowie die Ab-

Die alliierten Oberbefehlshaber in Deutschland: Feldmarschall Montgomery, Marschall Schukow, General Eisenhower und General Koenig bei der morgendlichen Flaggenparade, 1945

In vielerlei Hinsicht suchte die französische Besatzungspolitik das Wiedererstarken eines deutschen Staates zu verhindern, und deshalb sperrte sich die französische Besatzungsmacht gegen die englischen und amerikanischen Initiativen zu einheitlichem Vorgehen. Sehr häufig fand sich der französische Vertreter in der alliierten Kommandantura auf der Seite seines sowjetischen Kollegen, der eine Vereinigung der verschiedenen Regionen nur bei einer Verfolgung der eigenen Ziele zu akzeptieren bereit war.

trennung der Rheinlande und Westfalens einschließlich des Ruhrgebiets. Darüber hinaus arbeiteten sie auf eine Angliederung des Saargebietes an Frankreich hin und waren nicht bereit, über die Errichtung zentraler deutscher Verwaltungsstellen mit sich reden zu lassen. Die Amerikaner reagierten zunehmend verärgert. General Clay, der zu diesem Zeitpunkt noch auf das gute Einvernehmen mit den russischen Vertretern im Kontrollrat setzte, sah in der Haltung Frankreichs die Ursache dafür, daß sich kaum etwas bewegte. Amerikanische Überlegungen gingen sogar dahin, mit den Briten und Russen einen trizonalen Alleingang an Frankreich vorbei zu starten, und Präsident Truman drohte auf einer Pressekonferenz am 29. November 1945 mit der Abschaffung des Vetos, um die Arbeits- und Beschlußfähigkeit der alliierten Gremien zu sichern.

Es bleibt allerdings fraglich, ob bei einer kooperativen Einstellung Frankreichs tatsächlich deutsche Zentralverwaltungen aufgebaut worden wären und ob dies zu einer gesamtdeutschen Politik der Alliierten hätte führen können. Zwar übten auch London und Moskau Kritik am französischen Verhalten. Doch schon zu diesem Zeitpunkt – im Herbst 1945 – gab es vor allem auf britischer Seite zunehmend die Befürchtung, daß gesamtdeutsche Einrichtungen der Sowjetunion, die ihren Besatzungsbereich bereits uneingeschränkt kontrollierte, zusätzliche Einflußmöglichkeiten auf die Westzonen eröffnen könnten.[3] Die schon in Potsdam abgelehnte, von der Sowjetunion aber erneut erhobene Forderung nach einer internationalen Ruhrbehörde mit russischer Beteiligung schien dies zu bestätigen.

Der Alliierte Kontrollrat blieb indes nicht untätig. Er produzierte eine Fülle von Proklamationen, Befehlen und Direktiven, die sich im wesentlichen auf die negativen Aspekte der Besatzungsherrschaft bezogen und deren Auswirkungen auf die einzelnen

Zonen von sehr zweifelhaftem Wert blieben. So hob er eine Reihe nationalsozialistischer Gesetze auf, verfügte die Auflösung der NS-Organisationen, beschloß die Erhöhung der Lohn- und Einkommenssteuer und eine Umgestaltung des deutschen Gerichtswesens. Er sprach ein Verbot der militärischen Ausbildung aus, löste die längst nicht mehr bestehende deutsche Wehrmacht auf und erließ Direktiven über den Aufbau von Arbeitsgerichten und Betriebsräten. Hatten viele der Beschlüsse des Kontrollrats nur noch kosmetischen Charakter, wie zum Beispiel die Auflösung des preußischen Staates im Oktober 1947, so gab es doch auch äußerst folgenschwere Entscheidungen. Schon am 20. November 1945 hatte der Kontrollrat einen Plan gebilligt, der die Umsiedlung von 6,65 Millionen Deutschen vorsah, davon allein 3,5 Millionen aus den polnisch besetzten Gebieten, weitere 2,5 Millionen aus der Tschechoslowakei, 500000 aus Ungarn und 150000 aus Österreich, von denen der weitaus größte Teil auf die britische und amerikanische Besatzungszone verteilt wurde.[4] Die Zustimmung der westlichen Alliierten zu diesem Vorhaben kam einer De-facto-Anerkennung der in Potsdam provisorisch festgelegten deutschen Ostgrenze gleich.

Die Grundprobleme gemeinsamer Besatzungspolitik vermochte der Alliierte Kontrollrat nicht zu überwinden. Immerhin einigten sich die vier Mächte im März 1946 nach zähen Verhandlungen auf die Verabschiedung eines Plans über das deutsche Industrieniveau, der sich jedoch schon bald als wirklichkeitsfremd erwies. Es war unmöglich, die Industriekapazität Deutschlands drastisch einzuschränken und gleichzeitig für einen wirtschaftlichen und politischen Neuaufbau sorgen zu wollen. So geriet die gesamtdeutsche Politik des Alliierten Kontrollrats immer tiefer in die Sackgasse. Fortschritte hätten einen grundsätzlichen Konsens über die künftige Gestalt und Stellung Deutschlands und eine Einigung über die Bedingungen einer friedensvertraglichen Regelung vorausgesetzt. Gemäß dem Potsdamer Kommuniqué lag dies in der Zuständigkeit des Rates der Außenminister, der bis zum Jahre 1949 insgesamt sechsmal in den Hauptstädten der Siegermächte zusammentrat. Wie die Verhandlungen des Kontrollrats, so wurden auch die vergeblichen Bemühungen der Außenminister ein Zeugnis der fortschreitenden Gegensätze. Nach den Franzosen begannen sich als erste die Briten erkennbar von der Priorität einer gesamtdeutschen Politik loszusagen. Die negativen Erfahrungen mit der Sowjetunion in Ost- und Südosteuropa sowie das rigorose Vorgehen der Russen in ihrer deutschen Besatzungszone und ihr Verhalten im Kontrollrat führte in London zu der Überzeugung, daß »die russische Gefahr mit Sicherheit inzwischen genauso groß, möglicherweise aber noch größer ist als die Gefahr, die von einem wiedererstarkten Deutschland ausgeht«. Als schlimmste aller denkbaren Möglichkeiten galt das Zusammengehen eines vereinigten Deutschland mit der Sowjetunion oder ein von Moskau beherrschtes Gesamtdeutschland. Es lag in der Logik dieser Auffassung, mit der entschlossenen Errichtung eines Weststaates der Zweiteilung Deutschlands den Vorzug zu geben, »sollte es sich angesichts der sowjetischen Politik als unvermeidlich herausstellen«.[5]

»Ha no – mer hawe schon alles besetzt, Karikatur von M. Szewczuk

Die deutschen Bundesländer schoben sich die Flüchtlingsströme gegenseitig zu, wobei ja angesichts der zerstörten Städte tatsächlich unklar war, wie auch nur die ansässige Bevölkerung halbwegs zureichend untergebracht werden sollte. Schleswig-Holstein und Bayern galten als Notstandsgebiete, die Großstädte nach dem Bombenkrieg als unbewohnbar, und die Franzosen lehnten für das Saarland alle Flüchtlingsunterbringungen ab, um einen späteren Anschluß der Saar an Frankreich nicht zusätzlich zu erschweren. Erst die Verabschiedung einer Quotenregelung brachte eine gewisse Beruhigung in den oft heftigen Streit zwischen ländlichen Kommunen, industriellen Ballungszentren und regionalen Wirtschaftsräumen.

Die Amerikaner hielten im Gegensatz zu den Briten auch im Frühjahr 1946 noch entschieden an gesamtdeutschen Vorstellungen fest. Im Berliner Kontrollrat war ihr Verhältnis zu den russischen Vertretern zunächst sogar besser als das zu den britischen Kollegen. Doch während Clay sich um gesamtdeutsches Einvernehmen mit den Sowjets bemühte, drängte die US-Botschaft in Moskau längst auf einen anderen Kurs. Dort war man zu einer ebenso realistischen wie pessimistischen Sicht gelangt, welche die Experten der britischen Botschaft, namentlich Frank Roberts, der spätere Privatsekretär Ernest Bevins, teilten. Am 22. Februar 1946 sandte George F. Kennan, der amerikanische Botschaftsrat in Moskau, sein berühmtes »langes Telegramm« an das State Department in Washington, das als Beginn des Wandels der amerikanischen Außenpolitik nach dem Zweiten Weltkrieg gelten darf.[6] Er analysierte darin die ideologische Fundierung der sowjetischen Politik, deren marxistisch-leninistisches Ziel der Weltrevolution er als Ausdruck interner Konflikte des riesigen Landes interpretierte. Die für die russische Politik bezeichnende Vermischung defensiver und aggressiver Einstellungen schrieb er dem Modernisierungsrückstand gegenüber dem Westen und der traditionellen Abschottungsstrategie zu. Hinter der neurotischen Sicht der Weltlage verberge sich das instinktive Gefühl des Bedrohtseins. Kennan machte deutlich, daß es für die UdSSR auf die Dauer keinen Modus vivendi mit den Vereinigten Staaten geben könne. Er forderte deshalb dazu auf, die amerikanische Strategie von Grund auf neu zu durchdenken.

Nur zwei Wochen später befaßte sich Kennan in einem weiteren Telegramm mit den Voraussetzungen und Zielen der sowjetischen Deutschlandpolitik.[7] Den Schlüssel zur neu entstandenen Situation sah er darin, daß die Westmächte die Oder-Neiße-Linie faktisch hingenommen hätten. Die Sowjetunion habe damit meh-

rere entscheidende Vorteile für sich durchsetzen können. Sie habe die kürzeste strategische Linie zwischen den Karpaten und der Ostsee erhalten. Zugleich sei durch die Grenzverschiebung das Verhältnis zwischen Deutschen und Polen so belastet, daß jede Form der Zusammenarbeit zwischen diesen beiden Völkern für die absehbare Zukunft auszuschließen, und Polen darüber hinaus in völlige militärische Abhängigkeit von Rußland geraten sei. Eine künftige nationale Einheit Deutschlands werde durch den Verlust der Ostgebiete kompliziert, wenn nicht gar unmöglich gemacht, es sei denn, Deutschland bleibe wirtschaftlich und politisch von einigen starken Nachbarstaaten abhängig.

Als Ziel der sowjetischen Politik glaubte Kennan den Aufbau einer »antifaschistischen deutschen Republik« zu erkennen, die einem sozialistischen Staat des sowjetischen Typs den Weg bereiten sollte. Er bezweifelte, daß die Russen bisher wirklich die Errichtung zentraler deutscher Verwaltungsstellen gewünscht hätten. Sie seien offensichtlich froh darüber gewesen, in ihrer Zone einige Monate lang völlig freie Hand gehabt zu haben. Im geeigneten Augenblick könnten sie noch immer zentrale Verwaltungen als Instrument einsetzen, um auf diese Weise Einfluß auf die westlichen Zonen zu nehmen. Deshalb hätten die Sowjets selbst nie der Schaffung deutscher Stellen widersprochen, sondern die Obstruktion im Kontrollrat den Franzosen überlassen. Kennan warnte seinerseits die amerikanische Außenpolitik vor zu viel Optimismus im Hinblick auf gesamtdeutsche Verwaltungen, vor allem vor der unrealistischen Annahme, diese könnten dazu dienen, die sowjetische Alleinherrschaft in der östlichen Besatzungszone aufzubrechen. Nach seiner Meinung gab es für die amerikanische Deutschlandpolitik nur folgende Alternative: entweder Deutschland nominell zu vereinigen und es damit weitgehend sowjetischer Durchdringung und Beeinflussung zu überlassen oder aber »den Prozeß der Teilung, der im Osten begann, zu seinem logischen Abschluß zu bringen und sich zu bemühen, die westlichen Zonen Deutschlands dadurch zu retten, daß man sie gegen östliche Durchdringung abschirmt und sie in ein politisches Muster Westeuropas und nicht in das eines vereinigten Deutschlands integriert«.[8]

Zu diesem Zeitpunkt aber war die Politik der Eindämmung des sowjetischen Einflusses und damit indirekt die Hinnahme der deutschen Teilung noch nicht die offizielle Linie der USA. Vorerst glaubte Außenminister Byrnes an eine gesamtdeutsche Lösung. Ihm lag daran, die Reaktion der Sowjetunion zu testen, um Klarheit über deren Absichten zu gewinnen und gleichzeitig den Stillstand der alliierten Deutschlandpolitik zu überwinden. Deshalb entwickelte er den Vorschlag, daß Deutschland nach Aufhebung der Besatzung noch 25 Jahre entmilitarisiert und unter strenger gemeinsamer Kontrolle der vier Mächte bleiben sollte. Byrnes führte hierzu mit den westlichen Verbündeten, aber auch mit Molotow und Stalin, Sondierungsgespräche. Als er von sowjetischer Seite positive Reaktionen zu erkennen glaubte, ließ er einen detaillierten Plan entwerfen, den er auf der Pariser Außenministerkonferenz im Frühjahr 1946 vorlegte. Der Leitgedanke bestand

darin, dem berechtigten Sicherheitsbedürfnis der Sowjetunion, Frankreichs und auch Großbritanniens Rechnung zu tragen, ohne Deutschlands staatliche Einheit zu opfern, zumal Byrnes davon ausging, daß ein zerstückeltes Deutschland in Mitteleuropa irredentistische Neigungen entwickeln und stets ein Unruhefaktor bleiben würde.[9]

Der Vorstoß des amerikanischen Außenministers endete mit einem völligen Fehlschlag. Obwohl Byrnes in der zweiten Phase der Konferenz so weit ging, der sowjetischen Seite eine Verlängerung der Kontrolle über Gesamtdeutschland für 40 Jahre zu konzedieren, fand er nur kühle Ablehnung. Ohne sich mit den amerikanischen Vorschlägen ernsthaft auseinanderzusetzen, beharrte Molotow auf altbekannten, zum Teil schon durch Potsdam über-

George F. Kennan, 1944 bis 1947 Botschaftsrat in Moskau und Verfasser des »langen Telegramms«, das als Beginn des Wandels der amerikanischen Außenpolitik nach dem Zweiten Weltkrieg gilt.

holten Forderungen. Auch die Anregung, ein Gremium von Sonderbeauftragten zu ernennen, lief ins Leere. Die Haltung Molotows machte überdeutlich, daß die Sowjetunion eine ernsthafte Erörterung der Deutschlandfrage unter den gegebenen Voraussetzungen gar nicht wünschte. Anders als von Byrnes beabsichtigt, mußte die sowjetische Seite aufs höchste darüber alarmiert sein, daß die vorgetragenen Pläne auf eine Fortsetzung der Stationierung amerikanischer Truppen in Europa und damit auf ein langfristiges amerikanisches Engagement westlich des sowjetischen Herrschaftsbereichs hinausliefen. Für Stalin und Molotow, die sich noch gut an jene beiläufige Bemerkung Roosevelts auf der Konferenz von Jalta erinnerten, die den baldigen Abzug der Amerikaner aus Europa angekündigt hatte, stellte dies eine Bedrohung dar. Die Absicherung des bereits Gewonnenen hatte nun in beider Augen offensichtlich absoluten Vorrang. Die Amerikaner sahen sich in ihrer Rolle als »Anwälte der deutschen Einheit« isoliert.[10]

Das Scheitern des Byrnesschen Vorschlags hat in Washington zweifellos zum raschen Wandel der Deutschlandpolitik beigetragen. Nachdem sich die amerikanische Diplomatie mehr als ein Jahr lang bemüht hatte, französische Vorbehalte gegenüber einer Verwaltungs- und Wirtschaftseinheit Deutschlands auszuräumen, war sie es nun nach der sowjetischen Weigerung leid, weiter gegen Windmühlenflügel zu kämpfen. Zu lange hatte man die Dinge treiben lassen, weil man auf gemeinsame Lösungen setzte. Der

Generalstreik in Bayern, Februar 1947

Zustand Deutschlands hatte sich zusehends verschlechtert. Jetzt waren die USA nicht mehr gewillt, in Passivität zu verharren. Kennans Einschätzung der Lage begann sich durchzusetzen.

Vor allem die britische Besatzungsmacht nahm dies mit Erleichterung zur Kenntnis. London hatte die Umorientierung der amerikanischen Politik ebenso nachhaltig wie vorsichtig unterstützt. Am Ende der Pariser Konferenz stellte Außenminister Bevin fest, daß es für sein Land nur noch die Alternative gebe, entweder die eigene Zone, die sich für den britischen Steuerzahler zu einem unerträglichen Zuschußunternehmen entwickele, wirtschaftlich selbstständig, also auf Export hin, zu organisieren oder aber auf einem anderen Wege als bisher zur Vereinigung der Zonen zu gelangen. Aus britischer Sicht konnte damit zunächst nur der Zusammenschluß mit dem amerikanischen Besatzungsgebiet gemeint sein. Byrnes reagierte unmittelbar. Er gab am 15. Juli 1946 jene folgenreiche Erklärung ab, in der die USA anboten, ihre Zone mit allen anderen oder auch mit einzelnen Zonen zusammenzuschließen, um auf diese Weise die wirtschaftliche Einheit Deutschlands herzustellen. Jetzt kam der Gedanke der »progressive unification« zum Zuge, der sich von gemeinsamer alliierter Politik abwendete und wirtschaftliche und später auch politische Einheit über den Umweg zwei- oder mehrseitiger Zonenabkommen anstrebte.

Dieses Konzept vertrug sich hervorragend mit einer künftigen föderalistischen Struktur Deutschlands, der die amerikanische Politik – nicht zuletzt aufgrund der bundesstaatlichen Tradition der USA – zuneigte. Außerdem brachte es den unübersehbaren Vorteil, daß es den Westdeutschen selbst eine Zukunftsperspektive eröffnete, die deren Mitarbeit am demokratischen Aufbau der Besatzungszonen und an der geplanten Fusion nicht als Verrat an der deutschen Einheit erscheinen ließ. Sie konnten nunmehr die Hoffnung nähren, daß eine positive Entwicklung der Westzonen und deren zunehmende Einbeziehung in das westliche System eine Sog- und Magnetwirkung auf den anderen Teil Deutschlands ausüben werde, so daß am Ende dieses Prozesses die deutsche Einheit in Freiheit stünde.

Die Sowjetunion hat die ersten Schritte der USA und Großbritanniens zur Bildung der Bizone mit scheinbarer Ruhe hingenommen. Noch immer bestand für die russische Diplomatie die Möglichkeit, die beginnende Zonenfusion im Westen gegen die Errichtung von Zentralverwaltungen einzutauschen – ein Alptraum für die britischen Politiker. Um der Interpretation entgegenzuwirken, das Zweizonenprojekt sei ein bewußter Anschlag auf die Beschlüsse von Potsdam und auf die deutsche Einheit, mußten die USA und Großbritannien die sowjetische Verweigerung vor aller Welt deutlich werden lassen. So erklärt sich die Ambivalenz der amerikanischen Politik, die noch längere Zeit an einer Viermächtelösung festhielt, aber schon jetzt praktische Schritte zur bizonalen Zusammenarbeit einleitete.

Als General Joseph T. McNarney im Alliierten Kontrollrat offiziell das amerikanische Angebot zum Zusammenschluß der Zonen unterbreitete, meinte sein sowjetischer Kollege Sokolowski nur,

daß er den Bezug zur deutschen Wirtschaftseinheit nicht zu erkennen vermöge. Über die Motive der russischen Politik beim Entstehen der Bizone wird nur spekuliert werden können, solange die sowjetischen Akten verschlossen bleiben. Wahrscheinlich ist, daß den Planern im Kreml die amerikanisch-britische Politik gar nicht so ungelegen kam. Sie hatten eine offensiv angelegte deutschlandpolitische Strategie der USA, wie sie im Byrnesplan zum Ausdruck kam, abgewehrt. Der Rückzug der Amerikaner auf den eigenen Einflußbereich bedeutete implizit die Anerkennung des Status quo in Ost und West. Die durch den Rat der Außenminister 1946 vollzogenen Friedensschlüsse mit den ehemaligen Verbündeten Hitler-Deutschlands akzeptierten de facto die von den Sowjets geschaffenen Zustände. Damit war die in Jalta entstandene »Erklärung über das befreite Europa« Makulatur geworden. Anders als die kämpferisch entschlossene Sprache der wenig später beginnenden Eindämmungspolitik vermuten läßt, beruhte die neue amerikanische Strategie auf einer defensiven Grundhaltung. Das Ziel, freiheitlich-demokratische Zustände in Ostmitteleuropa zu erreichen, rückte in weite Ferne, zumal es als realisierbare Möglichkeit ohnehin kaum mehr bestand.

Die berühmte Rede, die der amerikanische Außenminister Byrnes am 6. September 1946 in Stuttgart hielt, ließ vor aller Welt deutlich werden, daß die USA nach dem Scheitern ihres deutschlandpolitischen Vorstoßes in Paris nun neue Akzente setzten. Dies war mehr als eine bloße Abkehr von den negativen Leitlinien der Besatzungsorder JCS 1067, die General Clay in der politischen Praxis längst verlassen hatte. Es war die Verpflichtung der USA, sich weiterhin in Europa zu engagieren. Byrnes hatte sich, bevor er nach Stuttgart fuhr, mit Clay in Berlin abgestimmt. Dieser bat ihn nachdrücklich, keinesfalls jenen Satz der Rede abzuschwächen, der die fortdauernde Präsenz amerikanischer Besatzungstruppen ankündigte. Was Byrnes im Stuttgarter Opernhaus in Anwesenheit der vier Ministerpräsidenten der amerikanischen Zone vortrug, mußte den Deutschen als ein erster Hoffnungsschimmer in einer noch immer als aussichtslos empfundenen Situation erscheinen. Dem Ministerpräsidenten von Groß-Hessen, Karl Geiler, standen bei seiner Dankadresse Tränen in den Augen. Über Rundfunk original übertragen und in Sonderausgaben verbreitet, gelangte der Inhalt der Rede direkt in die Öffentlichkeit.

»Im Jahre 1917«, so erklärte Byrnes, »wurden die Vereinigten Staaten zur Teilnahme am Ersten Weltkrieg gezwungen. Nach diesem Krieg weigerten wir uns, dem Völkerbund beizutreten. Wir glaubten, uns den europäischen Kriegen fernhalten zu können und verloren das Interesse an europäischen Angelegenheiten. Dies schützte uns aber nicht davor, zum Eintritt in den Zweiten Weltkrieg gezwungen zu werden. Wir wollen jenen Fehler nicht wiederholen. Wir sind entschlossen, uns weiter für die Angelegenheiten Europas und der Welt zu interessieren.« Die Durchführung der Potsdamer Beschlüsse sei dadurch behindert worden, daß der Alliierte Kontrollrat nicht die notwendigen Maßnahmen zur Wirtschaftseinheit getroffen habe und die ausdrücklich verlangten zentralen deutschen Verwaltungsstellen nicht errichtet worden seien.

Hungerdemonstration der Münchner Studenten, Sommer 1947

Der Wandel der amerikanischen und englischen Besatzungspolitik brauchte lange; erst während des Jahres 1946 wurde den Amerikanern allmählich bewußt, daß auch Monate nach dem Ende des Krieges die Lage in dem besetzten Land praktisch keine Verbesserung zeigte. Die Stuttgarter Rede des amerikanischen Außenministers James F. Byrnes war das erste Signal dafür, daß man im State Department allmählich umdachte und deutschlandpolitische Vorstellungen der Kriegs- und Nachkriegsjahre über kurz oder lang ad acta legen würde. Wenn auch die konkreten Maßnahmen wie der Marshallplan noch auf sich warten ließen, zogen nicht nur die Parteien, sondern auch die Bevölkerung daraus den Schluß, daß es Licht am Ende des Tunnels gab.

Molotow auf den alliierten Konferenzen in Paris, Moskau und London, Karikatur aus den *Detroit News*

Um dieses Ziel doch noch zu erreichen, habe die amerikanische Regierung offiziell ihre Absicht ausgedrückt, die Wirtschaft ihrer eigenen Zone »mit einer oder mit allen anderen zu vereinigen, die hierzu bereit sind«. Bisher habe sich nur die britische Regierung bereit erklärt, mit ihrer Zone daran teilzunehmen. Er begrüßte diese Zusammenarbeit aufs wärmste und betonte zugleich, daß die Vereinigungspolitik nicht jene Regierungen ausschließen solle, »die heute noch nicht zum Beitritt bereit sind, die Vereinigung steht ihnen frei«. Byrnes versäumte es nicht, wiederholt darauf hinzuweisen, daß das deutsche Volk einsehen müsse, daß der Hauptgrund seines eigenen Leidens in jenem Krieg zu sehen sei, den die Nazidiktatur über die Welt gebracht habe.[11]

Bereits am 1. Oktober 1946 wurde das Verwaltungsabkommen über die Bizone unterzeichnet. Die darin vorgesehenen Verwaltungsräte nahmen unverzüglich ihre Arbeit auf. Am Rande der Außenministerkonferenz in New York bestätigten Briten und Amerikaner die Vereinbarung am 2. Dezember 1946 auf Regierungsebene. Am 1. Januar 1947 trat das Abkommen über das Vereinigte Wirtschaftsgebiet in Kraft. Auf der New Yorker Konferenz hatten Byrnes und Molotow sich darauf geeinigt, den Rat der Außenminister erneut einzuberufen, um ihn dann speziell mit der Deutschlandfrage zu befassen, die in Paris nicht das eigentliche Thema gewesen war.

Die politische Großwetterlage hatte sich schon vor der Moskauer Außenministerkonferenz, die vom 10. März bis 24. April 1947 tagte, grundlegend gewandelt.[12] Bis zur Jahreswende 1946/47 setzte sich in der amerikanischen Außenpolitik die »containment policy«, die Politik der Eindämmung jedes weiteren sowjetischen Vordringens, durch, die schließlich in die Trumandoktrin mündete. Der Wechsel im amerikanischen Außenministerium kurz nach der New Yorker Außenministerkonferenz unterstrich die veränderte Haltung. Mit George Marshall, der die US-Delegation in Moskau anführte, kam ein Mann der härteren Linie. Auf der Konferenz wurden langwierige und ergebnislose Diskussionen über die Reparationsproblematik, über die Viermächtekontrolle der Ruhr und über die Veränderung der deutschen Grenzen in Ost und West geführt.[13] Moskau verband seine Zustimmung zu zentralen deutschen Verwaltungen oder einer deutschen Regierung mit der Bedingung, daß die bizonalen Einrichtungen wieder beseitigt würden. Die Amerikaner hingegen vertraten die Ansicht, dieses Problem löse sich schnell, wenn die SBZ das amerikanisch-britische Angebot zur Zonenfusion akzeptiere. Molotow war jedoch weit davon entfernt, die sowjetische Position preiszugeben.

Die Fronten verhärteten sich. Zugleich setzte die öffentliche Propagandaschlacht ein. Clay stellte in einem Memorandum vom 23. März 1947 fest: »Im übrigen ist es der amerikanischen Delegation klar, daß die wirtschaftliche Behandlung Deutschlands nicht für sich betrachtet werden kann. Sie muß im Licht der europäischen Wirtschaft gesehen werden. Darüber hinaus muß die letzte Entscheidung von der Festlegung der deutschen Grenzen, von einem Abkommen zwischen den vier Mächten, das die Sicherheit für die deutschen Nachbarn garantiert, von der schließlichen Dis-

position des Ruhr-Problems und der Errichtung einer demokratischen deutschen Regierung abhängig sein. Wir können die wirtschaftliche Einheit als ein isoliertes Problem betrachten, lösen können wir es nur als Bestandteil einer Gesamtlösung des deutschen Problems.«[14] Noch in Moskau hielt Marshall eine Rundfunkrede, in der er das Scheitern der Konferenz eingestand, die Klärung der Positionen jedoch als Fortschritt begrüßte. »Die entscheidenden Gegensätze kamen zum ersten Male ans Licht und sind nun klar umgrenzt, so daß künftige Verhandlungen mit einer genauen Kenntnis der Fragen, die geregelt werden müssen, beginnen können.«[15] Die USA gaben nun dem Wiederaufbau Westeuropas den Vorrang vor einer Einigung mit Moskau über eine gesamtdeutsche Lösung, ohne jedoch jetzt schon alle Türen für Verhandlungen mit der Sowjetunion zuzuschlagen. Marshall richtete das Hilfsangebot, das seine berühmte Rede vom 5. Juni 1947 in Harvard ankündigte, auch an die Sowjetunion und ihre Satellitenstaaten. Es kann kaum verwundern, daß Moskau dies ablehnte und sich die ostmitteleuropäischen Staaten seinem Druck fügen mußten.

Trotz des Mißerfolgs der Moskauer Konferenz blieben die vier Mächte zunächst weiter miteinander im Gespräch. Für November 1947 wurde der Rat der Außenminister nach London einberufen.[16] Im Westen, aber wohl auch im Osten, stellte man sich auf das Scheitern dieser Zusammenkunft ein. Derweil arbeiteten Briten und Amerikaner eifrig an Entwürfen zur weiteren Ausgestaltung der Bizone bis hin zur politischen Fusion. Inzwischen hatte Frankreich, gezwungen durch seine schwierige Lage und beeindruckt durch das sowjetische Vorgehen, die Marshallplan-Hilfe akzeptiert und auf Verständigungskurs mit Briten und Amerikanern umgeschaltet. In London wurde sehr schnell erkennbar, daß ein Fortschritt der Verhandlungen nicht in Sicht war. Auch die Sowjetunion hatte keine neuen Vorschläge anzubieten. Vor die Wahl gestellt, den Zugriff auf den eigenen Machtbereich in Deutschland zu lockern oder sich mit der Bildung eines Westblocks abzufinden, hatte sie sich offensichtlich für die zweite Möglichkeit entschieden. Sie war jedoch zweifellos überzeugt davon, daß sie auch weiterhin Mittel und Wege finden werde, um die westliche Kooperation zu stören und langfristig zu unterminieren.

Der Fehlschlag von London war für die Westmächte der letzte Anstoß, sich nun der pragmatischen Lösung der wirtschaftlichen und politischen Probleme ihres eigenen Besatzungsbereichs in Deutschland zuzuwenden.[17] Dort waren die Aktivitäten der Deutschen zunächst im wesentlichen auf regionale und zonale Angelegenheiten beschränkt gewesen. Jetzt knüpften sie – unter den beständig kontrollierenden Augen der Besatzungsmächte – Kontakte über den jeweiligen Besatzungsbereich hinaus; es kam zu ersten Formen interzonaler, sogar gesamtdeutscher Zusammenarbeit. Verwaltungsnotwendigkeiten waren dabei ebenso wichtig wie politische Impulse, die sich aus der Wiederbelebung der Parteienlandschaft ergaben. So hoffnungsvoll sich diese neuen Ansätze auch gestalteten, es sollte sich bald zeigen, daß sie zum innerdeutschen Spiegelbild der beginnenden alliierten Konfrontation wurden.

Schneckentempo auf dem Weg zum Frieden in der Welt, Karikatur aus der *Richmond Times Dispatch*, 1946

Bis in das Jahr 1947 hinein glaubte man in Washington noch, Moskau für eine gemeinsame Deutschlandpolitik gewinnen zu können, wenn auch nach den kommunistischen Machtergreifungen im Osten Europas die Zweifel an einer Bereitschaft der Sowjets zu einer Fortsetzung der Kriegsallianz wuchsen. Erst allmählich setzte sich in Washington die Erkenntnis durch, daß es aussichtslos war, Moskau immer noch für den Traum von unabhängigen europäischen Staaten gewinnen zu können und der Illusion anzuhängen, die sowjetische Besatzungszone werde dem westlichen Angebot, sich einer Zonenfusion anzuschließen, folgen. Das äußere Signal für diesen Wandel der Politik stellte der Wechsel im State Department dar, das 1947 George Marshall übernahm, der die Politik der Eindämmung gegenüber den Sowjets vertrat.

Annahme der Einladung zur Interzonenkonferenz am 4. und 5. Oktober 1946 in Bremen durch das Land Baden-Württemberg

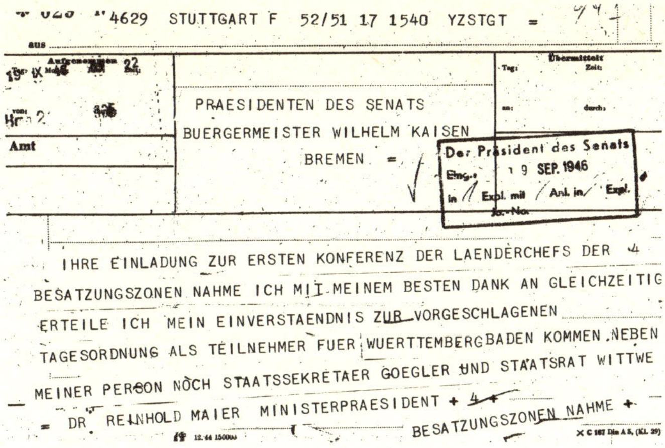

4629 STUTTGART F 52/51 17 1540 YZSTGT =

PRAESIDENTEN DES SENATS
BUERGERMEISTER WILHELM KAISEN
BREMEN =

Der Präsident des Senats
Eing.: 19 SEP. 1946

IHRE EINLADUNG ZUR ERSTEN KONFERENZ DER LAENDERCHEFS DER 4 BESATZUNGSZONEN NAHME ICH MIT MEINEM BESTEN DANK AN GLEICHZEITIG ERTEILE ICH MEIN EINVERSTAENDNIS ZUR VORGESCHLAGENEN TAGESORDNUNG ALS TEILNEHMER FUER WUERTTEMBERGBADEN KOMMEN NEBEN MEINER PERSON NOCH STAATSSEKRETAER GOEGLER UND STAATSRAT WITTWE
= DR REINHOLD MAIER MINISTERPRAESIDENT + 4 +
BESATZUNGSZONEN NAHME +

Absage durch den Präsidenten der Mark Brandenburg

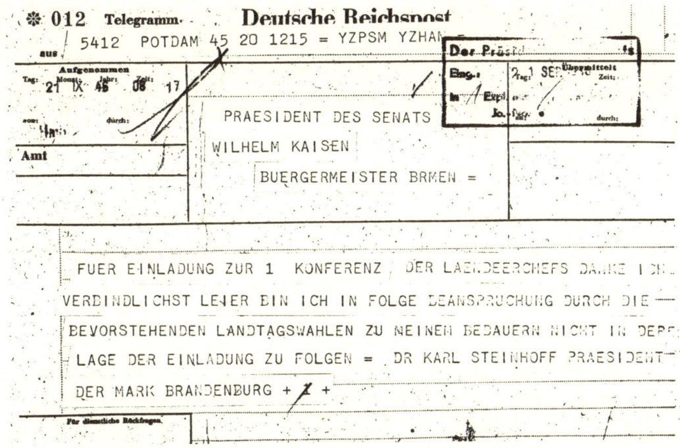

012 Telegramm Deutsche Reichspost

5412 POTDAM 45 20 1215 = YZPSM YZHAN

PRAESIDENT DES SENATS
WILHELM KAISEN
BUERGERMEISTER BRMEN =

FUER EINLADUNG ZUR 1 KONFERENZ DER LAENDERCHEFS DANKE ICH VERBINDLICHST LEIDER BIN ICH IN FOLGE BEANSPRUCHUNG DURCH DIE BEVORSTEHENDEN LANDTAGSWAHLEN ZU MEINEM BEDAUERN NICHT IN DER LAGE DER EINLADUNG ZU FOLGEN = DR KARL STEINHOFF PRAESIDENT DER MARK BRANDENBURG + 1 +

In diesem Zusammenhang kommt den auch heute noch in der Forschung umstrittenen Initiativen der Ministerpräsidenten symbolische Bedeutung zu.[18] Nach den Landtagswahlen von 1946/47 konnten die Landesväter sich als demokratisch legitimierte Repräsentanten Deutschlands fühlen. Immer entschiedener forderten sie die Einheit des Landes, um der wirtschaftlichen und politischen Misere entgegenzuwirken. Erste Anstöße zur Zusammenarbeit gingen von den Westzonen aus. Kurz nach der Pariser Konferenz, am 11. August 1946, schlugen die Ministerpräsidenten der britischen Zone auf ihrer gemeinsamen Tagung in Bremen ein Zusammentreffen der Länderchefs aller Zonen vor, um das Problem der deutschen Wirtschaftseinheit und einer deutschen Zentralregierung zu besprechen. Bereits Mitte Juni hatte der hessische Ministerpräsident Karl Geiler anläßlich eines Besuchs bei seinem thüringischen Kollegen Rudolf Paul einen ähnlichen Vorschlag unterbreitet. In ihrem gemeinsamen Kommuniqué, dem einzigen gesamtdeutschen, das je verfaßt wurde, hieß es: »Wir stehen vor dem für uns Deutsche geschichtlich bedeutsamen Ausblick der Verwirklichung der in den Potsdamer Beschlüssen vorgesehenen wirtschaftlichen Einheit Deutschlands. Die Bildung dieser Einheit

Der Präsident
des Landes Mecklenburg-Vorpommern

Schwerin, 26. 9. 46

An den
Herrn Präsidenten des Senats
Bremen

Der Präsident des Senats
7. OKT. 1946
Expl. mit Anl. in Expl.
Jo.-No. 8357

Sehr geehrter Herr Präsident!

Ihre Einladung zur Teilnahme an einer Interzonenkonferenz der Landeschefs aller 4 Zonen habe ich mit Dank erhalten. So sehr ich es begrüßen würde wenn die Chefs der Landesverwaltungen zu einer derartigen Interzonenkonferenz zusammenkommen um in gegenseitigen Erfahrungs- und Meinungsaustausch zu treten, bedaure ich doch, Ihnen mitteilen zu müssen, daß ich Ihrer Einladung nicht Folge leisten kann. Wenn solche Zonenkonferenzen abgehalten werden sollen so erscheint es mir notwendig, vorher die Zustimmung der 4 Besatzungsmächte einzuholen bzw., daß eine solche Konferenz durch den alliierten Kontrollrat einberufen wird.

Genehmigen Sie den Ausdruck meiner vorzüglichen Hochachtung
als
Ihr ergebener

Höcker
(Höcker)

Zu den Akten
8/10.46
R.

Absage durch den Präsidenten des Landes Mecklenburg-Vorpommern

kann die großen wirtschaftlichen Probleme, die eine Existenzfrage des deutschen Volkes sind, nur dann einigermaßen lösen, wenn die Einheit in den vier Zonen gemeinsam hergestellt wird. Die Vereinigung von nur zwei Zonen vermag die zentralen wirtschaftlichen Probleme nicht zu bewältigen und könnte die Einheitsbildung im ganzen erschweren. Alle deutschen Kräfte müssen sich daher jetzt bemühen, die wirtschaftliche Vereinigung aller vier Zonen in Bälde zu erreichen.«[19] Noch verhallten solche Erklärungen ohne Wirkung. Doch nach der Stuttgarter Rede des amerikanischen Außenministers Byrnes sahen Hessens Ministerpräsident Geiler und Bremens Bürgermeister Kaisen erneut die Stunde für eine gemeinsame Interzonenkonferenz gekommen, zu der sie für den 4./5. Oktober 1946 nach Bremen einluden. Aber auch diesmal blieben die Vertreter der britischen und amerikanischen Besatzungszone unter sich. Den deutschen Politikern der französischen Zone wurde von ihrer Besatzungsmacht die Anreise verweigert, und die Ministerpräsidenten der sowjetischen Besatzungszone sagten schließlich ab, nachdem sie zunächst ihre Teilnahme in Aussicht gestellt hatten. An der Formulierung der »Vorschläge für die Bildung eines vorläufigen Deutschen Länderrates und eines

vorläufigen Deutschen Volksrates« in Bremen waren sie daher nicht beteiligt.

Zum wichtigsten Vorstoß auf der Ebene der Ministerpräsidenten kam es schließlich nach dem Scheitern der Moskauer Außenministerkonferenz. Nach den sichtbar gewordenen Differenzen der Siegermächte sollte, wie es Reinhold Maier vor dem Stuttgarter Landtag formulierte, ein »entschlossener Schritt zur Rettung unseres Volkes und zur Erhaltung unseres Vaterlandes« unternommen werden.[20] Die Initiative ging diesmal vom bayerischen Ministerpräsidenten Hans Ehard aus,[21] der Einladungen zu einer Vierzonenkonferenz, die vom 5. bis 7. Juni 1947 in München stattfinden sollte, verschickte, »um ein weiteres Abgleiten des deutschen Volkes in ein rettungslos wirtschaftliches und politisches Chaos zu verhindern«. Ehard drückte in seinem Schreiben zugleich die Hoffnung aus, daß die Ministerpräsidenten aller vier Zonen an den Beratungen teilnähmen, »um ihr grundsätzliches Bekenntnis zur Zusammengehörigkeit aller Teile Deutschlands darzutun und den Willen zum gemeinsamen Aufbau einer neuen staatlichen Form«.[22]

Schon seit längerem waren im Umkreis des Länderrats umfassende Diskussionen über die künftige Verfassung Deutschlands in Gang gekommen. Das in Stuttgart eingerichtete »Deutsche Büro für Friedensfragen« wurde von den Ministerpräsidenten der amerikanischen Zone eigens mit dem Auftrag versehen, Vorschläge für einen Friedensvertrag und für eine deutsche Verfassung auszuarbeiten. Sein »Entwurf eines Vertrages über die Bildung einer Deutschen Staatengemeinschaft« war schon vor der Münchner Konferenz fertig.[23] Ohne dieses ausdrücklich hervorzuheben, ging der Vorschlag selbstverständlich von einer Zwischenlösung für die Westzonen aus, bei der die Überwindung der Stagnation der Bizonen-Entwicklung im Vordergrund stand. Die deutschen Initiativen wurden jedoch durch die Proklamation Nr. 5 überholt, mit der die britische und amerikanische Militärregierung von sich aus den Wirtschaftsrat und damit eine nichtpolitische deutsche Verwaltung für die Bizone schufen.[24]

Damit hatten sich die Voraussetzungen für die Vierzonenkonferenz grundlegend verändert. Hinzu kam, daß die Sozialdemokratische Partei Verhandlungen mit Vertretern der SED prinzipiell ablehnend gegenüberstand und daß Kurt Schumacher darüber hinaus die Legitimation der Ministerpräsidenten bezweifelte. Soweit erkennbar, war dies, wenn auch aus anderen Gründen, ebenfalls der Standpunkt entscheidender Kreise der SED. Es kann kein Zweifel darüber bestehen, daß die Besatzungsmächte eine gesamtdeutsche Konferenz mit Skepsis betrachteten, wobei den Franzosen noch am wenigsten daran lag, ihre Bedenken zu verhehlen. Die deutschlandpolitischen Standpunkte und Erwartungen der Konferenzteilnehmer waren zu kontrovers, als daß man es hätte riskieren können, gesamtdeutsche Themen auf die Tagesordnung des geplanten Treffens zu setzen, ohne dieses von vornherein zum Scheitern zu verurteilen. Die aktuellen Beratungen sollten sich deshalb auf die schwierige wirtschaftliche und soziale Lage und damit auf die Frage konzentrieren: »Wie kommen wir durch den

Münchner Konferenz 1947, v. l. n. r.: Wilhelm Kaisen (Bremen), Rudolf Amelunxen (Nordrhein-Westfalen), Kurt Fischer (Sachsen), Friedrich Hübener (Sachsen-Anhalt), Wilhelm Höcker (Mecklenburg)

Nicht nur die Alliierten, auch die Deutschen selber gaben die Einheit des Landes trotz aller Erfahrung noch immer nicht auf. Im Juni 1947 lud Hans Ehard die Ministerpräsidenten aller deutschen Länder, auch die der sowjetischen Besatzungszone, zu einer gemeinsamen Konferenz nach München. Aber wie die Sowjetunion die Abschaffung der Bizone zur Voraussetzung jedes weiteren Gesprächs gemacht hatte, so knüpften die ostzonalen Länderchefs ihre Teilnahme an der Münchner Konferenz an die Bedingung, einen Einheitsstaat zu schaffen. Damit war die Begegnung gescheitert.

nächsten Winter?«[25] Zugleich war daran gedacht, die Begegnungen zu einer ständigen Einrichtung werden zu lassen.

Eine tragische Komponente der Konferenz liegt darin, daß die westlichen Ministerpräsidenten damals nicht wissen konnten, daß die ostzonalen Kollegen ihre Teilnahme gegen den führenden Teil der SED durchgesetzt hatten. Aus den Memoiren des ehemaligen Mitglieds des Zentralkomitees der SED, Erich W. Gniffke, erfahren wir, wie sich in dieser Frage eine Mehrheit im Zentralsekretariat gegen Walter Ulbricht gebildet hatte. Diesem gelang es jedoch, nachdem die Teilnahme der ostzonalen Vertreter nicht mehr zu verhindern war, über den Vorschlag zur Änderung der Münchner Tagesordnung einen politischen Sprengsatz zu lancieren. Gniffke erinnerte sich an Ulbrichts Schachzug wie folgt: »Nachdem Otto Grotewohl darauf hingewiesen hatte, daß eine Beratung der Notlage ganz zwangsläufig zu einer Erklärung der Herstellung der wirtschaftlichen Einheit, wenn nicht auch der politischen, führen müßte, schlug Ulbricht vor, daß die sowjetzonalen Ministerpräsidenten einen Antrag auf Erweiterung der Tagesordnung stellen sollten, wenn die vorliegende unserem Standpunkt in bezug auf die Wiederherstellung der Einheit Deutschlands nicht genügend Rechnung tragen sollte. Dieser Vorschlag wurde einhellig gebilligt. Die Abstimmung über die Frage der Teilnahme an der Münchner Konferenz ergab die erwartete Mehrheit für unseren Standpunkt.«[26]

Als die ostzonale Delegation – ohne Mitarbeiter und in letzter Minute – am Abend des 5. Juni 1947 in München eintraf, schien das der Sitzung vorausgehende Essen im Bayerischen Hof noch zu den größten Hoffnungen zu berechtigen. Hans Ehard, der bayerische Ministerpräsident, beschwor in seiner Begrüßung den Erfolg der Aussprache: »Heute setzen sich zum ersten Mal seit dem Ende des schrecklichen Krieges und zwei Jahre nach der Kapitulation die Regierungschefs aller deutschen Länder an einen

Tisch.« Ihm antwortete Ministerpräsident Paul aus Thüringen, der die Veranstaltung als große »nationale Stunde von geschichtlicher Bedeutung« pries und ein Hoch auf Bayern und seinen Ministerpräsidenten ausbrachte. Augenzeugen berichten, daß sich kaum einer der Redner der Rührung zu erwehren vermochte. »Immer wieder mußten sie sich unterbrechen, um die Tränen hinunterzuschlucken«, notierte Theodor Eschenburg.[27]

Um so mehr mag die Verhärtung erstaunen, die schon bei der Vorbesprechung der Tagesordnung in der Staatskanzlei zu verzeichnen war. Weisungsgemäß brachte Ministerpräsident Wilhelm Höcker (Mecklenburg-Vorpommern), nachdem er sich darüber beschwert hatte, daß die Wünsche der ostzonalen Länderchefs nicht berücksichtigt worden seien, den Antrag ein, für die Verhandlungen der Konferenz folgenden ersten Punkt auf die Tagesordnung zu setzen: »Bildung einer deutschen Zentralverwaltung durch Verständigung der demokratischen Parteien und Gewerkschaften zur Schaffung eines deutschen Einheitsstaates.«[28] Die Ministerpräsidenten der Westzonen sahen sich außerstande, dem zuzustimmen. Die Formel vom »Einheitsstaat« widersprach den Instruktionen der westlichen Besatzungsmächte, besonders Frankreichs, und sie stimmte nicht mit ihrer eigenen föderalistischen Konzeption überein; außerdem vermochten sie nicht im Namen der Parteien und Gewerkschaften zu sprechen. Es entstand eine Kontroverse, die in teilweise gereiztem Ton schon bald in eine Sackgasse führte. Man war an jenem Punkt angelangt, der bereits in den Vorbereitungsgesprächen zur Konferenz zwischen Hans Ehard und Rudolf Friedrichs (Sachsen) am 23. Mai in Hof[29] nicht hatte geklärt werden können. Der thüringische Ministerpräsident Paul, der nach seiner Flucht aus der SBZ in den Westen nur wenige Monate später verlauten ließ, »die Parteileitung der SED sei von vornherein darauf ausgewesen, die Konferenz ›hochgehen‹ zu lassen«,[30] muß sich bereits in München in einer zwiespältigen Lage befunden haben. Auf seine Veranlassung hin zog sich die ostzonale Delegation zur Beratung in einen Nebenraum zurück. Nach einiger Zeit wurde Ministerpräsident Ehard zu den Vertretern der Ostzone gebeten. Eine Änderung der Standpunkte bewirkte dies ebensowenig wie die erneute Intervention im Plenum. Die Fronten hatten sich festgefahren. Die Regierungschefs aus der sowjetischen Besatzungszone verabschiedeten sich und verließen den Saal. »Ministerpräsident Dr. Ehard«, so verzeichnet das Protokoll, »erklärt hierauf, daß dieser Vorfall die Spaltung Deutschlands bedeute.«[31] Die zurückgebliebene Rumpfkonferenz beschäftigte sich an den beiden folgenden Tagen mit Fragen der Wirtschafts-, Ernährungs- und Flüchtlingsnot und erörterte darüber hinaus die Probleme eines Besatzungsstatuts.

Die westlichen Ministerpräsidenten nahmen die Beschränkung der Tagesordnung auf praktische Probleme eher erleichtert zur Kenntnis. Sie hatten sich selbst vor Beginn der Konferenz nicht eingestehen wollen, daß es unter den gegebenen Umständen einen eigenständigen gesamtdeutschen Weg nicht gab oder nicht mehr gab. Das Münchner Treffen scheiterte an Faktoren, die letztlich außerhalb des Handlungs- und Entscheidungsrahmens der dort

versammelten Ministerpräsidenten lagen. Für die weitere Entwicklung in den Westzonen bestand seine Bedeutung vor allem darin, daß es die westlichen Länderchefs in einem gemeinsamen Gremium zusammenführte, an das im Juni 1948 die Militärgouverneure jene Frankfurter Dokumente adressierten, die die »Geburtsurkunde« der Bundesrepublik Deutschland wurden. Mit der Bildung und Reorganisation der Bizone hatten Amerikaner und Briten die entscheidenden Weichen gestellt. Das Scheitern der alliierten Konferenzen bestätigte und erleichterte den eingeschlagenen Weg. Die deutschen Politiker gingen ihn mit.

Die weitere deutsche Entwicklung lag jedoch ganz in den Händen der Alliierten. Noch war das Gespräch zwischen den Außenministern nicht abgebrochen, doch gab sich niemand mehr der Illusion einer baldigen Einigung hin. Die Londoner Konferenz vom 25. November bis 15. Dezember 1947 schrieb lediglich fest, was sich längst abgezeichnet hatte: Die Gegensätze in der Deutschlandfrage blieben unüberbrückbar. Eine neue Konstellation ergab sich allerdings dadurch, daß nun auch Frankreich seine bisherige eigenständige Rolle in der Ost-West-Politik revidierte und sich in das Lager der Amerikaner und Briten einreihte. Ein schwieriger Partner sollte es allerdings bleiben. Der Abbruch der Londoner Verhandlungen und die daraus resultierenden Folgen wurden aber auch von den Franzosen mitgetragen.

Der neue Kurs wies in Richtung Weststaat. Er war in den amerikanischen Planungen bereits durchgespielt worden. Eine Studie der amerikanischen Militärregierung vom September 1947 unter dem Titel »Planning in the Field of German Government« hatte für den Fall des endgültigen Scheiterns gemeinsamer alliierter Deutschlandpolitik die Konsequenzen klar vorgezeichnet: Der energische Aufbau der Bizone sollte, möglichst unter Einschluß des französischen Besatzungsgebietes und Umwandlung zur Trizone, über die gemeinsame Verwaltung hinaus zur Bildung einer verfassungsmäßigen Regierung führen. Dabei wurde eine längere Übergangsphase einkalkuliert. »Es mag nicht wünschbar sein«, so hieß es in der regierungsamtlichen Analyse, »auf eine schnelle Vorbereitung und Annahme der Verfassung hinzusteuern. Die Annahme einer Verfassung würde eine weitere Barriere auf dem Weg der Vereinigung des ganzen Deutschland sein, und es mag wünschenswert erscheinen, die Tür noch für eine beträchtliche Zeitspanne offenzuhalten. Darüber hinaus gibt es offensichtliche Vorteile, die Vereinigung mit der französischen Zone durchzuführen, und zu schnelles Handeln in bezug auf eine formell dauernde Organisation der US- und der britischen Zone könnte dies erschweren.«[32]

Unmittelbar nach dem Scheitern der Londoner Konferenz wurden die Westmächte aktiv. Der amerikanische und der britische Militärgouverneur, Clay und Robertson, sprachen noch in der britischen Metropole über die nächsten Schritte zur Weiterentwicklung der Bizone und die Einbeziehung des von Frankreich besetzten Gebietes. Wenig später trafen die Außenminister der beiden Länder, Marshall und Bevin, zusammen. Bevin entwarf dabei den Plan eines Systems westlicher Demokratien, dem im Kern die

USA, Großbritannien, Frankreich und Italien angehören müßten. Gedacht sei nicht an die Bildung einer formellen Allianz, »sondern an ein Einvernehmen, das durch Macht, Geld und entschlossenes Handeln gestützt wird. Es sollte eine Art spiritueller Verbindung des Westens sein.«[33] Die Umrisse einer Politik, die auch in den folgenden Jahren das Konzept der westlichen Alliierten bestimmen sollte, traten nach einer Zeit des Zögerns und der Ungewißheit nun deutlicher hervor; zugleich ließ das Bemühen, auf den östlichen Kriegsverbündeten Rücksicht zu nehmen, spürbar nach. Die neuen Ziele, »die mit Trumandoktrin und Marshallplan umschrieben waren und nun in die Tat umgesetzt werden sollten«,[34] lauteten: Eindämmung des befürchteten sowjetischen Hegemoniestrebens über ganz Europa und Sicherung der eigenen Einflußzonen durch den wirtschaftlichen Wiederaufbau Westeuropas.

Innerhalb weniger Tage einigten sich Marshall und Bevin über ihr weiteres gemeinsames Vorgehen. Eine erneute, diesmal ausschließlich westliche Konferenz in London sollte sich mit der Errichtung einer deutschen Regierung, mit dem Ruhr/Saar-Problem und der Reparationsfrage beschäftigen, während die stufenweise Fortentwicklung der Integration der Westzonen den zuständigen Militärgouverneuren überlassen blieb. Jetzt begann sich die außenpolitische Szene dramatisch zu verändern. An der Sechsmächtekonferenz, die in zwei Phasen – vom 23. Februar bis zum 6. April und vom 20. April bis zum 2. Juni 1948 – stattfand, nahmen neben den drei westlichen Alliierten auch die Beneluxstaaten teil. In den Verhandlungen wurde ein umfassendes, westeuropäisch orientiertes Deutschlandkonzept entwickelt, das auch von den Franzosen akzeptiert werden konnte.[35] Neben der Einbeziehung Westdeutschlands in das europäische Wiederaufbauprogramm und der Integration in die westeuropäische Wirtschaft, neben der Kontrolle des Ruhrgebiets und der Frage des Schutzes vor Deutschland kam der Erörterung der politischen Organisation der westlichen Besatzungszonen zentrale Bedeutung zu. Nach amerikanischer Einschätzung vermochte nur ein wirtschaftlich und politisch konsolidiertes Westdeutschland dem sowjetischen Expansionsdruck in Richtung Westeuropa standzuhalten. Im Interesse der europäischen Sicherheit ging es um die »wirtschaftliche und politische Neuorientierung der Deutschen, die durch eine gemeinsame Politik der westlichen Besatzungsmächte und durch die Eingliederung Westdeutschlands in eine westeuropäische Gemeinschaft herbeigeführt werden sollte«.[36] Der Schutz vor Deutschland sollte nicht zuletzt durch den politischen und verfassungsmäßigen Aufbau des Landes auf »föderalistischer Basis«, also durch seine innenpolitische Westintegration, gewährleistet werden. Trotz mancher Unterschiede im Detail bestand hierin Einigkeit zwischen Amerikanern und Briten. Die Schwierigkeit auf französischer Seite lag vor allem darin, einen Weg zu finden, der die Abkehr von der bisherigen, weitgehend negativen Deutschlandpolitik glaubhaft machte, zumal in der eigenen Bevölkerung das Streben nach Sicherheit vor Deutschland noch die Furcht vor einer sowjetischen Bedrohung überwog. Selbst die Gründung eines deutschen Teilstaates konnte diese Einstellung nicht schlagartig verändern.

Die Sowjetunion verfolgte die neue Linie westlicher Politik mit offiziellen Protestnoten und öffentlichen Propagandaattacken, die den ehemaligen Verbündeten einen Bruch des Potsdamer Abkommens und die Absicht der Teilung Deutschlands unterstellten. Die Westmächte warfen der Sowjetunion ihrerseits vor, durch Nichtbeachtung des Grundsatzes der Wirtschaftseinheit jene Umstände heraufbeschworen zu haben, die nunmehr die anderen drei Mächte dazu zwängen, »sich untereinander zu beraten, um den Zustand der Unsicherheit und den wirtschaftlichen Zerfall in Deutschland zu beenden, der den Wiederaufbau in ganz Europa gefährdet«.[37] Die Sowjetunion nahm für sich in Anspruch, während der ganzen zurückliegenden Periode konsequent im Einklang mit der be-

Zusammenarbeit gefährdet

Marschall Sokolowski verließ demonstrativ die Kontrollratssitzung

Berlin. (Eig. Ber.) In der auf Wunsch des obersten Chefs der sowjetischen Militärverwaltung, Marschall Wassilij Sokolowski, einberufenen Sitzung des Alliierten Kontrollrates am Sonnabend traten erneut die Gegenätze zwischen der Auffassung der sowjetischen Besatzungsmacht und der der drei westlichen Besatzungsmächte über ihre Deutschlandpolitik in Erscheinung. Marschall Sokolowski forderte Unterrichtung über die Ergebnisse der Londoner Dreimächtebesprechungen. Die Vertreter der westlichen Besatzungsmächte — anwesend waren General Lucius D. Clay, General Sir Brian Robertson und General Pierre König — wiesen daraufhin, daß in London nur Empfehlungen an die beteiligten Regierungen ausgearbeitet und keine Beschlüsse gefaßt worden seien. Der Kontrollrat werde unterrichtet werden, sobald Entscheidungen getroffen würden. Hierauf verlas Marschall Sokolowski, der selbst den Vorsitz der Sitzung innehatte, eine Erklärung, in der festgestellt wird, „daß der Kontrollrat faktisch nicht mehr besteht". Er erklärte die Sitzung für beendet und verließ, gefolgt von den übrigen Mitgliedern der sowjetischen Delegation, den Sitzungssaal.

Marschall Sokolowski vertrat zu Beginn der Diskussion über die Dreimächtekonferenz die Ansicht, in London seien Beschlüsse gefaßt. offiziellen Vertreter der USA, Großbritanniens und Frankreichs haben auf der Londoner Konferenz Deutschlandfragen erörtert periode auferlegt sind. Daraus geht aber klar hervor, daß die Handlungen, die in den westlichen Besatzungszonen Deutschlands unternommen wurden oder in Durchführung der einseitigen Beschlüsse der Londoner Beratungen unternommen werden, nicht als rechtsgültig anerkannt werden können."

Au schuß-Sitzungen abgesagt

Berlin. (Eig. Ber.) Die für Dienstag vorgesehene Sitzung des Koordinierungskomitees beim Kontrollrat ist von der sowjetischen Delegation abgesagt worden. Ebenso haben die Sowjets eine Sitzung des Direktoriums für Arbeitsfragen im Kontrollrat ohne Angabe von Gründen „verschoben" und ließen die russischen Vertreter für alle im Laufe des Monats angesetzten Ausschußsitzungen sich

Das Ende des Alliierten Kontrollrats, Schlagzeile aus dem *Weser-Kurier* vom 23. März 1948

schlossenen Viermächtepolitik gehandelt zu haben, während die übrigen Besatzungsmächte schon im Jahre 1946 der gemeinsam beschlossenen Politik den Rücken gekehrt hätten. »Es ist ferner kein Geheimnis, daß es gegenwärtig um den Anschluß Frankreichs an diese britisch-amerikanische separate Politik der Bildung eines westdeutschen Staates geht, der dem übrigen Deutschland entgegengestellt wird«, hieß es in einer sowjetischen Note am 6. März 1948.[38] Am 20. März verließ der sowjetische Vertreter, Marschall Sokolowski, den Alliierten Kontrollrat in Berlin und beendete, nachdem der Rat der Außenminister bereits seit London praktisch zu existieren aufgehört hatte, auch die interalliierte Zusammenarbeit in diesem zentralen Gremium. Die sowjetische Delegation verabschiedete sich, als die britischen und amerikanischen Vertreter sich weigerten, vor dem Kontrollrat Bericht über den Fortgang der Londoner Sechsmächtekonferenz zu erstatten.

Diese war allerdings noch keineswegs zu einem erfolgreichen Abschluß gelangt. In der zweiten Konferenzphase ergaben sich erhebliche Schwierigkeiten, zumal sich die Franzosen bis zuletzt der geplanten deutschen Weststaatsgründung zu widersetzen versuchten. Konnten sie diese schon nicht verhindern, so wollten sie wenigstens ein wirtschaftlich und politisch geschwächtes Westdeutschland. Mehrmals drohte die anglo-amerikanische Seite mit einem eigenständigen Vorgehen. Schließlich fand sich die franzö-

sische Regierung, nicht zuletzt aus wirtschaftlichen Erwägungen, zum gemeinsamen Handeln bereit.

Im Londoner Kommuniqué vom 7. Juni 1948 wurden die Bestimmungen, die Frankreich begünstigten, stark hervorgehoben. Die internationale Kontrolle der Ruhr, die dem Schutz vor Deutschland dienende Fortdauer der Besatzung und das noch auszuhandelnde Besatzungsstatut nahmen breiten Raum ein. Hingegen fielen die Passagen, die die künftige politische Struktur Westdeutschlands betrafen, eher dünn aus. Die Verfassung solle so beschaffen sein, hieß es lapidar, »daß sie es den Deutschen ermöglicht, ihren Teil dazu beizutragen, die augenblickliche Teilung Deutschlands wieder aufzuheben, allerdings nicht durch die Wiedererrichtung eines zentralistischen Reiches, sondern mittels einer föderativen Regierungsform, die die Rechte der einzelnen Staaten angemessen schützt und gleichzeitig eine angemessene zentrale Gewalt vorsieht und die Rechte und Freiheiten des Individuums garantiert«.[39] Der knappe Text ließ dennoch die Konturen des weiteren Vorgehens deutlich werden. Auf einer gemeinsamen Sitzung mit den Ministerpräsidenten der Länder der Westzonen sollten die Militärgouverneure diesen die Vollmacht übertragen, eine verfassunggebende Versammlung einzuberufen, deren Abgeordnete von den einzelnen Ländern nach den Bestimmungen der Länderparlamente zu ernennen seien. Die Details sollten weiteren Verhandlungen zwischen den Militärgouverneuren und den Ministerpräsidenten vorbehalten bleiben.

In Deutschland wirkte das Londoner Kommuniqué wie ein Schock. Inhalt und Stil der westalliierten Verlautbarung standen im Gegensatz zu den Erwartungen, die westdeutsche Politiker und weite Teile der öffentlichen Meinung in den Westzonen hegten. Selbst Konrad Adenauer sprach in der ersten Aufwallung von einem »System der Ausbeutung«, das in London beschlossen worden sei. Er riet sogar zu einer gemeinsamen ablehnenden Erklärung der Parteien.[40] Amerikaner und Briten hatten große Schwierigkeiten, den deutschen Politikern ihre Beschlüsse zu erläutern. Noch stand auch die Zustimmung der französischen Nationalversammlung aus, die am 16. Juni 1948 mit knapper Mehrheit erfolgte. Erst danach konnten die Militärgouverneure auf Weisung ihrer Regierungen aktiv werden. Gemäß den Londoner Beschlüssen riefen sie »ihre« Ministerpräsidenten zur gemeinsamen Sitzung ins Alliierte Hauptquartier, das im Frankfurter IG-Farben-Haus untergebracht war, um ihnen am 1. Juli jene »Dokumente zur künftigen Entwicklung Deutschlands« zu überreichen, die den Prozeß der Weststaatsgründung in Gang setzten.[41]

Die aus drei Dokumenten bestehende »Geburtsurkunde« forderte die Ministerpräsidenten der drei Westzonen auf, bis spätestens zum 1. September 1948 eine »verfassunggebende Versammlung« einzuberufen. Sie solle eine »demokratische Verfassung« mit einer Regierungsform des »föderalistischen Typs« ausarbeiten, »die am besten geeignet ist, die gegenwärtig zerrissene deutsche Einheit schließlich wiederherzustellen, und die Rechte der beteiligten Länder schützt, eine angemessene Zentralinstanz schafft und die Garantien der individuellen Rechte und Freiheiten

enthält«.[42] Die Ratifizierung der Verfassung, die zuvor durch die Militärgouverneure zu genehmigen sei, werde dann durch ein Referendum mit einfacher Mehrheit in jedem Land erfolgen. Das zweite Dokument befaßte sich mit der Neuordnung der Länder, das dritte mit den Grundzügen eines Besatzungsstatuts, das die Beziehungen zwischen der künftigen deutschen Regierung und den alliierten Behörden zu regeln habe.

Die Übergabe der »Frankfurter Dokumente« selbst war nicht frei von Demütigung für die deutschen Vertreter. General Koenig, der französische Militärgouverneur, verlas vor den versammelten Ministerpräsidenten die Ausführungen zum Besatzungsstatut in scharfem Ton. Die Alliierten vermieden jedoch ein ultimatives Vorgehen; sie verlangten keine unmittelbare Stellungnahme. Taktisch geschickt konnte der bayerische Ministerpräsident Ehard einer sofortigen Festlegung auf bestimmte Termine ausweichen und doch zugleich die prinzipielle Bereitschaft zur Zusammenarbeit signalisieren. In den darauffolgenden Tagen fanden intensive Erörterungen der »Frankfurter Dokumente« in den Regierungen der Länder, den Fraktionen der Landtage und in den Spitzengremien der Parteien statt. Die damit beginnende Diskussion über eine künftige Verfassung erreichte schnell die eigentlichen Träger des politischen Entscheidungsprozesses in den Parteien, deren Stimme deutlich an Gewicht zunahm.

Die Ministerpräsidenten trafen sich vom 8. bis 10. Juli zu einer Konferenz in Koblenz (Rittersturz), um das weitere Vorgehen zu beraten. Sie betrachteten die »Frankfurter Dokumente« nicht als Direktive, sondern als Verhandlungsgrundlage. Die Entwicklung zu politischer Selbstbestimmung wurde von ihnen als wesentlicher Fortschritt gegenüber der Besatzungsherrschaft begrüßt. Zugleich sahen sie jedoch die Gefahr, die aus der Entwicklung eines Weststaates für die Einheit Deutschlands erwachsen würde. Daher sprachen sie sich entschieden gegen eine »Nationalversammlung« und eine »Volksabstimmung« über eine »Verfassung« aus, da diese der vollen Staatlichkeit und damit der Teilung Vorschub leisten würden. Sie wollten eigentlich keinen Staat, sondern, wie Carlo Schmid es ausdrückte, die »Schaffung eines Zweckverbandes administrativer Qualität«.[43] Unbeschadet der Gewährung möglichst vollständiger Autonomie müsse alles vermieden werden, »was dem zu schaffenden Gebilde den Charakter eines Staates verleihen würde«, sie seien daher der Ansicht, »daß auch durch das hierfür einzuschlagende Verfahren zum Ausdruck kommen müßte, daß es sich lediglich um ein Provisorium handelt sowie um eine Institution, die ihre Entstehung lediglich dem augenblicklichen Stand der mit der gegenwärtigen Besetzung Deutschlands verbundenen Umstände verdankt«.[44]

Um die Vorläufigkeit zu unterstreichen, verlangten die Ministerpräsidenten deshalb, die Terminologie zu verändern. Anstelle einer »verfassunggebenden Versammlung« wurde der Begriff »Parlamentarischer Rat« vorgeschlagen, der ein »Grundgesetz« und nicht eine »Verfassung« zu beraten habe. Dieses »Grundgesetz« sollte nicht durch ein Referendum, sondern durch die einzelnen Landtage angenommen werden. Vor Beginn der Grundgesetz-

Marianne: »Dieser lebenslängliche Gipsverband hält ihn garantiert ruhig und uns – gesund …«, Karikatur von E. M. Lang zum Londoner Sechsmächteabkommen vom 8. Juni 1948

Die fortdauernde alliierte Kontrolle Deutschlands wurde mit Rücksicht auf die französischen Empfindlichkeiten in allen Verhandlungen des Jahres 1948 stark herausgestellt, wobei die Garantien vor Deutschland so hart formuliert wurden, daß selbst Konrad Adenauer unter dem Schock zu einer gemeinsamen ablehnenden Erklärung der deutschen Parteien riet. Erst in mühseligen Verhandlungen konnten die westlichen Militärgouverneure die Deutschen für die Beschlüsse gewinnen, die auch von der französischen Nationalversammlung mit knapper Mehrheit akzeptiert wurden. Im nachhinein stellt sich das Londoner Kommuniqué vom 7. Juni 1948 als die »Geburtsurkunde« eines Weststaates dar. Tatsächlich wurde noch im selben Jahr eine verfassunggebende Versammlung einberufen.

Im Koblenzer Hotel Rittersturz berieten die westdeutschen Ministerpräsidenten im Juni 1948 untereinander über das weitere Vorgehen nach der Übergabe der Frankfurter Dokumente. Der Rittersturz wurde 1974 wegen Baufälligkeit abgerissen.

beratungen müsse ein klar formuliertes Besatzungsstatut vorliegen, das die alliierten Kompetenzen gegenüber der deutschen Seite offenzulegen habe. Zugleich forderten die Länderchefs, man solle die verlangte Länderneugliederung zurückstellen.

Die Vorbehalte der Ministerpräsidenten führten zu einer tiefen Verstimmung der Militärgouverneure. General Clay machte vor der Runde der Ministerpräsidenten der amerikanischen Zone am 14. Juli 1948 in Frankfurt seinem Ärger Luft: »Sie haben mit den Koblenzer Beschlüssen die Londoner Dokumente für die nächste Zeit außer Kraft gesetzt. Ob in absehbarer Zeit nach Aufnahme neuer Verhandlungen ein gleich günstiges Ergebnis für Deutschland zu erreichen sein wird, ist die Frage, die keiner heute beantworten kann. Jedenfalls haben Sie eine goldene Chance verpaßt. Persönlich bin ich über die Haltung der deutschen Ministerpräsidenten sehr enttäuscht, und zwar deshalb, weil sich meine Erwartungen nicht erfüllt haben. Ich habe in London wochenlang mit den Franzosen und Engländern um die Anerkennung der deutschen Souveränität im Rahmen eines Weststaats gekämpft. Ich habe immer damit operiert, daß die Deutschen die Verantwortung, die mit der Übergabe neuer Vollmachten verbunden ist, gern übernehmen würden. Die Franzosen sagten damals, daß sich meine Erwartungen nicht erfüllen würden. Sie haben leider recht behalten.«[45] Clay machte darauf aufmerksam, daß die Russen nun argumentieren könnten, nicht die Westdeutschen selbst, sondern die Westmächte seien es, die einen Weststaat wollten. Die Ministerpräsidenten hätten mit den Koblenzer Beschlüssen den Ernst der gesamteuropäischen Lage auf katastrophale Weise mißachtet, denn angesichts der russischen Bedrohung sei eine schnelle westdeutsche Staatsbildung unumgänglich. Den Franzosen sei die Möglichkeit gegeben, die Londoner Vereinbarung aufgrund der westdeutschen Reaktion insgesamt in Frage zu stellen.

In der Tat gab es erneute französische Vorstöße, die darauf hinausliefen, die Staatsgründung zu verhindern und es bei dem Erlaß eines Besatzungsstatuts und einer gemeinsamen Verwaltung für die drei westlichen Zonen zu belassen. Während auf deutscher Seite sowohl in den Parteien als auch auf der Ebene der Minister-

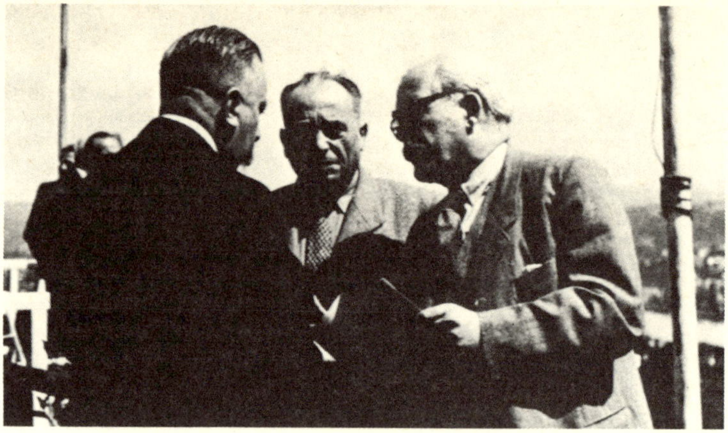

Auf der Terrasse des Hotels Rittersturz: Josef Müller (Bayern), Rudolf Katz (Schleswig-Holstein) und Hinrich Kopf (Niedersachsen)

Die Westalliierten hatten für den westlichen Teil Deutschlands eine verfassunggebende Versammlung im klassischen Sinne im Auge, aber die Deutschen kämpften darum, die Tür für einen späteren Beitritt der sowjetischen Besatzungszone offenzuhalten. So einigte man sich nach heftigen Auseinandersetzungen darauf, nicht eine Verfassung, sondern ein Grundgesetz auszuarbeiten. Dieser Kompromiß wurde erleichtert durch die entschiedene Haltung Ernst Reuters, der dazu beitrug, die westlichen Ministerpräsidenten zum Einlenken zu bewegen.

päsidenten der Aufbau eines effektiven politischen Systems und Selbstbestimmung dringend gewünscht wurden, wollte man es doch andererseits vermeiden, für die damit verbundene faktische Teilung des Landes die Verantwortung zu übernehmen. Berliner Politiker wie die amtierende Oberbürgermeisterin Louise Schroeder und Bürgermeister Ferdinand Friedensburg hatten mit ihren Appellen die westdeutschen Ministerpräsidenten darin bestärkt, keine übereilten Schritte zu tun und im Interesse Berlins nichts Endgültiges zu beschließen. Noch Anfang Juni 1948 hatten sie in Düsseldorf warnend ihre Stimme erhoben: »Was, Ihr wollt einen deutschen Staat im Westen schaffen, und Ihr wollt uns auf diese Weise sozusagen verraten?«[46]

Solche Vorbehalte traten in den Hintergrund, als sich Ernst Reuter, der neugewählte, durch Einspruch der Sowjets im Kontrollrat aber nicht amtierende Oberbürgermeister Berlins auf der Ministerpräsidentenkonferenz im Jagdschloß Niederwald (21. und 22. Juli 1948) zu Wort meldete und die westlichen Kollegen geradezu ermunterte, die notwendigen weiteren Schritte in Richtung Weststaat zu gehen. »Wir benötigen unter allen Umständen eine politische und eine ökonomische Konsolidierung des Westens«, so stellte er fest. »Die Verarmung, die im Gegensatz zu den Westzonen in der Ostzone herrscht, ist uns in Berlin gegenwärtiger als Ihnen, weil wir sie sehen. Sie ist die wichtigste Waffe und die Voraussetzung dafür, um den Osten der Herrschaft der sowjetischen Besatzung eines Tages wieder entreißen zu können. Die Berliner Bevölkerung hat trotz der großen Mühsale, die sie in der augenblicklichen Situation zu ertragen hat, in dieser Frage eine ganz klare Entscheidung gefällt, und sie hat eine klare Linie bezogen.«[47] Die enge Verbindung mit dem Westen dürfe unter keinen Umständen aufgegeben, verschlechtert oder gefährdet werden.

Mit dieser eindeutigen Option Reuters war eine wesentliche Voraussetzung für den Kompromiß zwischen Ministerpräsidenten und Militärgouverneuren geschaffen worden. Doch noch war der Durchbruch nicht erreicht. Nur mühsam konnte die französische Seite von Amerikanern und Briten dazu gebracht werden, am Londoner Konzept festzuhalten. Nach eingehender Analyse der

Koblenzer Stellungnahme durch eine alliierte Expertengruppe erklärten sich die westlichen Militärregierungen bereit, die von den Deutschen vorgeschlagenen terminologischen Veränderungen wohlwollend zu erwägen, während Abweichungen hinsichtlich der Volksabstimmung, der Länderneugliederung und des Besatzungsstatuts nicht konzediert werden sollten. In intensiven Gesprächen haben vor allem die Amerikaner auf ihre deutschen Ansprechpartner eingewirkt und die Bedeutung der »Londoner Protokolle« im internationalen Kontext hervorzuheben versucht. In einer weiteren gemeinsamen Besprechung zwischen Militärgouverneuren und Ministerpräsidenten wurde allen Beteiligten nachhaltig klar, wie begrenzt der Verhandlungsspielraum auf beiden Seiten war. Die Ministerpräsidenten erkannten, daß man sich nicht am Koblenzer Beschluß festbeißen dürfe und daß man zu »einer Art Westregierung« (H. Ehard) gelangen müsse. Man war sich zugleich durchaus bewußt, daß die Russen auf die Gründung eines staatlichen Gebildes im Westen mit einer Staatsgründung in ihrem Bereich antworten würden.

Die Protokolle der Ministerpräsidentenkonferenz im Jagdschloß Niederwald zeigen eindrucksvoll das Ringen um Formeln, die das Prinzip des »Provisoriums« mit der gewünschten »Staatlichkeit« des neu zu schaffenden Gebildes zu versöhnen suchten.[48] Als Carlo Schmid, der Justizminister von Württemberg-Hohenzollern, erneut starke Bedenken gegen die Schaffung eines Staates formulierte, um die letzte Chance der Einigung der vier Besatzungsmächte über eine einheitliche deutsche Lösung nicht zu verbauen, hielt der bayerische Ministerpräsident Ehard dagegen: »Wir müssen eine straffe Organisation der drei Westzonen haben. Nennen Sie es Weststaat, nennen Sie es Organisationsstatut, es ist mir ganz gleich, diese straffe Zusammenfassung müssen wir haben. Hängen Sie sich nicht an ein Wort, klammern Sie sich nicht an irgendeine Bezeichnung ... Das, was wir hier schaffen, kann keine deutsche Verfassung sein, das, was wir hier machen, kann keine endgültige Verfassung sein, weil ja im Augenblick noch gar keine Klarheit besteht, welche Form, welchen Inhalt sie praktisch in bezug auf die staatliche Souveränität haben kann. Aber wir müssen doch zu einer Konstruktion kommen, die zweierlei erreicht. Einmal, daß die drei Zonen, nachdem schon die vier Zonen nicht zusammengefaßt werden können, zusammengefaßt werden in einer Form, daß sie losgelöst werden von der Bindung und dem absoluten Diktat der Besatzungskommandeure in den einzelnen Zonen. Und ein Weiteres. Wir müssen doch wenigstens allmählich wieder den Anfang einer deutschen Souveränität, wenn auch beschränkt auf ein regionales Gebiet, bekommen.«[49]

Anders als noch in Koblenz sahen die meisten Ministerpräsidenten, auch wenn sie weiter an den begrifflichen Änderungen festhielten, darin nicht mehr eine materielle, sondern eher eine formelle Frage. Sie wollten den neuen Staat und glaubten den Charakter des »Provisorischen« hinreichend zum Ausdruck gebracht zu haben. Damit waren die entscheidenden Hindernisse gegen eine Einigung mit den Militärgouverneuren aus dem Wege geräumt. Nach der dritten gemeinsamen Konferenz vom 26. Juli

Carlo Schmid als schwergewichtiger Gegner eines westdeutschen Teilstaates, Karikatur von Fritz Meinhard

Carlo Schmid, damals Justizminister von Württemberg-Hohenzollern, plädierte leidenschaftlich dagegen, dem geplanten Zusammenschluß den Charakter eines Staates zu geben, weil dadurch die letzte Chance einer gesamtdeutschen Lösung vertan werde. Aber die Realisten, der Berliner Ernst Reuter (SPD) und der Münchner Hans Ehard (CSU), setzten sich am Ende in Debatten durch, die immer wieder dem Prinzip des Provisoriums galten. Die Zeit ging über diese Auseinandersetzungen sehr bald hinweg, und schon nach einigen Monaten bekannten sich im Grunde alle politischen Kräfte in den drei Zonen, trotz weiterbestehender formeller Bedenken, zur Gründung eines Weststaates.

1948 waren die Länderchefs und Militärgouverneure schließlich bereit, die Bezeichnung »Grundgesetz« mit dem Zusatz »Vorläufige Verfassung« zu akzeptieren. Die Vertreter der Alliierten versprachen, ihren Regierungen eine Entscheidung im Sinne der deutschen Seite hinsichtlich der Länderneugliederung und des Referendums, nicht jedoch des Besatzungsstatuts vorzuschlagen.[50]

Nach den außenpolitischen Weichenstellungen seit Ende 1947 hatte es noch über ein halbes Jahr gedauert, bis zwischen den Alliierten einerseits und zwischen ihnen und den deutschen Repräsentanten andererseits Einigkeit über den Weg zur Gründung eines Weststaates erzielt worden war. Trotz ihres Zögerns und trotz ihrer Bedenken haben alle wesentlichen politischen Kräfte in den Westzonen die Entscheidung für den Weststaat schließlich begrüßt und dabei die Risiken gesehen und in Kauf genommen. Sie waren sich der Tragweite ihres Handelns völlig bewußt und zogen es vor, einem großen Teil der deutschen Bevölkerung den Weg zu politischer Selbstbestimmung und staatlicher Souveränität zu eröffnen, statt weiterhin vergeblich auf eine gesamtdeutsche Lösung durch die Alliierten zu setzen. Im Klima des kalten Krieges schien diese ohnehin nicht mehr möglich, und sie hätte den Westdeutschen mit Sicherheit eine härtere Kriegsabrechnung beschert, als dies später für die Bundesrepublik der Fall war.

Der langwierige Prozeß, der zum Scheitern einer gemeinsamen alliierten Deutschlandpolitik führte, und der mühsame Weg hin zur Einigung über eine Weststaatsgründung zeigen, daß die immer wieder aufgeworfene und heftig diskutierte Frage: »Wer teilte Deutschland?« falsch gestellt ist. Die Teilung wurde nach dem Krieg, wenn man einmal von der Sonderrolle Frankreichs absieht, von niemandem als politisches Ziel verfolgt. Sie wurde jedoch im zunehmenden Ost-West-Konflikt und im Klima des beginnenden kalten Krieges in Kauf genommen. Als sich in den alliierten Gremien zeigte, daß eine gemeinsame Deutschlandpolitik nicht entwickelt werden konnte, gewannen die Sicherung und der Ausbau der eigenen Zonen, wie sie von der Sowjetunion seit Beginn der Besetzung mit großer Entschiedenheit betrieben worden waren, absoluten Vorrang. Während die Amerikaner bis weit in das Jahr

1946 hinein an einer gesamtdeutschen Politik festhielten, räumten die Briten schon Ende 1945/Anfang 1946 einer Politik der Konsolidierung der Westzonen den Vorrang ein. Sie taten dies, obwohl sie wußten, daß damit die Gefahr einer Spaltung Deutschlands gegeben war. Das amerikanisch-britische Projekt einer Bizone ermöglichte ein konstruktives Vorgehen, das wenigstens im westlichen Deutschland zur Verbesserung der wirtschaftlich und politisch desolaten Situation beitragen konnte. Der Zusammenschluß dieser beiden Besatzungszonen entwickelte sehr bald eine Eigendynamik und bereitete den Weg für die Gründung eines Weststaates, dem sich auch die Westdeutschen nicht prinzipiell widersetzten.

2. Berlin

Obwohl Berlin keineswegs als Hochburg der nationalsozialistischen Bewegung angesehen werden konnte, schauten weite Teile der Welt doch mit Abscheu auf die Metropole Hitlers und das Zentrum Preußens. Daher hatte die gemeinsame Besetzung der Hauptstadt des Kriegsgegners für die Sieger nicht nur strategische, sondern auch symbolische Bedeutung. Schon auf der Fahrt zur Konferenz von Teheran im November 1943 hatte der amerikanische Präsident Roosevelt geahnt, daß es zu einem Wettlauf der Verbündeten auf Berlin kommen werde.

Der Vorschlag, Berlin nach der Eroberung zu einer dreigeteilten Insel mitten in der russischen Besatzungszone zu machen, fußte auf britischen Planungen, die im Jahre 1944 von der EAC in London aufgegriffen und weiterentwickelt wurden. Briten und Amerikaner gingen davon aus, daß die Insellage der Stadt die völlige Freizügigkeit der Alliierten oder die unbehinderte Versorgung der Truppen und der Bevölkerung nicht gefährden würde. Obwohl mögliche Zugangsprobleme bereits angedeutet und diskutiert wurden, sahen die westlichen Alliierten davon ab, wegen »technischer Probleme« die Verhandlungen mit den sowjetischen Vertretern zu belasten. Sie wollten auch in diesem Bereich dem Verständigungswillen und der Kooperationsbereitschaft mit der Sowjetunion den Vorzug geben. Die versäumte Chance einer vertraglichen Regelung des Zugangs von und nach Berlin sollte die westlichen Verbündeten, und mehr noch die Berliner selbst, teuer zu stehen kommen.

Die Vereinbarungen der European Advisory Commission vom 12. September beziehungsweise 14. November 1944 sahen eine gemeinsame Besetzung der Stadt und zu diesem Zweck deren Aufteilung in drei Sektoren vor. Acht der zwanzig Berliner Bezirke, das heißt etwa 40 Prozent der Gesamtfläche Groß-Berlins in den Grenzen von 1920, einschließlich der Stadtmitte, bildeten den sowjetischen Sektor. Der französische Sektor wurde später aus dem amerikanischen und britischen Gebiet herausgeschnitten. Analog zum Alliierten Kontrollrat sollte eine »Interalliierte Kommandantur« die gemeinsame Verwaltung der Stadt übernehmen. Jedem der vier Stadtkommandanten wurde, ähnlich wie im Alliierten Kontrollrat, ein absolutes Veto bei allen Entscheidungen zugebilligt.

Noch Ende 1944 gab es amerikanische Pläne, im Zuge der Besetzung Deutschlands schnell auf Berlin vorzustoßen. Dazu ist es dann aufgrund militärischer und politischer Erwägungen nicht gekommen, obwohl die Operationen sehr viel zügiger verliefen als ursprünglich angenommen. Es dauerte nur etwa einen Monat, bis die amerikanischen Truppen nach dem Überschreiten des Rheins bei Remagen bereits am 12. April 1945 an drei Stellen über die Elbe setzten und in die unmittelbare Nähe Berlins vorstießen. Überraschenderweise nahmen sie den Kampf um die Hauptstadt jedoch nicht auf. Der Preis an Menschenleben schien zu hoch, vor allem aber glaubte die militärische Führung, daß sich – wie die Nazipro-

Notspeisung aus einer russischen Gulaschkanone, Berlin 1945

paganda verkündete – der deutsche Widerstand auf die »Alpenfestung« konzentriere. Als Eisenhower in einem Telegramm Stalin informierte, daß er mit seinen Truppenteilen gen Süden schwenken werde, wurde dieses Vorhaben vom Chef des Kreml nachdrücklich begrüßt.[51]

Die Eroberung Berlins durch die Rote Armee, die mit einer zehnfachen Übermacht von etwa einer Million Soldaten anrückte, begann am 16. April und zog sich bis zum 2. Mai 1945 hin. Bereits zu Beginn des Kampfes war die von ununterbrochenen Bombenangriffen heimgesuchte Stadt das »größte Trümmerfeld der Welt«.[52] Die rund 100 000 in Berlin verbliebenen deutschen Soldaten leisteten erbitterten Widerstand. Straße für Straße, Haus für Haus mußten sich die sowjetischen Truppen erkämpfen, bevor sie am 30. April die rote Fahne auf dem Reichstagsgebäude hissen konnten. Zwei Tage später unterzeichnete der deutsche Stadtkommandant Weidling in Berlin-Tempelhof die von General Tschuikow vorgelegte Kapitulationsurkunde.

Als die Rauchwolken der letzten Brände sich gelegt hatten und die verängstigte Bevölkerung, die in den ersten Tagen der Willkür der Sieger in Form von Plünderungen und Vergewaltigungen schutzlos ausgeliefert gewesen war, sich wieder aus Kellern und Verstecken hervorwagte, mochte es wie ein Wunder erscheinen, daß etwa 2,8 Millionen Menschen der 4,3-Millionen-Stadt – etwa drei Millionen, überwiegend Frauen und Kinder, waren geblieben – die Kämpfe überlebt hatten. Die Verwaltung, das Verkehrs- und Versorgungsnetz waren zusammengebrochen, die Ernährungslage katastrophal. Schon nach wenigen Tagen wurden auf Befehl des sowjetischen Stadtkommandanten Maßnahmen zum

Versuch der »Beschlagnahme« eines Fahrrads durch einen russischen Soldaten

Am 27. April 1945 schreibt Frau Etti Schulz-Knoll aus Berlin-Friedenau in ihr Tagebuch: »Die Russen sind hier bei uns ... Morgens um 5 ging die übliche Schießerei los. Es war ein ohrenbetäubender Lärm. Das Haus schwankte ... Jetzt am Vormittag wimmelt es hier von Russen zu Fuß, per Rad, per Auto. Es sind beschlagnahmte Wehrmachtswagen mit Sowjetfahne auf dem Kühler ... Die Bevölkerung kommt jetzt aus den Häusern, für mein Gefühl könnte man zurückhaltender sein.« Und am 28. April: »Es ist ja viel schlimmer, als wir gedacht hatten, ... nun hörten wir von allen Seiten scheußliche Geschichten. Überall waren gestern abend die Russen in die Keller gegangen und hatten die Mädchen und Frauen herausgeholt und teils im Hausflur und teils in den Wohnungen vergewaltigt.«

Wiederaufbau der Stadtverwaltung und der städtischen Versorgung in die Wege geleitet. Auch in Berlin kam es zur Gründung »antifaschistischer Komitees« und anderer Selbsthilfegruppen, die dazu beitrugen, das Überleben zu ermöglichen. Die sowjetische Militärregierung legte Wert darauf, »bürgerliche« Kräfte in die öffentliche Verwaltung einzubeziehen. Dennoch war die Sonderstellung kommunistischer Kader unübersehbar, die sich des besonderen Vertrauens der Besatzungsmacht erfreuten.

Für die weitere Entwicklung Berlins sollte es von ausschlaggebender Bedeutung sein, daß die Stadt zwei Monate lang ausschließlich von russischen Truppen besetzt blieb und daß die von ihnen während dieser Zeit geschaffenen Tatsachen nachträglich auch die Billigung der westlichen Alliierten fanden, die erst Anfang Juli in die ihnen zustehenden Stadtbezirke einrückten. Bereits am 17. Mai 1945 wurde der erste Berliner Nachkriegsmagistrat eingesetzt, an dessen Spitze als Oberbürgermeister der parteilose Architekt Arthur Werner stand. Von seinen vier Stellvertretern waren drei Kommunisten. Die wichtigen Abteilungen Personal und Verwaltung, Volksbildung, Sozialfürsorge, Finanz- und Steuerwesen lagen ebenfalls in kommunistischer Hand.

Die herausragenden Persönlichkeiten des bürgerlichen Lagers verfügten nur zum Teil über politische Erfahrung. Zu ihnen gehörte vorübergehend der international bekannte Chirurg Ferdinand Sauerbruch, der die Abteilung Gesundheitswesen leitete und an der Spitze der Abteilung für Bau- und Wohnungswesen stand. Die relative Pluralität in der politischen Zusammensetzung des Senats, dem Vertreter aller früheren demokratischen Parteien angehörten, konnte jedoch von Beginn an keinen Zweifel daran aufkommen

Die Viersektorenstadt Berlin

Das erste Treffen der Roten Armee und der US-Forces fand am 25. April 1945 in der Nähe von Torgau an der Elbe statt; der Oberkommandierende der westalliierten Truppen auf dem europäischen Operationsgebiet hatte auf den Vorstoß in die Kapitale Hitlers verzichtet und den Russen die propagandistisch wertvolle Eroberung Berlins überlassen. Die Aufteilung der Stadt unter den sowjetischen, amerikanischen und englischen Siegern zum Zweck der Besatzung war bereits 1944 beschlossen worden; das befreite Frankreich, das zu den Siegermächten gezählt wurde, aber an den Konferenzen der Großen Drei in Teheran, Jalta und Potsdam nicht teilgenommen hatte, erhielt schließlich auch einen Sektor, wobei die Sowjetunion allerdings wie bei der Einrichtung einer eigenen französischen Besatzungszone in Deutschland darauf bestand, den französischen Sektor aus Abtretungen des amerikanischen und englischen Bereichs zu bilden.

Das historische Zentrum des alten Berlin mit den »Linden«, dem Stadtschloß, dem Rathaus und den anderen historischen Gebäuden bis hin zum Zeughaus und den ehemaligen preußischen Theatern fiel an die Russen, ohne daß sich die Westmächte viel dabei dachten, und erst im Zeichen des kalten Krieges sollte sich dieses Versäumnis bemerkbar machen: das Berlin der Kurfürsten, Könige, der Kaiser und der Republik war nun im Besitz der östlichen Gegenmacht, und nur die neuen Stadterweiterungen im Westen waren den Westmächten zugefallen. Alternativvorschläge, wie die Grenzen der Besatzungsgebiete auf Berlin zulaufen zu lassen – die sogenannte Tortenstücklösung – waren erwogen worden, aber man hielt sie nicht für sonderlich bedeutungsvoll, da vor allem Washington an eine Fortsetzung der

lassen, daß die Besatzungsmacht und die mit ihr eng kooperierenden deutschen kommunistischen Kader die politischen Schaltstellen kontrollierten. Der am 19. Mai 1945 als Polizeipräsident eingesetzte Paul Markgraf, ehemals Mitglied des Nationalkomitees Freies Deutschland, gewährleistete die sowjetische Kontrolle der Polizei für ganz Berlin, und zwar noch zu einer Zeit, als bereits ein frei gewählter Magistrat existierte und die Westmächte längst in Berlin anwesend waren. Von Anfang an kam es zu Übergriffen. Die Polizei nahm auch in den Westsektoren Verhaftungen deutscher Gegner vor, die Züge eines systematischen Menschenraubes trugen.[53] Tausende verschwanden spurlos. Viele Wissenschaftler und Facharbeiter wurden in die Sowjetunion deportiert.

Schon bald nachdem Briten und Amerikaner in ihre Sektoren eingerückt waren, ergab sich eine Reihe schwieriger praktischer Probleme im Zusammenhang mit ihren Zugangsrechten. Dennoch ließ die vertrauensvolle Stimmung zwischen den Siegern – vor allem zwischen amerikanischen und sowjetischen Stäben – weitere pragmatische Lösungen im gemeinsamen Interesse zunächst als durchaus vertretbar erscheinen. Am 29. Juni 1945 verhandelten die drei Vertreter des alliierten Oberkommandos zum ersten Mal in Berlin über die dortigen Probleme. Ein Protokoll dieser Sitzung, von der wir nur aus den Memoiren Montgomerys und Clays wissen, ist offensichtlich nicht angefertigt worden.[54] Während die anglo-amerikanische Seite auf die Notwendigkeit eines freien und ungehinderten Zugangs verwies und die Benutzung von drei Eisenbahnlinien, zwei Landstraßen und des erforderlichen Luftraums verlangte, machte Marschall Schukow geltend, daß die verfügbaren Verkehrswege für die Demobilisierung der sowjetischen Truppen benötigt würden. General Clay wandte ein, daß es ja nicht um eine ausschließliche Nutzung, sondern vielmehr um den Mitgebrauch ohne Beschränkungen und Kontrollen gehe. Seine Position war jedoch von vornherein dadurch geschwächt, daß in den EAC-Bestimmungen keine Regelungen des Zugangs enthalten waren. Die Sowjets gestanden schließlich eine Straße, eine Eisenbahnstrecke und zwei Luftkorridore zu. Robertson und Clay gaben sich damit vorerst zufrieden und behielten sich vor, die Frage erneut im Alliierten Kontrollrat zur Sprache zu bringen.

Die provisorische Regelung funktionierte nur höchst unbefriedigend und gab bald Anlaß zu Reibereien. Dazu trug auch bei, daß sich die Zuständigkeit der unter sowjetischer Kontrolle stehenden Reichsbahndirektion auf ganz Berlin erstreckte. Die Zahl der Versorgungszüge blieb streng beschränkt, deutsche Zivilpersonen durften zunächst nicht in Personenzügen befördert werden. Der Güterverkehr stand unter strikter russischer Kontrolle, von der nur das alliierte Personal ausgenommen war. Da die Kapazität der Eisenbahnlinien durch Demontagen stark eingeschränkt war – alle großen Strecken verliefen nur noch eingleisig –, kam der Binnenschiffahrt für die Versorgung entscheidende Bedeutung zu. Auch hier einigten sich die Alliierten im Frühjahr 1946 auf Regelungen, die der Sowjetunion das Kontrollrecht zusprachen.[55]

Lebenswichtig für Berlin sollten die Luftverkehrsbestimmungen werden. Am 30. November 1945 stimmten die sowjetischen

Kriegskoalition auch in Friedenszeiten glaubte, und dann würde es keine Rolle spielen, daß die westlichen Sektoren der ehemaligen Hauptstadt vorübergehend in der sowjetischen Besatzungszone lagen.

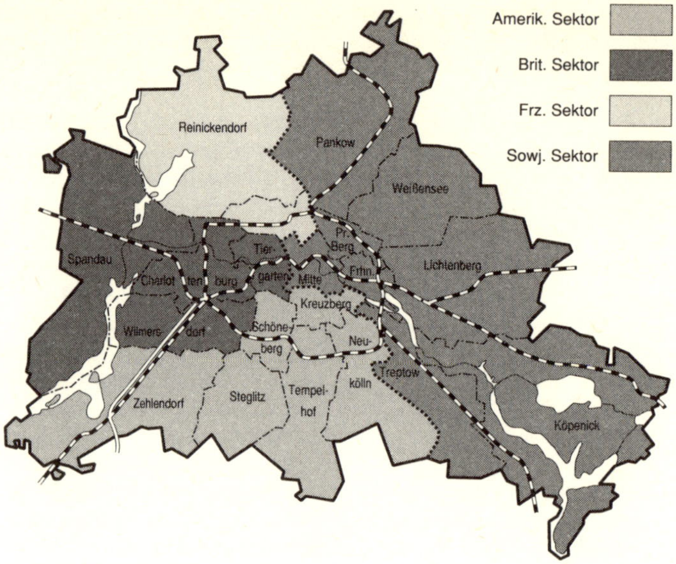

Vertreter im Kontrollrat der Errichtung von drei Luftkorridoren nach Frankfurt am Main, Hamburg und Bückeburg (Hannover) zu.[56] Der Vorstoß der Westmächte, das System der Luftkorridore über Deutschland auszuweiten und durch andere zu ergänzen, stieß jedoch auf Ablehnung. Am 20. Oktober 1946 verabschiedete das Luftdirektorat die Flugvorschriften für die Luftkorridore und die Einrichtung der Luftsicherheitszentrale Berlin beim Alliierten Kontrollrat, die später ihren Sitz in Potsdam erhielt und an der bis heute alle vier Mächte beteiligt sind. Sie überdauerte als einziger wesentlicher Bestandteil des ursprünglichen Viermächteapparats zur Verwaltung Berlins selbst den kalten Krieg.[57]

Nach dem Ende des Krieges befand sich Berlin in einem gleichsam verfassungslosen Zustand.[58] Der erste Magistrat und die Behörden der Bezirke handelten nach den Weisungen des sowjetischen und dann der alliierten Kommandanten. Sowohl die Koordination zwischen Bezirks- und Zentralverwaltung als auch der angekündigte demokratische Neubeginn machten eine neue Verfassung notwendig. Dabei stellten sich mehrere Probleme gleichzeitig. Sollte Berlin als Stadt oder Land behandelt werden? Wie würden sich die alliierten Vorbehaltsrechte auf die Verfassung auswirken, und wie konnte aus dem »Kooperationsverhältnis« der Blockparteien ein funktionierendes parlamentarisches System entstehen, in dem Regierung und Opposition klar voneinander abgegrenzt existierten?

Die Arbeiten an einer neuen Verfassung begannen bereits im Herbst 1945. Ein erstes, von Vertretern der vier antifaschistisch-demokratischen Parteien erarbeitetes Konzept wurde von der Kommandantur jedoch abgelehnt, die gleichzeitig den Auftrag erteilte, auf der Basis der preußischen Gesetze von 1920 (Bildung Groß-Berlins) und 1931 (Stärkung der Stellung des Oberbürgermeisters) eine Verfassung auszuarbeiten, die demokratischen Grundsätzen entspreche. Ihre eigene Rechtsabteilung machte dann

Wahlpropaganda der SED vor dem Bezirksamt Prenzlauer Berg, Oktober 1946

Am 20. Oktober 1946 fanden die ersten und einzigen Gesamt-Berliner Wahlen zu einem Stadtparlament statt. Alle Parteien kandidierten in allen Sektoren, aber schon war erkennbar, daß die sowjetische Militäradministration in ihrem Sektor die SED stützte und unterstützte, so daß sie überproportional zur Geltung kam.

den neuen Entwurf des Magistrats zur Grundlage eines eigenen Verfassungsvorschlags, den die Kommandanten am 13. August 1946 oktroyierten. Diese »vorläufige Verfassung« blieb bis 1950 in Kraft.

Groß-Berlin als die »für das Gebiet der Stadtgemeinde Berlin alleinige berufene öffentliche Gebietskörperschaft« erhielt eine Stadtverordnetenversammlung aus 130 Mitgliedern mit zweijähriger Legislaturperiode. Diese wählte den Magistrat, der aus dem Oberbürgermeister, drei Bürgermeistern und höchstens sechzehn weiteren hauptamtlichen, besoldeten Mitgliedern bestand. Das parlamentarische Modell wurde jedoch entscheidend durch Artikel 3 Absatz 2 der vorläufigen Verfassung abgewandelt, der bestimmte, daß im Magistrat »Vertreter *aller* anerkannten politischen Parteien« Sitz und Stimme haben müßten, sofern es die betreffenden Parteien verlangten.[59] Darüber hinaus hielt Artikel 36 die Vorbehaltsrechte der Alliierten eindeutig fest. Er unterstellte die Selbstverwaltung Groß-Berlins der Kommandantur, die der Sektoren den jeweiligen Militärregierungen. Dem Besatzungsregime für Gesamtdeutschland vergleichbar, wurde damit den Stadtkommandanten für ihren Bereich die Möglichkeit autonomen Handelns gegeben.

Diese Bestimmungen, verbunden mit dem Instrument des Vetos, boten der Sowjetunion die Möglichkeit, den politischen Willen eines frei gewählten Parlaments und die von den Westmächten gestützte Entwicklung freiheitlich-demokratischer Verhältnisse zu unterlaufen und eine grundlegende Veränderung der Zustände, die sie in den ersten Monaten der Besetzung geschaffen hatten, zu verhindern. Die Vertreter Moskaus in Berlin wollten sich auf das demokratische Wagnis keineswegs ohne ein festgespanntes Sicherheitsnetz einlassen. Ohne die Artikel der vorläufigen Verfassung, die seine Position sowie diejenige der SED absicherten, hätte Moskau wohl kaum freien Wahlen in Berlin zugestimmt. Im hitzigen Wahlkampf vom Herbst 1946 stellten sich SPD, CDU und LPD geschlossen der SED entgegen. Schroff widersetzte sich die SPD östlichen Anbiederungsversuchen. Weder Einschüchterung noch die Behinderung des Wahlkampfs in Ost-Berlin zeigten die von kommunistischer Seite erhoffte Wirkung. Die ersten und letzten freien Gesamt-Berliner Wahlen nach dem Krieg wurden zu einem Desaster für die SED und die sie offen unterstützende sowjetische Militärregierung. Aufgrund des Viermächtestatus der Stadt konnte die SPD – anders als in der SBZ – in Ost-Berlin noch kandidieren, während die SED auch in den Westsektoren antrat. Zwischen SPD und SED kam es so zu einem aufschlußreichen Kräftemessen, das, noch eindeutiger als die Urabstimmung der SPD in den Westsektoren Berlins über eine sofortige Vereinigung mit der KPD ein halbes Jahr zuvor, den politischen Willen der Bevölkerung erkennen ließ. Die SPD war mit 48,7 Prozent in Berlin der große Sieger der Wahl vom 20. Oktober 1946. Sie erzielte selbst im sowjetischen Sektor mit 43,6 Prozent einen eindeutigen Vorsprung vor der SED, die sich dort mit lediglich 29,8 Prozent zufriedengeben mußte.[60] Damit konnte die sowjetische Besatzungsmacht nicht mehr davon ausgehen, daß es ihr auf demokratischem Wege gelingen werde, ihre Stellung in der Stadt weiter auszubau-

en und sie schrittweise den politischen Verhältnissen der SBZ anzupassen. Sie sprach von einer verhängnisvollen Fehlentscheidung der Berliner und verhinderte, daß das Wahlergebnis in politische Praxis umgesetzt werden konnte.

Zunächst weigerte sich der alte Magistrat, unterstützt vom sowjetischen Stadtkommandanten, zurückzutreten. Die neue Stadtregierung wurde gemäß Artikel 3 der vorläufigen Verfassung aus Vertretern aller vier Parteien, einschließlich der SED, gebildet. Die siegesbewußte SPD wandte sich jedoch ebenso wie die CDU dagegen, in eine Zwangskoalition mit der SED gedrängt zu werden. Als sich der am 5. Dezember 1946 neugewählte Oberbürgermeister Otto Ostrowski (SPD) ohne Wissen und Zustimmung seiner Partei darum bemühte, einen innenpolitischen Burgfrieden mit der SED herbeizuführen, um von ihr im Gegenzug personalpolitische Konzessionen zu erhalten, verlor er die Unterstützung seiner eigenen Partei. Am 11. April 1947 forderten ihn die Abgeordneten von SPD, CDU und LDP gegen die Stimmen der SED einmütig zum Rücktritt auf. Ostrowski, der den Rückhalt des sowjetischen Stadtkommandanten Kotikow besaß, weigerte sich zunächst, legte dann aber am 17. April die Geschäfte nieder. Kotikow intervenierte, scheiterte jedoch an der Mehrheit der drei Westmächte, so daß der Rücktritt am 11. Juni von Kontrollrat und Kommandantur bestätigt wurde.

Der beginnende Grabenkrieg zwischen den westlichen und dem östlichen Stadtkommandanten nährte sich nicht nur aus der allgemeinen Verschlechterung des politischen Klimas. Er gewann eine besondere Qualität als Kampf um die Durchsetzung des parlamentarischen Systems. Als die Stadtverordnetenversammlung am 24. Juni 1947 den gerade erst aus türkischer Emigration zurückgekehrten Ernst Reuter (SPD) mit 89 gegen 17 Stimmen (der SED) bei zwei Enthaltungen zum Nachfolger Ostrowskis wählte, waren die Sowjets nicht mehr bereit, das erforderliche Plazet zu geben. Sie machten bei diesem Mann, dessen Nominierung und Wahl ihnen als Provokation erschien, kompromißlos von ihrem Einspruchsrecht Gebrauch. Daher führte weiterhin Louise Schroeder (SPD), die kommissarische Oberbürgermeisterin, die Amtsgeschäfte. Sie betrachtete sich als Statthalterin Ernst Reuters, der auch während der anderthalb Jahre des städtischen Interregnums der »heimliche König Berlins« blieb.

Für die Kommunisten war Reuter ein Renegat.[61] Am 29. Juli 1889 im nordschleswigschen Apenrade als Sohn eines Handelskapitäns geboren, entstammte er einer bürgerlich-konservativen Familie. Hochintelligent und außergewöhnlich sprachbegabt, studierte er zunächst in Marburg Altphilologie, Geschichte, Philosophie und Geographie, um dann in München durch Lujo Brentano mit der Nationalökonomie in Berührung zu kommen. Die Schriften des sozialliberalen Friedrich Naumann und des reformerischen Sozialdemokraten Eduard Bernstein brachten ihn auf den Weg eines undoktrinären Sozialismus. Der wegen seiner politischen Ansichten scheiternde Privatlehrer fand bald einen Platz in der Sozialdemokratie und gehörte zu ihrem reisenden Lehr- und Vortragskader. Als Pazifist stand er in seiner Partei auf der Seite derjenigen, die eine Bewilligung der Kriegskredite abgelehnt hatten.

Ernst Reuter auf dem Titelblatt des US-Magazins *Time*

Ernst Reuter war 1945 aus der türkischen Emigration über Hannover, den damaligen Sitz der SPD, nach Berlin zurückgekommen, wo die sowjetische Besatzungsmacht bald versuchte, den ehemaligen Kommunisten und Volkskommissar der Wolgadeutschen Republik von der deutschen Nachkriegspolitik auszuschließen, indem sie ihm durch ein Veto die Ausübung des Oberbürgermeisteramtes für Gesamt-Berlin verwehrte. Durch seine Rolle während der Blockade West-Berlins vom Juni 1948 bis zum Mai 1949 wurde Reuter zum Symbol des Widerstandes. Wahrscheinlich ist nie vorher und nie nachher ein Bürgermeister Berlins in vergleichbarer Weise von der Volksstimmung getragen worden. Bei seinem überraschenden Tod im Alter von nur 64 Jahren versammelten sich spontan Zehntausende von Berlinern auf dem Weg von seinem bescheidenen Einfamilienhaus zum Waldfriedhof Zehlendorf.

Im Ersten Weltkrieg schwer verwundet, geriet er 1916 in russische Kriegsgefangenschaft. In kurzer Zeit lernte er die russische Sprache. Der Strudel der Revolution zog ihn in den Umkreis Lenins, der auf den jungen deutschen Sozialisten aufmerksam wurde und ihn mit dem Kommissariat für die Wolgadeutsche Republik betraute. Mit einem Empfehlungsschreiben des russischen Revolutionsführers in der Tasche, kehrte Reuter zusammen mit Karl Radek nach Deutschland zurück, um als Genosse Friesland für den Spartakusbund auf eine Revolutionierung der Bergarbeiter Oberschlesiens hinzuarbeiten. Seit 1920 leitete er das Sekretariat der KPD für Berlin und Brandenburg. Die bedingungslose Hörigkeit und Abhängigkeit der Kommunistischen Partei Deutschlands von der Moskauer Zentrale und die sich festigende Überzeugung, daß der Weltkommunismus auf dem besten Wege sei, zum russischen Imperialismus zu werden, bewogen ihn, sich gegen die Parteimehrheit zu wenden, und ließen ihn zum Mitbegründer der »Kommunistischen Arbeitsgemeinschaft« werden, die über die USPD in den Schoß der Sozialdemokratie zurückfand.

Zunächst politischer Redakteur des *Vorwärts*, wurde Reuter 1926 in Berlin zum Stadtrat und Dezernenten für Verkehr und Betriebe gewählt. Der Zusammenschluß und die Kommunalisierung der verschiedenen Berliner Verkehrszweige zur Berliner Verkehrsgesellschaft (BVG) geht wesentlich auf ihn zurück. Bereits im Jahre 1931 gehörte er als Oberbürgermeister von Magdeburg zur ersten Garnitur der Weimarer Kommunalpolitiker. Von 1932 bis 1933 war er außerdem Mitglied des Deutschen Reichstags. Schon bald nach der nationalsozialistischen Machtergreifung seines Amtes enthoben, wurde Reuter in den beiden folgenden Jahren mehrere Male verhaftet und im Konzentrationslager mißhandelt. Erst 1935 entschloß er sich, Deutschland zu verlassen. Über die Niederlande und London fand er den Weg in die Türkei. Durch die Vermittlung eines Freundes erhielt er die Stelle eines Sachbearbeiters für Tariffragen beim dortigen Wirtschafts- und Verkehrsministerium. Im Jahre 1940 wurde Reuter, der die türkische Sprache inzwischen fließend beherrschte, eine Professur für Kommunalwissenschaft in Ankara angetragen. Zwei Standardwerke zur türkischen Verwaltungspraxis zeugen von seinem außergewöhnlichen Erfolg als akademischer Lehrer.

Schon am Ende des Krieges stand für Reuter der Entschluß fest, in die Heimat zurückzukehren. Er erhielt jedoch erst im Herbst 1946 durch Vermittlung des Staatsministers im Foreign Office und Labour-Politikers Philip Noel-Baker die Erlaubnis dazu. Im November meldete er sich in der hannoverschen SPD-Zentrale, um sich seiner Partei erneut zur Verfügung zu stellen. Es zog ihn wieder nach Berlin, wo er wenige Wochen nach den Wahlen vom Herbst 1946 eintraf. Seine Berufung in das vertraute Amt des Stadtrats für Verkehr haben die Sowjets mit Mißbehagen betrachtet, aber noch nicht verhindert. Als Reuter dann am 24. Juni 1947 mit überwältigender Mehrheit zum neuen Oberbürgermeister gewählt wurde, reagierte der sowjetische Stadtkommandant mit einer öffentlichen Desavouierungskampagne, die jedoch Reuter nicht schadete, sondern ihn mit einem Schlage ins Blickfeld der deutschen und internationalen Öffentlichkeit rückte. Er wurde zur

Kristallisationsfigur des zunehmenden Widerstandes der nichtkommunistischen, westlich orientierten Politiker Berlins und der Bevölkerung in den Westsektoren.

Die Auseinandersetzungen mit der sowjetischen Besatzungsmacht und der SED, die im Verlauf des Jahres 1947 zur offenen Konfrontation führten, verliefen auf verschiedenen Ebenen. Symptomatisch waren die Kontroversen über die Verfassung Berlins.[62] Als die Alliierten die vorläufige Verfassung erließen, hatten sie gleichzeitig die Stadtverordnetenversammlung beauftragt, bis zum 1. Mai 1948 den abschließenden Entwurf einer Konstitution vorzulegen. Unter der engagierten und sachkundigen Leitung des Parlamentsvorsitzenden Otto Suhr (SPD) zeichnete sich im Verfassungsausschuß in den grundlegenden Fragen ein Zusammengehen von SPD, CDU und LDP gegen die SED ab, obwohl in einzelnen Sachbereichen (wie zum Beispiel in der Frage der Konfessionsschule und der Sozial- und Wirtschaftsordnung) erhebliche Unterschiede zwischen allen Parteien bestanden. Ein Kernproblem blieb, daß die drei Parteien eine Fortschreibung des Artikels 3 der provisorischen Verfassung strikt ablehnten, da sie in ihm die Verpflichtung zu einer Zwangskoalition mit der SED und den Versuch sahen, das parlamentarische System institutionell zu unterlaufen. Gleichzeitig forderten sie, daß die Polizei dem Magistrat eindeutig unterstellt werden und das Parlament das Recht erhalten sollte, durch Mißtrauensvotum die Regierung zum Rücktritt zu zwingen. Für die abschließende Beratung lagen drei Entwürfe – jeweils einer von CDU, SPD und SED – vor. Während die beiden ersten von der Idee einer repräsentativen Demokratie geprägt waren, ließ der SED-Vorschlag, obwohl auch er die klassischen Freiheitsrechte aufführte, eine völlig andere Demokratieauffassung erkennen. So forderte zum Beispiel der Artikel 6 die Entfernung aller Personen aus dem öffentlichen Dienst, die »militaristische oder faschistische Auffassungen vertreten«.[63] Die Enteignungsbestimmungen des Artikels 19 sahen zwar eine »angemessene Entschädigung« vor, jedoch mit der Einschränkung, »soweit ein Gesetz nichts anderes bestimmt«. Der Artikel 25 forderte den Einsatz von Laienrichtern in der Rechtsprechung im weitesten Umfange, und im Artikel 44 fand sich eine Verankerung des Plebiszits, die in der politischen Praxis eine Dauerkrise des parlamentarischen Systems heraufbeschworen hätte. Danach sollte ein Volksentscheid dann durchzuführen sein, wenn ein Zehntel der Stimmberechtigten ihn fordere, wobei anstelle dieses Zehntels »auch Parteien und Organisationen, die glaubhaft machen, daß sie ein Fünftel der Stimmberechtigten vertreten«, imstande sein sollten, das Volksbegehren einzuleiten. Außerdem verkündete der SED-Entwurf, alle Probleme der Rechtslage Berlins ignorierend, im Artikel 1: »Die Stadt Berlin ist die Hauptstadt der deutschen demokratischen Republik.«

SPD, CDU und LDP einigten sich auf einen Verfassungsvorschlag, der am 22. April 1948 von der Stadtverordnetenversammlung gegen die Stimmen der SED angenommen wurde. Die Kommandantur hat zu ihm nicht mehr Stellung genommen, da die Blockade zu diesem Zeitpunkt bereits ihre Schatten vorauswarf. Erst im Oktober 1949 wurden die Verfassungsberatungen mit dem

Ziel fortgesetzt, die Berliner Verfassung auf das Grundgesetz abzustimmen. Der endgültige Entwurf, der weitgehend auf dem Verfassungsbeschluß von 1948 beruhte, konnte am 1. Oktober 1950 in Kraft treten.

Der Preis für die freiheitliche Verfassung war die administrativ-politische Spaltung der Stadt, die aufgrund des zunehmenden kommunistischen Drucks längst auch in anderen Bereichen des gesellschaftlichen, politischen und wirtschaftlichen Lebens vorbereitet war. So scheiterte wegen eines komplizierten Wahlrechts, das Manipulationen Tür und Tor öffnete, der Versuch der demokratischen »Unabhängigen Gewerkschaftsorganisation« (UGO), Einfluß auf den völlig von der SED abhängigen Freien Deutschen Gewerkschaftsbund (FDGB) Berlin zu gewinnen.[64] Die UGO konstituierte sich im Frühjahr 1948 als selbständige Gruppierung, die wenig später von den westlichen Militärregierungen als alleiniger Tarifpartner anerkannt wurde. Auch in anderen Berliner Verbänden gab es Spaltungen.

Ähnliches galt, wie das Beispiel der Gründung der Freien Universität zeigt, für die Universitätsentwicklung. Auch hier führte der Versuch, den Einfluß der SED zu zementieren, zu Widerstand und Abspaltung. Die Humboldt-Universität, so der neue Name der ehemaligen Friedrich-Wilhelm-Universität, war 1945 durch Befehl der sowjetischen Militäradministration der Verwaltung für Volksbildung in der sowjetischen Besatzungszone unterstellt worden. Den Sowjets war es zuvor gelungen, ihre alleinige Zuständigkeit gegenüber den westlichen Alliierten mit dem Argument durchzusetzen, daß die Humboldt-Universität »gegenwärtig die einzige Universität in der Sowjetzone« sei.[65] Sie war damit aus der Zuständigkeit des Berliner Magistrats herausgenommen, dem es trotz intensiver Bemühungen nicht gelang, die Universität in seinen Kompetenzbereich zurückzuholen. Schon bald wurde deutlich, daß die kommunistische Seite auf Bildungsinhalte, Zulassungsverfahren und Zusammensetzung der Studentenschaft Einfluß nahm und so mit Hilfe eines abgestimmten Systems der verdeckten Pressionen einen geistigen und institutionellen Konformitätsdruck erzeugte. Andererseits glaubte die zuständige Zonenverwaltung noch, allen Studenten das aktive und passive Wahlrecht zugestehen zu können, zumal die Rechte der Studentenvertretung sehr begrenzt waren.

Wie gering die Werbekraft der SED unter den Immatrikulierten blieb, zeigten dann die Studentenschaftswahlen vom Dezember 1947. Die Studentische Arbeitsgemeinschaft, die sich gegen offene SED-Propaganda auf dem Campus wandte und die Mehrheit der Studenten hinter sich wußte, war bald offener Einschüchterung ausgesetzt. Studenten, die bereits unter den Nationalsozialisten verfolgt worden waren, wurden jetzt unter dem Vorwurf »geheimer faschistischer Tätigkeit« verhaftet oder relegiert. Als drei Mitglieder der Studentenopposition wegen eines satirischen Artikels in der Zeitschrift *Colloquium*, den sie nicht widerriefen, von der Universität verwiesen wurden, kam es dann am 23. April 1948 zu einer Protestkundgebung der Hochschulgruppen aller drei demokratischen Parteien im Hotel Esplanade am Potsdamer Platz – also im amerikanischen Sektor –, auf der leidenschaftlich die Errich-

Professor Edwin Redslob, 1949/50 Rektor der Freien Universität Berlin, 1951

Spektakuläre Entführungsfälle, bei denen auch aus den Westsektoren mißliebige Personen verschleppt wurden, führten in den ersten Nachkriegsjahren zu einer oft hysterischen Furcht vor kommunistischen Agenten. Die in der sowjetischen Besatzungszone lebenden Studenten der Freien Universität bestanden deshalb darauf, daß Fotos von ihnen nur erschienen, wenn ihre Gesichter unkenntlich gemacht würden, da sie Repressalien fürchteten. Die 1949 in Berlin-Dahlem mit Unterstützung der Vereinigten Staaten ins Leben gerufene Hochschule war im Grunde nicht für den Westteil der Stadt gegründet worden.

tung einer freien Universität im Westen der Stadt gefordert wurde. Schon 1947 hatte der Kunsthistoriker und spätere erste Rektor der neuen Universität, Edwin Redslob, im *Tagesspiegel* diesen Gedanken entwickelt. Nur zwei Tage nach der Demonstration im Esplanade beauftragte General Clay den amerikanischen Journalisten Kendall Foss, die Möglichkeit der Gründung einer freien Universität zu prüfen, die dann bereits am 4. November 1948 erfolgen konnte.

Risse durchzogen das gesamte innenpolitische Leben der ehemaligen Reichshauptstadt schon bevor die Blockade die Spaltung besiegelte und zum Nebeneinander von zwei diametral entgegengesetzten politischen Systemen führte. Als die Westmächte nach dem Scheitern der Konferenzen des Rates der Außenminister entschieden den Weg der Konsolidierung Westdeutschlands ohne weitere Rücksichtnahme auf die sowjetische Haltung verfolgten, verlieh die sowjetische Besatzungsmacht ihrer Politik der Behinderungen in Berlin und auf den Zufahrtswegen immer mehr Nachdruck. Das Auseinanderbrechen des Kontrollrats wirkte unmittelbar auf die Arbeit der Interalliierten Kommandantur zurück, so daß eine Einigung in wichtigen Fragen städtischer Politik kaum mehr erzielt werden konnte. Die sowjetische Seite begann mit Nadelstichen und Schikanen die Schwachstellen der Berliner Situation und die Reaktion der Westalliierten wie der Bevölkerung systematisch zu testen. Ein Propagandakrieg der östlich gelenkten Presse überzog die Stadt, dem die westlichen Zeitungen mit Klarheit, aber auch mit Schärfe begegneten. Ostzonale Meldungen über den baldigen Abzug der Westmächte aus Berlin dienten der Verunsicherung der Bevölkerung ebenso wie die immer häufiger von offizieller sowjetischer Seite verwendete Formulierung, Berlin sei Teil der sowjetischen Besatzungszone. Immer deutlicher zeichnete sich ab, daß Moskau entschlossen war, die Position der westlichen Alliierten in Berlin zu unterminieren und sie aus der Stadt hinauszudrängen.

Die Ausgangsposition für ein solches Vorhaben war denkbar günstig. In Ost-Berlin befanden sich 18 000 sowjetische Soldaten, in der östlichen Zone nicht weniger als 300 000, die zu einem gro-

ßen Teil strategisch günstig rings um Berlin konzentriert waren. Dem standen im westlichen Teil der »Insel Berlin« 3000 Amerikaner, 2000 Briten und 1500 Franzosen gegenüber. Zum unausgewogenen militärischen Kräfteverhältnis gesellte sich die unklare Rechtssituation auf den Verkehrswegen von und nach Berlin. Über Zugangs- und Verkehrskontrollen, über Ampeln und Signale konnte am Lebensnerv der Stadt operiert und mit dem Einsatz geringster Mittel eine lebensgefährdende Wirkung erzielt werden. Seit Anfang 1948 wurde für West-Berliner Kraftfahrzeuge, die in die SBZ fahren wollten, ein »Propusk«, ein sowjetischer Erlaubnisschein, verlangt, den West-Berliner jedoch kaum erhielten. Sowjetische Grenzposten begannen jetzt auch mit Kontrollen britischer und amerikanischer Militärzüge, um den üblichen Mittransport von Deutschen zu überwachen, obwohl diese mit Genehmigung der westlichen Alliierten reisten. Zeitweise wurde der Zugverkehr sogar unterbrochen. Noch glaubten die Westmächte, durch Zugeständnisse einer Verschärfung der Situation zuvorkommen zu können und stellten die Mitnahme von Deutschen in ihren Militärzügen ein. Nach kurzer Beruhigung kam es in rascher Folge zu neuen Restriktionen. Deutsche Reisende in Interzonenzügen mußten umfassende Kontrollen und Leibesvisitationen über sich ergehen lassen, da – wie es hieß – nur so Schmuggel und Plünderungen vorgebeugt werden könne. Gleichzeitig wurden die westlichen Alliierten von den Sowjets aufgefordert, ihr entlang der Autobahn stationiertes Personal abzuziehen, da für dieses keine Notwendigkeit mehr bestehe.

Noch bedenklicher mußten die Versuche stimmen, den Flugverkehr in den drei Luftkorridoren einzuschränken. Die Ostpresse forderte lautstark die Reduzierung auf einen Korridor und die Einbeziehung sowjetischer Kontrollen sowohl bei der Landung von Flugzeugen in Berlin als auch bei der Zulassung von Zivilfluggesellschaften. Es blieb aber keineswegs beim bloßen Wortgeplänkel. Am 5. April 1948 kollidierte ein britisches Passagierflugzeug in der Nähe des Flugplatzes Gatow mit einem sowjetischen Jäger. Alle Insassen kamen ums Leben. Amerikaner und Briten ordneten daraufhin Begleitschutz durch Jagdflugzeuge in den Luftkorridoren an, der aber wieder aufgehoben wurde, als Marschall Sokolowski »tiefes Bedauern« über den unbeabsichtigten Zwischenfall äußerte und Zusicherungen für die Sicherheit gegeben hatte. Schon jetzt gingen die Westmächte dazu über, einen Teil des Personen- und Güterverkehrs über eine »kleine Luftbrücke« abzuwickeln. Auch bei den seit Anfang April einsetzenden Behinderungen auf den Binnenwasserwegen, als vorübergehend der Schiffsverkehr wegen »technischer Störungen« an Schleusen völlig zum Erliegen kam, sorgten energischer Protest und die Androhung von Gegenmaßnahmen dafür, daß zunächst weitere Schikanen unterblieben.

Den eigentlichen Anlaß für die völlige Abschnürung Berlins bot dann die Währungsreform in den Westzonen. Noch bis in den Mai hinein hatten sowohl General Clay als auch führende demokratische Politiker der Stadt den bereits damals auftauchenden Gedanken zurückgewiesen, daß die für die Westzonen geplante Währungsreform sich auch auf Berlin erstrecken solle. Bürger-

Offizieller Zonenübergang bei Wartha

Von den Westsektoren Berlins aus gelangte man anfänglich relativ leicht über die sogenannte grüne Grenze in das Gebiet der westlichen Besatzungszonen, obwohl man auch damals schon mit Verhaftungen und Gefängnisstrafen rechnen mußte. Der spätere Informationsminister Gerhart Eisler schrieb damals die Verse: »Hier wurde ein Deutscher von Deutschen gefangen, weil er von Deutschland nach Deutschland gegangen.«
Schon seit Anfang 1948 hatte jeder West-Berliner einen Propusk benötigt, der zum Übertritt über die Grenze mit dem Kraftfahrzeug berechtigte; es blieb praktisch unerfindlich, an welchen Personenkreis er ausgegeben und wem er verweigert wurde. Die Fahrt über die Interzonenverkehrswege dauerte mitunter Stunden, da vor den Grenzkontrollstellen sich oft kilometerlange Schlangen bildeten und die Abfertigung je nach der politischen Großwetterlage verlangsamt oder beschleunigt wurde.

meister Ferdinand Friedensburg (CDU) befürchtete, daß die Einbeziehung der ehemaligen Reichshauptstadt in ein solches Projekt verhängnisvolle Auswirkungen zeigen und die Spaltung der Stadt vorantreiben werde. Hingegen war ein kleiner, aber einflußreicher Kreis um Ernst Reuter fest davon überzeugt, daß mit der Währungsfrage für Berlin zugleich die Machtfrage gestellt sei. Reuter befürchtete, die Hauptstadt könne von der Westentwicklung abgekoppelt und damit dem östlichen Machtbereich überantwortet werden. Ein »Memorandum Berliner Währungssachverständiger über die verschiedenen Möglichkeiten der Währungsreform in Berlin«[66] warnte vor der möglichen Einbeziehung Gesamt-Berlins in eine Währungsreform der SBZ, die zu einer Vertrauenskrise in der Bevölkerung führen müsse. Reuter konnte den zögernden Clay immerhin dazu bringen, Vorbereitungen für den Fall in die Wege zu leiten, daß sich die russische Währungsreform auf alle Teile der Stadt erstrecken sollte. Nur dadurch sind wenig später die schnellen westlichen Maßnahmen möglich gewesen.

Die Verkündung der westdeutschen Währungsreform am 18. Juni 1948 wurde aufgrund des Viermächtestatus von den Westmächten zunächst nicht auf Berlin ausgedehnt. Dennoch protestierte die sowjetische Militärregierung und erklärte, daß sie jetzt zu Gegenmaßnahmen gezwungen sei. »In den westlichen Besatzungszonen Deutschlands«, so begann der berühmte, von Marschall Sokolowski unterzeichnete Befehl Nr. 111 vom 23. Juni, »ist die separate Währungsreform durchgeführt. Die Einheit des Geldumlaufs – die Grundlage der wirtschaftlichen Verbundenheit der einzelnen Gebiete des Landes – ist zerstört. Ein zerschmetternder Schlag ist der Einheit Deutschlands versetzt worden. Verletzt sind das Abkommen über den Kontrollmechanismus und die Potsdamer Beschlüsse, die die Wahrung der Einheit Deutschlands vorsahen. Die separate Währungsreform in den westlichen Besatzungszonen beschließt die Spaltung Deutschlands.«[67] Um die Interessen der deutschen Bevölkerung und der Wirtschaft der sowjetischen Besatzungszone und Groß-Berlins zu wahren, sei die sowjetische Militärregierung gezwungen, den Vorschlag der deutschen Wirtschaftskommission über die Durchführung der Währungsreform

in der SBZ zu billigen. Gleichzeitig begründete der Stabschef der sowjetischen Militäradministration, Generalleutnant Lukjantschenko, in einem Schreiben an die amtierende Oberbürgermeisterin Louise Schroeder die Notwendigkeit der Maßnahme für Groß-Berlin damit, daß »Berlin in der sowjetischen Besatzungszone liegt und wirtschaftlich einen Teil der sowjetischen Zone darstellt«. Er fuhr fort: »Fernerhin werden im Gebiet von Groß-Berlin sich keine anderen Währungen im Umlauf befinden, außer der Währung der sowjetischen Besatzungszone.«[68] Der Brief enthielt außerdem die Drohung, daß eine Verletzung des Befehls zur Durchführung der Währungsreform »entsprechende Maßnahmen seitens der Militärbehörden nach sich ziehen« werde.

Stadtverordnetenversammlung und Magistrat nahmen die Herausforderung an. Sie weigerten sich, den sowjetischen Befehl in den Westzonen der Stadt durchzuführen. Noch am selben Tage stellte ein im Einvernehmen mit den Briten und Franzosen erlassener Befehl der amerikanischen Militärregierung fest: »Diese sowjetischen Befehle widersprechen dem Viermächteabkommen über die Viermächteverwaltung von Groß-Berlin.«[69] Die einseitige Anordnung könne nicht auf die westlichen Sektoren Berlins angewandt werden. Als Gegenmaßnahme wurde nun – einen Tag nach dem sowjetischen Erlaß – die Durchführung der westlichen Währungsreform auch für West-Berlin verfügt. Da die DM hier jedoch noch nicht als ausschließliche Währung galt, trat der bis zum März 1949 andauernde prekäre Zustand einer Doppelwährung ein. Bewirtschaftete Lebensmittel, Postgebühren, Mieten, die Rechnungen für Strom und Gas zum Beispiel konnten noch in Ostmark beglichen werden; auch der größte Teil der Löhne und Gehälter wurde noch in dieser Währung ausgezahlt. Während die Ostmark als Währung für den dringenden täglichen Bedarf genügte, diente die in ihrer Kaufkraft weit überlegene Westmark dazu, Güter auf dem freien Markt zu beschaffen. In Ost-Berlin war sie allerdings verboten.

Schon am 18. Juni hatte die sowjetische Militärregierung die Beschränkungen im Verkehr von und nach Berlin drastisch verschärft. Der gesamte Personenzug- und Kraftfahrzeugverkehr aus der sowjetischen Besatzungszone wurde eingestellt und dieser Schritt ausdrücklich mit der separaten Währungsreform in den westlichen Besatzungszonen begründet. Die Einschränkungen dienten, so die SMAD, »dem Schutze der Interessen der Bevölkerung und der Wirtschaft der sowjetischen Besatzungszone sowie zur Vorbeugung einer Desorganisation des Geldumlaufs«.[70] Schließlich kam es dann in der Nacht zum 24. Juni 1948, als die Westwährung in den Berliner Westsektoren eingeführt wurde, zur völligen Unterbrechung des Schienen-, Straßen- und Binnenschiffahrtsverkehrs. Die SBZ-Nachrichtenagentur ADN begründete den Beginn dieser Maßnahmen mit vorübergehenden »technischen Störungen«, um nur einen Tag später zu verkünden: »Die bereits gemeldeten technischen Störungen an der Eisenbahnstrecke Berlin–Helmstedt sind laut Auskunft zuständiger Stellen viel ernster, als zunächst angenommen wurde.« Es sei daher nicht abzusehen, wann der Güter- und Personenverkehr wieder aufgenommen werden könne. Da die Lebensmittelversorgung der drei

westlichen Sektoren Berlins von den über diese Strecken herangeführten Transporten abhängig sei, so hieß es in der Meldung weiter, sei große Besorgnis entstanden. »Die größten Schwierigkeiten dürften zunächst im französischen Sektor zu erwarten sein, da hier keine Vorräte an Kartoffeln, Fleisch, Fett und Getreide vorhanden sind. Auch im amerikanischen und britischen Sektor Berlins sind die Lebensmittelvorräte nicht allzu groß.«[71] Zur Verkehrsblockade kam noch am selben Tage eine massive Einschränkung der Energieversorgung West-Berlins hinzu. Die Stromlieferungen aus dem Kraftwerk Golpa-Tschornewitz im Bitterfelder Kohlerevier wurden ebenfalls mit Hinweis auf eine Störung eingestellt. Gleichzeitig erhielten die in Ost-Berlin ansässigen Berliner Elektrizitätswerke die Anweisung, die Stromlieferungen an die Westsektoren einzuschränken. Stromabschaltungen folgten. In den Westsektoren lagen nur sieben Kleinkraftwerke, deren Leistung gerade ausreichte, die lebenswichtigen Betriebe zu versorgen. Die Verkehrs- und Energieblockade wurde ergänzt durch die Unterbrechung von Lebensmittellieferungen aus der SBZ, von denen besonders Milch und frisches Gemüse für die Ernährung der Stadtbevölkerung unentbehrlich waren. West-Berlin war nun tatsächlich fast vollständig von der Außenwelt abgeschnitten. Die einzige freie Verbindung führte über die Luftkorridore.

Obwohl die Blockademaßnahmen von der östlichen Seite offiziell weiterhin als technische Störungen bezeichnet wurden, war doch allen Beteiligten klar, daß die tatsächlichen Gründe in anderen Bereichen lagen. Aus sowjetischer Sicht hatte sich die innenpolitische Situation der Stadt keineswegs positiv entwickelt. Der Viermächtestatus behinderte nicht nur die offensichtlich gewünschte stärkere Einbeziehung Berlins in die östliche Interessensphäre; er verhinderte auch, daß man den sowjetischen Sektor der Stadt mit seinen für die SBZ unentbehrlichen »Hauptstadtfunktionen« hinreichend gegen westliche Einflüsse abschirmen konnte. So mußte die Verlockung groß sein, im heraufziehenden Konflikt Platzvorteile zu nutzen, um klare Verhältnisse zu schaffen. Doch dem stand die Rechtslage eindeutig entgegen. Auch die sowjetische Seite wußte sehr wohl, daß die Westmächte aufgrund gemeinsamer alliierter Vereinbarungen in Berlin anwesend waren. Briten und Amerikaner hatten sich ja im Sommer 1945 aus den von ihnen besetzten Gebieten Sachsens, Thüringens und Mecklenburgs nach anfänglichem Zögern zurückgezogen, um im Gegenzug in die ihnen zugedachten Bezirke Berlins einzurücken.

Was Moskau bei der Durchsetzung seiner Interessen unterschätzte, war sowohl die hohe Risikobereitschaft der westlichen Alliierten in einer Frage scheinbar minderen strategischen Ranges als auch die Entschlossenheit der Berliner Bevölkerung, die nach den Erfahrungen von Krieg, Besetzung und politischer Pression ganz auf eine Westlösung setzte. Als sich die amerikanische Politik seit dem Frühjahr 1948 zu einer festen Haltung in der Berlin-Frage durchrang und damit die Stadt zum Testfall ihrer Politik der »Eindämmung« gegenüber den mutmaßlichen weltweiten Absichten kommunistischer Aggression machte, stand auch die Glaubwürdigkeit des westlichen Engagements in Europa auf dem Spiel. Hatte die Absicht der Sowjetunion darin bestanden, die Bindung

Berliner »Tapetenmark«

Die Einführung der neuen Deutschen Mark anstelle der nahezu wertlosen Reichsmark in den drei westlichen Besatzungszonen beschleunigte die Spaltung Deutschlands. In der Ostzone wurde eine im Volksmund als »Tapetenmark« bezeichnete Ostmark eingeführt, eine improvisierte Währung, bei der die alten Scheine mit aufgeklebten Coupons in Umlauf blieben. Die Ostmark war in Ost-Berlin das alleinige Zahlungsmittel, während in West-Berlin vorübergehend zwei Währungen existierten, bis dort im März 1949 nur noch eine Währung, nämlich die D-Mark, galt. CDU-Bürgermeister Ferdinand Friedensburg sah für den Fall der Einführung der Westwährung die Gefahr einer dauernden Spaltung der Stadt, während der SPD-Oberbürgermeister Ernst Reuter klar erkannte, daß mit der Währungsfrage in West-Berlin auch die Machtfrage gestellt war.

Weit über Deutschland hinaus Beachtung gefunden hat Ernst Reuters beschwörende Rede vor dem Reichstagsgebäude am 9. September 1948, wo sich 300 000 Berliner versammelt hatten: »Ihr Völker der Welt, ihr Völker in Amerika, in England, in Frankreich, in Italien! Schaut auf diese Stadt und erkennt, daß ihr diese Stadt und dieses Volk nicht preisgeben dürft und preisgeben könnt! ... Wir haben unsere Pflicht getan, und wir werden unsere Pflicht weiter tun. Völker der Welt! Tut auch Ihr Eure Pflicht und helft uns in der Zeit, die vor uns steht, nicht nur mit dem Dröhnen Eurer Flugzeuge, nicht nur mit den Transportmöglichkeiten, die Ihr hierher schafft, sondern mit dem standhaften und unzerstörbaren Einstehen für die gemeinsamen Ideale, die allein unsere Zukunft und die allein Eure Zukunft sichern können. Völker der Welt, schaut auf Berlin! Und Volk von Berlin, sei dessen gewiß, diesen Kampf, den wollen, diesen Kampf, den werden wir gewinnen!«

Amerikas an Europa zu lösen, so bewirkte sie durch ihr Vorgehen in Berlin das Gegenteil. Ja, sie trug dazu bei, unter den westlichen Verbündeten das Mißtrauen gegenüber Deutschland abzubauen und deren Bereitschaft zu erhöhen, den Berlinern beizustehen. Die aus der gemeinsamen Erfahrung der Blockade entstandene Solidarität ließ die westlichen Besatzungsmächte in den Augen der Bevölkerung zu Schutzmächten werden. Das Bild Berlins erlebte seinerseits eine ungeahnte Aufwertung. In der öffentlichen Meinung der westlichen Welt wurde aus der Hauptstadt Hitlers ein »Vorposten der freien Welt«.

Die Auseinandersetzungen um Berlin können nicht isoliert betrachtet werden. Verständlich werden sie erst vor dem Hintergrund der Bemühungen Stalins um die Konsolidierung seines neugewonnenen Herrschafts- und Einflußbereichs einerseits und der Reaktion des Westens, vor allem der USA und Großbritanniens, auf eine befürchtete Expansion andererseits. Im Februar 1948 hatte der kommunistische Coup in Prag die Welt aufhorchen lassen. Die Labilität Westeuropas schien die kommunistische Gefahr zu erhöhen. Berlin wurde zum Brennpunkt in der machtpolitisch-ideologischen Auseinandersetzung des kalten Krieges.

General Clay und Ernst Reuter waren überzeugt, daß es sich bei der Blockade um einen langfristig geplanten Angriff Moskaus auf die Stellung der Westmächte in Deutschland und vor allem auf die amerikanische Bindung an Europa handelte. »Warum sind wir in Europa?«, hatte Clay in einer »Teleconference« mit General Bradley in Washington über die amerikanische Haltung zu Berlin am 14. April 1948 gefragt: »Wir haben die Tschechoslowakei verloren. Wir haben Finnland verloren. Norwegen ist bedroht. Wir ziehen uns aus Berlin zurück ... Nach Berlin wird Westdeutschland kommen, und unsere Machtstellung ist dort nicht größer und unsere Position nicht haltbarer als in Berlin. Wenn wir der Ansicht sind, daß wir Europa gegen den Kommunismus halten müssen, dann dürfen wir uns nicht vom Fleck rühren.«[72] Clay vermochte sich mit dieser Ansicht gegenüber den eher zögernden Washingtoner Stellen schließlich durchzusetzen. Die Feststellung Präsident Trumans vom 28. Juni, nur vier Tage nach Beginn der Blockade, beseitigte jeden Zweifel: »Darüber kann es keine Diskussion geben. Wir bleiben.«[73]

Die Westmächte waren bereit, den Weg des kalkulierten Risikos zu gehen. Kaum einer glaubte ernsthaft daran, daß die Sowjetunion wegen Berlin einen Krieg führen werde. Diese Einschätzung ließ Clay und Reuter sogar erwägen, die Blockade durch die Entsendung militärischer Konvois über die Autobahn Helmstedt–Berlin zu brechen.[74] Ähnliche Gedanken sind auch in den Sitzungen des National Security Council in Washington durchgespielt worden. Doch wie hätten selbst bei Erfolg einer solchen Aktion die Zufahrtswege auf dem Lande auf Dauer gesichert werden können? Was blieb, waren die Luftkorridore. So beschloß man in Washington den auch von Clay geforderten Ausbau der Luftbrücke. Zur Strategie des Durchhaltens kam dabei der Entschluß, hart zu verhandeln, um auf diesem Wege den Konflikt beizulegen.

Dennoch sollte die Explosivität der Situation, die leicht außer Kontrolle geraten konnte, nachträglich nicht unterschätzt werden.

General Lucius D. Clay und der Berliner Oberbürgermeister Ernst Reuter

Der amerikanische General Lucius D. Clay war ursprünglich als Verfechter der alliierten Gemeinsamkeit nach Deutschland gekommen. Die Erfahrung der Realität der sowjetischen Deutschlandpolitik machte ihn zu einem entschiedenen Fürsprecher des freien Berlins. Am 26. Juli 1948 startete die erste Maschine der Luftbrücke, eine amerikanische Douglas C-4, die bald durch die wesentlich größeren Skymasters ersetzt wurde.
Clay und Reuter waren die eigentlichen Väter der Luftbrücke, und anläßlich der späteren Berlinkrise 1961 holte der neue amerikanische Präsident Kennedy den längst im Ruhestand lebenden General wieder nach Berlin, wo er wie ein Sieger gefeiert wurde – ohne daß man an den Fakten, dem Bau einer Mauer, irgend etwas ändern konnte und wollte.

Die sowjetische Seite hütete sich, offiziell einen Zusammenhang zwischen der westlichen Teilstaatspolitik, der Währungsreform und der von ihr verhängten Blockade herzustellen. Aber sie ließ keinen Zweifel daran aufkommen, wo die eigentlichen Gründe für die »technischen Störungen« zu suchen waren. So argumentierte Marschall Sokolowski in der Unterredung mit den westlichen Militärgouverneuren über die Blockade am 3. Juli 1948 im Hauptquartier des sowjetischen Oberkommandierenden in Babelsberg: »Ich muß offen gestehen, daß ich mir über die Entwicklung seit dem letzten Herbst und jetzt darüber hinaus nach den Londoner Entscheidungen und den letzten Ereignissen der Währungsreform, die schwere Rückwirkungen auf die Wirtschaft der sowjetischen Zone haben, ernste Sorgen mache. Das berührt 20 Millionen Deutsche und nicht bloß die 2,25 Millionen Berliner. Ich kann Sie verstehen, wenn Sie für die West-Berliner Bevölkerung Wünsche äußern, aber wenn ich 20 Millionen Deutschen gegenüberstehe, für die ich moralisch und auch sonst verantwortlich bin und deren Schicksal in meiner Hand liegt, habe ich keine Wahl zwischen diesen 20 Millionen und den anderen 2,25 Millionen. Ich bin es nicht gewesen, der diese Situation herbeigeführt hat, die sich nach und nach entwickelte. Infolge dieser Lage sehe ich mich außerstande, Ihnen andere Schienenwege zur Verfügung zu stellen. Ich kann einmal mehr versichern, daß alles Nötige getan wird, um die Linie Helmstedt–Berlin so schnell wie möglich wiederherzustellen. Aber ich wiederhole auch nochmals, daß es meiner Meinung nach eine Teilfrage ist. Ich kann verstehen, daß Sie an dieser Teilfrage interessiert sind. Wir sind an der Frage als Ganzes interessiert.«[75]

Die alliierten Stadtkommandanten hatten sich nichts mehr zu sagen. Die von den Sowjets verhängten Sperren zielten darauf, als

West-Berliner Kinder spielen »Blockade und Luftbrücke«

Offiziell ist niemals eine Blockade über die Westsektoren verhängt worden. Die Sperrungen wurden mit Reparaturarbeiten an den Schleusen, Straßen und Schienen begründet und bedrohten die Versorgung der Westsektoren. Selbst die Stromlieferungen aus ostdeutschen Kraftwerken wurden mit dem Hinweis auf technische Schwierigkeiten eingestellt. Anfänglich kamen auch Lebensmittel, Milch und frisches Gemüse nicht mehr nach West-Berlin, während später die Versorgung aller West-Berliner garantiert sein sollte, wenn sie sich in Ost-Berlin registrieren ließen. Sowohl die sowjetische Militäradministration als auch die ostdeutschen Kommunisten waren von der Annahme ausgegangen, daß sich eine große Menge von West-Berlinern bei den östlichen Stellen melden würde. Tatsächlich meldeten sich nur wenige im Ostsektor, die überwältigende Mehrheit zog die Notrationen des Westens vor, der am 26. Juli 1948 die eigentliche Luftbrücke eröffnete. Damit war die West-Berliner Bevölkerung versorgt, zugleich aber band die Luftbrücke die allmählich zu Schutzmächten werdenden Alliierten an ihre Sektoren: Sie konnten nun eine Bevölkerung, die so offenkundig auf sie gebaut hatte, nicht mehr im Stich lassen. Auf diese Weise brachten Blockade und Luftbrücke tatsächlich einen grundsätzlichen Wandel der westalliierten Politik gegenüber der besiegten Bevölkerung mit sich, wenn auch der Weg zur späteren Partnerschaft noch sehr lang und nicht frei von Rückschlägen sein sollte.

eine Art Kriegsersatz der Bevölkerung die Lebensgrundlagen zu entziehen und sie dadurch zum Aufgeben zu zwingen. Doch war der Selbstbehauptungswille der Berliner in diesem Stadium nicht korrumpierbar. Die Bevölkerung widerstand dem östlichen Angebot, sich bei Registrierung im Ostsektor dort mit den lebensnotwendigen Rationen eindecken zu können. 920000 Familien begnügten sich vorwiegend mit Trockenkartoffeln, Dörrobst und Milchpulver. Ihre Standhaftigkeit hat die Westmächte bei ihrem weiteren Vorgehen entscheidend beeinflußt.

Auf eine völlige Blockade waren diese zunächst nur unzureichend vorbereitet. Es bestanden erhebliche Zweifel, ob es auf Dauer möglich sein werde, eine Millionenstadt aus der Luft zu versorgen. Die organisierte Luftbrücke begann am 26. Juli 1948 zunächst mit kleineren Maschinen vom Typ Douglas C-47, die kurze Zeit später durch die wesentlich größeren Skymaster ersetzt wurden. Unter großen Schwierigkeiten gelang es, die Frachtkapazität von anfänglich 1000 Tonnen pro Tag erheblich zu steigern. Im April 1949 wurde eine Tagesdurchschnittsleistung von 6000 Tonnen erreicht. Dies war immer noch zu wenig, wenn man bedenkt, daß der Mindestbedarf Berlins unter den damaligen Verhältnissen auf rund 9600 Tonnen berechnet wurde. Auf 212621 Flügen wurden während der Blockade 1736781 Tonnen Güter nach Berlin gebracht. Die vorhandenen Flughäfen Tempelhof und Gatow reichten nicht aus, um die »Rosinenbomber«, wie die Berliner die rettenden Transportmaschinen sarkastisch-humorvoll nannten, unfallfrei ein- und ausfliegen zu lassen. In Tegel wurde daher innerhalb weniger Monate ein neuer Flughafen gebaut. Auf der Havel

Alliierte Flieger feiern das Ende der Blockade

Psychologisch bedeutete die Blockade einen tiefen Einschnitt – zuerst in der Stimmung der Bevölkerung in den Vereinigten Staaten, dann aber auch im Verhältnis der Okkupierten zu den Besatzungsmächten. Blockadespiele prägten das Leben der Kinder und die Propaganda der Alliierten, die die Zahl der Tonnen wie Wettkampferfolge feierten. Im April 1949 wurde eine Tagesdurchschnittsleistung von 6000 Tonnen erreicht, wobei ein ganzes Kraftwerk und Baumaterialien für den neuen Flugplatz Tegel eingeflogen wurden. Die Russen scheuten das Risiko, den Luftweg zu stören, und damit war der Erfolg der Luftbrücke der Westalliierten gesichert, die eine Zivilbevölkerung von mehr als zwei Millionen Menschen über fast zehn Monate aus der Luft versorgen konnten.

landeten Flugboote. Neben den benötigten Brennstoffen, Kohle und Benzin wurden Lebensmittel, Medikamente, aber auch Rohstoffe für die Berliner Industrie auf dem Luftweg herangeschafft.[76] Es ist mehr als erstaunlich, daß die Berliner Wirtschaft (einschließlich des Arbeitsmarktes) den Winter 1948/49 ohne massive Einbrüche überstand. Das Ende der Blockade nach elf Monaten ist ebenso auf die Entschlossenheit der Berliner Bevölkerung und den Einsatz der westlichen Besatzungsmächte zurückzuführen wie auf die offensichtliche Einsicht des Kreml, daß unterhalb der Schwelle einer kriegerischen Auseinandersetzung eine »Klärung« der Berliner Situation im sowjetischen Sinne nicht erreicht werden konnte.

Auf der ehemaligen Reichshauptstadt lastete aber nicht nur der Druck der Einkesselung. Die längst vor der Blockade sichtbar gewordenen Spannungen im inneren Gefüge führten nun endgültig zur Spaltung der Stadt, die allerdings noch weit von der völligen Abriegelung entfernt war, wie sie dreizehn Jahre später mit dem Bau der Mauer erfolgte. Bei Versammlungen und Demonstrationen bekundeten die Berliner ihren Freiheitswillen. Ernst Reuter nutzte diese Veranstaltungen, um der Weltöffentlichkeit das Schicksal der Stadt vor Augen zu führen, die Bürger in ihrem Durchhaltewillen zu stärken und ihnen zugleich ein neues Selbstwertgefühl zu vermitteln. Berlin litt, aber es begann an eine neue nationale Rolle zu glauben, die Reuter bei der SPD-Kundgebung auf dem Hertha-Sportplatz am 24. Juni eindrucksvoll umschrieb: »Noch vor Jahr und Tag sind immer wieder Stimmen laut geworden, die Berlins wirkliche Stellung in Deutschland verkannten.

Erstürmung des in der Ost-Berliner Parochialstraße gelegenen Neuen Berliner Stadthauses am 6. September 1948

Man hat uns erzählt, daß wir, von Kartoffeläckern umgeben, nicht mehr dazu berufen seien, unsere Rolle im künftigen Deutschland zu spielen. Heute weiß die ganze Welt, daß wir nicht die heimliche, sondern die wirkliche Hauptstadt Deutschlands sind. Heute weiß die ganze Welt, daß hier das Herz der neuen deutschen Demokratie schlägt. Berlin ist aus eigener Tatkraft und durch die Haltung seiner Bevölkerung wieder der Punkt geworden, um den alle Deutschen in Ost und West sich orientieren. Es ist die Stadt geworden, von der niemand mehr bezweifeln kann, daß sie, wenn der Tag des Abzugs der Besatzungsmächte aus Deutschland gekommen sein wird, die Hauptstadt eines einigen, eines in Freiheit einigen Deutschland sein wird.«[77]

Zu Beginn der Blockade befand sich Berlin auch innenpolitisch in einem Zustand voller Ungereimtheiten. Noch amtierte die im Jahre 1946 gewählte Stadtverordnetenversammlung, noch hatte der Berliner Gesamtmagistrat seinen Sitz in Ost-Berlin. Die öffentlichen Sitzungen der Stadtverordnetenversammlung, in denen die Blockade offen und scharf auf Ost-Berliner Boden attackiert wurde, gerieten der sowjetischen Militäradministration zum Ärgernis. Die SED und die von ihr mobilisierten Anhänger behinderten am 23. Juni 1948 eine Parlamentssitzung im Neuen Stadthaus in der Parochialstraße, ohne daß die Polizei einschritt. Demonstranten drangen in den Plenarsaal ein, um die Abgeordneten unter Druck zu setzen. Diese stimmten dennoch, mit Ausnahme der SED-Vertreter, einer Beschlußvorlage zu, die die Anordnungen des SMAD-Befehls Nr. 111 – SBZ-Währungsreform auch für Groß-Berlin – für die Westsektoren außer Kraft setzte. Beim Verlassen des Parlamentsgebäudes wurden mehrere Stadtverordnete tätlich angegriffen. Das offizielle Organ der SED, *Neues Deutschland*, befand am 15. August: »Keinen Tag darf dieser Magistrat mehr amtieren.«

Die Polizei versagte dem Parlament auch weiterhin ihren Schutz. Ein von ihm verabschiedetes Bannmeilengesetz fand nicht die Zustimmung des sowjetischen Stadtkommandanten. Am 6. September 1948 kam es zum letzten Versuch, eine Sitzung im

Eingedrungene Demonstranten der SED fordern die Entsendung einer Delegation zu Bürgermeister Friedensburg

Das für ganz Berlin zuständige Neue Stadthaus, der Sitz des Oberbürgermeisters, unterstand dem russischen Stadtkommandanten. So wurden die Staatsstreichpläne der Kommunisten praktisch von der SMAD gedeckt, und die zwangsvereinigte SED konnte die Masse mobilisieren, die das Haus im September 1946 stürmte. Amerikanische, englische und französische Offiziere waren zwar als Beobachter zur Stelle, hatten aber keine Rechte, gegen diesen inszenierten Volksaufruhr einzugreifen. Es blieb den demokratischen Parteien der Westsektoren nur die Möglichkeit auszuziehen; noch am Abend desselben Tages kamen sie zu einer improvisierten Sitzung im Studentenhaus am West-Berliner Steinplatz zusammen. Damit war die Teilung in politisch-administrativer Hinsicht praktisch vollzogen.

Stadthaus abzuhalten. Wieder drangen Demonstranten in den Plenarsaal ein. Vom Magistrat eingesetzte Ordner wurden verhaftet. Der Stadtverordnetenversammlung blieb kein anderer Weg, als in den Westteil der Stadt umzuziehen. Noch am Abend desselben Tages kam sie zu ihrer 81. Sitzung im Studentenhaus am Steinplatz zusammen. Die SED-Fraktion nahm daran nicht mehr teil.

Die Spaltung des Parlaments wurde begleitet von der Spaltung der städtischen Administration, in der es vor allem im personalpolitischen Bereich zu unerträglichen Zuständen kam. Durch die Berliner Polizei ging längst ein tiefer Riß. Ihr kommunistischer Leiter, Paul Markgraf, hatte im Juli 390 Beamte entlassen, deshalb suspendierte ihn der Magistrat. Dies führte jedoch nicht zur Amtsenthebung, da Markgraf den Rückhalt der sowjetischen Kommandantur besaß. Daraufhin beauftragte der zuständige Bürgermeister Friedensburg den Chef der Präsidialabteilung des Polizeipräsidiums, Johannes Stumm, mit der Wahrnehmung der Amtsgeschäfte. Sofort verlangte jetzt wiederum die sowjetische Kommandantur die Entlassung Stumms, was der Magistrat als verfassungswidrig ablehnte. Während Markgraf nun die Weisungen Stumms für rechtswidrig erklärte, verfuhr dieser umgekehrt in derselben Weise. Stumm sah sich schließlich gezwungen, die wichtigsten Abteilungen des Polizeipräsidiums aus Ost-Berlin in die Friesenstraße im amerikanischen Sektor zu verlegen und seine Beamten aufzufordern, dort ihren Dienst fortzusetzen.[78] Als Konsequenz ergab sich, daß nunmehr zwei Polizeiapparate existierten.

Den Schritt zur endgültigen Spaltung der Berliner Stadtregierung vollzog dann die SED selbst. Auf einer Versammlung am 30. November 1948 im Admiralspalast, an der etwa 1600 Delegierte der SED, CDU (Ost), LDP (Ost) und sogenannter Massenorganisationen teilnahmen und deren Legitimation zumindest als fragwürdig gelten muß, wurde der bestehende Magistrat für abgesetzt erklärt und gleichzeitig ein »provisorischer demokratischer Magistrat« des »Demokratischen Blocks« installiert.[79] Zum Oberbürgermeister wählte die Versammlung einstimmig Friedrich Ebert (SED), den Sohn des ehemaligen sozialdemokratischen Reichs-

Aufhebung der Berlin-Blockade; der erste Lastwagen passiert die Grenze bei Helmstedt

präsidenten. Dieser erklärte sogleich, daß der »neugewählte Magistrat« für alle Berliner zuständig sei und erhob schwere Vorwürfe gegen die »Berliner Spaltungspolitiker«, die sich »vor nunmehr zwei Jahren durch maßlose Versprechungen das Vertrauen der Berliner Bevölkerung erschlichen haben«. Zwei kostbare Jahre seien mit Parteiengezänk und geschwätzigem Parlamentarismus alten Stils sinnlos vertan worden. Ebert bezeichnete die vom »alten Magistrat« angesetzten Wahlen als verfassungswidrig. Mit ihnen solle »die Zerreißung Berlins vollendet und die unheilvolle Lage geschaffen werden, aus der sich möglicherweise die von den Anbetern der Atombombe erwünschten internationalen Komplikationen ergeben können«.[80] Eine organisierte Großdemonstration mußte als demokratische Legitimation des staatsstreichartigen Vorgangs herhalten. Der neugebildete Ost-Magistrat wurde am 2. Dezember durch die sowjetische Kommandantur als »das einzig rechtmäßige Stadtverwaltungsorgan« bis zur Durchführung »freier demokratischer Wahlen in ganz Berlin« anerkannt.[81]

In den Westsektoren Berlins fanden am 5. Dezember 1948 Wahlen zum Stadtparlament statt, wie sie gemäß der Verfassung von 1946 nach zweijähriger Legislaturperiode fällig wurden. Im Ostsektor blieben sie jedoch untersagt, denn unter dem Eindruck der Blockade mußten freie Wahlen in ganz Berlin zu einer Volksabstimmung gegen die Pressionspolitik der östlichen Seite geraten, und gerade dies lag gewiß in der Absicht der demokratischen Parteien. Die SED lehnte deshalb die Teilnahme an der »Spalterwahl« ab, während die SPD mit einem Ergebnis von 64,5 Prozent und 76 von 119 Parlamentssitzen ihren größten Wahlsieg in der Berliner Geschichte errang. Die erneute Wahl Ernst Reuters zum Oberbürgermeister wurde diesmal durch die drei westlichen Stadtkommandanten bestätigt, die dabei für sich beanspruchten, weiterhin die Funktion der Interalliierten Kommandantur wahrzunehmen. Tatsächlich grenzten sie ihre Befugnisse jedoch im wesentlichen auf West-Berlin ein, während die Sowjetunion sich ihrerseits, entgegen den zunächst noch erhobenen Ansprüchen, auf den östlichen Sektor beschränkte.

Die ersten Interzonenautobusse verlassen Berlin

Am 4. Mai 1949 erreichten die Bevollmächtigten der beiden Großmächte das sogenannte Jessup-Malik-Abkommen über die Aufhebung der Blockade, die offiziell nie bestanden hatte. Der erste Konvoi der Amerikaner über die Interzonenautobahn wurde von der Berliner Bevölkerung stürmisch begrüßt: Die Stadt war nun wieder an die westliche Welt politisch und wirtschaftlich angeschlossen, und der eigentliche Aufstieg West-Berlins begann, wenn auch mit der Verzögerung eines Jahres und der Behinderung durch stets gefährdete Verkehrswege.

Ein dauernder Spannungsherd in Berlin lag weder im Interesse der Westmächte noch der Sowjetunion. Wie konnte ein Weg gefunden werden, auf dem beide Seiten ohne größere Prestige- und Terrainverluste doch noch zu einem Kompromiß gelangten? Mehrmals trafen westliche Vertreter mit Stalin zusammen. Der Versuch, die UNO mit dem Berlin-Problem zu befassen, scheiterte an der Haltung der sowjetischen Vertreter, die den Sicherheitsrat für nicht zuständig erklärten. Schließlich gelang es, in Geheimverhandlungen zwischen dem amerikanischen Chefdelegierten beim Sicherheitsrat der Vereinten Nationen, Phillip Jessup, und dem sowjetischen UNO-Delegierten, Jakob Malik, zu einer Vereinbarung zu gelangen.[82] Am 4. Mai 1949 konnte zwischen den vier Besatzungsmächten ein Abkommen über die Aufhebung der Blockade unterzeichnet werden, das letztlich den »Status quo ante« auf den Zufahrtswegen wiederherstellte und die faktische Teilung Berlins kommentarlos akzeptierte, ohne in eine erneute Auseinandersetzung über die alliierten Rechte in der Stadt einzutreten. Hatte Stalin in früheren Erklärungen noch zu erkennen gegeben, daß an ein Entgegenkommen von sowjetischer Seite nur zu denken sei, wenn Währungsreform und Weststaatsgründung zur Disposition gestellt würden, so wurde dieser Konnex jetzt stillschweigend fallengelassen. Die Westmächte verzichteten ihrerseits auf die seit Januar 1949 gegenüber der östlichen Seite verhängte »Gegenblockade«. Am 12. Mai 1949 trafen die ersten Züge aus dem Westen wieder in Berlin ein.

Das freie Berlin hatte überlebt, aber die Stadt ging aus der Blockade geteilt hervor. Ost-Berlin sah sich de facto in die SBZ integriert, seiner Bevölkerung blieb nur Anpassung, Ausharren oder Flucht in den Westen über das noch als Gesamtnetz funktionierende innerstädtische Verkehrssystem. Die Sowjetunion hatte ihr Ziel, die Westmächte aus Berlin zu verdrängen und die Staatsentwicklung in den Westzonen zu behindern, nicht erreicht. Die Zufahrtswege blieben jedoch ein Faustpfand sowjetischer Politik, das sich als wirksames Mittel in der Ost-West-Auseinanderset-

zung anbot. Für die am 7. Oktober 1949 gegründete Deutsche Demokratische Republik brachte die Spaltung der Stadt immerhin den Vorteil, daß sich Ost-Berlin – bis auf verbliebene rechtliche und protokollarische Vorbehalte der westlichen Alliierten – nun faktisch dem Viermächtestatus und westlichen Einflüssen entziehen konnte, um weitgehend ungehindert seine Rolle als »Hauptstadt der DDR« einzuüben.

Einer analogen Integration West-Berlins in die Bundesrepublik standen größere Hindernisse entgegen. Zwar richtete sich die Politik der Berliner Mitglieder des Parlamentarischen Rates, vor allem Ernst Reuters, darauf, die volle Einbeziehung »Groß-Berlins« als zwölftes Land der Bundesrepublik Deutschland zu erreichen, und sie fanden dabei in allen Parteien, mit Ausnahme der KPD, Unterstützung. Doch wurden schon bald die Vorbehalte der Alliierten deutlich. Die Sowjetunion intervenierte gegen dieses Vorhaben. Die französische Besatzungsmacht war ohnehin kaum bereit, einer solchen Eingliederung zuzustimmen. Mit Rücksicht auf die Rechtspositionen in den Viermächteabkommen machten die drei westlichen Militärgouverneure, die in dieser Frage einen erneuten Konflikt mit der Sowjetunion zu vermeiden trachteten, schließlich in ihrem »Genehmigungsschreiben« zum Grundgesetz vom 12. Mai 1949 bezüglich der Stellung Berlins zur Bundesrepublik einen entscheidenden Vorbehalt, um einerseits die alliierte Zuständigkeit für Gesamt-Berlin rechtlich nicht auszuhöhlen, um aber andererseits auch genuine Siegerrechte in Deutschland nicht preiszugeben. So interpretierten sie den Inhalt der Artikel 23 (Groß-Berlin als Bundesland) und Artikel 144 Absatz 2 Grundgesetz (Berlin-Klausel über die Entsendung von Vertretern in den Bundestag und Bundesrat) dahin, »daß er die Aufnahme unseres früheren Ersuchens darstellt, dem zufolge Berlin keine stimmberechtigte Vertretung im Bundestag oder im Bundesrat erhalten und auch nicht durch den Bund regiert wird, daß es jedoch eine beschränkte Anzahl von Vertretern zur Teilnahme an den Sitzungen dieser gesetzgebenden Körperschaften benennen darf.«[83] So ist es über das Viermächteabkommen von 1971/72 hinaus geblieben.

V.
Der Weg in die Zweistaatlichkeit

1. SBZ

Entscheidend für den Prozeß der inneren Spaltung Deutschlands, der schließlich zur Teilung des Landes führte, waren neben den zunehmenden Spannungen zwischen den Alliierten die Sonderentwicklungen in den einzelnen Besatzungszonen. Der Neuanfang vollzog sich in Ost und West unter grundsätzlich verschiedenen Vorzeichen. Während in den Westzonen die Reaktivierung des politischen Lebens darauf zielte, ein freiheitliches System aufzubauen und zu festigen, wurden in der SBZ die Weichen für einen Weg in den »Sozialismus« gestellt.

In der ersten Nachkriegsphase hatte die KPD/SED noch eine gewisse Zurückhaltung geübt. Sie hatte mit der »Volksfronttaktik« und mit den Methoden der Blockpolitik ihre Machtstellung festigen können. Im Verlauf des Jahres 1947 verschärfte sie diesen Kurs erheblich. Sie erhob nunmehr den forcierten Ausbau der »Volksdemokratie« zum Programm und vertiefte so die innerdeutschen Gegensätze. Der Vorwurf, Deutschland zu spalten, den die SED-Führung nachdrücklich gegenüber den Westmächten und den westdeutschen Politikern erhob, konnte sich so gegen sie selbst kehren. Gab es für sie in dieser Situation eine Möglichkeit, die sozialistische Umgestaltung der SBZ einzuleiten, ohne dabei ihre selbstverordnete Rolle als Hüter der nationalen Einheit zu gefährden? Die SED verstärkte die nationale Agitation. Sie baute zugleich zielstrebig ihre Vorherrschaft aus, indem sie das System der Blockparteien straffte. Diese wurden nun offen von der SED dominiert, die sich seit dem Bruch zwischen Stalin und Tito zu einer Partei neuen Typs nach sowjetischem Vorbild wandelte und dabei die letzten bürgerlichen und sozialdemokratischen Überreste auszuschalten begann. Sie säuberte die eigenen Reihen und setzte schließlich den »demokratischen Zentralismus« durch. Am Ende dieses Prozesses stand das Staats- und Gesellschaftssystem der Deutschen Demokratischen Republik. Obwohl die SED zunächst noch deren provisorischen Zustand betonte, dachte sie doch nicht mehr daran, die einseitig herbeigeführten »sozialistischen Errungenschaften« zugunsten der deutschen Einigung zu opfern.

Die neue Entwicklung begann mit der sogenannten Volkskongreßbewegung. Mit ihrer Hilfe versuchte die SED die nationale Karte für ihre Zwecke auszuspielen. Nach dem Scheitern der Münchener Ministerpräsidentenkonferenz und der vergeblichen Initiative Jakob Kaisers zur Errichtung eines Deutschen Konsultativrates lud der Parteivorstand der SED am 26. November 1947, einen Tag nach Beginn der Londoner Außenministerkonferenz, zu einem »Deutschen Volkskongreß für Einheit und gerechten Frieden« in die Berliner Staatsoper ein.[1] Offensichtlich lag der SED daran, eine nationale Kampagne zu entfachen, um die sich abzeichnende Weststaatsgründung zu unterlaufen und Einfluß auf die Londoner Konferenz zu nehmen. Von den führenden Vertretern der CDU(Ost) wurde diese Initiative abgelehnt, wodurch sie gegenüber der SMAD in Bedrängnis gerieten. Die zunehmenden Spannungen mit der sowjetischen Militäradministration führten

Pressekonferenz mit Jakob Kaiser, Dezember 1947

Noch hatte Moskau die Hoffnung nicht aufgegeben, auf ganz Deutschland Einfluß nehmen zu können. Die SED leitete immer neue Initiativen in die Wege. Ein »Deutscher Volkskongreß für Einheit und gerechten Frieden« wurde in die Berliner Staatsoper einberufen. Aber die Parteien Westdeutschlands verweigerten sich dieser »nationalen« Kampagne gegen die sich abzeichnende Weststaatsgründung, und selbst die Vertreter der CDU(Ost) lehnten die Einladung ab. Daraufhin entließ die sowjetische Militäradministration die Führer der ostdeutschen CDU Ernst Lemmer und Jakob Kaiser, die zu den Männern des 20. Juli gehört hatten und verzweifelt an der Einheit der Partei und des Landes festhielten. Lange galt Jakob Kaiser als deutschlandpolitischer Gegenspieler Adenauers. Die neue Parteiführung der CDU unter Otto Nuschke und Georg Dertinger erwies sich in der Tat als willfähriger. Kein namhafter Vertreter der drei westlichen Besatzungszonen nahm an dem östlichen Volkskongreß teil, der Ende 1947 stattfand und dem zwei weitere folgten.

zur Entlassung der christdemokratischen Parteiführer Jakob Kaiser und Ernst Lemmer, die durch Otto Nuschke und Georg Dertinger ersetzt wurden. Wenn es der SED auch gelang, die liberale Parteispitze mit Wilhelm Külz für die Volkskongreßbewegung zu gewinnen, so war die Legitimation des am 6. und 7. Dezember 1947 tagenden Volkskongresses doch mehr als zweifelhaft. Von den 2215 Delegierten kamen 1551 aus der SBZ und Berlin, 599 gehörten der SED an, 249 der LDP und 215 der CDU. Der Rest entfiel auf die »Massenorganisationen« oder kam aus den Westzonen. Von einer wirklichen nationalen Repräsentanz konnte also nicht die Rede sein. Immerhin zeigte die Zusammensetzung, daß es der SED gelungen war, mit Hilfe dieses neuen Instruments auch in die Reihen der Christdemokraten und Liberalen einzudringen. Damit wurde ein Prozeß in Gang gesetzt, der die »bürgerlichen« Parteien schrittweise ihre politische Eigenständigkeit aufgeben ließ und sie an die Einheitspartei anpaßte.

Mit dem Volkskongreß entstand neben dem Antifa-Block eine weitere Institution zur Durchsetzung des Anspruchs der SED auf Alleinherrschaft. Das Hauptreferat bei der Tagung des ersten Volkskongresses hielt Otto Grotewohl, der den Westmächten vorwarf, mit der Bizone und der Vorbereitung der Trizone die Potsdamer Beschlüsse zu unterlaufen. Er forderte eine Volksabstimmung für ganz Deutschland darüber, ob ein Einheitsstaat geschaffen oder ob Deutschland zerrissen werden solle, und verlangte die Bildung einer zentralen Regierung zur Unterzeichnung eines Friedensvertrages sowie die Wahl einer Nationalversammlung zu dessen Ratifizierung. Eine siebzehnköpfige Abordnung des Volkskongresses mit den Parteiführern Wilhelm Pieck, Otto Grotewohl, Otto Nuschke und Wilhelm Külz an der Spitze machte sich auf den Weg nach London.[2] Die Westmächte sahen darin einen reinen Propagandaschachzug der östlichen Seite und lehnten es ab, die Delegation auf der Außenministerkonferenz zu empfangen. Damit war die Volkskongreßbewegung zunächst einmal gescheitert. Der

SED bot sie jedoch weiterhin ein geeignetes Forum, um die Etappen der westdeutschen Staatsgründung mit einer nationalen Gegenkampagne zu begleiten und gleichzeitig dem von ihr selbst energisch vorangetriebenen separaten Staatsaufbau den Schein demokratischer Zustimmung zu geben. Wie der Westen, so erhob auch der Osten den Anspruch, die Interessen der gesamten deutschen Nation zu vertreten. Doch anders als dem Parlamentarischen Rat in Bonn, der sich anteilig aus Vertretern der gewählten westdeutschen Länderparlamente zusammensetzte, fehlte dem Volkskongreß jegliche demokratische Legitimation.

Als er am 17. und 18. März 1948 zum zweiten Mal zusammentrat, wählten die dorthin entsandten 1989 Delegierten einen »Deutschen Volksrat«, der aus 400 Mitgliedern bestand (davon 100 Westdeutsche) und zwischen den Kongressen die Arbeit fortführen sollte. Der zweite Volkskongreß, der noch stärker als der erste von der SED und den mit ihr verbundenen »Massenorganisationen« beherrscht wurde, verabschiedete eine Resolution über die Bildung deutscher Zentralverwaltungen in Berlin, die Enteignung der »Konzernherren und Kriegsverbrecher«, die Übergabe der deutschen Wirtschaft »an die demokratischen Organe des deutschen Volkes« und die Auflösung des Wirtschaftsrates der Bizone.[3] Der Volksrat führte ein Volksbegehren über eine Volksabstimmung zur Einheit Deutschlands durch, an dem nach Angaben der SED 14,8 Millionen Wähler teilnahmen, davon etwa eine Million Westdeutsche.[4] Gleichzeitig leitete er die Arbeiten an einer Verfassung für eine »Deutsche Demokratische Republik« ein. Der eigens dafür gebildete Verfassungsausschuß stützte sich bei seinen Beratungen auf den Entwurf der SED aus dem Jahre 1946. Am 22. Oktober 1948 legte er einen Verfassungsentwurf vor, der nach öffentlicher Diskussion im März 1949 auch die Zustimmung der übrigen Ausschüsse des Volksrates erhielt. Der angeblich für gesamtdeutsche Zwecke gegründete Volkskongreß und seine Organe hatten sich unversehens zum »Vorparlament für einen Teilstaat« (D. Staritz) entwickelt.

Am 15./16. Mai 1949 fanden in der SBZ Wahlen zu einem dritten Volkskongreß statt. Sie waren als Antwort auf das Verfahren zur Verfassunggebung durch den Parlamentarischen Rat in den Westzonen gedacht, das kurz vor dem Abschluß stand und bewußt auf eine plebiszitäre Bestätigung des Grundgesetzes verzichtete. Natürlich war die SED weit davon entfernt, sich offenen Wahlen zu stellen. Sie hatte ihre Lehren aus den Landtagswahlen vom Herbst 1946 gezogen, bei denen sie trotz ihrer Möglichkeiten der Wahlbeeinflussung hinter der Stimmenzahl zurückblieb, die CDU und LDP zusammen auf sich vereinigen konnten. Daher benutzte sie jetzt ein Instrument der Manipulation, das in Zukunft zur Regel werden sollte: die Einheitsliste, deren vorweggenommene Zuordnung keine echte Wahlmöglichkeit, sondern nur Zustimmung oder Ablehnung offenließ. Diesem Einheitsvorschlag wurde auf dem Stimmzettel der Suggestivsatz hinzugefügt: »Ich bin für die Einheit Deutschlands und für einen gerechten Friedensvertrag.« Dennoch stimmten »nur« 66,1 Prozent der Wähler für die Einheitsliste.[5] Sieben Tage nach der Verkündung des Grundgesetzes billigte der »Volksrat« den Entwurf einer Verfassung für die Deutsche

Präsidium des Ersten Volkskongresses, v. r. n. l.: Otto Nuschke, Wilhelm Külz und Wilhelm Pieck

Am 7. Oktober 1949 beschlossen Volkskongreß und Volksrat die Gründung einer Deutschen Demokratischen Republik, wobei der ehemalige Sozialdemokrat Otto Grotewohl zum Ministerpräsidenten gewählt wurde. Eine Entmachtung der propagandistisch unwichtig gewordenen Blockparteien und eine Reorganisation der SED in Richtung einer Kaderpartei nach sowjetischem Vorbild folgte. In einem fünfjährigen Wandlungsprozeß entstand jene »Volksdemokratie«, die 1952 offiziell ausgerufen wurde. Die SED präsentierte sich als »eine Partei neuen Typs auf dem Boden des Marxismus-Leninismus«.

Demokratische Republik. Taktisch geschickt blieb die politische Führung der SBZ darauf bedacht, auch bei allen weiteren Etappen der offiziellen Teilstaatsgründung den Westen stets vorangehen zu lassen, wobei kein Zweifel daran bestand, daß sie mit der Bildung zweier deutscher Staaten seit längerem rechnete.

Auf die Staatsgründung im Westen (Zusammentritt des ersten Bundestages am 7. September 1949 und Wahl des ersten Bundeskanzlers am 15. September) antwortete die SED mit der Errichtung der »Nationalen Front des Demokratischen Deutschland«, einer angeblich alle deutschen Patrioten umfassenden nationalen Sammlungsbewegung, deren Wirkung in Westdeutschland jedoch äußerst gering blieb. Die SED sprach von einem »nationalen Notstand« und von »nationaler Unterdrückung Westdeutschlands«, die durch die Bildung des »Bonner Separatstaates« und seiner »Marionettenregierung« eingetreten sei und die politische Einheit Deutschlands untergrabe. »Im Ergebnis der Politik der imperialistischen Westmächte«, so begann die Entschließung des SED-Parteivorstandes vom 4. Oktober 1949, »ist Deutschland zerrissen worden. Die wirtschaftliche Einheit Deutschlands wurde durch die Einführung der Separatwährung und andere wirtschaftliche Separatmaßnahmen in den Westzonen zerstört.«[6] In Westdeutschland sei jetzt ein »antidemokratisches, volksfeindliches Regime« errichtet worden, das die unbegrenzte Macht in den Händen der Besatzungsbehörden belasse »und äußerlich durch die pseudoparlamentarischen Formen der Bonner Verfassung maskiert werde, die nur eine »Ausführungsbestimmung zum Besatzungsstatut« sei. Dadurch wollten die »imperialistischen Westmächte den Anschein erwecken, als ob die Spaltung vom deutschen Volke selbst gutgeheißen würde«, was der Wirklichkeit widerspreche.[7] Hingegen wurden die Entwicklungen in der SBZ als »friedliebend« und »demokratisch« eingestuft. Wiedervereinigung durfte daher nicht das Ergebnis eines Kompromisses sein; sie konnte nurmehr durch die Schaffung eines volksdemokratischen Gesamt-Deutschland erreicht werden. Daß der Aufruf nicht nur nationalen Zielen, son-

dern vor allem der politischen Strategie der SED diente, zeigt die Aufforderung an ihre Mitglieder zur »Verstärkung ihrer Anstrengungen zum staatlichen Aufbau und zur Festigung der Deutschen Demokratischen Republik, zu ihrer Wiederherstellung und Entwicklung, zur Erfüllung und Übererfüllung des Wirtschaftsplanes, zur Festigung und Ausdehnung der Verbindungen der demokratischen Staatsorgane mit der Bevölkerung, zur Festigung der demokratischen Gesetzmäßigkeit und der Rechtsordnung und zur Durchführung der Beschlüsse der Ersten Parteikonferenz«.[8]

Am 5. Oktober 1949 tagten das Präsidium des Volksrates und des demokratischen Blocks in einer gemeinsamen Sitzung, um die für den 7. Oktober geplante Gründung der Deutschen Demokratischen Republik zu beraten. Der Volksrat wurde aufgefordert, sich entsprechend der bereits beschlossenen Verfassung in eine »Volkskammer« umzubilden, die zunächst den Zusatz »provisorisch« erhielt, da an Wahlen vorerst nicht gedacht war. Wichtigste Aufgabe der »provisorischen Volkskammer« war die Bildung einer Regierung, die, wie Wilhelm Pieck ausführte, »nicht eine Regierung Gesamtdeutschlands, sondern eine Regierung der Deutschen Demokratischen Republik« sei.[9]

Am 7. Oktober beschlossen Volkskongreß und Volksrat die Gründung der DDR. Die provisorische Volkskammer beauftragte Otto Grotewohl mit der Regierungsbildung. Von den vierzehn Ministerien sicherte sich die SED sechs, darunter die wichtigen Ressorts für Inneres, Volksbildung und Planung. In vier weiteren Ministerien stellte sie Staatssekretäre. Das Amt eines der drei Stellvertreter des Ministerpräsidenten übernahm Walter Ulbricht, der starke Mann des SED-Parteiapparats. Die sowjetische Militäradministration bestätigte wenig später die neue Entwicklung und übertrug ihre bisherigen Verwaltungsfunktionen auf die Regierung der DDR. Analog zur Alliierten Hohen Kommission in Westdeutschland konstituierte sie sich zur Sowjetischen Kontrollkommission.

Die formale Parallelität der Staatsgründungen in Ost und West sollte nicht den Blick dafür verstellen, daß sich die entscheidenden Veränderungen in der sowjetischen Besatzungszone nicht durch diesen juristischen Akt, sondern durch die Verschiebung der Machtverhältnisse zugunsten der SED vollzogen. Nachdem sich die SED auf ihrem Zweiten Parteitag, der vom 20. bis 24. September 1947 stattfand, noch weitgehend an ihre Gründungsprinzipien gehalten hatte, begann sie jetzt, sich zu einer Kaderpartei bolschewistischen Typs zu wandeln.[10] Dies geschah nicht von einem Tag auf den anderen, sondern über einen längeren Zeitraum hinweg in mehreren sich überlagernden Wellen. Die SED straffte und säuberte ihre Organisation, zentralisierte den Verwaltungsapparat und gewann entscheidenden Einfluß auf die Wirtschaft. Sie beherrschte die Gewerkschaften und erreichte eine Veränderung der Rolle der Blockparteien, die diese schließlich zu Transmissionsriemen kommunistischer Politik degradierte. Nach einem knapp fünf Jahre dauernden dramatischen Wandlungsvorgang konnte 1952 die »Volksdemokratie« verkündet werden, in der – trotz Beibehaltung der nationalen Argumentation – der »Sozialismus in einem halben Lande« (D. Staritz) erstrebt wurde.

Das erste Kabinett der DDR: in der ersten Reihe Walter Ulbricht (3. v. l.) als stellvertretender Ministerpräsident, rechts daneben der Ministerpräsident Otto Grotewohl, neben ihm Otto Nuschke, ebenfalls stellvertretender Ministerpräsident, Oktober 1949

Der erste wesentliche Schritt zur Verwirklichung des »demokratischen Zentralismus«, der Übertragung des Leninschen Prinzips der Parteiführung auf die Gesellschaft der SBZ, wurde mit der Gründung der Deutschen Wirtschaftskommission (DWK) durch den SMAD-Befehl Nr. 138 am 4. Juni 1947 unternommen. Seit Frühjahr 1948 mit gesetzgeberischen Befugnissen ausgestattet, sicherte sie der SED die Kompetenz zur zentralen wirtschaftlichen Planung und entzog diese damit den gewählten Länderregierungen, schon bevor die erste Regierung der DDR gebildet worden war. Auch auf politischem Feld ging die SED nun unverhohlen offensiv vor. Einerseits diente ihr die nationale und gesamtgesellschaftliche Umarmungstaktik dazu, die Parteien des Blocks in immer stärkerem Maße auf den eigenen Kurs zu verpflichten, zum anderen begann die SED jetzt auch, die Fassade kommunistischer und sozialdemokratischer Parität innerhalb der Einheitspartei zu demontieren. Schon der Zweite Parteitag der SED vom September 1947 verpflichtete die Partei auf den Marxismus als wissenschaftliche Grundlage der Arbeiterbewegung und »sicheren Kompaß auf dem Wege zur demokratischen Neugestaltung und zur Einheit Deutschlands auf dem Wege zum Sozialismus«.[11] Damit wurden sozialdemokratische Positionen innerhalb der SED weiter zurückgedrängt. Doch noch galt die Formel vom »nationalen deutschen Weg zum Sozialismus«, die der Parteitheoretiker Anton Ackermann 1946 entwickelt hatte.[12] Aber auch dieses Etikett wurde im Herbst 1948 fallengelassen, als die SED, nach dem Konflikt zwischen Stalin und Tito der Vorgabe des Kominform folgend, die »Lehren« aus den jugoslawischen Ereignissen zu ziehen begann und »mit aller Kraft« daranging, »die SED zu einer Partei neuen Typs zu machen, die unerschütterlich und kompromißlos auf dem Boden des Marxismus-Leninismus steht«.[13] Für eine Theorie des deutschen Sonderweges zum Sozialismus war nun kein Platz mehr. Anton Ackermann sah sich genötigt, selbstkritisch einzuräumen, daß seine Vorstellungen »das Element einer Abgrenzung von der Arbeiterklasse und von der bolschewistischen Partei der Sowjetunion« enthalten hätten.[14]

Die neue Linie löste innerhalb der Partei erhebliche Beunruhigung aus. Durch Mitgliederschulung, organisatorische Straffung, Bildung eines aktiven Funktionärskorps und Säuberung der Partei von »sowjetfeindlichen Elementen« und »Schumacher-Agenten« wurden die Kontrollmöglichkeiten verschärft und der Konformitätsdruck erhöht. Zahlreiche – auch führende – Mitglieder entschlossen sich nur zögernd oder weigerten sich, den Kurswechsel mitzumachen. Mit der Zentralen Parteikontrollkommission (ZPKK) unter der Leitung von Hermann Matern schuf der Parteivorstand der SED sich im September 1948 ein Überwachungsinstrument, das der innerparteilichen Säuberung diente und bis heute dient. In den folgenden Monaten wurden Sozialdemokraten, vor allem Mitarbeiter des Ostbüros der SPD, als »Agenten« verhaftet. Auch Kommunisten blieben nicht verschont. Persönliche Rechnungen wurden beglichen. Erich W. Gniffke, sozialdemokratisches Mitglied der SED-Führung und langjähriger Freund Otto Grotewohls, machte, nachdem er sich ebenso wie zahlreiche andere in den Westen abgesetzt hatte, in seinem »Abschiedsbrief« vor allem Walter Ulbricht und die ihn stützende sowjetische Militäradministration für den Kurswechsel verantwortlich, der im Winter 1947/48 immer deutlicher erkennbar wurde: »Im Gegensatz zu der Verständigungsbereitschaft der Sozialdemokraten und dem Verständigungswillen einer Mehrheit im ZK der KPD«, so schrieb er, »versuchte Ulbricht schon im Jahre 1945 eine heranreifende Verständigung zu torpedieren und die Unterwerfung der Sozialdemokratie einzuleiten. Seine Konzeption war, frühzeitig revolutionäre fertige Tatsachen zu schaffen. Er besetzte fast alle Positionen in Berlin und in der Zone mit Alt-, aber noch mehr mit Neukommunisten, schaltete seine Kader dazwischen und belegte jeden Sozialdemokraten, der ihm nicht paßte, mit dem Bannfluch: ›Agent!‹ Immer deutlicher trat seine politische Konzeption hervor: Vernichtung der Sozialdemokratie und ihrer traditionellen freiheitlichen Tendenzen, Vernichtung der unabhängigen politischen Kräfte in den bürgerlichen Parteien, Errichtung der Diktatur des Ulbricht-Apparates über eine ostzonale, sogenannte ›Volksdemokratie‹. Eine solche Entwicklung mußte zwangsläufig von einer gesamtdeutschen Regelung fort die Spaltung und einen ostzonalen Separatismus herbeiführen.«[15]

Die Erste Parteikonferenz der SED, die vom 25. bis 28. Januar 1949 tagte, schrieb die neue Ausrichtung der Partei fest. Entsprechend den Prinzipien des »demokratischen Zentralismus« lag die eigentliche Leitung nun beim neugeschaffenen Politischen Büro (Politbüro), das aus sieben Mitgliedern und zwei Kandidaten bestand, die der Parteivorstand aus seiner Mitte wählte. Dem ZK des Parteivorstandes blieb nur noch das Recht, sich mit Anträgen und Vorlagen an das Politbüro zu wenden. Ganz im Sinne des »demokratischen Zentralismus« wurde zur Unterstützung des Politbüros, zur Kontrolle der Durchführung seiner Beschlüsse und zur Erledigung der laufenden Arbeit der Parteiführung zusätzlich das »Kleine Sekretariat des Politbüros« mit fünf Mitgliedern geschaffen. In diesem Kleinstgremium lag nun das eigentliche Machtzentrum. Vorsitzender dieses Sekretariats war niemand anders als Walter Ulbricht.[16] Der Mann hatte seinen Apparat gefunden und der Apparat seinen Mann.

Das Ehepaar Ulbricht auf dem Weg in die Oper

Walter Ulbricht, der aus dem Handwerkermilieu stammte, war ein marxistischer Technokrat. Er hatte dem radikal-internationalistischen Flügel der Sozialdemokratie schon im Ersten Weltkrieg angehört. Sein Leben lang hielt er an der marxistischen Ideologie fest, die für ihn den Schlüssel zur Welterklärung bereithielt, obwohl auch er während der Moskauer Emigration in die Mühle der Stalinschen Prozesse geriet. Ulbrichts tatsächliche Einstellung zu den Säuberungen in der Sowjetunion ist nie aufgeklärt worden, und es ist auch nicht bekannt, was er angesichts der Liquidierung seiner Moskauer Weggefährten empfand. Offensichtlich vollzog er jede Wandlung der Moskauer Parteilinie mit und propagierte selbst den Hitler-Stalin-Pakt. Nach Stalingrad gehörte er zu den Mitbegründern des Nationalkomitees Freies Deutschland. Auch in der Nachkriegszeit blieb er ein Mann des Kreml in Deutschland. So erstaunt es nicht, daß er zunächst die Linie der Volksfronttaktik vertrat, bevor er zum eigentlichen Organisator der Partei neuen Typs wurde.

Am 30. Juni 1893 in Leipzig als Sohn eines Schneiders geboren, wuchs Walter Ulbricht zusammen mit zwei Geschwistern in der Dachwohnung eines Hinterhauses auf.[17] Als Kind armer Leute, die zugleich »Rote« und »Atheisten« waren, trug der scheue, ebenso verschlossene wie begabte Schüler unter seinen Klassenkameraden das Kainsmal des sozialen Außenseiters. Eine höhere Schule konnte er nicht besuchen, weil den Eltern dafür die Mittel fehlten. Seine menschlichen Kontakte fand er im sozialdemokratischen Milieu, im Turnverein »Eiche« und im Arbeiterjugend-Bildungsverein. Dort las der politisch früh Interessierte Marx, Engels und Bebel, aber auch Darwin und Haeckel. Nicht jugendlicher Übermut oder gar Permissivität zeichneten das Verhalten dieser Zirkel aus, vielmehr war in ihnen ein spartanischer Grundzug unverkennbar: Alkohol, Rauchen und Kartenspiel waren verpönt.

Walter Ulbricht erlernte das Tischlerhandwerk. Nach der Lehrzeit ging er, wie in der Zunft damals noch üblich, auf Wanderschaft, die ihn in den Jahren 1911 und 1912 über Böhmen, Bayern, Österreich und die Schweiz schließlich den Rhein hinab in die Niederlande und zurück nach Deutschland führte. Im Jahre 1912 trat der junge Möbelschreiner der Sozialdemokratischen Partei bei. Zweifellos gehörte er von Beginn an zu deren marxistischem, radikal-internationalistischem Flügel. Nach Kriegsausbruch soll er sich auf einer Funktionärsversammlung gegen die Bewilligung der Kriegskredite ausgesprochen haben. Der Einberufungsbefehl traf gewiß keinen Kriegsbegeisterten. Als Ulbricht 1917 bei der

Verlagerung vom Balkan an die Westfront versuchte, sich in Leipzig von der Truppe abzusetzen, brachte ihn dies für kurze Zeit ins Gefängnis; seine nächste Flucht gelang. Inzwischen war die Revolution ausgebrochen und der radikale junge Sozialdemokrat wurde Mitglied eines Arbeiter- und Soldatenrates. Nach Leipzig zurückgekehrt, trat er der neugegründeten Kommunistischen Partei bei. Die Karriere des »Berufsrevolutionärs« im Leninschen Sinne begann.

Spätere Zeitgenossen haben in Ulbricht oft den Zyniker der Macht gesehen, der sich ohne eigentliche Ideale von machiavellistischen Techniken leiten ließ. Doch scheint gerade das Prinzipienhafte ein Grundzug seines Charakters gewesen zu sein. Im weltanschaulich prägenden sozialdemokratischen Milieu der spätwilhelminischen sächsischen Arbeiterschaft hatte er die marxistische Ideologie in sich aufgesogen, die für ihn den Schlüssel zur Welterklärung bereithielt. Sein aufs Praktische gerichteter Verstand fand in der Parteilehre Lenins die Anleitung zur politischen Umsetzung der einmal erkannten Wahrheit, die er nicht mehr in Frage stellte. Die Partei wurde damit zu einem zentralen Bestandteil seines Glaubens. In der bedingungslosen Hingabe an die Parteiarbeit gewann er jene doktrinäre Unbeirrbarkeit, mit der er sich gegen intellektuelle Anfechtungen immunisierte.

Für den Apparat, seine Organisation und konspirativen Methoden brachte Ulbricht eine natürliche Begabung mit. Die Komintern wurde auf das Organisationsgeschick des jungen deutschen Kommunisten aufmerksam und schickte ihn 1924 zur Schulung nach Moskau, wo Ulbricht die Lenin-Schule besuchte und für die Internationale arbeitete. Ein Jahr später nach Deutschland zurückgekehrt, kam er in die Organisationszentrale der Partei. Von 1926 bis 1928 war er zugleich Mitglied des sächsischen Landtags und seit 1928 Reichstagsabgeordneter. Der Durchbruch in die Parteispitze gelang ihm, als er 1929 zum Leiter des KP-Bezirks von Berlin-Brandenburg aufstieg.

Ulbricht verstand es, sich an den Gesetzen des Apparats zu orientieren, den er beherrschte und auf dessen Ordnung er setzte. Ihr Mittelpunkt war Moskau, ihre Personifizierung Stalin. Herbert Wehner, der seinen sächsischen Landsmann aus gemeinsamen Tagen sehr gut kannte, hat Ulbrichts eigentliche Stärke nicht in persönlicher Ausstrahlung oder gar intellektueller Weitsicht, sondern vielmehr in dessen unermüdlicher Geschäftigkeit gesehen. »Er hielt seine Mitarbeiter und Untergebenen (er brauchte Untergebene) fortgesetzt in Bewegung und kontrollierte unnachsichtig deren Arbeit. Seine Überlegenheit über andere bestand nicht in tieferer Einsicht oder größerer Reife, sondern in seiner Fähigkeit, stets besser informiert zu sein als andere und viel hartnäckiger der Durchführung von Einzelheiten nachzugehen.«[18] Am Ende der Weimarer Republik profilierte Walter Ulbricht sich im Kampf gegen die Sozialdemokratie. In Übereinstimmung mit der KPD-Führung sah er in ihr, nicht im anschwellenden Nationalsozialismus, den eigentlichen Feind der Arbeiterklasse. Notfalls war er sogar bereit, den »Sozialfaschismus« mit Hilfe und Unterstützung der Faschisten »zu liquidieren«.[19] Doch sollte sich bald zeigen, von wo die eigentliche Gefahr drohte.

Nach der nationalsozialistischen Machtergreifung gelang es Ulbricht, der ersten Verhaftungswelle von Kommunisten zu entgehen, die den äußeren Parteiapparat der KPD zerschlug und viele Genossen, unter ihnen den Vorsitzenden Ernst Thälmann, erfaßte. Die Arbeit im Untergrund begann mit einem zähen Ringen um dessen Nachfolge, an dem Ulbricht entscheidend beteiligt war. Erst im Oktober 1933 emigrierte er zum Sitz der Auslandsleitung nach Paris, wo er seit 1934 – zusammen mit Wilhelm Pieck in der Minderheit – den »Neuen Kurs« der Moskauer Volksfrontpolitik vertrat. Die damals einsetzenden unerbittlichen Positions- und Fraktionskämpfe sind erst im Zuge der großen Stalinschen Säuberung blutig beendet worden, der auch die meisten deutschen Kommunisten, die im Vaterland der Werktätigen Schutz gesucht hatten, zum Opfer fielen. Auch Ulbricht besaß während dieser Zeit offenbar keineswegs völlige Immunität. Im Jahre 1938 nach Moskau übergesiedelt, wurde er nach Abschluß eines gegen ihn eingeleiteten Verfahrens Vertreter der KPD bei der Komintern. Er hatte die Wirren überlebt und war schließlich gestärkt aus ihnen hervorgegangen. Als im August 1939 Stalin völlig überraschend den Nichtangriffspakt mit Hitler schloß, verstanden die meisten deutschen Kommunisten die Welt nicht mehr. Ulbricht folgte dem Kurswechsel der Kominternpolitik und begann jetzt im »primitiven Antifaschismus« die »gefährlichste Abweichung« zu sehen, während er zugleich daran glaubte, daß die Zusammenarbeit zwischen Moskau und Berlin auch den deutschen Kommunisten neue Möglichkeiten zur Arbeit im Heimatland eröffnen werde.[20]

Der deutsche Überfall auf die Sowjetunion zerstörte aufkeimende Illusionen. Für Ulbricht war es unbegreiflich, daß die Arbeiterklasse des Landes von Marx und Engels es nicht vermocht hatte, durch eine Aktionseinheit diesen Angriff zu verhindern. Doch zumindest war die Situation jetzt ideologisch eindeutig. Nun konnte der Kampf aller antifaschistischen Kräfte zur Befreiung der Sowjetunion und mit deren Hilfe zur Befreiung Deutschlands ausgerufen werden. Die Führungskader der kommunistischen Emigration um Ulbricht und Pieck blieben zunächst in Moskau, um als Deutschlandexperten zur Verfügung zu stehen und gleichzeitig die Schulung deutscher Kriegsgefangener vorzubereiten. Als nach der Wende von Stalingrad das »Nationalkomitee Freies Deutschland« (NKFD) aus deutschen Soldaten und Offizieren in sowjetischer Gefangenschaft und aus KP-Exulanten gebildet wurde, gehörte Walter Ulbricht zu den Unterzeichnern der Gründungsurkunde. Ihm fiel die Leitung der Front- und Antifaschulen zu, in denen immer stärker von der nationalen auf die marxistisch-leninistische Tonlage umgestellt wurde. Gegen Ende des Krieges leitete Ulbricht eine Kommission des KPD-Politbüros, die die deutschen Exil-Kommunisten auf jene Aufgaben vorbereitete, die ihnen nach der Eroberung und Besetzung Deutschlands zugedacht waren. In Schulungskursen, an denen neben Ulbricht auch Pieck, Ackermann und Matern als Referenten mitwirkten, wurde erläutert, warum Deutschland erst nach einer längeren Umerziehungs- und Besetzungsphase seine politische Selbständigkeit zurückerhalten werde und warum es zunächst gelte, die bürgerliche Revolution von 1848 zu vollenden, bevor der Weg zum Sozia-

lismus beschritten werden könne. Das Programm der Kommunistischen Partei Deutschlands vom 11. Juli 1945 zeichnete sich ab.

Nach der bedingungslosen Kapitulation Deutschlands hat Walter Ulbricht, der als einer der ersten in die Heimat zurückkehrte, aufgrund seiner engen Verbindungen zur sowjetischen Besatzungsmacht von Beginn an eine zentrale Rolle gespielt; er operierte dabei aber eher im Hintergrund. Dies gilt sowohl für den Aufbau der deutschen Selbstverwaltung in der SBZ als auch für die Festlegung des Kurses der KPD/SED. Die relative Offenheit der Entwicklung und die damit bis zum Sommer 1947 verbundenen, vielfältigen Kompromisse nahm der Parteitaktiker zwar in Kauf, sie entsprachen aber nicht dem eigentlichen Ziel seiner Bestrebungen und ließen ihn noch nicht voll zur Entfaltung kommen. Seine Stunde brach an, als es darum ging, die Partei neuen Typs durchzusetzen.

Mit der Umformung der SED unter der Führung Ulbrichts, der im Jahre 1950 auch das Amt des Generalsekretärs übernahm, ging eine Veränderung ihrer Stellung im Parteien-, Wirtschafts- und Gesellschaftssystem der SBZ/DDR einher. Die SED wollte zunächst CDU und LDP im antifaschistisch-demokratischen Block schwächen. Es gelang ihr schließlich, in beiden Parteien genehme Persönlichkeiten in die Führung zu bringen und die eigene Ideologie und Politik zur Richtschnur zu erheben. Bereits im Laufe des Jahres 1948 erreichte die SED eine Veränderung der Mehrheiten im Block durch die Bildung zweier weiterer, von ihr abhängiger Parteien: der Demokratischen Bauernpartei Deutschlands (DBP) mit dem altkommunistischen Landwirt Ernst Goldenbaum an der Spitze und der Nationaldemokratischen Partei Deutschlands (NDPD) unter Leitung des kommunistischen Rechtsanwalts und Mitbegründers des Nationalkomitees Freies Deutschland Lothar Bolz.[21] Darüber hinaus erhielten auch die SED-gesteuerten Massenorganisationen wie die Freie Deutsche Jugend (FDJ) mit ihrem Vorsitzenden Erich Honecker und der inzwischen vorwiegend auf Planerfüllung ausgerichtete Freie Deutsche Gewerkschaftsbund (FDGB) Sitz und Stimme im Parteienblock.

Im wirtschaftlichen Bereich ging es der SED vor allem um die beschleunigte Erweiterung des staatlichen Sektors der Industrie. Die Verstaatlichung der Produktionsmittel und der Ausbau der Planwirtschaft waren stets zentrale Bestandteile marxistisch-leninistischer Herrschaftssicherung. Gerichtsverfahren gegen sogenannte »Wirtschaftsverbrecher« eröffneten den Weg zu weiteren Enteignungen. Sie verunsicherten die noch verbliebenen Unternehmer und ließen gerade im mittelständischen Bereich die Fluchtbewegung anschwellen. Bereits im Sommer 1948 rechtfertigte Walter Ulbricht den ersten Zweijahrplan mit dem Hinweis darauf, daß die Schlüsselstellungen der Wirtschaft in die Hände des Volkes übergegangen seien. Noch sah allerdings die Wirklichkeit anders aus. Der Anteil der 36 000 Privatbetriebe an der Bruttoproduktion lag im Jahre 1948 mit 39 Prozent immerhin genauso hoch wie jener der volkseigenen Betriebe, während 22 Prozent auf die Sowjetischen Aktiengesellschaften entfielen.[22] Doch gelang es der SED, durch die Steigerung der Staatsquote in der Produktion ihre Herrschaft auch im wirtschaftlichen Bereich auszudehnen und

Der Kumpel Adolf Hennecke wurde zur Symbolfigur des Kampfes um die Produktivitätssteigerung, als er am 13. Oktober 1948 meldete, daß er den Plan zu 380 Prozent erfüllt habe. Diese vorbereitete Tagesleistung nahm die SED zum Ausgangspunkt für eine Aktivistenbewegung nach dem Vorbild des sowjetischen Stachanow-Systems.

zu festigen. Die von der Partei ausgelöste und gestützte Aktivistenbewegung – benannt nach dem Kumpel Adolf Hennecke – diente dabei der Mobilisierung menschlicher Arbeitskraft. Die Vorbildrolle der Sowjetunion war auch hier unübersehbar. Gleiches galt für die Universitäten. Der »Sturm auf die Festung Wissenschaft« (J. Stalin) und die Disziplinierung des kulturellen Lebens lagen ganz auf der Linie der Politik stalinistischer Gesellschaftstransformation. Wenn auch die positiven Aspekte der Hochschulpolitik (die Schaffung von Vorstudienanstalten und später von Arbeiter- und Bauernfakultäten bewirkte eine erhebliche Steigerung der Zahl der Studenten aus Arbeiterkreisen) nicht übersehen werden sollten: Von Freiheit der Wissenschaft konnte bei der strikten Ausrichtung am Marxismus-Leninismus und der scharfen Kontrolle des Wissenschaftsbetriebes auf allen Ebenen durch die Partei nicht mehr die Rede sein.

Seit 1949 machte sich der Richtungswechsel auch massiv im Kulturbereich bemerkbar, der sich in den ersten Nachkriegsjahren erstaunlich vielfältig und lebendig entwickelt hatte. Die Attacken gegen die abstrakte Kunst und die Lobpreisung des »sozialistischen Realismus« leiteten das Ende einer Periode des »kulturellen Tauwetters« ein.[23] Im ideologischen Klima der entstehenden DDR gediehen Engstirnigkeit und Intoleranz der Führung. Sie schlugen sich in geistiger, psychischer und physischer Gängelung und Bedrohung nieder. In einer Gesellschaft, die noch unter den durch Kriegs- und Besatzungszeit erschwerten Bedingungen litt, führte dies zu breiter Resignation und unvermeidlicher Anpassung, aber auch zu permanenter Abwanderung und Flucht, die bis heute nicht abgeschlossen ist. Der sich abzeichnende Wohlstand in der westdeutschen Republik mit seinen Möglichkeiten selbständiger Lebensgestaltung entwickelte eine zunehmende Sogkraft, die die DDR in wenig mehr als einem Jahrzehnt zu entvölkern drohte. Da viele aktive und kreative Menschen fortgingen, verstärkte sich das kleinbürgerliche Element in der werdenden Volksdemokratie, so daß ihre offizielle Selbstdarstellung mehr und mehr in Widerspruch zu den tatsächlichen Gegebenheiten trat.

Die Gründung der DDR war zugleich das Signal für den zügigen Ausbau der staatlichen Institutionen. Trotz des zentralistischen Zuschnitts und der erkennbaren Ablehnung des Prinzips der Gewaltenteilung unterschied sich die Verfassung formal nur wenig von anderen parlamentarischen Konstitutionen. Doch klafften Verfassungsrecht und Verfassungswirklichkeit von Beginn an weit auseinander. Die führende Rolle der SED wurde nicht dem Test einer demokratischen Wahlentscheidung unterzogen. Das Streikrecht (Artikel 14) und der Schutz des Eigentums (Artikel 22) blieben Makulatur. Im Katalog klassischer Grundrechte nahm der Artikel 6 eine mehr als widersprüchliche Rolle ein. Einerseits garantierte er die Gleichheit der Bürger vor dem Gesetz, andererseits stellte er Formeln für höchst dehnbare Straftatbestände zusammen, die den Verlust bürgerlicher Ehrenrechte und der Qualifikation für eine Beschäftigung im öffentlichen Dienst und in leitenden Stellen des wirtschaftlichen und kulturellen Lebens nach sich zogen. »Boykotthetze gegen demokratische Einrichtungen und Organisationen, Mordhetze gegen demokratische Politiker, Bekundung von Glaubens-, Rassen-, Völkerhaß, militaristische Propaganda sowie Kriegshetze und alle sonstigen Handlungen, die sich gegen die Gleichberechtigung richten, sind Verbrechen im Sinne des Strafgesetzbuches.«[24] Mit dem Begriff der »Boykotthetze« hielt der Artikel 6 eine Art Generalklausel zur strafrechtlichen Verfolgung von Oppositionellen und Regimegegnern bereit, die durch das von der Volkskammer im Dezember 1950 verabschiedete »Gesetz zum Schutz des Friedens« konsequent spezifiziert wurde. Ausgestattet mit diesen rechtlichen Voraussetzungen und mit den Instrumenten des neuerrichteten Staatssicherheitsdienstes verfügte die SED-Führung über hinreichende Möglichkeiten, oppositionelle Regungen schon im Keim zu ersticken.

Nachdem die Institutionen geschaffen und die Personalentscheidungen getroffen worden waren, fanden die ersten Wahlen in der DDR statt. Dabei präsentierte die »Nationale Front des demokratischen Deutschland«, die Parteien wie Massenorganisationen umschloß, ein gemeinsames Programm und eine Einheitsliste, der 99,72 Prozent der Wähler zustimmten. »Mit der Gründung der DDR war ein zentralistisches Staatswesen entstanden, über dessen Apparat die SED-Führung innenpolitisch fast uneingeschränkt verfügen konnte und dessen Stabilität auch in Krisensituationen durch die Anwesenheit der Roten Armee garantiert schien.«[25] Die weiterhin beibehaltene, propagandistisch eher verstärkte nationale Agitation der DDR stand in wachsendem Widerspruch zu ihrem teilstaatlichen Aufbau und zur realen Ostblockintegration. Die Führung der DDR ging dazu über, den eigenen Weg zur Conditio sine qua non einer künftigen Wiedervereinigung zu erheben. Zweifellos lag darin, bei allen sonstigen Unterschieden, eine erstaunliche Parallele zu der Art, wie die Bundesrepublik ihre äußere und innere Konsolidierung mit der Problematik einer Lösung der nationalen Frage zu versöhnen trachtete.

2. Westzonen

Die Wurzeln der Weststaatsgründung lassen sich bis in die Anfänge der Bizone zurückverfolgen. Die Briten sahen die Gefahr einer möglichen Teilung Deutschlands sehr früh, wie die Ausführungen des Militärgouverneurs General Robertson am 14. August 1946 vor dem Zonenbeirat in Hamburg belegen: »Ein Nachteil ist zunächst natürlich, daß die Vorbereitung der wirtschaftlichen Einheit zwischen zwei Zonen nicht das gleiche ist wie die Vorbereitungen für die wirtschaftliche Einheit des gesamten Deutschlands. Ich kann Ihnen sagen, daß meine Regierung es sich sehr genau und lange überlegt hat, bevor sie den Schritt unternahm, der vielleicht dahin ausgelegt werden könnte, als wäre er eine Teilung Deutschlands in zwei Gebiete. Dann kann ich wohl sagen, daß ein Hauptnachteil dieses Planes der ist, daß es manche Leute geben mag, die der Ansicht sein könnten, daß dieser Plan zu einer Zweiteilung Deutschlands führen könnte. Ich will weiter erklären, daß es unsere feste Absicht ist, diese Zweiteilung Deutschlands nicht herbeizuführen, und daß wir auf das festeste entschlossen sind, solchen Überlegungen entgegenzutreten.«[26]

Nach einer Reorganisation, die am 10. Juni 1947 in Kraft trat,[27] ließen die Institutionen des Vereinigten Wirtschaftsgebiets bereits Rudimente eines Regierungssystems erkennen. Ein entscheidender Fortschritt bestand darin, daß die umgestaltete Administration nun örtlich zusammengefaßt und in Frankfurt konzentriert wurde, nachdem sie bisher auf fünf Städte verteilt gewesen war: die Verwaltung für Wirtschaft in Minden, der Bereich Ernährung und Landwirtschaft in Stuttgart, die Verkehrsverwaltung in Bielefeld, das Post- und Fernmeldewesen in Frankfurt und der Finanzrat im nahegelegenen Bad Homburg. Der Wirtschaftsrat, neben dem Exekutivausschuß und den Direktoren der Verwaltungen eines der obersten Organe des Vereinigten Wirtschaftsgebiets, trug bereits parlamentsähnliche Züge. Er setzte sich aus 52 Mitgliedern zusammen, die – nach Parteienproporz von den Landtagen gewählt – am 25. Juni 1947 zu ihrer konstituierenden Sitzung im Großen Börsensaal der Mainmetropole zusammentraten. Jeweils zwanzig Abgeordnete gehörten der Fraktionsgemeinschaft der CDU/CSU beziehungsweise der SPD an. Hinzu kamen vier Liberale, drei Kommunisten sowie jeweils zwei Mitglieder der Deutschen Partei (DP) und der Zentrumspartei und ein Vertreter der bayerischen »Wirtschaftlichen Aufbau-Vereinigung«. Obwohl die Befugnisse des Wirtschaftsrates auf den ökonomischen Bereich beschränkt blieben und ihm keine eigentlich politische Bedeutung zufiel, spielte er doch im Selbstverständnis seiner Mitglieder eine quasiparlamentarische Rolle. Dies drückte sich schon in der weitgehenden Übernahme der Geschäftsordnung des Deutschen Reichstags aus.[28]

Auch erste Umrisse der künftigen Parteienkonstellation begannen sich im Wirtschaftsrat abzuzeichnen. Die CDU/CSU gewann ein leichtes Übergewicht, denn die DP-Vertreter standen auf ihrer Seite, und auch mit den Liberalen bahnte sich ein zunehmendes

Einverständnis in wichtigen Fragen an. Somit kam schon dem ersten Wirtschaftsrat für die Einübung parlamentarischer Auseinandersetzung und für die Erprobung von Fraktionsbildungen wegweisende Bedeutung zu. Die prinzipielle Opposition der Sozialdemokratie, die sich zur politischen Führung im Nachkriegsdeutschland berufen fühlte, nahm hier ihren Anfang. Als es der SPD-Fraktion im Wirtschaftsrat nicht gelang, mit ihren Vorstellungen für die Besetzung der Direktorenstellen durchzudringen – der von ihr mit sechs von acht Vertretern dominierte vorschlagsberechtigte Exekutivrat hatte vor allem darauf bestanden, die Position des Direktors für Wirtschaft an einen Sozialdemokraten zu vergeben –, ging sie in die Fundamentalopposition. Der wörtliche Bericht der zweiten Vollversammlung legt die Spannungen ungeschminkt bloß. Der Abgeordnete Erwin Schoettle (SPD) machte seinem Unmut unter den Bravo- und Beifallsrufen seiner Fraktion Luft: »Die Sozialdemokratische Fraktion wird der Tatsache ins Auge zu sehen haben, daß infolge der Mehrheit, die in diesem Hause besteht, die Besetzung der Direktorate einen einseitigen politischen Charakter tragen wird. Wir werden uns trotzdem nicht weigern, in diesem Hause mitzuarbeiten. Unsere Mitarbeit wird allerdings einen anderen Charakter tragen, als sie ihn gehabt hätte, wenn sich eine Möglichkeit der Zusammenarbeit zwischen den Fraktionen ergeben hätte. Über die Formen dieser Mitarbeit werden wir zur gegebenen Zeit zu sprechen haben. Es wird nicht die Form einer hemmungslosen Opposition sein. Es wird die Form einer praktischen, konstruktiven Opposition gegen Maßnahmen sein, von denen wir sicher sind, daß sie sich zum Schaden des deutschen Volkes auswirken werden.«[29]

Die sozialdemokratische Fraktion hatte sich selbst eine Rolle verordnet, aus der sie so schnell nicht wieder herausfinden sollte. Mit weißen Stimmzetteln demonstrierte sie bei der Abstimmung ihre Mißbilligung. Sie überließ das Gesetz des Handelns der bürgerlichen Mehrheit des Hauses und verharrte selbst dann noch in ihrer ablehnenden Haltung, als ihr die CDU/CSU wenig später die frei werdenden Ressorts für Finanzen und Verkehr anbot. Den Vorwurf Kurt Schumachers, die CDU plane in Frankfurt, »die totale Macht über die gesamte Wirtschaft in Westdeutschland an sich zu reißen«,[30] beantworteten die Christdemokraten ihrerseits mit dem Hinweis, daß die SPD in allen acht Ländern bereits die Wirtschaftsminister stelle. Konrad Adenauer bemerkte auf dem ersten Parteitag der CDU in der britischen Zone mit Bezug auf die Frankfurter Vorgänge nicht ohne Ironie, er halte es für eine Partei in keiner Weise für entwürdigend, in eine konstruktive Opposition zu gehen. »Nun ist diese Auffassung leider Gottes im deutschen Volk noch lange nicht Allgemeingut geworden. Es würde sonst die Aufregung nicht verständlich sein über die Erklärung der Sozialdemokratie im Frankfurter bizonalen Wirtschaftsrat, daß sie in die Opposition gehe und gesonnen sei, eine konstruktive Opposition zu treiben. Einstweilen sehe ich nicht ein, was daran so furchtbar aufregend ist. Das ist das gute Recht der Sozialdemokraten.«[31]

Mit dem Ausbau der politischen Strukturen in der Bizone verbanden sich auf deutscher Seite weitgespannte Erwartungen. Am 7. und 8. Januar 1948 fand eine gemeinsame Konferenz der Mi-

Wirtschaftsrat hat seine Arbeit begonnen

Feierliche Eröffnung in Frankfurt — Dr. Köhler zum Präsidenten gewählt

Frankfurt. (Dena) In feierlicher Eröffnungssitzung im Frankfurter Börsensaal und in Anwesenheit des amerikanischen und des britischen Vorsitzenden des Zweimächte-Kontrollamtes, Clarence Adcock und Sir Gordon MacReady, wurde der Wirtschaftsrat für die britisch-amerikanische Zone konstituiert. Drei die Arbeit des Wirtschaftsrates einleitende Ansprachen unterstrichen die Bedeutung dieses Vorganges. Sir Gordon MacReady bezeichnete die Konstituierung als historischen Augenblick. Die Geschichte, sagte er vielversprechend, werde zeigen, daß sie der Anfang einer Besserung der erschütterten deutschen Wirtschaftslage sei. Seine Gesetze und Maßnahmen würden die gesamte Wirtschaft der beiden Westzonen entscheidend beeinflussen. Clarence Adcock erklärte, daß höchste Leistungen erforderlich seien, wenn der Wirtschaftsrat seine Mission erfolgreich durchführen wolle. Durch die Unbequemlichkeiten des Umzuges von dem Personal nach Frankfurt dürfe die Arbeit nicht verzögert werden. Der hessische Ministerpräsident Christian Stock hob in seiner Ansprache hervor, daß der Zusammenschluß der deutschen Länder zu einer wirtschaftlichen und politischen Einheit, die Deutschland heiße, Voraussetzung für Wohlstand und Glück der Bevölkerung der einzelnen Länder sei. Die Konstituierung des Wirtschaftsrates sei der erste Einbruch in die Zonengrenzen Deutschlands. Heute diene er nur zwei Zonen — hoffentlich aber bald ganz Deutschland!

Generalleutnant Sir Gordon MacReady (links) und General Clarence Adcock (rechts), der britische und der amerikanische Leiter des bizonalen Kontrollamtes, der Bipartite-Control-Group, sprachen bei der Eröffnung des Zweizonen-Wirtschaftsamtes ihre Wünsche für erfolgreiche Arbeit aus.

Notwendigkeit schneller positiver Arbeit hin. Vierzig Millionen Deutsche warteten auf die Hilfe des Wirtschaftsrates. Die CDU-Fraktion werde einen Antrag vorlegen, neben den bestehenden Direktoren des Wirtschaftsrates einen Direktor zu ernennen, der das Amt für Arbeit und soziale Ordnung übernehmen solle. Max Reimann (KPD) erklärte, die wesentlichste Forderung seiner Fraktion sei die Enteignung der kriegsverbrecherischen Konzerne, die Durchführung der Bodenreform und eine lückenlose Kontrolle der Nahrungsmittel vom Erzeuger bis zum Verbraucher in Verbindung mit den Gewerkschaften und Mittelbauern. Erwin Schöttle (SPD) pflichtete der Forderung auf Schaffung eines bizonalen Amtes für Sozialfragen bei. Er hob besonders hervor, daß das deutsche Problem nicht isoliert gesehen werden dürfe, jedoch sei es verfehlt, mit dem Arbeitsbeginn zu warten, bis sich die anderen Mächte über das künftige Schicksal Deutschlangs einig geworden seien. Franz Blücher (FDP) bezeichnete die Ernährungslage als das zentrale Problem. Es gelte, das einzige Aktivum, das Deutschland besitze, die Arbeitskraft, wiederherzustellen und fern von allen Parteidoktrinen die Notlage in Deutschland zu lindern.

Unklare Zuständigkeiten

Frankfurt. (Eig. Ber.) Im weiteren Verlauf der Sitzung des Wirtschaftsrates wurden acht Fachausschüsse eingesetzt, ein Hauptausschuß, Rechtsausschuß, Wirtschaftsausschuß, Ernährungsausschuß, Finanzausschuß, Postausschuß, Verkehrsausschuß und ein Arbeitsausschuß. Die Fachausschüsse werden unverzüglich mit ihrer Arbeit beginnen, während sich der Zweizonen-Wirtschaftsrat auf den 22. Juli vertagt hat. Inzwischen ist auch der achtköpfige Exekutivausschuß dessen Mitglieder von den Landesregierungen ernannt worden sind — von Bremen: Oswald Mittendorf — zu seiner ersten Sitzung zusammengetreten und hat Oberbürgermeister Metzger, Darmstadt, zum Vorsitzenden gewählt. Dieser Ausschuß wird ab 2. Juli in Permanenz tagen.

Die nächste Aufgabe der neugeschaffenen Körperschaften wird nunmehr die Klärung und Abgrenzung der Zuständigkeiten des Zweizonen Wirtschaftsrates, des Exekutivausschusses und der Direktoren sein, die als ihre Organe fungieren sollen. Innerhalb der verschiedenen politischen Gruppen bestehen in dieser Hinsicht noch erhebliche Meinungsverschiedenheiten, die vor allem auf den Umstand zurückzuführen sind daß hier eine staatsrechtliche Konstruktion geschaffen wurde, für die es in der deutschen politischen Geschichte kein Vorbild gibt. Ein Teil der Abgeordneten vertritt die Auffassung, daß die Direktoren etwa die Funktionen von Fachministern zu übernehmen hätten, die die Gesetzesvorlagen ausarbeiten und die Beschlüsse des Wirtschaftsrates durchführen, wobei den Mitgliedern des Exekutivausschusses dann die Aufgabe bleibt, die Interessen der von ihnen vertretenen Länder bei der Gesetzgebung wahrzunehmen. Der Exekutivausschuß würde danach etwa die gleiche Stellung einnehmen, wie sie im alten deutschen Bundesstaat der frühere Reichsrat gehabt hat.

Demgegenüber vertritt der Vorsitzende des Exekutivausschusses, Oberbürgermeister Metzger, die Meinung, daß der Exekutivausschuß als ausführendes Organ der neuen gesetzgebenden Körperschaft zu gelten habe. Er habe die Aufsicht über die Ämter und ihre Direktoren zu führen, die von ihm bei der Ausarbeitung von Gesetzesvorlagen und bei der Durchführung der Beschlüsse des Wirtschaftsrates herangezogen würden. Da die Direktoren von dem Wirtschaftsrat im Einvernehmen mit dem Exekutivausschuß ernannt werden sollen, und der Wirtschaftsrat auch seinerseits bereits Fachausschüsse gebildet hat, die sofort mit ihrer Arbeit beginnen sollen, während der Exekutivausschuß keine ressortmäßige Unterteilung erfährt, wirkt die Stellung der Direktoren in der künftigen Verwaltung vorerst noch recht problematisch. Es wird Aufgabe der Geschäftsordnung des Zweizonenwirtschaftsrates und des Exekutivausschusses sein, diese Dinge so schnell wie möglich zu klären, damit die von allen Parteivertretern und vom Präsidenten des Wirtschaftsrates auf der Plenarsitzung verkündete Notwendigkeit einer schnellen verantwortungsbewußten Arbeit auch in die Tat umgesetzt wird.

Pariser Konferenz gest

Deutschland eine Kernfrage der B

Weser-Kurier vom 28. Juni 1947

litärgouverneure mit Vertretern der bizonalen Verwaltungen in Frankfurt statt, auf deren Tagesordnung die Reform des Vereinigten Wirtschaftsgebietes stand. Der britische General Robertson dämpfte die Erwartungen, daß es bereits jetzt zur Ausarbeitung einer künftigen Verfassung Deutschlands kommen könnte. Er bediente sich dabei einer Metapher, um deutlich zu machen, was zunächst getan werden sollte: »Dies ist, wie wenn jemand ein Haus bauen will, wo noch keine Häuser stehen. Er wird zunächst eine Hütte oder einen Schuppen bauen … Wenn er diese Hütte baut, … so wird er nicht endlose Zeit auf den genauen Entwurf verwenden. Es ist nur wichtig, daß dieselbe zunächst einmal irgendwie aufgestellt wird. Wenn er aber dann zum nächsten Schritt kommt und anfängt, seine wirklichen Pläne zu entwerfen, wenn er anfängt, sein endgültiges Heim zu bauen, dann ist dies eine ganz andere Sache.«[32]

Die Militärgouverneure schlugen vor, den Exekutivrat abzuschaffen und die Zahl der Abgeordneten des Wirtschaftsrates von 52 auf 104 zu verdoppeln. Der Exekutivrat sollte durch eine zweite Kammer (Länderrat), bestehend aus je zwei Vertretern der acht Länder, ersetzt werden. Als kabinettsähnliches Organ fungierte jetzt ein Verwaltungsrat, der sich aus den Direktoren der einzelnen Verwaltungen zusammensetzte und dessen Vorsitzender den Titel »Oberdirektor« führte. Gleichzeitig wurden den deutschen Stellen neue Kompetenzen auf dem Gebiet der Zölle und Steuern zugestanden. Die Errichtung eines Obersten Gerichtshofes in Köln und einer Zentralbank in Frankfurt (unter alliierter Hoheit und unter

Frankfurt am Main im Sommer 1945

Frankfurt hätte sich als Bundeshauptstadt für den neuen Staat angeboten, und es wurde damals auch immer wieder als Sitz der künftigen Regierung ins Gespräch gebracht. Den Ausschlag dafür, daß die Stadt, obwohl sie geographisch günstig lag, nicht auch Platz einer neuen Regierung wurde, gab der Mangel an geeigneten Quartieren. Bei Kriegsende waren 47 Prozent der öffentlichen Bauten Frankfurts und 33 Prozent der Wohngebäude zerstört.

Einschluß der französischen Zone) ergänzten den Katalog der Veränderungen.[33] Es war nicht mehr zu verkennen, daß das neugeschaffene Gebilde erste Merkmale eines Staates trug.

Im reformierten Wirtschaftsrat saßen vierzig Vertretern der SPD ebenso viele der CDU/CSU gegenüber. Diese bildeten nun zusammen mit vier Abgeordneten der DP und acht Liberalen eine Defacto-Koalition. Die Verwaltungen für Wirtschaft, Verkehr, Finanzen, Ernährung, Landwirtschaft und Forsten, Post- und Fernmeldewesen wurden wenige Monate später durch eine Verwaltung für Arbeit ergänzt. Der Wirtschaftsrat wählte wiederum Erich Köhler (CDU) zu seinem Präsidenten. In das neue Amt des Oberpräsidenten gelangte mit äußerst knapper Mehrheit der Kölner Oberbürgermeister Hermann Pünder (CDU), den Adenauer dazu überredet hatte, die Leitung des Frankfurter »Kabinetts« zu übernehmen. Er selbst zog es offensichtlich vor, einem Engagement in Frankfurt auszuweichen, um nicht in den Geruch eines alliierten Auftragspolitikers zu geraten, denn auch in seiner weiterentwickelten Form blieb der Wirtschaftsrat letztlich eine von den Besatzungsmächten abhängige Institution. Zusammen mit der liberalen Fraktion und den Vertretern der DP gelang es der CDU/CSU erneut, alle Direktorenposten der Verwaltung zu besetzen. Zum völligen Bruch mit der SPD kam es, als die Mehrheitskoalition Ludwig Erhard zum Nachfolger des Wirtschaftsdirektors Johannes Semler wählte.

Bis in die unmittelbare Gründungsphase der Bundesrepublik im Sommer 1949 hatte die Frankfurter Verwaltung ihre eigene Dynamik entwickelt. Die Militärgouverneure sahen sich genötigt, eher bremsend einzuwirken, damit den frei gewählten Repräsentanten des künftigen Bonner Parlaments nicht in wichtigen Entscheidungen vorgegriffen wurde. Die Hoffnung vieler Frankfurter Politiker und ihrer Stäbe, Einfluß und Organisation aus dem vorstaatlichen

Frankfurt nach dem Wiederaufbau

Der Wiederaufbau der Städte begann bald nach der Währungsreform. Während die Zeitungen in London, New York und Paris angesichts des verwüsteten Landes davon ausgingen, er werde Generationen dauern, begann sich schon nach wenigen Jahren zu zeigen, daß die Rekonstruktion der zerstörten Städte und die Unterbringung der Flüchtlinge in einem für undenkbar gehaltenen Zeitraum im wesentlichen abgeschlossen sein würde. Die geistig-formale Leistung dieses Wiederaufbaus blieb dagegen weit hinter dem Elan der zwanziger Jahre zurück. Satellitenstädte und Kulissenarchitektur prägen das Gesicht des Landes, das zwischen Leipzig und Köln keine vergleichbare neue Architektur hervorgebracht hat, wie sie der Weimarer Zeit einst ihren geistigen Elan gegeben hatte.

Bereich in den vollstaatlichen Zustand der künftigen Republik überzuleiten, sollte sich nicht erfüllen; und doch hat erst die Vorlaufphase des Wirtschaftsrates die weitgehend komplikationsfreie Geburt der Bundesrepublik ermöglicht. Mögen viele seiner Leistungen aus der Sicht des späteren Betrachters einen eher transitorischen Charakter behalten – im wirtschaftlichen Bereich fiel ihm die eigentliche Schlüsselrolle zu. Die Wiege des westdeutschen Wirtschaftswunders stand in Frankfurt, nicht in Bonn.

Während die Verwaltung der Bizone trotz ihrer zunehmenden Eigenständigkeit letztlich immer der Kontrolle durch die Besatzungsmächte unterlag, hat sich die Verfassungsdiskussion für die westdeutsche Demokratie weitgehend frei vom Diktat der Besatzungsmächte vollzogen. Die Geschichte des Grundgesetzes begann lange vor den Verhandlungen des Parlamentarischen Rates im Spätsommer 1948. Im Widerstand und im Exil war über eine staatliche Neuordnung Deutschlands schon nachgedacht worden, als Hitler noch auf der Höhe seiner Macht stand. Nach 1945 setzte sich diese Verfassungsdiskussion zunächst auf der Ebene der Länder und in den politischen Parteien fort. So bildete sich eine überzonale Verfassungsdiskussion heraus, die, zunächst noch selbstverständlich von gesamtdeutschen Voraussetzungen ausgehend, über den Verfassungskonvent von Herrenchiemsee und den Parlamentarischen Rat schließlich in die Verabschiedung eines Grundgesetzes für den westdeutschen Teilstaat einmündete. Die anfängliche Neigung der Besatzungsmächte, den Deutschen fremde Demokratiemodelle zu verordnen, wich zunehmend der Bereitschaft, im Dialog der deutschen Verfassungstradition Rechnung zu tragen.[34]

Den frühen Verfassungsverhandlungen in den Ländern der amerikanischen Besatzungszone kam als »erster Clearingstelle für die innerdeutsche politische Auseinandersetzung nach 1945«[35] eine Pilotfunktion zu, deren Bedeutung durch den Bizonen-Zusam-

menschluß noch anwuchs. Die amerikanische Besatzungsmacht hat bewußt von oktroyierten Verfassungen abgesehen und erstaunlich wenig inhaltliche Vorgaben gemacht, obwohl sie an der aus dem Besatzungsrecht hergeleiteten obersten Zuständigkeit der Militärregierung keinen Zweifel ließ und sich alle Eingriffsmöglichkeiten offenhielt. Die Militärregierung beschränkte sich in ihren Direktiven an die Ministerpräsidenten vom Februar 1946 darauf, für die Verfassungsberatung drei Voraussetzungen zu nennen: die neue Verfassung solle demokratisch sein, sie dürfe nicht im Gegensatz zur amerikanischen oder alliierten Politik stehen und nicht von Nachteil für den künftigen Aufbau des Reiches sein.[36] Die Ministerpräsidenten beriefen zunächst »Vorausschüsse«, die in der ersten Märzhälfte 1946 mit ihren Beratungen begannen. Schon diese Gremien beschränkten sich keineswegs darauf, nur Unterlagen zu sammeln und Arbeitshilfen zusammenzustellen. Vielmehr begriffen sie sich als eine Art »kleiner Konstituante«, in der grundlegende und zukunftweisende Weichenstellungen vorgenommen wurden. Bereits hier wurden – in statu nascendi – die Argumente und Vorstellungen entwickelt, die auch in den weiteren Debatten über die politische Neuordnung bis zum Konvent von Herrenchiemsee und zum Parlamentarischen Rat von Bedeutung blieben.

Obwohl es nur um den Entwurf von Landesverfassungen ging, glaubten die »Verfassungsväter« doch, daß ihre Ausarbeitungen Modellcharakter für eine künftige gesamtdeutsche Verfassung haben würden. Die Lehren, die aus »Weimar« zu ziehen waren, bildeten von Anfang an den Dreh- und Angelpunkt der Beratungen. Die Verfassung der ersten Republik diente als Vor- und Gegenbild. Es ging um ein »geläutertes Weimar«, darum, die positiven Ansätze von damals zu nutzen und gleichzeitig der Möglichkeit eines erneuten Abrutschens in diktatorische Verhältnisse institutionelle Riegel vorzuschieben. Das deckte sich mit den Intentionen der Militärregierung, die aber sonst, von einigen wichtigen Vorbehalten abgesehen, die einzelnen Schritte auf dem Weg zu einer demokratischen Verfassung weitgehend den Deutschen selbst überließ.

Spätere Äußerungen einiger Beteiligter – so von Wilhelm Hoegner – könnten zu der Annahme verleiten, daß die amerikanische Besatzungsmacht dem Prozeß der Verfassunggebung in den Ländern keine große Aufmerksamkeit geschenkt habe. Dies ist jedoch so nicht richtig. Zwar ging es der Militärregierung nach den Worten von General Clay darum, die Deutschen in der entscheidenden Phase der Demokratiegründung »in an atmosphere of freedom from military government, direction or interference«[37] möglichst ohne Einmischung durch die Besatzungsmacht beraten und beschließen zu lassen. Dennoch haben die Amerikaner, wie die Akten zeigen und neuere Forschungen nachweisen, von Anfang an und auf allen Stufen die Verfassungsverhandlungen genau beobachtet und verfolgt.[38]

In Bayern und Hessen kam es außerdem zu inhaltlichen Eingriffen, wobei die Militärregierung sich auf ihre Vorbehalte gegen »undemokratische Bestimmungen«, gegen »Aussagen, die der amerikanischen und alliierten Politik entgegengesetzt« waren, und

Karikatur des *Simpl* auf die Beratungen von Herrenchiemsee, wo sich bereits Bayerns Nein zum Grundgesetz abzeichnete, 1949

Lange Zeit war durchaus umstritten, ob ein neuer deutscher Staat den Charakter eines Bundesstaates oder eines Staatenbundes haben würde, wozu vor allem die Vertreter Bayerns neigten. Noch 1948 bestanden Meinungsverschiedenheiten über die Grenzen der bundesstaatlichen Kompetenz, und die drei Militärgouverneure griffen mehrfach in die Diskussion ein, wobei sie im Dezember sogar ins amerikanische Hauptquartier nach Frankfurt einluden. Zwischen den drei Alliierten oder auch unter den deutschen Ländern gab es Differenzen. Einigkeit bestand nur darin, daß man einen handlungsfähigen Gesamtstaat erstrebte, der aber dennoch die Kompetenzen der Einzelländer betonte.

gegen solche Bestimmungen berief, die eine zukünftige Reichsstruktur determinierten.[39] In Bayern richteten sich die amerikanischen Interventionen vor allem gegen Tendenzen zu einer Eigenstaatlichkeit, die den Boden des Föderalismus verließen. So sah der Artikel 178 des Verfassungsentwurfs vor, daß Bayern einem »deutschen Bund« beitreten werde. Um jeden Ansatz zum Partikularismus auszuschließen, bestand die Militärregierung darauf, daß die Formulierung in »Bundesstaat« abzuändern sei, da das Wort »Bund« nur noch einen losen Staatenbund impliziere. Auch für den Artikel, der sich mit dem Recht Bayerns beschäftigte, Staatsverträge zu schließen, wurde ein Zusatz verlangt, der klarstellte, daß Bayern dies nur im Rahmen seiner Zuständigkeiten tun könne. Der im Entwurf verwandte Begriff des bayerischen Staatsbürgers wurde im Genehmigungsschreiben Clays klar begrenzt: »Es muß hervorgehoben werden, daß die Militärregierung, indem sie der Verfassung zustimmt, damit keinerlei Billigung eines Separatismus für Bayern oder für irgendeinen anderen deutschen Staat vornimmt. Der Gebrauch des Begriffs ›Bayerischer Staatsbürger‹ wird deshalb nur insoweit akzeptiert, als er einen Bürger Bayerns einführt, der zugleich auch ein Staatsbürger Deutschlands ist.«[40] Wenn die Amerikaner durch ihre Länderpolitik auch ganz bewußt selbst starke föderalistische Akzente gesetzt hatten, wollten sie doch nicht zulassen, daß die Bildung eines künftigen deutschen Einheitsstaates unterlaufen wurde.

Schwieriger ist es, die Haltung der Militärregierung bei ihren Einwänden gegen die sogenannten »Sozialisierungsparagraphen« zu bewerten, die nicht nur im hessischen, sondern auch im bayerischen Entwurf ihren Platz gefunden hatten und – ohne daß dabei der Begriff »Sozialisierung« verwandt worden wäre – die Verstaatlichung wichtiger Schlüsselindustrien verlangten. Noch heute sehen manche Autoren in den Einwänden der Amerikaner den Beweis, daß sie von vornherein durch ihre Besatzungspolitik einen

wirtschaftlich abhängigen Vasallenstaat in Deutschland hatten schaffen wollen. Nach dieser Auffassung haben sie damit zugleich eine demokratische Neugeburt verhindert. Gewiß waren die Amerikaner nicht nach Deutschland gekommen, um eine Sozialisierung vorzubereiten. Für General Clay bestand ohne Zweifel ein Zusammenhang zwischen Marktwirtschaft und freiheitlicher Demokratie. Dennoch sind für die amerikanischen Einwände gegenüber den Sozialisierungsartikeln nicht nur ideologische Bedenken ausschlaggebend gewesen.[41] Vielmehr wollten sie über eine so tiefgreifende Wirtschaftsreform nicht nur das Parlament eines Landes beschließen lassen, und schließlich hatte das übergeordnete Ziel der wirtschaftlichen und politischen Stabilisierung Westeuropas seit Verkündung des Marshallplans und seit dem Ausbruch des kalten Krieges den unbedingten Vorrang.

In Bayern reichte der Einspruch der Militärregierung im Stadium der Verfassungsberatungen aus, um den Abschnitt über die Wirtschaftsordnung entscheidend zu modifizieren. Zwar einigte man sich auf eine staatliche Überwachung der Bedarfsdeckung bei lebensnotwendigen Gütern, ließ aber ausdrücklich marktwirtschaftlichen Ansätzen Raum. In Hessen hingegen verlangten die Amerikaner, nachdem die Überführung von Schlüsselindustrien in Gemeineigentum im Verfassungsentwurf verankert blieb, neben dem allgemeinen Referendum über die Verfassung eine gesonderte Abstimmung der Bevölkerung. Obwohl sich 62,7 Prozent der Wahlberechtigten für die Bestimmungen des Artikels 41 entschieden, scheiterte er dann trotzdem am amerikanischen Widerspruch.[42]

Mit Inkrafttreten der Länderverfassungen war ein entscheidender Schritt in die Richtung deutscher Selbstverantwortung getan. An die Stelle der von der Militärregierung ernannten Ministerpräsidenten traten nunmehr die von den Landtagen gewählten Landesregierungen. Die Annahme, daß sich damit schon jetzt eine weitgehende politische Autonomie auf Länderebene ergeben habe, sollte sich jedoch als voreilig erweisen. Die mit der demokratischen Wahl der Länderparlamente geweckten Erwartungen konnte und wollte die Militärregierung so nicht erfüllen. Mit dem Hinweis, daß eine zoneneinheitliche Gesetzgebung nicht von den Einzellandtagen beschlossen werden könne, machte sie ihren Einfluß über den Länderrat geltend und blockierte damit zugleich mögliche Sonderentwicklungen.

Mit der Verkündung der »Frankfurter Dokumente« im Sommer 1948 trat die Verfassungsdiskussion in eine neue Phase ein. Jetzt ging es nicht mehr darum, für die gesamte Nation ein staatliches Haus zu entwerfen. Vielmehr sollte vorerst ein provisorisches Gebäude errichtet werden, das der Teilnation als menschenwürdige Unterkunft dienen konnte, bis eine staatliche Einheit aller Deutschen erreichbar war. Als Reaktion auf die Aufforderung der Westalliierten hatten die Ministerpräsidenten einen Sachverständigenausschuß eingesetzt. Er tagte vom 10. bis 23. August 1948 im Alten Schloß auf der Herreninsel im Chiemsee unter dem Vorsitz des bayerischen Staatsministers Anton Pfeiffer. Der Konvent vereinigte ein hohes Maß an Sachverstand. Zu seinen Mitgliedern gehörten Carlo Schmid, Hans Nawiasky, Hermann Brill, Theodor

Maunz, Otto Suhr, Gustav von Schmoller und Adolf Süsterhenn. Die Ministerpräsidenten verfolgten mit der Einsetzung eines eigenen Sachverständigenausschusses zweifellos die Absicht, Einfluß auf die Beratungen und Entscheidungen des Grundgesetzes zu nehmen. Daß dies dem Bericht von Herrenchiemsee schließlich in beträchtlichem Maße gelang, lag jedoch weniger an der Bedeutung der Länderchefs für den Parlamentarischen Rat, der eindeutig von den politischen Parteien beherrscht wurde, als vielmehr an der hohen Qualität des Herrenchiemseer Entwurfs, neben dem alle anderen Vorlagen verblaßten. In ihm wurden Umrisse des späteren Grundgesetzes bereits erkennbar. Die Streitfragen des Konvents blieben zum großen Teil auch der Stoff für die Kontroversen des Parlamentarischen Rates. Selbst die auf Herrenchiemsee verwendeten Benennungen der Bundesorgane (Bundestag, Bundesrat, Bundespräsident, Bundesregierung, Bundesverfassungsgericht) blieben im Grundgesetz erhalten.

Wie schon zuvor die Ministerpräsidenten auf ihren Konferenzen, so zogen es auch die Herrenchiemseer Delegierten vor, sich nicht in endlosen akademischen Diskussionen zu verlieren, sondern den praktischen Anforderungen der verfassungsmäßigen Gestaltung einer staatlichen Organisation im Westen gerecht zu werden. Mit großer Sorgfalt, wenn auch unter äußerstem zeitlichem Druck, befaßten sie sich mit Verfassungsfragen aus allen Gebieten. Besonders wichtig war die Debatte über das künftige Regierungssystem. Sie orientierte sich an den Länderverfassungen und förderte Auffassungsunterschiede zutage, die schon die Verfassungsdiskussion der vergangenen Jahre durchzogen hatten. Erneut spielte das Vor- und Gegenbild Weimars die entscheidende Rolle. Auch auf Herrenchiemsee wurde, wie später im Parlamentarischen Rat, die Frage gestellt, wie man die Nachteile des klassischen Parlamentarismus – Gefahr häufiger Regierungswechsel oder gar Lähmung der Exekutive bei heterogenen Parlamentsmehrheiten – vermeiden könne, ohne gleichzeitig dessen Vorteile – kontinuierliche parlamentarische Kontrolle der Regierung – aufzugeben.

Dabei entwickelte der als Mitarbeiter des Stuttgarter Justizministers fungierende Rechtsanwalt Otto Küster, der bei den Beratungen des organisatorischen Teils der Verfassung eine wesentliche Rolle spielte, jenes Verfassungsinstrument, das als »konstruktives Mißtrauensvotum« zu einer Besonderheit des Bonner Parlamentarismus wurde, indem er anregte: »Man kann ein qualifiziertes Mißtrauensvotum vorsehen, das die Regierung zum Rücktritt zwingt. Man kann an einen Parlamentsbeschluß denken, worin der Bundestag den Bundespräsidenten ersucht, einen neuen Mann mit der Bildung einer neuen Regierung zu beauftragen. In diesem Fall wäre der Vorschlag eines neuen Bundeskanzlers die Form, in der dem amtierenden Kanzler implicite das Mißtrauen ausgesprochen ist.«[43] Ohne sich dessen bewußt zu sein, hatte Küster damit eine Regelung vorgeschlagen, die bereits in der späten Weimarer Verfassungsdiskussion – wenn auch unter anderen konstitutionellen Rahmenbedingungen – ins Auge gefaßt worden war.[44] Es gelang schließlich, das neue Verfassungsinstrument im Artikel 90 des Herrenchiemseer Entwurfs ohne Alternativvorschlag zu veran-

kern. Obwohl wenig später im Parlamentarischen Rat die Parlamentarismuskontroverse neu entflammte, bestand das konstruktive Mißtrauensvotum die Feuertaufe der Bonner Verfassungsdebatten und wurde im Artikel 67 ins Grundgesetz aufgenommen.

Am 31. August 1948 konnte der Bericht des Konvents von Herrenchiemsee den Ministerpräsidenten überreicht werden. Schon zu diesem Zeitpunkt war nicht mehr davon die Rede, ihn als Vorlage der Ministerpräsidenten dem Parlamentarischen Rat zu übergeben. Die Parteien reagierten zurückhaltend auf die Arbeit des Konvents, um ihre eigene Rolle nicht zu beeinträchtigen. »Die Ausarbeitung eines offiziellen Entwurfs für das kommende Grundgesetz ist und bleibt allein dem Parlamentarischen Rat vorbehalten, der durch die Vorschläge des Chiemsee-Ausschusses in keiner Weise präjudiziert wird«,[45] konnte man im SPD-Pressedienst lesen. Konrad Adenauer stellte fest: »Die Ministerpräsidenten haben keinen irgendwie gearteten Auftrag, dem Parlamentarischen Rat eine Verfassungsvorlage zu unterbreiten.«[46] Es blieb die Einschätzung, daß es sich um »Vorarbeiten«, um eine »wertvolle Materialsammlung« handele. Auch die Militärregierungen nahmen die Beratungen von Herrenchiemsee im wesentlichen wohlwollend zur Kenntnis und betrachteten sie neben den Entwürfen der SPD (Menzel) und der CDU (Ellwanger Kreis) als nützliche Hilfen für die Konstituante. Die Ministerpräsidenten zogen es vor, sich mit dem Entwurf nicht in der Öffentlichkeit zu exponieren. Sie verzichteten aber keineswegs darauf, ihre Rolle im Prozeß der Verfassunggebung wahrzunehmen, auch wenn sie damit bei den Parteien auf wenig Gegenliebe stießen.

Inzwischen liefen die Vorbereitungen für den Parlamentarischen Rat auf Hochtouren.[47] Die einzelnen Landtage wählten im Verhältnis zur Bevölkerungszahl der jeweiligen Länder insgesamt 65 Delegierte, zu denen sich die fünf Berliner Abgeordneten ohne Stimmrecht gesellten. Auf die SPD und die CDU/CSU entfielen jeweils 27 Plätze, fünf erhielt die FDP, jeweils zwei die DP, das Zentrum und die KPD.

Als Tagungsort entschieden sich die Ministerpräsidenten am 17. August 1948 in einem Rundtelefonat für Bonn.[48] Sie konnten nicht wissen, daß sie damit zugleich auch eine Vorentscheidung über die spätere Bundeshauptstadt trafen. Der Ort am linken Rheinufer erhielt den Vorzug gegenüber sechs weiteren Bewerbern, unter ihnen Frankfurt, Lübeck und Koblenz, nicht zuletzt deshalb, weil die früheren Interzonenkonferenzen im amerikanischen und französischen Besatzungsbereich getagt hatten. Der nordrhein-westfälische Ministerpräsident Arnold plädierte zunächst für Düsseldorf. Mit dem Hinweis, daß der Landeshauptstadt, in der es ohnehin zuwenig intakte Gebäude gab, besser mit Industrieanlagen als mit einem weiteren Parlament gedient sei, favorisierte der Leiter der Düsseldorfer Staatskanzlei, Hermann Wandersleb, jedoch die Universitätsstadt Bonn.

Offensichtlich hat Konrad Adenauer in der ersten Entscheidungsrunde seine Hand noch nicht im Spiel gehabt. Er selbst trat zunächst für einen Ort in der französischen Zone (Bad Ems oder Koblenz) ein. Doch dies sollte sich ändern, nachdem die Würfel gefallen waren und er sich im Amt des Präsidenten des Parlamen-

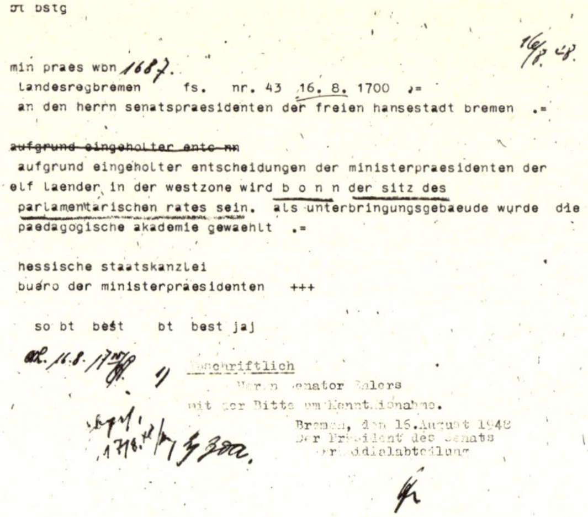
mn bstg

min praes wbn 1687. 16/8. 48.
landesregbremen fs. nr. 43 16. 8. 1700 ,=
an den herrn senatspraesidenten der freien hansestadt bremen .=

~~aufgrund eingeholter entc nn~~
aufgrund eingeholter entscheidungen der ministerpraesidenten der elf laender in der westzone wird b o n n der sitz des parlamentarischen rates sein. als unterbringungsgebaeude wurde die paedagogische akademie gewaehlt .=

hessische staatskanzlei
buero der ministerpraesidenten +++

so bt best bt best jaj

Abschriftlich
Herrn Senator Ehlers
mit der Bitte um Kenntnisnahme.
Bremen, den 16. August 1948
Der Präsident des Senats
Präsidialabteilung

Entscheidung für Bonn als Sitz des Parlamentarischen Rates

Durch Zufall war Adenauers persönliche Welt zur geographischen Heimat der verfassunggebenden Versammlung und dann zum politischen Zentrum des neuen Staates geworden.

tarischen Rates wiederfand. Ein Glücksfall hatte das neue Entscheidungszentrum in die Nähe seines Rhöndorfer Wohnsitzes gerückt, dem er sich tief verbunden fühlte. Von nun an ließ er sich die Zügel nicht mehr aus der Hand nehmen.[49] Zusammen mit dem exzellenten Verwaltungsfachmann Wandersleb verschrieb er sich unbeirrt dem Bonner Projekt. Seit September 1948 standen beide in engem Kontakt. Schon nach den ersten Erfahrungen im Parlamentarischen Rat vertraute Adenauer seinem Mitstreiter im Hinblick auf die Eignung Bonns an: »Es jeht janz ausjezeichnet. Die Leute fühlen sich hier so wohl, dat sie jar nicht mehr wegwollen. Jetzt können wir daranjehen, einen Vorschlag in der Richtung zu machen, dat Bonn vorläufige Bundeshauptstadt wird.«[50] Dem Gespann Adenauer/Wandersleb gelang es, den längst bestehenden Anspruch Frankfurts, wo die erste deutsche Nationalversammlung von 1848/49 getagt und nun der Wirtschaftsrat der Bizone seinen Sitz hatte, ins Wanken zu bringen.

Lange bevor die endgültige Entscheidung für Bonn fiel, wurden in der Provinzstadt die Vorbereitungen für die angestrebte neue Aufgabe getroffen. Adenauer konnte für sein Vorhaben gewichtige politische Gründe ins Feld führen, die den Vorwurf, der Option des alten Herrn hätten ausschließlich private Motive zugrunde gelegen, relativieren. Schon im Oktober 1948 argumentierte Adenauer, Bonn sei deshalb Frankfurt vorzuziehen, »weil die alten traditionellen Verbindungen zwischen dem rheinischen Westen und den westlichen Nachbarn Deutschlands stärker sind als die Beziehungen zwischen Frankfurt und den westlichen Nachbarn«.[51] Außerdem werde, so ließ er den amerikanischen Diplomaten Robert Murphy wissen, den immer noch bestehenden französischen Ambitionen auf linksrheinisches deutsches Gebiet damit der Boden entzogen. Wie auch immer Adenauers vielschichtige Absichten zu bewerten sein mögen, die Wahl Bonns als provisorische Hauptstadt der Bundesrepublik besaß einen symbolischen Wert, da sie sowohl die Westorientierung des deutschen Teilstaates als auch dessen transitorischen Charakter demonstrierte. Doch war nicht zu übersehen, daß das »Bundesdorf« über festere Funda-

In der skurrilen Umgebung des naturwissenschaftlichen Museums Koenig trat am 1. September 1948 der Parlamentarische Rat zur Eröffnungsfeier zusammen, inmitten von ausgestopften Bären und Gorillas.

Der SPD-Vorsitzende Kurt Schumacher betonte am entschiedensten die Kompetenzen des Bundesstaates. Sein erst vor kurzem der Partei beigetretener Parteifreund Carlo Schmid legte als alter Württemberger stärkeres Gewicht auf die föderalistische Komponente, und Konrad Adenauer suchte ohnehin zu starke Rechte der Einzelländer zu vermeiden. Aber er wollte den entstehenden Staat auf jeden Fall handlungsfähig machen. So kam es nicht nur zwischen den Parteien, sondern auch in ihnen zu Interessengegensätzen. Der schließlich gefundene Kompromiß wurde von den Alliierten zunächst abgelehnt und mußte überarbeitet werden. Schließlich setzten sich in der Frage der künftigen Finanzstruktur im wesentlichen die Vorstellungen der SPD durch, die auf eine starke Finanzgewalt des Bundes zielten. Ein Scheitern der westdeutschen Verhandlungen wünschten weder Washington noch London.

mente verfügte als eine Barackenstadt an der Demarkationslinie, die Carlo Schmid vorschlug, um die Vorläufigkeit des neuen Staates auch durch die provisorische Unterbringung seiner obersten Organe zu garantieren.[52]

Am 1. September 1948 um elf Uhr vormittags versammelten sich die Delegierten des Parlamentarischen Rates im Museum Koenig zur Eröffnungsfeier. »Wohl kaum hat je ein Staatsakt«, so schreibt Carlo Schmid in seinen Memoiren, »der eine neue Phase der Geschichte eines großen Volkes einleiten sollte, in so skurriler Umgebung stattgefunden. In der Halle dieses in mächtigen Quadern hochgeführten Gebäudes standen wir unter den Länderfahnen – rings umgeben von ausgestopftem Getier aus aller Welt. Unter den Bären, Schimpansen, Gorillas und anderen Exemplaren exotischer Tierwelt kamen wir uns ein wenig verloren vor. Die bizarre Umgebung ließ bei uns trotz der Beethovenschen Musik, mit der die Feier eröffnet und beschlossen wurde, keine rechte Feierlichkeit aufkommen; gleichgültig jedoch war keinem von uns zumute.«[53]

Nachmittags trat der Parlamentarische Rat in der eilig zur Tagungsstätte umgebauten Pädagogischen Akademie zusammen. Gegen die beiden kommunistischen Stimmen wurde Konrad Adenauer zum Präsidenten der Versammlung gewählt. Im Gegenzug akzeptierte die CDU Carlo Schmid (SPD) als Vorsitzenden des Hauptausschusses, der mit seinen 21 Mitgliedern als größtes und zugleich wichtigstes Komitee insgesamt achtundfünfzigmal tagte, während das Plenum nur zwölfmal zusammentrat. Der Redaktionsausschuß hatte die Aufgabe, die verschiedenen Entwürfe und Vorschläge auf ihre juristische Tragfähigkeit hin zu prüfen, während im »Fünferausschuß« – seit März 1949 »Siebenerausschuß« – die Kompromisse in den strittigen politischen Grundfragen vorbereitet wurden. Zunächst schien es, als könne die Arbeit der Bonner Konstituante rasch durchgeführt und bis Ende des Jahres erfolgreich abgeschlossen werden. Doch dieser Optimismus trog. Schnell zeigte sich, daß eine ganze Reihe kontroverser Fragen auftauchte und ein zügiges Vorankommen der Verhandlungen behinderte. Dazu gehörten vor allem das Elternrecht, die Frage des Staatsoberhauptes und die Form des künftigen Föderalismus, die besonders in der Art der Mitwirkung der Länder an der Gesetzgebung und ihrer Beteiligung an der Steuererhebung und -verteilung zum Ausdruck kam. Erschwerend wirkten die massiven Interventionen der Alliierten, die gegen Abschluß der Verhandlungen dazu führten, daß die zwischen den Parteien nur mühsam gefundenen Kompromisse in ihrer Substanz bedroht waren und die Gefahr des Scheiterns bestand.

Gleich zu Beginn der Bonner Verfassungsdebatten ergaben sich erhebliche Meinungsverschiedenheiten über die Einschätzung der Verfassungsarbeit. Carlo Schmid untermauerte seine Auffassung des bloß »Provisorischen« und »Übergangshaften« mit dem Hinweis auf die zu erwartenden Vorbehalte des noch ausstehenden Besatzungsstatuts, während die CDU/CSU deutlich machte, daß es ihr doch um mehr ging als nur um die organisatorische Ausgestaltung eines »Staatsfragments«. Sie wollte letztlich ein Grundgesetz für einen souveränen Teilstaat.[54] Dieser Gegensatz zwischen den beiden Lagern wurde in der Diskussion über die Notwendigkeit

eines Staatsoberhauptes deutlich. Schon die beiden Verfassungsentwürfe der SPD, die auf den nordrhein-westfälischen Innenminister Walter Menzel zurückgingen, hatten auf dieses Amt verzichtet. Andererseits hob die SPD die Bedeutung einer starken Zentralgewalt für die Funktionsfähigkeit des künftigen politischen Gemeinwesens hervor. Dies wiederum ging den Teilen der CDU/CSU zu weit, die das föderalistische Element gestärkt sehen wollten.

Dennoch gab es, sieht man einmal von der Sonderstellung der KPD ab, einen tragfähigen parteiübergreifenden Konsens, der darin bestand, nach den Erfahrungen von Weimar eine »streitbare Demokratie« zu schaffen. Dabei wiesen die im Herrenchiemseer Entwurf vorgeschlagenen institutionellen Veränderungen des parlamentarischen Systems den Weg. Man wollte die neue Demokratie so ausstatten, daß sie nicht mehr in sich selbst die Voraussetzungen für ihre Beseitigung enthielt. Zugleich sollten die Grundrechte als »vorstaatliche Rechte« der einfachen Gesetzgebung

entzogen werden. Die sozialdemokratische Fraktion verzichtete beim Aufstellen des Grundrechtekatalogs auf Rechtsbestimmungen über die wirtschaftliche und soziale Lebensordnung. Dies tat sie ebenfalls mit dem ausdrücklichen Hinweis auf den Übergangscharakter des Grundgesetzes und in der selbstgewissen Erwartung, eine sozialdemokratische Regierung werde später die Wirtschafts- und Sozialordnung ausgestalten. Ein weiteres Motiv kam hinzu: Der Verzicht auf eine Kodifizierung »sozialer Lebensordnungen« bot zugleich den Vorteil, kirchlichen Ansprüchen im Bereich der »kulturellen Lebensordnungen« mit größerem Nachdruck entgegentreten zu können.

Die strikte Trennung von Kirche und Staat stand seit eh und je im kulturpolitischen Programm der Sozialdemokraten wie auch der Liberalen. Als die katholische Kirche während der Verhandlungen des Parlamentarischen Rates mit der Forderung auftrat, die Verfassung solle nicht nur das Elternrecht als Grundrecht, sondern auch die Konfessionsschule als staatliche Regelschule garantieren, und als sie darüber hinaus auf der Fortgeltung des mit Hitler im Herbst 1933 abgeschlossenen Reichskonkordats beharrte, entfachte sie einen Sturm der Entrüstung bei SPD und FDP. Es kam zur Wiederbelebung weltanschaulicher Differenzen, die man längst auf dem Abfallhaufen der Geschichte wähnte. Die Auseinandersetzungen gewannen kulturkämpferische Züge und gefährdeten den erstrebten Konsens der westdeutschen Gesellschaft.

Während der Besatzungszeit war es der katholischen Kirche gelungen, ihre spirituell-institutionelle Stellung zu festigen und zugleich an gesellschaftlichem Gewicht zu gewinnen. Um so deutlicher spürte sie ihren rechtlich ungesicherten Status. Seit der Kapitulation hatte der Vatikan die Vorgänge in Deutschland mit wachem Interesse verfolgt. Bereits im Herbst 1945 wurde in Kronberg im Taunus eine päpstliche Mission errichtet, die immer stärker in die Rolle einer Ersatznuntiatur hineinwuchs. Obwohl die Kronberger Stelle sich zunächst fast völlig den Problemen des Nachkriegselends widmete, galt ihr eigentlicher Auftrag einem kirchenpolitisch brisanten Thema. Es ging um die volle Wiederherstellung des Status quo ante und damit um das Ziel, die Konkordate (vor allem das Reichskonkordat) über die staatsrechtlich ungeklärte Situation nach dem Zusammenbruch hinwegzuretten, um später auf dem alten Rechtsboden weiterarbeiten zu können.

Schon in den Verfassungsverhandlungen der Länder war es zu erheblichen Auseinandersetzungen vor allem über die Fragen des Elternrechts und der Konfessionsschule gekommen, die zu sehr unterschiedlichen und für die katholische wie für die evangelische Kirche keineswegs überall befriedigenden Ergebnissen geführt hatten. Es konnte nicht verwundern, daß mit den Beratungen zum Grundgesetz der Streit um das Verhältnis Staat–Kirche erneut und in voller Schärfe entbrannte. Die westdeutschen Bischöfe mobilisierten die Gläubigen und nutzten politische Kanäle, um ihren Forderungen Nachdruck zu verleihen. Auf einer Besprechung mit Vertretern des Parlamentarischen Rates am 14. Dezember 1948 trug Prälat Böhler, der einflußreiche Berater des Kölner Kardinals Frings, vor, worum es der Kirche konkret ging: eine verfassungsrechtliche Regelung des Verhältnisses von Kirche und Staat; die

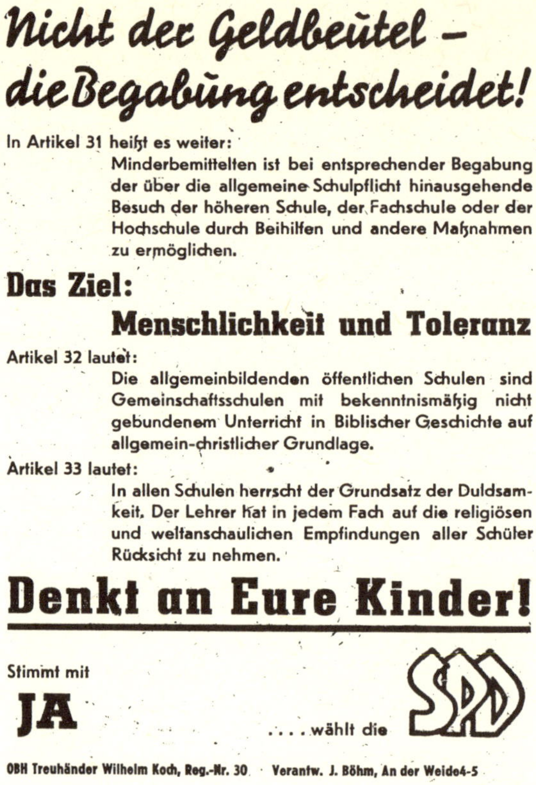

Nicht der Geldbeutel – die Begabung entscheidet!

In Artikel 31 heißt es weiter:

Minderbemittelten ist bei entsprechender Begabung der über die allgemeine Schulpflicht hinausgehende Besuch der höheren Schule, der Fachschule oder der Hochschule durch Beihilfen und andere Maßnahmen zu ermöglichen.

Das Ziel:

Menschlichkeit und Toleranz

Artikel 32 lautet:

Die allgemeinbildenden öffentlichen Schulen sind Gemeinschaftsschulen mit bekenntnismäßig nicht gebundenem Unterricht in Biblischer Geschichte auf allgemein-christlicher Grundlage.

Artikel 33 lautet:

In allen Schulen herrscht der Grundsatz der Duldsamkeit. Der Lehrer hat in jedem Fach auf die religiösen und weltanschaulichen Empfindungen aller Schüler Rücksicht zu nehmen.

Denkt an Eure Kinder!

Stimmt mit

JA

.... wählt die SPD

OBH Treuhänder Wilhelm Koch, Reg.-Nr. 30 · Verantw. J. Böhm, An der Weide4-5

Flugblatt der SPD zur Frage des Elternrechts, 1947

Verknüpfung des Elternrechts mit der Konfessionsschule; die Anerkennung des Reichskonkordats durch die Verfassung.[55]

Vor allem der Plan, Kirchenverträge in das Grundgesetz aufzunehmen, erregte den Widerspruch von SPD, Liberalen und KPD, die darin eine unzulässige Begünstigung einer Gruppe sahen. Auch innerhalb der gemischtkonfessionellen CDU/CSU herrschte eine spürbare Zurückhaltung gegenüber diesem Maximalkonzept. Konrad Adenauer hielt eine Bestätigung des Konkordats durch die Verfassung unter diesen Voraussetzungen für aussichtslos. Er taktierte auf der pragmatischen Linie der Gültigkeit bestehender Vertragsverhältnisse. Als Ausweg bot sich an, das Konkordat in die Übergangsbestimmungen des Grundgesetzes einzubauen, ohne es dort explizit zu erwähnen. Einem solchen Kompromiß konnten schließlich auch Liberale zustimmen.[56]

Doch nicht der Konkordatskompromiß – Fortgeltung ohne ausdrückliche Erwähnung –, sondern die Verknüpfung des Elternrechts als Grundrecht mit der Problematik der Konfessionsschule sollte schließlich zum eigentlichen Kern des Konflikts werden. Daß über der Frage des Elternrechts der Verfassungskompromiß nicht gescheitert ist, wird man nicht zuletzt der Einwirkung Konrad Adenauers zuschreiben müssen. Am 7. Februar 1949 wandte er sich in einem Brief beschwörend an Kardinal Frings: »So intolerant ich die Stellungnahme der SPD und der FDP finde, glaube ich doch, daß niemand es würde verantworten können, gegen

das Grundgesetz ›in der vereinbarten Fassung‹ zu stimmen. Eine politische Konsolidierung Westdeutschlands ist innen- und außenpolitisch, sowohl vom deutschen wie vom westeuropäischen Standpunkt aus gesehen, eine absolute Notwendigkeit. Diese Konsolidierung ist nicht möglich ohne Annahme dieses Grundgesetzes ... Wer auffordern würde, gegen das GG zu stimmen, weil bezüglich des Elternrechts nicht alles erreicht worden ist – ›Elternrecht‹ ist weder bejaht noch verneint –, würde m. E. mit Sicherheit sich dem vernichtenden Vorwurf aussetzen, daß ›er‹ in der schlimmsten Notzeit des deutschen Volkes gegen dessen Interessen gehandelt haben würde.«[57]

Es bedurfte harter Überzeugungsarbeit, um die katholischen Bischöfe davon abzuhalten, das Grundgesetz zu verwerfen, obwohl die Kirchen beträchtliche Erfolge vorzuweisen hatten: die Anrufung Gottes in der Präambel, die Anerkennung der allgemeinen Menschenrechte, der besondere Schutz für Ehe und Familie, der Religionsunterricht als ordentliches Lehrfach in öffentlichen Schulen. Auch die Übernahme der »Weimarer Kirchenartikel« und die indirekte Einbeziehung des Reichskonkordats konnten als erträgliche Lösungen hingenommen werden. Dennoch saß die Verstimmung tief. In ihrer Erklärung zum Grundgesetz vom 23. Mai 1949 verwiesen die katholischen Bischöfe daher auf die Vorläufigkeit und Revidierbarkeit des Verfassungswerkes, doch – und das war entscheidend – sie lehnten es nicht ab.

Neben den kirchlichen Forderungen gehörte die Föderalismusproblematik zu jenen Verhandlungskomplexen im Parlamentarischen Rat, die geeignet waren, Fronten quer durch die Parteien entstehen zu lassen und auch die Gestaltung anderer Verfassungsbereiche nachhaltig zu beeinflussen. Im Prinzip bestand – von den Kommunisten abgesehen – völlige Einigkeit über die Errichtung eines Bundesstaates. Dieser wurde von den Alliierten nachdrücklich gefordert und entsprach der deutschen Verfassungstradition. Die Erfahrung des Dritten Reiches legte es nahe, die gewaltenhemmenden und -verteilenden Elemente des Grundgesetzes zu stärken. Doch schieden sich die Geister an der Frage, welches tatsächliche Gewicht den Einzelländern im Rahmen der bundesstaatlichen Ordnung zugestanden werden sollte.

Dies zeigte sich sofort, als es darum ging, die Mitwirkung der Länder an der Gesetzgebung des Bundes festzulegen. Zwei Modelle standen zur Debatte: die »Senatslösung«, die von einer gewählten Zweiten Kammer ausging, und die »Bundesratslösung«, die eine Länderkammer aus Vertretern der Landesregierungen vorsah. Die CDU/CSU war in dieser Frage gespalten. Adenauer gelang es nach zähen Verhandlungen, die Fraktion auf einen Kompromiß hinzuführen, der Elemente beider Modelle in sich vereinigte und der auch für die FDP akzeptabel war. Als die SPD, die die reine Senatslösung favorisierte, um die Mehrheitsfähigkeit ihrer Position fürchten mußte, vollzog sie einen überraschenden Kurswechsel. Ihr Verfassungsexperte Walter Menzel einigte sich im Alleingang mit dem bayerischen Ministerpräsidenten Ehard auf die Bundesratslösung der süddeutschen Föderalisten. Dies führte zu schweren Spannungen innerhalb der Union, die sich aber schließlich in die Übereinkunft schickte. Noch war damit al-

lerdings kein dezentraler Bundesstaat geschaffen. Erst die Klärung der Finanzfrage, die Regelung der Zuständigkeit bei Steuererhebung und -verteilung, konnte Aufschluß darüber geben, welche Bedeutung den Ländern tatsächlich beigemessen wurde. Gerade in diesem Bereich sollte es zu heftigen Auseinandersetzungen kommen, die durch das Eingreifen der Besatzungsmächte zusätzliche Brisanz erhielten.

Für die Mitglieder des Parlamentarischen Rates konnte es keine Zweifel daran geben, wo die Grenzen ihres Tuns lagen. In den »Frankfurter Dokumenten« hatten sich die Militärgouverneure das letzte Wort vorbehalten. Die Schwierigkeit für die Bonner Politiker lag darin, daß sie einerseits alles vermeiden mußten, was sie im Volk als Handlanger der Alliierten erscheinen ließ, und sie andererseits Lösungen anzustreben hatten, die die Zustimmung der Besatzungsmächte finden konnten. Zugleich bestand völlige Ungewißheit darüber, wie im Besatzungsstatut die alliierten Vorbehaltsrechte formuliert sein würden. Adolf Süsterhenn, einer der führenden Verfassungsexperten der CDU, warnte vor der Gefahr des politischen Selbstbetrugs und skizzierte die schwierige Ausgangslage: »Da die Militärgouverneure sich ausdrücklich das Recht vorbehalten haben, das vom Parlamentarischen Rat zu erarbeitende Verfassungswerk erst zu genehmigen, bevor es in Kraft tritt, ist es eine Forderung der Realpolitik für den Parlamentarischen Rat, Verfassungslösungen zu suchen, von denen anzunehmen ist, daß sie die Zustimmung der Militärgouverneure und der hinter diesen stehenden Regierungen finden werden. Nichts wäre törichter, als wenn der Parlamentarische Rat so tun würde, als ob die Militärgouverneure überhaupt nicht existierten und er selbst der Träger einer vollsouveränen deutschen Verfassungsgewalt wäre.«[58]

Am 22. November 1949 schalteten sich die Militärgouverneure unter dem Druck der französischen Seite zum ersten Mal mit der Übersendung von Beurteilungsrichtlinien direkt in die Verhandlungen ein, wobei sie den föderalistischen Aspekt der künftigen Verfassung besonders in bezug auf das Zweikammersystem und auf die Finanzkompetenz des Bundes unterstrichen. Zu einem Gespräch zwischen ihnen und einer Abordnung des Parlamentarischen Rates kam es am 16. Dezember im amerikanischen Hauptquartier in Frankfurt. Auch jetzt sahen sich die Alliierten noch immer nicht in der Lage, der deutschen Seite Informationen über das Besatzungsstatut zu geben. Während des Meinungsaustausches, der in angespannter Atmosphäre stattfand, sprach Adenauer auch über die Differenzen zwischen den Parteien in der Frage des Zweikammersystems und der Finanzverfassung. Sozialdemokraten und Liberale waren empört. Sie sahen darin den Versuch, die Besatzungsmächte als Schiedsrichter im Streit der Fraktionen einzusetzen. Die SPD sprach Adenauer das Mißtrauen aus, und erst nach längerer Zeit fand man zu sachlicher Arbeit zurück.[59]

Schließlich gelang es Anfang Februar 1949 mühsam genug, einen Kompromiß über die Bund-Länder-Zuständigkeit in Finanzfragen zu finden, womit das entscheidende Hindernis für den Abschluß des Verfassungswerks aus dem Weg geräumt war. Carlo Schmid beschrieb rückblickend die Schwierigkeiten, vor denen

die Parteien standen: »Wer soll die Steuern beschließen? Wer soll kassieren, und wer soll das eingenommene Geld ausgeben können? Die extremen Föderalisten, die wollten, daß all das bei den Ländern liegt. Dann hätte es also eine bayerische Einkommenssteuer gegeben, eine baden-württembergische, eine hamburgische, na ja, man kann sich vorstellen, was daraus geworden wäre. Sie kämpften für das Recht, Steueroasen zu machen, daß es Länder gibt, in denen die Steuern niedriger sind, damit die Industrie sich anhebt ... Und dann noch der Kampf mit den Besatzungsmächten. Die wollten, daß der Bund der Kostgänger der Länder wird, und nicht die Länder Kostgänger des Bundes sind, wie das in Weimar der Fall war. Das ging immer wieder, immer wieder. Die Prinzipien waren verhältnismäßig leicht zu machen. Aber da, wo es ums Geld ging, da ging es ans ›Eingemachte‹, wie man heute so schön sagt.«[60]

Nach langem Tauziehen lenkte die CDU/CSU schließlich ein. Während die Sozialdemokraten mit der Bundesratslösung eine wichtige föderalistische Komponente im institutionellen Bereich akzeptierten, ließ die Unionsfraktion die Forderung fallen, Bundessteuern sollten durch die Länder verwaltet werden, und gestand eine einheitliche Bundesfinanzverwaltung zu. Letztendlich hatten sich SPD und FDP mit ihrer Forderung nach einer starken Bundesgewalt mit weitreichenden Steuererhebungskompetenzen und einem Finanzausgleich zwischen den Ländern durchsetzen können. In kurzer Zeit gelang es nun, den Grundgesetzentwurf durch den Hauptausschuß zu bringen und ihn den Alliierten zur Prüfung vorzulegen. Deren Stellungnahme ließ fast drei Wochen auf sich warten und fiel negativ aus. In ihrem gemeinsamen Memorandum verlangten die Militärgouverneure eine Überarbeitung des Entwurfs. Sie legten ausdrücklich Wert darauf, daß Steuergesetzgebung und Steuerverwaltung zwischen Bund und Ländern eindeutig getrennt werden sollten und den Ländern grundsätzlich eine Vorrangstellung einzuräumen sei.

Die SPD-Fraktion im Parlamentarischen Rat lehnte dieses Ansinnen schroff ab. Das mühsam zwischen den unterschiedlichen Interessen und Anschauungen ausbalancierte Verfassungsgebäude geriet ins Wanken. Die CDU/CSU glaubte, sich den Bedenken der Alliierten nicht völlig verschließen zu sollen. Adenauer lag nach eigenem Bekunden daran, nicht an diesen strittigen Fragen das Grundgesetz scheitern zu lassen.[61] Doch die SPD, die in ihrer politischen Strategie noch immer vom schwerkrank darniederliegenden Kurt Schumacher inspiriert wurde, hielt unerbittlich an ihrem Kurs fest. In dieser Situation zeigte sich, daß die Westmächte, vor allem Großbritannien und die USA, nicht mehr gewillt waren, ein Scheitern der westdeutschen Verfassungsverhandlungen zu riskieren, weil dies dem weit vorangeschrittenen Aufbau der westlichen Allianz einen schweren Schlag versetzt hätte. In der neuen politischen Großwetterlage stießen Clays Bedenken in Washington auf immer stärkere Zweifel, während das britische Foreign Office längst zu der Überzeugung gelangt war, daß nur ein von der SPD und der CDU/CSU gemeinsam getragener Verfassungskompromiß für Großbritannien erstrebenswert sei und daß deshalb kein zusätzlicher Druck auf die Sozialdemokratie ausgeübt werden solle.

Genau dieses jedoch versuchte Clay, der in einer »Teleconference« mit Washington am 12. April 1949 die Lage so beschrieb: »Gestern war die SPD-Gruppe im (Parlamentarischen) Rat bereit, ein Kompromißvotum abzugeben, aber Schumachers Vertreter wehrte die Abstimmung ab, um auf einer repräsentativeren Versammlung in der nächsten Woche die SPD-Position festzulegen. Der britische Verbindungsoffizier erwies sich keineswegs dadurch als hilfreich, daß er den Deutschen offiziell mitteilte, die britische Regierung werde kein Grundgesetz akzeptieren, das für die SPD unannehmbar sei. Ich glaube, daß die SPD schließlich einem Kompromiß zustimmen wird, aber Schumacher setzt auf vollen Sieg über die Alliierten und die politischen Gegner, um die SPD in die Regierung zu bringen.«[62] Das State Department drängte Clay dennoch zum Einlenken. Inzwischen hatten sich die Außenminister der drei Mächte auf einem gemeinsamen Treffen in Washington vom 5. bis 8. April mit der weiteren Entwicklung in Deutschland beschäftigt. Sie beschlossen, das Besatzungsstatut erst nach einer Einigung über das Grundgesetz zu verkünden. In der aktuellen Streitfrage der Finanzkompetenz des Bundes schwenkten sie auf die flexiblere Linie der Briten ein. Daraufhin ließen die alliierten Militärgouverneure in ihrem Schreiben an den Parlamentarischen Rat vom 22. April 1949 ihre Bereitschaft zum Nachgeben erkennen.[63] Die SPD hatte sich durchgesetzt, während Konrad Adenauer sich düpiert fühlte. Obwohl auch er ein Anhänger einer starken Finanzkompetenz des Bundes war, hatte er sich dafür ausgesprochen, den Militärregierungen entgegenzukommen. Jetzt mußte er feststellen, daß die SPD mit ihrer unnachgiebigen Haltung erfolgreich geblieben war, nicht zuletzt deshalb, so vermutete er, weil sie von den Briten über die Haltung der westlichen Regierungen informiert und in ihrer Opposition bestärkt worden war. Was auch immer die Hintergründe gewesen sein mögen, diesmal hatte sich das politische Pokern für die deutsche Seite ausgezahlt. Einer Einigung mit den Militärgouverneuren stand kein entscheidendes Hindernis mehr im Wege. Die abschließenden Verhandlungen fanden am 25. April 1949 in Frankfurt statt. Es gelang, die Rechts- und Wirtschaftseinheit des Bundes ohne Einschränkung zu wahren. Eine wichtige Veränderung ergab sich beim Finanzausgleich. Sie bestand darin, daß dem Wunsch der amerikanischen Seite nach Zuweisungen des Bundes an finanzschwache Länder entsprochen wurde, während die Deutschen sich mit der Forderung nach einem Finanzausgleich der Länder untereinander durchsetzen konnten.

Das weitere Schicksal des Grundgesetzentwurfs ist schnell erzählt. Am 8. Mai 1949, auf den Tag genau vier Jahre nach der bedingungslosen Kapitulation, wurde er vom Parlamentarischen Rat mit 53 gegen zwölf Stimmen angenommen. Ein besseres Ergebnis kam wegen zu vieler Enttäuschungen nicht zustande; vor allem die entschiedenen Föderalisten konnten ihre Niederlagen nicht verschmerzen. Am 12. Mai verkündeten die Militärregierungen das Besatzungsstatut, das weniger restriktiv ausfiel als befürchtet, und in kurzem Abstand folgte die Annahme des Grundgesetzes durch die Länder. Nur der bayerische Landtag stimmte mit 101 Stimmen gegen 63 bei neun Enthaltungen gegen die neue

Genehmigung des Grundgesetzes durch die Militärgouverneure, Mai 1949

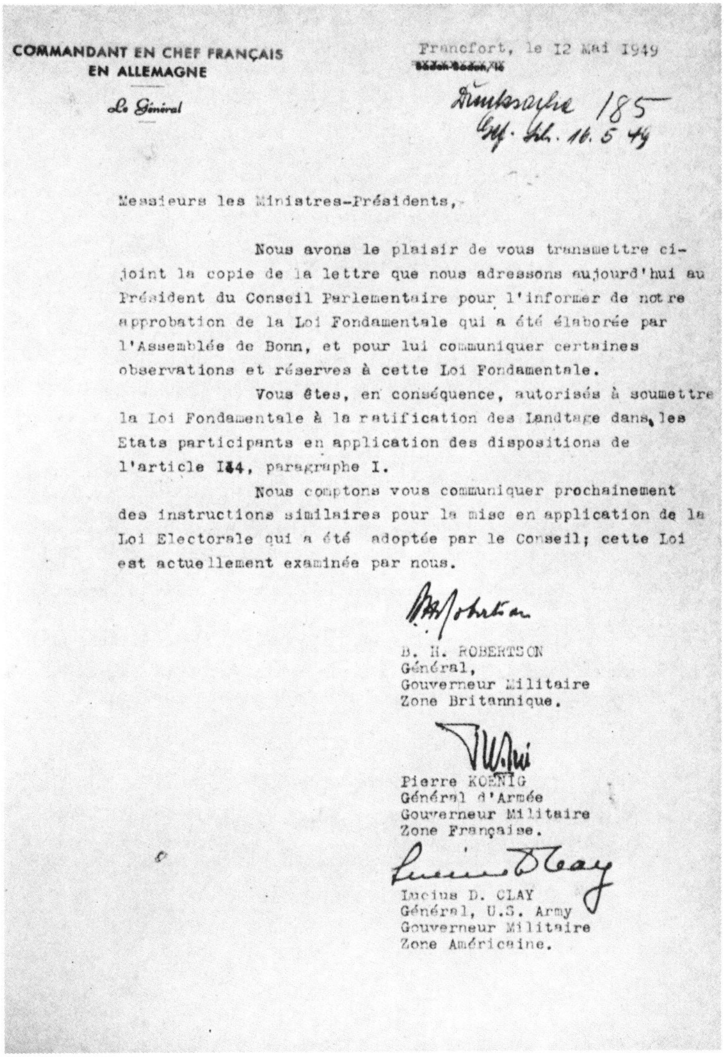

COMMANDANT EN CHEF FRANÇAIS
EN ALLEMAGNE

Le Général

Francfort, le 12 Mai 1949

Messieurs les Ministres-Présidents,

Nous avons le plaisir de vous transmettre ci-joint la copie de la lettre que nous adressons aujourd'hui au Président du Conseil Parlementaire pour l'informer de notre approbation de la Loi Fondamentale qui a été élaborée par l'Assemblée de Bonn, et pour lui communiquer certaines observations et réserves à cette Loi Fondamentale.

Vous êtes, en conséquence, autorisés à soumettre la Loi Fondamentale à la ratification des Landtage dans les Etats participants en application des dispositions de l'article 144, paragraphe I.

Nous comptons vous communiquer prochainement des instructions similaires pour la mise en application de la Loi Electorale qui a été adoptée par le Conseil; cette Loi est actuellement examinée par nous.

B. H. ROBERTSON
Général,
Gouverneur Militaire
Zone Britannique.

Pierre KOENIG
Général d'Armée
Gouverneur Militaire
Zone Française.

Lucius D. CLAY
Général, U.S. Army
Gouverneur Militaire
Zone Américaine.

Die verschiedenen Gremien, die sich in der Anfangszeit mit Verfassungsfragen befaßten, zeigten ein erstaunliches Niveau, vor allem die Tagung auf Herrenchiemsee, wo Sachverständige die Unterlagen für den Parlamentarischen Rat vorbereiteten. Deren Entwurf skizzierte bereits die späteren Bundesorgane, die dann in das Grundgesetz eingingen. Die Weimarer Verfassung galt als Vor- und Gegenbild. Nach allgemeiner Überzeugung hatten ihre Unzulänglichkeiten erst das Abgleiten in die nationalsozialistische Diktatur möglich gemacht. Als wichtigste institutionelle Änderung, die das parlamentarische System stabilisieren sollte, wurde die Einführung des konstruktiven Mißtrauensvotums empfunden, das den Sturz einer Regierung ohne gleichzeitige Wahl einer neuen verhindert.

Zaungäste bei der Verkündung des Grundgesetzes

Verfassung, um aber gleichzeitig einem weiteren Antrag mit großer Mehrheit zuzustimmen, der die Rechtsverbindlichkeit des Grundgesetzes auch für Bayern für den Fall feststellte, daß es durch zwei Drittel der Länder (wie im Ratifikationsverfahren ohnehin vorgesehen) angenommen werden sollte.

Am 23. Mai 1949 wurde das Grundgesetz in einem feierlichen Akt durch die Ministerpräsidenten und die Landtagspräsidenten unterzeichnet und in Anwesenheit von Vertretern der Militärregierungen durch den Präsidenten des Parlamentarischen Rates verkündet. Ein neuer Staat war entstanden. Noch verfügte er nicht über ein gewähltes Parlament und über oberste Organe, noch stand er unter der Aufsicht der Sieger. Aber mit der Verfassung besaß er die wichtigste Voraussetzung für ein demokratisches Eigenleben, das sich schon bald dynamisch zu entfalten begann. Die Geburt der Bundesrepublik Deutschland war kein Augenblick des

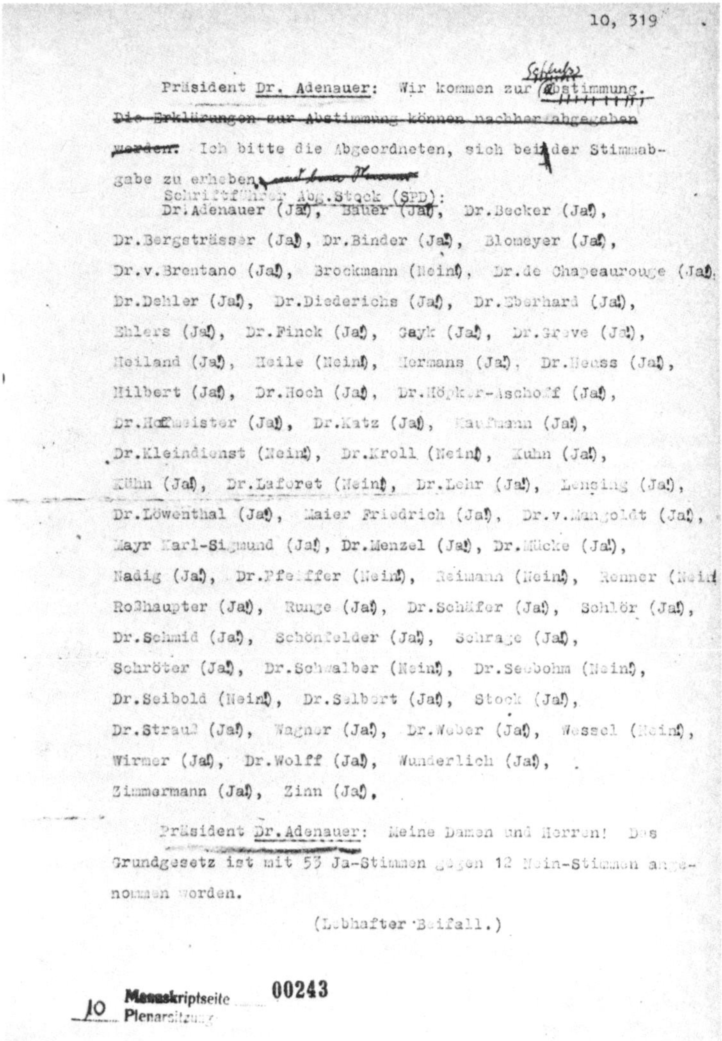

10, 319

Präsident Dr. Adenauer: Wir kommen zur ~~Abstimmung.~~ Schlußabstimmung.

~~Die Erklärungen zur Abstimmung können nachher abgegeben werden.~~ Ich bitte die Abgeordneten, sich bei der Stimmabgabe zu erheben.

Schriftführer Abg. Stock (SPD):

Dr. Adenauer (Ja!), Bauer (Ja!), Dr. Becker (Ja!),
Dr. Bergsträsser (Ja!), Dr. Binder (Ja!), Blomeyer (Ja!),
Dr. v. Brentano (Ja!), Brockmann (Nein!), Dr. de Chapeaurouge (Ja!),
Dr. Dehler (Ja!), Dr. Diederichs (Ja!), Dr. Eberhard (Ja!),
Ehlers (Ja!), Dr. Finck (Ja!), Gayk (Ja!), Dr. Greve (Ja!),
Heiland (Ja!), Heile (Nein!), Hermans (Ja!), Dr. Heuss (Ja!),
Hilbert (Ja!), Dr. Hoch (Ja!), Dr. Höpker-Aschoff (Ja!),
Dr. Hoffmeister (Ja!), Dr. Katz (Ja!), Kaufmann (Ja!),
Dr. Kleindienst (Nein!), Dr. Kroll (Nein!), Kuhn (Ja!),
Kühn (Ja!), Dr. Laforet (Nein!), Dr. Lehr (Ja!), Lensing (Ja!),
Dr. Löwenthal (Ja!), Maier Friedrich (Ja!), Dr. v. Mangoldt (Ja!),
Mayr Karl-Sigmund (Ja!), Dr. Menzel (Ja!), Dr. Mücke (Ja!),
Nadig (Ja!), Dr. Pfeiffer (Nein!), Reimann (Nein!), Renner (Nein!)
Roßhaupter (Ja!), Runge (Ja!), Dr. Schäfer (Ja!), Schlör (Ja!),
Dr. Schmid (Ja!), Schönfelder (Ja!), Schrage (Ja!),
Schröter (Ja!), Dr. Schwalber (Nein!), Dr. Seebohm (Nein!),
Dr. Seibold (Nein!), Dr. Selbert (Ja!), Stock (Ja!),
Dr. Strauß (Ja!), Wagner (Ja!), Dr. Weber (Ja!), Wessel (Nein!),
Wirmer (Ja!), Dr. Wolff (Ja!), Wunderlich (Ja!),
Zimmermann (Ja!), Zinn (Ja!).

Präsident Dr. Adenauer: Meine Damen und Herren! Das Grundgesetz ist mit 53 Ja-Stimmen gegen 12 Nein-Stimmen angenommen worden.

(Lebhafter Beifall.)

10 Manuskriptseite 00243
Plenarsitzung

Abstimmung über das Grundgesetz im Parlamentarischen Rat

Triumphes, denn der Weststaat hatte sein Lebensrecht vor dem Hintergrund der gespaltenen Nation gewonnen. Nun begriff er sich als Vorläufer und Treuhänder eines künftigen wiedervereinigten Deutschland. Als Konrad Adenauer in seinen Schlußworten das Werk des Parlamentarischen Rates würdigte, äußerte er die Überzeugung, »daß wir durch unsere Arbeit einen wesentlichen Beitrag zur Wiedervereinigung des ganzen deutschen Volkes und auch zur Rückkehr unserer Kriegsgefangenen und Verschleppten leisten. Wir wünschen und hoffen, daß bald der Tag kommen möge, an dem das ganze deutsche Volk wieder vereint sein wird.«[64] Auf die Wiedervereinigung hoffte man; die praktischen Erfordernisse der Politik legten jedoch den beschleunigten Ausbau des westdeutschen Teilstaates nahe.

Schlußsitzung des Parlamentarischen Rates und Verkündung des Grundgesetzes, 23. Mai 1949

3. Interregnum

Hotel Petersberg bei Bonn, Sitz der Hohen Kommission von 1949 bis 1955

Auch Grundsatzfragen wurden in den ersten Nachkriegsjahren nicht selten nach praktischen Gesichtspunkten entschieden; ob Institutionen nach Süd-, West- oder Norddeutschland verlegt wurden, hing oft damit zusammen, ob geeignete Gebäude in den zerbombten Städten vorhanden waren. Solche Überlegungen spielten auch bei der Beratung über den zukünftigen Regierungssitz eine Rolle. Baden-Baden, die alte Kulturstadt im Südwesten, wurde vor allem deshalb Sitz der französischen Militärbehörden, weil ihr kein Luftangriff gegolten hatte, und für die Universitätsstadt Bonn, die in der Kaiserzeit und der Republik als Pensionopolis gegolten hatte, sprach vor allem, daß die Stadt nur wenig Kriegsspuren aufwies. Als Sitz für die Hohe Kommission wählten die westlichen Alliierten 1949 das Hotel auf dem Petersberg, das vierzig Jahre später als Gästehaus der Bundesregierung ausgebaut wird. Damals konnte das als Symbol gelten: der hoch über dem Rhein und der künftigen Hauptstadt thronende Luxushotelkomplex – hier die Alliierten über dem Geschehen, dort die Deutschen unter ihrer Kontrolle.

Zwischen dem Ende der Arbeit des Parlamentarischen Rates und dem Zusammentritt der ersten Bundesregierung lag ein halbjähriges Interregnum, das mit großer politischer Betriebsamkeit ausgefüllt war. Nach wie vor bestand eine Besatzungsherrschaft in Westdeutschland, aber sie wurde nun in einer gemilderten Form ausgeübt. Das Besatzungsstatut führte auf, was weiterhin »zur Verwirklichung der grundlegenden Besatzungszwecke« in alliierter Kompetenz verblieb.[65] Neben Reparationen, Abrüstung, Entmilitarisierung, Dekartellisierung und Ruhrkontrolle gehörten dazu vor allem die auswärtigen Angelegenheiten. Zugleich behielten die drei Mächte sich vor, die volle Regierungsgewalt ganz oder teilweise wieder an sich zu ziehen, wenn »dies aus Sicherheitsgründen oder zur Aufrechterhaltung der demokratischen Regierungsform in Deutschland oder in Verfolg der internationalen Verpflichtungen ihrer Regierungen unumgänglich ist«.[66] Sie stellten eine Überprüfung der Bestimmungen des Status nach zwölf beziehungsweise spätestens achtzehn Monaten in Aussicht. Gleichzeitig leiteten sie eine umfassende Umgestaltung des Besatzungsregimes und eine drastische Reduzierung ihrer Behörden ein. An die Stelle der Militärgouverneure traten nun die Alliierten Hohen Kommissare. Der Amtswechsel unterstrich den Übergang von der militärischen zur zivilen Aufgabe. General Clay schied nach einer triumphalen Abschiedsreise durch die amerikanische Zone aus dem Amt. Für ihn kam der ehemalige Kriegsminister und Präsident der Weltbank, John McCloy, nach Deutschland. General Koenig wurde durch den früheren französischen Botschafter in Berlin, André François-Poncet, abgelöst, während Sir Brian Robertson blieb und seinen militärischen Status aufgab. Weitere fünfeinhalb Jahre residierte die Hohe Kommission auf dem Petersberg, auch optisch über dem Bonner Geschehen thronend, bis sie der neugewonnenen Souveränität des westdeutschen Staates ihren Tribut zollte und im Mai 1955 abdankte.

Die Entscheidung des Parlamentarischen Rates für Bonn als Sitz der Bundesregierung und des Bundestages war erst nach erneutem heftigem Tauziehen am 10. Mai 1949 gefallen. Adenauer hatte bis zur letzten Minute um sein Lieblingsprojekt bangen müssen, da in Teilen der CDU/CSU nach den Turbulenzen um den Föderalismus- und Finanzkompromiß die Abneigung gegen Bonn erneut zunahm. Erst als das Gerücht entstand, Kurt Schumacher habe im SPD-Vorstand von einer bevorstehenden Niederlage der Unionsparteien in der Frage der provisorischen Hauptstadt gesprochen, gelang es, die Einheit der christdemokratischen Front für Bonn und gegen Frankfurt wiederherzustellen. Mit 33 gegen 29 Stimmen trug Bonn dann den Sieg davon. Diesem Votum stimmten schließlich auch die Ministerpräsidenten mit der Auflage zu, daß es dem Bundestag überlassen bleiben müsse, möglicherweise anders zu entscheiden. Obwohl der spätere Bericht des Hauptstadtausschusses für Bonn negativ ausfiel, bestätigte das neugewählte Parlament am 3. November 1949 die Entscheidung der verfassunggebenden Versammlung.

In einer anderen zentralen Frage war es dem Parlamentarischen Rat dagegen nicht gelungen, für klare Verhältnisse zu sorgen. Das Wahlrecht blieb umstritten. Es sollte zwar nicht in das Grundgesetz aufgenommen werden, um dem späteren Gesetzgeber größere Gestaltungsfreiheit zu lassen, man kam jedoch nicht umhin, eine Regelung zu finden, die für die erste Bundestagswahl gelten sollte. Über diesen Punkt gab es erhebliche Meinungsverschiedenheiten. Obwohl Zweckmäßigkeitserwägungen in den Argumenten der Mitglieder des Parlamentarischen Rates kaum eine Rolle spielten, dürften sie bei den Überlegungen der Parteien entscheidend gewesen sein. Allerdings konnten die früheren Landtagswahlen kaum Aufschluß darüber geben, welches System sich für welche Partei als günstiger anbot. Das reine Verhältniswahlrecht der Weimarer Zeit schien diskreditiert zu sein, da es als ein wesentlicher Grund für die Zersplitterung der Parteienlandschaft galt. Die CDU/CSU nutzte dieses Argument, um ihre Forderung nach einem reinen Mehrheitswahlrecht britischen Stils zu untermauern. Hingegen traten SPD und FDP für eine Lösung ein, die sie als »gemischtes Wahlsystem«, als »Kombination zwischen dem sogenannten Proporzwahlsystem und dem Mehrheitswahlrecht« ausgaben.[67] Danach sollte die eine Hälfte der Abgeordneten direkt, die andere über Bundeslisten gewählt werden, wobei mit Rücksicht auf die kleinen Parteien auf eine Sperrklausel verzichtet wurde.

Das Wahlgesetz wurde am 10. Mai 1949 gegen die Stimmen der CDU/CSU verabschiedet. Damit hatte es allerdings noch nicht

alle Hürden genommen. Offensichtlich war der französischen Militärregierung daran gelegen, abermals Bedenken geltend zu machen und damit den Prozeß der Staatsgründung weiter hinauszuzögern, nachdem die Alliierten schon vorher Einwände erhoben hatten. Der Entwurf des Parlamentarischen Rates wurde zur erneuten Beratung an die Ministerpräsidenten verwiesen und geriet wiederum in die parteipolitische Kontroverse.[68] Schließlich einigten sich die Länderchefs auf der Konferenz in Bad Schlangenbad (31. Mai bis 1. Juni 1949) auf einen Kompromiß, der als wesentliches Element die Fünfprozentklausel auf Landesebene hinzufügte (die verschärfte Fünfprozentklausel auf Bundesebene galt erst bei den Wahlen von 1953), während er das Verhältnis von Direktmandaten zu Listenmandaten auf 60 : 40 veränderte. So wurde das erste Wahlgesetz nicht vom Parlamentarischen Rat, sondern mit Ermächtigung der Militärgouverneure von den Ministerpräsidenten erlassen.

Ergebnisse der Bundestagswahl 1949

Partei	Prozent	Sitze
CDU/CSU	31,0	139
SPD	29,2	131
FDP, DVP, BDV	11,9	52
KPD	5,7	15
BP	4,2	17
DP	4,0	17
DKP/DRP	1,8	5
EVD	0,1	
RSF	0,9	
RWVP	0,1	
SSW	0,3	1
WAV	2,9	12
Zentrum	3,1	10
Parteilose. u. Kreiswahlvorschläge	4,8	3

Wie nicht anders zu erwarten, standen wirtschaftliche Argumente im Vordergrund des kurzen, aber heftigen Wahlkampfes im Sommer 1949. Während die Sozialdemokratie der massiven Unterstützung durch die Gewerkschaften sicher sein konnte, stellte sich die katholische Kirche unverblümt auf die Seite der CDU/CSU. Die antiklerikalen Töne Kurt Schumachers halfen dem Lager der Unionsparteien, in dem neben dem populären Ludwig Erhard das politische Profil Konrad Adenauers immer deutlicher hervortrat. Um die 402 Bundestagsmandate bewarben sich sechzehn Parteien

und 70 parteilose Kandidaten. Von den 31 Millionen Wahlberechtigten nahmen 78,5 Prozent an der Wahl teil. Die CDU/CSU siegte mit einem knappen Vorsprung vor der SPD (31,0 : 29,2 Prozent) und erhielt 139 Parlamentssitze, die SPD 131, während die FDP/DVP mit 52 Abgeordneten im neuen Bundestag vertreten war.

Der Ausgang der Wahlen hatte den alten Herrn aus Rhöndorf seinem Ziel, Bundeskanzler der neuen westdeutschen Republik zu werden, ein entscheidendes Stück näher gebracht. Eine Garantie dafür bot das vorliegende Wahlergebnis allerdings keineswegs. Noch lauerte aus seiner Sicht die Gefahr einer großen Koalition, eines Zusammengehens zwischen der Union und der Sozialdemokratie, die – wie er wußte – von einigen Länderchefs und anderen einflußreichen Persönlichkeiten seiner eigenen Partei angestrebt wurde, die aber mit ihm an der Spitze nicht zu verwirklichen war. Über das taktische Geschick, das Adenauer in den folgenden Wochen bewies, ist viel geschrieben worden. Zunächst ging es ihm darum, seine eigene Partei auf Kurs zu halten. Eine wichtige Voraussetzung dafür stellte die rechtzeitige Einbindung der CSU dar. Adenauer führte ein vorbereitendes Gespräch mit dem bayerischen Ministerpräsidenten Hans Ehard in Frankfurt, an dem unter anderen auch Ludwig Erhard teilnahm. Bereits hier wurden Weichen für die Bildung der ersten Bundesregierung gestellt. Man einigte sich darauf, daß eine Koalition mit der SPD nicht in Frage kam und daß ein Zusammengehen mit der FDP angestrebt wurde.

Wahlplakate der ersten Bundestagswahl, 1949

Nur gut vier Jahre nach dem Untergang des Dritten Reiches fand der erste Wahlkampf in der neuen Bundesrepublik statt. Die meisten Beobachter erwarteten angesichts des zerstörten Landes einen Sieg der Sozialdemokratischen Partei, und auch in der CDU ging man mit skeptischen Erwartungen in diese erbitterte, weil um Prinzipien geführte erste Wahlschlacht der Nachkriegszeit.

Die personellen Konsequenzen lagen auf der Hand: Adenauer sollte Bundeskanzler, Theodor Heuss Bundespräsident, Erich Köhler, der Präsident des Wirtschaftsrates, Bundestagspräsident und Ludwig Erhard Wirtschaftsminister werden. Mit öffentlichen Verlautbarungen hielt Adenauer sich zunächst auffallend zurück. Um jeden Gedanken an eine große Koalition unmöglich zu machen, erklärte er allerdings, daß die Union im ersten Bundeskabinett auf das Wirtschaftsministerium keinesfalls verzichten werde.

Über den Inhalt des berühmten Gesprächs vom 21. August 1949, zu dem Adenauer 24 führende Politiker der CDU/CSU in sein Privathaus am Zennigsweg in Rhöndorf eingeladen hatte, liegen verschiedene Überlieferungen vor, die bei recht unterschiedlichen Nuancierungen im Kern durchaus ein einheitliches Bild vermitteln. Obwohl es sich bei dem Kreis nicht um ein offizielles Parteigremium handelte, präjudizierte die dort geführte Diskussion den weiteren Gang der Ereignisse. Unter den Teilnehmern befanden sich auch einige Anhänger einer großen Koalition, wie die Länderchefs von Rheinland-Pfalz und Württemberg-Baden, Peter Altmeier und Gebhard Müller, sowie der hessische CDU-Landesvorsitzende Werner Hilpert. Der Hauptkontrahent aus den eigenen Reihen, der nordrhein-westfälische Ministerpräsident Karl Arnold, war nicht eingeladen.

Die Mehrheit der Teilnehmer, zu denen auch der junge Generalsekretär der CSU, Franz Josef Strauß, gehörte, stand von Beginn an auf der Seite Adenauers. Dieser schloß sogleich ein Zusammengehen mit der SPD als eine Verfälschung des Wählerwillens aus. Er selbst habe, entgegen anderslautenden Meldungen, bisher keinerlei Schritte zur Bildung einer großen Koalition unternommen. »Dieser Wahlkampf wurde … geführt unter der Parole: Fortsetzung der Frankfurter Politik oder Politik der Opposition in Frankfurt mit dem Ziele einer sozialistischen Planwirtschaft. Die überwiegende Mehrheit der Wähler hat sich gegen die Politik der SPD entschieden. Es wäre ein schwerer politischer Fehler, wenn man nun nach einem solchen Wahlerfolg und Wahlkampf einen Regierungsmischmasch machen würde.«[69]

Adenauer erweckte den Anschein, als befürworte er sogar eine

Adenauer gesehen von
der CDU …
der Opposition …
Ulbricht …
den Antiklerikalen …
seinen Untergebenen …
und allen gemeinsam.

kleine Koalition mit der FDP. Die DP, deren Stimmen für eine klare Regierungsmehrheit erforderlich waren, sei zu sehr ins nationalistische Fahrwasser abgerutscht. Zudem, so argumentierte er, könne sie auch gar nicht anders, als eine Regierung aus den Unionsparteien und der FDP zu unterstützen. Schließlich ließ er sich dann doch von der Notwendigkeit überzeugen, sie einzubeziehen, wozu er längst neigte. Als gegen Ende des Gesprächs ein von Erich Köhler verfaßtes Pressekommuniqué zur Debatte stand und Jakob Kaiser anregte, der Öffentlichkeit mehr als bisher »bestimmt«, aber »mit Vorsicht« zu sagen, da war für Adenauer der Zeitpunkt gekommen, seine Personalvorstellungen zu präzisieren. Er knüpfte dabei an eine Wahlkampfäußerung des rheinland-pfälzischen CDU-Abgeordneten Albert Finck an: »Herr Finck hat in Landau eine ganz nichtsnutzige Rede in dem Sinne gehalten, daß ich Bundespräsident werde. Die wichtigste Persönlichkeit ist der Bundeskanzler. Präsident soll ein anderer werden, ich will Kanzler werden. Aber ich würde das Amt des Kanzlers annehmen, weil 1. der Bundespräsident aus dem Parteileben ausscheiden muß, der Kanzler nicht. Ich habe in der britischen Zone Autorität. Unsere Partei (ist) noch nicht so gefestigt, daß wir die großen Aufgaben auf die Dauer bei meinem Ausscheiden erfüllen können, die uns der vorige Sonntag gestellt hat … 2. Ich verfüge über gewisse Erfahrung in staatlichen Dingen und in der Verwaltung. 3. Habe stärkere Ellbogen, als ich früher geglaubt hätte.«[70]

Die Runde nahm diese Erklärung widerspruchslos hin. Hingegen stieß der Vorschlag, Theodor Heuss das Amt des Bundespräsidenten anzutragen, auf einige Bedenken, die Adenauer mit der ihm eigenen Schlagfertigkeit ausräumte. Robert Pferdmenges, der Kölner Bankier und enge Freund Adenauers, schilderte den Wortwechsel: »›Wir kommen nun zum Bundespräsidenten. Als zweitstärkste Fraktion in der kommenden Regierung sollte ihn die FDP stellen. Ich schlage deshalb Professor Heuss als Bundespräsidenten vor!‹ Einen Augenblick herrschte verblüfftes Schweigen. ›Weiß denn Professor Heuss schon von seinem Glück?‹ fragte jemand. ›Bis jetzt noch nicht‹, erwiderte Adenauer lakonisch. (Professor Heuss hat von diesem Vorschlag erst später durch die Pres-

Dreiundsiebzigjährig wurde Konrad Adenauer Bundeskanzler. Sein Arzt hatte ihm bescheinigt, daß er durchaus noch fähig sei, das hohe Amt zu führen. Wer erwartet hatte, daß Adenauer bald durch einen Nachfolger ersetzt werden würde, sollte sich getäuscht sehen. Der »Alte« blieb fast vierzehn Jahre Kanzler der Bundesrepublik, länger als die Zeit der Weimarer Republik gedauert hatte. Kurt Schumacher wollte lange nicht glauben, daß seine Partei durch das taktische Geschick des Alten von Rhöndorf ausmanövriert worden war; die bürgerliche Koalition sei nur ein kurzes Zwischenspiel, bald werde eine lange Periode entschiedener sozialdemokratischer Politik folgen.

se erfahren.) Ein bayerischer Vertreter wandte ein: ›Soviel ich weiß, ist Professor Heuss nicht gerade kirchenfreundlich eingestellt.‹ – ›Aber er hat eine sehr fromme Frau‹, erklärte Adenauer, ›das genügt‹, eine Bemerkung, die allgemeine Heiterkeit hervorrief.«[71] Anders als hier von Pferdmenges angedeutet, bestand zwischen CDU und FDP schon weitgehende Einigkeit über die Besetzung der wichtigsten Ämter.[72]

Die Haltung der SPD erleichterte Adenauer und seinen Parteifreunden den eingeschlagenen Weg, obwohl keineswegs alle Hindernisse ausgeräumt waren. Noch ließen Karl Arnold und Teile des christlichen Gewerkschaftsflügels der CDU nicht davon ab, auf eine große Koalition hinzuarbeiten. Der bayerische FDP-Landesvorsitzende Thomas Dehler sprach sich für eine Einbeziehung der SPD in die Regierung aus. Neben personellen Erwägungen spielte dabei das Argument eine Rolle, in der schwierigen Zeit der Staatsgründungsphase alle relevanten politischen Kräfte in die direkte Verantwortung zu nehmen und die Kluft zwischen den großen Parteien, die der Wahlkampf hinterlassen hatte, einzuebnen. Doch die SPD hielt an ihrem unerbittlichen Kurs fest. Schon am 22. August hatte der *Sozialdemokratische Pressedienst* allen Spekulationen über eine Zusammenarbeit eine Absage erteilt. Die SPD sei unverändert der Auffassung, »daß die Zustimmung für einen Bundeskanzler Adenauer und einen Wirtschaftsminister Erhard eine allzu starke Zumutung für die sozialdemokratische Wählerschaft und die sozialdemokratischen Politiker wäre, die in einer solchen Regierung arbeiten müssen.«[73] Die Dürkheimer sechzehn Punkte, die der SPD-Vorstand am 30. August verabschiedete und die die Richtlinien für die Politik der SPD im Bundestag darstellten, waren ein »Dokument der Opposition«. Kurt Schumacher erklärte, daß eine Demokratie aus Regierung und Opposition stärker sein werde als jede Illusion einer »nationalen Notgemeinschaft«. Er glaubte an ein nur kurzes Zwischenspiel der bürgerlichen Koalition, der schon bald eine Periode entschiedener sozialdemokratischer Politik folgen werde.[74]

Adenauer tat alles, um die SPD in ihrer Oppositionsrolle zu bestärken. Am 1. September 1949 beschloß die CDU/CSU-Fraktion einstimmig, der designierte Bundeskanzler solle die Koalitionsverhandlungen mit der FDP und der DP weiterführen. An diejenigen unter seinen Parteifreunden gewandt, die mit der großen Koalition geliebäugelt hatten, führte Adenauer aus, »daß das deutsche Volk endlich einmal von dem Gedanken abkommen müsse, als wenn eine Oppositionspartei etwas Schimpfliches sei oder als wenn eine Oppositionspartei keine staatliche Aufgabe zu erfüllen habe«.[75] Damit war die Frage einer großen Koalition ausgestanden.

Am 7. September 1949 trat der Bundestag zu seiner ersten Sitzung zusammen. Die 402 stimmberechtigten Abgeordneten wählten wie vorgesehen den Vorsitzenden des Frankfurter Wirtschaftsrates, Erich Köhler (CDU), zum Bundestagspräsidenten. Hingegen kam es in der Länderkammer zu einer unliebsamen Überraschung, die Adenauers kunstvoll gezimmertes Personalgebäude fast noch zum Einsturz gebracht hätte. Hier wurde nicht – wie allgemein erwartet – der bayerische Ministerpräsident Ehard,

sondern sein nordrhein-westfälischer Kollege Karl Arnold von der großen Mehrheit der Länderchefs zum Bundesratspräsidenten gewählt. Die CSU fühlte sich düpiert. Adenauer hatte Ehard, um die Wahl von Heuss durch die CSU sicherzustellen, die Unterstützung der CDU für diese Position zugesagt. Dieser wurde nun Opfer eines »Denkzettels«, mit dem die Ministerpräsidenten ihrer latenten Verärgerung über die Haltung Adenauers bei der Regierungsbildung und der Bundespräsidentenwahl Luft machten und sich für seine Einmischung in Länderratsangelegenheiten rächten. Nur mit großer Mühe gelang es, einen Bruch zwischen den christlichen Schwesterparteien zu vermeiden. Dennoch nominierten opponierende Gruppen mit Hans Schlange-Schöningen (CDU), dem Direktor für Ernährung, Landwirtschaft und Forsten in Frankfurt, einen weiteren Anwärter auf das Amt des Staatsoberhaupts, der vorübergehend sogar die Chance zu haben schien, auch von der Sozialdemokratie gewählt zu werden. Erst als die SPD mit Kurt Schumacher einen eigenen Kandidaten präsentierte, durfte die Wahl von Theodor Heuss als gesichert gelten. Am 12. September entschied sich die Bundesversammlung im zweiten Wahlgang mit 416 von 800 Stimmen für ihn.

Buchstäblich bis zum letzten Tage hatte es Kontroversen über die Zusammensetzung der Regierung gegeben. Mit dem Ergebnis der mühevollen Prozedur konnte Adenauer dann jedoch völlig zufrieden sein. In den Spitzenpositionen des Staates und in den Ministerämtern saßen bis auf wenige Ausnahmen durchweg Persönlichkeiten, die als ihm genehm galten. Am 15. September wählte der Bundestag den neuen Kanzler mit 202 gegen 142 Stimmen bei 44 Enthaltungen. Mit nur einer, nämlich seiner eigenen Stimme, hatte er die Mehrheit erhalten; dies allerdings, was häufig übersehen wird, im ersten Wahlgang und bei einer relativ hohen Zahl von Enthaltungen. Bis zum Schluß hatte es Meinungsverschiedenheiten über die Besetzung des Finanz- und des Innenministeriums gegeben. Koalitionsarithmetik und innerparteilicher Proporz konnten nicht leicht auf einen Nenner gebracht werden. Das Kabinett geriet daher sehr viel größer als ursprünglich geplant. Unumstritten war Ludwig Erhard mit dem Wirtschaftsressort. Den neuen Innenminister Gustav Heinemann, Oberbürgermeister von Essen und Präses der Synode der Evangelischen Kirche, hätte Adenauer gern verhindert. Doch ließ sich ein prominenter Protestant aus der eigenen Partei nicht umgehen. Ansonsten setzte sich das Kabinett weitgehend aus Politikern der zweiten Garnitur zusammen. Große Namen fanden sich kaum. Wenn man einmal von Fritz Schäffer (Finanzministerium), dem früheren Leiter des bayerischen Finanzministeriums, Jakob Kaiser (Gesamtdeutsches Ministerium), dem ehemaligen christlichen Gewerkschaftsführer, und Hans Lukaschek (Vertriebenenministerium), vormals Oberpräsident von Oberschlesien, absieht, so hatte keiner der Ausgewählten bis dahin eine herausragende Position inne. Vizekanzler und Minister für den Marshallplan wurde Franz Blücher (FDP). Die Liberalen erhielten außerdem das Justiz- und das Wohnungsbauministerium (Thomas Dehler und Eberhard Wildermuth), der DP fielen das Verkehrsministerium (Hans-Christoph Seebohm) und das Ressort für Angelegenheiten des Bundesrats (Heinrich Hellwege) zu. Wei-

tere Bundesministerien erhielten Anton Storch (Arbeit), Hans Schuberth (Post) und Wilhelm Niklas (Ernährung). Der Erfahrung, dem Gewicht, der Persönlichkeit und dem politischen Rückhalt Adenauers hatte keiner von ihnen Ebenbürtiges entgegenzusetzen. Das Grundgesetz wollte nach den Erfahrungen der Weimarer Zeit einen starken Regierungschef. Adenauer brachte alle Voraussetzungen dafür mit, diese Erwartungen auf seine Weise zu erfüllen.

Lange bevor er Bundeskanzler wurde, hatte Adenauer in einem anderen entscheidenden und besonders sensiblen Sektor seinen Einfluß geltend gemacht und kontinuierlich ausgebaut: in der Personalpolitik für die künftige Verwaltung des Bundes. Er bediente sich bei der gründlichen Vorplanung seiner Beamtenpolitik einer Gruppe von hochqualifizierten Fachleuten, deren Makel allerdings darin bestand, daß sie – wie nahezu alle höherstehenden ehemaligen Beamten – bereits im Dritten Reich führende Positionen eingenommen hatten. Durch seinen persönlichen Referenten Herbert Blankenhorn stand Adenauer in Kontakt mit einem Zirkel ehemaliger Angehöriger des Reichsinnenministeriums, die der Ministerialrat beim Rechnungshof der Bizone, Erich Keßler, um sich sammelte. Keßler war einer der berufensten und zugleich heftigsten Kritiker der Frankfurter Administration. Er sah in der sozialdemokratischen Beamtenpolitik, die generell ehemaligen Mitgliedern der NSDAP die höhere Laufbahn verschloß, einen entscheidenden Fehler, weil damit praktisch alle ehemaligen Ministerialbeamten von der Verwaltung der Bizone ferngehalten wurden, mit – wie er meinte – verheerenden Folgen für deren Qualität. Die Rekrutierung von Vertretern »freier Berufe« für höhere Verwaltungspositionen rüttelte an der traditionellen deutschen Auffassung des Berufsbeamtentums.

Keßlers Kritik entsprach der Grundauffassung Adenauers, der nun zusammen mit Blankenhorn danach strebte, beim Aufbau der Bundesverwaltung keineswegs auf die Expertise der Berufsbeamten zu verzichten. Auf seine Weisung hin war Keßler bereits seit Januar 1949 damit beschäftigt, Materialien für den personellen Neuaufbau zusammenzutragen. Personallisten, die alle im Bundesarchiv in Koblenz gesammelt sind, wurden aufgestellt. Sie enthielten etwa hundert Namen von Ministerialbeamten, die nach 1945 keine Anstellung mehr erhalten hatten (einschließlich der Angaben über Konfessionszugehörigkeit, Entnazifizierungsgrad, derzeitige Tätigkeit und anderes mehr). Die Gruppe um Keßler, der neben dem Ministerialdirektor im bayerischen Innenministerium, Hans Ritter von Lex, und dem Referenten am bayerischen Verwaltungsgerichtshof, Otto Ehrensberger, auch der Stadtkämmerer von Aachen, Hans Globke, angehörte, empfahl ein liberalisiertes Zulassungsverfahren auch für solche Beamte, die im Dritten Reich »herausgehobene Stellen im öffentlichen Dienst« eingenommen hatten und über eine allerdings nur »formale Parteimitgliedschaft« verfügten, und trat dafür ein, diesem Personenkreis alle Rechte nach dem deutschen Beamtenrecht zu gewähren.[76] Zugleich wurden Organisations- und Stellenpläne für fast alle Ressorts der künftigen Bundesverwaltung angefertigt.

Um die Kontinuität der Verwaltung zu sichern, sahen die Über-

Das erste Kabinett Adenauer im September 1949 – erste Reihe (v. l. n. r): Anton Storch, Ludwig Erhard, Konrad Adenauer, Franz Blücher, Jakob Kaiser, Thomas Dehler, Hans Lukaschek; zweite Reihe: Wilhelm Niklas, Eberhard Wildermuth; dritte Reihe: Heinrich Hellwege, Hans Schuberth, Gustav Heinemann, Fritz Schäffer, Hans-Christoph Seebohm

gangsbestimmungen des Grundgesetzes vor, die bizonalen Verwaltungen der Bundesregierung zu unterstellen, sobald diese sich konstituiert hatte. Zusammen mit dem Bundesrat sollte dann über die Probleme der Überleitung und Auflösung entschieden werden, wobei der Bund das Personal der Bizonen-Verwaltung zu übernehmen hatte. Die Bestimmungen ließen allerdings durchaus Spielraum für eine eigenständige Personalpolitik der neuen Bundesregierung, den Adenauer entschlossen nutzte. Eine Schlüsselrolle bei der praktischen Umsetzung des Adenauerschen Personalkonzepts nahm jener Mann ein, der auch in der Rückschau zu den einflußreichsten und zugleich den umstrittensten Persönlichkeiten im engsten Kreis um den ersten Bundeskanzler gehörte: Hans Globke.[77] Von 1932 bis 1945 Ministerialrat im Reichsinnenministerium, hatte er entscheidend am amtlichen Kommentar der »Nürnberger Gesetze« von 1935 mitgewirkt. Auch wenn man unterstellt, daß dieser durch begriffliche Eingrenzungen die praktische Anwendungsmöglichkeit der Gesetze wenigstens vorübergehend einschränkte, so führt kein Weg an der Feststellung vorbei, daß die professionelle Befassung eines Juristen mit einer Materie, die das Recht pervertierte und die den legalisierten Ausgangspunkt für die Diskriminierung und Verfolgung der Juden in Deutschland darstellte, einen dauernden tiefen Schatten auf das Persönlichkeitsbild Globkes wirft.

Der 1898 in Aachen als Sohn eines Tuchgroßhändlers geborene gläubige Katholik und CVer hat selbst nie der NSDAP angehört. Es spricht einiges dafür, daß die katholischen Bischöfe ihn drängten, seine Stellung im Reichsinnenministerium nicht aufzugeben. Er war ihr Informant und stand zugleich in engem Kontakt zu katholischen Oppositionskreisen in Berlin. Globke ist nach dem Krieg intensiv durchleuchtet und verhört worden. Er konnte zahlreiche Leumundszeugnisse auch von höchster kirchlicher Seite

Adenauer versuchte Persönlichkeiten aus der Regierung fernzuhalten, von denen eine mögliche Gefährdung seiner eigenen Rolle und damit seiner Politik ausgehen konnte. Zudem war die Institution der Bundesregierung im Gegensatz zu den schon bewährten Einrichtungen der Länder neu und schwach, und es war unsicher, welches Gewicht sie sich im politischen Alltag erkämpfen würde. Ein »Landesfürst« mußte oft mühselig überredet werden, nach Bonn zu gehen. Als die Regierung am 15. September gebildet wurde, fehlten in ihren Reihen fast alle Leute der ersten Garnitur.

vorweisen. Bei denen, die ihn vernommen haben, selbst bei Robert Kempner, hinterließ er einen überaus positiven Eindruck. Er fand bald als Aachener Stadtkämmerer in den öffentlichen Dienst zurück. Adenauer hat Globke offensichtlich erst relativ spät kennengelernt. Ein Hinweis findet sich in seiner Korrespondenz Ende März 1946. Mit Einzelheiten über ihn dürfte er seit Juni 1948 vertraut gemacht worden sein, als Globkes Ernennung zum Leiter der Personalabteilung im Düsseldorfer Innenministerium zur Debatte stand. Ministerpräsident Arnold hielt den Kandidaten für unbestritten qualifiziert, glaubte jedoch, daß diesem auch persönlich ein schlechter Dienst erwiesen werde, wenn man ihn in ein so bedeutsames Amt hole, da die Mitwirkung Globkes am Kommentar zu den Nürnberger Gesetzen eine allgemein bekannte Tatsache sei.

Zum ersten Treffen zwischen Adenauer und Globke kam es aufgrund der Vermittlung Erich Keßlers. Ein Mann, »der vollkommen die Spielregeln echter Ministerialarbeit sowie vor allem auch der interministeriellen Verhandlungen« beherrschte,[78] der nicht der NSDAP angehört hatte und als früheres langjähriges Mitglied der Zentrumspartei jetzt der CDU beigetreten war, empfahl sich in hohem Maße, zumal seine Loyalität außer Zweifel stand. Adenauer hatte seinen Mann gefunden und war bereit, schwerwiegende Bedenken zurückzustellen. Nicht so Globke selbst, der, wohl die Außenwirkungen seiner Ernennung erahnend, entschiedene Bedenken erhob, die Adenauer zwar zu einer vorsichtigeren Gangart bewogen, nicht aber dazu, sich von ihm zu trennen. Er ernannte den rheinland-pfälzischen Abgeordneten Franz Josef Wuermeling, der kaum Verwaltungsambitionen hegte, zum Staatssekretär im Bundeskanzleramt und bedachte Globke mit der weniger auffälligen Position eines Ministerialdirektors, der tatsächlich die Geschäfte des Staatssekretärs des Innern führte. Erläuternd schrieb Adenauer im Dezember 1949 an Jakob Kaiser: »Ich darf Sie weiter daran erinnern, daß ich von der Ernennung des Herrn Vizepräsidenten Globke zum Staatssekretär Abstand genommen habe, weil er, der nicht Pg. war, an dem bekannten Kommentar mitgearbeitet hatte und wir bei der Ernennnung von Staatssekretären sorgsam darauf achten müssen, daß wir nicht irgendwelchen Angriffen dadurch Material geben.«[79] Globke wuchs unverzüglich in die Rolle der »grauen Eminenz« hinein. Er erstellte die ersten Organisationspläne für das Bundeskanzleramt, und er wählte die Referenten aus.

Vorbereitende Arbeiten hatte bereits die Gruppe um Keßler geleistet, der es darum ging, Beamte mit Ministerialerfahrung aus der Zeit vor 1949 für die Bundesverwaltung zu gewinnen. Die von ihr entwickelte Marschroute ist im wesentlichen befolgt worden. Von den zwischen 1950 und 1953 neu ernannten Abteilungsleitern (im August 1950 kam nur noch etwa die Hälfte der Abteilungsleiter aus der Frankfurter Verwaltung) waren 60 Prozent nominelle Mitglieder der NSDAP gewesen, die der Partei seit 1937 oder danach angehört und in der Regel keine Führungspositionen innegehabt hatten.[80] Entnazifizierungskriterien wurden zwar nicht einfach beiseite geschoben, aber doch wesentlich gelockert. Bei einem so weitgehenden Rückgriff auf die frühere Beamtenschaft

stellte sich die Frage nach ihrer demokratischen Zuverlässigkeit. Die Befürchtung, daß sie eine ähnlich destruktive Einstellung zum jungen Staat entwickeln könnte, wie dies bei Teilen der Weimarer Bürokratie der Fall gewesen war, sollte sich als unbegründet erweisen. Die Bonner Beamten begriffen das neue Gemeinwesen als ihren Staat, der unter den gewandelten Verhältnissen den Druck der Unsicherheit und Bedrohung ihres sozialen Status von ihnen nahm und dessen rasch expandierende Verwaltung für verbesserte Karrierechancen sorgte. Daß bei der Orientierung an den vielfältigen neuen Aufgaben, die es zu bewältigen galt, die Neigung zunahm, die Verstrickungen der Vergangenheit zu verdrängen, ist unverkennbar. Schon bald verstärkte sich die Tendenz, selbst bei der Besetzung von Führungspositionen innerhalb der Ministerialbürokratie immer großzügiger zu verfahren, wenn es um die Würdigung belastender Momente in der NS-Vergangenheit von Bewerbern ging. Daß dem nicht mit größerer Entschiedenheit entgegengetreten werden konnte, lag auch daran, daß Konrad Adenauer aus pragmatischen Gründen geglaubt hatte, auf die entscheidende Mitwirkung früherer Ministerialbeamter nicht verzichten zu können.

Am 21. September 1949, einen Tag nach der Vereidigung des Bundeskanzlers, trat das Besatzungsstatut in Kraft. Die drei Hohen Kommissare bestanden darauf, dieses Dokument dem Regierungschef der neuen Republik in einer feierlichen Zeremonie zu überreichen. Dies mißfiel dem Kanzler, der dagegen mit Erfolg intervenierte. In seinen »Erinnerungen« liest man dazu: »Für einen Besiegten bleibt ein Besatzungsstatut eine unangenehme Sache, seine Übergabe an den Vertreter eines besetzten Landes ist für dieses kein Grund zu einer Feierlichkeit.«[81] Allerdings wollten die Hohen Kommissare auf den Akt nicht ganz verzichten. So wurde vereinbart, daß ihr Vorsitzender lediglich in einer kurzen Ansprache das Inkrafttreten des Statuts mitteilte. Das Protokoll sah vor, daß die deutsche Delegation während der Rede vor einem großen Teppich Aufstellung nahm, während die drei Vertreter der Alliierten auf dem Teppich standen. Adenauer hatte bewußt nur wenige Mitglieder des Kabinetts zum Petersberg, dem Sitz der Hohen Kommission, mitgenommen. »Wir wurden in einen Raum geführt«, so schilderte er später das Geschehen, »in dem uns die drei Hohen Kommissare auf einem Teppich stehend empfingen. François-Poncet hatte an dem betreffenden Tage den Vorsitz inne. Er trat, während ich vor dem Teppich haltmachte, einen Schritt nach vorn, um mich zu begrüßen. Ich machte mir diese Gelegenheit zunutze, ging ihm entgegen und stand somit gleichfalls auf dem Teppich. Keiner der Hohen Kommissare wendete sich dagegen. François-Poncet hielt seine Ansprache.«[82] Damit gestaltete sich die Zeremonie, die dazu gedacht war, die weiterhin bestehende Kontrolle der westlichen Siegermächte über die von ihnen ins Leben gerufene junge Bundesrepublik zu verdeutlichen, ungewollt zu einer symbolischen Geste des neugewonnenen Selbstvertrauens, zu einem ersten Schritt in die politische Mündigkeit.

Der Gründung des Bonner Staates folgte die Proklamation der Deutschen Demokratischen Republik auf dem Fuße. Die Teilung Deutschlands war nun zur Realität geworden, die Wiedervereini-

Konrad Adenauer mit Staatssekretär Hans Globke

Hans Globke war von 1932 bis 1945 im Reichsinnenministerium lediglich Ministerialrat gewesen, also dreizehn Jahre über diese vergleichsweise geringe Position nicht hinausgekommen. Dies spricht dafür, daß er nicht gerade enge Beziehungen zur herrschenden Partei hatte. Aber er war mit der Ausarbeitung des amtlichen Kommentars zu den Nürnberger Gesetzen befaßt gewesen. Zu Adenauer kam Globke durch einen Zufall, aber nicht nur die persönliche Loyalität des ehemaligen Ministerialrats, sondern auch seine sachliche Kompetenz überzeugten den Kanzler bald. Selbst Theodor Eschenburg ist der Meinung, daß Globke der fähigste Chef des Kanzleramtes war, den die Bundesrepublik jemals gehabt hat.

Übergabe des Besatzungsstatuts an die Bundesregierung, September 1949

Symbolische Handlungen spielten in den Jahren, in denen die Bundesrepublik um ihre Rechte und ihr Ansehen kämpfte, eine unübersehbare Rolle. Berühmt geworden ist die Szene, als Adenauer entgegen dem vorher festgelegten Zeremoniell bei der Übergabe des Besatzungsstatuts auf den Teppich trat, der eigentlich nur den Alliierten Hohen Kommissaren zugedacht war. Vom Vertreter der neuen deutschen Regierung wurde erwartet, auf dem blanken Boden zu stehen. Gesten dieser Art waren nicht eine Frage des Protokolls, sondern des staatlichen Ranges, und Adenauer gab zu erkennen, daß er den Weg zur völligen Souveränität unbeirrt beschreiten würde.

gung auf unabsehbare Zeit verschoben. Und doch orientierten sich beide Staaten weiterhin an der Einheit der Nation. Beide nahmen für sich in Anspruch, die Keimzelle für ein künftiges gesamtstaatliches Gebäude darzustellen. Wie die DDR der Bundesrepublik jegliches Existenzrecht absprach und ihren eigenen volksdemokratischen Weg für ganz Deutschland forderte, so beharrte die Bundesrepublik vom ersten Tage ihres Bestehens an darauf, der Kernstaat für ein künftiges wiedervereinigtes Deutschland zu sein. Die Sowjetunion unterstützte vorbehaltlos die Ansprüche ihres Satelliten, die Westmächte stellten sich hinter diejenigen Bonns.

Am 20. Oktober 1949 erklärte die Hohe Kommission, das SBZ-Regime sei nicht berechtigt, im Namen Ostdeutschlands und schon gar nicht Gesamtdeutschlands zu sprechen. Nur einen Tag später gab der Kanzler vor dem Bundestag eine Erklärung zur Gründung der DDR ab, in der zum ersten Mal grundlegende Positionen bezogen wurden, die den Rahmen der Deutschlandpolitik für die folgenden zwanzig Jahre bestimmten. Adenauer sprach vom fehlenden Staatscharakter der DDR, da diese keine demokratische Legitimation besitze. Nach dem völligen Zusammenbruch jeder staatlichen Organisation in Deutschland mit der bedingungslosen Kapitulation könne aber eine Organisation in Deutschland nur dann den Anspruch darauf erheben, ein legitimer Staat zu sein, wenn sie auf dem freien Willen der Bevölkerung beruhe. Er fuhr fort: »Es wird niemand behaupten können, daß die nunmehr geschaffene Organisation der Sowjetunion auf dem freien Willen der Bevölkerung dieser Zone beruht. [Zwischenruf: »Sehr richtig!«] Sie ist zustande gekommen auf Befehl Sowjetrußlands und unter Mitwirkung einer kleinen Minderheit ihm ergebener Deut-

scher.«[83] Die Bundesrepublik Deutschland hingegen stütze sich auf die Anerkennung durch den frei bekundeten Willen von rund 23 Millionen stimmberechtigten Deutschen. Sie sei somit, bis die deutsche Einheit verwirklicht sei, die »alleinige legitimierte staatliche Organisation des deutschen Volkes« und deshalb allein befugt, für das deutsche Volk zu sprechen. Die Bundesrepublik fühle sich verantwortlich »für das Schicksal der 18 Millionen Deutschen, die in der Sowjetzone leben«.[84]

Der Alleinvertretungsanspruch war geboren. Aber er orientierte sich nicht am Ziel nationalstaatlicher Restauration, sondern wies über sie hinaus auf eine neue europäische Ordnung. »Wir sind überzeugt davon«, so beschloß Adenauer seine erste Regierungserklärung, »daß unsere oft so trostlos aussehende Epoche schließlich doch zu fruchtbaren Neubildungen staatlicher und überstaatlicher Ordnungen führt, von Ordnungen, die erwachsen sind auf dem Boden des gleichen Rechts für alle. Unser vornehmstes Ziel wird sein, ganz Deutschland auf dem Boden des Rechts und der Freiheit zu einen und es in eine europäische Ordnung hineinzuführen.«[85]

B
Aufbau und Integration 1949 – 1961

»Vielen Menschen ist aus dem Bewußtsein verschwunden, daß wir den Krieg verloren haben. Es konnte auch der diplomatischen Kunst einer deutschen Regierung nicht gelingen, diesen Tatbestand mit rückwirkender Kraft aus der Welt zu schaffen.«

Heinrich von Brentano, Fraktionsvorsitzender der CDU/CSU vor dem Bundesparteivorstand der CDU am 5. Februar 1955

I.
Unter dem Besatzungsstatut

1. Erste Revisionen

Die Hoffnung der Deutschen, daß aus den Trümmern des Krieges in absehbarer Zeit wieder ein gemeinsames Haus für die Nation entstehen werde, erfüllte sich nicht. Bundesrepublik und DDR, als Notunterkünfte konzipiert, wurden zu dauerhaften Teilstaaten, deren politische Handlungsfreiheit allerdings durch vielfältige Vorbehalte begrenzt war, mit denen die östliche und westliche Seite ihre Rechte und Interessen in Deutschland weiterhin geltend machten. Die DDR präsentierte sich als Vasallenstaat der Sowjetunion, während die durch Besatzungsstatut und alliierte Vorbehalte »geknickte Souveränität« (Th. Heuss) des Weststaates die Bonner Politiker nicht sonderlich froh werden ließ. In zunehmendem Maße empfanden sie die alliierte Kontrolle wie ein Prokrustesbett, das sie daran hinderte, eine nach eigenen Bedürfnissen gestaltete Politik zu betreiben.

Der rückblickende Betrachter könnte den Eindruck gewinnen, daß in der kurzen Zeitspanne bis zum Jahre 1955, in der die junge Bundesrepublik schrittweise die Souveränität gewann, der Gang der Ereignisse folgerichtig von Adenauers Konzept der Westintegration bestimmt wurde. Ohne dessen Bedeutung in Zweifel zu ziehen, sollte jedoch die Offenheit der Situation in den verschiedenen Etappen dieses Prozesses ebensowenig übersehen werden wie die zentrale Rolle, die die Westmächte in diesem Zusammenhang spielten. Tatsächlich sind die Grundlagen für die Integration der Bundesrepublik in das westliche System nicht etwa in Bonn, sondern in Washington, London und Paris entwickelt worden. Die westlichen Alliierten hatten den Kurs des neuen Staatsschiffs festgelegt, bevor deutsche Steuermänner die Chance erhielten, es in vorgegebenen Grenzen selbst zu steuern. In Verbindung mit dem Besatzungsstatut und dem Abkommen über das Militärische Sicherheitsamt in Berlin, das die Durchführung der Abrüstungs- und Entmilitarisierungsbestimmungen sowie die Einhaltung des Abkommens über verbotene Industrien zu überwachen hatte, regelte die Charta der Alliierten Hohen Kommission vom 20. Juni 1949 das Dreimächtekontrollverfahren.[1]

Auf ihrer Konferenz am 11./12. November 1949 in Paris, bei der sie die großen Linien ihrer gemeinsamen Deutschlandpolitik erörterten, bestätigten die Außenminister der drei Westmächte, »daß die der deutschen Bundesrepublik bei der Führung der deutschen Angelegenheiten eingeräumte Entscheidungsfreiheit unter dem Besatzungsstatut in dem Maße erweitert wird, wie die deutsche Bundesregierung den Beweis liefert, daß sie sich auf dem Wege zu einem freien, demokratischen und friedlichen Deutschland befindet«. Gleichzeitig bekräftigten sie ihre Bereitschaft, die »fortschreitende Verschmelzung des deutschen Volkes mit der europäischen Völkergemeinschaft zu unterstützen und zu fördern«.[2]

Nicht die Tatsache der weiterhin bestehenden alliierten Kontrolle schlechthin, sondern die Art und Weise, wie sich die neue Regierung, wie sich der erste Bundeskanzler zu den Forderungen und Erwartungen der Besatzungsmächte verhielt, bildete den

Demonstrationszug in Riesa gegen die Pariser Verträge

Schon die ersten Schritte zur Westintegration wurden von der Sozialdemokratie heftig bekämpft. Konrad Adenauer ging es darum, die deutsche Bewegungsfreiheit und die Zuständigkeiten Stück für Stück zu erweitern. So rechtfertigte er in seiner Regierungserklärung die deutschen Vorleistungen. Aber nicht nur in den westlichen Besatzungszonen gab es heftige Kritik an Adenauers Zugeständnissen; in der SBZ wurden Massendemonstrationen gegen sie organisiert, da die Einheit Deutschlands gefährdet werde.

Zündstoff für die innenpolitischen Auseinandersetzungen in den ersten Jahren der Bonner Republik. In seiner Regierungserklärung hatte Adenauer verkündet: »Das Besatzungsstatut ist alles andere als ein Ideal. Es ist ein Fortschritt gegenüber dem rechtlosen Zustand, in dem wir bis zum Inkrafttreten des Besatzungsstatuts gelebt haben. Es gibt aber keinen andern Weg für das deutsche Volk, wieder zur Freiheit und Gleichberechtigung zu kommen, als indem es dafür sorgt, daß wir nach dem völligen Zusammenbruch, den uns der Nationalsozialismus beschert hat, mit den Alliierten zusammen wieder den Weg in die Höhe gehen. Der einzige Weg zur Freiheit ist der, daß wir im Einvernehmen mit der Hohen Alliierten Kommission unsere Freiheiten und unsere Zuständigkeiten Stück für Stück zu erweitern versuchen.«[3]

Adenauer war bereit, Vorleistungen zu erbringen, um Vertrauen zu gewinnen. Die schwersten Hindernisse für die Zusammenarbeit ergaben sich aus den immer noch bestehenden Reparationsforderungen und der Frage einer deutschen Beteiligung an der internationalen Ruhrbehörde. Beide Probleme standen in engem Zusammenhang. Schon in der Bundestagsdebatte am 30. September 1949 hatte Adenauer ausgeführt, daß für ihn die Behandlung der Reparationsfrage durch die Alliierten eine große Enttäuschung sei.[4] Alle Parteien forderten, den Abbau von Industrieanlagen sofort einzustellen. Tatsächlich rückte die fortgesetzte Demontage in großen Werken an der Ruhr, wie zum Beispiel bei Thyssen und beim Dortmund-Hörder Hüttenwerk, die Absichten der Alliierten ins Zwielicht, da sie im Widerspruch zum Marshallplan und dem europäischen Wiederaufbauprogramm standen.

Die Kontrolle der Ruhr, des Herzstücks deutscher Industrie, gehörte zum Kernbereich alliierter Kompensations- und Sicherheitsvorstellungen. Im Dezember 1948 hatten sich die Westalliier-

ten und die Beneluxstaaten auf ein Ruhrstatut geeinigt, das ihren Einfluß auf die deutsche Kohle- und Stahlindustrie sicherstellen sollte. Dazu wurde am 28. April 1949 eine Ruhrbehörde ins Leben gerufen, die aus Vertretern dieser Mächte bestand und die eine Teilnahme der im Entstehen begriffenen Bundesrepublik vorsah.[5]

Nach dem Amtsantritt der ersten Bundesregierung erwarteten nun die Alliierten, daß Bonn einen Vertreter entsenden und damit praktisch das Ruhrstatut anerkennen werde. Die politischen Karten waren so gemischt, daß bei einer Verweigerung Bonns mit einer verhärteten Haltung der Westmächte gerechnet werden mußte, auf deren Wohlwollen die junge Regierung angewiesen blieb. Bei Adenauer, der anfangs ebenso wie die Politiker der übrigen Parteien in dieser Frage eine ablehnende Haltung eingenommen hatte, begann sich die Überzeugung durchzusetzen, daß eine Politik des leeren Stuhls keinerlei Fortschritt bringen werde. Zugleich sah er, daß es darauf ankam, das Ruhrstatut mit dem richtigen Geist zu füllen. Konnte die Mitbestimmung fremder Mächte an der deutschen Wirtschaft im negativen Sinne als bloße Kontrolle und Intervention gehandhabt werden, so barg sie, ins Positive gewendet, auch die große Chance für den praktischen Anfang einer europäischen Kooperation. Darin lag eine Perspektive für Deutschland, dessen Probleme – wie Adenauer richtig erkannte – nicht mehr durch eine nationalstaatliche Restauration gelöst werden konnten.

Der Kanzler hat sich den Forderungen der Alliierten allerdings keineswegs blind gefügt. Er wußte wohl um den engen Spielraum, der ihm unter deren Aufsicht verblieb, und er war sich ebenso bewußt, welche innenpolitische Gefahr darin lag, wenn man ihm vorwerfen konnte, der Erfüllungsgehilfe für die Politik der Alliierten zu sein. Es galt, einen Kurs zu finden, der bei hartnäckigem Verfechten des eigenen Standpunktes der notwendigen Vertrauensbildung im deutsch-alliierten Gespräch dennoch nicht entgegenwirkte. Schon bei seinen ersten Treffen mit den Hohen Kommissaren brachte Adenauer – sehr zu deren Mißfallen – immer wieder die Demontagefrage zur Sprache. Vorsichtig lancierte er den Gedanken, ob nicht im Sinne einer dauerhaften friedlichen Regelung des deutsch-französischen Verhältnisses gemeinsame wirtschaftliche Interessen auf beiden Seiten als Basis für eine politische Zusammenarbeit genutzt werden könnten. Mit seiner Forderung, die Demontageliste zu revidieren, stieß er zunächst auf frostige Ablehnung. Dies veranlaßte ihn in der gemeinsamen Sitzung am 27. Oktober 1949 zu der Feststellung, »er habe den Eindruck, als ob sie [die Hohen Kommissare] glaubten, er wolle, gestützt auf die Tatsache der Schaffung des Ostzonenstaates, von ihnen irgend etwas erpressen«. In einer Aktennotiz hielt Adenauer fest, dies liege ihm völlig fern, und er wolle auch keineswegs das Besatzungsstatut jetzt beseitigt wissen, denn er sei überzeugt, daß dies ohnehin bald verschwinde. »Was ihn aber so außerordentlich bedrücke und erschrecke, sei der Mangel jedes Verständnisses für die psychologische Wirkung dieser Angelegenheit im deutschen Volke. Er befürchte immer, daß, falls eines Tages eine stärkere Rechtsbewegung komme, das Wort Demontage in der Propaganda die gleiche Wirkung haben werde wie seinerzeit der Vertrag von Versailles. Er sei geradezu erschüttert über

Die Demontagepolitik der Westalliierten wurde zunehmend problematischer. Man konnte nicht eine schrittweise Zusammenarbeit mit den Deutschen suchen und ihnen gleichzeitig weiterhin ihre materiellen Lebensgrundlagen beschneiden. Die Demonstrationen gegen die Demontagepolitik nahmen immer offenere Formen an.

die Verstständnislosigkeit, die man der Psyche des deutschen Volkes entgegenbringe.«[6]

Obwohl sich im Bundeskabinett bereits die Meinung durchsetzte, daß mit der Entsendung eines deutschen Vertreters in die Ruhrbehörde die Chance bestehe, Einfluß auf die alliierte Politik auszuüben, ließ Adenauer gegenüber den Hohen Kommissaren keine Bereitschaft zum Einlenken erkennen.[7] Ohne deren Zugeständnisse in der Reparationsfrage konnte er kaum Konzessionen machen. Viel hing jetzt von den Entscheidungen der westalliierten Außenminister ab, die am 9. und 10. November in Paris ihre deutschlandpolitischen Beratungen fortsetzten.

Im Vorfeld der Konferenz gelang es dem Bundeskanzler und dem britischen Hohen Kommissar Brian Robertson, einen erheblichen Schritt voranzukommen. Robertson regte an, die Demontage nicht als wirtschaftliches, sondern als ein Sicherheitsproblem zu behandeln. Mit ihrem Beitritt zur militärischen Sicherheitskommission und zur Ruhrbehörde könne die deutsche Seite signalisieren, daß sie dem Sicherheitsbedürfnis der Alliierten entgegenkomme. Adenauer ließ seine Zustimmung erkennen, verwies aber darauf, daß er ohne die Konsultation der anderen im Bundestag vertretenen Parteien einen solchen Schritt nicht offiziell verkünden könne. Allerdings sei es ihm möglich, in einer persönlichen Note allgemeinen Inhalts dem britischen Hohen Kommissar Argumentationshilfe zu leisten, was er dann in seinem Schreiben vom 1. November 1949 tat: »Die deutsche Bundesregierung erklärt hiermit, daß sie das Sicherheitsbedürfnis gegenüber der Bundesrepublik Deutschland als Realität in Rechnung stellt und ihm, soweit irgend möglich, Rechnung zu tragen gewillt ist. Sie ist daher grundsätzlich zur Mitarbeit in jedem Organ bereit, das dazu dient, das etwaige Kriegspotential Deutschlands zu kontrollieren. Die

Bundesregierung schlägt vor, sofort einen Ausschuß unter Teilnahme deutscher Vertreter zu berufen, der die Sicherheitsfrage und auch die mit ihr zusammenhängenden internationalen wirtschaftlichen Fragen prüft.«[8]

Die Bereitschaft der Vereinigten Staaten, den deutschen Wünschen in der Reparationsfrage entgegenzukommen, stand ohnehin außer Frage. Inzwischen schwenkten auch die Briten auf einen vermittelnden Kurs ein. Allerdings blieb die völlig ablehnende Haltung der französischen Regierung unverändert, der schon aus Rücksicht auf die öffentliche Meinung ihres Landes die Hände weitgehend gebunden waren. Da Adenauer offiziell keine Außenpolitik treiben durfte, nutzte er neben breitgefächerten privaten Gesprächen vor allem Interviews mit der heimischen wie der internationalen Presse, um seinen Standpunkt darzulegen. Am 3. November 1949 veröffentlichte *Die Zeit* ein Gespräch mit dem Kanzler, in dem dieser sich grundsätzlich zum deutsch-französischen Verhältnis äußerte. Er sprach davon, daß »Erbfeindschaften völlig unzeitgemäß« seien und betonte seine Entschlossenheit, »die deutsch-französischen Beziehungen zu einem Angelpunkt« seiner Politik zu machen. »Ein Bundeskanzler«, so argumentierte er, »muß zugleich guter Deutscher und guter Europäer sein. Weil ich beides zu sein wünsche, muß ich eine deutsch-französische Verständigung anstreben. Eine solche Politik darf nicht dahin mißdeutet werden, daß sie profranzösisch und womöglich antibritisch wäre. Es handelt sich für uns keinesfalls darum, eine ausländische Macht gegen die andere auszuspielen. Die Freundschaft mit England ist ebenso wesentlich wie die mit Frankreich. Aber eine Freundschaft mit Frankreich bedarf größerer Anstrengungen, weil sie bisher stärker gehemmt war.«[9]

In einem von der französischen Regierung angeregten, von Adenauer verfaßten, aber nicht unterzeichneten Aide-mémoire, hob der Kanzler erneut hervor, daß es sich beim deutsch-französischen Problem vor allem um eine Frage der Psychologie handele. Das Papier enthielt die Grundzüge eines möglichen Kompromisses: deutscher Beitritt zur Ruhrbehörde und Mitarbeit in der Sicherheitskommission; Investition ausländischen Kapitals in deutsche Industrien; möglichst frühe und enge deutsche Beteiligung an wirtschaftlichen Verbindungen zwischen Frankreich, Italien und den Beneluxländern. Als wichtigsten Punkt, um den Deutschen psychologisch den Weg zur Kooperation zu erleichtern, nannte Adenauer die sofortige Beendigung gegenwärtiger und den Verzicht auf künftige Demontagen.[10]

In seinem Interview mit der amerikanischen Zeitung *Baltimore Sun*, die sich Adenauer als jenes Blatt empfahl, das vom amerikanischen Präsidenten regelmäßig gelesen wurde, gelangte seine Absicht, der Ruhrbehörde beizutreten, zum ersten Mal an die Öffentlichkeit. Zugleich gab er zu erkennen, daß er gegen französische Investitionen in die deutsche Industrie, besonders in deutsche Stahlwerke, selbst bis zu einer Höhe von 40 Prozent nichts einzuwenden habe und daß er sich auch nicht dagegen wende, wenn amerikanisches Kapital über Frankreich seinen Weg nach Deutschland finde. Allerdings seien die Demontagen ein entscheidendes Hindernis für die Herstellung »einer wirklichen europäischen Einheit«.[11]

Schon am 4. November 1949 hatte Carlo Schmid (SPD), der Vorsitzende des Auswärtigen Ausschusses, der in wesentlichen Punkten Adenauers Ansicht durchaus teilte, den Kanzler wissen lassen, daß seine Partei gegen die Entsendung eines deutschen Vertreters in die Ruhrbehörde sei.[12] In seinen »Erinnerungen« hat Adenauer großen Wert auf die Feststellung gelegt, daß er sich um weitere klärende Gespräche mit den Vertretern der Opposition bemüht habe, diese aber wegen Terminschwierigkeiten nicht mehr zustande gekommen seien.[13] Als er am 9. November, zwei Tage nach dem Erscheinen des Interviews in der *Baltimore Sun*, mit Vertretern der Fraktionen des Deutschen Bundestages zusammentraf, um seine bisherigen Schritte zu erläutern, stießen seine Ausführungen bei der SPD auf empörte Ablehnung. Kurt Schumacher sprach von einer »Irreführung des deutschen Volkes«. Die Bundesregierung gebe widerstandslos den Forderungen der Alliierten nach und verfüge selbst über kein außenpolitisches Konzept. Die deutsche Industrie befürworte nur deshalb den Beitritt zur Ruhrbehörde, weil sie hoffe, auf diese Weise die Sozialisierung der Ruhrindustrie verhindern zu können.[14] Damit zeichnete sich der Bruch des grundlegenden Konsenses der großen Parteien in der West- und Deutschlandpolitik ab, der erst wiedergefunden wurde, als die SPD 1959 im »Godesberger Programm« ihre Einstellung zur Westintegration grundlegend revidierte und gleichzeitig den Weg zur Volkspartei einschlug.

Die Konferenz der Außenminister in Paris am 9./10. November brachte noch keinen Durchbruch zu einer partnerschaftlichen Deutschlandpolitik der Alliierten, aber sie schuf doch die Grundlagen dazu.[15] Neben der Aussicht auf Zulassung als assoziiertes Mitglied des Europarats und neben Konzessionen beim Schiffsbau stach vor allem ins Auge, daß Deutschland die Möglichkeit eingeräumt werden sollte, Konsulate und Handelsmissionen im Ausland zu errichten. Hinsichtlich der zentralen Frage der Demontagen, an der dem Bundeskanzler besonders gelegen sein mußte, kam es nur zu geringfügigen Zugeständnissen. Die Pariser Regierung konnte sich nicht dazu durchringen, hier einen Schlußstrich zu ziehen, da sie sonst um ihr eigenes Überleben hätte fürchten müssen.

Als die Hohen Kommissare am 15. November 1949 mit dem Bundeskanzler die Ergebnisse der Pariser Konferenz erörterten, stellte sich heraus, daß die Franzosen ihre Zustimmung zur Aufnahme der Bundesrepublik in den Europarat von einer gleichzeitigen Aufnahme der Saar abhängig machten, was de facto einer Anerkennung der französischen Saarregelung durch den westdeutschen Staat gleichgekommen wäre. Unter Hinweis auf die von der SPD für den 24./25. November anberaumte Bundestagsdebatte bat Adenauer sich aus, über die Frage des Beitritts vor dem Parlament besser nicht zu sprechen, da Schumacher alles versuchen werde, die deutsche Teilnahme zu verhindern, falls die Saar aufgenommen werde. Die Zugeständnisse, die die Hohen Kommissare dem Kanzler zu machen bereit waren, erfüllten insgesamt seine Erwartungen nicht, zumal er zunächst auch mit dem Wunsch nach einer Revisionsklausel für das Ruhrstatut auf taube Ohren stieß.[16]

Die weiteren Gespräche Adenauers mit den Hohen Kommissa-

ren, die am 17. und 22. November auf dem Petersberg stattfanden, mündeten in regelrechte Verhandlungen ein, die mit einem vertragsartigen Protokoll abschlossen. Zum ersten Mal war damit dem Repräsentanten der neuen westdeutschen Regierung eine quasi partnerschaftliche Stellung eingeräumt worden, die sich klar von der eines bloßen Befehlsempfängers der Alliierten unterschied und de facto bereits – wenn auch zögernd – eine aktive Einflußnahme Adenauers im außenpolitischen Bereich einleitete. Indem er es verstand, als zentraler Ansprechpartner der Hohen Kommissare in Erscheinung zu treten, festigte er zugleich seine Position als Kanzler. Als außerordentlich zäher und zugleich kompetenter Verhandlungsführer, der bei der Formulierung des Vertragstextes stets dessen innenpolitische Umsetzbarkeit mitbedachte, gelang es Adenauer, sich Respekt zu verschaffen und Vertrauen zu gewinnen.

Das »Petersberger Abkommen« vom 24. November 1949, das von der »Entschlossenheit beider Parteien« sprach, »ihre Beziehungen auf der Grundlage gegenseitigen Vertrauens fortschreitend zu entwickeln«, stellte einen unverkennbaren Fortschritt dar, weil es den partnerschaftlichen Aspekt in den Beziehungen betonte und »die Zusammenarbeit Deutschlands mit den westeuropäischen Ländern auf allen Gebieten« zu fördern versprach.[17] Die Bundesregierung erklärte ihre Absicht, der Ruhrbehörde, bei der sie bis jetzt nur durch einen Beobachter vertreten war, beizutreten. Ausdrücklich wurde festgehalten, daß sie »mit allen ihr zur Verfügung stehenden Mitteln die Neubildung irgendwelcher Streitkräfte« verhindern werde.[18] Im Gegenzug wurde der deutschen Seite eine Reduzierung des alliierten Demontageplans zugesagt. In Berlin wurde der Abbau von Industrieanlagen generell eingestellt; in wichtigen Sektoren der synthetischen Treibstoff- und Gummiindustrie und selbst im Bereich der Stahlerzeugung kam es zu zahlreichen Streichungen. Mitte 1951 wurden die Demontagen endgültig beendet.

Adenauer hatte die Verhandlungen geführt, ohne das Parlament einzuschalten. Bei ihm liefen alle Fäden zusammen, was dem Erfolg der Sache gewiß diente. Dennoch stellte sich die Frage, ob der Kanzler bei einem so wichtigen Thema von nationalem Rang weitgehend allein handeln durfte. Die Bundestagsdebatte vom 24. und 25. November 1949, die der Regierungserklärung Adenauers folgte, konzentrierte sich nicht zuletzt auf diesen Punkt. Sie endete mit einem Eklat, der die politische Atmosphäre zwischen den beiden großen Parteien nachhaltig vergiftete. Es zeigte sich aber auch, daß die Verfahrensnormen des Bonner Parlamentarismus eine erste Bewährungsprobe im stürmischen politischen Alltag bestanden. Die Opposition attackierte Adenauer auf zwei Ebenen. Während Erich Ollenhauer, der unmittelbar vor dem Bundeskanzler sprach, die Bedeutung des »Petersberger Abkommens« herunterzuspielen suchte und die Nachteile des Beitritts zur Ruhrbehörde herausarbeitete, unterwarf Adolf Arndt, der Kronjurist der SPD, das Vorgehen des Kanzlers einer verfassungsrechtlichen Kritik. Arndt sprach vom Versuch der »Ausschaltung des Parlaments« und stritt dem Kanzler das Recht zur eigenmächtigen Unterzeichnung internationaler Abkommen ohne die Zustimmung

Konrad Adenauer verläßt die Hohe Kommission nach der Entgegennahme des Besatzungsstatuts

Zum ersten Mal wurde Adenauer mit militärischen Ehren verabschiedet, als er am 21. September 1949, also einen Tag nach Gründung der Bundesrepublik, den Petersberg verließ. Die Deutschen waren nicht mehr Objekt alliierter Besatzungspolitik, sondern auf dem Wege, Subjekt gemeinsamer Bündnispolitik zu werden.

der Volksvertretung ab. Dies sei der Versuch, »Verfassungskämpfe durch autoritären Handstreich zu gewinnen«.[19] Seine indirekte Warnung galt auch den Alliierten, die, statt eine europäische Politik zu treiben, in eine Interessenpolitik hineingerieten, die die Tendenz habe, »auch ein autoritäres Regime Adenauer eher zu stützen, als es durch ein demokratisches Regime ablösen zu lassen. Wir glaubten, auf dem Wege zu einer parlamentarischen Demokratie zu sein, und sehen uns auf dem Wege zu einer Monarchie ohne Konstitution.«[20]

Adenauer setzte seinerseits alles daran, Schumacher als einen hoffnungslos nationalistischen Politiker erscheinen zu lassen. Er betonte, daß seine Politik darauf angelegt sei, die Auswirkungen der Besatzungsherrschaft schrittweise abzubauen. Durch pragmatisches Vorgehen seien größere Erfolge zu erzielen als durch Prinzipienpolitik, wie sie der Argumentation der Sozialdemokratie zugrunde liege. Der Kanzler wußte, daß in den Reihen der SPD unterschiedliche Auffassungen bestanden. Aus Kontakten mit der Führung des deutschen Gewerkschaftsbundes, besonders mit dem ihm persönlich verbundenen Vorsitzenden Hans Böckler, war ihm bekannt, daß man dort jeden Fortschritt in der Demontagefrage lebhaft begrüßte. Als ihm während der Bundestagsdebatte eine als Agenturmeldung verbreitete Presseerklärung des Deutschen Gewerkschaftsbundes zugesteckt wurde, spielte Adenauer die Information, die er möglicherweise versehentlich als »Telegramm« bezeichnete, als Trumpf gegen seine sozialdemokratischen Widersacher aus. »Obwohl das deutsch-alliierte Abkommen nicht in allen Teilen befriedige«, so die Meldung, die er mit Genugtuung verlas, »sei nach Ansicht der Gewerkschaften eine Mitarbeit der Bundesregierung in der internationalen Ruhrbehörde richtig. Dies vor allem, weil es scheine, als seien die Befürchtungen in bezug auf Artikel 31 des Ruhrstatuts gegenstandslos geworden. An den Beitritt der Bundesregierung knüpften die Gewerkschaften die Erwartung, daß in der Folge die Schwerindustrie Europas in den Arbeitsbereich der Ruhrbehörde einbezogen werde.«[21]

Schumacher witterte ein bestelltes Überraschungsmanöver und zweifelte die Authentizität der Aussage an, die jedoch wenig spä-

ter bestätigt wurde. Adenauer kostete die heftigen Reaktionen der Opposition aus und unterstrich seine Dankbarkeit für die Haltung des DGB. Die Wogen schlugen immer höher. Die Debatte zog sich bis in die frühen Morgenstunden hin. Gegen drei Uhr ergriff Adenauer noch einmal das Wort. Die Grundlage des im »Petersberger Abkommen« erreichten deutsch-alliierten Kompromisses spitzte er auf folgende gegen die Opposition gerichtete Alternativfrage zu: »Ist sie [die Opposition] bereit, einen Vertreter in die Ruhrbehörde zu schicken, oder nicht? Und wenn sie erklärt: nein – dann weiß sie aufgrund der Erklärungen, die mir der General Robertson abgegeben hat, daß die Demontage bis zu Ende durchgeführt wird.«[22] Damit kam es zum Eklat.

Im Durcheinander der Einlassungen aus dem Plenum fiel der Zuruf des aufs höchste erregten Oppositionsführers: »Der Bundeskanzler der Alliierten!« Nun war er öffentlich gemacht, der hinter vorgehaltener Hand seit langem erhobene Vorwurf, Adenauer verhalte sich wie ein Handlanger der Besatzungsmächte und sei bereit, zentrale deutsche Interessen preiszugeben. Die folgenden Szenen im Bundestag hat Carlo Schmid in seinen Erinnerungen eindrucksvoll festgehalten: »Das Haus tobte. Präsident Köhler versuchte vergebens, sich Gehör zu verschaffen, die Abgeordneten erhoben sich gestikulierend und schreiend von ihren Sitzen. Unablässig schwang der Präsident die Glocke. Schließlich raffte er sich zu einem Ordnungsruf für Kurt Schumacher auf und bat den Bundeskanzler fortzufahren. Der Lärm im Haus überschlug sich, als Erich Ollenhauer rief, Konrad Adenauer habe Kurt Schumacher herausgefordert – *ihm* gebühre der Ordnungsruf ... Abgeordnete der Koalition beantragten die Einberufung des Ältestenrates. Konrad Adenauer verließ die Rednertribüne.«[23]

Als morgens kurz nach sechs Uhr die Sitzung wieder begann, hatte Schumacher seinen Zwischenruf nicht zurückgenommen. Präsident Köhler schloß ihn für zwanzig Sitzungstage von der Teilnahme an den Parlamentssitzungen aus. Zunächst wollte die SPD-Fraktion aus Solidarität mit ihrem Parteiführer dem Bundestag fernbleiben. Sie verzichtete darauf aber schließlich auf Wunsch Schumachers, der sich offensichtlich der Konsequenzen eines solchen Schrittes bewußt war. Da Schumacher sich wenige Tage später schriftlich bei Adenauer entschuldigte, betrachtete dieser die Angelegenheit als erledigt. »Die Wirkungsmöglichkeiten der SPD sind durch dieses Vorkommnis nicht gestärkt worden«, hat Carlo Schmid später die Bedeutung dieses Vorgangs kommentiert.[24]

Der Zusammenstoß zwischen Adenauer und Schumacher im Hohen Hause war kein bloßer Zufall. Die zwischen ihnen längst bestehenden persönlichen Animositäten hatten im Wahlkampf weitere Nahrung erhalten. Der für Schumacher unerwartete Wahlausgang hatte der bestehenden Abneigung weitere Enttäuschung und Verbitterung hinzugefügt, die sich durch Adenauers Taktik bei der Regierungsbildung und den erkennbaren »Kanzlerstil« der neuen Administration noch verstärkte – ganz zu schweigen von konzeptionell-politischen Gegensätzen, die allerdings nicht darüber hinwegtäuschen sollten, daß zwischen beiden Politikern auch vielfältige Berührungspunkte und Gemeinsamkeiten bestanden.

Die Westintegration hielten beide aus innen- wie außenpolitischen Gründen für existentiell notwendig. Sicherheit und Entfaltungsmöglichkeit für den neuen Staat, davon waren beide überzeugt, konnte es nur im engen Einvernehmen mit den westlichen Demokratien geben, deren politische Wertvorstellungen sie teilten.

Für Adenauer besaß dabei, anders als für Schumacher, das Ziel absolute Priorität, die Bundesrepublik in das westliche Bündnis einzubinden. Bevor die Westintegration nicht in umfassender Weise erreicht war, hielt er Verhandlungen über die Wiederherstellung der nationalen Einheit Deutschlands für verfrüht, ja für gefährlich. Eine tiefe Skepsis gegenüber der Demokratiefähigkeit seiner eigenen Landsleute mag seine Zurückhaltung noch verstärkt haben. Schon im ersten Jahr seiner Regierung wurde erkennbar, wie eng Adenauer die schrittweise Wiedererlangung politischer Selbständigkeit mit der Integration in ein westliches Bündnis verband. Noch aber konnte nicht von einem differenzierten und abgestuften Konzept die Rede sein, zumal die aktiven Gestaltungsmöglichkeiten des Kanzlers der jungen Bundesrepublik begrenzt waren. Er nutzte aber geschickt die Chancen, die sich in konkreten Situationen darboten. Dabei kam ihm zugute, daß sich seine politischen Intentionen mit denen der Westmächte weitgehend deckten beziehungsweise mit diesen in Übereinstimmung gebracht werden konnten.[25]

Adenauer begriff, und darin unterschied er sich von Schumacher, den Weststaat von Anfang an als eine tragfähige politische Einheit, die nicht mehr zur Disposition gestellt werden durfte und die es zu konsolidieren galt. Im Rahmen der durch die Alliierten vorgegebenen innen- wie außenpolitischen Bedingungen, die er nüchtern zur Kenntnis nahm und akzeptierte, zielte sein Handeln darauf, der Bundesrepublik zunehmend größere Manövrierfähigkeit zu verschaffen und zugleich die eigene Position und die seiner Partei zu festigen. Dabei verlor er nie den Argwohn, daß sich die verfeindeten Siegermächte doch über den Kopf der Bundesrepublik hinweg arrangieren und die deutsche Frage ihren eigenen Interessen entsprechend lösen könnten.

Von dem Gedanken eines neutralisierten Nationalstaates, den die Berliner Gruppe der CDU um Jakob Kaiser mit dem Ziel verfocht, dem wiedervereinigten Deutschland eine Brückenfunktion zwischen Ost und West zu geben, hielt Adenauer nichts. Auch Schumacher warnte vor den Gefahren einer deutschen Schaukelpolitik zwischen den Blöcken. Dennoch maß er der gesamtdeutschen Politik einen größeren Stellenwert bei, als der Bundeskanzler dies tat. Mit seiner prononciert nationalen Haltung, mit der unablässigen Forderung des Selbstbestimmungsrechts der Deutschen und der Betonung des provisorischen Charakters des Bonner Staates geriet der Führer der Opposition in immer schärferen Gegensatz zur pragmatisch abgestimmten Westintegrationspolitik des Kanzlers. Anders als für den sozialdemokratischen Patrioten war für den rheinischen Katholiken die Nation nicht der letzte Maßstab der Lebensorientierung.

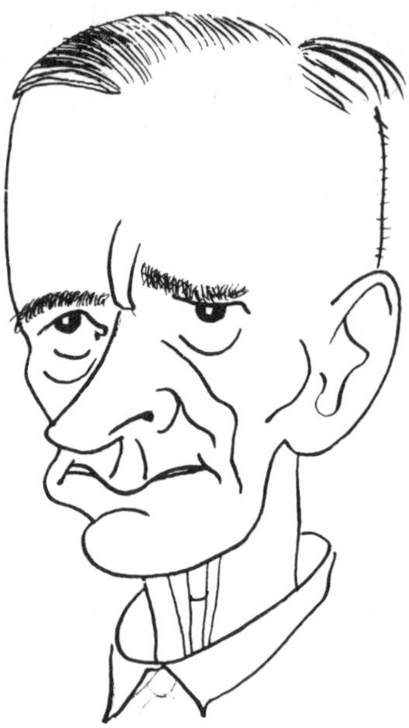

Kurt Schumacher in einer zeitgenössischen Karikatur

Kurt Schumachers Leidenschaftlichkeit führte immer wieder zu Kontroversen im Bundestag. In einer völligen Verkehrung der Fronten warf der Führer der Sozialdemokratischen Partei dem Führer der Christdemokraten vor, zu große Nachgiebigkeit in nationalen Fragen zu zeigen; den »Kanzler der Alliierten« nannte er ihn in einer turbulenten Parlamentsdebatte, weil er willfährig den Anordnungen der Alliierten folge. Der Satz, der zu tumultartigen Szenen führte, war der Höhepunkt der Auseinandersetzungen beider Männer, die sich bei aller Gegensätzlichkeit im übrigen als entschiedene Gegner des Nationalsozialismus wie des Kommunismus schätzten und auf dieser Basis immer wieder zu einer Gemeinsamkeit der Demokraten fanden.

2. Deutsch-französische Gehversuche

Konrad Adenauer war sich der historischen Belastungen, die Deutschland und Frankreich voneinander trennten, vollauf bewußt. Als Rheinländer besaß er ein gewachsenes und tiefes Verständnis für die Ängste und die psychologischen Barrieren, die sich aus der wechselvollen deutsch-französischen Geschichte ergaben und die durch das Trauma der deutschen Besatzung und der nationalsozialistischen Greuel vertieft worden waren. Schon kurz nach seinem Amtsantritt hatte der Bundeskanzler dies in Gesprächen und Interviews signalisiert und dazu ermutigt, Sicherheitspolitik nicht auf wirtschaftliche und politische Kontrolle sowie auf Sanktionen zu beschränken, sondern über Formen internationaler Kooperation nachzudenken. Wenn er damit das Mißtrauen auch nicht auf einen Schlag beseitigen konnte, so sorgte er doch für eine Verbesserung der Atmosphäre, ohne die sich kein Weg zu künftiger Zusammenarbeit eröffnen konnte.

Die Saarfrage nahm unter den deutsch-französischen Problemen eine Sonderstellung ein. An ihr konnte sich leicht die nationale Erregung in beiden Ländern erneut entzünden und damit zaghafte europäische Ansätze im Keim ersticken. Für Frankreich war das Saargebiet ein Faustpfand, das nach dem Scheitern weitergesteckter Erwartungen immer mehr den Charakter eines Trostpreises gewann. Schon nach dem Ersten Weltkrieg hatte sich das französische Interesse auf dieses Gebiet gerichtet, das von etwa einer Million Deutschen bewohnt wurde. Sicherheitspolitische Erwägungen spielten dabei ebenso eine Rolle wie die wirtschaftliche Bedeutung des Saarlandes. Bereits im Sommer 1945 wurde die Saar aus der französischen Besatzungszone ausgegliedert, obwohl gemäß den Potsdamer Beschlüssen – vergleichbar den Gebieten jenseits von Oder und Neiße – der Vorbehalt einer späteren friedensvertraglichen Regelung bestehen blieb. Im Jahre 1947 kam es zu einer Wirtschafts- und Währungsunion mit Frankreich, die von Amerikanern und Briten hingenommen wurde, wohl nicht zuletzt, um die französische Zustimmung zur deutschen Weststaatsentwicklung zu erhalten.

Was von den Deutschen während der Besatzungsherrschaft noch als mehr oder weniger schicksalhaft angesehen wurde, das erschien nach Gründung der Bundesrepublik, deren Grundgesetz die Saar nicht im Katalog der Länder aufführte, unannehmbar. Die Saar galt auch denjenigen selbstverständlich als deutsch, die nicht in nationalistischen Kategorien dachten. Um so mehr erschien es der französischen Politik geraten, auf eine abschließende Autonomielösung für die Saar zu drängen. Sie konnte sich dabei auf die gewählte Landesregierung unter Johannes Hoffmann (Christliche Volkspartei), aber auch auf Teile der Bevölkerung stützen, die unter den gegebenen Umständen durchaus bereit waren, dem französischen Weg gegenüber einer nationalen deutschen Lösung den Vorzug zu geben.

Anfang 1950 drohte die Saarfrage die ersten Ansätze des Vertrauens, die durch das »Petersberger Abkommen« entstanden waren, zu zerstören, als bekannt wurde, daß in Paris mit der Saarregierung über den Abschluß von »Staatsverträgen« verhandelt wurde, deren Sinn nur darin bestehen konnte, vollendete Tatsachen zu schaffen. Adenauer wies den französischen Außenminister Robert Schuman bei dessen erstem Besuch in Bonn am 15. Januar 1950 darauf hin, daß diese Entwicklung in Deutschland große Erregung hervorrufe und den deutschen Beitritt zum Europarat, der auf dem Petersberg grundsätzlich vereinbart worden war, gefährde. Der Kanzler kritisierte vor allem, daß eine Autonomie der Saar dem weiterhin rechtsgültigen alliierten Vorbehalt widerspreche, der eine Festlegung der Grenzen auf den noch ausstehenden Friedensvertrag verschiebe. Schuman allerdings war in der Saarfrage zu keinerlei Entgegenkommen bereit.[26]

Am 2. März 1950 traf Adenauer zu einer seiner gewohnten Besprechungen mit den Hohen Kommissaren auf dem Petersberg zusammen. Von François-Poncet erfuhr der überraschte Kanzler, daß die Saarverhandlungen abgeschlossen und vier Verträge paraphiert seien, deren Unterzeichnung unmittelbar bevorstehe. Beschwichtigend fügte der Franzose hinzu: »Der Text dieser Abkommen ist in einem Sinne abgefaßt, der ihnen weitgehend Genugtuung verschaffen wird, insbesondere das Abkommen über die Saargruben. Dieses Abkommen hat nur so lange Rechtskraft, bis der Friedensvertrag abgeschlossen wird. Wenn der Friedensvertrag das augenblickliche Abkommen sanktioniert, würde dieser Vertrag stillschweigend weitergeführt werden. Aber auf keinen Fall würde seine Dauer über 50 Jahre hinausgehen. Was die Verwaltung der Staatsbahnen angeht, so ist das augenblickliche Abkommen im Unterschied zum ursprünglichen Projekt abgeschlossen worden. Es wird eine Art saarländischer Rat eingerichtet, der aber keinesfalls einen französischen Vertreter hat, das heißt, daß die Staatsbahnen nicht, wie ursprünglich vorgesehen, von der Nationalen Französischen Eisenbahn verwaltet werden.«[27]

Dies klang in deutschen Ohren keineswegs beruhigend. Vielmehr ergaben sich aus dem französischen Vorgehen alarmierende Konsequenzen, denn die Saarverträge mußten im Zusammenhang mit der Frage des deutschen Beitritts zum Europarat gesehen werden. Der Europarat war als erster Zusammenschluß westeuropäischer Staaten im Sommer 1949 von Frankreich, Großbritannien, Italien und den Beneluxländern sowie Norwegen und Schweden gegründet worden, um durch ideelle, wirtschaftliche und soziale Impulse die Perspektiven eines europäischen Bundesstaates zu eröffnen. Wenn auch schon bald die Grenzen des idealistischen Ansatzes in der komplizierten europäischen Wirklichkeit deutlich wurden, war es für die Deutschen doch wichtig, ohne Verzögerung an den europäischen Initiativen teilzunehmen.

Im »Petersberger Abkommen« hatten die westlichen Alliierten ebenso wie der Bundeskanzler eine baldige assoziierte Mitgliedschaft der Bundesrepublik im Europarat begrüßt. Durch die Saarkonventionen ergab sich dafür nun ein schwerwiegendes Hindernis, das die Regierung Adenauer in größte Bedrängnis brachte. Der von Frankreich forcierte gleichzeitige Beitritt der Bundesre-

Schreiben Robert Schumans an Konrad Adenauer vom 7. Mai 1950

Der französische Außenminister Robert Schuman und der deutsche Bundeskanzler Konrad Adenauer hatten Mühe, für die im »Petersberger Abkommen« gefundene Übereinkunft die jeweiligen Parlamente zu gewinnen, vor allem erwies sich das Saargebiet als ein schwieriger Verhandlungspunkt, da seine Steinkohleförderung und seine Stahlproduktion – für Deutschland vor allem nach dem Verlust des oberschlesischen Industriegebietes – für den wirtschaftlichen Aufschwung von beiden Seiten für entscheidend angesehen wurde. Weder Schuman noch Adenauer konnten zu weitgehende Zugeständnisse machen, aber beide Staatsmänner waren entschlossen, das Verständigungswerk beider Völker daran nicht scheitern zu lassen. So wurde eine Reihe von Briefen ausgetauscht, die sozusagen zwischen den Zeilen gelesen werden sollten, wie etwa Robert Schumans Brief vom 7. Mai. Weder Paris noch Bonn sahen voraus, daß wenige Jahrzehnte später gerade die Kohleförderung und die Stahlproduktion eine Belastung darstellen und mehr an Subventionen verlangen würden, als sie an Gewinn abwarfen.

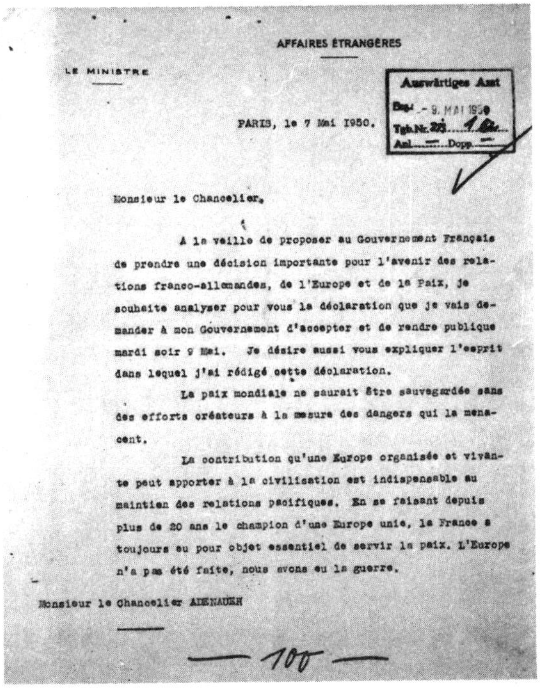
AFFAIRES ÉTRANGÈRES

LE MINISTRE

Auswärtiges Amt
Eing. – 9. MAI 1950
Tgb.Nr.
Anl. –– Dopp. ––

PARIS, le 7 Mai 1950.

Monsieur le Chancelier,

A la veille de proposer au Gouvernement Français de prendre une décision importante pour l'avenir des relations franco-allemandes, de l'Europe et de la Paix, je souhaite analyser pour vous la déclaration que je vais demander à mon Gouvernement d'accepter et de rendre publique mardi soir 9 Mai. Je désire aussi vous expliquer l'esprit dans lequel j'ai rédigé cette déclaration.

La paix mondiale ne saurait être sauvegardée sans des efforts créateurs à la mesure des dangers qui la menacent.

La contribution qu'une Europe organisée et vivante peut apporter à la civilisation est indispensable au maintien des relations pacifiques. En se faisant depuis plus de 20 ans le champion d'une Europe unie, la France a toujours eu pour objet essentiel de servir la paix. L'Europe n'a pas été faite, nous avons eu la guerre.

Monsieur le Chancelier ADENAUER

— 100 —

publik und des Saarlandes zielte praktisch auf die Sanktionierung der französischen Autonomiepolitik und mußte das deutsche Mißtrauen bis zur offenen Empörung steigern, zumal von der Bundesregierung nun verlangt wurde, um Aufnahme zu ersuchen. Adenauer erklärte den drängenden Hohen Kommissaren, daß er ohne die Saarkonventionen den Bundestag längst mit der Beitrittsfrage befaßt hätte. Doch könne er nun nicht mehr sicher sein, dafür eine Mehrheit zu bekommen. Er verwies dabei auf die ablehnende Haltung Kurt Schumachers und fügte hinzu: »Bei uns sind zahlreiche Leute der Überzeugung, daß Frankreich uns im Europarat überhaupt nicht will, und zwar deswegen, weil es jetzt diese Saarkonventionen mit der saarländischen Regierung abgeschlossen hat und weil die französische Regierung genau weiß – ich habe das dem Herrn Außenminister Schuman selbst gesagt –, daß sie damit das größte Hindernis für den Eintritt Deutschlands in den Europarat schaffen würde, das überhaupt möglich ist. Ein Grund, warum die Saarkonventionen getroffen sind, ist in keiner Weise ersichtlich. Ich hatte Herrn Außenminister Schuman gefragt: ›Warum wollen Sie das denn gerade jetzt machen? Sie haben doch alles, was Sie wollen.‹ Er antwortete mir: ›Wir haben alles, was wir wollen, aber es ist noch nicht rechtlich unterbaut, und das wollen wir jetzt tun.‹«[28] Dennoch konnte Adenauer nicht daran gelegen sein, einer nationalen Kampagne freien Lauf zu lassen, die dem überaus pflegebedürftigen neuen Vertrauensverhältnis schadete. Auch Schumacher sah ein, daß man den Bogen nicht überspannen durfte.

Eine mit den Fraktionsvorsitzenden abgestimmte Mitteilung des Kanzlers an die Hohen Kommissare bezeichnete schließlich

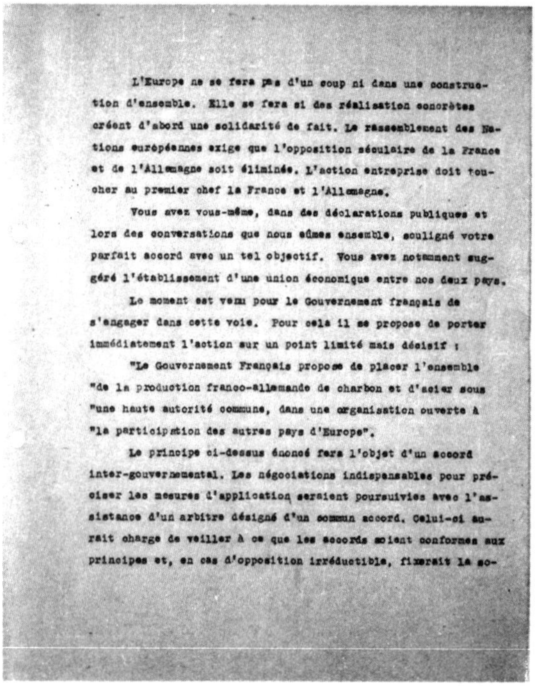

L'Europe ne se fera pas d'un coup ni dans une construction d'ensemble. Elle se fera si des réalisation concrètes créent d'abord une solidarité de fait. Le rassemblement des Nations européennes exige que l'opposition séculaire de la France et de l'Allemagne soit éliminée. L'action entreprise doit toucher au premier chef la France et l'Allemagne.

Vous avez vous-même, dans des déclarations publiques et lors des conversations que nous eûmes ensemble, souligné votre parfait accord avec un tel objectif. Vous avez notamment suggéré l'établissement d'une union économique entre nos deux pays.

Le moment est venu pour le Gouvernement français de s'engager dans cette voie. Pour cela il se propose de porter immédiatement l'action sur un point limité mais décisif :

"Le Gouvernement Français propose de placer l'ensemble "de la production franco-allemande de charbon et d'acier sous "une haute autorité commune, dans une organisation ouverte à "la participation des autres pays d'Europe".

Le principe ci-dessus énoncé fera l'objet d'un accord inter-gouvernemental. Les négociations indispensables pour préciser les mesures d'application seraient poursuivies avec l'assistance d'un arbitre désigné d'un commun accord. Celui-ci aurait charge de veiller à ce que les accords soient conformes aux principes et, en cas d'opposition irréductible, fixerait la so-

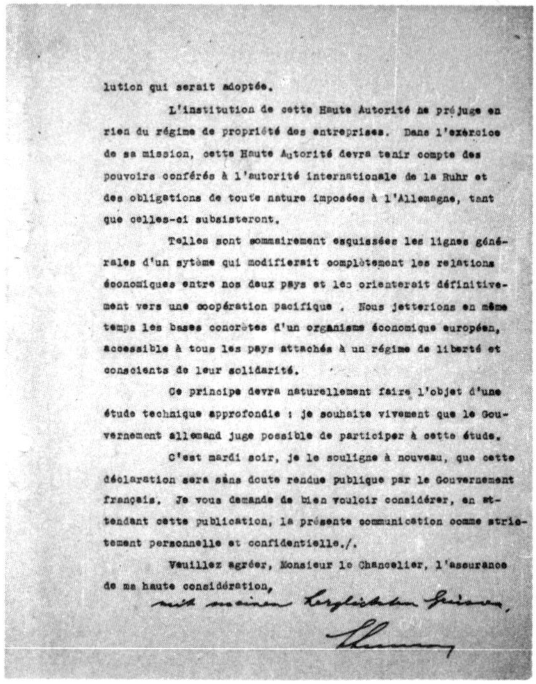

lution qui serait adoptée.

L'institution de cette Haute Autorité ne préjuge en rien du régime de propriété des entreprises. Dans l'exércice de sa mission, cette Haute Autorité devra tenir compte des pouvoirs conférés à l'autorité internationale de la Ruhr et des obligations de toute nature imposées à l'Allemagne, tant que celles-ci subsisteront.

Telles sont sommairement esquissées les lignes générales d'un sytème qui modifierait complètement les relations économiques entre nos deux pays et les orienterait définitivement vers une coopération pacifique . Nous jetterions en même temps les bases concrètes d'un organisme économique européen, accessible à tous les pays attachés à un régime de liberté et conscients de leur solidarité.

Ce principe devra naturellement faire l'objet d'une étude technique approfondie : je souhaite vivement que le Gouvernement allemand juge possible de participer à cette étude.

C'est mardi soir, je le souligne à nouveau, que cette déclaration sera sàns doute rendue publique par le Gouvernement français. Je vous demande de bien vouloir considérer, en attendant cette publication, la présente communication comme strictement personnelle et confidentielle./.

Veuillez agréer, Monsieur le Chancelier, l'assurance de ma haute considération,

mit meinen herzlichsten Grüssen,

die ausdrückliche Erwähnung der Friedensvertragsklausel für die Saar und den von den Alliierten zu äußernden Wunsch nach einer Aufnahme der Bundesrepublik in den Europarat als hinreichende Vorbedingung für eine deutsche Zustimmung.[29] Jetzt hing alles davon ab, ob Adenauer sich bis zur unmittelbar bevorstehenden Konferenz der Außenminister, die für den 11. Mai 1950 in London angesetzt war, im Kabinett und, was weitaus schwieriger war, im Parlament würde durchsetzen können.

In dieser Situation traf völlig überraschend eine Botschaft aus Paris ein, die wenig später als »Schumanplan« bekannt wurde. Sie kündigte einen grundlegenden Wandel der französischen Deutschland- und Europapolitik an und brachte neue Dynamik in die zähen politischen Bewegungen. Bis heute ist die Vorgeschichte dieser Nachricht und ihre genaue zeitliche Einordnung nicht lückenlos rekonstruiert. Adenauer selbst verlegt in seinen »Erinnerungen« die Übergabe der Vorschläge des französischen Außenministers an den Bundeskanzler auf die 64. Kabinettssitzung vom 9. Mai 1950, in der die assoziierte Mitgliedschaft der Bundesrepublik im Europarat auf der Tagesordnung stand. Danach muß der Eindruck entstehen, daß eine positive Entscheidung des Kabinetts in dieser Frage zustande kam, ohne daß der Kanzler die Pläne Schumans kannte.[30] Tatsächlich wurde Schumans Botschaft an Adenauer in den Mittagsstunden des 8. Mai übergeben, und noch am selben Tage konnte der als Kurier fungierende Robert Mischlich, ein enger Vertrauter des französischen Außenministers, das vorbehaltlos zustimmende Antwortschreiben Adenauers nach Paris mitnehmen, wo Schuman tags darauf seine Vorstellungen dem Ministerrat unterbreitete.[31]

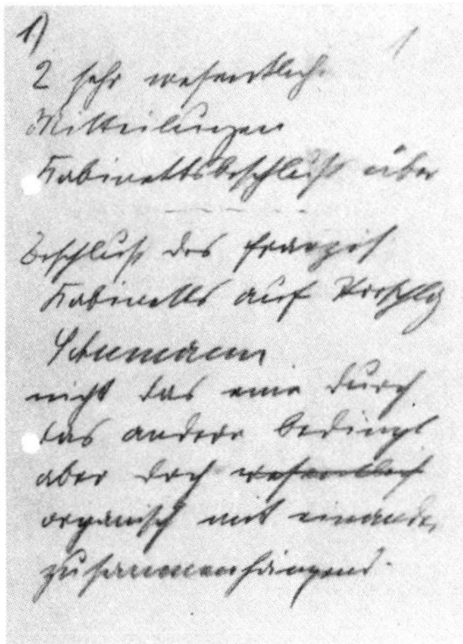

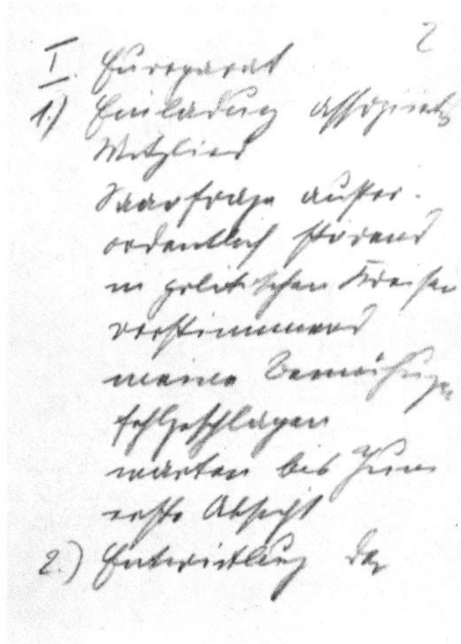

»Im Begriff, der französischen Regierung den Vorschlag zu machen, eine für die Zukunft der französisch-deutschen Beziehungen, Europas und des Friedens wichtige Entscheidung zu treffen«, so begann der Brief Schumans an den Bundeskanzler, »möchte ich die Erklärung, die ich am Dienstag den 9. 5. abends meine Regierung bitten werde anzunehmen und zu veröffentlichen, Ihnen erläutern. Ich möchte Ihnen auch klarlegen, in welchem Geiste ich diese Erklärung abgefaßt habe.«[32] Europa werde nicht mit einem Schlage entstehen. Durch konkrete Leistungen müsse erst eine tatsächliche Solidarität geschaffen werden. Dies setze auch voraus, daß die jahrhundertealte Gegnerschaft Frankreichs und Deutschlands ausgeschaltet werde. Daher müßten die unternommenen Schritte in erster Linie Frankreich und Deutschland berühren. »Sie selbst haben«, so konnte Adenauer zu seiner Genugtuung lesen, »in öffentlichen Erklärungen und bei den Unterhaltungen, die wir zusammen führten, Ihre volle Übereinstimmung mit einem solchen Vorhaben unterstrichen. Sie haben vor allem die Errichtung einer Wirtschaftsunion zwischen unseren beiden Ländern vorgeschlagen.« Für die französische Regierung sei nun der Augenblick gekommen, diesen Weg zu gehen, und dies unverzüglich auf einem begrenzten, aber entscheidenden Gebiet zu tun. Sie schlage deshalb vor, »die Gesamtheit der französisch-deutschen Kohle- und Stahlproduktion einer gemeinschaftlichen hohen Stelle im Rahmen einer Organisation, der die anderen europäischen Länder beitreten können, zu unterstellen«.[33] Ein gemeinschaftlicher Schiedsrichter sei vorgesehen, die Eigentümerrechte dieser Unternehmungen sollten in keiner Weise berührt sein. Die hohe Stelle habe die der Internationalen Ruhrbehörde auferlegten Verpflichtungen, solange diese bestünden, ebenso wie die anderen Deutschland auferlegten Verpflichtungen zu berücksichtigen. Mit dem skizzierten Vorschlag sollten nicht nur die Wirtschaftsbeziehungen zwischen den beiden Ländern vollständig umgeändert und endgültig eine friedliche Zusammenarbeit eröffnet werden. Vielmehr würden gleichzeitig die konkreten Grundlagen für einen europäischen Wirtschaftsorganismus geschaffen, »dem alle Länder

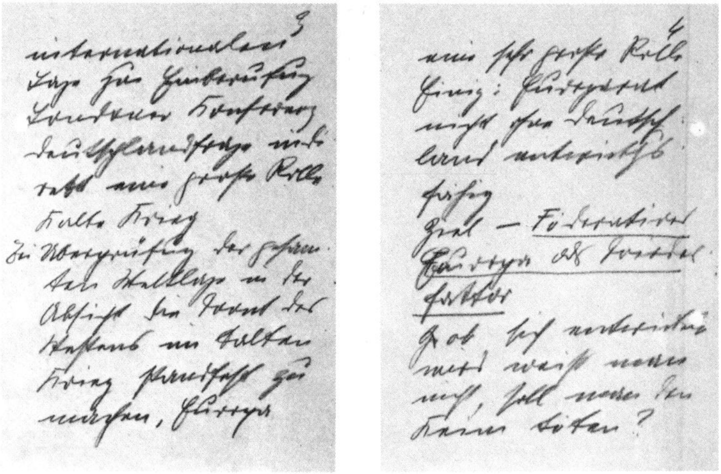

Redenotizen Adenauers für seine Stellungnahme zum Schumanplan im Bundestag am 9. Mai 1950

beitreten können, die ein freiheitliches Regime haben und sich ihrer Solidarität bewußt sind«.[34] Natürlich bedürfe dieser Grundgedanke in technischer Hinsicht einer eingehenden Prüfung. Er wünsche lebhaft, so schloß Schuman seinen Brief, daß sich die deutsche Regierung in der Lage sehe, an dieser Prüfung teilzunehmen.

Diese Gedanken sprachen Adenauer aus dem Herzen. In dem offiziellen Schreiben erklärte er »schon jetzt die Bereitschaft Deutschlands …, sich an dem Studium des Plans und an der Vorbereitung der in Zukunft erforderlichen organisatorischen Maßnahmen zu beteiligen«.[35] In einem zweiten, persönlich gehaltenen Brief vom selben Tage, in dem er Schuman für dessen Initiative dankte, ging Adenauer über diese Zusage weit hinaus und zeigte zugleich, welchen Stellenwert er dem Plan beimaß. Gerade nach den jüngsten Rückschlägen im deutsch-französischen Verhältnis sah er in ihm eine neue Chance zu konstruktiver Zusammenarbeit: »Diese gute Nachricht erreicht mich in einem Augenblick, in dem ich mich entschlossen habe, dem Bundeskabinett den Beitritt der Bundesregierung (sic!) zum Europarat zu empfehlen. Das Bundeskabinett wird hierüber morgen Beschluß fassen, und ich zweifle nicht, daß dieser Beschluß positiv ausfallen wird. Es wird sich sodann der Bundestag mit dieser wichtigen Frage beschäftigen, und ich glaube, daß auch er – allerdings gegen die Stimmen der Sozialdemokratie – den Beitritt Deutschlands beschließen wird. Damit ist eine wichtige Etappe in der Nachkriegsentwicklung erreicht, und ich hoffe, daß Deutschland in Straßburg einen nützlichen Beitrag zum Wiederaufbau unserer europäischen Welt leisten wird. Der Plan der französischen Regierung, den Sie mir in großen Zügen entwickelt haben, wird in der deutschen öffentlichen Meinung einen starken Widerhall finden, da zum ersten Mal nach der Katastrophe des Jahres 1945 Deutschland und Frankreich gleichberechtigt an einer gemeinsamen Aufgabe wirken sollen.«[36]

Der Gedanke des Zusammenschlusses der französischen und deutschen Kohle- und Eisenproduktion war nicht neu; Adenauer hatte ihn schon in der Weimarer Zeit erwogen. Er erinnerte daran

in einem Brief, den er am 11. Mai 1950 an den in der Schweizer Emigration lebenden Industriellen Silverberg schrieb: »In diesen Tagen ist ja nun durch Frankreich das Projekt, mit dem Sie, Hugo Stinnes und ich im Jahre (1924) uns beschäftigt haben, ... einen entscheidenden Schritt vorwärtsgekommen. Ich habe lebhaft an unsere damaligen Besprechungen gedacht.«[37]

Trotz aller persönlichen Begeisterung für den Plan konnte sich Adenauer der Zustimmung im eigenen Land nicht sicher sein. Kurt Schumacher teilte keineswegs den Enthusiasmus des Kanzlers. Was sollte aus der Sozialisierung, was aus der Mitbestimmung in der Kohle- und Stahlindustrie werden? In Washington und London stieß der Vorschlag auf unterschiedliche Resonanz. Die britische Regierung, durch die französische Initiative überrascht, sah ihre eigenen Interessen im Ruhrgebiet tangiert und fühlte sich gleichzeitig in ihrer mitgestaltenden Rolle bei der Deutschlandpolitik beeinträchtigt. Hingegen kam von jenseits des Atlantiks nachdrückliche Zustimmung. Auch aus den westeuropäischen Ländern lagen positive Reaktionen vor. Rechtzeitig vor der Londoner Konferenz der Außenminister hatten sich damit die Dinge zum Besseren gewendet. Die Pressekonferenz vom Abend des 9. Mai nutzte Adenauer zur politischen Bestandsaufnahme. Er legte die nächsten Schritte sowie die politischen Perspektiven dar, die sich für seine Regierung aus der französischen Initiative und dem geplanten Beitritt zum Europarat ergaben. Er drückte seine Überzeugung aus, daß sich schon bald wesentliche Erleichterungen »auf dem gesamten Gebiete des Besatzungsregimes« ergeben würden und »daß die Revision des Besatzungsstatuts, die bald fällig sei, viel großzügiger ausfallen werde, wenn wir Mitglied des Europarats«[38] sind.

Die schnelle Reaktion der Bundesregierung auf den Schumanplan trug nicht unwesentlich dazu bei, daß die Erklärung der Londoner Konferenz (11. bis 13. Mai 1950) in ihren Deutschland betreffenden Teilen erstaunlich konstruktiv ausfiel. Sie beschrieb in knappen Sätzen die Stationen westalliierter Politik, die von der Gründung des westdeutschen Staates über die schrittweise Minderung der Reparationslast durch das Washingtoner Abkommen vom April 1949 bis hin zum »Petersberger Abkommen« geführt hatten. Gleichzeitig würdigte sie den Beitritt der Bundesrepublik zu einer Anzahl internationaler Organisationen, einschließlich der Organisation für europäische wirtschaftliche Zusammenarbeit (OEEC) und die Einladung zum Beitritt in den Europarat. Vor diesem Hintergrund stellten die Westalliierten der deutschen Seite die Befreiung von jenen Kontrollen in Aussicht, denen sie gegenwärtig noch unterworfen sei, und zwar so schnell wie möglich. Allerdings blieben die Erleichterungen weiterhin an deutsches Wohlverhalten gebunden. »In erster Linie wird der Fortschritt dadurch bestimmt, in welchem Ausmaß die Alliierten davon überzeugt sein können, daß ihre eigene Sicherheit durch die Entwicklung des Wunsches nach Frieden und freundschaftlicher Verbindung mit den Alliierten in Deutschland gewährleistet ist. In zweiter Linie wird der Fortschritt durch das Ausmaß erreicht werden, in dem Deutschland einen Zustand erreicht, in welchem echte Demokratie herrscht und die Grundfreiheiten des einzelnen gesichert

Demonstration der Gewerkschaften gegen die Westintegration und das Betriebsverfassungsgesetz

Adenauers Westpolitik, die auf supranationale Organisationen zielte, stieß gerade bei den Gewerkschaften auf leidenschaftlichen Widerspruch, zumal diese stärker noch als die Unternehmer in nationalen Kategorien dachten. Sie fürchteten, daß sowohl die von ihnen erstrebte Sozialisierung der Grundstoffindustrie als auch die Mitbestimmungsregelungen einen Rückschlag erleiden würden, wenn es zu europäischen Vereinbarungen käme, zumal sowohl Frankreich als auch Großbritannien und Italien konservative Regierungen besaßen.

sind. Die Westmächte wünschen daher mit allem Nachdruck zu betonen, daß die Verwirklichung des natürlichen Wunsches des deutschen Volkes nach Erleichterung der Kontrollen und Wiederherstellung der Souveränität ihres Landes allein von den Anstrengungen des deutschen Volkes selbst und seiner Regierung abhängt.«[39]

Daß die Westalliierten diesen Fortschritt so schnell wie möglich sehen wollten, konnte der Bundeskanzler mit Beruhigung und Befriedigung zur Kenntnis nehmen. In der Bundestagsdebatte vom 13. Juni 1950 hatte die Sozialdemokratische Partei, die kurz zuvor auf ihrem Hamburger Parteitag den Beitritt zum Europarat abgelehnt hatte, den selbstbewußt vorgetragenen politischen Visionen des Kanzlers nicht mehr viel entgegenzusetzen, wenn es Adenauer auch nicht gelang, die Opposition umzustimmen.

Bereits am 23. Mai war Jean Monnet, der die eigentlich treibende Kraft hinter dem »Schumanplan« war und diesen auch entwikkelt hatte, zu einem Besuch nach Bonn gekommen, um mit Adenauer die Details der weiteren Beratungen zu besprechen.[40] Der Leiter der Planungsbehörde war einer der einflußreichsten französischen Politiker und verfügte über exzellente Verbindungen auf internationalem Parkett, ohne selbst einer Partei anzugehören. Seit dem Ersten Weltkrieg hatte Monnet sich in mehreren diplomatischen und wirtschaftlichen Missionen im Dienst seines Landes bewährt. Wie kaum ein anderer war er imstande, das komplexe Gefüge internationaler Wirtschaftsvorgänge analytisch zu erfassen. Sein Einfluß entsprang seiner unabhängigen Stellung und seiner

Konrad Adenauer und Jean Monnet im Palais Schaumburg, April 1951

Jean Monnet war die eigentlich treibende Kraft hinter dem »Schumanplan«. Zu Recht gilt er als der Vater der deutsch-französischen Integrationspolitik. Der Bundeskanzler spielte seine vertrauensvollen Beziehungen zu den amerikanischen und französischen Staatsmännern oft gegen die eigene Opposition aus. Franz Josef Strauß erzählt in seinen Erinnerungen, wie Adenauer im Bundestag verkündete, gerade eine Depesche von John Foster Dulles erhalten zu haben und dabei bedeutungsvoll aus dem angeblichen Brief vorlas, der in Wirklichkeit die Speisekarte des Bonner Hotels Königshof gewesen sei.

Fähigkeit, mit einer Gruppe Gleichgesinnter hinter den Kulissen planend, auf die französische Politik einzuwirken. Deutschfreundliche Erwägungen waren keineswegs der eigentliche Ausgangspunkt im Konzept Monnets. Allerdings unterschied sich sein Ansatz fundamental von der antideutschen Sicherheitspolitik, die noch immer in Paris vorherrschte und nur auf Schwächung und Kontrolle zielte. Ihm ging es vielmehr darum, eine langfristige Kontrolle des Nachbarn durch Partnerschaft zu erreichen, an deren Ende eine europäische Föderation stehen sollte. In seinem Memorandum für die Regierung Bidault vom 3. Mai 1950 legte er seine Gründe dar.[41] Er ging von der Feststellung aus, daß die USA darauf beharren würden, Deutschland demnächst im Kreis der westeuropäischen Nationen einen festen Platz einzuräumen. Zugleich sei offensichtlich, daß die gegenüber Deutschland verhängten Produktionsbeschränkungen weiter aufgehoben werden würden und daß dann mit einer Erhöhung der deutschen Stahlerzeugung zu rechnen sei, die schon bald die französische übertreffen werde. Um dem drohenden wirtschaftlichen Übergewicht Deutschlands rechtzeitig begegnen zu können, schlug er deshalb den Zusammenschluß der deutschen und französischen Kohle- und Stahlindustrie vor. Zu einem Zeitpunkt, da Deutschland sich noch als geschwächt darbiete, sei es viel eher möglich, französische Interessen durchzusetzen, als dies später der Fall sein werde.

Monnet hatte seine Mission zur Sondierung des »Schumanplans« in London begonnen, wo er auf erhebliche Zurückhaltung stieß. England fand sich noch nicht zur geplanten Zusammenarbeit bereit. In den Verhandlungen mit der Hohen Kommission, die er noch vor dem Besuch beim Bundeskanzler führte, war es ihm darum gegangen, deren Zustimmung zu direkten deutsch-französischen Kontakten zu erhalten, was ihm mit kräftiger Unterstützung des amerikanischen Hohen Kommissars McCloy gelang. Mit Adenauer sprach er vor allem darüber, in welchem Rahmen die

Verhandlungen stattfinden, wie die beiderseitigen Delegationen zusammengesetzt und von wem sie geleitet werden sollten. Bis zum Beginn der unter dem Vorsitz Monnets für den 15. Juni 1950 in Paris anberaumten ersten Konferenz blieb nicht mehr viel Zeit. Adenauer wandte sich zunächst an Professor Wilhelm Röpke, den neoliberalen Nationalökonomen, der in der Schweiz lehrte. Dieser erklärte sich zwar zur Mitwirkung als Sachverständiger bereit – ein geeigneter Delegationsleiter aber war damit noch nicht gefunden. Röpke schlug Walter Hallstein vor, der als Professor der Rechte an der Frankfurter Universität lehrte und sofort das Vertrauen Adenauers zu gewinnen verstand.[42] Mit dieser Delegation, der als direkter Vertreter des Kanzlers auch dessen persönlicher Referent Herbert Blankenhorn angehörte, erschien zum ersten Mal nach dem Krieg eine deutschen Verhandlungsgruppe als gleichwertiger Partner auf internationaler Bühne.

Obwohl die auswärtigen Angelegenheiten eigentlich noch immer unter alliiertem Vorbehalt standen, zeichnete sich hier eine selbständige Außenpolitik Bonns ab , die an der Hohen Kommission vorbei geführt werden konnte. Für Adenauer war das ein gewaltiger Schritt vorwärts. Nach Monaten politischer Unsicherheit deutete sich für seine Regierung eine erste Phase der Konsolidierung an. Doch dies war nur, wie sich bald zeigen sollte, die Ruhe vor dem Sturm.

3. Wiederbewaffnung?

Wenige Tage nach dem Beginn der Pariser Konferenz brach im Fernen Osten ein bewaffneter Konflikt aus, der unmittelbar auf Deutschland zurückwirkte. Mit dem Angriff des kommunistischen Nordkorea auf den südlichen Teil des ebenfalls im Gefolge des Zweiten Weltkrieges geteilten Landes gelangte der Beitrag der Bundesrepublik zur Verteidigung des Westens, der seit langem in den Planungsstäben Washingtons und Londons ernsthaft erwogen und auch vom Bundeskanzler seit geraumer Zeit ins politische Kalkül einbezogen worden war, in den Brennpunkt der öffentlichen Diskussion. Deutschland durfte kein zweites Korea werden. Das Problem der äußeren Sicherheit des Landes rückte an die erste Stelle der Tagesordnung.

Die Anfänge der Debatte über die Wiederbewaffnung reichen bis in das Jahr 1948 zurück. Damals befaßte sich noch sehr zögernd das Deutsche Büro für Friedensfragen in Stuttgart mit den Sicherheitsaspekten der Weststaatsgründung.[43] Die vorherrschende Stimmung im Lande ließ nicht einmal Überlegungen in diesem Bereich zu. Nach dem verlorenen schrecklichen Krieg erschien jeder Gedanke an ein Wiedererstehen einer militärischen Macht in Deutschland absurd. Die »Ohne-mich«-Parole, die nach dem Sommer 1950 um sich griff, gehörte zum Kern des Selbstverständnisses einer geschlagenen Generation, die nichts weniger wünschte als einen neuen Krieg. Mit dieser Haltung bewegten sich die Deutschen durchaus auf einer Linie, die auch die alliierte Besatzungspolitik vorzeichnete. Die völlige Entwaffnung und Entmilitarisierung war ja ebenso wie die Ausrottung des militaristischen (preußischen) Geistes eines der vordringlichen Kriegsziele der Alliierten gewesen, an deren Realisierung sie auch noch festhielten, als sich aus dem kalten Krieg eine völlig neue Frontstellung ergab.

Es mutet daher um so erstaunlicher an, daß sich schon Ende 1948 eine erregte öffentliche Debatte über einen möglichen deutschen Wehrbeitrag entspann. Grundsätzliche Überlegungen zur Sicherheit des neu zu gründenden Staates spielten dabei ebenso eine Rolle wie die militärische Bedrohung durch die Sowjetunion, die man während der rücksichtslos durchgeführten Blockade Berlins erlebt hatte. Großes Aufsehen erregte Eugen Kogon im November 1948, als er in einem Interview behauptete, in den Westzonen werde bereits am Aufbau einer Armee gearbeitet, auf die die deutsche Politik keinen Einfluß habe.[44] Moralische Einschätzungen überwogen bei weitem sachverständige Stellungnahmen, zumal sich die Mehrheit der ehemaligen Militärs, selbst durch lange Gefangenschaft und Entnazifizierung zutiefst verunsichert, noch nicht an den Erörterungen beteiligte.

Doch es gab Ausnahmen. Um das Stuttgarter Büro für Friedensfragen hatte sich eine Gruppe formiert, die auch sicherheitspolitische Fragen unter dem Aspekt einer künftigen friedensvertraglichen Lösung für Deutschland diskutierte. Zu ihr gehörte neben Theodor Heuss (FDP), Gebhardt Müller (CDU) und Carlo Schmid (SPD) auch der Generalleutnant a. D. Hans Speidel, der

Hans Speidel, Adolf Heusinger und Theodor Blank auf dem Weg zum Empfang des amerikanischen Oberkommandierenden in Bad Homburg

Adenauer legte Wert darauf, daß mit Theodor Blank ein führender Gewerkschafter die Leitung der Keimzelle des Verteidigungsministeriums – der Dienststelle Blank – übernahm. Der ehemalige Generalstabschef Feldmarschall Rommels, Hans Speidel, und Adolf Heusinger, der einstige Chef der Operationsabteilung der Wehrmacht, waren wiederum mit den Verschwörern des 20. Juli vielfältig verbunden gewesen. Taktische Erwägungen Adenauers, der jedes Mißtrauen der Alliierten zerstreuen wollte, mögen bei der Personalwahl mit seinen persönlichen Vorbehalten gegen die preußische Tradition zusammengefallen sein, denn der ehemalige württembergische Offizier Speidel und der spröde Westfale Heusinger standen der norddeutsch-preußischen Tradition fern, deren Vertreter so lange die Führungsstellen in der deutschen Armee bekleidet hatten. In dem entstehenden Staatsgebilde spielten sie keine entscheidende Rolle mehr; Rheinländer, Württemberger und Bayern besetzten in der Politik wie beim Militär die Kommandostellen.

bald zum militärischen Berater Adenauers avancierte und später (1957–1963) den Posten des Oberbefehlshabers der NATO-Streitkräfte in Mitteleuropa innehatte. Als Kontaktmann zwischen den Politikern und den Militärs fungierte der spätere Wohnungsbauminister Eberhard Wildermuth (FDP).[45]

Von den frühen Memoranden Speidels für das Stuttgarter Büro führt eine direkte Linie zum sicherheitspolitischen Konzept Adenauers, der sich, obwohl selbst eingefleischter Zivilist, bereits als Präsident des Parlamentarischen Rates für die Frage eines westdeutschen Verteidigungsbeitrags zu interessieren begann. Speidel besaß eine untadelige Reputation als Sachkenner. Er verfügte noch aus der Zeit vor dem Kriege über hervorragende persönliche Verbindungen im In- und Ausland. Während der Vorgänge um den 20. Juli 1944 zeitweise in Gestapohaft, erhielt er nach kurzer französischer Gefangenschaft 1949 einen Lehrauftrag an der Universität Tübingen. Im privaten Kreis beschäftigte er sich mit Sicherheitsfragen der Nachkriegssituation. Auf die Expertisen des Deutschen Büros für Friedensfragen aufmerksam geworden, veranlaßte Adenauer den General a. D. zu einer Denkschrift, als im Parlamentarischen Rat die Sicherheit des künftigen Staates zur Sprache kam. Speidel hatte sich bereits entschieden gegen die immer wieder angesprochene Möglichkeit eines unbewaffneten neutralen Deutschlands bei gleichzeitiger Schutzgarantie der Alliierten gewandt. Hingegen plädierte er eindringlich für einen deutschen Verteidigungsbeitrag im Rahmen eines westlichen Gesamtkonzepts. Die Idee einer bloßen Eingliederung deutscher Verbände in die Streitkräfte anderer Länder lehnte er ab.[46]

Seit der Gründung der westlichen Militärallianz im April 1949 hatten sich auch interne NATO-Studien mit der Frage beschäftigt, wie im Falle eines sowjetischen Angriffs Westeuropa militärisch

zu schützen sei. Obwohl man dabei vom Rhein als der ersten Verteidigungslinie ausging, setzte sich bald die Überzeugung durch, daß angesichts der bestehenden Kräfteverhältnisse selbst diese ohne die Einbeziehung deutscher Streitkräfte nicht zu halten sei. Trotz des eindeutigen Befundes der Militärexperten galt es für die offizielle Politik noch immer abzuwägen, ob der militärische Nutzen eines deutschen Wehrbeitrags den daraus entstehenden politischen Schaden würde aufwiegen können.

Natürlich war es Adenauer nicht möglich, Näheres über die streng geheimen NATO-Planungen zu erfahren, wenn ihm auch die Wende im strategischen Denken nicht verborgen blieb. Adenauer wußte, daß Frankreich nach wie vor einen Beitritt Deutschlands zum Atlantikpakt ablehnte. Noch im November 1949 ließ die Regierung in Paris durch ihren Informationsminister Teitgen wörtlich erklären: »Die Welt muß sich darüber im klaren sein, daß Frankreich nicht Partner eines Sicherheitssystems bleiben kann, welches eine deutsche Aufrüstung bejaht.«[47] Der Handlungsspielraum des Kanzlers in der Sicherheitspolitik blieb zunächst gefährlich eng. Innenpolitisch konnte ihn schon zu laut Gedachtes um Kopf und Kragen bringen, während ihm gleichzeitig die Antimilitarismus-Bestimmungen des Besatzungsstatuts die Hände banden. Das Gesetz Nr. 16 bedrohte nicht nur das »Wiederaufleben des Militarismus« und die Vorbereitung »kriegerischer Betätigung«, sondern selbst die theoretische Erörterung von Wehrfragen mit schärfsten Sanktionen bis hin zu lebenslänglichem Freiheitsentzug. Vor diesem Hintergrund mag deutlich werden, warum sich die ersten sicherheitspolitischen Gehversuche der Regierung Adenauer in einer fast konspirativen Atmosphäre und in Alleingängen des Kanzlers vollzogen.

Lediglich unverbindliche Presseinterviews boten sich als Mittel an, um Reaktionen zu testen und zugleich die eigene Denkrichtung anzudeuten. Adenauers berühmtes Gespräch mit John Leacacos vom *Cleveland Plain Dealer*, das am 3. Dezember 1949 in Bonn stattfand, erregte weltweites Aufsehen. Darin lehnte der Kanzler zunächst eine Wiederaufrüstung mit dem Hinweis auf die hohen Verluste des Zweiten Weltkrieges ab. Gleichzeitig wandte er sich dagegen, Deutsche als Söldner oder Landsknechte in fremden Armeen dienen zu lassen, um auf diese Weise einen Beitrag zur Verteidigung des Kontinents zu leisten. Eine eigene deutsche Wehrmacht, auch wenn sie zur Sicherheit Europas von den Alliierten gefordert werde, lehnte er ebenfalls ab. Immerhin aber gab er seine Bereitschaft zu erkennen, ein deutsches Kontingent im Rahmen der Armee einer europäischen Föderation einzubringen. Damit war die Katze aus dem Sack.

Die Äußerungen des Kanzlers lösten einen Sturm der Entrüstung aus. Fast die gesamte deutsche Presse fiel über ihn her. Nachträglich versuchte er seine Bemerkungen zur deutschen Wehrbereitschaft abzuschwächen. Hatte er geglaubt, durch seine Initiative den Wandel der westlichen Sicherheitspolitik beschleunigen zu können, so sah er sich getäuscht. Zwar nahmen die Hohen Kommissare davon Abstand, den Bundeskanzler öffentlich zu rügen; sie legten ihm jedoch nahe, sich mit seinen Erklärungen zurückzuhalten. Die Sicherheitsdebatte des Deutschen Bundesta-

ges am 16. Dezember 1949 machte vollends deutlich, wie weit die deutschen Parteien noch davon entfernt waren, an einen eigenen Wehrbeitrag der Bundesrepublik zu denken.

Adenauer beschränkte sich in den folgenden Monaten im wesentlichen darauf, die Westalliierten immer wieder an ihre Verantwortung für die innere und äußere Sicherheit der Bundesrepublik zu erinnern. Sein Vorstoß in der Wehrfrage entsprang offensichtlich eben nicht nur, wie häufig vermutet, dem taktischen Kalkül, sie als Vehikel zur Wiedergewinnung politischer Selbständigkeit zu benutzen. Vielmehr lag ihm vor allem auch eine genuine Sorge um die Sicherheit der Bundesrepublik zugrunde. Noch immer fehlte eine formelle westliche Sicherheitsgarantie für den jungen Staat. Die westalliierten Streitkräfte in Deutschland und Europa waren den sowjetischen weit unterlegen, und zusätzlich war

»Tag, Walter, wo machste hin?« Karikatur aus dem *Echo der Woche*, Dezember 1949

Beide entstehenden Teilstaaten warfen sich gegenseitig vor, eine Remilitarisierung zu betreiben. Während der Osten gegen das Wiederaufleben des preußischen Militarismus protestierte, sah der Westen in der kasernierten Volkspolizei den ersten Schritt zu einer neuen deutschen Armee. Die Karikaturisten beider Gebiete variierten diese Verdächtigungen, Befürchtungen und Ablenkungsmanöver auf vielfältige Weise. Die westeuropäischen Partner der entstehenden westlichen Allianz sahen den deutschen Verteidigungsbeitrag durchaus mit gemischten Gefühlen, da sie lange genug von den Deutschen besetzt gewesen waren. Aber sie akzeptierten wohl die Notwendigkeit einer deutschen Armee.

Adenauer durch die schnelle Entwicklung der kasernierten Volkspolizei in der DDR, die schon im Sommer 1950 eine Stärke von 70 000 Mann erreichte und deren Ausbau auf 150 000 kurz bevorstand, zutiefst beunruhigt. Nach seinen Vorstellungen sollte eine kasernierte Bundespolizei hier für das notwendige Gegengewicht sorgen. Eine »Befreiung« der Bundesrepublik durch ostzonale Polizeiverbände, die aus den ideologisch durchtränkten Kampfestönen der östlichen Presse herausgelesen werden konnte, hielt er keineswegs für unwahrscheinlich. Mögen diese Gefahren dem späteren Betrachter auch als objektiv so nicht gegeben erscheinen – die überwiegende Mehrheit der westdeutschen Bevölkerung fühlte sich tatsächlich bedroht.

Der Ausbruch des Koreakrieges am 25. Juni 1950 wirkte wie ein Katalysator.[48] Mit einem Schlag entstand ein Szenario, wie es die strategischen Modelle des Westens antizipiert hatten. Die westlichen Regierungen sahen im Koreakrieg kein isoliertes Ereignis, sondern den Beginn einer kommunistischen Generaloffensive. Die nordkoreanische Invasion galt als Beweis für die sowjetische Aggressionsbereitschaft, von der die Militärstrategen der NATO und Adenauer selbst bei ihren Überlegungen ausgegangen waren. In der Bundesrepublik löste der Krieg eine Welle tiefer Beunruhigung aus. Nach wenigen Wochen war auch die Frage eines westdeutschen Wehrbeitrages kein Tabu mehr. Die überregionale Presse nahm sich in ihrer großen Mehrheit dieses Themas an. Einige Blätter schwenkten auf den neuen Kurs der Verteidi-

gungsbereitschaft ein. Die Auffassungen der politischen Parteien gerieten in Fluß.

Gleichzeitig blickten die westeuropäischen Länder gespannt auf die USA, deren Entschluß zum Einsatz von UN-Truppen in Korea als Garantie für ihre bündnispolitische Zuverlässigkeit gewertet wurde. Zugleich bestätigte der Koreakrieg die Erkenntnis westlicher strategischer Planung, daß sich der Einsatz von Nuklearwaffen bei begrenzten Konflikten verbot und daß als einziger Weg die Stärkung der konventionellen Streitkräfte in der gefährdeten Region blieb. Dies hatte Konsequenzen sowohl für die nationalen Verteidigungsanstrengungen der USA als auch für die der NATO. Man konnte und wollte sich nicht mehr darauf verlassen, im Falle eines sowjetischen Angriffs letztlich auf einen strategisch-nuklearen Gegenschlag angewiesen zu sein, zumal die noch bestehende eindeutige atomare Überlegenheit der USA durch die zunehmende Nuklearrüstung der UdSSR an Wert verlor. Unter dieser Voraussetzung war es entscheidend, daß die konventionelle Verteidigung in Europa nicht erst an der Rheinlinie, sondern an der östlichen Grenze der Bundesrepublik beginnen konnte.

In Washington vollzog sich innerhalb von zwei Monaten ein grundlegender Wandel der politischen Strategie, der allerdings auf der Ebene militärischer Planung eine lange Vorgeschichte besaß. Bei den Verhandlungen der Außenminister vom 12. bis 26. September 1950 in New York konfrontierten die USA ihre Verbündeten mit der Forderung nach einer Wiederbewaffnung Deutschlands, ohne die amerikanische Truppen und Rüstungsgüter für Europa nicht mehr zur Verfügung stünden. London hatte diese Linie längst akzeptiert, während Paris das anglo-amerikanische Ansinnen nach wie vor strikt ablehnte, obwohl auch Frankreich inzwischen an eine sowjetische Weltbedrohung glaubte. Für die neue militärstrategische Ausrichtung des Westens war Adenauers eigene Position zweitrangig. Das neue Konzept ist von Bonn weder initiiert noch direkt beeinflußt worden. Vielmehr liefen die westlichen Entscheidungen noch immer weitgehend an der Bundesregierung vorbei, obwohl diese mit ihrer Haltung den Kurswechsel erleichterte.

Die Sicherheitsinitiativen Adenauers vom Spätsommer 1950, in denen er geschickt den deutschen Wehrbeitrag mit der Wiedererlangung politischer Gleichberechtigung verband, sind dagegen nicht einem integrierten westlichen Konzept, sondern eigenen Bonner Planungen und Vorstellungen entsprungen. Immerhin war der Bundesregierung im Mai 1950 von der Alliierten Hohen Kommission inoffiziell zugestanden worden, daß sie die eigenen Sicherheitsplanungen in dem neugeschaffenen Büro eines Sicherheitsbeauftragten des Bundeskanzlers zusammenfassen könne, das vorübergehend unter der Leitung des ehemaligen Panzergenerals Graf von Schwerin stand und durch Blankenhorn und Globke eng mit Adenauer verbunden blieb. Die hier fortgeführte sicherheitspolitische Planungsarbeit wurde auch weiterhin durch Expertisen angereichert, die der Gruppe um Speidel entstammten und zu der nun auch die Generäle Hermann Foertsch und Adolf Heusinger gehörten. Seit Ende Juni, also schon kurze Zeit nach dem Ausbruch des Koreakrieges, standen Adenauers Sicherheitsberater in

ständigem Kontakt mit der Alliierten Hohen Kommission, wobei zunehmend die Frage eine Rolle spielte, inwieweit die westdeutsche Bevölkerung bereits psychologisch auf einen Wehrbeitrag vorbereitet war, wenn dieser nun von ihr verlangt wurde.

Als Adenauer im August von einem mehrwöchigen Urlaub aus der Schweiz zurückkehrte, sah er sich bald zu einem neuen Vorstoß in der Sicherheitsfrage ermutigt und zugleich genötigt. Gestützt auf die Vorarbeiten seiner Sicherheitsberater wollte er den alliierten Entscheidungen über den deutschen Wehrbeitrag durch rechtzeitige Signale und Forderungen die gewünschte Richtung geben. Obwohl es ihm nicht an einer Reihe halboffizieller und vertraulicher Hinweise mangelte, war der Bundeskanzler doch keineswegs umfassend über den Stand der alliierten Planungen informiert. Bekannt war immerhin, daß zu den noch bestehenden Unwägbarkeiten die deutsche Reaktion auf ein mögliches alliiertes Verteidigungsverlangen gerechnet wurde.

Ein wichtiger Impuls für die neue Initiative Adenauers ging von der Rede Churchills auf der Beratenden Versammlung des Europarats in Straßburg am 11. August 1950 aus, in der sich der britische Staatsmann vor den westeuropäischen Parlamentariern mit Nachdruck für die deutsche Beteiligung an einer Europaarmee aussprach. Die Versammlung, zu der neben europäischen Spitzenpolitikern zum ersten Mal auch Bundestagsabgeordnete gehörten, nahm mit großer Mehrheit und mit den Stimmen der Franzosen eine entsprechende Sicherheitsresolution an, für die außer den Sozialdemokraten auch alle deutschen Vertreter stimmten. Es zeigte sich, daß die westeuropäischen Bedenken gegen einen deutschen Wehrbeitrag im Schwinden begriffen waren. In dieser Situation kam dem Verhalten der Deutschen selbst, vor allem der politischen Initiative der Bundesregierung, eine nicht zu unterschätzende Bedeutung zu.

Adenauer bemühte sich, die durch den Koreakrieg ausgelösten Veränderungen der politischen Landschaft für die eigenen Zwecke zu nutzen. Entscheidende Anregungen erhielt der Kanzler durch eine neue Denkschrift, die die Generalsgruppe um Hans Speidel auf Veranlassung des Bundesministers für Wohnungsbau, Eberhard Wildermuth, am 7. August vorgelegt hatte.[49] Die Denkschrift ging von der These aus, daß die Bundesrepublik als erstes Land der »gemeinsamen europäisch-atlantischen Bedrohung aus dem Osten« ausgesetzt sei, obwohl sie weder in die Gemeinschaft der europäischen Staaten noch in die NATO integriert sei. Als Folge des Krieges bestehe eine mangelnde Wehrbereitschaft, der nur durch eine »gleichberechtigte Eingliederung Deutschlands in die westliche Gemeinschaft« begegnet werden könne, zumal die Sicherheit der Bundesrepublik nicht allein im deutschen, sondern im gemeinsamen westlichen Interesse liege. An den Wiederaufbau einer »deutschen Wehrmacht als Nationalarmee« sei allerdings nicht gedacht; vielmehr gehe es um die Bereitstellung deutscher Kontingente für eine europäisch-atlantische Verteidigungsstreitmacht. Dazu gehörten modern ausgerüstete Heereseinheiten, eine taktische Luftwaffe und Seestreitkräfte für den Küstenschutz. Der Aufbau einer Rüstungsindustrie komme zunächst nicht in Frage. Doch schlug die Denkschrift bereits die Einrichtung eines Arbeits-

Auf seine Frage »Wann kommt ihr?« erhält Eisenhower zur Antwort: »Ich darf nicht, ich soll nicht, ich will nicht, ich weiß nicht, sie wollen nicht, daß ich mitmache, ich will seinetwegen nicht, ich habe kein Geld.« Karikatur aus *Elsevier's Wochenblatt*, November 1950

stabes vor, der eng mit den westlichen militärischen Planungsstellen kooperieren solle. Dabei wurden Fragen der inneren Struktur der deutschen Armee einbezogen, die, den späteren Ideen des Grafen Baudissin vorausgreifend, schon jetzt die Forderung erhoben, daß die künftige Armee eine demokratische Grundhaltung einnehmen müsse und kein »Staat im Staate« werden dürfe.

Zusammenfassend nannte die Denkschrift Speidels als Voraussetzungen für einen Aufbau deutscher Streitkräfte: »Politischer und militärischer Schutz des Wehraufbaus durch die Westmächte, insbesondere die USA, zur Verhinderung eines vorzeitigen Überfalls der Sowjetunion auf Westdeutschland; Zusage der militärischen Gleichberechtigung der Bundesrepublik im Rahmen der europäisch-atlantischen Gemeinschaft; Deutschland ist nicht als Vorfeld der Verteidigung anzusehen, sondern als Hauptkampffeld mit einem Beginn der Verteidigung so weit östlich wie möglich.«[50]

Diese Konzeption deckte sich völlig mit den Intentionen Adenauers und entsprach weitgehend dem Stand der westlichen strategischen Planung und dem erkennbaren Willen der USA, einen deutschen Wehrbeitrag durchzusetzen. Schon am 17. August 1950 diskutierte Adenauer die Sicherheitsfrage mit den Hohen Kommissaren auf dem Petersberg.[51] Im Vordergrund stand dabei noch immer seine Forderung nach einer paramilitärischen Bundespolizei als einer Abwehrtruppe, die bis zum Frühjahr 1951 imstande sein müsse, einem etwaigen Angriff der ostzonalen Volkspolizei wirksam entgegenzutreten. Zugleich ließ er die Hohen Kommissare schon jetzt wissen, daß er dem Vorschlag Churchills – deutsche Kontingente im Rahmen einer europäischen Armee – zustimme. Nach der Wehrbereitschaft der deutschen Bevölkerung befragt, gab Adenauer eine optimistische Prognose, die der tatsächlichen Stimmung im Lande nicht entsprach. Zweifellos lag dem Bundeskanzler daran, noch vor der bevorstehenden Konferenz der drei westalliierten Außenminister, die im September in New York stattfinden sollte, seine Vorstellungen ins Gespräch zu bringen. Er bediente sich dazu erneut eines Interviews. Am 19. August erschien in der *New York Times* ein Gespräch mit dem Bundeskanzler, das, bereits vor der Zusammenkunft auf dem Petersberg geführt, das ganze Spektrum seiner Ansichten zur Wehr- und Sicherheitsfrage enthüllte. Die Opposition war über dieses Vorgehen empört.

Inzwischen wurde im Kanzleramt unter der Federführung Herbert Blankenhorns fieberhaft an dem Entwurf eines Sicherheitsmemorandums gearbeitet, das den westalliierten Außenministern noch rechtzeitig zu ihrer Konferenz in New York zugeleitet werden sollte. Die mangelnde Unterrichtung des Kabinetts und die unterbliebene Abstimmung in der Ministerrunde über dieses Memorandum, die den äußeren Anlaß für das Rücktrittsgesuch des Innenministers Gustav Heinemann darstellte, hatte wohl auch – aber nicht nur – mit der Hektik des zeitlichen Ablaufs zu tun. Das Sicherheitsmemorandum, das dem amerikanischen Hochkommissar McCloy am 30. August 1950 kurz vor dessen Abflug nach Amerika überreicht wurde, gehört zu den Schlüsseldokumenten, die den Weg der Bundesrepublik zur staatlichen Souveränität markieren. Es bestand aus zwei Teilen: dem Memorandum, das sich

Außenministerkonferenz in New York, September 1950

Die Alliierten gaben in New York den Deutschen endlich die lang ersehnte Sicherheitsgarantie. Zugleich wurde beschlossen, die Frage eines deutschen Wehrbeitrags zu prüfen. Der Zivilist Adenauer, der weder im Ersten noch im Zweiten Weltkrieg gedient hatte, benutzte die Wiederbewaffnung auch als Mittel, die deutsche Souveränität zu erreichen. Tatsächlich hat Adenauer innenpolitisch die Weichen dazu weitgehend alleine gestellt. Die »Kanzlerdemokratie« zeigte gerade in diesem Bereich ihre deutlichsten Umrisse.

mit der Sicherheitsfrage des westdeutschen Staates befaßte und neben der bekannten Forderung nach einer Bundespolizei zur Abwehr ostzonaler Übergriffe auch die Erklärung enthielt, man sei zu einem deutschen Wehrbeitrag im Rahmen einer westeuropäischen Armee bereit, sowie aus einer zusätzlichen Denkschrift, die sich mit der Neuordnung der Beziehungen der Bundesrepublik zu den Besatzungsmächten befaßte. Was frühere Stellungnahmen bereits angedeutet hatten, verdichtete sich hier zu einer klaren Strategie: Adenauer verband die deutsche Wehrbereitschaft und die politische Selbständigkeit der Bundesrepublik zum Junktim.

Das Memorandum betonte, daß die politischen Voraussetzungen, unter denen das gegenwärtige Besatzungsregime geschaffen worden sei, nicht mehr bestünden. Die Bundesrepublik habe sich politisch zunehmend gefestigt und wünsche die europäische Zusammenarbeit. Unter Hinweis auf die Londoner Erklärung der Außenminister vom Mai 1950, die die Bereitschaft ausdrückte, dem »natürlichen Wunsch des deutschen Volkes nach Erleichterung der Kontrollen und Wiederherstellung der Souveränität« Rechnung zu tragen, wurde auf die inzwischen erzielten Fortschritte durch den Beitritt zum Europarat und den »Schumanplan« hingewiesen. Wenn die deutsche Bevölkerung die Pflichten erfüllen solle, die ihr im Rahmen der europäischen Gemeinschaft aus der gegenwärtigen Lage und ihren besonderen Gefahren erwüchsen, so steht es im Memorandum, »muß sie innerlich hierzu instand versetzt werden. Es muß ihr ein Maß von Handlungsfreiheit und Verantwortlichkeit gegeben werden, das ihr die Erfüllung dieser Pflichten sinnvoll erscheinen läßt.«[52] Als deutsche Forderung ergab sich damit eine Neuordnung der Beziehungen zu den Besatzungsmächten. Dies setze voraus, daß der Kriegszustand zwischen den Alliierten und Deutschland beendet werde. Dabei müsse der Zweck der Besatzung künftig in der Sicherung gegen äußere Gefahr liegen, und die Beziehungen zwischen den Besatzungsmächten und der Bundesrepublik sollten durch ein System vertraglicher Abmachungen geregelt werden.

Am 12. September 1950 begann die Konferenz der westalliierten Außenminister in New York, auf der die verschiedenen Stränge der politischen und strategischen Überlegungen zusammenliefen. In den Beschlüssen der Konferenz wurden keineswegs alle weitgesteckten deutschen Erwartungen erfüllt; dennoch waren entscheidende Fortschritte unübersehbar. Das gemeinsam verabschiedete »Communiqué on Germany« vom 19. September begann mit der Feststellung, daß die drei Außenminister und ihre Regierungen den deutschen Wunsch nach Wiedervereinigung »auf einer Basis, die grundlegende Freiheiten respektiert«[53] teilten. Unter Hinweis auf die noch immer ausstehenden gesamtdeutschen Wahlen und auf die für den 17. Oktober 1950 angesetzten kontrollierten Wahlen in der sowjetischen Zone hielten die Außenminister fest, daß die drei Regierungen bis zur Wiedervereinigung Deutschlands die Regierung der Bundesrepublik als die einzige deutsche Regierung betrachteten, »die frei und legitim gebildet und deshalb berechtigt ist, als Repräsentant des deutschen Volkes in internationalen Angelegenheiten für Deutschland zu sprechen«.[54] Zugleich wünschten sie Deutschland in die Gemeinschaft der freien Nationen zu integrieren und am Aufbau der europäischen Gemeinschaft zu beteiligen. Sie kündigten darüber hinaus an, in ihren Ländern die gesetzlichen Voraussetzungen für die Beendigung des Kriegszustandes in Deutschland zu schaffen, fügten aber einschränkend hinzu, daß dies nicht die Rechte und den Status der drei Mächte berühre, der auf einer anderen Grundlage beruhe.

Trotz der erkennbaren Vorsicht in den Fragen, die den rechtlichen Status betrafen, wurde der grundlegende Wandel in der Einstellung der westlichen Alliierten in jenen Passagen überdeutlich, in denen als Aufgabe ihrer Streitkräfte in Deutschland neben den Besatzungspflichten die Sicherung zum Schutz und zur Verteidigung der freien Welt einschließlich der Bundesrepublik und der Westsektoren Berlins hervorgehoben wurde. Besonders befriedigt zeigte sich Adenauer über das Versprechen, die alliierten Streitkräfte in Deutschland zu verstärken, um eben diesen Schutz zu gewährleisten. »Sie [die alliierten Regierungen] werden jeglichen Angriff gegen die Bundesrepublik oder Berlin, von welcher Seite er auch kommt, als einen gegen sich selbst gerichteten Angriff behandeln.«[55] Damit lag die langersehnte, eindeutige Sicherheitsgarantie auf dem Tisch. In seinem zweiten Teil kündigte das Kommuniqué entscheidende Erweiterungen der Befugnisse der Bundesregierung an, ohne jedoch die Rechtsgrundlagen des Besatzungsstatuts zu verändern. In Aussicht gestellt wurden ein Außenministerium und die Aufnahme diplomatischer Beziehungen mit dem Ausland, wobei die Westmächte selbst aus Statusgründen ausgeklammert blieben. Zugleich wurden weitere Produktionsbeschränkungen aufgehoben.

Am 23. September 1950 unterrichteten die Alliierten Hohen Kommissare den Bundeskanzler davon, daß die Voraussetzungen für eine Mitwirkung deutscher Kontingente an den westlichen Verteidigungsanstrengungen geprüft würden. Jedoch hätten die Außenminister dem Wunsch, eine Bundesschutzpolizei zu schaffen, nicht entsprechen können, da hierfür eine Änderung des

Grundgesetzes erforderlich sei. Allerdings werde man sich um eine Polizeiformation auf Länderbasis bemühen, deren anfängliche Stärke etwa 30000 Mann betragen könne. Zu den sofort gewährten Erleichterungen gehörte neben der selbständigen Führung der Außenpolitik und der damit verbundenen Errichtung eines Auswärtigen Amtes die bedeutsame Tatsache, daß Gesetze des Bundes und der Länder nicht mehr unbedingt vor ihrem Inkrafttreten durch die Hohe Kommission gebilligt werden mußten. Im Gegenzug zu den angekündigten Verbesserungen wurde jedoch von der Bundesrepublik verlangt, daß sie die deutschen Auslandsschulden der Vorkriegszeit anerkenne und an der Erarbeitung eines Plans zu deren Tilgung mitwirke. Dies erschien keineswegs als ein unbilliges Verlangen gegenüber dem deutschen »Kernstaat«, der sich in der Rechtsnachfolge des Deutschen Reiches sah. Die Bundesrepublik konnte daraus zugleich ein weiteres Argument herleiten, um die westlichen Alliierten noch stärker auf das Wiedervereinigungsverlangen zu verpflichten.[56]

Insgesamt konnte die Bundesregierung eine wesentliche Milderung des Besatzungsstatuts erreichen. Es abzuschaffen und durch Verträge zu ersetzen, war jedoch nicht gelungen. Noch bestand auch Unklarheit darüber, wie der westdeutsche Wehrbeitrag zu gestalten sei. Deshalb veranlaßte die Bundesregierung intensive militärstrategische Planungen. Anfang Oktober 1950 traf sich eine Gruppe von Experten im abgeschiedenen Kloster Himmerod in der Eifel, um ein Gutachten für das Bundeskanzleramt zu verfassen. Neben dem Völkerrechtler Erich Kaufmann nahmen daran fünfzehn ehemalige hohe Offiziere, unter ihnen die Generale Speidel, Heusinger, Foertsch, Graf Kielmansegg und Graf Baudissin teil. Daß nur fünf Jahre nach dem Krieg auf Mitglieder einer militärischen Elite zurückgegriffen wurde, die in wichtiger Position an Hitlers Kriegsführung beteiligt gewesen waren und deren strategische Überlegungen noch die Spuren des Rußlandfeldzuges aufwiesen, mußte erhebliche Bedenken hervorrufen – unabhängig davon, ob sie persönlich als untadelig gelten durften. Die »Himmeroder Denkschrift«, die aus den Beratungen hervorging, stellt die eigentliche Magna Charta der späteren Bundeswehr dar. Im Einklang mit früheren Überlegungen Speidels befaßte sie sich mit der Einordnung der künftigen Streitkräfte in den demokratischen Staat und mit ihrer inneren Struktur. Zugleich forderte sie die militärische Gleichberechtigung der Bundesrepublik und die Rehabilitierung der deutschen Soldaten.[57]

Inzwischen hatten die Auseinandersetzungen über das Für und Wider eines deutschen Wehrbeitrages längst die Öffentlichkeit erreicht. Zum ersten Mal wurden politische Grundströmungen erkennbar, die für das innenpolitische Klima der Bundesrepublik künftig noch an Bedeutung gewinnen sollten und die sich einer bloß parteipolitischen Zuordnung entziehen. Obwohl die Parteiführung der Sozialdemokratie keineswegs zum Lager der Tauben zählte, das den Frieden um jeden Preis wünschte, verband sie sich seit dem Herbst 1951 immer stärker mit der »Ohne-mich«-Bewegung. Dabei spielten neben den unübersehbaren taktischen Beweggründen auch grundsätzliche politische Erwägungen eine Rolle. Die Parteispitze drohte zunehmend in einen offenen Konflikt

Plakat der SPD zu den Landtagswahlen in Hessen, Herbst 1950

Auch in der Frage eines deutschen Wehrbeitrags war die Sozialdemokratie der große Gegenspieler Konrad Adenauers. Wie bei der Westintegration, so suchte die SPD auch bei der Aufstellung eines deutschen Verteidigungsbeitrages die Massen gegen die Politik der Regierung zu mobilisieren, unter anderem während der hessischen Landtagswahlen vom Herbst 1950, als sich die SPD die verbreitete »Ohne-mich«-Stimmung zunutze machte. Doch erst seit Herbst 1951 ging die SPD-Führung, die im Gegensatz zur Parteibasis die Notwendigkeit eines Wehrbeitrages durchaus eingesehen hatte, auf entschiedene Distanz.

mit der Basis zu geraten, in der pazifistische und antimilitaristische Tendenzen, die traditionell in der SPD stets mit verankert waren, eindeutig überwogen.[58] Der Zeitpunkt schien günstig, um über die Forderung allgemeiner Neuwahlen den Sturz der Regierung Adenauer herbeizuführen, der die Legitimation abgesprochen wurde, über eine so gewichtige Frage, die bei der ersten Bundestagswahl noch nicht zur Abstimmung gestanden hatte, zu entscheiden, ohne den Wähler zu befragen.

Dabei lehnte die Oppositionsführung einen westdeutschen Wehrbeitrag keineswegs grundsätzlich ab. Seit dem Sommer 1950 standen Kurt Schumacher und seine Vertrauten – Fritz Erler, Helmut Schmidt und Erich Ollenhauer – in engem Kontakt zu jenen Generälen, die auch Adenauer berieten. Sie besaßen Zugang zu geheimen Informationen und befanden sich, vom Kanzler selbst fortlaufend informiert, durchaus auf der Höhe der sicherheitspolitischen Diskussion. Schumacher bejahte die Pflicht zur Selbstverteidigung, solange diese nicht Gefahr laufe, in Selbstvernichtung einzumünden. Noch stärker als Adenauer sah er im deutschen Wehrbeitrag ein Vehikel, mit dessen Hilfe man die Souveränität zurückgewinnen, ja die nationale Einheit wiedererlangen könnte. Er war durchaus bereit, seine Partei zur Zustimmung zu bewegen, sofern die Westalliierten die Vorbedingungen erfüllten, die er für unerläßlich hielt. Dazu gehörte neben der Abschaffung des Besatzungsstatuts eine Verteidigungskonzeption, die Deutschland nicht zum Schlachtfeld degradierte: im Falle eines Angriffs aus dem Osten sollten die Truppen nicht zunächst hinter den Rhein ausweichen, sondern sofort über die Elbe vorstoßen und den Feind bereits an der Weichsel schlagen. Ansonsten sah Schumacher nur die Alternative des radikalen Waffenverzichts. »Gleiches Risiko, gleiches Opfer, gleiche Chancen« lautete die Formel, die der SPD-Vorstand Adenauers Politik der »Vorleistungen« entgegenhielt. Gerade weil Schumacher sich in seinem strategischen Konzept von weitgesteckten nationalen und sicherheitspolitischen Zielen leiten ließ, die unter den gegebenen Bedingungen kaum eine Chance zur Durchsetzung besaßen, wurde eine Verbindung mit den prinzipiellen Gegnern eines Wehrbeitrags für ihn möglich, die zugleich geeignet war, innerparteiliche Spannungen zu überdecken.

Die Hauptträger des ethisch motivierten Widerstandes gegen die Wiederaufrüstung kamen jedoch aus dem pazifistisch-neutralistischen Bereich, vor allem aus dem progressiven Lager der evangelischen Kirche.[59] Welcher Sprengstoff damit für das politische Bündnis der Christen, für die interkonfessionelle CDU/CSU, entstand, war Adenauer bereits Ende August 1950 vor Augen geführt worden, als der Bundesinnenminister Gustav Heinemann, der zugleich Präses der Synode der EKD war, mit seinem Rücktritt aus der Regierung drohte, der allerdings erst am 10. Oktober vollzogen wurde. Die Gründe lagen einmal im Protest gegen Adenauers »Geheimhaltungspolitik« und dessen »Eigenmächtigkeit« bei der Abfassung des Sicherheitsmemorandums. Vor allem aber zeigte sich ein religiös und national motivierter Gegensatz zur Position des Kanzlers. Heinemann war überzeugt, daß eine zu enge Westbindung, die darüber hinaus auf einem integrierten deutschen

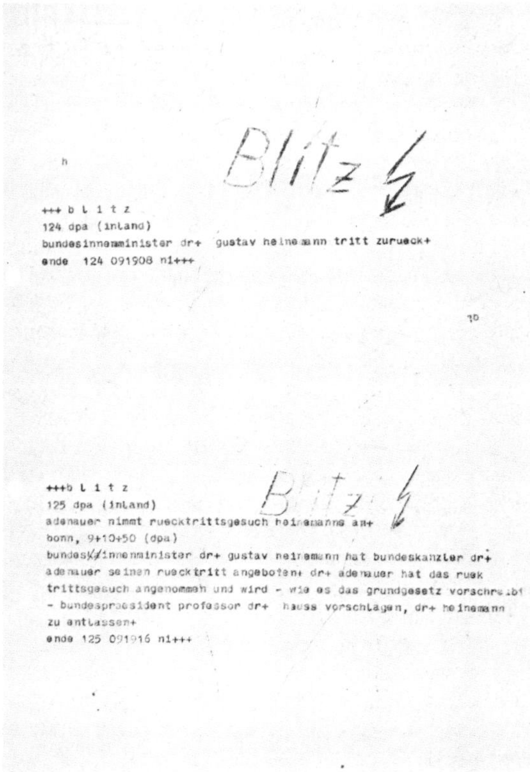

Blitz

+++ b l i t z
124 dpa (inland)
bundesinnenminister dr+ gustav heinemann tritt zurueck+
ende 124 091908 n1+++

Blitz

+++b l i t z
125 dpa (inland)
adenauer nimmt ruecktrittsgesuch heinemanns an+
bonn, 9+10+50 (dpa)
bundesinnenminister dr+ gustav heinemann hat bundeskanzler dr+
adenauer seinen ruecktritt angeboten+ dr+ adenauer hat das ruek
trittsgesuch angenommen und wird - wie es das grundgesetz vorschreibt
- bundespraesident professor dr+ heuss vorschlagen, dr+ heinemann
zu entlassen+
ende 125 091916 n1+++

dpa-Blitzmeldung vom Rücktritt Gustav Heinemanns

Mit dem Innenminister Gustav Heinemann erwuchs Adenauer ein Widersacher in den eigenen Reihen, der den Wehrbeitrag aus religiösen und nationalen Bedenken ablehnte und vor allem befürchtete, daß damit die Spaltung Deutschlands vertieft werde. Adenauer sah sich gezwungen, diesen prinzipiellen Gegner seiner europäischen Integrations- und Verteidigungspolitik zu entpflichten. Heinemanns Versuch, mit einer »Notgemeinschaft für den Frieden Europas« und wenig später über die »Gesamtdeutsche Volkspartei« eine unabhängige politische Basis zu finden, blieb im wesentlichen erfolglos. Erst der Übertritt zur SPD eröffnete ihm wieder den Zugang zur deutschen Politik. Aber auch unter den Sozialdemokraten blieb Heinemann im Grunde ein Außenseiter. Allerdings veschaffte ihm die moralische Integrität über seinen Kreis hinaus Ansehen, wie auch die spätere Wahl zum Bundespräsidenten verdeutlicht.

Wehrbeitrag beruhte, die Spaltung Deutschlands vertiefen müsse – ein Argument, das auch innerhalb der Sozialdemokratie zunehmend an Bedeutung gewann.

Aus den Zeiten des Widerstandes der Bekennenden Kirche gegen das NS-Regime bestanden enge freundschaftliche Verbindungen zwischen Heinemann und dem prominenten, weit über die Grenzen Deutschlands hinaus bekannten hessen-nassauischen Kirchenpräsidenten Martin Niemöller, der von Beginn an offen gegen die Gründung des Bonner Staates opponiert hatte und der als einflußreichster Sprecher gegen die Wiederaufrüstung gelten durfte. Adenauer mußte befürchten, daß sich eine Front evangelischer Christen gegen die CDU bilden und den protestantischen Flügel der Partei lähmen könnte. So schreckte er zunächst davor zurück, den rebellischen Minister zu entpflichten, der selbst auch zögerte, das Kabinett zu einem Zeitpunkt zu verlassen, in dem es nach seiner Ansicht darum ging, über Krieg oder Frieden zu entscheiden. Erst ein gemeinsamer öffentlicher Auftritt Heinemanns mit Niemöller, den Adenauer als illoyal und provokativ empfand, führte zum endgültigen Bruch und zur Entlassung. Heinemanns Ende 1951 gegründeter »Notgemeinschaft für den Frieden Europas«, die 1952 zur »Gesamtdeutschen Volkspartei« umgewandelt wurde, sollte kein durchschlagender Erfolg beschieden sein. Erst nach seinem Beitritt zur SPD im Jahre 1957 ergaben sich für ihn erneut wirkungsvolle politische Gestaltungsmöglichkeiten.

Wie tief der Graben war, der das theologisch geprägte Politikverständnis Heinemanns vom Pragmatismus des christdemokratischen Kanzlers trennte, lassen jene knappen Sätze erkennen, mit denen Adenauer in seinen »Erinnerungen« die Position seines politischen Gegenspielers beschrieb: »Heinemann vertrat nach seinen eigenen Worten den Standpunkt, daß man, nachdem Gott den Deutschen zweimal die Waffen aus der Hand geschlagen habe, sie nicht zum dritten Mal ergreifen dürfe. Man müsse Geduld haben, um den Willen Gottes im Weltregiment zu erkennen, und in Ruhe abwarten, wie sich alles entwickeln werde. Man könne zwar den Willen Gottes jetzt noch nicht erkennen, aber nach seiner Überzeugung würde sich in einem bis eineinhalb Jahren eine klare Situation zeigen. Ich möchte hier über Gottvertrauen an sich und über Frömmigkeit im allgemeinen nichts sagen, aber ich hatte Herrn Heinemann, als er mich beschwor, in der Sache der Verteidigung der Bundesrepublik nichts zu tun, erwidert, daß nach meiner Auffassung Gott uns den Kopf zum Denken gegeben habe und die Arme und Hände, um damit zu handeln.«[60]

Die Krise um Heinemanns Rücktritt hat innerhalb der evangelischen Kirche klärend gewirkt. Sie brachte die eher dem konservativen Spektrum zugehörende überwiegende Mehrheit dazu, in der Wehrfrage einen neutralen Standpunkt zu beziehen und sich damit von einer einseitigen Vereinnahmung der Theologie für politische Ziele zu distanzieren. Auf einer Mitte November 1950 in Berlin-Spandau tagenden Sondersitzung des Rates der Evangelischen Kirche setzte sich die Auffassung durch, daß die Frage, ob eine wie immer geartete Wiederaufrüstung unvermeidlich sei, »im Glauben verschieden beantwortet« werden könne.[61]

Weniger kontrovers als im protestantischen Lager wurde die Wehrfrage bei den deutschen Katholiken gesehen.[62] Schon in seiner Weihnachtsbotschaft des Jahres 1948 hatte Papst Pius XII. im Rückgriff auf die kirchliche Lehrtradition erklärt: »Ein Volk, das von einem ungerechten Angriff bedroht oder schon dessen Opfer ist, kann, wenn es christlich handeln will, nicht in passiver Gleichgültigkeit verharren, und noch mehr verbietet die Solidarität der Völkerfamilie den anderen, sich in gefühlloser Neutralität als einfacher Zuschauer zu verhalten.«[63] Wenn damit auch die aktuelle Position der deutschen Katholiken noch keineswegs endgültig festgelegt war, so ergab sich doch, daß nach kirchlicher Lehre dem Staat das Recht und die Pflicht zustand, für den Schutz seiner Bürger nach außen Sorge zu tragen. Die Hauptströmungen des deutschen Katholizismus sind durchaus dieser Linie in der Wehrdebatte gefolgt, wobei gewichtige Stimmen aus dem Kreise der Theologen, der Intellektuellen und der katholischen Arbeiterschaft einen abweichenden Standpunkt einnahmen. Von besonderer Tragweite waren die frühen Verlautbarungen von Kardinal Frings, der sich in die Wehrbeitragsdebatte einschaltete und unter Berufung auf die Unterscheidung zwischen einem »gerechten« und »ungerechten Krieg« einen ethischen Anspruch auf totale Wehrdienstverweigerung ablehnte, dem ein »falsch verstandener Pazifismus zugrunde liege«.[64]

Unterstützungen dieser Art waren dem Kanzler höchst willkommen und keineswegs so selbstverständlich, wie sie nachträglich erscheinen mögen. Selbst innerhalb der CDU und im Kabinett gab es Kritik am Regierungskurs, wenn es auch Adenauer nach wie vor gelang, diese unter Kontrolle zu halten. Als im Spätherbst des Jahres 1950 chinesische Truppen in den Koreakrieg eingriffen und die im wesentlichen aus amerikanischen Einheiten bestehende Armee der Vereinten Nationen überrannt zu werden drohte, verstärkte sich auch die Krisenstimmung in der westlichen Welt. In Deutschland fragten sich viele, ob ihrem Land nicht bald ein ähnliches Schicksal beschieden sein werde und ob die USA wirklich so stark und verläßlich seien, daß man sein eigenes politisches Schicksal auf Gedeih und Verderb mit ihnen verbinden dürfe. Erst als sich die Situation in Korea vom Frühjahr 1952 an zu stabilisieren begann, nahmen auch die Unkenrufe der Pessimisten ab. Doch noch hatte die Regierung Adenauer die Schwierigkeiten nicht überwunden, in die sie durch den mangelnden Erfolg des eigenen Vorstoßes in der Wehrfrage geraten war.

II.
Geburt der Souveränität

1. EVG- und Deutschlandvertrag

Daß sich auf der New Yorker Konferenz vom September 1950 nicht mehr bewegt hatte, war wieder einmal der französischen Haltung zuzuschreiben. Allerdings setzte sich nun auch am Quai d'Orsay die Überzeugung durch, daß die von den Amerikanern entschieden geförderte deutsche Wiederaufrüstung auf Dauer nicht zu verhindern war. Wenn der deutsche Wehrbeitrag schon nicht zu umgehen war, dann mußte er unter europäischen beziehungsweise französischen Vorzeichen erfolgen. Die Kontrolle sollte – wie bereits beim »Schumanplan« – durch Zusammenarbeit gewährleistet sein. Auch diesmal war der Architekt des Planes kein anderer als Jean Monnet.[1]

Während die Amerikaner, aber auch Adenauer, an eine europäische Koalitionsarmee, einschließlich der integrierten westdeutschen Streitkräfte, als NATO-Armee mit amerikanischen Einheiten und unter dem Oberbefehl eines US-Generals dachten, ging der französische Plan von einer Europa-Armee aus, die nur westeuropäische Kontingente umfaßte und politisch nur europäischen Institutionen unterstand. Was am 24. Oktober 1950 als »Pleven-Plan«, benannt nach dem französischen Ministerpräsidenten, in Paris verkündet wurde, mußte die deutsche Seite mit tiefer Skepsis erfüllen.[2] Von gleichberechtigter Behandlung der Deutschen als Partner konnte kaum die Rede sein. Überdeutlich war die Absicht, die Bundesrepublik von einer integrierten Mitgliedschaft in der NATO fernzuhalten. Obwohl Deutschland nicht dem Atlantikpakt angehöre, so argumentierte die französische Regierung, sei es dennoch aufgerufen, am Sicherheitssystem teilzunehmen. »Es ist daher nur gerecht, daß es seinen Beitrag zur Aufstellung der Verteidigung Westeuropas leistet.«[3] Analog zur Wirtschaftsunion im Montanbereich schlage die französische Regierung deshalb vor, eine europäische Armee »aufzustellen, die mit den politischen Institutionen des geeinten Europa verbunden ist«.[4] Wichtig sei, daß es nicht nur zur Zusammenfassung nationaler Militäreinheiten komme, sondern daß eine völlige Verschmelzung der Mannschaften und der Ausrüstung herbeigeführt werde. Die europäische Armee müsse durch ein gemeinsames Budget finanziert und einem europäischen Verteidigungsminister unterstellt werden, der von den Regierungen der angeschlossenen Staaten zu ernennen sei. Während somit der erste angeworbene deutsche Soldat ein europäischer Soldat sein würde, sollten jene Mitgliedstaaten, die über eigene nationale Streitkräfte verfügten, »den Teil ihrer Truppen, die der europäischen Armee nicht eingegliedert werden, behalten«. Selbst der Einsatz nationaler Streitkräfte neben der europäischen Armee zu »anderen Bedürfnissen als denen der gemeinsamen Verteidigung« war nicht ausgeschlossen.[5] Mit dem »Pleven-Plan« hielt Frankreich sich drei Möglichkeiten der Verteidigung offen: die nationale, die atlantische und die europäische. Für die Bundesrepublik war hingegen nur die letzte vorgesehen.

Jetzt stand neben dem atlantischen Modell die europäische Variante französischen Ursprungs, die sich als hervorragendes Mittel erwies, um die amerikanischen Pläne zu verzögern. Sie leitete ein Dreivierteljahr zäher Verhandlungen ein, deren ungewisser Ausgang die Regierung Adenauer schon deshalb zutiefst beunruhigen mußte, weil die Sowjetunion den mangelnden Konsens der Westmächte in der Frage des westdeutschen Wehrbeitrags zu einer neuen Initiative nutzte. Moskau schlug am 3. November 1950 die sofortige Wiedereinberufung des Rates der Außenminister der vier Siegermächte vor, »um die Frage der Erfüllung des Potsdamer Abkommens hinsichtlich der Entmilitarisierung Deutschlands zu prüfen«.[6] Die Stoßrichtung war klar. Ein möglicher westdeutscher Wehrbeitrag sollte durch die Reaktivierung des Potsdamer Abkommens, also durch das Angebot einer provisorischen gesamtdeutschen Regierung, durch den Abschluß eines Friedensvertrages mit Deutschland und den Rückzug der Besatzungstruppen binnen Jahresfrist verhindert werden. Begleitet wurde der sowjetische Vorstoß von einer weltweiten Kampagne der kommunistischen Parteien gegen die »Remilitarisierung« Deutschlands, der sich die SED mit der Losung »Deutsche an einen Tisch« anschloß. Otto Grotewohl, der Ministerpräsident der DDR, übermittelte dem Bundeskanzler Ende November den Vorschlag, einen aus Vertretern beider Staaten paritätisch zusammengesetzten »Gesamtdeutschen Konstituierenden Rat« zu gründen; Adenauer antwortete mit der Forderung, freie und geheime Wahlen durchzuführen.

Im Westen, vor allem in Frankreich, erhielten jene Kräfte erneut Auftrieb, die der deutschen Wiederbewaffnung grundsätzlich mißtrauten und glaubten, den Frieden eher durch ein Arrangement der Alliierten über den Kopf eines neutralisierten Deutschland hinweg sichern zu können. Die Möglichkeit einer gemeinsamen Politik der Großmächte zu Lasten Deutschlands gehörte zu den Alpträumen des Bundeskanzlers. Ihn beunruhigte die Vorstellung, eingekreist zu werden. Eine Rückkehr zu Potsdam und damit zu einer fortdauernden Kontrolle Deutschlands durch die Siegermächte, die nur der Sowjetunion zu einer hegemonialen Stellung verhelfe, hielt er für lebensgefährlich. Er sah es als seine wichtigste Aufgabe an, seinen Staat vor dieser Gefahr zu bewahren. Die Politik des Bundeskanzlers blieb so erst recht darauf ausgerichtet, möglichst rasch vollendete Tatsachen zu schaffen, also die Verhandlungen über die Montanunion schnell abzuschließen, zügig neue amerikanische und britische Truppen nach Westdeutschland zu bekommen, das Projekt des deutschen Wehrbeitrags voranzutreiben, sei es in der europäischen oder der atlantischen Form, und damit verbunden nicht zuletzt das Besatzungsstatut abzuschaffen und durch Sicherheitsverträge zu ersetzen. Gleichzeitig drängte Adenauer die Hohen Kommissare unablässig, ihn bei den sich anbahnenden Viermächtegesprächen nicht zu übergehen.

Frankreich hatte längst seine Gesprächsbereitschaft mit der Sowjetunion signalisiert. Auch in Großbritannien gab es die Neigung, erneut Viermächtegespräche aufzunehmen. In den USA nahmen dagegen isolationistische Tendenzen zu. Trotzdem kam es zu einer Vorkonferenz, die vom 5. März bis zum 21. Juni 1951 im Palais Marbre Rose in Paris stattfand. Dort bemühten sich die französischen und die britischen Diplomaten mit unverhohlener Kompromißbereitschaft um das Zustandekommen neuer Vier-

Der von Ost-Berlin verkündeten Losung »Deutsche an einen Tisch« wurde in Westdeutschland die Forderung nach freien Wahlen für ganz Deutschland entgegengesetzt.

mächteverhandlungen. Aber es gelang den Westmächten nicht einmal, sich mit der sowjetischen Delegation auf eine Tagesordnung für die geplante Konferenz zu einigen, zumal diese daran festhielt, auch die NATO und die amerikanischen Militärstützpunkte in Europa zu einem Verhandlungsgegenstand zu machen, was von den Amerikanern strikt abgelehnt wurde. Mit ihrer starren Haltung verpaßte die Sowjetunion möglicherweise die letzte Gelegenheit, die Westintegration der Bundesrepublik zu einem Zeitpunkt anzuhalten, als eine Einigung über den künftigen deutschen Wehrbeitrag noch ausstand. Es spricht einiges dafür, daß der spätere Neutralisierungsvorschlag Stalins vom März 1952, wäre er in dieser Form früher vorgetragen worden, bei den Westmächten erheblich größere Resonanz gefunden hätte, als dies schließlich der Fall war.

Am 18. April 1951 konnte der »Vertrag über die Gründung der Europäischen Gemeinschaft für Kohle und Stahl« in Paris unterzeichnet werden, und am 5. Mai trat die Bundesrepublik dem Europarat bei. Der Besuch Adenauers in Paris, zugleich Auftakt der beginnenden intensiven Reisediplomatie des bis dahin kaum auslandserfahrenen Kanzlers, symbolisierte das steigende Ansehen des selbständiger werdenden westdeutschen Staates. Am 6. März 1951 war die im September des Vorjahres beschlossene Revision des Besatzungsstatuts in Kraft getreten. Am 15. März übernahm Konrad Adenauer zusätzlich das Amt des Außenministers, und am 9. Juli erklärten die drei Westmächte offiziell den Kriegszustand mit Deutschland für beendet. Nun hing die weitere Entwicklung von der Regelung des westdeutschen Wehrbeitrags ab, der seit der New Yorker Konferenz vom September 1950 beständig auf der Tagesordnung der westalliierten Außenminister blieb.

Die grundlegende Frage lautete, ob dieser im Rahmen der NATO oder unter den Voraussetzungen des »Pleven-Plans« zu realisieren sei. So kam es in den Gesprächen über den deutschen Wehrbeitrag zu einem komplizierten doppelgleisigen Verfahren. Während bei der Alliierten Hohen Kommission auf dem Petersberg eine deutsche Delegation mit dem Sicherheitsbeauftragten der Bundesregierung, Theodor Blank, und den Generälen Speidel und Heusinger an der Spitze seit Januar 1951 über die technischen Voraussetzungen verhandelte, begannen in Paris die Konferenzen über den »Pleven-Plan«, an denen eine deutsche Delegation unter der Leitung Walter Hallsteins teilnahm, der sich bereits bei den Montanverhandlungen bewährt hatte.

Seit dem 10. Mai 1951 sprachen, ebenfalls auf dem Petersberg, Sachverständige über die Sicherheitsverträge, die das Besatzungsstatut ablösen sollten. Dabei zeigte sich einerseits erneut die Schwierigkeit einer einheitlichen alliierten Meinungsbildung; andererseits wurde aber auch klar, daß die von Adenauer zunächst gewünschte volle Souveränität für die Bundesrepublik so nicht im deutschen Interesse liegen konnte, da sie die alliierten Rechte und Pflichten für Deutschland als Ganzes und für Berlin gefährdete. Hier brachte der von Wilhelm Grewe, dem Leiter der deutschen »Delegation für die Ablösung des Besatzungsstatuts«, verfaßte Entwurf für ein Sicherheitsabkommen notwendige Differenzierungen.[7]

Auf ihrer Konferenz vom 10. bis zum 14. September 1951 in Washington erklärten die Außenminister der drei Westmächte, »daß die Politik ihrer Regierungen die Integration eines demokratischen Deutschlands in eine kontinentale europäische Gemeinschaft auf der Grundlage der Gleichberechtigung zum Ziel hat, eine Gemeinschaft, die selbst in eine in ständiger Entwicklung begriffene atlantische Gemeinschaft eingegliedert ist«.[8] Sie beschlossen, das Besatzungsstatut durch einen Generalvertrag (auch Deutschlandvertrag genannt) zu ersetzen, der dann durch das Abkommen über den Beitritt der Bundesrepublik zur Europäischen Verteidigungsgemeinschaft ergänzt werden sollte. Damit war im Prinzip die Koppelung beider Projekte von höchster Stelle akzeptiert. Das Adenauersche Junktim von Wehrbeitrag und Souveränität schien sich durchzusetzen.

Schon bald zeigte sich allerdings, daß der durch die Verlautbarung der Außenminister ausgelöste Optimismus verfrüht war. Als Adenauer am 24. September 1951 auf Schloß Ernich, dem Sitz François-Poncets, mit den Hohen Kommissaren zusammentraf, um sich die Ergebnisse der Washingtoner Konferenz erläutern zu lassen und über weitere Verhandlungsschritte zu sprechen, wurde ihm ein Entwurf präsentiert, der keineswegs die gewünschte vertragliche Ablösung der Besatzungsherrschaft, sondern im Grunde nur eine weitere Teilrevision des Besatzungsstatuts vorsah.[9] Vom Grundsatz der Gleichheit, wie ihn das Washingtoner Kommuniqué für die Bundesrepublik proklamierte, war in den jetzt angebotenen Regelungen nicht mehr die Rede. Die alliierten Vertreter dachten überhaupt nicht daran, ihre 1945 übernommene oberste Gewalt einfach aufzugeben. Sie bestanden weiterhin darauf, an weitgefaßten Vorbehaltsrechten festzuhalten, die sie zum einen mit der Schutzbedürftigkeit ihrer stationierten Streitkräfte, vor allem für den Fall eines Notstandes in der Bundesrepublik, zum anderen aber auch durch gemeinsame Siegerrechte für Deutschland als Ganzes und für Berlin begründeten. Zugleich war jedoch unübersehbar, daß die Vorbehaltsrechte auch dazu dienen sollten, Möglichkeiten zur Intervention offenzulassen, da die Bundesrepublik den Westalliierten noch immer nicht stabil genug zu sein schien, um sie vorbehaltlos in die unkontrollierbare Selbständigkeit zu entlassen.

Gerade diese Einstellung stand den Adenauerschen Autonomiebestrebungen diametral entgegen. Das Gespräch mit den Hohen Kommissaren verlief in frostiger Atmosphäre. »Die vorliegenden Vorschläge«, so bemerkte der tief verstimmte Bundeskanzler, »bedeuteten nichts anderes als einen Abbau des Besatzungsstatutes, während die Bundesregierung eine völlig neue, auf Gegenseitigkeit beruhende Vertragsbasis erstrebe.«[10] Der Gegenentwurf, den er dann präsentierte, ging jedoch weit über das hinaus, was die Hohen Kommissare zu akzeptieren bereit waren. In monatelangen Verhandlungen auf verschiedenen Ebenen vermochte die deutsche Seite immerhin die Ausübung der Vorbehaltsrechte vertraglich zu regeln.

Dabei widersprachen die alliierten Vorbehaltsrechte keineswegs in allen Punkten deutschen Interessen. Ihre sicherheitspolitische Bedeutung war schon wegen der prekären Situation Berlins un-

»Ja, das alles auf Ehr', das kann ich und noch mehr ...«, zeitgenössische Karikatur

Als der Krieg zu Ende ging, war der Name des einstigen Kölner Oberbürgermeisters außerhalb seiner Region nur wenigen bekannt. Als Bundeskanzler übernahm Adenauer am 15. März 1951 zusätzlich das neueingerichtete Amt des Außenministers. Nicht nur im Bewußtsein der deutschen Bevölkerung, auch in der Sicht des Auslands waren Adenauer und die Bundesrepublik identisch geworden.
Nach derUnterzeichnung des »Vertrages über die Gründung der Europäischen Gemeinschaft für Kohle und Stahl« trat die Bundesrepublik dem Europarat als Vollmitglied bei, woraufhin die Westmächte im Sommer dieses Jahres den Kriegszustand mit Deutschland für beendet erklärten. Die Taktik Adenauers, gegen alle Widerstände aus den eigenen Reihen und gegen den leidenschaftlichen Protest der Opposition im Vertrauen auf den Gang der Dinge zu momentanen Zugeständnissen bereit zu sein, hatte sich ausgezahlt. Aus dem Kanzler der Alliierten war nach der Meinung der Bevölkerung nicht der Kanzler der CDU, sondern der Kanzler aller Deutschen geworden. Das spiegelten die Ergebnisse der kommenden Bundestagswahlen, die nicht so sehr ein Sieg der Christlich-Demokratischen Union als vielmehr ein Plebiszit über die Person Adenauers wurden.

übersehbar. Den völkerrechtlichen Beratern Adenauers (Walter Hallstein, Wilhelm Grewe, Herbert Blankenhorn) konnte nicht entgehen, daß sich aus den genuinen Rechten der Siegermächte gegenüber Deutschland als Ganzem auch eine alliierte Verantwortlichkeit für die Wiedervereinigung des Landes herleiten ließ. Wie aber stand es mit der Möglichkeit eines Wiederauflebens der Viermächtekontrolle, und welche Wirkung sollte den vertraglichen Bindungen der Bundesrepublik für ein späteres Gesamtdeutschland zukommen?

Zu den Maximen der frühen Adenauerschen Außenpolitik gehörte es, keine Konstellation entstehen zu lassen, in der ein Arrangement der Siegermächte auf Kosten Deutschlands und ohne dessen Beteiligung zustande kam, noch bevor die Bundesrepublik irreversibel in das westliche Bündnis integriert war. Für den Fall der Wiedervereinigung sollte das bereits Erreichte nicht erneut in Frage gestellt werden können. Im Zweifelsfall erschien Adenauer die Sicherung der westlichen Demokratie für den größeren Teil der Nation wichtiger als die Wiedervereinigung des Landes, von der er glaubte, daß sie nur durch eine westliche Politik der Stärke gegenüber der Sowjetunion erreicht werden könne. Die »Freiheit« stand für ihn vor der »Einheit«, und sollte die Einheit in eine erreichbare Nähe rücken, dann durfte sie nur nach den Maßstäben jener Freiheit verwirklicht werden, die in der Bundesrepublik bereits galten.

Adenauer legte deshalb großen Wert darauf, die unzweideutige Westbindung auch für ein künftiges Gesamtdeutschland im Vertrag zu verankern.[11] Die sogenannte Bindungsklausel (Artikel 7, Absatz 3, des Generalvertrages), in die er zunächst sogar die Gebiete jenseits der Oder-Neiße-Linie einzubeziehen gedachte, hielt fest: »Die Drei Mächte und die Bundesrepublik sind darin einig, daß ein wiedervereinigtes Deutschland durch die Verpflichtungen der Bundesrepublik nach diesem Vertrag, den beigefügten Abkommen und den Verträgen über die Bildung einer integrierten europäischen Gemeinschaft – in einer gemäß ihren Bestimmungen oder durch Vereinbarung der beteiligten Parteien angepaßten Fassung – gebunden sein wird, und daß dem wiedervereinigten Deutschland in gleicher Weise die Rechte der Bundesrepublik aus diesen Vereinbarungen zustehen werden.«[12] Was mochte den pragmatischen Kanzler, der um Westintegration und Souveränität der Bundesrepublik rang, veranlaßt haben, einer so weitgreifenden Formulierung zuzustimmen, von der er wissen mußte, daß sie nicht durchzusetzen war? Mußte eine solche Regelung, die die Sowjetunion nie akzeptieren würde, nicht dazu beitragen, die Spaltung Deutschlands zu vertiefen? Konnte ein künftiges Deutschland überhaupt im Vorgriff auf Entscheidungen, die es nicht selbst getroffen hatte, festgelegt werden? Jedenfalls stellte die Bindungsklausel ein geeignetes Instrument dar, um das Wiederaufleben gemeinsamer Viermächteentscheidungen über Deutschland, um ein »Zurück-zu-Potsdam«, schon im Ansatz zu verhindern und so der Konsolidierung und Westeinbindung der Bundesrepublik die notwendige außenpolitische Atempause zu verschaffen. Sie verpflichtete die Westalliierten zur Konsultation mit Bonn in der Deutschlandpolitik und erschwerte neutralistische

beziehungsweise an den Interessen der Sowjetunion orientierte Optionen.

Bis zuletzt hatte Adenauer darauf bestanden, die Verträge geheimzuhalten. Als er sie dann dem Kabinett vorlegte, kam es zu erheblichen Auseinandersetzungen mit einer oppositionellen Gruppierung in den eigenen Reihen, zu deren Wortführern Jakob Kaiser ebenso gehörte wie der Fraktionsführer der CDU/CSU und spätere Außenminister Heinrich von Brentano. Deren Hauptbedenken entstammten der Einsicht, daß die vorgesehene Westintegration der Bundesrepublik und die Art ihrer Durchführung die Wiedervereinigung Deutschlands erschweren müßten. Die Bindungsklausel reifte dabei zum eigentlichen Zankapfel. Sie machte es der Sowjetunion von vornherein unmöglich, in ein ernsthaftes Gespräch über die Wiedervereinigung einzutreten. Um die Einheit des Kabinetts in dieser Grundfrage zu wahren, stimmte der Kanzler einer Mission Brentanos in die USA zu. Diesem gelang es noch in letzter Minute, eine Abschwächung des Textes zu erreichen.

Durch die von Philip Jessup, dem Rechtsberater des amerikanischen Außenministers Dean Acheson, gefundene endgültige Formulierung der Bindungsklausel konnte schließlich der Konsens innerhalb der Bundesregierung wiederhergestellt werden. Sie trug den Bedenken aus der Ministerrunde insofern Rechnung, als sie nicht mehr von einer automatischen Bindung eines wiedervereinigten Deutschlands an die Westverträge ausging. Allerdings schloß auch sie ein Wiederaufleben des Kontrollrats und einer aus den Siegerrechten hergeleiteten obersten Gewalt der Alliierten für den Fall der Wiedervereinigung aus.[13] Wie sich drei Jahre später nach dem Scheitern der EVG-Verträge herausstellen sollte, war die Aufregung umsonst gewesen, denn der Deutschlandvertrag vom Herbst 1954, der ansonsten die Regelungen des Generalvertrages weitgehend übernahm, enthielt die Bindungsklausel nicht mehr.

Nur eine Woche bevor die Außenminister der Westmächte in Paris den Entwurf des Generalvertrages paraphierten, gerieten die Verhandlungen zwischen Adenauer und den Hohen Kommissaren in eine Krise. Die Meinungsverschiedenheiten betrafen den Artikel 7, Absatz 1, in dem die Westmächte sich zur Einigung Deutschlands bekannten. Dabei wurde ein fundamentaler Gegensatz zwischen der Position der Westalliierten und der Bundesregierung sichtbar, der offensichtlich nie ausgeräumt werden konnte. Ein streng geheimes Telegramm des britischen Hochkommissars Sir Ivone Kirkpatrick an das Foreign Office vom 15. November 1951 berichtet ausführlich über den Konflikt. Die Vertreter der drei Mächte erklärten dem Bundeskanzler, daß, wenn sie von der Einigung Deutschlands sprächen, »sie sich auf die Vereinigung der Ostzone und Berlins mit der Bundesrepublik und auf gar keinen Fall auf die Territorien jenseits der Oder-Neiße-Linie bezögen«. Adenauer habe darauf sehr scharf reagiert. Er sei, so heißt es im Telegramm, immer davon ausgegangen, daß die Gebiete jenseits der Oder-Neiße genauso einbezogen seien wie die Ostzone. Daß hier nun offensichtlich ein Unterschied gemacht werde, müsse ungünstige Auswirkungen auf die deutsche öffentliche

Meinung haben und werde alle Chancen zerstören, den Vertrag durch den Bundestag zu bringen. Auch er erkenne an, daß die endgültige Regelung der Grenzfrage einem Friedensvertrag vorbehalten bleiben müsse, sehe aber nicht ein, warum die Westmächte sich nicht dazu bekennen könnten, daß Deutschland die Gebiete jenseits der Oder-Neiße im Friedensvertrag wiedererhalten sollte. Die Hohen Kommissare konterten mit dem Hinweis, daß Adenauer selbst bis vor wenigen Monaten davon Abstand genommen habe, öffentlich die Position zu vertreten, Deutschland müsse einschließlich der Oder-Neiße-Gebiete wiedervereinigt werden. Die Regierungen der drei Mächte hätten in wiederholten Stellungnahmen während der letzten sechs Jahre ihre Position völlig klar gemacht, »und es gebe keine Rechtfertigung für die Annahme des Kanzlers, daß diese Position je geändert worden sei oder sich durch einen Vertrag ändern würde«. Weder Adenauer noch die Hohen Kommissare waren bereit einzulenken. »Das Problem war zu grundsätzlich, als daß man es durch eine Formel hätte überbrücken können.«[14]

Die Zwischenbilanz der westalliierten Außenminister, an deren Treffen Adenauer am 22. November 1951 in Paris zum ersten Mal in seiner Eigenschaft als Bundesminister des Auswärtigen teilnahm, ging noch davon aus, die notwendigen zusätzlichen Vertragsvereinbarungen auf Expertenebene zu einem schnellen Ende bringen zu können. Das unterzeichnete allgemeine Abkommen (Dachvertrag) wurde als ein entscheidender Schritt auf dem Weg zum gemeinsamen Ziel gefeiert, »die Bundesrepublik auf der Grundlage der Gleichberechtigung in eine europäische Gemeinschaft einzugliedern«.[15] Mit dem Inkrafttreten des gesamten Vertragswerkes würde – so hieß es dann weiter – das Besatzungsstatut mit seinen Eingriffsbefugnissen in die eigenen Angelegenheiten der Bundesrepublik aufgehoben und die Alliierte Hohe Kommission und die Behörden der Landeskommissare aufgelöst werden. Die drei Westmächte würden nur solche besonderen Rechte beibehalten, die »im Hinblick auf die Besonderheiten der internationalen Lage Deutschlands und im gemeinsamen Interesse der vier vertragschließenden Parteien« nicht aufgegeben werden könnten. »Diese Rechte beziehen sich auf die Stationierung und Sicherheit der Truppen in Deutschland, auf Berlin sowie auf die Deutschland als Ganzes betreffenden Fragen.«[16]

Die in Paris versammelten Außenminister unterstrichen ausdrücklich den inneren Zusammenhang zwischen dem Deutschlandvertrag und dem Projekt der Europäischen Verteidigungsgemeinschaft. Sie einigten sich darauf, das Vertragswerk der Öffentlichkeit erst dann vorzustellen, wenn über den Gesamtkomplex einschließlich der Zusatzverträge entschieden worden sei. Doch auch in den weiteren Verhandlungen zeigte sich, wie schwierig es war, zu vermeiden, daß bei Regelung der Einzelheiten das Besatzungsrecht nicht doch wieder durch die Hintertür eingeführt wurde. Die Neigung der Alliierten, Sonderrechte festzuschreiben, war unübersehbar.

Für den Bundeskanzler war es selbstverständlich, daß eines Tages über die EVG auch eine Mitgliedschaft in der NATO erreicht werden würde. Während man in Washington und London ähnlich

»Gruß aus Paris«, Ansichtskarte Adenauers an Elly Heuss-Knapp, April 1951

Die Beziehungen zwischen dem Bundeskanzler und dem Bundespräsidenten waren ursprünglich rein instrumental gewesen. Adenauer brauchte die FDP, wollte er der auch in seiner eigenen Partei vielfach propagierten großen Koalition mit der SPD entgehen. Aber aus der auf politischer Räson gebauten Allianz zweier sehr verschiedenartiger Männer entwickelte sich im Laufe der Zeit ein Vertrauens- und am Ende sogar so etwas wie ein Freundschaftsverhältnis – wenn auch Adenauer stets eifersüchtig darüber wachte, daß der Präsident nicht Rechte in Anspruch nahm, die seiner Meinung nach allein dem Kanzler zustanden; das führte mitunter trotz der persönlichen Nähe zu Konflikten.

dachte, war dies in Frankreich umstritten. In der französischen Nationalversammlung kam es zu erregten Debatten. Gaullisten und Kommunisten, die Hauptgegner eines proeuropäischen und deutschfreundlichen Kurses, den Außenminister Schuman vertrat, waren aus den Wahlen des Sommers 1951 gestärkt hervorgegangen. Schumans Politik wurde immer mehr zu einem Balanceakt zwischen zunehmenden nationalen Empfindlichkeiten und bündnispolitischen Notwendigkeiten. In dieser Situation stellte Ministerpräsident Edgar Faure die Vertrauensfrage. Er forderte dazu auf, »Deutschland eine nichtdiskriminierende Behandlung in den integrierten Organisationen«[17] zu gewähren, wollte aber gleichzeitig festgehalten wissen, daß die Zulassung Deutschlands zur EVG auf keinen Fall mit dessen Eintritt in die NATO verbunden wurde.

Die Nationalversammlung ging noch einen entscheidenden Schritt weiter. Sie forderte die Regierung auf, die USA und Großbritannien zu ersuchen, »für den Fall eines Bruches oder einer Verletzung des Vertrages durch einen Mitgliedstaat« – und damit konnte nur Deutschland gemeint sein –, »die gegenüber der Europäischen Verteidigungsgemeinschaft eingegangenen Verpflichtungen zu garantieren, indem diese Garantie durch ein den Umständen entsprechend langes Verbleiben genügender amerikanischer und britischer Truppen auf dem europäischen Kontinent materialisiert wird«. Damit verlangte die französische Seite selbst noch bei einer deutschen EVG-Mitgliedschaft ein generelles Sicherheitsversprechen für den Fall, daß die Bundesrepublik aus der Verteidigungsgemeinschaft ausscheiden sollte. Adenauer trug durch seine Haltung dazu bei, die Situation zu entkrampfen, indem er jede Garantie der Westmächte akzeptierte, die die EVG stärken konnte, »natürlich unter der Voraussetzung, daß solche Garantieversprechen sich nicht etwa einseitig gegen die Bundesrepublik richteten«.[18]

Nicht nur in Frankreich verfestigte sich die Frontstellung gegen eine Westintegration der Bundesrepublik. Die Bundestagsdebatte vom 7./8. Februar 1952 machte deutlich, daß jetzt auch die sozialdemokratische Führung auf prinzipielle Distanz ging. Seit der Washingtoner Außenministerkonferenz vom September 1951 hatte sich selbst bei Kurt Schumacher, der, durch einen Schlaganfall ans Bett gefesselt, nicht in die parlamentarischen Debatten eingreifen konnte, die Überzeugung durchgesetzt, daß die Westmächte Deutschlands Ressourcen zwar für ihre Zwecke zu nutzen gedachten, daß sie aber nach wie vor weit davon entfernt waren, ihm eine wirklich gleichberechtigte Rolle zuzugestehen. Doch wurden die Westverträge von ihm nicht nur deshalb abgelehnt. Der eigentliche Kurswechsel bestand in der Einschätzung, daß die vertraglichen Bindungen sich nachteilig auf die Wiedervereinigung auswirken mußten. In einem Interview mit UPI kurz vor Unterzeichnung der Verträge ging der schwerkranke und verbitterte Parteiführer sogar so weit, den Kampf der Sozialdemokraten gegen das Vertragssystem mit den Worten zusammenzufassen: »Wer diesem Generalvertrag zustimmt, hört auf, ein guter Deutscher zu sein.« Dabei nannte er die vorgesehene Unterzeichnung durch die Außenminister in Bonn gar »eine ganz plumpe Siegesfeier der alliierten klerikalen Koalition über das deutsche Volk«.[19] Die Haltung der Opposition vor dem Bundestag darzustellen, blieb dem stellvertretenden Parteivorsitzenden Erich Ollenhauer vorbehalten, der jenen Kreisen in der Partei nahestand, die ohnehin aus grundsätzlichen Erwägungen einen Wehrbeitrag ablehnten.

In seiner Regierungserklärung vom 7. Februar 1952 versuchte Adenauer daher, mögliche Einwände von vornherein zu entkräften. Es lag ihm daran, die Befürchtungen umzukehren und die Vorteile der Westintegration für die Wiedervereinigung zu unterstreichen. Diese könne nur mit Hilfe der drei Westmächte, niemals jedoch mit der Sowjetunion erreicht werden. Deshalb beschränkte er sich keineswegs darauf, die Bedeutung der Verträge für die Sicherheit und Souveränität der Bundesrepublik hervorzuheben. Vielmehr feierte er sie zugleich als ersten Schritt zur Wiedervereinigung. Indem er dies tat, ging er zwangsläufig das innenpolitische Risiko ein, daß der Erfolg seiner Politik an den Fortschritten auf dem Weg zur Wiedervereinigung gemessen wurde. Dabei sollte allerdings nicht übersehen werden, daß der Regierungschef auf starke gesamtdeutsche Bekenntnisse nicht verzichten konnte, die im Klima des geteilten Landes unentbehrlich waren und bei ihm nicht nur taktischen Erwägungen entsprangen.

Adenauer kannte die Bedeutung nationaler Symbole. Seit längerem hatte er den widerstrebenden Bundespräsidenten gedrängt, die dritte Strophe des Deutschlandliedes als Nationalhymne anzuerkennen. Dieser entsprach schließlich der Ende April 1952 erneut vorgetragenen Bitte. Die nationalen Demonstrationen des Kanzlers, die ihre längerfristige Wirkung auf Nationalkonservative, auf Flüchtlinge und Vertriebene nicht verfehlten, verhinderten keineswegs heftige Kontroversen über den richtigen Weg zur Wiedervereinigung. Sie kamen auch in den folgenden Jahren nicht zum Verstummen und trugen dazu bei, das Verhältnis von Regierung und Opposition weit über ein erträgliches Maß hinaus zu belasten.

Weder die zunehmende Opposition in Frankreich und in der Bundesrepublik noch der deutschlandpolitische Vorstoß Stalins wenig später hatten es vermocht, das Schwungrad der westlichen Vertragspolitik anzuhalten. Nachdem Frankreich die gewünschte anglo-amerikanische Garantieerklärung für den Fall eines deutschen Austritts aus der EVG erhalten hatte, stimmte das französische Kabinett der Unterzeichnung der Verträge über die EVG und über die Ablösung des Besatzungsstatuts endlich zu. Zu diesem

Eden, Adenauer, Acheson und Schuman im Mai 1952 bei der Unterzeichnung des Deutschlandvertrages in Bonn

Im Mai 1952 wurde mit der Unterzeichnung des Deutschlandvertrages und der EVG-Verträge der vorläufige Schlußpunkt unter die Politik der Westintegration gesetzt. Großbritannien, das der Europäischen Verteidigungsgemeinschaft nicht beitrat, erklärte in einem Zusatzvertrag, daß es der Verteidigungsgemeinschaft oder jedem einzelnen Mitglied des europäischen Militärpaktes mit allen ihm zur Verfügung stehenden Mitteln zur Hilfe kommen werde, »falls sie in Europa Opfer einer Aggression werden sollten«.

Zeitpunkt, am 23. Mai 1952, waren die Außenminister Dean Acheson, Anthony Eden und Robert Schuman bereits zur Vertragsunterzeichnung in Bonn eingetroffen. Adenauer, der nicht zu Unrecht befürchtete, daß sich im späteren Ratifikationsverfahren beim Projekt der EVG längere Verzögerungen ergeben könnten, gelang es in letzter Minute, die Zusicherung zu erhalten, daß gewisse im Deutschlandvertrag vorgesehene Bestimmungen in einem solchen Fall schon vorher in Kraft treten würden. Ihm war durch den schwierigen Gang der bisherigen Verhandlungen klargeworden, daß die Koppelung zwischen Deutschland- und EVG-Vertrag zu einem politischen Bumerang werden könnte.

Die Bundesregierung nutzte die Unterzeichnung des »Vertrages über die Beziehungen zwischen der Bundesrepublik Deutschland und den Drei Mächten« zur Demonstration ihres zunehmenden politischen Gewichts. Am 26. Mai 1952, vormittags um zehn Uhr, fand eine Zeremonie im festlich geschmückten Bundesratssaal im Beisein geladener Repräsentanten aus dem politischen, wirtschaftlichen und kulturellen Leben statt. Vertreter der Sozialdemokratischen Partei blieben demonstrativ fern. Nachmittags flogen die drei Außenminister der Westmächte und der Bundeskanzler nach Paris. Die deutsche Delegation benutzte zum ersten Mal eine von der Bundesregierung gecharterte Maschine. Im Uhrensaal des Quai d'Orsay unterzeichneten die Vertreter Frankreichs, Italiens, Deutschlands und der Benelux-Staaten den »Vertrag über die Errichtung der Europäischen Verteidigungsgemeinschaft«. Acheson, Eden und Schuman unterschrieben gleichzeitig die geforderte französische Sicherheitserklärung. Großbritannien, das der EVG selbst nicht beitrat, erklärte in einem Zusatzvertrag, daß es der Verteidigungsgemeinschaft oder jedem einzelnen Mitglied des europäischen Militärpaktes mit allen ihm zur Verfügung stehenden Mitteln zur Hilfe kommen werde, »falls sie in Europa Opfer einer Aggression werden sollten«.[20]

2. Die Stalin-Noten

Kurz bevor mit der Unterzeichnung der Verträge eine wichtige Etappe der Westintegration und der Souveränitätsentwicklung der Bundesrepublik erreicht worden war, hatte ein diplomatischer Vorstoß aus dem Osten erhebliche Verwirrung gestiftet. Am 10. März 1952 überreichte der stellvertretende sowjetische Außenminister Gromyko den Botschaftern der drei Westmächte in Moskau eine Note, in der erneut eine Konferenz über Deutschland vorgeschlagen wurde, mit dem Ziel, bald einen Friedensvertrag abzuschließen. Diesmal klang das Angebot ebenso sensationell wie verlockend. Stalin offerierte die Wiedervereinigung Deutschlands, um – wie es hieß – der Spaltung des Landes ein Ende zu machen und ihm die Möglichkeit zu geben, sich als »unabhängiger, demokratischer, friedliebender Staat« zu entwickeln. An den Friedensverhandlungen sei eine gesamtdeutsche Regierung zu beteiligen. Ein Jahr nach Vertragsabschluß müßten alle Streitkräfte der Besatzungsmächte aus Deutschland abgezogen sein. Der Aufbau eigener nationaler Streitkräfte zur Verteidigung des Landes, deren Ausstattung allerdings im Friedensvertrag festzulegen sein sollte, müsse genehmigt werden.

Zur allgemeinen Überraschung appellierte die Note sogar an deutschnationale Kräfte, indem sie vorschlug, allen ehemaligen Angehörigen der deutschen Armee, einschließlich der Offiziere und Generäle, »allen ehemaligen Nazis mit Ausnahme derer, die nach Gerichtsurteil eine Strafe für von ihnen begangene Verbrechen verbüßen«, gleiche bürgerliche und politische Rechte zu gewähren.[21] Als Preis für die Wiedervereinigung wurde von Deutschland verlangt, keinerlei Koalitionen oder Militärbündnisse einzugehen, die sich »gegen irgendeinen Staat richten, der mit seinen Streitkräften am Krieg gegen Deutschland teilgenommen hat«. Das Territorium Deutschlands sei durch jene Grenzen bestimmt, »die durch die Beschlüsse der Potsdamer Konferenz der Großmächte festgelegt wurden«.[22] Bei einer Neutralisierung Deutschlands und dem gleichzeitigen Verzicht auf die Gebiete jenseits der Oder-Neiße-Linie, so schien die Note zu signalisieren, könne eine baldige Lösung der deutschen Frage herbeigeführt werden. Dies schloß jedoch selbstverständlich eine Bindung des westdeutschen Teilstaates an das westliche Bündnis aus. Vorausgesetzt wurde auch die Bildung einer gesamtdeutschen Regierung, über deren Zustandekommen, über deren Zusammensetzung und über deren Legitimation nähere Angaben fehlten.

Was in der Öffentlichkeit als überraschende Offerte Stalins erschien, war von den Regierungen der Westmächte und auch in Bonn seit geraumer Zeit erwartet worden. Weder der Zeitpunkt noch die Inhalte trafen sie völlig unvorbereitet.[23] Bereits im Sommer 1951 rechneten amerikanische und britische Stellen mit der Möglichkeit, daß Moskau in nicht allzu ferner Zukunft mit der Idee einer Neutralisierung Deutschlands hervortreten werde. Dieses belegt unter anderem ein streng geheimes Memorandum des britischen Außenministeriums vom 1. Juni 1951, das bereits zu diesem Zeitpunkt die voraussichtliche Haltung der Sowjets, der Deutschen und der Westmächte in dieser Frage reflektierte.[24]

Dennoch sorgte die sowjetische Initiative für eine gewisse Überraschung. Die Note bot in fanfarenhaftem Ton, weniger mit ideologischen Phrasen durchsetzt als sonst üblich, Verlockendes und Unverdauliches zugleich. Dabei war das, was vorlag, keineswegs klar und einheitlich. Worüber sollte eigentlich verhandelt werden, und was galt bereits jetzt als unumstößliche Voraussetzung für den Beginn der Gespräche? Die zentrale Frage »freier Wahlen« wurde, anders als erwartet, in dem sowjetischen Vorschlag überhaupt nicht erwähnt. Komplexe wie »Viererkonferenz«, »Friedensvertrag« und »Neutralisierung«, die eine Rückkehr zur Viermächtebasis als Ausgangspunkt der Verhandlungen signalisierten, standen in auffälligem Gegensatz zu den deutschnationalen Avancen und dem Angebot nationaler deutscher Streitkräfte, die vor allem Frankreich nie akzeptieren würde. Obwohl die Bundesregierung nicht Adressat der sowjetischen Note war, richteten sich die Augen der Öffentlichkeit doch auf Bonn. Die Bedeutung des Kanzlers wurde im Zuge der westlichen Notenpolitik erheblich aufgewertet. Dennoch sollten seine Möglichkeiten, Einfluß zu nehmen, auch zu diesem Zeitpunkt noch nicht überschätzt werden.

Für Adenauer war das Ziel der diplomatischen Initiative der Sowjetunion klar: »Man wollte in lange Verhandlungen kommen, damit während dieser Zeit die Beratungen über die Europäische Verteidigungsgemeinschaft, die sowieso schwierig waren, ins Stocken gerieten.«[25] Daher begrüßte er uneingeschränkt die erste Reaktion der Hohen Kommissare, die ihm am 11. März 1952 erklärten: »Wir werden in unseren Verhandlungen über die Europäische Gemeinschaft und den Deutschlandvertrag so fortfahren, als ob es die Note nicht gäbe.«[26] Unmittelbar vorher hatte Adenauer seinerseits bereits gesagt, die Note werde an der Politik der Bundesregierung nichts ändern. In einer längeren Konsultation mit den alliierten Vertretern, zu der es auf ausdrücklichen Wunsch der Westmächte am 17. März kam, legte er seine Vorbehalte im einzelnen dar. Seiner Ansicht nach sollte die Antwort der Westmächte in präzisen Rückfragen bestehen, die sich auf die Modalitäten zur Bildung einer gesamtdeutschen Regierung beziehen müßten. Wie sehe es mit freien Wahlen aus? Bedeute der geforderte Koalitionsverzicht, daß es Deutschland damit auch verboten sei, an der weiteren Föderation Europas mitzuwirken? Da die sowjetische Note von der Oder-Neiße-Linie als Deutschlands endgültiger Grenze ausgehe, müsse nachdrücklich klargestellt werden, daß die Regelung der Grenzen einem künftigen Friedensvertrag vorbehalten bleibe.

Auch die weiteren Gespräche, die Adenauer bereits tags darauf in Paris mit dem amerikanischen, französischen und britischen Außenminister führte, ergaben eine breite Übereinstimmung in allen wesentlichen Punkten. Die gleichlautenden Antwortnoten der drei Westmächte vom 25. März 1952 enthielten den ausdrücklichen Hinweis, daß die Regierung der Bundesrepublik Deutschland und Vertreter Berlins zu Rate gezogen worden seien. Die USA, Frankreich und Großbritannien bekannten sich in der Note zum Ziel eines gerechten und dauerhaften Friedensvertrages, der die Teilung Deutschlands beende. Dazu sei, wie auch die Sowjetunion fordere, die Bildung einer gesamtdeutschen Regierung nötig. »Eine derartige Regierung kann nur auf der Grundlage freier Wahlen in der Bundesrepublik, der sowjetischen Besatzungzone und Berlin geschaffen werden. Derartige Wahlen können nur unter Verhältnissen stattfinden, die die nationalen und individuellen Freiheiten des deutschen Volkes gewährleisten. Die Vollversammlung der Vereinten Nationen hat zur Prüfung der Frage, ob diese erste wesentliche Voraussetzung gegeben ist, eine Kommission ernannt, die eine gleichzeitige Untersuchung in der Bundesrepublik, der Sowjetzone und in Berlin durchführen soll. Dieser Untersuchungskommission ist in der Bundesrepublik und in West-Berlin die erforderliche Unterstützung zugesichert worden. Die amerikanische Regierung würde die Mitteilung zu schätzen wissen, daß eine derartige Unterstützung auch in der Sowjetzone und in Ost-Berlin vorhanden sein wird, damit die Kommission ihre Aufgabe durchzuführen vermag.«[27]

Damit hatten die westlichen Alliierten die Forderung nach »freien gesamtdeutschen Wahlen« an Voraussetzungen geknüpft, die es der Sowjetunion von vornherein unmöglich machen sollten, über eine nachgeschobene verbale Konzession in diesem Bereich einen Positionsgewinn zu erzielen. Die UN-Kommission zur Untersuchung der Voraussetzungen für freie und geheime Wahlen in beiden Teilen Deutschlands und Berlins, auf die die Note verwies, war auf einen Vorschlag der Westmächte hin im Dezember 1951 eingesetzt worden. Die DDR hatte ihr allerdings mit der Begründung, daß ihr Auftrag als Einmischung in die inneren Angelegenheiten Deutschlands anzusehen sei und damit im Widerspruch zur Charta der UN stünde, die Einreise verweigert. Dieser Hinweis vermochte kaum zu überzeugen und trug nicht dazu bei, das westliche Mißtrauen gegenüber den Wahlpraktiken im Ostblock abzubauen, das in der jüngsten Vergangenheit ohnehin zusätzliche Nahrung erhalten hatte.

Wie die Techniken der Einheitslistenwahlen und des »demokratischen Zentralismus« in den Ländern des Ostblocks offenlegten, konnte unter den dortigen Voraussetzungen von wirklichen Alternativen und von einer geheimen Wahl nicht die Rede sein, selbst wenn diese Vorgänge in der Sprache der Propaganda als »vorbildlich, geheim und allgemein« hingestellt wurden.[28] Ohne wirkungsvolle Sicherungen mußten, wie die Praxis bewies, Wahlen in kommunistisch kontrollierten Ländern zur bloßen Farce verkommen. Aus der Perspektive der Sowjetunion nahm sich die Wahlproblematik allerdings anders aus. Da das DDR-Regime dem Test eines freien Plebiszits nicht gewachsen war, mußte es dem Kreml darauf ankommen, ihn zu umgehen, wollte er nicht eine Minderung oder gar Beseitigung seiner Machtposition in Deutschland riskieren. So verlegte sich Moskau im Notenkrieg mit den Westmächten darauf, Konstellationen und Voraussetzungen zu kreieren, die zwar verbal die Wahlforderung berücksichtigten, die aber deren Sinn leicht in das Gegenteil verkehren konnten. Hier blieb äußerste Wachsamkeit geboten.

Die Antwortnote der Westalliierten hielt deshalb daran fest,

»Laß zu, Robert [Schuman], Conny ist noch nicht empfangsbereit!«, Karikatur von E. M. Lang, September 1952

Bis in die jüngste Gegenwart ist umstritten geblieben, ob die sogenannten Stalin-Noten vom März und April 1952, die »freie gesamtdeutsche Wahlen« vorschlugen, ernst gemeint waren oder ob sie lediglich ein taktisches Positionspapier zur Verhinderung der endgültigen Westintegration der Bundesrepublik darstellten. Adenauer, aber auch die Westmächte sahen es so. Moskau war in der entscheidenden Frage wirklich freier Wahlen letztlich nicht zum Einlenken bereit. Damit wurde dem Bundeskanzler die Probe aufs Exempel nicht abverlangt. Die Vertrauensposition gegenüber dem Westen, die mühsam genug erlangt war, blieb vor neuen Erschütterungen bewahrt. Die Vertragspolitik wurde ohne Unterbrechung fortgeführt. Kritiker beriefen sich auch später immer wieder darauf, daß im Jahre 1952 die große Chance zur Wiedervereinigung vertan worden sei.

daß eine bis ins einzelne gehende Diskussion über den Friedensvertrag erst stattfinden könne, wenn eine wirklich frei gewählte gesamtdeutsche Regierung existiere. Dieser müsse es vor dem Abschluß eines Friedensvertrages freistehen, »Bündnisse einzugehen, die mit den Grundsätzen und Zielen der Vereinten Nationen in Einklang stehen«.[29] Darüber hinaus fehlte in der Note der Westmächte der Hinweis auf den Friedensvertragsvorbehalt der Potsdamer Beschlüsse bezüglich der Grenzfrage ebenso wenig wie die Ablehnung rein nationaler deutscher Streitkräfte.

Bereits vierzehn Tage später, am 9. April, lag die nächste sowjetische Note auf dem Tisch. Sie schien den westlichen Vorstellungen einen entscheidenden Schritt entgegenzukommen, indem sie nun von sich aus das Problem der Wahlen anschnitt. Die Sowjetunion schlug erneut ein Treffen der vier Siegermächte vor, um unverzüglich »die Frage der Durchführung freier gesamtdeutscher Wahlen« zu erörtern, wie sie dies bereits früher vorgeschlagen habe.[30] Den Vorschlag, eine UN-Kommission zur Prüfung der Wahlvoraussetzungen zuzulassen, wies sie erneut als unvereinbar mit der UN-Charta zurück. Hingegen empfahl sie, eine solche Prüfung durch eine Kommission vornehmen zu lassen, die von den vier Besatzungsmächten zu bilden sei. Ansonsten hielt die Note an der Neutralitätsforderung ebenso fest wie an dem Vorschlag deutscher nationaler Streitkräfte. Zugleich machte die Sowjetunion deutlich, daß sie nicht gewillt war, an ihrem Standpunkt zur Oder-Neiße-Grenze rütteln zu lassen.

Am 13. Mai meldeten sich erneut die Westmächte zu Wort. Ein deutscher Friedensvertrag könne erst ausgearbeitet werden, so teilten sie wiederum mit, wenn bereits eine gesamtdeutsche Regierung bestehe, die auf Grund freier Wahlen gebildet und in der Lage sei, »in voller Freiheit an der Erörterung eines derartigen Vertrages teilzunehmen«.[31] Die aus freien Wahlen hervorgehende deutsche Regierung müsse selbst frei sein. Über diesen untrennbaren Zusammenhang zwischen der Wahlfrage und der freien Stellung der gewählten Regierung sage die Sowjetnote jedoch nichts. Somit müsse die Frage gestellt werden, ob eine aus freien Wahlen hervorgegangene gesamtdeutsche Regierung bis nach Abschluß eines Friedensvertrages unter Viermächtekontrolle stehen werde oder ob die Sowjetregierung damit einverstanden sei, dieser Regierung sofort die erforderliche Handlungsfreiheit zu geben.

Ausdrücklich begrüßten die Westmächte dann aber, »daß die Sowjetregierung nunmehr grundsätzlich damit einverstanden ist, daß in ganz Deutschland freie Wahlen abgehalten werden sollen«.[32] Auf eine Problematisierung dessen, was möglicherweise unter »freier Wahl« verstanden werden könne, wurde verzichtet. Dafür schenkte die Note den Voraussetzungen für die Wahl wiederum große Aufmerksamkeit. Der sowjetische Einwand gegen eine Untersuchungskommission der UN unter Berufung auf den Artikel 107 der Charta der Vereinten Nationen wurde erneut als nicht stichhaltig zurückgewiesen. Der Wortlaut dieser Bestimmung schließe die Vereinten Nationen eindeutig nicht von der Erörterung deutscher Angelegenheiten aus. Hingegen wurde der sowjetische Vorschlag, die Untersuchung einer von den vier Besatzungsmächten gebildeten Kommission zu übertragen, von den Westmächten zurückgewiesen. »Eine lediglich aus Mitgliedern mit unmittelbaren Verantwortlichkeiten für Deutschland zusammengesetzte Kommission wäre gleichzeitig Richter und Partei.« Die Erfahrung während der Zeit der Viermächtekontrolle in Deutschland lasse darauf schließen, daß eine solche Kommission nicht in der Lage wäre, zu zweckdienlichen Entscheidungen zu gelangen. Auf diese Weise würden die Wahlen hinausgezögert, wobei nicht zu übersehen sei, daß die Einsetzung der Viermächtekommission »als Schritt zu einer Wiederherstellung der Viermächtekontrolle« erscheinen könnte. »Dies wäre ein Rückschritt, der mit der konstitutionellen Entwicklung in der Bundesrepublik nicht in Einklang stehen würde.« Obwohl einer Kommission der UN nach wie vor der Vorzug gegeben werde, sei man selbstverständlich bereit, »jede Möglichkeit zu einer Entscheidung darüber zu prüfen, ob in ganz Deutschland die für die Abhaltung wirklich freier Wahlen erforderlichen Voraussetzungen gegeben sind, und, wenn dies nicht der Fall ist, Empfehlungen darüber abzugeben, welche Schritte zur Schaffung dieser Voraussetzungen unternommen werden müßten«.[33]

Der Termin der Unterzeichnung des EVG- und Deutschlandvertrages rückte heran, ohne daß es zu einer Einigung auch nur über die Präliminarien erster Verhandlungsschritte mit Moskau gekommen war. Im Ton äußerst dringlich und erkennbar gereizt meldete sich die Sowjetunion am 24. Mai, also am Vorabend der Unterzeichnung der Verträge, wieder zu Wort. Sie führte den Westmächten und der Bundesregierung vor Augen, daß die Chance zur Einigung vergeben werde, wenn es nicht im letzten Augenblick noch zu einer Wende komme. Jetzt traten die Motive der Sowjetunion unverhüllt zutage. Zum ersten Mal wurde ganz unverhohlen der eigentliche Grund sowjetischen Mißbehagens angesprochen, daß nämlich die Westmächte auch bei Fortdauer des Notenaustausches »separate Verhandlungen mit der Bonner Regierung Westdeutschlands über den Abschluß des sogenannten ›Generalvertrages‹« führten.[34] Dadurch werde das Potsdamer Abkommen, das den vier Mächten die Ausarbeitung eines Friedensvertrages auferlege, gröblich verletzt. Obwohl der Inhalt des separaten Abkommens bisher nicht in vollem Wortlaut veröffentlicht sei, ließen die schon jetzt aus Presseveröffentlichungen bekannten Teile erkennen, daß der »Separatvertrag« keineswegs das Ziel habe, Westdeutschland Selbständigkeit und Unabhängigkeit zu gewähren. Trotz formaler Aufhebung des Besatzungsstatuts werde faktisch die militärische Besetzung aufrechterhalten und damit eine Position der Abhängigkeit erzeugt. Die Sowjetunion sah sich nun zu dem Vorwurf veranlaßt, die Westmächte seien dabei, »durch den Abschluß dieses Separatvertrages mit Westdeutschland die Wiederaufstellung einer deutschen Wehrmacht mit Hitlergeneralen an der Spitze« zu legalisieren und damit »den Weg zur Wiedererstehung eines aggressiven westdeutschen Militarismus« zu öffnen.[35]

Im gleichen Atemzug ging die Note dann dazu über, die Konsequenzen der politischen und militärischen Westintegration der Bundesrepublik für die Wiedervereinigung des geteilten Deutschland aus sowjetischer Perspektive darzustellen. Der »Separatvertrag«, aber auch ein Abkommen über die »europäische Gemeinschaft« sei dazu angetan, die Abhängigkeit Westdeutschlands von den Besatzungsmächten zu verstärken. Die Vereinigung mit dem östlichen Teil Deutschlands, der durch solche Verpflichtungen nicht gebunden sei und sich unter Bedingungen entwickle, »die einer nationalen Vereinigung Deutschlands zu einem einheitlichen, unabhängigen, demokratischen und friedliebenden Staat förderlich sind«, werde dadurch erschwert.[36] Dieser düsteren Perspektive ließ die Sowjetunion »ungeachtet bestehender Meinungsverschiedenheiten« das Angebot folgen, unverzüglich eine Viererkonferenz einzuberufen, da durch weiteren Notenaustausch nicht die Ergebnisse erzielt werden könnten, die in direkten Verhandlungen erreichbar seien. Vielmehr seien die Noten eher geeignet, eine Übereinkunft zu erschweren.

Was dann allerdings zur Präzisierung der sowjetischen Position angeboten wurde, kam einem starren Rückzug auf die Linie des Potsdamer Abkommens – bei sowjetischer Auslegung der Grenzfrage – und einer Rückkehr zur Viermächtekontrolle gleich: »Was die gesamtdeutsche Regierung und ihre Machtbefugnisse anbetrifft, so versteht sich von selbst, daß sich diese Regierung ebenfalls von den Bestimmungen des Potsdamer Abkommens und nach dem Abschluß eines Friedensvertrages von den Bestimmungen des Friedensvertrages, der der Wiederherstellung eines dauerhaften Friedens in Europa dienen soll, leiten lassen muß.«[37] Mit ihrem Vorschlag zu direkten Verhandlungen verknüpfe die Sowjetregierung die Erwartung, »daß keinerlei von dem einen oder anderen Teil Deutschlands mit den Regierungen anderer Staaten abgeschlossene separate Abkommen der gesamtdeutschen Regierung irgendwelche Verpflichtungen auferlegen und daß eine gesamtdeutsche Regierung, die den Friedensvertrag unterzeichnet, alle Rechte besitzen wird, über die die Regierungen anderer unabhängiger souveräner Staaten verfügen.«[38] Diese Bemerkung zielte auf die Bindungsklausel des Deutschlandvertrages.

Die sowjetischen Offerten und Warnungen vermochten jedoch die Ereignisse nicht mehr aufzuhalten. Mit der Unterzeichnung der Verträge in Bonn und Paris gab der Westen seine Antwort und bereitete dem Notenwechsel politisch ein Ende, schon bevor er, sich erfolglos weiterschleppend, im Spätsommer 1952 vollends versandete. Die östliche Seite reagierte auf die »Separatabkommen« mit der völligen Abriegelung der Grenze zwischen der DDR und der Bundesrepublik und ließ damit der faktisch längst eingetretenen Teilung Deutschlands die Trennung beider Staatsgebiete folgen. Stalin hatte insgesamt so reagiert, wie es zuvor im Westen vermutet worden war. Der Eindruck verdichtete sich, daß die sowjetische Initiative neben der Störung, Verzögerung und schließlichen Unterminierung des westlichen Integrationsprozesses vor allem dem propagandistischen Ziel diente, dem Westen die Schuld für die deutsche Teilung zuzuschreiben und gleichzeitig ein Alibi für den forcierten Ausbau der Deutschen Demokratischen Republik zu gewinnen.

Während die sowjetische Offerte die gemeinsame politische Linie der Westmächte letztlich nicht mehr zu gefährden vermochte, stellte sich die Behandlung der Noten in der Bundesrepublik komplizierter dar. Hier ergab sich im Verlauf des Notenwechsels eine Kluft zwischen Regierung und Opposition; aber auch innerhalb der Regierung und der Fraktionsführung der Christdemokraten kam es zu erheblichen Spannungen, die die längst vorhandenen latenten Positionsunterschiede in der Deutschlandpolitik auch nach außen hin deutlich sichtbar werden ließen.[39]

Die erste Reaktion der CDU/CSU-Fraktion auf die Stalin-Note vom 10. März 1952 war uneingeschränkter Jubel. Man sah sich in der Festigkeit bestätigt, mit der Adenauer die Politik der Westintegration betrieb. Die sowjetische Reaktion, mochte sie auch noch soviel zu wünschen übrig lassen, schien zu zeigen, daß im Osten einiges in Bewegung geriet. Doch die Stimmung sank, wie Gerd Bucerius, der frühere CDU-Abgeordnete und Herausgeber der *Zeit* nachträglich zu berichten weiß, »von Tag zu Tag«.[40] Auf der einen Seite stand ein unterschriftsreifer Vertrag mit den Westmächten, auf der anderen eine winzige Chance für die herbeigesehnte Wiedervereinigung. Was für den größten Teil der Fraktion ein bloßer Hoffnungsschimmer war, nahm sich für Jakob Kaiser, den Minister für gesamtdeutsche Fragen, und einen Teil seiner Berliner Parteifreunde anders aus. Seine Vorstellungen ließen sich durchaus mit der sowjetischen Forderung nach Neutralisierung vereinbaren, zumal er Deutschland eine Brückenfunktion zwischen Ost und West zuschrieb. Allerdings wollte auch Kaiser unter den gegebenen Umständen einem neutralisierten Deutschland die Segnungen der wirtschaftlichen Assoziierung und des militärischen Schutzes erhalten, die die Westmächte nur einer in ihr Bündnis integrierten Bundesrepublik zu gewähren bereit waren, ohne sich einzugestehen, daß beides – Neutralisierung und Westorientierung – wohl kaum gleichzeitig zu erhalten war.

Bereits auf der Kabinettssitzung vom 11. März kam es zur ersten Kontroverse zwischen Jakob Kaiser und dem Kanzler.[41] Während dieser dem Verhandlungsangebot keinerlei positive Aspekte abzugewinnen vermochte und es eindeutig als einen mehr oder weniger plumpen Versuch der Verhandlungsstörung wertete, sah Kaiser sich in seiner Position gestärkt und drängte darauf, die dargebotene Gelegenheit entschlossen zu nutzen. Am 12. März wandte er sich in einer Rundfunkansprache gegen allzu hastige Meinungsäußerungen. Niemand würde in Abrede stellen, daß es sich bei der Sowjetnote um ein gewichtiges politisches Ereignis handele. Ob

der Vorschlag zu verstärkter Hoffnung Anlaß biete, könne nur die Erfahrung lehren. »Deutschland und die Westmächte werden jedenfalls sorgsam zu prüfen haben, ob sich wirklich im Verhältnis zwischen Ost und West ein Wendepunkt andeutet.«[42]

So konzentrierte sich die parteiinterne Diskussion, in deren Verlauf auch prominente CDU-Politiker wie Heinrich von Brentano und Kurt-Georg Kiesinger Kritik an der Behandlung der Note durch Adenauer übten, vor allem auf die Frage der sorgfältigen Prüfung und der Sondierung der Verhandlungsmöglichkeiten. Selbst die der Regierung nahestehende Presse drängte darauf, die Chance zu nutzen. Angesichts der nach wie vor prekären Verhandlungssituation und der Möglichkeit eines neu aufkeimenden Mißtrauens der Westmächte sah Adenauer jedoch in jeder Verzögerung nicht nur eine formell-taktische, sondern eine substantielle politische Frage.

Die SPD berief sich schon in ihren ersten Reaktionen zur sowjetischen Note auf die Stellungnahme Jakob Kaisers und forderte die Bundesregierung auf, die Vorschläge zu prüfen, konkrete deutsche Vorbereitungen für einen Friedensvertrag zu treffen und mit den Westmächten entsprechende Schritte abzustimmen. Der Wiedervereinigung müsse die absolute Priorität als Leitziel deutscher Politik eingeräumt werden.[43] Die kritische Haltung der Partei gegenüber EVG- und Deutschlandvertrag, gegenüber dem Vorrang der Westorientierung, hatte durch die Stalin-Note zusätzliche Nahrung erhalten. Anders als noch ein Jahr zuvor schien die Sozialdemokratie jetzt bereit zu sein, eine Neutralisierung in Erwägung zu ziehen, wenn sie der Einheit des Vaterlandes diente. Frühere Bedenken traten dabei immer stärker in den Hintergrund. Noch im Februar 1951 hatte Kurt Schumacher erklärt: »Die übliche Diskussion über eine deutsche Neutralisierung ist praktisch ein nicht unwichtiger Bestandteil der politischen und psychologischen

Die grüne Grenze wird dicht gemacht

Jahrelang blieb die Grenze zwischen der sowjetischen Besatzungszone und der entstehenden Bundesrepublik eine »grüne Grenze«, über die Hunderttausende mehr oder weniger offen hinüberwechselten. Anfang der fünfziger Jahre wurde die bis dahin eher fiktive Barriere zwischen der englisch/amerikanischen und der sowjetischen Besatzungszone ausgebaut: Schneisen im Wald, Bojen in den Flußläufen und Stacheldrahtverhaue im Feld machten sie schließlich unpassierbar. Aber erst mit dem Mauerbau 1961 wurde auch die außerstädtische Trennungslinie eine Grenze im Wortsinne: Die DDR war nun de jure und de facto abgeriegelt.

Taktik der Sowjetrussen mit dem Ziel der Schwächung und Lähmung der demokratischen Kräfte in Westdeutschland.« Die Neutralisierung der Bundesrepublik Deutschland werde von der Sozialdemokratischen Partei eindeutig abgelehnt. Für den hypothetischen Fall, daß die Neutralisierung durch eine Übereinkunft zwischen den Angelsachsen und Sowjetrussen herbeigeführt werde, die außerhalb der Macht der Deutschen stehe, fügte er damals hinzu: »Eine solche Neutralisierung würde für das deutsche Volk den stärksten Zwang zur höchsten Wachsamkeit und Anspannung seiner demokratischen Kräfte bedeuten.«[44]

Bis zum Herbst 1951 hatten Regierung und Opposition in der Frage der Wiedervereinigung und des möglichen Weges dorthin weitgehend übereingestimmt, wenn auch unterschiedliche Akzente nicht zu übersehen waren. Zwei vom Bundestag – mit Ausnahme der Kommunisten – einmütig verabschiedete Resolutionen vom Frühjahr und Herbst 1951, die auf sozialdemokratische Initiative zurückgingen, sprachen sich für baldige freie Wahlen zu einem gesamtdeutschen Parlament aus. Der gewählten Volksvertretung sollten die Vollmachten einer verfassung- und gesetzgebenden Versammlung zukommen. Im Verlauf der Auseinandersetzungen über die Westverträge zeigte sich dann aber, daß Regierung und Opposition doch unterschiedliche Prioritäten setzten. Zunehmend erhob die SPD den Vorwurf, die Regierung stelle den Vorrang der Wiedervereinigung in Frage, der noch im Parlamentsbeschluß vom 27. September 1951 als »vordringlichste politische Forderung« anerkannt worden war. Adenauer sah dies anders. Für ihn enthielt das Ziel der Wiedervereinigung noch nicht zugleich eine politische Handlungsanweisung, die etwa dazu hätte führen müssen, der Westintegration eine nachgeordnete Rolle zuzuschreiben. Hingegen befand die SPD, daß die Wiedervereinigung das Hauptproblem sei, dessen Lösung »auch zeitlich an die erste Stelle« gehöre.[45]

Die Sowjetnote bewirkte nun, daß der Prioritätenkonflikt in der Deutschlandfrage offen ausbrach. Eine Wandlung der SPD zum »bedingten Neutralismus« deutete sich an. Hier lag der eigentliche Gegensatz zu Adenauer. Für den Kanzler war nicht die Wiedervereinigung schlechthin das Ziel, für ihn konnte nur die »Wiedervereinigung in Freiheit« erstrebenswert sein. Da ein neutralisiertes Deutschland die politische Freiheit nicht verbürgen konnte, schon gar nicht unter den Voraussetzungen, von denen das sowjetische Angebot ausging, zog er die freie Konsolidierung des Weststaates vor und gab sie als notwendige Vorstufe der Wiedervereinigung aus. Eine Verzögerung der Integrationspolitik kam nicht in Frage. Mit der Sowjetunion zu verhandeln, erschien ihm erst nach Abschluß der Verträge sinnvoll. Seine Hoffnung ruhte auf der zunehmenden Stärke des Westens, die schließlich eine Normalisierung und Neuordnung der europäischen Verhältnisse bewirken werde.

Am 25. März 1952 verdeutlichte Adenauer vor der Unionsfraktion seine Einschätzung der langfristigen Perspektiven: »Wenn eine Neuordnung Europas kommt – und sie wird kommen«, prophezeite der Kanzler, »dann wird man aber auch nicht vorbeigehen können an einer Neuordnung im europäischen Osten, auch bei Satellitenstaaten. Deshalb darf die Aussprache mit den Sowjets nicht zu früh kommen, da jetzt die Dinge noch nicht soweit sind. Wir müssen eben im richtigen Augenblick mit den Sowjets ins Gespräch kommen. Das kann aber erst sein, wenn der Westen stark ist, so daß die Sowjets auf uns und den Westen hören. Ich habe die feste Zuversicht, daß die Sowjets keinen heißen Krieg führen werden … Verhandlungen mit den Sowjets im jetzigen Stadium wären für uns geradezu schädlich.«[46] In seinen »Erinnerungen« hat Adenauer noch deutlicher formuliert, daß er tatsächlich davon ausging, die Sowjetunion werde auf Grund struktureller innerer Krisen, durch den wachsenden Druck koordinierter westlicher Politik und aus zunehmender Furcht vor seinem südöstlichen Nachbarn China früher oder später in Europa Konzessionen machen.[47]

Dabei war Adenauer sich durchaus bewußt, daß die Glaubwürdigkeit seines nationalen Engagements Schaden nehmen mußte, wenn der Verdacht einer leichtfertigen Behandlung des sowjetischen Angebots den von der Sozialdemokratie erhobenen Vorwurf erhärtete, der Vorrang der Westpolitik führe zum Ausverkauf nationaler Interessen. Um so mehr lag dem Kanzler daran, in seine öffentlichen Erklärungen gesamtdeutsche Bekenntnisse einfließen zu lassen, wobei er sich in der Frage der Wiedervereinigung jetzt nachdrücklich für deutsche Maximalpositionen einsetzte.[48] Deutschland sollte in den Grenzen von 1937 wiederhergestellt und darüber hinaus dem westlichen Bündnis eingegliedert werden. Diese aus dem Friedensvertragsvorbehalt des Potsdamer Abkommens und dem Selbstbestimmungsrecht der Völker hergeleitete Forderung erschien rechtlich wie moralisch begründbar und entsprach den Wünschen und Hoffnungen der meisten Deutschen, wenn Adenauer auch wußte, daß sie mit der Auffassung selbst der Westmächte nicht übereinstimmte und außenpolitisch nicht durchzusetzen war.

Innenpolitisch war mit der gesamtdeutschen Maximalformel in der Bundesrepublik vielen gedient. Für Adenauer mag sie Hoffnung, Beschwichtigung, taktisches Mittel und Ausrede zugleich gewesen sein. Für das politische Bewußtsein der heterogenen westdeutschen Gesellschaft kam ihr eine integrierende Wirkung zu. Der Kanzler hat die gesamtdeutsche Formel immer dann geschickt einzusetzen verstanden, wenn es darum ging, den Wählerrückhalt seiner Partei zu verstärken und den gesamtdeutschen Flügel der CDU/CSU zu beschwichtigen. Bei Flüchtlingen und Vertriebenen hielt das Postulat der Wiedervereinigung die Hoffnung wach, daß doch noch für alle die Chance bestehe, in die verlorene Heimat zurückzukehren. Zugleich beruhigte es das Gewissen der Westdeutschen gegenüber den Landsleuten in der DDR, die immer mehr in die Rolle der eigentlichen Verlierer des Zweiten Weltkrieges gerieten. Die Vision, nach dem verlorenen Krieg doch noch ein staatliches Haus für die gesamte Nation beziehen zu können, ohne dabei räumliche Einbußen oder gar Trennungen hinnehmen zu müssen, jener Glaube, der durch den Konflikt zwischen den Staaten der Anti-Hitler-Koalition gefördert worden war, konnte sich so immer stärker entfalten.

Das Wiedervereinigungspostulat, dies hatte Adenauer erkannt, behinderte seine Westpolitik nicht. Geschickt präsentiert, war es sogar dazu geeignet, diese zu stützen. Weil es in der gegebenen Mächtekonstellation nicht zu verwirklichen war – und dies um so weniger, je umfassender es vorgetragen wurde –, bestand auch keine Notwendigkeit, es dem schmerzlichen Prozeß realpolitischer Kompromißfindung zu unterziehen. Mit der Forderung nach einer »Wiedervereinigung in Freiheit innerhalb der Grenzen von 1937« bewegte sich das wichtigste Ziel deutscher Politik zwischen Bekenntnis und Illusion.

Obwohl Adenauer im Frühjahr 1952 öffentlich vehement für die Wiedervereinigung eintrat, war er nicht bereit, dazu beizutragen, daß wegen des sowjetischen Angebots die Verhandlungen mit den Westmächten auch nur vorübergehend eingestellt wurden. In den Augen der westlichen Alliierten widerstand er damit nationalen Versuchungen und erleichterte es ihnen, den Notenvorstoß als das zu bezeichnen, wofür sie ihn hielten: als einen in letzter Minute unternommenen Störversuch, die bis dahin erfolgreich verlaufene Westintegration der Bundesrepublik doch noch zum Scheitern zu bringen. Adenauer ist in allen Phasen des Notenwechsels von den Hohen Kommissaren konsultiert worden. Er hat später nicht ohne Stolz auf die Spuren seiner Gedanken in den westlichen Antwortnoten verwiesen und damit indirekt zur Überschätzung seiner Rolle Anlaß gegeben.

Aber hätte der Kanzler nicht doch wenigstens darauf dringen können, das sowjetische Angebot einer längeren Prüfung zu unterziehen und es nicht sogleich als taktisches Manöver zu verwerfen? Auf diese Frage spitzte sich der Konflikt zwischen ihm und seinen innenpolitischen Gegenspielern zu. Schon am 14. März 1952 hatte Kurt Schumacher die Bundesregierung im *Neuen Vorwärts* davor gewarnt, »die Sowjetnote ungeprüft als unbequeme Propaganda und Störung ihrer westlichen Verhandlungen abzulehnen«. Sie würde sich damit dem Verdacht aussetzen, »daß sie die sogenannte westliche ›Integration‹ und den sogenannten ›Verteidigungsbeitrag‹ der Bundesrepublik als Selbstzweck betrachte«.[49] Mahnende Stimmen erhoben sich von links bis rechts, von der KPD über Gustav Heinemanns »Notgemeinschaft« bis hin zur neonazistischen Sozialistischen Reichspartei.

Ihr Chor verstärkte sich noch, als die (zweite) sowjetische Note vom 9. April 1952 »freie gesamtdeutsche Wahlen« anbot, die von den Kritikern Adenauers als ausreichend für den Beginn direkter Verhandlungen zwischen den vier Mächten über Deutschland angesehen wurden. Doch dieser ließ sich auch nicht durch einen eindringlichen Brief des sozialdemokratischen Parteiführers vom 22. April 1952 umstimmen. Schumacher gab zu bedenken, daß man nicht wisse, »ob sich in absehbarer Zeit noch eine Chance zur friedlichen und demokratischen Wiedervereinigung« bieten werde.[50] Nichts dürfe unversucht bleiben, um festzustellen, ob die Sowjetnote eine Möglichkeit biete, die »Wiedervereinigung in Freiheit« durchzuführen. Zu diesem Zweck sollten möglichst schnell Viermächteverhandlungen stattfinden. »Wenn sich dabei herausstellen sollte«, so fuhr Schumacher fort, »daß auch nach den letzten Noten der Sowjetregierung nicht die Möglichkeit gegeben ist, durch eine Viemächteübereinkuft die Voraussetzung für freie Wahlen in den vier Zonen und Berlin zu gewährleisten, dann

Schlesiertreffen in Hannover, 1952

Die Flüchtlinge und Vertriebenen hielten lange am Recht auf eine friedliche Rückkehr in ihre angestammte Heimat fest. Aber das Wirtschaftswunder erleichterte die Integration der ostdeutschen Bevölkerung. Zwar trafen sich die ehemaligen Bewohner der Ostprovinzen in den alten Trachten mit den vertrauten Liedern immer wieder, aber dies war kein revanchistisches Treiben. Erstaunlich ist vielmehr das beinahe geräuschlose Verschwinden des Blocks der »Heimatvertriebenen und Entrechteten«. Während der BHE zu Beginn der fünfziger Jahre noch etwa zwölf Prozent der Stimmen erreichte, war er bereits am Ende des Jahrzehnts nicht mehr auf der politischen Bühne zu finden. Die Assimilierung der Heimatvertriebenen blieb das eigentliche Wunder der bundesrepublikanischen Gesellschaft. Sie konnte noch weniger vorhergesehen werden als das Wirtschaftswunder, durch das sie erst ermöglicht wurde.

wäre doch auf jeden Fall klargestellt, daß die Bundesrepublik keine Anstrengung gescheut hat, um eine sich bietende Chance zur Wiedervereinigung Deutschlands und Befriedung Europas auszunützen.«[51]

In der Rückschau wird erkennbar, daß die Sowjetunion weder zuvor noch später derart weitgehende Vorschläge zur Wiedervereinigung Deutschlands gemacht hat. Tatsächlich hätten »freie gesamtdeutsche Wahlen«, wären sie denn wirklich durchgeführt worden, zum Ende des Ulbricht-Regimes geführt. War die Sowjetunion eventuell sogar bereit, dies zu riskieren, um so die Einbindung Westdeutschlands in das westliche Bündnissystem zu verhindern? Diese Frage ist nie mehr verstummt. Ein Gespräch zwischen Stalin und dem italienischen Linkssozialisten Pietro Nenni, das diese Ende 1952, also bereits nach der Unterzeichnung der Westverträge, führten, ist so gedeutet worden, als seien Stalin und das Politbüro bei der ersten Note »wirklich bereit gewesen, Opfer zu bringen, um die Wiedervereinigung zu erreichen«.[52] Dieses Gespräch ist aber nur indirekt und zudem in zwei Versionen überliefert, die so unterschiedlich sind, daß sie als »Belege für die tatsächlichen Intentionen der sowjetischen Deutschlandoffensive« nicht herangezogen werden können.[53] Gewiß ist nicht auszuschließen, daß eine Neutralisierung Deutschlands auch der Sowjetunion Vorteile geboten hätte, jedoch nur für den Fall, daß Gesamtdeutschland nicht die Anlehnung an den Westen suchte. Hingegen bot die vollständige Integration der DDR in den Ostblock, bei gleichzeitiger Stationierung sowjetischer Truppen auf deutschem Boden, ein ungleich höheres Maß an Kalkulierbarkeit der Entwicklung im sowjetischen Sinne.

Die Spekulationen über die »wahren Intentionen« Moskaus werden fortdauern; auch die Legende von der verpaßten Gelegenheit wird stets neue Nahrung finden. Im Jahre 1952 jedenfalls hat der größere Teil der westdeutschen Bevölkerung die Haltung Adenauers gebilligt. Der kompromißlose Ton der letzten beiden Sowjetnoten erstickte aufkeimende Hoffnungen. Sechs Jahre später jedoch, als die deutsche Einheit in weite Ferne gerückt war, kam es am 23./24. Januar 1958 zu einer erregten Bundestagsdebatte, die die ehemaligen Minister der ersten Regierung Adenauer, Gustav Heinemann und Thomas Dehler (FDP), anführten. Damals setzte die Abrechnung mit dem Bundeskanzler ein, die dazu geführt hat, daß sich die Vorstellung von der »versäumten Chance« zumindest als Frage tief ins »kollektive Unterbewußtsein einer ganzen Generation« eingegraben hat.[54]

3. Ins westliche Bündnis

Stalins Noten hatten die Unterzeichnung der Westverträge nicht verzögern und schon gar nicht verhindern können. Doch waren die Abkommen auch jetzt keineswegs unter Dach und Fach. Sie mußten noch von den Parlamenten der beteiligten Länder ratifiziert werden, wobei der westdeutschen und der französischen Volksvertretung die Schlüsselrolle zufiel, und in beiden Kammern standen die Zeichen auf Sturm. Adenauer wußte dies und war zu raschem Handeln entschlossen. Er versuchte, möglichst vor der parlamentarischen Sommerpause des Jahres 1952 die Ratifizierung durch den Bundestag zu erreichen, um ein Zeichen für die Partnerstaaten zu setzen und gleichzeitig zu verhindern, daß das mühsam Erreichte im zähen parlamentarischen Prozeß zerredet würde. Dem stand das schroffe Nein der sozialdemokratischen Fraktion entgegen, aber auch die zunächst eher abwartende Haltung der Regierungskoalition, die bemüht war, nicht als bloßer Handlanger des Kanzlers zu erscheinen, erwies sich als hemmend.

Beim Kampf um die Ratifizierung der Verträge, der sich in der Bundesrepublik mehr als ein Jahr lang hinzog, bedienten Regierung und Opposition sich agitatorischer, parlamentarischer und juristischer Mittel. Sie scheuten sich nicht, selbst das gerade erst ins Leben gerufene Bundesverfassungsgericht in den Strudel der hochbrisanten politischen Auseinandersetzungen hineinzuziehen. Bereits Ende Januar 1952 hatten die Abgeordneten Adolf Arndt und Bernhard Reismann im Auftrag der sozialdemokratischen Bundestagsfraktion eine vorbeugende Normenkontrollklage beim Bundesverfassungsgericht mit dem Ziel erhoben, feststellen zu lassen, daß ein deutscher Wehrbeitrag ohne vorherige Ergänzung und Abänderung des Grundgesetzes nicht möglich sei.[55] Obwohl das Bundesgesetz, auf das sich der Antrag bezog, noch gar nicht existierte, hielten die Antragsteller ihre Klage für zulässig, weil der amtlich angekündigte Wehrbeitrag »das Grundgesetz in seiner Gesamtheit oder in wesentlichen Teilen« in Frage stelle.[56] Hätte der Vorstoß der Opposition beim obersten Gericht Erfolg gehabt, wäre die Annahme der EVG-Verträge und damit des gesamten Vertragspakets durch den Bundestag ausgeschlossen gewesen, denn sie hätte dann nur mit der verfassungsändernden Zweidrittelmehrheit herbeigeführt werden können, über die die Regierung nicht verfügte.

Das aus zwei Senaten bestehende Bundesverfassungsgericht war erst fünf Monate zuvor durch ein Wahlmännergremium des Bundestages bestellt worden, wobei seine Mitglieder nicht nur nach fachlichen, sondern auch nach politischen Gesichtspunkten ausgewählt worden waren. Der zwischen den Parteien gefundene Kompromiß über die Zusammensetzung hatte dazu geführt, den ersten Senat als SPD-nah, den zweiten als CDU-orientiert erscheinen zu lassen. Gemäß Gerichtsbeschluß sollte mit der SPD-Klage der erste, der »rote« Senat befaßt sein. Zunächst maß Adenauer dieser Tatsache keine allzu große Bedeutung zu. Als sich aber im Frühjahr 1952 die Informationen und Indiskretionen aus Karlsruhe verdichteten, die eine Niederlage der Regierung prophezeiten, war aus der Sicht des Kanzlers höchste Gefahr im Verzuge. Eine mit juristischer Finesse geführte Auseinandersetzung nahm ihren Anfang. Sie beschwor eine Krise der höchsten staatlichen Institutionen herauf und ließ zugleich eine entscheidende Schwäche deutscher Politik ungeschminkt hervortreten: die mangelnde Fähigkeit, Kompromisse zu finden, die dazu führte, die Entscheidung von der politischen auf die scheinbar neutrale juristische Ebene zu verlagern und diese damit zu überfordern, wenn nicht zu diskreditieren.

Am 10. Juni 1952 ersuchte der Bundespräsident – ob unter dem Einfluß Adenauers und/oder des Justizministers, ist nicht eindeutig geklärt – das Bundesverfassungsgericht um ein Gutachten zu der Frage, ob der EVG-Vertrag im Widerspruch zum Grundgesetz stehe, »soweit durch ihn auf Grund des Artikels 24 des Grundgesetzes die zwischenstaatliche Einrichtung der Europäischen Verteidigungsgemeinschaft berechtigt wird, europäische Wehrhoheit unter Zugrundelegung der Wehrpflicht der Staatsbürger der Mitgliedsstaaten auszuüben«.[57] Wie erwartet schlug daraufhin der Erste Senat vor, die Normenkontrollklage der Opposition so lange auszusetzen, bis eine Stellungnahme des Plenums zum Ersuchen des Bundespräsidenten vorliege. Staatsoberhaupt und Regierung stimmten sofort zu, da sich eine aufschiebende Wirkung abzeichnete und die drohende mißliebige Entscheidung vorerst gebannt zu sein schien, während die Opposition sich grollend dem Karlsruher Vorschlag versagte. Darauf entschied der Erste Senat Ende Juli, daß der SPD-Antrag zum gegenwärtigen Zeitpunkt unzulässig sei, da sich der Gesetzgebungsprozeß noch im Gang befinde. Am 9. Juli 1952 hatte der Bundestag das Vertragspaket nach der ersten Lesung mehrheitlich gebilligt. Die Vorlagen waren daraufhin den einzelnen Ausschüssen überwiesen worden. Die Regierung hoffte das Gesetz verabschieden zu können, bevor eine Stellungnahme des Gerichts zum Rechtsersuchen des Bundespräsidenten vorlag.

Den Vorstoß der Opposition hatte die Regierung nun ihrerseits mit juristischen Waffen pariert. Dabei geriet das Bundesverfassungsgericht in die Schußlinie der politischen Kontrahenten. Dem Bundespräsidenten warf die SPD hinter vorgehaltener Hand Mißbrauch seines Amtes vor. Die Kritik der Regierung hingegen konzentrierte sich auf die angebliche Vermessenheit des Gerichts, das sich nach den Worten Dehlers hüten solle, politische Entscheidungen zu treffen, bei denen »der Geist des Sozialismus« Auswirkungen zeige.[58] Das Kalkül des Kanzlers bestand darin, durch eine schnelle zweite und dritte Lesung im Bundestag Tatsachen zu schaffen, an denen das Gericht nicht würde vorbeigehen können. Inzwischen hatten der amerikanische Kongreß und das britische Unterhaus die Verträge bereits ratifiziert. Es galt dagegen als sicher, daß die französische Nationalversammlung ihre Zustimmung – wenn überhaupt – keineswegs vor einer Entscheidung des deutschen Parlaments geben würde. Der Bundestag lehnte jedoch zur allgemeinen Überraschung den Antrag der Regierung ab, sich bereits am 27. und 28. November 1952 mit den Verträgen zu befassen.

Der Oppositionsführer Erich Ollenhauer spricht im Bundestag

Als 1952 Kurt Schumacher nur sechsundfünfzigjährig starb, lief die Führung der Sozialdemokratischen Partei auf Erich Ollenhauer zu, der schon in der Prager und Londoner Emigration der Sprecher der SPD gewesen war. Die Wahl des eher blassen Ollenhauer überraschte insofern, als mit Fritz Erler, Ernst Reuter und Herbert Wehner durchaus Persönlichkeiten von größerer Ausstrahlung zur Verfügung standen. Fritz Erlers Gesundheit aber war seit Jahren schon stark angegriffen. Der Berliner Regierende Bürgermeister Reuter blieb in seiner Partei eher ein Außenseiter. Er starb 1953, nur vierundsechzigjährig. Herbert Wehner kam auch nach eigener Einschätzung nicht ernsthaft in Betracht, denn seine kommunistische Vergangenheit stand einer Spitzenposition entgegen. Ollenhauers Redlichkeit wurde auch von Adenauer anerkannt, der den im Vergleich zu Schumacher nicht wirklich bedrohlichen Gegner aber doch mit einer gewissen Herablassung behandelte.

So konnte die zweite Lesung erst am 3. Dezember beginnen. In gereizter Atmosphäre fielen im Bundestag harte und beleidigende Worte. Adenauer verstieg sich in der Hitze des Wortgefechts zu der Formulierung: »Wer Europa verneint, liefert die Völker Westeuropas, insbesondere unser deutsches Volk, der Knechtschaft durch den Bolschewismus aus … Wer Europa verneint, ist der Totengräber des deutschen Volkes, weil er dem deutschen Volke die einzige Möglichkeit nimmt, sein Leben, so wie es ihm wertvoll und teuer ist, sein freies, auf christlichen Grundsätzen aufgebautes Leben fortzuführen. Ich nehme nicht an, daß die sozialdemokratische Opposition das will.« Das Protokoll verzeichnet empörte Zwischenrufe wie »Schämen Sie sich!« – »Infam ist das.« – »Das ist Kanzlerniveau.«[59]

Die zweite Lesung ergab eine Mehrheit für die Regierung, und die dritte Lesung, so war es geplant, sollte unmittelbar folgen. Doch die Ereignisse nahmen eine überraschende Wendung. Dem Kanzler war zu Ohren gekommen, daß das Rechtsersuchen des Bundespräsidenten in Karlsruhe wahrscheinlich nicht die von der Regierung gewünschte Auskunft bringen werde. In einem solchen Fall, soviel war klar, würde Theodor Heuss, selbst wenn das Vertragspaket durch den Bundestag angenommen würde, seine Unterschrift verweigern. In dieser Situation erschien es der Regierung opportun, die dritte Lesung vorerst zu vertagen. CDU/CSU, FDP und DP brachten einen entsprechenden Antrag ein, gleichzeitig beschloß die Mehrheit des Parlaments, nun ihrerseits einen Feststellungsantrag beim Bundesverfassungsgericht einzureichen, der um die Klärung der Frage nachsuchte, ob der Bundestag berechtigt sei, »die Gesetze über den Deutschlandvertrag und den EVG-Vertrag mit der in Artikel 42, Absatz 2, Satz 1 GG vorgeschriebenen Mehrheit«, also mit der Mehrheit der abgegebenen Stimmen, zu verabschieden.[60] Die Regierung wollte auf diese Weise eine mißliebige Entscheidung hinausschieben und zugleich verhindern, daß nach Abschluß der Ratifizierung durch das Parlament die Opposition durch eine erneute Feststellungsklage den endgültigen Vertragsabschluß weiter verzögern könnte, was aus politischen Gründen als verhängnisvoll eingestuft wurde. Da mit der Klage der Regierung der zweite, der »schwarze« Senat befaßt sein würde, hoffte Adenauer auf eine Entscheidung in seinem Sinne.

In diese Situation platzte am 9. Dezember 1952 eine Erklärung des Bundesverfassungsgerichts hinein, die sich ausschließlich auf die Verbindlichkeit des noch ausstehenden Gutachtens zur Anfrage des Bundespräsidenten bezog und feststellte, daß dieses Gutachten beide Senate des Gerichts in seinen weiteren Entscheidungen binden werde. Damit werde zugleich verhindert, »daß die Zuständigkeit eines bestimmten Senates aus sachfremden Erwägungen in Anspruch genommen wird«.[61] Das unter politischen Druck geratene Bundesverfassungsgericht machte, um die Wahrung seines Ansehens und seiner Unabhängigkeit bemüht, zugleich klar, daß es sich nur von rechtlichen Erwägungen leiten lasse. Mit Besorgnis habe man, wie der Präsident des Gerichts, Hermann Höpker-Aschoff, erklärte, von den herabsetzenden Äußerungen Kenntnis genommen, »die in den letzten Wochen in zunehmendem Maße im Zusammenhang mit den anhängigen Verfahren über die Vertragswerke in der Presse und in politischen Kreisen über das Gericht und seine Mitglieder gefallen sind«.[62] Dieses sei ein bedauerliches Zeichen für die mangelnde Achtung vor dem Eigenwert des Rechts. Obwohl Spekulationen über die voraussichtlichen Entscheidungen der Senate angestellt würden, vermöge selbst innerhalb des Bundesverfassungsgerichts niemand den Inhalt der künftigen Entscheidungen vorherzusagen.

Die Bundesregierung sah ihre Felle davonschwimmen. Walter Strauß, der Vertreter der Regierung in Karlsruhe, beantragte die sofortige Aussetzung der Verhandlung. Der eigentliche Dissens auf juristischem Gebiet lag in der Frage, ob das Gutachten für den Bundespräsidenten überhaupt bindend sein würde. Adenauer, der sich in einem »Teegespräch« am 10. Dezember 1952 mit führenden Journalisten äußerst kritisch über die Haltung des Gerichts und seine »angemaßten« Kompetenzen äußerte und sogar über eine Novellierung des Bundesverfassungsgerichtsgesetzes laut nachdachte,[63] erklärte wenig später vor dem Bundestag, der Bindungsbeschluß des Bundesverfassungsgerichts finde »weder im Grundgesetz noch in sonstigen Gesetzen« eine Stütze. Das Bundesverfassungsgericht sei über seine Kompetenz, das Recht auszulegen, hinausgegangen und habe neues Recht gesetzt.[64]

Auch der Bundespräsident teilte diese Ansicht. Er fühlte sich dem Gericht gegenüber als zumindest gleichrangiger »Hüter der Verfassung«. Ihm war es darum gegangen, einen »Ratschlag«, keinesfalls jedoch eine rechtsverbindliche Entscheidung einzuholen, die auch ihn festlegte. Um einem drohenden Eklat auszuweichen, beschloß Heuss daher, seinen Antrag zurückzuziehen. In ei-

»Hurra, der Anfang ist gemacht«, zeitgenössische Karikatur auf das Bundesverfassungsgericht

Dem Bundesverfassungsgericht fiel im Laufe der Zeit eine Rolle zu, die ihm eigentlich nicht entsprach: Immer wieder mußte es zu innen- und außenpolitischen Vorgängen Stellung nehmen, die nicht rechtlicher, sondern politischer Natur waren.

ner Rundfunkansprache am 10. Dezember 1952 rechtfertigte er diesen Schritt mit der prinzipiellen Erwägung, »daß nicht eine justizförmige Politik die Verantwortungen und Entscheidungen den im legitimen Kampf ringenden Gruppen abnehmen kann«.[65]

Der Bundespräsident hatte damit nicht nur eine mögliche Verfassungskrise vermieden; er hatte zugleich der Bundesregierung eine Atempause verschafft. Der Verfassungsstreit konnte so aber noch nicht aus der Welt geschafft werden. Nach wie vor waren die Klagen von Koalition und Opposition anhängig. Karlsruhe zog es vor, sich Zeit zu lassen. Am 7. März 1953 meldete sich das Gericht endlich zu Wort und wies die Klage der Regierung als unbegründet zurück. Die Bundestagsmehrheit, so hieß es, sei überhaupt nicht zu einer Organklage berechtigt, da sie kein selbständiges Gebilde sei. Zudem werde ihre Gesetzgebungsbefugnis nicht in Frage gestellt. Vielmehr gehe es um das Problem, ob für das Vertragswerk eine Verfassungsänderung nötig sei oder nicht.[66] Über diese Frage, die den Kern der Oppositionsklage ausmachte, sollte jedoch erst nach Abschluß des Gesetzgebungsverfahrens entschieden werden.

Der Kanzler, der bereits wenige Tage vor der Verkündung des Karlsruher Beschlusses über die Haltung des Gerichts informiert war, zeigte sich keineswegs erschüttert. Er hatte die Vorteile der neuen Lage sofort erkannt und bestand nicht, wie sein Justizminister Thomas Dehler, weiterhin auf den zuvor geltend gemachten prinzipiellen rechtlichen und politischen Bedenken. Das Ersuchen des Bundespräsidenten hatte immerhin bewirkt, daß die Oppositionsklage erst nach der dritten Lesung der Verträge durch den Bundestag anhängig gemacht werden konnte. Hingegen führte das Ersuchen der Koalition unter den gegebenen Umständen zu einer Behinderung des Ratifizierungsprozesses. Durch den Karlsruher Spruch war diese drohende Selbstblockierung beseitigt. Wenn auch in der Sache eine Niederlage hingenommen werden mußte, so konnte doch unverzüglich mit der dritten Lesung des Vertragswerkes im Bundestag begonnen werden.

Thomas Dehler blieb unversöhnlich. Man könne doch wegen des Bundesverfassungsgerichts Deutschland nicht vor die Hunde gehen lassen. So äußerte er sich auch in der Öffentlichkeit. Seine harsche Kritik ließ ihn schließlich beim Bundespräsidenten, der sich um das Ansehen der höchsten Staatsorgane sorgte, in Ungnade fallen. Selbst politische Freunde wandten sich von ihm ab. Der Sturz des Justizministers nach den Bundestagswahlen vom Herbst 1953 hing mit diesem Streit zusammen, der auch dazu führte, daß sich Thomas Dehler vom bedingungslosen Anhänger und Bewunderer Adenauers zu einem der schärfsten Kritiker des Kanzlers wandelte.

Doch zunächst gelang es der Bonner Koalition, einen entscheidenden Schritt voranzukommen. Am 19. März 1953 stimmte der Bundestag gegen den erbitterten Widerstand der Oppositionsparteien mit überzeugender Mehrheit für die Westverträge. Über den Berg war man jedoch noch immer nicht. Nun galt es, die Hürden des Bundesrates zu nehmen, bevor der Bundespräsident mit seiner Unterschrift den Gesamtvorgang würde abschließen können.

Kaum vorhersehbare innenpolitische Konstellationen trugen dazu bei, die Position der Regierung in der Länderkammer erheblich zu erschweren. Als Folge der Gründung des Südweststaates Baden-Württemberg, der nach der Volksabstimmung vom Dezember 1951 aus dem Zusammenschluß der drei Länder Württemberg-Baden, Württemberg-Hohenzollern und (Süd)Baden hervorgegangen war, hatten sich die Stimmenverhältnisse im Bundesrat zuungunsten der Regierung verschoben. Da das Votum eines Bundeslandes nur einheitlich abgegeben werden darf und die CDU über achtzehn, die SPD jedoch über fünfzehn Stimmen verfügte, bildete der neue »Südweststaat«, dem fünf weitere Stimmen zustanden, das Zünglein an der Waage. Obwohl die CDU in Baden-Württemberg stärkste Partei wurde, war es Reinhold Maier (FDP) gelungen,in Stuttgart eine FDP/SPD/BHE-Koalition zu bilden und die enttäuschten Christdemokraten Gebhard Müllers auf die Oppositionsbank zu verweisen. Damit regierten, anders als in Bonn, Liberale an der Seite der SPD. Hinzu kam, daß dem Ministerpräsidenten des neuen Bundeslandes turnusgemäß das Amt des Bundesratspräsidenten zufiel. In Reinhold Maier entstand dem Kanzler damit in der Länderkammer ein Gegenspieler, der ihm an taktischer Geschicklichkeit und politischer Gewandtheit kaum nachstand. Obwohl der Schwabe kein eigentlicher Gegner der Westintegration war, beurteilte er doch den Adenauerschen Kurs mit Skepsis. In seinen deutschlandpolitischen Auffassungen neigte er eher der Position seines Freundes Karl Georg Pfleiderer zu, der im Sommer 1952 in einer aufsehenerregenden Rede den Gedanken entwickelt hatte, es könne ein Weg zur Wiedervereinigung gefunden werden, der die sowjetischen wie auch die westlichen Sicherheitsinteressen in Deutschland dadurch gewährleiste, daß Deutschland bündnisfrei sei, aber einem kollektiven Sicherheitssystem angehöre.

Ohne Reinhold Maier ging im Bundesrat nichts. Das gab ihm Gewicht, lieferte ihn aber auch der Gefahr aus, sich zwischen alle Stühle zu setzen. Ging er auf eindeutigen Konfrontationskurs zur Bonner Regierung, so mußte dies zu einer Zerreißprobe in seiner

Gebhard Müller und Reinhold Maier nach den Landtagswahlen in Baden-Württemberg, 1953

Der Ministerpräsident des neuen Südweststaates, der 1951 aus den Ländern Württemberg-Baden, Württemberg-Hohenzollern und (Süd-)Baden gebildet worden war, hatte im Handstreich eine FDP-SPD-BHE-Koalition zustande gebracht und die aus der Wahl als stärkste Partei hervorgegangenen Christdemokraten Gebhard Müllers auf die Oppositionsbank verwiesen. In Reinhold Maier hatte Adenauer einen ernst zu nehmenden Gegner, der ihm an taktischer Geschicklichkeit und politischer Gewandtheit kaum nachstand; im Bundesrat lief ohne den FDP-Politiker kaum etwas. Er verstand es, trotz der Zustimmung seines Landes zu den Westverträgen im Bundesrat, die Koalition mit der SPD aufrecht zu erhalten. Aber nach den Wahlen im September 1953 mußte Maier das Amt des Ministerpräsidenten doch an Gebhard Müller abgeben.

eigenen Partei führen. Exponierte er sich zu sehr zugunsten der Westverträge, lief er Gefahr, den unentbehrlichen Partner SPD in der Landeskoalition zu verprellen. Zunächst gelang es dem baden-württembergischen Ministerpräsidenten mit dem Hinweis auf die noch ausstehenden Entscheidungen des Bundesverfassungsgerichts relativ mühelos, Zeit zu gewinnen. Nachdem der Bundestag die Verträge verabschiedet hatte, waren weitere Verzögerungen jedoch kaum mehr möglich. In komplizierten taktischen Manövern vermochte Maier am 24. April 1953 einen Antrag auf Vertagung im Bundesrat durchzusetzen. Dies kam einem Verzicht der Länderkammer auf ihr Einspruchsrecht gleich, womit formal der Weg zur Unterzeichnung der Verträge durch den Bundespräsidenten frei gewesen wäre. Doch Heuss machte diesmal unmißverständlich klar, daß er nicht bereit war, sich erneut den Schwarzen Peter zuschieben zu lassen. Zudem stand er bei der Opposition im Wort. Längst hatte er Erich Ollenhauer, der nach dem Tode Schumachers im Sommer 1952 den SPD-Vorsitz übernahm, zu erkennen gegeben, daß er nicht bereit sei, von sich aus vollendete Tatsachen zu schaffen, bevor nicht die Rechtslage geklärt war. Er bestand daher auf einem ordnungsgemäßen Beschluß des Bundesrates. Dieser wurde schließlich durch politische Veränderungen möglich.

Adenauer hatte, gestärkt durch den Erfolg seiner ersten Amerikareise im Frühjahr 1953, längst öffentlich verkündet, er hege keinerlei Zweifel mehr an der Zustimmung der Länderkammer. Reinhold Maier, der innerhalb seiner Partei unter immer stärkeren Druck geriet, blieb letztlich keine andere Wahl, als sich auf die Seite der Bonner Regierung zu schlagen, wobei ihm das Kunststück gelang, die Stuttgarter Koalition trotzdem zu erhalten. Am 25. Mai 1953 wurde das Vertragswerk mit 23 gegen 15 Stimmen, also mit der Zustimmung Baden-Württembergs, im Bundesrat verabschiedet. Allerdings mußte vor der Unterzeichnung durch den Bundespräsidenten nun noch der Ausgang der Normenkontrollklage der SPD abgewartet werden. Nach den Bundestagswahlen im Herbst 1953 wurde das Bundesverfassungsgericht von seiner ebenso mißlichen wie schwierigen Aufgabe erlöst. Um die Auseinandersetzungen über die Verfassungsmäßigkeit der Verträge ein für allemal zu beenden, beschloß der neue Bundestag mit der notwendigen Zweidrittelmehrheit ein Gesetz, in dem die eindeutige Bundeszuständigkeit für den Bereich der Verteidigung (einschließlich der Wehrpflicht und des Zivilschutzes) festgestellt wurde. Einer Ausfertigung der Verträge durch den Bundespräsidenten, der sie am 28. März 1954 unterzeichnete, stand nun nichts mehr im Wege.

Das Jahr 1953 brachte rapide Veränderungen der innen- und außenpolitischen Rahmenbedingungen. Mit dem Tode Stalins im Frühjahr schien sich unter seinen Nachfolgern, dem früheren Geheimdienstchef Berija und dem Parteisekretär Malenkow, eine Periode des außenpolitischen Tauwetters anzubahnen. In Moskau mehrten sich die Zeichen für eine Verständigungsbereitschaft mit dem Westen. Der neugewählte amerikanische Präsident Eisenhower richtete kurz nach seinem Amtsantritt ein Friedensangebot an die Sowjetunion und bekräftigte die Bereitschaft der USA zu einem Abrüstungsabkommen. »Entspannung« hieß der neue Begriff, der in den westlichen Hauptstädten die verstärkte Bereitschaft signalisierte, sich mit der Sowjetunion zu arrangieren und Möglichkeiten der Verständigung zu suchen.

Für die Bundesrepublik lagen darin Chancen, aber auch unübersehbare Gefahren. Diesmal eilte ausgerechnet Großbritannien voraus, das bis dahin in seiner notorisch skeptischen Haltung gegenüber der Sowjetunion den Weg der Westintegration entscheidend gestützt und abgeschirmt hatte.[67] Der greise Premierminister Churchill glaubte die Gunst der Stunde nutzen und durch entschlossene Schritte das Einvernehmen mit der Sowjetunion suchen zu müssen, um den Frieden der Welt zu sichern und gleichzeitig der Rolle Großbritanniens ein größeres Gewicht zu geben. Am 11. Mai 1953 schlug er in einer außenpolitischen Debatte des Unterhauses vor, ohne langen Aufschub zu einer Konferenz der führenden Mächte zu kommen, die auf höchster Ebene stattfinden solle, um unbelastet von einer starren Tagesordnung und dem Ballast technischer Details einen möglichen Weg für eine Verständigung zu suchen. Churchill schien sogar bereit zu sein, nach Moskau zu pilgern, um über ein vereintes, neutralisiertes Deutschland zu verhandeln, wenn die Deutschen dies wünschten. Diese Auffassung stand in völligem Gegensatz zur Meinung des Foreign Office und des Kabinetts. Washington verhielt sich ebenfalls zurückhaltend. In Bonn aber schrillten die Alarmglocken.

Churchills Vorstoß schürte sogleich Adenauers »Potsdam-Komplex«. In großer Eile entwickelte der Kanzler daher seinerseits Initiativen und Vorstellungen zu einer Viermächtekonferenz. Er wollte falsche Weichenstellungen vermeiden und im bevorstehenden Bundestagswahlkampf dem Vorwurf entgehen, erneut dargebotene Chancen nicht genutzt zu haben. Ende Mai 1953 übersandte Adenauer den Westmächten ein Memorandum, in dem er den Standpunkt der Bundesregierung zur Wiedervereinigung noch einmal darlegte.[68] Diese könne nur durch freie, gleiche, geheime und direkte Wahlen erfolgen, wobei keine deutsche Regierung je in der Lage sein werde, die Oder-Neiße-Linie anzuerkennen. Am 10. Juni 1953 billigte der Bundestag einmütig – gegen die Stimmen der KPD – eine Resolution, die diese Voraussetzungen für eine »Wiedervereinigung in Freiheit« festhielt.

Während seines Besuches in London Mitte Mai war es Adenauer gelungen, von Churchill die Zusicherung zu erhalten, daß es keine Vereinbarungen der Vier über die Köpfe der Deutschen hinweg geben werde. Westliche Spekulationen über eine verständigungsbereite Haltung der neuen Kremlführung zerstoben im Winde, als am 17. Juni 1953 in der DDR ein Volksaufstand ausbrach, der schließlich nur mit Hilfe sowjetischer Truppen niedergeschlagen werden konnte. Eine Wiedervereinigung rückte damit in weite Ferne. Trotz anderslautender Rhetorik aus Bonn war den westlichen Regierungen längst klar, daß die Teilung Deutschlands von langer Dauer sein werde. Deutlich kommt diese Haltung in einem Brief zum Ausdruck, den der britische Staatsminister Selwyn Lloyd am22. Juni 1953 an Churchill schrieb: »Ein geteiltes Europa bedeutet ein geteiltes Deutschland«, hieß es dort. »Deutschland wieder zu vereinigen, solange Europa geteilt ist, ist – selbst wenn dies machbar wäre – gefahrvoll für uns alle. Deshalb fühlen alle – Dr. Adenauer, die Russen, die Amerikaner, die Franzosen und wir selbst – im Grunde ihres Herzens, daß ein geteiltes Deutschland zur Zeit die sichere Lösung ist. Aber keiner von uns wagt dies wegen seiner Auswirkungen auf die öffentliche Meinung in Deutschland auch offen zuzugeben. Deshalb unterstützen wir alle öffentlich ein vereintes Deutschland, jeder allerdings aufgrund seiner eigenen Bedingungen.«[69]

In der Bundesrepublik bedeutete der grandiose Wahlsieg vom 6. September 1953 für Konrad Adenauer eine plebiszitäre Bestätigung seiner Politik. Während die Unionsparteien mit 45,2 Prozent der Stimmen ein glänzendes Ergebnis erzielten, also etwa vierzehn Prozent hinzugewannen, erhielten die Sozialdemokraten mit 28,8 Prozent etwa genauso viel wie im Jahre 1949. Die überwiegende Mehrheit der Wähler billigte den Westkurs, der von nun an innenpolitisch als gesichert gelten durfte. Hingegen blieb die Situation außenpolitisch nach wie vor ungeklärt. Noch stand die Zustimmung der französischen Nationalversammlung zu den Verträgen aus; noch galt es abzuwarten, welche Folgen sich aus den erneuten Deutschlandinitiativen der Westmächte gegenüber der Sowjetunion ergaben. Diese hatten am 15. Juli 1953 gleichlautende Noten veröffentlicht, in denen sie unter Hinweis auf »die jüngsten Ereignisse in Ost-Deutschland und in Berlin« dem Kreml eine Konferenz der vier Außenminister vorschlugen, um »die bestehenden Spannungen in einer Weise zu lockern, die mit dem fundamentalen Recht auf Freiheit in Einklang steht«. Längst sei der Abschluß des deutschen und österreichischen Friedensvertrages überfällig. Allerdings könne über einen deutschen Friedensvertrag »nur unter Beteiligung einer in freien Wahlen legitimierten gesamtdeutschen Regierung verhandelt werden, die in der Lage ist, sich über einen solchen Vertrag frei zu äußern«.[70]

Dieser Vorstoß trug deutlich die Handschrift des Bundeskanzlers, der in der Konferenzfrage die Initiative an sich riß und eigens seinen persönlichen Referenten Herbert Blankenhorn nach Washington entsandte, um die dort versammelten westlichen Außenminister auf dem bisherigen Kurs zu halten. So setzte sich, anders als in der Initiative Churchills, die bekannte Einstellung bei den Westmächten durch, die den Bedenken der Bundesregierung in

Nach dem Fehlschlag der beiden Stalin-Noten vom 10. März und 9. April 1952 verhärtete sich der Kurs der sowjetischen Deutschlandpolitik.

vollem Umfang Rechnung trug. Adenauer konnte zufrieden sein. Die westliche Initiative führte zu einem Notenwechsel mit der Sowjetunion, der sich über mehrere Monate hinzog und schließlich in die Berliner Außenministerkonferenz vom Januar/Februar 1954 einmündete. In den Gesprächen am Rande der Konferenz wurden Einstellungen erkennbar, die deutlich werden ließen, daß die Haltung der beteiligten Mächte jedenfalls differenzierter war, als dies aufgrund ihrer öffentlichen Verlautbarungen den Anschein hatte.

Zu Beginn der Berliner Konferenz, am 27. Januar 1954, traf der sowjetische Außenminister Molotow zu einer privaten Unterredung mit seinem britischen Kollegen Anthony Eden zusammen. Offensichtlich ging es darum, zur atmosphärischen Entspannung beizutragen und Positionen auszuloten, bevor beide Seiten ihre offiziellen Entwürfe einbrachten. In dem Gedankenaustausch spielte die westdeutsche Wiederbewaffnung eine zentrale Rolle. Während Eden bemüht war, den defensiven Charakter der westlichen Verteidigungsanstrengungen hervorzuheben, die seiner Ansicht nach zugleich eine erneute deutsche Aggression gegen die Sowjetunion unmöglich machten, setzte Molotow offensichtlich auf die Rückkehr zur Viermächtekontrolle, wobei es ihm erkennbar darum ging, direkten Einfluß auf eine künftige gesamtdeutsche Regierung zu erhalten. Als Eden nachdrücklich die bekannte Forderung nach freien Wahlen für ein wiedervereinigtes Deutschland erhob, machte Molotow geltend, »daß Hitler als Ergebnis freier Wahlen zur Macht gekommen sei und deshalb der springende Punkt darin gesehen werden müsse, über die Art der Regierung, die aus Wahlen hervorgehen werde, zu entscheiden, noch ehe diese stattgefunden hätten«.[71] Dieser Hinweis verdeutlicht, wie selbst die von westlicher Seite zum eigentlichen Prüfstein erhobene Frage freier Wahlen vom sowjetischen Standpunkt aus durch Sicherheitsbedenken gegenüber Deutschland und nicht nur durch ideologische Vorbehalte relativiert werden konnte. Eine von den vier Mächten eingesetzte paritätische deutsche Regierung hätte sowohl in ihrer Zusammensetzung als auch in der Verteilung ihrer Gewichte und Zuständigkeiten den Einfluß Moskaus zu sehr verstärkt, als daß die Westmächte dies nach den Erfahrungen in Ostmitteleuropa und in der SBZ/DDR noch hätten hinnehmen können.

Die Außenminister treffen in Berlin ein: Dulles, Bidault, Molotow und Eden, Januar 1954

Adenauer war jetzt auf dem Höhepunkt seines Einflusses; die Noten der Westmächte, die der Berliner Außenministerkonferenz vom Januar 1954 vorausgingen, zeigten deutlich seine Handschrift. Auch diese Außenministerkonferenz blieb folgenlos; aber es hatte ohnehin niemand angenommen, daß der Kreml der vom Westen als Voraussetzung für eine Einigung der vier Mächte über Deutschland vorgebrachten Forderung zustimmen würde: freie, neutral kontrollierte Wahlen als erster Schritt, danach Einberufung einer gesamtdeutschen Nationalversammlung zur Ausarbeitung einer Verfassung und Vorbereitung von Friedensverhandlungen und dann erst die Bildung einer gesamtdeutschen Regierung als dritte und letzte Etappe. So waren alle diese Noten, Deklarationen und Konferenzen Scheingefechte, die vor allem dazu dienten, Argumentationsvorteile zu erzielen.

Der am 29. Januar 1954 unterbreitete »Eden-Plan« wies dann kaum noch Spuren von Churchills ursprünglichem Angebot auf. Er bewegte sich im wesentlichen innerhalb jenes Rahmens, den zuletzt der Bundestagsbeschluß vom 10. Juni 1953 als Weg zur staatlichen Wiedervereinigung Deutschlands festgeschrieben hatte: zuerst freie, von unparteiischen Organen überwachte Wahlen in ganz Deutschland; danach Einberufung einer Nationalversammlung, deren Aufgaben in der Ausarbeitung einer Verfassung und der Einleitung von Friedensverhandlungen bestehen sollten; nach der Annahme der Verfassung die Bildung einer gesamtdeutschen Regierung, der es dann zufalle, den Friedensvertrag zu unterzeichnen.[72]

Molotow lehnte erneut wirklich freie Wahlen ab. Sein Vorschlag, der hinter die bereits im Frühjahr 1952 gemachten Angebote zurückfiel, wurde diesmal mit der Offerte eines Sicherheitspaketes für Europa verbunden, mit dem sich die Partner verpflichten sollten, keine Bündnisse einzugehen, deren Ziele im Widerspruch zu denen des Vertragssystems stünden. Impliziert war damit der Abzug der Amerikaner aus Europa und die Auflösung der NATO. Als Molotow sich während der Konferenz auch

Januar 1954: Schneemänner vor dem Berliner Kontrollratsgebäude, dem Tagungsort der Außenminister, als Kommentar zu Verhandlungspositionen gemeint, die in der Sonne der Realität dahinschmelzen würden?

noch zu der grotesken Aussage verstieg, den USA solle (wie übrigens China auch) ein Beobachterstatus in Europa eingeräumt werden, war an ernsthafte Verhandlungen nicht mehr zu denken. Beide Seiten verschanzten sich erneut in vertrautem Gelände. Flexible Ansätze, die in vertraulichen Gesprächen durchschimmerten, hatten der öffentlichen Auseinandersetzung nicht standzuhalten vermocht. Die negative Haltung der Sowjetunion erleichterte es den Westmächten, ohne Abstriche an ihrer bisherigen Politik festzuhalten, die der Westintegration der Bundesrepublik den Vorrang vor einer Wiedervereinigung unter den Vorzeichen von Viermächtekontrolle und Neutralisierung gab. Dem Test, ob sie unter Umständen bereit gewesen wären, die Westintegration auf dem Altar der Wiedervereinigung zu opfern, wurden sie nicht ernsthaft unterzogen.

Als der amerikanische Außenminister John Foster Dulles auf seinem Rückflug von der Konferenz in Köln-Wahn Station machte, um Adenauer unmittelbar zu berichten, konnte dieser befriedigt vernehmen: »Sie, Herr Bundeskanzler, haben es für wichtig gehalten, diese Konferenz abzuhalten und sie bis zum Ende durchzuführen, um aller Welt die wahren Absichten der Sowjetunion zu zeigen! Nun, die Konferenz ist bis zum Ende durchgeführt und hat bewiesen, daß auch nach dem Tode Stalins die Russen zu keinem Kompromiß bereit sind.«[73]

Sollte die Konferenzpolitik der sowjetischen Seite darauf gezielt haben, erkennbare Unterschiede in der Haltung der Westmächte für sich zu nutzen, so brachten die Berliner Verhandlungen im Ergebnis das Gegenteil zustande. Nach den Irritationen in Großbritannien und den andauernden Schwankungen in der französischen Haltung zeichnete sich jetzt erneut eine Übereinstimmung ihrer Politik ab. Dies wurde in den westlichen Hauptstädten mit Erleichterung registriert. Allerdings rückte die deutsche Wiedervereinigung in immer weitere Ferne. Wilhelm Grewe, der Leiter der Beobachterdelegation der Bundesrepublik, hat später in seinen »Rückblenden« die Berliner Konferenz als den Zeitpunkt interpretiert, »an dem die Weichen endgültig auf die getrennte und sich immer weiter voneinander entfernende Entwicklung der beiden Teile Deutschlands gestellt wurden.«[74]

Von nun an nahmen die sowjetischen Versuche ab, die Westvertragspolitik zu unterlaufen. Und trotzdem war deren Erfolg damit noch keineswegs garantiert. Noch stand die Annahme des Vertragspakets durch die französische Nationalversammlung aus, in der der Widerstand immer stärker zunahm. Die drohende Niederlage im Indochinakrieg ließ alle übrigen Probleme Frankreichs in den Hintergrund treten. Häufige Regierungswechsel drohten den Staat handlungsunfähig zu machen. Die Saarfrage, die geradezu als Stimmungsbarometer zwischen Bonn und Paris angesehen werden konnte, belastete nach wie vor das deutsch-französische Verhältnis. Da die Verfassungsstreitigkeiten in der Bundesrepublik die Ratifizierung der Westverträge über Gebühr hinausgezögert hatten, bestand für die französische Seite zunächst kein allzu großer zeitlicher Druck.

Inzwischen aber waren die Befürworter eines europäischen Kurses immer stärker in die Defensive geraten. Anfang 1953 trat

Robert Schuman, der große Europäer, vom Amt des Außenministers zurück, das er seit 1948 innegehabt hatte. Im Juni 1954 schwand die Aussicht auf eine Ratifizierung der Verträge endgültig dahin, als der linksliberale Pierre Mendès-France nach einem erneuten Regierungswechsel zum Ministerpräsidenten gewählt wurde. Gaullisten, Linkssozialisten und Kommunisten ließen keinen Zweifel daran, daß sie einen Beitritt Frankreichs zur EVG nicht hinnehmen würden. Hohe Militärs bezweifelten den Wert einer europäischen Verteidigung und gaben nationalen Wehranstrengungen eindeutig den Vorrang. Allerdings ließen sie auch erkennen, daß sie sich einer Aufnahme der Bundesrepublik in die NATO nicht grundsätzlich widersetzen würden. Um die aufgebrochenen Gegensätze, die die französische Öffentlichkeit in zwei feindliche Lager zu spalten drohten, nicht tiefer werden zu lassen, war Mendès-France entschlossen, den Ratifizierungsvorgang schleunigst zu beenden. Das Scheitern der EVG wurde damit unausweichlich, gleichzeitig aber war der Weg frei zu einer neuen und umfassenden Lösung. Entgegen dem Anschein war es der französische Ministerpräsident, der entscheidend dazu beitrug, den gordischen Knoten einer festgefahrenen Politik der Westintegration zu durchtrennen.

Mendès-France wählte die doppelte Strategie, einerseits eine parlamentarische Abstimmung über die Verträge noch vor der Sommerpause in Aussicht zu stellen und andererseits den EVG-Partnern eine Reihe gravierender Zusatzforderungen zu übersenden, die ohne völlige Neuverhandlungen keinerlei Chance zur Durchsetzung hatten. Doch eine Wiederaufnahme verbot sich nach dem schwierigen Entscheidungsprozeß ohnehin. Ein in Brüssel unternommener Einigungsversuch schlug fehl. Damit gelangte der EVG-Vertrag unverändert in die französische Nationalversammlung, die es am 30. August 1954 ablehnte, sich überhaupt mit ihm zu befassen. Adenauer sprach von einem »schwarzen Tag für Europa«. Langjährige Bemühungen schienen vergeblich gewesen, die Zukunft der Bundesrepublik weiterhin ungewiß zu sein.

Was den Zeitgenossen verborgen blieb, war die Tatsache, daß schon seit dem frühen Sommer, als sich der Fehlschlag abzuzeichnen begann, eine anglo-amerikanische Expertengruppe in London mögliche Alternativen entwarf, um für den Fall des Scheiterns der EVG sofort gerüstet zu sein.[75] Den Briten war es bei der Verteidigungsgemeinschaft ohnehin nie so sehr um die supranationalen Aspekte und den »europäischen Gedanken« gegangen. Ihnen kam es darauf an, die Westbindung der Bundesrepublik durchzusetzen, um der »russischen Gefahr« zu begegnen und gleichzeitig eine *kontrollierte* Aufrüstung Westdeutschlands zu gewährleisten. Wenn diese Ziele nicht auf dem Wege der EVG erreicht werden konnten, warum sollte dies dann nicht über eine direkte NATO-Mitgliedschaft der Bundesrepublik möglich sein? Schon vor dem Debakel in der französischen Nationalversammlung hatten die Experten von Whitehall begonnen, darüber nachzudenken. Churchill selbst war fest davon überzeugt, daß es keine andere Alternative gab. Am 19. August 1954 hielt er in einem Memorandum fest: »Wir müssen einen guten Plan ausarbeiten, um

Deutschland in die NATO einzugliedern; er muß schon bald fertig sein, die Sache ist dringend.«[76] Sollte Paris sich sperren, so müsse notfalls eine Lösung ohne Frankreich gefunden werden. Auf alle Fälle blieb die Schwierigkeit, den NATO-Beitritt der Bundesrepublik an eine gleichzeitige Kontrolle der Rüstung in Westdeutschland zu koppeln, auf die Frankreich nie verzichten würde. Der Kompromiß sollte dadurch erleichtert werden, daß die Bundesrepublik Beschränkungen akzeptierte, die allerdings geringer ausfallen sollten, als dies noch beim EVG-Projekt der Fall gewesen war. Churchills Resümee lautete: »Nur eine neue NATO unter Einschluß Deutschlands – mit bestimmten Rüstungsbeschränkungen – kann unsere Freiheit und den Frieden der Welt sichern.«[77]

Am 31. August, einen Tag nach dem »betrüblichen Ereignis« von Paris, erklärte der amerikanische Außenminister Dulles, daß eine effektive Verteidigung Kontinentaleuropas einen wesentlichen militärischen Beitrag der Deutschen erforderlich mache und daß Deutschland nicht bis in alle Ewigkeit zur Neutralität verdammt und »in bezug auf seine Souveränität einschließlich des ihm zustehenden Rechts der individuellen und kollektiven Selbstverteidigung diskriminiert werden« könne.[78] Da die Souveränitätsbestimmungen des Deutschlandvertrages von der EVG abhingen, dürfe nicht der Fall eintreten, »daß das ohne Zutun Deutschlands zustande gekommene Scheitern der EVG jetzt als Entschuldigung benutzt werden sollte, Deutschland dafür nachteilig zu behandeln«.[79]

Zur selben Zeit hatte Adenauer, der gerade seinen Urlaub auf der Bühler Höhe verbrachte, Anflüge von Resignation unterdrückt und sich auf die Möglichkeiten eingestellt, die die neue Situation bot. Ihm war bewußt, daß er unter keinen Umständen durch Kritik am französischen Verhalten die Lage verschärfen durfte. Zudem erkannte er, daß sich jetzt die Chance bot, direkt der NATO beizutreten und auf diese Weise gleichzeitig die volle Souveränität der Bundesrepublik zu erreichen. Dieses Ziel lag auch einer großangelegten diplomatischen Initiative zugrunde, die der britische Außenminister Eden entfaltete, um aus der entstandenen Not doch noch eine Tugend zu machen.

Bereits am 2. September 1954 teilte der britische Hohe Kommissar Sir Frederick Hoyer Millar, der Adenauer eigens in dessen Urlaubsquartier aufsuchte, dem Bundeskanzler mit, die britische Regierung habe seit längerer Zeit Pläne für den Fall entwickelt, daß Frankreich sich bezüglich der EVG verweigere. Allerdings müßten die dort aufgezeigten Lösungsmöglichkeiten erst noch mit den befreundeten Mächten besprochen werden. Grundsätzlich böten sich zwei Alternativen an: entweder ein deutscher Beitritt zur NATO oder eine andere lose Form der EVG ohne supranationalen Charakter. Keine der Lösungen dürfe zu einer Diskriminierung Deutschlands führen. Es solle aber auch keine unkontrollierte deutsche Wehrmacht entstehen. Vielmehr gehe es darum, gewisse Beschränkungen für die deutsche Wiederbewaffnung, auf die man sich bereits im Rahmen der EVG geeinigt habe, in die NATO mit einzubringen. Schon seit Monaten habe eine amerikanisch-britische Expertengruppe sich mit diesem Problem beschäftigt. Adenauer ließ erkennen, daß er gegen eine verwässerte EVG und für die NATO-Lösung sei, wobei er davon ausgehe, daß die der Bundesrepublik aufzuerlegenden Beschränkungen nicht zu Benachteiligungen führen dürften. Zugleich stimmte man darin überein, daß auch der Deutschlandvertrag in seiner derzeitigen Fassung nicht mehr ausreiche und einer erneuten Überprüfung bedürfe.[80]

Am 11. September 1954 begann der britische Außenminister Sir Anthony Eden seine diplomatische Rundreise durch die Hauptstädte der EVG-Partner, um sich mit den einzelnen Regierungen abzustimmen. Die offizielle Stellungnahme aus Paris ließ nicht lange auf sich warten. Am 18. September 1954 überreichte François-Poncet dem Bundeskanzler ein Memorandum.[81] Erläuternd fügte er hinzu, der Ministerpräsident habe sich unter dem Eindruck der Argumente des britischen Außenministers Eden bereit gefunden, einem gleichzeitigen Beitritt der Bundesrepublik zum Brüsseler Pakt und zur NATO zuzustimmen. Allerdings wünsche er die Kontrollen und Beschränkungen, die der deutschen Regierung aufzuerlegen seien, nicht in die NATO-Maschinerie, sondern in die des Brüsseler Paktes eingebaut zu sehen. Deutschland dürfe außerhalb des NATO-Oberkommandos keine eigenen Einheiten unterhalten, und Großbritannien müsse sich verpflichten, auch weiterhin Truppen auf dem Kontinent zu stationieren.

Die französischen Regelungen liefen darauf hinaus, den Mitgliedsstaaten der NATO nach wie vor eigene Streitkräfte zu belassen, die nicht dem Militärbündnis unterstellt waren, was allerdings ausdrücklich nicht für die Bundesrepublik gelten sollte. Die Bundesregierung legte ihrerseits Wert auf eine gleichberechtigte Behandlung. Sie trat dafür ein, daß der NATO unterstellte Streitkräfte auf dem europäischen Kontinent nur für bestimmte, vertraglich eindeutig festgelegte Zwecke zugelassen würden. Gleichzeitig gab sie zu verstehen, daß sie zwar den Wert des Brüsseler Paktes anerkenne, daß sie jedoch darüber hinausgehende Entwicklungsmöglichkeiten nur innerhalb der NATO sehe. Deshalb gelte es, alle über den nationalen Bereich hinausführenden militärischen Aufgaben, die durch die Integration der Bundesrepublik in das westliche Verteidigungsbündnis entstünden, direkt der NATO zu übertragen. In Bonn erkannte man, daß es nur so möglich war, einer französischen Bevormundung vorzubeugen und gleichzeitig die direkte Einbeziehung der USA in die europäischen Verteidigungsbelange zu gewährleisten.

Am 28. September 1954 begann im Lancaster House im Londoner Westend die Neunmächtekonferenz, an der neben den Staaten, die an der gescheiterten EVG beteiligt gewesen waren, auch die USA, Großbritannien und Kanada teilnahmen.[82] Sie sollte dazu dienen, noch vor der für Ende Oktober einberufenen NATO-Tagung Klarheit über das weitere Vorgehen zu gewinnen. Alle beteiligten Staaten stellten sich auf den Boden des amerikanisch-britischen Vorschlags, der eine NATO-Mitgliedschaft der Bundesrepublik befürwortete. Die Haltung Frankreichs blieb allerdings nach wie vor unklar. Zwar hatte Mendès-France einem gleichzeitigen Beitritt Westdeutschlands zum Brüsseler Pakt und zur Nordatlantischen Verteidigungsgemeinschaft im Prinzip zugestimmt. Doch erhob die französische Delegation sofort neue Garantie- und Kontrollforderungen. Darüber hinaus war ein deutsch-französi-

US-Staffel auf dem Fliegerhorst Fürstenfeldbruck, 1952

sches Einvernehmen noch immer durch die schwere Hypothek des ungelösten Saarproblems belastet.

Bereits am ersten Tag geriet die Konferenz in eine Krise. Mendès-France ließ keinen Zweifel daran aufkommen, daß er entschlossen war, am französischen Standpunkt festzuhalten und einer Aufnahme der Bundesrepublik in die NATO nur zuzustimmen, wenn die geforderten Beschränkungen und Kontrollen verwirklicht und zugleich eine Lösung der Saarfrage in Aussicht gestellt würde. Adenauer war außer sich. Obwohl er inzwischen wußte, daß Eden und Dulles alles daransetzten, die französische Delegation umzustimmen, ließ er in einem nächtlichen Gespräch im Hotel Claridge, an dem Paul-Henri Spaak, der belgische Außenminister, und der luxemburgische Ministerpräsident Joseph Bech teilnahmen, seinem Unmut freien Lauf. Die Unterhaltung, die zufällig von dem Journalisten Lothar Rühl mitgehört und am 6. Oktober 1954 im *Spiegel* abgedruckt wurde, als die Konferenz glücklicherweise bereits erfolgreich beendet war, macht deutlich, daß Adenauer die Gefahr des Wiedererstarkens nationalistischer Strömungen in Europa gerade nach dem Scheitern der EVG keineswegs für gebannt erachtete und daß er nach wie vor besonders seine eigenen Landsleute für gefährdet hielt: »Es ist ein großer Irrtum«, so der erregte Kanzler, »auf Frankreich zu zählen, wenn das Spiel der europäischen Nationalstaaten wieder beginnt. Die französischen Nationalisten sind ebenso wie die deutschen bereit, allen bösen Erfahrungen zum Trotz die alte Politik zu wiederholen. Denen ist Deutschland mit einer Nationalarmee lieber als Europa, wenn sie nur ihre eigene Politik mit den Russen machen können. Und die deutschen Nationalisten denken genauso … Die Krise der europäischen Politik macht die Nationalisten dreist, sie gewinnen an Selbstvertrauen und Anhang.« Zugleich geißelte Adenauer den aus seiner Sicht illusionären nationalen Kurs der SPD unter dem neuen Parteivorsitzenden Erich Ollenhauer. »Wenn nur Kurt Schumacher noch lebte. Er war eine Garantie für die nationale und prowestliche, ja europäische Politik der SPD, wenn er auch ein Gegner meiner Politik war – aber ohne

»Well, und nun auf amerikanisch: I want – to – be a – soldier … «, Karikatur aus *Die Zeit*, September 1952

Nach dem Scheitern der EVG trat im September 1954 im Lancaster House in London eine Neunmächtekonferenz zusammen, die der NATO-Mitgliedschaft der Bundesrepublik galt. Die USA und Großbritannien verlangten diese Mitgliedschaft nun ganz entschieden, Frankreich hingegen forderte erneut Garantien und Kontrollen, die die Konferenz in eine Krise brachten. Erst die Drohung von John F. Dulles, daß Washington seine auch von Paris gewünschte Stationierungszusage für amerikanische Truppen in Europa nur aufrechterhalten würde, wenn die westliche Verteidigungsgemeinschaft unter Einschluß der Bundesrepublik Deutschland zustande käme, brachte Mendès-France zum Einlenken, zumal London dieser Drohung eine Lockung hinzufügte: Großbritannien würde entgegen allen britischen Traditionen zur ständigen Stationierung britischer Truppen auf dem Festland bereit sein. Adenauer rettete den Beitritt der Bundesrepublik zur NATO schließlich durch eine »einsame Entscheidung«: Die Bundesrepublik verzichtete nicht nur auf die Herstellung von ABC-Waffen, sondern auch auf die Produktion von schweren Bomben, größeren Kriegsschiffen und Fernlenkwaffen, und diese einseitige Verpflichtung sollte zudem noch jederzeit von den übrigen NATO-Partnern kontrolliert werden können. Auch diesmal sollte der nüchterne Realismus Adenauers sich bewähren, denn schon sehr bald drängte der Westen die Bundesrepublik geradezu, schwere Waffen zu produzieren, und an dem Verzicht auf eigene Atomwaffen wurde von ihr selber schließlich leidenschaftlicher als von ihren Partnern festgehalten.

ihn ist die SPD führerlos und treibt in der Opposition den Russen zu. Ollenhauer ist ein schwacher Mann, dem wird es nicht gelingen, seine Partei vor dem Abtreiben zu bewahren. Ihm fehlt Schumachers Scharfblick und Persönlichkeit, Schumachers Kompromißlosigkeit gegenüber dem Kommunismus und den Sowjets; er macht sich Illusionen über die Möglichkeit einer deutschen Politik mit Moskau, und andere im Parteivorstand nähren diese Illusionen.«[83]

Dem gezielten Druck, den Amerikaner und Briten im weiteren Verlauf der Verhandlungen ausübten, konnte und wollte Mendès-France nicht um den Preis eines Scheiterns der Konferenz widerstehen. Er wollte offensichtlich vor allem Punkte für die zu erwartenden schwierigen Auseinandersetzungen in der Nationalversammlung sammeln und nahm es in Kauf, die Geduld seiner Verhandlungspartner aufs äußerste zu strapazieren. Als am Nachmittag des 29. September der amerikanische Außenminister eine Erklärung über den Verbleib der US-Streitkräfte in Europa abgab, bahnte sich eine Wende an. Der Rede von Dulles war zu entnehmen, daß Washington die ursprünglich für die EVG gemachte Stationierungszusage nur dann aufrechtzuerhalten gewillt war, wenn die neue westliche Verteidigungslösung unter dem Einschluß der Bundesrepublik zustande kam.

Dieser Mischung aus Drohung und Verlockung fügte der britische Außenminister ein überraschendes Angebot hinzu, auf das die französische Seite stets gedrängt hatte. Das Vereinigte Königreich war bereit, zur Rettung der NATO-Lösung über seinen eigenen Schatten zu springen und mit einem traditionellen Dogma seiner bisherigen Außenpolitik zu brechen. London verpflichtete sich, zum ersten Mal in seiner Geschichte, auch in Friedenszeiten weiterhin Streitkräfte auf dem europäischen Kontinent zu unterhalten und diese nicht gegen den Willen der Mächte des Brüsseler Pakts zurückzuziehen. Eden ließ es sich nicht entgehen, darauf hinzuweisen, daß eine Dauerstationierung britischer Truppen auf dem Festland ein Novum britischer Außenpolitik darstellte. »Sie alle wissen«, so hob er hervor, »daß unsere Geschichte vor allem

Mendès-France: »Mon Dieu! Hat der Konrad ein Gewicht!«, Karikatur von Kolfhaus

Immer deutlicher hatte sich im Verlauf der Zeit und vor allem auf der Londoner Konferenz das Zusammenspiel Adenauers mit John F. Dulles gezeigt, die auch im Persönlichen freundschaftliche Verbindungen pflegten. Die neue Interessenallianz des Siegers und des Besiegten gab der Bundesrepublik schon wenige Jahre nach dem Kriege ein politisches Gewicht.

die einer Insel ist. Wir sind immer noch im Denken und der Überlieferung nach ein Inselvolk, was auch immer die modernen waffentechnischen und strategischen Gegebenheiten mit sich bringen mögen, und nicht ohne beträchtliches Nachdenken hat die Regierung, die ich hier vertrete, beschlossen, daß diese Erklärung heute nachmittag vor Ihnen abgegeben werden konnte.« Er hoffe allerdings, daß der britische Beitrag den erfolgreichen Abschluß der Konferenz in größere Nähe rücke.[84]

Damit lagen alle Karten auf dem Tisch. Jetzt mußte sich erweisen, ob die nationalen Interessen Frankreichs mit einer integrierten westlichen Verteidigungslösung in Einklang gebracht werden konnten. Würden sich die französischen Gegner einer Übereinkunft nunmehr hinter der Saarfrage verschanzen, nachdem die britische Regierung Frankreich so weit entgegengekommen war? Inzwischen gab es gute Fortschritte in den weniger strittigen Punkten. Es gelang, die mißverständliche »Notstandsklausel« aus dem Artikel 1 des Deutschlandvertrages zu entfernen und die Stationierung ausländischer Streitkräfte in der Bundesrepublik auf eine eindeutige vertragliche Basis zu stellen. Der umstrittene Artikel 7, Absatz 3, mit seiner »Bindungsklausel« wurde ersatzlos gestrichen. Zugleich wurde jene Erklärung erneuert, auf die Adenauer schon bei der ersten Unterzeichnung des Deutschlandvertrages im Mai 1952 großen Wert gelegt hatte und die als Ziel der gemeinsamen Politik der drei Mächte festhielt, die Wiedervereinigung Deutschlands in Frieden und Freiheit herbeizuführen.

Am 1. Oktober 1954 drohten die Verhandlungen erneut zu stagnieren. Es zeigte sich, daß Mendès-France auch jetzt noch nicht bereit war, auf die geforderten Kontroll- und Sicherheitsauflagen zu verzichten. Leider sind jene Akten bisher nicht zugänglich, die Aufschluß darüber geben könnten, wie es gelang, aus dieser schwierigen Situation herauszufinden. Aus Adenauers Memoiren wissen wir, daß der Kanzler sich schließlich bereit fand, im Namen der Bundesrepublik auf die Herstellung von ABC-Waffen im eigenen Lande und auf die Produktion einiger schwerer Waffenkategorien wie Fernlenkgeschosse, Kriegsschiffe einer bestimmten

Neunmächtekonferenz in Paris, Dezember 1954

Größe und Bomber zu verzichten und die Einhaltung dieser Verpflichtungen durch die zuständige Behörde des Brüsseler Paktes kontrollieren zu lassen. Er tat dies allerdings nur mit der völkerrechtlich üblichen Einschränkung: rebus sic stantibus.

Die Bundesrepublik trug damit der historisch gewachsenen Furcht der Nachbarstaaten vor möglichen aggressiven Absichten der Deutschen eindrucksvoll Rechnung. Adenauer hat seine Verzichtserklärung später als den einzig wirklichen »einsamen Entschluß« während seiner Regierungszeit bezeichnet und hinzugefügt, diese habe sich aus der Notwendigkeit des Verhandlungsablaufs ergeben.[85] Endgültig gerettet war die Konferenz auch jetzt noch nicht. Sie drohte am französischen Widerstand zu scheitern, da Mendès-France sich der von den Teilnehmerstaaten geforderten allgemeinen Kontrolle von ABC-Waffen versagte. Nach energischer britischer Intervention wurde schließlich auch hier die erlösende Kompromißformel gefunden, die darin bestand, die Forschungs- und Entwicklungsarbeit auf dem Gebiet der ABC-Waffen nicht der allgemeinen Kontrolle zu unterwerfen.

Der Konferenz im Lancaster House war es gelungen, Hindernisse aus dem Weg zu räumen, die nach dem Scheitern der EVG dem Beitritt der Bundesrepublik zur NATO entgegenstanden. Weitere Verhandlungen schlossen sich an. Die Abschlußkonferenzen wurden für den 23. Oktober 1954 nach Paris anberaumt. Bis dahin hatten die Gesprächspartner es vermieden, spezifisch deutsch-französische Probleme zu diskutieren. Dies blieb den bilateralen Gesprächen zwischen Mendès-France und Adenauer überlassen. Ohne eine Einigung der beiden Staatsmänner war das bisher Erreichte nach wie vor wertlos.

Aus London zurückgekehrt, erstattete Mendès-France am 7. Oktober 1954 auf einer eilends einberufenen Sondersitzung des französischen Parlaments Bericht und nannte dabei – wie nicht anders zu erwarten – die Lösung der Saarfrage eine Vorbedingung für die Zustimmung zum Londoner Verhandlungsergebnis. Zweifellos zielte dies auf die endgültige Abtrennung der Saar von Deutschland. Die deutsche Seite erklärte sich zwar im Prinzip bereit, einer Europäisierung der Saar zuzustimmen, wie es der Plan des Holländers van Nater vorsah. Sie beharrte aber auf einer provisorischen Lösung, um den Regelungen des künftigen Friedensvertrages nicht vorzugreifen. Deshalb war Adenauer nur bereit, der von Frankreich geforderten Volksabstimmung über das europäische Statut an der Saar zuzustimmen, wenn damit eine *vorläufige* Regelung angestrebt wurde. Paris hingegen setzte auf eine definitive Autonomielösung und hielt zugleich an der engen wirtschaftlichen Verflechtung der Saar mit Frankreich fest.

Bis zum Vorabend der Vertragsunterzeichnung blieb die Situation völlig ungeklärt. Es bestand die Gefahr, daß auch der zweite Anlauf zur Westintegration der Bundesrepublik scheiterte. Erst im buchstäblich letzten Augenblick gelang der Durchbruch. In einem Gespräch unter vier Augen, das Adenauer und Mendès-France am 22. Oktober nach dem Staatsbankett in Paris führten, kam es zu einem Kompromiß. Der französische Ministerpräsident verzichtete auf einen Abschnitt des Saarabkommens, der eine endgültige Abtrennung von Deutschland beinhaltete, während Adenauer einer Volksabstimmung an der Saar zustimmte. Immerhin setzte er durch, daß selbst im Falle der Annahme des Saarstatuts durch die Bevölkerung der Saar nach Abschluß des Friedensvertrages ein erneutes Referendum stattfinden müsse. Als noch wichtiger sollte sich jedoch die französische Zustimmung zur Durchführung freier Landtagswahlen erweisen. In Artikel VII/c des europäischen Statuts über die Saar hieß es, daß diese Wahlen drei Monate nach der Volksabstimmung abzuhalten seien. Mit Stolz konnte Adenauer später in seinen »Erinnerungen« darauf verweisen, daß die Tragweite dieser Bestimmung von den französischen Abgeordneten nicht erkannt worden sei.[86]

Welche Chance sich damit im Falle einer Ablehnung des Saarstatuts für einen Anschluß an die Bundesrepublik ergab, blieb aber selbst vielen Deutschen verborgen. In den folgenden Monaten wurde das Saarabkommen von der Opposition aufs heftigste attackiert. Auch die FDP-Bundestagsfraktion lehnte es ab, und selbst im Parteivorstand der CDU kam es zu erregten Auseinandersetzungen. Mit einem Mann wie Johannes Hoffmann, dem saarländischen Ministerpräsidenten, der mit Nachdruck für die Annahme des Saarstatuts und die Europäisierung des Saargebiets eintrat, könne man sich, so war zu hören, doch nicht an einen Tisch setzen. Als dieses Argument auch in der Vorstandsdebatte der CDU aufkam, konterte Adenauer: »Ich habe inzwischen mit Leuten an einem Tisch gesessen, die einmal für den Morgenthau-Plan eingetreten sind. In der Politik sollte man niemals sagen, mit dem Mann setze ich mich nicht zu Verhandlungen zusammen. Wenn die Verhandlungen das Wohl des Gebietes im Auge haben, dann setze ich mich – seien Sie mir nicht böse – auch mit dem Teufel an einen Tisch!«[87] Die schlagfertige Bemerkung des Abgeordneten Kunze: »Der sich aber nicht mit Ihnen!« genoß wohl kaum jemand mehr als der Bundeskanzler selbst.

Am 23. Oktober 1955 lehnte die Bevölkerung des Saargebiets mit Zweidrittelmehrheit (67,71 Prozent) das Saarstatut bei einer Wahlbeteiligung von 97,5 Prozent ab. Nur 32,24 Prozent sprachen sich dafür aus. Als logische Konsequenz aus dem Referendum er-

Ablehnung des Saarstatuts, Oktober 1955

Obwohl er in Deutschland bis in die Reihen seiner eigenen Partei auf Unverständnis und Ablehnung stieß, trat Adenauer in der Saarfrage dafür ein, den Ausgleich mit Frankreich zu suchen und dem Nachbarstaat entgegenzukommen. Er selber hat später gesagt, daß er von vornherein an eine Ablehnung des Saarstatuts, die 1955 mit 65 Prozent aller Stimmen erfolgte, geglaubt habe. Lange nach seinem Tode ist durch die Memoiren von Franz Josef Strauß bekannt geworden, daß der Kanzler insgeheim eine beträchtliche Summe für die deutsche Zukunft des Saargebiets zur Verfügung gestellt habe. Auch dies mag als Hinweis auf die realistische Einstellung Adenauers gelten, die nicht durch nationale Begrenztheiten eingeengt war.

gab sich die Angliederung des Saargebiets an die Bundesrepublik. Frankreich respektierte schließlich den in einem demokratischen Verfahren sichtbar gewordenen Wunsch der überwiegenden Mehrheit der Saarbevölkerung. Am 1. Januar 1957 erhielt die Saar den Status eines Bundeslandes.

Mit der Einigung über die Saar war der Weg frei für die Unterzeichnung der »Pariser Verträge« am 23. Oktober 1954 am Quai d'Orsay. Für die Bundesrepublik bestand das wichtigste Ergebnis darin, daß sie nunmehr als gleichberechtigter Partner des westlichen Bündnisses in Erscheinung trat und mit der endgültigen Aufhebung der Besatzung ihre Souveränität erhielt. Das Paket der Abmachungen umschloß insgesamt elf Verträge und Abkommen, unter denen die Protokolle über die Beendigung des Besatzungsregimes und den Beitritt der Bundesrepublik zur NATO die größte Bedeutung besaßen. Die Souveränitätsformel des revidierten Deutschlandvertrages ließ, wie Adenauer vor dem Bundestag feststellte, keinen Zweifel mehr zu, daß der Bundesrepublik die »volle Macht eines souveränen Staates« aus eigenem und nicht etwa »durch die Besatzungsmächte verliehenem oder gewährtem Recht« zukam.[88] Vertragsrecht löste Besatzungsrecht ab. Allerdings blieben davon jene Bereiche unberührt, in denen Vorrechte der vier Siegermächte galten. Aus ihnen leitete sich die besondere Verantwortung für Berlin und für Deutschland als Ganzes ab.

Nun durfte die Bundesrepublik nationale Streitkräfte aufstellen, die allerdings der Kontrolle der Westeuropäischen Union (WEU) unterstanden. Die WEU, die als Ersatz für die gescheiterte EVG aus dem Brüsseler Pakt hergeleitet worden war und als europäischer Pfeiler der NATO diente, enthielt, anders als diese, eine automatische Beistandsverpflichtung der beteiligten Staaten. Die Streitkräfte der Bundesrepublik sollten eine Stärke von 500000 Mann haben. Von sich aus verzichtete Westdeutschland auf atomare, bakteriologische und chemische Waffen. Allerdings wurde ihm die zivile Atomforschung und -nutzung freigestellt.

Mit den Pariser Verträgen hatte die Bundesrepublik das erreicht, was zu verhindern über Jahre zu den Hauptmotiven der

Martin Heidegger (1889-1976)

Nach der endgültigen Niederlage des Deutschen Reiches fiel den feindlichen Dioskuren Heidegger und Jaspers die beherrschende Rolle im deutschen Geistesleben zu: Die Existenzphilosophie eroberte das Bewußtsein der durch die Katastrophe Gegangenen.

französischen Außenpolitik gehört hatte. Und doch hat gerade das Verhalten Frankreichs die direkte NATO-Integration der Bundesrepublik erst ermöglicht und darüber hinaus den für Deutschland überaus glücklichen Ausgang des Saardisputs herbeigeführt. Nachdem die EVG in der französischen Nationalversammlung gescheitert war, mußte Paris erkennen, daß es sich international isolierte, wenn es sich einem auf partnerschaftlichen Voraussetzungen beruhenden Wehrbeitrag der Bundesrepublik weiterhin verschloß und auf diese Weise den Nachbarstaat daran hinderte, die Souveränität zu gewinnen. Entgegen dem Anschein hat die außergewöhnlich geschickte Verhandlungsführung des französischen Ministerpräsidenten Mendès-France, dessen Haltung auch Adenauer zunächst falsch einschätzte, unter schwierigsten innenpolitischen Bedingungen einen realistischen Kurs gegenüber der Bundesrepublik durchsetzen können. Darin liegt sein unbestreitbares Verdienst. Für ein Land, das nichts mehr fürchtete als das erneute Erstarken eines potentiell gefährlichen Nachbarn, war es ein bedeutender und kaum zu überschätzender Schritt, den Weg von der Kontrolle des geschlagenen Deutschland zur Kooperation zu gehen und auf diese Weise den Boden für die deutsch-französische Freundschaft zu bereiten, die bis heute eine Grundvoraussetzung für den Zusammenhalt Westeuropas darstellt.

Die Schwierigkeiten, die sich bei der Behandlung des EVG-Vertrages nicht zuletzt durch die lange Verzögerung zwischen der Unterzeichnung und der parlamentarischen Ratifizierung ergeben hatten, sollten sich in Frankreich nicht wiederholen. Bereits im Dezember 1954 gelang es Mendès-France, dessen Kabinett wenig später stürzte, das Vertragspaket durch die Nationalversammlung zu bringen. Hingegen türmten sich in der Bundesrepublik neue Schwierigkeiten auf. Zunächst schien es so, als könnten sich innerhalb der Sozialdemokratischen Partei jene Kräfte Gehör verschaffen, die bereit waren anzuerkennen, daß die Pariser Verträge gegenüber dem EVG-Projekt einen Fortschritt darstellten, und die gewillt waren, durch realistische Opposition auf eine Verbesserung der erzielten Ergebnisse hinzuwirken. Jedoch sollte es nicht lange dauern, bis die starre Ablehnung des Parteivorsitzenden Erich Ollenhauer und seiner Anhänger erneut die Oberhand gewann. Sie fühlten sich durch die Haltung des Kreml bestätigt, der mit Drohungen und Angeboten seine letzten Versuche unternahm, die Westintegration zu verhindern.

Die Sowjetnoten vom 23. Oktober und 9. Dezember 1954 kündigten an, daß die Pariser Abmachungen, träten sie in Kraft, die Wiedervereinigung Deutschlands, ja selbst Verhandlungen darüber, für eine lange und unabsehbare Zeit unmöglich machen würden.[89] Den Höhepunkt der sowjetischen Kampagne, deren Ablauf und Inhalt erstaunliche Parallelen zum Notenkrieg von 1952 aufwies, bildete eine Erklärung der Nachrichtenagentur TASS vom 15. Januar 1955, die direkt auf die bevorstehenden Bundestagsdebatten über die Westverträge zielte. Das westdeutsche Parlament, so hieß es, übernehme die schwere Verantwortung für das Fortbestehen der Spaltung Deutschlands, wenn es den Abmachungen zustimme. Noch gebe es ungenutzte Möglichkeiten, um ein Abkommen in der Frage der Wiedervereinigung zu erreichen: »... unter

Karl Jaspers nach einer Vorlesung in Heidelberg, 1949

Als in den fünfziger Jahren die Atomkraft und die Atombombe die politische Diskussion prägten, erschien 1958 von Karl Jaspers »Die Atombombe und die Zukunft der Menschheit«.

gebührender Berücksichtigung der rechtmäßigen Interessen des deutschen Volkes und über die Durchführung von gesamtdeutschen freien Wahlen zu diesem Zweck im Jahre 1955«.[90] Auch die folgende verlockend klingende Formulierung verfehlte ihre Wirkung in der bundesdeutschen Diskussion nicht: »Das deutsche Volk muß durch die Abhaltung allgemeiner freier Wahlen in ganz Deutschland, einschließlich Berlin, die Möglichkeit haben, seinen freien Willen zu äußern, damit ein einheitliches Deutschland als Großmacht (sic!) wiederersteht und einen würdigen Platz unter den anderen Mächten einnimmt.«[91]

Doch waren wirklich allgemeine, freie (und geheime) Wahlen gemeint? Was die Erklärung über den Charakter der Wahlgesetze aussagte, gab Anlaß zum Zweifel. Sie umschrieb den Schutz der »demokratischen Rechte der deutschen Bürger«: »Das unter Berücksichtigung der Wahlgesetze der Deutschen Demokratischen Republik und der Deutschen Bundesrepublik ausgearbeitete Wahlgesetz für diese Wahlen muß allen Wählern die Freiheit der Willensäußerung und jeder demokratischen Partei und Organisation die Freiheit der Wahlagitation in ganz Deutschland wie auch die Freiheit der Aufstellung von Kandidaten und Wahllisten garantieren.«[92] Der Hinweis auf die Wahlgesetze der DDR war nicht dazu angetan, die Ernsthaftigkeit des Angebots zu unterstreichen. Aber die Bereitschaft, gesamtdeutsche Wahlen unter internationaler Aufsicht durchzuführen, schien neu zu sein. Während der Vorstoß des Kreml schließlich in allen westlichen Ländern eindeutig abgelehnt und als erneuter durchsichtiger Versuch zur Verhinderung der Vertragsratifizierung gewertet wurde, glaubte die Führung der Sozialdemokratischen Partei doch von »einem entscheidend neuen Tatbestand« sprechen zu können.[93] In einem Brief an den Bundeskanzler vom 23. Januar 1955 stellte Erich Ollenhauer fest, daß noch keineswegs alle Möglichkeiten erschöpft seien, »um vor der Ratifizierung der Pariser Verträge endlich einen ernsthaften Versuch zu unternehmen, auf dem Wege von Viermächteverhandlungen die Einheit Deutschlands in Freiheit wiederherzustellen«.[94] Es sei im Jahre 1952 versäumt worden, die Ernsthaftigkeit der damaligen Angebote der Sowjetunion zu erproben. Man dürfe sich jetzt nicht der gleichen Unterlassung schuldig machen. Die Annahme der Verträge führe nach der Überzeugung der Sozialdemokratischen Partei »zu einer verhängnisvollen Verhärtung der Spaltung Deutschlands«.[95]

Die TASS-Erklärung vom 15. Januar 1955 spielte in den abschließenden Bundestagsdebatten über die Pariser Verträge eine erhebliche Rolle. »Wer in diesem Stadium und in dieser Lage die Ratifizierung der Verträge vor neue Verhandlungen über die Wiedervereinigung setzt«, so faßte Erich Ollenhauer die Haltung seiner Partei zusammen, »der dokumentiert damit, daß er unter allen Umständen der definitiven Eingliederung der Bundesrepublik in das Nordatlantikpakt-System den Vorzug vor der Wiedervereinigung gibt.«[96] Die Kluft zwischen Regierung und Opposition vertiefte sich weiter, als die SPD-Führung dazu überging, außerparlamentarische Aktionen zu unterstützen und eine Kundgebungswelle gegen die Verträge zu entfachen. Am 29. Januar 1955 versammelte sich in der Frankfurter Paulskirche ein Kreis von etwa 1000 Personen unterschiedlicher politischer Richtungen, um gegen die Eingliederung der Bundesrepublik in die NATO zu protestieren. Eingeladen hatten der Vorsitzende der SPD, Erich Ollenhauer, der DGB-Vorsitzende Walter Freitag, der evangelische Theologieprofessor Helmut Gollwitzer und der Heidelberger Soziologe Alfred Weber. In einem »Deutschen Manifest« warnten sie vor der großen Gefahr, »daß durch die Ratifizierung der Pariser Verträge die Tür zu Viermächteverhandlungen über die Wiederherstellung der Einheit Deutschlands in Freiheit zugeschlagen wird«.[97] Damit hatte sich die SPD unübersehbar in eine Gemeinschaft mit pazifistischen linksnationalen Kreisen begeben, deren Auffassungen mit dem bisherigen Kurs der Partei kaum zu vereinbaren war. Der Versuch, auf diese Weise die parlamentarische Minderheitsposition zu kompensieren, blieb letztlich ohne Erfolg.

Eine Gefährdung der Regierungspolitik stellten die Demonstrationen nicht dar. Vielmehr boten sie dem Bundeskanzler die Gelegenheit, seine Vertragspolitik als nüchtern und fern jeder politischen Schwärmerei darzustellen. Am 27. Februar 1955 billigte der Bundestag nach fast vierzigstündiger Debatte, die durch Rundfunk und Fernsehen direkt übertragen wurde, mit großer Mehrheit die Pariser Verträge und das Saarstatut. Der neugefaßte Deutschlandvertrag wurde mit 324 gegen 151 Stimmen, der Vertrag über den Aufenthalt ausländischer Streitkräfte mit 321 gegen 201 bei neun Enthaltungen angenommen: 60 Mitglieder der Regierungsparteien, nämlich die große Mehrheit der FDP-Abgeordneten, stimmten gegen die Saarlösung. Am 18. März 1955 passierten die Verträge den Bundesrat. Wenig später wurden sie vom Bundespräsidenten unterzeichnet. Nach Hinterlegung der Ratifizierungsurkunden durch alle beteiligten Staaten trat am 5. Mai 1955 der »Deutschlandvertrag« und am 6. Mai die Mitgliedschaft der Bundesrepublik in der NATO und der WEU in Kraft. Nur zehn Jahre nach der bedingungslosen Kapitulation des Deutschen Reiches hatte die Bundesrepublik damit ihre politische Mündigkeit erlangt. Dennoch kam im Lande keine rechte Festtagsstimmung auf. Der politischen Führung wollte es nicht gelingen, der symbolischen Bedeutung des Vorgangs angemessen Ausdruck zu verleihen. Die parlamentarische Zeremonie wurde im unerfreulichen Hin und Her zwischen Regierung und Opposition auf ein Minimum zurechtgestutzt. »Für das deutsche Volk bietet die Ablösung des bisherigen Besatzungsrechts im Geltungsbereich des Grundgesetzes keinen Anlaß zum Feiern«, erklärte Erich Ollenhauer und fuhr fort: »Von der Souveränität Deutschlands kann erst die Rede sein, wenn Deutschland in Freiheit wiedervereinigt ist.«[98]

III.

Die fünfziger Jahre

1. Beseitigung der Not

»Wir gehen in das neue Jahr mit einer seltsamen Mengung der Gefühle«, sagte Bundespräsident Theodor Heuss in seiner ersten Neujahrsansprache.[1] Aus seinen Worten klang kein Enthusiasmus. Die Stimmung im Lande war eher gedrückt, das Vertrauen der Bevölkerung in die neue Demokratie, wie Meinungsumfragen deutlich belegten, gering. Im Jahr 1949 war noch keineswegs klar, ob der als Provisorium konzipierte Teilstaat fähig sein würde, die großen innenpolitischen Herausforderungen zu meistern. Es wird leicht übersehen, wie gefährdet der junge Staat in seiner Anfangsphase war.

Die vielfältigen Probleme konnten ohne eine grundlegende Verbesserung der allgemeinen wirtschaftlichen Lage kaum gelöst werden. Trotz erster Erfolge der Währungsreform steuerte die Bundesrepublik schon nach wenigen Monaten in einen »Winter des Mißvergnügens«. Produktionseinbrüche im industriellen Bereich wirkten sich nachteilig auf den Arbeitsmarkt aus. Im Februar 1950 stieg die Zahl der Arbeitslosen auf etwa zwei Millionen. So begann die Geschichte des Bonner Staates mit einer »Gründungskrise« (H. G. Hockerts), deren Ausgang ungewiß schien. Noch immer herrschte größte Wohnungsnot. Selbst fünf Jahre nach Kriegsende hatte sich, sieht man einmal von allgemeinen Aufräumungsarbeiten sowie Hilfs- und Reparaturmaßnahmen ab, am Erscheinungsbild der städtischen Trümmerlandschaften wenig geändert. Auf 16,4 Millionen Haushalte entfielen 1950 nur 10,1 Millionen Wohnungen, von denen der größte Teil noch aus der Zeit vor dem Ersten Weltkrieg stammte. Der Dichtewert lag mit 1,8 Personen pro Raum weit über dem als normal anzusehenden Standard und läßt bezüglich des »Wohnkomforts« keinerlei Vergleich mit heutigen Gegebenheiten mehr zu. Zwar verbesserte sich die Ernährungssituation gegenüber den ersten Nachkriegsjahren, aber es gab nach wie vor eine Reihe von Engpässen, vor allem in der Energie- und Lebensmittelversorgung. Ein großer Teil der Bevölkerung lebte kärglich, wenngleich Hunger und lebensbedrohliche Unterernährung besiegt waren. Kriegsopfer, Kriegsbehinderte und Versehrte blieben auf öffentliche Hilfe angewiesen. Ungefähr siebzehn Millionen Bundesbürger, etwa ein Drittel der Gesamtbevölkerung, erhielten Sozialhilfe. Die Renten lagen im Durchschnitt unter 100 DM. Der Bruttoverdienst eines Industriearbeiters betrug etwa 1,20 DM pro Stunde, und die Einkommen der Beamten lagen deutlich unter dem Vorkriegsniveau.

Bund und Länder sahen sich vor kaum zu bewältigende Aufgaben gestellt. Als wichtigste Bereiche nannte der Bundeskanzler in seiner ersten Regierungserklärung die gleichmäßigere Verteilung der Vertriebenen auf die verschiedenen Länder; die Förderung des Wohnungsbaus; die baldige Verabschiedung eines endgültigen Lastenausgleichs; die Garantie eines ausreichenden Unterhalts für die Kriegsbeschädigten und Kriegsbehinderten; eine einheitliche Versorgungsgesetzgebung für das gesamte Bundesgebiet und die Neugestaltung der Rechtsbeziehungen zwischen Arbeitgebern und Arbeitnehmern.[2]

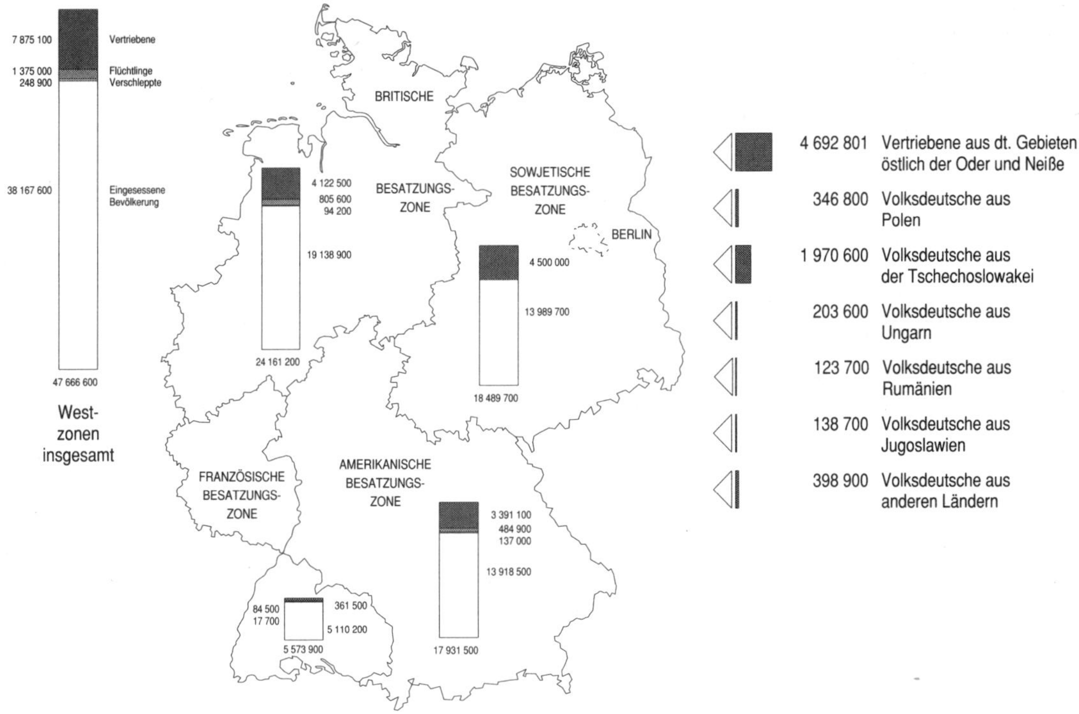

Flüchtlingszahlen zu Beginn der fünfziger Jahre

Der ersten Welle der Flüchtlinge und Vertriebenen aus den ehemaligen Ostgebieten folgte mit den Sowjetisierungsmaßnahmen in der östlichen Besatzungszone eine zweite Flüchtlingswelle. Gleichzeitig kamen aus dem Baltikum und den osteuropäischen Ländern Volksdeutsche, die den neuen Weststaat vor eine unvorhergesehene Integrationsaufgabe stellten. Die totale Abriegelung Osteuropas und Ostdeutschlands von der Bundesrepublik brachte dann seit 1961 einen starken Rückgang der Flüchtlingszahlen, obwohl immer wieder einzelne spektakuläre Fluchtaktionen unternommen wurden. Erst 1988 und verstärkt im Jahre 1989 kam dann eine Aussiedler-, Übersiedler- und Flüchtlingsflut, die durch die neue Öffnungspolitik Gorbatschows möglich wurde.

Von vornherein war die Regierung entschlossen, ihr sozialpolitisches Konzept im Rahmen der sozialen Marktwirtschaft abzuwickeln. Sie stemmte sich gegen den Versuch der sozialdemokratischen Opposition und der Gewerkschaften, den beginnenden Ausbau des Sozialstaates zu einer durchgreifenden Umverteilung und zu einer Veränderung der privaten Eigentumsstrukturen der Wirtschaft zu nutzen. Die unmittelbar nach der Währungsreform eingeleitete schrittweise Aufhebung der Bewirtschaftung sollte fortgeführt und die ökonomische Entwicklung durch stärkere Leistungsanreize angekurbelt werden. Nach wie vor existierten Bereiche gelenkter und freier Wirtschaft nebeneinander. Der gesamte landwirtschaftliche Sektor blieb von der Liberalisierung ebenso ausgeschlossen wie wichtige Grundstoffgüter, die Energieversorgung, das Miet- und Wohnungswesen und die Verkehrstarife. Um diese Überreste der Bewirtschaftung zurückdrängen zu können, mußte es gelingen, ausgeglichene Produktions- und Absatzbedingungen sowie kostendeckende Erzeugerpreise zu erreichen.

Für die staatliche Ausgabenpolitik folgte aus dieser Lage das Gebot äußerster Sparsamkeit, um durch Steuererleichterungen ein günstiges Investitionsklima zu schaffen. Durch seine sprichwörtliche Sparpolitik trug Bundesfinanzminister Fritz Schäffer, nicht ohne Widerspruch aus den anderen Ressorts und den Koalitionsparteien, entscheidend dazu bei, den Liberalisierungskurs des Wirtschaftsministers zu stützen. Erst eine prosperierende Wirtschaft, so die Kalkulation, würde es zulassen, eine solide Sozialpolitik zu betreiben, da langfristig nur so die erforderlichen höhe-

ren Steuereinnahmen erzielt werden konnten. Daher weigerte sich der Finanzminister konsequent, die notwendigen Mehraufwendungen für soziale Zwecke durch Steuererhöhungen zu decken.

Die Zahlen des Bundeshaushalts für das Rechnungsjahr 1950/51 spiegeln die prekäre innen- und außenpolitische Lage, in der sich die Bundesrepublik in ihrer Anfangsphase befand, eindrucksvoll wider. Anstelle der Länder, die ihre nach dem Krieg wiedergewonnene Finanzautarkie jetzt verloren, mußte der Bund für die Besatzungskosten aufkommen. Darüber hinaus war er für die Kriegsfolgelasten ebenso wie für die Zuschüsse zur Sozialversicherung, zur Arbeitslosenversicherung und Arbeitslosenfürsorge zuständig. Von den 12,3 Milliarden DM des ersten Bundeshaushalts (zusätzlich 750 Millionen DM im außerordentlichen Etat) betrugen allein die Besatzungskosten mit 4,3 Milliarden DM ein Drittel der Ausgaben. Den größten Anteil machte der soziale Bereich mit sechs Milliarden aus. Flüchtlinge und Vertriebene, Kriegsbeschädigte und Kriegsbehinderte, Heimkehrer und Angehörige von Kriegsgefangenen, nicht zuletzt auch die »verdrängten Beamten«, sie alle richteten ihre Hoffnungen und Erwartungen auf den Gesetzgeber in Bonn.

Im Rahmen der sogenannten Kriegsfolgengesetzgebung war der Lastenausgleich besonders wichtig. Nutznießer sollten vor allem die Flüchtlinge und Vertriebenen sein, aber auch die geschädigten Einheimischen, die durch den Krieg ihr Vermögen verloren hatten. Regierung und Opposition vertraten beim Lastenausgleich prinzipiell unterschiedliche Standpunkte. Auch zwischen den beteiligten Ministerien kam es zu erheblichen Meinungsverschiedenheiten. Während die Sozialdemokraten eine Wiederherstellung früherer Eigentumsverhältnisse – auch in kleinerem Maßstab – entschieden ablehnten und energisch dafür eintraten, die Entschädigung zu einer Neugliederung der Wirtschaft zu nutzen, hielten die Regierungsparteien am Grundsatz der individuell zu ermittelnden Schadenersatzleistung fest.

Was schließlich nach langem parlamentarischem und bürokratischem Hin und Her, erschwert durch die Verquickung mit den Debatten um die Wiederbewaffnung, herauskam, war eine Mischung verschiedener Elemente. Das »Lastenausgleichsgesetz« vom 16. Mai 1952, das gegen die Stimmen von SPD und KPD verabschiedet wurde, war die Basis für ein Programm, das sich über drei Jahrzehnte erstrecken sollte. Zunächst wurden die Schadensformen erfaßt, um so eine Grundlage für die individuelle Entschädigung zu gewinnen. Neben den Verlusten aus Flucht und Vertreibung galt es auch die Kriegssachschäden mit einzubeziehen. Alle Vermögen, die bei der Währungsreform 5 000 DM überstiegen, wurden mit einer fünfzigprozentigen Abgabe zahlbar in 30 Jahresraten belegt. Dieser radikal erscheinende Eingriff wurde jedoch dadurch erheblich gemildert, daß bei Immobilien nicht der tatsächliche Verkehrswert, sondern der Einheitswert zugrunde gelegt wurde. Dennoch kann der Vorgang durchaus als die wohl größte Vermögensumverteilung in der Geschichte bezeichnet werden. Ergänzt wurden die Ausgleichszahlungen, die erst Mitte der fünfziger Jahre begannen, durch erhebliche Zuschüsse aus dem Staatshaushalt. Der Hauptanteil der Entschädigung – bis zum Jahre 1983

Die Eingliederung der erst sieben, dann zehn, schließlich mehr als zwölf Millionen Flüchtlinge in das zunächst noch von Kriegszerstörungen und Arbeitslosigkeit gezeichnete Westdeutschland ist eine der großen Leistungen der Bundesrepublik.
Der Lastenausgleich von 1952 und das Heimkehrergesetz von 1950 trugen entscheidend zum sozialen Frieden bei. Diese Maßnahmen der Regierung Adenauer traten neben den vielen in- und ausländischen Kontroversen ganz zu Unrecht im Bewußtsein der Öffentlichkeit zurück.

rund 126 Milliarden DM – wurde in den sechziger Jahren ausgezahlt. Die Mehrheit der Betroffenen erhielt nicht mehr als eine kleine Rente oder eine Hausratsentschädigung. Immerhin gingen über die Jahre 7,1 Millionen Feststellungsanträge bei den Lastenausgleichsämtern ein (1970 waren noch vier Prozent zu bearbeiten), von denen 73 Prozent positiv beschieden wurden. 67 Prozent der Entschädigung entfielen auf die Heimatlosen, 23 Prozent auf Kriegssachgeschädigte. Zweifellos hat der Lastenausgleich einen wichtigen Beitrag zur Integration der Flüchtlinge und Vertriebenen geleistet und geholfen, soziale Spannungen abzubauen. Als entscheidender Faktor des sozialen Friedens sollten sich jedoch langfristig nicht die administrativen Maßnahmen, sondern der mit dem »Korea-Boom« einsetzende und lang anhaltende wirtschaftliche Höhenflug der Bundesrepublik erweisen.

Zu den wichtigeren Einzelmaßnahmen, die der Milderung und Beseitigung der Kriegsfolgen dienten und, anders als der Lastenausgleich, auf unmittelbare Wirkung zielten, gehörte das »Heimkehrergesetz« vom Juni 1950 ebenso wie die noch im selben Jahr getroffenen Regelungen für die Umsiedlung von Vertriebenen in der Bundesrepublik und für die Aufnahme von Flüchtlingen aus der DDR. Als politisch brisant und finanziell schwierig erwies sich die Regelung der Ansprüche früherer Angehöriger des öffentlichen Dienstes. Das Grundgesetz hatte im Artikel 131 den Bundesgesetzgeber beauftragt, die Rechtsverhältnisse von Personen zu regeln, »die am 8. Mai 1945 im öffentlichen Dienst standen, aus anderen als beamten- oder tarifrechtlichen Gründen ausgeschieden sind und bisher nicht oder nicht ihrer früheren Stellung entsprechend verwendet werden«. Der Verfassungsauftrag bezog sich im wesentlichen auf die Flüchtlinge und Vertriebenen, die mit der Heimat auch ihren Arbeitsplatz im öffentlichen Dienst verloren hatten; auf solche öffentlich Beschäftigten, deren Dienststellen nicht mehr existierten, wozu auch die Berufssoldaten der früheren

Pfahlhäuser auf einer Rheininsel bei Worms, die Volksdeutsche nach Urväterart errichtet hatten, 1947

Wehrmacht gehörten, und schließlich auf die breite Gruppe derjenigen, die als Folge der Entnazifizierung aus dem öffentlichen Dienst entfernt worden waren. Das Gesetz vom Mai 1951, das mit den Stimmen der sozialdemokratischen Fraktion verabschiedet wurde, orientierte sich am Grundsatz der Gleichstellung der »verdrängten Beamten« mit den »Westbeamten«. Die öffentlichen Arbeitgeber hatten danach für die Wiedereinstellung von Staatsbediensteten und zur Begleichung von deren Versorgungsansprüchen zwanzig Prozent der bestehenden Etats einzusetzen. Untragbare Personen sollten sie nicht berücksichtigen. In einem Meinungsklima, in dem die Abwehr des totalitären Kommunismus als vordringlich erschien, führte die personalpolitische Praxis jedoch dazu, daß unter den 150000 wiedereingestellten Entnazifizierten auch zahlreiche Belastete in den öffentlichen Dienst zurückkehrten.

Die große Wohnungsnot, verstärkt durch die Lebensbedingungen der Flüchtlinge und Vertriebenen und die Erfordernisse des Arbeitsmarktes, machte den Wohnungsbau zu einem Sektor der Wirtschafts- und Sozialpolitik, der vorrangig behandelt werden mußte. In den ersten fünf Nachkriegsjahren waren nur etwa eine Million der zerstörten Wohnungen wieder bezugsfertig geworden. Noch spielten Neubauten kaum eine Rolle. Es bedurfte daher einschneidender politischer Maßnahmen, um das noch immer bestehende Gesamtdefizit von annähernd fünf Millionen Wohnungen zu verringern. Dies ging nicht ohne die Bereitstellung öffentlicher Mittel. Das »Erste Wohnungsbaugesetz« vom April 1950 gab dabei dem öffentlich geförderten sozialen Wohnungsbau den Vorrang. Der Staat, der die Trägerschaft den gemeinnützigen Wohnungsbaugesellschaften überließ, versetzte sie durch Zuschüsse, Darlehen und die Bereitstellung von günstigem Bauland durch Bund, Länder und Gemeinden in die Lage, Ein- und Mehrfamilienhäuser zu bauen, die nach Größe, Ausstattung und Miete für breite Schichten des Volkes geeignet sein sollten. Der so begünstigte Wohnungsbau blieb an feste Bedingungen geknüpft, die

Der Wohnungsbau war in den Jahren der Konsolidierung eine der wichtigsten Aufgaben des Bundes, der Länder und der Kommunen. Zuerst wurde durch Baracken der dringendsten Not abgeholfen. Mit Beginn der fünfziger Jahre kam der soziale Wohnungsbau und auch der eigentliche Siedlungsneubau in Gang, der sich an den Vorbildern der zwanziger und dreißiger Jahre orientierte. Aber noch sollte es dauern, bis die mehr als zehn Millionen Vertriebenen untergebracht und die kriegszerbombten Städte wiederhergestellt waren.

Größe, Miete und Vergabe betrafen. Die Richtsätze für die Mieten der 32 bis 65 Quadratmeter großen Wohnungen schrieben 1 DM pro Quadratmeter vor. Die Einkommensgrenze für Anspruchsberechtigte war mit 7200 DM Bruttojahresverdienst relativ hoch angesetzt und führte dazu, daß selbst Angehörige gehobener Berufe berücksichtigt wurden. Der Gesamtumfang des Programms war gewaltig. Vorgesehen wurde der Bau von 1,8 Millionen Wohnungen innerhalb der nächsten sechs Jahre, eine Zahl, die später sogar noch übertroffen wurde.

Regierung und Koalitionsparteien sahen in dieser intensiven staatlichen Förderung eine zeitlich begrenzte Notmaßnahme. Langfristig wollten sie auch im Bereich des Wohnungsbaus die Bewirtschaftung zurückgedrängt sehen und der sozialen Marktwirtschaft durch natürliche Investitionsanreize für den privaten Wohnungsbau zum Durchbruch verhelfen. Mit dem »Zweiten Wohnungsbaugesetz« von 1956 erhielt der Bau von Eigenheimen, der auch später zentraler Bestandteil einer Politik der Eigentumsbildung für breite Schichten blieb, in der Förderung den Vorrang. Das Eigenheim wurde zum sichtbaren Ausdruck der sozialen und psychischen Verfassung einer nivellierten Mittelstandsgesellschaft, die im Zeichen des Wirtschaftswunders die Trümmerjahre hinter sich gelassen hatte.

Um die erheblichen Spannungspotentiale der westdeutschen Demokratie zu entschärfen, reichten Notprogramme und Maßnahmen zur Behebung kriegsbedingter sozialer Mißstände nicht aus. Auf baldige deutliche Zeichen einer Politik des sozialen Ausgleichs konnte nicht verzichtet werden, wollte man eine dauerhafte Entfremdung der organisierten Arbeiterschaft vom neuen Staat vermeiden. Die Währungsreform hatte gerade den sozial Schwächeren enorme Opfer abverlangt. Durch ihre Lohndisziplin trugen die Gewerkschaften entscheidend zur beginnenden Erholung der Wirtschaft bei. Sie hatten zunächst ihre Forderung nach einer Vergesellschaftung von Schlüsselindustrien und Großbanken ebenso zurückgestellt wie ihre weitergehenden wirtschaftsdemokratischen

Hansaviertel in Berlin, Aufnahme 1962

Die Berliner Internationale Bauausstellung, die Interbau von 1957, markierte den Beginn einer neuen Ära im Wiederaufbau, sowohl in technischer als auch in architektonischer Hinsicht. Man wendete sich ab von der Wiederherstellung der zerbombten Städte und von den Neubaumodellen der Weimarer Zeit, die Max Taut und Wassili Luckhardt auch nach 1945 propagierten und zum Teil realisierten. Ein völlig neues Modell der Stadt unter bewußter Abkehr nicht nur vom Bauen des Dritten Reiches, sondern auch von dem der Weimarer Republik wurde bald maßgebend für den deutschen Wiederaufbau. Diese Stadtidee, von den New Towns Englands, dem Wiederaufbau Rotterdams und Amerikas Hochhauswelt stark beeinflußt, triumphierte dann jahrzehntelang im deutschen Städtebau, bis in den siebziger Jahren mit der architektonisch oft zweifelhaften Postmoderne eine Neuorientierung erfolgte.
Immer deutlicher wird heute, daß die materielle Leistung des Wiederaufbaus mit 1,8 Millionen Wohnungen bereits bis zum Jahre 1956 noch über das Gründerfieber der Wilhelminischen Ära hinausgeht, daß aber der architektonische Aufbruch – bis auf legendäre Einzelbauten wie die Berliner Philharmonie von Hans Scharoun und das Münchner Olympiagelände von Frei Otto und Günter Behnisch – ausblieb. Kein Siemensstadt-Nord, keine Breslauer Werkbundsiedlung, kein Wiener Karl-Marx-Hof und keine Stuttgarter Weißenhofsiedlung zeugen von einem geistigen Elan des deutschen Wiederaufbaus der Zeit nach 1945.

Zielsetzungen, ohne diese jedoch aufzugeben. Schon im August 1946 erklärte der Vorsitzende des wirtschaftspolitischen Ausschusses der Gewerkschaften Erich Potthoff: »Mit der Sozialisierung des Besitzes ist es (aber) allein nicht getan. Soll damit eine Demokratisierung der Wirtschaft verbunden sein, muß der entsprechende Einfluß der Gewerkschaften und Betriebsräte auf die Verwaltung der einzelnen Unternehmungen gewährleistet sein, indem diese in den Aufsichtsräten paritätisch mit den übrigen Vertretern beteiligt sind. Die paritätische Zusammensetzung der Aufsichtsräte ist zudem eine generelle Forderung der Gewerkschaften für alle privaten Unternehmungen, deren Umfang so groß ist, daß sie besondere Kontroll- und Aufsichtsorgane besitzen.«[3] Beim Kampf um das Grundgesetz mußten sich die Gewerkschaften mit dem Sozialstaatspostulat im Artikel 20 zufriedengeben und konnten sich mit einer von ihnen dringend gewünschten Festschreibung der »sozialen Lebensordnung« nicht durchsetzen. Von einem Sieg der Sozialdemokratie bei den ersten Bundestagswahlen überzeugt, setzten sie daher auf die künftige Ausgestaltung der Wirtschafts- und Sozialordnung durch den Bundesgesetzgeber in ihrem Sinne.

Diese Hoffnung sollte sich nicht erfüllen. Bei einer CDU-geführten Regierung war an eine umfassende Wirtschaftsdemokratie, die von staatlicher Rahmenplanung für den Geld-, Investitions- und Kreditbereich ausging, nicht zu denken. Auch die überbetriebliche Mitbestimmung, die als paritätische Teilhabe von Unternehmern und Gewerkschaften an den Selbstverwaltungsorganen der Wirtschaft gedacht war (Umwandlung der Industrie- und Handelskammern in paritätisch besetzte, öffentlich-rechtliche Körperschaften zur Wirtschaftslenkung und -kontrolle), besaß kaum eine Chance, sich durchzusetzen. Was von alldem übrigblieb, war die paritätische Mitbestimmung in den Betrieben, wie sie, von der britischen Militärmacht im Zuge ihrer Entflechtungspolitik eingeführt, bereits in der eisen- und stahlerzeugenden Industrie des Ruhrgebiets existierte. Sie sah für die Zusammensetzung der Aufsichtsräte in Unternehmen mit mehr als 1000 Beschäftigten je fünf Vertreter der Unternehmer- beziehungsweise der Arbeitnehmerseite vor, wobei das elfte Mitglied, von der Treuhandverwaltung gestellt, den Vorsitz führte. Die Vorstände setzten sich aus drei gleichberechtigten Mitgliedern zusammen: einem technischen Direktor, einem kaufmännischen Direktor und einem Arbeitsdirektor, der nicht gegen den Willen der Gewerkschaften berufen werden konnte. Diese Mitbestimmungsregelung hatte sich in der Praxis der Ruhrbetriebe durchaus bewährt und wurde von den Gewerkschaften als erster notwendiger Schritt zur »Demokratisierung« der Wirtschaft gesehen. Die Sozialisierung blieb zwar das Fernziel, aber der Mitbestimmung fiel nun die Rolle des politischen Nahziels zu.

Es erschien um so dringender, die innerbetriebliche Mitbestimmung aufrechtzuerhalten und zu erweitern, als die seit der Währungsreform energisch betriebene neoliberale Politik und die sich abzeichnende Aufhebung der treuhänderischen Verwaltung der Großindustrien durch die Alliierten dazu führten, die privaten Eigentums-, Organisations- und Rechtsstrukturen der westdeutschen Wirtschaft wiederzubeleben. Im Frühjahr 1950 gerieten die Ent-

flechtungs- und Neuordnungsmaßnahmen in der Montanindustrie unter veränderte Rahmenbedingungen. Damals lag die Dekartellisierung der Konzerne zwar noch im Kompetenzbereich der Alliierten. Mit dem »Schumanplan« eröffnete sich jedoch für die deutsche Seite die Möglichkeit, die alliierten Kontroll- und Verordnungsrechte im Montanbereich durch partnerschaftliche Vereinbarungen abzulösen. Damit wurde auch hier der Weg zur »Wiederherstellung deutscher Rechtsverhältnisse« bereitet und die freie Verfügung über jenes Eigentum in greifbare Nähe gerückt, das 1945/46 unter Treuhandverwaltung gestellt worden war. Zwar lehnten Gewerkschaften und Unternehmer weitere alliierte Entflechtungs- und Demontagemaßnahmen gemeinsam ab. Aber die dadurch eben auch begünstigte Restauration der Verfügungsgewalt über industrielles Eigentum drohte nun die an der Ruhr bereits erreichte Mitbestimmung zu gefährden. Die Gewerkschaften waren nicht gewillt, sich auf die Rolle des bloßen Tarifpartners zurückdrängen zu lassen und auf ihre wirtschaftsdemokratischen Ziele zu verzichten.

Die Neuordnung der Rechtsbeziehungen zwischen Arbeitgebern und Arbeitnehmern duldete keinen Aufschub. Sie stand ohnehin auf der politischen Prioritätenliste der Bundesregierung, die einerseits dem Druck der CDU-Sozialausschüsse ausgesetzt war, aber andererseits auf ihre Koalitionspartner FDP und DP sowie auf ihren eigenen Unternehmerflügel Rücksicht nehmen mußte, die eine paritätische Mitbestimmung entweder ablehnten oder nur unter bestimmten Voraussetzungen dafür zu gewinnen waren. Sozialdemokratie und Gewerkschaften forderten eine umfassende Reform. Auch die Alliierte Hohe Kommission drängte wiederholt. Zuvor hatten die amerikanische und die britische Militärregierung die Suspension von Mitbestimmungsregeln in verschiedenen Ländergesetzen damit begründet, daß eine künftige bundeseinheitliche Gesetzgebung nötig sei. Dieses Argument war nun nach der Gründung der Bundesrepublik entfallen. Um nicht zwischen die Stühle zu geraten, hatte die Bundesregierung zunächst einmal die Gespräche zwischen den Sozialpartnern abgewartet, die zwischen November 1949 und Juli 1950 in Hattenheim, Bonn und Maria Laach stattgefunden und ergebnislos geendet hatten.

Die Unternehmerseite befürchtete, daß eine paritätische Besetzung der Aufsichtsräte, wie sie von den Gewerkschaften nach dem Modell der eisen- und stahlverarbeitenden Ruhrindustrie über den Montanbereich hinaus gefordert wurde, eine Machtzusammenballung bedeuten werde, mit deren Hilfe »die Beeinflussung der gesamten deutschen Industrie von einer einzigen Stelle« aus möglich sei. Sie lehnte es ab, die unternehmerische Dispositionsfreiheit durch außerbetriebliche Einflüsse gefährden zu lassen.[4] Der Bundesausschuß des DGB verabschiedete seinerseits am 14. April 1950 »Vorschläge zur Neuordnung der deutschen Wirtschaft«. Diese enthielten den gesamten Katalog paritätischer Mitbestimmungsforderungen für die innerbetriebliche wie für die überbetriebliche Ebene. Zugleich begann der DGB damit, eine breite Kampagne zu entfachen und mit Kampfmaßnahmen zu drohen. Inzwischen wurde auch das Parlament aktiv. Am 25. Juli 1950 legte die sozialdemokratische Fraktion dem Bundestag einen Gesetzentwurf vor, der den Vorschlägen des DGB entsprach und der, anders als die am 31. Oktober 1950 eingebrachte Regierungsvorlage, auch die überbetriebliche Mitbestimmung mit einbezog. Beide Entwürfe wurden nach ersten Beratungen an die Ausschüsse für Arbeit und Wirtschaft überwiesen. Die verschärften öffentlichen Auseinandersetzungen führten zu Verzögerungen der parlamentarischen Arbeit. Es zeigte sich, daß die Mitbestimmungsproblematik längst über den Bereich der Arbeitsbeziehungen und der wirtschaftlichen Neuordnung hinausreichte und mit den innen- und außenpolitischen Lebensfragen der Bundesrepublik aufs engste verwoben blieb. Adenauer bedurfte für seine Politik der Westintegration breiter Unterstützung. Angesichts der ablehnenden Haltung der SPD galt es für ihn, ein Abgleiten der Gewerkschaften in das Lager der Gegner zu verhindern.

Das wurde besonders deutlich, als seit dem Sommer des Jahres 1950 die Frage eines westdeutschen Verteidigungsbeitrags zunehmend in den Mittelpunkt des öffentlichen Interesses rückte. Dabei zeigte sich, daß die Gewerkschaften eher der Linie des Kanzlers als jener der SPD folgten. Dies war vor allem auf den Vorsitzenden Hans Böckler zurückzuführen, der mit seiner unangefochtenen Autorität den DGB auf Duldungskurs zu halten vermochte. In ihm fand Konrad Adenauer einen kongenialen Gegen- und Mitspieler. Daß die paritätische Mitbestimmung in der westdeutschen Montanindustrie schließlich gegen die Widerstände aus dem Regierungslager und der Unternehmerschaft durchgefochten wurde, ist nicht zuletzt dem indirekten Zusammenspiel zwischen diesen beiden Persönlichkeiten zu danken.

Hans Böckler, ein Franke von mächtiger Statur, war aus dem Metallarbeiterverband hervorgegangen. Er kannte Adenauer seit den zwanziger Jahren persönlich und erlebte ihn als Kölner Stadtverordneter aus der Nähe. Ein Jahr älter als der Rheinländer, stand er diesem an Durchsetzungsfähigkeit nicht nach. Beide begegneten sich, obwohl in ihrem Naturell völlig verschieden, mit gegenseitigem Respekt. In seiner Beurteilung der gesamtpolitischen Lage stimmte Böckler eher mit dem Bundeskanzler als mit dem Führer der Opposition überein. Anders als Schumacher glaubte er nicht daran, durch allzu hartnäckiges Auftreten gegenüber den Westalliierten Positionsgewinne erzielen zu können. Außerdem hielt er an einer überparteilichen Orientierung des Gewerkschaftsbundes fest, die er nicht dadurch gefährdet sehen wollte, daß dieser nur mit der Sozialdemokratie verklammert blieb, obwohl die SPD nach wie vor – sowohl personell als auch ideell – ihren entscheidenden Rückhalt in der organisierten Arbeiterschaft besaß.

Die Mitbestimmung und der westdeutsche Wehrbeitrag standen am 21. November 1950 auf der Tagesordnung des DGB-Bundesvorstandes. In dieser Sitzung vermied es die Gewerkschaftsführung, sich in die Ablehnungsfront gegen die Wiederbewaffnung einreihen zu lassen, wie dies kurz zuvor Kurt Schumacher nachdrücklich gewünscht hatte, und verbesserte damit die Chancen für die Durchsetzung ihrer eigenen Politik. Zwar sprach sich der Bundesvorstand gegen die »Wiedererrichtung einer selbständigen deutschen Armee« aus. Er verstand es aber, negative Festlegungen zu vermeiden und seine Zustimmung zum Wehrbeitrag für den Fall anzudeuten, daß »eine Verteidigung der westlichen Kultur und persönlichen Freiheit auch an Deutschland Anforderungen stellt, denen sich das deutsche Volk nicht verschließen kann«.[5] Er sah es als wichtigste Aufgabe an, den inneren Frieden durch soziale Gerechtigkeit herbeizuführen, vor allem durch die Mitbestimmung der Arbeitnehmer und der Gewerkschaften in der Wirtschaft. Die Gewerkschaftsführung signalisierte mit dieser Botschaft, ohne selbst ausdrücklich einen Zusammenhang zwischen beiden Themen herzustellen, daß sie ein Entgegenkommen in der festgefahrenen Mitbestimmungsfrage ihrerseits mit einer Tolerierung des Wehrbeitrags beantworten würde. Der zeitgenössischen Presse blieb dies ebensowenig verborgen wie dem Bundeskanzler.

Am 23. November 1950 wandte sich Böckler mit einem Schreiben an Adenauer, in dem er forderte, daß die paritätische Besetzung der Aufsichtsräte in allen Unternehmungen der Montanindustrie verwirklicht werden müsse. Zur Verteidigung der bereits bestehenden Mitbestimmungsregeln, die durch die Wiederherstellung deutscher Rechtsverhältnisse in ihrem Kern bedroht waren, kündigte er Arbeitskampfmaßnahmen an.[6] Böckler wußte, daß ohne die Unterstützung des Kanzlers und seiner Partei an eine Durchsetzung der paritätischen Mitbestimmung nicht zu denken war, die er als einen ersten unumgänglichen Schritt zur Wirtschaftsdemokratisierung bezeichnete. Noch zögerte Adenauer, selbst aktiv zu werden. Als sich die DGB-Führung durch Urabstimmungen in den eisen- und stahlverarbeitenden Industrien mit

Hans Böckler beim Betreten des Palais Schaumburg, Januar 1951

Zu den Gründungsvätern der Bundesrepublik und in vielerlei Hinsicht zu den Mit- und Gegenspielern Konrad Adenauers zählte der Metallarbeiter-Gewerkschafter Hans Böckler. Unter seinem Einfluß distanzierte sich die Gewerkschaftsbewegung von der radikalen Ablehnungsfront sowohl gegen den Wehrbeitrag als auch gegen die Westintegration. Sie erreichte im Gegenzug die Mitbestimmung in der Montanindustrie.

einer Mehrheit von über 90 Prozent dazu ermächtigen ließ, einen zeitlich unbefristeten Streik auszurufen, standen die Zeichen auf Sturm. Es drohte eine politische Kraftprobe zwischen den Gewerkschaften und der Regierung, die Adenauer auf jeden Fall vermeiden wollte. Von Böckler gedrängt, erklärte er sich schließlich dazu bereit, eine Vermittlerrolle zwischen den Sozialpartnern zu übernehmen, obwohl er den angedrohten »politischen Streik« für ungesetzlich und verfassungswidrig hielt. Eile war geboten, da die Situation noch vor dem 30. Januar 1951, dem angekündigten Beginn des Streiks, geklärt werden mußte.

Zunächst traf der Bundeskanzler mit den Unternehmervertretern und kurz darauf mit den Gewerkschaftsführern zusammen. Beide Seiten waren an einem Ausgleich interessiert. Böckler war es gelungen, seine Kollegen davon zu überzeugen, daß man in der gegebenen schwierigen Situation zunächst »aus taktischen Gründen« nicht daran denken könne, auf einer Durchsetzung der Mitbestimmung über den Montanbereich hinaus zu bestehen.[7] Im übrigen lasse sich dieses Ziel in den anderen Industriezweigen sehr viel leichter erreichen, wenn die Regelung erst einmal für Eisen, Kohle und Stahl gelte. Damit hatte die Gewerkschaftsführung eine entscheidende Konzession gemacht, ohne die es kaum möglich gewesen wäre, die Unternehmer erneut an den Verhandlungstisch zu bringen. Der Kompromiß, den Adenauer damit als Vermittler anzubieten hatte, sah vor, die paritätische Mitbestimmung an der Ruhr zu erhalten und sie auf die gesamte westdeutsche Montanindustrie auszudehnen. Gleichzeitig lehnte er jedoch eine Ausweitung der gefundenen Regelungen auf weitere Sektoren der Wirtschaft ab. Den Vertretern des DGB-Bundesvorstandes erklärte er in dem entscheidenden Gespräch vom 18. Januar 1951, wie er sich den Rahmen vorstellte, der zu einer Einigung führen könnte: »Das deutsche Recht muß geändert werden«, schlug er vor, »ich denke mir, daß wir folgende Regelung als Vereinbarung finden könnten: elf Mitglieder des Aufsichtsrats, davon vier Vertreter der Arbeitgeber, vier Vertreter der Arbeitnehmer und von den letzteren zwei aus den Betrieben, ferner ein Vertreter der Bundesregierung und zwei Vertreter des öffentlichen Interesses.«[8]

Bereits am 19. Januar saßen die Vertreter von Gewerkschaften und Unternehmern wieder am Verhandlungstisch. Jetzt ging es beiden Seiten darum, für die technische Regelung der Parität möglichst günstige Ausgangspositionen zu gewinnen. Das für die Mehrheitsverhältnisse entscheidende elfte Aufsichtsratsmitglied und die Stellung des Arbeitsdirektors im Vorstand standen dabei im Mittelpunkt der Gespräche, die vorübergehend noch zu scheitern drohten. Die Einigung kam nur zustande, weil die Gewerkschaften im Prinzip konzedierten, daß der elfte Mann im Aufsichtsrat der Unternehmerseite gehörte, wobei sie gleichzeitig darauf bestanden, eine Formulierung zu finden, »die nach außen hin den Eindruck einer paritätischen Besetzung erweckte«.[9] Nach ihrer Meinung durfte diese Persönlichkeit zwar nicht Aktionär sein, konnte aber der Unternehmerseite nahestehen und sollte von der Hauptversammlung frei wählbar sein.[10] Der Forderung nach Parität war damit zwar weitgehend entsprochen. Dennoch blieb das Übergewicht der Unternehmer im Aufsichtsrat gewahrt. Die letzte

Entscheidungs- und Verfügungsgewalt lag nach wie vor bei den industriellen Eignern. Selbst im Montanbereich war den Gewerkschaften der völlige Durchbruch nicht gelungen, aber sie hatten es verstanden, ihr Gewicht zu vergrößern und ihr Gesicht vor allem vor den eigenen Mitgliedern zu wahren. Sie trösteten sich mit der Aussicht auf eine noch ausstehende gesamtwirtschaftliche Regelung, wobei sie die paritätische Mitbestimmung bei Kohle und Stahl zum allgemeingültigen Modell erhoben. Am 27. Januar wurden die »Richtlinien über die Mitbestimmung in der Kohle- und Eisenschaffenden Industrie« veröffentlicht, auf die sich die Sozialpartner geeinigt hatten.[11] Ihnen folgte unmittelbar ein entsprechender Regierungsentwurf. Damit war die entscheidende Hürde für eine gesetzliche Regelung der Montanmitbestimmung genommen und der drohende Streik in letzter Minute abgewendet worden. Nur zwei Wochen später starb Hans Böckler, der in den letzten Monaten seines Lebens alle Kraft darauf verwandt hatte, den Kompromiß in der Mitbestimmungsfrage zu ermöglichen.

Im Parlament kam es erneut zu grundlegenden Kontroversen, bei denen vor allem die FDP und die DP versuchten, nachträgliche Positionsgewinne für die Unternehmerseite durchzusetzen. Wiederholt mußte der Bundeskanzler intervenieren, um den Entwurf durch die Klippen des Bundestags zu steuern. Gegen etwa 50 Stimmen aus den Reihen der FDP und der DP und mit den Stimmen der CDU/CSU und der SPD nahm das Parlament das »Gesetz über die Mitbestimmung der Arbeitnehmer in den Aufsichtsräten und Vorständen der Unternehmen des Bergbaus und der Eisen und Stahl erzeugenden Industrie« schließlich mit großer Mehrheit an. Am 21. Mai 1951 trat es in Kraft.

Die paritätische Mitbestimmung in der Montanindustrie war einer besonderen Konstellation innen- und außenpolitischer Faktoren zu danken, aber sie sollte die Ausnahme bleiben. Versuche aus den Reihen der Gewerkschaften, den Erfolg vom Frühjahr 1951 ein Jahr später zu wiederholen und eine Ausdehnung der gefundenen gesetzlichen Regelung auf andere Wirtschaftszweige zu erreichen, schlugen in einer veränderten und stabilisierten politischen Landschaft fehl. Als der im Sommer 1951 zum Nachfolger Böcklers gewählte, dem gemäßigten Flügel der Gewerkschaften zugehörige Hans Fette den erneuten Vorstoß wagte, das Mitbestimmungsmodell der Montanindustrie auch auf die Großchemie und die Bundesbahn auszudehnen, stieß dies auf entschiedene Ablehnung. Ein solches Vorhaben, so ließ das Bundeskabinett erklären, widerspreche allen getroffenen Abreden. Es erwecke den Eindruck, als ob es dem DGB gar nicht um die baldige Verabschiedung des Betriebsverfassungsgesetzes, sondern um weitere Sonderregelungen gehe.

Der Wind hatte sich gedreht und blies den Gewerkschaften unter den Vorzeichen des ökonomischen Aufschwungs ins Gesicht. Die weit vorangeschrittenen Arbeiten am Regierungsentwurf für ein allgemeines »Betriebsverfassungsgesetz« außerhalb des Montanbereichs ließen inzwischen deutlich erkennen, daß bei weiteren Mitbestimmungsregelungen nicht von einer Parität, sondern von einer Drittelbeteiligung der Arbeitnehmer in den Aufsichtsräten ausgegangen wurde. Diesmal drohte der Regierungspartner FDP

Fließbandproduktion bei der Firma Opel in Rüsselsheim

damit, die Koalition zu sprengen, wenn sich jene Parteienkonstellation, die zur Durchsetzung der Montanmitbestimmung geführt hatte, wiederhole und die CDU unter dem Druck ihrer Sozialausschüsse erneut eine parlamentarische Mehrheit mit der SPD anstrebe, um gewerkschaftsfreundliche Lösungen durchzusetzen. In dieser Situation schien es der DGB-Führung geraten, wenigstens eine Aussetzung der parlamentarischen Behandlung des Betriebsverfassungsgesetzes zu erreichen, um nicht mit einer allgemeinen Regelung vorliebnehmen zu müssen, die weit hinter den eigenen hochgesteckten Zielen zurückblieb. Als die Bundesregierung keinerlei Bereitschaft mehr erkennen ließ, die zweite und dritte Lesung des Gesetzentwurfs zu verschieben, kam es zum offenen Konflikt. Eine Welle von Demonstrationen und Massenkundgebungen fand Ende Mai 1952 ihren Höhepunkt in einem zweitägigen Warnstreik der Drucker, der zwar langwierige gerichtliche Auseinandersetzungen zur Klärung des Koalitions- und Streikrechts nach sich zog, ansonsten jedoch keine Wirkung hatte. In der Öffentlichkeit stießen die Aktionen überwiegend auf Unverständnis und Ablehnung. Die Regierung konnte aus einer gefestigten Position heraus handeln, in der sie es nicht mehr für nötig erachtete, dem Druck der Gewerkschaften nachzugeben.

Am 27. Juli 1952 wurde gegen die Stimmen der Sozialdemokratischen Fraktion das »Betriebsverfassungsgesetz« verabschiedet, das in Unternehmen mit mehr als 500 Beschäftigten die Mitbestimmung der Arbeitnehmer im Aufsichtsrat regelte und ihnen ein Drittel der Sitze zusprach. Es beschränkte die Befugnisse des Betriebsrates, dessen Wahl nach Arbeitern und Angestellten getrennt vorzunehmen war, vornehmlich auf soziale und personelle Angelegenheiten. Die Belange des öffentlichen Dienstes wurden aus dem »Betriebsverfassungsgesetz« ausgeklammert und im »Personalvertretungsgesetz« vom Herbst 1955 gesondert geregelt.

Die paritätische Mitbestimmung in der Montanindustrie hat ohne Zweifel dazu beigetragen, die organisierte Arbeiterschaft näher an den neuen Staat heranzuführen. Insofern kann sie durchaus als »sozialer Gründungskompromiß der Bundesrepublik« bezeichnet werden. Die Niederlage der Gewerkschaften bei den folgenden Auseinandersetzungen um das Betriebsverfassungsgesetz

Lokomotiven der Firma Krauss-Maffei, München

Die Betriebe der Verkehrsindustrie, vor allem der Auto- und der Eisenbahnindustrie, wurden zum Motor der Wiedergesundung der industriellen Leistungskraft. Während zunächst der Eisenbahn eine triumphale Wiedergeburt bevorzustehen schien, war nicht vorauszusehen, daß das Automobil zum eigentlichen Symbol des Wirtschaftswunders werden würde. Aber schon 1953 wurden 151649 Volkswagen, 83624 Opel-, 34975 Mercedes-Kraftwagen hergestellt, daneben noch 5332 Wagen der Borgward-Gruppe, zu der auch die ehemaligen Goliath-Werke gehörten.

zeigte aber auch, daß die am Markt orientierte Wirtschafts- und Sozialordnung nicht mehr über den Umweg wirtschaftsdemokratischer Konzepte revidiert werden konnte.

Zum wichtigsten Pfeiler der sozialen Integrationspolitik in der Gründungsphase der Bundesrepublik sollte die Vereinheitlichung und Reform der Rentenversicherung werden. Die Probleme, die sich angesichts der schwierigen materiellen Situation weiter Teile der Bevölkerung vor dem Hintergrund leerer Staatskassen stellten, waren immens. Im Frühjahr 1949 betrugen die durchschnittlichen Altersrenten für Arbeiter 42,80 DM und für Angestellte 79,10 DM. Das war weniger als zur Sicherung des Existenzminimums erforderlich. Rund die Hälfte der Bevölkerung war ganz oder teilweise von Sozialleistungen abhängig, wobei das Realeinkommen der Unterstützungsempfänger auf etwa die Hälfte des Vorkriegsstandes abgesunken war. Für Versicherte und Versicherungen bestand eine geradezu katastrophale Lage. Wichtige erste Maßnahmen auf diesem Felde hatte bereits der Wirtschaftsrat der Bizone eingeleitet. Das von ihm verabschiedete und vom Bundesgesetzgeber übernommene »Sozialversicherungsanpassungsgesetz« erhöhte die Mindestrente für Versicherte auf 50 DM, für Witwen auf 40 DM und für Waisen auf 30 DM. Obwohl es zunächst wie ein Tropfen auf den heißen Stein wirkte, stellte es doch eine wichtige Ausgangsbasis für weitere Anpassungsschritte dar.

Der Ausgang der ersten Bundestagswahlen begünstigte im Bereich der Sozialversicherung das traditionelle Organisationsgefüge. Unter der »bürgerlichen Koalition« kam nicht das von alliierter Seite zunächst befürwortete und der sozialdemokratischen Tradition in Deutschland entsprechende Konzept der Einheitsversicherung zum Zuge. Vielmehr setzte sich die Orientierung am »klassischen System« durch. Dies geschah in enger Anlehnung an die Institutionen der Weimarer Zeit, wobei gleichzeitig jene Elemente beseitigt wurden, die auf nationalsozialistische Einflüsse zurückzuführen waren. Das Führerprinzip entfiel, und die genossenschaftliche Verwaltung wurde wiederhergestellt. Neu war die Einrichtung einer gesonderten Sozialgerichtsbarkeit. In den Selbstverwaltungsorganen der Versicherungsträger kam es unter dem Stichwort der »Sozialpartnerschaft« zur Einführung einer paritätischen Beteiligung von Versicherten und Arbeitgebervertretern. Die Errichtung einer Bundesversicherungsanstalt für Angestellte fand auch die Zustimmung der SPD.

So konnte der organisatorische Teil der Sozialversicherungsreform noch in der ersten Legislaturperiode abgeschlossen werden. Offen blieb jedoch nach wie vor eine durchgreifende Regelung des Leistungsrechts. Dabei zeigte sich, daß die unumgänglichen Stückwerkreformen der Anfangszeit das Durcheinander im Sozialrecht noch vergrößert hatten. Der Flickenteppich der Gesetze entbehrte der notwendigen inneren Abstimmung und rief geradezu nach einer planvollen Ordnung. Am Ende der ersten Legislaturperiode bestand zwischen den Parteien Einigkeit darüber, daß das gesamte Sozialversicherungsrecht systematisch neu geordnet werden müsse, um einen gezielten und angemessenen Einsatz der Mittel und eine Koordinierung des Leistungssystems sicherzustellen. Mit dem einsetzenden Wirtschaftsaufschwung ergaben sich dafür die grundlegenden finanziellen Voraussetzungen.

Seit dem Jahre 1952 befaßte sich die SPD mit der Erstellung eines umfassenden »Sozialplans für Deutschland«.[12] Auf der Regierungsseite blieben die wesentlichen Vorarbeiten den zuständigen Ministerien überlassen, deren Tätigkeit in diesem Bereich allerdings durch Konflikte über Zuständigkeitsabgrenzungen ebenso gelähmt wurden wie durch Meinungsverschiedenheiten bezüglich der allgemeinen Zielsetzung. Adenauer ging es darum, eine umfassendere Konzeption zu finden, die geeignet war, sozialpolitisch integrierend zu wirken, ohne den »totalen Versorgungsstaat« heraufzubeschwören. Dabei wollte er das Prinzip überwinden, die Sozialleistungen nach den jeweiligen Bedürfnissen zu bemessen, wie es der Tradition der Armutsfürsorge zugrunde lag. Das Sozialleistungsrecht sollte auf ein neues Fundament gestellt werden, um dem einzelnen nicht nur das Existenzminimum zu sichern, sondern ihm auch im Alter einen Lebensstandard zu garantieren, der sich an seinem Arbeitseinkommen orientierte. Gleichzeitig wollte er über die Arbeitnehmerschaft hinaus weitere Bevölkerungsgruppen in das Versicherungssystem einbezogen wissen. Die unübersichtliche Vielfalt der teilweise nach gruppenspezifischen Interessen aufgespaltenen Sozialversicherungsträger sollte dabei überwunden und eine größere Leistungsfähigkeit ermöglicht werden. Zugleich galt es, das niedrige Niveau der Leistungen zu erhöhen und einen Weg zu finden, der ihre Verklammerung mit dem wachsenden Lebensstandard ermöglichte. Tatsächlich hatte bereits der erste Bundestag die Versicherungsrenten zwischen 1950 und 1953 um durchschnittlich 30 Prozent angehoben, was der Lohn- und Gehaltsentwicklung in diesem Zeitraum entsprach.

Im Frühjahr 1955 nahm sich der Bundeskanzler endlich der verschleppten Reform an. Im Alleingang beauftragte er vier Sozialwissenschaftler, ein vertrauliches Gutachten für eine »Gesamtkonzeption über die Neuordnung des Systems der sozialen Sicherheit« auszuarbeiten, das er bis dahin aus den zuständigen Ressorts nicht erhalten hatte. Der Blick auf die näher rückenden Bundestagswahlen von 1957 ließ schnelles Handeln geboten erscheinen. Durch die Verengung der Materie auf die dringendsten Komplexe traten Überlegungen zur Teilreform der Alters- und Invaliditätssicherung in den Vordergrund.

»Sie werden doch wohl nicht behaupten wollen, das sei Ihr Mantel?« Karikatur von Herbert Kolfhaus

Im Juli 1955 veröffentlichte der Bonner Privatdozent Dr. Wilfried Schreiber einen Plan zur Rentenreform, auf den Adenauer während eines gemeinsamen Urlaubs in Mürren von seinem jüngsten Sohn Paul aufmerksam gemacht wurde. Der Grundgedanke des Konzepts, das dem Kanzler offensichtlich unmittelbar einleuchtete, war ebenso einfach wie genial. Die bisherige Beitragsrente, die im Prinzip wie eine private Lebensversicherung funktionierte und auf dem Ertrag des angesparten Kapitals beruhte, sollte durch eine Arbeitswertrente ersetzt werden, deren Bemessungsformel auf »Rentenanspruchspunkten« beruhte, die jährlich neu zu ermitteln waren. Die eingezahlten Beiträge der erwerbstätigen Versicherten wurden voll an die Rentenempfänger weitergegeben. Damit ging das jährliche Beitragsaufkommen in Form eines reinen Umlageverfahrens direkt an die Leistungsempfänger. Ein wesentlicher Vorteil lag darin, daß die Rente so unmittelbar an die Entwicklung des Lebensstandards gekoppelt blieb, sich also »dynamisch« anglich. Die statische »klassische« Rentenformel, die die Höhe der auszuzahlenden Leistung auf den Nominalwert der eingezahlten Beträge bezog, ohne die inzwischen eingetretene Lohn- und Preisentwicklung zu berücksichtigen, hatte den Gesetzgeber zu immer neuen Eingriffen und Anpassungen genötigt. Mit der direkten Umlage sollte der Entwicklung moderner Industriegesellschaften entsprochen und der Sparvertrag alten Musters durch einen »Solidarvertrag zwischen jeweils zwei Generationen« ersetzt werden.[13]

Die von Schreiber geäußerten Gedanken lagen 1955 bereits in der Luft; die Zugkraft seiner Konzeption ergab sich aus ihrer Zuspitzung und Geschlossenheit. Am 13. Dezember 1955 erhielt der Bonner Wirtschaftswissenschaftler Gelegenheit, dem Sozialkabinett unter dem Vorsitz Adenauers sein Konzept der dynamischen Rente zu erläutern. Er fand breite Zustimmung, obwohl der Wirtschaftsminister gegen die vorgesehene Einbeziehung aller Erwerbstätigen (einschließlich der Freiberufler) in die Rentenversicherung starke Bedenken geltend machte. Dem Kanzler gelang dennoch die gewünschte Weichenstellung. Die Gesamtreform sozialer Sicherung trat hinter der Rentenreform zurück. Auch innerhalb der Sozialdemokratie verlor jetzt der Gedanke eines »Sozialen Gesamtplans« an Bedeutung. Der führende Sozialexperte der SPD, Ernst Schellenberg, sah in der Koppelung von »Lohnhöhe und Rentenhöhe« den eigentlichen Kern des Sozial-

Neben der Eingliederung der Flüchtlinge und dem Lastenausgleich wurde die Rentenreform die wichtigste sozialpolitische Entscheidung der fünfziger Jahre. Die »dynamische Rente« ersetzte die überkommene Rentenformel, nach der sich die Leistung auf den Nominalwert der Beiträge bezog. Jetzt koppelte man Leistung wie Beiträge an die jeweilige Lohn- und Preisentwicklung, und da sich Regierung und Opposition auf dieses neuartige Sozialprogramm einigten, hatte der »Sozialvertrag zwischen den Generationen« auch eine parlamentarische Mehrheit. Diese Sozialreform, die 1957 verabschiedet wurde und zu einer spektakulären Anhebung der Leistungen um durchschnittlich 65 Prozent führte, war die wichtigste Sozialreform der Nachkriegszeit. CDU, SPD und DGB bezeichnen sie sogar als die wichtigste Reform seit der Bismarckschen Sozialgesetzgebung. Obwohl das Gesetzeswerk die gemeinsame Leistung der Parteien und Gewerkschaften war, wurde sie bei den Wahlen vom Herbst 1957 fast ausschließlich der CDU gutgeschrieben, die dann auch im Herbst einen triumphalen Wahlerfolg errang und eine absolute Mehrheit erreichte.

programms. Durch die Angleichung der Vorstellungen von Regierung und Opposition ergab sich erneut jene parlamentarische Konstellation, die schon der paritätischen Mitbestimmung zum Erfolg verholfen hatte. Gegen erheblichen Widerstand aus den eigenen Reihen – von seiten der FDP/DP und der Unternehmerverbände – gelang es Adenauer, der dynamischen Rente zum Durchbruch zu verhelfen. Sie war von einer spektakulären Anhebung der Leistungen um durchschnittlich 65 Prozent begleitet. Die Bundestagsdebatte über die wichtigste Maßnahme zur Sozialreform der Nachkriegszeit zog sich über vier Sitzungstage vom 16. bis 21. Januar 1957 hin. Der DGB bezeichnete die Reform als das »bedeutendste Sozialgesetzeswerk seit Einführung der Sozialversicherung überhaupt«.[14] Hatte die SPD darauf gehofft, ihr konstruktives Verhalten, das erst eine rechtzeitige Verabschiedung des Entwurfs ermöglicht hatte, in den bevorstehenden Wahlen zum Deutschen Bundestag belohnt zu sehen, so wurde sie bitter enttäuscht. Adenauer gelang es, die plebiszitäre Ernte der Rentenreform, die ohne Zweifel auch den Geruch eines Wahlgeschenks besaß, in die eigene Scheuer einzufahren. Die absolute Mehrheit der CDU/CSU bei den Bundestagswahlen vom Herbst 1957 ist nicht zuletzt auf die Einführung der dynamischen Rente und auf die erheblichen Leistungserhöhungen zurückzuführen, die von weiten Teilen der Bevölkerung begrüßt wurden. Die Rentenreform von 1957 hat gewiß dazu beigetragen, die Disparität des Lebensstandards zwischen der arbeitenden und der älteren Generation einzuebnen. Ihr sozialintegrativer Effekt begünstigte die Stabilisierung der parlamentarischen Demokratie in der Bundesrepublik.

2. Bonner Demokratie

Die ersten Schritte des Bonner Parlamentarismus waren nicht gerade dazu angetan, die verbreiteten Zweifel an der Demokratiefähigkeit der Deutschen zu beschwichtigen. Viele ausländische, aber auch inländische Betrachter befürchteten, daß es unter den gegebenen schwierigen sozialen und wirtschaftlichen Verhältnissen erneut zur politischen Radikalisierung kommen werde. Im schmucklosen Plenarsaal des Bundestages, einem Erweiterungsbau der Pädagogischen Akademie, dessen Stirnwand damals noch die Flaggen der Länder zierten, verliefen die Sitzungen oft so, daß sie der traditionellen Parlamentsverdrossenheit neue Argumente lieferten. In turbulenten Debatten fehlte es nicht an beleidigenden Einwürfen und Lärmszenen, die sich in einigen Fällen sogar bis zu Schlägereien steigerten. Rechtsradikale und kommunistische Abgeordnete blieben sich dabei nach altbewährtem Weimarer Muster nichts schuldig. Aber auch Vertreter von Regierung und Opposition gingen hart miteinander ins Gericht. Im Hohen Kommissariat auf dem Petersberg mochte man sich fragen, ob der früh gestattete demokratische Neuanfang nicht auch die Geister von gestern wieder ins Leben zurückgeholt habe. Nie wieder sind Ordnungsrufe so zahlreich erteilt worden, wurde Abgeordneten das Wort so oft entzogen und kam es zur Aufhebung der Immunität von so vielen Volksvertretern wie im ersten Bundestag.[15] Noch fehlte dem Parlament auch die Routine der späteren Jahre. Pannen im Gesetzgebungsverfahren blieben nicht aus. Ob es dem Bundestag auf Dauer gelingen werde, jene stabilen Parlamentsmehrheiten zu entwickeln, die die Väter des Grundgesetzes institutionell zu sichern gedachten, war durchaus eine offene Frage. Nicht einmal die Hälfte aller Abgeordneten verfügte über Parlamentserfahrung. Nur 29 hatten ehemals dem Reichstag angehört. Die leistungsfähige mittlere Generation fiel praktisch durch den Krieg oder nationalsozialistische Vorbelastung aus, während die über Fünfzigjährigen eindeutig dominierten.

Die 410 Abgeordneten arbeiteten unter spartanischen Bedingungen; sie mußten sich fünfzig Büros teilen. Nach heutigen Maßstäben nahmen sich ihre Diäten eher bescheiden aus. Bei einer steuerfreien Aufwandsentschädigung von 600 DM vermochte es der Volksvertreter unter Einbeziehung aller Spesen auf durchschnittlich 1950 DM zu bringen. Er hatte damit seine Reisen, seine Wahlkreiskosten, seine Telefonate und Postgebühren zu begleichen.[16] Dennoch reichte angesichts des allgemeinen Mangels die Höhe des Entgelts aus, um die Kritik am Parlament in der öffentlichen Meinung und in der Presse anzuheizen. Der Stammtischdeutsche sah sich in seinen Vorurteilen bestätigt: Politiker, gleich welcher Couleur und unter welchem System auch immer, arbeiteten in die eigene Tasche und warfen – trotz der allgemeinen Notlage – die Steuergroschen zum Fenster hinaus. »Wer soll das bezahlen, wer hat das bestellt«, hörte der junge Abgeordnete und spätere FDP-Fraktionsvorsitzende Erich Mende immer wieder Ausflügler mit fröhlichem Sarkasmus singen, wenn sie auf Rhein-

Die Parolen der Flüchtlinge und Heimatvertriebenen erregten im Ausland größeres Aufsehen als in der Bundesrepublik selbst. Während man in Paris, London und Washington eine bedenkliche nationalistische Entwicklung in der Bundesrepublik glaubte feststellen zu müssen und vor einem Wiedererwachen rechter Parteien warnte, errang der »Block der Heimatvertriebenen und Entrechteten« selbst während seiner weitesten Verbreitung in den frühen fünfziger Jahren durchschnittlich nicht mehr als zwölf Prozent der Wählerstimmen. Die ehemaligen Ostpreußen, Schlesier und Pommern besuchten zwar in großer Zahl die Treffen ihrer Landsmannschaften und hielten an ihren Traditionen fest, aber schließlich wählten sie die etablierten Parteien. Rechte und rechtsradikale Formationen stellten keine wirkliche Gefährdung der innenpolitischen Stabilität des neuen Staates dar.

schiffen den Bundestag passierten. Es folgte auch der andere beliebten Kölner Karnevalsschlager »Wir sind die Eingeborenen von Trizonesien«, der die politische Stimmungslage der noch immer unter dem Besatzungsstatut lebenden bundesrepublikanischen Neudemokraten so trefflich auszudrücken vermochte.[17]

Das äußere Erscheinungsbild des Parlaments und die mangelnde Popularität standen in auffälligem Kontrast zu seiner tatsächlichen Arbeitsleistung. Hier war der erste Bundestag den folgenden weit überlegen. Von 805 eingebrachten Gesetzentwürfen wurden 545 verabschiedet. Die Zahl der durchnumerierten Bundestagsdrucksachen lag bei 4682. Insgesamt fanden 282 Plenarsitzungen statt, die sich über 1800 Stunden hinzogen. Hinzu kamen 5111 Ausschußsitzungen.[18] Auf sitzungsfreie Wochen wurde verzichtet. Parlamentsferien gab es nur im August. Dieser Einsatz, bei schwierigsten Verkehrs- und Arbeitsverhältnissen, forderte seinen Tribut. In den ersten beiden Jahren starben 23 Abgeordnete an Herz- und Kreislaufversagen, fünf weitere verunglückten tödlich. Der württembergische Landesbischof Haug nahm dies 1952 in einem Rundschreiben zum Anlaß, die führenden Persönlichkeiten in Politik und Wirtschaft zum Maßhalten zu ermahnen, weil, wie er als »Minister des Innersten« nicht ohne Augenzwinkern meinte, »die Sünde der Trägheit Gott eher gefalle als die Gefahren der Rastlosigkeit, der Hetze und des Zuviel-tun-Wollens«.[19]

Zunächst schien in Bonn das Vielparteiensystem von Weimar fröhliche Urständ zu feiern. Die Vorkehrungen des bis 1953 geltenden Wahlrechts, nach dem die Fünfprozentklausel innerhalb eines Bundeslandes nur dann galt, wenn es einer Partei nicht gelang, ein Direktmandat zu gewinnen, erwiesen sich als unzureichend. Von fünfzehn Parteien, die zur Wahl antraten, schafften immerhin zwölf den Sprung ins Parlament. Allerdings entfielen auf die drei großen Gruppierungen der Christdemokraten, der Sozialdemokraten und der Liberalen 72,1 Prozent der Stimmen, wobei der hohe Anteil der Nichtwähler von 24 Prozent zugleich die politisch lethargischen beziehungsweise diejenigen umfaßte, die sich nicht durch das Parteienangebot vertreten fühlten. Das politische Spektrum reichte von den Kommunisten bis hin zur rechtsradikalen Deutschen Reichspartei. Mit der Aufhebung des Lizenzzwanges durch die Alliierte Hohe Kommission am 14. Januar 1950 entstanden schlagartig etwa dreißig neue Parteien, die meisten von ihnen im nationalen oder rechtsextremistischen Bereich, der durch die Zulassungspraxis der Besatzungsmächte bis dahin nicht voll zum Zuge gekommen war. Ein dauerhafter Erfolg war diesen Gründungen, von denen besonders die Sozialistische Reichspartei Otto-Ernst Remers ein unrühmliches Zwischenspiel bot, nicht beschieden.

Dagegen sollte der »Block der Heimatvertriebenen und Entrechteten« (BHE) für längere Zeit auf Länder- wie auf Bundesebene eine erhebliche Rolle spielen, bevor er Ende der fünfziger Jahre von den großen politischen Parteien aufgesogen wurde.[20] Schon die ersten Bundestagswahlen, bei denen eine eigene Vertriebenenpartei noch nicht existierte, hatten deutlich gezeigt, daß für eine Vertretung ihrer spezifischen Interessen und Anliegen günstige Bedingungen bestanden. Bei den Landtagswahlen in

Schleswig-Holstein erzielte die neugegründete Partei auf Anhieb 23,4 Prozent der Stimmen und lag damit sogar noch vor der CDU. In den acht Landtagswahlen zwischen 1950 und 1953 erhielt sie durchschnittlich zwölf Prozent, wobei es ihr gelang, in mehreren Landesregierungen – so in Schleswig-Holstein, Bayern und Niedersachsen – vertreten zu sein und unterschiedliche Koalitionen einzugehen. Zur Zeit seiner größten Wahlerfolge vereinigte der BHE etwa die Hälfte aller Vertriebenenstimmen auf sich. Anfangs profilierte sich die Partei vor allem durch ein »antimarxistisches Sozialprogramm«. Als das gemeinsame soziale Interesse der Flüchtlinge im Verlauf der zunehmenden wirtschaftlichen und sozialen Integration immer stärker verblaßte, unternahm die BHE-Führung, allerdings ohne dauerhaften Erfolg, den Versuch, das gesamtdeutsche Anliegen in den Vordergrund zu stellen.

Gründer und erster Vorsitzender des BHE war der 1898 in Brustow (Posen) geborene Waldemar Kraft, der die Partei von 1951 bis 1954 führte. Wie die meisten der politischen Führer seiner Partei war auch er nicht frei von brauner Vergangenheit. Von 1940 bis 1945 Geschäftsführer der »Reichsgesellschaft für Landbewirtschaftung« in Berlin, trat er 1943 der NSDAP bei und avancierte zum Ehren-Hauptsturmführer der SS. Von Schleswig-Holstein aus gelang es ihm in kurzer Zeit, nicht zuletzt wegen der grandiosen Wahlerfolge in diesem Bundesland, eine unangefochtene Führungsposition zu gewinnen. Durchaus nicht immer im Einklang mit wesentlichen Strömungen seiner eigenen Partei, schwenkte Kraft sozial- wie außenpolitisch immer stärker auf den Kurs Adenauers ein. Für den Bundeskanzler bot der BHE eine willkommene Möglichkeit, die Koalitionsbasis zu verbreitern und damit die Bonner Regierung zu stabilisieren. Als Finanzminister und stellvertretender Ministerpräsident des nördlichsten Bundeslandes unterstützte Kraft die Gesetzgebung zum Lastenausgleich. Er gehörte zu den entschiedenen Befürwortern der Westverträge im BHE. Als seine Partei bei den zweiten Bundestagswahlen im Jahre 1953 unerwartet schlecht abschnitt, da nur etwa ein Drittel der Vertriebenen für sie stimmte, ermöglichte dies eine Einbeziehung des BHE in die Regierung, ohne daß dafür größere sozialpolitische Zugeständnisse erforderlich gewesen wären. Der autoritäre Führungsstil Waldemar Krafts und der ihn tragenden Gruppierung führte innerhalb der Partei zu erheblichen Spannungen, die sich auf dem Bundesparteitag in Bielefeld am 8./9. Mai 1954 entluden. Kraft trat vom Vorsitz zurück, und nur widerwillig übernahm der ihm nahestehende Bundesvertriebenenminister Theodor Oberländer das Amt. Die Gruppe Kraft-Oberländer unterstützte die Westvertragspolitik Adenauers ebenso wie den westdeutschen Verteidigungsbeitrag. Über die Haltung zur Saarfrage geriet die Partei jedoch in eine tiefe Krise. Die angestrebte »Europäisierung« der Saar erschien einem Teil des BHE unerträglich, da die Preisgabe deutschen Territoriums im Westen als ein Präjudiz für die Abschreibung der Ostgebiete galt. Trotzdem stimmten elf der sechzehn Bundestagsabgeordneten für die Annahme des Saarstatuts. Sie gaben damit zugleich das Signal für ein Auseinanderbrechen der Fraktion. Neun Bundestagsabgeordnete schieden im Sommer 1955 aus der Partei aus. Kraft, Oberländer und sieben weitere

»Oberländer hat's geschafft – durch Kraft!«, zeitgenössische Karikatur

Gründer des BHE war der in Posen geborene Waldemar Kraft, der als spätes Mitglied der NSDAP bestenfalls als Mitläufer angesehen werden kann. Adenauer benutzte ihn wie seine Partei rein instrumentell als Mehrheitsbeschaffer. Kraft gehörte zu den entschiedensten Vertretern der Westintegration. Der Vorwurf, mit ihm komme die braune Vergangenheit wieder hoch, ging an der Wirklichkeit vorbei. Als er 1954 aufgrund seines autoritären Führungsstils vom Vorsitz des BHE zurücktreten mußte, übernahm Adenauers Vertriebenenminister Theodor Oberländer die Leitung. Über dem Streit um das von Adenauer empfohlene Saarstatut brach der BHE schließlich auseinander.

Mandatsträger traten der CDU, zwei der FDP bei. Unter dem Vorsitz Friedrich von Kessels verließ der BHE die Regierung und ging in die Opposition. Die Anliegen der sozialen Interessenpartei traten nun eindeutig hinter der Propaganda gegen die »Verzichtpolitik« der Regierung zurück. Der Rumpf-BHE rückte bisweilen in eine gefährliche Nähe zum Rechtsextremismus. Versuche, mit der FDP eine gemeinsame Partei zu bilden, scheiterten. Die schließlich zusammen mit der DP gegründete Gesamtdeutsche Partei (GDP) vermochte bei den Bundestagswahlen vom Herbst 1961 nicht einmal mehr die Fünfprozenthürde zu überspringen.

Wenn auch die nationalistische Tonlage in den späten fünfziger Jahren bei der Vertriebenenpartei die Oberhand gewann, so verbietet es sich doch, den BHE dem neofaschistischen Lager zuzuordnen. In diesem Bereich dominierte Anfang der fünfziger Jahre die im Oktober 1949 gegründete Sozialistische Reichspartei (SRP), deren Führung sich aus überzeugten Nazis rekrutierte. Ihr gelangen vor allem in den protestantischen Regionen Norddeutschlands beachtliche Wahlerfolge. Bei den Landtagswahlen in Bremen erhielt die SRP 1951 7,7 Prozent der Stimmen. In Niedersachsen brachte sie es im selben Jahr gar auf elf Prozent. Dort vermochte sie von sechzehn Landtagssitzen vier direkt zu gewinnen.[21]

Die SRP stilisierte sich als nationale Widerstandsbewegung. In ihrem Programm forderte sie die Wiedererrichtung des Deutschen Reiches. Dabei trieb sie die einschlägige juristische Interpretation der Kontinuität deutscher Staatlichkeit auf die Spitze und verkehrte sie im Ergebnis in ihr Gegenteil. Deutschland, so argumentierte die SRP, bestehe weiter, da im Mai 1945 nur die Wehrmacht, nicht aber die Regierung kapituliert habe. Die Alliierten seien widerrechtliche Unterdrücker. Sie hätten die Regierung Dönitz, der in der Kontinuität des Deutschen Reiches von Adolf Hitler die politische Führung übertragen worden sei, daran gehindert, ihr Amt auszuüben. Die Bundesrepublik sei ein illegitimer Staat von westalliierten Gnaden, die sie tragenden »Lizenzparteien« »Handlanger fremder Mächte«. Dem Bonner Staat galten die ganze Verachtung und der Haß dieser selbsternannten »reichstreuen« Gralshüter, deren Sprache sich noch aus Goebbelsscher Rhetorik speiste. »Wie eine frischgestrichene Coca-Cola-Bude neben einem ausgebrannten, aber immer noch riesigen, im Grunde unverwüstlichen Bau aus zwölfhundertjähriger deutscher Reichsgeschichte – so steht im deutschen Volksbewußtsein das Bonner Staatsgebilde, neben dem von Übermacht zu Boden gedrückten Reiche. Neben jenem Reiche, das bis zuletzt Europa gegen den Bolschewismus verteidigte und dafür im Zeichen Jaltas von den beiden selbstmörderischen Verbündeten Moskaus geschlachtet wurde.«[22] In einer nur oberflächlich kaschierten Traditionslinie zum Dritten Reich forderte die SRP zur Lösung der nationalen und sozialen Probleme des 20. Jahrhunderts die »nationalsozialistische Revolution«, die es zu vollenden gelte. »In Europa ist in der Zeit zwischen den beiden Weltkriegen an verschiedenen Stellen der Versuch einer *echten* Lösung der nationalen und sozialen Probleme unternommen worden. Mag man diesen Versuch im wesentlichen als geglückt oder als gescheitert ansehen, der Wille zu einer echten Lösung im Gegensatz zu der bolschewistischen Scheinlösung war

Der ehemalige Major Otto Ernst Remer (links), der am 20. Juli 1944 bei der Niederschlagung der Verschwörung im Bendlerblock eine Rolle gespielt hatte, versuchte in den fünfziger Jahren als Mitbegründer der Sozialistischen Reichspartei eine nationalistische Opposition zu formieren. Aber er war der selbstgestellten Aufgabe schon von der Persönlichkeit her gar nicht gewachsen. Als der »Held« von gestern Anfang der fünfziger Jahre auf der Bühne erschien, stellte sich bald heraus, daß die politische Wirklichkeit des neuen Staates längst über die Propaganda von gestern hinweggegangen war; nach vorübergehenden, allerdings bedenklichen Erfolgen vor allem in den agrarischen Gebieten Norddeutschlands verschwand die neue Gruppierung schnell wieder von der Bildfläche. Nur die Proteste gegen sie hatten ihr kurze Zeit zu Wirksamkeit verholfen.

zweifelsohne vorhanden.«[23] Antibolschewismus und Verharmlosung der nationalsozialistischen Verbrechen gingen in der Propaganda der SRP Hand in Hand. Einem ihrer Abgeordneten blieb es vorbehalten, die einzige antisemitische Rede zu halten, die je im Deutschen Bundestag vorgetragen wurde.

«Parteiheld« der neuen »Bewegung« war Otto Ernst Remer, ein 1912 in Neubrandenburg geborener Berufsoffizier, der als Kommandeur des Berliner Wachbatallions bei der Niederschlagung der Verschwörung vom 20. Juli 1944 eine Rolle gespielt hatte. Später zum Generalmajor befördert, verbrachte er nach Kriegsende zwei Jahre in amerikanischer Gefangenschaft. Als Mitbegründer der SRP gehörte er zur Parteileitung. In seinen großsprecherisch vorgetragenen Reden, die ihm landauf, landab starken Zulauf bescherten, beeindruckte er durch Uneinsichtigkeit. Er schreckte nicht davor zurück, sein fragwürdiges Verhalten gegenüber der deutschen Widerstandsbewegung nachträglich zu rechtfertigen. Er würde, so äußerte er wörtlich, »in der gleichen Situation noch einmal dasselbe tun.« Die Widerstandskämpfer um Goerdeler und Stauffenberg bezeichnete er als »Landesverräter« und fügte an anderer Stelle hinzu, die Zeit werde kommen, in der mancher schamhaft verschweige, daß »man« zum 20. Juli gehört habe. »Sie können Gift darauf nehmen, diese Landesverräter werden eines Tages vor einem deutschen Gericht sich zu verantworten haben.«[24]

Die Angehörigen der Widerstandskämpfer waren nicht bereit, derartige Verunglimpfungen stillschweigend hinzunehmen. Annedore Leber, Gräfin Yorck und andere beschlossen, sich gegen die Diffamierungen gerichtlich zu wehren. Ihnen ging es nicht nur um eine Beleidigungsklage; vielmehr lag ihnen daran, die historische Bedeutung und die rechtliche Legitimation der Opposition gegen Hitler ins öffentliche Bewußtsein zu heben und noch immer weit verbreitete Vorurteile abzubauen. Die Anklage im Remer-Prozeß, der Anfang 1952 in Braunschweig stattfand, übernahm der spätere hessische Generalstaatsanwalt Fritz Bauer. Auf der Basis breiten Materials über die historischen, ethischen, rechtlichen und politischen Probleme des 20. Juli 1944 wurde am 15. März 1952 das Urteil gefällt, das Remer mit einer dreimonatigen Gefängnisstrafe belegte. Die Höhe des Strafmaßes in einem Beleidigungsprozeß spiegelt dabei keineswegs die eigentliche Bedeutung der Braunschweiger Gerichtsentscheidung wider. Diese lag vielmehr in der umfassend und differenziert begründeten Feststellung, daß die Widerstandskämpfer durch die »Vollmacht des Gewissens« legitimiert gewesen seien, den Anschlag auf das Leben des Diktators zu verüben. Es verbiete sich, von Hoch- oder Landesverrat zu sprechen. Vielmehr hätten die Männer des 20. Juli aus »Vaterlandsliebe und selbstlosem, bis zur bedenkenlosen Selbstaufopferung gehendem Verantwortungsbewußtsein gegenüber dem Volk« gehandelt.[25] Diese Einschätzung zielte darauf, den deutschen Widerstand gegen Hitler moralisch und juristisch zu rehabilitieren und ihm darüber hinaus seine Bedeutung für die historische Legitimation der aus den Trümmern des Krieges neuerrichteten deutschen Demokratie zuzuweisen. »Die Menschen in den Konzentrationslagern und Menschen außerhalb der Konzentrationslager«, so führte Bauer in seiner Anklagebegründung aus, »haben den Samen der neuen Demokratie gelegt. Die Alliierten haben den Stein entfernt, der verhinderte, daß dieser Samen zum Lichte emporkam.« Allerdings gebe es kein Widerstandsrecht im Rechtsstaat, »solange die Menschenrechte bewahrt werden, solange die Möglichkeit zur Opposition besteht und einem Parlament Gelegenheit zur Gesetzgebung gegeben ist, solange unabhängige Gerichte walten und die Gewalten geteilt sind«.[26]

Parallel zum Remer-Prozeß schwebte ein von der Bundesregierung beantragtes Verbotsverfahren über der SRP. Bereits im Frühjahr 1950 hatte Bundesinnenminister Gustav Heinemann ein gerichtliches Vorgehen gegen die rechtsextremistische Partei erwogen, die ebenso wie die KPD als Testfall für die Wehrhaftigkeit der Bonner Demokratie galt. Doch halfen Versammlungsverbote und administrative Behinderungen rechtsextremistischer Aktivitäten kaum weiter. Die Regierung mußte gegenüber den Feinden der freiheitlichen Ordnung zu härteren Maßnahmen greifen. So traf das erste »Berufsverbot«, das in der Bundesrepublik verhängt wurde, die Mitglieder der Sozialistischen Reichspartei, die im Herbst 1950 von einer Beschäftigung im öffentlichen Dienst ausgeschlossen wurden. Nach den großen Wahlerfolgen der SRP in Niedersachsen und Bremen sah sich die Bundesregierung zu weiterem Handeln genötigt. Am 19. November 1951 beantragte sie in Karlsruhe unter Hinweis auf Artikel 21, Absatz 2 des Grundgesetzes die Feststellung der Verfassungswidrigkeit der SRP und ihre Auflösung mit der Begründung, diese Partei sei eine Nachfolgeorganisation der NSDAP und verfolge Ziele, die darauf gerichtet seien, die freiheitlich-demokratische Grundordnung zu beseitigen.

Angesichts der grundlegenden Bedeutung eines solchen Antrags, der erstmals in der deutschen Verfassungsgeschichte gestellt wurde, sah das Gericht sich zu einer besonders sorgfältigen Prüfung veranlaßt. Es unterwarf die implizierten politischen und juristischen Fragen einer eingehenden wissenschaftlichen Begutachtung. Schließlich stellte Karlsruhe fest, die SRP mißachte die

Ergebnisse der Bundestagswahlen 1953

Partei	Prozent	Sitze
CDU/CSU	45,2	243
SPD	28,8	151
FDP, DVP	9,5	48
GB/BHE	5,9	27
DP	3,2	15
KPD	2,2	
BP	1,7	
GVP	1,2	
DRP	1,1	
Zentrum	0,8	3
DNS	0,3	
SSW	0,2	

Menschenrechte und betreibe eine Wiederbelebung des Antisemitismus. Sie bekämpfe die freiheitliche Demokratie, und ihre innere Ordnung widerspreche demokratischen Prinzipien.

Das Urteil hatte große Bedeutung, denn die Karlsruher Richter begnügten sich nicht mit dem Parteiverbot. Sie nutzten den Fall der SRP dazu, mit der nationalsozialistischen Vergangenheit abzurechnen und trugen auf diese Weise dazu bei, das durch die rechtsextremistischen Umtriebe entstandene zunehmende Mißtrauen des Auslands gegenüber den demokratischen Institutionen der jungen Bundesrepublik abzubauen. Erschreckend bleibt die Tatsache, daß im Jahre 1951 mehr als jeder zehnte Wähler bereit war, einer Partei seine Stimme zu geben, die in ihrer politischen Unbelehrbarkeit am deutschen Irrweg festzuhalten gedachte. Allerdings bewirkte das Verbot ein erstaunlich schnelles Ende des braunen Spuks, der erst in den späten sechziger Jahren im Gewande der NPD erneut die politische Bühne betrat, ohne sich jedoch im Parteienspektrum fest etablieren zu können.

Die Blütezeit der Splitterparteien endete im Jahre 1952. Es stellte sich heraus, daß die beiden großen Gruppierungen CDU/CSU und SPD bei den Landtagswahlen zusammen ihren Stimmenanteil halten konnten, wobei die Christdemokraten allerdings Verluste von durchschnittlich 6,7 Prozent hinzunehmen hatten, während die Sozialdemokraten 5,1 Prozent hinzugewannen. Die Erfolge der neuen Parteien BHE und SRP gingen im wesentlichen zu Lasten der kleineren, einschließlich der FDP und der DP.

Die nach der Bundestagswahl von 1953 unter der Führung der CDU/CSU gebildete Regierung beruhte auf einer buntscheckigen Koalition, die neben der FDP und der DP auch den BHE umfaßte. Von den 18 Ministerien besetzte die CDU acht, die CSU zwei, die FDP vier, der BHE und die DP jeweils zwei. Adenauer, Erhard und Schäffer blieben nach wie vor die bestimmenden Persönlichkeiten des Kabinetts. Neu erschienen auf der Ministerliste die jungen Politiker Franz Josef Strauß (Sonderaufgaben, seit Oktober 1955 Minister für Atomfragen und ab Herbst 1956 Bundesminister für Verteidigung), Gerhard Schröder (Inneres) und Heinrich Lübke (Ernährung), die während der fünfziger Jahre in Schlüsselpositionen der Bonner Politik hineinwuchsen. Die Tatsache, daß

Adenauer – nicht zuletzt auf Betreiben des Bundespräsidenten – den Vorsitzenden der FDP Thomas Dehler nicht wieder ins Kabinett aufnahm, trug dazu bei, den liberalen Koalitionspartner nachhaltig zu verstimmen. Ein grundlegender Wandel in der Parteienkonstellation deutete sich an.

Zu einem zentralen Reibungspunkt zwischen der FDP und der CDU/CSU entwickelte sich in den folgenden Jahren die Kulturpolitik. Der Versuch des Familienministers Franz-Josef Wuermeling (CDU), den Wahlerfolg der Christdemokraten zu nutzen, um ähnlich wie die Weimarer Zentrumspartei eine dezidiert konfessionelle Kulturpolitik durchzusetzen (Kampagne gegen Schmutz und Schund; Eindämmung unsittlicher Einflüsse in den Kinos; Verschärfung des Scheidungsrechts) führte zu heftigen Reaktionen der FDP, die ihrerseits den »Antiklerikalismus« als willkommene Integrationsideologie nutzte, um ihre innere Zerstrittenheit zu überdecken. Dabei geriet die Schulpolitik der Länder immer stärker in das Visier der liberalen »Laizisten«. Der Streit um die Konfessionsschule, der schon die Weimarer Republik in ihren Grundfesten erschüttert hatte, flammte erneut auf. Zum letzten Mal kam es in Deutschland zu kulturkampfähnlichen Auseinandersetzungen. Die von FDP und SPD befürwortete Einführung der gemischt-konfessionellen Gemeinschaftsschule als Regelschule und die Aufhebung der konfessionellen Trennung der Lehrerbildungsanstalten wurden zum Hauptthema in den kommenden Landtagswahlen.

Koalitionen wurden jetzt nicht selten nach kulturpolitischen Präferenzen gebildet. In der Abwehr »klerikaler« Ansprüche gab es eine breite Berührungszone zwischen Liberalen und Sozialdemokraten, die trotz grundsätzlicher Unterschiede in anderen Bereichen, vor allem in der Wirtschafts- und Sozialpolitik, Koalitionen zwischen ihnen erleichterte. Als sich die CSU, gestärkt durch die bayerischen Landtagswahlen vom Dezember 1954, in denen ihr Stimmenanteil von 28,4 auf 38 Prozent anwuchs, dazu verleiten ließ, die überzogen konfessionell ausgerichtete Schul- und Kulturpolitik Alois Hundhammers als Programm zu übernehmen, provozierte sie die Bildung einer Koalition aus SPD, Bayernpartei, FDP und BHE. Insgesamt schlugen die Versuche der katholischen Kirche fehl, ihre starke Position in der Nachkriegszeit nach dem Wahlerfolg der CDU/CSU bei der Ausgestaltung des Erziehungs- und Bildungswesens zur Geltung zu bringen. Seit Mitte der fünfziger Jahre führte die nunmehr in allen Lebensbereichen spürbare Modernisierung dazu, daß die Säkularisierung selbst in die agrarisch-katholischen Traditionszonen vorzudringen begann. Die konfessionelle Motivation verlor in der Politik an Schubkraft. Für die CDU/CSU waren die Auswirkungen der von ihr mitgetragenen kulturpolitischen Vorstöße auf Dauer eher schädlich. Sie vergrößerten die Distanz breiter intellektueller und liberaler Kreise zur christdemokratischen Regierungspartei.

Seit Herbst 1954 zeigte die Bonner Koalition erste Risse. An der Saarfrage schieden sich die Geister nicht nur innerhalb des BHE, sondern auch in der FDP. Im Bundeskabinett wandten sich deren Minister gegen das Saarabkommen, und bei der Verabschiedung durch den Bundestag Ende Februar 1955 stimmte die überwiegende Mehrheit der liberalen Fraktion, darunter ein Minister, gegen diesen Vertrag, zwei weitere liberale Kabinettsmitglieder enthielten sich der Stimme. Die zunehmende Kritik Dehlers an der Außen- und Deutschlandpolitik Adenauers führte zu schweren Spannungen im Regierungsbündnis, die schließlich durch die neu aufflammende, politisch wenig kluge Wahlrechtsdiskussion verschärft wurden. Ein von der CDU eingebrachter Vorschlag zur Einführung des sogenannten Grabensystems sah vor, daß 60 Prozent der Abgeordneten direkt und – getrennt davon – 40 Prozent durch Listenwahl zu ermitteln seien. Er hätte, wäre er verwirklicht worden, der liberalen Partei den Todesstoß versetzt und gleichzeitig die Christdemokraten über Gebühr begünstigt. Die FDP war verständlicherweise alarmiert, das Mißtrauen gegenüber dem mächtigen Koalitionspartner verließ sie künftig nicht mehr. Sie nutzte die Bedrohung, um die eigenen Reihen zu schließen, und begann in den Ländern damit, neue Koalitionsmöglichkeiten auszuloten. Angesichts der Gefahr, daß sich die Liberalen auf breiter Front von ihr abwenden könnten, steckte die CDU ihrerseits zurück, so daß in Bonn ein Bruch vermieden wurde. Allerdings war die Umorientierung in Nordrhein-Westfalen bereits so weit gediehen, daß ihre Konsequenzen nicht mehr abgefangen werden konnten.

Unter dem Vorsitz des Verlegers Friedrich Middelhauve hatte die FDP an Rhein und Ruhr ein dezidiert nationales Profil entwickelt. Es gelang dort selbst ehemaligen Nationalsozialisten in beachtlicher Zahl, in höhere Parteiämter aufzusteigen, wobei der unübersehbare Einfluß Werner Naumanns, eines ehemaligen Staatssekretärs aus dem Reichspropagandaministerium, sogar die britische Militärmacht zum Eingreifen zwang. Der Charakter der traditionellen Honoratiorenpartei hatte sich durch den aktiven Einsatz vieler junger Politiker der Frontgeneration, die zu einem nicht unerheblichen Teil aus der Hitler-Jugend stammten und nun in der Landespolitik eine demokratische Aufgabe fanden, grundlegend verändert. Der Konflikt zwischen den jüngeren, an die Parteispitze drängenden Kräften und der alten Garde verdichtete sich schließlich zu einer Revolte gegen das innerparteiliche Establishment und den Vorsitzenden Middelhauve. In Düsseldorf nahm eine Gruppe junger liberaler Funktionäre um den Landesgeschäftsführer Wolfgang Döring, den Bundestagsabgeordneten Erich Mende und den damals noch weithin unbekannten Walter Scheel, der sich wenig später auch Willi Weyer zugesellte, die Wahlrechtsdiskussion zum Anlaß, mit dem sozialdemokratischen Parteivorsitzenden Fritz Steinhoff ins Gespräch zu kommen. Sie initiierten im Februar 1956 ein konstruktives Mißtrauensvotum gegen den Ministerpräsidenten Karl Arnold (CDU), dessen Regierung erst nach schwierigen Verhandlungen mit der FDP zustande gekommen war. Die »Revolution« der »Jungtürken« – wie man die Gruppe um Döring bald zu nennen pflegte – führte zu einem Regierungsbündnis mit der SPD und zu einem Umsturz der Machtverhältnisse in der FDP, bei dem der Vorsitzende Middelhauve, einst Ziehvater der Nachwuchspolitiker, seinen Ministerposten verlor und schließlich unter Protest seine Parteiämter niederlegte. Die jungen Liberalen hingegen erhielten von der SPD vier große Ressorts (bis dahin nur zwei) in der Landesregierung.

Der Verleger Friedrich Middelhauve gab der rheinisch-westfälischen FDP ein betont nationales Profil; selbst ehemalige Nationalsozialisten besaßen in diesem Landesverband der FDP vorübergehend eine nicht zu übersehende Bedeutung. Aber die »Jungen« der FDP revoltierten gegen das rechte Establishment und bildeten schließlich mit der SPD zusammen in Düsseldorf eine Koalition. Doch diese Machtverschiebung in der FDP wurde mit einer Schwächung der Gesamtpartei bezahlt, die ein Viertel ihrer Mitglieder einbüßte und wichtige finanzielle Förderer verlor. Die FDP war nicht mehr der selbstverständliche Bündnispartner der CDU.

Die Ereignisse in Düsseldorf blieben nicht ohne Auswirkung auf die Bonner Landschaft. Sechzehn Bundestagsabgeordnete der FDP, unter ihnen vier Minister, traten aus der Partei aus. Die CDU hoffte auf eine Spaltung und erklärte ihrerseits, die Regierungskoalition nur noch mit der Sezession fortsetzen zu wollen. Diese geriet jedoch schon bald in die Defensive. Auf dem Würzburger Parteitag vom April 1956 wurde der innerparteiliche Umwälzungsprozeß ebenso wie der Koalitionswechsel in Düsseldorf gebilligt und Thomas Dehler im Bundesvorsitz bestätigt. Die Rumpffraktion der FDP im Bundestag ging – wie schon der BHE – in die Opposition.

Noch wichtiger als die unmittelbaren Veränderungen, die die Düsseldorfer Vorgänge bewirkten, sollten ihre langfristigen Auswirkungen sowohl für die FDP selbst als auch für das Bonner Parteien- und Regierungsgefüge sein. Die Liberalen büßten etwa ein Viertel ihrer Mitglieder ein und verloren wichtige finanzielle Förderer. Das Regierungsbündnis zwischen SPD und FDP in Nordrhein-Westfalen währte nur kurze Zeit. Auf Bundesebene blieben die Freien Demokraten bis zum Jahre 1961 in der Opposition, bevor sie noch einmal – unter gänzlich veränderten Bedingungen – in eine Regierung unter Adenauer zurückkehrten. Seit dem Bruch von 1956 hatte die FDP aufgehört, ein selbstverständlicher Partner der CDU zu sein.

Die Bundestagswahlen vom 15. September 1957 führten Konrad Adenauer auf den Höhepunkt seiner Macht und seines Ansehens. Zum ersten und einzigen Mal in der deutschen Geschichte erhielt eine demokratische Partei die absolute Mehrheit der Stimmen. 50,2 Prozent der Wähler sprachen sich für die CDU/CSU aus, die damit einen Mandatsanteil von 54,3 Prozent erreichte. Zwar gelang der SPD gegenüber den Bundestagswahlen von 1953 ein leichter Stimmenanstieg auf 31,8 Prozent. Diese Tatsache konnte sie aber nicht über die schwere politische Niederlage hinwegtrösten. Der eindeutige Erfolg der Christdemokraten war so nicht vorhersehbar gewesen. Die Zerwürfnisse im Regierungsbündnis und die beginnende Diskussion um die Nachfolge des alternden Kanzlers ließen ebensowenig wie die vorhergehenden Landtagswahlen und Meinungsumfragen einen eindeutigen Ausgang erwarten. Mit dem Slogan »Keine Experimente« traf die CDU/CSU dann jedoch exakt die Grundstimmung der Wähler, die im Zeichen des unerwartet kräftigen wirtschaftlichen Aufstiegs und begünstigt durch die Segnungen der Rentenreform und der Preisstabilisierung eher eine Konsolidierung der eingetretenen Verhältnisse als die Risiken politischer Veränderung wünschten. Nach vollzogener Westintegration hatte der Bonner Staat immer stärker den Charakter eines Provisoriums verloren und sich gleichzeitig immer weiter vom Ziel der Wiedervereinigung entfernt. Obwohl damit bereits die grundlegenden politischen Weichenstellungen vollzogen waren, wurde der Wahlkampf – wie schon im Jahre 1953 – überwiegend mit außenpolitischen Argumenten geführt, zumal diese sich hervorragend eigneten, die Qualitäten des erfolgreichen Kanzlers in strahlendem Licht erscheinen zu lassen. Hauptgegner im Wahlkampf, den die CDU/CSU mit modernsten Erkenntnissen und Mitteln führte, blieb die Sozialdemokratie, die

1957 sah sich die CDU unter Konrad Adenauer auf dem Höhepunkt der Macht. Mit mehr als 50 Prozent aller Stimmen erreichte eine demokratische Partei zum ersten und einzigen Mal in der deutschen Geschichte die absolute Mehrheit aller Stimmen.

vor allem im wirtschaftspolitischen Bereich über keine wirkungsvolle Alternative mehr verfügte. Offensichtlich reichte die Warnung vor einer Alleinherrschaft der Adenauer-Partei nicht mehr aus, den Wähler zu schrecken. Die Sozialdemokratie Erich Ollenhauers besaß keine Führungspersönlichkeit, die dem Wahlkämpfer Adenauer hätte Paroli bieten können.

Ein wesentliches Ergebnis der Wahl von 1957 bestand darin, daß nur zwei große politische Lager nunmehr zusammen 82 Prozent der Wähler repräsentierten. Die für Deutschland typische Vielfalt der Parteienlandschaft war damit einem Parteiensystem gewichen, das die Funktionsfähigkeit des Parlamentarismus begünstigte. Nur die FDP, die allerdings weitere Verluste hinnehmen mußte (von 9,5 auf 7,7 Prozent), vermochte sich neben den beiden großen Gruppierungen zu behaupten. Aber noch gelang es ihr nicht, sich als »dritte Kraft« zu etablieren und – wie seit dem Ende der sechziger Jahre – bei Regierungsbildungen das unentbehrliche Zünglein an der Waage zu sein. Der BHE und die DP schafften den Sprung ins Parlament überhaupt nicht mehr. Technisch gesehen scheiterten sie an der verschärften Fünfprozentklausel. Ein beträchtlicher Teil ihrer Wähler wandte sich der CDU/CSU zu, die von den Spaltungen ihrer ehemaligen Koalitionspartner profitierte und nun zum ersten Mal auf sich allein gestellt die Regierung bildete.

Die Union befand sich auf dem Höhepunkt ihrer Erfolge, doch zu einer Massenpartei war sie noch immer nicht geworden. Zwar verfügte sie seit dem Goslarer Parteitag vom Oktober 1950 über eine bundesweite Organisation, aber die selbständige Stellung der Regionalverbände und ihrer Landesfürsten blieb davon weitgehend unberührt. Die Partei glich in den fünfziger Jahren einem »Kanzlerwahlverein«. Trotz der immer wieder aufflackernden Kritik an Adenauers Führungsstil und an seiner Neigung, wesentliche Entscheidungen in persönliche Beratungszirkel zu verlagern, gab es bis zum Ende der fünfziger Jahre gegen ihn keine ernsthafte innerparteiliche Opposition; was nicht heißt, daß es zu keinen gravierenden Meinungsverschiedenheiten gekommen wäre. Allerdings hatte sich Adenauers schärfster Kritiker in den eigenen Reihen, Innenminister Gustav Heinemann, mit seiner Auffassung nicht durchsetzen können. Das galt auch für die wiederholten Einwände Jakob Kaisers und seines Berliner Anhangs. Deren Kritik führte allerdings nicht dazu, die Grenzen der Loyalität gegenüber dem Kanzler zu überschreiten, und sie änderte nichts an der Tatsache, daß die überwiegende Mehrheit der Partei dem außenpolitischen Kurs Adenauers bereitwillig folgte.

Anders stellte sich die innerparteiliche Situation in der Wirtschafts- und Sozialpolitik dar. Die Union war als Volkspartei mit starkem mittelständischem Anhang und einem Arbeitnehmerflügel auf der einen sowie einem Wirtschaftsflügel auf der anderen Seite umlagert von Interessengruppen, die in der Partei zum Teil mit eigenen Arbeitsgemeinschaften vertreten waren. Nicht immer gelang es, die bisweilen erheblichen Gegensätze zu überbrücken. Gerade im Bereich der Sozialpolitik führte dies zu Spannungen. In der zweiten und dritten Legislaturperiode kam es wiederholt zu einem engen Zusammengehen zwischen den Sozialausschüssen der Union und den Sozialdemokraten. Ohne dieses verdeckte Bündnis wäre ein wesentlicher Teil der Sozialreformen, der gegen erhebliche Bedenken der mittelständischen und industriellen Unternehmerschaft im Regierungslager durchgesetzt werden mußte, wohl nicht zustande gekommen. Daß die Union den Belastungsproben standhielt, verdankte sie ihrem flexiblen Gefüge, aber auch der Integrationskraft ihres Vorsitzenden. Erst nach dem großen Wahlerfolg des Jahres 1957 verstärkten sich innerhalb der CDU/CSU die Anzeichen einer tiefergehenden Krise, die schließlich ihren weithin sichtbaren Ausdruck in Adenauers erst angemeldeter und dann wieder zurückgezogener Präsidentschaftskandidatur (1959) und in den zunehmenden Auseinandersetzungen um seine Nachfolge fand. Der »Kampf ums Kanzleramt«,[27] bis dahin im verborgenen geführt, erreichte jetzt die Öffentlichkeit und schwächte die Partei zusehends. Adenauer machte aus seiner Abneigung gegen den designierten Nachfolger Ludwig Erhard kaum einen Hehl. Er trug auf diese Weise selbst dazu bei, dessen Ausstrahlung zu schwächen und seine bis dahin unangefochtene Stellung zu untergraben. Die Kritik am Starrsinn des »Alten« fand zunehmende Resonanz. Für die FDP, die stets den Kurs des Wirtschaftsministers unterstützt hatte, ergab sich eine günstige Gelegenheit, die innerparteilichen Streitigkeiten der CDU/CSU zu nutzen, um aus der Opposition herauszufinden. Sie gab die Wahlkampfparole aus, erneut einer unionsgeführten Regierung beizutreten, wenn der künftige Kanzler Ludwig Erhard heiße.

Mit dem Ausgang der Bundestagswahl vom Herbst 1961, bei der die Christdemokraten ihre absolute Mehrheit verloren und nur noch einen Stimmenanteil von 45,4 Prozent erzielten, standen auch innerhalb der Union die Zeichen auf Kanzlerwechsel.[28] Vor allem die bayerische Schwesterpartei unterstützte Ludwig Erhard nachhaltig. Noch einmal gelang es Adenauer, die innerparteiliche Formation, die sich gegen ihn gebildet hatte, zu überspielen, indem er mit der SPD die Chancen einer Großen Koalition sondierte. Die FDP lenkte unter ihrem Vorsitzenden Erich Mende ein. Um erneut einem »bürgerlichen Bündnis« beitreten zu können, ließ sie sich schließlich dazu bewegen, Adenauer wiederum als

Konrad Adenauer bei der Feier seines 82. Geburtstages, Januar 1958

Die Ära Adenauer ging dem Ende zu. Bald nach dem triumphalen Wahlerfolg von 1957 begannen sich Risse in der Partei zu zeigen, wozu auch Adenauers Kampf gegen den designierten Nachfolger Ludwig Erhard beitrug. Der Öffentlichkeit wurde zunehmend bewußt, daß jetzt ein Greis die Geschicke der Partei und der deutschen Politik in der Hand hielt.

Kanzler zu akzeptieren. Auch dessen nachträglich im Koalitionsvertrag festgehaltene Versicherung, daß er noch während der Legislaturperiode, allerdings zu einem von ihm selbst zu bestimmenden Zeitpunkt, zurücktreten werde, trug nicht dazu bei, die FDP vom Geruch einer »Umfallerpartei« zu befreien.

Während der fünfziger Jahre hatte sich bei Freund und Feind der Eindruck verfestigt, daß es zur Regierung Adenauer keine wirkliche Alternative gebe. An dieser Einschätzung hatte die SPD selbst erheblich mitgewirkt. Trotz früher Erfolge auf der kommunalen und der Länderebene und trotz der Stärke ihrer Organisation – Ende des Jahres 1947 verfügte die Partei bereits über 875 000 Mitglieder – setzte 1948, als sie im Frankfurter Wirtschaftsrat in die Opposition ging, eine Phase der Stagnation und des Abstiegs ein. Die Mitgliederzahl fiel stetig und erreichte im Jahre 1954 mit 585 000 ihren Tiefstand. Die Partei vermochte bei den Bundestagswahlen über den Bereich ihrer Stammwähler hinaus kaum mehr Erfolge zu erzielen. Sie war überaltert und in ihrem Stil antiquiert. Mit einem Anteil von 68 Prozent dominierten in ihr die über Fünfundvierzigjährigen. Entsprechend orientierten sich Organisation und Programmdiskussionen an der proletarischen Tradition. Das vertrauliche »Du« und die Anrede »Genosse« symbolisierten ebenso wie die rote Fahne den verbreiteten Hang zur Abschottung und zur Selbstgenügsamkeit. »Stolz auf die Tradition der Partei bis zur Borniertheit, der Parteiführung treu ergeben bis zur Unterwerfung, mißtrauisch gegen jeden Staat, Unternehmer und Kirche und doch fleißig und bieder, jeder Neuerung abhold und sich doch im Herzen ›revolutionär‹ fühlend«, so beschrieb der Parteihistoriker Theo Pirker pointiert die Mentalität der Altmitglieder.[29] Noch war die SPD weit davon entfernt, »ein anderer Typ Massenpartei« (F. Erler) zu werden, der den Willen und die Fähigkeit besaß, sich für alle Volksschichten zu öffnen.

Die schwere Wahlniederlage des Jahres 1953 zeigte das ganze Dilemma der Partei. Obwohl sie in ihrem Wahlkampfprogramm –

anders als im Sommer 1949 – von generellen Sozialisierungsforderungen Abstand genommen und weitgehend auf marxistische Formeln verzichtet hatte, konnte sie die Wähler nicht von einem Wandel ihrer Einstellung überzeugen. Bei Teilen der Bevölkerung stand sie trotz ihrer eindeutig antibolschewistischen Grundhaltung nach wie vor im Verdacht, mit kommunistischen Zielsetzungen zu sympathisieren. Ihre optimistische Einschätzung der sowjetischen Deutschlandpolitik erwies sich nach den Ereignissen des 17. Juni 1953 als illusionär. Kein Wunder, daß es der SPD nicht gelang, außerhalb der Stammwählerschaft Stimmen auf sich zu ziehen. Wollte sie künftig mehr als 30 Prozent erlangen und zur politischen Mitgestaltung fähig werden, so bedurfte sie einer grundlegenden Neuorientierung.

Der Parteivorstand war durchaus zu schnellem Handeln bereit. Im Dezember 1953 beschloß er, eine Programm- und eine Organisationskommission einzusetzen, um Konsequenzen aus dem Wahlergebnis zu ziehen und politischen Ballast abzuwerfen. Als revisionsbedürftig erschien das Wirtschaftskonzept ebenso wie das Verhältnis zum Marxismus und zu den Kirchen. Der Berliner Bundesparteitag von 1954 verabschiedete ein »Aktionsprogramm«, das zwar noch immer unverkennbar die Handschrift der Traditionalisten trug, zugleich aber Formulierungen enthielt, die aufhorchen ließen. Die von dem jungen Hamburger Wirtschaftsprofessor Karl Schiller entwickelte Formel »Wettbewerb soweit wie möglich, Planung soweit wie nötig« fand zum ersten Mal direkten Eingang in ein offizielles Dokument der Partei.[30] Sie kehrte das bis dahin geltende Verständnis von Planung und Wettbewerb um. Das Programm enthielt auch schon die Feststellung, die SPD vertrete nicht die Sonderinteressen einzelner Gruppen, sie kämpfe vielmehr für die Gleichberechtigung aller Menschen. Die Wende von der »Arbeiter-« und »Weltanschauungspartei« hin zur »Grundwerte-« und »Volkspartei« war damit angedeutet, aber keineswegs schon vollzogen. Die SPD hatte bis zum »Godesberger Programm« noch einen mühsamen, mit vielen Hindernissen gepflasterten Weg zurückzulegen.

Die nach dem Wahldebakel vom Herbst 1953 ausgelöste Woge innerparteilicher Erneuerung verebbte schnell. Die SPD suchte ihr Heil weiterhin überwiegend im geistigen Umfeld des Sozialismus. Eine seit März 1955 tagende »Große Programmkommission« unter dem Vorsitz Willi Eichlers schleppte sich in fruchtlosen Diskussionen dahin. Allmählich begannen sich aber auch die parteiinternen Kritiker zu formieren. Zu ihnen gehörten an führender Stelle Fritz Erler, Carlo Schmid und Herbert Wehner. Im sogenannten »Frühstückskartell« entwickelten sie Vorstellungen über den künftigen Weg der Partei und schufen damit wichtige gedankliche Voraussetzungen für die späteren Veränderungen. Ihr besonderes Augenmerk galt dabei zunächst einer Reform der Parteiorganisation, deren Verkrustungen sie als ein entscheidendes Hindernis für eine durchgreifende Neuorientierung erkannten.

Anstöße von außen trugen dazu bei, daß die Kritik nicht mehr verstummte. Nach dem deprimierenden Ausgang der Berliner Viermächtekonferenz vom Anfang des Jahres 1954, von der die SPD konkrete Fortschritte für die Wiedervereinigung erwartet hatte, begann auch in der Außen-, Deutschland- und Wehrpolitik ein mühsamer Prozeß des Umdenkens. Zwar gefiel sich die Partei nach wie vor in der Rolle eines Hüters der deutschen Einheit, aber ihr wurde jetzt stärker als zuvor der unlösbare Zusammenhang zwischen Sicherheits- und Wiedervereinigungsfrage deutlich. In der Parteiführung nahm die Überzeugung zu, daß der westdeutsche Wehrbeitrag unvermeidlich sei. Damit veränderte sich auch die Zielrichtung sozialdemokratischer Verteidigungspolitik. Die SPD rückte allmählich davon ab, gegen jede Art eines militärischen Beitrags zu opponieren und begann damit, sich auf jene Bedingungen zu konzentrieren, unter denen sie bereit sein würde, westdeutsche Streitkräfte zu akzeptieren. Damit ging es ihr zunehmend darum, die innere Struktur und die demokratische Kontrolle der Bundeswehr zu beeinflussen. Die grundsätzliche Bereitschaft, an »gemeinsamen Anstrengungen zur Friedenssicherung und zur Verteidung der Freiheit auch mit militärischen Mitteln« teilzunehmen,[31] die der Berliner Parteitag zu erkennen gab, blieb noch immer an mancherlei Bedingungen und Einschränkungen geknüpft, die es der Parteiführung auch künftig nicht gestatteten, in verteidigungspolitischen Fragen schnell und selbständig zu handeln.

Den Wehrexperten der SPD, an ihrer Spitze Fritz Erler, gelang es, der Bundesregierung erhebliche Konzessionen abzuringen. Die Einrichtung des Verteidigungsausschusses als eines selbständigen Verfassungsorgans, die Ernennung eines Wehrbeauftragten des Bundestages und der Schutz des persönlichen Gewissens im Falle der Wehrdienstverweigerung waren zentrale Ergebnisse einer erfolgreichen Zusammenarbeit zwischen den Vertretern von Regierungsmehrheit und Opposition. Das Gesetz, das die Eingliederung der Bundeswehr in die demokratische Verfassung sicherte, wurde vom Bundestag mit der überwiegenden Mehrheit der Oppositionsstimmen angenommen, wobei allerdings noch immer 20 SPD-Abgeordnete ihre Zustimmung verweigerten.

Die dritte große Wahlniederlage der SPD auf Bundesebene löste einen Schock aus. Erneut kam es zu einem innerparteilichen Meinungskampf, der sich bis zum Frühjahr 1958 hinzog. Dabei rückte die Dreiergruppe Fritz Erler, Herbert Wehner und Carlo Schmid ins Zentrum der Reformbestrebungen. Sie zielte zunächst auf eine Veränderung der Führungsebene. Gegen den Willen Erich Ollenhauers, dessen Position unangetastet blieb, gelang es den Reformern, eine stärkere Repräsentanz in der Parteispitze zu erreichen und das Macht- und Führungsmonopol der besoldeten Funktionäre zu brechen. In Berlin, wo seit längerem ein tiefer Riß die Partei spaltete, setzte die Wahl Willy Brandts, der vor allem in außenpolitischen Fragen Positionen vertrat, die vom allgemeinen Parteistandpunkt deutlich abwichen, zukunftsweisende Akzente. Erneut brach die Diskussion auf, ob die SPD sich weiterhin als Klassen- oder vielmehr als Volkspartei zu begreifen habe.

Der Stuttgarter Parteitag, der vom 18. bis zum 23. Mai 1958 stattfand, brachte dann längst fällige organisatorische, personal- und sachpolitische Entscheidungen. Gleichzeitig kam frischer Wind in die Programmdiskussion, die sich seit dem Berliner Parteitag ohne erkennbare Erfolge nur mühsam weitergeschleppt

Wahlveranstaltung der SPD in Hanau, August 1953

Die SPD machte in den späten fünfziger und den frühen sechziger Jahren eine grundlegende Wandlung durch, die sich nicht nur im Godesberger Programm, sondern auch im Habitus ihres Führungspersonals ausdrückte. Die Genossenpartei, die den Kampf gegen alle innen- und außenpolitischen Entscheidungen der Adenauer-Regierung des ersten Jahrzehnts geführt hatte und dafür von Wahlniederlage zu Wahlniederlage gestolpert war, machte einer neuen und modernen Partei Platz, die nicht mehr von Schumacher und Ollenhauer, sondern von einer neuen Gruppe geprägt wurde, die bald auch eine neue Generation repräsentierte. Herbert Wehner dachte dabei ganz wie sein Gegenspieler Konrad Adenauer im wesentlichen taktisch; er bewahrte zwar politisch und menschlich eine deutliche Distanz zu Willy Brandt, in dem er aber dennoch eine Integrationsfigur sah. So setzten er und seine Vertrauten Fritz Erler und Carlo Schmid den mit 40 Jahren vergleichsweise jungen Berliner Parteiführer als Exponenten einer neuen Volkspartei durch, die allmählich die alte Klassenpartei überwand.

hatte. Ein von Willi Eichler aus den bis dahin vorliegenden Ergebnissen zusammengestellter, umfänglicher Gesamtentwurf eines Grundsatzprogramms, der in Stuttgart erstmals vorgestellt wurde, löste eine unerwartet breite Diskussionswelle aus, die nun alle Parteigliederungen erfaßte. Der Parteivorstand setzte eine Redaktionskommission ein, deren Aufgabe darin bestand, dem für November 1959 in Bad Godesberg geplanten außerordentlichen Parteitag den Entwurf eines Programms vorzulegen. Die Stunde der Erneuerung war gekommen. Fritz Erler und Herbert Wehner, bis dahin in der Programmarbeit eher zurückhaltend, forcierten nun ihrerseits den Prozeß der theoretischen Neufundierung, in den sich auch Willy Brandt nachhaltig einschaltete. Der offizielle Entwurf für ein Grundsatzprogramm, den der Parteivorstand am 3. September 1959 verabschiedete, trug deutlich die Handschrift der Reformer. Er stieß auf heftige Ablehnung der Parteilinken, der es aber nicht gelang, eine einheitliche Gegenposition zu entwickeln, zumal der scheinbare Stellungswechsel Herbert Wehners, den sie bis dahin auf ihrer Seite wähnte, neutralisierend wirkte. Jetzt wurde deutlich, daß sich in der SPD jene Kräfte durchsetzten, deren Ziel darin bestand, die Partei auch für andere Bevölkerungsschichten wählbar zu machen. In ihrem eigenen Selbstverständnis wurde die SPD damit »endlich auch in ihren Worten, was sie in ihren Taten schon lange war: eine demokratische und soziale Reformpartei«.[32] Dies stellte keinen Bruch mit der eigenen Vergangenheit dar, vielmehr war es die notwendige Anpassung des Parteiprogramms an eine längst geübte Praxis.

Das »Godesberger Programm«, das am 15. November 1959 die Zustimmung der überwiegenden Mehrheit der Parteitagsdelegierten fand, enthielt keinerlei Hinweis mehr auf die Gültigkeit marxistischer Gesellschaftsanalyse.[33] Statt dessen nannte es als Wurzeln des »demokratischen Sozialismus« die christliche Ethik, den Humanismus und die klassische Philosophie. Das parlamentarisch-demokratische System und der ihm zugrundeliegende politische Pluralismus wurden vorbehaltlos akzeptiert, die Demokratisierung

Die neue Parteiführung, Februar 1961

Ende 1959 verabschiedete die SPD in Godesberg ein neues Parteiprogramm, das den Abschied von der marxistischen Grundlage brachte; christliche Ethik, europäischer Humanismus und klassische Philosophie wurden jetzt als die drei Säulen eines demokratischen Sozialismus beschworen; die vergeblich propagierte staatliche Wirtschaftspolitik wurde durch eine moderne Konjunkturpolitik ersetzt, und der bis dahin als kapitalistische Hyänenwelt denunzierte freie Wettbewerb wurde akzeptiert und die unabhängige Unternehmerinitiative sogar begrüßt. Als an die Stelle der Kirchenfremdheit und -feindschaft der Kaiserzeit und der Weimarer Zeit schließlich die prinzipielle Bereitschaft zur »Zusammenarbeit mit den Kirchen und Religionsgemeinschaften im Sinne der freien Partnerschaft« trat, war von dem theoretischen Gerüst der alten SPD nur noch wenig erhalten geblieben. Die CDU begriff anfangs kaum, welche Gefahr von diesem neuen Programm, in dem sie nur eine Selbstverleugnung sah, für sie ausging, aber die Wahlkämpfe der nächsten Jahre zeigten, daß nun zum ersten Mal die Wähler in der SPD eine echte Alternative zur CDU sahen.

zudem für weitere Bereiche der Gesellschaft und Wirtschaft gefordert. Die Verteidigung der»freiheitlich-demokratischen Grundordnung« schloß ausdrücklich die Bereitschaft zur Landesverteidigung mit ein. Jedoch sollten eine atomwaffenfreie Zone in Europa und eine langfristige »allgemeine, kontrollierte Abrüstung« dazu beitragen, den Frieden zu sichern.

Auch die Sozialisierung galt nicht mehr als Allheilmittel in Wirtschaftsfragen, vielmehr wurde ihr nur noch die Funktion eines Korrektivs zugedacht. Erneut bediente man sich der Formel Karl Schillers, die den Wettbewerb der Planung voranstellte. Staatliche Wirtschaftspolitik sollte durch eine vorausschauende Konjunkturpolitik dafür Sorge tragen, den Wohlstand für alle zu verwirklichen, sich ansonsten aber auf mittelbare Beeinflussungen beschränken. Wie weit man sich dabei in Bad Godesberg von klassisch-sozialistischem Gedankengut entfernte, zeigt die Feststellung, freier Wettbewerb und freie Unternehmensinitiative seien wichtige Elemente sozialdemokratischer Wirtschaftspolitik. In den Aussagen zum »Kulturellen Leben« bekräftigte das Programm die Bereitschaft der SPD zur »Zusammenarbeit mit den Kirchen und Religionsgemeinschaften im Sinne der freien Partnerschaft«. Es nahm damit Abschied von der Fixierung auf die materialistische Weltanschauung, die das Verhältnis zu den christlichen Konfessionen nachhaltig belastet und den Gläubigen die Wahl der Arbeiterpartei erschwert hatte.

Das »Godesberger Programm« sollte für Jahrzehnte gültig bleiben. Innenpolitisch trug es dazu bei, den Weg der SPD zur Volkspartei zu ebnen, indem es das Selbstverständnis der Partei mit den politischen Notwendigkeiten in Einklang brachte und die Politik der Konfrontation aufgab. Hingegen bestanden in der Außen- und Deutschlandpolitik nach wie vor fundamentale Unterschiede, die die SPD von der CDU/CSU trennten und die sie in einem kaum überbrückbaren Gegensatz zu den bündnispolitischen Grundlagen des Bonner Staates festhielten. Wollte die neue Volkspartei zu einer staatstragenden Partei im umfassenden Sinne werden, so kam

Plakat des Arbeitsausschusses »Kampf dem Atomtod«, 1957

sie nicht umhin, auch in diesem Bereich ihre Vorstellungen den Erfordernissen der Wirklichkeit anzupassen.

Noch immer ließ sich allzu leicht der Vorwurf erheben, das Bekenntnis der SPD zum Westen sei nicht eindeutig, während sie sich gegenüber den Offerten Moskaus als anfällig erweise. Seit den Tagen Kurt Schumachers hatte die SPD sich nicht entschließen können, dem Kurs der bedingungslosen Westintegration zu folgen. In völliger Ablehnung der Adenauerschen Vertragspolitik begab sie sich auf die Suche nach einem Weg zwischen Ost und West, angetrieben von dem Willen, möglichst bald die deutsche Einheit wiederherzustellen. Sie hielt an dieser Einstellung selbst dann noch fest, als das außenpolitische Fundament, auf dem die Bundesrepublik ruhte, fertiggestellt war. Damit geriet die Partei, historisch eine Stütze der deutschen Demokratie, in die Gefahr, die Existenzgrundlagen des jungen Staates grundsätzlich in Frage zu stellen.

Angesichts einer veränderten politischen Landschaft setzten sich seit Mitte der fünfziger Jahre deshalb auch in der Außen- und Sicherheitskonzeption der SPD differenziertere Positionen durch. Der Auflehnung gegen die Wiederbewaffnung folgte nach Abschluß der »Pariser Verträge« zunächst die grundlegende Bejahung der Landesverteidigung. Dennoch blieben die Gegenströmungen weiterhin stark genug, um entscheidenden Einfluß auf den Kurs der Partei zu nehmen. Die »Kampagne gegen den Atomtod« erreichte im Jahre 1957 ihren Höhepunkt, als in der Programmdiskussion bereits die Reformer den Ton angaben.[34] Sie richtete sich gegen die Aufrüstung der Bundeswehr mit Trägersystemen für atomare Waffen, wobei sie die Tatsache weitgehend außer acht ließ, daß die nukleare Verfügungsgewalt keineswegs in deutsche Hände überging. Trotz der negativen Erfahrungen mit der »Paulskirchenbewegung« erlag die SPD erneut der Versuchung, eine emotional aufgeheizte, mit außerparlamentarischen Aktionen vorangetriebene Kampagne mitzutragen. Sie erhob die verfassungsrechtlich bedenkliche Forderung einer Volksbefragung zur Atomrüstung. Die sozialdemokratisch regierten Länder Bremen und Hamburg trafen entsprechende gesetzliche Vorbereitungen, die allerdings vom Bundesverfassungsgericht für nichtig erklärt wurden. Die Mehrheit der Wähler vermochte die Sozialdemokratie auf diese Weise nicht auf ihre Seite zu ziehen. In den nordrhein-westfälischen Landtagswahlen, die die SPD als Plebiszit gegen die »Atomrüstung« verstanden wissen wollte, erreichte die CDU mit einem Stimmenzuwachs von neun Prozent die absolute Mehrheit. Der Aktion war damit der Schwung genommen.

Nicht weniger emotional befrachtet als die »Anti-Atomtod-Kampagne« waren zwischen 1957 und 1960 die Vorstöße der SPD, eine atomwaffenfreie Zone in Mitteleuropa zu schaffen. Sie bewegten sich im Umfeld von Überlegungen, wie sie auch von dem amerikanischen Experten George F. Kennan, dem britischen Labour-Führer Hugh Gaitskell und dem polnischen Außenminister Rapacki zur Verminderung der Spannung zwischen den Militärblöcken entwickelt worden waren. Die Pläne stießen auf entschiedene Ablehnung der Bundesregierung, die erneut die Gefahr einer Neutralisierung Deutschlands witterte. In der Argumentation der

Opposition vermischten sich emotionale, ethische und politische Argumente. Die Außen- und Deutschlandpolitik bot der Parteilinken noch immer ein Refugium.

Dies galt auch für den am 18. März 1959 verkündeten »Deutschlandplan« der SPD, mit dem die Parteiführung, beunruhigt über die krisenhaften Zuspitzungen um Berlin, eine erneute Initiative zur Wiedervereinigung einleitete. Jetzt verstand sie die Durchführung freier Wahlen nicht mehr wie zu Schumachers Zeiten als einleitenden, sondern vielmehr als abschließenden Akt. Der Vorschlag der SPD setzte die paritätische Behandlung der Bundesrepublik und der DDR voraus, er wurde daher von der CDU/CSU zurückgewiesen. Es zeigte sich außerdem, daß er nicht mehr der inzwischen veränderten politischen Großwetterlage entsprach. Die SPD mußte zur Kenntnis nehmen, daß auch bei der Sowjetunion kein Interesse an einer grundlegenden Veränderung des Status quo und damit an einer Wiedervereinigung Deutschlands bestand, nachdem ein atomares Patt zwischen den Großmächten eingetreten war. Als im März 1959 Fritz Erler und Carlo Schmid Gelegenheit erhielten, in Moskau längere Unterredungen mit sowjetischen Spitzenpolitikern, unter anderem mit Chruschtschow, zu führen, wurde ihnen unverblümt erklärt, daß weder die Sowjetunion noch der Westen ernsthaft an eine Wiedervereinigung Deutschlands dächten. Die Lösung der deutschen Frage sei nur noch eine Sache, die die Deutschen selbst betreffe. Ihnen könne dabei von außen keine Regelung aufgezwungen werden.[35]

Der Zeitpunkt war gekommen, an dem die SPD ihre außen-, deutschland- und sicherheitspolitischen Positionen endlich radikal überdenken mußte. Nach dem ideologischen Reinigungsprozeß lag es nahe, auch auf weiteren Gebieten eine Annäherung der Standpunkte zwischen den Parteien anzustreben. Seit dem Ende des Jahres 1959 mehrten sich die Anzeichen des neuen »Gemeinsamkeitskurses«, die sich nach dem Abbruch der Pariser Gipfelkonferenz in einer innerparteilichen Kampagne niederschlugen. Das entscheidende Signal gab ein Artikel Herbert Wehners im *Vorwärts*, der den »Deutschlandplan« der SPD für überholt erklärte, weil er nicht mehr der weltpolitischen Situation entspreche. In der Bundestagsdebatte vom 30. Juni 1960 legte die Parteiführung der SPD ihre neue Position umfassend dar. In einer epochemachenden Rede, die in der Öffentlichkeit vor allem als »taktische Meisterleistung« gewertet wurde, unternahm es wiederum Herbert Wehner, die außenpolitischen Gemeinsamkeiten zwischen Regierung und Opposition herauszuarbeiten.[36] Er hielt unmißverständlich fest, daß die Sozialdemokratie sich auf den Boden der bestehenden Vertrags- und Bündnisverpflichtungen stelle und sich zur Landesverteidigung bekenne. Gleichzeitig bot er der CDU/CSU die Zusammenarbeit an, um ein Konzept für eine gemeinsame Außenpolitik zu entwickeln. Dabei spielten Anpassung und Umarmung ebenso eine Rolle wie die Einsicht, daß das Anrennen gegen die Bedingungen und die Realität der Westintegration die SPD in eine Sackgasse geführt hatte. Auf dem Bundesparteitag in Hannover vom 21. bis 25. November 1960 wurde der neue Kurs der Partei sanktioniert. Schon bevor am 13. August 1961 die letzten Hoffnungen auf eine baldige Wiedervereinigung an der un-

Erich Kästner als Redner der »Kampf-gegen-den-Atomtod«-Kampagne

Die Opposition trug ihren Kampf gegen die Atomrüstung in die Landtags- und Bundestagswahlen des Jahres 1957, aber der Wähler honorierte die emotionale Erbitterung dieser Bewegung nicht, obwohl unter anderen Walter Dirks und Eugen Kogon, Martin Niemöller und Helmut Gollwitzer, Erich Kästner, Heinrich Böll und der Nobelpreisträger Max Born öffentlich gegen die Adenauersche »Atompolitik« Stellung bezogen; die Wahlen von 1957 gingen noch einmal triumphal für die Regierung Adenauer aus, womit die Aktion ihren Schwung verlor. Es war den Wählern vermutlich schwer deutlich zu machen, daß die Sozialdemokraten in einem Trägersystem für amerikanische Atomwaffen eine tödliche Gefahr für die Sicherheit der Bundesbürger sahen, wenn sie selber mit gleicher Entschiedenheit für die friedliche Nutzung der Atomenergie eintraten, die von dem späteren Wortführer der Atomgegner, Robert Jungk, noch 1963 in seinem Buch »Heller als tausend Sonnen« propagiert wurde.

menschlichen Wirklichkeit der Berliner Mauer zerbrachen, hatte die SPD eine außenpolitische Wende vollzogen, die es ihr ermöglichte, neue Wege der Deutschland- und Ostpolitik zu beschreiten.

Der in Hannover zum Kanzlerkandidaten gewählte Willy Brandt trug nun seinerseits dazu bei, den Gemeinsamkeitskurs, den Herbert Wehner noch auf die Außenpolitik begrenzt wissen wollte, auf weitere Bereiche auszudehnen. Er sah auch im Inneren große Gemeinschaftsaufgaben, die nur von einer breiten parlamentarischen Mehrheit bewältigt werden könnten. »Wir sind alle eine Familie«, so hieß die Botschaft von Hannover. Entsprechend lag der SPD im Bundestagswahlkampf des Jahres 1961 daran, eine Konfrontation mit der CDU/CSU tunlichst zu vermeiden. Die Rechnung ging weitgehend auf. Der Bau der Mauer brachte dem an schwieriger Stelle handelnden Regierenden Bürgermeister Brandt zusätzliche Sympathien, während Bundeskanzler Adenauer in der Öffentlichkeit den Eindruck erweckte, als lasse er dem Berliner Geschehen nicht die gebotene Aufmerksamkeit zuteil werden.

Nach den Bundestagswahlen 1961 erhielt der Gemeinsamkeitskurs der SPD durch die taktischen Manöver des Kanzlers, der um sein Überleben im Amt kämpfte, vorübergehend sogar eine realpolitische Chance. In der Parteiführung begann man sich mit der Vorstellung einer großen Koalition anzufreunden, bevor schließlich doch die Neuauflage einer bürgerlichen Regierung aus CDU/CSU und FDP erreicht wurde. Noch war der SPD der Sprung an die Macht nicht gelungen, aber es deutete sich die Auflösung jener Parteienkonstellation an, in der über lange Jahre ein demokratischer Machtwechsel so gut wie ausgeschlossen schien. Die SPD begann nun auch in der politischen Praxis damit, ihre traditionelle Distanz zum Bonner Staat aufzugeben und statt dessen ihren Willen zu bekunden, politische Verantwortung zu übernehmen. Diese neue Haltung implizierte, daß die Sozialdemokratie die Bundesrepublik, so wie sie unter Adenauer geworden war, auch als ihren Staat akzeptierte. Die Vorstellung von einer sozialistischen Alternative, die sie noch im Jahre 1949 beseelt hatte, war damit ebenso in weite Ferne gerückt wie die langjährigen und hartnäckigen Träume von einer baldigen gemeinsamen staatlichen Zukunft aller Deutschen.

3. Im Wirtschaftswunder

Bevor der deutschen Wirtschaft der Durchbruch zu Wachstum und Vollbeschäftigung gelang, hatte sie eine Reihe von Schwierigkeiten zu überwinden, die dem marktwirtschaftlichen Kurs Ludwig Erhards schwere Belastungsproben auferlegten. Mit dem Ausbruch des Koreakrieges im Juni 1950 kam es infolge einer internationalen Rohstoffverknappung zu erheblichen Preissteigerungen. Vor allem beim Import von Kohle ergaben sich Engpässe. Devisenmangel und eine rasch ansteigende passive Handelsbilanz ließen die Diskussion über die Notwendigkeit staatlicher Eingriffe in die Wirtschaft wieder aufleben. Wie konnte sichergestellt werden, daß notwendige Investitionen in den Grundstoffindustrien nicht zugunsten einer Expansion des Konsumbereichs vernachlässigt wurden? Die Auseinandersetzung, die bis in die Reihen der CDU/CSU reichte, erhielt eine neue Dimension, als die Amerikaner mit immer deutlicheren Worten von Bonn vermehrte Anstrengungen zur Stärkung der westlichen Verteidigung verlangten. Am 6. März 1951 drängte Hochkommissar John McCloy in einem Schreiben den Kanzler in ultimativer Form, eine rüstungsrelevante Verwendung von Investitionen sicherzustellen. Nur eine »bedeutsame Modifizierung der freien Marktwirtschaft« könne den Bemühungen der Vereinigten Staaten um einen stärkeren Verteidigungsaufwand, den die dramatische Veränderung der internationalen Lage erfordere, gerecht werden. »Angesichts der ungewöhnlichen wirtschaftlichen Anstrengungen, die jetzt vom amerikanischen Volk gemacht werden«, so drohte McCloy, »muß die Regierung der Bundesrepublik offensichtlich direkt mit Verwaltungsmaßnahmen eingreifen, wenn Deutschland weiterhin bei der Dollarhilfe berücksichtigt werden will.«[37]

Die Bundesregierung mußte, wollte sie nicht in die Isolierung geraten, dem inneren und äußeren Druck nachgeben. Dennoch war Ludwig Erhard peinlich darauf bedacht, einen Rückfall in die alten Formen der Bewirtschaftung zu vermeiden. Seine Konzessionen waren eher verbaler als substantieller Art. Durch das »Wirtschaftssicherungsgesetz« erweiterte die Regierung Anfang 1951 ihre Eingriffsmöglichkeiten in die Produktion und den Warenverkehr. Zuvor hatte die Bank deutscher Länder, die spätere Bundesbank, mit restriktiver Mindestreserve- und Diskontpolitik für eine Verteuerung der Kredite gesorgt. Um den privaten Konsum zu dämpfen und die Außenhandelsbilanz zu stabilisieren, verhängte die Bundesregierung sogar vorübergehend einen teilweisen Einfuhrstop für bestimmte Waren. In der Haushaltsdebatte am 14. März 1951 sah der unter schweren Beschuß geratene Bundeswirtschaftsminister sich genötigt einzugestehen, daß die Marktwirtschaft durch die Auswirkungen des Koreakrieges in Bedrängnis geraten sei. »Wir wollen die Funktion des Marktes erhalten. Aber wir sind uns darüber klar, daß manche Freizügigkeit und manche Freiheit durch bewußte, planvolle und sinnvolle Regelung ersetzt werden müssen.«[38] Die Opposition sah in dieser Erklärung ein Eingeständnis des Scheiterns. Nicht ohne Genugtuung und unter dem Beifall seiner Fraktion stellte Erik Nölting fest: »Herr Professor Erhard, was Sie heute auf dieses Podium brachten, das war die Mumie Ihrer Marktwirtschaft. Wenn Sie in den Spiegel schauen, möchte ich Sie fragen: Erkennen Sie sich selbst dann eigentlich wieder?«[39] Die Kundenlisten im Kohlenhandel für Hausbrandversorgung, die Stromabschaltungen, die Einschränkungen im Zugverkehr, dies alles seien Symptome einer marktwirtschaftlichen Ratlosigkeit, der nur die Zwangswirtschaft als letzter Ausweg bleibe. Nölting empfahl, dem Bundesminister für Wirtschaft das Amtsgehalt zu streichen, wenn er schon nicht zurücktrete. In dieser Stunde der Genugtuung entging der SPD-Opposition, daß der durchaus beabsichtigte demonstrative Effekt der Verlautbarungen und Maßnahmen Ludwig Erhards vor allem darauf zielte, die Alliierten, besonders die Amerikaner, zu beschwichtigen, um so die Gefahr der angedrohten Sanktionen zu bannen, die für die deutsche Wirtschaft katastrophale Folgen heraufbeschworen hätten.

Die notorische Kapitalschwäche der Wirtschaft vor allem in den Grundstoffindustrien, im Verkehrswesen und im Investitionsgüterbereich brannte der Regierung weiter auf den Nägeln. Die Einbeziehung der Bundesrepublik in die Verteidigungsanstrengungen des westlichen Bündnisses machte eine wirkungsvollere Lenkung der Wirtschaft notwendig, als sie mit den Kräften des freien Marktes allein zu erreichen war. Erhards Vorschläge, über eine Kombination von Zwecksparen und Vermögensbildung Abhilfe zu schaffen (Preisaufschlag auf Güter des gehobenen Bedarfs, der dem Kunden als Guthaben bei der Kreditanstalt für Wiederaufbau angeschrieben werden sollte), ließen sich ebensowenig verwirklichen wie die Pläne des Finanzministers, über eine Sonderumsatzsteuer direkte staatliche Subventionen für die Problembereiche bereitzustellen. Um neuen innenpolitischen Konflikten aus dem Wege zu gehen, unterstützte Bundeskanzler Adenauer ein Modell, das die Kreditanstalt für Wiederaufbau angeregt hatte. Es beruhte auf dem Gedanken, die erforderlichen Mittel durch eine Selbsthilfeaktion der deutschen Wirtschaft aufzubringen, und kam den ordnungspolitischen Vorstellungen Ludwig Erhards insofern entgegen, als es das Problem der Investitionslenkung ohne staatliche Regulierung und im privatwirtschaftlichen Rahmen zu lösen versprach.

Das »Gesetz über die Investitionshilfe der deutschen Wirtschaft«, das im Januar 1952 in Kraft trat, führte für zentrale Bereiche der Konsumgüterindustrie (mit Ausnahme der Landwirtschaft) eine einmalige Zwangsanleihe von einer Milliarde DM ein, die dem vorrangigen Investitionsbedarf der Grundstoffindustrien (Eisen, Kohle, Stahl, Elektrizität) und der Bundesbahn zugute kommen sollte. Schließlich räumte das Gesetz den wirtschaftlichen Problembereichen Möglichkeiten zur Sonderabschreibung ein, die langfristig noch stärker als die einmalige Umschichtungsaktion zu Buche schlagen sollten. Bis zum Jahre 1956 beliefen sich die Steuervergünstigungen auf etwa 3,2 Milliarden DM. Für die Wirtschaftsverfassung der Bundesrepublik hatte das »Investitionshilfegesetz« zukunftsweisende Bedeutung. An die Stelle einer umfassenden Kapitallenkung durch den Staat war

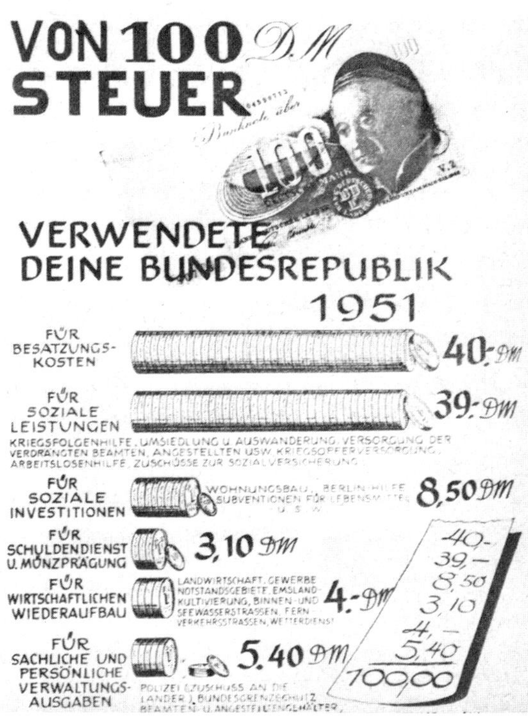

Im Juli 1952 versandte die Bundesregierung ein Informationsblatt an die Steuerzahler

eine abgestimmte Aktion mit den Wirtschaftsverbänden, den Gewerkschaften und Großbanken getreten, die in Beiräten, Ausschüssen und beratenden Gremien an der Formulierung und Durchführung der Wirtschaftspolitik teil hatten. Die »konzertierte Aktion« der späten sechziger Jahre deutete sich bereits an. Durch die Einbeziehung der Spitzenverbände der Wirtschaft und der Gewerkschaften in die Gestaltung der staatlichen Wirtschaftspolitik, in Planung und Krisenmanagement, entwickelten sich in der Bundesrepublik korporative Formen moderner Wirtschaftslenkung, die an deutsche Traditionen anknüpfen konnten, deren Wurzeln bis in die Zeit der Weimarer Republik und des Kaiserreichs zurückreichen.

Vertreter des marktwirtschaftlichen Prinzips wie der neoliberale Wirtschaftsrechtler Franz Böhm sahen hier Gefahren für die künftige Fähigkeit des Staates, sich gegenüber wirtschaftlicher Verbandsmacht durchzusetzen. Ludwig Erhard selbst warnte vor Tendenzen »alter Kartellherrlichkeit«. In einem offenen Brief an Otto A. Friedrich, einen der führenden Industriellen und Vorsitzenden der Phoenix AG in Hamburg-Harburg, der am 4. Januar 1950 in der *Welt* abgedruckt wurde, stellte er die Frage, ob es nicht auch in der deutschen Unternehmerschaft Kräfte gebe, »denen der Wettbewerb lästig zu werden beginnt, die die bequeme Pfründe der Planwirtschaft zurückersehnen …«. Seine Kritik richtete sich vor allem gegen die »allzu zahlreichen Kartellfreunde, die in dem Drang nach ihrem wohltätigen Wirken kaum mehr zu bändigen sind … Habe ich nicht oft und immer wieder gesagt, daß mir die unternehmerische Planwirtschaft um nichts weniger verwerflich

Cinderella-Puppe, der Exportschlager der Nürnberger Spielwarenindustrie

Wie Literatur, Film und Theater Amerikas über die deutschen Traditionen zum großen Teil hinweggingen, so beeinflußte das amerikanische Vorbild auch die Konsumwelt der fünfziger Jahre bis in den Stil der Karikaturen und die Spielzeugwelt hinein. An die Stelle der alten Aschenputtelwelt trat die Cinderella-Welt.

erscheint als die der staatlichen Bürokratie, und kann man füglich von mir verlangen, daß ich jetzt unter dem Druck solcher Kreise zu einer besseren Einsicht gelangt sein sollte?«[40]

Die Rückgewinnung der ökonomischen Handlungsfreiheit nach innen und außen war eine wesentliche Voraussetzung für den Aufbruch ins Wirtschaftswunder, das ohne die zunehmende Einbeziehung der Bundesrepublik in den internationalen Markt nicht möglich gewesen wäre. Seit dem Ende des Zweiten Weltkrieges hatten die USA eine Politik der Öffnung des Welthandels betrieben. Auf jeden Fall sollte ein Rückfall in den Protektionismus der Nationalstaaten verhindert werden, der in den zwanziger Jahren dazu beigetragen hatte, die Weltwirtschaftskrise heraufzubeschwören. Eine Reihe von Institutionen, wie der bereits Ende 1945 gegründete Internationale Währungsfonds, die Weltbank und die International Trade Organization (ITO), sollten der Liberalisierung des Weltmarktes dienen. Als erfolgreich erwiesen sich die seit dem Jahre 1946 in Genf geführten Verhandlungen über die Senkung von Zolltarifen durch zweiseitige Abkommen auf der Basis der Meistbegünstigung. Nur ein Jahr später konnte zwischen 23 Staaten das »General Agreement on Tariffs and Trade« (GATT) unterzeichnet werden. Obwohl die Bundesrepublik Deutschland noch kein souveräner Staat und damit nicht selbständiger Partner war, wurde sie doch von Anfang an in die Liberalisierungs- und Stützungsprogramme der westeuropäischen und atlantischen Wirtschaft mit einbezogen, wobei die Amerikaner ihnen sogar eine Pionierrolle zudachten. Dies geschah zunächst allerdings unter der Kontrolle der Militärregierungen, deren Interessen sich keineswegs immer mit denen der von ihnen beaufsichtigten deutschen Seite deckten. Die im Jahre 1948 aufgenommenen und bis Ende 1952 anhaltenden Marshallplanlieferungen kamen der Bundesrepublik in hohem Maße zugute. Obwohl die Investitionen, die auf sie zurückgingen, im Durchschnitt nur 5,5 Prozent der Gesamtinvestitionen ausmachten, war ihre ökonomische Bedeutung erheblich, da sie in strukturell bedeutsame Bereiche flossen.

Als nach der Währungsreform die Regulierung der Zölle durch alliiertes Monopol zunehmend entfiel und gleichzeitig die Bedeutung des Außenhandels zunahm, stellte sich das Problem einer Neuregelung des Zollsystems immer dringlicher. Nicht ungern folgte die Bundesregierung daher einer Einladung der Westmächte, dem GATT beizutreten. Es entsprach deutschen Wünschen, am System gegenseitiger Handelsvergünstigungen teilzunehmen. Ohne Zweifel würde die Wirtschaft insgesamt von einem solchen Schritt profitieren. Aber die mit den GATT-Verhandlungen verbundene völlige Umstellung des Zolltarifs mußte gleichzeitig zu erheblichen Interessenkonflikten im eigenen Land führen. Während die Landwirtschaft nach wie vor für hohe Schutzzölle eintrat, da sie die Konkurrenz des freien Marktes fürchtete, setzte sich die Industrie – mit Ausnahme der Chemie, der Eisenerzeugung und der Textilbranche – vehement für den Freihandel ein, um die Absatzchancen für ihre Produkte zu erhöhen und gleichzeitig Rohstoffe preiswerter importieren zu können. Auch die Gewerkschaften, die sich als Anwälte der Verbraucher fühlten, befürworteten weitgehende Zollsenkungen im Konsumgüterbereich.

Ein schwieriger interner Klärungsprozeß, der die Vertreter aller relevanten Interessengruppen umfaßte, kam in Gang. Die Bundesregierung setzte einen »Gemischten Ausschuß« ein, der zwischen Oktober 1949 und März 1950 siebzigmal tagte und ein Mammutprogramm absolvierte. Etwa 2000 Experten kamen zu Wort. Schließlich gelang es, rund 4000 Zollpositionen zu erarbeiten und der Alliierten Hohen Kommission zur Genehmigung vorzulegen. In neuen Verhandlungen wurden der Bundesregierung erhebliche Zugeständnisse abverlangt, bis endlich ein einheitlicher Entwurf bei den GATT-Verhandlungen präsentiert werden konnte, die zwischen September 1950 und April 1951 im südenglischen Seebad Torquay stattfanden. Der mit weiteren Kompromissen erkaufte Beitritt der Bundesrepublik zum »Allgemeinen Zoll- und Handelsabkommen« stärkte die Position der deutschen Wirtschaft am Weltmarkt. Er brachte darüber hinaus dem westdeutschen Staat die zoll- und handelspolitische Souveränität. Die konsequente innere Liberalisierung fand damit eine außenwirtschaftliche Entsprechung. Es sollte nicht lange dauern, bis der Export des jungen Staates florierte.

Bier in Dosen, Verkaufsschlager in den amerikanischen Garnisonstädten

Das Dosenbier war die neueste Errungenschaft der Nachkriegszeit. Die Amerikanisierung zeigte sich auch in der neuen Präsentation der Lebensmittel, die in Blech, Zellophan und Kunststoff fertig abgepackt wurden, was die neuartige Einrichtung des Supermarkts erforderte. In solchen Alltagserscheinungen zeigte sich der Anbruch einer neuen Epoche so deutlich wie in den Büchern einer neuen Literatur und den neuen politischen Allianzen, die die Staatsmänner schlossen.

Eine unabdingbare Voraussetzung für den Wirtschaftsaufschwung bestand darin, kreditwürdig zu werden. Ohne eine Regelung der deutschen Auslandsschulden war es nicht möglich, auf internationaler Ebene Vertrauen zu gewinnen. Dies wußte der Bundeskanzler. Zugleich erkannte er, wie mit der grundsätzlichen Anerkennung alter Verbindlichkeiten die Auffassung von der Rechtsidentität der Bundesrepublik mit dem Deutschen Reich gestützt und durch zwischenstaatliche Abkommen erhärtet werden konnte. In seinem Freund und Vertrauten Hermann Josef Abs, dem damaligen Stellvertretenden Vorsitzenden der Bank für Wiederaufbau und späteren Vorstandssprecher der Deutschen Bank, besaß Adenauer einen exzellenten Berater, der sich bereits im September 1949 in einem Vortrag vor dem Hamburger »Überseeclub« als souveräner Kenner der vielfältigen Aspekte deutscher Auslandsverschuldung zu erkennen gegeben hatte.[41]

Informelle Gespräche zwischen deutschen und alliierten Experten, die sich über fast ein Jahr hinzogen, bereiteten den Boden für erste politische Schritte, die dann in enger Abstimmung zwischen Bonn und dem Petersberg erfolgten. Am 23. Oktober 1950 wandte sich der amtierende Vorsitzende der Alliierten Hohen Kommission, der britische Hochkommissar Sir Ivone Kirkpatrick, in einem Schreiben an den Bundeskanzler. Unter Berufung auf das Kommuniqué der New Yorker Außenministerkonferenz vom September 1950 verwies er darauf, daß die Bundesregierung, sobald sie die Verantwortung für die Führung ihrer auswärtigen Politik übernehme, zugleich den Status ihrer Verbindlichkeiten gegenüber anderen Staaten zu klären habe. Die drei Regierungen seien der Auffassung, so hieß es, daß die Bundesregierung »bis zur endgültigen Friedensregelung und ohne deren Bedingungen vorzugreifen, die einzige Regierung ist, die berechtigt ist, die Rechte des früheren Deutschen Reiches zu übernehmen und dessen Verpflichtungen zu erfüllen«.[42] In einem Antwortbrief des Kanzlers erklärte die Bundesregierung sich daraufhin bereit, die Haftung für die »äußeren Vorkriegsschulden« des Deutschen Reiches zu überneh-

Robert Pferdmenges, 1956

men und darüber hinaus grundsätzlich die Schulden als vorrangig anzuerkennen, welche aus der Wirtschaftshilfe resultierten, die Deutschland seit der Niederlage gewährt worden war. Adenauer schlug vor, die mit der Anerkennung und Abwicklung dieser Schulden zusammenhängenden Fragen in zweiseitigen Abkommen zu regeln. Es liege im Interesse einer Wiederherstellung normaler Wirtschaftsbeziehungen zwischen der Bundesrepublik und anderen Ländern, »so bald wie möglich einen Zahlungsplan auszuarbeiten, der die Regelung der öffentlichen und privaten Forderungen gegen Deutschland und deutsche Staatsangehörige zum Gegenstand hat«.[43] Interessierte Regierungen, Gläubiger und Schuldner seien an der Ausarbeitung des Planes zu beteiligen, dessen Belastungen sowohl der allgemeinen Wirtschaftslage der Bundesrepublik Rechnung tragen müsse als auch die Finanzlasten der Besatzungsmächte nicht merklich vermehren dürfe.

Bei der zur Verhandlung anstehenden Materie ging es sowohl um Staatsschulden in einer Höhe von etwa 13,5 Milliarden DM als auch um private Anleihen. Etwa sieben Milliarden DM davon entfielen auf die Nachkriegsprogramme, insbesondere den Marshallplan. Rund 3,5 Milliarden DM waren den Vorkriegsschulden zuzurechnen, wovon die noch bestehenden Verbindlichkeiten aus den Dawes- und Young-Anleihen der zwanziger Jahre etwa 1,6 Milliarden DM ausmachten. Angesichts der angespannten Devisensituation gingen die Meinungen selbst innerhalb der Bundesregierung darüber auseinander, ob es zum gegebenen Zeitpunkt sinnvoll sei, sich derartigen Belastungen zu stellen. Andererseits wünschten einflußreiche Kreise der Wirtschaft dringend, die Möglichkeit ausländischer Kredite zu erhalten, um die Exportsituation zu verbessern. Ihr Sprecher war Hermann Josef Abs, den der Bundeskanzler mit der Verhandlungsführung betraute. Nach zwei Vorkonferenzen, die Mitte und Ende des Jahres 1951 stattfanden, begann im Februar 1952 die Hauptkonferenz im Londoner Lancaster House. Selbstverständlich differierten dort die Vorstellungen über die Höhe der zu veranschlagenden Schuldenlasten und die Art ihrer Begleichung zwischen den Gläubigern und dem deutschen Schuldner noch immer erheblich. Es war der konstruktiven Einstellung der USA gegenüber der Bundesrepublik und nicht zuletzt auch dem außergewöhlichen Verhandlungsgeschick des deutschen Delegationsleiters zu danken, daß die deutsche Seite bei den langwierigen Verhandlungen wider Erwarten günstig davonkam. Die USA reduzierten ihre Forderungen aus der Nachkriegswirtschaftshilfe von 3,2 auf 1,2 Milliarden DM. Es gelang schließlich, den gesamten Kapitalbetrag, über den gesprochen wurde, von 13,5 Milliarden DM auf 7,5 Milliarden DM zu verringern und die Zahlungsverpflichtungen für die ersten fünf Jahre auf 567 Millionen DM und danach auf 765 Millionen DM zu begrenzen, was bei einem Bundesetat von 23 Milliarden DM und einem Bruttosozialprodukt von 134 Milliarden DM noch immer eine immense Belastung darstellte. Dabei umfaßten die von der Bundesrepublik zu erbringenden Leistungen auch etwa 1,5 Milliarden DM, die eigentlich die DDR betrafen.[44]

Die Sorge, möglicherweise nicht in der Lage zu sein, die Zahlungsverpflichtungen aus dem Londoner Schuldenabkommen, das im Juli 1953 ratifiziert wurde, zu erfüllen, verlor sich mit steigender Wirtschaftskraft rasch. Schon nach wenigen Jahren leistete Bonn vorzeitige Tilgungsraten. Dennoch sollten neben den psychologischen auch die praktischen Auswirkungen, die das Abkommen als Initialzündung für dringend notwendige Investitionskredite besaß, nicht gering geschätzt werden. Mit der Regelung der Auslandsschulden löste sich nach westdeutscher Auffassung de facto auch die Frage der Reparationszahlungen. Danach konnte kein Gläubiger, der das Schuldenabkommen nicht mitunterschrieb, künftig einen Rechtstitel gegen einen deutschen Schuldner erwirken. Es war ausgeschlossen, daß im Falle der Wiedervereinigung bereits erledigte Forderungen noch einmal auflebten.[45]

Wirtschaftlich eng mit dem Komplex der Auslandsschulden verbunden, diese jedoch in ihrer grundsätzlichen Bedeutung weit übertreffend, waren die mit dem Staate Israel über die Wiedergutmachung der nationalsozialistischen Verbrechen geführten Verhandlungen. Sie stellten eine weitere entscheidende Voraussetzung für die Wiederaufnahme Deutschlands in den Kreis der zivilisierten Nationen dar. Bereits im Jahre 1941 hatte eine Konferenz des Jüdischen Weltkongresses in den USA einen Vorschlag Nahum Goldmanns erörtert, nach dem das jüdische Volk, unabhängig von bestehenden individuellen Rechtsansprüchen, kollektive Reparationsforderungen gegenüber Deutschland geltend zu machen habe. Zu einem Zeitpunkt, als der Staat Israel noch nicht existierte, wurde die Idee entwickelt, daß die großen jüdischen Organisationen das Recht erhalten sollten, solche Forderungen zu erheben. Eine entsprechende Resolution wurde auf dem Zionistenkongreß in Atlantic City im Jahr 1944 verabschiedet. Seit Herbst 1945 lag den Alliierten ein im Namen der Jewish Agency verfaßtes Schreiben Chaim Weizmanns vor, das die Rückgabe jüdischen Eigentums und gleichzeitig eine Entschädigung für die an den Juden begangenen Verbrechen verlangte. Auf Veranlassung der Militärregierungen beschlossen die Länderparlamente in den Westzonen Deutschlands zwar Gesetze, die unter gewissen Bedingungen individuelle Kompensationen vorsahen, diese Regelungen waren aber völlig unzureichend.

An diesem unbefriedigenden Zustand änderte sich bis zur Entstehung der Bundesrepublik wenig. Mit der Gründung des Bonner Staates fürchteten die jüdischen Organisationen wie auch der gerade erst entstandene israelische Staat um die künftige Verwirklichung ihrer Wiedergutmachungsansprüche. Sie drängten die Alliierten, die Kontrolle über die deutschen Einrichtungen nicht einfach preiszugeben. In einer Note vom 12. März 1951 an die vier Besatzungsmächte beanspruchte die israelische Regierung eine Summe von 1,5 Milliarden Dollar als kollektive Forderung an Deutschland dafür, daß Israel 450000 Juden aufgenommen habe, die aus Deutschland oder den von deutschen Truppen besetzten Gebieten geflohen seien. Gleichzeitig machte sie klar, daß die Zahlung dieser Reparationen Deutschland nicht von den individuell geltend gemachten Ansprüchen auf Wiedergutmachung befreie.

Während die sowjetische Regierung überhaupt nicht reagierte, gaben die Westalliierten durchaus zu erkennen, daß sie den jüdi-

Hermann Josef Abs bei den Verhandlungen im Lancaster House in London, 1951

Zwei Bankiers der zwanziger Jahre sollten in der Bundesrepublik einen Einfluß gewinnen, der weit über die Bankenwelt hinausging. Robert Pferdmenges hatte als einer der wenigen persönlichen Freunde Adenauers vermutlich mehr Gewicht bei den Finanz- und Wirtschaftsentscheidungen der Epoche als viele Mitglieder des Parteivorstandes, und Hermann Josef Abs führte im persönlichen Auftrag des Kanzlers die Londoner Wiedergutmachungsverhandlungen. Sowohl Pferdmenges als auch Abs entzogen sich jedoch der Versuchung, in die praktische Politik zu gehen, obwohl Adenauer ihnen das mehrmals nahelegte.

schen Vorstellungen Verständnis und Sympathie entgegenbrachten. Allerdings hüteten sie sich vor Versprechungen, die die Priorität ihrer eigenen Forderungen gegenüber Deutschland gefährden und die gerade erst angelaufenen Verhandlungen über die deutschen Auslandsschulden zusätzlich belasten konnten. Der israelischen Regierung wurde nahegelegt, in direkte Gespräche mit der Bonner Regierung einzutreten. Obwohl der Staat Israel dringend der Wirtschaftshilfe bedurfte, erschien es nach den schrecklichen Erfahrungen der Judenvernichtung zunächst undenkbar, direkten Kontakt mit den Deutschen aufzunehmen. Zweifellos hat die Haltung des ersten Bundeskanzlers ganz wesentlich dazu beigetragen, die psychologischen Barrieren abzubauen. Erst seine deutlichen Worte haben es weitsichtigen israelischen Politikern ermöglicht, Gespräche zu beginnen, obwohl sie sich dabei erheblichen persönlichen Risiken aussetzten. Bereits Ende November 1949 hatte Konrad Adenauer den Standpunkt der Bundesregierung zur Judenverfolgung und zur Wiedergutmachungspflicht des deutschen Volkes in einem Interview unmißverständlich zum Ausdruck gebracht. Auf die Frage, ob die gegen Deutsche gerichteten Maßnahmen nach dem Kriege, wie die Vertreibung aus den Ostgebieten, das Unrecht des deutschen Volkes bis 1945 kompensiere, antwortete er: »Unrecht und Leid, das über Menschen gebracht wurde, kann niemals kompensiert werden durch Unrecht oder Leid, das über andere Menschen gebracht wird. Das deutsche Volk ist gewillt, das Unrecht, das in seinem Namen durch ein verbrecherisches Regime an den Juden verübt wurde, soweit wiedergutzumachen, wie dies möglich ist, nachdem Millionen Leben unwiederbringlich vernichtet sind. Diese Wiedergutmachung betrachten wir als unsere Pflicht.«[46] Seit dem Jahre 1945 sei auf diesem Gebiet viel zu wenig geschehen. Die bestehende Gesetzgebung bedürfe mancher Verbesserung.

Adenauer hatte begriffen, daß es für den moralischen Rückhalt der neuen Republik unabdingbar war, der Verantwortung aus der Vergangenheit nicht zu entfliehen. Trotz der noch immer schwierigen Wirtschaftslage mußte ein Weg zu baldigen Verhandlungen gefunden werden. Mit der Regierungserklärung vom 27. September 1951, die, vorgeklärt mit jüdischen Vertretern, die Billigung der politischen Parteien fand, gab der Bundeskanzler das entscheidende Signal. Er bekannte sich zur moralischen und materiellen Wiedergutmachungspflicht »sowohl hinsichtlich der individuellen Schäden, die Juden erlitten haben, als auch des jüdischen Eigentums, für das heute individuell Berechtigte nicht mehr vorhanden sind«. Zugleich sei die Bundesregierung bereit, »gemeinsam mit den Vertretern des Judentums und des Staates Israel, der so viele heimatlose jüdische Flüchtlinge aufgenommen hat, eine Lösung des materiellen Wiedergutmachungsproblems herbeizuführen«.[47] Zwar wies der Kanzler die These von der Kollektivschuld zurück, aber er bekannte sich zu einer kollektiven Verantwortung für die im Namen des deutschen Volkes begangenen Verbrechen. Am 6. Dezember 1951 trafen sich Adenauer und Nahum Goldmann im Londoner Hotel Claridges. Es gelang, die neue Vertrauensbasis zu stabilisieren.

Nachdem das israelische Parlament zugestimmt hatte, wurden

Ben Gurion und Konrad Adenauer in New York, 1960

Entsetzen im Kabinett wie im Parteivorstand rief Adenauers Verhandlungsangebot an den Präsidenten des jüdischen Weltkongresses Nahum Goldmann hervor, dem er 1952 in Paris eine Wiedergutmachungszahlung von drei Milliarden DM innerhalb von maximal zwölf Jahren zusagte. In der Bundesrepublik wurden Stimmen laut, daß der junge Staat die wirtschaftliche und finanzielle Leistungskraft gar nicht habe, solche Summen zu begleichen, die für damalige Verhältnisse in der Tat exorbitant waren. Aber Adenauer hielt diese Zugeständnisse für moralisch berechtigt und politisch notwendig, und er scheint schon früh an den weiteren Aufstieg der Bundesrepublik geglaubt zu haben, der solche Leistungen möglich machen werde.

am 22. März 1952 die Verhandlungen aufgenommen, für die man das niederländische Städtchen Wassenaar in der Nähe Den Haags gewählt hatte. Die »Conference of Jewish Material Claims against Germany« und die Regierung Israels waren mit jeweils eigenen Abordnungen vertreten, wobei die Wünsche des Staates Israel schon bald in den Vordergrund rückten. Die deutsche Delegation stand unter der Leitung von Franz Böhm, dem Frankfurter Experten für Wiedergutmachung, den Adenauer aufgrund einer Empfehlung Walter Hallsteins für diese Mission ausgewählt hatte. Der Staat Israel verlangte eine pauschale Entschädigung von einer Milliarde Dollar für die Ansiedlung und Eingliederung von Flüchtlingen, hinzu kamen 500 Millionen Dollar zur Abgeltung erbenloser Ansprüche. Gleichzeitig wurde eine Verbesserung und Vereinheitlichung der innerdeutschen Wiedergutmachungsgesetzgebung für die Regelung der individuellen Fälle verlangt.[48]

Um die empfindliche Vertrauensbasis nicht zu zerstören, war es wichtig, möglichst bald zu vorzeigbaren Ergebnissen zu gelangen. Doch drohten unerwartete Schwierigkeiten trotz des beachtlichen guten Willens auf beiden Seiten schon bald zu einem Scheitern der Gespräche zu führen. Durch die Parallelität der Londoner Schuldenkonferenz sahen die jüdischen Vertreter die Priorität ihrer Forderungen gefährdet, während die deutsche Seite dem Eindruck entgegenwirken mußte, als könne die Behandlung Israels zum Maßstab der Befriedigung der Ansprüche anderer Staaten gemacht werden. Wie aber sollte Hermann Josef Abs, der die Schuldenverhandlungen in London führte, den dort versammelten 23 Staaten klarmachen, daß sie ihre Erwartungen drastisch reduzieren mußten, um die deutsche Finanzkraft nicht hoffnungslos zu überfordern, wenn die Bundesregierung gleichzeitig Gespräche eröffnete, in denen bereits große Summen grundsätzlich zugestanden wurden? Scheiterten die Verhandlungen in London, dann war auch in Den Haag keine Einigung zu erwarten. Verliefen wiederum die deutsch-israelischen Gespräche ergebnislos, so mußte dies verhängnisvolle Rückwirkungen für die Londoner Schuldenregelung haben. Angesichts dieser Sachlage plädierte Abs dafür, die israelischen Forderungen in das allgemeine Schuldenabkommen einzubringen und so einen Zusammenhang mit den Forderungen der anderen Gläubiger herzustellen.[49] Widerstände kamen auch aus dem Finanzministerium. Minister Schäffer, aber auch manche Abgeordneten der CDU/CSU bezweifelten, ob die Bundesrepublik den zusätzlichen finanziellen Belastungen, die durch die hohen Wiedergutmachungszahlungen entstanden, gewachsen sein würde.

Adenauer machte, unterstützt von Ludwig Erhard, klar, daß die Wiedergutmachung an Israel einen besonderen Charakter besitze und daß ihr deshalb der absolute Vorrang gebühre. In einer persönlichen Aussprache zwischen Franz Böhm und Nahum Goldmann, die am 23. Mai 1952 in Paris stattfand, gelang es, die Irritationen zu überwinden, die durch die Sondierungen von Abs entstanden waren. Der Bundeskanzler ließ bei dieser Gelegenheit folgendes Verhandlungsangebot übermitteln: die Bundesrepublik erbiete sich, eine Gesamtsumme von drei Milliarden in einem Zeitraum von acht bis maximal zwölf Jahren zu zahlen. Die Leistungen sollten möglichst ausschließlich in Waren erfolgen. Goldmann reagierte positiv. Er fügte seinerseits den hilfreichen Gedanken hinzu, die den jüdischen Weltverbänden zugedachte Entschädigung, die mit 400 bis 500 Millionen DM gewiß weit unter der Erwartung der Betroffenen blieb, der Gesamtsumme für Israel zuzuschlagen und die Abgeltung an die Organisationen dem jüdischen Staat zu überlassen. Gleichzeitig kritisierte er aber die zu lange Erfüllungszeit und die ausschließliche Beschränkung auf Waren und bestand darauf, daß wenigstens ein Drittel in bar gezahlt werden sollte.[50]

Am 10. Juni 1952 kam es im Rhöndorfer Haus des Bundeskanzlers zu einer weiteren persönlichen Begegnung mit Nahum Goldmann. In dem Gespräch, an dem der israelische Delegationsleiter Shinnar ebenso wie Böhm teilnahmen, gelang der Durchbruch. Man einigte sich darauf, die Ansprüche der »Claims Conference« mit denen des Staates Israel gemeinsam zu verrechnen. Als Gesamtsumme wurden 3,4 bis 3,5 Milliarden DM in Aussicht gestellt, die in den ersten zwei Jahren in Jahresraten von 400 Millionen DM und danach über einen Zeitraum von zehn Jahren in Raten von 250 Millionen DM fällig werden sollten.[51] Das Bundeskabinett stimmte dem erzielten Kompromiß zu. Dennoch bedurfte es dreier weiterer Monate zäher Verhandlungen in Wassenaar, bevor das Abkommen am 10. September 1952 unterzeichnet werden konnte.

Der Vertrag mit Israel löste heftige Proteste und Boykottdrohungen der Staaten der Arabischen Liga aus. Die Reaktion der öffentlichen Meinung in Westdeutschland war alles andere als ein Ruhmesblatt. Nur sieben Jahre nach den schrecklichen Ereignissen des Holocaust und in voller Kenntnis der Verbrechen befürworteten lediglich elf Prozent der Bundesbürger das Wiedergutmachungsabkommen mit Israel ohne Einschränkung, während 44 Prozent es als überflüssig bezeichneten, 24 Prozent die zahlbare Summe für zu hoch hielten und 21 Prozent unentschieden blieben.[52] Selbst im Bundestag kam es noch zu erregten Debatten, als das Abkommen am 18. März 1953 zur Abstimmung stand. Während nur 84 Mitglieder seiner eigenen Fraktion (bei 39 Enthaltungen und vier Gegenstimmen) für das Abkommen stimmten, fand der Bundeskanzler diesmal die einhellige Unterstützung der Sozialdemokraten. Für Adenauer war der Vertrag mit Israel jenseits politischer Zweckmäßigkeit nicht nur eine rechtliche und wirtschaftliche, sondern auch eine moralische Verpflichtung.

Im westlichen Ausland hat das Wiedergutmachungsabkommen entscheidend dazu beigetragen, das Ansehen der Bundesrepublik zu stärken und sie damit zugleich fester in den Westen zu integrieren. Für Israel war die deutsche Wirtschaftshilfe existentiell. Über vierzehn Jahre lang erhielt das Land deutsche Warenlieferungen, die für seine infrastrukturelle Ausgestaltung zum modernen Industriestaat unentbehrlich waren. Maschinen, Autos, Industrieausrüstung und praktisch die gesamte Erstausstattung der Handelsmarine gingen auf die deutschen Leistungen zurück. Die Gesamtsumme der Wiedergutmachungen an den Staat Israel in der Höhe von 3,4 Milliarden DM, einschließlich der Ansprüche der »Jewish Claims Agency«, mag aus heutiger Sicht eher gering erscheinen. Damals besaß diese Zahl eine enorme wirtschaftliche Bedeutung. Um die Leistungen der Bundesrepublik richtig einschätzen zu können, sollten aber auch jene Zahlungen nicht übersehen werden, die der individuellen Wiedergutmachung dienten und dienen. Sie erreichten im Jahre 1980 bereits eine Höhe von 80 Milliarden DM und werden für das Jahr 2000 mit 100 Milliarden DM veranschlagt.

Für die westdeutsche Wirtschaft stellten die Warenlieferungen an Israel, die den Hauptteil der Zahlungen ausmachten, keineswegs nur eine Bürde dar. Sie trugen vielmehr auch dazu bei, der westdeutschen Exportindustrie wichtige Impulse zu geben. Daß die Bundesrepublik an den vielfältigen finanziellen Belastungen nicht erstickte, die ihr aus der Hinterlassenschaft des nationalsozialistischen Terrors und des verlorenen Krieges zuwuchsen, hatte sie letztlich dem unerwarteten wirtschaftlichen Aufschwung zu verdanken.

Seit dem Jahre 1952 wurde unübersehbar, daß sich die »Gründungskrise« der westdeutschen Wirtschaft in einen »Korea-Boom« verwandelte. Die Dynamik der Industrieentwicklung und die lange Dauer des Wirtschaftswachstums übertrafen alle Erwartungen. Zwischen 1950 und 1956 verdoppelte sich das Bruttosozialprodukt, um bis 1960 auf das Dreifache anzusteigen. Dabei erreichten die jährlichen Zuwachsraten anfangs eine durchschnittliche Höhe von etwa acht Prozent – ein in der deutschen Wirtschaftsgeschichte einmaliger Vorgang. Ermöglicht und begleitet wurde das Wirtschaftswachstum von grundlegenden Veränderungen der Produktionsstruktur. Bei steigender Leistungsfähigkeit ging der Anteil der Beschäftigten in der Landwirtschaft von 22,1 Prozent (1950) auf 13,3 Prozent (1960) zurück. Gleichzeitig sank die Arbeitslosigkeit rapide. Sie fiel Mitte der fünfziger Jahre unter die Fünfprozentmarke, trotz der stetigen Zunahme der Produktionsleistung der Beschäftigten und einer Abnahme der durchschnittlichen Wochenarbeitszeit. Obwohl der Zustrom von Flüchtlingen aus dem Osten weiter anhielt, war Mitte der fünfziger Jahre bereits die Vollbeschäftigung erreicht und schon bald ein akuter Mangel an Arbeitskräften, vor allem an Facharbeitern, spürbar.

Jahr	Tatsächliche Werte					Index des Volumens			
	insgesamt			je Einwohner		insgesamt		je Einwohner	
	Einfuhr	Ausfuhr	Einfuhr-(–) bzw. Ausfuhr-(+) überschuß	Einfuhr	Ausfuhr	Einfuhr	Ausfuhr	Einfuhr	Ausfuhr
	Mill. RM/DM			RM/DM		1936 = 100			
1936	2838	3381	+ 543	69	83	100	100	100	100
1950	11374	8362	– 3012	232	170	106	89	88	74
1951	14726	14577	– 149	297	294	109	124	90	102
1952	16203	16909	+ 706	325	339	131	136	107	112
1953	16010	18526	+ 2515	318	368	146	154	118	125
1954	19337	22035	+ 2698	380	438	179	188	144	151
1955	24472	25717	+ 1244	476	500	222	219	177	174
1956	27964	30861	+ 2897	538	593	249	255	196	200
1957	31697	35968	+ 4271	602	683	280	290	217	225
1958	31133	36998	+ 5865	584	693	299	300	230	230
1959	35823	41184	+ 5361	658	756	360	342	270	257
1960	42723	47946	+ 5223	769	863	429	394	316	290

Ein- und Ausfuhr der Bundesrepublik einschließlich West-Berlins (bis Juli 1959 ohne Saarland)

Die von keinem erwartete wirtschaftliche Erholung des westdeutschen Nachfolgestaates des Dritten Reiches spiegelte sich auch in der Serie der Exportrekorde, die das Land, das eben noch geglaubt hatte, das Fahrrad werde sein einziges Beförderungsmittel für eine Generation sein, zum ökonomischen Motor Europas machte. 1955 erreichte die Ausfuhr der BRD 25717 Millionen DM und 1960 schon 47946 Millionen DM. Das amputierte und geteilte Land sollte bald die vor dem Kriege vorherrschende Industriemacht Europas, nämlich Großbritannien, überholen. Die Kriegszerstörungen und die Demontagen erwiesen sich nachträglich als die große Chance der Bundesrepublik, die mit einem vollkommen neuen Maschinenpark den europäischen Konkurrenzkampf gewann.

Schon jetzt wurden öffentlich Erwägungen darüber angestellt, ob nicht ausländische Arbeitskräfte herangezogen werden sollten.

Seit dem Jahre 1952 verebbten die inflationären Tendenzen. Der Preisauftrieb ließ nach. Während die Kosten für die Lebenshaltung, die zwischen 1950 und 1951 noch einen Sprung von 7,7 Prozent gemacht hatten, sich stabilisierten und bis zum Jahre 1960 für die mittlere Verbrauchergruppe um nicht mehr als weitere sechzehn Prozent anwuchsen, stiegen die Löhne und Gehälter erheblich. Die ausgabefähigen Einnahmen eines Vierpersonenhaushalts (mittlere Verbrauchergruppe) nahmen von 305,08 DM (1950) auf 670,45 DM (1960) zu, wobei der Anteil, der für Nahrungsmittel aufgewendet wurde, während desselben Zeitraums von 46,4 auf 38,2 Prozent zurückging. Das Nettoeinkommen aus unselbständiger Arbeit stieg von 34,8 Milliarden DM auf 98,1 Milliarden DM. Der Produktionsindex für Investitionsgüter schnellte bis zum Jahre 1960 (1950 = 100) auf 322 hoch. Für die Verbrauchsgüter erreichte er die nicht minder beeindruckende Zahl von 298. Dabei bewegten sich die Steigerungsraten der technologisch anspruchsvollen Industriezweige (Chemie, Elektrotechnik, Mineralölverarbeitung) weit über dem mittleren Niveau der gesamtindustriellen Produktion, wobei der stark expandierende Bereich des Kraftfahrzeugbaus in seinem Zuwachs noch von der kunststoffverarbeitenden Industrie übertroffen wurde. Trotz hoher Einfuhren im Rohstoff- und Lebensmittelbereich gelang es der Bundesrepublik schon bald, das Außenhandelsdefizit, das im Jahre 1950 noch bei über drei Milliarden DM lag, abzubauen und einen Überschuß zu erzielen, der sich Ende der fünfziger Jahre zwischen fünf und sechs Milliarden DM bewegte. Dabei konnte der Umfang der Ausfuhren von 3,381 Milliarden DM (1950) auf 47,946 Milliarden DM (1960) ausgedehnt werden.

Die Zahlen der Statistischen Jahrbücher belegen eindrucksvoll das wirtschaftliche Wachstum. Nur zehn Jahre nach der totalen Niederlage begannen sich im westlichen Teil Deutschlands die Umrisse einer hochindustrialisierten, exportorientierten Volkswirtschaft abzuzeichnen. Das traditionell starke Gewicht der Landwirtschaft, das trotz des Verlustes der ost- und mitteldeutschen Agrargebiete bis in die Anfangsjahre der Bundesrepublik erhalten blieb, nahm zusehends ab. Hingegen expandierten Industrie, Handel und Gewerbe ebenso wie der Sektor der Dienstleistungen, der immer größere Bedeutung gewinnen sollte. Zwischen 1950 und 1960 wurde jährlich etwa ein Viertel des Bruttosozialprodukts für Investitionen aufgewendet, die der Modernisierung der Wirtschaft und der Infrastruktur dienten. Die Einlagen der Sparer wuchsen von 1950 bis 1956 um das Sechsfache, von 4,1 Milliarden auf 24,3 Milliarden DM. Die Sparsamkeit trug dazu bei, daß der reale Kaufkraftzuwachs nicht in vollem Umfang auf das Konsumverhalten durchschlug. Er kam somit einer investitionshungrigen Wirtschaft zugute.

Seit Mitte der fünfziger Jahre zeigte sich, daß es den Westdeutschen materiell besser ging. Gleichzeitig wurde offenbar, daß die Bundesrepublik von einem Modernisierungsschub erfaßt wurde, der nicht nur ihre äußere Gestalt, sondern auch die Tiefenschichten der Gesellschaft in nur einem Jahrzehnt grundlegend verän-

Ausfuhr von 700 Trolly-Bussen der Firma Daimler-Benz nach Argentinien, 1952

dern sollte. Familiäre und kirchliche Bindungen lockerten sich; Klassen- und Schichtenunterschiede verloren an Gewicht. Die erkennbaren materiellen Verbesserungen führten dazu, das kollektive Selbstbewußtsein zu stärken und den beginnenden Stolz auf das bereits Erreichte zum Motiv für weitere Anstrengungen werden zu lassen. Daß die neue Lebensqualität mit erheblichen Belastungen der Umwelt und der natürlichen Ressourcen einherging, wurde den Menschen im optimistischen Klima der späten fünfziger Jahre ebensowenig bewußt wie die Tatsache, daß die Prosperitätsphase, die in der Bundesrepublik besonders stürmisch verlief, nicht nur Ausdruck deutscher Tüchtigkeit, sondern auch Bestandteil der allgemeinen Konjunkturentwicklung der westlichen Welt war.

Nach der »Freßwelle« und dem Einrichtungsfieber der frühen fünfziger Jahre kam an deren Ende die Reisewelle. Die Deutschen drängten aus ihrem klein gewordenen Land hinaus. Bald stellten die Zahlen des Auslandstourismus alles in den Schatten, wovon die »Kraft-durch-Freude«-Bewegung nur geträumt hatte. Rimini wurde zum »Teutonengrill«, und in Mallorca teilten die Hotels auf Schiefertafeln mit: »Man spricht deutsch«. Das Radio paßte sich dieser Mobilität an; der tragbare Apparat war der Erfolgsschlager dieses Jahrzehnts.

Um nicht leichtfertig heutige Maßstäbe an die Gegebenheiten der fünfziger Jahre anzulegen, bedarf es einschränkender Hinweise. Die Lebensumstände, die in der Gründungsphase der Bundesrepublik vorherrschten, glichen eher den Gegebenheiten der Vorkriegszeit und der Periode vor Weimar als denen der siebziger und achtziger Jahre. Selbst 1955 war man noch weit von jenem Standard entfernt, der nur ein Jahrzehnt später als selbstverständlich galt. Damals gab es noch keine 40-Stunden-Woche. Der freie Samstag war für viele noch ein Traum. Noch immer lebte nicht weniger als ein Fünftel der Bevölkerung mit einem monatlichen Einkommen von 250 DM am Rande des Existenzminimums. Die allgemeinen Wohnverhältnisse ließen nach wie vor zu wünschen übrig. Trotz der bereits anlaufenden Bauprogramme und des verstärkten privaten Wohnungsbaus waren über 70 Prozent der Bevölkerung immer noch in Ein- bis Zweieinhalbzimmerwohnungen untergebracht, häufig ohne Bad und WC und ohne den Luxus einer Zentralheizung. Nur elf Prozent der Bundesbürger besaßen einen Kühlschrank und nur zehn Prozent eine Waschmaschine. Die begrenzte Freizeit galt der Hausarbeit. Das Radio, die Illustriertenmappen der Leseringe und der gelegentliche Kinobesuch mußten ausreichen, um das Unterhaltungsbedürfnis am Feierabend und an den kurzen Wochenenden zu befriedigen. Das Fernsehen steckte noch in den Kinderschuhen. Erst seit Ende 1952 hatte der Nordwestdeutsche Rundfunk (NWDR), zunächst auf wenige Stunden beschränkt, ein tägliches Programm ausgestrahlt. Seit 1955 wuchs die Fernsehgemeinde dann beständig von 500 000 auf zwei Millionen (1958), um in weiteren fünf Jahren bereits die Achtmillionengrenze zu erreichen. Ähnlich verlief die Entwicklung des Freizeittourismus. Aus bescheidenen Anfängen entfaltete er sich seit dem Ende der fünfziger Jahre zu einem Massenphänomen, propagiert und organisiert durch große Reiseunternehmen, die in immer stärkerem Maße ausländische Reiseziele (Österreich, Italien, Jugoslawien) einbezogen. War der regelmäßige Urlaub zu Beginn der Ära Adenauer eher die Ausnahme, nahm er an ihrem Ende bereits einen festen Platz im Jahreskalender des Bundesbürgers ein.

Zum auffälligsten Gradmesser der Modernisierung der Lebensverhältnisse wurde die stürmisch verlaufende Motorisierung, die ihrerseits auf die Infrastruktur des Landes zurückwirkte. Anfang der fünfziger Jahre lag Deutschland in diesem Bereich noch weit hinter Großbritannien und Frankreich zurück – ganz zu schweigen von den USA, deren außergewöhnliche Autodichte auch später nicht erreicht wurde. Neben dem Fahrrad besaßen damals Bahn, Omnibus und Straßenbahn die größte Bedeutung für den Individualverkehr. Dann übernahm zunächst für einige Jahre das Motorrad eine Spitzenstellung, bevor 1957 die Zulassungsquote der Personenkraftwagen jene der Krafträder überholte. Der individuellen Beweglichkeit erschlossen sich damit völlig neue Horizonte. Zwischen 1957 und 1961 verdoppelte sich die Zahl der Kraftfahrzeuge und stieg von 2,36 auf 4,84 Millionen. Dabei erfreuten sich kleine und Kleinstwagen wie der VW-Käfer oder das Goggomobil und die Isetta größter Beliebtheit. Das vorhandene Straßennetz, an dessen Zustand sich seit dem Kriege nichts Grundlegendes geändert hatte, zeigte sich dem Ansturm kaum gewachsen. Unzureichende und zeitraubende Verbindungen, Stauungen in den Stadtzentren und abnehmende Verkehrssicherheit waren die Folge. Nachdem die öffentlichen Mittel zunächst vorrangig dem allgemeinen Wiederaufbau gedient hatten, konnte erst relativ spät mit dem Ausbau des Straßennetzes begonnen werden, der dann zu einer wichtigen Aufgabe der sechziger und siebziger Jahre wurde.

Ende der fünfziger Jahre kam der Supermarkt aus Amerika, der bald nach dortigem Vorbild an die Stadtränder zog und mit eingeschossigen Flachbauten die Ausfallstraßen säumte. Auch diese Erscheinungen wurden als Fortschritt begrüßt und sogar gefeiert; erst spät, Ende der siebziger und Anfang der achtziger Jahre, begann man zu sehen, daß diese Entwicklung zur Verödung der Innenstädte führte. Jetzt sorgte man sich um die »Revitalisierung« der alten Stadt, die inzwischen von Büro- und Kaufhäusern, Bank- und Versicherungspalästen erobert worden war.

In der frühen Ära Adenauer besaß die Wiederherstellung »nor-

Roulette aus Anlaß der Fertigstellung des 500000. »Käfers«

Das Automobil ist nahezu das einzige Produkt geblieben, dessen Siegeszug die ganzen Jahrzehnte der Nachkriegszeit angehalten hat. Die Automobilmessen warten noch heute mit immer neuen Rekordzahlen auf. Aber der Enthusiasmus der fünfziger Jahre ist längst der Besorgtheit gewichen, denn man sieht den Preis, der dafür zu entrichten war.

maler« Lebensverhältnisse noch eindeutig den Vorrang vor einer grundlegenden Modernisierung. Bei der Neuordnung der Städte begnügte man sich, der Not gehorchend, oft mit dem bloßen Wiederaufbau, wobei die Beseitigung der Trümmerreste, die Funktionsfähigkeit der Infrastruktur und die Bereitstellung von Wohnraum im Vordergrund standen. Eine umfassende, vorausschauende Planung fehlte; ästhetische Kriterien wurden kaum berücksichtigt. Die Orientierung an den unmittelbaren Bedürfnissen stand bei der schnellen Rekonstruktion zweifellos Pate.

Auf dem flachen Lande zeigten sich vorerst kaum Veränderungen. Zum großen Teil von den Zerstörungen des Krieges verschont, hatte sich am Erscheinungsbild der Dörfer und Kleinstädte zu Beginn der fünfziger Jahre nur wenig gewandelt. Die ländlichen Traditionszonen hatten die Wirrnisse der Besatzungszeit unverändert überdauert. Die Evakuierten und viele der Flüchtlinge, die vorübergehend dort Asyl gefunden hatten, strömten zurück in die Städte und in die industriellen Ballungsräume, sobald es ihnen gelang, eine neue Arbeit zu finden. Noch ahnte die Landbevölkerung nicht, daß die Welle der Modernisierung auch sie in wenigen Jahren erreichen und ihre Wirtschafts- und Lebensverhältnisse radikal verändern würde. Am Siegeszug des Traktors läßt sich belegen, wie schnell dies dann geschah. Während die Statistik für das Jahr 1950 noch ebenso viele Pferde ausweist wie im Jahre 1938, rund 1,5 Millionen, führt sie für das Jahr 1960 nurmehr die Hälfte dieses Bestandes auf. Im gleichen Zeitraum nimmt der Bestand an Zugmaschinen (Traktoren, Schlepper) von 180754 auf 866600 zu. Bei Mähdreschern und Melkmaschinen finden sich noch rasantere Steigerungszahlen. Der drastische Rückgang der Arbeitskräfte auf dem Lande und die Flurbereinigung leiteten eine umfassende Rationalisierung ein, die durch die Gründung der Europäischen Wirtschaftsgemeinschaft (1957) noch beschleunigt wurde. Dies führte zu tiefgreifenden Veränderungen der Struktur der bäuerlichen Familienbetriebe und des sozialen Gefüges ländlicher Gemeinden in Westdeutschland. Noch waren die Dörfer nicht zu Schlafsiedlun-

gen der Städte degeneriert. Aber schon Ende der fünfziger Jahre wurde erkennbar, daß viele der kleinen Bauern – seien es die »Kötter« in Westfalen oder die Kleinstbauern in den südwestdeutschen Realteilungsgebieten – dazu übergingen, ihre Landwirtschaft nur noch im Nebenerwerb zu betreiben und das Haupteinkommen aus einer Tätigkeit in Industrie oder Gewerbe zu beziehen.

Während der Ära Adenauer wurden auch jene Sektoren der westdeutschen Gesellschaft, in denen sich Überreste traditioneller Lebensformen erhalten hatten, durch die moderne Industriegesellschaft eingeholt. Vorboten der Konsum- und Freizeitgesellschaft hatten sich bereits in der Weimarer Zeit angekündigt (Kaufhäuser, Küchengeräte, Radio, Auto). Sie fanden schon während des Dritten Reiches größere Verbreitung (Autobahnen, Freibäder, KdF-Reisen). Aber erst in den fünfziger Jahren kam die Modernisierung endgültig zum Durchbruch. In dem Maße, in dem die westdeutsche Gesellschaft dabei zur hochentwickelten Industriegesellschaft reifte, wiesen ihre Errungenschaften, aber auch ihre Probleme, über die regionalen und nationalen Bedingungen hinaus auf einen internationalen Zusammenhang.

Soziologen haben schon früh im Zug zur »nivellierten Mittelstandsgesellschaft« (H. Schelsky) ein Charakteristikum der Bundesrepublik gesehen.[53] Zerstörung und Zusammenbruch hatten die wirtschaftliche und soziale Ausgangssituation der einzelnen nach der vorausgegangenen »gewaltsamen Modernisierung«[54] durch den Nationalsozialismus noch stärker eingeebnet und schichtenspezifische Unterschiede abgeschliffen. Die Währungsreform hatte, obwohl sie den Besitz von Immobilien und Produktionsgütern begünstigte, mit ihrem einheitlichen Kopfgeld von 40 DM für jedermann zur Nivellierung der Startchancen ebenso beigetragen wie die Tatsache, daß industrielles Eigentum durch die Besatzungsmächte – wenn auch nur vorübergehend – kontrolliert wurde.

Das marxistische Modell einer antagonistischen Klassengesell-

Das Erlebnis einer neuen Bewegungsfreiheit wurde den Bundesbürgern durch Motorräder und wirkliche Kleinwagen, durch »fahrbare Untersätze«, beschert. Das Goggomobil, aber auch der VW-Käfer waren ein Symbol der fünfziger Jahre, danach gelang es zunehmend den alten Autokonzernen Mercedes, Opel und Ford mit neuen und größeren Modellen auf den Markt zu drängen. BMW gab schließlich das Experimentieren mit immer neuen Kleinwagen auf. Borgward, aus den alten Hansawerken hervorgegangen, erlebte zwar in den Autorennen und bei Ausstellungen triumphale Erfolge, doch die Kapitaldecke eines privaten Unternehmers war zu dünn, das Werk ging schließlich in Konkurs. Mit Männern wie Borgward verschwand später auch eine typische Unternehmerpersönlichkeit der Gründerzeit von der Wirtschaftsbühne.

Jahr/Land	Krafträder	Personenwagen	Kombinationskraftwagen	Kraftomnibusse einschl. Obusse	Lastkraftwagen zusammen	Lastkraftwagen mit einer Nutzlast bis 1999 kg	Lastkraftwagen mit einer Nutzlast 2000 bis 4 9999 kg	Lastkraftwagen mit einer Nutzlast 5000 und mehr
				Bundesgebiet ohne Berlin West				
1. Juli 1955	2465,6	1622,9	69,8	26,4	579,2	352,4[3]	167,4[3]	44,1[3]
1. Juli 1956	2486,8	1961,7	103,6	27,6	592,2	353,2[3]	171,9[3]	50,5[3]
1. Juli 1957	2431,6	2358,7	136,9	29,1	612,1	374,6	180,4	57,0
1. Juli 1958	2224,6	2812,2	175,4	29,9	620,0	382,5	176,4	61,2
1. Juli 1959	1989,4	3333,9	221,9	30,1	603,6	373,6	161,6	68,4
1. Juli 1960	1868,5	4066,0	271,0	31,9	644,1	396,3	162,8	85,1
1. Juli 1961	1700,6	4843,5	323,5	34,3	689,1	421,5	164,5	103,1
davon (1961):								
Schleswig-Holstein	55,3	192,9	12,6	1,2	30,8	20,4	6,7	3,7
Hamburg	26,7	190,6	12,9	1,1	30,1	21,4	5,9	2,9
Niedersachsen	220,5	556,8	35,6	3,4	77,5	49,2	17,3	11,0
Bremen	10,1	63,9	4,5	0,4	10,8	7,4	2,3	1,1
Nordrhein-Westfalen	387,2	1394,8	94,1	8,5	203,4	125,8	48,9	28,8
Hessen	174,3	459,9	34,3	2,9	62,5	39,0	14,7	8,8
Rheinland-Pfalz	120,7	281,2	23,1	1,7	42,4	23,9	11,1	7,4
Baden-Württemberg	287,8	736,7	47,2	4,3	91,5	51,3	22,9	17,3
Bayern	372,0	871,3	50,6	4,7	108,4	61,9	28,5	18,1
Saarland	44,5	87,6	5,3	0,9	17,4	10,1	3,9	3,4
Insgesamt	1699,1	4835,6	320,2	29,0	674,8	410,2	162,2	102,5
Deutsche Bundesbahn	0,3	0,7	0,7	1,7	1,2	0,6	0,4	0,2
Deutsche Bundespost	1,1	7,2	2,6	3,5	13,0	10,7	1,9	0,5
				Berlin West				
1. Juli 1961	22,8	166,0	9,9	1,3	26,7	19,8	4,8	2,1
				Bundesgebiet einschl. Berlin West				
1. Juli 1961	1723,3	5009,5	333,4	35,6	715,8	441,3	169,3	105,2

[1] Zu den Sonderkraftfahrzeugen zählen Krankenkraftwagen, ferner Sprengwagen, Wasch- und Kehrmaschinen, Viehtransport-, Langmaterial-, Abschlepp- und Kranwagen, Silofahrzeuge, Arbeitsmaschien u. a., sowie Kraftstoffkesselwagen. [2] Bis 1957 geschätzt ohne Saarland, jedoch einschl. Berlin (West), 1958 bis 1960 ohne Saarland, 1961

schaft erwies sich in zunehmendem Maße als unzureichend, um die komplexen Schichtungsstrukturen, die sich im Verlauf der fünfziger Jahre herauszubilden begannen, angemessen zu beschreiben. Während der Anteil der Arbeiter an der erwerbstätigen Bevölkerung von 51,0 Prozent (1950) auf 49,7 Prozent (1960) zurückging, stieg jener der Angestellten und Beamten von 20 auf 28,1 Prozent. Auch innerhalb der Gruppe der abhängig Beschäftigten stieg der Anteil der Angestellten und Beamten gegenüber dem der Arbeiter beträchtlich. Die zunehmende berufliche Abhängigkeit ging zwar einher mit einem größeren Maß an wirtschaftlicher Sicherheit, diese wurde jedoch mit der Einbeziehung in schwerer durchschaubare und durch den einzelnen nicht mehr steuerbare kollektive Zusammenhänge erkauft.

Zulassungspflichtige Lastkraftwagen[1]	Sonderkraftfahrzeuge einschl. Krankenkraftwagen	Kraftfahrzeuge insgesamt	Kraftfahrzeuganhänger	Fahrräder mit Hilfsmotor (Mopeds)[2]
		Bundesgebiet ohne Berlin West		
464,6	36,8	5 265,2[4]	327,5	925,0
554,9	40,8	5 767,6[4]	335,5	1 380,0
633,0	43,7	6 245,2[4]	346,5	1 650,0
710,7	46,1	6 619,0[4]	342,8	1 869,8
784,1	45,7	7 008,6[4]	325,4	2 090,7
866,6	49,1	7 797,3[4]	345,0	2 176,8
949,6	54,7	8 595,2[4]	367,9	2 081,0
45,9	2,6	341,2	15,5	86,0
2,7	1,7	265,8	12,8	29,9
127,9	8,3	1 030,1	48,1	303,9
1,2	0,7	91,5	4,8	15,9
125,2	13,9	2 227,1	97,7	566,5
75,7	4,8	814,4	29,0	170,5
76,5	3,1	548,6	22,9	123,7
173,2	6,9	1347,6	67,4	297,0
314,2	10,0	1 731,2	59,1	457,3
6,3	1,0	163,0	4,4	25,9
948,7	53,1	8 560,6	361,7	2 076,6
0,6	0,2	5,4	1,4	2,3
0,3	1,4	29,2	4,7	2,1
		Berlin West		
1,7	1,7	230,1[3]	13,9	33,4
		Bundesgebiet einschl. Berlin West		
951,3	56,3	8 825,4	381,8	2 114,4

einschl. Saarland sowie einschl. Kleinkrafträder mit Versicherungskennzeichen. [3] Ohne Saarland [4] Nicht alle zum Verkehr zugelassen.

Bestand an Kraftfahrzeugen und Kraftfahrzeuganhängern (einschließlich vorübergehend abgemeldete Fahrzeuge) nach Fahrzeugarten in 1000

Stau auf der Autobahn, 1960

Die Statistik belegt, daß sich die Einkommen auf mittlerem Niveau angleichen. Im Jahre 1957 betrug das monatliche Nettoeinkommen von 69,1 Prozent aller Arbeitnehmerhaushalte zwischen 300 und 700 DM. 9,9 Prozent lagen unter diesem Bereich, während nur 0,7 Prozent auf mehr als 1500 DM kamen. Die große Mehrheit der Deutschen gehörte zur mittleren Einkommensgruppe, wobei die Unterschiede zwischen Arbeitern und Angestellten allmählich verschwanden. Noch zu Beginn der fünfziger Jahre hatte die Einkommenspyramide auf einem breiten unteren Sockel geruht, um nur wenige Jahre später ihre Ausdehnung zur Mitte hin zu verschieben. Die zunehmend mittelständische Prägung der bundesrepublikanischen Gesellschaft wird auch durch die Beschäftigungsstruktur verdeutlicht. 2,1 Millionen Bundesbürger arbeiteten

Nach dem Krieg erlebten zuerst jene Sportarten ihre triumphale Wiederkehr, die in der Weimarer Republik und im Dritten Reich eine entscheidende Rolle gespielt hatten und die sozusagen den Einzelkampf anstelle des Mannschaftskampfes im Mittelpunkt hatten. Wie einst spielte der Boxkampf in den späten vierziger und frühen fünfziger Jahren eine entscheidende Rolle. Auch der Automobilsport kehrte wieder, und auf der Avus, der alten Berliner Rennstrecke, die einst die Triumphe von Caracciola und Rosemeyer gesehen hatte, gab es wieder einen großen Preis von Deutschland, um den sich sogar die Ostzone mit den EMW-Rennwagen der Eisenacher Motorenwerke bewarb.

Die deutsche Fußball-Weltmeisterschaftself 1954 in Bern

im Jahre 1961 in 841 000 Kleinbetrieben, die weniger als zehn Personen beschäftigten, während die 662 Großbetriebe (über 1000) nur 1,5 Millionen Menschen Arbeit gaben. Alle anderen waren in mittelständischen Betrieben tätig.

Die staatliche Sozialpolitik und ein weitflächiges Netz autonomer Tarifbeziehungen zwischen den Sozialpartnern begünstigten den Prozeß der »Entproletarisierung« der Arbeiterschaft.[55] Verdoppelung der Reallöhne, Reduzierung der Wochenarbeitszeit, Verbesserung der Wohnverhältnisse, Vollbeschäftigung und soziale Sicherung blieben nicht ohne Auswirkungen auf das Lebensgefühl und die Verhaltensnormen der Bundesbürger, die sich in zunehmendem Maße an den Möglichkeiten einer hochindustrialisierten Freizeit- und Verbrauchergesellschaft orientierten.

Zunächst nahmen sich die Freizeit- und Wochenendaktivitäten der Westdeutschen eher bescheiden aus. Sie wurden zu einem nicht unerheblichen Teil durch das erneut aufblühende Vereinswesen kanalisiert und absorbiert. Sport-, Gesangs- und Schützenvereine erlebten ebenso wie kirchliche Organisationen einen starken Aufschwung. Vor allem der Fußball wurde zu einer regelrechten Volksbewegung. Deutsche durften wieder an internationalen Wettkämpfen teilnehmen, und erste Erfolge im Ausland trugen dazu bei, das labile Selbstbewußtsein zu festigen. Als die bundesdeutsche Mannschaft im Sommer 1954 die Fußballweltmeisterschaft in Bern gewann, erlebte das Land eine Welle der Identifikation mit den neuen Helden der Nation um Sepp Herberger und Fritz Walter.

Am wichtigsten für den individuellen Zeitvertreib war das Kino, das erst Ende der fünfziger Jahre seine beherrschende Stellung an das Fernsehen verlor. Der Nachholbedarf an ausländischen, vor allem amerikanischen Erzeugnissen war groß. Die deutsche Produktion kam unter der Zensur der Alliierten erst allmählich wieder in Gang. Aber sie erlebte schon bald einen neuen Boom. Kritiker wie Paul Sethe haben in der Filmproduktion der fünfziger Jahre einen bedrückenden Beleg für den restaurativen Charakter der Ära Adenauer gesehen. Nach den hoffnungsvollen Anfängen der »Trümmerfilme« habe sich die Filmindustrie in das

Theodor Heuss und Konrad Adenauer beim Fußball-Länderspiel Deutschland – Österreich, Köln 1953

Mit den fünfziger Jahren begann der Siegeszug des neuen Mannschaftssports. Vor allem der Fußball beherrschte bald das Feld. Als die deutsche Nationalmannschaft zur allgemeinen Überraschung 1954 die Weltmeisterschaft in Bern gewann, sah sich der deutsche Nationalstolz bestätigt: Auch in dieser Hinsicht bewahrheitete sich das Wort »Wir sind wieder wer«. Der Fußball war noch eine Sache des ganzen Volkes, selbst Bundeskanzler und Bundespräsident fehlten nicht auf den Tribünen, was nicht nur eine Frage der Selbstdarstellung war. Vor allem aber verhalfen die Fußballwettkämpfe dem neuen Medium Fernsehen zum Durchbruch; der schleppende Absatz der Geräteindustrie von Grundig bis Saba schnellte nach der Berner Weltmeisterschaft förmlich in die Höhe. Von jetzt an war das Fernsehen endgültig etabliert.

»große Geschäft der Heimat- und Heidefilme, der anrüchigen Helden und einer verschmierten Moral« gestürzt, für die »der Geschmack des vielzitierten Lieschen Müller« als Alibi habe herhalten müssen.[56] Die Probleme der Gegenwart seien verharmlost, die der jüngsten Vergangenheit verdrängt worden. Tatsächlich zeichneten Biederkeit und Wirklichkeitsferne die Mehrheit der Produktionen aus, die sowohl in der personellen Ausstattung als auch in Konzeption und Ausführung vielfach den Erfolgsrezepten der Vorkriegs-Ufa verhaftet blieben.

In der zweiten Hälfte der fünfziger Jahre, als die amerikanische Jazz- und Rockwelle auch den deutschen Markt überschwemmte, James Dean oder Elvis Presley das Lebensgefühl der Jugend mitprägten, nahm der deutsche Film durchaus Probleme der Wirtschaftswunderzeit zur Kenntnis, griff sie allerdings eher klischeehaft und parodierend auf. Noch wachten Bundesprüfstelle und Volkswartbund darüber, daß die Leinwand sauber blieb.[57] Von den Skandalen um »Die Sünderin« (1950) bis hin zum anfänglichen Aufführungsverbot für Ingmar Bergmans Film »Das Schweigen« (1963) sorgten Schnittauflagen der »Freiwilligen Selbstkontrolle« ebenso wie steuerlich relevante Einstufungen der Bewertungsstelle für ein Klima, das den künstlerischen Ansprüchen des Mediums keineswegs immer dienlich war. Die Ursache für den Niedergang des deutschen Films, der Anfang der sechziger Jahre auch in wirtschaftlicher Hinsicht offenkundig wurde, lag allerdings nicht darin allein. Ein entscheidender Grund war die Veränderung der Medienstruktur und des Freizeitverhaltens.

In der Literatur der fünfziger Jahre war zunächst die Kontinuität ein hervorstechendes Merkmal. Das Interesse an den deutschen Schriftstellern aber wurde nach wie vor durch den großen Nachholbedarf an ausländischer, vor allem angloamerikanischer und französischer Literatur übertroffen, der schon in der Trümmerzeit eingesetzt hatte. Gemessen am Verkaufserfolg rangierte Ernest Hemingway weit vor Thomas Mann. Die kosmopolitische Lesegier der gebildeten Bundesbürger erstreckte sich auf die ganze Vielfalt der gehobenen und zunehmend in Übersetzungen erreichbaren ausländischen Romanliteratur von Thornton Wilder

»Die Sünderin«, Regie Willi Forst, 1950

Wenige Filme erregten solches Aufsehen wie »Die Sünderin« von dem alternden Star der zwanziger Jahre Willi Forst. Das lag nicht an der Hauptdarstellerin Hildegard Knef, sondern an einer sekundenlangen Szene, in der sie hüllenlos zu sehen ist, für damalige Zeiten eine pornographische und fast blasphemische Sequenz, die nicht nur die Bischöfe und die Bundesprüfstelle auf den Plan rief, sondern auch das große Publikum schockierte. Die Freizügigkeit in erotischen Dingen blieb lange eine Sache der schwedischen Filmindustrie, und Ingmar Bergmans Film »Das Schweigen« war in dieser Hinsicht Höhepunkt und Abschluß der Adenauer-Ära.

über T. S. Eliot, von André Gide bis zu François Mauriac. Gegenüber diesem Angebot und der starken Stellung der älteren deutschen Literaten fanden die Nachkriegsautoren nur schwache Resonanz. Das änderte sich, als nach dem Tod der drei beherrschenden deutschen Schriftsteller – Thomas Mann, Bertolt Brecht und Gottfried Benn – die Chance der Jüngeren wuchs, die sich in zunehmender Distanz zum Bonner Staat und zur »fröhlichen Restauration« begriffen. Erst seit dem Ende der fünfziger Jahre gelang es den um die »Gruppe 47« gescharten Nachkriegsautoren, größeres Gewicht zu erlangen und ihre zunehmende literarische Bedeutung stärker auch für unmittelbar politische Zwecke geltend zu machen.

Die Gruppe war keineswegs so homogen, wie dies Außenstehenden erscheinen mochte. Unter der unbestrittenen Führung von Hans Werner Richter entwickelte der Kreis auf seinen Tagungen eine Lebendigkeit und schonungslose Offenheit der Diskussion, die nicht selten in Schroffheit umschlug. Autorenlesungen standen im Vordergrund. Den Preis der »Gruppe 47«, die zwanzig Jahre lang bestand, erhielten nur Debütanten, die einer breiteren Öffentlichkeit noch nicht bekannt waren. Unter den so Geehrten befanden sich Günter Eich (1950), Heinrich Böll (1951), Ilse Aichinger (1952), Ingeborg Bachmann (1953), Martin Walser (1955) und Günter Grass (1958). Hans Mayer sieht in dem Zeitpunkt, als der Autor der »Blechtrommel« aus seinem Manuskript vorlas, einen Wendepunkt. »Etwas hatte sich verändert in der deutschen Literatur, schließlich in der ›Weltliteratur‹ von heute, wie sich herausstellen sollte.«[58] Noch stärker als zuvor Heinrich Bölls Roman »Und sagte kein einziges Wort« (1952), in dem das Diktum über einen bekannten Bischof zu lesen stand, dieser sei »einfach dumm«, oder Wolfgang Koeppens Roman »Das Treibhaus« (1953) geriet »Die Blechtrommel« dem Juste-milieu zum Ärgernis. Seine Reaktion auf die literarische Herausforderung – das Buch wurde als pornographisch und blasphemisch verdammt – läßt Rückschlüsse auf die Werthaltungen und die geistige Verfassung der Bundesrepublik zu. Dennoch wäre es falsch anzunehmen, daß die jungen Autoren sich erst gegen vielfältige Widerstände hätten durchsetzen müssen. »Die Restauration war gut zu ihren kritischen Intellektuellen«, schreibt Hans-Peter Schwarz in seiner Geschichte der Ära Adenauer, und er fügt zur Bestätigung ein ebenso süffisantes wie erhellendes Zitat des liberal-konservativen Kulturkritikers Friedrich Sieburg aus dem Jahre 1954 hinzu, in dem dieser feststellt: »In unserem Lande sind die Machtverhältnisse eindeutig, aber sie sind auch diskret gruppiert, so daß schon eine gewisse Schulung dazu gehört, sie zu unterscheiden. Ihnen allen ist eine wachsende Duldsamkeit gegen das Radikale, soweit es sich auf das Geistige beschränkt, gemeinsam – eben weil sie die Überzeugung gewonnen haben, daß von dort keine Störung mehr kommt. Das konservative Prinzip sitzt so fest im Sattel, daß die Toleranz in künstlerischen Dingen sozusagen zu den Attributen eines Hofstaates gehört. Mit anderen und etwas gröberen Worten: die Politik ist ›rechts‹, und die Kunst ist ›links‹. Diese Verteilung der Akzente gibt unserem Gemeinwesen den vielbeneideten Anstrich des Musterhaften.«[59]

Der Blick auf den Lebensstil und die geistig-kulturelle Landschaft der Adenauerzeit zeigt, daß trotz nach wie vor bestehender Kontinuitäten, trotz eines Hangs zum Provinzialismus und zur Biederkeit, doch eine größere Pluralität und eine stärkere Bereitschaft zur Öffnung Einzug hielten, als dies der Begriff der »fröhlichen Restauration« zu erkennen gibt. Tatsächlich entstanden die Grundzüge einer hochmodernen Gesellschaft westlichen Zuschnitts, deren Charakteristika sich nicht mehr nur aus der gemeinsamen deutschen Geschichte begreifen ließen. Im Prozeß der forcierten Modernisierung, der seit der Mitte der fünfziger Jahre in nur einem Jahrzehnt das Gesicht des Landes von Grund auf veränderte, fand die Bundesrepublik in immer stärkerem Ma-

Die Bücher der fünfziger Jahre geben ihre Entstehungszeit auch in der graphischen Präsentation zu erkennen: Die Nierentischwelt, die die Romanciers, Dramatiker und Lyriker so ironisch attackierten, gestaltete ihr eigenes Werk. Für Adenauer und Schumacher wurde mit den gleichen Mitteln geworben wie für Martin Walser, Ingeborg Bachmann oder Heinrich Böll. Der Epochengeist prägte auch jene Intellektuellen, die gegen ihn revoltierten.

ße ihr eigenes Profil. Die Westdeutschen hatten längst damit begonnen, sich im Gehäuse des Teilstaates wohlzufühlen. Das Wirtschaftswunder erleichterte ihnen die Identifikation mit dem neuen Staat und dem neuen politischen System. Es vergrößerte zugleich den Abstand zur Entwicklung im anderen Teil Deutschlands und verstärkte das Gefühl, gegenüber den Landsleuten in der DDR das bessere Los gezogen zu haben.

IV.
Deutsche Demokratische Republik

1. Sozialismus in einem halben Lande

Im anderen deutschen Staat sah sich die große Mehrheit der Bevölkerung als eigentlicher Verlierer des Krieges, der schließlich die Hauptlast der Niederlage zu tragen hatte. Während die Westintegration den wirtschaftlichen Aufstieg der Bundesrepublik und ihre Entwicklung zum souveränen Staat förderte, blieben vergleichbare Erfolge bei der Entstehung der DDR und ihrer Einbeziehung in den östlichen Block aus. Sicherheitspolitische, wirtschaftliche und ideologische Gründe ließen es der sowjetischen Besatzungsmacht geraten erscheinen, an der strengen Kontrolle über ihre Zone auch nach der Gründung der Deutschen Demokratischen Republik festzuhalten und sich dabei weiterhin auf die am Moskauer Vorbild orientierte SED zu stützen. Während der gesamten fünfziger Jahre konnte die DDR-Führung weder das Vertrauen der eigenen Bevölkerung gewinnen noch dem jungen Staat eine demokratische Legitimation auf der Basis freier Wahlen verschaffen. Der sozialistische Transformationsprozeß trug im Gegenteil dazu bei, die Kluft zwischen Regierenden und Regierten zu vertiefen. Der Flüchtlingsstrom aus dem östlichen Teil Deutschlands in den Westen riß erst ab, als der Bau der Mauer in Berlin die völlige Abriegelung der DDR besiegelte.

In seinem Grußtelegramm vom 13. Oktober 1949 hatte Stalin den zweiten deutschen Staat als einen »Grundstein für ein einheitliches, demokratisches und friedliebendes Deutschland« bezeichnet. Seine Erwartung, die Gründung der DDR werde »eine große Sympathie und aktive Unterstützung aller Völker der Welt finden«, »darunter auch des amerikanischen, englischen, französischen, polnischen, tschechoslowakischen, italienischen Volkes«,[1] sollte sich jedoch nicht erfüllen. Die DDR galt außerhalb des Ostblocks allgemein als ein »Scheinstaatsgebilde«, das lange Zeit nicht anerkannt wurde. In ihrer gemeinsamen Erklärung vom 11. Oktober 1949 stellten die drei westlichen Hochkommissare fest, sie sei die künstliche Schöpfung eines »Volksrates«, dem keinerlei Mandat zukomme.[2] Für die meisten Westdeutschen und West-Berliner blieb die DDR schlicht und einfach die »Ostzone« oder »Zone«. Die Bundesregierung nahm mit dem Hinweis auf die fehlende demokratische Legitimation der Regierung Grotewohl für sich die Rolle der einzigen demokratisch gewählten Sprecherin des deutschen Volkes in Anspruch, die bis zur Wiedervereinigung auch für die damals noch achtzehn Millionen Menschen zwischen Elbe und Oder verantwortlich sei. Diesen Alleinvertretungsanspruch machte umgekehrt auch die DDR geltend. Sie verstand sich ihrerseits keineswegs als bloßer Teilstaat, sondern als »deutsches Kerngebiet«, das nach der Befreiung Westdeutschlands von der »imperialistischen Kolonialherrschaft« die deutsche Einheit unter volksdemokratischen Vorzeichen herbeiführen werde. Bis zur Mitte der fünfziger Jahre hat die DDR diese Argumentationslinie verfolgt, um sie dann durch die »Zweistaatentheorie« zu er-

Unterzeichnung des Görlitzer Vertrages, Juli 1950

Die sowjetische Besatzungszone fand sich ursprünglich nicht mit der Abtretung der Ostgebiete ab; selbst die Wortführer der Kommunistischen Partei glaubten noch jahrelang zumindest an die Möglichkeit von Korrekturen der Oder-Neiße-Linie. Aber allmählich mußte man sich von solchen Hoffnungen trennen. Nach der Staatsgründung erkannte die DDR-Führung die neuen Grenzen zur Tschechoslowakei und zu Polen als endgültig an. In einem feierlichen Staatsakt in Zgorzelec, dem polnisch gewordenen Teil der alten Barockstadt Görlitz, wurden die Abtretungen sanktioniert.

setzen. Allerdings hielt sie auch danach an ihrer Auffassung fest, daß sie aufgrund ihres »fortschrittlichen Charakters« nach wie vor auch für die gesamte deutsche Nation spreche.[3]

Ein uneingeschränkt positives Echo fand die ostdeutsche Staatsgründung nur bei den volksdemokratischen Bruderländern und den westlichen kommunistischen Parteien. Den Reigen der internationalen Anerkennung eröffnete die UdSSR mit der Errichtung einer diplomatischen Mission bei der »Provisorischen Regierung der Deutschen Demokratischen Republik«. In kurzen Abständen folgten die übrigen Staaten des Ostblocks diesem Beispiel. Voraussetzung dafür war allerdings, daß die DDR den Status quo, besonders der territorialen Integrität Polens und der CSR, rückhaltlos anerkannte. Nach Kriegsende hatten nicht nur westdeutsche Stimmen dafür plädiert, die Oder-Neiße-Frage offenzuhalten; auch führende Funktionäre der SBZ hatten nationale Bedenken geltend gemacht. Die reserviert abgefaßten Anerkennungsschreiben aus Warschau und Prag signalisierten Ost-Berlin, daß es einer eindeutigen Stellungnahme nicht ausweichen durfte. In ihren Verlautbarungen beeilte sich die DDR-Führung daher, »die Unantastbarkeit der Grenzen der Nachbarvölker« zu betonen und die »Herstellung eines neuen Verhältnisses zu den Völkern und Staaten Polens und der CSR« zu den vordringlichen politischen Aufgaben zu zählen.[4] Zugleich vertraute sie darauf, daß die neuen ideologischen Bindungen zwischen den Volksdemokratien dazu beitragen würden, die schwierige Hypothek des Dritten Reiches abzutragen. Nach längeren Vorgesprächen wurde am 6. Juli 1950 die Markierung »der festgelegten und bestehenden deutsch-polnischen Staatsgrenze an der Oder und an der Lausitzer Neiße« zwischen der DDR und Polen in einem feierlichen Staatsakt in Zgorzelec, dem polnisch gewordenen Teil von Görlitz, besiegelt.[5] Im Gegensatz zur Bundesrepublik, die unter Berufung auf das Potsdamer Abkommen an der Offenheit der Territorialfrage bis zum Abschluß eines Friedensvertrages festhielt, erklärte sich die DDR bereit, die Oder-Neiße-Linie als Westgrenze Polens anzuerkennen.

Auch gegenüber der CSR war die DDR bereit, die eingetretenen Verhältnisse bedingungslos zu akzeptieren. In einer gemeinsamen Deklaration, die nach dem Besuch einer Regierungsdelegation unter der Leitung von Walter Ulbricht am 23. Juni 1950 in Prag veröffentlicht wurde, hieß es, daß zwischen den beiden Staaten keine strittigen und offenen Fragen und keine »Gebiets- oder Grenzansprüche« mehr existierten. Zugleich wurde die »durchgeführte Umsiedlung« der Deutschen aus der CSR als »unabänderlich, gerecht und endgültig gelöst« bezeichnet.[6]

Das Tempo und die Entschiedenheit, mit der die DDR-Führung mögliche nationale Bedenken verdrängte und sich in der Grenz- und Vertreibungsfrage auf den Boden der Tatsachen stellte, hinderte sie nicht daran, sich weiterhin als Herold der deutschen Einheit zu präsentieren und eine Reihe gesamtdeutscher Initiativen zu ergreifen. Schon im Herbst 1949 hatte der Präsident der Deutschen Demokratischen Republik, Wilhelm Pieck, ein emphatisches Bekenntnis zur nationalen Einheit abgegeben.[7] Die deutschlandpolitischen Vorstöße der SED, die dann mit großer Regelmäßigkeit bis zum Jahre 1955 unternommen wurden, begannen mit einem Vorschlag Otto Grotewohls vom 30. November 1950. Danach sollte ein mit Vertretern der Bundesrepublik und der DDR paritätisch besetzter konstituierender Rat eine provisorische Regierung vorbereiten, die vier Mächte bei der Ausarbeitung eines Friedensvertrages beraten und gesamtdeutsche Wahlen organisieren. Im September 1951 wurde die Kampagne, die zunächst noch – abgesehen von der KPD – auf die einhellige Ablehnung des Bundestages stieß, mit einem Brief Grotewohls unter dem Motto »Deutsche an einen Tisch« und mit einem Appell der Volkskammer an das Bonner Parlament fortgesetzt. Die Beschwörungen eines gemeinsamen Weges zur deutschen Einheit paßten durchaus zu den Versuchen Moskaus, mit dem Angebot eines neutralisierten Gesamtdeutschland zu locken. Eine andere Frage ist aber, ob die deutschlandpolitischen Initiativen des Kreml von der DDR-Führung mit Begeisterung gesehen wurden.

Bis zum Abschluß des Souveränitätsvertrages mit Moskau im Jahre 1955 hatte Ost-Berlin immer wieder Lippenbekenntnisse zur Wiedervereinigung abgelegt, bevor es seinen Kurs in der nationalen Frage änderte. Die Verlautbarungen zur Wiedervereinigung waren der einzige Bereich, in dem die SED bei der eigenen Bevölkerung auf breite Zustimmung hoffen durfte. Doch barg das fortgesetzte Ausspielen der nationalen Karte eine Reihe von Risiken in sich. Es unterstrich die potentielle Offenheit der deutschen Situation und wirkte daher den Bemühungen um eine schnelle Konsolidierung des Teilstaates entgegen. Bei einer tatsächlichen Wiedervereinigung wäre die Preisgabe des eigenen Herrschaftssystems eine mögliche Folge gewesen. Darüber hinaus konnte das gesamtdeutsche Argument die Sowjetunion in die Lage versetzen, das von ihr geschaffene Staatswesen notfalls einem internationalen Arrangement zu opfern. Allerdings sollte angesichts solcher Überlegungen nicht übersehen werden, daß die im Vergleich zu späteren Phasen der DDR-Politik riskant erscheinenden Wiedervereinigungskampagnen auch einen Sicherheitsmechanismus in sich schlossen. Unter den gegebenen Voraussetzungen und in der

Art, wie sie vorgetragen wurden, durften sie stets der Bonner Ablehnung sicher sein. Sie lieferten auf diese Weise der eigenen Propaganda immer wieder neue Munition.

Seit den Tagen der bedingungslosen Kapitulation hatte die Sowjetische Militäradministration (SMAD) von ihrem zentralen Sitz in Berlin-Karlshorst aus die Entwicklung ihrer Zone bis in Einzelheiten hinein kontrolliert. An diesem Tatbestand änderte auch die Proklamation eines zweiten deutschen Staates nur wenig. Zwar wurde die SMAD mit ihren Verwaltungsstellen in den Ländern aufgelöst und die von ihr ausgeübte Funktion formell den Staatsorganen der DDR übertragen. Zugleich aber entstand mit der »Sowjetischen Kontroll-Kommission in Deutschland« (SKK) ein Organ, dessen Aufgabe »die Kontrolle der Durchführung der Potsdamer Beschlüsse und der anderen von den vier Mächten gemeinsam getroffenen Entscheidungen über Deutschland« war.[8] Die SKK behielt sich ausdrücklich vor, darauf zu achten, daß keinerlei Maßnahmen getroffen würden, »die den Beschlüssen der vier Mächte bezüglich der Entmilitarisierung und Demokratisierung sowie der Wiedergutmachungsverpflichtungen Deutschlands widersprechen«.[9] Wenn dabei, anders als in Westdeutschland, auf den Erlaß eines Besatzungsstatuts verzichtet und sowohl die auswärtigen Beziehungen als auch der Außenhandel sogleich als Aufgabenbereich der Ost-Berliner Regierung beschrieben wurden, so diente dies mehr der propagandistischen Aufwertung der DDR als der Förderung ihrer tatsächlichen Unabhängigkeit.

Gerade weil Moskau auf eine genaue Festlegung der verbliebenen Kontroll- und Überwachungsrechte verzichtete, bestand über die noch geltenden Besatzungsrechte hinaus großer Spielraum für Kontrolle und Intervention. Sowjetische Streitkräfte blieben auch weiterhin als Besatzungstruppen in der DDR. Veränderungen ergaben sich erst, als nach dem Tode Stalins im Jahre 1953 die SKK in eine »Hohe Kommission« umgewandelt wurde, die allerdings ausdrücklich an der aus den Viermächtevereinbarungen hergeleiteten Verantwortung für ganz Deutschland festhielt. Während der Oberkommandierende der sowjetischen Truppen weiterhin für den militärischen Bereich zuständig war, oblag nun dem »Hohen Kommissar« die Vertretung der Interessen der Sowjetunion in Deutschland und die »Überwachung der Tätigkeit der staatlichen Organe der Deutschen Demokratischen Republik im Hinblick auf die Erfüllung der Verpflichtungen, die sich aus den Potsdamer Beschlüssen der alliierten Mächte über Deutschland ergeben«.[10] Entsprechend blieb ausschließlich ihm die »Verbindung mit den Vertretern der Besatzungsbehörden der USA, Großbritanniens und Frankreichs in den Fragen gesamtdeutschen Charakters, die sich aus den vereinbarten Beschlüssen der vier Mächte über Deutschland ergeben«, vorbehalten.

Dem Zustand formaler Selbständigkeit näherte sich die DDR erst, als die sowjetische Regierung nach der gescheiterten Konferenz der Außenminister in Berlin am 25. März 1954 zu erkennen gab, sie werde zur DDR die gleichen Beziehungen aufnehmen, die sie mit anderen souveränen Staaten habe und auf die Überwachung ihrer staatlichen Organe verzichten. Am 25. Januar 1955 erklärte die UdSSR einseitig den Kriegszustand mit Deutschland für

Im Osten nichts Neues: »Kein einziger Kriegsgefangener mehr, nitschewo … «, Karikatur von Mirko Szewczuk

beendet.[11] Zur eigentlichen Verleihung der Souveränität kam es dann am 20. September 1955 durch einen förmlichen Vertrag zwischen Moskau und Ost-Berlin, in dem die vertragsschließenden Seiten bestätigten, »daß die Beziehungen zwischen ihnen auf völliger Gleichberechtigung, gegenseitiger Achtung der Souveränität und der Nichteinmischung in die inneren Angelegenheiten beruhen«.[12] Allerdings wurde im Artikel vier des Vertrages festgehalten, daß die sowjetischen Truppen »zeitweilig« und mit Zustimmung Ost-Berlins in der DDR verbleiben sollten.[13] Dabei behielt sich die UdSSR selbstverständlich weiterhin jene Rechte und Pflichten vor, die sich aus den Viermächtevereinbarungen ergaben. Diese wurden dann aber nicht mehr von der »Hohen Kommission«, sondern vom sowjetischen Botschafter und dem Obersten Befehlshaber der sowjetischen Truppen in Deutschland wahrgenommen.

Das besondere Verhältnis zwischen dem ostdeutschen Staat und der Sowjetunion schlug sich in einer Reihe von Abkommen nieder, die die Wirtschaft der DDR aufs engste mit der des großen »Bruderstaates« verflochten. Sie reichten von der »Regelung des Handels- und Zahlungsverkehrs« (1950) über ein »langfristiges Abkommen über den gegenseitigen Warenaustausch« (1951) bis hin zu Vereinbarungen über wissenschaftlich-technische Zusammenarbeit (September 1951), die im Jahre 1955 durch ein »Abkommen über die Hilfeleistung bei der Entwicklung der Forschungen auf dem Gebiet der Physik des Atomkerns und der Nutzung der Atomenergie für die Bedürfnisse der Volkswirtschaft« ergänzt wurden.

Trotz der von beiden Staaten betonten Freundschaft gab es von Beginn an aber auch spezifische Probleme in den Beziehungen, die aus der Vergangenheit herrührten. Dazu gehörte die ungelöste Frage der Kriegsgefangenen ebenso wie die bedrückenden Reparationsverpflichtungen. Bereits in der Regierungserklärung vom 12. Oktober 1949 hatte Otto Grotewohl auf die moralische Verpflichtung seiner Regierung hingewiesen, für die Rückkehr der Kriegsgefangenen zu sorgen, »ganz gleich, wo sie sich befinden mögen«.[14] Obwohl es wenig später in einer TASS-Erklärung vom 6. Mai 1950 ausdrücklich hieß, daß die Rückführung deutscher Kriegsgefangener aus der Sowjetunion abgeschlossen sei,[15] kann davon ausgegangen werden, daß das Rote Kreuz der DDR in dieser Frage aktiv blieb und auch die Regierungen dieses Problem erörtert haben. Die Lösung gelang jedoch nicht von Ost-Berlin aus. Vielmehr wurde die Freilassung der letzten Gefangenen aus der Sowjetunion beim Besuch von Bundeskanzler Adenauer in Moskau in den Verhandlungen vom September 1955 erreicht.

Da die deutschen Reparationsleistungen große Bedeutung für die sowjetische Wirtschaft besaßen, war auch nach Gründung der DDR nicht mit einem grundlegenden Wandel der Politik Moskaus in diesem Bereich zu rechnen. Die Regierung in Ost-Berlin konnte daher nur vorbehaltlos die Berechtigung der Reparationsforderungen der Sowjetunion und Polens anerkennen und sie erfüllen. Diese Einstellung, so hieß es in einer Erklärung vom 18. Januar 1950, entspringe der »richtigen Einschätzung des Ausmaßes der Zerstörungen, die der Krieg Nazideutschlands in den Gebieten der

Walter Ulbricht in Moskau, September 1955

Noch immer gab es fast ein Jahrzehnt nach der Kapitulation deutsche Kriegsgefangene in der Sowjetunion, die zumeist als Kriegsverbrecher deklariert worden waren. Das geringe internationale Prestige der DDR zeigte sich auch darin, daß die SED-Führung die Frage einer Amnestie dieser späten Kriegsgefangenen, über deren Zahl man nur Vermutungen hatte, öffentlich nicht zur Sprache zu bringen wagte. Erst Adenauer erreichte bei seinen Moskauer Verhandlungen mit Chruschtschow, die zur Aufnahme der diplomatischen Beziehungen führten, die Entlassung aller verbliebenen Kriegsgefangenen. Wenig später kam Ulbricht nach Moskau, um dort zugleich die »Zweistaatentheorie« zu demonstrieren.

Sowjetunion und Polens angerichtet hat, und der logischerweise daraus folgenden Wiedergutmachung der Schäden, wie es im Potsdamer Abkommen der Alliierten der deutschen Bevölkerung auch zur Pflicht gemacht wurde«.[16]

Als der Ministerrat der DDR wenige Monate später den Kreml darum ersuchte, eine mögliche Herabsetzung der Reparationsleistungen zu prüfen, kam es zu ersten Erleichterungen. Moskau senkte die noch zu leistende Reparationssumme nach Rücksprache mit der polnischen Regierung um 50 Prozent. Nach ihren eigenen Aussagen ging die Sowjetunion dabei von den ursprünglich geforderten zehn Milliarden Dollar (für ganz Deutschland) aus, von denen bis Ende des Jahres 1950 bereits 3658 Millionen Dollar abgeleistet seien. Zugleich beschloß sie, den noch bestehenden Rest in Höhe von 3,171 Milliarden Dollar durch Warenlieferungen aus der laufenden Produktion begleichen zu lassen und die im März 1947 auf zwanzig Jahre festgesetzte Tilgungsfrist auf fünfzehn Jahre zu verkürzen.[17]

Weitere vier Jahre verstrichen, bevor die Reparationszahlungen – wesentlich später als in Westdeutschland – ein Ende fanden. Am 1. Januar 1954 übergab die Sowjetunion die restlichen Sowjetischen Aktiengesellschaften (SAG) in deutsche Hand – mit Ausnahme des Uranbergbaus, der künftig unter der Bezeichnung »SDAG Wismut« als sowjetisch-deutsches Gemeinschaftsunternehmen firmierte. Zugleich verzichtete sie endgültig auf die noch ausstehende Reparationssumme von 2,5 Milliarden Dollar und begrenzte die Stationierungskosten für ihre Truppen auf fünf Prozent der jährlichen Einnahmen des Staatshaushalts der DDR.[18] Erst jetzt, nachdem der größte Druck der Kriegsfolgelasten gewichen war, konnte die Regierung in Ost-Berlin daran denken, allmählich ihren wirtschaftlichen Handlungsspielraum zu vergrößern, wenn sie dabei auch fest in das Geflecht des Ostblocks eingebunden blieb.

Bereits im September 1950 war die DDR in den »Rat für gegenseitige Wirtschaftshilfe« (RGW) aufgenommen worden. Als östli-

Reparationsgüter für die UdSSR

Die sowjetische Besatzungszone litt noch Jahre an der unnachsichtigen Demontagepolitik. Die Verpflichtungen, die offiziell genannt wurden, ließen sich nicht nachprüfen und umfaßten nicht die »wilden« Reparationslieferungen. Noch Jahre nach Kriegsende berichteten heimkehrende Kriegsgefangene, daß auf Bahnhöfen in der Sowjetunion U-Bahn-Waggons aus Ost-Berlin, Straßenbahnzüge aus Leipzig und Turbinen aus Leuna verrotteten. Aber auch die Lieferungen der DDR aus der laufenden Produktion wurden zu manipulierten Preisen berechnet. Sowohl die Werften in den Ostseehäfen als auch die Maschinenbauindustrie in Mitteldeutschland arbeiteten auf der Grundlage fiktiver Verrechnungseinheiten. Unter diesen Umständen hatte die ostdeutsche Industrie es schwer, wieder auf die Füße zu kommen, wobei im Vergleich zur Bundesrepublik die ausgeschlagenen ERP-Mittel den Wiederaufbau zusätzlich hemmten.

ches Gegenstück zum Marshallplan konzipiert, gelang es dem RGW jedoch nicht, sich zu einem übergreifenden Instrument der »sozialistischen ökonomischen Integration« zu entwickeln. In der Anfangsphase lieferte er kaum mehr als einen Rahmen für die bilateralen Verträge, die zwischen den Teilnehmerstaaten abgeschlossen wurden. Von 1950 bis 1955 steigerte die DDR ihr Handelsvolumen mit den Bruderstaaten um das Dreifache. Der größte Anteil entfiel dabei mit 45 Prozent des gesamten Außenhandels auf die UdSSR. Diese starke und einseitige Orientierung hatte tiefgreifende Folgen für die Wirtschaftsstruktur. Da es der Sowjetunion an Kapital mangelte, lag ihr vor allem daran, Rohstoffe zu liefern. So blieb der DDR nur die Möglichkeit, die Produktionskapazitäten im Grundstoffbereich zu erhöhen. Schon im ersten Fünfjahrplan bildete die Ausweitung der Schwerindustrie – Eisenhüttenstadt – daher einen Schwerpunkt. Während die DDR etwa drei Viertel ihrer Exporte in die Sowjetunion mit Maschinenbauerzeugnissen bestritt, lieferte die Sowjetunion zu fast 70 Prozent Roh- und Brennstoffe.[19] Diese Zahlen verdeutlichen das qualitative Gefälle zwischen den beiden Volkswirtschaften. Sowohl die überproportionale Entwicklung der Schwerindustrie als auch starke Abhängigkeit von Rohstoffen aus der Sowjetunion sollten Dauerprobleme der DDR bleiben, der es bis 1952/53 immerhin unter großen Mühen und ohne Hilfe von außen gelang, ihre Wirtschaft neu zu ordnen. Dabei verzeichnete sie beachtliche Steigerungsraten sowohl im Bereich der Energiewirtschaft und der chemischen Industrie als auch bei der Rohstahlerzeugung. Allerdings hielt der Lebensstandard der DDR-Bevölkerung einem Vergleich mit dem der Bundesbürger schon zu diesem Zeitpunkt längst nicht mehr stand. Nach wie vor waren wichtige Lebensmittel knapp oder

»Kaufhaus « der staatlichen Handelsorganisation der DDR

Das Gefälle in der Versorgung zwischen dem östlichen und dem westlichen Teilstaat wurde im Laufe der Jahre immer deutlicher. Zwar hatte man im Ruhrgebiet wie auch im sächsischen Industrierevier unter ähnlichen Bedingungen begonnen. Ein Jahrzehnt später aber war der Unterschied im Lebensstandard bereits augenfällig. Die erzwungene Trennung ehemals einheitlicher Wirtschaftsräume und die Abschnürung vom Weltmarkt verschlechterten die Lage der mitteldeutschen Wirtschaft weiter. Die Bundesrepublik hatte sich zum Ende der Adenauer-Ära zu einem der führenden Industriestaaten des Westens entwickelt; die DDR war wirklich ein Arbeiter- und Bauernstaat geworden.

nicht vorhanden, noch immer blieben Fett, Fleisch und Zucker rationiert. Was die »freien Läden« der Staatlichen »Handelsorganisation« (HO) anboten, war für die meisten DDR-Bewohner unerschwinglich. Dort zahlten sie für ein Kilo Zucker 12 Mark, für ein Kilo Schweinefleisch 15 Mark und für ein Kilo Butter 24 Mark. Ein Herrenhemd kostete 40 und ein Kleid 108 Mark – und das bei Bruttomonatslöhnen von durchschnittlich 300 bis 350 Mark für Arbeiter und Angestellte.

Das zunehmende wirtschaftliche Gefälle zwischen der Bundesrepublik und der DDR kann nicht nur auf systembedingte Faktoren zurückgeführt werden, obwohl diese eine wesentliche Rolle spielten. Für den ostdeutschen Teilstaat stellte sich die Ausgangslage ungleich schwieriger dar. Die erzwungene Trennung ehemals integrierter Wirtschaftsräume, die schmale Rohstoffbasis und das Ausbleiben jeglicher Kredithilfe, die dem Marshallplan vergleichbar gewesen wäre, haben den wirtschaftlichen Wiederaufbau in der SBZ/DDR zweifellos sehr erschwert. Allerdings hat der forcierte »Aufbau des Sozialismus« ebenfalls zu erheblichen Problemen geführt und zu Rückschlägen beigetragen, denn die Verstaatlichung weiterer Industriezweige war gewiß nicht dazu angetan, die Arbeitsproduktivität zu erhöhen. Zwischen 1949 und 1950 wuchs die Zahl der »Volkseigenen Betriebe« (VEB) von 1764 auf etwa 5000 (1950) an. Bis 1953 beschäftigten sie bereits 1,7 Millionen Menschen. Ihr Anteil an der industriellen Bruttoproduktion lag schon im Jahre 1952 bei etwa 80 Prozent, und sie erhöhte sich noch, nachdem die Sowjetischen Aktiengesellschaften zurückgegeben worden waren.[20]

Die einseitige Ausrichtung auf die ökonomischen Bedürfnisse und ideologischen Ansprüche der Sowjetunion führte dazu, daß in

Nachdem Stalin seine Konkurrenten erst zurückgedrängt, dann entmachtet und schließlich liquidiert hatte, war er der alleinige Führer des sowjetischen Volkes. Die geradezu kultische Verehrung seiner Person erreichte nach dem siegreichen Krieg gegen das Deutschland Hitlers ihren Höhepunkt.

der DDR die Schwerindustrie gegenüber der Konsumgüterindustrie und den Dienstleistungen bevorzugt wurde. Unrentable Werke entstanden an falschen Standorten (Kohle- und Stahlerzeugung), und qualifizierte Arbeitskräfte wurden dort festgehalten, wo sie langfristig nicht gebraucht werden konnten. Mit dem Slogan »Von der Sowjetunion lernen heißt, siegen lernen« propagierte die SED geradezu überschwenglich sowjetische Methoden der Produktion und der Wirtschaftsführung, die dem eigenen Industrieniveau nicht entsprachen und sich daher als wenig zukunftsorientiert erweisen sollten.

Nicht nur im wirtschaftlichen Bereich wurde die Sowjetunion zum Vorbild der DDR. Sie gab auch das Modell ab für den weiteren Ausbau der »Volksdemokratie«. Schon in der Phase der provisorischen Regierung, die bis zum Herbst des Jahres 1950 dauerte, entstand eine Reihe neuer Machtorgane, die dazu gedacht waren, die Strukturen des »Arbeiter- und Bauernstaates« zu festigen. Beim Sekretariat des Ministerpräsidenten gab es die »Zentrale Kommission für Staatliche Kontrolle«, deren Befugnisse sich auf die gesamte öffentliche Verwaltung erstreckten. Mit der Errichtung eines Obersten Gerichts und einer Obersten Staatsanwaltschaft, in deren Zuständigkeit Straftaten von »überragender Bedeutung« lagen, wurde ein wichtiger Schritt zur Neuordnung des Gerichtswesens getan, durch den die strafrechtliche Verfolgung politisch mißliebiger Personen unter Rückgriff auf die Leerformeln des Artikels 6 der Verfassung (Boykotthetze gegen demokratische Einrichtungen und Organisationen) perfektioniert werden konnte. Allein im Jahre 1950 dürften etwa 78 000 Angeklagte auf dieser Grundlage verurteilt worden sein, darunter fünfzehn zum Tode.[21]

Der »Abwehr und Bekämpfung konterrevolutionärer Anschläge auf die sozialistische Staats- und Gesellschaftsordnung« diente das »Ministerium für Staatssicherheit« (MfS), das mit einem weitverzweigten, alle staatlichen und gesellschaftlichen Bereiche umspannenden Netz von Agenten oppositionelle Strömungen bereits im Ansatz aufdeckte und erstickte. Mit politischem Druck, Einschüchterung und Terror gelang es der SED, ihre unangefochtene Führungsrolle auszubauen.

Ihren Anspruch auf umfassende Machtausübung legitimierte die SED, indem sie sich auf die Weltanschauung des Marxismus-Leninismus berief, die sie zur allgemeinverbindlichen Doktrin erklärte. Als »Avantgarde der Arbeiterklasse« glaubte die Partei, historische Gesetzmäßigkeiten zu erkennen und aus ihnen die Prinzipien für die Errichtung einer neuen Gesellschaftsordnung ableiten zu können. Die Übersteigerung des Parteien- und Personenkults besaß pseudoreligiöse Züge. »Die Partei, die hat immer recht«, verkündete eine von Louis Fürnberg im Jahre 1949 verfaßte Hymne.[22] Im Besitz der politischen Wahrheit zu sein, hieß zugleich, die Einheit der Partei, ihren monolithischen Charakter zu wahren und darauf zu achten, daß Fraktions- oder gar Oppositionsbildungen unterblieben. Die abstrakten Formeln des Parteijargons dienten dazu, persönliche Machtkämpfe zu kaschieren. Mit dem Schlagwort vom Kampf gegen »Spione und Agenten«, gegen »Sozialdemokratismus« und »Titoismus« wurden große

Säuberungen durchgeführt, die im Sommer 1950 zum Ausschluß der Altkommunisten Paul Merker, Leo Bauer, Willi Kreikemeyer und Lex Ende aus der Partei führten. Die Terrorwelle der spätstalinistischen Zeit, die sich im Budapester Schauprozeß gegen den angeblichen US-Agenten Noel H. Field sowie im Prozeß gegen Slansky und andere führende tschechoslowakische Kommunisten niederschlug, erreichte auch die DDR, ohne sich dort allerdings nach dem Tode Stalins noch voll entfalten zu können. Alle Anzeichen deuten darauf hin, daß sie, vermutlich von der sowjetischen Geheimpolizei inszeniert, dazu gedacht war, jede mögliche Opposition gegen die Sowjetisierung der mittel- und osteuropäischen Volksdemokratien auszuschalten.[23]

Der Stalinsche »Personenkult« wurde auch im östlichen Deutschland kopiert, das Lernen vom »ruhmreichen Brudervolk« im Osten zur vorherrschenden Parole in der DDR. Häuserfronten, Mauern und Zäune waren bis ins kleinste Dorf hinein mit Propagandasprüchen übersät.

Auch in der DDR trieb der Personenkult um Stalin groteske Blüten. Dieser wurde als »der Lenin von heute« verehrt und als der »hervorragendste Theoretiker des Marxismus-Leninismus« gefeiert. Die Führung der Freien Deutschen Jugend (FDJ) unter Leitung von Erich Honecker tat sich besonders darin hervor, in breit angelegten Kampagnen das Loblied des »großen Führers der Sowjetunion« zu singen. Walter Ulbricht rief dazu auf, aus den Werken des »großen Stalin« zu lernen, den er als »weisen Führer der Jugend der ganzen Welt«, als »Bannerträger des Friedens« und als »besten Freund des deutschen Volkes« pries.[24]

Auf der 2. Parteikonferenz der SED im Juli 1952 wurde die Losung vom »planmäßigen Aufbau des Sozialismus« verkündet, die im wesentlichen der weiteren Blockintegration diente. Die ökonomische Rechtfertigung des Weges zum Sozialismus bezog die SED aus der Tatsache, daß der Anteil der »volkseigenen und genossenschaftlichen Betriebe« an der industriellen Produktion sich stetig vergrößert hatte.[25] An die Erweiterung des sozialistischen Sektors der Volkswirtschaft blieb letztlich auch die Hoffnung geknüpft, in der DDR-Gesellschaft werde es zur Aufhebung »antagonistischer Klassengegensätze« kommen. Tatsächlich wurde jedoch sehr früh erkennbar, daß Klassenunterschiede auf diese Weise keineswegs von selbst verschwanden. Vielmehr hatte die Herausbildung der »Arbeiter- und Bauernmacht« auch in der DDR dazu geführt, daß sich eine Oberschicht etablierte, die die Schaltstellen in Partei, Staat, Wirtschaft, Militär, Justiz, Wissenschaft und Kultur (einschließlich der Medien) besetzt hielt. Die »neue Klasse« (M. Djilas), die erhebliche materielle Vergünstigungen und vielfältige Privilegien genoß, bildete das personelle Rückgrat des neuen Staates. Sie umfaßte insgesamt etwa eine halbe Million Menschen.[26] Das Interesse an der Sicherung der »sozialistischen Errungenschaften« der DDR, das als zentrales politisches Motiv erhalten blieb, war somit stets auch Ausdruck der Interessenlage der neuen Eliten, die ihre Position nicht nur ihrer Qualifikation, sondern auch ihrem Engagement für die Partei zu verdanken hatten. Gezielte Kaderpolitik, intensive Schulung und periodische Säuberungen dienten dazu, die SED zu festigen und ihren Herrschaftsapparat abzusichern. Bei der Parteiüberprüfung vom Frühjahr 1952 wurden etwa 150 000 Mitglieder beziehungsweise Kandidaten ausgeschlossen. Um die Funktionäre auf Disziplin und unbedingte Loyalität auszurichten, standen der SED 185 Kreisparteischulen, fünfzehn Bezirksparteischulen sowie die Parteihochschule Karl Marx zur Verfügung.

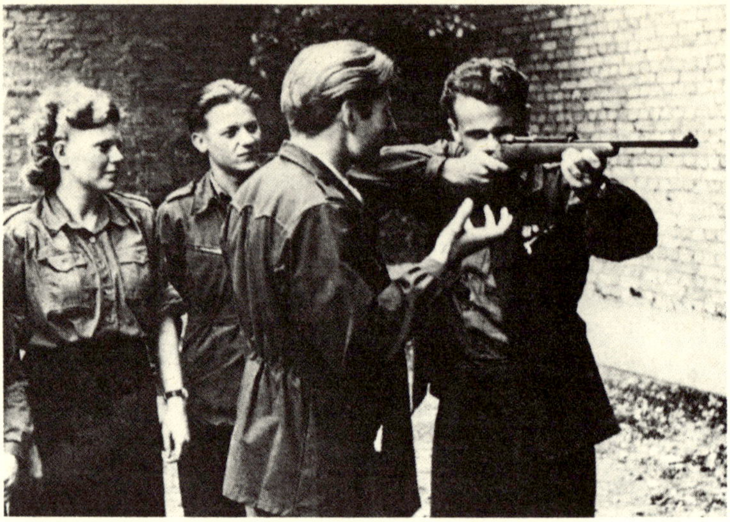

Paramilitärische Ausbildung der Jugend

Die wirtschaftlichen und ideologischen Bemühungen um den »Aufbau des Sozialismus« waren von einer durchgreifenden Reorganisation des Staatsapparates begleitet. Im Sommer 1952 wurde die bis dahin bestehende Gliederung der DDR in fünf Länder aufgehoben und durch eine Einteilung in vierzehn Bezirke ersetzt. An deren Spitze standen Bezirkstage und Bezirksräte, die von SED-Funktionären geleitet wurden. Die zentralistische Zusammenfassung aller Ebenen staatlicher Verwaltung garantierte von jetzt an deren völlige Kontrolle durch die Partei.

Auch im Bereich der Bildungs- und Kulturpolitik begann sich Anfang der fünfziger Jahre der doktrinäre Druck immer nachhaltiger auszuwirken. Durch die zentrale Regelung von Studienplänen wurde es möglich, das gesellschaftswissenschaftliche Grundstudium zum Kernfach aufzuwerten, dabei allen »reaktionären Ideologien« den Kampf anzusagen und die »Sowjetwissenschaft« zum alleinigen Maßstab zu erheben. Die Ideologisierung des Bildungs- und Erziehungswesens begann bereits in den Schulen, die den Auftrag hatten, »allseitig entwickelte Persönlichkeiten« für den »Aufbau des Sozialismus« zu erziehen. Positiv bleibt jedoch hervorzuheben, daß die DDR zu Beginn der fünfziger Jahre gewaltige Anstrengungen unternahm, die Hochschulen auszubauen. Ihre Expansion in diesem Bereich übertraf dabei vergleichbare Entwicklungen in der Bundesrepublik. Neben den vorhandenen sechs Universitäten und fünfzehn wissenschaftlich-technischen Hochschulen entstanden in kürzester Zeit 25 neue wissenschaftliche Lehranstalten, darunter medizinische Akademien, pädagogische Institute, Hochschulen für Elektrotechnik, Maschinenbau und Finanzen. Die Zahl der Studierenden wuchs zwischen 1951 und 1954 von 28000 auf 57500, wobei der Anteil der »Arbeiter- und Bauernkinder« auf über 53 Prozent hochschnellte.[27] Die Zahlen belegen nicht nur die Ausweitung der Bildungschancen; sie verdeutlichen auch die Bemühungen um eine Heranbildung neuer Eliten. Dabei ging es allerdings keineswegs um Chancengleichheit. Ju-

Blinde Nachahmung des sowjetischen Modells prägte die Wirklichkeit der jungen DDR – von der Stachanow-Bewegung über die Kaderschulung bis zum Jugenddrill, wobei nach Moskauer Vorbild Junge Pioniere ausgebildet und FDJ-Aufmärsche organisiert wurden. Die Bilder der Demonstrationen am 1. Mai in Ost-Berlin wie in Prag, in Warschau und Moskau trugen die gleichen Züge.

gendliche, die bürgerlichen Familien entstammten, waren erheblichen Benachteiligungen ausgesetzt. Nonkonformisten und religiös Gebundene, die sich weigerten, wenigstens mit Lippenbekenntnissen der offiziellen Linie zu folgen, durften kaum auf einen beruflichen Aufstieg hoffen.

Um ihr ideologisches Monopol durchzusetzen schreckte die SED-Führung auch nicht vor dirigistischen Eingriffen in das Kulturleben zurück. Auf dem III. Parteitag vom Juli 1950 gab Walter Ulbricht das Zeichen zum Kampf gegen »Formalismus« und »Dekadenz«, der mit großer Entschiedenheit geführt wurde. Das im Herbst 1952 geschaffene »Amt für Literatur und Verlagswesen« diente ebenso wie die zur gleichen Zeit ins Leben gerufene »Staatliche Kommission für Kunstangelegenheiten« dazu, eine effektive administrative Kontrolle des gesamten Kulturbetriebes zu ermöglichen. Bei ihrer Einsetzung im August 1951 erklärte Ministerpräsident Otto Grotewohl, daß die Idee in der Kunst der »Marschrichtung des politischen Kampfes« folgen müsse.[28] Die politische Kritik sei bei der Beurteilung der Kunst primär, die künstlerische Kritik sekundär. Unter dem Pseudonym N. Orlow erschienen in der Ost-Berliner *Täglichen Rundschau* lange Grundsatzartikel, die die Leitlinien der Partei in eine konkrete Kritik an mißliebigen Künstlern und mißliebiger Kunst umsetzten. Sie schreckte nicht davor zurück, mit den Begriffen »Entartung« und »Zersetzung« zu operieren, deren belastete und belastende Herkunft aus dem nationalsozialistischen Jargon offensichtlich nicht störte. Moderne Kunst wurde als »mißgestaltete Wirklichkeit« verstanden, die Sowjetkunst des »sozialistischen Realismus« als Vorbild empfohlen. »Der Kampf gegen jeglichen Einfluß der westlichen Dekadenz und des Kultes des Häßlichen in der Kunst der DDR«, so dozierte Orlow, »ist eine gewichtige gesellschaftliche Aufgabe. Man darf die Arbeiteraktivisten oder die Menschen, die von der Arbeiterklasse und dem Volk zur Führung des neuen demokratischen Staates berufen worden sind, nicht als mißgestaltet und primitiv darstellen.« In drohendem Unterton fuhr der Autor dann fort: »Man darf sich nicht darauf verlassen, daß die Arbeiter und Bauern ›alles schlucken‹, daß für sie ›alles gut genug‹ ist, zumal doch die entartete ›Kunst‹ von den ›Autoritäten‹ der zerfallenden bürgerlichen Gesellschaft sanktioniert ist. Weit richtiger ist die Annahme, daß die Arbeiterklasse und die Werktätigen der DDR vor keinen ›Autoritäten‹ haltmachen und selbst Kraft genug finden werden, um eine derartige volksfeindliche ›Kunst‹ aus dem Wege zu räumen.«[29]

Picassos Friedenstaube, Symbol der kommunistischen Friedenspropaganda

Selbst Picasso, dessen Bilder, soweit sie im realistischen Stil gemalt waren, das Wohlwollen der Kulturpäpste der SED fanden, wurde »formalistischer Verrenkungen« bezichtigt, die eine Vergeudung der außerordentlichen Begabung dieses Künstlers seien. »Was hat solche Kleckserei, die den Menschen und die Gesellschaft verachtet, mit Ästhetik zu tun?«[30] fragte der entrüstete Kulturideologe. Von der Kritik wurde auch Ernst Barlach nicht verschont, den das *Neue Deutschland* im Jahre 1952 anläßlich einer Ausstellung seiner Werke in der Akademie der Künste heftig attackierte. Seine Geschöpfe seien, so das offizielle Organ der SED, eine »graue, passive, verzweifelte, in tierischer Dumpfheit dahinvegetierende Masse, in denen auch nicht der Funke eines starken, lebendigen Gefühls des Widerstandes zu spüren ist«.[31] Die progressive Kraft, die die Bauernklasse unter der Führung der Arbeiterklasse im Kampf für eine bessere Gesellschaft entfalten könne, sei in seinen Gestalten nicht andeutungsweise spürbar.

Der Vorwurf des »Formalismus«, jenes Verdammungsurteil gegen alle »Dekadenz« und Verwestlichung, erstreckte sich auch auf Literatur, Theater und Musik. Der eisige Wind der Kulturpolitik der spätstalinistischen Phase blies nun sogar jenen Künstlern ins Gesicht, die sich noch kurz zuvor der besonderen Wertschätzung und Begünstigung erfreut hatten. Die »kleinbürgerliche Revolte« (M. Jäger) der SED machte selbst vor Bertolt Brecht und den mit ihm befreundeten Komponisten Hanns Eisler und Paul Dessau nicht halt. Auf der 5. ZK-Tagung glaubten Spitzenfunktionäre, Bertolt Brechts Bearbeitung von Maxim Gorkis »Mutter« direkt attackieren zu müssen. Ihre durchaus vorhandene Wertschätzung und der Respekt vor dem international anerkannten Schriftsteller und Theatermann, der die DDR zu seiner Heimat gewählt hatte, ließ sie dabei in einen eher gönnerhaften als drohenden Ton verfallen. Sie hielten Brecht zugute, daß dieser noch sein »altes Gepäck« verbrauche und eben Zeit benötige, sich wieder zurechtzufinden. Dank seiner besonderen Stellung vermochte Brecht, anders als die meisten der Getadelten und Disziplinierten, sich zu behaupten. Trotz der für ihn ärgerlichen Belastungen durch die Dümmlichkeit und Intransigenz der Kulturideologen, die vor allem in dem Versuch erkennbar wurden, das Vorbild des sowjetischen Theaters (Stanislawski-Methode) an den Bühnen des Landes als verbindlich durchzusetzen, hat sich Brecht bis zu seinem Tode grundsätzlich zur DDR bekannt. Er verstand sie als seine neue Heimat und als eine Gesellschaft im Aufbruch, der er vieles nachzusehen bereit war. Weder früher noch später hat die Bedrohung der Kultur durch die Ansprüche der Politik solche Ausmaße angenommen wie in der spätstalinistischen Phase. Sie blieb dennoch nicht nur Episode. Trotz späterer Tauwetterperioden war die Kunst in der DDR auch weiterhin dem Druck der Ideologie ausgesetzt.

Die Orientierung am sowjetischen Modell in allen Lebensbereichen führte im Frühjahr 1953 zu einer tiefen Krise der DDR. Verstärkt durch die katastrophale Versorgungslage der Bevölkerung, drohte die allgemeine Unzufriedenheit eine neue Fluchtwelle auszulösen. Die Zahl derer, die der Republik den Rücken kehrten, stieg rapide an: von 72000 im ersten Halbjahr 1952 auf 110000 im zweiten Halbjahr, um sich in den ersten sechs Monaten des Jahres 1953 auf 225000 zu verdoppeln.[32] Noch glaubte die Partei, ihren Kurs eisern durchhalten zu können, als am 5. März der zum Idol stilisierte Stalin starb. Mit seinem Tode geriet auch die SED-Führung in eine schwierige Situation. Es war unklar, welche politische Linie der Kreml künftig verfolgen und wer sie bestimmen werde. Schon bald zeigten sich erste Änderungen. Die neue Moskauer Führung um Malenkow, Molotow und Berija tendierte dahin, den Aufbau des Sozialismus zu verlangsamen. Selbst in der Deutschlandfrage waren neue Töne zu hören. Im Politbüro der SED regten sich jene Kräfte, die in latenter Opposition zu Walter Ulbricht standen. Angeführt von Wilhelm Zaisser, dem Minister für Staatssicherheit, und Rudolf Herrnstadt, dem Chefredakteur des *Neuen Deutschland*, wurde diese Gruppierung, zu der auch Anton Ackermann, Hans Jendretzky, Elli Schmidt und Heinrich Rau zählten, offenbar vom sowjetischen Geheimdienstchef Berija ermutigt.[33] Noch aber hielt die SED-Führung am Kurs verschärfter Zwangsmaßnahmen fest, mit denen sie der wirtschaftlichen Schwierigkeiten und der steigenden Unzufriedenheit Herr zu werden suchte. Am 28. Mai 1953 verordnete sie eine zehnprozentige Steigerung der Arbeitsnormen in den Betrieben, um eine Verbesserung der Produktivität zu erreichen. Diese Maßnahme stieß weitgehend auf Unwillen und Unverständnis. Gerade die Arbeiterschaft sah in ihr eine auf administrativem Wege herbeigeführte Lohnsenkung, die sie in der ohnehin äußerst angespannten Wirtschaftslage hart traf.

Allmählich begann sich, nicht zuletzt auf Druck Moskaus, im Politbüro eine flexiblere Linie durchzusetzen. Unter dem Stichwort des »Neuen Kurses« wurden am 9. Juni 1953 Erleichterungen angekündigt, die darauf zielten, jene Zwangsmaßnahmen, die gegen den stark schrumpfenden privatwirtschaftlichen Sektor in Industrie, Gewerbe und Landwirtschaft gerichtet waren, zu revidieren und gleichzeitig die Kosumgüterproduktion auf Kosten der Schwerindustrie zu steigern. In seiner Verlautbarung gab das Politbüro unumwunden zu, daß die Partei- und Staatsführung in der Vergangenheit eine Reihe von Fehlern gemacht habe, durch die die Interessen der Einzelbauern und Einzelhändler, der Handwerker und der Intelligenz vernachlässigt worden seien. Enteignetes, herrenloses Land sollte zurückgegeben, rückkehrwilligen Flüchtlingen ihr Eigentum wieder ausgehändigt werden. Wissenschaftlern und Künstlern wurde die Teilnahme an Tagungen in Westdeutschland in Aussicht gestellt. Zwangsrelegationen von Schulen und Universitäten sollten überprüft, Preiserhöhungen bei Lebensmitteln und Fahrpreisen rückgängig gemacht werden.[34] In ihrer

Stalin-Porträt von Picasso, 1953

Die frühe Sowjetunion hatte in den zwanziger Jahren auch viele Intellektuelle Westeuropas fasziniert. Mit dem Hitler-Stalin-Pakt von 1939 trat eine vorübergehende Ernüchterung ein, bis der opferreiche Kampf der Sowjetunion gegen die Armeen Hitlers zu einer erneuten Bewunderung führte. So fühlten sich Pablo Picasso, Jean-Paul Sartre und Louis Aragon noch in den fünfziger Jahren eng mit der Sowjetunion verbunden. Aber auch sie gerieten früher oder später in einen scharfen Gegensatz zur Doktrin des sozialistischen Realismus, Picasso sogar mit seinem Stalin-Porträt, das die französischen Kommunisten als nicht genügend realistisch kritisierten.

Mehrheit zielten die Maßnahmen auf eine Beruhigung der Situation im mittelständischen Bereich. Die Frage der Arbeitsnormen jedoch, die seit Wochen in den Betrieben heftig diskutiert wurde und die die Arbeiterschaft zutiefst bewegte, wurde nicht erwähnt. So ließ gerade die neue flexible Politik der SED, weil sie die Bevölkerung unvorbereitet traf und in ihren Aussagen unausgewogen blieb, jene explosive Situation entstehen, die sich in den Ereignissen des 17. Juni 1953 entlud.

Widersprüchliche Stellungnahmen trugen dazu bei, die allgemeine Erregung zu steigern. Während das *Neue Deutschland* am 14. Juni einen Artikel veröffentlichte, der unter dem Titel »Es wird Zeit, den Holzhammer beiseite zu legen« das administrative Vorgehen bei der Normendebatte in den Betrieben heftig kritisierte,

Hermann Henselmann, Entwürfe für den Strausberger Platz in Ost-Berlin, 1952

Auch die sowjetische Besatzungszone hatte nach dem Krieg im Zeichen der Moderne den Neuanfang begonnen; die meisten führenden Stadtplaner waren alte Mitglieder oder Anhänger des Bauhauses gewesen, so auch der spätere inoffizielle Chefarchitekt der DDR, Professor Hermann Henselmann. Bei ihm führte der neue Kurs Moskaus zu einer Kehrtwendung. Henselmann, dessen erste Nachkriegsentwürfe noch im Geiste des Bauhauses gehalten waren, orientierte sich schließlich als verantwortlicher Architekt der Ost-Berliner Stalinallee am Vorbild des Moskauer Zuckerbäckerstils.

erschien in der Gewerkschaftszeitung *Tribüne* nur zwei Tage später jene als Provokation empfundene Erklärung des FDGB-Vorstandsmitglieds Otto Lehmann, in der es hieß, die Normenerhöhungen seien in vollem Umfang richtig.[35] Für die Bauarbeiter an der Ost-Berliner Stalinallee war damit – ebenso wie für die Stahlarbeiter von Hennigsdorf – der Punkt erreicht, an dem die Diskussion in Aktion umschlug.

Die offizielle Geschichtsschreibung der DDR sieht im Volksaufstand des 17. Juni 1953 einen von außen gesteuerten Anschlag. Zwar räumt sie ein, daß politische Fehler der eigenen Führung dazu geführt hätten, das Verhältnis der SED zu den Massen zu verschlechtern. Die Klassengegner hätten dann jedoch versucht, diese Situation für »konterrevolutionäre Aktionen« zu nutzen, um den vom Westen längst geplanten Umsturz auszuführen.[36] Eine solche Interpretation hält der Rekonstruktion der Ereignisse jedoch nicht stand. Auffallend ist vielmehr die Spontaneität und die mangelnde Organisation des Aufstandes, der nie eine wirkliche Erfolgschance besaß.

Der Unmut über die Arbeitsnormen hatte sich am 15. und 16. Juni zu einer allgemeinen Streikbewegung gesteigert, die an der Stalinallee im Ostsektor Berlins ihren Ausgang nahm und schließlich weite Teile der DDR erfaßte. Innerhalb kürzester Zeit entwickelte sich aus den lokalen Diskussionen und Streikaktionen eine übergreifende Revolte, die jedoch über keinen zentralen organisatorischen Zusammenhalt verfügte. Es begann mit den Arbeitern im Bereich der Baustellen des Berliner Stadtteils Friedrichshain, die in direktem Kontakt mit den Kollegen vom Block 40 an der Stalinallee standen und eine Resolution an den Ministerpräsidenten

Die repräsentative Stalinallee überforderte die Kräfte der ausgelaugten DDR, die zu einem erheblichen Teil ihre industriellen Ressourcen für diesen »Prospekt« nach sowjetischem Vorbild zur Verfügung stellen mußte. Solche Prestigevorhaben standen im krassen Gegensatz zur Versorgungslage der Bevölkerung. Auch darin lag ein Anstoß zur Normenverweigerung der Bauarbeiter. Der Aufstand vom 17. Juni 1953 entwickelte sich spontan aus einem Protest gegen die nochmals heraufgesetzten Arbeitsnormen, aber als Flächenbrand griff er in wenigen Stunden auf ganz Ost-Berlin und bald auf die ganze DDR über.

verfaßten, in der sie die sofortige Rücknahme der Normenerhöhung verlangten. Der »Neue Kurs« habe »nur den Kapitalisten, nicht aber den Arbeitern« Vorteile gebracht. Um der Forderung entschieden Nachdruck zu verleihen und ihrer Empörung Luft zu machen, formierten sie sich am Vormittag des 16. Juni zu einem Demonstrationszug, der vor das Haus des FDGB-Bundesvorstandes in der Wallstraße führte. Da dieses verschlossen war, zogen die Protestierenden, denen sich weitere Gruppen anschlossen, zum Haus der Ministerien in der Leipziger Straße, vor dem schließlich etwa 10000 Menschen zusammenkamen. Weder Walter Ulbricht noch Otto Grotewohl besaßen jedoch in dieser Situation den Mut, sich der Versammlung zu stellen. Als der Minister für Industrie, Fritz Selbmann, schließlich vor die erregte Menge trat, wurde er niedergeschrien. Ähnliches widerfuhr dem Abgeordneten der Volkskammer, Professor Robert Havemann, dessen Ausführungen im lautstarken Protest der Demonstranten untergingen. Rufe nach einem Rücktritt der Regierung, der notfalls mit einem Generalstreik erzwungen werden sollte, wurden laut. Es kam zu tumultartigen Szenen. Die Unsicherheit und Schwäche der Staats- und Parteiführung, die den Ereignissen zunächst ratlos gegenüberstand, wurde offenbar und ermutigte die Radikalisierung. Es gelang den Demonstranten, einen der Lautsprecherwagen in ihre Hand zu bringen, die inzwischen überall in der Stadt aufgefahren waren, um im Auftrag des Politbüros eine Herabsetzung der Normen anzukündigen. Über ihn wurde nun dazu aufgerufen, den Streik und die Kundgebung am nächsten Tag fortzusetzen.[37]

Am 17. Juni ergab sich ein völlig verändertes Bild. Waren die Unruhen des Vortags auf Ost-Berlin begrenzt gewesen, so sprang

Die aufgebrachte Menge übergibt kommunistische Funktionäre der West-Berliner Polizei

jetzt der Funke auf Betriebe und Ortschaften in anderen Teilen der DDR über. In mehr als 270 Städten und Gemeinden kam es zu Streiks und Demonstrationen, an denen sich zwischen 300000 und 400000 Menschen, ungefähr fünf Prozent der Arbeitnehmerschaft der DDR, beteiligten. Getragen wurde der Aufstand vor allem von der Industriearbeiterschaft, während die Mittelschichten und die Gruppen der Intelligenz eine eher untergeordnete Rolle spielten.[38]

Zentren der Erhebung waren neben Berlin und seiner Umgebung das Industriegebiet um Bitterfeld, Halle, Leipzig, Merseburg, der Magdeburger Raum, Görlitz sowie Jena und Gera.[39] Die Streiks begannen meist in Großbetrieben. Die Nachrichten über die Berliner Ereignisse des 16. Juni, die vor allem durch den West-Berliner Sender RIAS, aber auch durch Medien der DDR Verbreitung gefunden hatten, lösten überall heftige Diskussionen aus. Es bildeten sich Streikkomitees, die miteinander in Verbindung traten. Geschlossen marschierten die Belegschaften der Leuna- und Buna-Werke, ebenso wie die der Farbenfabriken Wolfen und vieler weiterer Betriebe oft zu Zehntausenden zu den Protestkundgebungen. Im Norden Berlins brachen 12000 Stahlarbeiter von Hennigsdorf zum Demonstrationsmarsch auf. Zusammen mit 16000 Kollegen der Reichsbahnbauunion Velten zogen sie durch den französischen Sektor und versammelten sich abschließend im Walter-Ulbricht-Stadion zu einer Großkundgebung. Auf dem Strausberger Platz kamen 20000 Bauarbeiter zusammen. Die wichtigsten Berliner Großbetriebe traten in den Ausstand. Bereits am späten Vormittag ruhte der gesamte innerstädtische Verkehr im Ostsektor.

Auf den Kundgebungen wurden fast überall in der Republik wörtlich jene Forderungen wiederholt, die am Tag zuvor die Bauarbeiter von der Stalinallee vorgetragen hatten. An erster Stelle rangierten die Revisionen der Normen und die Senkung der Lebenshaltungskosten. Daran schloß sich der Aufruf zum Rücktritt der Regierung und zu freien und geheimen Wahlen an. Zunächst verliefen die Demonstrationszüge noch diszipliniert. Doch schon

Sowjetische Panzer in den Straßen Berlins

Die Staats- und Parteiführung der DDR war wie gelähmt. Spontaneität und Ausmaß des Aufstandes vom 17. Juni hatten sie völlig überrascht. Nur das Eingreifen sowjetischer Truppen rettete die Macht der SED und die Führungsstellung Walter Ulbrichts, gegen den sich schon seit langem ein immer stärkere Abneigung selbst im Parteiapparat verbreitete.

bald kam es zu ersten Aktionen gegen politische Spruchbänder und Transparente, die, in der Stadt überall reichlich vorhanden, die Parolen der SED verkündeten. Propagandakioske wurden demoliert und in Brand gesteckt. Die Bereitschaft zur Gewaltanwendung wuchs.

In der zweiten Phase des Aufstandes entglitt der Protest den Streikführungen zusehends, die bis dahin für eine erstaunliche Disziplin der aufgebrachten Menge gesorgt hatten. Jetzt beherrschten eindeutig politische Parolen das Feld. Der Sturz der Regierung, freie und geheime Wahlen und die Wiedervereinigung wurden immer lauter gefordert. Waren noch am Vormittag Parteihäuser und Stadtverwaltungen auf friedlichem Wege besetzt und politische Gefangene erst nach Überprüfung befreit worden, so kam es im weiteren Verlauf des Tages auch zu wahllosen Aktionen, zu Plünderungen und Brandstiftungen und sogar zu Fällen von Lynchjustiz, die es der SED später erleichterten, den Volksaufstand als eine Verschwörung krimineller Elemente zu desavouieren.[40]

Am frühen Nachmittag des 17. Juni verhängte die sowjetische Besatzungsmacht den Ausnahmezustand. Wenig später ging sie unter Einsatz von Panzern gegen die Demonstranten vor. Der Aufstand brach in sich zusammen. Nächtliche Ausgangssperren sorgten dann für menschenleere Straßen. Nur an einigen Orten der Provinz schwelten die Unruhen noch eine kurze Zeit lang weiter, bis sie auch dort vollends erloschen. Über die genauen Zahlen der Todesopfer herrscht Unklarheit. Während die DDR-Verlautbarungen von neunzehn getöteten Demonstranten sprachen, gehen andere Schätzungen davon aus, daß etwa 200 Zivilpersonen und über 100 Volkspolizisten getötet wurden.[41] Daß es nicht zu größerem Blutvergießen kam, lag nicht zuletzt auch am Vorgehen der sowjetischen Truppen, die offensichtlich gehalten waren, militärische Präsenz zu demonstrieren, aber vom Gebrauch der Schußwaffen weitgehend abzusehen.

Nicht nur die SED und die sowjetische Besatzungsmacht waren

vom Volksaufstand überrascht worden. Die Vorgänge des 17. Juni trafen auch den Westen, anders als die DDR-Propaganda unterstellte, völlig unvorbereitet. Erste Meldungen, die der RIAS über die Unruhen verbreitete, wurden durch andere Sender nicht aufgegriffen, da man sie für unglaubwürdig hielt. Als die Nachrichten sich dann verdichteten, waren die westlichen Besatzungsmächte ebenso wie die Bonner Parteien darauf bedacht, alles zu unterlassen, was zu einer Verschärfung der Lage beitragen konnte. So wurde zum Beispiel Ost-Berliner Bauarbeitern, die vom amerikanischen Sektor aus über den Runkfunk zu ihren Landsleuten sprechen wollten, die Erlaubnis dazu verweigert. Französische Militärkontrollen versuchten, allerdings erfolglos, die Stahlarbeiter von Hennigsdorf daran zu hindern, durch ihren Sektor zu marschieren. An den innerstädtischen Grenzen nach Ost-Berlin gingen deutsche und alliierte Polizisten dazu über, Empörte wie Schaulustige abzudrängen, um eine mögliche Einflußnahme der West-Berliner auf die Ereignisse zu unterbinden. Die Amerikaner weigerten sich, dem Regierenden Bürgermeister von Berlin, Ernst Reuter, der sich zur Zeit der beginnenden Unruhen in Wien aufhielt, eine Militärmaschine zur Verfügung zu stellen und hinderten ihn so daran, rechtzeitig in die geteilte Stadt zurückzufliegen. Selbst seine in russischer Sprache vorbereitete Rede, die sich an die sowjetischen Soldaten wandte und diese mahnte, nicht auf unbewaffnete deutsche Arbeiter zu schießen, wurde nicht ausgestrahlt.[42]

Eine Ausnahme bildete lediglich der Solidaritätsaufruf des West-Berliner Gewerkschaftsführers Ernst Scharnowski. Sein Rat an die DDR-Bevölkerung, »überall Strausberger Plätze aufzusuchen«, stieß in Bonn sowohl bei der Regierung als auch bei der Opposition auf größte Mißbilligung und lieferte der SED-Führung ein willkommenes Argument für ihre Konspirationsthese. Selbst Jakob Kaiser, der exponierte Minister für gesamtdeutsche Fragen, rief über den Rundfunk zur Besonnenheit auf.[43] In einer Regierungserklärung ermahnte auch der Bundeskanzler die Landsleute im Osten, sich nicht durch »Provokationen zu unbedachten Handlungen hinreißen zu lassen«. Gleichzeitig stellte Konrad Adenauer fest, daß, wie auch immer man die Demonstrationen der Ost-Berliner Arbeiter in ihren Anfängen beurteile, sie »zu einer großen Bekundung des Freiheitswillens des deutschen Volkes in der Sowjetzone und in Berlin geworden seien.« Eine durchgreifende Veränderung der Lebensverhältnisse könne nur durch die »Wiederherstellung der deutschen Einheit in Freiheit« erreicht werden.[44]

Keiner der führenden westlichen Politiker gab sich der Illusion hin, daß angesichts der militärischen Präsenz der sowjetischen Besatzungsmacht auch nur der Hauch einer Chance für einen gewaltsamen Umsturz in der DDR bestand. Allerdings wertete die Regierung in Bonn die Erschütterung im sowjetisch besetzten Teil Deutschlands auch als Bestätigung ihrer Politik der Stärke gegenüber dem Ostblock und der konsequenten Westintegration, die Moskau schließlich zu entscheidenden Kompromissen in der deutschen Frage zwingen werde. Das gewaltsame Vorgehen gegen die eigene Bevölkerung offenbarte aller Welt den Zwangscharakter

Rudolf Herrnstadt, Chefredakteur des *Neuen Deutschland*, 1954

Wilhelm Zaisser, SSD-Chef, um 1953

Die Gruppe um Herrnstadt und Zaisser hatte offensichtlich auf eine Unterstützung durch den Kreml gesetzt, um gegen Walter Ulbricht einen gemäßigten Kurs durchzusetzen.

des SED-Regimes, das zu seinem Überleben der Hilfe sowjetischer Panzer bedurfte.

In der DDR selbst führte das Ausbleiben entschiedener westlicher Reaktionen zu Enttäuschung und Resignation. Für die ostdeutsche Bevölkerung gehörte zu den Lehren des 17. Juni die bittere Einsicht, daß ihr Teilstaat auf unabsehbare Zeit Bestandteil des Ostblocks bleiben werde. Viele Bürger der DDR suchten sich nun anzupassen oder in private Nischen zurückzuziehen, aber angesichts der umfassenden Politisierung aller Lebensbereiche wurde dies immer schwieriger. Noch gab es die Flucht als letzten Ausweg. Acht Jahre später jedoch wurde mit dem Bau der Mauer in Berlin selbst diese Möglichkeit abgeschnitten.

Paradoxerweise profitierten jene Kräfte von dem Volksaufstand, die durch ihre Politik wesentlich zu seinem Ausbruch beigetragen hatten. Mit Diskussionskampagnen in den Betrieben und ersten Säuberungen überstand die Parteispitze die folgenden kritischen Wochen. Sie gab Fehler zu, versprach eine Fortsetzung des »Neuen Kurses« und brandmarkte gleichzeitig die Erhebung als eine »faschistische Provokation gegen die DDR«, die von Bonn aus angezettelt worden sei.[45] Zunächst gingen jedoch die verdeckten Machtkämpfe innerhalb der SED-Führung weiter. Walter Ulbricht gelang es allerdings in kurzer Zeit, die gegen ihn gerichtete innerparteiliche Fraktionsbildung zu zerschlagen. Auf dem 15. Plenum des Zentralkomitees der SED attackierte er am 26. Juli 1953 seine Gegenspieler. Deren Position hatte sich entscheidend ver-

Walter Ulbricht bei einer Grundsteinlegung, 1954

Der Fehlschlag des 17. Juni und der Sturz Berijas in Moskau befestigte unerwarteterweise noch einmal die Macht des SED-Generalsekretärs. Nicht nur Zaisser und Herrnstadt, sondern auch Anton Ackermann, Hans Jendretzky und Elli Schmidt verloren ihre Mitgliedschaft im Zentralkomitee. Nach dieser Klärung der Machtfrage ließ Ulbricht die allzu stark angezogenen Zügel locker und ging auf die materiellen Forderungen des Aufstandes ein, indem er die Preise für Lebensmittel senkte und vorübergehend das Tempo der sozialistischen Umgestaltung verlangsamte. Dieser neue Kurs zeigte sich auch in einem neuen Bemühen um Popularität, das sich in Gesten der Jovialität ausdrückte, die zu diesem Urbild des Funktionärs gar nicht paßten. Ulbricht erschien häufiger in der Öffentlichkeit, und in sorgfältiger Dosierung suchte er jene Entfernung vom Volk abzubauen, die das Regime immer gekennzeichnet hatte.

schlechtert, als Berija, mit dem sie in Verbindung gebracht wurden, im Moskauer Prozeß unter anderem vorgeworfen wurde, eine mögliche Preisgabe des Sozialismus in der DDR heraufbeschworen zu haben. Ulbricht gelang es, Zaisser und Herrnstadt aus ihren Positionen zu entfernen und Anfang 1954 aus der Partei auszuschließen. Anton Ackermann, Hans Jendretzky und Elli Schmidt verloren ihre Mitgliedschaft im ZK.[46] Die SED beharrte nach wie vor auf ihrer alten Linie und dachte nicht daran, den Kurs der Stalinisierung aufzugeben. Doch beschloß sie gleichzeitig »eine Verbesserung der materiellen Lage der Bevölkerung«.[47] Ende Oktober 1953 senkte sie die Preise für Lebens- und Genußmittel und verlangsamte vorübergehend das Tempo der sozialistischen Transformation. Zur erneuten grundsätzlichen Konfrontation mit der Bevölkerung kam es erst wieder, als die SED Ende der fünfziger Jahre dazu überging, mit der Kollektivierung der Landwirtschaft den noch verbliebenen bäuerlichen Grundbesitz aufzuheben.

Nachdem die Opposition ausgeschaltet war, erfolgte eine umfassende Parteisäuberung, die auch die Bezirks- und Kreisebene und dabei vor allem ältere Mitglieder, die schon vor 1933 der KPD beigetreten waren, erfaßte. Die SED setzte ganz auf die jüngere Generation der Parteiaktivisten, die sie in intensiven Schulungen auf ihre Ziele einschwor. Auf dem IV. Parteitag vom Frühjahr 1954 demonstrierte die Parteiführung ihr wiedergewonnenes Selbstbewußtsein. Sie konnte es sich leisten, dem sowjetischen Tauwetterkurs nur wenig Aufmerksamkeit zu schenken. Zwar präsentierte sie analog zu den Veränderungen in Moskau nunmehr eine kollektive Führung. Das änderte aber nichts an der dominierenden Stellung Walter Ulbrichts. Tatsächlich gelang es der Partei jetzt immer wirkungsvoller, den »demokratischen Zentralismus« zu festigen und die Überreste innerparteilicher Demokratie zu beseitigen. Die Wahlen vom Oktober 1954 belegen nachhaltig die Vorherrschaft der SED. Wiederum gab es nur eine Einheitsliste, der 98,4 Prozent der Wähler – ohne die Möglichkeit freier Entscheidung – zustimmten. Die Blockparteien gingen dazu über, öffentlich die Führungsrolle der SED zu preisen, die nunmehr 20 der 28 Ministerposten besetzte.[48] Dennoch identifizierten sich weite Teile der Bevölkerung nicht mit der Staats- und Gesellschaftsordnung.

Auch künftig war deshalb der Rückhalt sowjetischer Truppen erforderlich.

Die ökonomische Leistungsfähigkeit der DDR blieb hinter den Versprechungen der politischen Führung zurück. Dies trug ebenfalls dazu bei, das Regime in den Augen der Bürger zu diskreditieren. Insgesamt hatte die Wirtschaft zwar einen Aufschwung zu verzeichnen, einen Vergleich mit dem beginnenden Wirtschaftswunder der Bundesrepublik hielt er jedoch nicht aus. Wenn es auch bei Abschluß des ersten Fünfjahrplans im Jahre 1955 gelungen war, die Industrieproduktion beinahe zu verdoppeln und die Arbeitsproduktivität erheblich zu steigern, so ging der Ausbau der Schwerindustrie doch noch immer auf Kosten der Konsumgüterproduktion. Trotz einer leichten Verbesserung des Lebensstandards gab es weiterhin erhebliche Versorgungslücken und Preissteigerungen. Die Früchte einer zentral gelenkten Wirtschaft, die die SED den Bürgern der DDR beim Aufbau des Sozialismus versprochen hatte, reiften vorerst nicht.

2. Zweiter deutscher Staat

Innenpolitisch hatte sich die DDR längst zu einem separaten Staat entwickelt, als nach dem Scheitern der letzten Versuche seitens der Alliierten, sich in der deutschen Frage zu einigen, auch außenpolitisch die formalen Konsequenzen aus dieser Entwicklung gezogen wurden. Im Mai 1955 gehörte die DDR zu den Gründungsmitgliedern des Warschauer Paktes, der sich als Gegenstück zur NATO verstand. Damit waren beide deutsche Staaten in entgegengesetzte Militärsysteme integriert. Statt der Wiedervereinigung rückte nun die internationale Aufwertung der DDR und ihre verstärkte Einbindung in den Sowjetblock an die erste Stelle der Ziele sowjetischer Deutschlandpolitik, die damit im Sommer 1955 einen tiefgreifenden Wandel erfuhr. Nach seiner Rückkehr von der Genfer Gipfelkonferenz verkündete Parteichef Nikita Chruschtschow in Ost-Berlin öffentlich die »Zweistaatentheorie«. Die Sowjetunion, so stellte er fest, könne einer deutschen Wiedervereinigung nur dann zustimmen, wenn die »sozialistischen Errungenschaften« der DDR gewahrt blieben. Eine Preisgabe der »Arbeiter- und Bauernmacht«, wie sie den westlichen Forderungen nach sogenannten freien Wahlen als erstem Schritt zur Wiedervereinigung zugrunde lägen, komme nicht in Frage. Durch die Eingliederung der Bundesrepublik in die NATO und der DDR in den Warschauer Pakt sei offenkundig geworden, daß sich zwei in ihrer gesellschaftlichen und politischen Ordnung völlig gegensätzliche deutsche Staaten herausgebildet hätten. Über die künftige Gestaltung ihrer Beziehungen zueinander könnten nur diese beiden Staaten selbst befinden. Den vier Mächten obliege es lediglich, den Teil der deutschen Frage zu erörtern, für den sie Verantwortung trügen.[49]

Mit der Anerkennung der DDR durch die Sowjetunion im Staatsvertrag vom 20. September 1955 war die Spaltung Deutschlands besiegelt. Dennoch glaubte man in Bonn, sich dieser Entwicklung erfolgreich widersetzen zu können. Während der nächsten zehn Jahre blieb das Bemühen der Bundesrepublik darauf gerichtet, eine internationale Aufwertung und staatliche Anerkennung der DDR zu verhindern. Die »Hallsteindoktrin« drohte in einem solchen Fall mit wirtschaftlichen Sanktionen und dem Abbruch diplomatischer Beziehungen. Tatsächlich gelang es der Bundesregierung für längere Zeit, die DDR außerhalb des Ostblocks zu isolieren. Auf diese Weise blieb dem zweiten deutschen Staat vorerst nichts anderes übrig, als seine auswärtigen Beziehungen unterhalb der Anerkennungsschwelle zu entwickeln. Der Hebel der »Hallsteindoktrin« erwies sich später jedoch als Bumerang für die Bonner Außenpolitik.

Mit dem Beitritt zum Warschauer Pakt begann ganz offen die bis dahin verdeckte Aufrüstung der DDR. Durch eine Änderung der Verfassung wurde »der Dienst zum Schutz des sozialistischen Vaterlandes zur Ehrenpflicht der Bürger«[50] erhoben. Nachdem im Januar 1956 das »Gesetz über die Schaffung der Nationalen Volksarmee (NVA) und des Ministeriums für Nationale Verteidigung«

Erst 1956 wurde durch eine Verfassungsänderung die Nationale Volksarmee geschaffen; die auf der »Kasernierten Volkspolizei« aufbaute und sich anfänglich aus Freiwilligen rekrutierte, wobei der Dienst mit der Waffe formell zur »Ehrenpflicht der Bürger« erklärt wurde. Sehr schnell erreichte die Volksarmee eine Stärke von etwa 100 000 Mann. Wie der Bundeswehr, so blieb es auch der Nationalen Volksarmee nicht erspart, in größerem Umfang auf Offiziere der ehemaligen Wehrmacht Hitlers zurückzugreifen.

verabschiedet worden war, begann die DDR unverzüglich mit dem Aufbau eigener Streitkräfte. Minister für Nationale Verteidigung wurde zunächst Willi Stoph, dem 1960 Heinz Hoffmann folgte. Die NVA besaß dabei einen organisatorischen Vorsprung gegenüber der ebenfalls im Entstehen begriffenen Bundeswehr, da sie auf die »Kasernierte Volkspolizei« (KVP) zurückgreifen konnte, die bereits seit dem Jahre 1948 zu einer regulären, wenn auch verdeckten, Armee entwickelt worden war.[51] Als Freiwilligenarmee sah sich die NVA in der Anfangsphase vor erhebliche Rekrutierungsprobleme gestellt, die nicht nur auf die allgemeine Wehrmüdigkeit, sondern auch auf die angespannte Arbeitsmarktlage zurückzuführen waren. Dennoch erreichte sie schon bald eine Stärke von etwa 100000 Mann. Nach dem Mauerbau und nach der Einführung der allgemeinen Wehrpflicht im Jahre 1962 erhöhte sie ihr Kontingent um weitere 40000. Wie die Bundeswehr mußte auch die NVA zunächst auf Offiziere aus der ehemaligen Wehrmacht zurückgreifen. Auch sie hatte, anders als ihre Propaganda glauben machen wollte, etliche »Hitler-Generäle« in den eigenen Reihen.

Während in Westdeutschland das Verhältnis von Militär und Politik im Zentrum der hitzigen Diskussion über die Wehrverfassung stand, ließ die DDR nie einen Zweifel an der engen Verflechtung der Armee mit der Staatspartei aufkommen. Nur die SED besaß die Möglichkeit, innerhalb der NVA politisch tätig zu werden. Ihr gehörten schon 1956 über 80 Prozent der Offiziere an. Ein grobes Freund-Feind-Schema diente dabei der Standortbestimmung. Anders als in der Bundesrepublik prägte ein zunehmend militaristischer Grundzug das gesellschaftliche und öffentliche Leben der DDR, deren »aufgeblähter Gewaltapparat«[52] aus Armee, Polizei und Kampfgruppen mehr noch als die sozialistische Umgestaltung selbst für das System charakteristisch wurde.

Wie die Bundeswehr war auch die NVA keine unabhängige nationale Streitmacht. Ihre Kontingente wurden nach einer kurzen Übergangsphase in die vereinigten Streitkräfte des Warschauer Paktes integriert. Als einzige Armee des Ostblocks verfügte sie über keinen eigenen Generalstab und blieb selbst in Friedenszeiten dem gemeinsamen Oberkommando unterstellt. Dabei kam der »Waffenbrüderschaft« mit der Sowjetarmee ein besonderer Stellenwert zu, der auch in gemeinsamen Manövern seinen Ausdruck fand.

Mitte der fünfziger Jahre hatte die DDR wesentliche Attribute eines souveränen Staates erlangt. Staatsvertrag und Nationale Volksarmee stärkten das Selbstbewußtsein der Regierung in Ost-Berlin. Dies konnte aber nicht darüber hinwegtäuschen, daß sie in ihrer äußeren und inneren Entwicklung weiterhin von den Weichenstellungen abhängig blieb, die in Moskau vorgenommen wurden. Als Chruschtschow in seiner Geheimrede auf dem XX. Parteitag der KPdSU vom Februar 1956 eine erste Abrechnung mit den Verbrechen Stalins vornahm und gleichzeitig eine Reihe zentraler, bis dahin unangefochten geltender Doktrinen des Weltkommunismus einer Revision unterzog, geriet die SED mit ihrem stalinistischen Kurs in erhebliche Schwierigkeiten. Die neuen Leitlinien des Kreml über die Vermeidbarkeit von Kriegen, die friedliche Koexistenz und die Verschiedenartigkeit der Wege zum Sozialismus wirkten wie ein Fanal, das in den Ländern des östlichen Blocks nach den Jahren stalinistischer Intransigenz eine Aufbruchsstimmung erzeugte.

Die Führung in Ost-Berlin war von dieser Entwicklung offenbar völlig überrascht worden. Viel zu spät erkannte sie die Zeichen der Wende. »Stalin, das ist die Stimme der Kommunistischen Partei«,[53] solche und ähnliche Lobpreisungen gehörten noch im Februar 1956 zum selbstverständlichen Repertoire der DDR-Zeitungen und Zeitschriften. In ihrer Grußadresse an den sowjetischen Parteitag hatte sich das ZK, wie gewohnt, der alten Formeln bedient und die »unbesiegbare Lehre von Marx, Engels, Lenin und Stalin«[54] gefeiert. Jetzt aber kam auch die SED nicht mehr umhin, vom neuen sowjetischen Kurs Kenntnis zu nehmen. Vorsichtig begann sie, ihr früheres Stalinbild zu korrigieren und den »Führerkult« zu kritisieren. Als dies nicht ausreichte und die Unruhe in den eigenen Reihen anwuchs, vollzog Walter Ulbricht eine Kehrtwendung. In einem Artikel für das *Neue Deutschland* stellte er nunmehr fest, daß Stalin kein Klassiker des Marxismus sei.[55] Zugleich versuchte er den Eindruck zu vermitteln, der Stalinismus sei ein Phänomen, das die DDR nicht betreffe. Die Verwendung dieses Begriffs gehöre im Gegenteil objektiv zum Vokabular des Klassengegners. Es erschien ihm opportun, darauf zu verweisen, daß der Weg, den die DDR gegangen sei, sich durchaus von dem der Sowjetunion und der anderen volksdemokratischen Länder unterscheide.

Karl Schirdewan, der Kaderchef der SED, und Willi Bredel, Mitglied des ZK, traten auf der Dritten Parteikonferenz im März 1956, einen Monat nach der Geheimrede Chruschtschows, für eine Revision des bisherigen Kurses ein. Es gelang ihnen jedoch nicht, eine breitere Diskussion zu entfachen.[56] Die ganze Aufmerksamkeit der Partei galt vielmehr der neuen industriellen Umwälzung, die unter dem Motto »Modernisierung, Mechanisierung, Automatisierung« eingeleitet werden sollte. Die Direktive für den zweiten Fünfjahrplan sah enorme Steigerungsraten für die Grundstoff- und Maschinenbauindustrie vor und verwies zum ersten Mal auf die Möglichkeiten der Kernenergie. Einzelnen Industriezweigen wurde die 40-Stunden-Woche und eine Erhöhung der Reallöhne bis zu 30 Prozent versprochen. Gleichzeitig hielt die Partei am weiteren sozialistischen Ausbau der Wirtschaft fest.[57]

Die politische Führung versuchte, der Selbstkritik möglichst enge Grenzen zu ziehen und zugleich mit ökonomischen Versprechungen Optimismus zu verbreiten. Eine Amnestie für etwa 12 000 Strafgefangene, unter denen sich zahlreiche politische Häftlinge befanden, sollte Entgegenkommen signalisieren. Die als Gegner Ulbrichts verhafteten SED-Politiker Anton Ackermann, Elli Schmidt und Hans Jendretzky wurden rehabilitiert, ohne daß sie je wieder politischen Einfluß erlangen sollten. Anders als am 17. Juni 1953 gelang es der SED diesmal, die Arbeiterschaft unter Kontrolle zu halten. Die Bürger der DDR wußten, welche Bedeutung die militärische Präsenz der Sowjetunion in ihrem Lande besaß. Über die Möglichkeiten westlicher Intervention gaben sie sich keiner Illusion hin. Für eine politische Erhebung größeren Ausmaßes fehlten die Voraussetzungen.

Dennoch schwelte die antistalinistische Diskussion weiter und erhielt durch die Ereignisse in Polen und Ungarn neue Nahrung. Vor allem in der Partei- und Hochschulintelligenz mehrten sich kritische Stimmen, die eine entschiedenere Distanzierung vom Personenkult und größere Meinungs- und Wissenschaftsfreiheit forderten.[58] Sie verdichteten sich zu einer vielschichtigen Opposition des »dritten Weges«, deren Anhänger die »real existierenden« Herrschaftsstrukturen in der DDR ebenso ablehnten wie den Kapitalismus des Westens, ohne allerdings marxistische Positionen aufzugeben. Ähnliche Ideen, die Anhänger in allen Wissenschaftsbereichen hatten, blieben auch später unter den Intellektuellen der DDR lebendig.[59] Der Atomphysiker Robert Havemann und der Philosoph Ernst Bloch, der 1957 seine Vorlesungen einstellte und 1961 die DDR verließ, verkündeten einen »menschlichen Sozialismus«. Der Ökonom Fritz Behrens, Leiter der Zentralverwaltung für Statistik, forderte die Demokratisierung des Wirtschaftssystems nach dem Vorbild der jugoslawischen Selbstverwaltung. Gefährlicher erschien dem Regime jedoch die Tatsache, daß »revisionistische Gedanken« selbst in den Führungskadern der SED kursierten und zu innerparteilichen Oppositionsbildungen führen konnten. Ein herausragendes Beispiel war die Funktionärsgruppe um den Parteiphilosophen Wolfgang Harich. Dieser griff erneut die Idee eines »besonderen deutschen Weges zum Sozialismus« auf. In einer »Plattform«, die als Beitrag zur Standortbestimmung gedacht war, hieß es, man müsse den Marxismus-Leninismus vom Stalinismus befreien. Wenn dies auf legale Weise nicht gelinge und der »stalinistische Apparat« dazu zwinge, sollte das Ziel notfalls auch mit der »Methode der Fraktionsbildung und der Konspiration« erreicht werden. Ende November 1956 wurde Wolfgang Harich verhaftet und wenige Monate später – ebenso wie andere

Mitglieder seiner Gruppe – zu einer hohen Zuchthausstrafe verurteilt.

Als der ungarische Aufstand im Herbst 1956 niedergeschlagen war, hatte auch die kurze Tauwetterperiode sowjetischer Politik ein Ende gefunden. Die Rückkehr Moskaus zu dogmatischen Positionen und die erneute Vorsicht gegenüber politischen Experimenten jedweder Art stärkte Walter Ulbricht in der Auseinandersetzung mit der innerparteilichen Opposition. Er benötigte allerdings zwei weitere Jahre, bis es ihm gelang, seine Gegner vollends zum Schweigen zu bringen.

In Karl Schirdewan, dem Kaderchef der SED, war Ulbricht ein mächtiger Gegenspieler erwachsen, der es verstanden hatte, seine Position auszubauen und zum zweiten Mann der Partei aufzusteigen. Vermutlich besaß er zunächst die Rückendeckung Chruschtschows. Zusammen mit dem Minister für Staatssicherheit, Ernst Wollweber, dem Sekretär des ZK für Wirtschaft, Karl Ziller, und dem Parteiideologen Fred Oelßner drängte er darauf, das Tempo der sozialistischen Umgestaltung der DDR zu drosseln und das Programm der SED einer grundlegenden Revision zu unterziehen. Ulbricht sollte als Haupthindernis für Reformen abgelöst und ein neues Politbüro installiert werden. Die Gruppe fand einflußreiche Sympathisanten in der SED-Spitze, solange sie sich der offensichtlichen Unterstützung Moskaus erfreute. Als der Kreml seinen Kurs änderte, geriet sie immer stärker ins politische Abseits. Auf der Kommunistischen Weltkonferenz vom November 1957 triumphierte der alte Dogmatismus. Der »Revisionismus« galt nun als ideologischer Hauptfeind. Für Walter Ulbricht war der Zeitpunkt gekommen, mit den verbliebenen Kontrahenten abzurechnen. Schirdewan und Wollweber wurden im Februar 1958 aus dem ZK ausgeschlossen, ihre Anhänger entmachtet. Ziller nahm sich das Leben. Erst jetzt erfuhr eine erstaunte Parteiöffentlichkeit von den jahrelangen, geheimgehaltenen Fraktionskämpfen im Politbüro. Widerstrebende Funktionäre wurden ausgewechselt, die Disziplin des Apparats durch intensive Schulungsarbeit wiederhergestellt. Auf diese Weise »gestärkt«, konnte die SED nun ohne weitere Widerstände aus den eigenen Reihen in die Phase der »Vollendung der sozialistischen Umgestaltung« eintreten.

Der V. Parteitag vom Juli 1958 sanktionierte die neue Entwicklung. Er stand ganz im Zeichen Walter Ulbrichts, dem es endgültig gelungen war, seine Machtstellung zu konsolidieren. Der neugewählten Führungsspitze gehörte jetzt auch Erich Honecker an, der zum Vollmitglied des Politbüros aufrückte. Erste Zeichen deuteten darauf hin, daß die DDR sich nach der Überwindung der Entstalinisierungskrise tatsächlich auf dem Wege zur inneren Konsolidierung befand. Die Industrieproduktion stieg im ersten Halbjahr 1958 um zwölf Prozent. Der Lebensstandard verbesserte sich leicht; im Jahre 1958 wurden die letzten Lebensmittelkarten für Fleisch, Fett und Zucker abgeschafft. Die Flüchtlingszahlen gingen zurück. In dieser Situation entwickelte die Parteiführung kühne Wirtschaftspläne. Ulbricht sah die ökonomische Hauptaufgabe darin, »den Pro-Kopf-Verbrauch Westdeutschlands bei den Nahrungsmitteln und den wichtigsten industriellen Konsumgütern« bis zum Jahre 1961 »zu erreichen und zu übertreffen«.[60] Mit dem im Herbst 1959 verabschiedeten Siebenjahrplan, der den erst ein Jahr zuvor in Kraft getretenen zweiten Fünfjahrplan revidierte und dem neuen Planungszyklus der Sowjetunion entsprach, verfolgte die SED das Ziel, »die materiell-technische Basis für den Sieg des Sozialismus« zu schaffen.[61] Während die Parole vom »Einholen und Überholen« der Bundesrepublik sich schon bald als völlig unrealistisch erweisen sollte, trug die forcierte Sozialisierungspolitik dazu bei, die DDR in eine erneute tiefe Krise zu stürzen.

Schon auf dem V. Parteitag war deutlich geworden, daß die baldige »Vollendung der sozialistischen Produktionsverhältnisse« bevorstand.[62] Ulbricht hatte wiederholt dargelegt, daß der Staat auf die Dauer nicht auf zwei verschiedenen Grundlagen fußen könne: einer sozialistischen Großindustrie einerseits und der zersplitterten Einzelwirtschaft andererseits. Immerhin betrug der Anteil des privaten Sektors im Handwerk Ende 1959 noch über 75 Prozent.[63] In der Landwirtschaft machte er fast die Hälfte aller Betriebe aus. Zwar hatte es auch in diesen Bereichen eine kontinuierliche Entwicklung der Sozialisierung gegeben, doch blieben die Privatbetriebe den Parteiideologen ein Dorn im Auge. Für sie wurde 1959 das »Jahr der Wende« zur umfassenden Sozialisierung. Während die SED dabei in Handwerk, Kleinindustrie und Kleinhandel relativ flexible Formen des Übergangs wählte – staatliche Beteiligung an Privatbetrieben, Umbau des Handwerks in Produktionsgenossenschaften –, setzte sie in der Landwirtschaft auf eine rigorose und beschleunigte Kollektivierung. Jetzt sollten die Einzelbauern durch »intensive Überzeugungsarbeit« dazu gebracht werden, »freiwillig« in die LPG einzutreten.

Der »Aufbau der sozialistischen Produktionsverhältnisse« ging in den verschiedenen Bereichen von Landwirtschaft, Industrie und Handwerk unterschiedlich schnell vor sich. Während im Handwerk zum Beispiel der private Sektor fünfzehn Jahre nach Kriegsende noch 75 Prozent ausmachte, hielten sich in der Landwirtschaft nur 50 Prozent aller Privatbauern. Nun wurde das Jahr 1959 zum »Jahr der Wende« proklamiert. In der Landwirtschaft setzte immer deutlicher eine rigorose Kollektivierung ein. Dies hatte eine neue Fluchtbewegung zur Folge, die Bauern und Kleinbauern erfaßte und die kurz vor dem Mauerbau panikartige Züge annahm.

Anfang 1960 verstärkte die Partei ihre Agitation. In Scharen schwärmten Funktionäre aufs Land. Sie schreckten, wo sie auf Widerstand trafen, vor massiven Einschüchterungen, selbst vor Pressionen nicht zurück, wie der Bericht des Bauern Karl Schäpsmeier aus dem Kreis Waren in Mecklenburg eindrucksvoll festhält: »Am 3. März 1960 setzte in unserem Dorf der Druck der Parteifunktionäre ein, alle noch selbständigen Bauern zu kollektivieren. Erschienen waren 16 Mann. Es handelte sich um Funktionäre der Partei, des Staatsapparates und verschiedener VE-Betriebe. Ich wurde am 4. März 1960 zum ersten Mal zum Bürgermeister Sch., 40 Jahre, SED, bestellt und dort aufgefordert, der

LPG beizutreten. Ich lehnte zunächst ab. Den weiteren Aufforderungen zum Eintritt in die LPG leistete ich Widerstand. Am 6. März 1960 wurde ich durch Parteifunktionäre, die zu mir ins Haus kamen, zu einer Bauernversammlung bestellt. Es wurde versucht, alle Bauern zum Eintritt in die LPG zu überreden. Die Versammlung verlief ergebnislos, und es wurde den anwesenden Bauern erklärt, daß man am nächsten Tag jeden der selbständigen Bauern wieder zum Eintritt in die LPG auffordern würde. Als ich zur Gemeindeverwaltung bestellt wurde, ging ich nicht hin. Für den 9. März war wieder eine Versammlung angesetzt. Auf Bitten anderer Bauern ging ich mit. Es blieb mir dann keine andere Möglichkeit mehr, als unter Druck zu unterschreiben ... Ich konnte nun nicht mehr länger diese Zustände der LPG ertragen und setzte mich mit meiner gesamten Familie nach West-Berlin ab.«[64]

Wer sich der »Überzeugungsarbeit« verschloß und dem Druck nicht nachgab, lief sogar Gefahr, unter dem Vorwand »staatsfeindlicher Umtriebe« verhaftet zu werden. Unter der Parole »De Appel is riep« konnte der Bezirk Rostock im April 1960 als erster die Erfolgsmeldung durchgeben, daß es ihm bis auf wenige Reste gelungen sei, alle privatwirtschaftlichen Betriebe in Landwirtschaftliche Produktionsgenossenschaften einzugliedern. Viele Bauern hatten, wie der zitierte Karl Schäpsmeier, nur die Möglichkeit, die gesamte Habe zurückzulassen und in den Westen zu flüchten. In wenigen Monaten gelang es dem Regime, die Struktur auf dem Lande radikal zu verändern. Die Zahl der LPG verdoppelte sich im ersten Halbjahr 1960 nahezu (von 10465 auf 19345).[65] Der Anteil der kollektivierten Landwirtschaft an der landwirtschaftlichen Nutzfläche stieg von 45,1 auf 83,6 Prozent. Die Bauern konnten nur zwischen verschiedenen Typen der LPG zu wählen. Während in den Stufen I und II die Feldarbeit gemeinsam betrieben wurde, das Vieh, Gebäude und auch Gerätschaften aber im wesentlichen noch im Privatbesitz verblieben, beinhaltete der Typ III die Vollkollektivierung. Er sollte in den folgenden Jahren zur vorherrschenden Form werden. Auch im Handwerk und im Kleinhandel verringerte sich der Anteil der Privatbetriebe drastisch und ging bis 1961 etwa auf 65 beziehungsweise zehn Prozent zurück.[66] Bis zum Jahre 1962 hatte die DDR ihre Wirtschaftsstruktur weitgehend jener der übrigen volksdemokratischen Länder angeglichen.

Im Zuge der fortschreitenden Sozialisierung und Kollektivierung verschlechterte sich die Stimmung in der DDR. Sie stand in auffälligem Gegensatz zu den verklärenden Bildern des Personenkults um Walter Ulbricht, für den Johannes R. Becher unter anderem dichtete:

«Geliebt bist Du vom Volk, vom Volk geehrt:
Seht, welch ein Leben, wahrhaft lebenswert,
Das seine Kraft an alle weitergibt –
Geehrt bist Du vom Volk, vom Volk geliebt.«[67]

Als nach dem Tode Wilhelm Piecks (7. September 1960) das Amt des Präsidenten der Republik abgeschafft und statt dessen ein Staatsrat gebildet wurde, übernahm Ulbricht auch dort den Vorsitz. Er vereinigte so, zusammen mit der Funktion des Ersten Sekretärs des ZK und dem Vorsitz im Verteidigungsrat, die drei wichtigsten Positionen in Partei und Staat in seiner Hand.

Die Kollektivierung der Landwirtschaft führte zunächst nicht zum gewünschten Erfolg. Es kam im Gegenteil schon bald zu einem erheblichen Leistungsabfall. Fleisch, Milch und Butter wurden knapp. Auch in der Industrie konnten die hochgesteckten Planziele nicht einmal annähernd erfüllt werden. Die Partei versuchte daher mit administrativen Maßnahmen und Produktionskampagnen die »sozialistische Arbeitsdisziplin« zu verbessern. Doch ihr unnachgiebiger Kurs trug in der schwierigen Wirtschaftslage eher dazu bei, ein Krisengefühl zu erzeugen, das panikartig anstieg, als die Situation um Berlin, dem einzigen Tor zum Westen, sich erneut zuspitzte.

Seit dem Ultimatum Chruschtschows vom Herbst 1958 – Aufkündigung des Viermächtestatus und Umwandlung West-Berlins in eine »Freie Stadt« – hatten die Bemühungen Moskaus und Ost-Berlins nicht mehr nachgelassen, den Viermächtestatus der ehemaligen Reichshauptstadt zu unterminieren, denn dieser garantierte die Anwesenheit der westlichen Alliierten und ermöglichte es zugleich, daß sich der westliche Teil der Stadt de facto als ein Land der Bundesrepublik entwickelte und mit dieser über Zufahrtswege, Kanäle und Luftkorridore verbunden blieb. Die östliche Seite vertrat immer nachdrücklicher den Standpunkt, ganz Berlin liege auf dem Territorium der DDR und die Alliierten hätten durch die inzwischen eingetretene Teilung Deutschlands ihre Rechte in West-Berlin, das eine »selbständige politische Einheit« sei, verwirkt. Mit dieser Isolierung West-Berlins wurde versucht, das Schlupfloch für Flüchtlinge zu stopfen, Hindernisse für den Ausbau der eigenen »Hauptstadt« zu beseitigen und langfristig das Territorium der DDR zu arrondieren.

Während die Grenze zwischen den beiden deutschen Staaten weitgehend undurchdringlich geworden war, gab es in Berlin weiterhin ein funktionierendes Verkehrsnetz, das Ost und West miteinander verband. Täglich fuhren fast eine halbe Million Menschen hin und her. Die knapp 45 Kilometer lange innerstädtische Grenze verlief, kaum kontrollierbar, mitten durch Straßen, Häuserblocks, Kanäle und Laubenkolonien. Es war ohne größere Schwierigkeiten möglich, von einem Teil der Stadt in den anderen zu gelangen. Die S-Bahn unterstand der Deutschen Reichsbahn und damit einer einheitlichen östlichen Betriebsführung. Ihre

Johannes R. Becher im Gespräch mit Ricarda Huch, 1947

Johannes R. Becher, der expressionistische Lyriker der zwanziger Jahre und spätere Kulturminister der Deutschen Demokratischen Republik, setzte alles daran, Schriftsteller für die Kulturpolitik des anderen Deutschlands zu gewinnen. Ricarda Huch wurde wie Gerhart Hauptmann von den Behörden der SBZ heftig umworben, aber beide starben schon vor der Gründung der DDR, Gerhart Hauptmann 1946 und Ricarda Huch 1947.

Die innerstädtische Einheit Berlins blieb trotz Blockade und Abschnürungsmaßnahmen noch lange erhalten; nach wie vor war Berlin *eine* Stadt, wenn auch unterschiedlich regiert, und doch erschienen die Barrieren in den grenznahen Straßen – so in der Harzer Straße – gleichsam wie ein Symbol der Trennung zweier Welten.

Züge fuhren fast unbehindert von Falkensee im Westen bis nach Strausberg im Osten und von Oranienburg im Norden bis nach Teltow im Süden. 53000 Ost-Berliner, die zunehmend als »Parasiten« und »Handlanger der Monopolkapitalisten« beschimpft wurden, arbeiteten im Westen der Stadt oder studierten dort an den Universitäten und Fachschulen. Sechzehn Jahre nach Kriegsende gab es zwischen beiden Seiten immer noch vielfältige und enge menschliche Beziehungen. Fast jede West-Berliner Familie hatte Verwandte im Osten. Es war möglich, in den Westsektoren für Ostgeld Zeitungen zu kaufen und Kinos zu besuchen. Auf die Ost-Besucher wirkte West-Berlin wie das Schaufenster zu einer anderen Welt. Sein Wiederaufbau war erheblich weiter vorangeschritten als der in der »Zone«, und es hatte, nicht zuletzt dank tatkräftiger Bundeshilfe, Anteil am »Wirtschaftswunder«. Der Kurfürstendamm mit seinen Cafés, Boutiquen, Theatern und Kinos verkörperte die Attraktivität westlichen Lebensstils, der sich in seiner Farbigkeit von der Tristesse des DDR-Alltags abhob und eine Sogkraft vor allem auf junge und unternehmungslustige Menschen ausübte. Für diese gab es mit dem Fluchtort Berlin noch immer eine Alternative, wenn die reglementierende Enge der Volksdemokratie unerträglich wurde.

Seit ihrem Bestehen hatten der DDR bereits über zweieinhalb Millionen Menschen den Rücken gekehrt.[68] Politische, wirtschaftliche und rein private Motive spielten dabei, oft nur schwer voneinander trennbar, eine Rolle. Die Flucht war mehr als nur eine »Binnenwanderung zu den günstigeren Lebensverhältnissen« (E. Richert). Sie bedeutete für die Betroffenen nicht nur, die Heimat, die Habe und den Arbeitsplatz aufzugeben, sondern sie gin-

gen zudem ein erhebliches strafrechtliches Risiko ein. Allerdings haben die Kampagnen der westlichen Sensationspresse unter dem Motto »Macht das Tor auf« im Klima des kalten Krieges mit dazu beigetragen, die DDR-Bevölkerung weiter zu verunsichern. Auf die wirtschaftliche und gesellschaftliche Entwicklung des zweiten deutschen Staates wirkte sich der ständige Flüchtlingsstrom mit seinem hohen Anteil an Jugendlichen und Angehörigen der »Intelligenz« verheerend aus. Er drohte ihn auszubluten. Die Regierung war schon seit dem Jahre 1956 verstärkt gegen die »Republikflucht« vorgegangen. Sie hatte das Paßgesetz verschärft und illegale Ausreisen mit drakonischen Strafen belegt. Zunächst schienen diese Maßnahmen vor dem Hintergrund einer vorübergehenden Erholung der Wirtschaft zu greifen. Ende der fünfziger Jahre fielen die Flüchtlingszahlen. Wenig später aber schnellten sie erneut hoch. Die SED begann ihre Propaganda gegen »Abwerbung« und »Menschenhandel« zu verstärken. Aber ihre Versuche, den Aderlaß zu unterbinden, waren vergebens. Vielmehr trug sie durch ihr eigenes Vorgehen dazu bei, eine Torschlußpanik zu erzeugen, als seit dem Frühjahr 1960 die internationalen Spannungen und der Nervenkrieg um Berlin erneut zunahmen. Im April 1961 hatten bereits 30000 Menschen die DDR verlassen. Nun setzte eine Massenflucht ein, über die westliche Zeitungen in großem Stil berichteten. Bis zum 12. August stieg die Zahl auf 2500 pro Tag. Es war nur noch eine Frage der Zeit, bis etwas Entscheidendes geschehen würde.

Längst hatte die SED-Führung eine Abriegelung West-Berlins als Ultima ratio ins Auge gefaßt. Bereits Ende März 1961 hatte Ulbricht auf der Tagung des Warschauer Paktes neben verschärften

Der Kurfürstendamm, der Hauptboulevard des Westteils der Stadt, war in seinem architektonischen Erscheinungsbild im Gegensatz zur Münchner Maximilianstraße und dem Hamburger Jungfernstieg, die nach ihrer Zerstörung fast originalgetreu wiederhergestellt wurden, vom Neubaufieber Berlins geprägt. Hier fielen selbst mäßig beschädigte Gebäude dem radikalen Programm »Abriß für den Wiederaufbau« zum Opfer. In den Augen des Ostens war dieser ramponierte ehemalige Glanzboulevard jedoch das Symbol des westlichen Wirtschaftswunders, und die Einkaufsmeile zwischen Gedächtniskirche und Uhlandstraße war für die in den Westteil der Stadt strömenden Ostbesucher tatsächlich eine Verheißung von Freiheit und Wohlstand.

Grenzkontrollen eine Stacheldrahtbarriere entlang der Sektorengrenze vorgeschlagen, ohne dafür die Zustimmung der Partnerstaaten zu erhalten. Seit Jahren waren wesentliche technische Voraussetzungen für eine solche Maßnahme gegeben. Die örtliche Strom- und Wasserversorgung z. B. war bereits in zwei verschiedene Netze unterteilt; außerdem gab es inzwischen für den DDR-Verkehr eine Eisenbahnverbindung, die West-Berlin umging. Allerdings ließen die außenpolitischen Risiken den Kreml noch zögern. Als der amerikanische Präsident John F. Kennedy Ende Juli 1961 drei »Essentials« formulierte, die sich ausschließlich auf die Sicherheit West-Berlins bezogen, signalisierte er auf diese Weise eben auch, daß Maßnahmen, die dazu nicht im Widerspruch standen, keine westliche Intervention nach sich ziehen würden. Daß die Zeichen im Osten verstanden wurden, bestätigten spätere Aussagen Erich Honeckers, des damaligen Sekretärs des ZK und Mitglieds des Politbüros, der in seiner Autobiographie schreibt: »Unsere Informationen besagten, daß sich die USA, die Hauptmacht der NATO, ohne die ein militärisches Vorgehen nicht denkbar war, in bezug auf Berlin-West von eindeutigen Interessen leiten ließen. Das waren: unveränderter Status von Berlin-West, Anwesenheit der drei Westmächte in Berlin-West, sicherer Verkehr zwischen Berlin-West und der BRD. Keine dieser Interessen wurde durch unsere Grenzsicherungsmaßnahmen verletzt. Daß die Staaten des Warschauer Vertrages den Status von Berlin-West als eines besonderen politischen Territoriums respektierten, hatten die Westmächte Anfang August 1961 der Mitteilung über die Beratung der Ersten Sekretäre unserer Zentralkomitees entnehmen können.«[69] Der Bau einer Mauer in Berlin war sicherheitspolitisch kalkulierbar geworden.

Um den Überraschungseffekt der beabsichtigten Sperre nicht zu gefährden und Zeit zu gewinnen, versuchte die SED-Führung, ihre Pläne zu kaschieren. Am 16. Juni 1961 erklärte Walter Ulbricht vor westlichen Journalisten ausdrücklich, niemand habe die Absicht, eine Mauer zu errichten, und noch sechs Wochen später bestätigte er diese Aussage gegenüber dem britischen *Evening Standard*.[70] Die endgültige Entscheidung fiel Anfang August. Auf der Tagung der Ersten Sekretäre der Kommunistischen Parteien des Warschauer Paktes erhielt die SED-Führung grünes Licht. Sie begann unverzüglich damit, ihr Vorhaben in die Tat umzusetzen.

Die Vorbereitung und Durchführung der Maßnahmen wurde Erich Honecker übertragen, der den Beginn der Aktion so schildert: »Um 16.00 Uhr (am 12. August) unterzeichnete der Vorsitzende des Nationalen Verteidigungsrates der DDR, Walter Ulbricht, die von uns vorbereiteten Befehle für die Sicherungsmaßnahmen an der Staatsgrenze der DDR zu Berlin-West und zur BRD. Am späten Abend, eine Stunde vor Beginn der Operation, trat der von mir geleitete Stab im Berliner Polizeipräsidium zusammen ... Um 0.00 Uhr wurde Alarm gegeben und die Aktion ausgelöst. Damit begann eine Operation, die an dem nun anbrechenden Tag, einem Sonntag, die Welt aufhorchen ließ.«[71]

Was nahezu allen westlichen Beobachtern als unvorstellbar erschien, wurde nun Wirklichkeit. Womit man durchaus gerechnet hatte, war eine Abriegelung Ost-Berlins gegenüber der DDR, die

Der Flüchtlingsstrom drohte Anfang der sechziger Jahre zur Entvölkerung der DDR zu führen. Zehntausende von DDR-Bewohnern verließen unter dem Druck der rücksichtslos vorangetriebenen Sozialisierung – meist über West-Berlin – ihren Staat. Im August 1961 kamen mehr als 2500 Flüchtlinge pro Tag. Allen Gerüchten über eine baldige Sperre der Grenze trat Walter Ulbricht Mitte Juni mit der Erklärung entgegen, daß niemand beabsichtige, eine Mauer zu bauen. Moskau gab die Genehmigung dazu dann Anfang August.

militärisch wie technisch einfacher durchführbar gewesen wäre und den Viermächtestatus der Stadt nicht berührt hätte. Eine Absperrung quer durch die Stadt hingegen überraschte völlig. Als kurz nach Mitternacht die Sirenen in allen DDR-Kasernen schrillten, wurden 20000 Soldaten der NVA, mit Rückendeckung der sowjetischen Streitkräfte, nach Berlin in Marsch gesetzt.[72] Hinzu kamen Bereitschaften der Polizei und Betriebskampfgruppen. Kolonnen von Panzern und Militärfahrzeugen rasselten durch die dunklen Straßen Ost-Berlins. Auf Lastwagen wurden Stacheldrahtrollen und Betonpfähle an die innerstädtische Grenze transportiert. Um 1.11 Uhr gab die DDR-Nachrichtenagentur ADN eine Sondermeldung durch, die der Ost-Berliner Rundfunk wenig später verbreitete. »Die Regierungen der Warschauer Vertragsstaaten«, so lautete der entscheidende Satz, »wenden sich an die Volkskammer, an die Regierung der DDR und an alle Werktätigen der Deutschen Demokratischen Republik mit dem Vorschlag, an der Westberliner Grenze eine solche Ordnung einzuführen, durch die der Wühltätigkeit gegen die Länder des sozialistischen Lagers zuverlässig der Weg verlegt und rings um das ganze Gebiet Westberlins einschließlich seiner Grenze mit dem demokratischen Berlin eine verläßliche Bewachung und eine wirksame Kontrolle gewährleistet wird.«[73]

Zweieinhalb Stunden später meldeten westliche Agenturen, die Volkspolizei sei dabei, die Sektorengrenzen zwischen Ost- und West-Berlin abzuriegeln. Als die Berliner erwachten, war ihre Stadt bereits geteilt. West-Berliner eilten zur Grenze, um ihrer Empörung durch Rufe, Sprechchöre und Pfiffe, vereinzelt auch durch Steinwürfe Luft zu machen. Polizei zog auf, um Übergriffe und eine Eskalation der Demonstrationen zu verhindern. Noch standen auf der östlichen Seite Menschen, die herüberwinkten. Erste abenteuerliche Fluchtversuche gelangen, denen viele weitere, auch blutige und gescheiterte, folgten. Während es in den ersten

Tagen und Wochen noch Tausenden gelang, Kontrollen und Sperren zu überwinden, ging der Flüchtlingsstrom dann doch rapide zurück. In den folgenden Monaten und Jahren kam er fast völlig zum Erliegen, wenn auch Schüsse an der Mauer immer wieder für Schlagzeilen sorgten. Es war den Truppen der DDR in wenigen Stunden gelungen, eine fast lückenlose Stacheldrahtsperre zu errichten, die in den folgenden Wochen und Monaten durch eine regelrechte Mauer mit einem immer undurchlässigeren System der Abschirmung und Kontrolle ersetzt wurde.

Die Propaganda der SED schreckte vor Überzeichnungen und selbst vor zynischen Kommentaren nicht zurück, die wenig dazu beitrugen, das Vorgehen verständlich zu machen. Danach wurde die Errichtung eines »antifaschistischen Schutzwalles« nötig, weil West-Berlin systematisch zur »Frontstadt des kalten Krieges« ausgebaut worden sei und die Sicherheit der DDR bedroht habe. Dutzende von Spionageringen und Terrororganisationen trieben dort ihr Unwesen. Die Westsektoren hätten sich zum Umschlagplatz eines regelrechten Menschenhandels entwickelt, und mit Währungsspekulationen großen Stils sei von dort der Versuch unternommen worden, die Wirtschaft der DDR zu zersetzen.[74] Die SED-Führung feierte den 13. August als den Tag des Sieges über die »Gegner des Arbeiter- und Bauernstaates«. Walter Ulbricht begab sich persönlich zum Potsdamer Platz, um vor der Kamera des DDR-Fernsehens die Leistung der dort tätigen Betriebskampfgruppe zu loben und zu bestätigen, daß »alle Zweifel beseitigt« und »alles pünktlich durchgeführt« worden sei.[75]

Noch hofften die Berliner und mit ihnen viele Bewohner der DDR, die Absperrungsmaßnahmen könnten wieder rückgängig gemacht werden. Diese Hoffnung sollte sich aber nicht erfüllen. Weder die Westmächte noch die Bundesregierung oder gar der Senat von Berlin, die es nicht vermocht hatten, den Bau der Mauer zu verhindern, fanden jetzt einen Weg, sie zu beseitigen. So blieb es im wesentlichen bei Ohnmachtsdemonstrationen gegen den Akt der Unmenschlichkeit, der Familien, Freunde und Nachbarn auf unabsehbare Zeit voneinander trennte.

Die deutsche Nation war nun vollständig geteilt, der Traum von einem gemeinsamen staatlichen Haus vorerst in den Bereich der Utopie verwiesen. Die DDR-Führung hatte die Erfordernisse ihrer Staatsräson über die allgemeinen Menschenrechte gestellt. Sie war der »Abstimmung mit den Füßen« durch eine Absperrung entgegengetreten. Paradoxerweise gelang es ihr damit aber, die Voraussetzungen für eine allmähliche innere und äußere Konsolidierung ihres Staatswesens zu schaffen. Insofern wurde der 13. August 1961 »zum heimlichen Gründungstag der DDR«.[76] Die Tatsache, daß zwei deutsche Staaten existierten, konnte auf Dauer nicht negiert werden. Noch aber wirkte sie nicht auf die deutschlandpolitische Konzeption der Bundesregierung zurück, die in eine Sackgasse geraten war.

V.
Bündnissicherung und Alleinvertretung

1. Bonner Außenpolitik 1955–1958

Nach langen Jahren des kalten Krieges mehrten sich im Frühjahr 1955 zum ersten Mal die Zeichen, daß man in Ost und West bereit war, erneut an den Verhandlungstisch zu gehen. Anders als befürchtet, fand sich der Kreml offenbar schnell mit den neuen Realitäten ab, die mit den »Pariser Verträgen« eingetreten waren. Eine Reihe überraschender Gesten und Initiativen aus der Sowjetunion ließ auf Entspannung und eine Verbesserung des internationalen Klimas hoffen. Die Verhandlungen über den österreichischen Staatsvertrag, die im Dezember 1950 nach vierjährigem Tauziehen ergebnislos abgebrochen worden waren, konnten jetzt wieder aufgenommen und innerhalb nur eines Monats, am 15. Mai 1955, abgeschlossen werden. Es gelang Österreich, dem Schicksal der Teilung zu entgehen. Zum ersten Mal seit dem Ende des Krieges fand sich die Sowjetunion bereit, ein von ihren Truppen besetztes Territorium in Mitteleuropa wieder zu räumen. Österreich verpflichtete sich nach dem Vorbild der Schweiz zu »immerwährender Neutralität« und erhielt dafür die staatliche Souveränität.[1]

Auch in anderen Bereichen signalisierte die sowjetische Regierung Entgegenkommen. Konstruktive Abrüstungsvorschläge, ein Friedensangebot an Japan und die Aussöhnung mit Jugoslawien zeugten von regen diplomatischen Aktivitäten. Die Westmächte hielten den Zeitpunkt für gekommen, Moskau am 10. Mai 1955 eine Viererkonferenz auf höchster Ebene vorzuschlagen, der die sowjetische Regierung umgehend zustimmte. Wenige Wochen später erhielt der Bundeskanzler eine Einladung nach Moskau, die mit dem Angebot verbunden war, diplomatische Beziehungen zwischen den beiden Ländern aufzunehmen. Jetzt mußte sich erweisen, ob eine neue Runde der Ost-West-Verhandlungen die Positionen des kalten Krieges auflockern und Fortschritte in der deutschen Frage bringen würde.

Die Genfer Gipfelkonferenz, die vom 18. bis 23. Juli 1955 stattfand, brachte zum ersten Mal seit Jalta und Potsdam die Regierungschefs der ehemaligen Siegermächte wieder an einen Tisch. Die sowjetische Delegation unter Leitung von Ministerpräsident Nikolai A. Bulganin und Parteichef Nikita S. Chruschtschow verhielt sich ausgesucht höflich. Ihre »Offensive des Lächelns« stand in bemerkenswertem Gegensatz zu früheren grimmigen Auftritten sowjetischer Verhandlungspartner. Auf westlicher Seite nahmen der amerikanische Präsident Dwight D. Eisenhower, der gerade erst ins Amt gewählte britische Premierminister Anthony Eden und der französische Ministerpräsident Edgar Faure an der Konferenz teil. Der »Geist von Genf« rief alte Gemeinsamkeiten der Alliierten wach, was Adenauer, der seinen Urlaub nahe dem Konferenzort in der Abgeschiedenheit der Bergwelt von Mürren verbrachte, mit tiefer Skepsis erfüllte.

Schon während der Vorbereitungen zur Konferenz war deutlich geworden, daß die »Wiederherstellung der deutschen Einheit« nicht der einzige Tagesordnungspunkt bleiben würde. Vielmehr suchten die Westmächte nach einem Weg, die Wiedervereinigung

Deutschlands mit der Frage der europäischen Sicherheit zu verbinden. Längst hatten Planungsstäbe der amerikanischen Regierung Modelle für den Fall entwickelt, daß der Kreml sich tatsächlich zum Abzug der Truppen aus der DDR bereit finden und einer Wiedervereinigung im Rahmen des westlichen Bündnisses zustimmen sollte.[2] Als Ausgleich dafür erwogen sie einen parallelen Abzug von Truppen der westlichen Alliierten; dies hätte allerdings die gerade erst erreichte Westintegration der Bundesrepublik gefährden können.

Die Überlegung, ob man die Sowjetunion im Rahmen einer europäischen Sicherheitslösung zum Entgegenkommen in der deutschen Frage bewegen könne, veranlaßte selbst den Bundeskanzler, prüfen zu lassen, inwieweit die Möglichkeit bestand, Truppen zu reduzieren und die Rüstung zu begrenzen. Er betraute damit einen seiner engsten Mitarbeiter, Herbert Blankenhorn. Gleichzeitig arbeitete im neuerrichteten Bundesverteidigungsministerium ein Stab unter der Leitung von Generalleutnant Adolf Heusinger an »Gedanken zur Bildung eines truppenfreien Raumes in Zentral-Europa«, der eine entmilitarisierte Zone zwischen Elbe und Weichsel vorsah. Westlich der Elbe und östlich der Weichsel sollte es Zonen mit verminderter militärischer Präsenz geben.[3] Adenauer glaubte nicht, daß der Kreml sich auf derartige Angebote einlassen würde. Hingegen schätzten die Verbündeten die Situation optimistischer ein, zumal die für Österreich gefundene Neutralitätsformel ermutigend gewirkt hatte. In einem Fernsehbericht zur Unterzeichnung des Staatsvertrages in Wien ließ der amerikanische Außenminister John Foster Dulles durchblicken, daß die USA gewisse Neutralisierungspläne in Europa, allerdings unter Einschluß der Satellitenstaaten Moskaus, durchaus in Erwägung zögen. Einen ähnlichen Eindruck erweckten die Äußerungen von Präsident Eisenhower auf einer Pressekonferenz am 18. Mai 1955.[4] Vorsichtige Sondierungen Washingtons ergaben jedoch, daß Neutralisierungsideen, die auch die osteuropäischen Staaten einschlossen, in dieser Form in Moskau auf keinerlei Gegenliebe stießen. Zusätzlicher diplomatischer Druck aus Bonn trug schließlich dazu bei, daß solche Gedanken vorerst nicht weiter verfolgt wurden. Die Westmächte einigten sich auf eine gemeinsame Marschroute. Sie beabsichtigten, zunächst lediglich darüber zu sprechen, ob die deutsche Einheit durch freie Wahlen hergestellt werden könnte, um weitergehende Angebote – bis hin zu möglichen Diskussionen über eine entmilitarisierte Zone – von einem Entgegenkommen in dieser Frage abhängig zu machen.

Trotz des strahlenden Rahmens konnten auf der Gipfelkonferenz Fortschritte in der Sache nicht erzielt werden. Keine Seite war bereit, einzulenken. Der Vorschlag, den die sowjetische Delegation vortrug, setzte indirekt die langfristige Teilung Deutschlands voraus. Er sah ein gesamtdeutsches Sicherheitssystem im Rahmen einer europäischen Sicherheitsordnung vor, die in zwei Phasen herzustellen sei. Während einer Übergangszeit von drei Jahren sollten die NATO und der Warschauer Pakt weiterbestehen, allerdings bereits unter dem gemeinsamen Dach eines gesamteuropäischen Sicherheitspaktes. Nach Auflösung der Militärblöcke sollte dieser Sicherheitspakt für fünfzig Jahre gelten. An eine

»mechanische Verschmelzung« der beiden Teile Deutschlands durch freie Wahlen aber war nicht gedacht.[5]

Die westliche Seite bemühte sich während der Verhandlungen, das Junktim von deutscher Einheit und europäischer Sicherheit aufrechtzuerhalten, wobei die deutsche Frage bereits jetzt gegenüber der Sicherheitsproblematik ins Hintertreffen zu geraten drohte. Der Vorschlag des britischen Premierministers Eden sah einen Fünfmächtepakt zwischen den vier auf der Konferenz vertretenen Staaten und einem wiedervereinigten Deutschland vor, der auf einer gegenseitigen Beistandspflicht für den Fall des Angriffs auf einen der Beteiligten beruhte. Damit sollte vor allem der Furcht vor einem künftigen deutschen Angreifer Rechnung getragen werden. Dieser Plan stieß auf völlige Ablehnung. Er konnte der sowjetischen Delegation auch dadurch nicht schmackhafter gemacht werden, daß er Zonen mit verminderter militärischer Präsenz zu beiden Seiten der Demarkationslinie in Deutschland anbot, die in Bonn Zweifel an der Integrität des britischen Bündnispartners aufkommen ließen. Nur mühsam gelang es den Teilnehmern, die Konferenz vor einem Debakel zu bewahren. Immerhin einigte man sich auf gemeinsame »Direktiven« für die späteren Verhandlungen der Außenminister, die noch im Herbst desselben Jahres stattfinden sollten und bei denen das Problem »Europäische Sicherheit und Deutschland« ein wichtiger Tagesordnungspunkt war. In Genf wählten die vier Mächte zum letzten Mal eine Formulierung, die ihre gemeinsame Verantwortung für die Regelung der deutschen Frage und die Wiedervereinigung festhielt. Diese solle, so hieß es, »mittels freier Wahlen im Einklang mit den nationalen Interessen des deutschen Volkes und den Interessen der europäischen Sicherheit« herbeigeführt werden.[6] Die scheinbare Einigkeit währte nicht lange. Während die Westmächte daran festhielten, daß die deutsche Frage noch keineswegs gelöst sei, rückte die Sowjetunion von ihrer früheren gesamtdeutschen Position ab und vertrat künftig die »Zweistaatentheorie«. Sie verkündete, daß sich auf dem Boden des ehemaligen Deutschen Reiches zwei Staaten unterschiedlicher Gesellschaftsordnung herausgebildet hätten und richtete ihre Politik darauf aus, neben der faktischen auch eine rechtliche Anerkennung dieses Zustandes zu erreichen.

Die Einladung zu Verhandlungen in Moskau, die am 7. Juni 1955 an den Bundeskanzler erging, entsprach dem neuen Kurs des Kreml. Sie stellte Bonn vor ein unübersehbares Dilemma. Einerseits bot sich jetzt die Möglichkeit zu direkten Gesprächen mit der östlichen Siegermacht, aber andererseits bestand die Gefahr, durch einen diplomatischen Alleingang Positionen zu gefährden, die als unverzichtbar galten. Längst hatte Adenauer auf eine Gelegenheit gewartet, mit Moskau zu verhandeln. Bereits am 5. Februar 1955 hatte er vor dem Parteivorstand der CDU auf die Bedeutung größerer Handlungsfreiheit für die Außen- und Deutschlandpolitik der Bundesrepublik hingewiesen. »Sobald wir souverän sind«, so legte er dar, »können wir als ein selbständiger, souveräner Staat unsere diplomatischen Beziehungen einsetzen im Sinne einer Beilegung des Konflikts auch mit den Sowjets, wozu wir jetzt gar nicht in der Lage sind. Dreier- oder Viererkonferenzen, die über unseren Kopf hinweg geführt werden, d. h. ohne daß wir dabei am

Tisch sitzen, sind eine sehr üble Angelegenheit. Daher ziehe ich, weil ich fest davon überzeugt bin, im geeigneten Augenblick mit den Sowjets verhandeln zu können, eine Konferenz mit den Sowjets über die Rückgabe der Sowjetzone, bei der wir gleichberechtigt am Tisch sitzen, Verhandlungen vor, die über unseren Kopf hinweg geführt werden.«[7]

Ihre staatliche Souveränität und die damit verbundene Wehrhoheit trugen ebenso wie ihre wirtschaftliche Stärke dazu bei, das internationale Gewicht der Bundesrepublik zu erhöhen. Um so mehr war Adenauer daran gelegen, von vornherein dem Verdacht eines deutsch-sowjetischen Alleinganges und einer Wiederbelebung des »Rapallo-Komplexes« unter den Verbündeten durch enge Konsultationen entgegenzuwirken. Schon bei früheren Gelegenheiten hatte der Kanzler in Besprechungen mit den Hohen Kommissaren auf dem Petersberg erklärt, daß die Bundesrepublik zu gegebener Zeit das Recht haben müsse, in direkte Gespräche mit der vierten »Vorbehaltsmacht« über die deutsche Frage einzutreten. Schon damals war dies Vorhaben von den Westmächten grundsätzlich begrüßt worden.[8] In der konkreten Situation des Sommers 1955 kam es allerdings darauf an, jeglichen Anlaß zu Irritationen im Vorfeld der Genfer Verhandlungen zu vermeiden. Die Bundesregierung nahm daher die Einladung des Kreml erst für die Zeit nach der Gipfelkonferenz an.

Vorher ging es ihr darum, die Voraussetzungen für den Besuch abzuklären und den Gesprächsrahmen festzulegen. Die sowjetische Regierung versuchte, die Verhandlungen auf die Frage der Aufnahme diplomatischer, wirtschaftlicher und kultureller Beziehungen einzuengen. Dies konnte und wollte die Bundesregierung so nicht akzeptieren; sie bestand darauf, daß auch über die staatliche Einheit Deutschlands und über die Kriegsgefangenen gesprochen werden müsse. In seiner Antwortnote vom 19. August 1955 erklärte sich der Kreml zu einem Meinungsaustausch über die nationale Einheit Deutschlands bereit, fügte jedoch hinzu, daß der sowjetische Standpunkt in dieser Frage bekannt sei. Auf das Problem der Kriegsgefangenen ging er nicht ein.[9]

Nicht nur deshalb war die deutsche Ausgangsposition alles andere als günstig. Erst zehn Jahre waren seit dem grausamen Krieg vergangen, mit dem Deutschland weite Teile der Sowjetunion überzogen hatte. Andererseits hatten die Nachkriegsereignisse deutsche Zweifel an der Vertrauenswürdigkeit des Kreml verstärkt. Die psychologischen Folgewirkungen mußten sich noch immer belastend auf die Gesprächssituation zwischen den Vertretern beider Länder auswirken. Auf große Erfolge oder gar einen Durchbruch in der Frage der Wiedervereinigung konnte kaum gehofft werden. Hingegen warf die Aufnahme diplomatischer Beziehungen eine Reihe von Problemen auf, die die Anerkennung der DDR ebenso betrafen wie die Frage der Oder-Neiße-Grenze. Die geringen Erfolgsaussichten ließen es geraten erscheinen, ohne großen protokollarischen Aufwand in die Verhandlungen zu gehen.

Der deutschen Delegation gehörten nur fünfzehn Personen an. Zur engeren Umgebung des Kanzlers zählten Außenminister Heinrich von Brentano, der dieses Amt erst wenige Wochen zuvor

Der Sonderzug der Deutschen Bundesbahn, der die deutsche Delegation 1955 nach Moskau begleitete

Die Deutschlandpolitik der Bundesregierung geriet bereits in eine Sackgasse bevor sie recht begonnen hatte. Bei seinem Moskaubesuch nahm Adenauer faktisch die Existenz eines ostdeutschen Teilstaates hin, wenn er auch in der Folgezeit dessen internationale Anerkennung zu verhindern suchte. Immerhin erreichte der Kanzler die Rückkehr der letzten deutschen Kriegsgefangenen aus der Sowjetunion, die als vermeintliche Kriegsverbrecher zehn Jahre lang zurückgehalten worden waren. Nur knapp 10000 statt der vermuteten mindestens 100000 Gefangenen und Verschleppten kehrten in die Heimat zurück.

übernommen hatte, Staatssekretär Hans Globke und Ministerialdirektor Walter Hallstein sowie der NATO-Botschafter Herbert Blankenhorn. Hinzu kamen die Vorsitzenden der Auswärtigen Ausschüsse von Bundesrat und Bundestag, Karl Arnold und Kurt Georg Kiesinger. Als einziger Vertreter der Opposition nahm Carlo Schmid (in seiner Eigenschaft als stellvertretender Vorsitzender des Auswärtigen Ausschusses des Bundestages) an den Verhandlungen teil.

Die spannungsreichen Moskauer Tage sind in zahlreichen Darstellungen und Memoiren von Teilnehmern umfassend beschrieben worden, die lediglich in Kleinigkeiten von der detaillierten Schilderung in Adenauers Memoiren abweichen.[10] Am 8. September 1955 brach die Bonner Verhandlungsdelegation mit zwei neuen Verkehrsflugzeugen der Lufthansa vom Typ Super-Constellation nach Moskau auf. Um 17 Uhr landete die Maschine des Kanzlers auf dem Flughafen Wnukowo. Man empfing ihn mit großem Zeremoniell. Regierungschef Bulganin und Außenminister Molotow waren mit weiteren Mitgliedern der Staatsführung auf dem Flugplatz erschienen. Im Anschluß an die sowjetische Nationalhymne erklang das Deutschlandlied. Die Vertreter des gerade erst souverän gewordenen westdeutschen Staates standen zum ersten Mal den Repräsentanten der sowjetischen Weltmacht gegenüber. Die deutsche Delegation wurde im Hotel Sowjetskaja an der Leningrader Allee untergebracht. Ein Sonderzug der Bundesbahn stand, ausgerüstet mit einem abhörsicheren Konferenzraum, mit Speisewagen, Fernschreiber und Telefoneinrichtungen, auf dem Nebengleis eines Moskauer Bahnhofs. Die Verhandlungen fanden im Spiridonowka-Palais statt. Auf deutscher Seite wurden sie im wesentlichen vom Bundeskanzler selbst geführt. Der Außenminister griff nur am Rande in die Gespräche ein. Staatssekretär Hallstein und sein Ministerialdirektor Wilhelm Grewe leisteten wichtige Formulierungshilfe beim Abfassen der Protokolle. Auf sowjetischer Seite verhandelten Bulganin, Chruschtschow und Molotow, wobei die inszenierten Temperamentsausbrüche des Parteichefs, aber auch sein spontan wirkendes Einlenken, wesentlichen Einfluß auf das Klima der Verhandlungen hatten.

Schon am ersten Tag waren die Fronten klar abgesteckt. Während die sowjetische Seite die Aufnahme diplomatischer Beziehungen ohne Vorbedingungen wünschte, machte Adenauer seine Zustimmung von der Bereitschaft abhängig, sowohl über die Entlassung der deutschen Kriegsgefangenen als auch über die Wiedervereinigung zu sprechen. Beides wurde von den Kreml-Führern zurückgewiesen. Bulganin erklärte, in der Sowjetunion gebe es keine Kriegsgefangenen. Die früheren seien befreit worden und in ihre Heimat zurückgekehrt. Vielmehr befänden sich lediglich deutsche Kriegsverbrecher, insgesamt 9626 Personen aus der ehemaligen Hitler-Armee, im Lande, »die durch die sowjetischen Gerichte für besonders schwere Verbrechen an dem sowjetischen Volk, gegen den Frieden und gegen die Menschlichkeit verurteilt wurden«.[11] Zur Wiedervereinigung führte der sowjetische Ministerpräsident aus, die Sowjetunion setze sich zwar weiter dafür ein, daß Deutschland als einheitlicher und demokratischer Staat wiederhergestellt werde, doch seien durch die Ratifizierung der »Pariser Verträge« Hindernisse entstanden. Die Sowjetunion habe immer wieder vor einem Beitritt der Bundesrepublik zur NATO gewarnt. Molotow betonte, daß die Deutschen jetzt selbst die Initiative ergreifen müßten, um wieder zusammenzukommen.[12]

So gelang es am ersten Verhandlungstag noch nicht einmal, eine Plattform für den Gang der weiteren Gespräche zu entwickeln. Dennoch ließ am Abend die Galaaufführung des Balletts »Romeo und Julia« von Sergej Prokofjeff im Bolschoitheater mit der legendären Ulanowa die Anstrengungen des ersten Tages vergessen. Das Publikum klatschte, als die Delegationen die Ehrentribüne betraten. Ein deutscher Journalist schilderte den Abschluß der Aufführung: »Als schließlich das Ballett zu Ende war und die Häupter der feindlichen Familien Capulet und Montague sich in die Arme sanken, da hob auch der Bundeskanzler Adenauer seine beiden Hände und legte sie unter dem rauschenden Beifall der Zuschauer in die Bulganins.«[13] Die Symbolkraft dieses Vorgangs heizte Spekulationen an, die mit der wahren Situation nichts zu tun hatten. Bereits am dritten Verhandlungstag kam es zur Krise. Die Russen beharrten auf diplomatischen Beziehungen ohne Vorbedingungen. Adenauer hielt daran fest, daß zunächst wenigstens in der Kriegsgefangenenfrage ein Fortschritt erzielt werden müsse. Brentano, Hallstein und Grewe warnten zusätzlich davor, diplomatische Beziehungen aufzunehmen, ohne in der Frage der Wiedervereinigung weitergekommen zu sein. Im Einvernehmen mit dem Bundeskanzler appellierte Carlo Schmid an die Großherzigkeit des russischen Volkes, um die Freilassung der Kriegsgefangenen zu erreichen: »Lassen Sie Gnade walten, und lassen Sie diese Menschen zurückkehren zu denen, die auf sie warten – die seit mehr als zehn Jahren auf sie warten. Hinter dieser Bitte steht das ganze deutsche Volk.«[14]

Chruschtschow sah im deutschen Beharren auf Vorbedingungen ein Verhalten, das die Reihenfolge der Verhandlungsgegenstände auf den Kopf stellte. Über die »Kriegsverbrecher« könne später gesprochen werden. Adenauer stellte richtig, daß es sich nicht nur um solche Personen handele, die wegen Kriegsverbrechen verurteilt seien, sondern um eine sehr große Zahl von »anderen Leu-

Chruschtschow, Bulganin und Adenauer bei der Aufführung von Prokofjeffs »Romeo und Julia« im Bolschoitheater, Moskau 1955

Die Festaufführung im Bolschoitheater beschwor symbolisch den Erfolg der mit skeptischen Erwartungen begleiteten Mission. Der deutsche Bundeskanzler sah sich in vielerlei Hinsicht unter Zugzwang gesetzt, denn er konnte sich ein Scheitern der Konferenz wegen der deutschen Kriegsgefangenen praktisch nicht leisten. Die Sorgen des Westens vor einem neuen Rapallo waren dagegen völlig unbegründet.

ten«. Als der Kanzler dem Vorwurf, die Bundesrepublik beteilige sich durch ihren Beitritt zur NATO an der Aufstellung von Armeen zum Kriege gegen die Sowjetunion, mit der Versicherung begegnete, sein Land werde, in welcher Organisation es auch sein möge, immer für den Frieden eintreten, da bemerkte Chruschtschow höhnisch: »Truppen werden nicht aufgestellt, damit sie Suppe essen und Brühe zubereiten.«[15] Adenauer erhob sich, bereit zu gehen. In diesem Augenblick griff Bulganin ein und vertagte die Verhandlungen.

Beim anschließenden Mittagessen im Hotel erwog die deutsche Delegation ernsthaft, die Gespräche abzubrechen. Vorsorglich wurden die Verkehrsmaschinen zurückbeordnet, obwohl ursprünglich die Abreise erst zwei Tage später vorgesehen war. Der sowjetischen Seite konnte nicht entgangen sein, daß die Begegnung in einem Fiasko zu enden drohte. Ihre Reaktion blieb nicht aus. Am Abend, beim Staatsempfang im St.-Georgs-Saal des Kreml, gab Bulganin dem Bundeskanzler unter vier Augen zu verstehen, daß die Sowjetführung bereit sei, die Aufnahme diplomatischer Beziehungen mit einer Freilassung der Kriegsgefangenen zu honorieren. Vorausgegangen war ein vertrauliches Gespräch, in dem der sowjetische Ministerpräsident den Bundeskanzler fragte, ob er durch irgendwelche Bindungen an andere Mächte gehindert sei. Als Adenauer dies verneinte, bohrte Bulganin weiter: »Ist es etwa wegen der DDR?« Nach seinen Erinnerungen will Adenauer daraufhin geantwortet haben: »Das spielt eine Rolle, aber da können wir ja einen Vorbehalt machen.« Sein Gesprächspartner habe es vermieden, dazu ausdrücklich Stellung zu nehmen, er habe allerdings verständnisvoll mit dem Kopf genickt und so etwa »Na ja, eben« gemurmelt.[16] Als eigentlichen Grund für die entschiedene Einstellung der bundesdeutschen Delegation habe er, Adenauer, dann jedoch die Frage der Kriegsgefangenen genannt, die von großer psychologischer Bedeutung sei. Allein in den letzten zwei Jahren seien Briefe von etwa 130000 Deutschen eingegangen, die an der Ausreise gehindert würden. Bulganin habe daraufhin vorgegeben, von der Existenz dieser Personen nichts zu wissen. »Das werden wohl diejenigen sein«, so habe er gemeint, »von denen Chruschtschow gesagt hat, sie seien schon längst beerdigt.« Nach kurzer Pause habe er dann unvermittelt erklärt, man solle zu einer Einigung kommen. »Schreiben Sie mir einen Brief« – gemeint war die Zustimmung zur Aufnahme diplomatischer Beziehungen –, »und wir geben sie Ihnen alle – alle! Eine Woche später! Wir geben unser Ehrenwort.«[17]

Ähnlich verlief das Gespräch, das Parteichef Chruschtschow zur gleichen Zeit mit dem nordrhein-westfälischen Ministerpräsidenten Karl Arnold führte. Aufmunternde Andeutungen gab es auch für andere deutsche Delegationsteilnehmer. Kein Wunder, daß später nicht nur Adenauer, sondern ebenso Brentano und Hallstein den Durchbruch zum Erfolg für sich verbuchten.[18] Die Stimmung wurde gelöster, die Verhandlungspartner prosteten einander mit Wein und Wodka zu. Allerdings waren die sowjetischen Partei- und Staatsführer nicht bereit, über ihr Ehrenwort hinaus eine schriftliche Bestätigung zu geben. Noch am selben Abend traf die deutsche Delegation im abhörsicheren Spezialwagen ihres

Die Verhandlungsdelegationen in Moskau, v. l. n. r. : Kiesinger, Carlo Schmid, Chruschtschow, Perwuchin, Bulganin, Adenauer, Brentano, Molotow, Arnold

Sonderzuges zusammen. Brentano, Hallstein und Grewe warnten davor, bereits jetzt der sowjetischen Forderung nachzugeben. Wer garantiere denn, daß das mündliche Versprechen auch tatsächlich eingehalten werde? Es müsse auf jeden Fall noch einmal versucht werden, eine schriftliche Zusicherung zu erhalten. Zugleich sei unbedingt darauf zu achten, daß die Aufnahme diplomatischer Beziehungen nicht als eine Anerkennung der DDR und der Oder-Neiße-Grenze interpretiert werden könne.[19]

Am 13. Dezember 1955, inzwischen war der vierte Verhandlungstag angebrochen, ging das Tauziehen weiter. Adenauers Versuch, doch noch eine schriftliche Vereinbarung zur Kriegsgefangenenfrage zu erreichen, stieß auf die kategorische Ablehnung der sowjetischen Verhandlungsführer: ihr Ehrenwort genüge. Schließlich lenkte der Bundeskanzler ein, verlangte aber die Klarstellung, daß die Aufnahme diplomatischer Beziehungen keinen Verzicht der Bundesrepublik auf ihren bisherigen Rechtsstandpunkt in der deutschen Frage bedeute. Da die Auffassungen der beiden Seiten in diesem Punkte diametral entgegengesetzt waren, einigten sie sich schließlich – nach weiteren heftigen Auseinandersetzungen – auf eine einseitige Vorbehaltserklärung, die zu ihrer völkerrechtlichen Gültigkeit von der Gegenseite zwar nicht akzeptiert, aber doch zur Kenntnis genommen werden mußte. So blieb es bei einem Brief des Kanzlers an den sowjetischen Ministerpräsidenten, der am Tage des Abflugs überreicht und dessen Empfang schriftlich bestätigt wurde. Nur zwei Tage später erklärte die Nachrichtenagentur TASS, die Sowjetregierung betrachte sowohl die Bundesrepublik als auch die DDR als Teile Deutschlands. Die Grenzfrage sei bereits im Potsdamer Abkommen geregelt worden.

Knapp vier Wochen später trafen die ersten Rußlandheimkehrer im Lager Friedland ein. Die sowjetische Führung hatte sich auch ohne schriftliche Garantie an ihr Versprechen gehalten. Von 98 229 namentlich bekannten Kriegsgefangenen kehrten die genannten 9 626 zurück. Insgesamt blieben 1 156 663 Soldaten in der Sowjetunion verschollen. Etwa 20 000 Zivilisten (von rund 30 000 namentlich verzeichneten) wurden repatriiert.[20] Adenauer wurde bei seiner Rückkehr als Held gefeiert. Er stand auf der Höhe sei-

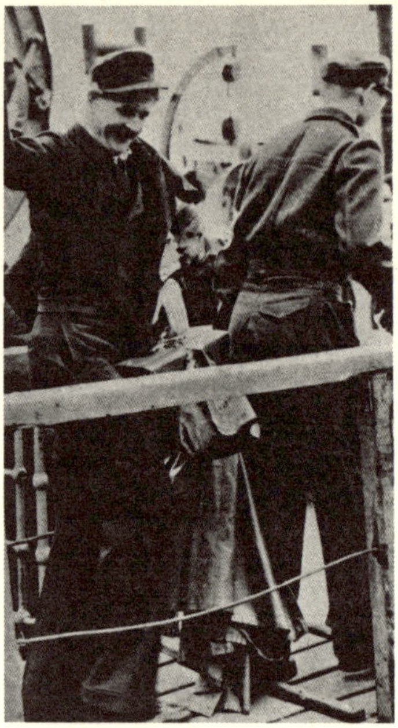

Aus den USA kehrt der letzte deutsche Kriegsgefangene im Juli 1946 zurück

Der letzte Heimkehrer aus Großbritannien trifft im Juli 1948 ein

nes Ansehens. In den Augen der Öffentlichkeit war es ihm gelungen, etwas zu erreichen, worauf kaum jemand mehr zu hoffen gewagt hatte: die letzten Kriegsgefangenen kehrten heim. Ein schlimmes Kapitel der Nachkriegsgeschichte ging damit zu Ende. Jetzt konnten auch die Hinterbliebenen, die noch immer auf ein Lebenszeichen ihrer vermißten Angehörigen gewartet hatten, in der Gewißheit Trost finden, daß alles menschenmögliche getan worden war, um die Überlebenden heimzuholen. Die Bundesbürger haben auch später noch in der Rückführung der deutschen Kriegsgefangenen aus sowjetischem Gewahrsam die bedeutendste politische Leistung Konrad Adenauers gesehen.

Bei nüchterner Betrachtung war allerdings die Entlassung von knapp 10000 Gefangenen zehn Jahre nach Kriegsende keineswegs ein zu hoher Preis angesichts der außen- und deutschlandpolitischen Konsequenzen, die sich aus der Aufnahme diplomatischer Beziehungen mit der Sowjetunion ergaben. Hatte Adenauer sich nicht doch in eine Falle locken lassen, wie der damalige amerikanische Botschafter in Moskau und langjährige Rußlandexperte im State Department, Charles Bohlen, später vermutete?[21] Immerhin erkannte die Sowjetunion schon bald nach dem Moskaubesuch Adenauers die Souveränität der DDR an. Diplomatische Beziehungen zu einem Land aufzunehmen, das damit offizielle Verbindungen zu beiden deutschen Staaten pflegte, mußte in hohem Maße geeignet sein, den Alleinvertretungsanspruch der Bundesrepublik zu unterhöhlen, weitere Staaten zur Anerkennung der DDR zu ermutigen und auf diese Weise der »Zweistaatentheorie« Moskaus völkerrechtlich zum Erfolg zu verhelfen.

Die bundesdeutsche Delegation war sich dieser Problematik durchaus bewußt. Schon auf dem Rückflug von Moskau brachte Ministerialdirektor Wilhelm Grewe erste Gedanken zu Papier, die

Heimkehrer aus der Sowjetunion, 1955

Von den 1,1 Millionen in der Sowjetunion verschollenen Deutschen kehrten insgesamt nur 9 626 zurück. Seuchen, Hunger, Kälte und unerträgliche Zustände in den Lagern hatten ihren Tribut gefordert. Von den 150 000 Soldaten der Stalinarmee, die den Krieg überlebt hatten, sahen nur 6 000 die Heimat wieder. Die Kriegsgefangenschaft im Deutschland Hitlers und im Rußland Stalins war in vielem noch erbarmungsloser gewesen als der Krieg selbst.

einem Dammbruch entgegenwirken und eine Anerkennungswelle gegenüber der DDR verhindern sollten. Die Geburt der »Hallsteindoktrin« kündigte sich an. Die Bezeichnung, 1958 vom Korrespondenten der Frankfurter Allgemeinen Zeitung, Joachim Schwelien, geprägt, täuscht allerdings darüber hinweg, daß sie mehrere geistige Väter hatte. Wilhelm Grewe und die politische Abteilung des Auswärtigen Amtes hatten an ihr wesentlichen Anteil. Die Grundzüge der »Hallsteindoktrin« waren schon in der Regierungserklärung erkennbar, die Konrad Adenauer nach seiner Rückkehr am 22. September 1955 vor dem Bundestag abgab. In ihr legte der Kanzler, ausgehend vom Alleinvertretungsanspruch, dar, wie er die Bonner Position auch nach der Aufnahme diplomatischer Beziehungen mit Moskau aufrechtzuerhalten gedachte.

Die Regierung der sogenannten DDR, so führte er aus, sei nicht aufgrund wirklich freier Wahlen gebildet worden. Sie verfüge daher auch nicht über ein echtes Mandat des Volkes. Vielmehr sei nach wie vor die Bundesregierung die einzige frei und rechtmäßig gebildete deutsche Regierung, die allein befugt sei, für das ganze Deutschland zu sprechen. Der Sowjetregierung sei diese unveränderliche Haltung bekannt. Wenn sie trotzdem diplomatische Beziehungen mit der Bundesregierung aufnehme, so tue sie dies zwar nicht mit Billigung, aber doch in Kenntnis des Bonner Standpunktes hinsichtlich der DDR. Adenauer fuhr fort: »Auch dritten Staaten gegenüber halten wir unseren bisherigen Standpunkt bezüglich der sogenannten ›DDR‹ aufrecht. Ich muß unzweideutig feststellen, daß die Bundesregierung auch künftig die Aufnahme diplomatischer Beziehungen mit der ›DDR‹ durch dritte Staaten, mit denen sie offizielle Beziehungen unterhält, als einen unfreundlichen Akt ansehen würde, da er geeignet wäre, die Spaltung zu vertiefen.«[22]

Moskau mußte die Ausnahme bleiben. Anfängliche Überlegungen, die anderen Staaten des Ostblocks, die bereits Beziehungen zur DDR unterhielten, analog zu behandeln, wurden schließlich verworfen. Für eine aktive Ostpolitik der Bundesrepublik ergaben sich damit in der Folgezeit schwierige Behinderungen. Es lag nicht in der Absicht des Kanzlers und seiner Berater, einen auf juristischem Formalismus beruhenden Automatismus zu begründen, dem zufolge die Bundesregierung sofort die diplomatischen Beziehungen mit allen Staaten abbrechen werde, die die DDR anerkannten. Vielmehr betonte der Leiter der Politischen Abteilung des Auswärtigen Amtes, Wilhelm Grewe, in einem Rundfunkinterview am 11. Dezember 1955, das als authentische Interpretation der »Hallsteindoktrin« angesehen werden kann, es gehe um ein differenziertes Reaktionsschema. Weil es schwierig sei festzustellen, wann eine völkerrechtliche Anerkennung vorliege, komme es darauf an, abgestuft zu reagieren. »Es gibt eine ganze Reihe von Maßnahmen, die noch vor dem Abbruch der diplomatischen Beziehungen liegen«, erläuterte Grewe. »Und es ist klar, daß man einen so schwerwiegenden Schritt wie den Abbruch diplomatischer Beziehungen immer nur nach sehr reiflicher Überlegung und in einer sehr ernsten Situation tun wird. Aber soviel ist klar, daß ... in dem Augenblick, in dem das Problem der Doppelvertretung Deutschlands bei dritten Staaten auftaucht, wir wahrscheinlich gar nicht anders können, als sehr ernste Konsequenzen daraus zu ziehen.«[23]

Damit war jene umstrittene deutschlandpolitische Doktrin formuliert, die bis 1969 gültig blieb. Ihre eigentliche Bedeutung lag im Abschreckungseffekt, nicht in der Anwendung, und es ist der Bundesrepublik aufgrund ihrer politischen und wirtschaftlichen Stellung zunächst durchaus wirkungsvoll gelungen, die DDR international zu isolieren. Dennoch bestand die Gefahr, daß sich diese Waffe, trotz der Mahnungen zum vorsichtigen Gebrauch, abnützen und schließlich sogar gegen ihre Erfinder wenden könnte. Um eine schleichende Anerkennung der DDR durch dritte Staaten zu unterbinden, reagierte Bonn auf Akte des politischen Entgegenkommens gegenüber der DDR abgestuft je nach Schwere des Falles, wobei im Laufe der Zeit Züge eines bürokratischen Legalismus und Schematismus unübersehbar wurden. Doch erwies sich die Drohung mit wirtschaftlichen Sanktionen, besonders gegenüber den Staaten der dritten Welt, für längere Zeit als durchaus wirksam. Bei Akten, die sich unterhalb der Anerkennungsschwelle vollzogen, antwortete Bonn mit Maßnahmen von vergleichbarem Gewicht. Dies galt für das Aufziehen der DDR-Flagge bei Sportveranstaltungen ebenso wie für die Vereinbarung von Kulturabkommen oder den Austausch von Handelsmissionen. Nur als Ultima ratio, wenn ein Staat die DDR durch die Aufnahme diplomatischer Beziehungen ausdrücklich völkerrechtlich anerkannte, wurden die diplomatischen Beziehungen abgebrochen. Tatsächlich geschah dies in mehreren Fällen, zum ersten Mal gegenüber Jugoslawien am 19. Oktober 1957.

Je mehr sich die Chancen für eine Wiedervereinigung verflüchtigten, desto stärker verlor auch die »Hallsteindoktrin« ihre politische Wirkung und ihren Sinn. Wie wollte man anderen Staaten

Abbruch der diplomatischen Beziehungen zwischen der Bundesrepublik und Jugoslawien, 1957

Die »Hallsteindoktrin«, die die Aufnahme diplomatischer Beziehungen zum ostdeutschen Teilstaat mit dem Abbruch der Beziehungen zur Bundesrepublik bedrohte, hielt mehr als ein Jahrzehnt. Vor allem die Länder der dritten Welt scheuten den diplomatischen Kontakt mit Ost-Berlin, da sie die Wirtschaftsbeziehungen zu der erstarkenden Bundesrepublik nicht gefährden wollten. Jugoslawien als Wortführer der Blockfreien nahm 1957 offizielle Beziehungen zur Deutschen Demokratischen Republik auf, woraufhin Bonn unter Bedauern sofort seinen Kontakt zu Belgrad abbrach. Der jugoslawische Botschafter in der Bundesrepublik verließ am 19. Oktober 1957 die diplomatische Niederlassung seines Staates in Bonn.

auf Dauer vorenthalten, was der Sowjetunion zugebilligt worden war? Während die DDR mit Unterstützung des Kreml ein zähes Ringen um internationale Anerkennung aufnahm und schließlich mit siebzehnjähriger Verspätung auch erreichte, stand Bonn mit seiner Politik der Nichtanerkennung langfristig mit dem Rücken zur Wand. Dem spektakulären Moskauer Zwischenspiel folgte der zähe diplomatische Alltag. Es zeigte sich, daß die Souveränität dem westdeutschen Staat in der Frage der Wiedervereinigung nicht zu größerer Beweglichkeit verhalf. Das Junktim von deutscher Einheit und europäischer Sicherheit, das auf der Genfer Gipfelkonferenz noch mühsam aufrechterhalten worden war, sollte sich in der Folgezeit schnell auflösen. Die Konferenz der vier Außenminister vom Herbst 1955 endete, ohne daß ein neues Treffen vereinbart worden war. Insgesamt belegen die vergeblichen diplomatischen Vorstöße des Jahres 1955, daß der Status quo in Deutschland auf absehbare Zeit keine Veränderung mehr zuließ. Nunmehr erhielten auch auf westlicher Seite die Bemühungen um kontrollierte Abrüstung und Entspannung eindeutig Vorrang vor einer Lösung der deutschen Frage. Damit entstand die Gefahr, daß bei künftigen Sicherheitsvereinbarungen die Teilung Deutschlands stillschweigend in Kauf genommen werden könnte.

Im Jahre 1956 kam es zu grundlegenden Veränderungen der internationalen Szene. In der Sowjetunion hatte Chruschtschows Abrechnung mit den Verbrechen Stalins eine Tauwetterperiode eingeleitet, die in den Staaten des Ostblocks Hoffnungen auf einen durchgreifenden Wandel schürte. In Polen entlud sich die Unzufriedenheit am 28. Juni 1956 in der Posener Erhebung, die durch Militär niedergeschlagen wurde. Immerhin gelang es dort Wladislaw Gomulka, der, zuvor als »Titoist« verdammt, viele Jahre im Gefängnis verbracht hatte, nach heftigen Auseinandersetzungen mit der Moskauer Führung ein reformorientiertes Regime zu etablieren. Die polnischen Vorgänge wirkten als Signal für Ungarn, wo die Unruhen revolutionäre Ausmaße annahmen. Aber der ungarische Aufstand wurde durch die Rote Armee niedergeworfen.

Moskau war nicht bereit, eine Kettenreaktion der Ereignisse hinzunehmen. Der Westen blieb auf die Rolle des Zuschauers beschränkt. Er war zudem durch die Suez-Aktion Großbritanniens und Frankreichs gelähmt, die die Gegensätze zwischen der französisch-britischen und der amerikanischen Politik offenlegte. Auch ohne die Parallelität von Ungarn und Suez wäre für die USA ein »Rollback« mit dem Risiko eines Ost-West-Krieges nicht in Frage gekommen. Von den westlichen Befreiungsparolen blieb nichts als Protest übrig. Das »atomare Patt« der Supermächte schloß ein militärisches Eingreifen aus. Trotz anderslautender Rhetorik respektierten die USA nach wie vor die Machtsphäre des östlichen Gegenspielers.

Für eine aktive Ostpolitik Bonns, die bei einer stärkeren Unabhängigkeit der ostmitteleuropäischen Staaten durchaus denkbar gewesen wäre, fehlten damit die Voraussetzungen. Dem Bundeskanzler erschien es gerade jetzt nicht opportun, auf weitere Viererkonferenzen der großen Mächte zu drängen, da sie nach seiner Ansicht die deutsche Position eher gefährden als fördern würden. Um nicht als Störenfried zu gelten, fädelte sich Bonn seinerseits in die Diskussionen über europäische Sicherheit und Disengagement ein, ohne allerdings substantielle Fortschritte zu erzielen. Noch war die Bundesrepublik im westlichen Bündnis kein gleichberechtigter Staat. Dem Kanzler lag daran, die Gleichrangigkeit mit Frankreich und Großbritannien herzustellen. Dies war ohne den zügigen Aufbau der Bundeswehr nicht möglich. Ohne die Basis militärischer Macht, so fürchtete Adenauer, könne die Bundesrepublik sich nicht zum vollwertigen und gleichberechtigten Partner entwickeln. Als dann aber Mitte der fünfziger Jahre die eigentliche Aufbauphase der Bundeswehr begann, war die angestrebte militärische Gleichberechtigung des westdeutschen Staates durch einen Wandel der NATO-Strategie bedroht.

Die ursprünglichen NATO-Planungen waren von einer Truppenstärke von 96 Divisionen für Europa ausgegangen. Diese auf dem Höhepunkt des kalten Krieges unter den Voraussetzungen konventioneller Abschreckung entwickelte Größenordnung erwies sich als wirklichkeitsfremd und kaum finanzierbar. Seit dem Jahre 1954 begannen die Amerikaner den Einsatz atomarer Waffen in ihre strategischen Erwägungen einzubeziehen. Damit bahnte sich die Umorientierung von der konventionellen zur nuklearen Abschreckung an: die Überlegenheit des Warschauer Paktes an konventionellem Potential sollte durch den amerikanischen Vorsprung im Bereich der nuklearen Waffen ausgeglichen werden. Damit würde es zugleich möglich sein, die eigenen Streitkräfte in Europa zu reduzieren und der Disengagement-Debatte neue Impulse zu geben. Trotzdem blieb, so das Kalkül, eine wirkungsvolle Abschreckung gegen konventionelle Angriffe erhalten, da der Gegner sofort der Gefahr einer nuklearen Eskalation ausgesetzt sein würde.

Die Diskussion über die neue Strategie atomarer Abschreckung und ihre politischen Folgen beunruhigte die Bundesregierung zutiefst. Adenauer hielt eine Verlagerung des strategischen Schwergewichts zugunsten von Atomwaffen zunächst sowohl aus ethischen als auch aus politischen Überlegungen für falsch.[24] Am

13. Juli 1956 wurde ein Plan des Vorsitzenden der Joint Chiefs of Staff, des Admirals Arthur Radford, durch einen Artikel in der *New York Times* bekannt. Der Plan sah eine drastische Verringerung der amerikanischen Streitkräfte um 800000 Mann vor und regte an, sich statt dessen auf die atomare Abschreckung zu konzentrieren.[25] Zur gleichen Zeit kündigte die britische Regierung Atomtests im Pazifik an, die dem Bau einer eigenen Wasserstoffbombe dienten. Frankreich stand ebenfalls an der Schwelle zur Atommacht. Der Bundesrepublik aber blieben aufgrund ihrer vertraglichen Verpflichtungen sowohl die Herstellung als auch der Kauf atomarer Waffen untersagt. Im Rahmen der sich abzeichnenden neuen NATO-Strategie war ihr zusammen mit den übrigen Landstreitkräften in Mitteleuropa die Funktion zugedacht, im Falle eines gegnerischen Angriffs als »Schild« zu wirken und den Feind zur operativen Konzentration seines Vorstoßes zu zwingen, um so die Voraussetzungen für den Einsatz der amerikanischen strategischen Luftstreitkräfte zu schaffen, die dann mit dem »Schwert« taktischer Atomwaffen operieren sollten.

Dahinter stand die Doktrin der »massiven Vergeltung«. Die Annahme, daß Amerika im nuklearen Bereich überlegen sei und ein strategisches Luftwaffenmonopol habe, entsprach aber spätestens seit dem Start des Sputniks im Oktober 1957 nicht mehr der Realität. Angesichts des eintretenden globalen Atomrisikos kam nunmehr der »lokalisierten, auf das Gefechtsfeld zu beschränkenden atomaren Auseinandersetzung mit taktischen Waffen«[26] erhöhte Bedeutung zu. Wie der amerikanische Atomexperte und spätere Außenminister Henry Kissinger in einer einflußreichen Schrift unter dem Titel »Kernwaffen und auswärtige Politik«[27] darlegte, sollten die taktischen Waffen im Kriegsfall dazu dienen, eine Pause zu erzwingen, um den Einsatz nuklearstrategischer Systeme hinauszuzögern. Dies mußte bedeutende waffentechnische Konsequenzen für die Mitgliedsstaaten der NATO zur Folge haben. Schon jetzt gingen die USA dazu über, in Europa atomare Sprengköpfe zu lagern und ihre dortigen Truppen mit taktischen Nuklearwaffen auszurüsten. Mehrere europäische NATO-Staaten, unter ihnen Frankreich und Großbritannien, forderten Zugang zum taktischen Arsenal, um nicht in eine nachgeordnete Position zu geraten. Washington signalisierte zunehmend seine Bereitschaft, die Partner mit Trägersystemen für nukleare Gefechtsfeldwaffen auszurüsten.

Angesichts der bereits erkennbaren Neigung der Amerikaner und Briten, ihre Truppen zu reduzieren, bestand für die Bundeswehr die Gefahr, vollends auf den konventionellen Teil der NATO-Strategie festgelegt zu werden. In der »Schildfunktion« belassen, drohte ihr eine ebenso kostspielige wie riskante Rolle im Gesamtkonzept zuzufallen, die auch für das politische Gewicht der Bundesrepublik nicht ohne nachteilige Folgen geblieben wäre. Als die Regierung in Bonn sich der Tragweite dieser Problematik bewußt wurde, kam es zu einer überraschenden Kehrtwendung in ihrer Atompolitik. Das wurde im Jahre 1956 sichtbar, als Theodor Blank als Verteidigungsminister zurücktrat und Franz Josef Strauß das Amt übernahm. Adenauer ließ sich überzeugen, daß nur eine »Qualitätsarmee«, der die nukleare Option offenstand, den Verteidigungsnotwendigkeiten der Bundesrepublik gerecht werde und zugleich einer strukturellen Benachteiligung gegenüber Großbritannien und Frankreich entgegenwirke. Um militärisch und politisch nicht ins Hintertreffen zu geraten, strebte die Bundesregierung jetzt eine Lösung an, die darauf zielte, die Bundeswehr mit Trägersystemen auszurüsten, die Verfügungsgewalt über die atomaren Sprengköpfe jedoch in amerikanischen Händen zu belassen.

Am 5. April 1957 verkündete der Kanzler einer überraschten Öffentlichkeit, daß er die Ausrüstung der Bundeswehr mit atomaren Trägerwaffen befürworte. »Wir Deutschen können die Entwicklung nicht stoppen«, begründete er seinen Meinungswandel. »Wir können uns nur anpassen und sorgen, daß irgendwann und irgendwo eine Entspannung eintritt.« Er glaube nicht, so fuhr Adenauer fort, daß der Besitz dieser Waffen die Bundesrepublik der Gefahr atomarer Vergeltung aussetzen werde, da die Sowjetunion wisse, daß ein solcher Angriff sogleich den Gegenschlag auslösen müsse. Deutschland verdanke den Frieden nur der Tatsache, daß die Atomwaffe die Vereinigten Staaten außerordentlich stark mache. Man selbst wolle nicht die großen atomaren, sondern nur die taktischen Waffen, und diese seien nichts anderes als die Weiterentwicklung der Artillerie. »Selbstverständlich können wir nicht darauf verzichten, daß unsere Truppen auch in der normalen Bewaffnung die neueste Entwicklung mitmachen. Die großen Waffen haben wir ja nicht.«[28]

In der Öffentlichkeit brach ein Sturm der Entrüstung los. Adenauer hatte die Bedeutung taktischer Atomwaffen verharmlost und nicht zuletzt dadurch die Befürchtung erzeugt, hier werde in Unkenntnis der verheerenden Wirkungen leichtfertig eine gefährliche Entwicklung eingeleitet. Eine Gruppe von achtzehn namhaften deutschen Physikern, unter ihnen Carl Friedrich von Weizsäcker sowie die Nobelpreisträger Max von Laue, Otto Hahn, Werner Heisenberg und Max Born, sandten ein Protesttelegramm an den Bundeskanzler. In einer öffentlichen Erklärung wiesen sie auf die Zerstörungskraft hin, die auch taktische Atomwaffen besaßen. Die gegenseitige Angst vor der zerstörerischen Kraft der Wasserstoffbombe könne zwar durchaus friedenserhaltend wirken, auf Dauer sei sie jedoch kein geeignetes Mittel und im Falle des Versagens katastrophal. Sie plädierten für einen freiwilligen Verzicht der Bundesrepublik auf den Besitz von Atomwaffen jeder Art und erklärten ihre Bereitschaft, an der friedlichen Verwendung der Atomenergie mitzuwirken, die mit allen Mitteln zu fördern sei.[29] Die »Göttinger Erklärung« der Wissenschaftler gab der sozialdemokratischen Opposition Auftrieb. Es gelang ihr, im Vorfeld des Bundestagswahlkampfes eine allgemeine »Anti-Atomtod-Kampagne« in Gang zu bringen. Diese erhielt zusätzliches Gewicht durch einen Aufruf des in Deutschland hochgeschätzten Urwaldarztes Albert Schweitzer, der die Weltöffentlichkeit vor den Gefahren der Atomversuche für die menschliche Gesundheit warnte. Um die Protestwelle einzudämmen, lud Adenauer die Physiker in das Bundeskanzleramt ein. In einem ausführlichen Gespräch, an dem auch die Generale Heusinger und Speidel teilnahmen, verwies er auf die militärischen und politischen Implika-

tionen der nuklearen Option. Es gelang ihm, die Wissenschaftler zu einem Kommuniqué zu bewegen, in dem sich beide Seiten zu dem Ziel einer allgemeinen, kontrollierten Abrüstung bekannten.[30]

Ende April 1957 wandte sich die Sowjetunion in einer scharfen Note gegen die geplante Atombewaffnung der Bundeswehr. Die SPD nahm dies zum Anlaß, um die Politik der Regierung frontal anzugreifen. In der Bundestagsdebatte vom 10. Mai 1957 forderte sie nicht nur den Verzicht der Bundeswehr auf taktische Atomwaffen, sie verlangte darüber hinaus ein generelles Verbot für die Stationierung atomar gerüsteter Verbände und für die Lagerung nuklearer Sprengköpfe auf dem Boden der Bundesrepublik. Nun konnte die Bundesregierung ihrerseits der Opposition vorwerfen, sie wende sich gegen die geltende Sicherheitspolitik der NATO. Sie betonte, daß es nicht um die nationale Verfügungsgewalt über atomare Waffen, sondern lediglich um die Ausrüstung mit Trägersystemen im Rahmen der nordatlantischen Verteidigungskonzeption gehe. Obwohl die Wellen der Auseinandersetzung hochschlugen, hat die »Anti-Atomtod-Kampagne« der SPD nicht den erwünschten Erfolg gebracht. Trotz verbreiteten Unbehagens stand die Masse der Wähler hinter der Politik Adenauers. Im Dezember 1957 stimmte der NATO-Rat in Paris der Ausrüstung der Partnerstaaten mit taktischen Atomwaffen unter amerikanischer Kontrolle zu. Diplomatischen Vorstößen aus dem Ostblock, die wie der Plan des polnischen Außenministers Rapacki darauf zielten, die bevorstehende Umrüstung der NATO mit dem Vorschlag einer atomwaffenfreien Zone in Mitteleuropa zu unterlaufen, war damit vorerst der Boden entzogen.

Die militärische und politische Position der Bundesrepublik hatte sich durch den NATO-Beschluß gefestigt. Hingegen war die Deutschlandpolitik Bonns keinen Schritt vorangekommen. Um

Im Frühjahr 1957 erhitzte die Frage der Ausrüstung der Bundeswehr mit atomaren Trägerwaffen die Öffentlichkeit der Bundesrepublik. Konrad Adenauer hatte die mißverständliche Formulierung gebraucht, daß die Bundeswehr nicht atomare, sondern nur taktische Waffen wolle, die so etwas seien wie eine Weiterentwicklung der Artillerie. Diese Verharmlosung veranlaßte achtzehn führende deutsche Physiker, die sogenannte Göttinger Erklärung abzugeben, in der sie einen freiwilligen Verzicht der Bundesrepublik auf Atomwaffen verlangten. Adenauers taktischem Geschick gelang es jedoch, die protestierenden Göttinger in einem Gespräch im Bundeskanzleramt zu einer Abschwächung des Protestes zu bewegen: Beide Weltmächte wurden nun in einem Kommuniqué zur kontrollierten Abrüstung aufgefordert.
Auch der zweiundachtzigjährige populäre Urwalddoktor Albert Schweitzer hatte sich aus Lambarene zu Wort gemeldet und eindringlich vor den Gefahren gewarnt, die von Atomversuchen für die Menschheit ausgingen. Die Anti-Atomtod-Kampagne der SPD erhielt dadurch zusätzlichen Auftrieb.

die langjährige Stagnation zu überwinden, wagte Adenauer ein erneutes direktes Gespräch mit Moskau. Die Gelegenheit dazu bot ein Schreiben des sowjetischen Ministerpräsidenten Bulganin vom 10. Dezember 1957, das kurz vor der NATO-Tagung in Bonn eintraf. Die Vorschläge erschienen dem Kanzler diesmal prüfenswert, zumal sie in einem ungewohnt moderaten Ton abgefaßt waren.[31] Er wartete daher mit der sensationell klingenden Ankündigung auf, daß er mit der sowjetischen Regierung in direkte Verhandlungen eintreten wolle und erbat dazu die Zustimmung der NATO-Partner. Was dann in den folgenden Monaten tatsächlich geschah, erfuhr die Öffentlichkeit in vollem Umfang erst zehn Jahre später in der Version Adenauers aus seinen Memoiren.[32]

Am 7. März 1958 empfing der Bundeskanzler den sowjetischen Botschafter Smirnow im Palais Schaumburg zu einem Gespräch, dem am 19. März ein weiteres folgte. Ausgehend von den Problemen internationaler Entspannung sondierte der Botschafter des Kreml die Einstellung der Bundesregierung zu einer erneuten Gipfelkonferenz. Adenauer regte an, die deutsche Frage auf die Tagesordnung zu setzen, denn die Wiedervereinigung sei das eigentlich trennende Problem zwischen Moskau und Bonn. Leider hätten sich seit der Aufnahme diplomatischer Beziehungen zwischen den beiden Staaten keinerlei Fortschritte in diesem Bereich ergeben. Dabei habe die Sowjetunion, wie ihm bei seinen Gesprächen in Moskau bestätigt worden sei, als ehemalige Besatzungsmacht die Pflicht, die Einheit Deutschlands wiederherzustellen. Dem widersprach Smirnow. Er wiederholte die sowjetische These, daß nunmehr zwei deutsche Staaten existierten, die ihre Probleme in gemeinsamen Verhandlungen selbst lösen müßten. An dieser Einstellung der Sowjetunion habe sich seit dem Jahre 1955 nichts geändert.

Noch ehe der Meinungsaustausch begonnen hatte, geriet er damit bereits wieder ins Stocken. Beim zweiten Zusammentreffen machte Adenauer seinem Gesprächspartner dann einen Vorschlag, der in sensationeller Weise von bisherigen Bonner Positionen abwich und der, wäre er bekannt geworden, den Kanzler in eine äußerst schwierige Lage gebracht hätte. Die Wiedervereinigung, so gestand Adenauer, betrachte er nicht unter dem Aspekt des Nationalismus. Ihm gehe es vielmehr darum, daß »der Bevölkerung in der Sowjetzone die Möglichkeit gegeben werde, so zu leben, wie sie es wünsche«.[33] Die Österreicher hätten diese Möglichkeit. Er stelle deshalb die Frage, ob sich die Sowjetunion bereit finden könne, der DDR den Status Österreichs zu geben. Wien habe im Staatsvertrag gewisse Verpflichtungen übernehmen müssen, die seine militärische Neutralität beträfen, dafür aber die Möglichkeit erhalten, seine Geschicke selbst zu bestimmen.

Ein solcher Vorschlag aus dem Munde des Kanzlers war überraschend. Wie konnte jener Politiker, der mit allen Mitteln eine Aufwertung des zweiten deutschen Staates zu verhindern suchte, um das Ziel der Wiedervereinigung nicht zu gefährden, nun seinerseits eine Anerkennung des territorialen Status quo unter bestimmten Voraussetzungen signalisieren? Tatsächlich lag kein eigentlicher Gesinnungwandel vor. Schon bei früheren Gelegenheiten hatte Adenauer wiederholt darauf verwiesen, daß er bei der Forderung nach einem Selbstbestimmungsrecht für die Bevölkerung im anderen Teil Deutschlands nicht primär von nationalen Erwägungen ausgehe. So hatte er bereits am 9. Juni 1956 bei einem »Teegespräch« mit Journalisten betont, er ziehe es vor, statt von Wiedervereinigung von der »Befreiung der siebzehn Millionen Deutschen aus der Sklaverei«[34] zu sprechen. Die Freiheit der Bürger im anderen Teil Deutschlands erschien ihm als vorrangiges Ziel. Ähnliche Gedanken wurden auch im engsten Zirkel um Adenauer längst erwogen, als sich immer deutlicher herausstellte, daß die bisherige Politik auf der Stelle trat. Lautes Denken aber mußte unterbleiben, um nicht leichtfertig Positionen preiszugeben und die Öffentlichkeit zu verwirren.

Als eigentlicher Urheber des Österreich-Gedankens darf wohl Staatssekretär Hans Globke gelten, der wenig später an einem noch sehr viel weitergehenden Vorschlag zur Wiedervereinigung arbeitete.[35] Modelle zur Lösung der deutschen Frage wurden damals im Zusammenspiel mit den Westmächten in großer Zahl erstellt. Dennoch war der Österreich-Vorschlag mehr als ein bloßes Gedankenspiel. Dafür spricht nicht zuletzt die Tatsache, daß er der Sowjetunion offiziell und von höchster Stelle zur Kenntnis gebracht wurde. Offensichtlich hatte der Bundeskanzler die Attraktivität seines Angebots an Smirnow erheblich überschätzt. Dieser schien überrascht und, wie Adenauer feststellte, sogar verwirrt. Jedenfalls verzichtete der Botschafter darauf, unmittelbar Stellung zu nehmen. Warum hätte die Sowjetunion auch bereit sein sollen, die DDR einer schwer kalkulierbaren freien Entwicklung zu überantworten und damit die »befreundete Regierung« in Ost-Berlin erheblichen Risiken auszusetzen? Warum sollte die militärische Neutralität nur für den zweiten deutschen Staat und nicht auch für die Bundesrepublik gelten? Adenauer hoffte auf den Besuch des stellvertretenden Vorsitzenden des Ministerrates der UdSSR, Anastas I. Mikojan, der für Ende April 1958 zur Unterzeichnung eines Handels- und Konsularvertrages nach Bonn kam. Aber er wartete vergeblich auf Resonanz. Sein Vorschlag wurde von der sowjetischen Regierung erst gar nicht aufgegriffen. Dennoch blieb er nicht folgenlos. Es ist nicht auszuschließen, daß die von Adenauer signalisierte Kompromißbereitschaft, unter gewissen Bedingungen den territorialen Status quo zu akzeptieren, dazu beigetragen hat, »daß die sowjetische Regierung in der Hochstimmung ihrer Raketenerfolge bald auf den Gedanken verfiel, die anscheinend ausgelaugten deutschlandpolitischen Positionen durch scharfen Druck auf Berlin vollends zum Einsturz zu bringen«.[36]

Während der Bundesregierung bei ihren Versuchen, die nationale Frage zu lösen, keinerlei Fortschritt gelang, verbuchte sie ihre größten außenpolitischen Erfolge, von den Zeitgenossen indessen kaum zur Kenntnis genommen, auf dem Felde der Europapolitik. Am 25. März 1957 unterzeichneten die Vertreter Belgiens, Frankreichs, der Bundesrepublik, Italiens, Luxemburgs und der Niederlande in einem feierlichen Akt auf dem Kapitol in Rom die Verträge über die Europäische Wirtschaftsgemeinschaft (EWG) und die Europäische Atomgemeinschaft (Euratom). Das Ziel der EWG bestand darin, durch den schrittweisen Abbau von Handelsschranken zwischen den Mitgliedsstaaten in drei Stufen innerhalb

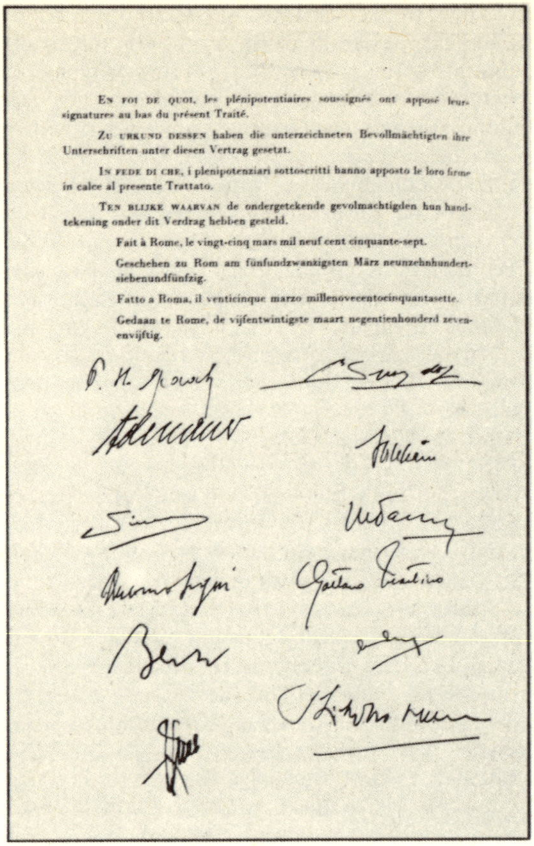

En foi de quoi, les plénipotentiaires soussignés ont apposé leurs signatures au bas du présent Traité.

Zu Urkund dessen haben die unterzeichneten Bevollmächtigten ihre Unterschriften unter diesen Vertrag gesetzt.

In fede di che, i plenipotenziari sottoscritti hanno apposto le loro firme in calce al presente Trattato.

Ten blijke waarvan de ondergetekende gevolmachtigden hun handtekening onder dit Verdrag hebben gesteld.

Fait à Rome, le vingt-cinq mars mil neuf cent cinquante-sept.

Geschehen zu Rom am fünfundzwanzigsten März neunzehnhundertsiebenundfünfzig.

Fatto a Roma, il venticinque marzo millenovecentocinquantasette.

Gedaan te Rome, de vijfentwintigste maart negentienhonderd zevenenvijftig.

Signaturseite der Römischen Verträge

von zwölf Jahren eine Zollunion zu erreichen und gleichzeitig für den Handel mit dritten Staaten einen gemeinsamen Außenzoll einzuführen. Im so entstehenden gemeinsamen Markt sollten neben dem freien Warenverkehr der freie Dienstleistungs- und Kapitalverkehr, die Niederlassungsfreiheit und die Freizügigkeit von Arbeitskräften bis zum Ende der Übergangszeit hergestellt und eine europäische Wettbewerbsordnung entwickelt werden. Für bestimmte Bereiche, so für die Landwirtschaft, erstrebten die Partnerstaaten den Aufbau einer gemeinsamen Politik, während sie in anderen Sektoren der Wirtschaft an eine bloße Koordinierung der unterschiedlichen nationalen Vorgehensweisen dachten.

Um den Integrationsprozeß in Gang zu setzen und voranzutreiben, sah der Vertrag die Einrichtung supranationaler Institutionen vor. Dem Ministerrat, bestehend aus je einem Regierungsmitglied der beteiligten Länder, fiel die Funktion zu, die allgemeine Wirtschaftspolitik der Mitgliedsstaaten zu koordinieren und die wesentlichen Entscheidungen zu treffen. Für die Anwendung der Vertragsbestimmungen und die Durchführung der Beschlüsse hatte die Europäische Kommission Sorge zu tragen. Sie besaß neben den Exekutiv- und Überwachungsbefugnissen zugleich eine Art Vorschlags- und Initiativmonopol, um Entwürfe, Empfehlungen und Stellungnahmen für die im Vertrag vorgesehenen Bereiche zu erarbeiten. Als Europaparlament war die »Versammlung« vorgesehen, die beratend an der Gemeinschaftsgesetzgebung mitwirken und gegenüber der Kommission Kontrollbefugnisse besitzen sollte. Dem Europäischen Gerichtshof oblag es schließlich, die Wahrung des Rechts bei der Auslegung und Anwendung des Vertrages zu sichern.

Der Vertragsunterzeichnung in Rom waren langjährige zähe Verhandlungen vorausgegangen. Auch nach dem EVG-Debakel waren damals die Gespräche über die Fortführung der europäischen Integration nicht abgerissen. Zu den treibenden Kräften gehörten Jean Monnet, der niederländische Außenminister Johan Willem Beyen und nicht zuletzt dessen belgischer Kollege Paul-Henri Spaak. Im Frühjahr 1955 unternahm der französische Außenminister Antoine Pinay eine Initiative. Zwar vermochte er

Die Römischen Verträge vom März 1957 hatten den schrittweisen Abbau aller Handelsschranken zwischen den Mitgliedsstaaten der Europäischen Wirtschaftsgemeinschaft zum Ziel. Am 25. März 1957 wurden sie auf dem Kapitol in Rom feierlich unterzeichnet. Der Weg zu einer europäischen Zollunion und einer gemeinsamen Landwirtschaftspolitik war frei, und damit kam der Integrationsprozeß in Gang.

sich mit seinem Vorschlag eines »Conseil Fédéral Européen«, einer ständigen diplomatischen Konferenz der Staaten der Montanunion, nicht durchzusetzen,[37] aber die sechs Länder beschlossen, auf wirtschaftlichem Gebiet einen entscheidenden Schritt voranzugehen. Am 2. Juni 1955 verabschiedeten die Außenminister in Messina eine Resolution, mit der sie eine neue Phase der Integration Europas einleiteten. Um Europa den Platz zu erhalten, den es in der Welt einnehme, um ihm seinen Einfluß zurückzugeben und den Lebensstandard seiner Bevölkerung zu heben, solle, so meinten die Minister, ein Vereinigtes Europa durch den Ausbau der gemeinsamen Institutionen, durch die schrittweise Fusion der nationalen Wirtschaften, durch die Herstellung eines gemeinsamen Marktes und die Koordination ihrer Sozialpolitik geschaffen werden.[38]

Eine Gruppe von Sachverständigen unter der Leitung des belgischen Außenministers Paul-Henri Spaak wurde beauftragt, Wege und Maßnahmen für die geplanten Etappen des Zusammenschlusses zu prüfen. Unsicherheit bestand, ob Großbritannien sich an der Initiative beteiligen würde. London zeigte wenig Neigung, einer westeuropäischen Zollunion zuzustimmen. Noch hatten die Commonwealth-Verpflichtungen und die Sonderbeziehungen zu den Vereinigten Staaten Vorrang vor den Verbindungen zum europäi-

Präsident Eisenhower beim Staatsbesuch in Bonn, August 1959

schen Kontinent. Zudem befürchtete Großbritannien einschneidende Souveränitätsverluste, die es weder mit seiner Verfassung noch mit seinem noch immer vorhandenen Selbstverständnis als Weltmacht glaubte vereinbaren zu können. Es stand sogar zu befürchten, daß eine britische Regierung die Verhandlungen der sechs ernsthaft behindern, wenn nicht gar torpedieren werde.[39]

Vor allem die Beneluxstaaten blieben bemüht, Großbritannien in die Verhandlungen einzubeziehen. Am 7. Februar 1956 wandte Spaak sich in einem Schreiben an Premierminister Eden, in dem er nicht nur die wirtschaftlichen, sondern vor allem auch die übergeordneten sicherheitspolitischen Aspekte der westeuropäischen Initiativen hervorhob. Dabei wurde deutlich, daß das Bemühen, Deutschland, das unruhige und dynamische Land in der Mitte Europas, fest in das westliche System einzubinden, ein zentrales Motiv der westlichen Partner blieb. Die europäische Integration war nach Ansicht des belgischen Außenministers die richtige Art und Weise, Deutschland vor sich selbst zu schützen. Erst sie gebe der Bundesrepublik einen Rahmen, der ihrer Außenpolitik Grenzen setze und eine Interessengemeinschaft schaffe, die sie und ihre Partner gegen Abenteuer absichere. Deshalb müsse gehandelt werden, solange Adenauer, der einen proeuropäischen Kurs der Bundesregierung garantiere, die Geschicke in der Hand halte.[40] Obwohl solche Argumente ihre Wirkung nicht verfehlten, gelang es nicht, die Briten an den Brüsseler Verhandlungstisch zurückzuholen.

Noch stärker als in den übrigen westeuropäischen Staaten spielte in Frankreich das Sicherheitsmotiv eine Rolle. Es hatte schon bei der Geburt der Montanunion, aber auch beim schließlich gescheiterten EVG-Projekt Pate gestanden. In der Ratifizierungsdebatte der französischen Nationalversammlung vom Januar 1957 machten die Befürworter der »Römischen Verträge« deutlich, daß die Einbindung Deutschlands nicht nur dazu diene, wirtschaftliche Rivalitäten zwischen den beiden Ländern auszuschalten. Die mit der europäischen Integration verbundene Aufgabe von Souveräni-

Eisenhower vor der Presse im Auswärtigen Amt

Nach der Zeit der Militärgouverneure und Hochkommissare war schon das Erscheinen von Botschaftern ein Zeichen der Aufwertung des neuen deutschen Staates im Westen, doch sollte es nicht lange dauern, bis Minister und Regierungschefs sich auch in Bonn die Tür in die Hand gaben.

tätsrechten sei vielmehr auch der Preis für die politische Sicherheit. Angesichts der Ungewißheit einer deutschen Wiedervereinigung sahen französische Politiker die Bedeutung des Gemeinsamen Marktes in seiner langfristigen politischen Sogkraft. Sie garantiere eine eindeutige Orientierung der Bundesrepublik und verhindere eine erneute Schaukelpolitik Deutschlands zwischen Ost und West.[41]

Daß aus dem technischen Bericht, mit dem die Außenminister in Messina die Kommission der Experten betraut hatten, eine politische Konzeption wurde, war vor allem Paul-Henri Spaak zu danken. Nachdem der von ihm vorgelegte Bericht durch die sechs Regierungen angenommen worden war, begannen Ende Juni 1956 die eigentlichen Vertragsverhandlungen, die schließlich, trotz erheblicher Interessengegensätze, zum Erfolg führten. Von zentraler Bedeutung war dabei das Verhältnis zwischen Frankreich und der Bundesrepublik. Die Franzosen waren nicht bereit, einer Wirtschaftsgemeinschaft ohne die gleichzeitige Errichtung der Atomgemeinschaft beizutreten, während die Bundesrepublik vor allem an der EWG interessiert war. Frankreich befürchtete, der Wucht deutscher Konkurrenz im industriellen Bereich nicht gewachsen zu sein, obwohl es durchaus den Zwang zur Modernisierung der eigenen Wirtschaft wünschte. Die deutsche Industrie, deren Export bereits im Jahre 1955 den Außenhandel der übrigen Staaten der geplanten Gemeinschaft bei weitem übertraf, brauchte dagegen die europäische Konkurrenz nicht zu scheuen. Vielmehr eröffneten sich ihr große Chancen. Anders gelagert blieben die Interessen der deutschen Landwirtschaft, die mit schwierigen Umstellungen rechnen mußte. Ohne die Bereitschaft der Bundesrepublik, im Gegenzug zum industriellen Freihandel ihren Markt für agrarische Produkte zu öffnen, wäre ein Kompromiß undenkbar gewesen

Probleme besonderer Art ergaben sich für die deutsche Seite nicht zuletzt aus dem räumlichen Geltungsbereich des EWG-Vertrages. Die Bundesregierung legte Wert darauf, den Vertrag auf das Land Berlin auszudehnen, obwohl dort alliierte Sonderrechte galten. Die Mitgliedsstaaten unterstützten diesen Wunsch, der allerdings nur mit Zustimmung der westlichen Schutzmächte realisiert werden konnte. Zusätzlich bestand die deutsche Verhandlungsdelegation für den Fall der Wiedervereinigung auf einer Vorbehaltsklausel, die die Handlungsfreiheit eines künftigen gesamtdeutschen Staates wahrte und ihm die Möglichkeit zur Überprüfung der Verträge einräumte. Schließlich erklärten sich die Partnerländer im »Protokoll über den innerdeutschen Handel und die damit zusammenhängenden Fragen« bereit, eine offene Handelsgrenze der EWG zur DDR hin zu akzeptieren.[42] Auf diese Weise sollte sichergestellt werden, daß der Interzonenhandel zwischen beiden deutschen Staaten nicht beeinträchtigt und damit der Vorwurf erhärtet würde, durch die EWG werde die wirtschaftliche Spaltung Deutschlands vertieft. Die so gewährte stille Partnerschaft sollte der DDR gegenüber anderen Ländern des östlichen Wirtschaftsblocks erhebliche Vorteile bringen.

Obgleich Bonn während der Verhandlungen seinen Einfluß wirkungsvoll zur Geltung bringen konnte, bestanden innerhalb der Bundesregierung erhebliche Auffassungsunterschiede, die erst in der Endphase beigelegt werden konnten. Lange Zeit betrachtete Ludwig Erhard die Brüsseler Aktivitäten mit Mißtrauen und Unbehagen. Die liberalen Ökonomen des Wirtschaftsministeriums plädierten nachdrücklich für eine Liberalisierung des Handels und des Zahlungsverkehrs im globalen Maßstab und warnten vor den dirigistischen Gefahren eines kleineuropäischen Wirtschaftsblocks. Doch das Auswärtige Amt trieb, unterstützt vom Bundeskanzler, die Verhandlungen mit großem Engagement voran. Schließlich stellte sich die parlamentarische Behandlung der »Römischen Verträge« im Bundestag als überraschend problemlos dar, zumal die Sozialdemokratische Partei bereit war, das Projekt mitzutragen. Die Europapolitik des Bonner Staates ruhte damit auf einem breiten Fundament.

Der Entstehung der EWG kam zugute, daß auch in den übrigen Partnerstaaten größere innenpolitische Zerreißproben ausblieben und daß die notwendigen Kompromisse zwischen den Regierungen ohne die Intervention der Interessenverbände ausgehandelt werden konnten. Offensichtlich hatte die Öffentlichkeit die Tragweite der »Römischen Verträge« gar nicht erfaßt. Die EWG war kein Thema, das die Gemüter der Zeitgenossen besonders erregte. Nur vier Stunden lang beschäftigte sich der Deutsche Bundestag am 5. Juli 1957 mit dem Vertragspaket. FDP und BHE versagten vor allem wegen deutschlandpolitischer Bedenken ihre Zustimmung. Die Freien Demokraten befürchteten, die »fortschreitenden kleineuropäischen Integrationsbemühungen« würden der Bundesrepublik nur wenig Energien belassen, ihre Politik auch künftig auf die Wiedervereinigung konzentrieren zu können.[43] Nach dieser Auffassung durfte das oberste Ziel nationaler Einheit auch durch sonst wünschenswerte Entwicklungen nicht gefährdet werden. Dabei drohte die Fixierung auf das Postulat der Wiedervereinigung den politischen Blickwinkel zu verengen.

Tatsächlich hat die europäische Wirtschaftsintegration dem nach wie vor auf das Ziel der Wiedervereinigung festgelegten westdeutschen Staat ein pragmatisches Aufgabenfeld eröffnet, das geeignet war, seine politische und wirtschaftliche Dynamik zu kanalisieren und auf diese Weise noch immer vorhandene Sicherheitsbedenken bei den Nachbarn abzubauen. Die europäische Perspektive trug dazu bei, das nationale Problem zu entschärfen. Doch zeigte sich schon zu Beginn des Integrationsprozesses, daß die nationalstaatliche Orientierung damit keineswegs bedeutungslos geworden war.

2. Berlinkrise und Mauerbau

Im Herbst 1958 verschlechterte sich das Klima der Ost-West-Beziehungen rapide. Ermutigt durch die Raketenerfolge, nutzte Chruschtschow das neue »Gleichgewicht des Schreckens«, um beim »Ringen um Deutschland« (A. Hillgruber) entscheidende Vorteile zu erreichen. Als Zielscheibe diente wieder einmal die ehemalige Reichshauptstadt, jener Ort, an dem die westliche Position besonders verwundbar war. Die Drohungen gegen Berlin erreichten ihren ersten Höhepunkt mit einer Serie von Noten, die der Kreml am 27. November 1958 an die drei Westmächte, die Bundesrepublik und die DDR richtete. In ihnen hieß es lapidar, die Sowjetunion betrachte die »Londoner Protokolle« über die Besatzungszonen und die Verwaltung von Groß-Berlin vom 12. September 1944 als nicht mehr in Kraft befindlich. Sie mache daher den Vorschlag, Verhandlungen aufzunehmen, »um West-Berlin den Status einer entmilitarisierten Freistadt« zu geben. Das Besatzungsregime sei zu beenden, das westliche Militär abzuziehen. West-Berlin, dessen Status international, eventuell durch die Einschaltung der UNO zu garantieren sei, solle eine eigene Regierung erhalten und seine inneren Angelegenheiten selbst regeln. Wenn innerhalb von sechs Monaten keine Übereinkunft erzielt werde, wolle die Sowjetunion mit der DDR ein Separatabkommen schließen, in dem alle Befugnisse, die sie aufgrund alliierter Vereinbarungen für die Zugänge nach Berlin besitze, der DDR übertragen würden.[44]

Damit hatte die Sowjetunion in ultimativer Form den Viermächtestatus Berlins aufgekündigt und die Bundesregierung wie die Schutzmächte in eine äußerst heikle Lage gebracht. Ohne deren Garantien war West-Berlin der politischen und wirtschaftlichen Auszehrung ausgesetzt und langfristig der DDR preisgegeben. Dies konnte der Westen auf keinen Fall zulassen. Für Berlin war die Sicherung seiner Zugangswege lebenswichtig. Kein Wunder, daß sich in den westlichen Hauptstädten, vor allem in Washington, aber auch in London, das Krisenmanagement sofort auf diesen Punkt konzentrierte. Direkte Verhandlungen mit der DDR über den Berlinverkehr, die ein Abrücken von der alliierten Rechtsgrundlage und praktisch eine völkerrechtliche Anerkennung des zweiten deutschen Staates bedeutet hätten, kamen nicht in Frage. Aber was würde geschehen, wenn auf den Zugangswegen nach Berlin Kontrollposten der DDR dazu übergingen, westliches Militär zu kontrollieren? Sollte die Durchfahrt dann notfalls mit Gewalt erzwungen und damit die Gefahr eines kriegerischen Konfliktes heraufbeschworen werden, für den der Westen militärisch wie psychologisch in einer denkbar ungünstigen Ausgangsposition gewesen wäre?

Über die Notwendigkeit, Berlin und seine Zugangswege zu verteidigen, bestand völlige Einigkeit zwischen den westlichen Alliierten. In der »Londoner Dreimächteerklärung« vom 3. Oktober 1954 hatten sie verkündet, »jeden Angriff gegen Berlin, von welcher Seite er auch kommen mag«, als einen Angriff auf ihre Streitkräfte und sich selbst zu behandeln.[45] Unterschiede gab es allerdings in der Methode. Der amerikanische Außenminister Dulles, der keineswegs zu den »Tauben« der US-Regierung zählte, wollte auf jeden Fall vermeiden, daß es über bloße formaljuristische Streitigkeiten zu einem folgenschweren Konflikt kam. Deshalb entwickelte er den Gedanken, daß nicht jede Berührung mit Bediensteten der DDR bereits die völkerrechtliche Anerkennung impliziere. Die Bundesregierung wende ihrerseits im Interzonenhandel seit geraumer Zeit eine Theorie der »technischen Kontakte« an. Sie könne von ihren Verbündeten keine striktere Politik der Nichtanerkennung verlangen als jene, die sie selbst befolge. Als Dulles auf einer Pressekonferenz, die am Vorabend des sowjetischen Ultimatums in Washington stattfand, gefragt wurde, ob die Vereinigten Staaten möglicherweise mit den an der Grenze kontrollierenden DDR-Bediensteten notfalls als »agents« der Sowjetunion verhandeln würden, antwortete er: »Ja, wir könnten dies vielleicht tun.«[46] Die USA würden dabei aber nicht in einer Weise vorgehen, die eine Anerkennung des ostdeutschen Regimes als Vertreter der Sowjetunion einschlösse und die Sowjetunion aus ihren Verpflichtungen und aus ihrer Verantwortung entließe.[47] Trotz solcher einschränkender Bemerkungen rief Dulles' »Agententheorie« in Bonn große Erregung hervor: Wenn selbst der amerikanische Außenminister, der Freund Adenauers und – wie es schien – Garant eines harten Kurses zum Entgegenkommen neigte, dann war es um die Abwehr der sowjetischen Drohung schlecht bestellt.

Der neue Botschafter in Washington, Wilhelm Grewe, versuchte diesem Eindruck entgegenzuwirken. Er warb um Verständnis dafür, daß der Westen seine Flexibilität und Handlungsfreiheit wahren müsse, um nicht über bloße Äußerlichkeiten, wie das Hinnehmen von Stempeln und Uniformen, in einen bewaffneten Konflikt gezogen zu werden, der bis zum Atomkrieg eskalieren konnte. Allerdings warnte auch er vor den Nachteilen des vieldiskutierten Modells: Die DDR-Beamten würden nichts unversucht lassen, »ihre Agentenqualität zu widerlegen und sich als Organe einer ›souveränen‹ eigenen Staatsmacht aufzuspielen«.[48] Obwohl Präsident Eisenhower selbst die »Agententheorie« öffentlich ablehnte, sollte sie in der Entspannungsdiskussion auch weiterhin eine Rolle spielen.

Zunächst rief das sowjetische Ultimatum in den westlichen Ländern große Empörung hervor. Am 7. Dezember 1958 fanden in West-Berlin Wahlen statt, die sich unter den Vorzeichen der Krise zu einer Abstimmung gegen die Pläne Moskaus gestalteten. Die SED, die ihren Wahlkampf mit der Parole einer »Freien Stadt« führte, brachte es nur auf einen Stimmenanteil von 1,9 Prozent. Strahlender Sieger war der Regierende Bürgermeister Willy Brandt, der in der Tradition Ernst Reuters, und anders als die Bonner SPD-Führung, eindeutig für die Westbindung eintrat. Bereits am 14. Dezember erhielt er auf der Pariser NATO-Konferenz die Gelegenheit zu einem großen internationalen Auftritt. Die drei westlichen Alliierten nutzten die Zusammenkunft, um in einer gemeinsamen Deklaration ihre Entschlossenheit zu bekräftigen, »ihre Position und ihre Rechte in bezug auf Berlin und das Recht

Jede Klimaverschlechterung zwischen Ost und West machte sich in der Viersektorenstadt Berlin bemerkbar. Das atomare Patt der Supermächte führte zu einer Verhärtung der sowjetischen Deutschlandpolitik, und die Weltraumerfolge der Sputnik-Ära schlugen sich unmittelbar in einer rapiden Verschlechterung der Ost-West-Beziehungen nieder: Moskau verlangte jetzt ultimativ die Umwandlung West-Berlins in eine »Freie Stadt«. Aber auch diesmal führten Lockung und Drohung – wie schon bei der Blockade – zu einer entschlossenen Haltung der Berliner Bevölkerung. Die Wahlen vom Dezember 1958, die unter den Vorzeichen der Krise stattfanden, gerieten zu einer Abstimmung über die Berlin-Pläne des Kreml: Nur 1,9 Prozent der West-Berliner stimmten für die Sozialistische Einheitspartei. Der vierundvierzigjährige Willy Brandt, der in der Tradition Ernst Reuters stand, war der strahlende Sieger: Die SPD erreichte 56,6 Prozent der abgegebenen Stimmen. Dieser triumphale Erfolg war der erste Schritt Willy Brandts zur späteren Kanzlerkandidatur.

Charles de Gaulle und Konrad Adenauer in Colombey-les-deux-Eglises, September 1958

Die ständige Suche nach einem Kompromiß mit der Sowjetunion brachte Konrad Adenauer zu einer unmerklichen Revision seiner bisherigen Allianzkonzeption. Da nicht nur London, sondern auch Washington mit zunehmenden Spannungen weniger verläßlich zu werden schienen, orientierte sich der Kanzler immer deutlicher an Paris, und das Unerwartete trat ein: Der alternde Charles de Gaulle und der greise Konrad Adenauer steuerten in Richtung eines deutsch-französischen Duumvirats, das erkennbar die einseitige Bindung an die Vereinigten Staaten durch ein enges Zusammengehen mit dem ehemaligen Erbfeind Frankreich ergänzte. Adenauers Lebenstraum von einer Aussöhnung mit dem Nachbarland kam damit der Verwirklichung nahe. Das Sonderverhältnis der beiden Staaten sollte die nächsten Jahrzehnte überdauern, ohne daß die atlantische Bindung der Bundesrepublik preisgegeben wurde.

auf freien Zugang dorthin zu wahren«.[49] Sie wiesen den Plan, die sowjetischen Verpflichtungen einseitig aufzuheben und durch DDR-Zuständigkeiten zu ersetzen, als unannehmbar zurück. Das Berlinproblem könne nur im Rahmen eines Abkommens über die gesamte Deutschlandfrage gelöst werden. Trotz der noch einmal demonstrativ bekundeten Einheit sollte es nicht lange dauern, bis die westliche Abwehrfront zu bröckeln begann.

Am 10. Januar 1959 verstärkte die Sowjetunion ihren Druck. Sie legte nunmehr den Entwurf eines Friedensvertrages mit beiden deutschen Staaten vor.[50] Innerhalb von 60 Tagen solle eine Friedenskonferenz aller am Krieg beteiligten Nationen in Prag oder Warschau stattfinden. Die alliierten Truppen seien binnen kurzer Frist aus Deutschland abzuziehen. Bis zu einer möglichen Wiedervereinigung durch »Konföderation« erhalte West-Berlin den Status einer entmilitarisierten Freien Stadt. Die Verunsicherung der westlichen Regierungen wuchs. Dulles irritierte mit der Äußerung, freie Wahlen seien nicht der einzige Weg zur Wiedervereinigung.[51] Ende Februar 1959 reiste der britische Premierminister Macmillan im Alleingang nach Moskau, um die Möglichkeiten eines Auswegs aus der Krise zu sondieren, und deutete dort die Bereitschaft zu weitergehenden Konzessionen an. Adenauer sah in diesem Verhalten einen »Sieg des Kreml«.[52] Seine Besorgnis nahm zu, als Anfang April der einflußreiche amerikanische Journalist Walter Lippmann in einer Artikelserie über »The Two Germanies and Berlin« dafür plädierte, die Bundesrepublik solle die »Realitäten« akzeptieren und den zweiten deutschen Staat anerkennen.[53] Lippmanns Argumentation lief darauf hinaus, daß die ständige deutsche Teilung, die auch von den Westdeutschen inzwischen überwiegend hingenommen werde, die beste Lösung für den Ausgleich zwischen Ost und West sei. Zur Überwindung der aktuellen Krise schlug er vor, das Besatzungsstatut Berlins durch Verhandlungen mit dem Kreml aufzuheben und durch eine von den Vereinten Nationen getragene internationale Garantie zu ersetzen, die auch den freien Zugang sichere.

Mit dem Tod von John Foster Dulles am 24. Mai 1959 verstärkte sich die Ungewißheit über den künftigen Kurs der amerikanischen Regierung. Vor dem Hintergrund schleichender Desintegration deutschlandpolitischer Positionen in London und Washington gewann die Haltung Frankreichs zunehmend an Bedeutung. Zwischen Adenauer und dem neuen französischen Staatschef, General de Gaulle, hatte sich bereits bei einem ersten Treffen in Colombey-les-deux-Eglises am 14. September 1958 eine überraschende Zusammenarbeit angebahnt.[54] Das von gegenseitigem Respekt getragene persönliche Einvernehmen der beiden Staatsmänner trug entscheidend dazu bei, alte Vorbehalte zu überwinden. De Gaulle ging es letztlich darum, Frankreichs Größe wiederherzustellen, das krisengeschüttelte Land in ruhigeres politisches Fahrwasser zu lenken und ihm neue Impulse zu geben. Die Entwicklung der deutsch-französischen Beziehungen und die Gründung der EWG hatte er mit tiefer Skepsis verfolgt. Jetzt erklärte er öffentlich, daß die vergangene Gegnerschaft überwunden sein müsse und Franzosen wie Deutsche dazu aufgerufen seien, in gutem Einvernehmen Seite an Seite zu arbeiten. In der schwierigen Zeit des Berlinultimatums und während der folgenden Konferenzen fand Adenauer in de Gaulle einen standhaften Verbündeten, der unbeirrt an der geltenden alliierten Rechtsgrundlage festhielt. De Gaulle trat öffentlich für die Wiedervereinigung ein, allerdings mit der für Adenauer bitteren Einschränkung, daß er die Oder-Neiße-Linie als endgültig betrachtete. Auf einer Pressekonferenz am 25. März 1959 erkannte er ausdrücklich die bestehende Westgrenze Polens an.[55]

Bereits am 31. Dezember 1958 hatten die Westmächte das sowjetische Ultimatum abgelehnt, zugleich aber ihre Bereitschaft zu erkennen gegeben, das Berlinproblem im Rahmen von Viermächteverhandlungen zu erörtern. Als die Sowjets mit der Forderung eines Friedensvertrages für Deutschland antworteten, reagierten die Westmächte mit dem Vorschlag, zunächst eine Konferenz der Außenminister wiederum nach Genf einzuberufen, an der auch Vertreter aus beiden Teilen Deutschlands als »Berater« teilnehmen könnten. Zur Abstimmung einer gemeinsamen Verhandlungslinie zwischen Washington, Paris, London und Bonn wurde eine Arbeitsgruppe reaktiviert, die schon zuvor wiederholt der politischen Koordination gedient hatte. Ihre Aufgabe bestand darin, Interessen- und Meinungsunterschiede abzuklären und unorthodoxe Gedankengänge durchzuspielen, die konstruktive neue Wege eröffnen könnten: Waren freie Wahlen wirklich eine unabdingbare Voraussetzung für die Wiedervereinigung? Konnte nicht auch an eine Konföderation der beiden deutschen Staaten gedacht werden? Die Amerikaner drängten die deutsche Seite, neue Ideen zu entwickeln. Die Briten trugen ihr Modell einer europäischen Sicherheitszone in Mitteleuropa vor, das sie favorisierten, selbst wenn diese die deutsche Teilung vertiefen sollte.[56]

Nur die französischen Experten hielten, wie ihre deutschen Kollegen, strikt daran fest, keine Idee zu lancieren, die dazu führen konnte, die alliierte Position in Berlin zu schwächen und den Status quo zu zementieren. Das Ergebnis war uneinheitlich. Aus den Beratungen ging ein »Westlicher Friedensplan« hervor, der ein Vierstufenkonzept zur Wiedervereinigung anbot. Zunächst sollte die innerstädtische Teilung Berlins durch freie Wahlen aufgehoben werden. Danach war ein »Gemischter Ausschuß« aus Vertretern beider deutscher Staaten zur Vorbereitung gesamtdeutscher Wahlen vorgesehen, die nach einer Frist von längstens zweieinhalb Jahren durchzuführen seien. Der aus ihnen hervorgehenden »Versammlung« oblag es dann, eine »gesamtdeutsche Verfassung« auszuarbeiten, auf deren Grundlage eine neue Regierung gebildet werden sollte, mit der schließlich der Friedensvertrag abgeschlossen werden könnte.

Dieser später in Genf vorgelegte Plan trug den Namen des neuen amerikanischen Außenministers Christian Herter, der die Delegation seines Landes bei der Außenministerkonferenz leitete.[57] Adenauer hielt die Ergebnisse der gemeinsamen Arbeitsgruppe für »miserabel« und bemühte sich, nachträglich Verbesserungen zu erreichen.[58] Aber die Bundesregierung konnte in einer Situation, in der Verhandlungen über die Neugestaltung des Ost-West-Verhältnisses unumgänglich erschienen, nicht darauf bauen, für Vorschläge Verständnis zu finden, die letztlich auf bloßen Zeitgewinn zielten. Sie sah sich veranlaßt, ihrerseits über Alternativen nachzudenken, die geeignet waren, festgefahrene deutschlandpolitische Positionen aufzubrechen.

Zwischen 1958 und 1962 entstand im Bundeskanzleramt unter strenger Geheimhaltung, mit Wissen und Billigung Adenauers, eine Reihe von Vertragsentwürfen zur Wiedervereinigung, die zeigen, daß der »alte Herr« durchaus nicht in Starrsinn verharrte, sondern über ein erstaunliches Maß an Flexibilität verfügte. Die dort entwickelten Vorstellungen gingen weit über jene Positionen hinaus, die das offizielle Bonn vertrat, und hätten, wären sie den Zeitgenossen bekannt geworden, mit Sicherheit einen Sturm der Entrüstung in allen politischen Gruppierungen der Bundesrepublik hervorgerufen.

In den Entwürfen genoß die politische Freiheit der DDR-Bürger eindeutige Priorität vor dem Ziel der Wiedervereinigung. Der »Globkeplan«, der Anfang des Jahres 1959 unter dem Eindruck des Berlinultimatums entstand und von dem im September 1960 eine zweite Fassung ausgearbeitet wurde,[59] ging implizit von der Existenz zweier deutscher Staaten und einer Freien Stadt Berlin aus, hielt aber nachdrücklich am Selbstbestimmungsrecht fest. Ihm zufolge sollte am Beginn ein Vertrag zwischen der Bundesrepublik und der DDR stehen, in dem beide Staaten einander völkerrechtlich anerkannten und zugleich den Verkehr von Beschränkungen befreiten. Für Berlin (Ost und West) war vorübergehend der Status einer entmilitarisierten Freien Stadt unter der Garantie der Vereinten Nationen vorgesehen. Nach fünf Jahren sollten getrennte Volksabstimmungen über die Wiedervereinigung stattfinden, die dann zustande kommen sollte, wenn sich jeweils die Mehrheit der Bürger der Bundesrepublik und der DDR dafür aussprach. Hauptstadt eines geeinten Deutschland solle Berlin sein. Falls eine gesamtdeutsche Lösung abgelehnt werden sollte, würde es bei zwei getrennten souveränen Staaten bleiben. Den Berlinern sollte es dann freistehen, zwischen der Freien Stadt und der Angliederung an die Bundesrepublik oder an die DDR zu wählen. Für den Fall, daß die Wiedervereinigung zustande gekommen wäre, hätte es in der Zuständigkeit Gesamtdeutschlands gelegen, zu entscheiden, ob es der NATO oder dem Warschauer Pakt beitrat oder die Neutralität vorzog.

Der »Globkeplan« blieb ein Schubladenentwurf. Adenauer hat wiederholt in Gesprächen mit Politikern und Diplomaten angedeutet, daß die Bundesregierung, wenn die Zeit dafür reif sei, über eine Konzeption verfügen werde, die weitreichende Kompromißmöglichkeiten enthalte. Er war aber nicht bereit, diese preiszugeben, da sie sonst als vorzeitige Konzession mißverstanden werden könnten. Eben dies warf der Kanzler dem im März 1959 publizierten und in aller Öffentlichkeit debattierten Deutschlandplan der SPD vor, der eine Neutralitätslösung favorisierte. Als wenig später der Philosoph Karl Jaspers – wie auch Wilhelm Wenger und Golo Mann – für einen Weg in der deutschen Frage plädierte, der in seinen Grundzügen durchaus den Überlegungen entsprach, die das Kanzleramt selbst anstellte, stieß er damit beim offiziellen Bonn auf schroffe Ablehnung.

Die Genfer Außenministerkonferenz, die am 11. Mai 1959 be-

Genfer Außenministerkonferenz, 1959

Die neugewonnene strategische Stärke der Sowjetunion belebte auch die Anstrengungen Moskaus, die DDR aufzuwerten. Chruschtschow verlangte eine Teilnahme des zweiten deutschen Staates an der Genfer Außenministerkonferenz vom Mai 1959, während der Westen sich darum mühte, das Berlinultimatum zu beseitigen. Schließlich einigten sich die Großmächte, die Deutschen als »Berater« zuzulassen, wobei die Frage ihrer Plazierung am Konferenztisch zu diplomatischen Schwierigkeiten führte. Man einigte sich schließlich auf »Katzentische« für die beiden deutschen Delegationen. Damit kam es zwar zu einer von der Bundesregierung nicht gewünschten Aufwertung der DDR, aber nur durch diesen Kompromiß konnte ein sofortiges Scheitern der Konferenz vermieden werden. Im Grunde gab der Westen seine Deutschlandperspektive einer Wiedervereinigung auf und fand sich statt dessen zum ersten Mal mit der Suche nach einem Modus vivendi ab.

gann und mit Unterbrechungen bis zum 4. August dauerte, diente aus westlicher Sicht vor allem dazu, das Berlinultimatum vom Tisch zu bringen, während die Sowjetunion versuchte, die völkerrechtliche Anerkennung der DDR voranzutreiben. Gleich zu Beginn der Verhandlungen kam es zu einer Kontroverse über die Stellung der als »Berater« zugelassenen Vertreter beider deutschen Staaten. Die sowjetische Delegation unter der Leitung des neuen Außenministers, Andrej Gromyko, bestand darauf, sie als vollwertige Teilnehmer an den gemeinsamen Konferenztisch zu holen. Dem widersprachen die Westmächte. Schließlich einigte man sich darauf, die deutschen Delegationen an »Katzentischen« zu plazieren. Auf diese Weise wurde zwar eine diplomatische Anerkennung des zweiten deutschen Staates vermieden; aber die DDR war, für alle Welt sichtbar, ein Stück »hoffähiger« geworden.

Die Grundlage des westlichen Konferenzvorschlages bildete der »Herterplan«. Die Sowjetunion präsentierte erneut die Forderungen ihres Friedensvertragsentwurfes vom 10. Januar 1959. Schon bald mündeten die Gespräche in fruchtlose Rhetorik ein. Altbekannte Positionen prallten aufeinander. Um ein Scheitern der Konferenz zu vermeiden, signalisierten die Westmächte in der zweiten Phase der Verhandlungen ihre Bereitschaft, die Gespräche auf Berlin zu begrenzen. Sie gaben damit praktisch die gesamtdeutsche Perspektive auf, zu der sie sich im Deutschlandvertrag bekannt und die sie in der »Berliner Erklärung« vom Juli 1957 bekräftigt hatten. Andreas Hillgruber sieht hier einen »entscheidenden Wendepunkt« in den Ost-West-Auseinandersetzungen um Deutschland. Von nun an sei es nicht mehr um »machtpolitische Verschiebungen großen Stils«, sondern um eine »für alle Mächte akzeptable Berlin-Regelung«[60] gegangen; die »Macht- und Prestigefrage« der Wiedervereinigung (R. Morsey) blieb ausgeklammert. Immer deutlicher konzentrierten sich die künftigen Bemühungen der Westmächte darauf, die »anomale Situation« Berlins zu bereinigen. Warum sollten sie in der gleichen Weise für eine gegenwärtig ohnehin aussichtslose Wiedervereinigung kämpfen, zumal die verfahrene Situation letztlich durch das nationalsozialistische Deutschland selbst verursacht worden war?[61]

In einem Arbeitspapier vom 28. Juli 1959 kamen die Westmächte bei der Suche nach einer Interimslösung für die ehemalige Reichshauptstadt sowjetischen Auffassungen bedenklich nahe. Sie stellten sogar Maßnahmen in Aussicht, »um innerhalb oder bezüglich Berlins Betätigungen zu verhüten, welche entweder die öffentliche Ordnung stören oder die Rechte und Interessen anderer ernstlich berühren oder Einmischungen in die inneren Angelegenheiten anderer darstellen«.[62] Damit wäre östlichen Interventionen in West-Berlin Tür und Tor geöffnet worden. Für die Regelung des Zugangs empfahlen sie, die in der damaligen Praxis angewandten Verfahren weiter gelten zu lassen. Zugleich boten sie an, die Zahl ihrer Truppen einzufrieren und allmählich zu reduzieren. Nie wieder haben die Westmächte bezüglich ihrer Rechte in West-Berlin eine derart weitgehende Konzessionsbereitschaft gezeigt. Trotz ihres Entgegenkommens gelang es aber nicht, eine Einigung mit der sowjetischen Verhandlungsdelegation herbeizuführen. So endete auch die dritte Genfer Konferenz ohne konkretes Ergebnis.

Inzwischen hatte Präsident Eisenhower dem Wunsch Chruschtschows entsprochen, ihn in die Vereinigten Staaten einzuladen. Der Besuch des sowjetischen Parteichefs fand im September 1959 statt. Damit gelang es zwar, den zeitlichen Druck des Berlinultimatums zu entschärfen, aber die Sowjetunion erhielt nunmehr die Gelegenheit, sich als gleichrangige Weltmacht zu präsentieren. In Camp David ließ Eisenhower die Bereitschaft zu einer bilateralen Einigung auf Kosten der Rechte der Westalliierten in Berlin erkennen. Er vereinbarte mit Chruschtschow, die Gespräche bei einer Viermächte-Gipfelkonferenz fortzusetzen. Auf einer Pressekonferenz nach dem Besuch ließ er sich dazu hinreißen, die Situation in Berlin als »abnormal« zu bezeichnen.[63] »Die Welt will sich arrangieren«, vermerkte der CDU/CSU-Fraktionsvorsitzende Heinrich Krone resigniert in seinem Tagebuch. »Moskau und Washington sind die beiden Pole.«[64]

Bonn drohte mit seiner Position in der Deutschland- und Berlinpolitik isoliert zu werden. Bei der Besprechung der Regierungschefs der drei Westmächte im Dezember 1959, die anläßlich der Tagung des NATO-Rates in Paris stattfand und zu der Adenauer, sehr zu seinem Mißvergnügen, nur phasenweise herangezogen wurde, machte Präsident Eisenhower erneut geltend, daß eine Verletzung alliierter Rechte in Berlin von der Weltöffentlichkeit keinesfalls als hinreichender Grund für ein gewaltsames Vorgehen angesehen würde. Was also solle man tun, so fragte er, wenn die sowjetische Seite einen erneuten Berlinvorstoß unternähme? Auch für den Fall, daß die Sowjetunion einen separaten Friedensvertrag mit der DDR schlösse, hätten die Westmächte keine Möglichkeit, sich zu wehren. Adenauer beharrte darauf, daß unter allen Umständen an der rechtlichen Basis des Berlinstatus festgehalten werden müsse, da sonst die Gefahr einer »Flucht aus Berlin« drohe.[65] Entschiedene Unterstützung fand der Bundeskanzler auch diesmal bei de Gaulle, der nachdrücklich darauf bestand, strikt auf den Rechten der Alliierten zu bestehen. Ihm pflichtete erstaunlicherweise Macmillan bei, obwohl gerade die Briten immer wieder für eine »weiche« Haltung plädiert hatten. Eisenhower entschloß sich daraufhin, einzulenken. Aber die Gefahr, daß die beiden

Flüchtlinge aus der DDR und Ost-Berlin im Notaufnahmelager Marienfelde in West-Berlin, Juli 1961

Der täglich anschwellende Flüchtlingsstrom aus der DDR erreichte 1961 ein Ausmaß, das die Substanz des ostdeutschen Teilstaates bedrohte, da vor allem junge Menschen den Herrschaftsbereich des Sozialismus verließen. Die täglichen Flüchtlingszahlen füllten, wie nun auch drei Jahrzehnte später wieder, die Nachrichtenbörse. Es wurde deutlich, daß die DDR nicht auf lange Zeit tatenlos zusehen konnte. Die Berliner Mauer, die am 13. August mit Zustimmung des Kreml und der sozialistischen Nachbarstaaten gebaut wurde, ist seitdem zum Symbol der Teilung Europas geworden.

Weltmächte zu einer bilateralen Einigung über eine isolierte Berlinlösung finden könnten, war damit nicht gebannt. Noch im Februar 1960 zeugte ein Papier über »Minimalerfordernisse für eine neue Vereinbarung über Berlin« von der Bereitschaft der Amerikaner, nicht auf alten Rechten zu beharren, sondern eine Neubestimmung des Status von Berlin zu versuchen und dabei durchaus Schritte in Richtung einer Anerkennung der DDR in Kauf zu nehmen.[66]

So nahte der Tag der Pariser Gipfelkonferenz, zu der die Regierungschefs der Westmächte für den 16. Mai 1961 eingeladen hatten. Inzwischen nahm auch die westliche Arbeitsgruppe zur Vorbereitung von Berlin- und Deutschlandverhandlungen ihre Beratungen wieder auf. Die Bundesrepublik war dabei durch den Leiter der Politischen Abteilung des Auswärtigen Amtes und späteren Bundespräsidenten Karl Carstens vertreten. Auf der Grundlage der dort erzielten Ergebnisse gelang es den vier westlichen Außenministern immerhin, in groben Zügen ein gemeinsames Verhandlungskonzept zu entwickeln. Adenauers Wunsch, die Gipfelbesprechungen auf Abrüstungsfragen zu begrenzen, hatte jedoch keinen Erfolg. Es stand sogar zu befürchten, daß die Verhandlungen in Paris dort wieder aufgenommen würden, wo sie in Genf geendet hatten. Wäre dabei, wie vorgesehen, das Arbeitspapier vom 28. Juli 1959 zur Beratungsgrundlage gemacht worden, hätte dies zwangsläufig zu weiteren Abstrichen an der westlichen Rechtsposition geführt. Den Bundeskanzler beschlichen düstere Ahnungen, von denen ihn erst ein unvorhergesehener Zwischenfall erlöste.

Kurz vor Beginn der Viermächtekonferenz, am 1. Mai 1960, wurde ein amerikanisches Aufklärungsflugzeug vom Typ U2 über dem Territorium der UdSSR abgeschossen. Seit dem Jahre 1956 führten die USA Erkundungsflüge dieser Art in großer Höhe durch. Jetzt nahm Chruschtschow den Spionagevorfall zum Anlaß, die Pariser Gipfelkonferenz platzen zu lassen. Offenbar war er zu der Ansicht gekommen, daß die Vereinigten Staaten wegen des zunehmenden Drucks ihrer Verbündeten keine ausreichende Konzessionsbereitschaft zeigen würden. Chruschtschow forderte die sofortige Einstellung der Erkundungsflüge und verlangte darüber hinaus eine öffentliche Entschuldigung des amerikanischen Präsidenten sowie die Bestrafung der für die Sondermission Verantwortlichen. Von der Erfüllung dieser Bedingungen machte er seine Teilnahme an den Pariser Verhandlungen abhängig. Eisenhower verbot zwar die U2-Flüge, lehnte es aber entschieden ab, sich demütigen zu lassen. Nachdem er einen dramatischen Auftritt im Kreise der Staatschefs inszeniert hatte, verließ Chruschtschow die Konferenz.

In Bonn war ein erleichtertes Aufatmen spürbar. Adenauer kommentierte den Abbruch der Verhandlungen gegenüber seinem Pressesprecher Felix von Eckardt in bestem Rheinisch: »Da haben wir ja noch mal fies Jlück jehabt.«[67] Vorerst war für ihn die Gefahr einer Einigung der Vier auf Kosten deutscher Interessen abgewendet. Trotz des Pariser Eklats bezeichnete Chruschtschow eine erneute Gipfelkonferenz zu einem späteren Zeitpunkt als wünschenswert. Auf seiner Rückreise nach Moskau riet er dazu, in bezug auf Berlin nichts zu überstürzen. »Das läuft uns nicht weg«, sagte er am 20. Mai 1960 bei seinem Besuch in Ost-Berlin.[68]

Die zweite Hälfte des Jahres 1960 brachte nur wenig Bewegung in das Ost-West-Verhältnis, während die Situation in und um Berlin sich weiter zuspitzte. Seit dem 8. September benötigten Bürger der Bundesrepublik Sondergenehmigungen zum Besuch Ost-Berlins. Vom 13. September an wurden die bundesdeutschen Reisepässe der West-Berliner von der östlichen Seite nicht mehr als gültige Ausweise angesehen.[69] Die Bundesregierung kündigte daraufhin »vorsorglich« das Interzonenhandelsabkommen bis zum Jahresende. Vorübergehend ließ der Druck auf Berlin nach.

Amerika konzentrierte sich auf die Präsidentschaftswahlen, aus denen der demokratische Senator von Massachusetts, John F. Kennedy, mit denkbar knapper Mehrheit als Sieger hervorging. Für die Bundesrepublik, die ihre Sicherheit und die Sicherheit Berlins vor allem der amerikanischen Garantiemacht verdankte, war der Amtswechsel von unmittelbarer Bedeutung. Würde sich der seit dem Tode von Dulles deutlich gewordene Wandel der amerikanischen Berlin- und Deutschlandpolitik weiter fortsetzen und ein Arrangement mit der Sowjetunion auf Kosten Deutschlands zustande kommen? Kennedy ließ den Willen zu einer grundlegenden Revision der amerikanischen Politik erkennen. In seiner »State of the Union Message« vom 30. Januar 1961 entwickelte er die Vision einer »New frontier«. Asien, Afrika und Lateinamerika seien die Zonen der Welt, in denen der Kampf um die Freiheit entschieden werde. Deutschland und Berlin erwähnte er nicht. In bezug auf Europa war der neue Präsident entschlossen, das bestehende Mächtegleichgewicht zwischen Ost und West durch Rüstungskontrolle und Entspannung zu stabilisieren und die bestehenden Einflußsphären anzuerkennen. Dieser Politik entsprach eine Veränderung der militärischen Doktrin: Die Strategie der »massive retaliation«, die auf der Bereitschaft zum atomaren Gegenschlag beruhte, sollte durch ein abgestuftes Modell der »flexible response« ersetzt werden, das von einer Stärkung der konventionellen Gefechtsbereitschaft ausging.

In den ersten Monaten der Amtszeit Kennedys gab es noch keine eindeutigen Hinweise darauf, wie die Deutschland- und Berlinpolitik der neuen Administration beschaffen sein würde. Zunächst nahm Washington auf deutsche Vorstellungen Rücksicht, zumal diese nachhaltig von de Gaulle unterstützt wurden. Zur ersten Begegnung zwischen Adenauer und Kennedy kam es am 12./13. April 1961 in Washington. Dabei trafen zwei Staatsmänner aufeinander, die nicht nur unterschiedlichen Generationen, sondern auch verschiedenen Welten angehörten. Es war kein Geheimnis, daß Kennedy eher mit den Vorstellungen jüngerer deutscher Politiker sympathisierte. In der Bundesrepublik wurde er zunehmend zum Idol und zum Herold eines neuen politischen Stils, was dem Kanzlerkandidaten der SPD, dem Berliner Regierenden Bürgermeister Willy Brandt, zugute kam. Dennoch war das Verhältnis zwischen Adenauer und Kennedy keineswegs von Beginn an durch Animositäten geprägt. Der Kanzler zollte dem Präsidenten bei seinem Besuch großen Respekt, und dieser begegnete dem deutschen Gast mit ausgesuchter Höflichkeit. Adenauer verwandte einige Mühe darauf, seinen amerikanischen Gesprächspartner davon zu überzeugen, daß die Bundesrepublik im Ernstfall selbstverständlich ihren Bündnisverpflichtungen nachkommen und mit dafür sorgen werde, daß die Zugangswege nach Berlin notfalls mit Waffengewalt offengehalten würden. Dabei mußte jedoch nach Bonner Auffassung die besondere Verantwortung der Alliierten ebenso berücksichtigt werden wie die Möglichkeit einer weiteren Eskalation, die sich aus dem Einsatz deutscher Truppen ergeben konnte. Die deutsche Seite bestand auf einer gleichberechtigten Beteiligung an der Krisenplanung für Berlin, zu der sie erst seit dem Juli 1961 in vollem Umfang herangezogen wurde.

Anzeichen einer veränderten amerikanischen Berlinpolitik konnten bereits dem Kommuniqué über die Besprechungen zwischen Adenauer und Kennedy entnommen werden. Darin erneuerten beide ihr Versprechen, »die Freiheit der Bevölkerung von West-Berlin zu erhalten, bis Deutschland in Frieden und Freiheit wiedervereinigt und Berlin als Hauptstadt dieses wiedervereinigten Landes wiederhergestellt ist«.[70] Dem kritischen Leser mußte auffallen, daß bei der eigentlichen Garantiebekundung nicht mehr, wie sonst üblich, von »Berlin« als Ganzem, sondern nur noch von »West-Berlin« die Rede war. Dies blieb auch bei künftigen amerikanischen Erklärungen so. Der Begriff »Wiedervereinigung« wurde jetzt möglichst vermieden und durch »Lösung der deutschen Frage« oder »Selbstbestimmungsrecht« des deutschen Volkes ersetzt. Hinter dieser Sprachregelung verbarg sich mehr als bloße Begriffskosmetik. Kennedy machte schon bald deutlich, daß er die amerikanische Sicherheitsgarantie ausschließlich auf die Westsektoren der ehemaligen Reichshauptstadt bezog, um sie dort wirkungsvoller zur Geltung bringen zu können.

Nach wie vor bestand die Drohung des Kreml, in absehbarer Zeit eine Klärung der Situation Berlins im sowjetischen Sinne

John F. Kennedy und Konrad Adenauer in Washington, April 1961

Die Welt war von dem vierundvierzigjährigen John F. Kennedy fasziniert. Selten ist einem amerikanischen Präsidenten in Westeuropa so viel Sympathie entgegengebracht worden. Er schien den Aufbruch in eine neue Zeit zu verkörpern. Der alternde Kanzler am Rhein war von der charismatischen Wirkung Kennedys überrascht. Der Altersunterschied zwischen den beiden Staatsmännern trug dazu bei, daß sich das Klima zwischen Bonn und Washington erst unmerklich und dann immer deutlicher veränderte. Die Zeiten waren vorüber, in denen man Adenauer in Paris und London einen heimlichen Außenminister Washingtons genannt hatte.

herbeizuführen. Chruschtschows Ungeduld wuchs. Noch aber lag ihm daran, die Einstellung der neuen amerikanischen Administration aus erster Hand kennenzulernen. Kennedy wünschte ebenfalls ein Zusammentreffen. Nach dem mißglückten Invasionsabenteuer exilkubanischer Kräfte in der Schweinebucht, die mit Unterstützung des CIA versucht hatten, das Castroregime zu stürzen, lag dem Präsidenten daran, sein Ansehen international aufzubessern. Am 16. Mai 1961 gab Chruschtschow die formelle Zustimmung zu einem bilateralen Gipfelgespräch, das am 3. und 4. Juni in Wien stattfand.

Erst am zweiten Tag stand dort das Berlinproblem im Mittelpunkt der Unterredung, die der Kremlchef mit unerwarteter Härte führte. Die Situation in Deutschland sei unerträglich, so begann er. Selbst 16 Jahre nach dem Zweiten Weltkrieg gebe es noch immer keine Friedensregelung. Inzwischen spiele das wiederbewaffnete Westdeutschland eine dominierende Rolle in der NATO. Die Sowjetunion wünsche einen Friedensvertrag mit Deutschland abzuschließen und den Westen einzubeziehen. Wenn dieser jedoch dazu nicht bereit sei, werde bis Dezember ein separater Friedensvertrag mit der DDR unterzeichnet, der zugleich die aus der Kapitulation Deutschlands resultierenden alliierten Rechte hinfällig mache. West-Berlin werde dann den Status einer entmilitarisierten Freien Stadt erhalten. Wenn die USA wegen Berlin einen Krieg beginnen wollten, so sollten sie dies tun. Die Kompromißlosigkeit überraschte den Präsidenten, der, um es genau zu wissen, nunmehr nachfragte, ob ein solcher Friedensvertrag die Wirkung haben werde, den Zugang nach West-Berlin zu blockieren. Chruschtschow bestätigte dies. Kennedy gab daraufhin zu bedenken, sein Gesprächspartner solle sich der Verantwortung bewußt sein, die jeder von ihnen habe. Ihre militärische Kraft sei ausgeglichen; jeder könne den anderen zerstören. Chruschtschow zeigte sich unbeeindruckt. Die Sowjetunion werde nach einem Friedensvertrag keine amerikanischen Rechte mehr in West-Berlin akzeptieren. Kennedy unternahm dann einen letzten Versuch, um dem Treffen doch noch eine positive Wendung zu geben. In einem zehnminütigen Gespräch unter vier Augen drückte er seine Hoffnung aus, Chruschtschow werde ihn nicht mit einer Krise konfrontieren, die so nachdrücklich die amerikanischen Interessen betreffe. Die Ver-

Pressekonferenz Chruschtschows beim Pariser Gipfeltreffen, Mai 1960

Der Pariser Gipfelkonferenz hatte Adenauer mit Unbehagen entgegengesehen. Doch ihm kam ein Zufall zu Hilfe: Der Abschuß eines amerikanischen Aufklärers vom Typ U2 führte zu diplomatischen Verwicklungen und schließlich zum Abbruch der Konferenz, die noch gar nicht richtig begonnen hatte. Chruschtschows demonstrativer Zornesausbruch war für Bonn ein Geschenk; es ist viel spekuliert worden, was den Kreml zur Absage von Verhandlungen bewogen hat, die für ihn unter günstigen Vorzeichen zu stehen schienen.

einigten Staaten würden nichts gegen Entscheidungen unternehmen, welche die Sowjetunion in ihrer eigenen Interessensphäre fälle. Sollten sie aber die Zufahrtswege nach West-Berlin berühren, so sei dies eine ernsthafte Verletzung der ureigensten Interessen der USA. Chruschtschow dachte nicht daran einzulenken. Die Entscheidung sei unumstößlich. Im Dezember werde unterzeichnet. »Wenn das stimmt«, kommentierte Kennedy abschließend ohne einen Anflug von Verbindlichkeit, »dann wird es einen kalten Winter geben.«[71]

Die neue Eiszeit kam früher als erwartet. Das Scheitern der Wiener Begegnung versetzte Washington in Alarmstimmung. In den Krisenstäben wurden Pläne für den Ernstfall in Berlin durchgespielt. Es sollte einige Wochen dauern, bis sich eine klare Politik herauszuschälen begann. Die Regierung kündigte eine Rekorderhöhung des Verteidigungshaushalts und den beschleunigten Ausbau der konventionellen Streitkräfte an. Intern liefen Vorbereitungen für eine Luftbrücke. Washington demonstrierte Entschlossenheit, um gleichzeitig auf eine Verhandlungslösung hinzuarbeiten. Am 25. Juli 1961 sprach Präsident Kennedy in einer dramatischen Rundfunk- und Fernsehansprache über die Konsequenzen, die sich für ihn aus dem Wiener Treffen und den fortgesetzten sowjetischen Drohungen gegen Berlin ergaben. Er wies jeden Gedanken daran zurück, die Anwesenheit der Westmächte in West-Berlin zu beenden und nannte dabei drei »Essentials«, zu deren Verteidigung er selbst den äußersten Einsatz nicht scheue: die Anwesenheit der drei Westmächte in West-Berlin, ihr unbehindertes Zugangsrecht dorthin und die Sicherheit und Freiheit (beziehungsweise Lebensfähigkeit) der West-Berliner. Diese Garantien waren bereits auf der NATO-Tagung in Oslo Anfang Mai 1961 als westliche Minimalposition formuliert worden. »Es wäre ein Fehler«, so warnte der Präsident, »wenn andere Berlin – seiner Lage wegen – als ein verlockendes Ziel ansähen. Ich habe sagen hören, West-Berlin sei militärisch nicht zu halten. Dies war Bastogne auch und in der Tat Stalingrad. Jede gefährliche Position ist zu halten, wenn tapfere Männer dafür einstehen. Wir wollen den Kampf nicht – aber wir haben schon gekämpft.«[72] Kennedy ließ keinen Zweifel an seiner Entschlossenheit aufkommen, aber er signalisierte dem Kreml zugleich mit hinreichender Deutlichkeit, daß er bereit war,

Demonstration in Berlin, 1961

In den letzten Jahren der Kanzlerschaft Adenauers entstand in der Öffentlichkeit immer stärker der Eindruck einer politischen Orientierungs- und Führungslosigkeit. Ganz deutlich wurde dies beim Bau der Mauer. Während die Welt gebannt auf die Berliner Ereignisse starrte, setzte der Kanzler scheinbar ungerührt seinen Wahlkampf fort und kam – viel zu spät – drei Tage nach den Ereignissen in die alte Reichshauptstadt. Dies kostete ihn viele Sympathien.

sich mit der Sicherung des Status quo in West-Berlin abzufinden, ohne dabei auf die Rechte aller vier Mächte in Gesamt-Berlin zu pochen. »Heute verläuft die gefährdete Grenze der Freiheit quer durch das geteilte Berlin. Wir wollen, daß sie eine Friedensgrenze bleibt.«[73]

Am 30. Juli 1961 nahm der Vorsitzende des Auswärtigen Senatsausschusses, J. William Fulbright, ein enger Vertrauter des Präsidenten, in einem Fernsehinterview zum Flüchtlingsproblem in Berlin Stellung, das sich täglich weiter verschärfte und eine Lösung geradezu herausforderte. Auf die Frage, ob der Westen zu einer Konzession bereit sein könne, um Berlin als Zufluchtsort abzuriegeln, antwortete er mit erstaunlicher Offenheit, daß dies in der Tat ein denkbarer Verhandlungspunkt wäre. Der Westen würde dabei ohnehin nicht viel aufgeben. Die Wahrheit sei, daß die Russen sowieso die Macht besäßen, dies ohne die Verletzung irgendeines Vertrages zu tun. Und wenn sie nun die nächste Woche für einen solchen Schritt wählten? »Ich verstehe nicht«, meinte der Senator darauf, »warum die Ostdeutschen ihre Grenze nicht schließen, denn ich denke, sie haben ein Recht, sie zu schließen«.[74]

Fulbright sprach lediglich aus, was in Washington von vielen gedacht und auch gesagt wurde. Seine Äußerungen riefen in der Bundesrepublik und in West-Berlin große Empörung hervor. In der DDR-Presse hingegen fand die »Kompromiß-Formel« des amerikanischen Senators als »realistische Meinung« breiten Widerhall.[75] Nachträglich fällt bei der Prüfung der Texte auf, daß der Präsident es sorgfältig vermied, den Bemerkungen, die Fulbright inzwischen abgemildert hatte, direkt zu widersprechen. Am 10. August 1961 bemerkte Kennedy auf einer Pressekonferenz, die Vereinigten Staaten versuchten die Flüchtlingsbewegung weder zu ermutigen noch zu entmutigen, und ihm seien auch keine Pläne bekannt, die darauf abzielten.

Im Osten wurden diese Zeichen offenbar verstanden. Chruschtschow hielt zwar einerseits an seinen Drohungen fest und steigerte sie mit dem Hinweis, daß eine militärische Auseinandersetzung um Berlin von Anfang an ein Atomkrieg sein werde. Sechs seiner H-Bomben, so bedeutete er dem britischen Botschafter, Sir Frank Roberts, würden völlig ausreichen, um Großbritannien zu vernichten, und neun wären für Frankreich genug.[76] Andererseits

Vor dem Schöneberger Rathaus im August 1961: der Regierende Bürgermeister Willy Brandt spricht zu den Berlinern, neben ihm Lyndon B. Johnson und General Lucius D. Clay

Die Amerikaner begnügten sich im wesentlichen mit demonstrativen Gesten. Es zeigte sich, daß der junge Präsident nicht bereit war, mit der Sowjetunion in eine ernsthafte Konfrontation zu geraten, zumal sie mit dem Bau der Mauer nur ihren Besitzstand markiert, nicht aber den Westen bedroht hatte. Beim Regierenden Bürgermeister war die Enttäuschung angesichts der Untätigkeit der westlichen Führungsmacht groß. In ihm reifte die Überzeugung, daß die Bundesrepublik einen selbständigen Weg finden müsse zu einem Modus vivendi mit der Sowjetunion und den Staaten Osteuropas. Die Mauer stand somit auch am Beginn einer neuen Ostpolitik der SPD, mit der Willy Brandt später in ähnlicher Weise Geschichte machen sollte, wie dies Adenauer mit der Westintegration der Bundesrepublik getan hatte.

war er aber peinlich darauf bedacht, nichts zu unternehmen, was die westalliierten Rechte in West-Berlin hätte verletzen können. Als die Staaten des Warschauer Paktes auf ihrer Tagung vom 3. bis 5. August 1961 die DDR dazu ermächtigten, »rings um das ganze Gebiet West-Berlins einschließlich seiner Grenze mit dem demokratischen Berlin eine verläßliche Bewachung und wirksame Kontrolle« zu gewährleisten, wiesen sie ausdrücklich darauf hin, daß diese Maßnahmen den Verkehr zwischen Westdeutschland und West-Berlin nicht berührten.[77] Die Ernstfallplanung der Westmächte blieb auf die Möglichkeit einer Gefährdung der Zufahrtswege beschränkt, nicht jedoch darauf, gegen Abschließungsmaßnahmen anderer Art vorzugehen.

In der Tat wurde durch den Bau der Mauer keines der drei »Essentials«, die der amerikanische Präsident verkündet hatte, verletzt. Um den Flüchtlingsstrom zu unterbinden, hatte die DDR einen Ausweg gewählt, der, obwohl nicht unvorhersehbar, in seiner rücksichtslosen Durchführung doch überraschte. Befürchtete weitergehende Schritte aber unterblieben. Der Westen übte Zurückhaltung. Seine Reaktion auf den Mauerbau zeigte nicht nur Ohnmacht, sondern auch Erleichterung. In Berlin und in der Bundesrepublik aber führte das Ausbleiben deutlicher Gegenmaßnahmen zu einer tiefen Stimmungskrise. »Der Westen tut nichts«, schrieb die Bild-Zeitung am 16. August, »Präsident Kennedy schweigt ... Macmillan geht auf die Jagd ... und Adenauer schimpft auf Willy Brandt.« Die Berliner fühlten sich im Stich gelassen. Erst nach zwölf Stunden offiziellen Schweigens meldete Washington sich zu Wort. Der Mauerbau wurde als das Eingeständnis fehlgeschlagener kommunistischer Politik dargestellt. Es gab aber auch Stimmen, die die Eindämmung des Flüchtlingsstroms als wichtige Voraussetzung für eine Stabilisierung und Verbesserung der internationalen Situation ansahen.[78]

Erst am 15. August übergaben die westlichen Stadtkommandanten ihren eher gemäßigten Protest bei der sowjetischen Vertretung in Berlin-Karlshorst. Die Regierungen der drei Westmächte benötigten weitere zwei Tage, bis sie in Moskau vorstellig wurden. In ihrem Bemühen, eine Eskalation der Krise zu vermeiden, gerieten sie – ebenso wie die Bundesregierung – in die Gefahr, die psychologischen Auswirkungen des Mauerbaus auf die Bevölkerung zu unterschätzen und auf diese Weise die Lage zu destabilisieren. In

Der »Held der Luftbrücke«, Lucius D. Clay, wurde nach Berlin geschickt, wo ihn Hunderttausende umjubelten. Der vierundsechzigjährige General betrachtete fassungslos die östlichen Absperrungsarbeiten, gegen die er, anders als zu Zeiten der Blockade, nichts mehr unternehmen konnte. Beide Weltmächte respektierten ihren jeweiligen Besitzstand.

der geteilten Stadt machte sich zunehmend Panikstimmung breit. »Die Mauer muß weg«, forderte der CDU-Bürgermeister Franz Amrehn.[79] Nach Meinung der Berliner war es die Pflicht der Schutzmächte, gegen die Demonstration der Unmenschlichkeit vorzugehen. Doch Gegenmaßnahmen blieben aus. Zutiefst betroffen rief Willy Brandt einer aufgebrachten Menge am 16. August vor dem Schöneberger Rathaus zu: »Berlin erwartet mehr als Worte. Berlin erwartet politische Aktion.« Am selben Tag schrieb er einen Brief an Präsident Kennedy, in dem er allzu selbstbewußt davor warnte, »Untätigkeit und reine Defensive könnten eine Vertrauenskrise zu den Westmächten hervorrufen«.[80] Mit verspäteten Solidaritätsbekundungen gelang es den Amerikanern immerhin, den Stimmungseinbruch abzumildern. Zur symbolischen Verstärkung der Berliner Garnison wurden 1500 Soldaten über die Autobahn nach Berlin in Bewegung gesetzt. Schließlich trafen Vizepräsident Johnson und General Lucius D. Clay, der Held der Luftbrücke, in der Stadt ein und wurden von der verunsicherten Bevölkerung begeistert empfangen.

Johnson brachte bei seinem Besuch ein Antwortschreiben Kennedys an Brandt mit. Aus ihm sprach Verständnis für die Sorge Brandts, aber es wurde auch deutlich, daß sich Kennedy von der Tonlage des Briefes aus Berlin distanzierte und verbindlich, aber bestimmt die Beschwerden und die empfohlenen Konzepte zurückwies.[81] Der amerikanische Präsident forderte dazu auf, Positionen und Ansprüche fallenzulassen, die nicht durchsetzbar seien. Statt Klage über die Untätigkeit der Westalliierten zu führen, solle Brandt eigene Gedanken zur Entspannung der Lage Berlins entwickeln. Dies waren klare Worte, die ihre beabsichtigte Schockwirkung nicht verfehlten. Sie führten zur schmerzhaften Zerstörung lang gehegter Illusionen. Die Einsicht in die begrenzte Tragweite der westlichen Garantien und in die Sonderstellung Berlins wurde zum politischen Wendepunkt für Willy Brandt und seine Berater. Von hier führt ein direkter Weg zur späteren Ostpolitik der sozialliberalen Koalition. Schon am 5. September 1961 deutete Brandt im Abgeordnetenhaus an, es gehe darum, unrealistische und unhaltbare Rechtspositionen des Westens in Berlin abzubauen. Zugleich ließ er die Bereitschaft erkennen, mit dem Osten über technische Kontakte zu sprechen, um das Los der Menschen in der geteilten Stadt zu erleichtern. Bei seiner Anpassung an die Konzeption der amerikanischen Schutzmacht ging der Regierende Bürgermeister mit der Forderung eines »Dreimächtestatus« für West-Berlin schon bald über deren Vorstellungen hinaus. Zwei Jahre nach dem Bau der Mauer entwickelte sein Vertrauter Egon Bahr auf der Akademietagung in Tutzing am 15. Juli 1963 zum ersten Mal öffentlich die Grundrisse einer Politik des »Wandels durch Annäherung«.

Adenauers Verhalten am 13. August 1961 und in den Tagen danach ist bis heute Anlaß zu herber Kritik geblieben. Selbst Persönlichkeiten, die ihm nahestanden, haben in der damaligen Reaktion des Bundeskanzlers »kein Meisterstück« gesehen.[82] Die Bonner Politik stand ganz im Zeichen des Wahlkampfes. Als Kanzlerkandidat der SPD war ausgerechnet Willy Brandt der wichtigste innenpolitische Gegenspieler. Dies erschwerte eine abgestimmte Po-

Nikita Chruschtschow und Walter Ulbricht an der Mauer in Berlin, Januar 1963

Der 13. August 1961 wurde von der SED als Triumph gefeiert, während westliche Kommentatoren in der Mauer das Eingeständnis einer gescheiterten Politik sahen. Tatsächlich bewirkte die Absperrung eine innere Konsolidierung. Nun trat für eine Generation ein Zustand der erzwungenen Ruhe ein, in dem es gelang, bescheidenen Wohlstand aufzubauen. Am Ende der achtziger Jahre aber zeigten Perestroika und Glasnost, daß grundlegende Probleme sich nicht geändert hatten und daß die eigentliche Bewährungsprobe der DDR noch ausstand.

litik, die der Lage angemessen gewesen wäre. Die Entscheidung Adenauers, nicht sogleich nach Berlin zu reisen, sollte sich als folgenschwere psychologische Fehleinschätzung erweisen, die ihn schließlich die absolute Mehrheit der Wählerstimmen kostete und zum »Kanzler auf Abruf« werden ließ. Trotz der Berliner Ereignisse hatte er den Wahlkampf fortgesetzt und am 14. August 1961 auf einer Großveranstaltung in Regensburg mit seiner maßlosen Attacke auf »Herrn Brandt alias Frahm« das politische Klima belastet. Er setzte sich damit dem Vorwurf aus, selbst in der Stunde der Not wahltaktische Erwägungen über nationale Interessen zu stellen. Als Adenauer am 16. August, nur drei Tage nach dem Bau der Mauer, mit dem sowjetischen Botschafter Smirnow zusammentraf, verstanden ihn auch Freunde nicht mehr. In dem Kommuniqué über das Gespräch versicherte er sogar, die Bundesregierung werde keine Schritte unternehmen, »welche die Beziehungen zwischen der Bundesrepublik und der UdSSR erschweren und die internationale Lage verschlechtern könnten«.[83] Aus diesem Satz schien kühler Pragmatismus zu sprechen, der nicht in die von Emotionen aufgewühlte politische Landschaft paßte. Erklärbar wird er durch die Sorge des Kanzlers, die Situation in Berlin könnte durch unbedachte Handlungen außer Kontrolle geraten. Er hielt es für angebracht, Zurückhaltung zu üben. Den Brief Brandts an Kennedy, den er als »arrogant« bezeichnete,[84] sah er als Fehlleistung an. Adenauer warnte am 17. August in einem Gespräch mit Journalisten davor, den Amerikanern einen Vorwurf zu machen: »Das würde unberechtigt sein.«[85] Die Deutschen, die während der Herrschaft der Nationalsozialisten selbst soviel Unheil über die Nachbarvölker gebracht hätten, sollten jetzt keinen Aufschrei der Welt erwarten.

Der Bau der Mauer in Berlin hatte den Status quo in Europa zementiert und zugleich enthüllt, daß der bundesdeutsche und der westliche Konflikt mit dem Sowjetblock nicht identisch waren.[86] Solange der kalte Krieg die Deutschlandfrage in den Mittelpunkt der Ost-West-Auseinandersetzungen gerückt hatte, galt auch das nationale Interesse der Deutschen an einer Wiedervereinigung ihres geteilten Landes, wie im »Deutschlandvertrag« festgehalten, als gemeinsame Sache des Westens. Diese Koinzidenz begann sich aufzulösen, als die Supermächte unter dem Druck des atomaren »Gleichgewichts des Schreckens« dazu übergingen, ihre Interessensphären gegenseitig anzuerkennen und einen Ausgleich zu suchen. Auf dem Höhepunkt der Berlinkrise wurde deutlich, daß die USA zwar bereit waren, die Freiheit der Westsektoren, für die sie unmittelbar zuständig waren, wirkungsvoll zu garantieren. Dies Engagement galt aber keineswegs in gleicher Weise für die deutsche Frage schlechthin. Sie geriet immer mehr zu einem deutschen Sonderproblem. Dennoch hielt die Bonner Politik auch weiterhin an der Fiktion der Untrennbarkeit von Ost-West-Konflikt und Wiedervereinigung fest. Sie beharrte auf ihren deutschlandpolitischen Positionen und drohte unbeweglich zu werden. Die weiterhin gepflegte gesamtdeutsche Rhetorik stand dabei in auffallendem Gegensatz zur westdeutschen Eigenstaatlichkeit.

Für die DDR war der 13. August 1961 der »heimliche Gründungstag«, weil die unmenschliche Absperrung bis zu einem gewissen Grade ihre innere Konsolidierung bewirkte. Auf andere Weise galt dies auch für die Bundesrepublik. Der »spektakuläre Mauerbau« zerstörte vollends die lang gehegte Illusion, daß im Bündnis mit dem Westen die Wiedervereinigung in Freiheit durch eine »Politik der (nichtmilitärischen) Stärke«[87] erreichbar sei. Die Folgen eines verhängnisvollen Krieges und der im Namen des deutschen Volkes begangenen Unmenschlichkeiten waren eben nicht rückwirkend aus der Welt zu schaffen.

Die große Mehrheit der Bevölkerung in der Bundesrepublik fand sich zunehmend mit der Existenz zweier deutscher Staaten ab. Das Motiv, Erreichtes zu sichern und auszubauen, blieb stärker als die Neigung, sich nationalen Hoffnungen mit ungewissem Ausgang hinzugeben. Der Gedanke an die Restauration eines bündnisunabhängigen Nationalstaates zwischen Ost und West verbot sich von selbst. Ein deutscher Nationalstaat, der auf Kosten der inneren und äußeren Westbindung der Bundesrepublik entstünde, wäre kein Fortschritt, sondern die Rückkehr zu verhängnisvollen Konstellationen. Schon Anfang 1959 hatte John Foster Dulles den Regierenden Bürgermeister von Berlin, Willy Brandt, wissen lassen: »Wenn wir uns in hundert Fragen mit den Russen streiten, in der hunderteinsten sind wir mit ihnen einig: Ein neutrales, womöglich noch bewaffnetes Deutschland, das zwischen den Fronten hin und her marschiert, wird es nicht geben.«[88]

Anmerkungen

Die Anmerkungen beschränken sich im wesentlichen auf Beleg- und Zitatnachweise. Die verwertete Literatur ist umfassend im bibliographischen Anhang aufgeführt. Übersetzungen aus fremdsprachigen Dokumenten stammen, soweit nicht anders angegeben, vom Verfasser.

Anmerkungen zu Kapitel A I

1 Bericht des amerikanischen Majors Fritz E. Oppenheimer über die Reise des OKW Keitel nach Berlin zur Unterzeichnung der Kapitulationsurkunde am 8./9. Mai 1945, abgedr. in: M. Overesch, Deutschland 1945-1949, Düsseldorf 1979, S. 117 ff.

2 R. Hansen, Das Ende des Dritten Reiches. Die deutsche Kapitulation 1945, Stuttgart 1966, S. 97.

3 Ders., Die Kapitulation und die Regierung Dönitz, in: W. Becker (Hrsg.), Die Kapitulation und der Neubeginn in Deutschland, Köln/Wien 1987, S. 31-43; M. G. Steinert, Die 23 Tage der Regierung Dönitz, Düsseldorf/Wien 1967.

4 Bericht des amerikanischen Majors Fritz E. Oppenheimer, S. 180 f. Eine bezüglich der Haltung Keitels abweichende Bewertung gibt (Marschall) G. K. Schukow, Erinnerungen und Gedanken, Stuttgart 1969, S. 612 ff.

5 A. M. Birke, Warum Deutschlands Demokratie versagte. Geschichtsanalyse im britischen Außenministerium 1943/45, in: Historisches Jahrbuch, 2 (1983), S. 372-391.

6 Public Record Office (PRO), London, FO 371/46864: The German Character, From Brigadier Van Cutsen, Control Commission for Germany, 9. März 1945.

7 PRO, London, FO 371/30930: »Memoranda on Frontiers of European Confederations and Transfer of German Populations«, From Professor A. J. Toynbee, Foreign Research and Press Service to Mr. Ronald, 20. Februar 1942.

8 PRO, London, FO 371/46810, »Transfer of German Population«, Foreign Office Minute, From Mr. O'Neill, 16. März 1945. Zur britischen Kriegszielplanung umfassend L. Kettenacker, Krieg zur Friedenssicherung. Die Deutschlandplanung der britischen Regierung im Zweiten Weltkrieg, Göttingen 1989.

9 A Decade of American Foreign Policy. Basic Documents, 1941-49. Prepared at the request of the Senate Committee on Foreign Relations by the Staff of the Committee and the Department of State, Washington 1950, S. 11 ff.

10 Foreign Relations of the United States (FRUS). The Conferences of Cairo and Teheran 1943, Washington 1961, S. 600 ff.

11 EAC. FRUS. Diplomatic Papers 1944, Vol. I, Washington D. C., 1966.

12 FRUS. The Conferences of Malta and Yalta, Washington 1955.

13 Documents on Germany under Occupation, hrsg. v. B. Ruhm von Oppen, London 1955, S. 15 f.

14 »Dismemberment of Germany«: PRO, London, FO 371/46871, 19. März 1945.

15 V. Mastny, Moskaus Weg zum Kalten Krieg, München/Wien 1980, S. 104.

16 M. Djilas, Gespräche mit Stalin, Frankfurt 1962, S. 146.

17 Zit. nach M. Overesch, Deutschland 1945-49, Düsseldorf 1979, S. 49.
18 Zu den statistischen Angaben vgl. G. W. Harmssen, Reparationen, Sozialprodukt, Lebensstandard. Versuch einer Wirtschaftsbilanz, Bremen 1947.
19 Vgl. auch die Angaben bei R. Steininger, Deutsche Geschichte 1945 bis 1961, Bd. 1, Frankfurt a. M. 1981, S. 87 ff. Zu den deutschen Nachkriegsverlusten H. Nawratil, Die deutschen Nachkriegsverluste unter Vertriebenen, Gefangenen und Verschleppten, München/Berlin 1987.
20 W. A. Boelcke, Der Schwarzmarkt 1945-1948. Vom Überleben nach dem Kriege, Braunschweig 1986.
21 A. J. u. R. L. Merrit, Public Opinion in Occupied Germany. The OMGUS Surveys, 1945-1949, Urbana 1970, S. 43-50.
22 D. Wirth, Die Familie in der Nachkriegszeit. Desorganisation oder Stabilität, in: J. Becker, Th. Stammen u. P. Waldmann (Hrsg.), Vorgeschichte der Bundesrepublik Deutschland. Zwischen Kapitulation und Grundgesetz, München 1979, S. 193-216.
23 Dazu K. Forster, Neuansätze der gesellschaftlichen Präsenz von Kirche und Katholizismus nach 1945, in: A. Rauscher (Hrsg.), Kirche und Katholizismus 1945-1949, München 1977, S. 109-133; A. M. Birke, Katholische Kirche und Politik in der Phase des Neubeginns 1945-1949, in: V. Conzemius, M. Greschat u. H. Kocher (Hrsg.), Die Zeit nach 1945 als Thema kirchlicher Zeitgeschichte, Göttingen 1988, S. 180-193.
24 Der Papst an die Deutschen. Pius XII. als Apostolischer Nuntius und als Papst in seinen deutschsprachigen Reden und Sendschreiben von 1917 bis 1956, hrsg. von B. Wüstenberg und J. Zabkar, Frankfurt a. M. 1956, S. 111.
25 Dazu R. Morsey bei: G. Baadte, Diskussionsbericht, in: A. Rauscher (Hrsg.) Kirche und Katholizismus 1945-1949, München 1977, S. 139 f.
26 G. Besier und G. Sauter, Wie Christen ihre Schuld bekennen. Die Stuttgarter Erklärung 1945, Göttingen 1985.
27 I. Zeiger, Kirchliche Zwischenbilanz 1945. Bericht über die Informationsreise durch Deutschland und Österreich im Herbst 1945. Eingel. u. komment. von L. Volk, in: Stimmen der Zeit, 5 (1975), S. 293 bis 312.
28 Dieser Satz ist unterstrichen. Abgedr. in: A. E. J. Hollaender, Offiziere und Prälaten. Zur Fuldaer Bischofskonferenz, August 1945, in: Mitteilungen des Österreichischen Staatsarchivs, Bd. 25 (1972), (= Festschrift H. L. Mikoletzky), S. 205.
29 Abgedr. in: M. Gilbert, Winston S. Churchill, Bd. 8, London 1988, S. 6 f.
30 Politische Grundsätze der Amtlichen Verlautbarung über die Konferenz von Potsdam, 2. August 1945, Amtsblatt des Kontrollrats in Deutschland, S. 13 ff.
31 FRUS Diplomatic Papers. The Conference of Berlin (The Potsdam Conference), 1945, vol. II, Washington 1960, S. 90.
32 Ebd., S. 1138.
33 Ebd., S. 1495 f.
34 Ebd., S. 1505.
35 G. F. Kennan, Memoiren eines Diplomaten, Bd. 1, München 1971, S. 264.
36 Erklärungen in Anbetracht der Niederlage Deutschlands vom 5. Juni 1945, in: Amtsblatt des Kontrollrats in Deutschland, Ergänzungsblatt Nr. 1, S. 7-9.

37 BVerfG. Urteil in: NJW (1973), S. 1540. Es spricht einiges dafür, daß die Westalliierten (besonders die Amerikaner) eher einer Auffassung zuneigten, wie sie schon im Jahre 1944 von dem in die USA emigrierten Wiener Staatsrechtler Hans Kelsen vertreten worden war, der jede Art einer rechtlichen Kontinuität zwischen dem nationalsozialistischen und dem neu zu schaffenden demokratischen Deutschland vermeiden wollte. Kelsen sah zwischen einer vorübergehenden Souveränitätsbegründung durch ein alliiertes Kondominium und einer Annexion zwar einen politischen, aber keinen eigentlich rechtlichen Unterschied. Anders die deutschen Verfechter der Kontinuitätstheorie, die die ausdrückliche Ablehnung der Annexion bei der Übernahme der obersten Gewalt in Deutschland durch die Sieger dahingehend interpretierten, daß der besiegte Staat nicht untergegangen sei. Es gebe daher keine originäre Ausübung staatlicher Rechte durch die Siegermächte. Diese handelten vielmehr treuhänderisch für das handlungsunfähig gewordene Reich. B. Diestelkamp, Rechtsgeschichte als Zeitgeschichte, Historische Betrachtungen zur Entstehung und Durchsetzung der Theorie vom Fortbestand des Deutschen Reiches als Staat nach 1945, in: Zeitschrift für Neuere Rechtsgeschichte, 7 (1985), S. 181-207.

Anmerkungen zu Kapitel A II

1 R. Maier, Ein Grundstein wird gelegt, Tübingen 1964, S. 83.
2 W. Leonhard, Die Revolution entläßt ihre Kinder, Köln/Berlin 1955, S. 355.
3 Ebd., S. 365.
4 Dokumente zur parteipolitischen Entwicklung in Deutschland seit 1945, hrsg. v. O. K. Flechtheim, Bd. 1, Berlin 1962, S. 108.
5 Ebd., Bd. 3, S. 316.
6 Ebd., Bd. 3, S. 1 ff.
7 Ebd., Bd. 3, S. 7.
8 Ebd., Bd. 3, S. 8.
9 Geschichte der Sozialistischen Einheitspartei Deutschlands, Bd. 1, Berlin (Ost) 1978, S. 137.
10 D. Staritz, Die Gründung der DDR, München 1984, S. 110-112; H. Weber, Die DDR 1945-1946, München 1988, S. 8-12.
11 Ebd., S. 102.
12 C. F. Latour u. Th. Vogelsang, Okkupation und Wiederaufbau. Die Tätigkeit der Militärregierung in der amerikanischen Besatzungszone Deutschlands 1944-1947, Stuttgart 1973, S. 23.
13 J. Gimbel, Amerikanische Besatzungspolitik in Deutschland 1945 bis 1949, Frankfurt a. M. 1971; W. Krieger, General Lucius D. Clay und die amerikanische Deutschlandpolitik 1945-1949, Stuttgart 1987.
14 OMGUS-Direktive »Elections in the US Zone«, 4. Februar 1946, in: J. K. Pollock u. a., Germany under Occupation. Illustrative materials and documents, Ann Arbor 1949, S. 119-121.
15 Akten zur Vorgeschichte der Bundesrepublik Deutschland 1945 bis 1949, Bd. 1: September 1945 – Dezember 1946, bearb. von W. Vogel und Ch. Weisz, München/Wien 1976, S. 127.
16 So Ministerpräsident Hoegner auf der konstituierenden Sitzung des Länderrats in Stuttgart am 17. Oktober 1945: »Bayern führt einen jahrhundertelangen Kampf gegen eine Zentralgewalt des Reichs. Ich muß als Bayer gegen die Schaffung einer neuen Zentralgewalt scharf Stellung nehmen.« Ebd. S. 129.
17 Ebd., S. 41.

18 R. Steininger (Bearb.), Die Ruhrfrage 1945/46 und die Entstehung des Landes Nordrhein-Westfalen, Düsseldorf 1988; W. Hölscher (Bearb.), Nordrhein-Westfalen. Deutsche Quellen zur Entstehungsgeschichte des Landes 1945/46, Düsseldorf 1988.
19 Akten zur Vorgeschichte, Bd. 1, S. 62-79.
20 R. Hudemann, Wirkungen französischer Besatzungspolitik: Forschungsprobleme und Ansätze zu einer Bilanz, in: L. Herbst (Hrsg.), Westdeutschland 1945-1955. Unterwerfung, Kontrolle, Integration, München 1986, S. 167-181.
21 FO 371/46725. »Mesures relatives au contrôle et à l'administration de l'Allemagne«, 14. September 1945, auch abgedr. in: R. Steininger (Bearb.), Die Ruhrfrage 1945/46, S. 330.
22 Documents on Germany under Occupation, S. 102.
23 Abgedr. bei J. K. Korman, US Denazification Policy in Germany 1944-1950, o. O. [1952], S. 73.
24 Akten zur Vorgeschichte, Bd. 1, S. 782.
25 W. L. Dorn, Inspektionsreisen in der US-Zone. Notizen, Denkschriften und Erinnerungen aus dem Nachlaß übers. und hrsg. v. L. Niethammer, Stuttgart 1973, S. 109-123.
26 R. Niebuhr, Germany. Vengeance or Justice, in: The Nation (169) Nr. 4, 23. Juli 1949.
27 Punishment for War Crimes: the Inter-Allied Declaration signed at the St. James's Palace, London 13 January 1942 and Relative Documents, hrsg. v. Inter-Allied Information Committee, London 1942, zit. nach T. Taylor, Kriegsverbrechen und Völkerrecht. Die Nürnberger Prozesse, Zürich 1951, S. 12.
28 Ursachen und Folgen. Vom deutschen Zusammenbruch 1918 und 1945 bis zur staatlichen Neuordnung Deutschlands in der Gegenwart, hrsg. v. H. Michaelis und E. Schraepler, Bd. 24, Berlin 1977, S. 394 f.
29 Ebd., S. 395 ff.
30 Ursachen und Folgen, Bd. 24, S. 409 ff.
31 H. Mayer, Deutschland und die politische Humanität, Rede zum Nürnberger Prozeß vom 2. Oktober 1946, in: Die Zeit, 31. März 1987.

Anmerkungen zu Kapitel A III

1 L. Kettenacker, The Planning of Re-education during the Second World War, in: N. Pronay u. K. Wilson (Hrsg.), The Political Reeducation of Germany and Her Allies after World War II, London/Sidney 1985, S. 59-81.
2 H. Faulk, Die deutschen Kriegsgefangenen in Großbritannien. Reeducation, München 1970, S. 186-225.
3 *The Times*, 8. Mai 1945.
4 J. Tent, Education and Religious Affairs Branch. OMGUS und die Entwicklung amerikanischer Bildungspolitik 1944 bis 1949, in: M. Heinemann (Hrsg.), Umerziehung und Wiederaufbau. Die Bildungspolitik der Besatzungsmächte in Deutschland und Österreich, Stuttgart 1981, S. 71 f.
5 E. S. Davies, Der britische Beitrag zum Wiederaufbau des deutschen Schulwesens von 1945 bis 1950, in: ebd., S. 140 f.
6 K. Swell Davies, The Problem of Textbooks, in: A. Hearnden (Hrsg.), The British in Germany. Educational Reconstruction after 1945, London 1978, S. 108-130.
7 R. Winkeler, Das Scheitern einer Schulreform in der Besatzungszeit. Analyse der Ursachen am Beispiel der französisch besetzten Zone

Württembergs und Hohenzollerns von 1945 bis 1949, in: M. Heinemann (Hrsg.), Umerziehung und Wiederaufbau, S. 211 bis 228.

8 Zit. nach D. Staritz, Sozialismus in einem halben Lande, Berlin 1976, S. 149.

9 Grundsätze für die demokratische Erneuerung der deutschen Schule. Gemeinsamer Aufruf der KPD und SPD zur demokratischen Schulreform vom 18. Oktober 1945, in: S. Baske und M. Engelberg (Hrsg.), Zwei Jahrzehnte Bildungspolitik in der Sowjetzone Deutschlands, Bd. 1, Berlin 1966, S. 5 ff.

10 »Gesetz zur Demokratisierung der deutschen Schule für die Provinz Sachsen« vom 22. Mai 1946, in: Dokumente aus den Jahren 1945 bis 1949. Um ein antifaschistisch-demokratisches Deutschland, Berlin (Ost) 1968, S. 275.

11 W. Jacobmeyer, Politischer Kommentar und Rundfunkpolitik. Zur Geschichte des Nordwestdeutschen Rundfunks, in: VfZ 21 (1973), S. 362.

12 »Errichtung der ersten Rundfunkanstalt des öffentlichen Rechts«, 1. Januar 1948, Verordnung Nr. 118, in: Amtsblatt der britischen Militärregierung, 1947, S. 656 f.

13 Akten zur Vorgeschichte, Bd. 1, S. 233.

14 »Richtlinien für alle Lizenzträger im Deutschen Nachrichtenwesen«, abgedr. in: R. Greuner, Lizenzpresse. Auftrag und Ende. Der Einfluß der anglo-amerikanischen Besatzungspolitik auf die Wiedererrichtung eines imperialistischen Pressewesens in Westdeutschland, Berlin (Ost) 1962, S. 277 f.

15 Th. Eschenburg, Jahre der Besatzung, S. 157.

16 H. Glaser, Kulturgeschichte der Bundesrepublik Deutschland, Bd. 1, S. 127 f.

17 F. Luft, Die gepolsterte Bank der Spötter. Zur Situation des politischen Cabarets in Deutschland, in: Der Monat, 105 (1957), S. 33.

18 A. Weber, Abschied von der bisherigen Geschichte. Überwindung des Nihilismus? Hamburg 1946, S. 8.

19 F. Meinecke, Die deutsche Katastrophe. Betrachtungen und Erinnerungen, Wiesbaden 1946, S. 175 f.

20 A. J. Merritt u. R. L. Merritt, Public Opinion in Occupied Germany, The OMGUS Surveys, 1945-1949, Urbana 1970, S. 40-50.

21 H. Grebing, Die Parteien, in: W. Benz (Hrsg.), Die Bundesrepublik Deutschland, Bd. 1, Politik, Frankfurt a. M. 1983, S. 128.

22 Zit. nach: A. Kaden, Einheit oder Freiheit. Die Wiedergründung der SPD 1945/46, Hannover 1964, S. 149.

23 Zur Biographie Schumachers vgl. G. Scholz, Kurt Schumacher, Düsseldorf 1988.

24 K. Schumacher, Konsequenzen deutscher Politik, in: ders. Turmwächter der Demokratie, Bd. 2, Berlin 1952, S. 25.

25 Ebd.

26 K. Schumacher, Volk in Not. Ein Mahnruf an die Sieger. Rede des 1. Vorsitzenden der Sozialdemokratischen Partei Deutschlands, Dr. K. Schumacher am 12. Januar 1947 in München, München 1947, S. 12.

27 Zur Frühgeschichte der CDU vgl. W. Becker, CDU und CSU 1945 bis 1950, Mainz 1988.

28 Historisch-Politische Blätter, Heft 5 v. 1. März 1906; K. Bachem, Vorgeschichte, Geschichte und Politik der deutschen Zentrumspartei, Bd. 7, Köln 1930, S. 163 ff.

29 Gründungsaufruf bei O. K. Flechtheim (Hrsg.), Dokumente zur parteipolitischen Entwickung in Deutschland seit 1945, Bd. 2, Berlin 1963, S. 27.

30 Treysa 1945. Die Konferenz der evangelischen Kirchenführer 27. bis 31. August, Lüneburg 1946, S. 104.
31 Flechtheim (Hrsg.), Bd. 2, S. 31.
32 R. Morsey, Adenauer und der Weg zur Bundesrepublik Deutschland 1946-1949, in: ders. (Hrsg.), Konrad Adenauer und die Gründung der Bundesrepublik Deutschland, Stuttgart/Zürich 1979, S. 9-39.
33 H.-P. Schwarz, Adenauer. Der Aufstieg: 1876-1952, Stuttgart 1986.
34 K. D. Erdmann, Adenauer in der Rheinlandpolitik nach dem Ersten Weltkrieg, Stuttgart 1966.
35 H. Stehkämper, Konrad Adenauer. Oberbürgermeister von Köln. Festgabe der Stadt Köln zum 100. Geburtstag ihres Ehrenbürgers am 5. Januar 1976, Köln 1976.
36 H.-P. Schwarz (Hrsg.), Konrad Adenauer. Reden 1917-1967, Stuttgart 1975, S. 82 ff.
37 A. Mintzel, Die CSU. Anatomie einer konservativen Partei 1945 bis 1972, Opladen 1975.
38 D. Hein, Zwischen liberaler Milieupartei und nationaler Sammlungsbewegung. Gründung, Entwicklung und Struktur der Freien Demokratischen Partei 1945–1949, Düsseldorf 1985; K.-J. Matz, Reinhold Maier (1889-1971). Eine politische Biographie, Düsseldorf 1989.
39 Zit. nach J. Dittberner, Freie Demokratische Partei, in: R. Stöss (Hrsg.), Parteienhandbuch, Bd. 2, Opladen 1984, S. 1318.
40 I. M. Winter, Theodor Heuss. Ein Porträt, Tübingen 1983, S. 44.
41 Ebd., S. 181.
42 Dazu u.a. W. L. Bernecker, Die Neugründung der Gewerkschaften in den Westzonen 1945-1949, in: J. Becker, Th. Stammen, P. Waldmann (Hrsg.), Vorgeschichte der Bundesrepublik Deutschland. Zwischen Kapitulation und Grundgesetz, München 1979, S. 261-292.
43 D. Schuster, Ausgewählte Dokumente zum politischen Lebensweg Hans Böcklers, in: H. O. Vetter (Hrsg.), Vom Sozialistengesetz zur Mitbestimmung. Zum 100. Geburtstag von Hans Böckler, Köln 1975, S. 497.
44 Abgedr. in U. Borsdorf, H. O. Hemmer, M. Martiny (Hrsg.), Grundlagen der Einheitsgewerkschaft, Köln/Frankfurt a. M. 1977, S. 269.
45 Ursachen und Folgen, Bd. 24, Berlin 1977, S. 254.
46 S. Suckut, Die Betriebsrätebewegung in der Sowjetisch Besetzten Zone Deutschlands (1945-1948), Frankfurt a. M. 1982.
47 Rundfunkinterview mit Hans Böckler vom 14. September 1949, in: Deutsches Rundfunkarchiv 74 U 320/2.
48 »Detmolder Memorandum« v. 17. November 1945, in: H. Möller (Hrsg.), Zur Vorgeschichte der Deutschen Mark. Die Währungsreformpläne 1945-1948. Eine Dokumentation, Tübingen 1961, S. 117.
49 W. Abelshauser, Wirtschaftsgeschichte der Bundesrepublik Deutschland 1945-1980, Frankfurt a. M. 1983, S. 34.
50 Ebd. und R. Klump, Wirtschaftsgeschichte der Bundesrepublik Deutschland. Zur Kritik neuerer wirtschaftshistorischer Interpretationen aus ordnungspolitischer Sicht, Wiesbaden 1985. Ebd. ein kurzer Bericht über den Stand der bundesdeutschen Wirtschaftsgeschichtsschreibung, S. 15-22.
51 W. Abelshauser, Probleme des Wiederaufbaus der westdeutschen Wirtschaft 1945-1953, in: H. A. Winkler (Hrsg.), Politische Weichenstellungen im Nachkriegsdeutschland 1945-1953, Göttingen 1979, S. 216.
52 D. Staritz, Die Gründung der DDR, S. 48-51.
53 Ebd., S. 51-58.
54 V. Berghahn, Unternehmer und Politik in der Bundesrepublik, Frankfurt a. M. 1985, bes. S. 88 ff.

55 Ursachen und Folgen, Bd. 25, S. 178 f.
56 Ebd., S. 26.
57 Interview mit General Clay v. 7. Dezember 1946, zit. nach J. Weber (Hrsg.), 30 Jahre Bundesrepublik Deutschland, Bd. 1, München 1978, S. 317.
58 Umfassende Dokumentation der Entstehung des Marshallplans in: Europa-Archiv 2 (1947) und 3 (1948). J. Gimbel, The Origins of the Marshall Plan, Stanford (Calif.) 1976.
59 Zur Währungsreform vgl. u. a. die Arbeiten von W. Abelshauser; L. Erhard, Wohlstand für alle, Düsseldorf 1957; H. Roeper, Die D-Mark, Frankfurt a. M. 1978; H. Riehl, Die Mark, Hannover 1978.
60 Schilderung des Konklaves von Rothwesten in: Christ und Welt v. 16. 12. 1952; K. Zentner (Hrsg.), Aufstieg aus dem Nichts, Deutschland von 1945 bis 1953, Bd. 2, Köln/Berlin 1954, S. 109.
61 Die Grundlage der Währungsreform bildeten insgesamt vier Militärgesetze zur Neuordnung des Geldwesens. »Währungsgesetz« und »Emissionsgesetz« wurden am 18. Juni verkündet und traten am 21. Juni in Kraft.
62 H. Winkel, Die Wirtschaft im geteilten Deutschland 1945-1970, Wiesbaden 1974, S. 58 ff.
63 D. Koerfer, Kampf ums Kanzleramt. Erhard und Adenauer, Stuttgart 1987.
64 L. Herbst, Der totale Krieg und die Ordnung der Wirtschaft. Die Kriegswirtschaft im Spannungsfeld von Politik, Ideologie und Propaganda 1939-1945, Stuttgart 1982, S. 383 ff.
65 Faksimiledruck der Denkschrift von 1943/44 mit Vorbemerkungen von L. Erhard, in: Th. Eschenburg, G. Schmölders, Frankfurt a. M. 1977.
66 J. M. Lukomski, Ludwig Erhard. Der Mensch und der Politiker, Düsseldorf 1965, S. 57.
67 Ebd. S. 55.
68 A. Müller-Armack, Wirtschaftslenkung und Marktwirtschaft (1946), in: ders., Wirtschaftsordnung und Wirtschaftspolitik. Studien und Konzepte zur Sozialen Marktwirtschaft und zur Europäischen Integration, Bern/Stuttgart 1976, S. 246.
69 G. Ambrosius, Die Durchsetzung der Sozialen Marktwirtschaft in Westdeutschland 1945-1949, Stuttgart 1977, S. 173 ff.
70 Wörtliche Berichte und Drucksachen des Wirtschaftsrates des Vereinigten Wirtschaftsgebietes 1947, bearb. von Ch. Weisz und H. Woller, Bd. 2, 1-22. Vollversammlung, München/Wien 1977, S. 623.
71 Th. Eschenburg, Jahre der Besatzung 1945–1949, Wiesbaden 1983, S. 434.
72 Dazu Akten zur Vorgeschichte der Bundesrepublik Deutschland 1945-1949, Bd. 4: Januar – Dezember 1948, S. 49-53.
73 Ebd., S. 56.
74 Ebd., S. 54.
75 Ebd., S. 58.
76 Ebd., S. 60.
77 R. Klump, Wirtschaftsgeschichte der Bundesrepublik Deutschland, S. 58 f.
78 ECA/MSA-Zuteilungen an alle Teilnehmerländer v. 3. April 1948 bis 31. Dezember 1952 (in Mill. Dollar), aus: M. Knapp, Deutschland und der Marshallplan, in: C. Scharf u. H.-J. Schröder (Hrsg.), Politische und ökonomische Stabilisierung Westdeutschlands 1945 bis 1949, Wiesbaden 1977, S. 29.
79 Konrad Adenauer und die CDU in der britischen Besatzungszone

1946-1949. Dokumente zur Gründungsgeschichte der CDU Deutschlands, eingel. u. bearb. v. H. Pütz, Bonn 1975, S. 854.
80 Ebd., S. 857.
81 Ebd., S. 858.
82 Ebd., S. 862.
83 Ebd., S. 861 f.
84 Ebd., S. 838.
85 Ebd., S. 864.
86 A. Müller-Armack, Vorschläge zur Verwirklichung der sozialen Marktwirtschaft, in: ders., Genealogie der sozialen Marktwirtschaft, Bern 1974, S. 98 ff.
87 »Düsseldorfer Leitsätze« der CDU in: Konrad Adenauer und die CDU in der britischen Besatzungzone, S. 866-880. Zitate S. 870 bzw. 873.
88 Zit. nach K. Dreher, Der Weg zum Kanzler. Adenauers Griff nach der Macht, Düsseldorf/Wien 1972, S. 334.
89 20. September 1949. Verhandlungen des Deutschen Bundestages. Stenographische Berichte, 1. Wahlperiode, Bd. 1, S. 22.
90 H. Pütz (Bearb.), Konrad Adenauer und die CDU in der britischen Besatzungszone, S. 866 f.
91 W. Abelshauser, Die Rekonstruktion der westdeutschen Wirtschaft und die Rolle der Besatzungspolitik, in: C. Scharf u. H.-J. Schröder, Politische und ökonomische Stabilisierung Westdeutschlands 1945 bis 1949, S. 1-17. Dagegen R. Klump, Wirtschaftsgeschichte der Bundesrepublik.
92 M. Knapp, Deutschland und der Marshallplan, S. 43.

Anmerkungen zu Kapitel A IV

1 Zur Einführung in die kaum noch übersehbare Fülle der Literatur: A. Hillgruber, Europa in der Weltpolitik der Nachkriegszeit 1945 bis 1963, 3., neu bearb. Aufl. München 1987, S. 109-133.; W. Loth, Die Teilung der Welt 1941-1955, München [5]1985, S. 9-21.
2 Eine grundlegende Untersuchung über den Alliierten Kontrollrat in Berlin steht noch aus. Vgl.: M. Balfour, Vier-Mächte-Kontrolle in Deutschland 1945-1946, Düsseldorf 1959, sowie G. Mai, Der Alliierte Kontrollrat in Deutschland 1945-1948. Von der geteilten Kontrolle zur kontrollierten Teilung, in: Aus Politik und Zeitgeschichte, B 23 (1988), S. 3-14.
3 J. Foschepoth, Großbritannien und die Deutschlandfrage auf den Außenministerkonferenzen 1946/47, in: J. Foschepoth/R. Steininger (Hrsg.), Die britische Deutschland- und Besatzungspolitik, Paderborn 1985, S. 65-85.
4 Dokumentation der Vertreibung der Deutschen aus Ost-Mitteleuropa, bearb. von Th. Schieder u. a., Bd. 1-5, Bonn 1954-1961.
5 Protokoll der Sitzung des Cabinet vom 7. Mai 1946, in: CAB 128/7; CAB 129/9. »Policy Towards Germany«. Abgedr. in: R. Steininger, Westdeutschland ein »Bollwerk gegen den Kommunismus?« Die britische Deutschlandpolitik im Frühjahr 1946, in: Militärgeschichtliche Mitteilungen, 2 (1985), S. 163-207.
6 FRUS, 1946, Vol. VI, S. 696-709.
7 FRUS, 1946, Vol. V, S. 516-520.
8 Ebd., S. 519.
9 A. Frohn, Neutralisierung als Alternative zur Westintegration, S. 38 bis 85.
10 H. Graml, Die Alliierten und die Teilung Deutschlands, S. 165 ff.

11 Rede des amerikanischen Staatssekretärs für Äußeres, J. F. Byrnes, in Stuttgart vom 6. September 1946 (Auszug), in: Ursachen und Folgen, Bd. 25, S. 31-39.
12 J. Foschepoth (Hrsg.), Kalter Krieg und Deutsche Frage. Deutschland im Widerstreit der Mächte 1945-1952, Göttingen/Zürich 1985.
13 Dokumente zur Moskauer Konferenz s. FRUS, 1947, vol. II, Council of Foreign Ministers; Germany and Austria, S. 139-576.
14 The Papers of Lucius D. Clay. vol. I, Germany 1945-1949, ed. by J. E. Smith, Bloomington 1974, S. 327.
15 Ursachen und Folgen, Bd. 25, S. 182.
16 Londoner Konferenz s. FRUS, 1947, vol. II, S. 676-1166.
17 Vgl. Akten zur Vorgeschichte, Bd. 4, S. 7-25.
18 Zu den Ministerkonferenzen 1946/47 vgl. M. Overesch, Deutschland 1945-1949, S. 118 ff.
19 Akten zur Vorgeschichte, Bd. 1, S. 880.
20 M. Overesch, Deutschland 1945-1949, S. 122.
21 Zur Rolle Hans Ehards vgl. R. Morsey, Hans Ehard (1887-1980), in: Fränkische Lebensbilder, 12 (1986), S. 270-292.
22 Akten zur Vorgeschichte, Bd. 2: Januar – Juni 1947, S. 424 f.
23 Ebd., S. 440-443.
24 Dazu Ansprache von General Clay vor dem Plenum des Länderrats 2./3. Juni 1947, abgedr. ebd., S. 467-469.
25 Vgl. Einladung der bayerischen Regierung zu einer Vierzonenkonferenz der deutschen Ministerpräsidenten, ebd., S. 399.
26 E. W. Gniffke, Jahre mit Ulbricht, Köln 1966, S. 242.
27 Akten zur Vorgeschichte, Bd. 2, S. 485 f.
28 Ebd., S. 490.
29 M. Overesch, Deutschland 1945-1949, S. 124.
30 Ursachen und Folgen, Bd. 25, S. 389.
31 Akten zur Vorgeschichte, Bd. 2, S. 504.
32 Akten zur Vorgeschichte, Bd. 4, S. 8.
33 Ebd., S. 11.
34 Ebd.
35 FRUS, vol. II, 1948.
36 The Secretary of State (Marshall) to the Embassy in the United Kingdom, Washington, February 20, 1948. FRUS, vol. II, 1948, S. 73.
37 Ursachen und Folgen, Bd. 25, S. 493.
38 Ebd., S. 497.
39 Schlußkommuniqué der Londoner Sechsmächtekonferenz über Deutschland. Berlin, 7. Juni 1948, in: Der Parlamentarische Rat 1948-1949. Akten und Protokolle. Bd. 1, Vorgeschichte, bearb. v. J. V. Wagner, Boppard 1975, S. 1-17, hier S. 12.
40 K. Adenauer, Erinnerungen, Bd. I. 1945-1953, S. 141-143.
41 Der Parlamentarische Rat. Akten und Protokolle. Bd.1, S. 30-36.
42 Ebd., S. 31.
43 Ebd., S. 90.
44 Ebd., S. 143 f.
45 Ebd., S. 151 f.
46 Ebd., S. 196 f.
47 Ebd., S. 193 f.
48 Ebd., S. 172-270.
49 Ebd., S. 224.
50 Schlußkonferenz der Militärgouverneure mit den Ministerpräsidenten der westdeutschen Besatzungszonen, Frankfurt a. M., 26. Juli 1948, ebd., S. 273-282.
51 J. Ehrman, Grand Strategy, vol. VI, London 1956, S. 132.

52 H. Herzfeld, Berlin in der Weltpolitik 1945–1970, Berlin/New York 1973, S. 58 f.
53 Einsetzung einer Viermächtekommission zur Überprüfung ungeklärter Verhaftungen durch den Kontrollrat am 28. Februar 1946. Hinweis in: Berlin. Kampf um Freiheit und Selbstverwaltung 1945 bis 1946 (= Chronik Bd. 1), Berlin 1961, S. 371.
54 B. L. Montgomery, Viscount of Alamein, Memoiren, München 1958, S. 431 f.; L. D. Clay, Decision in Germany, Garden City 1950, S. 25 ff.
55 H. W. Kuhn, Die Regelung der Verkehrsverbindungen nach Berlin 1945-1946, in: Europa-Archiv, 14 (1959), S. 447 ff.
56 Berlin. Quellen und Dokumente, 1945-1951. 1. Halbband, Berlin 1964, S. 177-197.
57 H. Herzfeld, Berlin, S. 31.
58 Dazu: Berlin. Quellen und Dokumente, S. 1071-1111.
59 Ebd.
60 Ebd., S. 1139 f.
61 W. Brandt und R. Löwenthal, Ernst Reuter. Ein Leben für die Freiheit. Eine politische Biographie, München 1957.
62 Berlin. Quellen und Dokumente, 2. Halbband, S. 1907-1964.
63 Verfassungsentwurf der SED-Stadtverordnetenfraktion vom 2. September 1947, ebd., S. 1040-1952.
64 Ebd., S. 1022-1069. Auch G. Kreiderling/P. Stulz, Berlin 1945-1968. Zur Geschichte der Hauptstadt der DDR und der selbständigen politischen Einheit Westberlin, Berlin (Ost) 1970, S. 43.
65 L. D. Clay, Entscheidung in Deutschland, S. 130.
66 Vgl. H. Herzfeld, Berlin, S. 240.
67 Berlin. Quellen und Dokumente, S. 1366.
68 Ebd., S. 1364 f.
69 Ebd., S. 1370.
70 Ebd., S. 1457.
71 Ebd., S. 1458.
72 J. E. Smith, The Papers of General Lucius D. Clay, Bd. 2, S. 623.
73 Zit. nach W. Ph. Davison, Die Blockade von Berlin. Modellfall des Kalten Krieges, Frankfurt a. M./Berlin 1959, S. 141.
74 H. Herzfeld, Berlin, S. 246.
75 Berlin. Quellen und Dokumente, S. 1496 f.
76 K. Scharf, Luftbrücke Berlin. Die Dokumentation des größten Lufttransportunternehmens aller Zeiten, Stuttgart 1976.
77 E. Reuter, Schriften-Reden, Bd. 3: Artikel – Briefe – Reden 1946 bis 1949, bearb. v. H. J. Reichhardt, Berlin 1974, S. 405 f.
78 Berlin. Dokumente und Quellen, S. 1560-1582.
79 Ebd., S. 1680-1696.
80 Ebd., S. 1689.
81 Ebd., S. 1695.
82 Ebd., S. 1542-1557.
83 Bonner Kommentar, Hamburg 1950 ff., S. 122

Anmerkungen zu Kapitel A V

1 Protokoll des 1. Deutschen Volkskongresses für Einheit und gerechten Frieden am 6. und 7. Dezember 1947 in der Deutschen Staatsoper Berlin, Berlin 1948.
2 Ursachen und Folgen, Bd. 25, S. 392-399.
3 D. Staritz, Die Gründung der DDR. Von der sowjetischen Besatzungsherrschaft zum sozialistischen Staat, München 1984, S. 166.
4 Zu den DDR-Angaben vgl. R. Badstübner u. a., Geschichte der Deutschen Demokratischen Republik, Berlin (Ost), S. 92.

5 D. Staritz, Die Gründung der DDR, S. 167.
6 Dokumente der Sozialistischen Einheitspartei Deutschlands. Beschlüsse und Erklärungen des Parteivorstandes, des Zentralsekretariats und des Politischen Büros, Bd. 2, Berlin (Ost) 1951, S. 351.
7 Ebd., S. 359.
8 Ebd., S. 381.
9 Zit. nach S. Suckut, Blockpolitik, S. 513 f.
10 C. Stern, Porträt einer bolschewistischen Partei. Entwicklung, Funktion und Situation der SED, Köln 1957, S. 77-153.
11 Protokoll der Verhandlungen des II. Parteitages der Sozialistischen Einheitspartei Deutschlands. 20. bis 24. September 1947 in der Deutschen Staatsoper zu Berlin, Berlin 1947, S. 545.
12 D. Staritz, Ein besonderer deutscher Weg zum Sozialismus? In: Aus Politik und Zeitgeschichte, B 51/52 (1982) S. 15-31.
13 Dokumente der Sozialistischen Einheitspartei, Bd. 2, S. 82.
14 Neues Deutschland v. 24. September 1948.
15 E. W. Gniffke, Jahre mit Ulbricht, Köln 1966, S. 367 f.
16 Beschluß der 16. (30.) Tagung des Parteivorstandes am 24. Januar 1949 über innerparteiliche Maßnahmen, in: Protokoll der Ersten Parteikonferenz der Sozialistischen Einheitspartei Deutschlands. 25. bis 28. Januar 1949, Berlin (Ost) 1949, S. 545-549.
17 Seit der Standardbiographie von C. Stern, Ulbricht. Eine politische Biographie, Köln/Berlin 1964 ist keine umfassende historisch-kritische Darstellung seines Lebens mehr unternommen worden. Von DDR-Seite ist die offiziöse Lebensbeschreibung von J. R. Becher, Walter Ulbricht. Ein deutscher Arbeitersohn, Berlin (Ost) 1958, zu erwähnen. Vgl. auch L. Thoms u. H. Vieillard, Ein guter Deutscher. Walter Ulbricht. Eine biographische Skizze aus seinem Leben, Berlin (Ost) 1963.
18 H. Wehner, Zeugnis, hrsg. v. G. Jahn, Köln 1982, S. 74.
19 Vgl. seine Ausführungen in: Internationale Pressekorrespondenz v. 18. Januar 1933.
20 H. Wehner, Zeugnis, S. 239.
21 D. Staritz, Die National-Demokratische Partei Deutschlands 1948 bis 1953, Diss. phil. Berlin 1968; B. Wernet-Tietz, Bauernverband und Bauernpartei in der DDR. Die VdgB und die DBP 1945-1952. Ein Beitrag zum Wandlungsprozeß des Parteiensystems in der SBZ/DDR, Köln 1984.
22 H. Weber, Geschichte der DDR, München 1985, S. 171.
23 Um die Erneuerung der deutschen Kultur. Dokumente zur Kulturpolitik 1945-1949, zusammengest. u. eingel. v. G. Dietrich, Berlin (Ost) 1983.
24 Ursachen und Folgen, Bd. 26, S. 502.
25 D. Staritz, Die Gründung der DDR, S. 175.
26 Akten zur Vorgeschichte, Bd. 1, S. 662.
27 Akten zur Vorgeschichte, Bd. 2, S. 32 ff.
28 U. Wengst, Staatsaufbau und Regierungspraxis 1948-1953. Zur Geschichte der Verfassungsorgane der Bundesrepublik Deutschland, Düsseldorf 1984, S. 29. Interregnum, S. 97-121.
29 Wörtliche Berichte und Drucksachen des Wirtschaftsrates des Vereinigten Wirtschaftsgebietes 1947-1949, bearb. v. Ch. Weisz und H. Woller, Bd. 2: 1.-22. Vollversammlung, Wien 1977, S. 36.
30 Süddeutsche Zeitung, 29. Juli 1947.
31 Konrad Adenauer und die CDU der britischen Besatzungszone, S. 344.
32 Akten zur Vorgeschichte, Bd. 4, S. 129.
33 W. Benz, Von der Besatzungsherrschaft zur Bundesrepublik. Statio-

nen einer Staatsgründung 1946-1949, Frankfurt a. M. 1984, S. 88 bis 104.

34 Es kann hier nicht der Ort sein, diese Verfassungsdiskussion im Detail nachzuzeichnen. Sie ist in ihren wichtigsten Dokumenten zusammengefaßt in: W. Benz (Hrsg.), Bewegt von der Hoffnung aller Deutschen. Zur Geschichte des Grundgesetzes. Entwürfe und Diskussionen 1941-1949, München 1979.

35 K. Niclauß, Demokratiegründung in Westdeutschland. Die Entstehung der Bundesrepublik 1945-1949, München 1974, S. 17.

36 OMGUS directive »Elections in the US Zone«, 4. Februar 1946, in: J. K. Pollock u. a., Germany under Occupation. Illustrative materials and documents, Ann Arbor 1949, S. 119-121.

37 The Papers of General Lucius D. Clay. Germany 1945-1949, Bd. 1, S. 260.

38 B. Fait, In einer Atmosphäre von Freiheit. Die Rolle der Amerikaner bei der Verfassungsgebung in den Ländern der US-Zone 1946, in: VfZ 33 (1985), S. 420-455.

39 J. K. Pollock, Germany under Occupation, S. 121.

40 Clay an Horlacher, 24. Oktober 1946, in: W. Siegel, Bayerns Staatswerdung und Verfassungsentstehung 1945/46, Bamberg 1978, S. 110 f.

41 D. Winkler, Die amerikanische Sozialisierungspolitik in Deutschland 1945-1948, in: H. A. Winkler (Hrsg.), Politische Weichenstellungen im Nachkriegsdeutschland, S. 88-110.

42 M. Dörr, Restauration oder Demokratisierung? Zur Verfassungspolitik in Hessen 1945/46, in: Zeitschrift für Parlamentsfragen, 2 (1971), S. 99-122.

43 Der Parlamentarische Rat, Bd. 2: Der Verfassungskonvent auf Herrenchiemsee, bearb. v. P. Bucher, Boppard 1981.

44 A. M. Birke, Das konstruktive Mißtrauensvotum in der Verfassungsdiskussion der Länder und des Bundes, in: Zeitschrift für Parlamentsfragen, 1 (1977), S. 77-92.

45 Der Parlamentarische Rat, Bd. 2, S. CXX.

46 Ebd., S. CXXII.

47 Der Parlamentarische Rat 1948-1949. Akten und Protokolle Bd. 1: Vorgeschichte, bearb. v. J. V. Wagner, Boppard 1975,S. 283-290.

48 K. Dreher, Ein Kampf um Bonn, München 1979.

49 R. Morsey, Konrad Adenauer und die Gründung der Bundesrepublik Deutschland, Stuttgart/Zürich 1979, S. 32 ff.; H.-P. Schwarz, Adenauer. Der Aufstieg: 1876-1952, Stuttgart 1986, S. 582 ff.

50 H. Wandersleb, Erinnerungen an Konrad Adenauer, in: Bonner Geschichtsblätter, 27 (1975), S. 212.

51 Adenauer an F. van Cauwelaert, Brief v. 8. Oktober 1948, in: Adenauer, Briefe 1947-1949, S. 318.

52 C. Schmid, Erinnerungen, Bern u. a. 1979, S. 354.

53 Ebd., S. 357.

54 Rede von Carlo Schmid vor dem Plenum, in: Parlamentarischer Rat. Stenographische Berichte über die Plenarsitzungen, Bonn, 2. Sitzung v. 8. September 1948, S. 8 ff.

55 B. van Schewick, Die katholische Kirche und die Entstehung der Verfassungen in Westdeutschland 1945-1949, Mainz 1980, S. 97 ff.

56 R. Morsey, Adenauer und Kardinal Frings 1945-1949, in: Politik und Konfession. Festschrift für Konrad Repgen zum 60. Geburtstag, hrsg. v. D. Albrecht u. a., Berlin 1983, S. 483-501.

57 Brief Adenauers an Frings v. 7. Februar 1949, in: Adenauer, Briefe 1947-1949, S. 398.

58 Tondokumente zur Zeitgeschichte, Parlamentarischer Rat 1948/49, hrsg. v. Deutschen Rundfunkarchiv, Frankfurt a. M., 48.8469.

59 R. Morsey, Die Rolle Konrad Adenauers im Parlamentarischen Rat, in: Aus Politik und Zeitgeschichte, B 8 (1970), S. 35.
60 Carlo Schmid in einem Rundfunkinterview v. 9. November 1979, zit. nach J. Weber, Die Gründung des neuen Staates, München 1981, S. 64 f.
61 K. Adenauer, Erinnerungen, Bd. 1, S. 164-167.
62 Clay an Voorhees, Murphy u. a. in: Clay, Papers, Bd. 2, S. 1102.
63 Bonner Kommentar, S. 122.
64 K. Adenauer, Erinnerungen, Bd. 1, S. 176.
65 Besatzungsstatut vom 10. April 1949, in: Ursachen und Folgen, Bd. 26, S. 245-248.
66 Ebd., S. 247.
67 E. Jesse, Wahlrecht zwischen Kontinuität und Reform. Eine Analyse der Wahlsystemdiskussion und der Wahlrechtsänderungen in der Bundesrepublik Deutschland 1949-1983, Bonn 1985, S. 93.
68 E. M. Lange, Der Parlamentarische Rat und die Entstehung des Ersten Bundeswahlgesetzes, in: VfZ 20 (1972), S. 280-318.
69 Auftakt zur Ära Adenauer. Koalitionsverhandlungen und Regierungsbildung 1949, bearb. v. U. Wengst, Düsseldorf 1985, S. 33
70 Ebd., S. 40 f.
71 Abgedr. in: K. Dreher, Der Weg zum Kanzler. Adenauers Griff nach der Macht, Düsseldorf/Wien 1972, S. 342.
72 U. Wengst, Staatsaufbau und Regierungspraxis 1948-1953. Zur Geschichte der Verfassungsorgane der Bundesrepublik Deutschland, Düsseldorf 1984, S. 114.
73 Auftakt zur Ära Adenauer, S. 40, Anmerkung 41.
74 Vgl. J. Weber, Die Gründung des neuen Staates 1949, S. 175.
75 Zit. nach ebd., S. 176.
76 U. Wengst, Staatsaufbau, S. 94.
77 K. Gumbel, Hans Globke. Anfänge und erste Jahre im Bundeskanzleramt, in: K. Gotto (Hrsg.), Der Staatssekretär Adenauers. Persönlichkeit und politisches Wirken Hans Globkes, Stuttgart 1980, S. 73 bis 98.
78 So Keßler über Globke an Blankenhorn in einem Brief vom 16. August 1949. Zit. nach U. Wengst, Staatsaufbau, S. 142.
79 Brief vom 9. Dezember 1949, in: Adenauer, Briefe 1949-1951, S. 144.
80 U. Wengst, Staatsaufbau, S. 180.
81 K. Adenauer, Erinnerungen, Bd. 1, S. 233.
82 Ebd., S. 234.
83 H.-P. Schwarz (Hrsg.), Konrad Adenauer. Reden, Stuttgart 1975, S. 171.
84 Ebd., S. 172.
85 Ebd., S. 173.

Anmerkungen Kapitel B I

1 Ursachen und Folgen, Bd. 26, S. 336-344.
2 Ebd., S. 424.
3 Regierungserklärung v. 20. September 1949, in: Verhandlungen des Deutschen Bundestages, Stenographische Berichte, 1. Wahlperiode (1949-1953), 5. Sitzung, S. 29.
4 Vgl. K. Adenauer, Erinnerungen, Bd. 1, S. 247 f.
5 Das Abkommen vom 28. April 1949 über die Errichtung einer Internationalen Ruhrbehörde, in: Ursachen und Folgen, Bd. 26, S. 212 bis 225.
6 Adenauers Besprechungen mit den Hohen Kommissaren sind in ih-

rem Wortlaut nur bruchstückhaft bekannt, sie werden daher, wenn nicht anders nachweisbar, nach Adenauers »Erinnerungen« zitiert. K. Adenauer, Erinnerungen, Bd. 1, S. 251.

7 Vgl. 15. Kabinettssitzung vom Dienstag, den 25. Oktober 1949, in: Die Kabinettsprotokolle der Bundesregierung, hrsg. für das Bundesarchiv von H. Booms, Bd. 1, 1949, bearb. von U. Enders und K. Reiser, Boppard a. Rh. 1982, S. 148-150.

8 Adenauer an den Geschäftsführenden Vorsitzenden der Alliierten Hohen Kommission, General Sir Brian H. Robertson, in: K. Adenauer, Briefe 1949-1951, Berlin 1985, S. 133.

9 K. Adenauer, Erinnerungen, Bd. 2, S. 255.

10 Ebd., S. 256 f.

11 Ebd., S. 257 f.

12 C. Schmid, Erinnerungen, S. 451.

13 K. Adenauer, Erinnerungen, Bd. 1, S. 256.

14 K. Schumacher auf einer Pressekonferenz in Hannover, dpa-Meldung v. 9. November 1949.

15 Ursachen und Folgen, Bd. 26, S. 424 f.

16 Vgl. K. Adenauer, Erinnerungen, Bd. 1, S. 266-273.

17 Ursachen und Folgen, Bd. 26, S. 425.

18 Ebd., S. 426.

19 Verhandlungen des Deutschen Bundestages, Stenographische Berichte, 1. Wahlperiode (1949 bis 1953), 18. Sitzung, S. 477.

20 Ebd., S. 480.

21 Ebd., S. 501.

22 Ebd., S. 525.

23 C. Schmid, Erinnerungen, S. 455 f.

24 Ebd., S. 456.

25 Ein aufschlußreiches Bild über Adenauers politisches Denken vermittelt: K. Adenauer. Teegespräche 1950-1954, bearb. von H. J. Küsters, Berlin 1984, die Wortprotokolle und Aufzeichnungen über die vom Bundeskanzler regelmäßig geführten vertraulichen Gespräche mit wichtigen Journalisten enthalten.

26 K. Adenauer, Erinnerungen, Bd. 1, S. 307 f.

27 Ebd., S. 304.

28 Ebd., S. 323.

29 Schreiben Adenauers an die drei Hohen Kommissare v. 23. März 1950; abgedr. in: K. Adenauer, Briefe 1949-1951, S. 183 f.

30 K. Adenauer, Erinnerungen, Bd. 1, S. 327-331.

31 Adenauer an den französischen Außenminister R. Schuman v. 8. Mai 1950, in: ebd., S. 208.

32 K. Adenauer, Briefe 1949-1951, S. 508, Anm. 24, Nr. 236.

33 Ebd., S. 509.

34 »Schumanplan« in: Europa-Archiv (1950), S. 3091 f.

35 K. Adenauer, Briefe, 1949-1951, S. 208.

36 Ebd., S. 209.

37 Ebd.

38 K. Adenauer, Erinnerungen, Bd. 1, S. 331.

39 Erklärung der drei Außenminister über Deutschland (veröffentlicht am 15. Mai 1950), in: Europa-Archiv 5 (1950), S. 3054.

40 Zu den Vorgängen und zu Monnets Rolle beim Entstehen des »Schumanplans« vgl. J. Monnet, Erinnerungen eines Europäers, München/Wien 1978, S. 374-401.

41 G. Ziebura, Die deutsch-französischen Beziehungen seit 1945, Pfullingen 1970, S. 195-200.

42 K. Adenauer, Erinnerungen, Bd. 1, S. 337.

43 R. G. Foerster, Innenpolitische Aspekte der Sicherheit Westdeutsch-

lands (1947-1950), in: ders. u.a. (Hrsg.), Anfänge westdeutscher Sicherheitspolitik, 1954-56, Bd. 1: Von der Kapitulation bis zum Pleven-Plan, München/Wien 1982, S. 429-440.

44 Wettig, Entmilitarisierung und Wiederbewaffnung in Deutschland 1943-1955, München 1967, S. 246 f.

45 Vgl. R. G. Foerster, Innenpolitische Aspekte der Sicherheit Westdeutschlands, S. 432 ff.

46 H. Speidel, Aus unserer Zeit. Erinnerungen, Berlin/Frankfurt a.M./Wien 1977, S. 248-259.

47 K. Adenauer, Erinnerungen, Bd. 1, S. 341.

48 B. Bonwetsch u. P. M. Kuhfus, Die Sowjetunion, China und der Korea-Krieg, in: VfZ, 33 (1985), S. 28-88.

49 H. Speidel, Erinnerungen, S. 268-271.

50 Ebd., S. 270.

51 K. Adenauer, Erinnerungen, Bd. 1, S. 350-355.

52 Ebd., S. 359.

53 FRUS 1950, vol. 3, S. 1296.

54 Ebd., S. 1297.

55 Ebd., S. 1298.

56 Gespräch vom 23. September 1950, K. Adenauer, Erinnerungen, Bd. 1, S. 365-370.

57 R. G. Foerster, Innenpolitische Aspekte der Sicherheit Westdeutschlands, S. 556-570.

58 K. Klotzbach, Der Weg zur Staatspartei. Programmatik, praktische Politik und Organisation der deutschen Sozialdemokratie 1945 bis 1965, Berlin/Bonn 1982; bes. S. 210-228.

59 D. Koch, Heinemann und die Deutschlandfrage, München 1972; R. Dohse, Der dritte Weg. Neutralitätsbestrebungen in Westdeutschland zwischen 1945 und 1955, Hamburg 1974.

60 K. Adenauer, Erinnerungen, Bd. 1, S. 374.

61 Zit. nach H.-P. Schwarz, Die Ära Adenauer. Gründerjahre, S. 125.

62 A. Doering-Manteuffel, Katholizismus und Wiederbewaffnung. Die Haltung der deutschen Katholiken gegenüber der Wehrfrage 1948 bis 1955, Mainz 1981.

63 *Confirma fratres tuos*, Weihnachtsansprache v. 24. Dezember 1949, in: Acta Apostolicae Sedis, Rom 1949, S. 5-14.

64 A. Doering-Manteuffel, Katholizismus und Wiederbewaffnung, S. 85.

Anmerkungen zu Kapitel B II

1 J. Monnet, Erinnerungen eines Europäers, S. 425-443.

2 Der französische Plan zur Verteidigung des Westens. Regierungserklärung des Ministerpräsidenten René Pleven vom 24. Oktober 1950, in: Europa-Archiv 5 (1950), S. 3518-3520.

3 Ebd., S. 3518.

4 Ebd., S. 3519.

5 Ebd.

6 Europa-Archiv 6 (1951), S. 3711.

7 W. G. Grewe, Rückblenden 1976-1951, Berlin 1979, S. 130-134 und S. 138-148. »Es erwies sich als mühsam, Adenauers Verständnis dafür zu gewinnen, daß es gefährlich und nicht ratsam sei, die in den Viermächtevereinbarungen von 1945 umschriebenen Rechte und Verantwortlichkeiten der Besatzungsmächte mit einem Schlag zu liquidieren. Seiner ursprünglichen Konzeption lag dieser Gedanke fern. Konnten wir aber riskieren, die Besatzungshoheit der drei

Westmächte in Berlin und ihre darauf basierende Gewährleistung der Freiheit und Sicherheit West-Berlins, des unkontrollierten Luftzugangs dorthin, der Aufrechterhaltung eines Mindestmaßes von Zirkulationsfreiheit innerhalb Gesamt-Berlins und auf den Land- und Wasserwegen zwischen Berlin und Westdeutschland aufs Spiel zu setzen?« Ebd., S. 142.

8 Europa-Archiv 6 (1951), S. 4398.

9 K. Adenauer, Erinnerungen, Bd. 1, S. 474-482.

10 Ebd., S. 477.

11 A. Baring, Außenpolitik in Adenauers Kanzlerdemokratie, Bd. 1, S. 235-243.

12 In Paris am 22. November 1951 gebilligte Fassung, abgedr. in: W. G. Grewe, Rückblenden, S. 152.

13 Text ebd., S. 152.

14 In: FO 371/93407.

15 Europa-Archiv 6 (1951), S. 4588.

16 Ebd.

17 K. Adenauer, Erinnerungen, Bd. 1, S. 522 f.

18 Ebd., S. 525.

19 W. Albrecht (Hrsg.), Kurt Schumacher, Reden – Schriften – Korrespondenzen 1945-1952, Berlin/Bonn 1985, S. 902.

20 K. Adenauer, Erinnerungen, Bd. 1, S. 543

21 E. Jäckel (Hrsg.), Die deutsche Frage 1952-1956. Notenwechsel und Konferenzdokumente der vier Mächte, Frankfurt a. M./Berlin 1957, S. 23 f.

22 Ebd., S. 24.

23 Vgl. K. Adenauer, Teegespräche 1950-1954, S. 226-236.

24 »Die Einheit Deutschlands«. Memorandum des Foreign Office für eine Kabinettsvorlage zur erwarteten Viermächte-Außenministerkonferenz in Washington, die nach dem Scheitern der Pariser Vorkonferenz nicht mehr zustande kam. Abgedr. in: R. Steininger, Deutsche Geschichte 1945-1961. Darstellung und Dokumente, Bd. 2, Frankfurt a. M. 1983, S. 429-435.

25 K. Adenauer, Erinnerungen, Bd. 2. S. 70.

26 Ebd.

27 Abgedr. in: E. Jäckel (Hrsg.), Die deutsche Frage, S. 25.

28 So G. Eisler, Leiter des Informationsamtes der Deutschen Demokratischen Republik, auf einer Pressekonferenz am 6. März 1951 in Leipzig. Europa-Archiv 6 (1951), S. 3871.

29 In: E. Jäckel (Hrsg.), Die deutsche Frage, S. 25.

30 Ebd., S. 26.

31 Ebd., S. 28.

32 Ebd.

33 Ebd.

34 Ebd., S. 30.

35 Ebd.

36 Ebd.

37 Ebd., S. 31.

38 Ebd.

39 Dazu vor allem P. März, Die Bundesrepublik zwischen Westintegration und Stalin-Noten. Zur deutschlandpolitischen Diskussion 1952 in der Bundesrepublik vor dem Hintergrund der westlichen und sowjetischen Deutschlandpolitik, Frankfurt a. M./Bern 1982.

40 H.-P. Schwarz (Hrsg.), Die Legende von der verpaßten Gelegenheit. Die Stalin-Note vom 10. März 1952, Stuttgart/Zürich 1982, S. 74.

41 H. Graml, Nationalstaat oder westdeutscher Teilstaat. Die sowjetischen Noten vom Jahre 1952 und die öffentliche Meinung in der Bundesrepublik Deutschland, in: VfZ, 25 (1977), S. 855.

42 K.-J. Ruhl (Hrsg.), »Mein Gott, was soll aus Deutschland werden?« Die Adenauer-Ära 1949-1963, München 1985, S. 132.
43 K. Klotzbach, Der Weg zur Staatspartei, S. 228-237.
44 W. Albrecht (Hrsg.), Kurt Schumacher, S. 922 f.
45 K. Klotzbach, Der Weg zur Staatspartei, S. 231.
46 H. Pünder, Von Preußen nach Europa. Lebenserinnerungen, Stuttgart 1968, S. 488.
47 K. Adenauer, Erinnerungen, Bd. 2, S. 15-21.
48 Zu Adenauers Siegener Rede vom 16. März 1952 vgl. P. März, Stalin-Noten, S. 202 f. Seine eigene Position umschrieb Adenauer detailliert vor Journalisten am 2. April 1952 in: K. Adenauer, Teegespräche 1950-1954, bes. S. 234. Ob und inwieweit sich Adenauer dabei auch der »rollback«-Formel zu bedienen begann, diskutiert P. März, Stalin-Noten, S. 207-209. Adenauer hat offensichtlich keine eindeutig bestimmbare Konzeption in der Wiedervereinigungsfrage verfolgt, sondern diese immer wieder den Erfordernissen der politischen Lage angepaßt. Vgl. auch das Interview mit E. Friedländer im NWDR vom 24. März 1952. Vgl. ebd., S. 209-213.
49 Neuer Vorwärts, 14. März 1952, S. 7.
50 Sozialdemokratischer Pressedienst, 25. April 1952, S. 1-3.
51 Ebd.
52 R. Steininger, Deutsche Geschichte 1945-1961, Bd. 2, S. 410.
53 H.-J. Rupieper, Zu den sowjetischen Deutschlandnoten 1952. Das Gespräch Stalin-Nenni, in: VfZ, 33 (1985), S. 547-557. Zit. S. 552.
54 H.-P. Schwarz (Hrsg.), Die Legende, S. 13.
55 Der Kampf um den Wehrbeitrag. Veröffentlichungen des Instituts für Staatslehre und Politik in Mainz, Bd. 2, Erster Halbband: Die Feststellungsklage; Zweiter Halbband: Das Gutachterverfahren, München 1952-1953.
56 Ebd., Erster Halbband, S. 5-7.
57 K. Adenauer, Erinnerungen, Bd. 2, S. 173.
58 Rede Dehlers in Bad Ems vom Ende November 1952. Zit. nach E. Mende, Die neue Freiheit 1945-1961, München/Berlin 1984, S. 248 f.
59 Verhandlungen des Deutschen Bundestages. Stenographische Berichte, 1. Wahlperiode, 3. Dezember 1952, S. 1140 D.
60 Ebd., S. 180.
61 Der Kampf um den Wehrbeitrag, Bd. 2, Erster Halbband: Die Feststellungsklage, S. 804.
62 Ebd.
63 K. Adenauer, Teegespräche 1950-1954, S. 365-390.
64 Verhandlungen des Deutschen Bundestages. Stenographische Berichte, 1. Wahlperiode, 244. Sitzung, 11. Dezember 1952, S. 11650 C.
65 Zit. nach A. Baring, Außenpolitik, Bd. 2, S. 148.
66 Ebd., S. 166 f.
67 Steininger, Ein vereintes, unabhängiges Deutschland? Winston Churchill, der Kalte Krieg und die deutsche Frage im Jahre 1953, in: Militärgeschichtliche Mitteilungen, 2 (1984), S. 105-144; J. Foschepoth, Churchill, Adenauer und die Neutralisierung Deutschlands, in: Deutschlandarchiv, 12 (1984), S. 1286-1301.
68 K. Adenauer, Erinnerungen, Bd. 2, S. 217 f.
69 Abgedr. bei J. Foschepoth, Churchill, Adenauer und die Neutralisierung, S. 1300.
70 E. Jäckel (Hrsg.), Die deutsche Frage, S. 41.
71 H.-J. Rupieper, Die Berliner Außenministerkonferenz von 1954. Ein Höhepunkt der Ost-West-Propaganda oder die letzte Möglichkeit zur Schaffung der deutschen Einheit, in: VfZ 34 (1986), S. 448.

72 Europa-Archiv 9 (1954), S. 6525.
73 K. Adenauer, Erinnerungen, Bd. 2, S. 261.
74 W. G. Grewe, Rückblenden, S. 186.
75 Sir I. Kirkpatrick, Anglo-American Study Group on Germany: Policy in the Event of the French Parliament Delaying or Rejecting the E.D.C., in: FO 371/69580.
76 Zit. nach R. Steininger, Das Scheitern der EVG und der Beitritt der Bundesrepublik zur NATO, in: Aus Politik und Zeitgeschichte B 17 (1985), S. 11.
77 Ebd.
78 K. Adenauer, Erinnerungen, Bd. 2, S. 296.
79 Ebd., S. 297.
80 Ebd., S. 305-307.
81 Ebd., S. 315-319.
82 Nine Power Conference, Lancaster House, 28. September 1954, in: FO 371/109774.
83 Der Spiegel, 6. Oktober 1954, S. 5 f.
84 Quellenauszüge zur Lancaster-House-Konferenz in: K. Adenauer, Erinnerungen, Bd. 2, S. 339.
85 Ebd., S. 347.
86 Ebd., S. 377.
87 Ebd., S. 428.
88 Adenauer vor dem Deutschen Bundestag, in: Verhandlungen des Deutschen Bundestages. Stenographische Berichte, 2. Wahlperiode, 15. Dezember 1954, S. 3121-3135.
89 E. Jäckel (Hrsg.), Die deutsche Frage, S. 83-89.
90 In: Europa-Archiv 10 (1955), S. 7345.
91 Ebd.
92 Ebd., S. 7345 f.
93 F. Erler, zit. nach K. Klotzbach, Der Weg zur Staatspartei, S. 342.
94 K. Adenauer, Erinnerungen, Bd. 2, S. 411.
95 Ebd., S. 410.
96 Verhandlungen des Deutschen Bundestages. Stenographische Berichte, 2. Wahlperiode, 72. Sitzung, 27. Februar 1955, S. 3898.
97 Jahrbuch der Sozialdemokratischen Partei Deutschlands, 1954-1955, Hannover/Bonn o. J., S. 354.
98 Verhandlungen des Deutschen Bundestages. Stenographische Berichte, 2. Wahlperiode, 80. Sitzung, 5. Mai 1955, S. 4415.

Anmerkungen Kapitel B III

1 Reden der deutschen Bundespräsidenten Heuss, Lübke, Heinemann, Scheel, München 1979, S. 15.
2 Regierungserklärung des Bundeskanzlers vom 20. September 1949, in: Verhandlungen des Deutschen Bundestages. Stenographische Berichte, 1. Wahlperiode, 5. Sitzung, S. 22A-30D.
3 Zit. nach G. Müller-List (Bearb.), Montanmitbestimmung. Das Gesetz über die Mitbestimmung der Arbeitnehmer in den Aufsichtsräten und Vorständen der Unternehmen des Bergbaus und der eisen- und stahlerzeugenden Industrie vom 21. Mai 1951, Düsseldorf 1984, S. XXIV f.
4 Schreiben Raymonds an Adenauer vom 4. April 1950, ebd., S. 51 f.
5 Zit. ebd., S. LIV.
6 Ebd., S. 169 f.
7 Protokoll der 5. Sitzung des Bundesausschusses des Deutschen Gewerkschaftsbundes (Auszug) vom 12. Januar 1951, ebd.,S. 216.

8 Protokoll über die Besprechung von Vertretern des Bundesvorstandes des Deutschen Gewerkschaftsbundes mit Bundeskanzler Adenauer in Bonn, 18. Januar 1951, ebd., S. 234.
9 Ebd., S. 462.
10 Aktenvermerk über die Besprechung zwischen Vertretern der Kohle- und Stahlindustrie und der Gewerkschaften in Bonn vom 19. Januar 1951, ebd., S. 239.
11 Abgedr. ebd., S. 268-271.
12 H. G. Hockerts, Sozialpolitische Entscheidungen im Nachkriegsdeutschland, Stuttgart 1980, S. 220-222.
13 W. Schreiber, Existenzsicherung in der industriellen Gesellschaft, Köln 1955.
14 Welt der Arbeit, 25. Januar 1957.
15 Die statistische Übersicht der Ordnungsmaßnahmen zeigt, daß in der ersten Wahlperiode einsame Rekorde erzielt wurden. 58 Verweisungen zur Sache (die siebte Wahlperiode folgt mit neun); 156 Ordnungsrufe (die dritte Wahlperiode folgt mit 41); 40 Wortentziehungen (die dritte Wahlperiode folgt mit sechs); 17 Sitzungsausschlüsse (die dritte Wahlperiode folgt mit einem); zwei Unterbrechungen der Sitzung wegen störender Unruhe (bisher nicht wieder vorgekommen). Datenhandbuch zur Geschichte des Deutschen Bundestages 1949-1982, bearb, v. P. Schindler, Bonn 1988, S. 810.
16 Ebd., S. 981.
17 E. Mende, Der Neubeginn des Parlamentarismus. Erster Deutscher Bundestag 1949-1953, in: Beginn in Bonn. Erinnerungen an den ersten Deutschen Bundestag, hrsg. von H. Ferdinand, Freiburg 1985, S. 117 f.
18 Datenhandbuch zur Geschichte des Deutschen Bundestages, S. 525 und S. 565.
19 Zit. nach E. Mende, Der Neubeginn des Parlamentarismus, S. 121.
20 F. Neumann, Der Block der Heimatvertriebenen und Entrechteten 1950-1960, Meisenheim am Glan 1968.
21 H. Kaack, Geschichte und Struktur des deutschen Parteiensystems, Opladen 1971, S. 207-215; dort auch die Ergebnisse der Landtagswahlen zwischen 1949 und 1952.
22 Um ein neues Geschichtsbild, in: Deutsche Opposition, Nr. 19 (21. Oktober 1951), S.4.
23 W. Grimberg (alias Dr. H. Festge), Soldaten gegen Remilitaristen, (Kampfschriften der Sozialistischen Reichspartei, H. 1), Oldenburg 1951, S. 18.
24 H. Kraus (Hrsg.), Die im Braunschweiger Remer-Prozeß erstatteten moraltheologischen und historischen Gutachten nebst Urteil, Hamburg 1953, S. 107.
25 R. Wassermann, Zur juristischen Bewertung des 20. Juli 1944. Der Remer-Prozeß in Braunschweig als Markstein der Justizgeschichte, in: Recht und Politik, 2 (1984), S. 74.
26 Zit. ebd. S. 73.
27 D. Koerfer, Kampf ums Kanzleramt. Erhard und Adenauer, Stuttgart 1987.
28 Zu den Koalitionsverhandlungen von 1961 siehe ebd., S. 555-609.
29 Th. Pirker, Die SPD nach Hitler. Die Geschichte der Sozialdemokratischen Partei, München 1965, S. 127 f.
30 Programmatische Dokumente der deutschen Sozialdemokratie, hrsg. von D. Dowe und K. Klotzbach, Berlin/Bonn 1973, S. 317.
31 K. Klotzbach, Der Weg zur Staatspartei, S. 337.
32 P. v. Oertzen, Wegmarke Godesberg, in: Sowjetische Politik 6 (1959) Nr. 11/12, S. 1.

33 Abgedr. in: Jahrbuch der Sozialdemokratischen Partei Deutschlands 1958/1959, Hannover/Bonn o. J., S. 373-386.
34 L. Wilker, Die Sicherheitspolitik der SPD 1956-1966. Zwischen Wiedervereinigungs- und Bündnisorientierung, Bonn 1977, S. 70 ff.
35 C. Schmid, Erinnerungen, S. 647-656; K. Klotzbach, Der Weg zur Staatspartei, S. 487.
36 Rede Wehners abgedr. in: O. K. Flechtheim (Hrsg.), Dokumente zur parteipolitischen Entwicklung, S. 226-243.
37 Abgedr. in: W. Abelshauser, Ansätze korporativer Marktwirtschaft in der Korea-Krise der frühen fünfziger Jahre, in: VfZ, 30 (1982), S. 737.
38 Verhandlungen des Deutschen Bundestages. Stenographische Berichte, 1. Wahlperiode, 126. Sitzung, 14. März 1951, Bd. 6, S. 4800.
39 Ebd., S. 4809.
40 Die offenen Briefe Erhards und Friedrichs, abgedr. in: W. Abelshauser, Wirtschaft und Gesellschaft der fünfziger Jahre, Tübingen 1987, S. 94-98. Zit. S. 97 f.
41 Vortrag von H. J. Abs vom 16. September 1949, abgedr. in: H.-P. Schwarz (Hrsg.), Die Wiederherstellung des deutschen Kredits. Das Londoner Schuldenabkommen, (Rhöndorfer Gespräche Bd. 4), Stuttgart/Zürich 1982; S.80-96.
42 Brief an Adenauer, ebd., S. 97-102; Zit. S. 97.
43 Antwortschreiben Adenauers, abgedr. in: H. J. Abs, Die Wiederherstellung des deutschen Kredits, in: H.-P. Schwarz (Hrsg.), Die Wiederherstellung des deutschen Kredits, S. 18-20.
44 H.-P. Schwarz, Die Ära Adenauer 1949-1957, S. 181-183.
45 H. J. Abs, Die Wiederherstellung des deutschen Kredits, S. 56.
46 Interview der Allgemeinen Wochenzeitung der Juden in Deutschland vom 25. November 1949, abgedr. bei: J. Weber, Geschichte der Bundesrepublik Deutschland Bd. IV, S. 342.
47 Verhandlungen des Deutschen Bundestages. Stenographische Bericht, 1. Wahlperiode, 165. Sitzung, 27. September 1951, S. 6697 f.
48 K. Adenauer, Erinnerungen, Bd. 2, 1953-1955, S. 140.
49 G. Gillessen, Konrad Adenauer and Israel. The Konrad Adenauer Memorial Lecture 1986, St. Antony's College Oxford 1987, S. 11 f.
50 K. Adenauer, Erinnerungen, Bd. 2, S. 147-153.
51 Ebd., S. 152.
52 M. Wolffsohn, Das Wiedergutmachungsabkommen mit Israel; Eine Untersuchung bundesdeutscher und ausländischer Umfragen, in: L. Herbst (Hrsg.), Westdeutschland 1945-1955, S. 206.
53 H. Schelsky, Die Bedeutung des Schichtbegriffs für die Analyse der gegenwärtigen Gesellschaft, (1953), wieder abgedr. in: ders., Auf der Suche nach der Wirklichkeit. Gesammelte Aufsätze, Düsseldorf/Köln 1965.
54 R. Dahrendorf, Gesellschaft und Demokratie in Deutschland, München 1972.
55 Dazu J. Mooser, Abschied von der »Proletarität«. Sozialstruktur und Lage der Arbeiterschaft in der Bundesrepublik in historischer Perspektive, in: W. Conze u. M. R. Lepsius (Hrsg.), Sozialgeschichte der Bundesrepublik Deutschland, S. 143-186.
56 P. Sethe, F. Fried, H. Schwab-Felisch, Das Fundament unserer Zukunft. Bilanz der Ära Adenauer: politisch – wirtschaftlich – kulturell, Düsseldorf/Wien 1964, S. 219 ff.
57 Handbuch der katholischen Filmkritik, Bd. 5: 6000 Filme. Kritische Notizen aus drei Kino- und Fernsehjahren, Düsseldorf 1959.
58 H. Mayer, Die umerzogene Literatur. Deutsche Schriftsteller und Bücher 1945-1967, Berlin 1988, S. 152.
59 Zit. nach H.-P. Schwarz, Die Ära Adenauer 1949-1957, S. 424.

Anmerkungen zu Kapitel B IV

1 Botschaft Stalins, abgedr. in: Beziehungen DDR-UdSSR 1949 bis 1955. Dokumentensammlung v. M. A. Charlamow u. a. (Redaktionskollegium), Berlin (Ost) 1975, 1. Halbband, S. 129 f.
2 W. G. Grewe, Deutsche Außenpolitik der Nachkriegszeit, Stuttgart 1981, S. 138.
3 Dazu W. Bleek, Einheitspartei und nationale Frage 1945-1955, in: Der X. Parteitag der SED. 35 Jahre SED-Politik. Versuch einer Bilanz. Edition Deutschland Archiv, Köln 1980, S. 87-99.
4 W. Hänisch, Außenpolitik und internationale Beziehungen der DDR, Bd. 1: 1949-1955, Berlin (Ost) 1972, S. 92.
5 Dokumente zur Außenpolitik der Regierung der DDR, hrsg. v. Deutschen Institut für Zeitgeschichte, Bd. 1, Berlin (Ost) 1954, S. 330 f.
6 Dokumente zur Außenpolitik der Regierung der DDR, S. 377 f.; W. Hänisch, Die Außenpolitik und die internationalen Beziehungen der DDR in den Hauptetappen ihrer Entwicklung, in: S. Doernberg u. a. (Hrsg.), Außenpolitik der DDR. Drei Jahrzehnte sozialistische deutsche Friedenspolitik, Berlin (Ost) 1979, S. 51 f.
7 Antrittsrede des Präsidenten der Deutschen Demokratischen Republik v. 11. Oktober 1949, abgedr. in: 20 Jahre DDR. 20 Jahre deutsche Politik. Dokumente zur Politik der DDR im Kampf um Frieden und Sicherheit in Europa, bearb. v. R. Graf u. a., Berlin (Ost) 1969, S. 63 f.
8 Erklärung des Vorsitzenden der SKK in Deutschland v. 11. November 1949, in: Beziehungen DDR-UdSSR, 1. Halbband, S. 142.
9 Ebd., S. 143.
10 Mitteilung über den Beschluß des Ministerrates der UdSSR über die Auflösung der SKK in Deutschland und die Schaffung des Amtes eines Hohen Kommissars der UdSSR in Deutschland, v. 29. Mai 1953, in: ebd., S. 433 f.
11 Erlaß des Präsidiums des Obersten Sowjets der UdSSR über die Beendigung des Kriegszustandes zwischen der Sowjetunion und Deutschland v. 25. Januar 1955, in: ebd., 2. Halbband, S. 825 f.
12 Vertrag über die Beziehungen zwischen der Deutschen Demokratischen Republik und der Union der Sozialistischen Sowjetrepubliken v. 20. September 1955, in: ebd., S. 993.
13 Ebd., S. 994.
14 Dokumente zur Außenpolitik der Regierung der DDR, S. 35.
15 Abgedr. in: Beziehungen DDR-UdSSR, 1. Halbband, S. 179.
16 Ebd., S. 164.
17 Schreiben J. Stalins an O. Grotewohl v. 15. Mai 1950 zur Herabsetzung der Reparationsverpflichtungen, ebd., S. 188 ff.
18 Protokoll über den Erlaß der deutschen Reparationsleistungen und über andere Maßnahmen zur Erleichterung der finanziellen und wirtschaftlichen Verpflichtungen der Deutschen Demokratischen Republik, die mit den Folgen des Krieges verbunden sind, v. 22. August 1953, abgedr. ebd., S. 462-464; dazu auch das gemeinsame Kommuniqué über die Verhandlungen zwischen den Regierungen beider Länder vom selben Tage, ebd., S. 465-467, auch S. 468-494.
19 J. Bethkenhagen, Entwicklung der Wirtschaftsbeziehungen zur Sowjetunion, in: H.-A. Jacobsen u. a. (Hrsg.), Drei Jahrzehnte Außenpolitik der DDR, München/Wien 1979, S. 386-389.
20 H. Weber, Die DDR 1945-1986, S. 33 f.
21 Vgl. K. W. Fricke, Politik und Justiz in der DDR. Zur Geschichte der politischen Verfolgung 1945-1968, Köln 1979, S. 155 ff.
22 Dazu H. Weber, Geschichte der DDR, S. 197.
23 K. W. Fricke, Warten auf Gerechtigkeit. Kommunistische Säuberun-

gen und Rehabilitierungen. Bericht und Dokumentation, Köln 1971, S. 74-90.

24 Dazu H. Weber, Geschichte der DDR, S. 210.

25 Protokoll der Verhandlungen der II. Parteikonferenz der Sozialistischen Einheitspartei Deutschlands, 9. bis 12. Juli 1952, Berlin (Ost) 1952, S. 58.

26 H. Weber, Geschichte der DDR, S. 221.

27 Protokoll der Verhandlungen des III. Parteitages der SED, Berlin (Ost) 1951, S. 399 f.

28 Zit. nach M. Jäger, Kultur und Politik in der DDR. Ein historischer Abriß, Köln 1982, S. 31.

29 Tägliche Rundschau, 20./21. Januar 1951, abgedr. ebd.

30 Ebd.

31 Neues Deutschland v. 4. Januar 1952; abgedr. ebd., S. 32.

32 Die Flucht aus der Sowjetzone und die Sperrmaßnahmen des kommunistischen Regimes vom 13. August 1961 in Berlin, hrsg. v. Bundesministerium für gesamtdeutsche Fragen, Bonn/Berlin 1961.

33 H. Weber, Geschichte der DDR, S. 235.

34 Kommuniqué des Politbüros vom 9. Juni 1953, in: Dokumente der Sozialistischen Einheitspartei Deutschlands, Bd. IV, Berlin (Ost) 1954, S. 428-431.

35 Beide Texte abgedr. in: A. Baring, Der 17. Juni 1953, Stuttgart 1983, S. 162-174.

36 Vgl. R. Badstübner u. a., Geschichte der Deutschen Demokratischen Republik, Berlin (Ost) 1984, S. 156 f.

37 Vgl. u. a. H. Weber, Geschichte der DDR, S. 239.

38 K. Ewers u. Th. Quest, Die Kämpfe der Arbeiterschaft in den volkseigenen Betrieben während und nach dem 17. Juni, in: I. Spittmann u. K. W. Fricke (Hrsg.), 17. Juni 1953, S. 33.

39 Dazu: Der Volksaufstand vom 17. Juni 1953 in der sowjetischen Besatzungszone und in Ost-Berlin. Eine kartographische Darstellung, hrsg. v. Bundesministerium für gesamtdeutsche Fragen, Bonn o. J.

40 A. Baring, Der 17. Juni, S. 89 f.

41 K. W. Fricke, Der Arbeiteraufstand. Vorgeschichte, Verlauf, Folgen, in: I. Spittmann u. K. W. Fricke (Hrsg.), 17. Juni 1953, S. 14 f.

42 Dazu: A. Baring, Der 17. Juni, S. 98-104.

43 Ebd. S. 109.

44 Verhandlungen des Deutschen Bundestages. Stenographische Berichte, 1. Wahlperiode, 272. Sitzung v. 15. Juni 1953, S. 13449.

45 Beschluß des Zentralkomitees vom 21. Juni 1953 (14. Tagung), Über die Lage und die unmittelbaren Aufgaben der Partei, in: Dokumente der Sozialistischen Einheitspartei Deutschlands, Bd. 4, Berlin (Ost) 1954, S. 436-445.

46 Dazu M. Jänicke, Der dritte Weg. Die antistalinistische Opposition gegen Ulbricht seit 1953, Köln 1964, S. 32-39.

47 Der neue Kurs und die Aufgaben der Partei. Entschließung des Zentralkomitees vom 26. Juli 1953 (15. Tagung), in: Dokumente der Sozialistischen Einheitspartei Deutschlands, Bd. 4, S. 449.

48 H. Weber, Geschichte der DDR, S. 254 f.

49 Zu Chruschtschows Rede auf dem Marx-Engels-Platz in Ost-Berlin v. 26. Juli 1955 s. H. Weber, Geschichte der DDR, S. 257 f.

50 R. Badstübner u. a., Geschichte der DDR, S. 182.

51 Zur Entstehungsgeschichte der NVA: H. Bohn u. a., Die Aufrüstung in der sowjetischen Besatzungszone Deutschlands, Bonn/Berlin 1960.

52 Ch. Kleßmann, Zwei Staaten, eine Nation, Göttingen 1988, S. 366.

53 Neuer Weg, 3 (1956), zit. nach H. Weber, Geschichte der DDR, S. 276.

54 Neues Deutschland v. 14. Februar 1956.
55 »Zu den Klassikern des Marxismus kann man Stalin nicht rechnen«, Neues Deutschland v. 4. März 1956.
56 Protokoll der Dritten Parteikonferenz der Sozialistischen Einheitspartei Deutschlands v. 24. bis zum 30. März 1956, S. 305-320 (Schirdewan) u. S. 540-546 (Bredel).
57 Direktive für den zweiten Fünfjahrplan, ebd., S. 1022-1113.
58 I. Spittmann (Hrsg.), Die SED in Geschichte und Gegenwart, Köln 1987, S. 191 ff.
59 M. Jänicke, Der dritte Weg, S. 104-154.
60 Protokoll der Verhandlungen des V. Parteitages der Sozialistischen Einheitspartei Deutschlands v. 10. bis 16. Juli 1958, Bd. 1, Berlin (Ost) 1959, S. 70.
61 Gesetzblatt der DDR 1959, S. 705; zit. nach Ch. Kleßmann, Zwei Staaten, eine Nation, S. 313.
62 S. Prokop, Übergang zum Sozialismus in der DDR. Entwicklungslinien und Probleme der Geschichte der DDR in der Endphase der Übergangsperiode vom Kapitalismus zum Sozialismus und beim umfassenden sozialistischen Aufbau (1958-1963), Berlin (Ost) 1986.
63 Ch. Kleßmann, Zwei Staaten, eine Nation, S. 314.
64 Zit. nach H. Weber, Geschichte der DDR, S. 315 f.
65 Ebd., S. 316.
66 Vgl. Ch. Kleßmann, Zwei Staaten, eine Nation, S. 318.
67 Zum 65. Geburtstag Walter Ulbrichts, abgedr. in: Neues Deutschland v. 30. Juni 1958.
68 Die Flucht aus der Sowjetzone und die Sperrmaßnahmen des kommunistischen Regimes vom 13. August 1961, S. 15.
69 E. Honecker, Aus meinem Leben, Berlin 1980, S. 206.
70 J. Rühle u. G. Holzweißig, 13. August 1961. Die Mauer von Berlin, hrsg. v. I. Spittmann, Köln 1981, S. 71 bzw. 81.
71 E. Honecker, Aus meinem Leben, S. 204.
72 J. Petschull, Die Mauer. August 1961. Zwölf Tage zwischen Krieg und Frieden, Hamburg 1981.
73 Zit. ebd. S. 47.
74 E. Honecker, Aus meinem Leben, S. 202; Beispiele bei J. Rühle u. G. Holzweißig, 13. August 1961, S. 153-158.
75 J. Petschull, Die Mauer, S. 74.
76 D. Staritz, Geschichte der DDR 1949-1985, S. 138.

Anmerkungen zu Kapitel B V

1 Wortlaut des Staatsvertrages in: Europa-Archiv 11 (1956) S. 8741 bis 8745.
2 H.-J. Rupieper, Deutsche Frage und europäische Sicherheit. Politisch-strategische Überlegungen 1953/1955, in: B. Thoß u. H.-E. Volkmann (Hrsg.), Zwischen Kaltem Krieg und Entspannung. Sicherheits- und Deutschlandpolitik in der Bundesrepublik im Mächtesystem der Jahre 1953-1956, Boppard a. Rh. 1988, S.179-209.
3 Ebd., S. 201-204.
4 K. Adenauer, Erinnerungen, Bd. 2, S. 443 f.
5 A. Hillgruber, Europa in der Weltpolitik der Nachkriegszeit 1945 bis 1963, München/Wien 1979, S. 74 f.
6 Europa-Archiv 11 (1956), S. 8064.
7 H.-P. Schwarz (Hrsg.), Entspannung und Wiedervereinigung. Deutschlandpolitische Vorstellungen Konrad Adenauers 1955-1958, Stuttgart 1979, S. 32.

8 Ebd., S. 31.
9 E. Jäckel (Hrsg.), Die deutsche Frage 1952-1956, S. 147.
10 K. Adenauer, Erinnerungen, Bd. 2, S. 487-556; ausführliche weitere Literaturangaben in: K. Adenauer, Teegespräche 1955-1958, bearb. v. H. J. Küsters, Berlin 1986, S. 363 f.
11 K. Adenauer, Erinnerungen, Bd. 2, S. 506.
12 Ebd., S. 507.
13 Zit. ebd., S. 529.
14 C. Schmid, Erinnerungen, S. 576.
15 K. Adenauer, Erinnerungen, Bd. 2. S. 542.
16 Ebd., S. 544.
17 Ebd., S. 545.
18 W. G. Grewe, Rückblenden, S. 236.
19 Vgl. ebd., S. 237; auch K. Adenauer, Erinnerungen, Bd. 2, S. 249 f.
20 Zahlenangaben bei H.-P. Schwarz, Die Ära Adenauer. Gründerjahre, S. 278.
21 C. Bohlen, Witness to History 1929-1969, New York 1973, S. 387.
22 Die auswärtige Politik der Bundesrepublik Deutschland, S. 312.
23 W. G. Grewe, Rückblenden, S. 253 f.
24 K. Adenauer, Erinnerungen, Bd. 3, S. 202.
25 H.-G. Pöttering, Adenauers Sicherheitspolitik 1955-1963. Ein Beitrag zum deutsch-amerikanischen Verhältnis, Düsseldorf ²1978, S. 62-90.
26 Ebd., S. 119.
27 Zuerst erschienen 1957, München 1959.
28 K. Adenauer, Erinnerungen, Bd. 3, S. 296 f.
29 Archiv der Gegenwart, 1957, S. 6385.
30 K. Adenauer, Erinnerungen, Bd. 3, S. 298-301.
31 Vgl. K. Gotto, Adenauers Deutschland- und Ostpolitik, S. 33 f.
32 K. Adenauer, Erinnerungen, Bd. 3, S. 369-380.
33 Ebd., S. 378.
34 K. Adenauer, Teegespräche 1955-1958, S. 97.
35 Vgl. K. Gotto, Adenauers Deutschland- und Ostpolitik, S. 34-40.
36 H.-P. Schwarz, Die Ära Adenauer. Epochenwechsel 1957-1963, Wiesbaden 1983, S. 68.
37 H. J. Küsters, Die Gründung der Europäischen Wirtschaftsgemeinschaft, Baden-Baden 1982, S. 103-106.
38 Gedr. in: K. Adenauer, Erinnerungen, Bd. 3, S. 27-30.
39 H. J. Küsters, Die Gründung der Europäischen Wirtschaftsgemeinschaft, S. 205-218.
40 Ebd., S. 215 f.
41 Ebd., S. 421.
42 Ebd., S. 413f.
43 Mehrere Belege ebd., S. 425.
44 Abdruck der sowjetischen Noten in: Dokumente zur Deutschlandpolitik, IV. Reihe, Bd. 1 (10. November 1958 bis 9. Mai 1959) 1. Halbband, bearb. v. E. Deuerlein u. H. Nathan, Frankfurt a. M./Berlin 1971, S. 151-201, Zit. S. 176.
45 Diese Formulierung wurde später von allen NATO-Mitgliedsstaaten übernommen. Vgl. W. G. Grewe, Rückblenden, Frankfurt a. M., S. 364.
46 Pressekonferenz von Außenminister Dulles in Washington v. 16. November 1958 abgedr. in: Dokumente zur Deutschlandpolitik, IV/1 (1958/59), 1. Halbband, S. 145.
47 Ebd., S. 144-150.
48 W. G. Grewe, Rückblenden, S. 366.
49 Dokumente zur Deutschlandpolitik, IV/1, 1. Halbband, S. 374.
50 Sowjetischer Friedensvertragsentwurf v. 10. Januar 1959, abgedr. ebd., S. 537-577.

51 Pressekonferenz von Außenminister Dulles in Washington v. 13. Januar 1959, ebd., S. 589-596, bes. S. 596.
52 K. Gotto, Adenauers Deutschland- und Ostpolitik, S. 46.
53 Erschienen in der New York Herald Tribune v. 6./7./8./9. April 1959.
54 Vgl. K. Adenauer, Erinnerungen, Bd. 3, S. 424-436.
55 »Die Wiedervereinigung der beiden gegenwärtig getrennten Teile zu einem Deutschland, das völlig frei wäre, betrachten wir als das Ziel und das normale Schicksal des deutschen Volkes, vorausgesetzt, daß es seine gegenwärtigen Grenzen im Westen, Osten, Norden und Süden nicht in Frage stellt ...« Pressekonferenz von Staatspräsident de Gaulle v. 25. März 1959, in: Dokumente zur Deutschlandpolitik, IV/1, 2. Halbband, S. 1268.
56 H. Buchheim, Deutschlandpolitik 1949-1972, Stuttgart 1984, S. 92 bis 95.
57 Westlicher Friedensplan v. 14. Mai 1959, abgedr. in: Dokumente zur Deutschlandpolitik, I/2, 1. Halbband, S. 74-82; Konferenzdokumente bei: H. Siegler (Hrsg.), Dokumentation der Genfer Außenministerkonferenz 1959. 2 Bde., Bonn 1959.
58 A. Baring, Sehr verehrter Herr Bundeskanzler! Heinrich von Brentano im Briefwechsel mit Konrad Adenauer 1949-1964, Hamburg 1974, S. 241-243.
59 Der Globke-Plan zur Wiedervereinigung, abgedr. in: Neue Dokumente zur Deutschland- und Ostpolitik Adenauers, bearb. u. eingel. v. K. Gotto, in: R. Morsey u. K. Repgen (Hrsg.), Untersuchungen und Dokumente zur Ostpolitik und Biographie, Mainz 1974, S. 202 bis 209.
60 A. Hillgruber, Europa in der Weltpolitik der Nachkriegszeit, S. 91 f.
61 Vgl. The Times, »Room for Ideas«, Artikel v. 24. Januar 1959.
62 Wortlaut des Textes bei W. G. Grewe, Rückblenden, S. 764 f.
63 Ebd., S. 434.
64 H. Krone, Aufzeichnungen zur Deutschland- und Ostpolitik 1954 bis 1969, in: R. Morsey / K. Repgen (Hrsg.), Untersuchungen und Dokumente zur Ostpolitik, S. 154.
65 K. Adenauer, Erinnerungen, Bd. 4, 1959-1963. Fragmente, Stuttgart 1968,S. 25.
66 Vgl. H. Buchheim, Deutschlandpolitik 1949-1972, S. 97.
67 F. von Eckardt, Ein unordentliches Leben. Lebenserinnerungen, Düsseldorf/Wien 1967, S. 614.
68 Dokumente zur Deutschlandpolitik, IV/4, 2. Halbband, S. 1077.
69 Ebd., IV/5, S. 239 bzw. 267.
70 Dokumente zur Deutschlandpolitik, IV/6, 1. Halbband, S. 537.
71 Dazu die Schilderung von H. M. Catudal, Kennedy and the Berlin Wall Crisis. A Case Study in U.S. Decision Making, Berlin 1980, S. 118.
72 Dokumente zur Deutschlandpolitik, IV/6, 1. Halbband, S. 1349.
73 Ebd., S. 1355.
74 Zit. nach H. M. Catudal, Kennedy and the Berlin Wall Crisis, S. 201.
75 Neues Deutschland v. 2. August 1961.
76 H. M. Catudal, Kennedy and the Berlin Wall Crisis, S. 157 f.
77 Dokumente zur Deutschlandpolitik, IV/6, 2. Halbband, S. 1508.
78 Dazu W. G. Grewe, Rückblenden, S. 487-497.
79 Zit. nach D. Prowe, Der Brief Kennedys an Brandt vom 18. August 1961, in: VfZ 33 (1985), S. 375.
80 D. Prowe, Die Anfänge der Brandtschen Ostpolitik in Berlin 1961 bis 1963. Eine Untersuchung zur Endphase des Kalten Krieges, in: Aspekte deutscher Außenpolitik im 20. Jahrhundert. Hans Rothfels zum Gedächtnis, hrsg. v. W. Benz und H. Graml, Stuttgart 1977, S. 254.

81 Abgedr. in: D. Prowe, Der Brief Kennedys an Brandt, S. 382 f.
82 W. G. Grewe, Rückblenden, S. 490.
83 Ebd.
84 D. Prowe, Die Anfänge der Brandtschen Ostpolitik, S. 254.
85 K. Adenauer, Teegespräche 1959-1961, bearb. v. H. J. Küsters, Berlin 1988, S. 550.
86 A. Doering-Manteuffel, Die Bundesrepublik Deutschland in der Ära Adenauer, Darmstadt 1983, S. 122.
87 R. Morsey, Die Bundesrepublik Deutschland, München 1987 S. 61.
88 W. Brandt, Deutsche Wegmarken, in: Berliner Lektionen 1988, Berlin 1989, S. 79.

Bibliographie

Ungedruckte Quellen sind nur in den Anmerkungen, nicht aber in der Bibliographie aufgeführt.

Gedruckte Quellen

Adenauer, K.: Briefe 1945-1953, 4. Bde., hrsg. von H. P. Mensing, Berlin 1983-1987

Adenauer, K.: Teegespräche 1950-1954, bearb. von H. J. Küsters, Berlin 1984

Adenauer, K.: Teegespräche 1955-1958, bearb. von H. J. Küsters, Berlin 1986

Adenauer, K.: Teegespräche 1959-1961, bearb. von H. J. Küsters, Berlin 1988

Akten zur Vorgeschichte der Bundesrepublik Deutschland 1945-1949, 5 Bde., hrsg. vom Bundesarchiv u. Institut für Zeitgeschichte, München 1976-1983

Benz, W. (Hrsg.): Bewegt von der Hoffnung aller Deutschen. Zur Geschichte des Grundgesetzes. Entwürfe und Diskussion 1941 bis 1949, München 1979

Berlin. Kampf um Freiheit und Selbstverwaltung, hrsg. im Auftrag des Senats von Berlin, Bd. I 1945-1946, Bd. II 1946-1948, Berlin 1959 u. 1961

Beziehungen DDR-UdSSR 1949 bis 1955. Dokumentensammlung v. M. A. Charlamov u. a. (Redaktionskollegium), Berlin (Ost) 1975

Blumenberg-Lampe, C. (Bearb.): Der Weg in die soziale Marktwirtschaft. Referate, Protokolle, Gutachten der Arbeitsgemeinschaft Erwin von Beckerath 1943-1947, Stuttgart 1986

Buchstab, G. (Bearb.): Adenauer: »Es muß alles neu gemacht werden.« Die Protokolle des CDU-Bundesvorstandes 1950 bis 1953, Stuttgart 1986

Datenhandbuch zur Geschichte des Deutschen Bundestages 1949 bis 1982, verf. und bearb. von P. Schindler, Bonn 1983

Deuerlein, E. (Hrsg.): Potsdam 1945. Quellen zur Konferenz der »Großen Drei«, München 1963

Dietrich, G. (Bearb.): Um die Erneuerung der deutschen Kultur. Dokumente zur Kulturpolitik 1945-1949, Berlin (Ost) 1983

Dokumente aus den Jahren 1945-1949. Um ein anti-faschistisch-demokratisches Deutschland, Berlin (Ost) 1968

Dokumente der Sozialistischen Einheitspartei Deutschlands, Bd. IV, Berlin (Ost) 1954

Dokumente der Sozialistischen Einheitspartei Deutschlands, Bd. VII, Berlin (Ost) 1961

Dokumente der Sozialistischen Einheitspartei Deutschlands. Beschlüsse und Erklärungen des Parteivorstandes, des Zentralsekretariats und des Politischen Büros, Bd. XI, Berlin (Ost) 1951

Dokumente zur Außenpolitik der Regierung der DDR, hrsg. vom Deutschen Institut für Zeitgeschichte, Bd. 1, Berlin (Ost) 1954

Dokumente zur Deutschlandpolitik, 5 Reihen mit insgesamt bisher 20 Bänden, Frankfurt a.M. / Berlin 1961-1987

Fischer, A. (Hrsg.): Teheran, Jalta, Potsdam. Die sowjetischen Protokolle von den Kriegskonferenzen der »Großen Drei«, Köln [2]1973

Flechtheim, O. K. (Hrsg.): Dokumente zur parteipolitischen Entwicklung in Deutschland seit 1945, Bde. 1-9, Berlin 1962-1971

Foreign Relations of the United States (FRUS), Diplomatic Papers, hrsg. vom Department of State, Washington 1955 ff.

Germany 1947-1949. The Story in Documents, Washington 1950

Grebing, H. (Hrsg.): Lehrstükke in Solidarität. Briefe und Biographien deutscher Sozialisten 1945-1949, Stuttgart 1983

Grebing, H. (Hrsg.): Entscheidung für die SPD. Briefe und Aufzeichnungen linker Sozialisten 1944-1948, München 1984

Handbuch der Katholischen Filmkritik, Bd. 5: 6 000 Filme. Kritische Notizen aus drei Kino- und Fernsehjahren, Düsseldorf 1959

Heidelmeyer, W. / G. Hindrichs (Bearb.): Dokumente zur Berlin-Frage 1944-1966, Bonn [3]1967

Heuss, Th. / K. Adenauer: Unserem Vaterlande zugute. Der Briefwechsel 1948-1963, bearb. von H. P. Mensing, Berlin 1989

Inter-Allied Information Committee (Hrsg.): Punishment for War Crimes; the Inter-Allied Declaration signed at the St. James's Palace, London 13.01.1942 and relative documents, London 1942

Jäckel, E. (Hrsg.): Die deutsche Frage 1952-1956. Notenwechsel und Konferenzdokumente der vier Mächte, Frankfurt a.M. 1957

Jahrbücher der Sozialdemokratischen Partei Deutschlands, Hannover/Bonn o. J.

Die Kabinettsprotokolle der Bundesregierung, hrsg. für das Bundesarchiv von H. Booms, Bd. 1: 1949, Bd. 2: 1950, Bd. 3: 1950 (Wortprotokolle), bearb. von U. Enders und K. Reiser, Boppard 1982-1986, Bd. 4: 1951, bearb. von U. Hüllbüsch, Boppard 1988

Der Kampf um den Wehrbeitrag. Veröffentlichungen des Instituts für Staatslehre und Politik in Mainz, Bd. 2, Erster Halbband: Die Feststellungsklage; Zweiter Halbband: Das Gutachterverfahren, München 1952/53

Kraus, H. (Hrsg.): Die im

Braunschweiger Remer-Prozeß erstatteten moraltheologischen und historischen Gutachten nebst Urteil, Hamburg 1953

Lademacher, H. / W. Mühlhausen (Hrsg.): Sicherheit, Kontrolle, Souveränität. Das Petersberger Abkommen vom 22. November 1949. Eine Dokumentation, Melsungen 1985

Lipgens, W. (Hrsg.): Documents on the History of European Integration, bisher 3 Bde., Berlin 1985-1988

Michaelis, H. / E. Schraepler (Hrsg.): Ursachen und Folgen. Vom deutschen Zusammenbruch 1918 und 1945 bis zur staatlichen Neuordnung Deutschlands in der Gegenwart. Eine Urkunden- und Dokumentensammlung zur Zeitgeschichte, Bde. 20 ff., Berlin 1974ff.

Ministerium für Auswärtige Angelegenheiten der DDR und Ministerium für Auswärtige Angelegenheiten der UdSSR (Hrsg.): Beziehungen DDR-UdSSR, 1. und 2. Halbband, Berlin (Ost) 1975

Müller-List, G. (Bearb.): Montanmitbestimmung. Das Gesetz über die Mitbestimmung der Arbeitnehmer in den Aufsichtsräten und Vorständen der Unternehmen des Bergbaus und der Eisen und Stahl erzeugenden Industrie vom 21. Mai 1951, Düsseldorf 1984

Münch, I. v. (Hrsg.): Dokumente des geteilten Deutschland, 2 Bde., Stuttgart 1968 u. 1974

Nordrhein-Westfalen. Deutsche Quellen zur Entstehungsgeschichte des Landes 1945/46, eingel. u. bearb. von W. Hölscher, Düsseldorf 1988

Der Parlamentarische Rat 1948 bis 1949, Akten und Protokolle, hrsg. von K. G. Wernicke und H. Booms, Boppard 1975-1986

Parlamentarischer Rat, Stenographische Berichte über die Plenarsitzungen Bonn 1948/49, Bonn 1949, Neudruck 1969

Pollock, J. K. u. a.: Germany under Occupation. Illustrative materials and documents, Ann Arbor 1949

Programmatische Dokumente der deutschen Sozialdemokratie, hrsg. von D. Dowe und K. Klotzbach, Berlin/Bonn 1973

Protokoll des 1. Deutschen Volkskongresses für Einheit und gerechten Frieden am 6. und 7. Dezember 1947 in der Deutschen Staatsoper zu Berlin, Berlin 1948

Protokoll der Ersten Parteikonferenz der Sozialistischen Einheitspartei Deutschlands, 25. bis 28. Januar 1949, Berlin (Ost) 1949

Protokoll der Verhandlungen der 11. Parteikonferenz der Sozialistischen Einheitspartei Deutschlands, 9. bis 12. Juli 1952, Berlin (Ost) 1952

Protokoll der Verhandlungen des II. Parteitages der Sozialistischen Einheitspartei Deutschlands, 20. bis 24. September 1947 in der Deutschen Staatsoper zu Berlin, Berlin 1947

Protokoll der Verhandlungen des III. Parteitages der Sozialistischen Einheitspartei Deutschlands, 20. bis 24. Juli 1950, Berlin (Ost) 1951

Protokoll der Verhandlungen des IV. Parteitages der Sozialistischen Einheitspartei Deutschlands, 30. März bis 6. April 1954, 2 Bde., Berlin (Ost) 1954

Protokoll der Verhandlungen des V. Parteitages der Sozialistischen Einheitspartei Deutschlands, 10. bis 16. Juli 1958, 2 Bde., Berlin (Ost) 1959

Pütz, H. (Bearb.): Konrad Adenauer und die CDU der britischen Besatzungszone 1946-1949. Dokumente zur Gründungsgeschichte der CDU Deutschlands, Bonn 1975

Reden der deutschen Bundespräsidenten Heuss, Lübke, Heinemann, Scheel, eingel. v. D. Sternberger, ausgew. v. H. Sprenger, München 1979

Reichhardt, H.J. / H.U. Teutler / A. Lampe (Bearb.): Berlin. Quellen und Dokumente 1945 bis 1951, 2 Bde., Berlin 1964

Reichhardt, H. J. (Bearb.): Ernst Reuter. Schriften, Reden, Bd. 3: Artikel – Briefe – Reden 1946 bis 1949, Berlin 1974

Ruhl, K. J. (Hrsg.): Neubeginn und Restauration. Dokumente zur Vorgeschichte der Bundesrepublik Deutschland 1945-1949, München 1982

Die Ruhrfrage 1945/46 und die Entstehung des Landes Nordrhein-Westfalen. Britische, französische und amerikanische Akten, eingel. u. bearb. von R. Steininger, Düsseldorf 1988

Salzmann, R. (Bearb.): Die CDU/CSU im Parlamentarischen Rat. Sitzungsprotokolle der Unionsfraktion, Stuttgart 1981

Schiffers, R. (Bearb.): Grundlegung der Verfassungsgerichtsbarkeit. Das Gesetz über das Bundesverfassungsgericht vom 12. März 1951, Düsseldorf 1984

Schieder, T. (Hrsg.): Dokumentation der Vertreibung der Deutschen aus Ostmitteleuropa, 5 Bde., Bonn 1954-1961

Schlange-Schöningen, H. (Hrsg.): Im Schatten des Hungers. Dokumentarisches zur Ernährungspolitik und Ernährungswirtschaft in den Jahren 1945-1949, bearb. von J. Rohrbach, Hamburg 1955

Schumacher, K: Bundestagsreden, hrsg. von A. Renger, Bonn 1972

Schumacher, K: Volk in Not. Ein Mahnruf an die Sieger. Rede des 1. Vorsitzenden der Sozialdemokratischen Partei Deutschlands, Dr. K. Schumacher, am 12. Januar 1947 in München, München 1947

Schwarz, H.-P. (Hrsg.): Konrad Adenauer. Reden 1917-1967. Eine Auswahl, Stuttgart 1975

Siegler, H. (Hrsg.): Dokumentation der Genfer Außenministerkonferenz 1959, 2 Bde., Bonn 1959

Statistische Jahrbücher der Bundesrepublik Deutschland, hrsg. vom Statistischen Bundesamt Wiesbaden, Bd. 1 (1952) bis Bd. 11 (1962)

Steininger, R.: Eine Chance zur Wiedervereinigung? Die Stalin-Note vom 10. März 1952. Darstellung und Dokumentation auf der Grundlage unveröffentlichter britischer und amerikanischer Akten, Bonn 1985

Treysa 1945. Die Konferenz der evangelischen Kirchenführer 27. bis 31. August, Lüneburg 1946

Untersuchungen und Dokumente zur Ostpolitik und Biographie, hrsg. v. R. Morsey und K. Repgen, Mainz 1974

Verhandlungen des Deutschen Bundestages. Stenographische Berichte, 1.-6. Wahlperiode 1949 bis 1969, Bonn 1949-1969

Weber, H.: Der deutsche Kommunismus. Dokumente, Köln/Berlin 1963

Weisz, Ch. / H. Woller (Bearb.): Wörtliche Berichte und Drucksachen des Wirtschaftsrates des Vereinigten Wirtschaftsgebietes 1947 bis 1949, hrsg. vom Institut für Zeitgeschichte und dem Deutschen Bundestag, Wissenschaftliche Dienste, 6 Bde., München 1977

Wengst, U. (Bearb.): Auftakt zur Ära Adenauer. Koalitionsverhandlungen und Regierungsbildung 1949, Düsseldorf 1985

Wirtschaftsstatistik der deutschen Besatzungszonen 1945-1948, (= Dokumente und Berichte des Europa-Archivs 4), Oberursel 1948

Wüstenberg, B. / J. Zatkar (Hrsg.): Der Papst und die Deutschen. Pius XII. als Apostolischer Nuntius und als Papst in seinen deutschsprachigen Reden und Sendschriften von 1917 bis 1956, Frankfurt a.M. 1956

Zeller, B. (Hrsg.): »Als der Krieg zu Ende war.« Literarisch-politische Publizistik 1945-1950. Eine Ausstellung des Deutschen Literaturarchivs, Marbach a. N. 1973

20 Jahre DDR. 20 Jahre deutsche Politik. Dokumente zur Politik der DDR im Kampf um Frieden und Sicherheit in Europa, bearb. von R. Graf u. a., Berlin (Ost) 1969

Tagebücher und Memoiren

Acheson, D.: Present at the Creation. My Years in the State Department, New York 1969

Adenauer, K.: Erinnerungen 1945 -1963, 4 Bde., Frankfurt a.M. 1965-1968

Albrecht, W. (Hrsg.): Kurt Schumacher: Reden – Schriften – Korrespondenzen 1945-1952, Berlin/Bonn 1985

Beginn in Bonn. Erinnerungen an den ersten Deutschen Bundestag, hrsg. von H. Ferdinand, Freiburg 1985

Blankenhorn, H.: Verständnis und Verständigung. Blätter eines politischen Tagebuchs 1949-1979, Frankfurt a.M. 1980

Bohlen, Ch.: Witness to History 1929-1969, New York 1973

Clay, L. D.: Decision in Germany, Garden City 1950. Dt.: Entscheidung in Deutschland, Frankfurt a.M. 1950

Dehler, T.: Reden und Aufsätze, Köln 1969

Djilas, M.: Gespräche mit Stalin, Frankfurt a.M. 1962

Dorn, W. L.: Inspektionsreise in der US-Zone. Notizen, Denkschriften und Erinnerungen aus dem Nachlaß, übers. und hrsg. von L. Niethammer, Stuttgart 1973

Eckardt, F. v.: Ein unordentliches Leben. Lebenserinnerungen, Düsseldorf/Wien 1967

Gerstenmaier, E.: Reden und Aufsätze, 2 Bde., Stuttgart 1956 bis 1962

Grewe, W. G.: Rückblenden. Aufzeichnungen eines Augenzeugen deutscher Außenpolitik von Adenauer bis Schmidt, Frankfurt a.M. 1979

Heuss, T.: Aufzeichnungen 1945-1947, hrsg. von E. Pikart, Tübingen 1966

Heuss, T.: Die großen Reden, 2 Bde., Tübingen 1965

Heuss, T.: Tagebuchbriefe 1955-1963. Eine Auswahl aus Briefen an Toni Stolper, hrsg. und eingel. von E. Pikart, Tübingen/Stuttgart 1970

Hofmann, J.: Das Ziel war Europa. Der Weg der Saar 1945-1955, München 1963

Honecker, E.: Aus meinem Leben, Berlin 1980

Kempner, R. M. W.: Ankläger einer Epoche. Lebenserinnerungen, Frankfurt a.M. 1983

Kennan, G. F.: Memoiren eines Diplomaten 1925-1950, Stuttgart 1968

Kennan, G. F.: Memoiren 1950 bis 1963, Frankfurt a.M. 1973

Lemmer, E.: Manches war doch anders, Frankfurt a.M. 1968

Maier, R.: Ein Grundstein wird gelegt. Die Jahre 1945-1947, Tübingen 1964

Maier, R.: Erinnerungen 1948 bis 1953, Tübingen 1966

Monnet, J.: Mémoires, Paris 1976. Dt.: Erinnerungen eines Europäers, München 1978

Montgomery, B. L., Visc. of Alamein: Memoiren, München 1958

Ollenhauer, E.: Reden und Aufsätze, hrsg. von F. Sänger, Hannover 1964, Berlin [2]1977

Pünder, H.: Von Preußen nach Europa. Lebenserinnerungen, Stuttgart 1968

Schmid, C.: Erinnerungen, München 1979

Schukow, G. K.: Erinnerungen und Gedanken, Stuttgart 1969

Schuman, R.: Pour l'Europe, Paris 1964. Dt.: Für Europa, Hamburg 1963

Smith, J. E. (Hrsg.): The Papers of General Lucius D. Clay, Germany 1945-1949, 2 Bde., Bloomington 1974

Speidel, H.: Aus unserer Zeit. Erinnerungen, Berlin / Frankfurt a.M. / Wien 1977

Troeger, H.: Interregnum. Tagebuch des Generalsekretärs des Länderrats der Bizone 1947-1949, hrsg. von W. Benz und C. Goschler, München 1985

Vaubel, L.: Zusammenbruch und Wiederaufbau. Ein Tagebuch aus der Wirtschaft 1945-1949, hrsg. von W. Benz, München 1984

Wehner, H.: Zeugnis, hrsg. von G. Jahn, Köln 1982

Monographien und Aufsätze

Abelshauser, W.: Wirtschaft in Westdeutschland 1945-1948. Rekonstruktion und Wachstumsbedingungen in der amerikanischen und britischen Zone, Stuttgart 1975

Abelshauser, W.: Ansätze »korporativer Marktwirtschaft« in der Korea-Krise der frühen fünfziger Jahre. Ein Briefwechsel zwischen dem Hohen Kommissar John McCloy und Bundeskanzler Konrad Adenauer, in: VfZ 30 (1982), S. 715-756

Abelshauser, W.: Wirtschaftsgeschichte der Bundesrepublik Deutschland, Frankfurt a.M. [4]1987

Abelshauser, W.: Wirtschaft und Gesellschaft der Fünfziger Jahre, Tübingen 1987

Abelshauser, W. / D. Petzina (Hrsg.): Deutsche Wirtschaftsgeschichte im Industriezeitalter. Konjunktur, Krise, Wachstum, Königstein/Ts. 1981

Adamsen, H. R.: Investitionshilfe für die Ruhr. Wiederaufbau, Verbände und Soziale Marktwirtschaft 1948-1952, Wuppertal 1981

Ahrens, H. D.: Demontage. Nachkriegspolitik der Alliierten, München 1982

Albertin, L. / W. Link (Hrsg.): Politische Parteien auf dem Weg zur parlamentarischen Demokratie in Deutschland, Düsseldorf 1981

Albrecht, D. (Hrsg.): Politik und Konfession. Festschrift für Konrad Repgen zum 60. Geburtstag, Berlin 1983

Alemann, U. v.: Parteien und Wahlen in Nordrhein-Westfalen, Köln 1985

Alleman, F. R.: Bonn ist nicht Weimar, Köln 1956

Alleman, F. R.: Zwischen Stabilität und Krise. Etappen der deutschen Politik 1955-1963, München 1963

Altmann, R.: Das Erbe Adenauers. Eine Bilanz, München 1963

Altmann, R. u. a.: Ludwig Erhard und seine Politik, Stuttgart 1985

Ambrosius, G.: Die Durchsetzung der Sozialen Marktwirtschaft in Westdeutschland 1945-1949, Stuttgart 1977

Anfänge westdeutscher Sicherheitspolitik 1945-1956, hrsg. vom Militärgeschichtlichen Forschungsamt, Bd. I: Von der Kapitulation bis zum Pleven-Plan, hrsg. von R. G. Foerster u. a., München 1982

Antoni, M.: Das Potsdamer Abkommen – Trauma oder Chance? Geltung, Inhalt und staatsrechtliche Bedeutung, Berlin 1985

Aspekte deutscher Außenpolitik im 20. Jahrhundert. H. Rothfels zum Gedächtnis, hrsg. v. W. Benz und H. Graml, Stuttgart 1977

Bachem, K.: Vorgeschichte, Geschichte und Politik der deutschen Zentrumspartei. Zugleich ein Beitrag zur Geschichte der katholischen Bewegung sowie zur allgemeinen Geschichte des neueren und neuesten Deutschland 1815-1914, 9 Bde., Köln 1927-1932, Neudruck Aalen 1967-1968

Backer, J. H.: Die deutschen Jahre des Generals Clay. Der Weg zur Bundesrepublik 1945-1949, München 1983

Backer, J. H.: The Decision to Divide Germany. American Foreign Policy in Transition, Durham 1978. Dt.: Die Entscheidung zur Teilung Deutschlands. Die amerikanische Deutschlandpolitik 1943 bis 1948, München 1981

Badstübner, R. u. a. (Autorenkollektiv): Geschichte der Deutschen Demokratischen Republik, Berlin (Ost) 1981, [2]1984

Balfour, M.: Vier-Mächte-Kontrolle in Deutschland 1945-1946, Düsseldorf 1959

Baring, A.: Sehr verehrter Herr Bundeskanzler! Heinrich von Brentano im Briefwechsel mit Konrad Adenauer 1949-1964, Hamburg 1974

Baring, A.: Außenpolitik in Adenauers Kanzlerdemokratie. Bonns Beitrag zur Europäischen Verteidigungsgemeinschaft, München 1969

Baring, A.: Der 17. Juni 1953, Köln 1965, Stuttgart [3]1983

Barker, E.: The British between the superpowers, London 1984

Baske, S. / M. Engelberg (Hrsg.): Zwei Jahrzehnte Bildungspolitik in der Sowjetzone Deutschlands, 2 Bde., Heidelberg 1966

Bauer, F. J.: Flüchtlinge und Flüchtlingspolitik in Bayern 1945 bis 1950, Stuttgart 1982

Bausch, H.: Rundfunkpolitik nach 1945, 2 Bde. (= Bde. 3 und 4 von: Bausch, H. [Hrsg.]: Rundfunk in Deutschland, 5 Bde.), München 1980

Becher, J. R.: Walter Ulbricht. Ein deutscher Arbeitersohn, Berlin (Ost) 1958

Becker, J. / T. Stammen / P. Waldmann (Hrsg.): Vorgeschichte der Bundesrepublik Deutschland. Zwischen Kapitulation und Grundgesetz, München 1979

Becker, J. / F. Kipping (Hrsg.): Power in Europe? Great Britain, France, Italy and Germany in a

Postwar World, Berlin/New York 1986
Becker, W.: CDU und CSU 1945-1950, Mainz 1967
Becker, W. (Hrsg.): Die Kapitulation und der Neubeginn in Deutschland, Köln/Wien 1987
Benz, W.: Von der Besatzungsherrschaft zur Bundesrepublik. Stationen einer Staatsgründung 1946-1949, Frankfurt a.M. 1984
Benz, W. (Hrsg.): Die Bundesrepublik Deutschland. Geschichte in 3 Bänden. Politik, Gesellschaft, Kultur, Frankfurt a.M. 1983
Benz, W.: Versuche zur Reform des öffentlichen Dienstes in Deutschland 1945-1952. Deutsche Opposition gegen alliierte Initiativen, in: VfZ 29 (1981), S. 216-245
Benz, W.: Die Gründung der Bundesrepublik. Von der Bizone zum souveränen Staat, München 1984
Benz, W.: Die Vertreibung der Deutschen aus dem Osten, Frankfurt a.M. 1985
Benz, W. / G. Plum / W. Röder: Einheit der Nation. Diskussionen und Konzeptionen zur Deutschlandpolitik der großen Parteien seit 1945, Stuttgart 1978
Berding, H. (Hrsg.): Wirtschaftliche und politische Integration in Europa im 19. und 20. Jahrhundert, Göttingen 1984
Berghahn, V.: Unternehmer und Politik in der Bundesrepublik, Frankfurt a.M. 1985
Berglar, P.: Konrad Adenauer. Konkursverwalter oder Erneuerer der Nation, Göttingen 1975
Bernecker, W.L. / V. Dotterweil (Hrsg.): Persönlichkeit und Politik in der Bundesrepublik Deutschland. Politische Porträts, 2 Bde., Göttingen 1982
Besier, G.: »Selbstreinigung« unter britischer Besatzungsherrschaft. Die Evangelisch-Lutherische Landeskirche Hannovers und ihr Landesbischof Martens 1945 bis 1947, Göttingen 1986
Besier, G. / G. Sauter: Wie Christen ihre Schuld bekennen. Die Stuttgarter Erklärung 1945, Göttingen 1985
Besson, W.: Die Außenpolitik der Bundesrepublik. Erfahrungen und Maßstäbe, München 1970
Bethlehem, S.: Heimatvertreibung, DDR-Flucht, Gastarbeiterzuwanderung. Wanderungsströme und Wanderungspolitik in der Bundesrepublik Deutschland, Stuttgart 1982
Birke, A. M.: Das konstruktive Mißtrauensvotum in den Verfassungsverhandlungen der Länder und des Bundes, in: Zeitschrift für Parlamentsfragen 8 (1977), S. 77 bis 92
Birke, A. M.: Warum Deutschlands Demokratie versagte. Geschichtsanalyse im britischen Außenministerium 1943/45, in: Historisches Jahrbuch 2 (1983), S. 372-391
Bleek, W.: Einheitspartei und nationale Frage 1945-1955, in: X. Parteitag der SED. 35 Jahre SED-Politik. Versuch einer Bilanz. Edition Deutschland Archiv, Köln 1980
Bliersbach, G.: So grün war die Heide ... Der deutsche Nachkriegsfilm in neuer Sicht, Weinheim/Basel 1985
Blumenwitz, D. u. a. (Hrsg.): Konrad Adenauer und seine Zeit, 2 Bde., Stuttgart 1976
Boelcke, W. A.: Der Schwarzmarkt 1945-1948. Vom Überleben nach dem Kriege, Braunschweig 1986
Bohn, H. u. a.: Die Aufrüstung in der Sowjetischen Besatzungszone Deutschlands, Bonn/Berlin 1960
Böhret, C. / H. Sidentopf (Hrsg.): Verwaltung und Verwaltungspolitik. Vorträge und Diskussionsbeiträge der 50. staatswissenschaftlichen Fortbildungstagung 1982 der Hochschule für Verwaltungswissenschaften Speyer, Berlin 1983
Bonwetsch, B. / P. M. Kuhfus: Die Sowjetunion, China und der Korea-Krieg, in: VfZ 33 (1985), S. 28-87
Borgert, H.L. / W. Stürm / N. Wiggershaus: Dienstgruppen und westdeutscher Verteidigungsbeitrag. Vorüberlegungen zur Bewaffnung der Bundesrepublik Deutschland, Boppard 1982
Borsdorf, U. / H.O. Hemmer / M. Martiny (Hrsg.): Grundlagen der Einheitsgewerkschaft. Historische Dokumente und Materialien, Köln/Frankfurt a.M. 1977
Bott, H.: Theodor Heuss in seiner Zeit, Göttingen 1966
Bower, T.: Blind eye to murder. Britain, America and the purging of Nazi Germany – a pledge betrayed, London 1951
Boyens, A. u. a.: Kirchen in der Nachkriegszeit. Vier zeitgeschichtliche Beiträge, Göttingen 1979
Bracher, K.-D. (Hrsg.): Nach 25 Jahren. Eine Deutschland-Bilanz, München 1970
Brandt, W. / R. Löwenthal: Ernst Reuter. Ein Leben für die Freiheit. Eine politische Biographie, München 1957
Brauns, H. J. u. a.: SPD in der Krise. Die deutsche Sozialdemokratie seit 1945, Frankfurt a.M. 1976
Brautmeier, J.: Forschungspolitik in Nordrhein-Westfalen 1945 bis 1961, Düsseldorf 1983
Bruch, R. v. (Hrsg.): »Weder Kommunismus noch Kapitalismus.« Bürgerliche Sozialreform in Deutschland vom Vormärz bis zur Ära Adenauer, München 1985
Buchhaas, D.: Die Volkspartei. Programmatische Entwicklung der CDU 1950-1973, Düsseldorf 1981
Buchheim, H.: Deutschlandpolitik 1949-1972, Stuttgart 1984
Buchheim, H. (Hrsg.): Konrad Adenauer und der Deutsche Bundestag, Bonn 1986
Buchstab, G. / K. Gotto (Hrsg.): Die Gründung der Union. Traditionen, Entstehung und Repräsentanten, Wien 1981
Bullock, A.: The Life and Times of Ernest Bevin, Bd. 3: Ernest Bevin. Foreign Secretary 1945-1951, London 1983
Der Bundesrat als Verfassungsorgan und politische Kraft. Beiträge zum 25jährigen Bestehen des Bundesrates der Bundesrepublik

Deutschland, hrsg. vom Bundesrat, Bad Honnef/Darmstadt 1974

Büsch, O. / P. Furth: Rechtsradikalismus im Nachkriegsdeutschland. Studien über die »Sozialistische Reichspartei« (SRP), Köln 1967

Buttlar, W. v.: Ziele und Zielkonflikte der sowjetischen Deutschlandpolitik 1945-1947, Stuttgart 1980

Carlton, D.: Anthony Eden. A Biography, London 1981

Caro, M.: Der Volkskanzler, Köln 1965

Catudal, H. M.: Kennedy and the Berlin Wall Crisis. A Case Study in U.S. Decision Making, Berlin 1980. Dt.: Kennedy in der Mauer-Krise, Berlin 1981

Chamberlin, B. S. (Hrsg.): Kultur auf Trümmern. Berliner Berichte der amerikanischen Information Control Section, Juli bis Dezember 1945, Stuttgart 1979

Der Christ in der Not der Zeit. Der 72. Deutsche Katholikentag vom 1. bis 5. September 1948 in Mainz, hrsg. vom Generalsekretär des Zentralkomitees der Katholiken Deutschlands zur Vorbereitung der Katholikentage, Paderborn 1949

Connar, I.: The Churches and the Refugee Problem in Bavaria 1945-1949, in: Journal of Contemporary History 20 (1985), S. 399 bis 421

Conot, R. E.: Justice at Nuremberg, London 1983

Conze, W.: J. Kaiser. Politiker zwischen Ost und West 1945-1949, Stuttgart 1969

Conze, W. / M. R. Lepsius (Hrsg.): Sozialgeschichte der Bundesrepublik Deutschland. Beiträge zum Kontinuitätsproblem, Stuttgart 1983

Crusius, R. / M. Wilke (Hrsg.): Entstalinisierung. Der XX. Parteitag der KPdSU und seine Folgen, Frankfurt 1977

Dahrendorf, R.: Gesellschaft und Demokratie in Deutschland, München 1966

Damus, R.: RGW – Wirtschaftliche Zusammenarbeit in Osteuropa, Opladen 1979

Davison, W. Ph.: Die Blockade von Berlin. Modellfall des Kalten Krieges, Frankfurt a.M. 1959

DDR. Werden und Wachsen. Zur Geschichte der Deutschen Demokratischen Republik, hrsg. von der Akademie der Wissenschaft der DDR, Berlin (Ost) 1974

Deuerlein, E.: Deutsche Geschichte der neuesten Zeit, 3. Teil, von 1945 bis 1955 (= Handbuch der Deutschen Geschichte, Bd. IV, 3. Teil), Konstanz 1965

Deuerlein, E. (Hrsg.): DDR 1945-1970. Geschichte und Bestandsaufnahme, 4. erw. Aufl. München 1972

Deuerlein, E.: Deutschland nach dem Zweiten Weltkrieg 1945-1955, Konstanz 1965

Deuerlein, E.: Die Einheit Deutschlands. Ihre Erörterung und Behandlung auf den Kriegs- und Nachkriegskonferenzen 1941-1949, Darstellung und Dokumentation, Frankfurt a.M. 1957

Deuerlein, E.: Potsdam und die deutsche Frage, Köln 1970

Deutsch, K. W.: Die Analyse internationaler Beziehungen, Frankfurt a.M. 1968

Deutsche Bundesbank (Hrsg.): Währung und Wirtschaft in Deutschland 1876-1975, Frankfurt a.M. 1976

Deutschkron, I.: Israel und die Deutschen, Köln ^{2}1983

Dichgans, H.: Montanunion – Menschen und Institutionen, Düsseldorf 1980

Dischler, L.: Das Saarland 1945-1956. Eine Darstellung der historischen Entwicklung mit den wichtigsten Dokumenten, hrsg. von der Forschungsstelle für Völkerrecht und Ausländisches Öffentliches Recht der Universität Hamburg, Hamburg 1956

Dittmann, A.: Die Bundesverwaltung, Tübingen 1983

Dittmann, K.: Adenauer und die deutsche Wiedervereinigung. Die politische Diskussion des Jahres 1952, Düsseldorf 1981

Doehring, K. u. a.: Deutschlandvertrag, westliches Bündnis und Wiedervereinigung, Berlin 1985

Doering-Manteuffel, A.: Katholizismus und Wiederbewaffnung. Die Haltung der deutschen Katholiken gegenüber der Wehrfrage 1948-1955, Mainz 1981

Doering-Manteuffel, A.: Die Bundesrepublik Deutschland in der Ära Adenauer. Außenpolitik und innere Entwicklung, Darmstadt 1983

Doernberg, St. u. a. (Hrsg.): Außenpolitik der DDR. Drei Jahrzehnte sozialistische deutsche Friedenspolitik, Berlin (Ost) 1979

Dohse, R.: Der dritte Weg. Neutralitätsbestrebungen in Westdeutschland zwischen 1945 und 1955, Hamburg 1974

Dollinger, H.: Die letzten hundert Tage, München 1965

Dörr, M.: Restauration oder Demokratisierung? Zur Verfassungspolitik in Hessen 1945/46, in: Zeitschrift für Parlamentsfragen 2 (1971), S. 99-122

Dreher, K.: Der Weg zum Kanzler. Adenauers Griff nach der Macht, Düsseldorf/Wien 1972

Dreher, K.: Ein Kampf um Bonn, München 1979

Dudek, P. /H.-G. Jaschke: Entstehung und Entwicklung des Rechtsextremismus in der Bundesrepublik. Zur Tradition einer besonderen politischen Kultur, 2 Bde., Opladen 1984

Düwell, K.: Entstehung und Entwicklung der Bundesrepublik Deutschland (1945-1961). Eine dokumentierte Einführung, Köln 1981

Ebsworth, R.: Restoring Democracy in Germany. The British Contribution, London/New York 1960

Edinger, L. J.: Kurt Schumacher. Persönlichkeit und politisches Verhalten, Köln/Opladen 1967

Edmonds, R.: Setting the Mould. The United States and Britain 1945-1950, Oxford 1986

Endres, E.: Die Literatur der Adenauerzeit, München 1980

Entmilitarisierung und Aufrüstung in Mitteleuropa 1945-1956 (= Vorträge zur Militärgeschichte, hrsg. vom Militärgeschichtlichen Forschungsamt, Bd. 4), Herford 1983

Erdmann, K. D.: Adenauer in der Rheinlandpolitik nach dem Ersten Weltkrieg, Stuttgart 1966

Erdmann, K. D.: Die Zeit der Weltkriege, Stuttgart 1976

Erhard, L.: Deutsche Wirtschaftspolitik, Düsseldorf 1962

Erhard, L.: Wohlstand für alle, bearb. von W. Langer, Düsseldorf (1957), [8]1964

Eschenburg, Th.: Jahre der Besatzung 1945-1949, Stuttgart 1983

Eschenburg, Th.: Zur politischen Praxis in der Bundsrepublik Deutschland, 3 Bde., München 1964-1972

Fait, B.: »In einer Atmosphäre von Freiheit«. Die Rolle der Amerikaner bei der Verfassunggebung in den Ländern der US-Zone 1946, in: VfZ 33 (1985), S. 420-455

Faulk, H.: Die deutschen Kriegsgefangenen in Großbritannien. Re-education, München 1970

Fichter, M.: Besatzungsmacht und Gewerkschaften. Zur Entwicklung und Anwendung der US-Gewerkschaftspolitik in Deutschland 1944-1948, Opladen 1982

Fijalkowski, J. u. a.: Berlin – Hauptstadtanspruch und Westintegration, Opladen 1967

Fischer, A. u. a.: Entmilitarisierung und Aufrüstung in Mitteleuropa 1945-1956, Herford 1983

Fischer, A. (Hrsg.): Wiederbewaffnung in Deutschland nach 1945, Berlin 1986

Fischer, H. G.: Evangelische Kirche und Demokratie nach 1945, Lübeck 1970

Fischer, P.: Die Saar zwischen Deutschland und Frankreich. Politische Entwicklung von 1945-1949, Frankfurt a.M. 1959

Die Flucht aus der Sowjetzone und die Sperrmaßnahmen des kommunistischen Regimes vom 13. August 1961 in Berlin, hrsg. vom Bundesministerium für Gesamtdeutsche Fragen, Bonn/Berlin 1961

Foelz-Schroeter, M.-E.: Föderalistische Politik und nationale Repräsentation 1945-1947. Westdeutsche Länderregierungen, zonale Bürokratien und politische Parteien im Widerstreit, Stuttgart 1974

Först, W. (Hrsg.): Entscheidungen im Westen, Köln 1979

Först, W. (Hrsg.): Aus dreißig Jahren. Rheinisch-Westfälische Politiker-Porträts, Köln 1979

Först, W. Geschichte Nordrhein-Westfalens, Bd. 1: 1945 bis 1949, Köln 1970

Först, W. (Hrsg.): Zwischen Ruhrkontrolle und Mitbestimmung, Köln 1982

Foschepoth, J.: Churchill, Adenauer und die Neutralisierung Deutschlands, in: Deutschlandarchiv 12 (1984), S. 1286-1301

Foschepoth, J. (Hrsg.): Kalter Krieg und Deutsche Frage. Deutschland im Widerstreit der Mächte 1945-1952, Göttingen/Zürich 1985

Foschepoth, J. (Hrsg.): Adenauer und die Deutsche Frage, Göttingen 1988

Foschepoth, J. / R. Steininger (Hrsg.): Die britische Deutschland- und Besatzungspolitik, Paderborn 1985

Frantzioch, M.: Die Vertriebenen. Hemmnisse, Antriebskräfte und Wege innerer Integration in der Bundesrepublik. Mit einer kommentierenden Bibliographie, Berlin 1987

Fricke, K. W.: Warten auf Gerechtigkeit. Kommunistische Säuberungen und Rehabilitierungen. Bericht und Dokumentation, Köln 1971

Fricke, K. W.: Politik und Justiz in der DDR. Zur Geschichte der politischen Verfolgung 1945 bis 1968, Köln 1979

Fricke, K. W.: Die DDR-Staatssicherheit. Entwicklung, Strukturen, Aktionsfelder, Köln 1982

Fricke, K. W.: Opposition und Widerstand in der DDR. Ein politischer Report, Köln 1984

Fritsch-Bournazel, R.: Frankreich und die deutsche Frage 1945 bis 1949, in: Die Deutschland-Frage und die Anfänge des Ost-West-Konflikts 1945-1949, Berlin 1984, S. 85-95

Fritsch-Bournazel, R.: Die Sowjetunion und die deutsche Teilung. Die sowjetische Deutschlandpolitik 1945-1979, Opladen 1979

Frohn, A.: Neutralisierung als Alternative zur Westintegration. Die Deutschlandpolitik der Vereinigten Staaten von Amerika 1945 bis 1949, Frankfurt a.M. 1985

Fromme, F. K.: Von der Weimarer Verfassung zum Bonner Grundgesetz. Die verfassungspolitischen Folgerungen des Parlamentarischen Rates aus Weimarer Republik und nationalsozialistischer Diktatur, Tübingen 1960

Fürstenau, J.: Entnazifizierung. Ein Kapitel deutscher Nachkriegsgeschichte, Neuwied 1969

Gaddis, J. L.: Strategies of Containment. A Critical Appraisal of Postwar American National Security Policy, New York 1982

Gall, L. (Hrsg.): Die großen Deutschen unserer Epoche, Frankfurt a.M./Berlin 1985

Gaus, G.: Zur Person. Porträts in Frage und Antwort, 2 Bde., München 1964 u. 1966

Gehring, H.: Amerikanische Literaturpolitik in Deutschland 1945-1953, Stuttgart 1976

Gerhardt, G.: Das Krisenmanagement der Vereinigten Staaten während der Berliner Blockade (1948/1949). Intentionen, Strategien und Wirkungen, Berlin 1984

Geschichte der Deutschen Demokratischen Republik. Von einem Autorenkollektiv unter Leitung von R. Badstübner, Berlin (Ost) 1981

Geschichte der Sozialistischen Einheitspartei Deutschlands, Bd. 1, Von den Anfängen bis 1917, Berlin (Ost) 1988

Gillessen, G.: Konrad Adenauer und Israel. The Konrad Adenauer Memorial Lecture 1986, St. Antony's College Oxford 1987

Gilmore, R.: France's Post-War Cultural Policies and Activities in Germany, 1945-1956, Washington D.C. 1973

Gimbel, J.: The American Occupation of Germany, Stanford (Calif.) 1968. Dt: Amerikanische Besatzungspolitik in Deutschland 1945-1949, Frankfurt a.M. 1971

Gimbel, J.: The Origins of the Marshall Plan, Stanford (Calif.) 1976

Girndt, I.: Zentralismus in der britischen Zone. Entwicklungen und Bestrebungen beim Wiederaufbau der staatlichen Verwaltungsorganisation auf der Ebene oberhalb der Länder 1945-1948, Diss. phil. Bonn 1971

Glaser, H.: Kulturgeschichte der Bundesrepublik Deutschland. Zwischen Kapitulation und Währungsreform 1945-1948, München/Wien 1985

Glaser, H.: Kulturgeschichte der Bundesrepublik Deutschland. Zwischen Grundgesetz und Großer Koalition 1949-1967, München/Wien 1986

Glastetter, W. / R. Paulert / U. Spörel: Die wirtschaftliche Entwicklung in der Bundesrepublik Deutschland 1950-1980. Befunde, Aspekte, Hintergründe, Frankfurt a.M. 21983

Glatzeder, S. J.: Die Deutschlandpolitik der FDP in der Ära Adenauer, Konzeptionen in Entstehung und Praxis, Baden-Baden 1980

Gniffke, E. W.: Jahre mit Ulbricht, Köln 1966

Gögler, M. / G. Richter / G. Müller (Hrsg.): Das Land Württemberg-Hohenzollern 1945 bis 1952, Darstellungen und Erinnerungen, Sigmaringen 1982

Gotto, K./H. Maier/R. Morsey/ H.-P. Schwarz: Konrad Adenauer. Seine Deutschland- und Außenpolitik 1945-1963, München 1975

Gotto, K. (Hrsg.): Der Staatssekretär Adenauers. Persönlichkeit und politisches Wirken Hans Globkes, Stuttgart 1980

Grabbe, H.-J.: Unionsparteien, Sozialdemokratie und Vereinigte Staaten von Amerika 1945-1966, Düsseldorf 1983

Grabbe, H.-J.: Die deutsch-alliierte Kontroverse um den Grundgesetzentwurf, in: VfZ 26 (1978), S. 393-418

Graml, H.: Die Alliierten und die Teilung Deutschlands. Konflikte und Entscheidungen 1941 bis 1948, Frankfurt a.M. 1985

Graml, H.: Die Legende von der verpaßten Gelegenheit. Zur sowjetischen Notenkampagne des Jahres 1952, in: VfZ 29 (1981), S. 307-341

Graml, H.: Nationalstaat oder Westdeutscher Teilstaat. Die sowjetischen Noten vom Jahre 1952 und die öffentliche Meinung in der Bundesrepublik Deutschland, in: VfZ 25 (1977), S. 821-864

Grebing, H.: Konservative gegen die Demokratie. Konservative Kritik an der Demokratie in der Bundesrepublik nach 1945, Frankfurt a.M. 1971

Grebing, H. unter Mitarbeit von P. Pozorski und R. Schulze: Die Nachkriegsentwicklung in Westdeutschland 1945-1949, 2 Bde., Stuttgart 1980

Greschat, M. (Hrsg.): Die Schuld der Kirche. Dokumente und Reflexionen zur Stuttgarter Schulderklärung vom 18./19. Oktober 1945, München 1982

Greuner, R.: Lizenzpresse. Auftrag und Ende. Der Einfluß der anglo-amerikanischen Besatzungspolitik auf die Wiedererrichtung eines imperialistischen Pressewesens in Westdeutschland, Berlin (Ost) 1962

Grewe, W. G.: Deutsche Außenpolitik der Nachkriegszeit, Stuttgart 1981

Groeben, H. v. d.: Aufbaujahre der Europäischen Gemeinschaft. Das Ringen um den gemeinsamen Markt und die Politische Union (1958-1966), Baden-Baden 1982

Grosser, A.: Deutschlandbilanz. Geschichte Deutschlands seit 1945, München 81980

Grünerwald, W.: Die Münchener Ministerpräsidentenkonferenz 1947, Meisenheim 1971

Günther, K.: Sozialdemokratie und Demokratie 1946-1966. Die SPD und das Problem der Verschränkung innerparteilicher und bundesrepublikanischer Demokratie, Bonn 1979

Gurland, A. R. L.: Die CDU/ CSU. Ursprünge und Entwicklung bis 1953, hrsg. von D. Emig, Frankfurt a.M. 1980

Gutscher, J. M.: Die Entwicklung der FDP von ihren Anfängen bis 1961, Meisenheim 1967, Königstein/Ts. 21984

Hacker, J.: Der Ostblock. Entstehung, Entwicklung und Struktur, 1939-1980, Baden-Baden 1983

Haftendorn, H.: Sicherheit und Entspannung. Zur Außenpolitik der Bundesrepublik Deutschland 1955-1982, Baden-Baden 1983

Halbritter, M.: Schulformpolitik in der britischen Zone von 1945 bis 1949, Weinheim/Basel 1979

Hänisch, W.: Außenpolitik und internationale Beziehungen der DDR, Bd. I: 1949-1955, Berlin (Ost) 1972

Hanrieder, W. F.: West German Foreign Policy 1949-1963, International Pressure and Domestic Response, Stanford (Calif.) 1967

Hanrieder, W. F.: Fragmente der Macht. Die Außenpolitik der Bundesrepublik, München 1981

Hänsch, K.: Frankreich zwischen Ost und West. Die Reaktion auf den Ausbruch des Ost-West-Konflikts 1946-1949, Berlin 1972

Hansen, R.: Das Ende des Dritten Reiches. Die deutsche Kapitulation 1945, Stuttgart 1966

Hansen, R.: Die Kapitulation und die Regierung Dönitz, in: Becker, W. (Hrsg.): Die Kapitulation und der Neubeginn in Deutschland, Köln/Wien 1987, S. 31-43

Harmssen, G. W.: Reparationen, Sozialprodukt, Lebensstandard. Versuch einer Wirtschaftsbilanz, Bremen 1948

Hartwich, H. H.: Sozialstaatspostulat und gesellschaftlicher Status quo, Opladen 1970, ³1980

Das Hauptstadtproblem in der Geschichte. Festgabe zum 90. Geburtstag Friedrich Meineckes, hrsg. vom Friedrich-Meinecke-Institut, Tübingen 1952

Hay, G. (Hrsg.): Zur literarischen Situation 1945-1949, Kronberg/Ts. 1977

Hearden, A.: The British in Germany. Educational Reconstruction after 1945, London 1978

Heck, B. (Hrsg.): Widerstand, Kirche, Staat. Eugen Gerstenmaier zum 70. Geburtstag, Frankfurt a.M. 1976

Hein, D.: Zwischen liberaler Milieupartei und nationaler Sammlungsbewegung. Gründung, Entwicklung und Struktur der Freien Demokratischen Partei 1945-1949, Düsseldorf 1985

Heinemann, M. (Hrsg.): Umerziehung und Wiederaufbau. Die Bildungspolitik der Besatzungsmächte in Deutschland und Österreich, Stuttgart 1981

Henke, J.: Flucht und Vertreibung der Deutschen aus ihrer Heimat im Osten und Südosten 1944 bis 1947, in: Aus Politik und Zeitgeschichte B 23 (1985), S. 15-34

Henke, K.-D. / H. Woller (Hrsg.): Lehrjahre der CSU. Eine Nachkriegspartei im Spiegel vertraulicher Berichte an die amerikanische Militärregierung, Stuttgart 1984

Henke, K.-D.: Politische Säuberung unter französischer Besatzung. Die Entnazifizierung in Württemberg-Hohenzollern, Stuttgart 1981

Henning, F.: Heuss. Sein Leben vom Naumann-Schüler zum Bundespräsidenten, Gerlingen 1984

Herbst, L.: Der totale Krieg und die Ordnung der Wirtschaft. Die Kriegswirtschaft im Spannungsfeld von Politik, Ideologie und Propaganda 1939-1945, Stuttgart 1982

Herbst, L. (Hrsg.): Westdeutschland 1945-1955. Unterwerfung, Kontrolle, Integration, München 1986

Herzfeld, H.: Berlin in der Weltpolitik 1945-1970, Berlin/New York 1973

Hildebrand, K.: Von Erhard zur Großen Koalition 1963-1969, Stuttgart 1984

Hillgruber, A.: Deutsche Geschichte 1945-1982. Die »deutsche Frage« in der Weltpolitik, Stuttgart ⁵1985

Hillgruber, A.: Europa in der Weltpolitik der Nachkriegszeit (1945-1963), 3. neubearb. Aufl. München 1987

Hockerts, H.-G.: Sozialpolitische Entscheidungen im Nachkriegsdeutschland. Alliierte und deutsche Sozialversicherungspolitik 1945-1947, Stuttgart 1980

Hoebink, H.: Westdeutsche Wiedervereinigungspolitik 1949 bis 1961, Meisenheim 1978

Höfig, W.: Der deutsche Heimatfilm 1947-1960, Stuttgart 1973

Hogan, M. J.: The Marshall Plan: America, Britain, and the Reconstruction of Western Europe 1947-1952, Cambridge/New York 1987

Hollaender, A. E. J.: Offiziere und Prälaten. Zur Fuldaer Bischofskonferenz, August 1945, in: Mitteilungen des Österreichischen Staatsarchivs Bd. 25 (1972), S. 185-206

Howley, F. C.: Berlin Command, New York 1950

Hrebek, R.: 30 Jahre Römische Verträge. Eine Bilanz der EG-Integration, in: Aus Politik und Zeitgeschichte B 18 (1987), S. 18-33

Hudemann, R.: Sozialpolitik im deutschen Südwesten zwischen Tradition und Neuordnung 1945 bis 1953. Sozialversicherung und Kriegsopferversorgung im Rahmen französischer Besatzungspolitik, Mainz 1988

Hurwitz, H.: Die Stunde Null der deutschen Presse. Die amerikanische Pressepolitik in Deutschland 1945-1949, Köln 1972

Hurwitz, H.: Demokratie und Antikommunismus in Berlin nach 1945, 3 Bde., Köln 1983/84

Hüttenberger, P.: Nordrhein-Westfalen und die Entstehung seiner parlamentarischen Demokratie, Siegburg 1973

Issing, O. (Hrsg.): Geschichte der Nationalökonomie, München 1984

Jacobmeyer, W.: Politischer Kommentar und Rundfunkpolitik. Zur Geschichte des Nordwestdeutschen Rundfunks 1945-1951, in: VfZ 21 (1973), S. 358-387

Jacobmeyer, W.: Vom Zwangsarbeiter zum heimatlosen Ausländer. Die Displaced Persons in Westdeutschland 1945-1951, Göttingen 1985

Jacobsen, H.-A. u. a. (Hrsg.): Drei Jahrzehnte Außenpolitik der DDR. Bestimmungsfaktoren, Instrumente, Aktionsfelder, München/Wien 1979

Jäckel, E. (Hrsg.): Die deutsche Frage 1952-1956. Notenwechsel und Konferenzdokumente der vier Mächte, Frankfurt a.M. / Berlin 1957

Jäger, M.: Kultur und Politik in der DDR. Ein historischer Abriß, Köln 1982

Jänicke, M.: Der dritte Weg. Die antistalinistische Opposition gegen Ulbricht seit 1953, Köln 1954

Jerchow, F.: Deutschland in der Weltwirtschaft 1944-1947. Alliierte Deutschland- und Reparationspolitik und die Anfänge der westdeutschen Außenwirtschaft, Düsseldorf 1978

Jesse, E.: Wahlrecht zwischen Kontinuität und Reform. Eine Analyse der Wahlsystemdiskussion und der Wahlrechtsänderungen in der Bundesrepublik Deutschland 1949-1983, Düsseldorf 1985

Jürgensen, K.: Die Gründung des Landes Schleswig-Holstein nach dem Zweiten Weltkrieg. Der Aufbau der demokratischen Ordnung in Schleswig-Holstein unter dem ersten Ministerpräsidenten Theodor Steltzer 1945-1947, Neumünster 1969

Kaack, H.: Geschichte und Struktur des deutschen Parteiensystems, Opladen 1971

Kaack, H.: Die F.D.P. Grundriß und Materialien zur Geschichte, Struktur und Programmatik, 3. erw. Aufl. Meisenheim 1979

Kaden, A.: Einheit oder Freiheit. Die Wiedergründung der SPD 1945/46, Hannover 1964

Kaiser, K. / R. Morgan (Hrsg.): Strukturwandlungen der Außenpolitik in Großbritannien und der Bundesrepublik, München/Wien 1970

Kaltefleiter, W.: Wirtschaft und Politik in Deutschland. Konjunktur als Bestimmungsfaktor des Parteiensystems, Köln/Opladen 1968

Keinemann, F.: Von Arnold zu Steinhoff und Meyers. Politische Entwicklungen und Koalitionsbildungen in Nordrhein-Westfalen 1950-1962, Münster 1973

Kellmann, K.: Der 17. Juni 1953. Das Ereignis und die Probleme seiner zeitgeschichtlichen Einordnung und Wertung, in: GWU 34 (1983), S. 373-387

Kellmann, K.: Literaturbericht Deutsche Geschichte nach 1945, in: GWU 36 (1985), S. 582-598; 37 (1986), S. 49-63 und 120-130

Kettenacker, L.: Krieg zur Friedenssicherung. Die Deutschlandplanung der britischen Regierung im Zweiten Weltkrieg, Göttingen 1989

Kleßmann, Ch.: Die doppelte Staatsgründung. Deutsche Geschichte 1945-1955, Bonn 1982

Kleßmann, Ch.: Zwei Staaten, eine Nation. Deutsche Geschichte 1955-1970, Göttingen 1988

Klingl, F.: »Das ganze Deutschland soll es sein!« Thomas Dehler und die außenpolitischen Weichenstellungen der fünfziger Jahre, München 1987

Klotzbach, K.: Der Weg zur Staatspartei. Programmatik, praktische Politik und Organisation der deutschen Sozialdemokratie 1945 bis 1965, Berlin/Bonn 1982

Klump, R.: Wirtschaftsgeschichte der Bundesrepublik Deutschland. Zur Kritik neuerer wirtschaftshistorischer Interpretationen aus ordnungspolitischer Sicht, Wiesbaden 1985

Knapp, M.: Von der Bizonengründung zur ökonomisch-politischen Westintegration. Studien zum Verhältnis zwischen Außenpolitik und Außenwirtschaftsbeziehungen in der Entstehungsphase der Bundesrepublik Deutschland 1947-1952, Frankfurt a.M. 1984

Knapp, M.: Sorgen unter Partnern. Zum Verhältnis zwischen den USA und der Bundesrepublik Deutschland, Hannover 1984

Koch, D.: Heinemann und die Deutschlandfrage, München 1972

Kock, P. J.: Bayerns Weg in die Bundesrepublik, Stuttgart 1983

Koerfer, D.: Kampf ums Kanzleramt. Erhard und Adenauer, Stuttgart 1987

Köhler, H.: Novemberrevolution und Frankreich. Die französische Deutschlandpolitik 1918-19, Düsseldorf 1980

Konstanzer, E.: Die Entstehung des Landes Baden-Württemberg, Stuttgart 1969

Korff, A.: Le revirement de la politique française à l'égard de l'Allemagne entre 1945 et 1950, Ambilly-Annemasse 1965

Korman, J. K.: US Denazification Policy in Germany 1944-1950, o. O. 1952

Kosthorst, E.: Jakob Kaiser. Bundesminister für gesamtdeutsche Fragen 1949-1957, Stuttgart 1972, Neudruck 1985

Kosthorst, E. / K. Gotto / H. Soell: Deutschlandpolitik der Nachkriegsjahre. Zeitgeschichtliche und didaktische Ortsbestimmung, Paderborn 1976

Koszyk, K.: Pressepolitik für Deutsche 1945-1949, Berlin 1986

Kotokowski, G. / H. J. Reichardt: Berlin als Hauptstadt im Nachkriegsdeutschland und Land Berlin 1945 bis 1985, (= Berliner Demokratie Bd. 2), Berlin/New York 1987

Kreiderling, G. / P. Stulz: Berlin 1945-1968. Zur Geschichte der Hauptstadt der DDR und der selbständigen politischen Einheit Westberlin, Berlin (Ost) 1970

Kreuz, L.: Das Kuratorium Unteilbares Deutschland. Aufbau, Programmatik, Wirkung, Opladen 1980

Krieger, W.: General Lucius D. Clay und die amerikanische Deutschlandpolitik 1945-1949, Stuttgart 1987

Kriele, M.: Legitimitätsprobleme der Bundesrepublik, München 1977

Krüger, W.: Entnazifiziert! Zur Praxis der politischen Säuberung in Nordrhein-Westfalen, Wuppertal 1982

Kuhn, H. W.: Die Regelung der Verkehrsverbindungen nach Berlin 1945-1946, in: Europa-Archiv 14 (1959), S. 447 ff.

Küpper, J.: Die Kanzlerdemokratie. Voraussetzungen, Strukturen und Änderungen des Regierungsstiles in der Ära Adenauer, Frankfurt a.M. 1985

Küsters, H. J.: Die Gründung der Europäischen Wirtschaftsgemeinschaft, Baden-Baden 1982

Laitenberger, V.: Ludwig Erhard. Der Nationalökonom als Politiker, Göttingen/Zürich 1986

Lampert, H.: Die Wirtschafts- und Sozialordnung der Bundesrepublik Deutschland, München ^{8}1985

Lange, E. H. M.: Der Parlamentarische Rat und die Entstehung des Ersten Bundeswahlgesetzes, in: VfZ 20 (1972), S. 280-318

Lange, I. (Hrsg.): Entnazifizierung in Nordrhein-Westfalen, Siegburg 1976

Lange-Quassowski, J. B.: Neuordnung oder Restauration? Das Demokratiekonzept der amerikanischen Besatzungsmacht und die politische Sozialisation der Westdeutschen: Wirtschaftsordnung, Schulstruktur, Politische Bildung, Opladen 1979

Langner, A. (Hrsg.): Katholizismus im politischen System der Bundesrepublik 1949-1963, Paderborn 1978

Langner, A. (Hrsg.): Katholizismus, Wirtschaftsordnung und Sozialpolitik 1945-1963, Paderborn 1980

Latour, C.F. / T. Vogelsang: Okkupation und Wiederaufbau. Die Tätigkeit der Militärregierung in der amerikanischen Besatzungszone Deutschlands 1944 bis 1947, Stuttgart 1973

Laufer, R.: Industrie und Energiewirtschaft im Land Baden 1945-1952. Südbaden unter französischer Besatzung, Freiburg 1979

Lehmann, H. G.: Der Oder-Neiße-Konflikt, München 1979

Lehmann, H. G.: Chronik der Bundesrepublik Deutschland 1945/49-1983, München ²1983

Lemberg, E. / F. Edding (Hrsg.): Die Vertriebenen in Westdeutschland. Ihre Eingliederung und ihr Einfluß auf Gesellschaft, Wirtschaft, Politik und Geistesleben, 3 Bde., Kiel 1959

Leonhard, W.: Die Revolution entläßt ihre Kinder, Köln/Berlin 1955

Ley, R.: Föderalismusdiskussion innerhalb der CDU/CSU von der Parteigründung bis zur Verabschiedung des Grundgesetzes, Mainz 1978

Lindemann, H.: Gustav Heinemann. Ein Leben für die Demokratie, München 1978

Link, W.: Deutsche und amerikanische Gewerkschaften und Geschäftsleute 1945-1975. Eine Studie über transnationale Beziehungen, Düsseldorf 1978

Link, W.: Der Ost-West-Konflikt. Die Organisation der internationalen Beziehungen im 20. Jahrhundert, Stuttgart 1980

Lipgens, W.: Die Anfänge der europäischen Einigungspolitik 1945-1950, 1. Teil: 1945-1947, Stuttgart 1977

Lipgens, W.: Innerfranzösische Kritik an der Außenpolitik de Gaulles 1944-1946, in: VfZ 24 (1976), S. 136-198

Loth, W.: Die Teilung der Welt. Geschichte des Kalten Krieges 1941-1955, München ⁵1985

Löwenthal, R. / H.-P. Schwarz (Hrsg.): Die zweite Republik. 25 Jahre Bundesrepublik Deutschland. Eine Bilanz, Stuttgart ³1979

Löwke, U. F.: Die SPD und die Wehrfrage 1949 bis 1955, Bonn 1976

Lukomski, J. M.: Ludwig Erhard. Der Mensch und Politiker, Düsseldorf 1965

Lutz, D. S.: Krieg und Frieden als Rechtsfrage im Parlamentarischen Rat 1948/49. Wertentscheidung, Auslegungsmethodik, Dokumentation, Baden-Baden 1982

Mahncke, D.: Nukleare Mitwirkung. Die Bundesrepublik und die atlantische Allianz 1954-1970, Berlin 1972

Mahncke, D.: Berlin im geteilten Deutschland, München 1973

Mai, G.: Westliche Sicherheitspolitik im Kalten Krieg. Der Korea-Krieg und die deutsche Wiederbewaffnung 1950, Boppard 1977

Maier, Ch. S. (Hrsg.): The Origins of the Cold War and the Contemporary Europe, New York/London 1978

Marienfeld, W.: Konferenzen über Deutschland. Die alliierte Deutschlandplanung und -politik 1941-1949, Hannover 1963

März, P.: Die Bundesrepublik zwischen Westintegration und Stalin-Noten. Zur deutschlandpolitischen Diskussion 1952 in der Bundesrepublik vor dem Hintergrund der westlichen und der sowjetischen Deutschlandpolitik, Frankfurt a.M./Bern 1982

Mastny, V.: Moskaus Weg zum Kalten Krieg, München/Wien 1980

Matz, K. J.: Reinhold Maier (1889-1971). Eine politische Biographie, Düsseldorf 1989

Mayer, H.: Die umerzogene Literatur. Deutsche Schriftsteller und Bücher 1945-1967, Berlin 1988

Mayne, R.: The Recovery of Europe. From Devastation to Unity, London 1970

Meinecke, F.: Die deutsche Katastrophe. Betrachtungen und Erinnerungen, Wiesbaden 1946

Merritt, A.J. / R.L. Merritt: Public Opinion in Occupied Germany. The OMGUS Surveys, 1945-49, Urbana 1970

Mertz, R.: Christentum und Sozialismus in der frühen CDU. Grundlagen und Wirkungen der christlich-sozialen Ideen der Union 1945-1949, Stuttgart 1981

Michaelis, A.R. / R. Schmid: Wissenschaft in Deutschland. Niedergang und neuer Anfang, Stuttgart 1983

Miller, S.: Die SPD vor und nach Godesberg, Bonn 1974

Milward, A. S.: The Reconstruction of Western Europe 1945 bis 1951, London 1984

Mintzel, A.: Geschichte der CSU. Ein Überblick, Opladen 1977

Mintzel, A.: Die CSU. Anatomie einer konservativen Partei 1945-1972, Opladen ²1978

Mittendorfer, R.: Robert Schumann. Architekt des neuen Europa, Hildesheim 1983

Möller, H. (Hrsg.): Zur Vorgeschichte der Deutschen Mark. Die Währungsreformpläne 1945-1948. Eine Dokumentation, Tübingen 1961

Möller, H. (Hrsg.): Deutscher Sonderweg. Mythos oder Realität? Kolloquien des Instituts für Zeitgeschichte, München/Wien 1982

Möller, H.: Exodus der Kultur. Schriftsteller, Wissenschaftler und Künstler in der Emigration nach 1933, München 1984

Möller, H.: Parlamentarismus in Preußen 1919-1932, Düsseldorf 1985

Möller, M.: Evangelische Kirche und Sozialdemokratische Partei in den Jahren 1945-1950. Grundlagen der Verständigung und Beginn des Dialogs, Göttingen 1984

Morgenthau, H.: Germany is our Problem, New York 1945

Moritz, K. / E. Noam: NS-Verbrechen vor Gericht 1945-1955. Dokumente aus hessischen Justizakten, Wiesbaden 1978

Morris, E.: Blockade. Berlin and the Cold War, London 1973

Morsey, R.: Die Rolle Konrad Adenauers im Parlamentarischen Rat, in: VfZ 18 (1970), S. 62-94

Morsey, R. (Hrsg.): Verwaltungsgeschichte. Aufgaben, Zielsetzungen, Beispiele, Berlin 1977

Morsey, R. (Hrsg.): Konrad Adenauer und die Gründung der Bundesrepublik Deutschland, Stuttgart 1979

Morsey, R.: Hans Ehard (1887 bis 1980), in: Fränkische Lebensbilder Bd. 12 (1986), S. 270-292

Morsey, R.: Die Bundesrepublik Deutschland. Entstehung und Entwicklung bis 1969, München 1987

Morsey, R. / K. Repgen (Hrsg.): Adenauer-Studien, Bd. 1, Mainz 1971

Müchler, G.: CDU/CSU. Das schwierige Bündnis, München 1976

Mühlhausen, W.: Hessen 1945 bis 1950, Frankfurt a.M. 1985

Müller, W.: Die KPD und die »Einheit der Arbeiterklasse«, Frankfurt a.M./New York 1979

Müller-Armack, A.: Genealogie der sozialen Marktwirtschaft, Bern 1974

Müller-Armack, A.: Wirtschaftsordnung und Wirtschaftspolitik. Studien und Konzepte zur Sozialen Marktwirtschaft und zur Europäischen Integration, Bern/Stuttgart 1976

Die Nationale Volksarmee der DDR im Rahmen des Warschauer Paktes, hrsg. vom Arbeitskreis Wehrforschung, München 1980

Nawratil, H.: Die deutschen Nachkriegsverluste unter Vertriebenen, Gefangenen und Verschleppten, München/Berlin 1987

Nicholls, A. J.: Das andere Deutschland – die »Neo-Liberalen«, in: Zeitschrift für Wirtschaftspolitik 33 (1984), S. 241 bis 259

Niclauß, K.: Demokratiegründung in Westdeutschland. Die Entstehung der Bundesrepublik 1945-1949, München 1974

Niclauß, K.: »Restauration« oder Renaissance der Demokratie? Die Entstehung der Bundesrepublik Deutschland 1945-1949, Berlin 1982

Niethammer, L.: Entnazifizierung in Bayern. Säuberung und Rehabilitierung unter amerikanischer Besatzung, Frankfurt a.M. 1972

Noack, P.: Die Außenpolitik der Bundesrepublik Deutschland, Düsseldorf ²1981

Noack, P.: Das Scheitern der Europäischen Verteidigungsgemeinschaft. Entscheidungsprozesse vor und nach dem 30. August 1954, Düsseldorf 1977

Nolte, E.: Deutschland und der Kalte Krieg, München/Zürich 1974

Nolte, E.: Der Weltkonflikt in Deutschland. Die Bundesrepublik und die DDR im Brennpunkt des Kalten Krieges 1949-1961, München 1981

Osterroth, F. / D. Schuster: Chronik der deutschen Sozialdemokratie, 3 Bde., Berlin 1975-1978

Ott, G.: Thomas Dehler, Hof 1985

Otto, V.: Das Staatsverständnis des Parlamentarischen Rates. Ein Beitrag zur Entstehungsgeschichte des Grundgesetzes für die Bundesrepublik Deutschland, Düsseldorf 1971

Overesch, M.: Gesamtdeutsche Illusion und westdeutsche Realität. Von den Vorbereitungen für einen deutschen Friedensvertrag zur Gründung des Auswärtigen Amtes der Bundesrepublik Deutschland 1946-1949/51, Düsseldorf 1978

Overesch, M.: Deutschland 1945-1949. Vorgeschichte und Gründung der Bundesrepublik, Königstein/Ts. 1979

Pakschies, G.: Umerziehung in der britischen Zone 1945-1949. Untersuchungen zur britischen Re-education-Politik, Weinheim/Basel 1979

Parteien der Bundesrepublik, hrsg. vom Institut für Politische Wissenschaft, Stuttgart 1955

Paul-Calm, H.: Ostpolitik und Wirtschaftsinteressen in der Ära Adenauer (1955-1963), Frankfurt a.M. 1981

Peterson, E. N.: The American Occupation of Germany. Retreat to Victory, Detroit 1978

Petschull, J.: Die Mauer. August 1961. Zwölf Tage zwischen Krieg und Frieden, Hamburg 1981

Petzina, D. / W. Euchner (Hrsg.): Wirtschaftspolitik im britischen Besatzungsgebiet 1945 bis 1949, Düsseldorf 1984

Pfeifer, S.: Gewerkschaften und Kalter Krieg 1945 bis 1949. Die Interzonenkonferenzen der deutschen Gewerkschaftsbünde, die Entwicklung des Weltgewerkschaftsbundes und der Ost-West-Konflikt, Köln 1979

Pfetsch, F. R. (Hrsg.): Verfassungsreden und Verfassungsentwürfe. Länderverfassungen 1946 bis 1953, Bern 1986

Picht, G.: Die deutsche Bildungskatastrophe, Freiburg 1964

Pietsch, H.: Militärregierung, Bürokratie und Sozialisierung. Zur Entwicklung des politischen Systems in den Städten des Ruhrgebietes 1945 bis 1948, Duisburg 1978

Pikart, E.: Theodor Heuss und Konrad Adenauer, Stuttgart 1976

Piontkowitz, H.: Anfänge westdeutscher Außenpolitik 1946-1949. Das Deutsche Büro für Friedensfragen, Stuttgart 1978

Pirker, T.: Die blinde Macht. Die Gewerkschaftsbewegung in Westdeutschland, Bd. 1, München 1960

Pirker, T.: Die verordnete Demokratie. Grundlagen und Erscheinungen der Restauration, Berlin 1977

Pirker, T.: Die SPD nach Hitler. Die Geschichte der Sozialdemokratischen Partei Deutschlands 1945-1964, Berlin ²1977

Poidevin, R. / J. Bariety: Frankreich und Deutschland. Die Geschichte ihrer Beziehungen 1815 bis 1975, München 1982

Poidevin, R. (Hrsg.): Histoire des débuts de la construction européenne (mars 1948-mai 1950), Origins of the European Integration (March 1948-May 1950), Brüssel 1986

Poidevin, R.: Robert Schumans Deutschland- und Europapolitik zwischen Tradition und Neuorientierung, München 1976

Pollmann, B.: Reformansätze in Niedersachsen 1945-1949, Hannover 1977

Poppinga, A.: Konrad Adenauer. Geschichtsverständnis, Weltanschauung und politische Praxis, Stuttgart 1975

Pöttering, H.-G.: Adenauers Sicherheitspolitik 1955-1963. Ein Beitrag zum deutsch-amerikanischen Verhältnis, Düsseldorf [2]1978

Potthof, H. in Zusammenarbeit mit R. Wenzel (Bearb.): Handbuch politischer Institutionen und Organisationen 1945-1949, Düsseldorf 1983

Pribilla, M.: Deutschland nach dem Zusammenbruch, Frankfurt a.M. 1947

Pridham, G.: Christian Democracy in Western Germany. The CDU/CSU in Government and Opposition, 1945-1976, London 1977

Pritzkoleit, K.: Gott erhält die Mächtigen, Düsseldorf 1963

Prokop, S.: Übergang zum Sozialismus in der DDR. Entwicklungslinien und Probleme der Geschichte der DDR in der Endphase der Übergangsperiode vom Kapitalismus zum Stalinismus und beim umfassenden sozialistischen Aufbau (1958-1963), Berlin (Ost) 1986

Pronay, N. / K. Wilson (Hrsg.): The Political Re-education of Germany and her Allies After World War II, London 1985

Prowe, D.: Weltstadt in Krisen, Berlin 1949-1958, Berlin 1973

Prowe, D.: Der Brief Kennedys an Brandt vom 18. August 1961, in: VfZ 33 (1985), S. 375-383

Pünder, T.: Das bizonale Interregnum. Die Geschichte des Vereinigten Wirtschaftsgebiets 1946 bis 1949, Rastatt 1966

Pütz, H. (Bearb.): Konrad Adenauer und die CDU der britischen Besatzungszone 1946-1949, Bonn 1975

Rauchensteiner, M.: Der Sonderfall. Die Besatzungszeit in Österreich 1945 bis 1955, Graz 1979

Rauscher, A. (Hrsg.): Kirche und Katholizismus 1945-1949, München 1977

Rauscher, A. (Hrsg.): Kirche und Staat in der Bundesrepublik 1949-1963, Paderborn 1979

Rechtsradikalismus im Nachkriegsdeutschland. Studien über die »Sozialistische Reichspartei« (SRP). Erste Studie von Otto Büsch, Geschichte und Gestalt der SRP; Zweite Studie von Peter Furth, Ideologie und Propaganda der SRP, Berlin/Frankfurt 1957

Reulecke, J. (Hrsg.): Arbeiterbewegung an Rhein und Ruhr, Wuppertal 1974

Reusch, U.: Deutsches Berufsbeamtentum und britische Besatzung. Planung und Politik 1943 bis 1947, Stuttgart 1985

Richert, E.: Die radikale Linke von 1945 bis zur Gegenwart, Berlin 1969

Riehl, H.: Die Mark, Hannover 1978

Riste, O. (Hrsg.): Western Security. The formative years. European and Atlantic defence 1947 bis 1953, Oslo 1985

Roeper, H.: Die D-Mark. Vom Besatzungskind zum Weltstar. Eine deutsche Wirtschaftsgeschichte der Gegenwart, Frankfurt a.M. 1978

Rothwell, V.: Britain and the Cold War 1941-1947, London 1982

Rudzio, W.: Die Neuordnung des Kommunalwesens in der britischen Zone, Stuttgart 1968

Rudzio, W.: Die organisierte Demokratie. Parteien und Verbände in der Bundesrepublik Deutschland, Stuttgart [2]1982

Rühle, J. / G. Holzweissig, hrsg. von I. Spittmann: 13. August 1961. Die Mauer von Berlin, Köln 1981.

Rupieper, H.-J.: Zu den sowjetischen Deutschlandnoten 1952. Das Gespräch Stalin-Nenni, in: VfZ 33 (1985), S. 547-557

Rupieper, H.-J.: Die Berliner Außenministerkonferenz von 1954. Ein Höhepunkt der Ost-West-Propaganda oder die letzte Möglichkeit zur Schaffung der deutschen Einheit, in: VfZ 34 (1986), S. 427-453

Rupp, H. K.: Außerparlamentarische Opposition in der Ära Adenauer. Der Kampf gegen die Atombewaffnung in den fünfziger Jahren. Eine Studie zur innenpolitischen Entwicklung der BRD, Köln [2]1980

Rupp, H. K.: Politische Geschichte der Bundesrepublik Deutschland. Entstehung und Entwicklung. Eine Einführung, Stuttgart [2]1982

Rüschenschmidt, H.: Gründung und Anfänge der CDU in Hessen, Darmstadt/Marburg 1981

Rytlewski, R. / M. Opp de Hipt: Die Deutsche Demokratische Republik in Zahlen 1945/49 bis 1980, München 1987

Sagi, N.: Wiedergutmachung für Israel. Die deutschen Zahlungen und Leistungen, Stuttgart 1981

Sauer, P.: Die Entstehung des Bundeslandes Baden-Württemberg, Ulm 1952

Schäfer, G. / C. Nedelmann (Hrsg.): Der CDU-Staat. Analysen zur Verfassungswirklichkeit der Bundesrepublik, 2 Bde., Frankfurt a.M. [4]1976

Scharf, C. / H.-J. Schröder (Hrsg.): Politische und ökonomische Stabilisierung Westdeutschlands 1945-1949. 5 Beiträge zur Deutschlandpolitik der westlichen Alliierten, Wiesbaden 1977

Scharf, C. / H.-J. Schröder (Hrsg.): Die Deutschlandpolitik Großbritanniens und die britische Zone 1945-1949, Wiesbaden 1979

Scharf, C. / H.-J. Schröder (Hrsg.): Die Deutschlandpolitik Frankreichs und die französische Zone 1945-1949, Wiesbaden 1983

Schelsky, H.: Wandlungen der deutschen Familie, Stuttgart [3]1955

Schelsky, H.: Auf der Suche nach Wirklichkeit. Gesammelte Aufsätze, Düsseldorf 1965

Schelsky, H.: Die skeptische Generation. Eine Soziologie der deutschen Jugend, Frankfurt a.M. 1957

Scherf, K.: Luftbrücke Berlin. Die Dokumentation des größten Lufttransportunternehmens aller Zeiten, Stuttgart 1976

Schewick, B. van: Die katholische Kirche und die Entstehung der Verfassungen in Westdeutschland 1945-1950, Mainz 1980

Schiffers, R.: »Ein mächtiger Pfeiler im Bau der Bundesrepublik.« Das Gesetz über das Bundesverfassungsgericht vom 12. März 1951, in: VfZ 32 (1984), S. 66-102

Schillinger, R.: Der Entscheidungsprozeß beim Lastenausgleich 1945-1952, St. Katharinen 1985

Schmidt, E.: Die verhinderte Neuordnung 1945-1952, Frankfurt a.M. [8]1981

Schmidt, W.: Sozialer Frieden und Sozialpartnerschaft. Kapital und Arbeit in der Gesellschaftspolitik der westdeutschen Christdemokraten 1945 bis 1953, Frankfurt a.M. 1985

Schmidtchen, G.: Protestanten und Katholiken. Soziologische Analyse konfessioneller Kultur, München [2]1979

Scholz, A. / W. G. Oschilewski (Hrsg.): Turmwächter der Demokratie. Ein Lebensbild von Kurt Schumacher, 3 Bde., Berlin 1952 bis 1954

Schölzel, St.: Die Pressepolitik in der französischen Besatzungszone 1945-1949, Trier 1984

Schönbohm, W.: Die CDU wird moderne Volkspartei. Selbstverständnis, Mitglieder, Organisation und Apparat 1950-1980, Stuttgart 1985

Schreiber, W.: Existenzsicherung in der industriellen Gesellschaft, Köln 1955

Schröder, G. / A. Müller-Armack u. a. (Hrsg.): Ludwig Erhard. Beiträge zu seiner politischen Biographie. Festschrift zum 75. Geburtstag, Berlin 1972

Schröder, K.: Die FDP in der britischen Besatzungszone 1946 bis 1948. Ein Beitrag zur Organisationsstruktur der Liberalen im Nachkriegsdeutschland, Düsseldorf 1985

Schubert, K. v.: Wiederbewaffnung und Westintegration. Die innere Auseinandersetzung um die militärische und außenpolitische Orientierung der Bundesrepublik 1950-1952, Stuttgart [2]1972

Schulze, H.: Otto Braun oder Preußens demokratische Sendung, Frankfurt a.M. 1977

Schulze, R. / D. v. d. Brelie-Lewien / H. Grebing: Flüchtlinge und Vertriebene in der westdeutschen Nachkriegsgeschichte. Bilanzierung der Forschung und Perspektiven für die künftige Forschungsarbeit, Hildesheim 1987

Schumann, H.-G. (Hrsg.): Die Rolle der Opposition in der Bundesrepublik Deutschland, Darmstadt 1976

Schwarz, H.-P. (Hrsg.): Handbuch der deutschen Außenpolitik, München [2]1976

Schwarz, H.-P. (Hrsg.): Entspannung und Wiedervereinigung. Deutschlandpolitische Vorstellungen Konrad Adenauers 1955-1958, Stuttgart 1979

Schwarz, H.-P.: Adenauer und Europa, in: VfZ 27 (1979), S. 471 bis 523

Schwarz, H.-P.: Vom Reich zur Bundesrepublik. Deutschland im Widerstreit der außenpolitischen Konzeptionen in den Jahren der Besatzungsherrschaft 1945-1949, Stuttgart [2]1980

Schwarz, H.-P.: Die Ära Adenauer. Gründerjahre der Republik 1949-1957, Stuttgart 1981

Schwarz, H.-P.: Die Legende von der verpaßten Gelegenheit. Die Stalin-Note vom 10. März 1952 (= Rhöndorfer Gespräche, Bd. 5), Stuttgart/Zürich 1982

Schwarz, H.-P. (Hrsg.): Die Wiederherstellung des Deutschen Kredits. Das Londoner Schuldenabkommen, Stuttgart 1982

Schwarz, H.-P.: Die Ära Adenauer. Epochenwechsel 1957-1963, Wiesbaden 1983

Schwarz, H.-P. (Hrsg.): Berlin-Krise und Mauerbau, Bonn 1985

Schwarz, H.-P.: Adenauer. Der Aufstieg: 1876-1952, Stuttgart 1986

Schwarzenbach, R.: Die Kaderpolitik der SED in der Staatsverwaltung. Ein Beitrag zur Entwicklung des Verhältnisses von Partei und Staat in der DDR (1945-1975), Köln 1976

Schwarzmaier, H. (Hrsg.): Landesgeschichte und Zeitgeschichte. Kriegsende 1945 und demokratischer Beginn am Oberrhein, Karlsruhe 1980

Seebacher-Brandt, B.: Ollenhauer. Biedermann und Patriot, Berlin 1984

Seifert, J.: Grundgesetz und Restauration. Verfassungsgeschichtliche Analyse und synoptische Darstellung des Grundgesetzes vom 23. Mai 1949 mit sämtlichen Änderungen, Neuwied [2]1975

Sethe, P. / F. Fried / H. Schwab-Felisch: Das Fundament unserer Zukunft. Bilanz der Ära Adenauer: politisch – wirtschaftlich – kulturell, Düsseldorf/Wien 1964

Shinnar, F.: Bericht eines Beauftragten, Tübingen 1957

Shlaim, A.: The United States and the Berlin Blockade, 1948 to 1949. A study in crisis decision-making, Berkeley 1983

Siegel, W.: Bayerns Staatswerdung und Verfassungsentstehung 1945/46. Ein Beitrag zur politischen und rechtlichen Problematik bei der Entstehung der Verfassung des Freistaates Bayern von 1946, Bamberg 1978

Siepmann, E. (Hrsg.): Bikini – Die fünfziger Jahre. Kalter Krieg und Capri-Sonne, Berlin 1981

Smith, B. F.: Reaching Judgement at Nuremberg. The Untold Story of How the Nazi War Criminals were Judged, London 1977. Dt.: Der Jahrhundertprozeß. Die Motive der Richter von Nürnberg – Anatomie einer Urteilsfindung, Frankfurt a.M. 1977

Soell, H.: Fritz Erler. Eine politische Biographie, 2 Bde., Berlin 1976

Sons, H.-U.: Gesundheitspolitik während der Besatzungszeit. Das öffentliche Gesundheitswesen in Nordrhein-Westfalen 1945-1949, Wuppertal 1983

Sörgel, W.: Konsensus und Interessen. Eine Studie zur Entstehung des Grundgesetzes für die Bundesrepublik Deutschland, Stuttgart 1969

Spittmann-Rühle, I. / G. Helwig (Hrsg.): Die beiden deutschen Staaten im Ost-West-Verhältnis, Köln 1982

Spittmann, I. / K.W. Fricke (Hrsg.): 17. Juni 1953. Arbeiteraufstand in der DDR, Köln 1982

Spittmann, I. (Hrsg.): Die SED in Geschichte und Gegenwart, Köln 1987

Spotts, F.: Kirchen und Politik in Deutschland, Stuttgart 1976

Stalin, J. W.: Über den großen vaterländischen Krieg, Moskau 1946

Stamm, Th.: Zwischen Staat und Selbstverwaltung. Die deutsche Forschung im Wiederaufbau 1945-1965, Köln 1981

Staritz, D.: Die National-Demokratische Partei Deutschlands 1948-1953, Diss. phil. Berlin 1968

Staritz, D.: Sozialismus in einem halben Lande. Zur Programmatik und Politik der KPD/SED in der Phase der antifaschistisch-demokratischen Umwälzung in der DDR, Berlin 1976

Staritz, D. (Hrsg.): Das Parteiensystem der Bundesrepublik. Geschichte, Entstehung, Entwicklung. Eine Einführung, Opladen [2]1980

Staritz, D.: Ein »besonderer deutscher Weg« zum Sozialismus?, in: Aus Politik und Zeitgeschichte B 51-52 (1982), S. 15-31

Staritz, D.: Die Gründung der DDR. Von der sowjetischen Besatzungszone zum sozialistischen Staat, München 1984

Staritz, D.: Geschichte der DDR 1949-1985, Frankfurt a.M. 1985

Stehkämpfer, H.: Konrad Adenauer. Oberbürgermeister von Köln. Festgabe der Stadt Köln zum 100. Geburtstag ihres Ehrenbürgers am 5. Januar 1976, Köln 1976

Steininger, R.: Deutschlandfunk – die Vorgeschichte einer Rundfunkanstalt 1949-1961. Ein Beitrag zur Innenpolitik der Bundesrepublik Deutschland, Berlin 1977

Steininger, R.: Die britische Deutschlandpolitik in den Jahren 1945/46, in: Aus Politik und Zeitgeschichte B 1-2 (1982), S. 28-47

Steininger, R.: Deutsche Geschichte 1945-1961, Darstellung und Dokumente, 2 Bde., Frankfurt a.M. 1983

Steininger, R.: Ein vereintes, unabhängiges Deutschland? Winston Churchill, der Kalte Krieg und die deutsche Frage im Jahre 1953, in: MGM 36 (1984), S. 105 bis 144

Steininger, R.: Das Scheitern der EVG und der Beitritt der Bundesrepublik zur NATO, in: Aus Politik und Zeitgeschichte B 17 (1985), S. 3-18

Steininger, R.: Westdeutschland ein »Bollwerk gegen den Kommunismus«? Die britische Deutschlandpolitik im Frühjahr 1946, in: MGM 38 (1985), S. 163 bis 207

Stern, C.: Porträt einer bolschewistischen Partei. Entwicklung, Funktion und Situation der SED, Köln 1957

Stern, C.: Ulbricht. Eine politische Biographie, Köln/Berlin 1964

Stöss, R. (Hrsg.): Parteien-Handbuch. Die Parteien der Bundesrepublik Deutschland 1945 bis 1980, 2 Bde., Opladen 1983/84

Streisand, J. u. a. (Autorenkollektiv): Deutsche Geschichte in drei Bänden, Bd. 3: 1917 bis zur Gegenwart, Berlin (Ost) 1968

Stüber, G.: Der Kampf gegen den Hunger 1945-1950. Die Ernährungslage in der britischen Zone Deutschlands, insbesondere in Schleswig-Holstein und Hamburg, Neumünster 1984

Suckut, S.: Die Betriebsrätebewegung in der Sowjetisch besetzten Zone Deutschlands (1945 bis 1948). Zur Entwicklung und Bedeutung der Arbeiterinitiative, betrieblicher Mitbestimmung und Selbstbestimmung bis zur Revision des programmatischen Konzepts der KPD/SED vom »besonderen deutschen Weg zum Sozialismus«, Frankfurt a.M. 1982

Taylor, T.: Die Nürnberger Prozesse. Kriegsverbrechen und Völkerrecht, Zürich 1951

Teuteberg, H.-J. (Hrsg.): Urbanisierung im 19. und 20. Jahrhundert. Historische und geographische Aspekte, Köln/Wien 1983

Thoms, L. / H. Viellard: Ein guter Deutscher. Walter Ulbricht. Eine biographische Skizze aus seinem Leben, Berlin (Ost) 1963

Thoß, B. / H.-E. Volkmann (Hrsg.): Zwischen Kaltem Krieg und Entspannung. Sicherheits- und Deutschlandpolitik in der Bundesrepublik im Mächtesystem der Jahre 1953-1956, Boppard 1988

Thum, H.: Mitbestimmung in der Montanindustrie. Der Mythos vom Sieg der Gewerkschaften, Stuttgart 1982

Trees, W.: Charles Whiting und Thomas Omansen, Drei Jahre nach Null. Geschichte der britischen Besatzungszone 1945-1948 Düsseldorf 1978

Trittel, G. J.: Die Bodenreform in der britischen Zone 1945-1949, Stuttgart 1975

Tusa, A. / J. Tusa: The Nuremberg Trial, London 1983

Uertz, R.: Christentum und Sozialismus in der frühen CDU. Grundlagen und Wirkungen der christlich-sozialen Ideen in der Union 1945-1949, Stuttgart 1981

Uschakow, A.: Der Rat für gegenseitige Wirtschaftshilfe (COMECON), Köln 1962

Vaillant, J. (Hrsg.): Französische Kulturpolitik in Deutschland 1945-1949, Konstanz 1984

Veritas-Iustitia-Libertas. Festschrift zur 200-Jahr-Feier der Columbia University New York, Berlin 1954

Vetter, H. O. (Hrsg.): Vom Sozialistengesetz zur Mitbestimmung. Zum 100. Geburtstag von Hans Böckler, Köln 1975

Vogel, J.: Kirche und Wiederbewaffnung. Die Haltung der Evangelischen Kirche in Deutschland in den Auseinandersetzungen um die Wiederbewaffnung der Bundesrepublik 1949-1956, Göttingen 1978

Vogel, W.: Westdeutschland 1945-1950. Der Aufbau von Verfassungs- und Verwaltungseinrichtungen über den Ländern der drei westlichen Besatzungszonen, Teil 1, Koblenz 1956, Teile 2. u. 3, Boppard 1964-1983

Vogelsang, T.: Das geteilte Deutschland, München 1966

Volkmann, E. / W. Schwengler (Hrsg.): Die Europäische Verteidigungsgemeinschaft. Stand und Probleme der Forschung, Boppard 1985

Der Volksaufstand vom 17. Juni 1953 in der sowjetischen Besatzungszone und in Ostberlin. Eine kartographische Darstellung, hrsg. vom Bundesministerium für Gesamtdeutsche Fragen, Bonn o. J.

Wassermann, R.: Zur juristischen Bewertung des 20. Juli 1944. Der Remer-Prozeß in Braunschweig als Markstein der Justizgeschichte, in: Recht und Politik 20 (1984), S. 68-80

Watt, D. C.: Britain looks to Germany: British Opinion and Policy towards Germany since 1945, London 1965. Dt.: England blickt auf Deutschland. Deutschland in Politik und öffentlicher Meinung Englands seit 1945, Tübingen 1965

Weber, A.: Abschied von der bisherigen Geschichte. Überwindung des Nihilismus? Hamburg 1946

Weber H.: Kleine Geschichte der DDR, Köln 1980

Weber H.: Geschichte der DDR, München 1985

Weber H.: Die DDR 1945-1986, München 1988

Weber H. (Hrsg.): Parteiensystem zwischen Demokratie und Volksdemokratie. Dokumente und Materialien zum Funktionswandel der Parteien und Massenorganisationen in der SBZ/DDR 1945 bis 1950, Köln 1982

Weber, J. (Hrsg.): 30 Jahre Bundesrepublik Deutschland, 3 Bde., München 1978-1981

Weber, J. (Hrsg.): Die Bundesrepublik wird souverän 1950-1955, Paderborn 1987

Weber, J. / P. Steinbach (Hrsg.): Vergangenheitsbewältigung durch Strafverfahren? NS-Prozesse in der Bundesrepublik Deutschland, München 1984

Weidenfeld, W.: Konrad Adenauer und Europa. Die geistigen Grundlagen der westeuropäischen Integrationspolitik des ersten Bonner Bundeskanzlers, Bonn 1976

Weilemann, P.: Die Anfänge der Europäischen Atomgemeinschaft. Zur Gründungsgeschichte von EURATOM 1955-1957, Baden-Baden 1983

Weimar, P.: Konrad Adenauer. Die autorisierte Biographie, München 1955

Weinzierl, E. / K. Skalnik (Hrsg.): Österreich. Die zweite Republik, 2 Bde., Graz/Wien/Köln 1972

Welchert, H.-H.: Theodor Heuss. Ein Lebensbild, Bonn 1953

Welzel, H.: Rundfunkpolitik in Südwestdeutschland 1945-1952, Diss. phil. Hannover 1976

Wengst, U.: Staatsaufbau und Regierungspraxis 1948-1953. Zur Geschichte der Verfassungsorgane der Bundesrepublik Deutschland, Düsseldorf 1984

Wengst, U.: Beamtentum zwischen Reform und Tradition. Beamtengesetzgebung in der Gründungsphase der Bundesrepublik Deutschland 1948-1953, Düsseldorf 1988

Wenzlau, J. R.: Der Wiederaufbau der Justiz in Nordwestdeutschland 1945 bis 1949, Königstein/Ts. 1979

Werner, E.: Im Dienst der Demokratie. Die bayerische Sozialdemokratie nach der Wiedergründung 1945, München 1982

Wernet-Tietz, B.: Bauernverband und Bauernpartei in der DDR. Die VdgB und die DBD 1945-1952. Ein Beitrag zum Wandlungsprozeß des Parteiensystems in der SBZ/DDR, Köln 1984

Westphal, S.: Der deutsche Generalstab auf der Anklagebank, Nürnberg 1945-1948, Mainz 1978

Wettig, G.: Politik im Rampenlicht, Frankfurt a.M. 1967

Wettig, G.: Entmilitarisierung und Wiederbewaffnung in Deutschland 1943-1955. Internationale Auseinandersetzungen um die Rolle der Deutschen in Europa, München 1967

Wettig, G.: Das Vier-Mächte-Abkommen in der Bewährungsprobe. Berlin im Spannungsfeld von Ost und West, Berlin 1981

Wieck, H. G.: Die Entstehung der CDU und die Wiedergründung des Zentrums im Jahre 1945, Düsseldorf 1953

Wilker, L.: Die Sicherheitspolitik der SPD 1956-1966. Zwischen Wiedervereinigungs- und Bündnisorientierung, Bonn 1977

Willis, F. R.: France, Germany and the New Europe 1945-1967, Oxford [2]1968

Windsor, Ph.: City on Leave. A History of Berlin 1945-1962, London 1962

Winkel, H.: Die Wirtschaft im geteilten Deutschland 1945-1970, Wiesbaden 1974

Winkler, H. A. (Hrsg.): Politische Weichenstellungen im Nachkriegsdeutschland 1945-1953, Göttingen 1979

Winter, I. M.: Theodor Heuss. Ein Porträt, Tübingen 1983

Der Wohnungsbau in der Bundesrepublik Deutschland, bearb. von W. Frey, Bonn 1951

Wolf, K.: CSU und Bayernpartei. Ein besonderes Konkurrenzverhältnis 1948-1960, Köln 1982

Yergin, D.: Shattered Peace. The Origins of the Cold War and the National Security State, Boston 1977. Dt.: Der zerbrochene Friede, Frankfurt a.M. 1979

Young, J. W.: Britain, France and the Unity of Europe 1945-1951, Leicester 1984

Zacher, H. F.: Sozialpolitik und Verfassung im ersten Jahrzehnt der Bundesrepublik Deutschland, Berlin 1980

Zayas, A. M. de: Die Anglo-Amerikaner und die Vertreibung der Deutschen. Vorgeschichte, Verlauf, Folgen, München [3]1978

Zeiger, I.: Kirchliche Zwischenbilanz 1945. Bericht über die Informationsreise durch Deutschland und Österreich im Herbst 1945. Eingeleitet und kommentiert von L. Volk, in: Stimmen der Zeit 5 (1975), S. 293-312

Zentner, K. (Hrsg.): Aufstieg aus dem Nichts. Deutschland von 1945 bis 1953, Bd. 2, Köln/Berlin 1954

Ziebura, G.: Die deutsch-französischen Beziehungen seit 1945. Mythen und Realitäten, Pfullingen 1970

Personenregister

Abs, Hermann Josef (*1901), Bankier 387-389, 391
Acheson, Dean (1893-1971), am. Politiker, Außenminister (1949 bis 1953) 301, 305
Ackermann, Anton (eigtl. Eugen Hanisch) (1905-1973), dt. Politiker (SED), Staatssekretär im Außenministerium der DDR (1953-1956) 48, 213, 217, 428, 433
Adenauer, Gussi (1895-1948), zweite Frau Konrad Adenauers 107
Adenauer, Konrad (1876-1967), Oberbürgermeister von Köln (1917-1933 u. 1945), Bundeskanzler der Bundesrepublik Deutschland (1949-1963), Außenminister (1951-1955), Bundesvorsitzender der CDU (1950-1966) 63 passim
Adenauer, Paul (*1923), Kaplan, Sohn Konrad Adenauers 361
Aichinger, Ilse (* 1921), österr. Schriftstellerin 404
Albers, Johannes (1890-1963), dt. Gewerkschafter, Politiker (CDU) 150
Altmeier, Peter (1899-1977), dt. Politiker (CDU), Ministerpräsident von Rheinland-Pfalz (1947-1969) 64, 246
Amelunxen, Rudolf (1888-1969), dt. Politiker (Zentrum), Ministerpräsident von Nordrhein-Westfalen (1946/47) 171
Amrehn, Franz Klemens (1912 bis 1981), Rechtsanwalt, dt. Politiker (CDU), Bürgermeister von Berlin (1955-1963) 482
Andersch, Alfred (1914-1980), dt. Schriftsteller 91
Aragon, Louis (1897-1982), frz. Schriftsteller 421
Arndt, Adolf (1904-1974), Richter, Geschäftsführer der SPD-Bundestagsfraktion (1949 bis 1963) 266, 319
Arnold, Karl (1901-1958), dt. Politiker (CDU), Ministerpräsident von Nordrhein-Westfalen (1947-1956) 107, 146, 230, 246, 248, 249, 252, 371, 448, 450, 451
Attlee, Clement Richard (1883 bis 1967), brit. Premierminister (1945-1951) 34, 37
Augstein, Rudolf (* 1923), dt. Publizist, Herausgeber des »Spiegels« 90, 92

Bachem, Julius (1845-1918), dt. Publizist u. Politiker (Zentrum) 104
Bachmann, Ingeborg (1926 bis 1973), österr. Schriftstellerin 404, 405
Bahr, Egon (*1922), dt. Journalist u. Politiker (SPD) 482
Bamm, Peter (eigtl. Curt Emmerich) (1897-1975), dt. Schriftsteller 88
Barlach, Ernst (1870-1938), dt. Bildhauer u. Dichter 420
Barlog, Boleslaw Stanislaus (*1906), dt. Regisseur u. Intendant 93
Baudissin, Wolf Graf von (*1907), Generalleutnant 289
Bauer, Fritz (1903-1968), dt. Jurist, Generalstaatsanwalt 367, 368
Bauer, Leo (1912-1972), dt. Politiker (SED) u. Journalist 417
Baumgartner, Josef (1904-1964), dt. Politiker (CSU/Bayernpartei), Vorsitzender der Bayernpartei (1948-1959) 114
Bebel, August (1840-1913), soz.-dem. Politiker u. Publizist 215
Bech, Joseph (1887-1975), luxemburg. Ministerpräsident (1953 bis 1958) 334
Becher, Johannes Robert (1891 bis 1958), dt. Dichter u. SED-Kulturpolitiker 436, 437
Becker, Hans Detlev (*1921), »Spiegel«-Redakteur 90
Beethoven, Ludwig van (1770 bis 1827), dt. Komponist 232
Behnisch, Günter (*1922), dt. Architekt 352
Behrens, Fritz (1909-1980), dt. Politiker, Politökonom 433
Benesch, Eduard (1884-1948), tschech. Staatspräsident (1945 bis 1948) 16
Benn, Gottfried (1886-1956), dt. Lyriker 91, 404
Bergman, Ingmar (*1918), schwed. Theater- u. Filmregisseur u. Drehbuchautor 403, 404
Berija, Lawrentij Pawlowitsch (1899-1953), sowjet. Politiker, Chef des Staatssicherheitsdienstes (1938-1953) 326, 421, 428
Bernstein, Eduard (1850-1932), soz.-dem. Politiker u. Publizist 189
Bernstorff, Albrecht Graf von (1890-1945), dt. Diplomat 119
Bevin, Ernest (1881-1951), brit. Politiker, Außenminister (1945 bis 1951) 161, 164, 173, 174
Beyen, Johan Willem (1897 bis 1976), Diplomat, niederländ. Außenminister (1952-1956) 463
Bidault, Georges (1899-1983), frz. Ministerpräsident (1949/50), Außenminister (1953/54) 278, 329
Bierut, Boleslaw (1892-1956), poln. Staatsoberhaupt (1944 bis 1952), poln. Ministerpräsident (1952-1954) 25
Binder, Gottlob (1885-1961), dt. Politiker (SPD) 69
Birley, Robert (1903-1982), Leiter von Charterhouse, Berater der brit. Militärregierung für das Erziehungswesen 82
Bismarck, Otto Fürst von (1815 bis 1898), preuß. Staatsmann, dt. Reichskanzler (1871-1890) 14, 361
Blank, Theodor (1905-1972), dt. Politiker (CDU), Bundesverteidigungsminister (1955/56) 281, 298, 457
Blankenhorn, Herbert (*1904), dt. Politiker (CDU), Diplomat 250, 279, 284, 286, 300, 327, 445, 448
Bloch, Ernst (1885-1977), dt. Philosoph 433
Blücher, Franz (1896-1959), FDP-

Vorsitzender (1949-1954), Vizekanzler u. Bundesminister für wirtschaftl. Zusammenarbeit (1949-1957) 115, 249, 251
Böckler, Hans (1875-1951), Vorsitzender des DGB (1949-1951) 122-124, 267, 355-357
Bohlen, Charles (1905-1974), am. Botschafter in Moskau (1953 bis 1957) 452
Böhler, Wilhelm (1891-1958), dt. kath. Schulpolitiker u. Prälat, Leiter des Katholischen Büros in Bonn 234
Böhm, Franz (1895-1977), Professor für Handels- u. Wirtschaftsrecht 140, 142, 385, 391, 392
Böll, Heinrich (1917-1985), dt. Schriftsteller 91, 381, 404, 405
Bolz, Lothar (*1903), dt. Politiker (NDPD), stellv. Ministerpräsident der DDR (1950-1967) 218
Borchert, Wolfgang (1921-1947), dt. Schriftsteller 95, 96
Borgward, Carl F. W. (1890 bis 1963), dt. Industrieller 399
Bormann, Martin (1900-1945), nat.-soz. Politiker, Leiter der Parteikanzlei 23, 78
Born, Max (1882-1970), dt. Kernphysiker, Nobelpreisträger 381, 458
Bosch, Robert (1861-1942), dt. Industrieller 118
Bradley, Omar Nelson (1893 bis 1981), am. General, Vors. der Vereinigten Stabschefs (1948 bis 1953) 198
Brandt, Willy (*1913), SPD-Vorsitzender (1964-1987), Regierender Bürgermeister von Berlin (1957-1966), Bundeskanzler (1969-1974) 100-102, 377, 378, 382, 469, 477, 481 bis 484
Brecht, Bertolt (1898-1956), dt. Schriftsteller 91, 94, 95, 404, 420
Bredel, Willi (1901-1964), dt. Schriftsteller 432
Brentano, Heinrich von (1904 bis 1964), dt. Politiker (CDU), Bundesaußenminister (1955 bis 1961) 257, 301, 313, 447, 449 bis 451
Brentano, Lujo (1844-1931), Nationalökonom 117, 189
Brill, Hermann (1895-1959), dt. Politiker (SPD), Ministerpräsident von Thüringen (1945) 228
Bruckner, Ferdinand (eigtl. Theodor Tagger) (1891-1958), österr. Dramatiker 95
Bucerius, Gerd (*1906), Verleger, dt. Politiker (CDU), Herausgeber der »Zeit« 91, 312
Bulganin, Nikolai Alexandrowitsch (1895-1975), sowjet. Verteidigungsminister (1947 bis 1949), Ministerpräsident (1955 bis 1958) 444, 448-451, 460
Byrnes, James Francis (1879 bis 1972), Außenminister der USA (1945-1947) 131, 162 bis 166, 169

Camus, Albert (1913-1960), frz. Schriftsteller 94, 95
Caracciola, Rudolf (1901-1959), Automobilrennfahrer 402
Carstens, Karl (*1914), dt. Politiker (CDU), Bundespräsident (1979-1984) 475
Chruschtschow, Nikita (1894 bis 1971), Erster Sekretär des ZK der KPdSU (1953-1964), sowjet. Ministerpräsident (1958 bis 1964) 381, 413, 430, 432, 434, 437, 444, 448-451, 455, 468, 473-476, 478-480, 483
Churchill, Sir Winston (1874 bis 1965), brit. Premierminister (1940-1945 u. 1951-1955) 16 bis 19, 21, 22, 33, 34, 36, 38, 39, 58, 74, 285, 286, 326, 327, 329, 331, 332
Claudel, Paul (1868-1955), frz. Dichter u. Diplomat 95
Clay, Lucius D. (1897-1978), am. General, stellv. Militärgouverneur (1945-1947), Militärgouverneur (1947 bis 1949) der am. Besatzungszone 58, 60, 72, 131, 134, 140, 143, 145, 158, 159, 161, 165, 166, 173, 178, 186, 193-195, 198, 199, 226-228, 238, 239, 242, 481, 482

Dalí Salvador (1904-1989), span. Maler 92
Darwin, Charles Robert (1809 bis 1882), brit. Naturforscher 215
Dean, James (1931-1955), am. Schauspieler 403
Dehler, Thomas (1897-1967), Bundesjustizminister (1949 bis 1952), Vorsitzender der FDP (1954-1957) 119, 248, 249, 251, 318, 323, 324, 370-372
Dertinger, Georg (1902-1968), dt. Politiker (CDU), Außenminister der DDR (1949-1953) 209
Dessau, Paul (1894-1979), dt. Komponist 420
Dettmann, Friedrich (*1897), dt. Politiker (KPD) 120
Dibelius, Otto (1880-1967), Bischof von Berlin-Brandenburg (1945-1966), Vorsitzender des Rates der EKD (1954-1961) 32
Dirks, Walter (*1901), dt. Publizist 91, 381
Djilas, Milovan (*1911), jugosl. kommunist. Politiker 22
Dönhoff, Marion Gräfin (*1909), dt. Journalistin, Herausgeberin der »Zeit« 91
Dönitz, Karl (1891-1980), dt. Großadmiral, Oberbefehlshaber der Kriegsmarine, Leiter der geschäftsführenden Regierung im Mai 1945 12, 13, 74, 78, 366
Döring, Wolfgang (1919-1963), dt. Politiker (FDP) 371
Dovifat, Emil (1890-1969), dt. Zeitungswissenschaftler 106
Dulles, John Foster (1888-1959), am. Außenminister (1953-1959) 278, 329, 330, 332, 334-336, 445, 469, 470, 476, 484

Ebert, Friedrich (1894-1979), dt. Politiker (SED), Oberbürgermeister von Ost-Berlin (1948 bis 1967) 203, 204
Eckardt, Felix von (1903-1979), Leiter des Presse- u. Informationsamtes der Bundesregierung (1952-1955 u. 1956-1962), Botschafter bei den Vereinten Nationen (1955/56) 476
Eckert, Georg (1912-1974), dt. Historiker u. Pädagoge 84
Eden, Sir Robert Anthony, Earl of Avon (1897-1977), brit. Außenminister (1935-1938 u. 1951 bis 1955) 16, 305, 329, 333-335, 444, 446, 464

Eggebrecht, Axel (*1899), dt. Schriftsteller u. Publizist 87
Ehard, Hans (1887-1980), dt. Politiker (CSU), bayerischer Ministerpräsident (1946-1954 u. 1960-1962) 113, 114, 140, 170-172, 177, 180, 181, 236, 245, 248, 249
Eich, Günter (1907-1972), dt. Lyriker u. Hörspielautor 404
Eichler, Willi (1896-1971), dt. Politiker (SPD), Journalist, Publizist 99, 376, 378
Eisenhower, Dwight David (1890 bis 1969), Präsident der USA (1953-1961) 13, 57, 58, 73, 83, 89, 122, 159, 184, 285, 326, 444, 445, 464, 469, 474, 476
Eisler, Gerhart (1897-1968), dt. Politiker (KPD/SED), Leiter des Informationsamtes der DDR (1949-1952) 195
Eisler, Hanns (1898-1962), dt. Komponist 420
Eliot, T(homas) S(tearns) (1888 bis 1965), engl. Lyriker u. Dramatiker 95, 404
Elsas, Fritz (1890-1945), dt. Politiker (Staatspartei), Bürgermeister der Stadt Berlin (1931) 119
Ende, Lex (1899-1951), dt. Journalist; bis 1949 Chefredakteur des SED-Zentralorgans »Neues Deutschland« 417
Engels, Friedrich (1820-1895), marx.-sozial. Theoretiker 215, 217, 432
Erhard, Ludwig (1897-1977), dt. Politiker (CDU), Direktor der Verwaltung für Wirtschaft (1948/49), Bundeswirtschaftsminister (1949-1963), Bundeskanzler (1963-1966), Bundesvorsitzender der CDU (1966/67) 102, 133-135, 137 bis 147, 150, 151, 153-155, 224, 245, 246, 248, 249, 251, 369, 374, 375, 383-385, 392, 466
Erler, Fritz (1913-1967), dt. Politiker (SPD) 28, 100, 102, 290, 321, 376-378, 381
Eschenburg, Theodor (*1904), dt. Politikwissenschaftler 28, 64, 90, 134, 172, 253
Etzel, Franz (1902-1970), dt. Jurist u. Politiker (CDU) 151
Eucken, Walter (1891-1950), dt. Nationalökonom 140, 142

Faure, Edgar (1908-1988), frz. Politiker, Ministerpräsident (1952 u. 1955/56) 303, 444
Fehling, Jürgen (1885-1968), dt. Regisseur 94
Fette, Hans Christian (1895 bis 1971), dt. Gewerkschaftsführer, 1. Vors. der IG Druck u. Papier (1948-1951), 1. Vors. des DGB (1951/52) 357
Finck, Albert (1895-1956), Journalist, CDU-Politiker 247
Fischer, Kurt(1900-1950), dt. Politiker (SED), stellv. Ministerpräsident von Sachsen (1945/46) 171
Foertsch, Hermann (1895-1961), dt. General 284, 289
Forst, Willi (1903-1980), dt. Filmschauspieler u. Regisseur 404
François-Poncet, André (1887 bis 1978), frz. Hoher Kommissar in Deutschland (1949-1955) 242, 253, 271, 299, 333
Frank, Bruno (1887-1945), dt. Schriftsteller 95
Frank, Hans (1879-1964), nat.-soz. Politiker 76, 78
Frick, Wilhelm (1877-1946), nat.-soz. Politiker, Reichsinnenminister 78
Friedeburg, Hans Georg von (1895-1945), dt. Admiral 12, 13, 73
Friedensburg, Ferdinand (1886 bis 1972), dt. Politiker (CDU), Bürgermeister von Berlin (1946-1951) 105, 106, 179, 195 197, 203
Friedrich, Otto Andreas (1902 bis 1975), dt. Unternehmer 385
Friedrich II., der Große (1712 bis 1786), König von Preußen 42
Friedrichs, Rudolf (1892-1947), dt. Politiker, Ministerpräsident von Sachsen (1946/47) 49, 172
Frings, Josef (1887-1978), Erzbischof von Köln (1942-1969), Kardinal (seit 1946) 234, 235, 292
Fritzsche, Hans (1900-1953), nat.-soz. Publizist 78
Fulbright, James William (*1905), am. Politiker 480
Funk, Walther (1890-1960), nat.-soz. Politiker, Reichswirtschaftsminister (1937-1945) 78
Fürnberg, Louis, Pseud. Nuntius (1909-1957), dt. Schriftsteller 416

Gaitskell, Hugh Todd (1906 bis 1963), brit. Politiker 380
García Lorca, Federico (1898 bis 1936), span. Lyriker u. Dramatiker 95
Gaulle, Charles de (1890-1970), frz. General, frz. Präsident (1958-1969) 57, 64, 470, 471, 474, 477
Geiler, Karl (1906-1973), dt. Rechtswissenschaftler, Ministerpräsident von Hessen (1945 bis 1947) 59, 165, 168, 169
Genscher, Hans-Dietrich (*1927), Geschäftsf. der FDP-Bundestagsfraktion (1959-1965), Bundesaußenminister (seit 1974) 117
George, Heinrich (eigentl. Georg Heinrich Schulz) (1883-1946), dt. Schauspieler u. Regisseur 93
Gerstenmaier, Eugen (1906 bis 1986), ev. Theologe, dt. Politiker (CDU), Bundestagspräsident (1954-1969) 91
Gide, André (1869-1951), frz. Schriftsteller 404
Giraudoux, Jean (1882-1944), frz. Schriftsteller u. Diplomat 94, 95
Globke, Hans (1898-1973), Ministerialdirektor (1950-1953) u. Staatssekretär (1953-1963) im Bundeskanzleramt 250-253, 284, 448, 461
Gniffke, Erich W. (1895-1964), dt. Politiker (SPD/SED) 171, 214
Goebbels, Joseph (1887-1945), nat.-soz. Politiker 23, 25, 74, 92, 118, 366
Goerdeler, Carl (1884-1945), dt. Jurist, Oberbürgermeister von Leipzig (1930-1937), Widerstandskämpfer 118, 139, 367
Goethe, Johann Wolfgang von (1749-1832), dt. Dichter 82, 96
Goldenbaum, Ernst (*1898), dt.

Politiker (KPD), seit 1948 Vorsitzender der DBP 218
Goldmann, Nahum (1894-1982), Präsident des jüd. Weltkongresses (1951), Präsident der zionistischen Weltorganisation (1956-1968) 389-392
Gollwitzer, Helmut (*1908), ev. Theologe 381
Gomulka, Wladislaw (1905 bis 1982), Erster Sekretär der Poln. Arbeiterpartei (1956-1970) 455
Gorbatschow, Michail Sergejewitsch (*1931), sowjet. Politiker, Generalsekretär des ZK der KPdSU (seit 1985) 347
Göring, Hermann (1893-1946), nat.-soz. Politiker, Reichsminister für Luftfahrt (1933-1945) 73-76, 78
Gorki, Maxim (1868-1936), sowjet. Schriftsteller 420
Gradl, Johann Baptist (1904 bis 1988), dt. Politiker (CDU) 106
Grass, Günter (*1927), dt. Schriftsteller 91, 404
Greene, Graham (*1904), engl. Schriftsteller 87
Greene, Sir Hugh Carlton (*1910), engl. Journalist, Chefkontrolleur des Nordwestdeutschen Rundfunks (1946-1948) 87
Grewe, Wilhelm G. (*1911), dt. Diplomat 298, 300, 330, 448, 449, 451-454, 469
Gromyko, Andrej (1909-1989), sowjet. Außenminister (1957 bis 1985) 306, 473
Grotewohl, Otto (1894-1964), dt. Politiker (SPD/SED), Ministerpräsident der DDR (1949-1964) 52-54, 100, 209, 211-214, 297, 408, 410, 412, 419, 423
Gründgens, Gustaf (1899-1963), dt. Schauspieler, Regisseur u. Intendant 93
Guth, Karl (1889-1971), Vors. des Reichsverbandes der dt. Industrie u. Geschäftsführer versch. Firmen, Schwager Ludwig Erhards 138

Habe, Hans (eigtl. János Békessy) (1911-1977), Publizist u. Schriftsteller 89
Haeckel, Ernst (1834-1919), dt. Zoologe u. Naturphilosoph 215
Hahn, Otto (1879-1968), dt. Chemiker, Nobelpreisträger 458
Halder, Franz (1884-1972), Generaloberst, bis 1942 Generalstabschef des Heeres 68
Hallstein, Walter (1901-1982), Professor für Privat- u. Gemeinschaftsrecht, Staatssekretär im Bundeskanzleramt (1950), im Auswärtigen Amt (1951 bis 1958), Präsident der Kommission der Europäischen Wirtschaftsgemeinschaft (1958 bis 1967) 279, 289, 300, 391, 448 bis 451, 455
Harich, Wolfgang (*1921), Parteiphilosoph (SED) 433
Harnack, Ernst von (1888-1945), Regierungspräsident in Merseburg (SPD) 119
Harrison, Geoffrey Wedgwood (*1908), leitender Beamter des britischen Außenministeriums 16
Hasenclever, Walter (1890-1940), dt. Schriftsteller 95
Hasse, Otto Eduard (1903-1978), dt. Schauspieler 94
Haug, Martin (1895-1983), württemb. Landesbischof (1948-1962) 364
Hauptmann, Gerhart (1862-1946), dt. Schriftsteller u. Dramatiker 437
Havemann, Robert (1910-1982), dt. Politiker (KPD/SED) u. polit. Philosoph 423, 433
Heckel, Erich (1883-1970), dt. Maler 85
Heidegger, Martin (1889-1976), dt. Philosoph 340
Heinemann, Gustav (1899-1976), dt. Politiker (CDU 1945-1952, seit 1957 SPD) Bundesinnenminister (1949/50), Bundespräsident (1969-1974) 249, 251, 286, 290-292, 316, 318, 368, 374
Heisenberg, Werner (1901-1976), dt. Physiker, Nobelpreisträger 458
Held, Heinrich (1897-1957), dt. Theologe 32
Hellwege, Heinrich Peter (*1908), dt. Politiker (DP/CDU) 250, 251
Hemingway, Ernest Miller (1898 bis 1961), am. Schriftsteller 403
Hennecke, Adolf (1905-1975), Bergarbeiter, Begründer der Aktivistenbewegung der DDR 219
Henselmann, Hermann (*1905), dt. Architekt 422
Herberger, Sepp (Josef) (1897 bis 1977), Bundestrainer der deutschen Fußball-Nationalmannschaft (1949-1964) 402
Hermes, Andreas (1878-1964), dt. Politiker (CDU) 55, 104, 105
Herrnstadt, Rudolf (1903-1966), Chefredakteur des SED-Zentralorgans »Neues Deutschland« (1949-1953) 421, 427, 428
Herter, Christian Archibald (1895 bis 1967), Unterstaatssekretär im am. Außenministerium (1957-1959), am. Außenminister (1959-1961) 471
Heß, Rudolf (1894-1987), nat.-soz. Politiker, »Stellvertreter des Führers« 76-78
Hesse, Hermann (1877-1962), dt. Schriftsteller, Nobelpreisträger 91
Heusinger, Adolf (1897-1982), militärischer Berater des Bundeskanzlers (seit 1950), Generalinspekteur der Bundeswehr (1957-1961) 281, 284, 289, 298, 445, 458
Heuss, Elly, geb. Knapp (1881 bis 1952), Lehrerin, Sozialpolitikerin, Ehefrau von Theodor Heuss 117, 303
Heuss, Theodor (1884-1963), dt. Publizist u. Staatsmann, Bundespräsident (1949-1959) 116-119, 246, 248, 249, 260, 280, 321, 322, 325, 346, 403
Heydrich, Reinhold Tristan (1904 bis 1942), nat.-soz. Politiker 77
Hilpert, Heinz (1890-1967), dt. Intendant, Regisseur u. Schauspieler 93, 95
Hilpert, Werner (1897-1957), dt. Politiker (Zentrum/CDU) 246
Himmler, Heinrich (1900-1945), nat.-soz. Politiker, Reichsführer SS, Reichsinnenminister 74
Hindenburg, Oskar von

Beneckendorf u. von (1883 bis 1960) 68
Hindenburg, Paul von Beneckendorf u. von (1847-1934), preuß. Generalfeldmarschall, Reichspräsident 68
Hitler, Adolf (1889-1945), nat.-soz. Politiker, Reichskanzler (1933-1945) 12, 14-16, 19, 23, 27, 30, 36, 68, 73, 74, 77, 82, 99, 100, 104, 120, 121, 183, 217, 225, 234, 297, 311, 315, 328, 342, 366, 368, 371, 416, 421, 431, 449, 453,
Höcker, Wilhelm (1886-1955), dt. Politiker (SPD/SED), Ministerpräsident von Mecklenburg-Vorpommern (1946-1951) 49, 171, 172
Hoegner, Wilhelm (1887-1980), dt. Politiker (SPD), Ministerpräsident von Bayern (1945/46) 59, 140, 226
Hoffmann, Johannes (1890-1967), dt. Politiker (CVP/CDU), Ministerpräsident des Saarlandes (1947-1955) 270, 338
Hoffmann, Karl-Heinz (1910 bis 1985), dt. Politiker (SED), General der NVA, DDR-Verteidigungsminister (seit 1960) 431
Honecker, Erich (*1912), dt. Politiker (KPD/SED), Vorsitzender der FDJ (1945-1955), Sekretär des ZK der SED für Sicherheitsfragen (1958-1971), seit 1971 Erster Sekretär (seit 1976 Generalsekretär) des ZK der SED, seit 1976 Vorsitzender des Staatsrates 218, 417, 434, 440
Hoover, Herbert Clark (1874 bis 1964), Präsident der USA (1929-1933) 132
Höpker-Aschoff, Hermann (1883 bis 1954), dt. Politiker (FDP), Präsident des Bundesverfassungsgerichts (1951-1954) 322
Hübener, Erhard Friedrich Julius (1881-1958), dt. Politiker (LDP), Ministerpräsident von Sachsen-Anhalt (1946-1949) 49, 115
Huch, Riccarda (1864-1947), dt. Schriftstellerin 437
Hühne, Werner (*1908), »Spiegel«-Redakteur 90
Humboldt, Alexander von (1769 bis 1859), dt. Naturforscher 82, 192
Hundhammer, Alois (1900-1974), dt. Politiker (CSU) 113, 370

Jaspers, Karl (1883-1969), dt. Philosoph 340, 341, 472
Jendretzky, Hans (*1897), dt. Politiker (SED) 421, 428, 433
Jessup, Philipp Caryl (1897 bis 1986), am. UNO-Delegierter (1945-1953) 205, 301
Jodl, Alfred (1890-1946), Generaloberst, Chef des Wehrmachtsführungsstabes im Oberkommando der Wehrmacht 13, 74, 78
Johnson, Lyndon Baines (1908 bis 1973), Vizepräsident der USA (1961-1963), Präsident der USA (1963-1969) 481, 482
Jünger, Ernst (*1895), dt. Schriftsteller 69, 71
Jungk, Robert (*1913), dt. Publizist 381

Kaisen, Wilhelm (1887-1979), dt. Politiker (SPD), Bürgermeister von Bremen (1945-1965) 169
Kaiser, Georg (1878-1945), dt. Schriftsteller 95
Kaiser, Jakob (1888-1961), dt. Politiker (CDU), Bundesminister für gesamtdeutsche Fragen (1949-1957) 55, 104-106, 116, 208, 209, 247, 249, 251, 252, 269, 301, 312, 313, 374, 426
Kaltenbrunner, Ernst (1903-1946), SS-Gruppenführer 78
Karsen, Fritz (1885-1951), dt. Reformpädagoge 84
Kästner, Erich (1899-1974), dt. Schriftsteller 89, 381
Katz, Rudolf (1895-1961), dt. Politiker (SPD), Ministerpräsident von Schleswig-Holstein (1947-1950) 179
Kaufmann, Erich (1880-1972), Professor für Staats- u. Völkerrecht, Rechtsberater der Bundesregierung (1950-1958) 289
Keitel, Wilhelm (1882-1946), dt. Generalfeldmarschall, Chef des Oberkommandos der Wehrmacht (1938-1945) 13-15, 74, 78
Kennan, George Frost (*1904), am. Diplomat 42, 161-164, 380
Kennedy, John Fitzgerald (1917 bis 1963), Präsident der USA (1961-1963) 199, 440, 476-483
Kerrl, Hanns (1897-1941), nat.-soz. Politiker 109
Kessel, Friedrich von (*1896), dt. Politiker, Vorsitzender des BHE (1955-1958) 366
Keßler, Erich (1899-1989), dt. Politiker, Ministerialdirigent 250, 252
Kiaulehn, Walther (1900-1968), dt. Publizist, Schriftsteller u. Schauspieler 89
Kielmansegg, Johann Adolf Graf von (*1906), General, Chef der Unterabteilung Militärpolitische Fragen in der Dienststelle Blank (1950-1955) 289
Kiesinger, Kurt Georg (1904 bis 1988), dt. Politiker (CDU), Bundeskanzler (1966-1969) 313, 448, 451
Kirchner, Ernst Ludwig (1889 bis 1938), Maler u. Graphiker 85
Kirkpatrick, Sir Ivone Augustine (1897-1964), brit. Hoher Kommissar in Deutschland (1953-1957) 301, 387
Kissinger, Henry Alfred (*1923), Professor für politische Wissenschaft, politischer Berater von Eisenhower, Rockefeller u. John F. Kennedy, am. Außenminister (1973-1977) 457
Klöpfer, Eugen (1886-1950), dt. Schauspieler u. Theaterleiter 93
Knef, Hildegard (*1925), dt. Schauspielerin u. Chansonsängerin 404
Knobelsdorff, Georg Wenzeslaus von (1699-1753), dt. Baumeister 42
Koch, Thilo (*1920), dt. Journalist u. Schriftsteller 88
Koeltz, Louis Marie (1884-1970), frz. General, Leiter der frz. Militärverwaltung in Berlin (1945/46) 158
Koenig, Marie Pierre (1898 bis 1970), frz. General, Oberbefehlshaber der frz. Besatzungstruppen in Deutschland (1945

bis 1949), Chef der Militärverwaltung 159, 177, 242
Koeppen, Wolfgang (*1906), dt. Schriftsteller 404
Kogon, Eugen (1903-1987), dt. Publizist 91, 280, 281
Köhler, Erich (1892-1958), dt. Politiker (CDU), Bundestagspräsident (1949-1950) 224, 246-248, 268
Kopf, Hinrich Wilhelm (1893 bis 1961), dt. Politiker (SPD), Ministerpräsident von Niedersachsen (1957-1959) 179
Kotikow, Alexander (1902-1981), sowjet. General, Kommandant des sowjet. Sektors von Berlin (1946-1950) 189
Kraft, Waldemar (1898-1977), dt. Politiker (BHE/CDU) 365
Kramer, Franz Albert (1900 bis 1950), dt. Publizist 91
Kreikemeyer, Willi (?-1950), dt. Politiker (SED) 417
Krone, Heinrich (1895-1989), dt. Politiker (CDU) 106, 474
Krupp, Alfried von Bohlen u. Halbach (1907-1967), Alleininhaber der Krupp-Werke 78
Külz, Wilhelm (1875-1948), dt. Politiker (LDP) 115-117, 209, 211
Küster, Otto (*1907), dt. Rechtsanwalt u. Richter, Staatsbeauftragter für die Wiedergutmachung 229

Lang, Ernst Maria (*1906), dt. Architekt u. Karikaturist 177, 309
Lattre de Tassigny, Jean Joseph Marie Gabriel de (1889-1952), frz. Marschall, Oberbefehlshaber der frz. Besatzungstruppen in Deutschland 14
Laue, Max von (1879-1960), dt. Physiker, Nobelpreisträger 458
Leber, Annedore (1904-1968), dt. Publizistin, Frau von Julius Leber 367
Leber, Julius (1891-1945), dt. Publizist u. Politiker (SPD), Mitglied im Kreisauer Kreis 119
Le Corbusier (eigentl. Charles Édouard Jeanneret-Gris) (1887 bis 1965), frz.-schweizer Architekt, Städteplaner, Maler u. Bildhauer 154
Lehmann, Otto (*1913), dt. Politiker (SED) 422
Lehr, Robert (1883-1956), dt. Politiker (CDU), Bundesinnenminister (1950-1953) 106
Lemmer, Ernst (1898-1970), dt. Politiker (CDU) 55, 105, 106, 116, 209
Lenin, Wladimir Iljitsch (eigtl. Uljanow) (1870-1924), russ. revolutionärer Staatsmann 211, 216, 417, 432
Lenz, Otto (1903-1957), Staatssekretär im Bundeskanzleramt (1951-1953) 106
Leonhard, Wolfgang (*1921), dt. Publizist 48
Lex, Hans Ritter von (1893 bis 1960), Staatssekretär im Innenministerium 250
Ley, Robert (1890-1945), nat.-soz. Politiker 78
Lilje, Hanns (1899-1977), Bischof der Ev.-luth. Landeskirche Hannover (1947-1971) 32
Lippmann, Walter (1889-1974), am. Publizist 470
Lloyd, John Selwyn Brooke (1904-1978), brit. Außenminister (1955-1960) 327
Loritz, Alfred (1902-1979), dt. Politiker (WAV), bayer. Staatsminister für Sonderaufgaben (Entnazifizierung) (1946/47) 114
Lübke, Heinrich (1894-1972), dt. Politiker (CDU), Bundesminister für Ernährung, Landwirtschaft und Forsten (1953-1959), Bundespräsident (1959-1969) 369
Ludendorff, Erich (1865-1937), dt. General u. Politiker 68
Ludendorff, Mathilde (1877 bis 1966), Frau von Erich Ludendorff 68
Lukaschek, Hans (1885-1960), dt. Politiker (CDU), Bundesvertriebenenminister (1949-1953) 106, 249, 251
Luther, Hans (1879-1962), dt. Politiker (DVP), Reichskanzler (1925-1926) 109
Macmillan, Harold Maurice, Earl of Stockton (1894-1986), brit. Verleger u. Politiker, Premierminister (1957-1963) 470, 474, 481
Maier, Reinhold (1889-1971), dt. Politiker (FDP), Ministerpräsident von Württemberg-Baden (1945-1952) u. von Baden-Württemberg (1952/53) 26, 46, 60, 116, 119, 170, 324, 325
Malenkow, Georgi Maximilianowitsch (1902-1988), sowjet. Ministerpräsident (1953-1955) 326, 421
Malik, Jakob (1906-1980), sowjet. Diplomat, stellv. Außenminister der UdSSR (1946-1953 u.1960 bis 1968) 205
Manet, Edouard (1832-1883), franz. Maler 93
Mann, Golo (*1909), dt. Historiker u. Publizist 472
Mann, Thomas (1875-1955), dt. Schriftsteller, Nobelpreisträger 91, 403, 404
Markgraf, Paul (*1910), dt. Politiker (KPD/SED), Polizeipräsident von Gesamt-Berlin bzw. Ost-Berlin (1945-1949) 186, 203
Marshall, George (1880-1959), am. Außenminister (1947-1949) 130, 132, 155, 166, 167, 173, 174
Martin, Karl-Heinz (1888-1948), dt. Regisseur u. Intendant 93
Marx, Karl (1818-1883), dt. sozialist. Philosoph u. Nationalökonom 215, 217, 417, 432
Matern, Hermann (1893-1971), dt. Politiker (SED) 214, 217
Matisse, Henri (1869-1954), frz. Maler u. Graphiker 93
Maunz, Theodor (*1901), dt. Staatsrechtslehrer u. Politiker (CSU) 229
Mauriac, François (1885-1970), frz. Schriftsteller 404
Mayer, Hans (*1907), dt. Literaturwissenschaftler 78, 404
McCloy, John (1895-1989), am. Politiker, Hoher Kommissar in Deutschland (1949-1952) 242, 278, 286, 383
McNarney, Joseph T. (1893 bis 1972), am. General, Militär-

gouverneur in Deutschland (1945-1947) 131, 164
Mehnert, Klaus (1906-1984), dt. Publizist, Politikwissenschaftler 91
Meinecke, Friedrich (1862-1954), Historiker, erster Rektor der FU Berlin (1948) 90, 96
Meinhard, Fritz (*1910), dt. Karikaturist 181
Meiser, Hans (1881-1956), Landesbischof der Ev.-luth. Kirche in Bayern (1933-1955) 32
Mende, Erich (*1916), dt. Politiker (FDP, seit 1970 CDU), Fraktionsvorsitzender der FDP (1957-1963) 363, 371, 374
Mendès-France, Pierre (1907 bis 1982), frz. Ministerpräsident u. Außenminister (1954/55) 331, 333-338, 340
Menzel, Walter (1901-1963), dt. Politiker (SPD) 230, 233, 236
Merker, Paul (1881-1945), dt. Literaturhistoriker 417
Middelhauve, Friedrich (1896 bis 1966), dt. Politiker (FDP) 115, 371
Mikojan, Anastas Iwanowitsch (1895-1978), sowjet. Erster Stellvertretender Ministerpräsident (1955-1964) 461
Miksch, Leonhard (1901-1950), dt. Volkswirtschaftler 142
Millar, Sir Frederick Robert Hoyer (*1900), brit. Hoher Kommissar in Deutschland (1953-1955) 332
Miller, Arthur (*1915), am. Schriftsteller 95
Mischlich, Robert Jean (*1910), Missionsbeauftragter des frz. Finanz- bzw. Außenministeriums 273
Mischnick, Wolfgang (*1921), dt. Politiker (FDP), Parlamentarischer Geschäftsführer der Bundestagsfraktion (1959 bis 1961), Fraktionsvorsitzender (seit 1968) 117
Molotow, Wjatscheslaw Michailowitsch (1890-1986), sowjet. Politiker, Außenminister der UdSSR (1939-1949 u. 1953 bis 1956) 22, 34, 38, 162, 163, 166, 329, 421, 448, 449, 451
Monnet, Jean (1888-1979), frz. Politiker, Präsident der Hohen Behörde der Montanunion (1952-1955) 277-279, 296, 463
Montgelas, Maximilian Graf von (1759-1838), bayer. Staatsmann 112
Montgomery, Bernhard Law (1887-1976), brit. Feldmarschall u. Militärschriftsteller 13, 159, 186
Mörike, Eduard (1804-1875), dt. Dichter 96
Mueller, Otto (1874-1930), dt. Maler u. Graphiker 85
Müller, Gebhard (*1900), dt. Politiker, (CDU), Ministerpräsident von Baden-Württemberg (1953-1958) 324, 325
Müller, Josef (1898-1979), Vorsitzender der CSU (1946 bis 1949) 113, 114, 142, 179, 246, 280
Müller-Armack, Alfred (1901 bis 1978), dt. Nationalökonom, Publizist 141, 142, 152
Murphy, Robert (1894-1978), am. Diplomat, polit. Berater der am. Militärregierung in Deutschland (1945-1949) 231

Naumann, Friedrich (1860-1919), dt. Politiker, Mitbegründer der DDP (1918) 117, 118, 189
Nawiasky, Hans (1880-1961), dt. Staatsrechtslehrer 228
Nenni, Pietro (1892-1980), ital. Politiker 317
Neurath, Konstantin Freiherr von (1873-1956), dt. Außenminister (1932-1938) 78
Niemöller, Martin (1892-1984), dt. ev. Theologe, Wortführer der Bekennenden Kirche, Kirchenpräsident der Ev. Kirche in Hessen und Nassau (1947 bis 1964) 32, 291, 381
Niesel, Wilhelm (1903-1988), dt. reform. Theologe 32
Niklas, Wilhelm (1887-1957), dt. Politiker (CSU) 250, 251
Nolde, Emil (1867-1956), dt. Maler u. Graphiker 85
Nölting, Erik (1892-1953), dt. Politiker (SPD) 384
Nuschke, Otto (1883-1957), dt. Politiker (CDU), stellv. Ministerpräsident der DDR (1949-1957) 209, 211, 213
Oberländer, Theodor (*1905), dt. Politiker (GB/BHE seit 1956 CDU/CSU), Bundesvertriebenenminister (1953-1960) 365
Oelßner, Fred (1903-1977), Mitglied des Politbüros der SED (1950-1958) 434
Ohlendorf, Otto (1907-1951), SS-Standartenführer 139
Olivier, Sir Laurence (1907 bis 1989), engl. Schauspieler 92
Ollenhauer, Erich (1901-1963), Partei- u. Fraktionsvorsitzender der SPD (1952-1963) 100, 266, 268, 290, 304, 321, 325, 334, 335, 340, 341, 343, 373, 377, 378
O'Neill, Eugene (1888-1953), am. Dramatiker 94, 95
Oppenheimer, Franz (1864-1943), dt. Volkswirtschaftler u. Soziologe 138
Ostrowski, Otto (1883-1963), dt. Politiker (SPD), Oberbürgermeister von Berlin (1946/47) 189
Otto, Frei (*1925), dt. Architekt u. Politiker 352

Papen, Franz von (1879-1969), dt. Politiker, Reichskanzler (1932), Vizekanzler (1933/34) 78, 109
Paul, Rudolf (1893-1978), dt. Politiker (SED), Ministerpräsident von Thüringen (1945/46) 49, 168, 172
Pfeiffer, Anton (1888-1957), dt. Politiker (CSU) 228
Pferdmenges, Robert (1880 bis 1962), dt. Bankier u. Politiker (CDU) 247, 248, 388, 389
Pfleiderer, Karl Georg (1899 bis 1957), dt. Politiker (FDP) 324
Picasso, Pablo Ruiz y (1881 bis 1973), span. Maler u. Graphiker 92, 420, 421
Pieck, Wilhelm (1876-1960), dt. Politiker (KPD/SED), Präsident der DDR (1949-1960) 54, 121, 209, 211, 212, 217, 410, 436
Pinay, Antoine (*1891), frz. Politiker, Ministerpräsident u. Finanzminister (1952) 463
Pirker, Theo (*1922), dt. Publizist u. Soziologe 375
Pius XII. (Eugenio Maria Giuseppe Pacelli) (1876-1958), Papst (1939-1958) 31, 292

Poelzig, Hans (1869-1936), dt. Architekt 87, 118
Pollock, James K. (*1898), am. Politikwissenschaftler u. Diplomat, Sonderberater von General Clay, Leiter der am. Militärregierung in Württemberg-Baden 60
Potthoff, Erich (*1914), Leiter des wirtschaftswissenschaftlichen Instituts der Gewerkschaften (1952-1956) 352
Presley, Elvis (1935- 1977), am. Sänger 403
Preuß, Hugo (1860-1925), dt. Staatsrechtslehrer 118
Prokofjeff, Sergej (1891-1953), russ. Komponist u. Pianist 449
Pünder, Hermann (1888-1976), dt. Politiker (CDU), Oberdirektor des Verwaltungsrates des Vereinigten Wirtschaftsgebiets (1948/49) 146, 224

Radek, Karl Bernhardowitsch (eigentl. Karl Sobelsohn) (1885-1939), sowjet. Politiker 190
Radford, Arthur Wiliam (1896 bis 1973), Chef der Vereinigten Generalstäbe der am. Streitkräfte (1953-1957) 457
Raeder, Erich (1876-1960), dt. Admiral, Oberbefehlshaber der Kriegsmarine (1935-1943) 78
Rapacki, Adam (1909-1970), poln. Außenminister (1956 bis 1958) 381, 459
Rau, Heinrich (1899-1961), dt. Politiker (SED) 421
Redslob, Edwin (1884-1973), Kunst- u. Kulturhistoriker, Rektor der FU-Berlin (1949/50) 193
Reimann, Max (1898-1977), dt. Politiker (KPD) 120
Reismann, Bernhard (1903-1982), dt. Politiker (Zentrum) 319
Remer, Otto-Ernst (*1912), Mitbegründer der SRP 364, 367, 368
Renger, Annemarie (*1919), dt. Politikerin (SPD) 99
Renoir, Auguste (1841-1919), frz. Maler u. Graphiker 92, 93
Reuter, Ernst (1889-1953), dt. Politiker (SPD), Oberbürgermeister u. Regierender Bürgermeister von Berlin (1947-1953) 179, 181, 189, 190, 195, 197-199, 201, 204, 206, 426, 469
Ribbentrop, Joachim von (1893 bis 1946), Reichsaußenminister (1938-1945) 76-78
Richter, Hans Werner (*1908), dt. Schriftsteller u. Publizist, Gründer der literar. »Gruppe 47« 91, 404
Riefenstahl, Leni (*1902), Filmschauspielerin u. -regisseurin 68
Roberts, Sir Frank Keynon (*1907), brit Diplomat, Botschafter in der Bundesrepublik (1963-1968) 161, 480
Robertson, Sir Brian Hubert (1896-1974), brit. General, Oberbefehlshaber der brit. Besatzungstruppen in Deutschland (1947-1950), brit. Hoher Kommissar in der Bundesrepublik (1949/50) 158, 173, 186, 221, 223, 242, 263, 268
Rommel, Erwin (1891-1944), Feldmarschall 281
Roosevelt, Franklin Delano (1882-1945), Präsident der USA (1933-1945) 16, 18, 19, 21, 22, 36, 37, 74, 163, 183
Röpke, Wilhelm (1899-1966), dt. Nationalökonom 140, 279
Rosemeyer, Bernd (1909-1938), Automobilrennfahrer 402
Rosen, Gerd (1903-1961), dt. Galerist 85
Rosenberg, Alfred (1893-1946), nat.-soz. Politiker u. Ideologe 74, 78
Roßmann, Erich (1884-1953), dt. Politiker (SPD) u. Journalist 60
Rüstow, Alexander (1885-1963), dt. Nationalökonom 140

Salomon, Ernst von (1902-1972), dt. Schriftsteller 68
Sartre, Jean-Paul (1905-1980), frz. Philosoph 94, 95, 421
Sauckel, Fritz (1894-1946), nat.-soz. Politiker 78
Sauerbruch, Ferdinand (1875 bis 1951), Chirurg, Stadtrat für Gesundheit von Berlin (1945) 185
Schacht, Hjalmar (1877-1970), Reichsbankpräsident (1924 bis 1929 u. 1933-1939) u. Reichswirtschaftsminister (1934-1937) 78, 138
Schäffer, Fritz (1888-1967), dt. Politiker (CSU), Ministerpräsident von Bayern (1945), Bundesfinanzminister (1949 bis 1957), Bundesjustizminister (1957-1961) 114, 249, 251, 347, 369, 392
Scharnowski, Ernst (1896-1985), Vors. des DGB in Berlin (1950 bis 1960) 426
Scharoun, Hans Bernhard (1893 bis 1972), dt. Architekt 154, 352
Scheel, Walter (*1919), dt. Politiker (FDP), Außenminister (1969-1974), Bundespräsident (1974-1979) 371
Schellenberg, Ernst August (1907 bis 1984), dt. Politiker (SPD) 361
Schiffer, Eugen (1860-1954), dt. Politiker (LDP) 115
Schiller, Friedrich von (1759 bis 1805), dt. Dichter 96, 101
Schiller, Karl (*1911), dt. Politiker (SPD) u. Nationalökonom 102, 142, 376, 379
Schirach, Baldur von (1907 bis 1974), nat.-soz. Politiker, Reichsjugendführer 78
Schirdewan, Karl (*1907), dt. Politiker (KPD/SED) 432, 434
Schlange-Schöningen, Hans (1886-1960), dt. Politiker (CDU) 146, 249
Schmid, Carlo (1896-1979), dt. Staatsrechtslehrer, Politiker (SPD), Vorsitzender des Hauptausschusses des Parlamentarischen Rats 64, 84, 101, 102, 177, 180, 181, 228, 232, 237, 265, 268, 280, 376-378, 381, 448, 449, 451
Schmidt, Elli (1908-1980), dt. Politikerin (KPD/SED), seit 1950 Mitgl. d. Politbüros der SED 421, 427, 428, 433
Schmidt, Helmut (*1918), dt. Politiker (SPD), Bundeskanzler (1974-1982) 290
Schmidt-Rottluff, Karl (eigentl. Karl Schmidt) (1884-1976), dt. Maler u. Graphiker 85

Schmoller, Gustav von (1838 bis 1917), Nationalökonom 229
Schnabel, Ernst (1913-1986), dt. Schriftsteller u. Dramaturg 88
Schoettle, Erwin (1899-1976), dt. Politiker (SPD) 222
Schreiber, Walther (1884-1958), dt. Politiker (CDU), Regierender Bürgermeister von Berlin (1953-1955) 55, 105, 106
Schreiber, Wilfried (1904-1975), dt. Wirtschaftswissenschaftler 361
Schröder, Gerhard (*1910), dt. Politiker (CDU), Bundesinnenminister (1953-1961) 369
Schroeder, Louise (1887-1957), dt. Politikerin (SPD), Bürgermeisterin von Berlin (1946 bis 1949) 179, 196
Schuberth, Hans (1897-1976), dt. Politiker (CDU) 250, 251
Schukow, Georgij K. (1896 bis 1974), sowjet. Marschall, Oberbefehlshaber der sowjet. Tuppen in Deutschland (1945/46), sowjet. Verteidigungsminister (1955-1957) 12-14, 49, 53, 159, 186
Schultze-Naumburg, Paul (1869 bis 1949), dt. Architekt u. Schriftsteller 34
Schumacher, Kurt Ernst Karl (1895-1952), Vorsitzender der SPD (1946-1952) 52, 53, 60, 63, 98, 99, 101-103, 109, 144, 153, 154, 170, 222, 232, 238, 239, 242, 245, 247-249, 265, 267-269, 272, 276, 290, 303, 313, 316, 321, 325, 334, 355, 378, 380, 381, 405
Schuman, Robert (1886-1963), frz. Ministerpräsident (1947/48), frz. Außenminister (1948-1953) 271-275, 303, 305, 309, 331, 353
Schweitzer, Albert (1875-1965), elsässischer ev. Theologe, Philosoph, Arzt u. Musiker 458, 459
Schwelien, Joachim (*1913), dt. Journalist 453
Schwerin, Gerhard Graf von (1899-1980), dt. General, Berater der Bundesregierung in Sicherheitsfragen (1950) 284
Schwerin von Krosigk, Lutz, Graf (1887-1977), Reichsfinanzminister (1932-1945) 74
Schwering, Leo (1883-1971), dt. Politiker (CDU) u. Publizist 106
Seebohm, Hans-Christoph (1903 bis 1967), dt. Politiker (DP), Bundesverkehrsminister (1949 bis 1966) 249, 251
Seghers, Anna (eigentl. Netty Radvanyi) (1900-1983), dt. Schriftstellerin 91
Seidenstücker, Friedrich (1882 bis 1966), dt. Photograph 13
Selbmann, Fritz (1899-1975), dt. Politiker (SED) 423
Semler, Johannes (1898-1973), dt. Politiker (CDU) 142, 224
Sethe, Paul (1901-1967), dt. Publizist 402
Seyß-Inquart, Arthur (1892 bis 1946), österr. nat.-soz. Politiker, 78
Shinnar (eigentlich Schiffmann), Felix Elieser (*1905), Vorsitzender der israelischen Delegation für die Verhandlungen mit der Bundesrepublik (1952) 392
Sieburg, Friedrich (1893-1964), dt. Schriftsteller u. Journalist 405
Silverberg, Paul (1876-1959), dt. Industrieller, 276
Simon, John Allsebrook, Lord (1873-1954), brit. Politiker 74
Slánsky, Rudolf (1901-1952), tschech. Politiker, Generalsekretär der KPC (1945-1951) 417
Smirnow, Andrej Andrejewitsch (1905-1982), sowjet. Botschafter in Bonn (1957-1966) 460, 461, 483
Sobottka, Gustav (1886-1953), dt. Politiker (KPD) 48
Sokolowski, Wassili (1897-1968), sowjet. General 158, 164, 175, 194, 195, 199
Spaak, Paul-Henri (1899-1972), belg. Ministerpräsident (1947 bis 1949), belg. Außenminister (1946-1949, 1954-1957 u. 1961-1966), Präsident der Montanunion (1957-1961), Generalsekretär der NATO (1957-1961) 334, 463-465
Spaatz, Carl (1891-1974), am. General 14
Speer, Albert (1905-1981), nat.-soz. Politiker u. Architekt 74, 76, 78
Speidel, Hans (1897-1984), dt. General, militärischer Berater Adenauers 280, 281, 284, 285, 289, 298, 458
Stachanow A.G. (1905-1977), sowjet. Bergarbeiter 419
Stalin (eigentlich Dschugaschwili), Jossef Wissarionowitsch (1879-1953), sowjet. Staatsoberhaupt, Generalsekretär des ZK der KPdSU (1922-1953) 16-19, 21, 22, 33-39, 58, 74, 77, 121, 162, 163, 184, 198, 205, 213, 215, 217, 219, 298, 304, 306, 309, 312, 313, 317, 319, 326, 327, 330, 408, 411, 416, 417, 421, 432, 453, 455
Stegerwald, Adam (1874-1945), Mitbegründer der CSU 104, 113
Steinhoff, Fritz (1897-1969), dt. Politiker (SPD), Ministerpräsident von Nordrhein-Westfalen (1956-1958) 99, 371
Steinhoff, Karl (1892-1981), dt. Politiker (SPD/SED), Innenminister der DDR (1949 bis 1952 49
Stempka, Roman (*1909), »Spiegel«-Redakteur 90
Stinnes Hugo (1870-1924), dt. Industrieller 276
Stolper, Gustav (1888-1947), dt./am. Nationökonom u. Publizist 118
Stoph, Willi (*1914), dt. Politiker (SED), Vorsitzender des Ministerrats der DDR (seit 1976) 431
Storch, Anton (1892-1975), dt. Politiker (CDU), Bundesarbeitsminister (1949-1957) 250, 251
Strauß, Franz Josef (1915-1988), Politiker (CSU), Bundesminister für Atomfragen (1955/56), Bundesverteidigungsminister (1956-1962) 28, 246, 278, 339, 369, 457
Strauß, Walter (1900-1976), dt. Jurist u. Politiker (CDU) 322

Streicher, Julius (1885-1946), nat.-soz. Politiker 73, 74, 78
Stresemann, Gustav (1878-1929), dt. Staatsmann (DVP), Reichskanzler (1923), Reichsaußenminister (1923-1929) 109
Stroux, Karlheinz (1908-1985), dt. Regisseur und Theaterleiter 83
Stumm, Johannes (1897-1978), Polizeibeamter, Polizeipräsident für die Westsektoren Berlins (1948-1962) 203
Stumpff, Hans-Jürgen (1889 bis 1968), Generaloberst der Luftwaffe 13, 15
Suhr, Otto (1894-1957), dt. Politiker (SPD), Regierender Bürgermeister von Berlin (1955-1957) 191, 229
Süsterhenn, Adolf (1905-1974), dt. Politiker (CDU) 229, 237
Szewczuk, Mirko (1919-1957), Karikaturist 161, 412

Taut, Max (1884-1967), dt. Architekt 352
Tedder, Arthur William (1890 bis 1967), brit. Luftmarschall 13-15
Teitgen, Pierre-Henri (*1908), frz. Politiker 282
Thälmann, Ernst (1886-1944), dt. Politiker (KPD) 217
Tito, Josip (eigtl. Broz) (1892 bis 1980), jugoslaw. Staatsmann 22, 213
Toll, Hans J. (1900-1978), »Spiegel«-Redakteur 90
Toynbee, Arnold J. (1889-1975), brit. Historiker 16
Truman, Harry Spencer (1884 bis 1972), Präsident der USA (1945-1952) 33-35, 37-39, 132, 159, 198
Tschuikow, Wassili Iwanowitsch (1909-1982), sowjet. Marschall, Oberbefehlshaber der sowjet. Besatzungstruppen in Deutschland (1949-1953) 184

Udet, Ernst (1896-1941), dt. Generaloberst 95
Ulanowa, Galina Sergejewna (*1909), russ. Ballettänzerin 449
Ulbricht, Walter (1893-1973), dt. Politiker (KPD/SED), Erster Sekretär (seit 1953 Generalsekretär) der SED (1950-1971), Vorsitzender des Staatsrates (seit 1960) 48, 49, 52, 85, 121, 171, 212-218, 247, 317, 410, 413, 417, 419, 421-423, 425, 427, 428, 432-434, 436, 439, 440-442
Utrillo, Maurice (1883-1955), franz. Maler 92

Vansittart, Lord Robert Gilbert (1881-1957), brit. Diplomat u. Politiker 15

Wackerle, Joseph (1880-1959), dt. Bildhauer 34
Wallenberg, Hans (1907-1977), dt. Journalist 89
Wallraf, Max (1859-1941), dt. Politiker (DNVP), Reichstagspräsident u. Oberbürgermeister von Köln 108
Walser, Martin (*1927), dt. Schriftsteller 404, 405
Walter, Fritz (*1920), Fußballspieler, Kapitän der deutschen Fußballnationalmannschaft in Bern 1954 402
Wandersleb, Hermann (1895 bis 1977), Verwaltungsjurist 230, 231
Weber, Alfred (1868-1958), dt. Soziologe u. Volkswirtschaftler 96, 342
Wehner, Herbert (*1906), dt. Politiker (KPD/SPD) 100, 102, 216, 321, 376-378, 381, 382
Weizmann, Chaim (1874-1952), erster Staatspräsident Israels (1948-1952) 389
Weizsäcker, Carl Friedrich Freiherr von (*1912), dt. Physiker, Philosoph 458
Wenger, Paul Wilhelm (*1912), dt. Jurist u. Publizist 472
Werfel, Franz (1890-1945), österr. Lyriker, Erzähler u. Dramatiker 95
Werner, Arthur (1877-1967), dt. Architekt, Ingenieur, Oberbürgermeister des ersten Nachkriegsmagistrats von Berlin (1945) 185
Weyer, Emma (1880-1916), erste Frau Konrad Adanauers 108
Weyer, Willi (1917-1987), dt. Politiker (FDP) 371
Wilder, Thornton (1897-1975), am. Schriftsteller 94, 403
Wildermuth, Eberhard (1890 bis 1952), dt. Politiker (FDP) 249, 251, 281, 285
Wilhelm, Prinz von Preußen (1882-1951), ehem. Kronprinz 34
Williams, Tennessee (eigentl. Thomas Lenier W.) (1911 bis 1983), am. Dramatiker 94, 95
Wohleb, Leo (1888-1955), dt. Politiker (CDU), Staatspräsident von Baden (1947) 64
Wollweber, Ernst Friedrich (1898 bis 1967), dt. Politiker (SED), Minister für Staatssicherheit (1955-1957) 434
Wuermeling, Franz-Josef (*1900), dt. Politiker (CDU), Bundesminister für Familie und (seit 1957) Jugendfragen (1953 bis 1962) 252, 370
Wurm, Theophil (1868-1953), Bischof der Ev. Landeskirche in Württemberg 1933-1953), Vorsitzender des Rates der EKD (1945-1949) 32

Yorck, Marion Gräfin von Wartenburg (*1904) 367

Zahn, Peter von (*1913), dt. Rundfunkjournalist 88
Zaisser, Wilhelm (1893-1958), dt. Politiker (SED), Minister für Staatssicherheit (1950-1953) 421, 427, 428
Ziller, Karl Gerhard (1912-1957), dt. Politiker (SED) 434
Zuckmayer, Carl (1896-1977), dt. Schriftsteller 95, 96
Zweig, Arnold (1887-1968), dt. Schriftsteller 91

Abbildungsnachweis

Archive und Leihgeber

Aachen, Internationales Zeitungsmuseum: 88; – Amsterdam, Internationales Institut für Sozialgeschichte: 378; – Babelsberg, DEFA-Studio für Dokumentarfilme: 34; – Bad Honnef-Rhöndorf, Stiftung Bundeskanzler-Adenauer-Haus: 403; – Berlin, Archiv für Kunst und Geschichte: 104 links, 188, 203; – Berlin, Bildarchiv Abraham Pisarek: 437; – Berlin, Bildarchiv Preußischer Kulturbesitz : 13, 85, 277; – Berlin, Fritz Eschen: 127; – Berlin, Foto Kleopatra: 353; – Berlin, Kunstbibliothek: 154; – Berlin, Landesbildstelle: 92, 101 Mitte, 105 Mitte, 137, 438; – Berlin, Ullstein Bilderdienst: 43, 93, 155, 197, 278, 313, 325, 340, 371, 388, 409, 427, 431, 453 links oben, 469, 482, 483; – Bonn, Archiv der sozialen Demokratie: 103, 379; – Bonn, Bundesgeschäftsstelle der CDU: 244 oben links; – Bonn, Gesamtdeutsches Institut: 415, 418; – Bonn, Politisches Archiv des Auswärtigen Amtes: 462; – Bonn, Presse- und Informationsamt der Bundesregierung (Bundesbildstelle): 101 rechts, 104 rechts, 105 rechts, 179, 201, 254, 321, 373, 463, 478; – Bonn, Sven Simon: 402 oben rechts; – Bonn, USIS: 328, 329 oben rechts, 391; – Bremen, Georg Schmidt: 317; – Bremen, Staatsarchiv: 23, 63, 168, 169, 231, 235; – Düsseldorf, Archiv des Deutschen Gewerkschaftsbundes: 123; – Düsseldorf, Droste Verlag GmbH: 51; – Ebenhausen, Langewiesche-Brandt KG: 53; – Erftstadt, Archiv Ulrich Harbecke: 67; – Frankfurt am Main, Archiv Gerstenberg: 153; – Frankfurt am Main, Associated Press: 413, 428, 455; – Frankfurt am Main, ICD Photo Section: 32; – Frankfurt am Main, Industrie- und Handelskammer: 226; – Frankfurt am Main, roebild: 396; – Hamburg, Deutsche Presse Agentur: 15, 21, 29, 79, 106, 107, 119, 291, 329 oben links und unten, 337, 339, 348, 381; – Hamburg, Keystone Pressedienst GmbH: 37, 61, 141, 261, 287, 355, 367, 375, 470, 479; – Hamburg, Klaus Maier-Ude: 397; – Hamburg, »Spiegel«-Archiv: 90, 166; – Hamburg, Hilmar Pabel: 453; – Hof, Herbert Funck: 41; – Koblenz, Bundesarchiv: 38, 39, 111, 115, 240 oben rechts, 241 oben links, 301; – Koblenz, Landesbildstelle Rheinland-Pfalz: 178; – Kröning: Hanns Hubmann: 113, 449; – London: Archiv Whiting: 28, 47; – London, Imperial War Museum: 27, 30, 73; – Lüdge-Niese, Sammlung Menningen: 404; – München, Gerhard Gronefeld: 219; – München, Otfried Schmidt: 184; – München: Alfred Strobel: 215, 349, 399; – München, Süddeutscher Verlag GmbH (Bilderdienst): 31, 55, 56, 100 links, 121, 142, 147, 163, 165, 209, 213, 269, 281, 289, 351, 389, 402 oben links, 448, 451, 459, 473, 475, 480, 481; – München, Archiv der »Neuen Zeitung«: 167; – Nürnberg, Bildarchiv der »Nürnberger Nachrichten«: 68, 69; – Basel: Ursula Heuss-Wolff: 303; – Stuttgart: Süddeutscher Rundfunk, Historisches Archiv: 86, 87; – Washington, US Army Photograph: 136; – Wiesbaden, Statistisches Bundesamt: 112.

Publikationen

Abelshauser, Werner, Wirtschaftsgeschichte der Bundesrepublik Deutschland 1945-1980, Frankfurt a. M. 1983: 130; – Adenauer. Briefe 1949 bis 1951, bearb. v. Hans Peter Mensing, Berlin 1985: 272, 273, 274, 275; – Ahrens, Gerhard, Das Theater des deutschen Regisseurs Jürgen Fehling, Weinheim/Berlin 1985: 94; – Aus der Arbeit des Parlamentarischen Rates, Bonn 1949: 233, 241 unten rechts; – Bohne, Friedrich, Der Deutsche in seiner Karikatur, Stuttgart 1964: 161, 181, 246, 247; – Die Bundesrepublik Deutschland. Informationen zur politischen Bildung 1955-1966, Bonn 1988: 296, 297; – Boockmann, Hartmut u. a., Mitten in Europa, Berlin 1984: 347; – Brodemann, H. M., Das deutsche Wunder. Ein ABC in Karikaturen, München o. J.: 365; – Deutschland, Deutschland. 40 Jahre Geschichte der Bundesrepublik Deutschland und der DDR in Bild und Text, Gütersloh 1989: 95, 100 rechts, 105 links, 185, 205, 401 unten rechts, 419, 435, 439, 441; – Dichter und Richter. Die Gruppe 47 und die deutsche Nachkriegsliteratur, Ausstellungskatalog der Akademie der Künste, Berlin 1988: 91; – Dollinger, Hans, Bayern, München 1976: 227; – Duell mit der Geschichte. Deutsche Karikaturisten der Gegenwart, hrsg. v. G. Ramsegger, Oldenburg 1955: 412; – Erhard, Ludwig, Wohlstand für alle, Düsseldorf 1957: 144; – Eröffnung des Parlamentarischen Rates, Sonderausgabe für die Mitglieder des Rates, Bonn 1948: 240 unten links; – Eschenburg, Theodor, Jahre der Besatzung. Geschichte der Bundesrepublik Deutschland Bd. 1, Stuttgart 1983: 84; – Fragen an die deutsche Geschichte, hrsg. v. Deutschen Bundestag, Ausstellungskatalog Bonn 1983: 202; – Freisburger, Walther, Konrad, sprach die Frau Mama. Adenauer in der Karikatur, Oldenburg 1955: 336; –Fürstenau, Justus, Entnazifizierung, ein Kapitel deutscher Nachkriegspolitik, Neuwied/Berlin 1969: 70, 71; – Geddes, Robert u. a., The Forest Edge (Architectural Design Profile), London 1982: 422; – Germany 1945-1954, hrsg. v. Boas International Publishing Co., Köln (1955): 358, 359; – Grünewald, Wilhard, Die Münchener Ministerpräsidentenkonferenz 1947, Meisenheim 1971: 171; – Harbecke, Ulrich, Abenteuer Bundesrepublik. Die Geschichte unseres Staates, Bergisch Gladbach 1983: 380; – Heitzer, Heinz, DDR – Werden und Wachsen, Berlin 1974: 211; – Kistler, Helmut, Die Bundesrepublik Deutschland (Schriftenreihe der Bundeszentrale für politische Bildung Bd. 229), Bonn o. J.: 24, 36, 244 oben Mitte und rechts, 245; – Klimsky, E. J. u. Hanns Reich, Bilder schreiben Geschichte, München 1962: 140, 200, 204, 267, 305; – Köhler, H. E. u. W. E. Süskind, Wer hätte das von uns gedacht, Boppard 1959: 323; – Kolfhaus, Herbert, Politik aus leichter Hand, München 1958: 361; – Knapp, Manfred, Deutschland und der Marshallplan, Frankfurt a. M. 1983: 148; – Pritzkoleit, Kurt, Gott erhält die Mächtigen, Düsseldorf 1963: 144; – Das Saarland, Saarbrücken 1958: 64; – Severin, Pitt u. Hartmut Jetter: 25 Jahre Bundesrepublik Deutschland, Wien 1974: 199, 251, 253; – Statistisches Jahrbuch für die Bundesrepublik Deutschland Bd. 10, Stuttgart/Mainz 1961: 394; – Statistisches Jahrbuch für die Bundesrepublik Deutschland Bd. 11, Stuttgart/Mainz 1962: 400, 401; – Zehn Jahre deutsche Politik 1949-1959, hrsg. v. Presse- und Informationsamt der Bundesregierung, Wiesbaden 1960: 101 links, 105 links, 243, 246, 465; – Zentner, Kurt, Aufstieg aus dem Nichts, 2 Bde., Köln 1954: 76, 77, 83, 99, 129, 134, 135, 152, 159, 164, 177, 189, 193, 195, 263, 283, 285, 309, 327, 334, 335, 341, 350, 364, 385, 386, 387, 395, 398, 414, 416, 417, 420, 421, 423, 424, 425, 452.; – Der Zweite Weltkrieg in Bildern und Dokumenten, Bd. III., München 1962/63: 17.

Die Vorlagen für die Vorsatzblätter stammen aus dem Bildarchiv Preußischer Kulturbesitz Berlin (vorne) und vom Ullstein Bilderdienst Berlin (hinten).

SIEDLER DEUTSCHE GESCHICHTE

Horst Möller

Fürstenstaat oder Bürgernation

Deutschland 1763–1815

752 Seiten mit 300 Abbildungen, Leinen

»Die Deutschen und ihre Nation«: Was konnte das in der Mitte des 18. Jahrhunderts bedeuten? Wohl kaum mehr als eine Idee. 1813 aber zogen die Deutschen mit dem gleichen nationalen Elan in die Völkerschlacht bei Leipzig, um Napoleon zu besiegen, mit dem wenige Jahre zuvor die französischen Revolutionsheere das alte Europa überzogen hatten. Veränderte die Revolution von 1789 auch Deutschland, bildete sie auch für das alte Reich eine Epochengrenze? Tatsächlich setzte der Wandel bereits eine Generation früher ein. Dieser Band beschreibt das Entstehen eines deutschen Nationalgefühls während der Kriege Friedrichs des Großen, die Entwicklung einer Nationalkultur im Gegen- und Miteinander von Fürstenstaaten und Bürgern: Wie wurden aus Bayern, Preußen, Württembergern Deutsche, wie wurde Österreich aus dem alten Reich herausgedrängt? Horst Möllers Buch bietet für den Zeitraum vom Siebenjährigen Krieg bis zum Wiener Kongreß eine moderne Synthese, die Bevölkerung, Gesellschaft, Wirtschaft, Politik und Kultur gleichermaßen berücksichtigt und die spannungsreiche Epoche des zugleich revolutionären wie evolutionären Umbruchs vor unseren Augen lebendig werden läßt, die das alte Reich und das moderne Deutschland verbindet.

CIP-Titelaufnahme der Deutschen Bibliothek

Siedler Deutsche Geschichte. – Berlin: Siedler.
NE: Deutsche Geschichte

Birke, Adolf M.: Nation ohne Haus. – 1989

Birke, Adolf M.:
Nation ohne Haus: Deutschland 1945 – 1961 /
Adolf M. Birke – Berlin: Siedler, 1989
(Die Deutschen und ihre Nation) (Siedler Deutsche Geschichte)
ISBN 3-88680-052-0

Der Siedler Verlag ist ein gemeinsames Unternehmen
der Verlagsgruppe Bertelsmann und von Wolf Jobst Siedler.

Schutzumschlag: Jürgen Stockmeier
unter Verwendung eines Fotos von Peter Leibing
(Ullstein Bilderdienst, Berlin)
Bildredaktion: Ditta Ahmadi, Berlin
Karten: Freier Redaktions-Dienst, Berlin
Satz: Freier Redaktions-Dienst, Berlin
Reproduktionen: Reproges. Lutz Wahl mbH, Berlin
Druck und Buchbinder: May & Co., Darmstadt
Printed in Germany 1989
ISBN 3-88680-052-0